사 회 정 의 론

사회정의론

J. 롤즈 지음 / 황경식 옮김

서광사

이 책은 John Rawls의 *A Theory of Justice*
(Cambridge, Mass.: Harvard Univ. Press, 1971)를 번역한 것이다.

사회정의론

J. 롤즈 지음
황경식 옮김

펴낸이―이숙
펴낸곳―도서출판 서광사
출판등록일―1977. 6. 30.
출판등록번호―제 406-2006-000010호

(10881) 경기도 파주시 회동길 77-12 (문발동)
대표전화 · (031)955-4331 / 팩시밀리 · (031)955-4336
E-mail · phil6060@naver.com
http://www.seokwangsa.co.kr / http://www.seokwangsa.kr

제1판 제1쇄 펴낸날 · 1977년 6월 10일
수정판 제1쇄 펴낸날 · 1985년 10월 15일
수정판 제24쇄 펴낸날 · 2025년 3월 10일

ISBN 978-89-306-2512-8 93190

서 언

(1977 년 초판 서언)

롤즈의 《정의론》(*A Theory of Justice*) 초판이 1971 년에 나온 지 한 반년 쯤 지났을 때, 나의 지도 교수이기도 했던 미국 죤스 홉킨스 대학교 Man-delbaum 교수는 나에게 보낸 사신(私信) 가운데서 이 저술에 언급하였다. 롤즈의 《정의론》의 서평을 맡게 되어 그 책을 정독했다는 것과 자기가 보기에는 "20 세기에 들어선 뒤에 쓰여진 윤리학적 저술 가운데서 가장 높이 평가될 역작"이라는 요지였다. 옛 제자에게 좋은 책을 소개해 주는 스승의 호의와 배려에 감사하면서, 곧 미국에 가 있는 친구에게 한 권을 보내 달라고 부탁하였다.

미국으로 부탁한 책이 오기 전에, 나의 홉킨스 대학교 당시의 학우이며 지금은 뉴욕 주립 대학 교수인 Goold 박사로부터 《정의론》한 권이 도착하였다. 미국서 일시 귀국한 金鎭泰 교수도 이 책 이야기를 하면서, 한국에 이 책을 소개하는 일을 은밀히 권고하였다. 국내의 신문에서도 롤즈의 이 대저가 문제작임을 보도한 바 있다.

이상과 같은 몇 가지 사실만으로도 롤즈의 《정의론》이 차지하는 비중을 짐작하기에 충분할 것이다. 롤즈는 근 20 년 동안 정의의 문제를 파고든 하버드 대학의 철학 교수이다. 그는 그 전에 "공정성으로서의 정의"(*Justice as Fairness*), "분배적 정의"(*Distributive Justice*)등 정의 문제에 관한 여러 편의 논문을 발표한 데 이어, 하나의 집대성으로서 이 《정의론》을 세상에 내어 놓은 것이다.

롤즈는 만인에게 어떠한 정치적 이유나 전체의 이름으로도 침범할 수 없는 권리 — 정의의 원리에 의하여 규정되어야 할 인간적 권리 — 가 있다고 믿는다. 그리고 그 권리가 무엇인가를 명확하게 규명하는 일이 철학자의 중요한 과제임을 깨닫고 스스로 이 문제에 도전하였고, 정의의 문제에 관한 선철들의 연구를 비판적으로 검토하면서, 여기에 하나의 종합적인 이해 체계를 시도했던 것이다.

금번 롤즈의 《정의론》이 육군 사관 학교 黃璟植 敎授의 손으로 번역되어 우리 나라 독서계에 소개되게 된 것은 여러 가지 점에서 매우 뜻있고 반가운 일이 아닐 수 없다. 황 敎授는 그가 서울 대학교 대학원 박사 과정에서 연구할 때 나와 그 책을 같이 읽은 사람으로서, 비교적 어려운 표현과 내용을 가진 그 원전을 매우 정확하게 파악함으로써 나에게 깊은 인상을 준 바 있다. 그리고 1975 년 7 월 미국 공보원(USIS)의 후원을 얻어 한국 철학회가 롤즈의 《정의론》에 관한 연구 발표회를 가졌을 때도 황 敎授는 주제 발표자의 한 사람으로서 참여하여 주목을 받은 바 있는 소장 철학도이다. 뿐만 아니라 황 敎授는 그 자신 이 정의의 문제에 깊은 관심을 가져왔으며, 앞으로 이 방면에 심혈을 기울여 연구를 계속할 계획으로 있는 줄 안다. 이와 같은 여러 가지 점으로 볼 때, 황 敎授는 롤즈의 《정의론》을 번역하기에 가장 적격자의 한 사람이라 하여도 과찬이 아닐 것이다.

롤즈의 역작 *A Theory of Justice* 가 좋은 역자를 만나 우리 나라 말로 소개되게 된 것을, 그 방면을 공부하는 학도의 한 사람으로서 나는 매우 기쁘게 생각한다. 아무쪼록 이 역서가 널리 이용되어 우리 나라 학계뿐만 아니라, 사회 현실의 개조에도 陰과 陽으로 이바지하는 바 크기를 바라 마지않는다.

1977 년 3 월

金　泰　吉

옮긴이의 말

존 롤즈는 1921 년 미국에서 태어나 1950 년 프린스턴 대학에서 철학 박사 학위를 받은 후 코넬 대학과 매사추세츠 공과 대학을 거쳐 1961 년 이후 하버드 대학 철학과 교수로서 현재에 이르고 있으며 1980 년이래 경제학자 K. 애로우에 이어 대학 교수 최고의 영예인 유니버시티 프로페서의 자리를 지키고 있다.

그는 정의의 문제만을 파고든 단일 주제의 철학자로서 유명하다. 1958 년 "공정으로서의 정의"라는 논문을 발표한 뒤 그의 관심은 사회 정의에 대한 현대적 해석 문제에 집중되어 "분배적 정의", "시민 불복종", "정의감" 등 일련의 논문을 발표하여 학계의 주목을 끌기 시작했고 그러한 글들에서 단편적으로 제시된 생각들의 요지를 일관되게 정리함으로써 그야말로 20 여년에 걸친 탐구의 결실로서 나타난 것이 바로 그의 필생의 대작 《정의론》이다. 이는 오랫동안 철학의 배경으로 밀려나 있던 사회 정의의 문제를 플라톤이 구상했듯이 철학의 전경으로 부각시켰으며 이러한 사실은 사회 정의 개념의 현대적 정립 과정에 있어서 획기적인 이정표가 될 것으로 확신하여 감히 번역의 욕심을 내었다.

《정의론》은 분석 철학의 지배 아래 도덕 철학이나 정치 철학에 있어서의 지적인 불모의 시기에 새로운 시각과 방법을 통해 규범 윤리학에의 관심을 재연시킨 야심적인 시도로서 영미 철학계는 이를 세기적 대작으로 평가하면서 최고의 찬사를 아끼지 않았다. 분석 철학적 방법과 게임의 이론을 이용하여 사회 계약론을 일반화하고 현대적으로 재구성한 그의 정의론은 사회 과학 내지 사회 철학의 전 분야에 패러다임의 전환을 가져왔다 해도 과언이 아니며 오늘날 많은 철학자들은 서슴지 않고 그의 저서에 철학적 고전의 위치를 부여하고 있다. 나아가서 정치학, 경제학, 법학, 사회학 등 여러 분야의 전문 잡지들은 물론이고 《런던 타임즈》와 《뉴욕 타임즈》를 위시한 일반 잡지와 신문들이 다투어 그에 대한 서평과 특집을 다룬 것은 실로 철학자로서 그의 광범위하고도 파격적인 영향력을 짐작하고도 남음이 있다.

그의 이론에 있어 기본적 특징은 자유, 평등, 사회 경제적 복지의 증진이라는 사회 정의의 실현에 있어 세 가지 주요한 요청을 특유하게 조정한 정의의 두 원칙에 나타나 있을 뿐만 아니라, 이 원칙이 원초적 입장이라 불리는 가상적 상황에서 도덕적 인격으로서 자유롭고 평등한 계약 당사자가, 공정성을 확보하기 위해 부과된 일정한 조건 아래 전원 합의에 의해 선택되는 원칙으로서 정당화된다는 점에 있다. 따라서 그의 《정의론》은 원칙을 도출하는 방법 내지 절차와 그로부터 도출된 정의 원칙의 실질적 내용이라는 두 측면에서 평가되어야 하리라고 생각된다.

《정의론》을 번역한답시고 떠벌이던 역자에게 "정의의 이론이 없어 세상에 정의가 부재하나"라고 꼬집던 어떤 험구의 말이 아직도 귀에 쟁쟁하다. 하지만 정의의 문제가 해결되기 어려운 이유 중에는 구조적 부정의의 요인을 분석, 처리하는 능력 내지는 명백한 부정의를 척결하겠다는 우리의 실천적 의지가 부족한 데도 그 일단의 이유가 있겠으나 정의에 대한 설득력있고 타당한 기준이 제시되지 못하고 있는데도 일말의 이유가 있다고 생각하는 것은 단지 철학자의 미련만은 아닐 것이며 바로 이 점에서 철학자의 기여가 요청되는 것으로 보인다. 정부에서도 시대적 요구의 반영으로서 정의 사회의 구현을 표방하고 재야의 투쟁도 정의라는 명분 아래 전개되고 있으면서도 서로가 난맥상을 이루고 있는 차제에 전 국민적 합의를 도모해 가는 과정에서 롤즈의 정의론이 시사하는 바가 심대할 것으로 짐작하여 부끄러운 졸역이나마 다시 손질해서 수정판을 내기로 작정하였다.

끝으로 번역에 있어 잊을 수 없는 사람들이 있다. 원래 사회 윤리 내지 사회 철학에 막연한 관심을 모으고 있었으나 방향을 잡지 못해 부심하던 역자에게 이렇게 귀중한 책과 인연을 맺어 주시고 과분한 서언까지 써주신 은사 김 태길 님, 역자가 하버드 대학원 철학과에서 수학할 기회를 가졌을 때 자신의 저서에 대한 한국어 역자에게 특별한 관심과 후대를 베풀어 준 롤즈 교수, 지루한 번역의 과정을 지켜보면서 최선의 환경을 마련해 주기 위해 이해와 배려를 아끼지 않았던 나의 가족들, 번역이 나오면 제일 먼저 반겨줄 이들에게 이러한 졸역을 안겨주다니 너무나 미안하고 두려운 생각이 든다. 그리고 수정과 교정을 하는 과정에서 아낌없는 도움을 준 동국대학교 이 한구, 윤 용택군의 노고도 잊을 수가 없다. 변함없는 후원과 배려를 보여준 서광사 여러분에게도 깊이 감사드린다.

1985 년 9 월
옮 긴 이

지은이의 말

이 《정의론》을 출간함에 있어 지난 10여년간 발표했던 논문들의 요지를 일관되게 정리해 보고자 했다. 그러한 논문들에 담긴 모든 주요 논제들이 다시금 세목에 걸쳐 다루어졌다. 이론의 충실을 위해서는 그 이상의 논의도 필요했다. 논지의 전개는 다음의 3부로 이루어진다. 제 I 부는 "공정으로서의 정의"(1958)와 "분배적 정의 : 여론(餘論)"(1968)에 나타난 바와 동일한 논증을 보다 면밀히 다루었고, 제 II 부의 장들은 각각 "헌법상의 자유"(1963), "분배적 정의"(1967), 그리고 "시민 불복종"(1963) 등의 논제에다 많은 것을 추가한 것에 해당한다. 제 III 부의 두번째 장은 "정의감"(1963)에 나타난 주제를 다루고 있다. 제 III 부의 다른 장들은 몇 가지 점을 제외하고는 이미 발표된 논문들과 관련이 없다. 비록 전체적으로 보아 사상의 핵심은 동일한 것이지만 여러 점에서 논의를 충실히 하고 강화시키고자 노력했다.

이 책을 쓰는 나의 의도는 다음과 같이 설명하는 것이 가장 좋을 것이다. 현대의 많은 도덕 철학 가운데서 가장 우세한 체계적 이론은 어떤 유형의 공리주의(utilitarianism)였다. 그 이유의 하나로서 공리주의는 그 범위에 있어서나 정교함에 있어서 실로 인상적인 사상 체계를 구성했던 일련의 많은 석학들의 지지를 받아왔다는 사실이다. 우리가 흔히 잊기 쉬운 것은 흄이나 아담 스미드, 벤담 그리고 밀 등의 위대한 공리주의자들이 일급의 사회 이론가요 경제학자들이라는 점이며, 따라서 그들이 제시한 도덕 이론은 그들의 보다 광범한 관심사들에 대한 요구를 만족시키면서도 이를 보다 포괄적인 체계로 종합하기 위해 구성된 것이라는 사실이다. 평자들은 흔히 그들을 보다 좁은 관점에서 비판하곤 했다. 비판자들은 공리(utility)의 원칙이 지닌 애매성을 지적하고, 그것이 함축하는 여러 가지 의미와 우리의 도덕감 사이의 표면상의 불일치에만 주목했다. 그러나 내가 생각하기에 이들은 그 이론에 대체할 만한 유력하고 체계적인 도덕론을 제시하는데 실패한 것이다. 우리는 공리주의와 직관주의(intuitionism) 가운데에서 선택하지 않을 수 없는 것으로 생각된다. 결국 우리는 직관주의적인 특정 제한 조건들에 의해 한정된 일종의 공리의 원칙으로 해결을 볼 것이 거의 확실하다. 이러한 견해가 불합리하다고 볼 수도 없으며 그 이상의 길이 있다는 보장도 없다. 그러나 그렇다고 해서 다른 길을 모색해서는 안 된다는 이유는 없다.

지금까지 내가 시도해 왔던 것은 로크나 루소 그리고 칸트에 의해 제시된 사회 계약(social contract)의 전통적 이론을 보다 일반화하고 추상화하는 일이었다. 이렇게 함으로써 내가 바랐던 것은 흔히 이러한 이론에 치명적이라 생각되었던 명백한 반박을 면하도록 그것을 발전시키는 일이었다. 나아가서 이러한 이론이 전통을 지배해 온 공리주의에 비해 정의에 관한 보다 나은 체계적 해명을 제시할 것으로 생각하고 논의를 전개했다. 결과적으로 도달된 이론은 그 성격에 있어 지극히 칸트적인 것이다. 사실상 내가 제시하는 견해가 어떤 독창성을 가졌다고 주장하지는 않으며 그 중심 사상은 이미 고전적이고도 잘 알려진 것이라 할 수 있다. 나의 의도는 단지 그것들을 종합하여 보다 간명한 방식을 통해 일반적인 체계로 만듦으로써 그것들이 가진 모든 강점들이 살려지도록 함에 있다. 이 책으로 인해 사람들이 계약론의 전통 속에 함축된 대안적(對案的) 정의관의 중요한 구조적 특성들을 보다 분명히 알게 되고 그것을 보다 발전시켜 줄 길이 제시될 수 있다면 이 책에 대한 나의 욕심은 십분 실현될 것이다. 전통적인 견해들 가운데서 바로 이러한 사상이 우리로 하여금 정의에 관한 보다 신중한 판단에 이르게 해주고 민주주의 사회를 위한 가장 적합한 도덕적 기초를 마련해 주리라고 생각한다.

이 책이 방대한 것은 단지 면수에 있어서만 그런 것이 아니다. 따라서 독자의 편의를 위해 지침이 될 만한 몇 마디 말을 해두고자 한다. 정의론의 기본 사상에 관한 대체적인 윤곽이 1장의 1~4절에 나타나 있다. 이로부터 2장 11~17절에 나오는 정의에 원칙에 대한 제도상의 논의로 바로 넘어갈 수 있다. 그리고는 3장 전체에 나타난 원초적 입장에 관한 설명을 읽으면 된다. 우선성의 문제에 관한 8절을 일별하는 일도 이 개념에 친숙하지 못할 경우 필수적인 것이다. 다음은 4장에 있어 평등한 자유에 관한 33~35절의 여러 부분과 자유 우선성의 의미 및 칸트적 해석을 논한 39~40절을 읽게 되면 곧 이 이론에 관해 보다 생생한 이해를 얻게 될 것이다. 여기까지가 전체 이론의 3분의 1에 해당하는 것인 동시에 그 핵심의 대부분을 담고 있는 것이다.

그런데 제Ⅲ부의 논의를 고려하지 않고서는 정의론이 오해받을 위험이 있다. 특히 주목할 만한 부분으로서는 도덕적 가치, 자존감 및 그와 관련된 개념들에 관한 7장의 66~67절과 평등의 근거에 관한 8장의 77절 그리

고 9장의 자율성과 사회 단체에 관한 78~79절, 자유 우선성에 관한 82
절, 자아의 통일성과 일관성에 관한 85~86절 등이다. 이러한 절들을 첨
가했지만 책 전체의 반에는 훨씬 미치지 못하는 셈이다.

각 절의 명칭과 각 장의 서두에 붙인 말, 그리고 색인은 이 책의 내용
에 관해 독자의 길잡이가 될 것이다. 장황한 방법론적인 논의는 피했다는
말 이외에 책의 내용에 대한 언급은 필요없으리라 생각된다. 9절에는 도
덕론의 성격에 관해서, 4절과 87절에는 그 정당화에 관한 간단한 고찰
을 했다. 62절에는 '선'의 의미에 관한 짤막한 논의가 있다. 간혹 방법
론에 관한 언급이나 여담이 있기는 하나 대체로 나는 실질적인 내용을 가
진 정의론을 구성하고자 했다. 다른 이론들과의 비교 및 대조, 때때로 이
에 대한 비판, 특히 공리주의에 대한 비판은 바로 이러한 목적을 위한 방
편으로 생각된 것이었다.

4장에서 8장을 이 책의 보다 기본적인 부분에 포함시키지 않았다고 해
서 이 장들이 단지 주변적인 것이거나 그저 응용에 불과한 것이라는 뜻
은 아니다. 오히려 내 생각에는 이 정의론의 중요한 시금석은 그것이 우
리로 하여금 보다 광범한 문제에 걸쳐 신중한 판단을 내리는 데 어느 정
도 질서와 체계를 줄 수 있는가에 달려 있다. 따라서 이러한 장들의 논제
들은 마땅히 다루어져야 하고 거기에 도달된 결론들은 다시금 처음 제시된
견해를 수정해 준다. 그러나 이 점에 있어서 독자는 자유로이 자신의 선
호에 따라 자신에게 가장 관심있는 문제부터 살펴가는 것도 좋을 것이다.

이 책을 씀에 있어서 책 중에 지적되는 사람 이외에도 신세진 분들이
많다. 그 중 몇 분에 관해 이 자리를 빌어 감사의 말을 하고 싶다. 세 번
에 걸친 수정 원고가 학생들과 동료의 손을 거쳤으며 그들로부터 받은 수
많은 조언과 논평으로부터 받은 혜택에 관해서는 이루 감사의 말을 다 할
수가 없다. 첫번째 원고(1964~1965)를 평해 준 기바드(Allan Gibbard)에게
감사드린다. 무지의 베일에 대한 그의 반론을 극복하기 위해 가치(선)론
을 포함시킬 필요가 있었다. 그 결과로 생겨난 것이 바로 7장에서 논의된
입장에 바탕을 둔 기본적 가치에 관한 개념이다. 그가 또한 고맙다고 생각
되는 것은 다니엘즈(Norman Daniels)와 더불어 개인적 의무와 책임의 근거로
서의 공리주의에 관한 나의 설명이 지닌 난점을 지적해 준 점이다. 그들의
반론으로 인해 나는 이 논제의 많은 부분을 삭제했으며, 나의 이론에 있어
이 부분에 대한 취급을 간략히 할 수 있었다. 다이아먼드(David Diamond)
는 평등에 관한 나의 논의가 특히 지위의 적합성을 고려할 수 없다는 점

을 들어 완강히 반대했다. 그로 인해 결국 나는 이 문제와 다른 문제들을
해결하고자 기본적 가치로서의 자존감에 대한 설명을 포함시키게 되었고,
그 다른 문제들 중에는 사회 단체들의 사회적 통합체로서의 사회에 관한
것과 자유 우선성의 문제 등도 포함되어 있다. 리챠드(David Richards)와
는 정치적 의무와 책임에 관해서 유익한 논의를 가졌었다. 의무 이상의
행위 문제는 이 책의 중심 논제는 아니었으나 커티스(Barry Curtis)와 트로
이어(John Troyer) 등의 도움을 받아 그에 대한 언급도 하게 되었다. 물
론 지금까지도 우리들 사이에 완전한 의견의 일치를 본 것은 아니다. 마
지막 원고의 여러 곳을 수정하게 해준 가드너(Michael Gardner)와 잉글리
쉬(Jane English)에게도 감사를 드려야겠다.
　나는 발표된 논문들을 논의해 준 분들로부터 귀중한 비평들을 받을 행
운도 있었다. [1] 정의의 두 원칙에 대한 정식화나 논증에 대해 배리(Brian
Barry), 레즈노프(Michael Lessnoff) 그리고 올프(R.P. Wolff)가 해준 논의
에도 감사드린다. [2] 비록 내가 그들의 반론을 받아들이지 못한 경우에도
그들의 반박을 감당하도록 논증을 보다 풍부히 할 수 있었다. 나는 이 책
에 제시된 이론이 이제 더 이상 그들이 제기한 난점이나 챕프만(John
Chapman)이 내세우는 문제점도 갖지 않기를 희망한다. [3] 정의의 원칙과
정의의 일반론이라 부르는 것과의 관계는 벤(S.I. Benn)이 제안한 관계
와 유사한 것이다. [4] 그와 더불어 스턴(Lawrence Stern)과 부르만(Scott
Boorman)에게 고마운 것은 바로 이러한 면에서 일깨워 준 때문이다. 도덕

1) 서두에 언급한 순서대로 6개의 논문에 대한 참고 문헌은 다음과 같다. "Justice
　as Firness", *The Philosophical Review*, 제 57 권(1958) ; "Distributive
　Justice: Some Addenda", *Natural Law Forum*, 제 13 권(1968) ; "Cons-
　titutional Liberty and Concept of Justice", *Nomos Ⅵ : Justice*, ed. C.J.
　Friedrich & J. Chapman　(N.Y.: Atherton Press, 1963) ; "Distributive
　Justice", *Philosophy, Politics and Society*, Third Series, ed. P. Laslett
　& W.G. Runciman (Oxford: Basil Blackwell, 1967) ; "The Justification
　of Civil Disobedience", *Civil Disobedience*, ed. H.A. Bedau(N.Y.: Pegasus,
　1969) ; "The Sense of Justice", *The Philosophical Review*, 제 62 권
　(1963).
2) B. Barry, "On Social Justice", *The Oxford Review* (Trinity Term,
　1967), pp. 29~52 ; M. Lessnoff, "John Rawls' Theory of Justice", *Poli-
　tical Studies*, 제 19 권(1971), pp. 65~80 ; R.P. Wolff, "A Reputation of
　Rawls' Theorem on Justice", *Journal of Philosophy*, 제 63 권(1966), pp.
　179~190 참조. "Distributive Justice"(1967)가 완결되어 출판사에 보낸 후에
　올프의 논문이 발표되어 그의 논문을 참조하지 못한 것은 안타까운 일이다.
3) J. Chapman, "Justice and Fairness", *Nomos VI : Justice* 참조.
4) S.I. Benn, "Egalitarianism and the Equal Consideration of Interests",

이론 체계들에 관한 케어(Norman Care)의 비판적 논문의 내용은 타당한 것으로 생각되었고, 나 자신도 그의 반론을 피할 수 있는 정의론을 전개하려고 노력했다. [5] 이렇게 하는 가운데 콰인(W. V. Quine)의 견해를 분명히 이해시켜 주었고, 내가 생각하는 바의 도덕 이론에서는 의미와 분석의 개념이 본질적 역할을 할 수 없음을 납득하게 해준 드레븐(Burton Dreben)으로부터도 배운 바가 있다. 물론 다른 철학적 문제에 있어서 그것들이 갖는 관련성은 여기서 왈가왈부할 필요는 없으나 정의론이 그것들과는 무관함을 보이고자 했다. 그래서 나는 "윤리학 개요"에 나타난 나의 관점을 약간의 수정만 가한 채 그대로 따르기로 했다. [6] 또한 나의 정의론에 면밀한 논의와 비판을 해준 센(A. K. Sen)에게도 감사드리고 싶다. [7] 그로 인해 몇 가지 이론상의 수정을 할 수 있었다. 그의 저서는 경제학자들이 생각하는 사회적 선택에 관해 보다 형식적 이론을 연구하고자 하는 철학자들에게는 필수적인 것에 틀림없으며 동시에 그로 인해 철학적 문제들도 보다 조심스럽게 다루어지게 될 것이다.

많은 사람들이 몇 가지 수정 원고에 대해 기꺼이 논평을 써 주었다. 최초의 원고에 대한 하만(Gilbert Harman)의 논평은 근본적인 점에 관한 것으로서 여러 가지 견해를 버리도록 해주었으며, 많은 점에서 기본적인 변경을 하도록 했다. 보울더(1966년 여름)에서 열린 철학회에서는 크리머만(Leonard Krimerman), 리챠드 리(Richard Lee), 테렐(Huntington Terrell)로부터 다른 논평을 받았으며, 그 후에 테렐로부터는 다시 논평들을 받게 되었다. 나는 이러한 비평들을 받아들이기로 했으며 프리드(Charles Fried), 노직(Robert Nozick) 그리고 슈클러(J. N. Shklar)로부터는 매우 광범하고 유익한 이야기를 듣게 되었을 뿐 아니라 나중에까지도 커다란 도움이 되었

Nomos IX : Equality, ed. J. R. Pennock & J. Chapman (N. Y.: Atherton Press, 1967), pp. 72~78 참조.

5) N. Care, "Contractualism and Moral Criticism", *The Review of Metaphysics*, 제 23 권(1969), pp. 85~101 참조. 여기에서 나의 이론에 대한 R. L. Cunningham 의 다음 비평에도 감사드리고 싶다. "Justice: : Efficiency or Fairness", *The Personalist*, 제 52 권 (1971) ; D. Emmett, "Justice", *Proceedings of the Aristotelian Society*, 증보판, (1969) ; C. Frankel, "Justice and Rationality", *Philosophy, Science, and Method*, ed. S. Morgenbesser, P. Suppes & M. White (N. Y.: St. Martins Press, 1969) ; Ch. Perelman, *Justice* (N. Y.: Random House, 1967), 특히 pp. 39~51.

6) *The Philosophical Review*, 제 50 권 (1951).

7) *Collective Choice and Social Welfare* (San Francisco: Holden-Day, 1970), 특히 pp. 136~141, 156~160 참조.

다. 가치론을 전개하는 데 있어서는 쿠퍼(J.M. Cooper), 스캔론(T.M.
Scanlon), 그리고 티모즈코(A.T. Tymoczko)로부터 많은 도움을 받았고,
네이글(Thomas Nagel)과의 수년간에 걸친 논의는 정의론과 공리주의와의
관계를 해명하는 데도 도움이 되었다. 또한 두번째 원고의 수정을 위해 많은
유용한 생각들을 준 브랜트(R.B. Brandt)와 래비노비츠(Joshua Rabinowitz),
그리고 유익한 교신을 해준 디그스(B.J. Diggs), 하사니(J.C. Harsany), 그
리고 런시만(W.G. Runciman)에게도 고마움을 전해야겠다.

세번째의 원고(1969~1970)를 쓰는 동안 브랜트, 캔들러(Tracy Kendler),
펠프스(E.S. Phelps) 그리고 로티(Amélie Rorty)는 줄곧 조언을 주었으며 그
들의 비평은 크게 도움이 되었다. 이 원고에 대해 모리스(Herbert Morris)
와 레즈노프, 노직으로부터도 수정을 위한 많은 귀중한 논평과 제안을 받
았다. 그것들은 많은 오류를 면하게 해주었고, 이 책을 보다 훌륭하게 만
들어 주었다. 특히 최종적인 단계에서 충실한 협조와 격려를 해준 노직에
게 보다 깊은 사의를 느낀다. 모든 논평들을 처리할 수가 없어 지금도 많
은 허물을 남기고 있음을 자인하고 있으며, 진 빚은 이루 헤아릴 수 없으
나 갚은 것은 그에 미치지 못함을 유감스럽게 생각한다.

스탠포드에 있는 고등 학술 연구소(The Center for Advanced Study)는 저
작을 완성할 수 있도록 이상적인 자리를 마련해 주었다. 1969~1970년에
베풀어 준 후원에 대해 깊은 사의를 표하고 싶으며, 1964~1965년 구겐하
임(Guggenheim)과 켄달(Kendall) 재단의 호의에 대해서도 감사드린다. 최
종적인 원고 정리를 도운 타우어(Anna Tower)와 그리핀(Margaret Griffin)
에게도 감사드린다.

이상 모든 훌륭한 분들의 호의가 없었던들 이 책은 결코 완결되지 못했
을 것이다.

Cambridge, Massachusetts   존 롤 즈
August 1971

차   례

제 1 부 원 리 론

제 3 부 목 적 론

제 1 부 원 리 론

제 1 장
공정으로서의 정의

입문적인 이 장에서는 앞으로 전개하고자 하는 정의론의 기본 관념을 약술하고자 한다. 설명 방식을 갖추지 않은 것은 다음에 올 보다 상세한 논의를 위해 지침을 마련하기 위한 것이다. 그래서 이것과 앞으로의 논의 간에 약간의 중복이 있는 것은 불가피한 일이다. 우선 사회의 협동 체계 속에서 정의가 갖는 역할을 기술하고 정의의 일차적 주제인 사회의 기본 구조에 대한 간략한 설명을 하고자 한다. 다음에는 공정으로서의 정의의 기본 이념을 제시했는데 이는 전통적인 사회 계약론의 입장을 보다 일반화하고 고도로 추상화한 것이다. 사회 계약의 개념은 최초의 상황(initial situation)이란 말로 바꾸었는데 이는 정의의 원칙에 대한 원초적 합의에 이르기 위해 마련된 논의에 있어서의 몇 가지 절차상의 제약 조건을 내포하고 있다. 또한 설명과 대조를 위해서 고전적 공리주의와 직관주의의 정의관을 다루고 이들의 견해와 공정으로서의 정의관 간의 차이점들을 생각해 보았다. 나의 주요 의도는 우리의 철학적인 전통을 오래도록 지배해 온 이러한 학설들에 대한 설득력있는 대안이 될 정의론을 전개하는 데 있다.

1. 정의의 역할

사상 체계의 제 1 덕목을 진리라고 한다면 정의는 사회 제도의 제 1 덕목이다. 이론이 아무리 정치(精緻)하고 간명하다 할지라도 그것이 진리가 아니라면 배척되거나 수정되어야 하듯이, 법이나 제도가 아무리 효율적이고 정연한 것일지라도 그것이 정당하지 못하면 개혁되거나 폐기되어야 한다. 모든 사람은 전체 사회의 복지라는 명목으로도 유린될 수 없는 정의에 입각한 불가침성(inviolability)을 갖는다. 그러므로 정의는 타인들이 갖게 될 보다 큰 선을 위하여 소수의 자유를 뺏는 것이 정당화됨을 거부한다. 다수가 누릴 보다 큰 이득을 위해서 소수에게 희생을 강요해도 좋다는 것을 정의는 용납할 수 없다. 그러므로 정의로운 사회에서는 동등한 시민적 자유란 이미 보장된 것으로 간주되며, 따라서 정의에 의해 보장된 권리들은 어떠한 정치적 거래나 사회적 이득의 계산에도 좌우되지 않는 것이다. 그보다 나은 이론이 없을 경우에만 결함있는 이론이나마 따르게 되듯이, 부정의는 그보다 큰 부정의를 피하기 위해 필요한 경우에만 참을 수 있는 것이다. 인간 생활의 제 1 덕목으로서 진리와 정의는 지극히 준엄한 것이다.

이상에서 나온 서술들은 정의의 우위성에 대한 직감적 신념을 표현한 것으로 생각된다. 물론 그것은 지나치게 강한 표현으로 되어 있기는 하다. 여하간에 나는 그러한 입장이나 그와 유사한 주장들이 타당한 것인지를 살피고, 타당할 경우 그 논거가 무엇인지를 탐구하고자 한다. 그러기 위해서는 이러한 주장들을 해명하고 평가해 주는 지침이 될 정의론을 전개할 필요가 있다. 나는 먼저 정의의 원칙들이 수행하게 될 역할을 생각해 보기로 한다. 생각을 정돈하기 위해 우선 사회란 그 성원 상호간에 구속력을 갖는 어떤 행동 규칙을 인정하고 대부분 그에 따라서 행동하는 사람들로 이루어진, 어느 정도 자족적인 공동체라고 생각해 보자. 나아가서 이러한 규칙은 그 성원들의 선을 증진하기 위해 마련된 협동 체제가 어떤 것인지를 구체적으로 명시하고 있다고 가정해 보자. 그런데 사회란 비록 상호간의 이익을 위한 협동체이기는 하지만 그것은 이해 관계의 일치뿐만 아니라 이해 관계의 상충이라는 특성도 갖는다. 각자가 자기 혼자만의 노력에 의해서 살기보다는 사회 협동체를 통해서 모두에게 보다 나은 생활이 가능하게 된다는 점에서는 이해 관계의 일치가 있다. 그러나 또한 이해의 대립이 있게 되는 것은, 그들은 노력에 의해 산출될 보다 큰 이득의 분배 방식에 대해 무관심하지 않으며 자신의 목적을 추구하기 위해 적은 몫보다는 큰 몫을 원할 것이기 때문이다. 이러한 이득의 분배를 결정해 줄 사회 체제를 선정해 주고 적절한 분배의 몫에 합의하는 데 필요한 어떤 원칙들의 체계가 요구되어진다. 이러한 원칙들이 바로 사회 정의의 원칙으로서 그것은 기본적인 사회 제도 내에서 권리와 의무를 할당하는 방식을 제시해 주며 사회 협동체의 이득과 부담의 적절한 분배를 결정해 준다.

그런데 어떤 사회가 그 성원들의 선을 증진해 줄 뿐 아니라 공공적 정의관에 의해 효율적으로 규제되는 경우 그 사회를 질서 정연한(well-ordered) 사회라 해보자. 즉 그것은 ① 다른 사람도 모두 동일한 정의의 원칙을 받

아들인다는 것을 모든 이가 인정하고 있고, ② 사회의 기본 제도가 일반
적으로 이러한 원칙을 충족시키고 있으며, 그 사실 또한 널리 주지되어
있는 그러한 사회를 말한다. 이런 경우에 사람들은 상호간에 비록 과도한
요구를 하게 될지도 모르나 그 요구를 판정하게 될 공동의 입장을 인정
하게 된다. 인간의 이기적인 경향성이 서로간에 경계를 불가피하게 한다
면 이러한 공공적인 정의관은 그들의 군건한 결합을 가능하게 해준다. 각
자 서로 다른 목적과 의도를 가진 개인들간에 공유되는 정의관은 동료 시
민으로서의 유대를 공고히 해주며 정의에 대한 일반적 욕구가 다른 목
적들의 추구에 한계를 정해 준다. 우리는 이러한 공공적 정의관이 질서 정
연한 인간 공동체의 기본적인 헌장을 구성하는 것으로 생각해도 좋을 것
이다.
   물론 기존하는 사회가 이런 식으로 질서 정연한 경우는 드물다. 왜냐하
면 정의와 부정의가 무엇인가조차 논란의 대상이 되는 일이 흔하기 때문
이다. 사람들은 그들 공동체의 기본 조건을 규정해 줄 원칙에 대해 의견
이 불일치하고 있다. 그러나 우리는 이러한 불일치에도 불구하고 각자 그
나름의 정의관(conceptions of justice)을 갖고 있다고 말할 수 있다. 다시
말하면 사람들은 기본적인 권리와 의무를 할당하고 사회 협동체의 이득과
부담에 대한 적절한 분배를 정해 줄 어떤 특정한 원칙들의 체계가 필요함
을 알고 있으며 그것을 주장할 마음의 준비가 되어 있다는 것이다. 그래서
이러한 다양한 정의관들과 구별되면서 그 상이한 원칙과 견해들이 공통적
으로 갖는 역할이 나타내 주는 정의의 개념(concept of justice)을 생각해
본다는 것은 당연한 것으로 보인다.[1] 그래서 상이한 견해를 가진 사람
들일지라도 개인들간에 기본적 권리와 의무를 할당함에 있어 부당한 차
별을 두지 않고 사회 생활의 이득에 대한 상충되는 요구를 적절하게 조정
해 줄 규칙들이 있을 경우, 그 제도는 정의롭다는 점에 합의할 수 있으리
라 생각한다. 사람들이 정당한 제도에 대한 이러한 설명에 합의할 수 있
으리라는 이유는 정의의 개념 속에 포함되어 있는 바, 부당한 차별과 적절
한 조정이라는 관념에는 각자가 받아들이는 정의의 원칙들에 맞추어 해석
할 수 있는 여지가 있기 때문이다. 이러한 원칙들은 권리와 의무를 정함에
있어 개인간의 유사점과 차이점 중 어떤 것이 합당한 것인가를 선정해 주
며 이득을 어떻게 분배하는 것이 적합한가를 명시해 준다. 정의의 개념과
다양한 정의관간에 이러한 구분을 한다고 해서 어떤 중대한 문제가 해결

---

1) 이 점에서 나는 H.L.A. Hart, *The Concept of Law* (Oxford: The Claren-
   don Press, 1961), pp. 155~159에 따랐다.

되는 것은 아니다. 그것은 단지 사회 정의의 원칙들이 하게 되는 **역할을** 확인하는 데 도움이 된다는 것이다.

　그런데 정의관에 있어 어떤 합의의 기준이 있어야 함은 인간 사회가 존립하기 위한 유일한 선결 조건은 아니다. 그 이외에도 사회에는 특히 조정, 효율, 안정 등의 기본적인 문제들이 있다. 그래서 개인들이 갖는 인생 계획이 상호 융화됨으로써 그들의 생활이 서로 양립할 수 있어야 하고 그 계획은 모두가 타인의 합당한 기대를 심하게 그르침이 없이 달성될 수 있을 것이 요구된다. 나아가서 이러한 계획의 실현은 효율적이고도 정의에 부합하는 사회적 목적의 달성을 가져와야 한다. 그리고 끝으로 사회 협동 체제는 안정된 것이어야 하는데, 지속적인 호응을 받는 동시에 그 기본 규칙들은 기꺼이 준수되어야 한다. 그리고 위반이 생길 경우에는 더 이상의 탈선을 예방하고 그 체제를 복구하려는 안정 세력이 존재해야 한다. 그런데 이러한 세 가지 문제가 정의의 문제와 관련되어 있음은 명백하다. 정의관에 어느 정도의 합의가 없을 경우에는 서로 이익이 되는 체제의 유지를 보장하기 위해 효율적으로 그들의 계획을 조정하는 것이 더욱 어려워진다는 것은 분명하다. 불신과 원한이 시민적 유대를 좀먹으며, 의혹과 적개심은 사람들로 하여금 달리하면 피할 수도 있을 행동으로 몰고 간다. 그래서 정의관이 갖는 뚜렷한 역할은 기본적인 권리와 의무를 구체적으로 명시해 주고 적절한 배분의 몫을 정해 주는 것이며, 그렇게 해주는 방식은 효율이나 조정, 그리고 안정의 문제에 영향을 미치게 마련이다. 일반적으로 우리는 어떤 한 정의관의 역할이 정의의 개념을 확인하는 데 아무리 쓸모있는 것일지라도 배분적 역할 하나만으로 그것을 평가할 수는 없다. 우리는 그것이 갖는 보다 광범한 관련들을 고려해야 한다. 왜냐하면 비록 정의가 제도의 가장 중요한 덕목으로서 어떤 우선성을 갖는다 할지라도 어떤 한 정의관이 다른 정의관에 비해 다른 모든 조건이 같지만 그것이 가져올 보다 광범한 결과에 있어 더 **바람직할 경우 그 정의관**이 더 낫다는 것은 당연할 것이기 때문이다.

2. 정의의 주제

　정의 여부를 따질 수 있는 것에는 여러 가지가 있는데 법이나 제도, 그리고 사회 체제뿐만이 아니고 의사 결정, 판단, 비난 등을 포함한 여러 가지의 특정 행위에 대해서도 그러하다. 또한 우리는 사람이 갖는 태도나 성향에 대해서 그리고 사람 그 자체에 대해서도 정의롭다 혹은 부당하다

고 한다. 그러나 우리가 논하려는 것은 사회 정의인 만큼 우리에게 있어
서 정의의 일차적 주제는 사회의 기본 구조(basic structure of society), 보
다더 정확히 말하면 사회의 주요 제도가 권리와 의무를 배분하고 사회 협
동체로부터 생긴 이익의 분배를 정하는 방식이 된다. 여기서 주요 제도란
정치의 기본법이나 기본적인 경제적·사회적 체제를 말한다. 그래서 사상
의 자유, 양심의 자유, 경쟁적 시장, 생산 수단의 사유 등에 대한 법적인
보호, 그리고 일부 일처제 등은 주요한 사회 제도의 예들이 된다. 이 모두
를 하나의 체계로 생각할 때 주요 제도는 인간의 권리와 의무를 규정하고
그들의 인생 전망에도 영향을 미침으로써 무엇이 될 것인가에 대한 기대
와 어떻게 살 것인가에 대한 소망까지 정해 주게 된다. 기본 구조가 정의
의 일차적 주제가 되는 이유는 이처럼 그 영향력이 심대하고 또 그것이
근원적인 데서부터 나타난다는 점 때문이다. 여기에서 직감적으로 생각나
는 것은 이러한 기본 구조 속에는 여러 가지 사회적 지위가 속해 있다는
점과 서로 다른 지위에 태어난 자들은 정치 체제뿐만 아니라 경제적·사
회적 여건들에 의해서 어느 정도 정해진 서로 상이한 기대를 갖게 된다는
점이다. 이런 식으로 사회 제도로 인해서 어떤 출발점에는 다른 출발점보
다 유리한 조건이 부여된다. 이러한 것들은 특히 뿌리깊은 불평등이라 할
수 있다. 그러한 것들은 지배적인 것일 뿐만 아니라 인생에 있어서 인간
의 최초의 기회를 좌우하게 되는 것이다. 그러나 그것은 능력이나 공적이
라는 개념에 의거해서도 정당화될 수 없는 것이다. 사회 정의의 원칙들이
제일 먼저 적용되어야 할 것은 어떤 사회의 기본 구조 속에 있는 이와 같
은 거의 불가피한 불평등인 것이다. 그래서 그러한 원칙들은 정치 조직의
선택과 경제적·사회적 중요 요인들을 규제하게 된다. 한 사회 체제의 정
의 여부는 본질적으로 권리와 의무가 할당되는 방식에 달려 있으며 사회의
여러 방면에 있어서 경제적 기회와 사회적 조건에 달려 있다 할 것이다.
　우리의 연구 범위는 두 가지 점에서 제한되어 있다. 첫째로 나는 특수
한 경우의 정의만을 문제삼고 있다. 나는 제도나 사회 체제 일반의 정의
를 문제삼거나 국제법이나 국가간의 관계에 있어서의 정의를 본격적으로
다루려는 것은 아니다(58절). 그러므로 정의는 합리적인 이득이나 손실로
인정되는 모든 것의 분배에 적용되는 개념이라 생각한다면 우리가 문제삼는
것은 단지 그 적용의 한 가지 경우만이라 할 수 있다. 기본 구조에 만족스
럽게 적용되는 원칙들이라 해서 다른 모든 경우에도 타당하리라고 미리
가정할 이유는 없다. 이러한 원칙들은 사적인 모임의 규칙이나 규범 혹은
보다 소규모의 사회 단체에는 들어맞지 않을 수도 있다. 또한 그것은 일

상 생활에 있어서 비공식적인 여러 관습이나 습속과 관련되지 않을 수도 있다. 왜냐하면 이러한 습속은 자발적 협동 체제의 정의나 계약적 합의에 이르는 절차의 공정성을 해명할 수 없을 것이기 때문이다. 국제법의 조건들은 어느 정도 다른 방식으로 도출되는 상이한 원칙들을 요구한다. 나는 우선 다른 사회와 분리되어 폐쇄 체제로 생각되는 사회의 기본 구조에 합당한 정의관을 정식화할 수 있다면 그것으로 만족하고자 한다. 이러한 특수한 경우가 갖는 의의는 분명하므로 더 이상의 설명을 요하지 않는다. 일단 우리가 이러한 경우에 합당한 이론을 갖게 되면 자연히 정의의 나머지 문제들도 그에 비추어 보다 다루기 수월해지리라고 생각할 수 있다. 적절한 변경을 가함으로써 그러한 이론은 이와 같은 다른 문제에 대한 실마리를 제공하게 될 것이다.

우리의 논의에 대한 또 하나의 제한은 우리의 논의의 대부분이 질서 정연한 사회를 규제하는 정의의 원칙을 검토한다는 점이다. 그래서 모든 사람들이 정의롭게 행동하고 정의로운 제도를 유지하기 위해 각자의 역할을 다하는 것으로 가정한다. 흄이 말한 대로 정의란 신경을 곤두세워 애써 지켜야 하는 덕목이긴 하지만 그래도 우리는 완전히 정의로운 사회란 어떤 것인지를 물을 수 있을 것이다.[2] 그래서 우선 부분적인 준수가 아닌 이른바, 철저한 준수론(strict compliance theory)을 살펴보기로 한다(25, 39절). 부분적 준수론(partial compliance theory)이란 부정의를 처리하게 될 방법을 규제하는 원칙들을 연구하는 것이다. 그것은 처벌론, 정의로운 전쟁론, 그리고 정의롭지 못한 체제에 대처하는 여러 방식들, 즉 시민 불복종이나 무력적 항거에서부터 혁명과 반란에 이르기까지의 정당화 등과 같은 주제를 포함한다. 또한 여기에는 보상적 정의 및 제도적 부정의의 형태들간의 비교 문제도 포함된다. 부분적 준수론의 문제들이 긴요하고 중대한 문제임은 분명하다. 그것은 우리가 일상 생활에서 당면하는 문제들이다. 하지만 이상적인 이론으로부터 시작하는 이유는 그것이 사실상 이러한 보다 긴요한 문제를 체계적으로 파악하는 데 필요한 유일한 기초를 제시해 준다는 생각에서이다. 예를 들어 시민 불복종에 관한 논의는 그러한 이상론에 의거해 있다(55~59절). 적어도 내가 생각하기로는 다른 방식으로는 보다 깊은 이해가 얻어질 수 없으며, 완전히 정의로운 사회의 성격이나 목적은 정의론의 가장 기본적인 부분에 속한다고 생각한다.

물론 기본 구조라는 개념이 다소 애매한 것은 사실이다. 그 구조에는

---

2) *An Enquiry Concerning the Principles of Morals*, 3편, 1부, 단락 3, ed. L.A. Selby-Bigge, 제 2 판(Oxford, 1902), p. 184.

어떤 제도와 측면이 포함되어야 할 것인지가 반드시 분명한 것은 아니다. 그러나 여기에서 이러한 문제를 염려하는 것은 성급한 일이다. 우선 분명히 기본 구조의 일부라고 직감적으로 이해되는 것에 적용될 원칙들을 논의하는 것에서 출발하여 다음에는 이러한 원칙의 적용 범위를 확대함으로써 그 구조의 중요 요소로 생각되는 데까지 넓혀 가면 된다. 그렇게 될 경우에는 아마 이러한 원칙들이 완전히 일반적인 것으로 나타날 것이다. 그러나 그것이 불가능할지라도 그것들이 사회 정의에 있어 가장 중요한 경우에 적용될 수 있다면 그것으로 충분한 것이다. 염두에 두어야 할 것은 기본 구조에 관한 정의관을 갖는다는 것은 그 자체로서 가치가 있다는 점이다. 그 원칙이 다른 분야에서까지 만족스럽지 못하다고 해서 실망할 필요는 없다.

그런데 사회 정의관은 일차적으로 사회의 기본 구조가 갖는 배분적 측면(distributive aspects)을 평가할 기준을 제공할 것으로 생각된다. 그러나 이러한 기준은 사회의 기본 구조나 사회 체제 일반이 갖는 다른 덕목들을 규정하는 원칙들과 혼동되어서는 안 된다. 왜냐하면 사회의 기본 구조나 체제에는 정의 이외에도 효율성의 유무, 자유의 유무 등 여러 가지가 있을 수 있기 때문이다. 기본 구조가 갖는 덕목의 원칙들을 규정하고 그들간에 대립이 있을 경우, 그 각각의 비중을 정하여 조정해 줄 전체적인 관점이란 정의관 이상의 것이며 그것은 바로 사회의 이상(social ideal)이 될 것이다. 정의의 원칙은 이러한 관점의 가장 중요한 부분이기는 하지만 그 일부에 지나지 않는다. 나아가서 사회의 이상은 사회 협동체의 목적과 목표를 바라보는 관점, 즉 사회관과 결부되어 있다. 여러 가지 정의관도 인간 생활의 자연적 필요와 기회에 대한 상반된 견해를 배경으로 한 서로 상이한 사회관의 산물이다. 하나의 정의관을 충분히 이해하게 되면 우리는 그것의 근거가 되는 사회 협동체에 대한 견해를 밝힐 수 있게 된다. 그러나 이렇게 한다고 해서 정의의 원칙들이 갖는 특수한 역할이나 그들이 적용될 일차적 주제가 무엇인가를 잊어서는 안 될 것이다.

이상의 예비적인 이야기에서 나는 상충하는 요구간의 적절한 균형을 의미하는 정의의 개념과 이러한 균형을 결정할 적합한 고려 사항들을 확인하기 위한 관련 원칙들의 체계로서의 정의관을 구별했다. 나는 또한 내가 제시한 이론이 물론 통상적인 의미를 넘어서는 것이긴 하지만, 정의란 사회의 이상의 일부에 불과하다고 규정했던 것이다. 이 이론은 사회적 기본 구조의 통상적 의미에 대한 기술이 아니고 그 구조의 분배적 원칙들에 대한 설명으로 제시된다. 내 생각에는 제대로 된 완전한 윤리론이라면 이러한 기본 문제에 대한 원칙들을 포함해야 하며 그 내용이 어떤 것이든간에 이러한 원칙들은 그 이론의 정의관을 이룬다고 본다. 그리고 정의의 개념은 권리와 의무를 할당하고 사회적 이득의 적절한 분배를 규정할 정의의 원칙들이 갖는 역할에 의해 규정된다고 생각한다. 하나의 정의관은 바로 이러한 역할에 대한 어떤 해석인 것이다.

이런 접근 방식은 전통과 부합하지 않는 것으로 보일지도 모른다. 그러나 나는 부합하는 것으로 생각한다. 아리스토텔레스가 정의에 부여한 보다 특수한 의미는 대부분의 친숙한 정식들이 도출되는 바탕으로서 과다 (pleonexia)를 삼가하는 것, 즉 재산이나 보수 혹은 직책 등 타인에 속하는 것을 탈취하거나, 약속의 이행, 부채의 상환, 합당한 존경의 표시 등 자신에게 마땅한 일을 거부함으로써 자신의 이익을 도모하는 일을 삼가하는 것이다. [3] 물론 이러한 정의(定義)는 행동에 적용하기 위해 내려진 것이 분명한데 사람들은 그 성격, 즉 지속적인 요소의 하나로서, 정의롭게 행위하고자 하는 꾸준하고 유효한 욕구를 갖는 한에서 정의로운 자라고 할 수 있을 것이다. 그러나 아리스토텔레스의 정의(定義)는 정당하게 각자에게 속하고 그에게 당연히 돌아가야 할 바가 무엇인가에 대한 설명을 전제로 하고 있음이 분명하다. 그런데 나는 이러한 각자의 당연한 몫은 흔히 사회 제도나 그 제도가 제시하는 적절한 기대치로부터 도출된다고 생각한다. 아리스토텔레스가 이런 생각에 동의하지 않으리라는 이유는 없으며 그도 분명히 이러한 주장을 설명할 수 있는 사회 정의관을 가지고 있다. 내가 채택한 정의(定義)는 곧바로 가장 중요한 경우인 기본 구조의 정의에 적용하기 위해 마련된 것이다. 따라서 전통적 사상과도 아무런 대립이 있을 수 없는 것이다.

3. 정의론의 요지

나의 목적은 이를테면 로크, 루소, 그리고 칸트에게서 흔히 알려져 있는 사회 계약의 이론을 고도로 추상화함으로써 일반화된 정의관을 제시하는 일이다. [4] 그러기 위해서는 원초적 계약을 어떤 사람이 특정 사회를 택하

---

3) *Nicomachean Ethics*, 1129b〜1130b5. G. Vlastos 의 해석에 따랐다. "Justice and Happiness in *The Republic*", *Plato: A Collection of Critical Essays* ed. G. Vlastos (Garden City, N.Y.: Doubleday and Company, 1971), 제 2 권, pp.70 이하. Aristoteles의 정의론에 관해서는 W.F.R. Hardie, *Aristotele's Ethical Theory* (Oxford: The Clarendon Press, 1968), 10장 참조.

4) 본문에도 나타나 있듯이 나는 Locke, *Second Treatise of Government*,

거나 특정 형태의 정부를 세우는 것으로 생각해서는 안 된다. 오히려 핵심이 되는 생각은 사회의 기본 구조에 대한 정의의 원칙들이 원초적 합의의 대상이라는 점에 있다. 그것은 자신의 이익 증진에 관심을 가진 자유롭고 합리적인 사람들이 평등한 최초의 입장에서 그들 공동체의 기본 조건을 규정하는 것으로 채택하게 될 원칙들이다. 이러한 원칙들은 그 후의 모든 합의를 규제하는 것으로서, 참여하게 될 사회 협동체의 종류와 설립할 정부 형태를 명시해 준다. 정의의 원칙들을 이렇게 보는 방식을 공정으로서의 정의관(justice as fairness)이라 부르고자 한다.

그래서 우리는 사회 협동체에 참여한 자들이 하나의 공동 결의를 통해서 기본적인 권리와 의무를 할당하고 사회적 이득의 분배를 정해 줄 원칙들을 함께 채택한다고 상상해 볼 수 있다. 사람들은 그들이 상호간에 상충하는 요구를 조정하는 방식과 그들 사회의 기본 헌장이 무엇인가를 우선 정하게 된다. 각 사람은 합리적인 반성을 통해서 무엇이 자신의 선인지를, 다시 말하면 그가 추구할 합리적인 목적의 체계가 무엇인지를 결정해야 하듯이 사람들의 집단은 그러한 목적 체계 가운데서 무엇이 정의롭고 무엇이 불의로 간주될 것인가를 한꺼번에 정하게 된다. 합리적인 인간들이 평등하고 자유로운 가상적 상황에서 행하게 될 선택은 일단 이러한 선택 문제가 해결된다고 생각될 경우에는 정의의 원칙들을 결정해 줄 것이다.

공정으로서의 정의관에 있어서 평등한 원초적 입장(original position)이라는 것은 전통적인 사회 계약론에 있어서 자연 상태(state of nature)에 해당한다. 이 원초적 입장은 역사상에 실재했던 상태로 생각해서는 안 되며 더우기 문화적 원시 상태로 생각해서도 안 된다. 그것은 일정한 정의관에 이르게 하도록 규정된 순수한 가상적 상황으로 이해된다. 5) 이러한 상황이

Rousseau 의 *The Social Contract*, 그리고 *The Foundations of the Metaphysics of Morals* 를 필두로 하는 Kant 의 윤리서들을 계약론적 전통을 결정짓는 것으로 간주하려 한다. Hobbes 의 *Leviathan* 은 위대한 것이긴 하나 몇 가지 특수한 문제점을 안고 있다. 개괄적인 역사적 조망을 제공하는 책으로는 J. W. Gough, *The Social Contract*, 제 2 판(Oxford: The Clarendon Press, 1957); O. Gierke, *Natural Law and the Theory of Society*, trans. E. Barker (Cambridge: The Univ. Press, 1934)가 있다. 계약론적인 입장을 일차적으로 하나의 윤리론으로 제시한 것은 G. R. Grice, *The Grounds of Moral Judgment* (Cambridge: The Univ. Press, 1967)이다. 또한 19 절 각주 30 을 참조.

5) Kant 는 원초적 합의가 가상적임을 분명히 했다. *The Metaphysics of Morals*, 1 부(*Rechtslehre*), 특히 47, 52 절 ; "Concerning the Common Saying: This

갖는 본질적 특성 중에는 아무도 자신의 사회적 지위나 계층상의 위치를 모르며 누구도 자기가 어떠한 소질이나 능력, 지능, 체력 등을 천부적으로 타고났는지를 모른다는 점이다. 심지어 당사자들(parties)은 자신의 가치관이나 특수한 심리적 성향까지도 모른다고 가정된다. 정의의 원칙들은 무지의 베일(veil of ignorance) 속에서 선택되어진다. 그럼으로써 보장되는 것은 원칙들을 선택함에 있어서 아무도 타고난 우연의 결과나 사회적 여건의 우연성으로 인해 유리하거나 불리해지지 않는다는 점이다. 모든 이가 유사한 상황 속에 처하게 되어 아무도 자신의 특정 조건에 유리한 원칙들을 구상할 수 없는 까닭에 정의의 원칙들은 공정한 합의나 약정의 결과가 된다. 각자가 상호 동등한 관계에 있게 되는 원초적 입장의 여건들이 주어질 경우 도덕적 인격으로서, 즉 자신의 목적과 정의감을 가진다고 생각되는 합리적 존재로서의 개인들에게 있어서 이런 최초의 상황이란 공정하다고 볼 수 있다. 원초적 입장이란 적절한 최초의 원상(status quo)이라 할 수 있으며 따라서 거기에서 도달된 기본적 합의는 공정한 것이다. 이로 인해서 '공정으로서의 정의'란 말이 적합하다는 것을 알게 되는데, 그것은 바로 정의의 원칙이 공정한 원초적 상황에서 합의된 것이라는 생각을 담고 있기 때문이다. 이러한 명칭은 정의라는 개념과 공정이라는 개념이 동일하다는 것을 의미하지는 않는다. 이는 마치 '은유로서의 시'라는 구절이 시라는 개념과 은유라는 개념이 동일하다는 것을 뜻하지 않는 것과 마찬가지이다.

이미 말했듯이, 공정으로서의 정의는 사람들이 함께 선택하게 될 가장 일반적인 것들 중의 하나로 시작된다. 즉 그것은 제도들에 관한 그 후의 모든 비판과 개혁을 규제하게 될 정의관의 제 1 원칙들을 선택하는 것으로부터 시작된다. 일단 정의관이 선택된 다음에는 그에 의해 헌법이 선택되고 입법 기관이 선택되는데 이러한 것들은 모두 이미 처음에 합의된 원칙들에 따라서 이루어진다. 만일 이러한 일련의 가정적 합의에 의해서 우리의 사회적 상황을 규정해 줄 규칙들의 일반 체계가 약정된다면 그러한 우리의 사회적 상황은 정의롭다고 할 수 있다. 나아가서 일단 원초적 입장에서 일련의 원칙들이 정해진다고 가정할 경우(즉 어떤 특정한 정의관이 선

May Be True in Theory but It Does Not Apply in Practice", 2 부, *Kant's Political Writings*, ed. H. Reiss and trans. H.B. Nisbet(Cambridge: The Univ. Press, 1970), pp. 73〜87; G. Vlachos, *La Pensée politigue de Kant* (Paris: Presses Univ. de France, 1962), pp. 326〜335 참조. 더 이상의 논의를 위해서는 J.G. Murphy, *Kant: The Philosophy of Right*(London: Macmillan, 1970), pp. 109〜112, 133〜136 참조.

택될 경우) 사회 제도가 이 원칙들을 실현하고 있을 때에는 언제나 거기에 참여하는 자들은 서로간의 관계가 공정한, 즉 자유롭고 평등한 사람들이. 합의하게 될 그러한 조건으로 그들이 서로 협동하고 있다고 말할 수 있음이 사실일 것이다. 그들은 모두 그들의 체제가 원칙의 선택에 있어 널리 인정되고 합리적인 제한 조건들을 구체화한 원초적 상황에서 그들이 채택하게 될 규정을 충족시킨다고 생각할 수 있을 것이다. 이러한 사실을 일반적으로 주지시킴으로써 그에 상응하는 정의의 원칙들을 공공적으로 승인 받게 될 기반이 마련될 것이다. 물론 어떤 사회이든 사람들이 문자 그대로 자발적으로 가담하는 협동 체제란 있을 수 없으며, 각자는 이미 어떤 특정 사회의 특정 지위를 갖고 태어나게 되며 이러한 지위의 성격이 그의 인생 전망에 실질적인 영향을 미치게 된다. 그러나 공정으로서의 정의의 원칙을 실현하는 사회는 가장 자발적인 체제에 가까이 접근하게 된다. 왜냐하면 그 사회는 공정한 여건 아래 자유롭고 평등한 사람들이 합의하게 될 원칙들을 충족시키고 있기 때문이다. 이러한 의미에서 그 사회의 성원들은 자발적이며 그들이 받게 되는 책무는 스스로 부과한 것이 된다.

공정으로서의 정의관이 갖는 또 하나의 특징은 원초적 상황의 당사자들이 합리적이고 상호 무관심(mutually disinterested)한 것으로 생각한다는 점이다. 그렇다고 해서 당사자들이 이기주의자들, 즉 이른바 재산이나 특혜, 지배권 등 특정 종류의 관심만을 갖는 개인들임을 뜻하는 것은 아니다. 단지 그들은 서로 타인의 이해 관계에는 관심이 없는 것으로 생각되어진다. 그리고 그들은 상이한 종교를 가진 자들의 목적이 서로 대립될 수 있듯이 그들의 정신적인 목적까지도 대립될 수 있는 것으로 생각된다. 나아가서 합리성이란 개념은 경제 이론에서 전형적으로 나타나는 바, 주어진 목적에 대한 가장 효과적인 수단을 취한다는 뜻에서 가능한 한 좁은 의미로 해석되어져야 한다. 앞으로 설명이 있겠지만(25절) 나는 이 개념에 약간의 변경을 가해서 사용하려 하는데 그렇다고 해서 그 개념 속에 논란의 여지가 있을 윤리적 요소를 가미시켜서는 안 될 것이다. 원초적 상황이란 널리 받아들여질 수 있는 규정들로 특징지워져야 하기 때문이다.

공정으로서의 정의관을 전개하는 데 있어 분명히 중요한 과제 중의 하나는 원초적 입장에서 어떠한 정의의 원칙들이 채택될 것인가를 결정하는 일이다. 이를 위해서 우리는 이 상황을 보다 상세히 기술하고 그것이 보여 줄 선택의 문제를 주의깊게 정리해야 한다. 바로 다음에 오는 장들에서 이 문제를 다루고자 한다. 그런데 일단 정의의 원칙이 평등한 상황의 원초적 합의에서 얻어지는 것으로 생각한다 해도 공리의 원칙(principle of

utility)이 채택될 것인지의 여부는 미해결의 문제로 남아 있음을 알 수 있
다. 우선 상호간에 자신의 요구를 내세울 자격이 있는 평등한 존재로서
스스로를 생각하고 있는 자들이기에 단지 타인이 보다 큰 이득의 **총량**을
누리도록 하기 위해서 자신에게 보다 약소한 인생 전망을 요구하게 될 그
러한 원칙에 동의할 것같이 생각되지는 않는다. 각자는 자기가 선이라고
생각하는 것을 증진시키기 위해 자신의 이익과 능력을 보호하기를 바라는
까닭에 그 누구도 보다 큰 만족의 총화를 가져오기 위해 자신에게 돌아올
손실을 말없이 참을 이유는 없는 것이다. 끈질기고 강렬한 이타적 충동이
없는 경우에는 합리적 인간이란 자기 자신의 기본 권리와 이해 관계에 미
칠 결과를 고려함이 없이 전체 이득의 산술적인 **총량**을 극대화한다는 이
유만으로 어떤 기본 구조를 받아들이지 않을 것이다. 그래서 공리의 원칙
은 상호 이익을 위해 모인 평등한 사람들의 사회적 협동체라는 관념과 양
립 불가능한 것으로 생각된다. 그것은 질서 정연한 사회라는 개념 속에 내
포된 호혜성(reciprocity)의 이념과 일치하지 않는 것으로 보인다. 여하튼
나는 그러한 사실을 논의해 보고자 한다.

그와는 달리 내가 주장하려는 것은 원초적 입장에서 사람들은 다음과
같은 두 개의 상이한 원칙을 채택하리라는 것이다. 즉 첫번째 원칙은 기
본적인 권리와 의무의 할당에 있어 평등을 요구하는 것이며, 반면에 두번
째 것은 사회적·경제적 불평등, 예를 들면 재산과 권력의 불평등을 허용
하되 그것이 모든 사람, 그 중에서도 특히 사회의 최소 수혜자에게 그 불
평등을 보상할 만한 이득을 가져 오는 경우에만 정당한 것임을 내세우는
것이다. 이러한 원칙들은 소수자의 노고가 전체의 보다 큰 선에 의해 보
상된다는 이유로 어떤 제도를 정당화하는 일을 배제한다. 다른 사람의 번
영을 위해서 일부가 손해를 입는다는 것은 편의로운 것일지는 모르나 정
의로운 것은 아니다. 그러나 불운한 자의 처지가 그로 인해 더 향상된다
면 소수자가 더 큰 이익을 취한다고 해도 부정의한 것은 아니다. 직감적
으로 떠오르는 생각으로는 모든 사람의 복지가 그것이 없이는 아무도 생
을 영위할 수 없을 사회 협동 체제에 의존하는 까닭에, 이득의 분배는 가
장 곤란한 처지에 있는 사람을 포함해서 그 사회에 가담하는 모든 사람의
협력을 이끌어 내도록 이루어져야 한다. 그러나 이것은 합리적인 조건들
이 제시되는 경우에만 기대될 수 있다. 언급된 두 개의 원칙은 공정한
합의에 따라 이루어질 것으로 보이며 이를 바탕으로, 누릴 만한 마땅한
권한이 있는 것은 아니지만, 어쨌든 보다 좋은 자질을 타고 났거나 운좋
게 보다 나은 사회적 지위를 갖게 된 자들은 어떤 훌륭한 체제가 모든 이

3. 정의론의 요지 37

의 복지를 위한 필수 조건일 경우 타인들의 자발적인 협동을 기대할 수 있을 것이다.[6] 일단 우리가 천부적 재질이나 사회적 여건의 우연성을 정치적·경제적 이득의 요구에 있어 무의미한 것으로 무시하는 정의관을 찾고자 결정한 이상 우리는 그러한 원칙들에 도달하게 될 것이다. 그 원칙들은 우리의 사회 생활에 있어 도덕적 견지에서 볼 때 임의적인 것이라 생각되는 그러한 요소들을 도외시하고 난 결과를 나타내고 있다.

그런데 원칙의 선택 문제는 지극히 어려운 것이다. 내가 제시하는 해답이 모든 사람에게 설득력을 가지리라는 기대는 하지 않는다. 그래서 우선 알아 두어야 할 것은 공정으로서의 정의관은 다른 계약론에서처럼 두 부분으로 구성된다는 점이다. ① 최초의 상황 및 거기에서 생기는 선택의 문제에 대한 해명과 ② 합의될 원칙들의 체계에 대한 논증이다. 우리들은 이 이론의 첫번째 부분(아니면 약간의 변경을 가한 것)은 받아들일 수 있을지 모르나 두번째 것은 받아들일 수 없다든가, 아니면 후자만을 받아들이게 될 수도 있다. 제시된 특정 원칙들은 거부될지라도 최초의 계약적 상황이라는 개념은 합당한 것으로 생각될지도 모른다. 이러한 상황에 대한 가장 적절한 구상이 이루어진다면 확실히 공리주의(utilitarianism)나 완전설(perfectionism)과는 전혀 다른 정의의 원칙들에 이르게 될 것이며, 따라서 계약설은 이러한 견해들에 대한 대안을 제시한다는 주장을 하고 싶다. 그러나 우리는 계약론적인 방법이 윤리설을 연구하고 여러 윤리설의 근본 가정을 밝혀 주는 쓸모있는 방법임을 인정한다 할지라도 이러한 주장이 반박될 수도 있다.

공정으로서의 정의관은 내가 계약론이라고 부르는 것의 한 예이다. '계약'(contract)이라는 말이나 그와 관련된 표현에 반대가 있을 수 있겠지만 나는 그것이 무리없이 사용될 수 있으리라고 생각한다. 많은 낱말들이 처음에는 혼동을 일으킬 듯한 오해하기 쉬운 의미를 함축하고 있다. '공리'나 '공리주의'라는 용어도 분명히 예외는 아니다. 그 말들도 적대적인 비판자이면 선뜻 악용하게 될 불행한 암시들을 풍기고 있다. 그러나 그 말들도 공리주의적 학설을 연구할 뜻을 가진 자에게는 충분히 명료한 것이다. 도덕 이론들에 적용될 '계약'이란 말에도 사정은 마찬가지이다. 앞에서 말한 바와 같이 그 말을 이해하기 위해서 우리는 그것이 어느 정도의 추상성을 가진 것임을 염두에 두어야 한다. 특히 관련된 합의의 내용은 일정한 사회를 택한다거나 특정 형태의 정부를 선택한다는 것이 아니라 어떠한 도덕 원칙들을 받아들인다는 것이다. 나아가서 여기서 말하는 약

6) 이러한 직감적 생각의 정식화를 위해서는 A. Gibbard 의 도움을 받았다.

속은 순수히 **가상적인** 것으로서 계약론적인 입장이란 어떤 원칙들이 적절한 최초의 상황에서 채택되리라는 것을 주장하는 **것이라 할 수 있다.**

계약론적 설명 방식이 갖는 장점은 그것이 합리적인 사람들에 의해 원칙들이 선택되며 이런 식으로 정의관이 설명되고 정당화된다는 생각을 나타내고 있다는 점이다. 정의론은 합리적 선택 이론의 일부요, 그것도 가장 중요한 부분으로 생각된다. 나아가서 정의의 원칙은 사회적 협동에 의해 얻어진 이득에 대한 상충되는 요구들을 다루는 것으로서 여러 개인이나 집단 사이의 관계에 적용된다. '계약'이란 말은 바로 이러한 복수성을 암시하고 있을 뿐만 아니라 이득의 적절한 분배는 모든 당사자들에게 받아들여질 수 있는 원칙들에 따라서 이루어져야 한다는 조건을 나타내고 있다. 또한 계약론적 설명 방식이 함축하고 있는 바는 정의의 원칙들에 대한 공지성(publicity)이라는 조건이다. 그래서 이러한 원칙들이 합의의 결과인 이상 시민들은 타인들도 그 원칙에 따르리라는 것을 알고 있는 것이다. 정치적 원칙들이 갖는 공지적 성격을 강조하는 것은 바로 계약 이론의 특성이라 할 수 있다. 끝으로 계약론은 오랜 전통을 이루며 이어져 왔다. 이러한 계통의 사상과의 관련성을 나타낸다는 것은 생각을 정돈하는 데도 도움이 되며 자연스러운 경건심에도 부합된다. 그래서 '계약'이라는 용어를 사용하는 데는 여러 가지 이점이 있으며, 적절한 주의만 기울인다면 오해를 주지 않게 될 것이다.

결론적으로 한마디 덧붙일 것은 공정으로서의 정의관은 완**전**한 계약론은 아니라는 점이다. 왜냐하면 계약론적인 사상은 어느 정도 전체적인 윤리 체계의 선택에까지, 다시 말하면 단지 정의뿐만 아니라 모든 덕목들에 관한 원칙까지도 포함하는 체계까지 확장될 수 있음은 분명한 것이기 때문이다. 하지만 나는 앞으로 오직 정의의 원칙들이나 그와 밀접히 관련된 것만을 고찰하게 될 것이며 여러 덕목을 체계적으로 논의하려는 것은 아니다. 물론 공정으로서의 정의가 제대로 성공하게 되면 다음 단계에는 '공정성으로서의 정당성'(rightness as fairness)이라는 이름이 나타내는 보다 일반적인 입장을 연구하게 될 것이다. 그러나 비록 이와 같은 보다 광범한 이론이 되더라도 그것은 인간들의 관계만을 포함할 뿐 인간이 동물이나 여타의 자연과 가지게 될 관계는 논외로 하는 까닭에 모든 도덕적인 관련들을 포괄하지는 못하게 되는 셈이다. 나는 계약이라는 개념이 분명히 일차적인 중요성을 갖는 이러한 문제들에 접근할 방식을 제시한다고 주장하지는 않으며, 그러한 문제들은 제외해 두고자 한다. 우리는 공정으로서의 정의관과 그것을 본보기로 하는 일반적인 유형의 견해가 제한된 범위를 갖는다는 것을 인정해야만 한다. 그러한 여타의 문제들이 고려될 경우 우리의 결론이 어느 정도 수정되어야 할지는 미리 정해질 수 없을 것이다.

4. 원초적 입장과 정당화

앞에서도 말했듯이 원초적 입장(original position)이란 거기서 도달된 기본적 합의가 공정함을 보장하기에 적절한 최초의 원상(status quo)이라 할 수 있다. 바로 이러한 사실 때문에 '공정으로서의 정의'라는 명칭이 생겨난 것이다. 그래서 분명한 것은 원초적 입장에 있는 합리적 인간들이 정의의 역할로 봐서 어떤 정의관에 입각한 정의의 원칙들을 다른 것보다 우선적으로 선택하는 경우 그 정의관은 다른 것보다 더 합당한 것이며 그에 관한 정당화가 더 수월하다고 말하고 싶다는 점이다. 정의관은 그러한 여건을 갖춘 사람들이 받아들일 가능성에 의해 그 순위가 매겨질 수 있다. 이런 식으로 이해할 경우 정당화의 문제는 숙고(deliberation)의 문제를 논의함으로써 즉 주어진 계약적 상황 속에서 어떠한 원칙들을 채택하는 것이 합리적일까를 확인함으로써 해결될 수 있다. 이는 정의론을 합리적 선택 이론(theory of rational choice)과 관련지워 준다.

정당화의 문제에 대한 이러한 관점이 성공적이기 위해서 물론 우리는 이러한 선택의 문제가 갖는 성격을 보다 자세히 서술해야만 한다. 합리적 결정의 문제가 확실한 해결을 보기 위해서 반드시 우리가 알아야 할 것은 당사자들의 소견과 관심, 그들의 상호 관계, 그들이 선택하게 될 여러 대안들, 그들이 결정짓게 될 절차 등등이다. 이러한 여건들이 달라짐에 따라 그에 상응하는 다른 원칙들이 채택되어진다. 앞으로도 언급하겠지만 원초적 입장이라는 개념은 정의론을 위한 이러한 최초의 선택 상황에 대해서 철학적으로 가장 유력한 해석에 의한 개념인 것이다.

그런데 우리는 가장 유력한 해석이 무엇인가를 어떻게 결정할 것인가? 그 한 가지로서 정의의 원칙들은 일정한 조건 하에서 선택되어져야 한다는 데 대체로 합의하리라고 생각한다. 최초의 상황에 대한 특정한 규정을 정당화하기 위해서는 그것이 일반적으로 공유하고 있는 이러한 전제들로 구성되어 있음을 보여야 한다. 우리는 널리 받아들여지면서도 약소한 전제들로부터 보다 특수한 결론들을 논증해 간다. 그 전제들 자체는 모두 자연스럽고 현실성이 있어야 한다. 그들 중 어떤 것은 무해하고 심지어는 사소한 것으로 생각될 수도 있다. 계약론적인 접근 방식의 목표는 전체적

으로 볼 때 그러한 전제들이 받아들일 만한 정의의 원칙들에 대해 **중대한**
제약을 가하게 된다는 것을 입증하려는 것이다. 이러한 조건들이 **특유한**
원칙들의 체계를 정해 주게 된다면 이상적인 결과가 될 것이다. 그러나 그
러한 조건들이 중요한 전통적인 사회 정의관들의 우열을 가리기에 충분하
다면 그것으로도 만족할 것이다.

그래서 우리는 원초적 입장을 특징지우는 다소 유별난 조건으로 인하여
그릇 인도되어서는 안 된다. 여기서 생각나는 것은 단지 정의의 원칙들에
대한 논증에 가해져야 할, 그럼으로써 이 원칙들 자체에도 당연히 가해져
야 할 제한 조건들을 생생하게 떠오르도록 하는 일이다. 그래서 그 누구
도 원칙들을 선택함에 있어 타고난 운수나 사회적 여건 때문에 유리하거
나 불리해서는 안 된다는 사실은 타당하고 일반적으로 인정되리라고 생각
한다. 또한 원칙들이 한 개인의 특수 처지에 맞추어서 만들어질 수 없다
는 데도 대부분 합의하리라고 생각된다. 나아가서 특정한 성향이나 야망,
그리고 개인적인 가치관이 채택될 원칙들에 영향을 주지 않아야 함도 확
실히 해두어야 한다. 정의의 관점에서 보아 부당한 어떤 것을 알 경우에
한해서는 합리적으로 받아들이게끔 제시될 가능성이 추호라도 있을 그러한
원칙들을 배제하는 것이 목표이다. 예를 들면 자신이 부유함을 알 경우에
는 부의 정도에 따라 여러 가지 세금을 낸다는 것은 부당하다는 원칙을
제안하는 것이 합리적임을 알게 될 것이다. 만일 자신이 가난함을 아는
경우에는 그에 반대되는 원칙을 제안할 가능성이 아주 짙을 것이다. 바람
직한 제한 조건을 생각해 보기 위해 우리는 모든 사람이 이런 종류의 지식
을 갖지 않는 상황을 상정하게 된다. 우리는 사람들을 불화하게 하고 그들
로 하여금 편견에 의해 인도되도록 하는 이러한 우연적 여건들에 관한 지
식을 배제한다. 이리하여 무지의 베일(veil of ignorance)이라는 것에 자연적
으로 도달하게 된다. 이러한 개념은 논증에 있어서 그것이 나타내고자 하
는 제한 조건들을 염두에 둔다면 아무런 어려움도 일으키지 않을 것이다.
단지 이른바 일정한 절차를 따름으로써, 즉 이러한 제한 조건에 응하여
정의의 원칙을 논증함으로써 우리는 언제든지 원초적 입장을 취할 수가
있는 것이다.

원초적 입장의 당사자들이 평등하다고 생각함은 합당하다고 생각된다.
다시 말하면 모든 이들은 원칙의 선정 절차에 있어 동등한 권리를 가지며,
누구나 제안을 할 수도 있고 그것을 받아들임에 있어 이성에 따른다는 등
등에 있어서 그러하다. 물론 이러한 조건을 두는 목적은 도덕적 인격으로
서 그리고 자신의 가치관을 가지고 정의감을 행사할 수 있는 존재로서의

인간 상호간의 평등을 나타내고자 함에 있다. 평등의 근거는 두 가지 관점에서의 유사성이라 생각된다. 다시 말해 목적의 체계간에는 가치의 우열을 가릴 수가 없다는 점과, 각자는 어떤 원칙이 채택되든간에 그것을 이해하고 실천하는 데 요구되는 능력을 갖는 것으로 전제된다는 점이다. 무지의 베일과 더불어 이러한 조건들은 아무도 사회적·천부적 우연성에 의해 유리하거나 불리해지지 않는 평등한 존재로서 자신의 이익을 증진시키려는 합리적 개인이면 동의하게 될 정의의 원칙들을 규정해 준다.

그런데 원초적 입장에 대한 특정한 규정을 하는 데는 또 다른 측면이 있다. 이는 선택되어질 원칙이 정의에 대한 우리의 숙고된 신념과 합치하는 것인지 혹은 그것을 제대로 확대한 것인지의 여부를 살피는 일이다. 그러한 원칙을 적용하게 되면 사회의 기본 구조에 대해 우리가 직감적이면서도 확고한 신념을 가지고 지금 내리는 것과 동일한 판단에 이르게 되는지, 아니면 현재 우리의 판단이 미심쩍고 주저하면서 내려진 것일 경우 그러한 원칙들이 반성을 통해 우리가 내세울 수 있을 결심을 제공하는지를 살펴볼 수가 있다. 어떤 식으로든 대답되어야 한다고 확신되는 몇 가지 문제들이 있다. 예를 들면 우리는 종교적인 편견이나 인종 차별 등은 정의롭지 못한 것임을 확신하고 있다. 우리는 이러한 것들을 조심스럽게 검토함으로써 자신의 이해 관계에 골몰한 나머지 그르쳐서는 안 되는 공평한 판단이라고 믿는 바에 도달하리라고 생각한다. 이러한 신념은 어떤 정의관도 그것에 부합되어야 하리라고 생각되는 잠정적인 고정점(fixed points)이다. 그러나 우리는 부나 권력의 올바른 분배가 무엇인지에 관해서는 그만한 확신을 갖고 있지 못하다. 여기에서 우리는 우리의 의심을 제거할 방도를 찾을 수 있다. 그래서 우리는 최초의 상황에서 나온 원칙들이 과연 가장 확고한 우리의 신념에 부합하며 과연 필요한 경우에 지침을 제시할 수 있는 능력이 있는가에 따라 그 상황에 대한 해석의 타당성을 검토할 수 있을 것이다.

이러한 상황에 대한 가장 유력한 설명을 찾음에 있어 우리는 양쪽 끝으로부터 작업을 하게 된다. 우선 그것이 일반적으로 공유되고 있는 다소 미약한 조건을 나타내는 그러한 상황으로 기술하는 것에서부터 시작한다. 다음에는 이러한 조건들이 의미있는 원칙들의 체계를 제시할 정도로 충분히 강한 것인가를 살펴야 한다. 만일 그렇지 못한다면 그와 유사한 타당성을 지니는 그 이상의 전제 조건들을 찾아야 한다. 그러나 만일 그렇게 함으로써 이러한 원칙들이 정의에 관한 우리의 숙고된 신념에 합치한다면 그 정도로써 충분한 것이 된다. 그러나 서로 어긋나는 점들도 있으리라고 생각되는데 그 경우에는 선택을 하게 된다. 즉 우리는 최초의 상황에 대한 설명을 변경하든가 아니면 우리가 해왔던 지금까지의 판단을 수정할 수 있을 것이다. 왜냐하면 우리가 잠정적인 고정점이라고 생각해온 판단일지라도 수정될 수 있을 것이기 때문이다. 이쪽 저쪽을 맞추면서 때로는 계약적 상황의 조건들을 변경하기도 하고, 때로는 우리의 판단을 철회하거나 그것을 원칙들에 따라 조정하기도 하면서 결국 우리는 합당한 조건들을 표현해 주면서도 정리되고 조정된 우리의 숙고된 판단에도 부합하는 최초의 상황에 대한 설명을 발견하게 된다. 이러한 사태를 나는 반성적 평형 상태(reflective equilibrium)[7]라 부르기로 한다. 그것이 평형인 이유는 최종적으로 우리의 원칙과 판단들이 서로 들어맞았기 때문이며, 그것이 반성적이라 함은 우리의 판단이 따를 원칙이 무엇이며 판단이 도출될 전제 조건이 무엇인가를 우리가 알고 있기 때문이다. 그 순간에는 모든 것이 질서를 이루게 된다. 그러나 이러한 평형 상태가 반드시 안정된 것은 아니다. 그것은 계약 상황에 부여될 조건들을 더 이상 검토하거나 우리의 판단을 수정해 줄 특수한 경우들로 인해서 뒤집혀질 수도 있는 것이다. 그러나 당분간은 사회 정의에 대한 우리의 신념을 정당화하고 일관되게 할 수 있게 해주는 셈이다. 이렇게 해서 우리는 원초적 입장이라는 개념에 이르게 된다.

물론 나는 이러한 과정을 실제로 거쳐서 작업을 진행하려는 것은 아니다. 그러나 내가 제시하게 될 원초적 입장에 대한 해석은 그러한 가상적인 반성 과정의 결과로 생각할 수 있을 것이다. 그것은 원칙들에 대한 합당한 철학적 조건들과 아울러 정의에 대한 우리의 숙고된 판단들을 하나의 체계 속에 동시에 종합하려는 시도를 뜻한다. 최초의 상황에 대한 유력한 해석에 도달함에 있어 일반적인 관념들이나 특정한 신념들 가운데 전통적인 의미의 자명성을 주장할 것은 하나도 없다. 나는 제시된 정의의 원칙에 대해 그것이 필연적인 진리이거나 그러한 진리로부터 도출된 것이라고 주장하지도 않는다. 하나의 정의관이 원칙들에 대한 자명한 전제나 조건들로부터 연역될 수는 없으며 오히려 그것의 정당화는 여러 가지 고려 사항의 상호 지지를 통해서 그리고 이러한 것들이 결합하여 하나의 일관된 관점을 이루는 데서 해결될 문제이다.

---

7) 원칙과 숙고된 판단들간의 상호 조정의 과정은 도덕 철학 특유의 것은 아니다. 연역 추리와 귀납 추리의 원칙을 정당화하는 유사한 논의에 대해서는 N. Goodman, *Fact, Fiction, and Forecast* (Cambridge, Mass. : Harvard Univ. Press, 1955), pp. 65~68 참조.

끝으로 한 가지 말하고 싶은 것은 일정한 정의의 원칙들이 정당화되는 근거는 바로 그것들이 평등한 최초의 상황에서 합의될 것이라는 사실 때문이다. 나는 이러한 원초적 입장이 순수히 가상적인 것임을 강조해 왔다. 그런데 이러한 합의가 실제적으로 성립하는 것이 아니라면 도덕적이든 아니든간에 이러한 원칙들에 대해 우리가 관심을 가져야 할 이유가 어디 있는가라는 물음이 일어날 것은 당연한 일이다. 그에 대한 대답은 원초적 입장의 설명 속에 나타난 조건들이 사실상 우리가 받아들이게 될 조건들이라는 점이다. 그렇지 않고 만일 우리가 그것을 받아들이지 않을 경우에는 아마도 철학적인 반성에 의해서 그렇게 하도록 설득될 수도 있을 것이다. 계약적 상황이 갖는 여러 측면에 대해서 각각 그것을 떠받쳐 줄 근거들이 제시될 수 있다. 그래서 우리는 충분한 숙고 끝에 합리적인 것으로 선뜻 받아들이게 될 원칙들에 대한 여러 조건을 종합하여 하나의 관점을 구성할 수 있을 것이다. 이러한 제한 조건들은 사회적 협동체의 공정한 조건에 대한 제한이라고 쉽게 생각할 수 있는 바를 나타내고 있다. 그러므로 원초적 입장이라는 관념을 바라보는 또 한 가지 방식은 그것을 이러한 조건들의 의미를 종합하여 우리로 하여금 그들이 갖는 결과를 도출하는 데 도움을 주는 설명의 방도로 생각하는 길이다. 반면에 이러한 관념은 하나의 직관적인 개념으로서 더 잘 다듬어 가면 그로 인해서 도덕적인 관계들도 가장 훌륭하게 해석할 수 있게 하는 관점을 보다 분명히 규정해 줄 것이다. 우리는 우리의 목적을 멀리서 바라볼 수 있게 해줄 하나의 관념을 필요로 하는데 원초적 입장이라는 직관적 개념은 우리를 위해 바로 이러한 역할을 하게 될 것이다.[8]

5. 고전적 공리주의

공리주의에도 여러 가지 형태가 있으며 그 이론의 발전은 최근에 이르기까지 계속되어 왔다. 여기에서 그 여러 형태를 살핀다거나 최근의 논의에서 나타난 여러 가지 세련된 이론까지 고려하려는 것은 아니다. 나의 목적은 공리주의 사상 일반에 대한 대안을 제시하는, 그럼으로써 그 여러 가지 상이한 변형들 모두에 대한 대안을 제시하는 정의론을 전개하려는 데 있다. 계약론과 공리주의의 비교는 이 모든 경우에 있어서 본질적으로 동일한 것으

8) H. Poincaré 는 다음과 같이 말했다. "우리는 목적을 멀리서 바라볼 수 있는 하나의 능력을 필요로 하는데 이 능력이 바로 직관이다." *La Valeur de la science* (Paris: Flammarion, 1909), p. 27.

로 생각한다. 그래서 나는 근본적인 차이점을 가장 간명한 방식으로 드러
내기 위해서 공정으로서의 정의관을 직관주의, 완전설, 공리주의 등 흔히
알려져 있는 변형들과 비교하려 한다. 이러한 목적을 염두에 두고 여기에
서 설명하려는 공리주의의 종류는 시즈위크에 의해 가장 명료하고 접근하
기 쉽게 정식화된 엄밀한 고전적(classical) 이론이다. 그 주요 사상은 한 사
회의 중요 제도가 그에 속하는 모든 개인이 최대의 순수 잔여 만족량(net
balance of satisfaction)을 달성하도록 편성될 경우 그 사회는 정당한 질서
를 갖춘 것이며 따라서 정의롭다는 것이다. [9]

---

9) 나는 H. Sidgwick, *The Methods of Ethics*, 제 7 판(London, 1907)이 공리주
   의적 도덕 이론을 약술하고 있다고 생각한다. 그의 저서 *Principles of Political
   Economy*(London, 1883)의 제 3 권은 이 학설을 경제적·사회적 정의 문제에
   적용한 것이며, *The Economics of Welfare* (London: Macmillan, 1920)의
   저자 Pigou 의 선구이다. Sidgwick, *Outlines of the History of Ethics*, 제 5 판
   (London, 1902)에는 공리주의적 전통의 略史가 들어 있다. 다소 임의적이긴
   하지만 우리는 그를 따라서 공리주의가 Shaftesbury, *An Inquiry Concerning
   Virtue and Merit* (1711)와 Hutcheson, *An Inquiry Concerning Moral
   Good and Evil* (1725)에서 시작된다고 생각할 수 있을 것이다. Hutcheson
   은 유용성의 원리를 분명히 이야기한 최초의 사람이라 생각된다. 그는 *Inquiry*,
   3 장 8 절에서 "최대 다수에게 최대 행복을 보장하는 행위는 최선의 것이며 마
   찬가지로 불행을 가져오는 행위는 최악의 것"이라 했다. 18세기의 다른 주요
   저작들로는 Hume, *A Treatise of Human Nature*(1739)와 *An Enquiry
   Concerning the Principles of Morals* (1751); Adam Smith, *A Theory of
   the Moral Sentiments* (1759); Bentham, *The Principles of Morals and
   Legislation* (1789)이 있다. 이에 더하여 우리는 공리주의를 중심으로 하는
   Mill 의 저서들과 F.Y. Edgeworth, *Mathematical Psychics* (London, 1888)
   를 첨가할 수 있다.
   　공리주의에 대한 논의는 그 초점이 이른바 조정의 문제와 그와 관련된 공
   지성의 문제에 맞추어짐으로써 최근에는 새로운 방향을 잡게 되었다. 이러한
   발전은 R.F. Harrod, "Utilitarianism Revised", *Mind*, 제45 권 (1936); J.D.
   Mabbott, "Punishment", *Mind*, 제 48 권 (1939); J. Harrison, "Utilitaria-
   nism, Universalisation, and Our Duty to Be Just", *Proceedings of the
   Aristotelian Society*, 제 53 권 (1952〜1953); J.O. Urmson, "The Interpret-
   ation of the Philosophy of J.S. Mill", *Philosophical Quarterly*, 제 3 권
   (1953) 등의 논문으로 이어진다. 또 참조할 것은 J.J.C. Smart, "Extreme
   and Restricted Utilitarianism", *Philosophical Quarterly*, 제 6 권(1956),
   그리고 그의 *An Outline of a System of Utilitarian Ethics* (Cambridge:
   The Univ. Press, 1961). 이러한 문제에 대한 해설로서는 D. Lyons, *Forms
   and Limits of Utilitarianism* (Oxford: The Clarendon Press, 1965); A.
   Gibbard, "Utilitarianisms and Coordination"(Harvard Univ. 학위 논문,
   1971). 이러한 저술들이 제기한 문제들은 중요한 것이긴 하나 내가 논의하고
   자 하는 보다 기본적인 분배 문제에 대한 직접적인 관련이 없는 것으로 제외
   해 두기로 한다.

우선 우리가 알 수 있는 것은 가장 합리적인 정의관은 공리주의적이라고 쉽사리 생각하게 하는 어떤 사회관이 있다는 점이다. 그 예로서 각자는 자기의 이익을 달성함에 있어 자유로이 자신의 이익과 손실을 분명히 비교하게 되리라는 사실을 생각해 보자. 사람들은 적어도 타인에게 영향을 끼치지 않는 한에서 자신의 최대의 선을 성취하고 가능한 한 자기의 합리적인 목적을 실현하도록 행동하리라는 것은 지극히 당연한 일이다. 그렇다면 사회라고 해서 단체에 적용된 똑같은 원칙에 따라 움직이지 말아야 할 이유는 없으며 한 개인에게 합리적인 것이 개인의 집단에 대해서도 정당하다고 생각하지 않아야 할 이유 또한 없는 것이다. 한 개인의 행복이 그의 인생 경로의 여러 순간에서 경험되는 일련의 만족에 의해 이루어지듯이 그와 똑같은 식으로 사회의 행복도 그에 속하는 많은 개인들의 욕구 체계의 충족에 의해 구성되는 것이다. 개인의 원칙이 그 자신의 복지와 욕망의 체계를 증진시켜 주는 것이듯이, 사회의 원칙도 가능한 한 단체의 복지를 증진시키고 그 성원의 욕구에 의해 구성된 전체적인 욕구 체계를 실현시켜 주는 것이 된다. 한 개인이 현재와 미래의 이익 및 손실을 비교하듯이 사회는 여러 개인간의 이익과 불만을 비교하게 된다. 그래서 이러한 사고 과정을 통해서 우리는 자연스럽게 공리의 원칙에 도달하게 되며 어떤 사회 제도가 만족의 순수 잔여량을 극대화시켜 줄 경우 그 사회는 올바르게 편성되었다 할 것이다. 인간 집단에 있어서 선택의 원칙은 개인적인 선택 원칙의 확대로서 해석되어진다. 사회 정의란 공동체의 복지라는 집합적 개념에 적용된 합리적 타산(rational prudence)의 원칙인 것이다(30절).[10]

끝으로 우리가 여기에서 주목해야만 할 것은 J.C. Harsanyi의 논문들인데 그 중에서도 특히 "Cardinal Utility in Welfare Economics and in the Theory of Risk-Taking", *Journal of Political Economy* (1953)와 "Cardinal Welfare, Individualistic Ethics, and Interpersonal Comparisons of Utility", *Journal of Political Economy* (1955); R.B. Brandt "Some Merits of One Form of Rule-Utilitarianism", *University of Colorado Studies* (Boulder: Colorado, 1967), 아래의 27~28절 참조.

10) 이 점에 관해서는 D.P. Gauthier, *Practical Reasoning* (Oxford: Clarendon Press, 1963), pp. 126 이하 참조. 위의 본문은 "Constitutional Liberty and the Concept of Justice", *Nomos VI: Justice*, ed. C.J Fridrich and J.W. Chapman, (N.Y.: Atherton Press, 1963), pp. 124 이하에 나타난 생각을 다듬은 것으로 이는 나아가서 고차적인 행정적 결정으로서의 정의의 이념과 관련된 것이다. "Justice as Fairness", *Philosophical Review* (1958), pp. 185~187도 참조. 이러한 확대 해석을 분명히 주장하는 공리주의자들에 대한 참고 문헌에 대해서는 30절 각주 37 참조. 사회 통합 원칙은 개인 통합 원

이러한 사상은 더 깊이 고찰해 볼수록 보다 매력적인 것이 된다. 윤리학에 있어서 두 개의 주요 개념은 옳음(정당성 : the right)과 좋음(선 : the good)이며 도덕적으로 가치있는 인격이라는 개념도 이들로부터 도출된다고 생각한다. 그래서 윤리설의 구조는 대체로 이 두 가지 기본 개념을 규정하고 관련지우는 방식에 의해 결정된다. 그런데 그들을 관련지우는 가장 간단한 방식으로는 목적론(teleology)을 들 수 있는데 여기에서는 우선 좋음을 옳음과는 상관없이 규정하고 그리고 옳음은 그 좋음을 극대화하는 것으로 규정한다.[11] 보다 정확히 말하면 옳은 제도나 행위란 쓸 만한 대안들 중에서 최대의 선(좋음)을 산출하는 것이든가 아니면 적어도 현실적으로 가능한 다른 제도나 행위만큼의 선(좋음)을 산출할 수 있는 것을 말한다. (이러한 부칙이 필요한 것은 최선의 대안이 하나가 아닐 경우가 있기 때문이다.) 목적론은 합리성이라는 이상을 구현하는 것으로 생각되어 강한 직관적인 호소력을 갖는다. 합리성이란 어떤 것을 극대화하는 것으로서 도덕론에 있어서 그것은 선을 극대화하는 것으로 생각하는 것은 당연하다. 사실상 최대의 선을 도모하도록 사회가 편성되어야 한다는 것은 자명하다고 생각하기가 쉬운 것이다.

목적론에서는 좋음이 옳음과 상관없이 규정된다는 사실을 염두에 둘 필요가 있다. 이에는 두 가지 의미가 있는데, 첫째로 그 이론은 무엇이 선이냐에 대한 우리의 숙고된 판단(우리의 가치 판단)을 상식에 의해 직관적으로 분간될 수 있는 판단들의 독립된 집합으로 설명하며, 옳음이란 이같이 이미 명시된 선을 극대화시키는 것이라는 가설을 제안하고 있다. 둘째로 그 이론에 의하면 우리는 옳음이 무엇인지에 상관없이 사물의 좋음 여부를 판단할 수 있다는 것이다. 예를 들어서 만일 쾌락이 유일한 선이라고 할 수 있다면, 쾌락은 옳음의 어떤 척도나 혹은 통상적으로 옳다고 생각하는 것에 대한 어떤 척도도 상정하지 않는 기준에 의해서 인지될 수 있고 그 가치의 우열이 평가될 수 있다고 한다. 그러나 한편 여러 선을 분배하는 그 자체도 또 하나의 선으로, 어쩌면 보다 상위의 선으로 간주될 경우, 그리고 이러한 이론이 우리들에게 최대의 선(타인들에게 분배될 선을 포함해

칙과 구분된다는 주장은 R.B. Perry, *General Theory of Value* (N.Y.: Longmans, Green, and Company, 1926), pp. 674~677에서 했다. 그는 Durkheim이나 그와 유사한 입장을 취하는 자들이 이러한 사실을 간과하는 오류를 범했다고 지적한다. Perry의 사회 통합론은 많은 사람들이 공유하는 지배적인 이타적 의도에 의해 생겨난 입장이다. 아래의 24절을 참조.

11) 여기서 나는 목적론적인 이론의 정의에 관해서는 *Ethics* (Englewood Cliffs, N.J.: Prentice Hall, Inc., 1963), p. 13에 나오는 Frankena의 것을 택했다.

서)을 산출하도록 지시한다면, 우리는 더 이상 고전적인 의미에 있어서의 목적론적인 입장을 취할 수가 없게 된다. 분배의 문제는 당장 직감적으로도 옳음의 개념에 속하는 것으로 이해되며 따라서 이러한 이론에는 선에 대한 독립적인 정의가 있을 수 없는 것이다. 전통적인 목적론이 갖는 간단 명료성은 대체로 그것이 우리의 도덕 판단을 구분하여 그 하나는 독립적인 규정을 갖는 것이고 다른 하나는 극대화의 원칙(maximizing principle)에 의해 처음 것과 관련된 것이라는 두 가지 부류로 나눈다는 사실로부터 결과된 것이다.

목적론은 보다 분명히 말하면 구체적으로 선을 어떻게 규정하느냐에 따라 여러 가지가 있을 수 있다. 만약 문화의 다양한 형태들을 통해서 인간의 탁월성을 실현하는 것을 선이라고 생각한다면 그것은 완전설(perfectionism)이라 불리는 것이 된다. 이러한 사상은 아리스토텔레스나 니체, 그 외에도 여러 사람들에서 볼 수 있다. 만일 선을 쾌락으로 규정한다면 쾌락주의(hedonism)가 될 것이며 행복으로 규정한다면 행복주의(eudaimonism)가 될 것이다. 나는 고전적인 형식에 있어서의 공리의 원칙은 선을 욕구의 만족으로서, 보다 좋게 말하면 합리적 욕구의 만족으로 규정하는 것으로 이해하려 한다. 이것은 그 견해의 모든 주요 핵심들과도 일치하며 그에 대한 공정한 해석이 되리라고 생각한다. 어떤 것이 사회 협동체의 적합한 조건인가는 그 여건 아래서 개인들의 합리적인 욕구들에 대한 최대의 만족 총량을 달성해 주는 것이 무엇인가에 의해 정해진다. 이러한 입장은 언뜻 보면 그럴 듯하고 매력이 있음을 부인하기 어렵다.

공리주의적 정의관의 두드러진 특징은 이러한 만족의 총량이 개인들에게 분배되는 방식을 간접적으로 밖에는 문제삼지 않으며, 한 개인이 자신의 만족을 시간적으로 어떻게 분배할 것인가도 간접적으로만 문제삼고 있다는 점이다. 어느 경우에 있어서나 최대의 만족만 산출한다면 옳은(정당한) 분배가 된다는 것이다. 사회는 권리와 의무, 지위나 특전 그리고 여러 형태의 부등 어떠한 것이든간에 그러한 만족의 수단들을 가능한 한 그러한 최대치를 달성하도록 분배해야만 한다. 그렇지 않으면 동일한 총량을 산출하는 때에만 보다 평등한 분배가 선택된다는 경우를 제외하고는 어떠한 분배도 다른 분배 방식보다 낫다고 할 수 없다.[12] 정의에 대한 어떤 상식적인 신조들, 특히 자유 및 권리의 보호에 관련된 신조와 당연한 응보를 요구하는 신조는 이상과 같은 주장과 상충된다. 그런데 공리주의적 관점에서 볼 때 이러한 신조와 그 엄정해 보이는 성격에 대한 설명은

---

12) 이 점에 관해서는 Sidgwick, *The Methods of Ethics*, pp. 416 이하 참조.

그것들이 경험에 비추어 볼 때 엄격히 준수되어야 할 신조이기는 하나 오직 이익의 총량이 극대화되어야 하는 예외적인 상황에서만은 어겨질 수 있는 신조라는 것이다.[13) 그렇지만 다른 신조들에 있어서와 마찬가지로 정의에 대한 신조들도 잔여 만족의 최대량을 달성하려는 한 가지 목적에서 생겨난 것이다. 그래서 원칙적으로 볼 때 몇 사람의 보다 적은 이익은 다른 이들의 보다 큰 이익에 의해 보상될 수 없다고 할 이유란 없는 것이다. 더욱 중대한 것은 소수자의 자유를 뺏는 것이 다수자가 누릴 보다 큰 선에 의해 정당화되지 않으리라는 별다른 이유가 없다는 것이다. 하지만 적어도 어느 정도 발전된 문명의 단계에 있어서 대부분의 여건 아래서는 이익의 최대 총량이 이런 식으로 얻어지지는 않을 것이다. 물론 정의에 대한 상식적인 신조가 갖는 엄정성은 부정의나 사회적으로 유해한 행위를 하고자 하는 인간의 경향성을 제한해 주는 어떤 효용성을 갖기는 한다. 하지만 공리주의자에 의하면 이러한 엄정성을 도덕론의 제 1 원칙으로 주장하는 것은 그릇되다는 것이다. 왜냐하면 한 개인이 자신의 욕구 체계의 충족을 극대화함이 합리적인 것과 마찬가지로 한 사회가 그 모든 성원에 걸친 만족의 순수 잔여량을 극대화하는 것은 정당하기 때문이라는 것이다.

공리주의에 도달하는 가장 자연스러운 방법은(물론 유일한 방법은 아니지만) 개인에 있어서의 합리적인 선택 원칙을 사회 전체에 대해서도 채택하는 일이다. 일단 이 사실만 수긍된다면 공리 사상사에 있어서 **공평한 관망자**(impartial spectator)의 지위와 동정심에 대한 강조를 저절로 이해하게 될 것이다. 왜냐하면 개인의 원칙이 사회에 적용되기 위해서는 공평한 관망자라는 개념이나 공감적 동일화(sympathetic identification)가 우리의 상상력을 인도하는 지침이 되어야 할 것이기 때문이다. 바로 이 관망자에 의해서 모든 이의 욕구들이 일관된 하나의 욕구 체계에로 조직된다고 생각되며 이러한 구성에 의해서 많은 사람들이 하나로 융합되어진다. 이상적인 동정심과 상상력을 갖춘 자로서 공평한 관망자는 타인의 욕구를 자기의 것인 양 경험하고 동일화할 수 있는 완전히 합리적 개인이다. 이렇게 해서 그는 이러한 욕구들의 강도를 확인하고 하나의 욕구 체계 속에서 그 각각이 가져야 할 응분의 비중을 할당하게 되며 이상적인 입법자는 사회 체계의 규칙들을 조정하여 그 욕구 체계의 만족을 극대화하는 데 힘 쓰게 된다. 이러한 사회관에 비추어 볼 때 각 개인들이란 욕구의 최대 만족을 달성하기 위한 규칙에 따라서 권리와 의무가 할당되고, 부족한 욕구 충족의 수단들이 배분되는 상이한 계열을 이루는 것으로 생각되어진다. 그러

---

13) J.S. Mill, *Utilitarianism*, 5장, 마지막 두 단락 참조.

므로 이상적인 입법가에 의해 이루어지는 결정의 성격은 갖가지 특정 상품을 생산하여 자기 이익의 극대화를 도모할 방도를 찾는 기업가의 결정이나 특정 부류의 상품을 구입함으로써 자기 만족의 극대화를 도모하는 방식을 추구하는 소비자의 의사 결정과 실질적으로 다를 바가 없다. 그 각각의 경우에 있어서 자신의 욕구 체계가 한정된 수단들에 대한 최선의 분배를 정하게 될 단일한 한 인간이 있게 된다. 올바른 결정이란 본질적으로 효율적인 관리의 문제가 된다. 사회 협동체에 대한 이러한 견해는 개인의 선택 원칙을 사회에 확대한 결과이며, 또한 이러한 확대가 제 구실을 하도록 공평하고 동정심을 가진 관망자의 상상력의 작용을 통해서 모든 인간을 하나로 융합한 결과이다. 따라서 공리주의는 개인들간의 차이를 신중하게 다루지 않게 되는 것이다.

6. 상호 비교 고찰

많은 철학자에 의해서 생각되고 상식적 신념의 지지도 받는 것으로 보이는 것은, 원칙상의 문제로서 한편에서는 자유와 권리에 대한 주장과 다른 편에서는 전체적인 사회 복지를 증대함이 바람직하다는 것을 우리가 구분하고 있다는 사실과, 전자에 대해서 절대적인 비중을 부여하는 것은 아니지만 어떤 우선성을 준다는 사실이다. 사회의 각 성원들은 정의에 입각한, 또는 혹자가 말했듯이 자연권에 입각한 불가침성(inviolability)을 지니고 있으며 이는 다른 모든 사람의 복지라는 명목으로도 유린될 수 없는 것이다. 정의는 어떤 이들이 가진 자유의 상실이 다른 이들이 갖게 될 보다 큰 선에 의해 정당화되는 것을 부인한다. 상이한 개인들의 이익과 손실을 마치 그들이 한 사람인 양 비교하고 계산하는 추론 방식은 배제되는 것이다. 따라서 정의로운 사회에 있어서는 기본적 자유가 기정 사실로 인정되며 정의에 의해 보장된 권리들은 정치적 흥정이나 사회적 이득의 계산에 희생될 수 없는 것이다.

공정으로서의 정의관은 정의의 우선성(priority of justice)에 대한 이러한 상식적인 신념을, 그것이 바로 원초적 입장에서 선택될 원칙들의 결과임을 보임으로써 설명하고자 한다. 이러한 판단은 계약 당사자의 합리적인 선호와 원초적 평등을 반영한다. 엄밀히 말해서 공리주의자들이 그들의 학설이 이러한 정의감과 상충되는 것임을 스스로 인정한다 하더라도 그들은 상식적인 정의관이나 자연권의 관념은 2차적인 규칙으로서 부분적인 타당성만을 갖는다고 주장한다. 즉 그것들은 문명된 사회적 조건하

에서는 예외적인 여건 아래에서만 위반이 허용될 뿐 대체로 그것을 따르
는 경우에 큰 사회적 유용성이 있다는 사실에서 생겨난 규칙이라는 것이다.
우리가 이러한 신조들을 주장하게 되고 그러한 권리를 호소하는 대단한
열성 그 자체까지도 어떤 이러한 유용성이 인정된다. 왜냐하면 그것은 유
용성의 측면에서는 허용될 수 없는 방식으로 그러한 신조들을 깨뜨리려는
인간의 자연적 성향을 견제해 주기 때문이다. 우리가 일단 이러한 사실을
알게 되면 공리주의적 원칙과 정의에 대한 이러한 신조가 갖는 힘 사이의
명백한 대립은 더 이상 철학적인 문제점이 되지 않는다. 그래서 계약론은
정의의 우선성에 대한 우리의 신념을 대체로 타당한 것으로 받아들이는 반
면 공리주의는 그것을 사회적으로 유용한 착각으로 설명하고자 한다.

두번째 대비가 되는 것은 공리주의자는 한 개인의 선택 원칙을 사회에
로 확대하는 반면 계약론의 입장에 선 공정으로서의 정의관은 사회적 선
택의 원칙을 정의의 원칙으로서 원초적 합의의 대상으로 생각한다는 점
이다. 인간 공동체를 규율해야 할 원칙들이 단순히 개인의 선택 원칙을
확대한 것으로 생각해야 할 이유는 없다는 것이다. 오히려 어떤 존재에
대한 올바른 규제 원칙은 그 존재의 성격에 달려 있는 것이므로 각각의
목적 체계를 갖는 독립된 개인들의 복합체가 인간 사회의 본질적 면모임
을 생각한다면, 우리는 사회적 선택의 원칙들을 공리주의적인 것으로 기대
해서는 안 된다. 물론 지금까지 언급한 바에 의해서 원초적 입장의 당사
자들이 사회 협동체의 조건을 규정하기 위해서 공리의 원칙을 선택하지
않으리라는 점을 입증한 것은 아니다. 이것은 어려운 문제로서 차차 검토
하게 될 것이다. 하지만 지금까지 알고 있는 바로는 어떤 형태의 공리의 원
칙이 채택될 수도 있으며 따라서 계약 이론도 결국 공리주의에 대한 보다
심오하고 간접적인 정당화를 해줄 가능성도 다분히 있다. 사실 이런 종류
의 생각은 비록 체계적으로 전개된 것은 아니지만 때때로 벤담이나 에지
워드에 의해 암시되었는데, 내가 알기로 시즈위크에 있어서는 발견되지
않는다. 14) 현재로선 나는 단지 원초적 입장에 있는 자는 공리의 원칙을
거부할 것이며 그 대신에 그들은 앞에서 약술한 이유들로 인해 이미 언
급한 정의의 두 원칙을 채택하리라고 가정하려 한다. 여하튼 계약론의 입

<hr>

14) Bentham에 관해서는 *The Principles of International Law*, Essay I, *The Works of Jeremy Bentham*, ed. J. Bowring (Edinburgh, 1838~1843), 제 2권, p. 537 참조. Edgeworth에 대해서는 *Mathematical Psychics*, pp. 52~56과 "The Pure Theory of Taxation", *Economic Journal*, 제 7권 (1897)이 있는데 특히 후자에는 동일한 논증이 보다 간명하게 제시되어 있다. 다음의 28절 참조.

장에서 볼 때 우리는 합리적 사려의 원칙을 공평한 관망자에 의해 구성되는 욕구의 체계로 확대하는 것만으로는 사회적 선택의 원칙에 이를 수 없는 것이다. 그런 식으로 생각한다는 것은 개인들의 다수성이라든가 특이성을 중시하지 않으며 정의의 기초가 사람들의 합의에 의한 것임을 인정하지 않는 것이다. 여기에서 우리는 재미있는 변칙성에 주목하게 된다. 흔히 공리주의는 개인주의적인 것으로 생각하며 또한 이에 대한 정당한 근거들이 있음도 물론이다. 공리주의자들은 자유권과 사상의 자유의 강력한 옹호자였으며 또한 그들은 사회의 선은 개인들이 누리는 이득에 의해 구성됨을 주장한다. 그러나 적어도 욕구의 모든 체계를 융합함으로써 보다 자연스러운 사유 과정을 거쳐 한 개인의 선택 원칙을 사회에 적용함에 이르러서는 공리주의는 개인주의적이 아닌 것이다. 그래서 우리는 이 두 번째의 대비가 첫번째의 것과 관련되어 있음을 보게 된다. 왜냐하면 정의에 의해 보장될 권리들이 사회적 이득의 계산에 좌우되는 것은 바로 이러한 융합과 그에 바탕을 둔 원칙에 의한 것이기 때문이다.

　지금 이야기하게 될 마지막 대조점은 공리주의는 목적론인데 반해 공정으로서의 정의관은 그렇지 않다는 것이다. 그런데 정의(定義)상으로 보아서 후자는 의무론적인 이론(deontological theory)으로서 그것은 옳음과 독립적으로 좋음을 규정하지 않거나 혹은 옳음을 좋음의 극대화로서 해석하지 않는 입장이다. (주의해야 할 것은 의무론이란 비목적론인 것으로 규정되기는 하지만, 그렇다고 해서 제도나 행위의 옳음 여부를 그들의 결과와 상관없이 규정짓는 그러한 입장을 말하는 것은 아니라는 점이다. 우리가 주목할 가치가 있는 모든 윤리설은 옳음 여부를 판단함에 있어 결과를 고려하는 입장들이다. 그렇지 못한 학설은 비합리적이고 비정상적인 것이다.) 공정으로서의 정의관은 두번째 의미에 있어서의 의무론에 속하는 것이다. 왜냐하면 만일 원초적 입장에 있는 자들이 평등한 자유의 원칙을 선택하며 경제적 · 사회적 불평등은 모든 사람의 이익을 가져오는 경우에만 국한한다고 가정한다면, 선을 극대화하는 것이 정의로운 제도라고 생각할 아무런 이유가 없기 때문이다. (이 경우에도 선이란 합리적 욕구의 만족으로 정의된다고 생각하는 점에서는 공리주의와 마찬가지이다.) 물론 최대의 선이 산출되는 경우가 있을 수 없는 것은 아니지만 그것은 우연한 일치에 불과한 것이다. 만족의 순수 잔여량의 최대치를 달성한다는 문제는 공정으로서의 정의관에서는 결코 일어나지 않으며 이러한 극대화 원칙 같은 것은 전혀 소용이 없다.

　이와 관련된 또 한 가지 문제점이 있다. 공리주의에서는 어떤 욕구의 만족이 무엇이 옳은 것인가를 결정함에 있어 고려되어야만 할 어떤 본질적 가치를 갖고 있다. 그리고 만족 잔여량의 최대치를 계산함에 있어 오직 간접적으로만 그것이 무엇에 관한 욕구인가가 문제시된다.[15] 우리는 최대의 만족 총량을 달성하도록 제도를 편성하면 되는 것이며 만족의 원천이나 성질에 대해서는 묻지 않고 단지 그 만족이 행복의 총량에 어떤 영향을 미치게 될지만을 문제삼는다. 사회의 복지는 직접적으로 그리고 오직 개인이 갖는 만족이나 불만의 정도에만 달려 있다. 그래서 만일 사람들이 상호간에 차별 대우를 하거나 자신의 자존심을 고양시키는 수단으로 타인들의 자유를 감소시킴으로써 어떤 쾌락을 얻는다면, 이러한 욕구의 만족도 다른 욕구와 더불어 그것의 강도 등이 고려되고 평가되어야 할 것이다. 만일 사회가 그러한 욕구의 충족을 거부하거나 억제하려는 결정을 하게 된다면, 그것은 그러한 욕구가 사회적으로 파괴적인 경향을 띠고 있으며 다른 방식에 의해서 보다 큰 복지가 성취될 수 있다는 이유 때문이다.

반면에 공정으로서의 정의관에 있어서는 사람들은 먼저 평등한 자유의 원칙을 받아들일 것이며 그것도 자신의 보다 특정한 목적들에 대한 지식이 없이 이러한 작업을 수행한다는 점이다. 그럼으로써 그들은 정의의 원칙들이 요구하는 바에 자신의 가치관을 순응시키고, 적어도 그 요구에 직접적으로 위배되는 주장을 고집하지 않으리라는 데에 암암리에 합의하게 된다. 타인이 자유를 구속당하는 처지에 있음을 보고 즐거워하는 개인은 자기의 이러한 즐거움을 요구할 아무런 권리도 없음을 알게 된다. 타인의 손실에 대해 갖는 쾌락은 그 자체가 부당한 것이며 이러한 만족은 그가 원초적 입장에서 합의한 원칙의 위반을 요구하는 것이 된다. 옳음의 원칙이나 정의의 원칙들은 가치있는 만족들의 한계를 설정하며 무엇이 각자에게 있어서 합리적인 가치관인가에 대한 제한을 부여한다. 계획을 짜고 포부를 결정함에 있어 사람들은 이러한 제한 조건들을 고려하게 된다. 그래서 공정으로서의 정의관에 있어서 우리는 사람들이 갖는 성향이나 경향성을 그 내용에 상관없이 전제하고 그것들을 만족시킬 최상의 방법을 강구하는 것이 아니라, 오히려 처음부터 사람들의 목적 체계가 준수해야 할 한계를 밝히는 정의의 원칙들을 통해서 그들의 욕구와 포부를 제한하려는 것이다. 이러한 것은 공정으로서의 정의관에 있어서는 옳음(義)이라는 개념이 좋음(善)이라는 개념에 선행한다는 말로 표현될 수 있을 것이다. 정의로운 사회 체제는 개인들이 각자의 목표를 펼쳐 나가야 할 범위를 결정해 주고 그 안에서 권리와 기회의 형태 및 만족의 수단을 제시함으로써 이를 이

15) Bentham, *The Principles of Morals and Legislation*, 1장 4절.

용하여 여러 목적들이 공정하게 추구될 수 있는 것이다. 정의의 우선성이
란 어떤 면에서는 정의의 위반을 요구하는 욕구는 무가치하다는 주장에
의해 설명되어진다. 일차적으로 합당한 가치를 갖고 있지 못한 이상, 그
것들이 정의의 요구를 침해할 수는 없는 것이다. [16]

　이와 같이 좋음에 대한 옳음의 우선성은 공정으로서의 정의관에 있어 중
심적인 특성임이 드러나게 된다. 이는 전체로서의 기본 구조를 설계함에
있어 어떤 규준을 제시해 줌으로써 이러한 체제가 정의의 두 원칙(즉 애초
부터 특정 내용을 갖는 어떤 원칙들)에 상반되는 성향과 태도를 산출하지 않
도록 해야 하며 또한 그 체제는 정의로운 제도의 안정을 보장한다. 그래
서 선이 무엇이고 도덕적으로 가치있는 형태의 인격이 무엇이며 따라서
우리가 지향해야 할 인격이 어떤 것인가에 대한 어떤 제한이 가해지게 된
다. 그런데 어떤 정의론이든간에 이러한 종류의 어떤 한계, 즉 주어진 여
건 아래에서 그 제1원칙들이 충족되어야 할 경우 요구되는 한계를 설정
하게 될 것이다. 공리주의는 상황에 비추어 조장하거나 허용함으로써 만
족의 순수 잔여량을 감소시키게 될 욕구와 성향들을 배제한다. 그러나
이러한 제한은 지극히 형식적인 것이며 또한 상황에 대한 아주 상세한 지
식이 없을 경우에는 해당 욕구와 성향이 어떤 것인가에 대한 뚜렷한 지침
을 주지 못하게 된다. 물론 이것만으로서는 공리주의에 대한 반박이 되지
않는다. 단지 그것은 정의로운 사회에서 조장되어야 할 도덕적 성격의 유
형을 결정함에 있어 자연적 사실들과 인간 생활의 우연성에 아주 심히 의
존하고 있는 공리주의의 한 측면을 나타낼 뿐이다. 공정으로서의 정의관
이 갖는 도덕적 이상은 윤리설의 제1원칙과 깊이 관련되어 있는 것이다.
이것은 공리 원칙과 대비되는 자연권적 입장(계약론적인 전통)에 특징적인
것이다.

　공정으로서의 정의관과 공리주의간에 이상과 같은 대비를 논함에 있어
서 내가 염두에 두어 온 것은 오직 고전적 이론만이었다. 이것은 벤담이나
시즈위크의 입장이요, 공리주의적 경제학자인 에즈워드나 피구의 견해이
다. 흄이 지지하는 유(類)의 공리주의는 우리의 의도에 부합하지 않으며 사
실 그것은 엄격히 말해서 공리주의가 아니다. 로크의 계약론에 대한 그의
유명한 논박 가운데서 흄은 성실과 충성의 원칙들은 모두가 동일한 근거

16) 옳음의 우선성이란 칸트 윤리학의 핵심이다. 예를 들어 *The Critique of
Practical Reason*, 2장, 1부의 1권, 특히 *Kants Gesammelte Schriften,
Preussische Akademie der Wissenschaften* (Berlin, 1913)의 제5권, pp.
62~65를 참조. 분명한 언급이 발견되는 곳은 "Theory and Practice"(제목
약칭), *Political Writings*, pp. 67 이하.

를 갖고 있으며 따라서 정치적 의무의 바탕을 원초적 합의에 두어서는 아무런 소용이 없음을 주장한다. 흄이 볼 때는 로크의 학설은 불필요한 군더더기일 뿐 우리는 곧바로 공리에 의거해도 좋다는 것이다.[17] 그런데 흄이 뜻하는 바의 **공리**란 사회의 일반적인 이익과 필요라고 생각된다. 성실과 충성에의 원칙들이 공리에서 도출된다 함은 이러한 원칙들이 널리 준수되지 않고서는 사회 질서 유지가 불가능하다는 의미에서이다. 그런데 흄의 생각에 따르면 장기적인 이득으로 판단할 때 법과 정부가 공리에 입각한 신조를 따를 경우 각 개인은 이득을 받게끔 된다는 것이다. 그래서 흄에게 있어서 **공리**란 일종의 공동선과 동일한 것으로 생각되며 제도가 적어도 결국에 가서는 모든 사람에게 이득을 줄 경우 그 제도는 공리의 요구를 만족시키게 된다. 만일 이러한 식으로 흄을 해석함이 옳다면 당장은 정의의 우선성과도 상충됨이 없으며 로크의 계약론과도 양립 불가능할 것이 없다. 왜냐하면 로크에 있어서 평등권의 역할은 정확히 말해서 자연 상태로부터 떠나도 좋은 유일한 경우는 그러한 권리가 존중되고 공통 이익에 도움이 되는 경우 뿐임을 보장하기 위한 것이기 때문이다. 로크가 시인한 자연 상태로부터의 모든 변화 형태는 이러한 조건을 충족시키며 자신의 목적을 달성하고자 하는 합리적 인간들이 평등한 상태에서 동의하게 될 것임은 분명하다. 흄은 어느 곳에서도 이러한 제한 조건의 적합성을 반박하지 않는다. 로크의 계약론에 대한 그의 비판이 결코 그 근본 주장을 부인하는 것은 아니며 오히려 인정하고 있다는 생각마저 든다.

벤담, 에즈워드, 시즈위크 등에 의해 정식화된 고전적 견해가 갖는 한 가지 장점은 정의의 원칙이나 이로부터 도출되는 권리의 상대적 우선성이라는 중요한 문제점을 분명히 인식하고 있다는 것이다. 문제는 소수자에게 불편을 부과하는 일이 타인이 누릴 보다 큰 이익의 총량에 의해 정당화될 수 있는지의 여부이며, 또한 정의의 중대성이 과연 모든 이의 평등한 자유를 요구하며 모든 이에게 이익이 되는 경제적·사회적 불평등만을 허용할 만큼 대단한 것인지의 여부이다. 고전적인 공리주의와 공정으로서의 정의관간의 대비 속에는 암암리에 사회관에 있어서의 근본적인 차이가 있다. 후자에 있어서는 공정한 사회란 공정한 최초의 상황에서 사람들이 선택하게 될 원칙에 의해 규제되는 상호 이익을 위한 협동 체제로서 생각되며, 전자에서는 주어진 것으로 인정된 여러 개인들의 욕구 체계로부터 공평한 관망자에 의해 구성된 하나의 욕구 체계를 최대로 만족시키게끔

---

17) "Of the Original Contract", *Essays: Moral, Political, and Literary*, ed. T.H. **Green** and T.H. **Grose**, 제 1 권 (London, 1875), pp. 454 이하.

사회적 자원을 효율적으로 관리하는 것으로 생각된다. 보다 자연스럽게
전개되는 고전적 공리주의와의 비교를 통해서 이러한 대조가 나타나게
된다.

7. 직 관 주 의

나는 보다 일반적인 의미에서의 직관주의(intuitionism)를 생각하고자 한
다. 즉 더 이상 환원할 수 없는 여러 개의 제1원리들이 있으며 그들간
에 어떻게 우선 순위를 매기는 것이 가장 공정한 것인지는 우리의 숙고된
판단에 비추어 상호간의 비중을 잼으로써 결정될 수밖에 없다는 학설로
보고자 한다. 일단 우리가 일정한 수준의 일반성에 도달하게 되면 정의의
대등한 원칙들간에 적절하게 우열을 가려 줄 보다 고차적인 구성적 기준
(constructive criteria)이 더 이상 존재하지 않는다고 직관주의자는 주장한
다. 도덕 현상의 복합성으로 인해 여러 가지의 상이한 원칙들이 요구되므
로 그들을 설명하고 그 비중을 가려 줄 단일한 기준은 없다는 것이다. 그
런데 직관주의적 이론은 두 가지 특징을 갖는데, 첫째로 그 이론은 특정한 유
형의 경우에 있어서 상반되는 지침을 주는 상충하는 제1원칙이 여러 가지
것으로 이루어지며, 둘째로 이러한 원칙들의 순위를 가려 줄 명확한 방법
이나 우선성의 규칙이 없다는 것이다. 따라서 우리는 가장 근사하게 옳다
고 우리에게 생각되는 바에 따라 직관(intuition)에 의해서 조정점을 발견할
수 있을 뿐이다. 그렇지 않고 우선성의 규칙이 있다고 해도 그것은 다소
빈약한 것으로 생각되며 판단을 내리는 데 있어 실질적인 도움이 되지 못
하리라고 생각된다.[18]

---

18) 이런 유형의 직관주의적 이론이 발견되는 것은 B. Barry, *Political Argu-
   ment* (London: RKP, 1965), 특히 pp. 4~8, 286 이하 참조 ; R.B. Brandt,
   Ethical Theory (Englewood Cliffs, N.J.: Prentice-Hall, Inc., 1959), pp.
   404, 426, 429 이하. 여기에서는 유용성의 원칙이 평등의 원칙과 결합되고 있
   다. 그리고 N. Rescher, *Distributive Justice* (N.Y.: Bobbs-Merrill, 1966),
   pp. 35~41, 115~121, 여기서는 효율적 평균이라는 개념에 의해 비슷한 제한
   조건이 도입된다. R. Nozick "Moral Complications and Moral Structures",
   Natural Law Forum, 제13권(1968)에서 이러한 종류의 직관주의를 전개하
   면서 몇 가지 문제점들을 논의하고 있다.
   　전통적 의미의 직관주의에는 어떤 인식론적인 논제들도 포함되는데, 예를
   들면 도덕 원리들의 자명성이나 필연성 등에 관한 것이다. 이에 대한 대표적
   인 저술로는 G.E. Moore, *Principia Ethica* (Cambridge: The Univ. Press,
   1903), 특히 1, 4장 ; H.A. Prichard, *Moral Obligation* (Oxford: The

직관주의와 흔히 관련되는 다른 주장이 있는데, 예를 들면 옳음과 좋음의 개념은 분석 불가능하다든가, 도덕적 원칙은 적절하게 정식화하면 정당한 도덕적 요구에 대해서 자명한 명제로 표현될 것이라는 등등이다. 그러나 나는 이러한 문제점들은 일단 접어 두기로 한다. 이러한 독특한 인식론적인 학설들은 내가 뜻하는 바, 직관주의의 필수적인 부분은 아니다. 보다 넓은 의미의 직관주의는 다원주의(pluralism)라고 부르는 것이 더 나을지도 모른다. 그런데 어떤 정의관은 직관을 통해 그 원칙들의 우위를 가릴 것을 요구하지 않으면서도 다원적일 수 있다. 그것은 필요한 우선의 규칙들을 포함할 수도 있는 것이다. 원칙들간의 우선을 가림에 있어 우리의 숙고된 판단에의 직관적인 호소를 강조하기 위해서는 직관주의를 이와 같이 보다 일반적인 양식에서 생각하는 것이 적절하다고 생각된다. 이러한 입장이 어떤 인식론적인 이론과 어느 정도로 관련되어 있는 지는 별개의 문제이다.

이렇게 이해할 경우 직관주의에도 여러 종류가 있게 된다. 우리의 일상적인 관념들에도 이러한 유형이 있을 뿐 아니라 가장 철학적인 학설까지도 그러하다. 이러한 직관주의적인 입장들을 구분하는 한 가지 방법은 그 원칙들이 갖는 일반성의 수준에 의한 것이다. 상식적인 직관주의는 다소 특수한 신조들의 집합들이라는 형식을 갖게 되는데, 각 집합은 정의의 특정 문제에 적용되는 것이다. 공정한 임금 문제, 과세 문제 혹은 처벌 등등의 문제에 적용되는 조항들의 집합이 각각 있다. 공정한 임금에 대한 개념에 이르기 위해 우리는 여러 가지 경쟁적인 기준들, 예를 들면 기술, 숙련, 노력, 책임, 그리고 작업의 위험성 등의 우선 순위를 가려야 할 뿐만 아니라 기본 생활에 대한 급여액도 고려에 넣어야 한다. 아마 아무도 이러한 조항 중 그 어떤 하나에 의해서만은 결정지을 수 없을 것이며 그들간에 어떤 조정점을 발견해야만 한다. 기존하는 제도에 의한 임금의 결정 또한 결국 이러한 요구들의 우열에 대한 특정한 배려를 나타낸다. 그런데 이러한 배려는 보통 여러 가지 사회적 이해 관계의 주장과 또한 권력 및

Clarendon Press, 1949)에 나타난 논문과 강의록, 특히 제 1 논문, "Does Moral Philosophy Rest on a Mistake?" (1912) ; W.D. Ross, *The Right and the Good* (Oxford: The Clarendon Press, 1930), 특히 1, 2 장, 그리고 *The Foundations of Ethics* (Oxford: The Clarendon Press, 1939). 또한 18 세기의 이론에 대해서는 R. Price, *A Review of the Principal Questions of Morals*, 제 3 판(1787), ed. D.D. Raphael (Oxford: The Caredon Press, 1948) 참조. 이러한 고전적 형태의 직관주의에 대한 최근의 논의에 관해서는 H.J. McCloskey, *Meta-Ethics and Normative Ethics* (The Hague, Martinus Nijhoff, 1969) 참조.

영향력의 상대적 지위에 의해 영향을 받게 된다. 물론 그것은 공정한 임금에 대한 어떤 개인의 입장에 부합하지 않을 수도 있다. 특히 이것이 사실일 수 있는 것은 상이한 이해 관계를 가진 개인들은 자신의 목적을 달성시켜 줄 규준을 강조하기 마련이기 때문이다. 보다 나은 교육과 능력을 가진 자는 기술과 숙련의 요구를 강조하기 쉬운 반면, 이러한 유리한 점을 갖지 못한 자들은 기본적 욕구를 주장할 것이다. 그런데 우리의 **일상적** 정의관은 우리 자신의 처지에 의해 영향을 받을 뿐만 아니라 관습 및 통념적 기대에 의해서도 강하게 채색되어진다. 하지만 관습 자체의 정당성이나 이러한 현행 기대의 타당성은 어떤 규준에 의해 판단될 것인가? 상충하는 이해 관계에 대한 단순한 사실적(de facto)인 해결이나 기존 관습이나 통념적 기대에의 의존을 넘어설 수 있는 이해와 합의에 어느 정도 이르기 위해서는 신조들간의 우선을 가려 주거나 적어도 문제를 보다 좁은 범위로 제한해 줄 보다 일반적인 체계로 나아갈 필요가 있는 것이다.

그래서 우리는 정의의 문제들을 어떤 사회 정책의 목표와 관련하여 고찰할 수 있다. 그런데 이러한 접근 또한 직관에 의존할 것으로 보이는데, 왜냐하면 그것은 보통 경제적·사회적 목표들간에 우선 순위를 가리는 형식을 취할 것이기 때문이다. 예를 들면 분배의 효율성, 완전 고용, 보다 큰 국가 수입, 그것의 보다 평등한 분배 등이 사회적 목표들로서 생각될 수가 있다. 그런데 이러한 목표들간에 우선 순위가 바람직하게 가려지고 그에 대한 제도 조직이 존재할 경우 공정한 임금이나 정당한 과세에 대한 조항이 응분의 비중을 차지하게 될 것이다. 보다 큰 효율성과 공평성을 달성하기 위해 우리는 기본 욕구라는 조항을 다른 식으로, 즉 복지 이양(welfare transfers)에 의해 처리되도록 맡겨 두고 임금의 지불에 있어서는 기술과 노력을 강조하는 결과를 갖는 정책에 따를 수도 있다. 사회적 목적들에 관한 직관주의는 공정한 임금의 결정이 부과될 세금에 비추어서 합당한가를 정해 줄 기초를 제공해 준다. 한 집합 내의 신조 사이에 우선 순위를 가리는 방법은 다른 일단의 신조들간에 비중을 가리는 것과 서로 조정되어진다. 이렇게 해서 우리는 정의에 관한 우리의 판단 속에 어떤 일관성을 도입하게 되고 이해 관계에 대한 보다 좁은 사실적인 조정을 넘어 보다 넓은 입장으로 나아가게 된다. 물론 여기에서도 보다 고차적인 정책의 목표들간의 우열을 가림에 있어서는 역시 직관에 호소하게 된다. 우선 순위를 서로 달리 정한다는 것은 결코 사소한 차이가 아니며 심각하게 상반되는 정치적 신념들에 관련되는 수가 흔히 있는 것이다.

철학적 입장들의 원칙들은 가장 일반적인 종류의 것이라 할 수 있다.

그것들은 사회 정책의 목표들을 설명하고자 할 뿐만 아니라 이런 원칙들에 주어진 비중에 따라 이러한 목표들의 순위가 정해지게 되는 것이다. 설명의 편의를 위해서 총합-배분의 이분법에 기초한 아주 단순하고 친숙한 견해를 논의해 보자. 그것은 두 개의 원칙을 갖게 되는데, 사회의 기본 구조는 우선 만족 잔여의 극대화라는 의미에서 최대의 선을 산출(produce)하고, 다음에는 이러한 만족들을 평등하게 배분(distribute)하도록 계획되어야 한다는 것이다. 물론 이 두 원칙은 '다른 사정이 같다면'(ceteris paribus)이라는 조건절을 내포하고 있다. 그래서 공리의 원칙인 첫번째 원칙은 효율성의 척도로 작용함으로써 다른 사정이 같은 한 가능한 최대의 총량을 산출하도록 하는 것인 반면에, 두번째 원칙은 정의의 척도로서 전체적인 행복의 추구를 제한하고 이득의 분배를 고르게 해주는 역할을 하게 된다.

이러한 입장은 두 원칙 상호간의 비중을 가려 줄 어떤 우선성 규칙도 제시하지 않는다는 이유에서 직관주의적이라 할 수 있다. 이 두 원칙을 받아들이면서도 그 비중을 가림에 있어 아주 상이한 방식들이 있을 수 있다. 물론 대부분의 사람들이 실제로 어떻게 그 우선 순위를 가릴 것인가에 대해 어떤 가정을 해본다는 것은 자연스러운 일이다. 한 경우로서 만족의 총화와 평등의 정도가 달리 결합되었을 경우에 우리는 이러한 원칙들에 상이한 비중을 두게 된다. 예를 들면 만일 만족의 총합은 보다 크지만 불평등하게 분배되었을 경우에는 큰 전체적 행복이 이미 어느 정도 공평하게 나누어졌을 때보다 평등성을 증진시키는 것이 더 시급하다고 우리는 생각하게 될 것이다. 이러한 사실은 경제학자들의 무차별 곡선(indifference curve)이라는 방식을 이용해서 보다 도식적으로 표현할 수 있다. [19] 만일 기본 구조의 특정 체제가 이러한 원칙들을 충족시키는 정도를 측정할 수 있다고 가정하고서 만족의 총화를 X 축 + 단에, 평등성을 Y 축 + 단에 표시해 보자. (Y 축의 최상한선은 완전 평등이라 생각할 수 있다.) 기본 구조의 여러 체제가 어느 정도 이러한 원칙들을 충족시키고 있는지는 이 평면상의 한점에 의해 표현될 수가 있다.

여기에서 분명히 보다 동북쪽에 있는 점이 보다 나은 체제를 나타내며 그것은 두 가지 중 어느 면에 있어서나 우월한 것이다. 예를 들면 그림 1에서 점 B는 점 A보다 우월하다. 무차별 곡선은 동등하게 정당하다고

---

19) 직관주의적 입장을 예시하기 위해 이러한 방식을 사용하는 데 관해서는 Barry, *Political Argument*, pp. 3~8 참조. 수요 이론이나 복지 경제학에 관한 책에는 대부분 이러한 설명이 포함되어 있다. W.J. Baumol, *Economic Theory and Operations Analysis*, 제 2 판(Englewood Cliffs N.J.: Prentice-Hall, Inc., 1965), 9장은 이해하기 쉬운 설명이다.

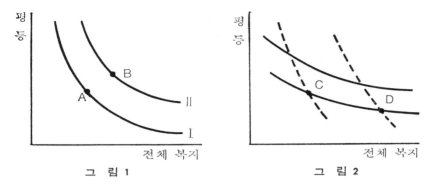

그 림 1　　　　　　　　　　그 림 2

판단되는 점들의 연결에 의해서 그어진다. 그래서 그림 1의 곡선 I은 그 선상에 놓인 점 A와 동등하게 평가되는 점들로 이루어져 있으며, 곡선 II 는 점 B와 마찬가지로 평가되는 점들로 이루어진다. 우리는 이러한 곡선 들이 오른쪽 아래로 경사져 있고 그들은 또한 교차하지 않으며 교차한다 면 그들이 나타내는 판단이 잘못된 것이라고 생각할 수 있다. 어떤 점에 있어서나 곡선의 경사도는 그 점이 나타내는 평등과 총체 만족량 배합에 있어 각각이 갖는 상대적 비중을 나타낸다. 무차별 곡선을 따라 변하는 경사도는 그 원칙의 만족도에 따른 그들이 갖는 상대적 긴급성의 변화를 보여 준다. 그래서 그림 1에서 무차별 곡선의 움직임을 볼 때 우리는 평 등성이 감소함에 따라 그 계속적인 감소를 보상하기 위한 만족 총량의 점 차적인 증대가 요구되어짐을 알 수 있다.

　나아가서 아주 상이한 배정들이 이러한 두 원칙과 양립할 수 있다. 그 림 2는 다른 두 사람의 판단을 나타낸다고 생각해 보자. 실선은 평등에 비교적 강한 비중을 두는 자의 판단을 나타내며, 점선은 복지 총량에 보 다 강한 비중을 두는 자의 판단을 나타내고 있다. 그래서 전자는 체제 C와 D를 동등하게 보는 반면 후자는 D가 더 우월한 것으로 판단한다. 이러한 정의관은 무엇이 올바른 배정 방식인가에 대해 어떤 제한도 가하 지 않으며, 따라서 그것은 서로 다른 사람들이 원칙들에 대한 상이한 배 정을 하도록 허용하고 있다. 그러나 이러한 직관주의적 입장은 반성을 통 한 우리의 숙고된 판단에 부합할 경우 결코 중요성을 갖지 않는다고 할 수 없다. 적어도 그것은 분명한 좌표축을 통해서 사회 정의에 대한 우리의 숙고된 판단에 있어 중요한 기준을 선정해 준다. 직관주의자들이 바라는 바는 일단 이러한 좌표축이나 원칙들이 확정되면 사람들은 실제로 적어도 그들이 공평하고 자신의 이해 관계에 대한 지나친 관심에 의해 영향을 받 지 않는 경우에는 다소간 유사한 방식으로 그 원칙들을 배정할 것이라는 점이다. 설사 그렇지 못한 경우에는 적어도 원칙들의 비중에 대한 배정을 함에 있어 어떤 조정안에 합의할 수는 있으리라는 것이다. 주목해야 할 중요한 사실은 경쟁적인 원칙들간에 비중을 달리 매긴다고 가정할 경우 우리나 혹은 어떤 특정인이 그것을 비교하는 방식을 우리가 기술할 수 있다는 점이다. 직관주의자들은 이러한 비교가 무차별 곡선을 통해서 도표화될 수 있는 가능성을 인정한다. 이러한 비교에 대한 기술을 알고 있을 경우 앞으로 내려질 판단은 미리 예견될 수 있다. 이러한 의미에서 이런 판단들은 일관성있고 분명한 구조를 갖는 것으로 볼 수 있다. 물론 우리는 무의식중에 어떤 그 이상의 기준이나, 어떤 목표를 최선으로 실현시켜 줄 방식에 의해 비중을 배정하게 된다고 주장할 수도 있다. 아마 우리가 이러한 기준을 적용하고 이러한 목표를 추구한다면 자연히 이런 식으로 배정하게 될지도 모른다. 따라서 제 1 원칙들에 대한 어떤 특정한 배려는 이런 식으로 설명되어질 수 있다. 그러나 직관주의자의 주장은 사실상 이러한 설명이 있을 수 없다는 것인데, 그에 의하면 이러한 비중을 가려 줄 분명히 표현될 수 있는 어떤 고차적인 윤리적 관점이란 존재하지 않는다는 것이다. 기하학적 도식이나 수학적 함수로서 그 비중을 나타낼 수 있을지는 모르나 그것이 합리적으로 타당함을 입증해 줄 어떤 구성적인 도덕 기준은 없는 것이다. 그래서 직관주의는 사회 정의에 대한 판단에 있어서 우리는 제 1 원칙이 복수라는 결론에 이르게 마련이며, 그에 대해 말할 수 있는 것은 그들을 특정한 방식으로 조정하는 것이 보다더 합당한 것처럼 보일 뿐이라는 것을 내세우고 있다.

이상과 같은 직관주의적 학설에 어떤 본질적으로 불합리한 점은 없다. 사실 그것이 타당한 것일지도 모른다. 인정받을 만한 윤리적 원칙들로부터 사회 정의에 관한 우리의 판단을 전적으로 도출할 수 있어야 한다는 것은 받아들이기 어렵다. 직관주의자는 그와 반대로 도덕 현상의 복잡성 때문에 우리의 판단에 대한 완전한 설명을 하려는 노력은 소용이 없으며 대등한 여러 원칙들이 있다는 것은 불가피하다고 생각한다. 그가 주장하는 바는 이러한 원칙들을 넘어서게 되면 사회 정의란 각자에게 그의 몫을 주는 것이라고 할 때처럼 평범한 이야기가 되고 말거나, 모든 것을 공리의 원칙으로 해결할 경우처럼 오류 내지는 지나친 단순화가 되고 만다는 것이다. 그래서 직관주의를 논박할 수 있는 유일한 길은 숙고된 판단을 내림에 있어서 여러 원칙들이 합당하게 가려질 비중을 설명할, 인정받을 만한 윤리적 기준을 제시하는 일이다. 직관주의에 대한 반박은 없다고 말해지는 그런 유의 구성적 기준을 제시하는 데 있다. 확실한 것은 인정받

을 만한 윤리적 원칙이라는 개념이란 전통이나 상식으로부터 여러 가지
예를 들기는 쉽겠지만 애매한 개념이라는 점이다. 그러나 이러한 문제를
추상적으로 논의하는 것은 무의미한 일이다. 직관주의자나 그 비판자도
일단 비판자가 보다 체계적인 설명을 제시하려 한다면 이 문제를 해결해
야 할 것이다.

직관주의적 이론이 목적론인가 의무론인가라는 문제가 제기될 수 있다.
그것은 어느 것에나 다 속할 수 있으며 어떤 윤리적 견해도 여러 면에 있
어서 어느 정도의 직관에 의존하게 마련이다. 예를 들어 무어처럼 인간의
애정이나 인간의 지성, 미의 창조나 관조, 지식의 획득이나 평가 등은 쾌
락과 더불어 주요한 좋은 것들(good things)이라고 주장할 수 있을 것이
다. [20] 또한 우리는 (무어와는 달리) 이러한 것들만이 유일하며, 내재적 선
(intrinsic goods)이라고 주장할 수도 있다. 이러한 가치들은 옳음과는 상관
없이 명시되기 때문에 만일 옳음이 좋음을 극대화하는 것으로 규정되는 경
우에는 우리는 완전설과 같은 유형의 목적론을 갖게 된다. 무엇이 최대의
선을 산출하는가를 평가함에 있어 그 이론이 주장할 수 있는 것은 이러한
가치들은 직관에 의해 상호간의 비중이 가려져야 하는데, 여기에는 어떤 지
침이 될 실질적인 기준이 없다는 것이다. 그러나 직관주의적 이론이 의무
론적인 경우도 흔히 있는 일이다. 로스가 분명히 제시한 바와 같이 도덕적
가치에 따라 좋은 것들을 분배하는 것(분배적 정의)은 그 자체가 증진되어야
할 선에 포함되는 것이며, 최대의 선을 산출하는 원칙도 하나의 제1원칙
으로 평가되기는 하지만 그것도 다른 후보 원칙들의 요구와 더불어 그 비
중이 가려질 하나의 원칙에 불과하다는 것이다. [21] 그런데 직관주의적 입
장이 갖는 뚜렷한 특징은 그것이 목적론이냐 의무론이냐에 있는 것이 아
니라 인정받을 만한 적극적 윤리 기준의 도움도 없이 우리의 직관 능력에
우선적으로 호소한다는 점에 있다. 직관주의는 우선성 문제에 대한 어떤
분명하고 쓸 만한 해결책이 있음을 부인한다. 이제부터 이러한 주제를 간
단히 논의해 보기로 한다.

8. 우선성 문제

지금까지 우리가 살펴온 것은 정의 여부에 관한 우리의 숙고된 판단

---

20) *Principia Ethica*, 6장 참조. Moore의 학설이 직관주의적 성격을 가졌다는
　　것은 그의 유기적 통일성 원칙에 의해서도 확인된다. pp. 27~31.
21) W.D. Ross, *The Right and the Good*, pp. 21~27 참조.

·을 어느 정도 체계적으로 설명할 수 있는가하는 문제를 직관주의가 제기 했다는 사실이다. 특히 그것은 대립하는 정의의 원칙들간에 경중을 가리 는 문제에 어떤 적극적인 해답을 줄 수 없음을 주장한다. 적어도 이 점에 서 우리는 우리의 직관 능력에 의존해야 된다는 것이다. 고전적인 공리주 의는 물론 직관에의 의존을 전적으로 피하고자 한다. 그것은 하나의 궁극 적인 기준을 가진 단일 원칙적인 입장이다. 아뭏든 이론상으로는 공리의 원칙에 의거해서 경중에 대한 조정이 이루어질 수 있다고 한다. 밀은 이 와 같은 오직 하나의 원칙이 있어야 하며, 그렇지 않을 경우에는 대립적 인 기준들간에 판정할 자가 없게 된다고 생각했으며, 시즈위크는 공리주 의적 원칙이야말로 이러한 역할을 수행해 낼 수 있는 유일한 것임을 장 황하게 논증하고 있다. 그들의 주장에 따르면 여러 신조들이 서로 충돌하 거나, 애매하고 부정확한 관념에 당면할 때마다 공리주의를 택하는 이외 에 다른 방도가 없다는 의미에서 우리의 도덕 판단이란 암암리에 공리주 의적이라는 것이다. 밀과 시즈위크는 우리의 판단을 해결하고 체계화하기 위해서 어떤 점에 있어서는 단일한 원칙을 가져야 한다고 생각한다.[22] 물론 고전적 학설이 갖는 대단한 매력 중의 하나는 그것이 직관에의 의존 을 피하고 우선성의 문제를 처리하고자 하는 방식에 있음은 의심할 여지 가 없다.

이미 언급한 바와 같이 우선성의 문제(priority problem)를 해결하기 위 해 직관에 의지한다고 해서 반드시 불합리한 것은 아니다. 우리는 원칙들 의 다원성을 넘어설 길이 없을 가능성도 인정해야만 한다. 물론 어떤 정 의관도 어느 정도는 직관에 의거해야만 할 것이다. 그러나 우리는 가능한 한 우리의 숙고된 판단에 직접적으로 의존하는 일을 줄여야만 한다. 왜냐 하면 흔히 그렇듯이 사람들이 최종 원칙들의 경중을 서로 달리 가리는 경 우에는 그들의 정의관도 서로 달라질 것이다. 경중을 가리는 것은 정의관 의 부차적 부분이 아니라 본질적인 부분이다. 이러한 경중이 합당한 윤리 적 기준에 의해 결정되는 방식을 설명할 수 없다면 합리적인 논의의 길은 막히고 만다. 직관주의적 정의관은 만족스러운 입장이 되지 못한다고 말 할 수 있다. 비록 직관에의 의존이 완전히 제거될 수는 없을지라도 우선 성 문제를 위한 분명한 원칙들을 제시할 수 있도록 최선을 다해야 할 것

---

22) Mill 에 관해서는 *A System of Logic*, 제 6 권, 7 장 7 절 ; *Utilitarianism*, 5 장 26~31 단락, 여기에서 이러한 논증이 정의에 대한 상식적인 신조와 관 련하여 이루어지고 있다. Sidgwick 에 관해서는 *The Methods of Ethics* 참 조. 예를 들어 제 3 권 논증의 대부분을 약술하고 있는 제 4 권의 2, 3 장 참조.

이다.

공정으로서의 정의관에 있어서 직관의 역할은 여러 점에서 제한되고 있다. 전체 문제가 다소 어려운 것인 까닭에 나는 여기에서 다만 간략하게 언급하고 전체적인 의미는 나중에 가서 밝히고자 한다. 첫번째 점은 정의의 원칙들이 원초적 입장에서 선택될 것이라는 사실과 관련되어 있다. 그것들은 어떤 선택적 상황의 결과이다. 원초적 입장의 당사자들은 합리적인 까닭에 이러한 원칙들의 우선성을 고려해야 한다는 것을 인정할 것이다. 왜냐하면 그들이 상호간의 요구를 판정하기 위한 일치된 기준을 세우고자 할 경우 그들은 경중을 가려 줄 원칙을 필요로 할 것이기 때문이다. 그들은 우선성에 대한 그들의 판단이 대체로 동일하리라고만은 생각할 수 없으며 더우기 그들의 사회적 지위가 상이한 이상 그들이 그렇게 생각하지 않으리라는 것은 더욱 분명해진다. 그래서 원초적 입장의 당사자들은 원칙들의 경중을 가리는 방도에 대한 어느 정도의 합의에 도달하고자 노력하리라고 생각된다. 그런데 원칙을 선택한다는 생각이 갖는 가치의 일부는 그것을 우선적으로 채택하게 되는 근본 이유가 그것들에게 어떤 비중을 부여하는 근거가 된다는 점에 있다. 공정으로서의 정의관의 원칙들은 자명한 것이라고 생각하지 않으며 그 정당성의 근거를 그것들이 선택될 것이라는 사실에서 찾으므로 그것들이 받아들여지는 근거 속에서 그 경중이 구분될 어떤 지침이나 제한을 발견할 수 있다. 원초적 입장의 여건이 주어질 경우, 원칙들이 최초로 합의되는 것과 똑같은 이유에서 어떤 우선성 규칙이 다른 것보다 낫다는 것이 명백할 수도 있다. 정의가 갖는 역할과 최초의 선택적 상황이 갖는 특징들을 강조함으로써 우선성의 문제는 보다 다루기 쉬워진다는 것이 판명될 것이다.

두번째 가능성은 소위 서열적 혹은 축차적인 순서(serial or lexical order)로 배열된 원칙들을 발견할 수 있으리라는 점이다. [23](정확한 용어는 '사전

---

23) '사전 편찬적'(lexicographical)이란 말은 이러한 순서 매김의 가장 친숙한 예가 사전에서 단어들을 배열하는 것이라는 데서 비롯된다. 이를 이해하기 위해서는 철자 대신 숫자를 사용하여 'a' 대신 '1', 'b' 대신 '2' 등등으로 바꾼 후, 나타난 숫자의 행렬들을 비교하여 동률을 넘어설 필요가 있을 경우에만 오른쪽으로 옮겨 가면서 좌에서 우로 등급을 매겨 보자. 일반적으로 축차적 배열은 연속적인 실질 가치의 효용 함수로 표현될 수가 없으며 이러한 등급은 연속성의 가정을 깨어 버린다. I.F. Pearce, *A Contribution to Demand Analysis* (Oxford: The Clarendon Press, 1946), pp. 22~27; A.K. Sen, *Collective Choice and Social Welfare* (San Francisco: Holden-Day, 1970), pp. 34 이하 참조. 그 이상의 참고 문헌에 관해서는 H.S. Houthakker, "The Present State of Consumption Theory", *Econometrica*, 제 29 권

편찬적'이라는 것이나 너무 장황하다.) 이 순서에 따르자면 그 서열상의 제 1
원칙이 충족된 다음에야 제 2 원칙에로 나아갈 수 있으며 그리고 제 2 원칙
다음에 제 3 원칙 등등으로 나아갈 것이 요구된다. 하나의 원칙은 그에 선
행하는 원칙이 충족되거나 아니면 적용되지 않을 때까지 제 역할을 하지
못하게 된다. 서열적 배열을 함으로써 모든 원칙들의 경중을 한꺼번에 가
리지 않아도 되며 그 순서상 앞선 것은 뒤따르는 것에 비해 이른바 절대
적인 비중을 가지며 예외없이 타당하게 된다. 우리는 이러한 서열이 일련
의 제한적 극대화 원칙과 유사하다고 생각할 수 있다. 왜냐하면 우리는
그 순서상의 어떤 원칙은 선행하는 원칙들이 충족된다는 조건하에 극대화
되어야 한다고 생각할 수 있기 때문이다. 중요한 특수 경우로서 나는 실
제로 경제적·사회적 불평등을 규율하는 원칙보다 평등한 자유의 원칙을
우선시킴으로써 이런 식으로 순서를 매기고자 한다. 결국 이것이 뜻하는
바는 사회의 기본 구조는 선행 원칙이 요구하는 평등한 자유와 위배되지
않는 식으로 부와 권력의 불평등을 배정해야 한다는 것이다. 확실히 축차
적 혹은 서열적 순서라는 개념은 언뜻 보아서 그 효과가 대단할 것으로 보
이지 않는다. 사실 그것은 우리의 온건성과 양호한 판단에 맞지 않을 것
으로 생각된다. 나아가서 그것은 이렇게 배열된 원칙들이 다소 특수한 종
류의 것임을 가정하고 있다. 예를 들면 선행하는 원칙이 제한된 적용을

(1961), pp. 710 이하 참조.

　도덕 철학사에 있어서도 축차적 서열의 입장이 분명히 논해진 것은 아니지
만 이따금씩 나타났다. 분명한 예가 나타난 것은 Hutcheson, *A System of
Moral Philosophy* (1775)에서이다. 그의 제안에 따르면 같은 종류의 쾌락을
비교할 때는 그 강도와 지속성을 이용하고 다른 종류의 쾌락을 비교할 때는
그 지속성과 품위가 함께 고려되어야 한다. 보다 고등한 쾌락은 강도나 지속
성이보다 크더라도 저급한 쾌락보다는 값진 것이다. L.A. Selby-Bigge, *Bri-
tish Moralists*, 제 1 권 (Oxford, 1897), pp. 421~423 참조. J.S. Mill, *Utili-
tarianism*, 2 장, 단락 6~8에 나타난 관점은 Hutcheson 의 것과 비슷하다.
도덕적 가치를 비도덕적 가치보다 축차적으로 우선적인 등급을 매김도 당연하
다. 예를 들어 Ross, *The Right and the Good*, pp. 149~154 참조. 그런데
1 절에서 주목한 정의의 우위성이나 Kant 에서 보이는 옳음의 우선성은 물론
이러한 배열의 또 다른 경우이다.

　경제학에 있어 효용의 이론은 욕구의 계층적 구조나 도덕적 고려의 우선성
에 대한 암암리의 인정과 더불어 시작된다. 이것이 분명히 나타난 곳은 W.S.
Jevons, *The Theory of Political Economy* (London, 1871), pp. 27~32.
Jevons 는 Hutcheson 과 유사한 입장을 말하고 있으며, 경제학자의 효용 계산
을 최저급의 감정에만 국한시키고 있다. 욕구의 층 구조나 효용 이론과의 관계에
대한 논의를 위해서는 Nicholas Georgescu-Roegen, "Choice, Expectations,
and Measurability", *Quarterly Journal of Economics*, 제 68 권 (1954), 특
히 pp. 510~520 참조.

갖지 않거나 충족될 수 있는 특정한 요구 조건을 설정하고 있지 않다면 후속하는 원칙은 결코 활용될 수가 없다. 그래서 평등한 자유의 원칙이 우선적인 위치를 차지할 수 있는 것은 그것이 충족될 수 있다고 생각되기 때문이다. 반면에 공리가 제1의 원칙이 된다면 그것은 후속하는 모든 기준을 불필요한 것으로 만들고 만다. 내가 증명하고자 하는 것은 적어도 어떤 사회적 여건 아래서는 정의의 원칙들의 순서를 서열적으로 정하는 것이 우선성 문제에 대한 근사한 해답을 줄 수 있다는 점이다.

끝으로 직관에의 의존도를 줄일 수 있는 길은 보다 한정된 문제를 제시하고 도덕 판단 대신 타산적인 사려 판단(prudential judgment)을 이용하는 일이다. 이렇게 할 때 직관주의적 입장의 원칙들에 당면한 자는 사려의 지침이 없는 한 어쩔 도리가 없다고 대답할 것이다. 예를 들어 그는 만족의 분배에 있어서 전체적 유용성(효용)과 평등성의 경중을 가릴 수 없다고 주장할 수 있다. 이와 관련된 개념들은 너무 추상적이고 포괄적이어서 그가 자신의 판단에 대해서 어떤 확신을 가질 수 없게 할 뿐만 아니라 그 개념들의 의미를 설명하는 데 있어서도 상당한 복잡성이 있다는 것이다. 총합-배분의 이분법은 물론 매력적인 생각이긴 하나 이 경우엔 그것으로서 해결될 수 없을 것으로 생각된다. 그것은 사회 정의의 문제를 보다 구체적인 부분들로 세분하지 않는다. 공정으로서의 정의관에 있어서는 직관에의 의존이 두 가지로 집중된다. 우선 우리는 사회 체제 내에서 그 체제를 판단하게 될 입장(position)을 선정하고, 다음에 이 입장에 있는 대표인(representative man)의 관점에서 볼 때 어떤 특정 체제의 기본 구조를 선택하는 것이 합리적인가를 묻게 된다. 이러한 몇 가지 가정 아래서 경제적·사회적 불평등이 그 사회의 최소 수혜자 집단이 갖는 장기적인 전망에 의해서 판단되어진다. 물론 이러한 집단을 구체적으로 정확하게 설정하기란 어려우며 우리의 타산적 사려 판단 또한 상당한 정도로 직관에 의존하게 된다. 왜냐하면 우리는 그러한 판단을 결정해 줄 원칙들을 정식화하지 못할 수도 있기 때문이다. 그렇기는 하지만 우리는 훨씬더 한정된 물음을 제기하고 윤리 판단을 합리적인 사려 판단으로 대치하게 된다. 그러면 흔히 우리가 어떻게 결정을 내려야 할지가 보다 명백히 드러나게 된다. 직관에의 의존은 직관주의적 입장의 총합-배분의 이분법에서와는 다른 성질을 띠게 되고 그 정도도 훨씬 줄어지게 된다.

우선성 문제를 논함에 있어 주어진 과제는 직관적인 판단에의 의존을 완전히 없애는 것이 아니라 감소시키는 일이다. 어떤 종류이든간에 직관에의 모든 의존으로부터 피할 수 있다고 생각하거나 피하려고 노력해야 한다고 생각할 이유는 없다. 실제상의 목적은 공통된 정의관을 제시하기 위해 판단에 있어서 합리적으로 믿을 만한 합의에 도달하는 일이다. 만일 우선성에 관한 사람들의 직관적 판단이 유사하다면 그들이 이러한 신념을 설명할 원칙들을 정식화할 수 없다는 것이 실제상으로 문제가 되지 않으며 심지어 이런 원칙들이 존재하든 안 하든간에 문제될 바가 없다. 그러나 판단이 상반되는 경우에는 그 주장들간에 판정을 내려 줄 기준이 그만큼 애매하므로 난점이 생기게 된다. 그래서 우리의 목적은 윤리적이든 타산적이든간에 직관에의 요구가 아무리 크더라도 정의에 관한 우리의 숙고된 판단들이 합일될 수 있도록 해줄 정의관을 정식화하는 데 있다 할 것이다. 만일 이러한 정의관이 있을 경우에는 원초적 입장에서 볼 때 그러한 관점을 받아들일 충분한 근거가 있게 될 것이다. 왜냐하면 정의에 대한 우리의 공통적 신념에 보다 큰 일관성을 도입한다는 것은 합리적인 것이기 때문이다. 사실 일단 우리가 최초의 상황의 관점에서 사태를 바라보게 되면 우선성의 문제란 이미 주어진 바 변경될 수 없는 도덕적 사실들의 복잡성에 대처하는 방법에 관한 문제가 아니다. 오히려 그것은 판단에 있어 바람직한 합의에 이르기 위해서 합리적이고도 일반적으로 받아들일 수 있는 제안을 정식화하는 문제이다. 계약설의 입장에서 볼 때 도덕적 사실들은 원초적 입장에서 선택될 원칙들에 의해 결정되어진다. 이러한 원칙들은 사회 정의의 관점에서 볼 때 어떤 점을 고려하는 것이 합당한가를 명시해 준다. 이러한 원칙들의 선택은 원초적 입장에 있는 자들에게 달려 있으므로 도덕적 사실이 어느 정도 복잡하거나 단순하기를 바라는지를 결정하는 것은 바로 그들 자신인 것이다. 원초적 합의는 공통적인 정의관을 위해 필요한 우선성 규칙을 설정하기 위해서 그들이 어느 정도 타협하고 얼마만큼 단순화할 용의가 있는가를 정해 준다.

나는 지금까지 우선성 문제를 적극적으로 처리해 줄 두 가지 분명하고도 간단한 방법을 살펴 왔다. 즉 전체에 걸친 단일한 원칙에 의한 방법과 축차적으로 배열된 다수 원칙에 의한 방법이 그것이다. 물론 다른 방법들도 있겠지만 그에 대해 더 이상 고찰하지 않기로 한다. 전통적인 도덕 이론은 대체로 단일 원칙적이든가 아니면 직관주의적인 것이므로 서열적으로 순위를 정하는 것을 제시한 것이 우선 새로운 점이다. 일반적으로 축차적 배열이 엄밀히 정확한 것일 수 없음은 사실이지만, 그것은 중대하면서도 어떤 특정한 조건(82절) 아래에선 효과적인 접근 방식이다. 이런 식으로 해서 그것은 보다 광범위한 정의관들을 나타내고 보다 근사한 조정점이 발견될 수 있는 방향을 암시해 줄 수 있는 것이다.

9. 도덕론에 관한 몇 가지 제언

이 시점에서 오해를 미리 막기 위해 도덕론(moral theory)의 성격에 대해 간단히 논의하는 것이 바람직할 것이다. 이를 위해서 나는 반성적 평형 상태에 있어서의 숙고된 판단이라는 개념과 그것을 도입하는 이유에 관해 보다 자세한 설명을 하고자 한다. [24]

사람이면 누구나 어느 정도 나이가 들어 필요한 지적 능력을 갖추게 되면 정상적인 사회적 여건 아래서 정의감(sense of justice)이 개발된다고 생각해 보자. 우리는 사태가 정의로운지 그렇지 못한지를 판단하고 갖가지 이유를 들어 이러한 판단을 밑받침하는 기술을 갖추게 된다. 나아가서 이러한 판정에 따라 행동하고자 하는 어느 정도의 욕구를 갖게 되는 것이 보통이며, 다른 사람들도 비슷한 욕구를 갖기를 기대한다. 이러한 도덕 능력은 지극히 복합적인 것이다. 이것은 우리가 내리게 될 가능적인 무수하고 다양한 판단들에 주목해 보면 충분히 이해가 간다. 흔히 우리는 어떻게 말해야 할지를 모르며 때로는 마음에 결정을 내리지 못하는 사실이 있다고 해서 우리가 가진 능력의 복합성이 줄어드는 것은 아니다.

그런데 도덕 철학이란 우선 우리의 도덕 능력을 설명하려는 시도라고 생각해 보기로 하자. (나는 이렇게 보는 것이 잠정적인 성격을 가짐을 강조한다.) 아니면 현재의 경우에 있어서 우리는 정의론을 우리의 정의감에 대한 기술로서 생각할 수도 있을 것이다. 이러한 작업은 매우 어려운 것이다. 왜냐하면 이러한 기술을 한다고 해서 제도나 행위에 관해 우리가 가지기 쉬운 판단들의 목록이나 만들고, 그와 더불어 이러한 판단에 제시될 지지 이유를 덧붙이는 것을 의미하는 것은 아니기 때문이다. 오히려 필요한 것은 우리의 여건에 대한 소견이나 지식을 가지고 양심적이고 지성적으로 적용할 경우 정당한 이유를 가진 그러한 판단들을 내릴 수 있도록 하는 일련의 원칙들을 정식화하는 일이다. 만일 우리의 일상적인 판단들이 어떤 정의관의 원칙들에 부합해서 내려진 것일 경우 그 정의관은 우리의 도덕감의 특성을 기술하는 것이 된다. 이러한 원칙들은 일치되는 판단에 이르게 되는 논의의 전제 노릇을 할 수 있다. 우리가 우리의 정의감을 이해하게 되는 것은 광범한 경우에 적용되는 어느 정도 체계적인 방식으로 이

---

24) 이 절에서 나는 "Outline of a Procedure for Ethics", *Philosophical Review*, 제 60 권 (1951)에 나타난 일반적 관점을 따르기로 한다. 언어학과의 비교는 물론 새로운 것이다.

려한 원칙들이 무엇인가를 알게 될 때에 비로소 가능하다. 우리의 일상적
인 판단들에 대한 그르치기 쉬운 친숙성과 그런 판단을 쉽사리 내리게 되
는 자연적 경향성 때문에 우리의 도덕 능력을 설명하는 것이 복잡한 작업
이라는 사실이 감추어질 수도 있다. 하지만 그것들을 기술하는 원칙들은
복잡한 구조를 가진다고 생각되며, 관련된 개념들은 신중한 연구를 필요
로 할 것이다.

여기에서 우리는 우리의 모국어 문장들이 문법에 맞는지를 알아내는
분별력을 기술하는 문제와 비교해 보면 도움이 될 것이다.[25] 이 경우에
우리의 목적은 모국어 사용자와 동일한 분별을 하게 하는 분명한 원칙들
을 체계화함으로써 올바른 문장을 지각하는 능력을 기술하는 것이다. 이
것은 어려운 작업으로서 아직 완결된 것은 아니지만 우리의 분명한 문법
지식의 특정 조항들을 훨씬 넘어서는 이론 구성이 필요한 것으로 알려져
있다. 이와 유사한 사정이 도덕 철학에 있어서도 적용되리라고 생각된다.
우리의 정의감이 상식적으로 친숙한 신조들에 의해 적절하게 규정될 수
있다거나 보다 분명한 학습 원리로부터 도출된다고 생각할 아무런 이유가
없다. 도덕 능력에 대한 기술은 일상 생활에서 인용되는 규범이나 기준을
훨씬 넘어서는 원칙들과 이론 구성을 포함하는 것이며, 그것은 결국 지극
히 빈틈없는 수학과 같은 정도의 것을 요구한다. 이러한 기대를 가질 수
있는 이유는 계약론의 입장에 있어 정의론은 합리적 선택 이론(theory of
rational choice)의 일부이기 때문이다. 그래서 원초적 입장과 거기에서 원
칙들에 대한 합의라는 관념은 지나치게 복잡하거나 불필요한 것으로 생각
되지는 않는다. 사실상 이러한 관념은 오히려 단순한 것으로서 출발점으
로서의 역할을 해낼 수 있다.

그런데 지금까지 나는 숙고된 판단(considered judgement)에 대해서 이야
기하지 않았다. 이미 언급되었듯이 그러한 판단은 우리의 도덕 능력이 가
장 왜곡됨이 없이 나타나게 되는 그러한 판단이다. 그래서 우리의 판단들
중 어떤 것을 고려해야 할지를 결정함에 있어 우리는 당연히 어떤 취사
선택을 하게 되는 것이다. 예를 들면 주저하면서 내린 판단이나 별로 확
신이 없는 판단은 무시될 수 있다. 이와 비슷하게 우리가 당황하거나 놀
랐을 때 혹은 어떻게든 고집부리기 위해 내린 판단 또한 제외시킬 수 있
다. 이런 식의 모든 판단은 그릇되기 쉬우며 우리 자신의 이해 관계에 대
한 지나친 집착으로 인해 영향을 받게 된다. 숙고된 판단이란 정의감이

25) N. Chomsky, *Aspects of the Theory of Syntax* (Cambridge, Mass.: The
M. I. T. Press, 1965), pp. 3~9 참조.

작용하기에 좋은 여건 아래서 이루어진 판단만을 말하며, 따라서 잘못을 저지른 데 대한 아주 평범한 핑계나 변명이 있을 수 없는 상황에서 이루어진 판단이다. 그래서 판단을 내리는 자는 올바른 결정에 도달하기 위한 능력과 기회와 욕구를 가졌다고(아니면 적어도 올바른 판단에 도달하지 않으려는 욕구는 갖지 않았다고) 생각되어진다. 나아가서 이러한 판단을 확인하는 기준 또한 임의적인 것이 아니다. 사실상 그것은 어떤 종류의 숙고된 판단을 선정해 내는 기준과도 유사하다. 그래서 일단 우리가 정의감이란 사고 작용을 포함하는 어떤 정신 능력이라고 간주한다면, 적합한 판단이란 숙고와 판단 일반을 위해 유리한 조건 아래에서 이루어진 판단이라 할 것이다.

이제는 반성적 평형 상태(reflective equilibrium)라는 개념을 생각해 보기로 하자. 이러한 관념의 필요성은 다음과 같이 생겨난다. 도덕 철학의 잠정적인 목표에 따르면, 공정으로서의 정의관이란 원초적 입장에서 선택될 원칙들과 우리의 숙고된 판단에 부합되는 원칙들이 일치하며 따라서 이러한 원칙들은 우리의 정의감을 설명해 주는 가설이라고 말할 수 있을 것이다. 그러나 이런 식의 해석은 지나치게 단순화된 것임이 분명하다. 우리의 정의감을 기술하는 데 있어 숙고된 판단들은 비록 유리한 조건 아래서 이루어진 것이긴 하지만 어떤 우연성과 왜곡을 당하게 될 가능성의 여지가 있게 마련이다. 어떤 사람에게 그의 정의감에 대해 직관적인 호소력이 있는 설명(이른바 여러 가지 합당하고 자연스러운 가정들을 담고 있는 설명)을 제시했을 경우, 비록 그 이론이 현재 그가 가진 판단에 정확히 부합되지는 않을지라도 그 원칙들에 맞추어서 자신의 판단을 수정하리라는 것은 당연하다. 특히 그가 이럴 수 있는 경우는 본래의 판단에 대해 갖는 확신이 흔들리게 될 단서를 그 설명 속에서 발견하게 되거나 제시된 견해가 그가 지금 수긍할 수 있다고 생각하는 판단을 산출하게 될 때이다. 도덕 철학의 관점에서 볼 때 사람이 가진 도덕감을 가장 잘 설명해 주는 것은 어떤 정의관을 검토하기 이전에 가진 자신의 판단에 부합하는 것이 아니라 반성적 평형 상태 속에서 그의 판단과 부합하는 설명이다. 앞에서도 보았듯이 이런 상태란 그 사람이 제시된 여러 가지 견해들을 평가해 본 후 그 중 한 가지에 맞추어 자신의 판단을 수정하든가 최초에 가진 자신의 신념(그와 관련된 견해)을 일관되게 견지하는 경우인 것이다.

반성적 평형 상태란 관념은 더 이상의 설명을 필요로 하는 몇 가지 복잡성을 도입한다. 그 한 가지로서 그것은 자기 검토에 의해서 이루어진 행위를 규율하는 원칙을 연구하는 데 특유한 개념이라는 점이다. 도덕 철학은 소크라테스적인 것으로서 우리는 일단 어떤 규제 원칙이 밝혀지게 되면 우리가 갖는 현재의 숙고된 판단을 변경하기를 원할 수도 있다. 비록 이러한 원칙들이 완전히 합치하는 것이라 할지라도 변경을 바랄 경우가 있다. 이러한 원칙들을 알게 되면 우리 자신의 판단을 수정하게 하는 보다 많은 반성점이 제시된다. 이러한 면모는 도덕 철학에만 특유한 것은 아니며 귀납이나 과학적 방법의 원칙들과 같이 다른 철학적 원칙을 연구하는 데에도 존재하는 특성이다. 예를 들면 우리에게 자연스럽다고 여겨지는 원칙들을 갖는 언어 이론에 비추어서 정확한 문법에 대한 우리의 분별을 내용적으로 수정한다는 것은 예측할 수 없을지 모르나 이러한 변경을 생각할 수 없는 것은 아니며, 또한 문법에 맞는지에 관한 우리의 분별력은 이러한 지식에 의해서 어느 정도까지 영향을 받을 수 있으리라는 것은 의심할 여지가 없다. 그런데 예를 들어 물리학과는 대조가 된다. 극단적인 경우를 예로 들면, 천체의 운동에 관해서 설득력은 없으나 정확한 설명이 있을 경우에 우리는 보다 매력적인 이론에 맞추어서 이러한 운동을 바꿀 수는 없다. 천체 역학의 원리들이 그 지적인 아름다움을 가졌다는 것은 단지 행운에 불과한 것이다.

그런데 반성적 평형 상태에 대해 여러 가지 해석이 있게 된다. 왜냐하면 우리에게 제시되는 설명들이 사소한 상이점을 제외하고는 어느 정도 현재 우리가 갖고 있는 판단과 부합되는 것인가, 아니면 모든 관련된 철학적 논의와 더불어 우리의 판단은 그에 맞추어 조정해야 될 가능한 모든 설명들이 제시되었느냐에 따라 그러한 개념은 다양할 수 있기 때문이다. 첫번째 경우에는 다소 우연적 요소를 다듬어야 할 여지가 있지만 우리의 정의감을 어느 정도 있는 그대로 기술할 수 있는데 비해, 두번째 경우에는 우리의 정의감이 근본적인 변경을 당하게 될지도 모른다. 우리가 도덕 철학에서 관심을 두는 바는 두번째 유의 반성적 평형 상태임이 분명하다. 확실히 우리가 이러한 상태에 도달할 수 있을지는 의문이다. 왜냐하면 비록 모든 가능한 기술과 철학적으로 관련된 모든 논의라는 관념이 제대로 규명된다 하더라도 (의문의 여지가 있지만) 우리는 그들 각각을 검토할 수 없을 것이기 때문이다. 할 수 있는 최선의 것은 도덕 철학의 전통이나 그 이외에 생각에 떠오르는 바를 통해 우리에게 알려진 정의관들을 연구하고 이러한 것들을 고려하는 일이다. 이것이 바로 우리가 앞으로 해나갈 것인데 공정으로서의 정의관을 제시함에 있어 나는 그 원칙들과 논의들을 몇 가지 친숙한 다른 입장과 비교하게 될 것이다. 이상과 같은 이야기에 비추어 볼 때 공정으로서의 정의관은 이미 언급된 두 원칙이 원초적 입장에

서 다른 전통적 정의관, 예를 들면 공리주의적 정의관이나 완전론적 정의
관보다 우선적으로 선택되리라는 주장이 이해될 수 있을 것이다. 그리고,
또한 그것은 이러한 두 원칙이 그러한 잘 알려진 다른 대안들보다 반성을
통한 우리의 숙고된 판단과 더 잘 부합한다는 주장도 이해될 것이다. 그
래서 공정으로서의 정의관은 물론 그것이 철학적 이상을 성취시켜 주지는
않을지라도 그 이상에 우리를 보다더 가까이 접근시켜 줄 것이다.

반성적 평형 상태에 대한 이러한 설명은 당장 여러 가지 그 이상의 문
제점을 제시하고 있다. 예를 들면 도대체 반성적 평형 상태라는 것이 (철
학적 이상이라는 의미에서) 존재하는 것인가? 만일 존재한다면 그것은 특유
한 어떤 것인가? 비록 그것이 특유한 것이긴 하지만, 과연 도달될 수 있는
것인가? 등등이다. 출발점이 되는 판단과 반성 과정 자체(혹은 그 모두)는
우리가 결국 성취하게 될 어떤 귀착점에 영향을 미치게 된다. 그러나 이
러한 문제를 여기서 심사 숙고해 본다는 것은 소용이 없으며 우리의 능력
밖에 있는 일이다. 나아가서 나는 어떤 자의 숙고된 판단을 설명해 줄 원
칙들이 다른 이의 것을 설명해 줄 것과 동일한지의 여부는 묻지 않을 것이
다. 나는 반성적 평형 상태에서 판단하는 사람들에 있어서는 그러한 원
칙이 대체로 동일하거나 그렇지 않으면 그들의 판단은 앞으로 논의될 일
단의 전통적 학설이 나타내는 몇 가지 주요 노선을 따라 나누어지리라는
사실을 받아들이고자 한다. (사실상 어떤 사람은 자신이 동시에 상반되는 입장들
로 갈라져 있을 수도 있다.) 만일 사람들의 정의관이 결국 서로 다르다는 것
이 판명되면 그들이 서로 어떻게 다른지 그 방식이 가장 중요한 문제가
된다. 물론 우리가 어떻게 이러한 입장들이 서로 다르며 심지어 다른지
어떤지의 여부를 알게 되는 것은 우리가 그 입장의 구조를 보다 잘 설명
하게 될 경우에서이다. 지금 우리는 한 사람의 경우에 있어서나 동질적인
한 집단에 있어서조차도 그러한 것을 하지 못하고 있는 셈이다. 여기에서
도 역시 언어학과의 유사성이 있을 듯한데, 만일 우리가 한 사람의 문법
능력을 설명할 수 있다면 우리는 언어 일반의 구조에 대해서도 많은 것을
알게 될 것이 확실하다. 이와 비슷하게 만일 우리가 한 사람(교육받은)의
정의감을 기술할 수 있다면 우리는 정의론에로의 좋은 실마리를 갖게 되
는 셈이다. 우리는 모든 사람이 모든 형식의 도덕적 입장들을 그 자신 속
에 갖고 있다고 생각할 수 있다. 그래서 이 책의 목적상 독자와 저자의
입장만이 고려하게 될 유일한 입장이다. 다른 사람들의 견해는 오직 우리
자신의 생각을 명석히 하기 위해서만 이용된다.

내가 강조하고자 하는 바는 정확히 말해서 정의의 이론은 이른바 하나

의 이론이라는 점이다. 그것은 우리의 도덕적 능력, 혹은 더 특수하게 말하면 우리의 정의감을 규제해 줄 원칙들을 제시할(18세기적인 명칭으로 말해서) 도덕감(moral sentiment)에 관한 이론이다. 가정적인 원칙들이 그에 비추어 검토될 수 있는 한정되고 확정적인 일군의 사실들, 즉 반성적 평형 상태에서의 숙고된 판단들이 있다. 정의론도 방법상 다른 이론들과 동일한 규칙에 의거한다. 의미에 관한 정의(定義)나 분석도 특별한 위치를 차지하는 것은 아니며, 정의(定義)란 단지 이론의 일반 구조를 세우는 데 이용될 하나의 방편에 불과한 것이다. 일단 전체적 체계가 작성되면 정의(定義)는 별다른 지위를 갖는 것이 아니고 이론 그 자체와 존폐를 같이 한다. 어떤 경우에 있어서 논리적 진리나 정의(定義)에만 입각해서 실질적 정의론을 전개시킨다는 것은 분명히 불가능한 일이다. 도덕적인 개념들이나 비록 전통적인 의미에서 일지라도 선천적인(a priori) 것을 분석하는 것만으로는 기초로서 너무 빈약하다. 도덕 철학은 편의대로 임시적인 가설이나 일반적인 사실을 자유로이 이용할 수 있어야만 한다. 그렇지 않고는 반성적 평형 상태에 있어서의 우리의 숙고된 판단을 설명할 다른 방법이 없다. 이것은 시즈위크에 이르기까지 대부분의 고전적인 영국 철학들이 채택했던 입장으로 나 역시 그것으로부터 떠나야 할 이유는 없는 것이다. [26]

나아가서 만일 우리가 도덕적인 견해에 대한 정확한 설명을 할 수 있게 된다면 의미와 정당화의 문제는 그 해답이 훨씬 쉬워지게 될 것이다. 사실 그 문제들 중 어떤 것은 더 이상 전혀 진정한 문제가 아닌 것으로 나타날 수도 있다. 예를 들어서 프레게와 칸토르 이래의 발전을 통해서 논리학과 수학의 명제가 갖는 의미와 정당화에 대한 우리의 이해가 비상하게 깊어질 수 있었음을 알 수 있다. 윤리학과 집합론의 기본 구조 및 그

---

26) 나는 이러한 관점이 그 핵심에 있어서는 Aristotles 가 *Nicomachean Ethics* 에서 취한 방법에까지 거슬러 올라간다고 생각한다. W.F.R. Hardie, *Aristotle's Ethical Theory*, 3장, 특히 pp. 37~45 참조. 그리고 Sidgwick 의 생각에 의하면 "도덕 철학사는 이성의 기본적 직관을 충실하고도 명확하게" 진술하려는 일련의 시도들로서 "그러한 직관 내용을 과학적으로 운용함으로써 인간의 공통된 도덕 사상이 단번에 체계화되고 수정된다"는 것이다. *The Methods of Ethics*, pp. 373 이하. 그는 철학적 반성을 통해서 우리의 숙고된 판단이 수정되리라는 것을 인정했으며 비록 그의 학설이 인식론적인 직관주의의 요소가 있기는 하지만 체계적인 숙고를 통해 근거를 제시할 수 없을 경우에는 그에 대해 대단한 비중을 부여할 수 없다는 것이다. Sidgwick 의 방법론에 관한 설명에 대해서는 J.B. Schneewind, "First Principles and Common Sense Morality in Sidgwick's Ethics", *Archiv für Geschichte der Philosophie*, 제 45 권 (1963) 참조.

것이 수학과 갖는 관계 등에 대한 지식은 개념 분석이나 언어학적 연구로는 생각할 수도 없는 방식으로 그러한 주제들에 관한 철학을 변형시켜 놓았다. 우리는 오직 이론들을 구분하여 해결 가능하며 완전한 것, 해결 불가능하지만 완전한 것, 그리고 완전하지도 해결 가능하지도 않는 것으로 나누어 그 결과를 살펴야만 한다. 논리학이나 수학에 있어서 의미와 진리의 문제는 이러한 개념들을 설명해 줄 논리적 체계를 발견함으로써 크게 달라질 수 있다. 일단 도덕적 입장의 실질적 내용이 보다 잘 이해되어질 경우 그와 유사한 변화가 일어날 수 있다. 도덕 판단의 의미와 정당화의 문제에 대한 설득력있는 해답이 다른 방식으로 찾아질 수 없다는 것은 가능한 일이다.

　그런데 나는 실질적 내용을 갖는 도덕적 입장들에 관한 연구가 지닌 중요한 위치에 대해 강조하고자 한다. 그러나 그것들이 갖는 복잡성을 인정하게 되면 그 당연한 결과로서 우리의 현재의 이론은 초보적이며 심대한 결함을 갖는다는 사실도 인정하게 된다. 우리는 어떤 단순화를 통해서 우리 판단의 일반적인 윤곽에 접근, 그를 해명해 줄 수 있다면 그러한 단순화 작업을 허용할 필요가 있다. 불리한 사례를 들어 반대하는 것은 삼가해야 하는데, 왜냐하면 그러한 것들은 이미 우리가 알고 있는 우리의 이론이 어딘가 다소 그릇되었다는 사실만을 말해 줄 뿐이기 때문이다. 중요한 것은 얼마나 빈번히, 그리고 어느 정도까지 그것이 그릇되었는가를 발견해 내는 일이다. 모든 이론은 어디엔가 미흡한 점을 가졌다고 생각된다. 언제나 진정한 문제란 이미 제시된 입장들 중에 어느 것이 대체로 최선의 접근 방식인가를 아는 일이다. 이를 확인하기 위해서는 대립적인 이론들의 구조에 대한 어느 정도의 파악이 필요하다는 것은 분명하다. 바로 이러한 이유 때문에 나는 몇몇 정의관들을 그들이 기본으로 하는 직관적 관념에 비추어서 분류하고 논의하고자 한다. 왜냐하면 그럼으로써 그들 간에 주요한 차이들이 노출될 것이기 때문이다.

　공정으로서의 정의관을 제안함에 있어 나는 그것을 공리주의와 대비시키려 한다. 이렇게 하는 데는 여러 가지 이유가 있는데, 한편으로서는 그것이 설명의 방편이 되기도 하고, 다른 편으로는 공리주의적 입장의 여러 변형들이 우리의 철학적 전통을 오래도록 지배해 왔고 지금도 계속되고 있다는 이유에서이다. 그런데 공리주의가 일으키기 쉬운 고질적으로 미흡한 점이 있음에도 불구하고 이러한 지배가 유지되어 왔던 것이다. 내 생각에는 이러한 사정에 대한 설명은 공리주의에 비교할 만한 명확하고 체계적이라는 장점을 가지면서 동시에 그러한 미흡한 점을 극복한 **어떤 건**

설적인 대안이 제시되지 않았다는 사실에 있다. 직관주의는 건설적이지 못하고 완전설은 받아들일 만한 것이 못 된다. 나의 가정은 계약론이 적절히 손질만 되면 이러한 부족한 점들을 채울 수 있으리라는 것이다. 나는 공정으로서의 정의관은 이러한 방향에서의 노력이라고 생각한다.

앞으로 제시할 계약론이 방금 살펴본 바의 비난을 받게 됨은 물론이다. 기존하는 도덕론들이 가진 소박성에 있어서도 예외는 아니다. 예를 들어서 실망을 주는 점은 우선성 규칙에 있어서 대단한 말을 할 수 없다는 점인데, 서열적 순서는 어떤 중요한 경우에 있어서는 훌륭한 역할을 해낼 수가 있지만 완전히 만족스러운 것이 못 된다고 하는 점이다. 그렇긴 하지만 우리는 자유로이 단순화된 방편을 쓸 수가 있으며 지금까지도 가끔 그렇게 해왔다. 우리는 우리의 도덕적 감수성에 주목하고 우리의 직감 능력에 대해 보다 한정되고 다루기 쉬운 판단의 문제를 제시할 수 있기 위해서 정의론을 하나의 안내도로 보아야만 한다. 그러면 정의의 원칙은 어떤 고려점이 도덕적으로 합당한 것인지를 확인해 주고 우선성의 규칙은 이러한 고려점들이 서로 충돌할 경우 적합한 우선을 가려 줄 것이며, 원초적 입장이라는 관점에 의해서는 우리의 숙고 과정에 지식을 제공하게 될 기본 관념이 규정된다. 반성을 통해서 전체로서의 체계가 우리의 생각을 밝혀 주고 정돈해 준다고 생각될 경우에, 그리고 그것이 불일치를 감소시키고 여러 가지 신념을 보다 일관되게 해줄 경우에, 그것은 우리가 합당하게 요구하는 바를 수행하게 되는 셈이다. 전체 체계에 도움이 되는 부분이라 생각될 때는 여러 가지 단순화도 잠정적인 정당성을 갖는 것으로 간주할 수 있을 것이다.

제 2 장
정의의 원칙

정의론은 두 개의 주요 부분으로 구분될 수 있는데, ① 최초의 상황에 대한 해석 및 거기에서 선택 가능한 다양한 원칙들을 정식화하는 것과 ② 이 원칙들 가운데서 실제로 어떤 것이 채택될 것인가를 확정하는 논의이다. 이 장에서는 제도에 적용될 정의의 두 원칙과 개인들에 적용될 몇 가지 원칙을 논의하고 그 의미를 설명하고자 한다. 그런데 당분간은 이 이론에 있어 첫번째 부분의 한 측면에만 관심을 가질 것이나, 다음 장이 시작되기 전에 최초의 상황을 설명하고 여기에서 고찰되는 원칙들이 과연 인정될 수 있는 것인지를 증명하는 논의를 시작할 것이다. 따라서 다양한 주제가 논의되는데, 그 구체적인 내용은 예를 들면 정의의 주제로서의 제도와 형식적인 정의의 개념, 절차적 정의의 세 종류, 선의 이론이 갖는 위치, 그리고 정의의 원칙들이 무엇보다도 평등주의(egalitarianism)에 입각하고 있다는 것의 의미 등이다. 각각의 경우에 있어서의 목표는 원칙들의 의미와 적용에 대해서 설명하는 것이다.

10. 제도와 형식적 정의

사회 정의에 관한 원칙들의 기본적인 주제는 주요한 사회 제도들을 하나의 협동 체제로 편성한 사회의 기본 구조(basic structure)이다. 우리가 지금까지 보아 왔듯이 이 원칙들은 그러한 제도 속에서 권리 및 의무의 할당과 사회 생활의 이득 및 부담의 적절한 분배를 규제하는 것이다. 제도 속에서의 정의의 원칙들은 특정한 여건 속에서의 개인들과 그들의 행위에 적용되는 정의의 원칙들과 혼동되어져서는 안 된다. 이들 두 가지 종류의 원칙들은 별개의 대상에 적용되는 것이며 따라서 각각 따로 논의되어야 한다.

그런데 여기에서 제도(institution)라 함은 권리 및 의무, 권한 및 면제 등을 수반한 직책과 직위들을 규정하고 있는 규칙들의 공적인 체계라는 뜻으로 사용하고자 한다. 이 규칙은 특정한 형태의 행동을 허용 가능한 것으로 또는 금지되는 것으로 명시하며 또한 이에 대한 위반이 발생하였을 때에는 일정한 형벌을 가하고 답변을 요구한다. 제도나 혹은 더 일반적인 것으로서 사회적 규율 체계(social practices)의 예로서는 경기, 의식, 재판, 의회, 시장 및 재산 체제 등을 생각할 수 있을 것이다. 제도는 두 가지 면에서 생각해 볼 수 있는데 첫째로는 추상적인 대상으로서, 다시 말하면 규칙의 체계가 명시하는 가능한 행동 형태이며, 둘째로는 일정한 시간 및 장소에 있어서 특정한 사람의 사고와 행위 가운데서 이들 규칙이 명시하고 있는 행위의 실현이라 할 것이다. 그런데 실현된 제도나 추상적 대상으로서의 제도 가운데 어느 것이 정의로운가 아닌가에 대해서는 이야기하기에 애매한 점이 있기는 하지만, 정의 여부를 가릴 수 있는 것은 실현되고 능률적이고 공평하게 관리된 제도라고 하는 것이 타당한 것 같다. 추상적인 대상으로서의 제도는 그것이 어떻게 실현되어 정의롭게 혹은 그렇지 않게 되었는가에 따라 그 정의 여부가 밝혀진다고 하겠다.

하나의 제도가 일정한 시공간(時空間) 내에 존재한다고 말할 수 있는 것은 그 제도가 명시하는 행동들이, 그 제도를 규제하는 규칙의 체계는 준수되어야 한다는 공공적 이해에 따라 규칙적으로 수행될 경우에서이다. 그래서 의회 제도도 어떤 규칙들의 체계(혹은 변칙을 허용하는 그러한 일단의 체계)에 의해서 규정된다. 이러한 규칙들에는 의회의 회기를 여는 것으로부터 안건을 표결에 부치는 것, 의사 진행에 관한 문제를 제안하는 등에 이르기까지가 열거되어 있다. 여러 가지 종류의 일반적인 규범들이 하나의 일관된 체계를 이루고 있는 것이다. 하나의 의회 제도가 일정한 시공간 내에 존재한다고 할 수 있는 것은 어떤 사람들이 적합한 행동을 수행하며 요구되는 방식으로 이러한 행위들에 참여함에 있어, 그들의 행위가 당연히 준수해야 할 규칙들에 따라 이루어져야 할 것을 서로가 이해하고 있다는 사실을 상호간에 인정하고 있을 경우이다. [1]

하나의 제도, 다시 말하면 사회의 기본 구조가 규칙들의 공적인 체계라고 말하는 것은 이 제도에 참여하고 있는 모든 사람들이 이들 원칙과 그

---

1) 규칙과 법적 체계가 존재한다고 말해질 수 있는지의 조건에 대한 논의에 관해서는 H.L.A. Hart, *The Concept of Law* (Oxford: The Clarendon Press, 1961), pp. 59 이하, 106 이하, 109~114 참조.

것이 규정하고 있는 행위에의 참여가 합의의 결과일 경우에 알아야 할 바를 모두 알고 있다는 것을 의미한다. 한 제도에 참여하고 있는 사람은 그 규칙들이 그와 타인들에게 요구하는 바를 알고 있으며 다른 사람들도 이 사실을 알고 있고, 또한 그가 이 사실을 알고 있다는 것을 다른 사람이 알고 있다는 것까지도 알고 있다는 것이다. 확실히 이러한 조건은 실재하는 제도의 경우에 있어서 언제나 충분히 이루어지는 것은 아니지만, 그것은 단순화시킨 합당한 가정일 수는 있다. 정의의 원칙들은 이와 같이 공공적인 것으로 이해된 사회 체제에 적용되어진다. 어떤 제도의 하위 부분의 원칙들이 그에 소속된 사람에게만 알려져 있을 경우에는 이 부분에 속한 자들이 일반적으로 인정되는 목적을 달성해 주고 타인에게 불리한 영향을 주지 않는 한에서 그들 스스로 규칙들을 정할 수 있다는 데 대한 합의가 존재한다고 가정할 수 있다. 한 제도의 규칙들이 갖는 공지성(publicity)이란 거기에 참여하고 있는 사람들이 서로간의 행위에 대한 어떤 제한을 기대할 수 있으며, 어떤 종류의 행위가 허용될 수 있는가를 보장하는 것이다. 상호간의 기대치를 결정해 줄 하나의 공통 기반이 있게 되는 것이다. 나아가서 질서 정연한 사회, 다시 말하면 공통적인 정의관으로 유효하게 통제되고 있는 사회에서는 무엇이 정의롭고 무엇이 그렇지 못한가에 대한 공공적인 합의도 역시 존재하게 된다. 다음에 나는 정의의 원칙들이 공공적인 것임을 안다는 조건 아래 선택된 것이라는 사실을 가정할 것이다(23절). 이러한 조건은 계약설에 있어서는 당연한 조건이다.

어떤 제도에 있어서 그 다양한 권리 및 의무를 설정하는 제정적(constitutive) 규칙들과 특정한 목적을 위해서 그 제도를 어떻게 최대한 이용할 것인가에 대한 전략(strategy)이나 대책간의 구분에 주목해야 할 필요가 있다.[2] 합리적인 대책이나 전략은 개인이나 집단이 그들의 이익이나 신념 혹은 서로의 계획에 관한 추정 등에 비추어 결정하게 될 허용 가능한 행위가 무엇인가를 분석한 바탕에 세워져야 한다. 이러한 전략이나 대책들은 그 자체로서는 제도의 일부가 아니다. 그보다도 그것은 제도에 관한 이론, 예를 들면 의회 정치학의 이론에 속하는 것이다. 보통 제도에 관한 이론은 게임의 이론(theory of a game)과 같이 제정적인 원칙들이 이미 주

---

2) 구조적 규칙과 제도에 관해서는 J. R. Searle, *Speech Acts*(Cambridge: The Univ. Press, 1969), pp. 33~42 참조. G. E. M. Anscombe, "On Brute Facts", *Analysis*, 제 18 권(1958) 참조 ; B. J. Diggs, "Rules and Utilitarianism", *American Philosophical Quarterly*, 제 1 권(1964), 여기에서는 규칙들에 대한 여러 가지 해석들이 논의되고 있다.

어진 것으로 간주하고 권한이 분배되는 방식을 분석한다든가 또는 거기에
참여하고 있는 사람들이 어떻게 그 기회를 자신에게 유리하게 이용할 것
인가를 해명한다. 사회 체제를 기획하고 개혁하기 위해서는 그 사회가 받
아들이는 계획 및 대책과 조장하게 되는 행동 양식을 검토해 보아야 함은
물론이다. 이상적으로 말하자면 그 규칙들은 사람들이 그들의 주된 이익
을 쫓아 행동하면서도 사회적으로도 바람직한 목적을 달성하도록 설정되
어야 한다. 각자의 합리적인 계획에 따라 이루어지는 각 개인의 행위는
비록 의도되었거나 설사 예견된 것이 아니었다 할지라도 사회 정의의 관
점에서 볼 때 가장 바람직한 결과를 달성할 수 있도록 조정(coordination)
되어야 한다. 벤담은 이 조정을 이해 관계의 인위적인 동일화라 생각하였
고 아담 스미드는 보이지 않는 손의 작용으로 보았다.³⁾ 그것은 법률을 제
정하는 데 있어서 이상적인 입법가의 목표이고 또한 개혁을 주장하는 도
덕가의 목적이 된다. 그러나 개인들이 따르는 대책이나 전략이 제도를 평
가함에 있어 필수적인 것이라 할지라도 그것이 이 제도를 규정하고 있는
공공적인 규칙들의 체계의 일부는 아니다.

　또한 우리는 단일한 규칙(또는 규칙들의 집합) 및 제도(또는 그 제도의 주
요 부분)와 전체로서의 사회 제도의 기본 구조를 구분할 수 있다. 이를 구
분하는 이유는 제도 그 자체는 정의로우면서도 어떤 체제의 하나 혹은 여
러 개의 규칙들이 정의롭지 않을 수 있기 때문이다. 이와 유사하게 전체
로서의 사회는 그렇지 않다 하더라도 하나의 제도가 부정의한 것일 수는
있다. 하나의 규칙이나 제도가 그 자체로서는 그렇게 대단한 것이 아닐지라
도 제도의 구조나 사회 체제 내에서 하나의 명백한 부정의가 서로간에 영
향을 미칠 가능성은 다분히 있는 것이다. 전체는 그것이 부정의한 부분을
하나라도 포함하게 되면 그만큼 더 부정의한 것이 된다. 나아가서 하나의
사회 체제를 이루고 있는 제도 가운데 어느 것도 각각으로는 정의롭지 못
한 것이 아니라 할지라도 하나의 사회 체제로서는 부정의하다고 생각될
수 있으며, 이 경우 부정의는 그들이 하나의 단일한 체계로 결합되는 방식
에서 온 결과라고 생각될 수가 있다. 하나의 제도는 다른 제도에 의해 거
부되거나 무시되는 기대치들을 권장하거나 정당화하는 것으로 보일 수도
있다. 이러한 구분은 명약관화한 것이다. 그것은 제도를 평가함에 있어서

　3) '이해의 인위적 동일화'라는 구절은 E. Halévy, *La Formation du radi-calisme philosophique*, 제 1 권 (Paris: Felix Alcan, 1901), pp. 20~24 의 벤
담에 관한 설명에서 나온 것이다. 보이지 않는 손에 관해서는 *The Wealth of Nations*, ed. E. Cannan (N. Y.: The Modern Library, 1937), p. 423 참조.

우리가 그것을 보다 넓은 혹은 좁은 맥락에서 관찰할 수 있다는 사실을 반영하고 있는 것이다.

분명히 말해 두어야 할 것은 정의의 개념이 일반적으로 적용되지 않는 제도들이 있다는 것이다. 예를 들어 의식(儀式)에 있어서는 그것이 정의롭다든가 그렇지 않다든가를 말하지 않는다. 물론 장남이나 전쟁 포로 들을 희생물로 바치는 경우에서와 같이 그렇지 않은 경우도 분명히 생각해 볼 수는 있다. 정의에 관한 일반 이론에서는 보통 때는 정의 여부를 따지지 않는 의식이나 다른 관습이 이러한 유(類)의 비판을 받게 되는 경우를 고려해야 할 것이다. 그것들은 틀림없이 어떤 방식으로 사람들 사이에 권리 및 가치를 할당하는 문제를 포함하고 있으리라 생각된다. 그러나 나는 이와 같이 보다 광범위한 문제들을 더 이상 다루지 않겠다. 우리가 관심을 두는 바는 오직 사회의 기본 구조나 그 주요한 제도들로서 사회 정의의 전형적인 경우들에만 국한된다.

이제 어떠한 기본 구조가 존재한다고 가정해 보자. 그 규칙들은 어떠한 정의관을 만족시키고 있다. 우리가 그 규칙들을 받아들이지 않을 수도 있고 심지어는 그것들이 부당하고 정의롭지 못하다고까지 할 수 있다. 그러나 이 체계에 있어서 그것들이 정의의 역할을 담당하고 있다는 의미에서 그것들은 정의의 원칙들이라 할 수 있다. 이 규칙들은 기본적 권리와 의무를 할당해 주며 사회적 협동체로부터 얻은 이익의 분배를 결정해 준다. 또한 이러한 정의관이 대체로 그 사회에서 받아들여지며 그 제도들이 재판관이나 다른 관리들에 의해 공평하고 일관되게 운용되고 있다고 생각해 보자. 즉 유사한 경우는 유사하게 취급되며 적합한 유사점이나 차이점이 현행 규범에 의하여 알 수 있는 것들이라고 생각해 보자. 제도에 의해 규정된 올바른 규칙이 정상적으로 준수되며 관계 당국도 적절한 해석을 내리고 있다. 그러한 원칙들의 실질적인 내용이 어떤 것이든 법과 제도가 이처럼 공정하고 일관되게 운용되는 것을 가리켜 형식적 정의(fomal justice)라고 부른다. 만약 정의가 언제나 일종의 평등을 나타낸다고 생각한다면 형식적 정의가 요구하는 바는 법과 제도가 그 운용에 있어서 그것이 규정하고 있는 각 계층에 속하는 모든 사람에게 평등하게(즉 같은 방식으로) 적용되어야 한다는 것이다. 시즈위크가 강조한 바대로 이러한 유형의 평등은 일반 규칙들의 체계로 생각되며 법과 제도라는 개념 바로 그 속에 함축되어 있다는 것이다. [4] 형식적 정의는 원칙에의 고수이며 혹자가 말했듯

---

4) *The Methods of Ethics*, 제 7 판 (London: Macmillan, 1907), p. 267.

이 체제에의 복종이다. [5]

시즈위크는 덧붙여 말하기를 분명히 법과 제도가 평등하게 집행되기는 하나 부정의한 것일 수 있다는 것이다. 유사한 경우는 유사하게 취급한다는 것만으로는 실질적 정의(substantive justice)에 대한 충분한 보장이 되지 않는다. 이러한 보장은 기본 구조의 근거가 되는 원칙들에 달려 있다. 노예제 사회나 계급 사회 또는 가장 부당한 형태의 차별 대우를 허용하고 있는 사회라 할지라도 드문 일이긴 하지만 그것이 공평하고 일관성있게 운영될 수 있으리라고 상상한다 해도 모순될 바는 없다. 그러나 형식적 정의, 즉 규칙성(regularity)으로서의 정의만 있어도 대단한 부정의는 존재할수가 없다. 그 이유는 만약 제도들이 참으로 정의로운 것이기 위해서는 관계 당국이 특정한 사례들을 처리함에 있어 사적이고 금전적 혹은 다른 부당한 고려 사항들에 영향을 받지 않고 공평 무사해야 한다는 것이 대단히 중요한 일이기 때문이다. 법적 제도의 경우 형식적 정의는 합당한 기대치를 지지하고 보장하는 법의 지배(rule of law)의 한 국면에 해당된다. 판정을 잘못 내리는 것도 부정의의 일종이지만 요구를 결정함에 있어 비록 합당한 규칙들이나 그에 대한 해석일지라도 권력을 사용하여 이를 고수하려는 것도 또 하나의 부정의이다. 사람은 그 성격에서 경향성에 이르기까지 이러한 행위에의 성향을 갖는 그만큼 부정의로운 것이다. 나아가서 법과 제도가 부정의한 것이라 할지라도 일관되게 적용되는 것이 오히려 나은 경우가 종종 있다. 이렇게 함으로써 그 법에 따르는 사람들은 적어도 무엇이 요구되고 있는지를 알게 되고, 그에 따라서 자신을 보호하기 위해 힘쓸 수 있게 된다. 그러나 이와는 달리 이미 불리한 처지에 있는 자들이 규칙대로만 시행된다면 다소의 보장이라도 받게 될 특정 경우에까지도 제멋대로 처우될 경우 더 큰 부정의가 생기게 된다. 다른 한편으로 특정한 경우에 있어서는 현행 규범들을 무시함으로써 불공정하게 처우받는 사람들의 고난을 완화시켜 주는 것이 보다 나을 경우도 있을 것이다. 하지만 특히 현행 제도에의 신뢰에 기초한 기대치를 무시하고 어느 정도까지 그렇게 하는 것이 정당할지는 정치적 정의(political justice)의 난해한 문제 중의 하나이다. 일반적으로 형식적 정의나 체제에의 복종을 어느 정도 강력히 주장할 수 있는지는 그 제도의 실질적 정의나 그 개혁 가능성에 달려 있다는 것이 우리가 말할 수 있는 전부이다.

---

5) Ch. Perelman, *The Idea of Justice and the Problem of Argument,* trans. J. Petrie (London: RKP, 1963), p. 41 참조. *De la Justice*(Brussels, 1943)의 번역인 첫 두 章 모두가 이와 관련된 것이지만 특히 pp. 36~45 참조.

혹자는 실질적 정의와 형식적 정의는 사실상 병행하는 것이며, 따라서 적어도 전체적으로 부정의한 제도가 공평하고 일관되게 운용되는 일은 결코 없거나 거의 드물다고 주장한다. [6] 부정의한 체제를 유지하고 그로부터 이익을 얻는 자들, 그리고 다른 사람들의 권리와 자유를 경멸적으로 부인하는 사람들이 법의 지배라는 생각으로 인해 특정 경우에 그들의 이해 관계가 손상되도록 내버려 두지는 않을 것이라 할 수 있다. 법 일반이 갖는 불가피한 애매성이나 광범위하게 허용되는 해석 가능성으로 말미암아 정의를 충실히 지킴으로써 이루어질 수 있는 결정에 도달함에 있어 자의성이 조장될 수 있다. 따라서 형식적 정의, 법의 지배 그리고 적법한 기대치에 대한 존중이 있는 경우에는 마찬가지로 실질적 정의 또한 발견할 수 있다고 주장되고 있다. 규칙을 공정하고 일관되게 준수하며 유사한 경우는 유사하게 취급하고 공공 규범의 적용 결과를 받아들이려는 욕구는 타인의 자유와 권리를 인정하고 사회 협동체의 이득과 부담을 공정하게 나누어 가지려는 욕구 혹은 적어도 그러한 의향과 매우 긴밀히 관련되어 있다. 이들 욕구들은 서로 연결되기 쉬운 경향을 갖는다. 이상과 같은 주장이 가능한 것은 확실하지만 그것을 여기에서 검토하지는 않겠다. 그 까닭은 가장 합당한 실질적 정의의 원칙들과 인간이 그것을 내세우고 그에 따라 생활하게 되는 조건들을 알게 되어야 비로소 우리는 그 문제를 제대로 평가할 수 있기 때문이다. 우리가 일단 이러한 원칙들의 내용과, 이성 및 인간의 태도에 있어서의 그 기반을 이해하게 되면 실질적 정의와 형식적 정의가 병행하는가를 판가름할 수 있는 위치에 서게 될 것이다.

11. 정의의 두 원칙

이제 원초적 입장에서 채택되리라고 생각되는 정의의 두 원칙을 잠정적인 형식으로 진술하고자 한다. 이 절에서는 매우 일반적인 이야기만을 하고자 하며 따라서 이들 원칙들에 대한 최초의 정식은 가설적인 것이다. 앞으로 논의를 전개해 감에 따라 여러 개의 정식들을 거치게 될 것이며 훨씬 뒤에 주어질 최종적인 진술에 단계적으로 접근해 갈 것이다. 이런 식으로 전개해 나가는 것이 자연스러운 설명 방식이라고 생각한다.

두 원칙에 대한 첫번째 진술은 다음과 같다.

첫째, 모든 사람은 다른 사람들의 유사한 자유와 양립할 수 있는 가장

---

[6] L. Fuller, *The Morality of Law*(New Haven: Yale Univ. Press, 1964), 4장 참조.

광범위한 기본적 자유에 대하여 동등한 권리를 가져야 한다.

둘째, 사회적·경제적 불평등은 다음 두 조건을 만족시키도록 조정되어야 한다. ⓐ 그 불평등이 모든 사람에게 이익이 되리라는 것이 합당하게 기대되고 ⓑ 그 불평등이 모든 사람에게 개방된 직위와 직책에 결부되어야 한다. 두번째 원칙에는 "모든 사람에게 이익이 된다"와 "모든 사람에게 개방된다"라는 두 개의 애매한 구절이 있다. 이들의 의미를 보다 정확하게 규정하게 되면 13 절에 나오는 것같이 두 원칙에 대한 두번째 정식이 된다. 제 2 원칙에 대한 최종안은 46 절에 나타나며 39 절에서는 제 1 원칙에 대해서 고찰하고 있다.

일반적으로 말하자면 이들 원칙들은 이미 말했듯이 1 차적으로는 사회의 기본 구조에 적용된다. 이들 원칙은 의무와 권리의 할당을 규제하고 사회적·경제적 이익의 배분을 규제한다. 그 정식에 나타나 있듯이 이들 원칙은 사회의 구조가 그 각각의 원칙이 적용될 두 부분으로 나누어질 수 있음을 전제하고 있다. 그것은 시민권의 균등한 자유를 규정하고 보장하는 사회 체제의 국면과 사회적·경제적 불평등을 규정하고 확립하는 국면과를 구분하고 있다. 시민의 기본적 자유란 대체로 말하자면 정치적 자유(선거권과 피선거권) 및 언론과 집회의 자유, 양심과 사상의 자유, (사유) 재산권과 더불어 신체의 자유, 그리고 법의 지배라는 개념에 의해 규정된 바 부당한 체포 및 구금을 당하지 않을 자유 등이다. 이러한 자유들은 제 1 원칙에 의해 모든 사람에게 균등할 것이 요구되는데, 그 이유는 정의로운 사회의 시민들은 동등한 기본적 자유를 가져야 할 것이기 때문이다.

제 2 원칙은 우선 소득 및 재산의 분배와 권한, 책임 및 명령 계통 등에 있어서 차등을 두는 조직들의 기획에 적용된다. 재산 및 소득의 분배가 반드시 균등해야 할 필요는 없으나 그것은 모든 사람에게 이익이 되도록 이루어져야 하며 동시에 권한을 갖는 직위와 명령을 내릴 수 있는 직책은 누구나 접근 가능한 것이어야 한다. 우리는 직위를 개방함으로써 두번째 원칙을 적용하게 되며 이러한 조건 아래서 사회적·경제적 불평등을 모든 사람의 이익이 되도록 편성하게 된다.

이러한 원칙들은 제 1 원칙이 제 2 원칙보다 우선적으로 배열됨으로써 서열적 순서를 이루고 있다. 이러한 순위를 매긴다는 것이 뜻하는 바는 제 1 원칙이 요구하는 평등한 자유의 제도로부터의 이탈이 보다 큰 사회적·경제적 이득에 의하여 정당화되거나 보상될 수 없다는 점이다. 부와 소득의 분배 및 권력의 계층화는 반드시 동등한 시민권의 자유 및 기회 균등을 보장하는 한에서 생각될 수 있다.

이들 원칙이 그 내용에 있어서 다소 특수한 것임이 사실이고 그에 대한 인정 여부는 결국 내가 해명하고 증명해야 할 어떤 가정에 달려 있음도 명백한 일이다. 정의론은 사회에 관한 이론에 의거하고 있는데, 이는 앞으로 나아감에 따라 보다 분명해질 것이다. 당분간 주의해 두어야 할 것은 두 개의 원칙(이는 모든 정식들에 해당하는 것인데)은 다음과 같이 표현될 수 있는 보다 일반적인 정의관(general conception of justice)의 한 특수 경우라는 점이다.

모든 사회적 원칙들 — 자유, 기회, 소득, 재산 및 자존감의 기반 — 은 이들 가치의 전부 또는 일부의 불평등한 분배가 모든 사람에게 이익이 되지 않는 한 평등하게 분배되어야 한다.

그래서 모든 사람에게 이익을 주지 않는 단순한 불평등은 부정의가 된다. 물론 이러한 정의관은 지극히 애매하며 따라서 해명을 필요로 한다.

첫 단계로서 사회의 기본 구조는 어떠한 기본적 가치들(일차적 善 : primary goods), 즉 합리적인 사람이면 누구나 갖고자 하는 것들을 분배한다고 가정해 보자. 이러한 가치들은 보통 그 사람의 합리적 인생 계획이 무엇이든간에 소용되는 것들이다. 이를 보다 단순화시켜 사회가 취급할 수 있는 주요한 기본적 가치들이 권리와 자유, 권한 및 기회, 소득과 재산이라고 생각해 보자. (뒤의 제Ⅲ부에서는 자존감이라는 기본 가치가 중심적 위치를 갖게 된다.) 이러한 것들은 사회적 기본 가치들이다. 다른 기본 가치들 예를 들어 건강이나 정력, 지력, 상상력 등은 자연적 가치들이다. 물론 이것들을 소유하는 것도 기본 구조의 영향을 받기는 하나 직접적으로 그 지배를 받는 것은 아니다. 그러면 모든 사회적 기본 가치들이 균등하게 분배된 가정적인 최초의 상황을 상상해 보자. 여기에서 모든 사람은 유사한 권리 및 의무들을 가질 것이며 소득과 재산도 동등하게 나누어 가지고 있다. 이러한 사태는 개선점을 판단함에 있어 기준을 제공한다. 만일 재산과 조직 내의 권한을 불평등하게 가름으로써 그러한 가정적인 최초의 상황에 있어서 보다 모든 사람의 처지가 한층 나아질 수 있다면, 그러한 불평등은 일반적 정의관에 부합될 수가 있다.

그런데 적어도 이론상으로는 사람이 그가 가진 약간의 기본적 자유를 포기함으로써/생겨나는 사회적·경제적 이득으로 충분한 보상을 받을 수 있다고 생각된다. 일반적인 정의관은 어떤 종류의 불평등이 허용될 수 있는가에 대해 아무런 제한도 가하지 않으며 다만 모든 사람의 처지가 개선될 것만을 요구한다. 그렇다고 노예 상태를 용납한다는 식의 극단적인 경우를 상상할 필요는 없다. 그러나 그 대신에 돌아오는 경제적 보상이 월등하다든가 또는 그들의 정치적 권력을 행사함으로써 정책의 방향에 미칠 수 있는 영향력이 어느 경우에나 대수로운 것이 아닐 때, 사람들이 그들의 정치적 권리를 내버릴 수 있는 경우를 상상해 보자. 앞에서 진술된 두 원칙이 배제하고자 한 것은 바로 이러한 종류의 거래인 것이다. 그 원칙들이 서열적으로 배열되어 있기 때문에 기본적 자유와 경제적·사회적 이득과의 교환을 허용하지 않는 것이다. 원칙들의 서열을 매긴다는 것은 그 바탕에 사회의 기본 가치들 사이의 선호를 나타내고 있는 것이다. 이러한 선호가 합리적일 경우 이런 식으로 서열을 정하는 일도 합리적인 것이 된다.

공정으로서의 정의관을 전개함에 있어서 나는 대체로 일반적인 정의관을 제외해 두고 대신에 서열을 이루는 두 원칙의 특수 경우를 검토해 보고자 한다. 이러한 접근 방식의 장점은 우선 우선성(priority)의 문제가 나타나고 그것을 처리해야 할 원칙들을 발견하기 위한 노력이 이루어진다는 점이다. 우리가 줄곧 주목하게 되는 점은 두 원칙의 서열이 규정하는 바 사회적·경제적 이득에 비하여 자유에 절대적 비중을 부여함이 합당하게 될 조건이 무엇이냐는 점이다. 얼핏 보기에는 이렇게 서열을 매긴다는 것이 극단적이며 많은 관심을 끌기에는 지나치게 특수한 경우인 것같이 보이지만 처음 보기보다는 보다 많은 정당한 근거가 제시될 것이다. 어쨌든 나는 이러한 입장을 견지할 것이다(82절). 나아가서 기본적 권리 및 자유와 경제적·사회적 이익의 구분은 우리가 추구해야 할 사회적 기본 가치들 사이의 차이를 드러낸다. 그것은 사회 체제에 있어서의 하나의 중요한 구분을 나타내고 있다. 물론 구분된 차이나 제시된 서열은 기껏해야 근사치인 것일 수밖에 없다. 따라서 이러한 것들이 맞지 않는 상황도 존재할 것이다. 그러나 합당한 정의관의 기본 노선을 기술하는 것은 중대한 일이며 서열화된 두 원칙은 대부분의 여건 속에서 충분히 제 역할을 할 수 있다. 필요한 경우에는 보다 일반적인 입장으로 후퇴해서 생각해 볼 수도 있을 것이다.

그 두 원칙이 제도들에 적용된다는 사실은 특정한 결과를 갖게 된다. 여러 가지 점들이 이를 예증하고 있다. 우선 이들 원칙들에 언급된 권리와 자유는 기본 구조의 공공 규칙에 의해 규정되는 것들이다. 사람들이 자유로운가 어떤가는 사회의 주요 제도들에 의해 확립된 권리 및 의무에 의하여 결정된다. 자유는 사회적인 형식 중 한 가지 양태인 것이다. 첫번째 원칙이 단적으로 요구하는 바는 기본적 자유를 규정하는 종류의 규칙들은 모든 사람에게 동등하게 적용되어야 하며, 그것은 모든 사람의 동일한 자유와 양립할 수 있는 가장 광범한 자유를 허용해야 한다는 점이다. 자유에 관련된 권리들을 제한하거나 또는 인간의 자유를 다른 상황에서 누릴 수 있는 것보다 협소한 것으로 해도 괜찮은 오직 한 가지 이유는 제도적으로 규정된 이들 동등한 권리들이 상호 양립할 수 없다는 것뿐이다.

또 한 가지 염두에 둘 것은 원칙들 속에 사람이 언급되거나 모든 사람이 불평등으로 인해 이득을 보아야 한다는 요구가 나올 경우에는 그 언급은 기본 구조가 설정한 여러 가지 사회적 직위, 직책 등을 가진 대표인(representative person)에 관련된 것이라는 점이다. 그래서 두번째 원칙을 적용함에 있어서 내가 생각하는 바는 복지에 대한 기대치(expectation)는 이러한 지위를 가지고 있는 대표적인 개인들에게 할당되어야 한다는 것이다. 이러한 기대치는 그들의 사회적 지위에서 바라본 인생 전망(life-prospect)을 나타내고 있다. 일반적으로 대표적인 개인들의 기대치란 것은 기본 구조를 통한 의무 및 권리의 분배에 의존한다. 후자가 변하는 경우에는 이에 따라 기대치도 변하게 된다. 그리고 내 생각에는 각 기대치들이 상호 관련되어 있어 한 지위에 있는 대표인의 전망이 증가함에 따라 다른 지위에 있는 대표인들의 전망이 증가하거나 감소하게 된다는 것이다. 제도적 형식에 적용되는 것인 까닭에 제2원칙(혹은 보다 정확히는 그 원칙의 전반부)은 대표적 개인들의 기대치에 관련된 것이다. 다음에 논의가 있겠지만 이 원칙은 고유 명사로서 지칭되는 특정한 개인들에게 특정한 가치를 분배하는 데에 적용되는 것은 아니다. 어떤 사람이 특정한 재화를 그것이 절실하게 필요한 그가 알고 있는 어떤 사람들에게 어떻게 할당한 것인가를 생각하고 있는 그러한 상황은 그 원칙들의 범위 내에 들지 않는다. 이 원칙들의 의미는 제도적인 기본 체제를 규제함에 있다. 정의의 관점에서 볼 때 특정한 사람에게 가치들을 행정적으로 할당하는 일과 사회를 적절하게 기획하는 일 사이에 대단한 유사성이 있으리라고 생각하는 것은 잘못이다. 전자에 대해 우리가 갖는 상식적인 직관도 후자에 대해서는 그릇된 지침일 수 있기 때문이다.

두번째 원칙이 내세우는 바는 모든 사람은 그 기본 구조 내에 허용될 수 있는 불평등으로부터 이득을 받아야 한다는 것이다. 이것은 이 구조가 규정하고 있는 합당한 각 대표인들이 사회 구조를 하나의 경영 업체로 생각할 때, 불평등이 없을 때의 전망보다 불평등이 있을 때의 전망을 선택하는 것이 합당해야 함을 의미한다. 한 지위에 있는 자의 불이익이 다른 지위에 있는 자들의 보다 큰 이익에 의해 보상된다는 이유에서 소득이나 조직 내의 권한의 차등을 정당화하는 것은 허용될 수 없다. 하물며 이런 식으로 자유의 침해가 보상된다는 것은 더욱더 있을 수 없는 일이다. 기본 구조에 적용될 경우 공리의 원칙은 대표인의 기대 총량(고전적 견해에 의하면 그들이 대표하는 사람들의 수의 가중치)을 극대화하도록 할 것이다. 그리고 이러한 원칙에서 볼 때 일부의 손실이 타인들의 이득에 의해 보상되는 일이 가능해진다. 이와는 달리 정의의 두 원칙은 모든 사람이 경제적·사회적 불평등으로부터 이득을 받아야 함을 요구한다. 그러나 최초의 상황에서의 평등한 배분을 기준으로 생각될 때 모든 사람에게 이득이 되는 길이 무수히 많을 수 있다는 것은 명백하다. 그렇다면 우리는 이러한 가능성 가운데서 어떤 것을 선택해야 할 것인가? 원칙들은 결정적인 결론을 도출할 수 있을 정도로 보다 구체적으로 규정될 필요가 있다. 이제부터 이 문제를 다루기로 한다.

12. 제 2 원칙에 대한 해석

이미 언급한 것이지만 "모든 사람에게 이익이 된다"와 "모든 사람에게 개방된다"라는 구절은 애매한 것이기 때문에, 제 2 원칙의 두 부분은 자연히 각각 두 가지 의미를 갖게 된다. 이들 의미는 상호 독립적인 까닭에 결국 이 원칙은 네 가지 가능한 의미를 갖게 된다. 평등한 자유에 대한 제 1 원칙이 일관되게 동일한 의미를 갖는다고 가정할 경우 우리는 그 두 원칙에 대해 네 가지 해석을 갖게 되는 셈이다. 이를 표로 나타내 보면 다음과 같다.

	'모든 이에게 이익이 됨'	
'평등하게 개방됨'	효율성 원칙	차등의 원칙
재능이 있으면 출세할 수 있다는 식의 평등	자연적 자유 체제	자연적 귀족주의
공정한 기회 균등으로서의 평등	자유주의적 평등	민주주의적 평등

아래에 자연적 자유 체제, 자유주의적 평등 체제, 그리고 민주주의적 평등 체제 등 세 가지 체제에 대한 해석을 차례로 약술해 보기로 한다. 어떤 관점에서 볼 때 직감적으로는 이러한 계열 순으로 떠오르긴 하나 자연적 귀족주의에 대한 해석을 거치는 계열도 흥미가 있으므로 그에 대해서도 간단히 언급하게 될 것이다. 공정으로서의 정의관을 전개함에 있어 우리는 어떠한 해석이 선택될 것인가를 결정지어야 한다. 내가 채택하게 될 해석은 민주주의적 평등인데 이러한 관념이 의미하는 바는 이 장 가운데서 설명될 것이다. 원초적 입장에서 그것이 받아들여질 것이라는 데에 대한 논증은 다음 장에 가서야 비로소 하게 된다.

첫번째 해석(어떤 계열을 택하든)이 될 자연적 자유(natural liberty) 체제에 관해서 언급하기로 한다. 이러한 제안에 있어서 두번째 원칙의 제 Ⅰ부는 제도나 혹은 이 경우에는 사회의 기본 구조에 적용되도록 조정된 효율성의 원칙으로서 이해되며, 제 Ⅱ부는 전통적 어법을 빌어서 말하자면 재능 있는 자는 출세할 수 있는 개방된 사회 체제로 이해된다. 모든 해석들에 있어서 내가 가정하는 바는 평등한 자유에 관한 제 1 원칙은 충족되고 있으며 경제 체제는 생산 수단의 사유 여부에는 상관없이 대체로 자유 시장 체제라는 점이다. 그렇다면 자연적 자유 체제가 내세우는 바는 효율성 원칙을 충족시키는 기본 구조가 있으며 그 속에 여러 직위들이 그에 대한 능력과 의욕을 가진 자에게 공개되어 있을 경우에 정의로운 분배가 이루어지게 된다는 것이다. 이러한 방식으로 권리와 의무를 할당하는 것은 이러한 할당이 초래할 결과에 상관없이 부와 소득, 권한과 책임을 공정하게 할당하는 체제를 나타낸다고 생각할 수도 있다. 이 학설은 다른 해석들에도 관련된 순수 절차적 정의라는 중요한 요소를 포함하고 있다.

이쯤해서 효율성 원칙을 설명하기 위해 잠시 곁길로 들 필요가 있다. 이 원칙은 바로 기본 구조에 적용할 수 있도록 정식화된(경제학자들의 이른 바) 파레토의 최적의 원칙이다.[7] 이 말 대신에 '효율성'(efficiency)이라는 용어를 앞으로 계속 사용할 것인데, 그 이유는 이 용어가 자의상(字意上) 정확하며 '최적'(optimality)이란 용어는 실제보다 훨씬 광범위한 개념이라는 인상을 주기 때문이다.[8] 확실히 이 원칙은 원래 제도에 적용될 목적으로 만들어진 것은 아니고 경제 체제의 특정 형태, 예를 들면 소비자들 사이의 상

---

7) 가격론이나 사회적 선택에 관한 저서로서 이 원칙에 대한 설명이 없는 책은 없다. 눈에 띄는 설명이 보이는 것은 T.C. Koopmans, *Three Essays on the State of Economic Science* (N. Y.: McGraw-Hill, 1957), pp. 41~66. 또한 참조될 것으로는 A.K. Sen, *Collective Choice and Social Welfare* (San Francisco: Holden-Day Inc., 1970), pp. 21 이하. 이러한 저술들은 이 책에서 요구되는 모든 것(그리고 그 이상)을 포함하고 있다. 그리고 후자에는 관련된 철학적 문제들도 취급되어 있다. 효율성의 원칙이 소개된 것은 V. Pareto, *Manuel d'économie politique* (Paris, 1909), 4장 53절과 부록 89절에서이다. 관련된 구절에 대한 번역을 볼 수 있는 곳은 A.N. Page, *Utility Theory: A Book of Readings* (N. Y.: John Wiley, 1968), pp. 33 이하. 이와 관련된 무차별 곡선이라는 개념은 F.Y. Edgeworth, *Mathematical Psychics* (London, 1888), pp. 20~29 에까지 거슬러 올라가며, 또한 Page 의 책, pp. 160~167 도 참조.

8) 이 점에 관해서는 Koopmans, *Three Essays on the State of Economic Science*, p. 49 참조. Koopmans 은 말하기를 '배분적 효율성'과 같은 용어가 더욱 정확한 명칭이 되었을 것이라고 했다.

품 분배나 생산 양식 등에만 적용되기 위한 것이다. 이 원칙이 내세우는 바에 따르면 어떤 형태가 효율적이라고 할 경우는 그 형태를 변경시킴으로써다른 사람들(최소한 한 사람)을 빈곤하게 하지 않고 동시에 약간의 사람들(최소한 한 사람)을 부유하게 할 가능성이 더 이상 없을 때라는 것이다.그래서 일정량의 상품을 얼마간의 개인들에게 효율적으로 분배했다고 할경우는 이들 상품을 다른 식으로 분배함으로써 그 사람들 중 다른 사람을불리하게 만들지 않으면서 최소한 한 사람의 처지라도 향상시켜 줄 길이더 이상 없을 때라 할 수 있다. 또한 생산 조직이 효율적이라 함은 투입을 변경시킴으로써 다른 상품을 적게 생산함이 없이 어떤 상품을 더 많이생산할 수 있는 길이 없을 경우에서이다. 그 까닭은 다른 상품을 포기하지 않고서도 어떤 상품을 더 생산할 수가 있을 경우에는, 이러한 보다 다량의 상품이 다른 사람들의 처지를 악화시키지 않고서 일부의 처지를 향상시키는 데 이용될 수 있을 것이기 때문이다. 이러한 원칙을 적용할 경우가 보여주는 바 그대로 그것은 효율성 원칙인 것이다. 재화의 분배나생산 체제가 비효율적이라 함은 다른 사람들에게 해를 끼치지 않고서 일부의 사람들에게 유리하도록 할 길이 아직 있음을 뜻한다. 내 생각에도원초적 입장에 있는 자들이 경제적・사회적 체제의 효율성을 판단할 경우에는 이 원칙을 받아들일 것으로 보인다. (아래에 효율성에 관한 논의를 살펴보기로 하자.)

효율성의 원칙

X₁ 과 X₂ 에게 분배될 일정량의 재화가 있다고 가정해 보자. 곡선 AB 는 다음과같은 일련의 점들을 나타내는 데 즉 어떤 한 점에 해당하는 수준에서 X_1 이 취하는바가 결정될 경우 그 곡선이 가리키는 점 이상으로 X_2 에게 보다더 유리한 재화의분배 방식이 없게 되는 그러한 점들로 이루어진다. 점 $D = (a, b)$ 를 생각해 보면 이경우 X_1 이 a 수준만큼 취하면 X_2 가 취할 수 있는 최상의 수준은 b 가 된다. 그림3 에서 원점 O 는 재화가 분배되기 이전의 상태를 나타낸다. AB 곡선상의 점들은효율적인 점이라 할 수 있다. AB 곡선상의 모든 점들은 파레토의 기준을 만족시키고 있음을 알 수 있는데, 즉 달리 분배한다 해도 한쪽 사람을 더 불리하게 함이 없이 다른 쪽 사람에게 더 유리한 분배 방법은 없기 때문이다. 이것은 AB 곡선이 오른쪽 아래로 기울어져 있다는 사실을 보면 알 수가 있다. 재화가 일정량으로 고정되어 있기 때문에 한 사람이 더 많이 얻게 되면 상대방은 그만큼 잃게 된다고 가정할 수 있다. (물론 사회의 기본 구조가 그 이상의 이익량을 산출하는 협동 체제인경우에는 이러한 가정이 배제된다.) 보통 OAB 영역은 볼록한 집합으로 생각된다.이것은 그 집합 중 어떤 두 점이 주어질 경우 그 두 점을 잇는 직선 위의 점들은

그 집합 안에 있다는 것을 의미한다. 원, 타원, 정사각형, 직사각형 등은 볼록 집합이다.

사실상 AB 곡선상의 모든 점들도 효율적인 점들임이 분명하다. 효율성 원칙은 그 원칙 자체만으로서는 재화의 어떤 특정한 배분이 효율적인 것인가를 선정해 주지 않는다. 효율적인 배분 가운데서 택하는 데는 또 다른 원칙, 즉 정의의 원칙이 필요하다.

두 점 가운데 한 점이 다른 점의 북동쪽에 있다면 그 점은 효율성의 원칙에서 볼 때 보다 우월한 점이 된다. 북서쪽이나 남동쪽에 있는 점들은 비교될 수가 없다. 효율성 원칙에 의해 정해지는 서열은 부분적인 것에 국한된 서열이다. 그래서 그림 4에 있어서 점 C는 점 E보다 우월하고 점 D는 점 F보다 우월한 반면, AB상의 어떤 점도 상호간에 우월하지도 열등하지도 않다. 효율적인 점들의 집합 간에는 서열이 매겨질 수가 없다. 비록 A, B와 같은 극단적인 점들의 경우도 AB 선상의 다른 점들과 마찬가지로 효율적이다.

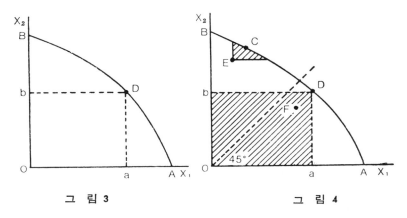

그 림 3   그 림 4

AB 선상의 어떤 점이든 OAB 영역 내의 모든 점들보다 우월하다고 할 수 없다는 사실을 살펴보기로 하자. AB 선상의 각 점은 그 남서쪽에 있는 OAB 내부의 점들에 대해서만 우월하다. 그래서 점 D는 D와 점 a, b를 잇는 점선에 의해 이루어진 직사각형 내부에 있는 모든 점에 대해서 우월하다. 점 D는 점 E보다 우월하다고 할 수 없다. 그 두 점의 서열은 매길 수 없기 때문이다. 그러나 점 C는 E보다 우월하며, E를 꼭지점으로 하는 조그마한 빗금 친 세모꼴에 속해 있는 AB 선상의 모든 점들도 E보다 우월하다.

반면에 만일 우리가 45° 선을 평등한 분배의 궤적을 나타내는 것으로 생각할 경우(이것은 각 축에 대한 개인간의 기수적 해석을 가정하는 것으로서 지금까지의 이야기에서는 가정되지 않은 것임), 그리고 만일 우리가 이것을 결정을 위한 부가적인 기준으로 생각하는 경우에 모든 점을 고려해 볼 때, 점 D는 C나 E 어느 것 보다도 나은 것이라 할 수 있다. 그것은 45°선에 훨씬 근접한 점이기 때문이다. F와 같이 내부에 있는 점도 효율점인 C보다 더 나은 것으로 결정될 수도 있을 것이다. 실제상으로 공정으로서의 정의에서는 정의의 원칙들이 효율성의 고려점들 보다 우선적이며 따라서 대체로 말하면 정의로운 분배들을 나타내는 내부의 점들은 부정의한 분배를 나타내는 효율점들보다 일반적으로 더 나은 것이라 할 수 있다. 물론 그림 4 는 매우 단순한 상황을 나타내고 있으며 기본 구조에 적용될 수 없음은 사실이다.

그런데 효율적인 분배 형태에는 여러 가지가 있을 수 있다. 예를 들어 한 사람이 모든 재화를 취하게 되는 배분도 효율적일 수 있는데, 그 이유는 이를 재분배함으로써 일부의 사람들을 더 유리하게 하는 동시에 한 사람도 불리해지지 않는 그런 분배 방식이 없기 때문이다. 재분배하는 경우에는 모든 재화를 가지게 될 그 사람이 손해를 보게 마련이다. 그러나 이와 같이 터무니없이 격차가 있는 분배의 효율성에서 알 수 있듯이 모든 분배가 효율적일 수는 없다. 어떤 배분에 있어서 사람들이 다른 사람과 재화를 교환하고자 하는 의향을 지니고 있는 한 그 배분은 효율적일 수 없다. 왜냐하면 교환을 하려고 하는 의향이 있다는 것은 어느 누구도 손해를 주지 않고 그의 배분 상태를 개선시킬 수 있는 재분배 방법이 있다는 것을 의미하기 때문이다. 사실상 효율적인 배분이란 더 이상 유리한 교환이 있을 수 없는 상태를 말한다. 그런 의미에서 한 사람이 모든 것을 가지게 되는 재화의 배분은 다른 사람이 그에게 아무 것도 대가로 줄 수 있는 것이 없다는 점에서 효율적이라 할 수 있다. 따라서 효율성의 원칙은 많은 효율적 배분 형태가 있다는 것을 허용한다. 모든 효율적인 배분점들은 다른 배분점보다 우월하지만 어떤 효율적인 배분도 다른 효율적인 배분보다 못하다고 할 수 없는 것이다.

그런데 효율성의 원칙은 대표인들의 기대치와 관련해서 기본 구조에 적용시킬 수 있다.[9] 그래서 기본적 구조 내에서 권리와 의무의 할당이 효율적인 것이라 할 수 있는 유일한 경우는 동시에 다른 대표인들(최소한 한 사람)의 기대치를 저하시키지 않고 어떤 대표인들(최소한 한 사람)의 기대치

_____

9) Pareto의 기준을 공공 규칙의 체계에 적용시킨 것에 관해서는 J.M. Buchanan, "The Relevance of Pareto Optimality", *Journal of Conflict Resolution,* 제 6 권(1962). 또한 그가 G. Tullock 와 함께 쓴, *The Calculus of Consent* (Ann Arbor: The Univ. Michigan Press, 1962). 이 원칙이나 혹은 그 밖의 다른 원칙을 제도에 적용함에 있어 내가 따른 것은 "Two Concepts of Rules", *Philosophical Review,* 제 64 권(1955)에 나타난 점들 가운데 하나이다. 이렇게 하는 것의 장점은 무엇보다도 그것이 원칙들로 하여금 공개적 효과를 갖지 않을 수 없게 하는 점에 있다. 23 절의 각주 8 참조.

를 증가시키기 위하여 규칙들을 변화시키거나 권리 및 의무의 체계를 재조정할 길이 더 이상 없을 때이다. 물론 이러한 변경은 다른 조건들을 만족시키는 한에서 이루어져야만 한다. 즉 기본 구조를 변화시키는 데 있어서 평등한 자유의 원칙이나 기회 균등의 요구를 무시하는 것은 허용되지 않는다. 변경될 수 있는 것은 소득이나 부의 분배 및 조직 내의 권력과 다른 여러 형태의 권한이 협동체의 활동들을 규제하는 방식들일 뿐이다. 자유와 지위에의 접근 가능성의 요구 조건들을 만족시키는 한에서 이러한 기본적인 모든 선의 할당은 대표적 개인들의 기대치를 수정하도록 조정되어질 수 있다. 기본 구조의 편성이 효율적이라 함은 다른 사람의 기대를 저하시키지 않고 어떤 사람의 기대치를 증가시키도록 이 배분을 변화시킬 방법이 없을 경우이다.

이제부터 나는 기본 구조에는 여러 가지의 효율적 체제가 있다고 가정할 것이다. 이들의 각각은 사회 협동체에서 생기는 제반 이익의 특정한 분배 방식을 나타내고 있다. 문제는 이들 효율적인 분배들 가운데서 동시에 정의롭기도 한 것을 선정해 줄 정의관을 찾아내기 위해 그들 중에 하나를 선택하는 일이다. 만일 이것에 성공한다면 우리는 효율성과 양립할 수 있으면서도 그것을 넘어서게 될 것이다. 이제는 사회 체제가 효율적인 한에서는 더 이상 분배를 문제삼을 이유는 없다는 식의 생각을 당연히 검토해 보아야 할 것이다. 이 경우에 있어서는 모든 효율적인 체제는 똑같이 정의로운 것이라고 주장된다. 이런 이야기는 알려진 몇 사람들에게 특정한 재화를 할당함에 있어서도 아주 이상한 말로 들린다. 우연히 다수인 중에 한 사람이 모든 것을 갖게 되는 어떻든 정의의 관점에서 볼 때 상관할 바 없는 문제라고 생각할 사람은 아무도 없을 것이다. 그런데 그 이야기는 기본 구조에 대해서도 마찬가지로 부당하게 보인다. 그래서 어떤 여건 하에서는 농노제도도 어떤 사람, 예를 들어 지주의 기대치를 저하시키지 않고서는 제대로 개혁될 수 없는데, 이 경우에 있어서 농노제도 효율적인 것이 된다. 그러나 동일한 여건 아래서 어떤 대표인의 기대치 즉 자유 노동자의 기대치를 저하시키지 않고서 자유 노동 체제는 변화될 수 없는 경우가 있는데, 그때에 이러한 체제도 마찬가지로 효율적인 것이 된다. 보다 일반적으로 말하면 사회가 여러 계층으로 적절하게 분화되어 있을 경우에는 언제든지 동시에 각 계층의 대표인들 모두의 이익을 극대화시킬 수 있다고 가정해 보자. 이러한 최대치는 최소한 많은 효율적 지위들에 주어져야 하는데, 왜냐하면 어떤 한 대표인의 기대치를 상승시키면서 동시에 다른 대표인 즉 최대치를 규정하게 되는 대표인의 기대치를 저하시키지 않기 위해서는 그것들 중 어느 것도 제외될 수가 없는 것이기 때문이다. 그래서 이들 각 극한치들은 효율적인 것이긴 하지만 그 모두가 정의롭거나 모두가 똑같이 정의롭다고 할 수 없는 것은 분명하다. 이상과 같은 이야기들은 사회 체제에 있어서 단일한 한 개인이 모든 것을 갖게 되는 분배가 효율적이라고 할 경우처럼 특정한 재화를 일정한 개인들에게 분배하는 상황에 있어서도 동일한 것이다.

그런데 이상과 같은 고찰은 단지 지금까지 우리가 알고 있던 사실, 즉 효율성의 원칙만으로서는 정의관의 역할을 감당할 수 없다는 점을 밝혀 준 것뿐이다.[10] 그러므로 그것은 어떤 방법으로 보충되어야만 한다. 그런데 자연적 자유 체제 가운데에서는 효율성의 원칙이 어떤 배후의 제도들에 의해 제한이 되는데, 이러한 제한 조건들이 충족되었을 경우에 결과적으로 나타나는 어떠한 효율적 분배도 정의로운 것으로 받아들여질 수 있다. 자연적 자유 체제에 있어서는 대체로 다음과 같은 효율적 분배들을 선택한다. 우리가 경제학에 의해 알고 있듯이 경쟁적인 시장 경제를 규정하고 있는 전형적인 가정들 아래서 소득과 부가 효율적인 방식으로 분배될 것이며, 일정 기간에 나타나는 특정한 효율적 분배는 최초의 자산 분배, 다시 말하면 소득과 부, 천부적 재능 등의 배분에 의해 결정된다고 가정해 보자. 최초의 각 분배에 따라 일정한 효율적 결과가 생겨나게 된다. 따라서 만일 그 결과가 단순히 효율적일 뿐만 아니라 정의로운 것이라고 우리가 받아들이는 경우에는 우리는 자산의 최초 분배가 결정되는 기반도 받아들여야만 한다는 사실이 판명된다.

자연적 자유 체제에 있어서 최초 분배는(이미 규정된 바대로) 재능있는 자이면 출세할 수 있다는 관념 속에 암시되어 있는 체제에 의해 규제된다. 이러한 체제는 평등한 자유의 배경(제 1 원칙에 명시된 바)과 자유 시장 경제를 전제로 하고 있다. 이들은 적어도 모든 사람들이 어떠한 유리한 사회적 직위이든지 취할 수 있다는 동등한 법적 권리를 갖는 형식적 기회 균등을 요구한다. 그러나 필요한 배후 제도를 보존하기 위한 필수 불가결한 경우를 제외하고는 사회적 여건의 평등 내지 유사성을 보장하기 위한 노

---

10) 이러한 사실은 효율성이 형평(equity)에 의해 조정되어야 한다고 말해지듯이 복지 경제학에서는 널리 인정되고 있는 것이다. 그 예로서 참조가 될 만한 것들로는 T. Scitovsky, *Welfare and Competition* (London: George Allen and Unwin, 1952), pp. 60~69. 그리고 I.M. D. Little, *A Critique of Welfare Economics*, 제 2 판(Oxford: The Clarendon Press 1957). 4 장, 특히 pp. 112~116. 효율성 원칙의 한계에 관한 Sen 의 언급도 참조, *Collective Choice and Social Welfare*, pp. 22, 24~26, 83~86.

력이 없기 때문에 최초의 자산 분배는 일정 기간 동안 자연적·사회적 우연성에 의하여 강력한 영향을 받게 된다. 다시 말하면 현존하는 소득과 부의 분배는 천부적 자산—즉 천부적 재능과 능력의 선행적 분배가 사회적 제반 여건이나, 액운 혹은 행운 등 우연적 여건들에 의해 계발되거나 혹은 실현되지 못했거나 그것을 유리하게 혹은 불리하게 사용할 수 있었던 바—의 누적적 결과인 것이다. 직감적으로 생각할 때 자연적 자유 체제가 갖는 가장 뚜렷한 부정의는 도덕적 관점에서 볼 때 지극히 임의적인 이러한 요인들로 인해서 배분의 몫이 부당하게 좌우되는 것을 그것이 허용하고 있다는 점에 있다.

내가 자유주의적 해석(liberal equality)이라고 부르게 될 입장에서는 재능있는 자는 출세할 수 있다는 요구 조건에다 공정한 기회 균등이라는 조건을 부가시킴으로써 이러한 부정의를 시정하기 위해서 노력하고 있다. 그 주요 사상은 직위란 단지 형식적 의미에서만 공개되어서는 안 되고 모든 사람들이 그것을 획득할 수 있는 공정한 기회를 가져야만 한다는 것이다. 이것만으로는 의미하는 바가 무엇인지 분명치 않지만, 그러나 유사한 능력과 재능을 가진 사람들은 유사한 인생의 기회를 가져야 한다고 말할 수 있을 것이다. 더욱 분명하게 말하면, 천부적 자질의 분배가 있다고 가정할 경우 동일한 재능과 능력의 수준에 있는 사람들로서 그것을 사용할 동일한 의향을 가지고 있다면 사회 체제 내에서 그들의 최초의 지위, 다시 말하면 그들이 태어난 소득 계층에 관계없이 동일한 성공의 전망을 가져야 한다는 것이다. 사회의 모든 계층에 있어서 유사한 동기와 능력을 가진 사람들은 대체로 교양이나 기능에 대한 동등한 전망을 가져야 한다. 동일한 능력과 포부를 가진 사람들의 기대치가 그들이 처한 사회적 계급에 영향을 받아서는 안 된다.[11]

그래서 그 두 원칙에 대한 자유주의적 해석이 의도하는 바는 분배의 몫에 있어서 사회적 우연성이나 천부적 운명의 영향을 경감시키고자 하는 것이다. 이 목적을 달성하기 위해서는 사회 구조에 대해 보다 근본적인 구조적 조건들을 부과할 필요가 있다. 자유 시장 체제는 경제적 사태의 전반적인 추세를 규정하거나 또는 공정한 기회 균등을 위해서 불가결한 사회적 여건을 제공하는 정치적·법적 제도 체계 내에 성립해야 한다. 이러한

11) 이 정의는 *The Methods of Ethics*, p. 285 각주에 나오는 Sidgwick 의 제안에 따른 것이다. 또한 참고가 될 것으로는 R.H. Tawney, *Equality*(London: George Allen and Unwin, 1931), 2장 2절 ; B.A.O. Williams, "The Idea of Equality", *Philosophy, Politics, and Society*, ed. P. Laslett and W.G. Runciman (Oxford: Basil Blackwell, 1962), pp. 125 이하.

체계의 요소들은 충분히 친숙한 것이긴 하지만 재산의 과도한 축적을 금지하거나 모든 사람에게 균등한 교육의 기회를 보장한다는 점 등 그 중요성을 상기할 값어치가 있을 수 있는 것이다. 문화적인 지식이나 기능을 획득하는 기회가 우리의 계급적 지위에 의존되어서는 안 되며, 따라서 공립이든 사립이든 학교 제도는 계급의 장벽을 철폐시키도록 기획되어야 할 것이다.

자유주의적 입장이 분명히 자연적 자유 체제보다 나은 것으로 생각되긴 하지만 거기에도 아직 결점이 있다는 것을 직감적으로 알 수 있다. 그것이 사회적 우연성의 영향을 감소시키는 작용을 하는 한 가지 장점이 있긴 하지만 아직도 능력과 재능의 천부적 배분에 의해 부나 소득의 분배가 결정되는 점은 허용하고 있다. 배후의 제도가 허락하는 한계 내에서는 배분의 몫이 천부적 운에 의해 결정되는데 이 결과는 도덕적 관점에서 볼 때 자의적인 것이다. 소득과 부의 분배가 역사적·사회적 행운에 의하여 이루어지는 것을 허용할 이유가 없는 것과 마찬가지로 천부적 재능의 분배에 의하여 소득과 부의 분배가 이루어짐도 허용할 이유가 없다. 더우기 기회 균등의 원칙은 가족 제도가 존재하는 한 오직 불완전하게만 이루어질 수 있다. 천부적 능력이 계발되고 성숙하는 정도는 모든 종류의 사회적 여건과 계급 양태에 영향을 받는다. 노력하고 힘쓰며 일반적인 의미에서 값있는 존재가 되고자 하는 의욕 그 자체까지도 행복한 가정 및 사회적 여건에 의존한다. 실제에 있어서 비슷한 능력을 가진 사람들에게 기능와 교양에 대한 동등한 기회를 보장한다는 것은 불가능하다. 따라서 우리는 이 사실을 시인하고 또한 천부적인 운수 자체가 갖는 자의적인 영향을 완화시키는 원칙을 채택하고자 한다. 자유주의적 입장이 여기에 실패하고 있다는 것으로 말미암아 우리는 정의의 두 원칙에 대한 또 다른 해석을 찾게 되는 것이다.

민주주의적 평등의 입장에 들어가기에 앞서 자연적 귀족주의(natural aristocracy)의 입장에 대해서도 주목하고자 한다. 이 견해에 있어서는 형식적 기회 균등이 요구하는 이상으로 사회적 우연을 규제하기 위한 노력이 이루어지지 않는다. 그러나 보다 큰 천부적 재능을 가진 자들의 이익은 사회의 저열한 부류의 사람들의 선을 증진시키는 것에 의해 제한된다. 귀족주의적 이념은 적어도 법적인 관점에서 볼 때 개방된 체제에 적용되는 것이며 상층에게 적게 주어지면 하층에도 보다 적게 돌아갈 경우에만, 유리한 자들의 보다 나은 처지가 정의로운 것으로 간주된다.[12] 그래서 귀

12) 귀족주의적 이념을 이런 식으로 정식화한 것은 Santayana의 설명에서 나온 것

족에게는 귀족으로서의 의무가 있다(noblesse oblige)는 관념이 자연적 귀족 주의의 입장 속에 형성된다.

그런데 자유주의적 입장이나 자연적 귀족주의의 입장은 모두 불안정한 것이다. 왜냐하면 우리가 분배의 몫을 결정함에 있어서 사회적 우연성이나 자연적 운수 중 어느 하나의 영향을 받게 될 경우에는 반사적으로 반드시 다른 하나의 영향도 받게 마련이다. 도덕적인 관점에서 볼 때 그 두 가지는 똑같이 자의적인 것이다. 그래서 우리가 자연적 자유 체제를 떠난다 할지라 도 민주주의적 입장에까지 이르지 않고는 만족할 수가 없다. 이 입장에 대 해서 아직도 설명을 필요로 한다. 그리고 더우기 우리는 앞에서 이런 입장 에 대한 논증을 위해 아무런 이야기도 하지 않았는데, 그 이유는 계약론 에 있어서 모든 논증은 엄밀히 말해서 원초적 입장에서 합리적으로 선택될 바에 따라서 이루어져야 할 것이기 때문이다. 그러나 내가 여기서 관심을 갖는 것은 이러한 기준, 특히 두번째 기준이 독자에게 너무 어긋나거나 동 떨어진 것으로서 충격을 주지 않도록 그 두 원칙을 보다 유리하게 해석하 는 길을 마련하고자 하는 데 있다. 내가 지금까지 밝히려 했던 점은 모든 사람을 도덕적인 인격으로 동등하게 다루는 그러한 해석을 발견하고자 노 력하는 한, 그리고 사회적 협동체의 이득과 부담에 있어 사람들의 몫을 그 들의 사회적 운수나 천부적 행운에 따라 평가하지 않는 한, 네 가지 선택 지 가운데서 민주주의적 해석이 최선의 선택이라는 사실이다. 이와 같은 이야기를 전제로 하고서 이제 이러한 입장을 논의해 보기로 하자.

13. 민주주의적 평등과 차등의 원칙

앞에 나온 표에서와 같이 민주주의적 평등(democratic equality)의 입장은 공정한 기회 균등의 원칙과 차등 원칙(difference principle)의 결합에 의해 이루어진다. 이 원칙은 기본 구조의 사회적·경제적 불평등을 판정할 특 정한 입장을 선정함으로써 효율성 원칙에 있어서의 불확정성을 배제한다. 만일 평등한 자유와 공정한 기회 균등이 요구하는 제도의 체계를 가정할

이다. *Reason and Society* (N.Y.: Charles Scribner, 1905), 4장, pp. 109 이하. 그의 이야기를 예를 들면 "귀족주의적 체제가 정당화될 수 있는 유일 한 길은 널리 이익을 끼치거나 상층에게 보다 적게 주어지면 그 하층에 있는 자들도 보다 적게 얻을 것임을 증명하는 일이다." Rodes 의 도움을 받은 것 은 자연적 귀족주의가 정의의 두 원칙에 대한 가능한 한 해석이며 이상적인 봉건 체제 또한 차등의 원칙을 충족시키려 할지도 모른다는 점을 나에게 지 적해 준 점이다.

경우에 처지가 나은 자들의 보다 높은 기대치가 정당한 것으로 인정될 수 있는 유일한 조건은 그것이 사회의 최소 수혜자(the least advantaged)들의 기대치를 향상시키는 체제의 일부로서 작용하는 경우이다. 직감적으로 생각되는 것은 혜택받는 자들에게 보다 매력적인 전망을 허용함으로써 보다 혜택받지 못한 자들의 이익이 도모되지 않는 한 사회 질서는 그러한 전망을 설정하거나 보장하지 않아야 한다는 점이다(다음의 차등의 원칙을 참조).

차등의 원칙

똑같이 정의로운 것으로 판단되는 분배를 나타내는 무차별 곡선(indifference curve)을 가정해 보자. 그럴 경우 차등 원칙은 만약 두 사람(간단히 두 사람의 경우에만 국한할 경우)의 처지를 모두 보다 낮게 해줄 별다른 분배 방식이 없는 이상 평등한 분배가 더 바람직하다고 하는 의미에서 강력한 평등주의적 입장을 취한다. 무차별 곡선은 그림 5에 나타난 형태를 갖게 된다. 이 곡선들은 실제로 45°선에서 직각으로 교차하는 수직선과 수평선으로 되어 있다.(또한 좌표축에 대한 개인 상호간의 기수적 해석이 가정된다.) 두 사람 중 한 사람의 처지가 아무리 개선될지라도 동시에 나머지 한 사람의 처지 또한 개선되지 않으면 차등의 원칙으로 보아서는 아무런 이점도 없는 것이 된다.

X_1이 기본 구조에 있어서 최대 수혜자들의 대표인이라 하자. 그러면 X_1의 기대치가 증대함에 따라 최소 수혜자인 X_2의 기대치도 증대한다. 그림 6에서 곡선 OP는 X_1의 기대치의 증대가 가져 오는 X_2의 기대치에의 기여도를 나타낸다. 그리고 원점 O는 모든 사회적 기본 가치들이 평등하게 분배되어 있는 가정적 상태를 나타낸다. 이때 곡선 OP가 언제나 45°선보다 아래에 있는 것은 X_1이 항상 보다 우월한 처지에 있기 때문이다. 그래서 무차별 곡선에 있어 관련된 부분도 45°선 아래가 되며 이 때문에 그림 6의 왼편 위쪽 부분은 표시되지 않고 있다. 분명히 차등의 원칙은 OP곡선이 그와 접하는 최상위 무차별 곡선과 접선을 이룰 때 완전히 만족한

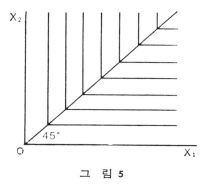

그 림 5

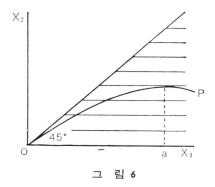

그 림 6

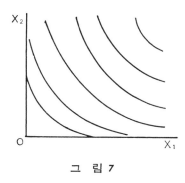

그 림 7

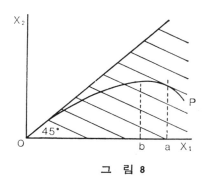

그 림 8

상태가 된다. 그림 6에서 점 a 가 이 점에 해당된다.

기여 곡선 OP 는 기본 구조에 의해 규정된 사회적 협동이 상호간에 이득이 된다고 가정하고 있음을 주목해야 한다. 여기서는 더 이상 고정된 재화만을 할당하는 문제가 아니다. 사람들 상호간에는 정확한 이득의 비교가 되지 않아도 상관없다. 최소 수혜자가 확인되고 그의 합리적 선호가 결정되기만 하면 충분하다.

차등의 원칙보다 덜 평등주의적이지만 얼핏 보아서 좀더 그럴 듯한 견해는, 정의로운 분배를 위한(혹은 모든 사항을 고려한) 무차별 선이 그림 7에서 볼 수 있듯이 원점을 향해 볼록한 완만한 곡선이라는 입장이다. 사회의 복지 함수를 나타내는 무차별 곡선은 때때로 이런 양식으로 그려진다. 이런 양식의 곡선이 나타내고 있는 사실은 두 사람 중 하나가 상대방과 비교해서 더 이익을 얻고 있으므로 그가 얻은 그 이상의 이익의 증가량은 사회적 관점에서 볼 때 그만큼 가치가 없어지게 된다는 것이다.

반면에 고전적 공리주의자들은 일정한 이익의 총량을 어떻게 분배할 것인가에 대해서는 문제삼고 있지 않다. 그들은 동일한 이득 총량들 가운데서 선택할 경우에 있어서만 평등에 관심을 가진다. 만일 두 사람이 있을 경우 그들 상호간에 기수적(cardinal) 비교가 가능한 좌표축을 가정한다면 공리주의자들의 분배에 대한 무차별 곡선은 45°에 대해 수직인 직선으로 나타난다. 그러나 X_1 과 X_2 는 대표인들인 까닭에 그들의 이익은 그들이 대표하는 집단의 사람 수를 곱한 크기를 생각해야 한다. X_2 가 대표하는 사람 수가 X_1 이 대표하는 사람 수보다 많다고 가정할 경우에는 그림 8에서 보는 바와 같이 좀더 수평선 쪽으로 기울어지게 된다. 비수혜자 수에 대한 수혜자 수의 비율이 이 직선의 기울기를 결정한다. 이전과 마찬가지로 기여도 곡선 OP 를 그리면 공리주의적 관점에서 볼 때 최상의 분배는 곡선 OP 가 최대에 이르는 점 b 를 넘어서는 점에 있음을 알 수 있다. 차등의 원칙은 점 b 를 택하게 되는데 점 b 는 언제나 점 a 의 왼쪽에 있기 때문에 공리주의는 다른 조건이 동일할 경우 보다 큰 불평등을 허용하는 셈이 된다.

차등의 원칙을 설명하기 위해서 사회 계층간의 소득 분배를 생각해 보기로 하자. 다양한 소득 계층들이 우리가 그의 기대치에 의해서 분배를 평가할 수 있는 대표적인 개인들과 관련되어 있다고 가정해 보자. 그런데 일례를 들면 재산을 소유하는 민주주의에서, 기업가 계층의 일원으로 출발하는 자들은 미숙련 노동자의 계층으로 출발하는 사람들보다 훨씬 나은 전망을 갖게 될 것이다. 이러한 사실은 현존하는 사회적 부정의가 제거된 경우에도 마찬가지일 것이다. 그렇다면 무엇이 이와 같이 생활 전망에 있어서 최초의 불평등을 정당화할 수 있을 것인가? 차등의 원칙에 따르면 그것이 정당화될 경우는 오직 기대치의 차등이 미숙련 노동자 대표인의 경우와 같이 보다 불리한 처지에 있는 대표인에게 이득이 될 경우이다. 기대치에 있어서의 불평등은 그것을 감소시킬 때 노동자 계층의 처지가 더욱 악화될 경우에서만 허용될 수 있다. 가령 제 2 원칙에 있어서 공개적 직위와 관련된 조항이나 자유의 원칙 일반이 전제될 경우, 기업가에게 허용된 보다 큰 기대치는 그들로 하여금 노동자 계층의 장기적인 전망을 향상시키는 일을 하도록 고무하게 된다. 그들의 보다 나은 전망은 자극 요인 (incentive)으로 작용함으로써 경제 과정은 보다 효율적으로 되고 기술 혁신이 보다 빠른 속도로 진행되는 등 여러 가지 이득이 생겨난다. 결국 생겨난 물질적 이득이 전 체제에 널리 퍼져 최소 수혜자에게도 미치게 된다. 나는 이러한 것들이 어느 정도 들어 맞는지 고찰해 보려는 것은 아니다. 그러나 이러한 불평등이 차등의 원칙에 의해 정당화될 경우에는 이런 유(類)의 이야기들이 더 논의가 되어야 할 것이다.

나는 이제 이 원칙에 대해 몇 가지 이야기를 하려 한다. 첫째로 이 원칙을 적용함에 있어 우리는 두 가지 경우를 구분해야 한다. 첫째 경우는 최소 수혜자의 기대치가 실제로 극대화된 경우로서(물론 앞서 말한 제약 조건 하에서), 나은 처지에 있는 자들의 기대치를 변화시켜도 못한 자들의 처지가 더 이상 향상될 수가 없을 때이다. 따라서 앞으로 내가 완전히 정의로운 체제라고 부를 최상의 체제가 달성된다. 두번째 경우는 처지가 보다 나은 모든 사람들의 기대치가 보다 불리한 자들의 복지가 더 이루어지도록 공헌할 경우이다. 다시 말하면 만일 그들의 기대치가 감소될 경우에는 최소 수혜자의 기대치도 마찬가지로 떨어질 경우이다. 그러나 그렇다고 해서 최대치가 달성되는 것은 아니다. 보다 나은 처지에 있는 자들의 기대치를 증진시킬수록 그것이 최저의 지위에 있는 자들의 기대치도 증진시키는 결과를 갖는다. 이러한 체제는 대체로 정의로운 것이긴 하지만 그러나 최선의 정의로운 체제라고 말할 수는 없다. 한 체제가 정의롭지 못하다는 것은 하나 이상의 보다 높은 기대치들의 정도가 과도한 경우이다. 그래서 이러한 기대치들이 감소할 경우에는 최소 수혜자의 처지가 향상하게 된다. 한 체제가 부정의한 정도는 상위 기대치들이 얼마나 과도하게 높으냐에 달려 있으며 또한 그것들이 예를 들어 공정한 기회 균등과 같은 정의의 다른 원칙들을 어느 정도 침해하고 있느냐에 달려 있다. 그러나 그러한 부정의의 정도를 정확하게 측정하려 하지는 않겠다. 여기서 주목할 점은 엄밀히 말해서 차등의 원칙은 극대화의 원칙(maximizing principle)인 데 반해 최선의 체제에 미치지 못하는 경우들간에는 대단한 차이가 있다는 점이다. 사회는 마땅히 보다 혜택받는 자들의 한계 기여도가 마이너스(−)쪽인 경우는 피해야만 하는데, 왜냐하면 그것은 기여도가 플러스(+)일 때에 최상의 체제에 미치지 못하는 경우와는 비교할 수가 없을 정도로 큰 결함을 갖기 때문이다. 빈부간의 보다 큰 격차로 인해 가난한 자는 더 가난해질 것이며 이로 인해서 상호 이익뿐만 아니라 민주주의적 평등의 원칙마저도 깨뜨려지고 만다(17절).

좀더 나아가 다음과 같은 점을 생각해 보자. 자연적인 자유 체제와 자유주의적 입장은 효율성의 원칙을 배경적 제도에 의해 제한하고 나머지는 순수 절차적 정의에 내맡김으로써 그 원칙을 넘어서고자 한다. 민주주의적 입장이 주장하는 바는, 지금까지의 모든 입장들이 적어도 어느 정도까지는 순수 절차적 정의에 의존하고 있기는 하지만 그렇게 하는 방식은 여전히 사회적, 자연적 우연성에 대해 너무 많은 여지를 남기고 있다는 것이다. 그런데 차등의 원칙도 효율성의 원칙과 양립될 수 있다는 사실을 주목해야 한다. 왜냐하면 차등의 원칙이 만족될 경우에는 다른 사람, 예를 들면 우리가 그 기대치를 극대화시켜야 할 최소 수혜자 대표인의 처지를 악화시킴이 없이 어떤 대표인의 처지를 더 낫게 할 여지가 없기 때문이다. 그래서 정의는 그 두 원칙이 완전히 만족될 경우 효율성과 어긋남이 없는 것으로 규정되어진다. 물론 기본 구조가 정의롭지 못할 경우에는 이런 원칙들도 보다 나은 처지에 있는 몇 사람의 기대치를 감소시키게 될 변화를 인정하게 될 것이다. 따라서 효율성의 원칙이 모든 이의 전망을 향상시키는 변화만이 허용됨을 의미한다고 생각될 경우에 민주주의적 입장은 효율성의 원칙과 상충하게 된다. 정의는 효율성에 우선하며 이러한 의미에 있어서는 비효율적인 어떤 변화를 요구하게 된다. 이러한 모순을 해결하는 유일한 길은 완전히 정의로운 체제 또한 효율적이라야 한다는 점에서이다.

다음에 차등 원칙의 의미와 관련된 복잡한 문제를 한 가지 생각해 보기로 하자. 차등의 원칙이 만족되면 모든 사람이 이익을 본다고 생각되어 왔다.

그렇게 된다는 한 가지 분명한 의미는 모든 사람의 처지가 평등한 최초의 체제에 비해 개선된 것이라는 점이다. 그런데 이러한 최초의 체제를 확인할 수 있는지의 여부는 아무런 상관이 없으며 따라서 이러한 상황에서 사람들이 어느 정도 유복한 처지에 있는가도 차등의 원칙을 적용함에 있어 아무런 본질적인 역할을 하지 않는다. 우리는 오직 요구되는 제한 조건에 따라 최소 수혜자의 기대치만을 극대화하면 된다. 우리가 그렇게 가정 하듯이 이렇게 함으로써 모든 사람의 처지가 향상되는 한, 가상적 평등의 상황이 주리라고 추정되는 이익은 어떤 식으로 어느 정도만 확인될 수만 있다면 상관없는 것이다. 그런데 적어도 우리가 어떤 자연스러운 가정을 할 경우 차등의 원칙이 만족될 때 모든 사람에게 이득이 된다고 하는 데 는 그 이상의 의미가 있을 수 있다. 기대치에 있어서의 불평등이 연쇄 관계를 갖는다(chain connected)고 해보자. 다시 말하면 어떤 이득이 최하위자의 기대치를 향상시키는 결과를 가질 경우 그것은 그 사이에 있는 모든 지위의 기대치도 또한 증가시킨다고 생각해 보자. 예를 들어 기업가의 기대치가 커지면 미숙련 노동자에게도 이익이 될 경우 그것은 준미숙련자에게 도 이익이 된다. 주목할 것은 연쇄 관계는 최소 수혜자가 이득을 보지 못하는 경우에 대해서는 아무런 이야기도 없으며 따라서 그것은 결과가 상호 관련되어 변화한다는 것을 의미하지는 않는다는 점이다. 그래서 더 나아가 기대치들은 서로 긴밀히 관련되어 있음(close-knit)을 가정하기로 한다. 즉 어떤 대표인의 기대치를 증대하거나 감소시키게 되면 반드시 다른 대표인 특히 최소 수혜자 대표인의 기대치도 증대하거나 감소하게 된다. 다시 말하면 기대치가 상호 관련된 방식에 느슨한 연결점이 없다는 것이다. 이러한 가정들과 더불어 생각할 때 차등의 원칙이 만족될 경우 모든 사람에게 이익이 된다는 말이 의미가 있게 된다. 왜냐하면 두 가지 비교 중 어떤 점에 있어서도 보다 나은 처지에 있는 대표인은 그에게 제시된 이익에 의해서 이득을 볼 것이며, 처지가 못한 자도 이러한 불평등이 주는 기여에 의해서 이득을 보게 될 것이기 때문이다. 물론 이러한 조건들이 들어맞지 않을 수도 있다. 그러나 그러한 경우에 있어서도 보다 나은 처지에 있는 자들은 최소 수혜자에게 주어질 수 있는 이득을 거부해서는 안 된다. 그 경우에도 역시 우리는 최소 수혜자의 기대치를 극대화시켜야 하기 때문이다 (연쇄 관계에 관한 다음의 논의를 참조할 것).

연 쇄 관 계

단순화를 위해서 3명의 대표인이 있다고 가정해 보자. X_1은 최대 수혜자, X_3

는 최소 수혜자, X_2는 그 사이에 위치하는 사람이라고 하자. X_1의 기대치는 수평
축을 따라 표시되고 X_2와 X_3의 기대치는 수직 축을 따라 표시된다고 하자. 다른 집
단에 대한 최대 수혜 집단의 기여도를 나타내는 곡선은 가상적인 평등한 입장을 나
타내는 원점으로부터 시작된다. 나아가서 비록 차등의 원칙이 그것을 허용할지는
모르나 정치 체제에 있어서의 부정의한 결과라든가 자유 우선성이 배제하는 것과 같
은 결과가 있게 되리라는 가정 아래서 최대 수혜자에게 최대 이익이 허용되어진다.

차등의 원칙은, 예를 들어 그림 9에 나타난 점 a와 같이 X_3에 대한 곡선이 그 최
대치에 이르는 경우의 점을 선택한다.

연쇄 관계가 의미하는 바는 곡선 X_3가 오른쪽으로 올라가는 경우 어떤 점에 있
어서이든 그림 9나 10의 점 a와 b의 왼쪽에 있는 구간에서와 같이 곡선 X_2도 올
라간다는 것이다. 연쇄 관계는 그림 9의 점 a의 오른쪽에 있는 구간에 있어서처럼
곡선 X_3가 오른쪽으로 내려가는 경우에 관해서는 아무런 말도 하지 않는다. 곡선
X_2는 올라가거나 내려갈 수(접선 X'_2가 나타내고 있듯이)가 있다. 연쇄 관계는 그
림 10의 점 b 오른쪽에 대해서는 적용되지 않는다.

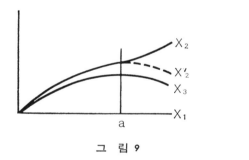

그 림 9

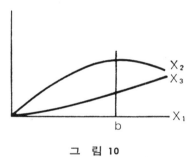

그 림 10

곡선 X_2와 X_3가 모두 올라가는 구간은 지위 기여도의 구간을 규정한다. 오른쪽
으로 더 가면 평균 기대치가 상승하며 (효용이 기대치에 의해 측정되는 경우에는 평
균 효용) 또한 변화의 규준으로서 효율성 원칙도 만족시킨다. 다시 말하면 오른쪽
에 있는 점들은 각자의 처지를 향상시킨다.

그림 9에서 평균 기대치는 최소 수혜자의 기대치가 감소됨에도 불구하고 점 a 이
상으로 올라갈 수가 있다. (이는 여러 집단들의 비중에 달려 있다.) 차등의 원칙은
이러한 경우를 배제하며 점 a를 선정한다.

긴밀한 관련성이 의미하는 바는 X_2와 X_3에 관한 곡선은 평행하게 나아가지 않는
다는 것이다. 따라서 각 점에 있어서 어느 한 곡선이 올라가거나 내려가게 된다. 예
시된 모든 곡선들은 밀접히 관련되어 있는 것이다.

나는 연쇄 관계(chain connection)와 긴밀한 관련성(close-knitness)이 어느
정도 타당한지를 검토하지 않겠다. 차등의 원칙은 이러한 관계들의 만족

여부에 좌우되지 않는다. 그러나 우리가 주목할 수 있는 것은 보다 혜택 받는 지위의 기여가 사회의 특정 부분에만 국한되지 않고 사회 전체에 두루 미칠 경우에 최소 수혜자가 이득을 보면 그 사이에 모든 다른 사람도 이득을 볼 것이라는 점이다. 나아가서 이득의 광범위한 분산이 바람직한 것은 기본 구조가 예시하는 바, 제도가 갖는 다음과 같은 두 가지 측면에 의해서이다. 첫째로 제도는 모든 사람에 공통되는 어떤 기본적 이익을 위해 설립되며, 둘째로 그 모든 직책과 직위는 개방된다는 것이다. 그래서 이른바 입법자와 재판관이 갖는 특전과 권한이 보다 불리한 자의 처지를 향상시킨다면 그것은 시민 전반의 처지를 향상시키는 것이 된다. 다른 정의의 원칙들이 만족되는 경우라면 연쇄 관계도 대체로 들어 맞는다. 만일 그러한 경우 우리가 알 수 있는 것은 기여도가 플러스(+)인 영역 내에서 (혜택받는 지위에 있는 모든 자의 이익이 최소 수혜자의 전망을 향상시키는 영역) 온전히 정의로운 체제에로의 어떤 움직임은 평균 복지를 증대시킬 뿐 아니라 모든 이의 기대치도 향상시켜 준다는 것이다. 이러한 특수 가정 아래서 차등의 원칙은 평균 효용이나 효율성의 원칙과 동일한 실제적 결과를 갖는다. 물론 연쇄 관계가 적용되는 일이 드물고 그러한 경우가 대수로운 것이 아닌 경우에는 이러한 상호 일치란 단순히 호기심거리에 지나지 않을 뿐이다. 그러나 우리는 흔히 정의로운 사회 체제 내에서는 이득이 널리 분산되는 현상이 발생하고 있으며, 아니면 적어도 결국에는 발생하리라는 가정을 한다. 이것이 사실일 경우 그러한 이야기들이 지시하는 바는 차등의 원칙이 특수 경우에서와 같이 이러한 보다 친숙한 관념을 어떻게 설명할 수 있는가라는 점이다. 여하튼 남은 일은 이러한 원칙은 도덕적 관점에서 볼 때 보다 근본적인 원칙이라는 것을 증명하는 일이다.

또 다른 복잡한 문제가 있다. 긴밀한 관련성을 가정하는 이유는 차등 원칙에 대한 진술을 보다 단순화하기 위함이다. 실제로 아무리 가능성이 있고 중요하다 할지라도 최대 수혜자의 기대치를 변화시키면 이러한 변화가 다른 이들에게는 이익을 줄지 모르나 최소 수혜자는 아무런 영향도 받지 않는 경우를 분명히 생각할 수 있다. 이런 경우에 긴밀한 관련성은 들어 맞지 않으며 이런 상황이 생기지 않도록 우리는 다음과 같은 보다 일반적인 원칙으로 표현할 수 있다. 즉 n개의 합당한 대표인을 가진 기본 구조에 있어서 처음에는 최소 수혜자 대표인의 복지를 극대화해 주고, 두번째는 최소 수혜자와 동등한 복지가 되도록 끝에서 두번째 최소 수혜자 대표인의 복지를 극대화하는 그런 식으로 해서 드디어 마지막 경우에는 선행한 n—1 의 모든 대표인들과 동등한 복지가 되도록 최대 수혜자의 복지를 극대화한다는 것이다. 우리는 이것을 축차적 차등 원칙으로 생각할 수 있다.[13] 그러나 나는 언제나 보다 단순한 차등의 원칙을 사용할 것이다. 그래서 앞의 몇 개의 절로부터 나온 결과로서 제 2 의 원칙은 다음과 같이 정리할 수 있다.

사회적·경제적 불평등은 다음과 같은 두 조건을 만족시키도록 편성되어야 한다. ⓐ 최소 수혜자에게 최대의 이익이 되고 ⓑ 공정한 기회 균등의 원칙 아래 모든 이에게 개방된 직책과 직위에 결부되어야 한다.

끝으로 주목되어야 할 것은 차등의 원칙이나 그것이 나타내고 있는 관념은 일반적 정의관과 쉽사리 조화될 수 있다는 점이다. 사실상 일반적 입장이란 더 이상 다른 부분의 특수한 입장에 제한되지 않고 자유와 기회를 포함한 모든 기본적 가치에 적용된 차등의 원칙에 불과한 것이다. 이것은 정의의 원칙들에 대해 앞에서 한 간략한 논의를 보아도 분명해진다. 서열적 순서로 된 이들 원칙은 앞으로도 가끔 지적하겠지만 사회적 여건이 향상됨에 따라 일반적 입장이 받아들이게 될 형태인 것이다. 이 문제는 나중에 논의하게 될(39~82 절) 자유 우선성의 문제와 결부되어 있다. 당분간은 차등의 원칙이 어떤 형태로이든 전체적으로 보아 기본적인 것이라고 이야기하는 것으로서 충분하다.

14. 공정한 기회 균등과 순수 절차적 정의

이제 제 2 원칙의 두번째 부분에 관해서 언급하고자 하는데, 이는 앞으로 공정한 기회 균등에 대한 자유주의적 원칙으로 이해되어야 할 것이다. 그래서 이것은 재능이 있으면 출세할 수 있다는(careers open to talents) 관념과 혼동되어서는 안 되며, 또한 우리가 잊어서는 안 될 것은 그 원칙이 차등의 원칙과 관련되어 있으므로 그 결과들은 두 원칙 전체에 대한 자유주의적 해석과도 구별되어야 한다는 사실이다. 특히 나아가서 내가 밝히고자 하는 바는(17 절) 이러한 원칙은 그것이 결국 업적주의적 사회(meritocratic society)로 나아가게 된다는 반론에도 저촉되지 않는다는 점이다. 여기에서 나는 특히 그 원칙이 순수 절차적 정의(pure procedural justice)라는 관념과 갖는 관계를 중심으로 몇 가지 다른 문제점들을 고찰하고자 한다.

그런데 첫째로 내가 주목하고자 하는 바는 직위의 개방을 요구하는 이

---

13) 이 점에 관해서는 Sen, *Collective Choice and Social Welfare*, p. 138 각주 참조.

유는 효율성 때문만도 아니며 더우기 그것이 일차적인 이유도 아니라는 점
이다. 나는 지금까지 실제로 모든 이가 체제로부터 이득을 받기 위해서 직
위가 개방되어야 한다고 주장해 온 것은 아니다. 왜냐하면 일부의 집단을
그로부터 제외시키는 사실이 있다 할지라도 직위에 어떤 권한과 이익을 할
당함으로써 모든 이의 처지를 향상시킬 가능성이 있을 수 있기 때문이다.
비록 직위에의 접근이 제한되더라도 이러한 직책은 여전히 우수한 재능을
유치할 수 있으며 보다 훌륭한 임무 수행을 조장할 수 있을 것이다. 그러
나 개방된 직위의 원칙은 이런 것들을 금하고 있다. 그것이 표현하고 있
는 신념은 만일 어떤 직위가 모든 이에게 공정한 기반 위에 개방되지 않
을 경우에는 제외된 자들이 비록 그 직위를 갖게 된 자들의 보다 큰 노력
에 의해 이익을 보게 된다 할지라도 정의롭지 못하게 취급되었다고 느끼
는 것이 당연할 것이라는 점이다. 그들의 불평이 정당한 이유는 단지 그들
이 부(富)나 특전과 같이 어떤 직책이 주는 외적 보상으로부터 제외되었다
는 것뿐만이 아니고 사회적 의무를 유능하고 헌신적으로 수행하는 데서
오는 자아 실현의 경험을 저지당했다는 데에 있다. 그들은 인간적인 가치
(善)의 주요 형태 중 하나를 박탈당한 것이 된다.

그런데 이미 언급된 바와 같이 기본 구조라는 것이 정의의 일차적인 주
제이다. 앞에서 살폈듯이 이것이 의미하는 것은 일차적인 분배 문제는 기
본적인 권리와 의무의 할당 및 사회적·경제적 불평등과 이에 기초한 적
합한 기대치의 규제라는 점이다. 물론 어떤 윤리론이든 정의의 주제로서
의 기본 구조의 중대성을 인정하기는 하지만 모든 이론들이 그러한 중대
성을 보는 방식은 동일하지가 않다. 공정으로서의 정의관에 있어서는 사
회란 상호의 이익을 위한 협동 체제로서 해석된다. 기본 구조란 사람들로
하여금 노력을 통해서 보다 큰 이익 총량을 산출케 하고 그러한 성과에 있
어 어떤 몫을 요구할 수 있는 인정된 특정 권한을 각자에게 할당하는 행
위의 체계를 규정하는 공공적인 규칙의 체계인 것이다. 어떤 사람이 행할
바는 공공 규칙이 그의 응분의 자격으로 규정하는 바에 달려 있고, 그의 응
분의 자격이 되는 것은 그 사람이 행하는 바에 달려 있다. 결과적으로 이
루어지는 분배는 이러한 적합한 기대치에 비추어서 사람들이 행하기로 인
수받은 바에 따라 정해지는 요구들을 존중함으로써 달성된다.

이러한 고찰들에서 생각나는 것은 배분적 몫의 문제를 순수 절차적 정
의의 문제로 취급한다는 점이다.[14] 직감적으로 떠오르는 생각은 적어도

14) 절차적 정의의 일반론에 관해서는 B. Barry, *Political Argument*(London:
RKP, 1965), 6장. 공정한 분할의 문제에 대해서는 R.D. Luce and H.

어느 정도를 벗어나지 않는 한, 내용이야 어떤 것이든 그 결과가 정의롭도록 사회 체제를 기획한다는 것이다. 순수한 절차적 정의라는 관념을 가장 잘 이해하는 길은 완전한(perfeet) 절차적 정의와 불완전한(imperfect) 절차적 정의의 비교를 통해서이다. 전자의 예로서 공정한 분할의 가장 간단한 경우를 생각해 보자. 몇 사람이 케이크를 나눈다고 할 때 공정한 분할을 동등한 분할이라 한다면 도대체 어떤 절차에 의해 이런 결과가 나타날 것인가? 복잡한 전문적인 것을 접어 둘 때 분명한 해결책은 한 사람으로 하여금 케이크를 자르게 하고 다른 사람들로 하여금 먼저 집어 가게 한 후 자신은 가장 나중의 조각을 갖게 하는 것이다. 이 경우에 그는 케이크를 똑같이 자를 것인데, 왜냐하면 그렇게 해야 자신에게도 가능한 최대의 몫이 보장되기 때문이다. 이러한 예는 완전한 절차적 정의가 갖는 두 가지의 특징을 보여주고 있다. 첫째 공정한 분할이 무엇인가에 대한 독립적인 기준이 있는데 그 기준은 따르게 될 절차와는 상관없이 그에 선행해서 정해진다는 것이다. 둘째 분명히 그러한 바람직한 결과를 가져 오게 될 절차를 고안할 수 있다는 것이다. 물론 이 경우에 선정된 그 사람이 케이크를 똑같이 자를 수 있다든가 가능한 한 가장 큰 것을 갖고 싶어한다든가 등등과 같은 가정이 이루어지게 된다. 그러나 우리는 이러한 복잡한 점들을 무시할 수가 있다. 중요한 것은 어떤 결과가 정의로운지를 결정하는 독립적인 기준과 그러한 결과를 보장하는 절차가 있다는 점이다. 보다 실제적인 이해가 관련되는 경우에, 불가능한 것은 아니나 이런 완전한 절차적 정의가 드물다는 것은 분명히 말할 수 있다.

불완전한 절차적 정의의 예는 형사 재판에서 볼 수 있다. 바람직한 결과는 피고가 자신이 고발당한 범죄를 저지른 경우에만 그에게 유죄 판결이 내려지는 것이다. 재판 절차는 이러한 관점에 대한 진실 여부를 조사하고 확인하기 위해 이루어진다. 그러나 언제나 올바른 결과를 가져 오도록 법의 규칙들을 정한다는 것은 불가능하다고 생각된다. 재판에 관한 이론은 법의 다른 목적들과 더불어 이러한 의도를 가장 잘 달성해 주리라고 생각되는 모든 절차와 증거의 규칙 등이 어떠한 것인가를 검토하고 있다. 언제나 그런 것은 아니나 적어도 대체로 상이한 여건 아래서는 상이한 심문 체제가 정당한 결과를 낳으리라고 기대하는 것은 당연하다. 그런데 재판은 불완전한 절차적 정의의 한 예이다. 비록 법을 주의깊게 따르고 절

Raiffa, *Games and Decisions* (N.Y.: John Wiley and Sons, Inc., 1957), pp. 363~368; H. Steinhaus, "The Problem of Fair Division", *Econometrica*, 제 16 권 (1948) 참조.

차를 제대로 공정하게 밟는다 해도 그릇된 결과에 이를 수도 있다. 죄없는 사람이 유죄로 나타날 수도 있고 범인이 풀려날 수도 있다. 이런 경우에 우리는 그릇된 심판(miscarriage of justice)이라 할 수 있는데, 그 부정의는 인간의 잘못으로부터 생겨난 것이 아니고 법적인 규칙의 의도를 그르치는 우연적인 여건들의 결합에 의한 것이다. 불완전한 절차적 정의의 두드러진 특징은 올바른 결과에 대한 독립적인 기준은 있으나 그것을 보장할 만한 절차가 없다는 것이다.

이와 대조적으로 순수 절차적 정의가 성립하는 경우에는 올바른 결과에 대한 독립적인 기준이 없으며 그 대신에 바르고 공정한 절차가 있어서 그 절차만 제대로 따르면 내용에 상관없이 그 결과도 마찬가지로 바르고 공정하게 된다. 이러한 경우는 노름(gambling)에서 볼 수 있다. 몇 사람이 일련의 공정한 내기에 가담했다면 마지막 판이 끝난 후의 현금 분배는 내용에 상관없이 공정하거나 적어도 불공정하지는 않을 것이다. 여기에서 가정된 바는 공정한 내기란 이득에 대한 영(零)의 기대치를 갖는 내기이며 그 내기가 자발적으로 성립되고 아무도 속이지 않는 것 등이다. 내기하는 절차는 공정하며 공정한 조건 아래서 자유롭게 가담하는 것이다. 그래서 배경적 여건들이 공정한 절차를 규정한다. 일련의 공정한 내기의 결과로서 모든 개인들이 처음 가졌던 현금 총액이 여러 가지의 분배 형태를 갖게 된다. 이러한 의미에서 이들 모든 특정한 분배들은 똑같이 공정한 것이 된다. 순수 절차적 정의가 갖는 배분적 측면은 정의로운 결과를 결정하는 절차가 실제로 수행된다는 데 있다. 왜냐하면 이런 경우에 있어서는 어떤 특정한 결과가 정의로운 것임을 알기 위해 참조할 만한 독립적 기준이 없기 때문이다. 공정한 절차를 따름으로써 나타날 수 있는 결과라고 해서 어떤 특정한 사태가 정의롭다고 말할 수 없음은 분명하다. 이러한 절차는 너무나 많은 여지를 허용할 수 있으므로 터무니없이 부정의한 결과를 가져올 수도 있다. 그러나 우리는 공정한 내기의 결과로 생긴 것이라면 어떤 식의 재화의 분배도 거의 모두 정의롭거나 공정하다고 말할 수 있게 된다. 노름의 최종 결과의 공정 여부를 결정하는 것은 그것이 일련의 공정한 내기 끝에 생긴 결과라는 점이다. 공정한 절차는 그것이 실제로 진실되게 수행되었을 경우에만 그 결과에 공정성을 부여하게 된다.

그래서 순수 절차적 정의라는 개념이 배분적 몫에 적용되기 위해서는 정의로운 제도 체계가 설립되고 공평하게 운영될 필요가 있다. 정의로운 정치적 조직이나 경제적·사회적 제도의 정의로운 체계를 포함하는 정의로운 기본 구조를 배경으로 해서만이 우리는 요구되는 정의로운 절차가 존재한다고 말할 수가 있다. 제Ⅱ부에서 나는 필수적인 측면을 갖춘 기본 구조에 관해 보다 자세히 기술하고자 한다. 그 여러 가지 제도들이 설명되고 정의의 두 원칙과 관련지워질 것이다. 그에 대한 직감적인 관념은 흔히 알려져 있는 것이다. 만일 법과 정부가 효율적으로 작용함으로써 시장을 경쟁적으로 유지하고 자원을 충분히 활용하고 적합한 형태의 조세 등을 통해서 재산과 부를 널리 분배하며(특히 생산 수단의 사유가 허용되는 경우) 적절한 최소한의 사회 생활을 보장한다고 가정해 보자. 또한 만인의 교육을 통해 보장되는 공정한 기회 균등이 있으며 따라서 다른 동등한 자유도 보장되고 있다고 가정해 보자. 그럴 경우에 결과되는 소득의 분배와 기대치의 형태는 차등의 원칙을 만족시키는 경향이 있을 것으로 생각되어진다. 현대 국가에 있어서 사회 정의를 확립해 준다고 생각되는 이러한 복합적인 제도 내에서는 보다 유리한 처지에 있는 자의 이익은 최소 수혜자의 여건을 향상시켜 줄 것이다. 혹은 향상시키지 못할 경우에도, 예를 들어서 적합한 수준의 사회적 최소치(social minimum)를 설정함으로써 향상시키도록 조정될 수 있을 것이다. 물론 이러한 제도들이 현실적으로 존재하는 경우에는 그것들이 커다란 부정의와 얽혀 있게 된다. 그러나 그 제도의 기본 계획이나 의도에 맞추어 운영함으로써 자유권 및 공정한 기회 균등과 더불어 차등의 원칙이 만족될 수 있는 길이 있으리라고 생각된다. 이러한 체제가 정의롭게 될 수 있다는 우리의 신념 속에 깔려 있는 것은 바로 이러한 사실이다.

  공정한 기회의 원칙이 갖는 역할은 협동 체제란 순수 절차적 정의의 체제임을 보장하려는 것임이 분명하다. 만일 그러한 조건이 만족되지 않는 한 비록 제한된 영역에서일지라도 분배적 정의를 그대로 내맡겨 둘 수는 없다. 그런데 순수 절차적 정의가 갖는 실제적인 큰 이점은 정의의 요구를 만족시킴에 있어 무수하게 다양한 여건과 상대적으로 변화하는 특정 인간의 지위를 계속 추적하지 않아도 된다는 점이다. 그 이점들 가운데 하나는 만일 이러한 세목들이 관련될 경우 생겨나는 지극히 복잡한 문제들을 처리할 원칙을 규정하는 문제를 피하게 된다는 것이다. 상대적으로 변화하는 개인들의 지위에 주의를 기울인다든가, 개별적으로 보아진 단일한 사건으로 생각되는 모든 변화가 그 자체에 있어서 정의로운 것을 요구하는 것은 잘못이다. 판단되어야 하고 그것도 일반적인 관점에서 판단되어야 할 것은 기본 구조의 체제이다. 만일 우리가 특정 지위에 있는 적합한 대표인의 관점에서 보아 그 체제에 비판할 문제점이 없을 경우에 우리는 그에 대해서 불평이 없는 것이다. 그래서 두 원칙을 받아들인다는 것은

사회 정의의 문제에 있어서 잡다한 정보나 복잡한 일상사는 상관없는 것
으로 무시한다는 데 합의한다는 것을 의미한다.

그런데 순수 절차적 정의에 있어서는 이득의 분배가 일차적으로 알려진
개인들의 일정한 욕망 및 욕구에 소용되는 일정량의 이득을 앞에 두고 판
정되는 것은 아니다. 생산된 품목의 할당은 공공적인 규칙의 체계에 따라
이루어지며 이러한 체계는 생산의 내용과 정도 및 수단을 결정한다. 그것
은 또한 그에 따름으로써 결과적인 분배를 산출하게 되는 합당한 요구가
무엇인가를 결정한다. 따라서 이러한 종류의 절차적 정의에 있어서는 분
배의 옳음이란 그 근거가 되는 협동 체제의 정의에 바탕을 두고 있으며 그
에 참여하는 개인들의 요구에 응하는 데에 기초를 두고 있다. 분배의 원
천이 되고, 그에 의해 설정된 기대치에 대해 개인들이 신뢰감을 갖고서
살고 있는 그 체제와 분리시켜서 분배 상태를 평가할 수는 없다. 일정한
욕구와 선호를 가진 어떤 개인들에게 일정량의 물건을 어떻게 분배하는
것이 더 나은가를 추상적으로 묻는다면 이런 질문에 대한 대답이란 있을
수 없을 뿐이다. 정의의 두 원칙이 갖는 입장은 분배적 정의의 일차적 문
제를 할당적 정의(allocative justice)의 문제로 해석하지 않는다.

이와는 달리 정의를 할당으로 보는 입장은 일정량의 재화가 어떤 욕구
와 욕망을 가진 일정한 개인들간에 분배될 경우에 적용되는 것이 당연한
것으로 본다. 할당될 재화는 이들 개인들에 의해서 생산된 것이 아니며 이
개인들은 현존하는 어떤 협동 관계를 맺고 있지도 않다. 분배될 물건에 대
한 선행적인 권한이 없는 까닭에 그것을 욕구와 욕망에 따라 가르거나 혹
은 만족의 순(純)잔여량을 극대화시키는 일 또한 당연한 것이다. 평등이
우선적으로 선택되지 않는 경우에 정의는 일종의 효율성이 된다. 적절히
일반화시키면 할당적 입장은 결국 고전적 공리주의적 견해가 된다. 왜냐
하면 앞에서도 보았듯이, 이런 학설은 정의를 공평한 관망자의 이타심에
흡수시키고, 나아가서 다시 이것을 만족의 최대 잔여량을 증진하기 위한
제도의 가장 효율적인 기획과 동일시한다. 앞에서 살핀 바와 같이 이러한
입장에서 볼 때 사회란 각기 분리된 계통을 이루는 독자적인 수많은 개인
들로 이루어진다고 생각되며, 그 각 계통에 따라서 권리와 의무가 할당되
여 부족한 만족의 수단을 규칙에 따라 나눔으로써 욕구의 최대 만족을 주
려는 것이다. 나는 이러한 개념이 갖는 다른 측면들에 대한 고찰을 나중
에까지 접어 두고자 한다. 여기에서 주목할 점은 공리주의란 기본 구조를
순수 절차적 정의의 체계로 해석하지 않는다는 점이다. 왜냐하면 공리주
의자는 원칙상으로 볼 때 모든 분배 상태를, 즉 그들이 만족의 최대 순수

잔여량을 산출하는지의 여부를 판단할 독립적인 기준을 갖고 있기 때문이다. 그의 이론에서 볼 때 제도란 이러한 결과를 달성하기에는 다소간 불완전한 체제이다. 그래서 현존하는 욕구와 선호 및 그로부터 예상되는 미래에의 자연적인 연속선을 가정할 때 정치가의 목표는 이미 규정된 목적에 최선으로 접근시켜 줄 사회 체제를 세우는 일이다. 이런 체제는 일상 생활의 불가피한 제한과 장애를 받게 되므로 기본 구조는 불완전한 절차적 정의의 한 경우라 할 수 있다.

당분간 나는 제2원칙의 두 부분은 축차적으로 배열되어 있다고 가정하고자 한다. 그래서 우리는 축차적 서열 속에 또 하나의 축차적 서열을 갖게 된다. 그러나 이러한 서열은 필요한 경우에 일반적인 정의관에 비추어 수정될 수 있다. 특정한 정의관이 갖는 장점은 그것이 확정된 형식을 가지며, 예를 들어 어떤 여건 속에서 축차적 서열이 선택될 것인가?와 같은 탐구할 어떤 문제를 제시한다는 점에 있다. 우리의 탐구에는 특정한 방향이 주어져 있으며, 더 이상 일반성에 머무르지 않는다. 물론 분배적 몫에 대한 이러한 관점은 분명히 대단한 단순화이다. 그것은 순수 절차적 정의의 관념을 이용하는 기본 구조의 특성을 분명한 방식으로 기술하려는 것이다. 그러나 우리는 한결같이 합당한 정의관을 제시하도록 결합될 수 있는 단순한 개념들을 발견하도록 노력해야 한다. 기본 구조, 무지의 베일, 축차적 서열, 최소 수혜자 지위, 그리고 순수 절차적 정의 등의 개념들은 모두가 그 예이다. 그 각각으로는 어떤 작용을 할 것으로 기대되지는 않으나 적절히 결합되면 그들은 충분히 훌륭한 기능을 할 수 있게 된다. 모든 도덕적 문제에 대해서 혹은 적어도 대부분의 도덕적 문제에 대해 합당한 해결책이 있다고 하는 것은 지나친 가정일 것이다. 아마 몇 가지 문제에 대해서만은 만족스러운 해답이 있을 수 있을 것이다. 어떤 경우에 있어서나 사회적 지혜란 처리할 수 없는 난점들이 자주 생기지 않도록 제도를 설립하고, 간단 명료한 원칙들의 필요성을 받아들인다는 데에 있다.

15. 기대치의 근거로서의 사회적 기본 가치

그러면 정의의 두 원칙과 그것이 나타내는 절차적 관점에 대한 간단한 진술과 설명은 그 정도로 해두기로 한다. 앞으로 몇몇 장(章)에서 나는 이러한 관점을 실현할 제도적 체제를 기술함으로써 보다 구체적인 문제를 제시하고자 한다. 그러나 우선 다루어야 할 몇 가지 예비적 문제들이 있다. 기대치와 그 평가 방법에 대한 논의로부터 시작하고자 한다.

이러한 문제가 갖는 의의는 공리주의와의 비교를 통해서 밝혀질 수 있다. 기본 구조에 적용될 경우 공리의 원칙이 우리들에게 요구하는 바는 적합한 모든 지위에 걸친 기대치들의 산술적 총합을 극대화하는 일이다. (고전적 원칙은 이 기대치를 그 지위에 있는 사람 수로 곱하여 계산하고 평균적 원칙은 사람 수로 나누어 계산한다.) 적합한 지위는 무엇으로 결정하는가에 대한 문제를 다음 절로 미룬다면 공리주의가 이러한 기대치에 대한 아주 정확한 측정을 하고 있다는 사실이 분명해진다. 각 대표적 개인들에 대한 기수적 측정도 필요하지만 이러한 측정이 개인간의 비교에 있어서도 의미가 있어야 한다. 일부의 이익이 타인의 손실을 능가한다고 말할 수 있기 위해서는 서로 다른 사람들간의 척도를 상호 비교할 수 있는 방법이 전제된다. 대단한 정확성을 요구하는 것은 부당하지만 이러한 측정을 우리의 임의적인 직관에 내맡길 수도 없다. 왜냐하면 보다 큰 잔여 이익량에 대한 판단은 요구들이 상반될 여지를 지나치게 많이 남기기 때문이다. 나아가서 이러한 판단은 윤리적 혹은 그 밖의 개념뿐만 아니라 더우기 그 타당성이 의심스러운 편견이나 이기심에 그 바탕을 둘 수도 있다. 우리가 개인간의 행복을 비교하는 일을 실제로 하고 있다는 단지 그 이유가 바로 우리가 이러한 비교의 근거를 이해하고 있다거나 그것을 타당한 것으로 받아들여야 함을 의미하지는 않는다. 이러한 문제들을 해결하기 위해서 우리는 이러한 판단들을 설명하고 그 근저에 깔린 기준을 제시할 필요가 있다(49절). 사회 정의의 문제를 위해서 우리는 사람들이 인정하고 합의할 수 있는, 이들 판단에 대한 어떤 객관적인 근거를 발견하도록 노력해야 한다. 지금 당장에 공리주의적 관점에서 볼 때 이러한 어려운 문제에 대한 만족스러운 해답은 없는 것으로 보인다. 따라서 적어도 당분간은 공리의 원칙은 이득의 잔여량을 측정하는 우리의 능력에 대해 지나친 요구를 하고 있어 그것이 정의의 문제에 대해 기껏해야 애매한 판단 기준이 될 수밖에 없을 것으로 생각된다.

그러나 이러한 문제에 대한 만족스러운 해답이 불가능하다고 생각하지는 않는다. 이것이 어려운 문제임은 사실이고 차등의 원칙은 그를 극복하기 위해 고안된 것이긴 하지만 바로 이러한 점에서 그것이 갖는 상대적 장점을 강조하려는 것은 아니다. 다만 한가지 사실은 개인간의 비교에 대한 회의주의는 의심스러운 견해에 그 바탕을 두고 있는 일이 흔한데, 쾌락이나 혹은 행복을 나타내는 만족의 강도는 순수 감각의 강도라고 하는 견해나 또는 이러한 감각의 강도는 당사자에게는 경험되고 알려질 수 있으나 다른 사람이 그것을 안다거나 어느 정도 확실성을 갖고 그것을 추리

한다는 것은 불가능하다는 등의 견해가 그 예이다. 이러한 주장은 둘 다
그릇된 것으로 생각된다. 실상 두번째 주장은 행복에 대한 판단이 해결될
수 없는 특수한 문제를 제기하는 이유를 밝히지 않는 한, 그것은 타인의
마음(other minds)이 존재한다는 데 대한 회의주의의 일부에 지나지 않는
다.[15] 나는 공리주의의 진정한 난점은 다른 곳에 있다고 생각한다. 주요
한 것은 비록 만족의 개인간 비교가 이루어질 수 있다 하더라도 이러한
비교가 추구할 만한 가치들에 대해서 이루어져야 한다는 점에 있다. 단지
보다 정확하게 측정할 수 있다는 이유로 특정한 목적을 제시한다는 것은
불합리하다. 개인간 비교에 관한 논란으로 인해 총체적(혹은 평균적) 행복
이 극대화되어야 하는지에 대한 진정한 문제가 애매하게 될 우려가 있다.

차등의 원칙은 개인간 비교를 하는 데 있어서의 몇 가지 난점을 해결해
준다. 그것은 두 가지 방식으로 이를 해결한다. 첫째로 우리가 최소 수혜
자 대표인을 확인할 수 있는 한 그때부터는 행복에 대한 서수적(ordinal) 판
단만이 요구된다. 우리는 어떠한 지위로부터 사회 체제가 판단되어질 것
인가를 알고 있다. 이 대표적 개인의 처지가 다른 자들보다 얼마나 더 어
려운가는 문제되지 않는다. 만일 지위가 더 낮고 못한 것으로 서열이 매
겨질 수 있다면 제일 못한 자를 가려낼 수 있다. 개인간의 다른 비교가
필요하지 않음으로 기수적(cardinal) 측정이 갖는 더 이상의 난점은 생기
지 않는다. 그리고 물론 최소 수혜자 대표인에 관한 극대화를 함에 있어
서도 우리는 서수적 판단 이상으로 나아갈 필요는 없다. 기본 구조에 있
어서의 변화가 그의 처지를 보다 낮게 하는지 어렵게 하는지를 결정할 수
있다면 우리는 그의 최선의 처지를 확정할 수가 있다. 우리는 그가 어떤
처지를 다른 처지보다 얼마나 더 좋아하는가를 알 필요가 없다. 그래서
차등의 원칙은 복지에 관한 우리의 비판에 대해 요구하는 바가 적다. 우
리는 결코 기수적 측정을 포함하는 이득의 총화를 계산하지 않아도 된다.
개인간의 질적인 비교는 최저의 지위를 가려내기 위해서 행해질 뿐이고
나머지에 대해서는 한 대표인의 서수적 판단만으로 충분한 것이다.

차등의 원칙이 그러한 난점을 피하는 또 하나의 방법은 개인간 비교의
근거를 단순화시키는 것이다. 이러한 비교는 사회적인 기본 가치(primary
social goods)에 대한 기대치에 의해서 이루어진다. 사실상 나는 이러한 기대
치를 단지 대표적 개인이 기대할 수 있는 이러한 가치들에 대한 지수(index)

---

15) H.L.A. Hart, "Bentham", *Proceedings of the British Academy*, 제 48 권
(London, 1962) pp. 340 이하와 Little, *Critique of Welfare Economics*,
pp. 54 이하 참조.

로서 정하고자 한다. 한 사람의 기대치가 다른 사람의 것보다 크다 함은
그의 지위에 있는 자의 이 지수가 보다 큰 경우를 말한다. 앞에서 말한 바
와 같이 기본 가치란 합리적 인간이 그가 다른 그 무엇을 원하든 상관없
이 원하리라고 생각되는 것들이다. 개인이 가진 합리적 계획이 그 세목에
있어서 어떤 것이든 상관없이 그가 적은 것보다는 보다 많기를 바라게 될
여러 가지가 있으리라고 생각된다. 이러한 가치를 보다 많이 가짐으로써
사람들은 일반적으로 그들의 의도를 달성하고 그 내용에 상관없이 그들의
목적을 성취함에 있어 보다 큰 성공을 보장할 수 있을 것이다. 사회적 기
본 가치는 광범한 범주로 나타내 보면 권리와 자유, 기회와 권한, 소득
과 부이다. (매우 중요한 기본 가치는 자신의 가치감, 즉 자존감이기는 하나 복잡
성을 피하기 위해 67절에서 다룰 때까지 이를 접어 두기로 한다.) 일반적으로 이
런 것들은 기본 가치를 설명하는 데 분명히 적합한 것으로 보인다. 그것
들은 기본 구조와의 관련으로 보아 사회적인 가치(善)라 할 수 있는 것으
로서 자유와 권한은 주요 제도의 규칙들에 의해 규정되며 소득과 부의 분
배도 그들에 의해 규제된다.

  기본 가치를 설명하기 위해 채택된 가치론은 7장에서 보다 충실히 제시
될 것이다. 그것은 아리스토텔레스에까지 거슬러 올라가는 친숙한 것으로
서 그와 같은 것은 다른 관점에서 볼 때는 아주 상이한 철학자들인 칸트
와 시즈위크에 의해서도 채택되고 있다. 그것은 계약론이나 공리주의간에
도 이견이 없는 것이다. 그러한 가치론의 요지는 어떤 인간의 가치(善)란
적절하게 유리한 여건 아래서 장기적으로 보아 그 인간에게 가장 합리적
인 인생 계획이 무엇인가에 의해서 결정된다는 것이다. 사람은 이러한 계
획을 수행하는 과정 가운데 어느 정도 성공적일 경우 행복하다. 간단히 설
명하면 가치(善)란 합리적 욕구의 만족이라 할 수 있다. 그래서 각 개인은
그가 당면하는 모든 여건 아래서 설계된 합리적인 인생 계획을 갖는다고
가정되어진다. 이러한 계획은 그의 관심을 조화있게 만족시키도록 짜여
진다. 다양한 관심들이 상호 충돌없이 충족될 수 있도록 행동들이 계획되
어진다. 그 계획은 목적들에 대한 이러한 포괄적인 달성을 성취시키지
못할 것 같거나 제공하지 못하는 다른 계획들을 배제함으로써 달성될 수
있다. 쓸 만한 여러 대안들이 있을 경우 합리적 계획이란 그 이상 개선될
수 없는 계획이며 따라서 모든 것을 고려해서도 더 나은 다른 계획이 없
다는 뜻이다.

  그런데 사람들의 합리적 계획이 서로 다른 궁극적인 목적을 가진다 할
지라도 그 목적의 달성을 위해서 누구나 자연적·사회적인 어떤 기본 가

치를 필요로 한다고 생각된다. 개인들의 능력과 여건과 바라는 바가 다르므로 계획들이 서로 다를 것이며 합리적 계획이란 바로 이들 우연성에 따라 맞추어진다. 그러나 그 목적의 체계가 어떤 것이든간에 기본적인 가치들은 필수적인 수단이다. 예를 들어서 보다·큰 지력과 부와 기회를 가진 자는 그것이 없을 경우 합리적으로 생각해 엄두도 낼 수 없을 목적을 달성하게 된다. 그래서 대표인의 기대치는 그가 사용할 수 있는 사회적인 기본 가치의 지수에 의해 규정되어진다. 원초적 입장에 있는 자들은 그들의 가치관을 모르고 있기는 하지만 그들은 보다 적은 기본 가치보다는 보다 많은 것을 더 바랄 것을 그들이 알고 있다고 나는 생각한다. 그런데 이러한 것만 알고 있어도 그들이 최초의 상항에 있어서 자신의 이익을 증진시키는 방법을 알기에 족한 것이다.

  몇 가지 난점들을 생각해 보기로 하자. 분명한 한 가지 문제점은 지수 그 자체를 구성하는 일이다. 상이한 사회적 기본 가치들의 경중을 어떻게 가릴 것인가? 정의의 두 원칙이 순차적인 서열을 이루고 있다고 생각하면 이 문제는 아주 단순해진다. 기본적인 자유는 언제나 동등하며 공정한 기회 균등이 있으므로 이러한 자유 및 권리를 다른 가치들과 견줄 필요가 없다. 그 분배가 달라지게 될 사회적 기본 가치는 권한과 권력, 그리고 소득과 부 등이다. 그러나 차등의 원칙이 갖는 성격으로 인해서 언뜻 생각되는 만큼의 대단한 난점은 없다. 우리가 고려해야 할 유일한 지수 문제는 최소 수혜자 집단의 그것이다. 다른 대표적 개인들이 누리는 기본 가치는 일상적인 제한 조건에 따라서 이러한 지수를 향상시키도록 조정되어진다. 보다 혜택받는 자들은 그들이 처지가 더 낫다는 사실만 확인하게 되면 그들의 비중을 보다 자상하게 규정해야 할 필요는 없다. 이를 확인하는 것은 아주 쉬운 일인데 그 이유는 보다 큰 권한과 부는 병행하는 경향이 있으므로 그들은 모든 기본 가치를 보다 많이 갖는 일이 흔하기 때문이다. 만일 우리가 보다 나은 처지에 있는 자에 대한 가치의 분배가 최소 수혜자의 기대치에 영향을 미치는 방식을 안다면 그것으로 충분하다. 그래서 지수의 문제는 대체로 최소 수혜자, 즉 최소의 권한과 최저의 소득을 가진 자에 대한 기본 가치 지수를 측정하는 문제가 되는데, 그 이유는 이들 두 가지가 서로 연결되는 경향이 있기 때문이다. 우리가 이러한 작업을 할 때는 최소 수혜자 집단의 대표적 개인의 관점을 취하여 어떻게 결합된 사회적 기본 가치를 선택하는 것이 그에게 있어서 합리적인 것인가를 묻게 된다. 이런 일을 하는 경우에 우리는 물론 우리의 직관 능력에 의거하게 된다. 그러나 이를 완전히 피할 수는 없는 노릇이다. 해야 할 일은 도덕 판단을 합리적 타산(rational prudence) 판단으로 바꾸어 놓고 직관에 의존하는 범위를 줄여 보다 면밀하게 초점을 맞추는 일이다.

또 하나의 문제점은 이러한 것이다. 기대치는 기본 가치의 지수로 규정되어서는 안 되며 이러한 가치들을 사용해서 계획이 실현되는 경우에 기대되는 만족도로서 규정되어야 한다는 반론이 있을 수 있다. 결국 인간이 행복을 얻게 되는 것은 이들 계획이 성취될 경우이며 따라서 기대치의 측정은 이용할 수 있는 수단에 그 바탕을 두어서는 안 된다는 것이다. 그러나 공정으로서의 정의관은 이와는 다른 입장을 취한다. 왜냐하면 그것은 사람들이 성취하게 될 만족도를 측정하거나 더우기 극대화하기 위해서 그들이 이용할 수 있는 권리와 기회를 사용하는 용도를 조사하지 않기 때문이다. 또한 그것은 서로 상이한 여러 가치관들이 갖는 상대적인 장점을 평가하려 들지도 않는다. 그 대신에 사회의 성원들은 그들의 가치관을 그들의 상황에 따라 조정할 수 있는 합리적인 사람들임이 가정된다. 상이한 사람들의 가치관일지라도 그것이 일단 정의의 원칙들과 양립할 수 있다고 생각되는 한 그 우열을 비교할 필요가 없어진다. 모든 사람들은 정의가 요구하는 바를 그르치지 않는 한에서 자기가 바라는 어떤 인생 계획이든 추구할 동등한 자유를 보장받고 있다. 보다 적게 가진 자의 처지를 향상시킬 수 있는 한에서 어떤 자가 더 많은 기본 가치를 가질 수 있다는 원칙에 의거해서 기본 가치들이 사람들간에 분배된다. 일단 전체 체계가 설립되어 운행된 후에는 총체적인 실현이나 만족량에 대한 문제는 일어나지 않는다. 모든 일은 원초적 입장에서 채택될 원칙들을 따라서 저절로 진행된다. 그래서 이와 같은 사회 정의관에 의하면 기대치란 대표인들이 당연히 기대할 수 있는 기본 가치의 지수로서 규정된다. 어떤 사람이 이러한 가치들의 보다 나은 양을 예상할 수 있을 경우에 그의 전망은 향상되게 된다.

주목할 만한 사실은 이런 식으로 기대치를 해석한다는 것은 결국 사람들의 처지를 오직 그들 모두가 더 많은 것을 바란다고 생각되는 것과 관련지워서 비교하는 데 합의한다는 것을 나타낸다. 이것은 공공적으로 승인된 객관적인 척도, 다시 말하면 합리적인 사람들이 받아들일 수 있는 공통적 척도를 확립해 주는 가장 현실성 있는 방식으로 생각된다. 반면에 사람들의 합리적 계획을 실현함에 있어서의 성공 여부로 행복을 평가하는 방식에 이와 비슷한 합의가 있기는 어려우며 더우기 이들 계획의 본질적 가치를 평가하는 방식에 합의하기는 더 어려운 것이다. 그런데 기대치의 근거를 기본 가치에서 구한다는 것은 단순화시키는 또 하나의 방도이다. 지나가는 길에 언급하고자 하는 것은 이러저러한 단순화에는 꼭 필요한 것은 아니지만 일종의 철학적인 설명이 뒤따른다는 점이다. 물론 이론적인 가정이 하는 일은 단순화시키는 것 이상이며 그것은 우리가 이해하고자 하는 사실들을 설명해 줄 본질적 요인을 가려내야 한다. 이와 유사하게 정의론의 부분들도 사회 구조가 갖는 기본적인 도덕적 특성을 제시해야 하며, 이들 중 몇 가지가 제외될 것으로 생각되는 경우에는 그러한 것은 부적합한 것임을 우리에게 납득시키는 것이 바람직하다. 나는 이러한 규칙에 따르기로 노력할 것이다. 하지만 정의론의 타당성은 일견해서 그 전제가 받아들일 만한 것임에 못지 않게 그 결과에도 달려 있음이 나타나게 된다. 사실 이 두 가지는 분리시켜서는 아무런 소용이 없는 까닭에 특히 제 Ⅱ부에서의 제도적 문제에 관한 논의는 처음에는 비철학적인 것으로 보일지 모르나 사실상은 없어서는 안 될 것이다.

16. 적합한 사회적 지위

정의의 두 원칙을 사회의 기본 구조에 적용함에 있어 우리는 어떤 대표적 개인(representative individuals)의 입장에 서서 그들이 사회 체제를 보는 방식을 고찰하게 된다. 예를 들면 차등의 원칙은 나은 처지에 있는 자의 보다 높은 기대치가 최소 수혜자의 전망에 기여할 것을 요구한다거나, 혹은 가끔 보다 막연히 이야기되었듯이 사회적·경제적 불평등은 관련된 모든 사회적 지위의 대표인들에게 이익이 되어야 한다고 할 경우에 있어서 이들의 관점은 적절하게 일반적인 관점을 정해 준다. 그러나 모든 사회적 지위(social position)가 적합한 것이 아님은 물론이다. 왜냐하면 농부에도 낙농업자, 밀 경작자, 보다 넓은 면적에서 일하는 농부 등이 있을 것이며 다른 직업과 집단에 있어서도 무수한 종류가 있을 것이다. 만일 우리가 이러한 수많은 지위를 모두 고려해야 한다면 우리는 손쉽고 일관된 이론을 가질 수가 없게 된다. 경쟁적인 수많은 요구들을 평가한다는 것은 불가능하다. 따라서 우리는 어떤 지위가 다른 지위보다 더 기본적이며 사회 체제를 판단함에 있어 더 적합한 관점을 제공할 것인지를 가려낼 필요가 있다. 그래서 이러한 지위를 선정하는 일도 정의론의 일부가 된다. 하지만 어떤 원칙에 의거해서 그것들이 가려져야 할 것인가?

이 문제에 답하기 위해서 우리는 정의의 기본 문제와 두 원칙이 그것을 처리하는 방식을 염두에 두어야 한다. 강조했던 바와 같이 정의의 일차적 주제는 사회의 기본 구조이다. 그 이유는 기본 구조의 영향력이 아주 심대하고 지배적인 것이어서 출생에서부터 작용하기 때문이다. 이 구조는 사회 협동체의 이익을 분배함에 있어 어떤 출발지를 다른 것보다 더 유리하게 해준다. 두 원칙이 규제해야 할 것은 바로 이러한 불평등이다. 일단 이들 원칙들이 만족되어지면 자유 결합(free-association)의 원칙에 따른 인간의 자발적인 행위에서 유래하는 다른 불평등은 허용된다. 그래서 적합한 사회적 지위란, 이른바 적절히 일반적이고 집합적인 출발점이라 할 수 있다. 일반적인 관점을 명시하기 위해 이러한 지위들을 선정함으로써 우리는 두 원칙이란 자연적 우연성과 사회적 운수의 횡포를 완화하려는 것이라는 관념을 따르게 된다.

그런데 내가 가정하는 바는 대체로 각 사람들은 두 가지 적합한 지위를 갖고 있는데, 평등한 시민(equal citizenship)의 지위와 소득과 부의 분배에 있어 그의 위치에 의해 규정되는 지위가 그것이다. 따라서 적합한 대표인이란 대표적 시민이며 여러 가지 수준의 복지 생활을 대표하는 자이다. 나는 대체로 그 이외의 다른 지위들에는 자발적으로 가담한다고 가정하기 때문에 우리는 기본 구조를 판단함에 있어 이들 지위에 있는 자들의 모든 관점을 고려할 필요가 없다. 사실상 우리는 소위 시발점에 있는 대표인들의 선호에 맞추어 전체 체제를 조정하게 된다. 사회 체제를 판단함에 있어서 우리는 우리의 보나 특수한 이해나 집단을 무시하게 되며 그들 대표인의 관점에서 우리의 처지를 바라보게 된다.

그런데 가능한 한 기본 구조는 평등한 시민의 입장에서 평가되어야 한다. 이러한 지위는 평등한 자유의 원칙과 공정한 기회 균등의 원칙이 요구하는 권리와 자유에 의해 규정된다. 두 원칙이 만족되는 경우에는 모든 사람이 평등한 시민이며 따라서 모든 사람은 이러한 지위를 갖게 된다. 이러한 의미에서 평등한 시민의 지위는 일반적인 관점을 정해 준다. 기본적인 자유를 판정하는 문제는 그 지위에 비추어 해결된다. 이러한 문제들은 4장에서 논의될 것이다. 그러나 주목해야 할 것은 사회 정책의 많은 문제들도 이러한 지위에서 고찰될 수 있다는 점이다. 모든 사람의 이해와 관련된 문제도 있으며 분배의 결과가 중요하지 않거나 상관없는 문제도 있다. 이들 경우에는 공동 이익(common interest)의 원칙이 적용될 수 있다. 이 원칙에 따르면 제도의 평가는 모든 사람이 꼭같이 그들의 목표를 달성하는 데 필요한 조건을 그 제도가 효율적으로 보장하는 정도나 그 제도가 모든 사람에게 비슷한 이익을 주게 될 공동 목적을 효율적으로 증진하는 정도에 의해 이루어진다. 그래서 공공 질서와 안녕을 유지하기 위한 합당한 규제나 공중 위생과 안전을 위한 효율적 방도는 이런 의미의 공동 이익을 증진시킨다. 정의로운 전쟁에 있어서 국가 방위를 위한 집단적 노력도 마찬가지이다. 공중 위생이나 안전을 유지하고 정당한 전쟁에서 승리하는 것도 배분적 효과를 갖는다고, 즉 부자는 잃을 것을 더 많이 가졌으므로 빈자보다 더 많은 이득을 본다고 제안할지도 모른다. 그러나 사회적·경제적 불평등이 정당한 경우 그러한 결과들은 도외시할 수 있으며 공동 이익의 원칙이 적용된다. 평등한 시민의 관점은 적합한 관점이다.

사회적·경제적 불평등을 판단할 대표인에 대한 정의(定義)는 다소 미흡하다. 한 예로서 소득이나 부의 수준에 의해 명시된 대로 이들을 생각할 경우 나는 이러한 사회적인 기본 가치는 지수 문제를 피할 수 있을 정도로 충분하게, 권력과 권위를 가진 자와 상관되어 있다고 가정하고 있다. 다시 말하면 예컨대 보다 큰 정치적 권력을 가진 자나 혹은 제도 형태 내에서 보다 높은 자리에 있는 자는 일반적으로 다른 관점에 있어서도 보다 나은 처지에 있다고 가정한다. 대체로 이러한 가정은 우리의 의도에 맞을 만큼은 충분히 타당한 것으로 생각된다. 또한 이러한 대표인을 얼마나 선정할 것인가에 대한 문제가 있으나 차등의 원칙은 특수한 역할에 대한 대표인만을 선택하기 때문에 이것은 중대한 문제는 아니다. 보다 심각한 문제점은 최소 수혜자 집단을 어떻게 규정할 것인가이다.

이 점에 있어서 어떤 임의성을 피할 수 없을 것으로 생각된다. 한 가지 가능성은 예를 들어 미숙련 노동자와 같은 특정한 사회적 지위를 선택하여 이 집단의 소득 및 부의 평균치 내지 그 이하를 갖는 모든 자들은 최소 수혜자로 간주하는 방식이다. 최하위에 있는 대표인의 기대치는 이 집단 전체에 걸친 평균치로서 규정된다. 다른 또 하나의 대안은 사회적 지위에 상관없이 상대적인 소득이나 부를 통해서만 규정하는 방식이다. 따라서 소득이나 부의 중앙치(median)의 절반 이하를 갖는 모든 사람들은 최소 수혜자 층으로 간주될 수 있다. 이러한 정의(定義)는 분배 구조의 하반부에만 의존해 있으므로 최소 수혜자와 평균적인 시민간의 사회적 격차에 주목할 수 있다는 이점을 갖는다.[16] 이러한 간격은 보다 어려운 사회 성원들의 처지가 갖는 본질적인 측면임이 확실하다. 나는 이상의 두 정의 중에 하나 혹은 그들의 결합으로 충분히 훌륭한 역할을 해내리라고 생각한다.

어떤 경우에 있어서이든 우리는 최소 수혜자의 기대치를 어느 정도 합산해야 하며 이러한 계산의 기초가 되는 선택된 수치는 어느 정도 특수한 것

---

16) 이러한 정의에 관해서는 N.W. Chamberlain 가 편집한 *Contemporary Economic Issues* 중의 한 논문 "Poverty in an Affluent Society"(Homewood, Ill.: R.D. Irwin, 1969), pp. 53~56에 나오는 M.J. Bowman 의 이른바 Fuchs criterion에 관한 논의를 참조.

이다. 그러나 우리는 차등의 원칙을 정식화함에 있어 어떤 점에 있어서는
현실적 고려 사항에 의거할 수도 있다. 조만간에 보다 면밀한 분별을 위한
철학적 논증이나 혹은 여타의 논증 능력은 벽에 부딪히게 마련이다. 따라서
나는 원초적 입장에 있는 자들은 차등의 원칙이 이들 방식 가운데 어느 한
가지에 의해 규정되는 것으로 이해하리라고 가정한다. 그들은 처음부터 그
원칙을 한정된 합산 원칙으로 해석할 것이며 그것을 다른 기준들과 비교해
서 그렇게 평가할 것이다. 그들은 최소 수혜자를 문자 그대로 가장 가난한
자라 생각하기로 합의하고 이 규준이 제 역할을 하도록 하기 위해 실제로
어떤 평균치를 내는 형태를 취하지는 않을 것이다. 오히려 원초적 입장이라
는 관점에서 평가되어야 할 것은 실현성있는 규준 그 자체인 것이다.[17]
최소 수혜자에 대한 보다 정확한 정의는 불필요한 것으로 판명될 것이다.

그런데 가능한 한 공정으로서의 정의관은 평등한 시민의 입장과 여러 수
준의 소득과 부로부터 사회 체제를 평가하려 한다. 그러나 때로는 다른 지
위가 고려될 필요가 생긴다. 예를 들어 만일 불변적인 자연적 특성에 바
탕을 둔 불평등한 기본 권리가 있을 경우에는 이러한 불평등이 적합한 지
위를 선정해 줄 것이다. 이러한 특성은 변할 수가 없는 까닭에 그것이 정
해 주는 지위는 기본 구조에 있어 시발점으로 간주된다. 성별에 기초한 구
별은 이러한 것에 속하며 인종이나 문화에 의한 구별도 마찬가지이다. 그
래서 만일 남자가 기본권의 할당에 있어서 유리한 처지에 놓일 경우에는
그것이 여자에게도 유리하며 그들의 관점에서 보아 받아들일 만한 경우에
만 그러한 불평등은 차등의 원칙(일반적으로 해석된)에 의해 정당화될 것이
다. 그리고 비슷한 상황이 계급제나 혹은 인종 및 종족의 불평등을 정당
화하는 데도 적용된다(39절). 이러한 불평등은 적합한 지위의 수를 증가
시킴으로써 차등 원칙의 적용을 복잡하게 만든다. 반면에 이러한 여러 불
평등이 보다 불리한 처지에 있는 자의 이익을 도모하는 일은 있다 해도 아
주 드물며, 따라서 정의로운 사회에서는 보통 적합한 지위의 수가 적은 것
으로 만족해야 한다.

그런데 중요한 사실은 적합한 지위의 관점에서 이루어진 판단은 보다 특
정한 상황에서 우리가 주장하기 쉬운 요구를 무시한다는 점이다. 우리가
보다 특수한 지위를 통해서 우리 자신을 생각해 볼 때 반드시 모든 사람
이 두 원칙이 요구하는 바에 의해 이익을 받는다고 볼 수는 없다. 그래서
적합한 지위의 관점이 우선성을 갖지 못하게 되면 경쟁적인 요구간의 혼
돈만 생겨날 뿐이다. 따라서 정의의 두 원칙은 결국 우리의 이해 관계들에

17) 이 점에 관한 해명에 있어서는 Boorman의 도움을 받았다.

어떤 특정한 비중을 부여함으로써 그들간에 질서를 잡자는 데 대한 동의를 나타내고 있다. 예를 들어서 특정한 산업에 종사하고 있는 사람들은 자유 무역이 그들의 이익에 상반됨을 흔히 알게 된다. 아마도 그 산업이 계속 번창하려면 관세나 다른 제반 사항이 있어야 할 것이다. 그러나 자유 무역이 평등한 시민이나 최소 수혜자의 관점에서 보아 바람직한 경우에는 보다 특수한 이익에 타격을 줄지라도 그것은 정당한 것이 된다. 왜냐하면 우리는 이미 앞서서 정의의 두 원칙에 합의를 했고 어떤 지위의 관점에서 그 원칙을 일관되게 적용하기로 동의했기 때문이다. 일단 대표인의 입장이 보다 구체적으로 규정된 이상 모든 사람의 이익을 언제나 보장할 길은 없다는 것이다. 어떤 원칙들과 그 적용 방식을 인정한 이상 우리는 그 결과를 받아들이지 않을 수 없다. 물론 그렇다고 해서 아무런 제한도 없이 엄밀한 의미의 자유 무역이 허용되어야 한다는 뜻은 아니다. 그러나 그것을 제한하려는 조치는 적합하게 일반적인 관점에서 고려되어야 한다는 것이다.

그래서 적합한 사회적 지위는 일반적인 관점을 명시하게 되고 이로부터 정의의 두 원칙이 기본 구조에 적용되어진다. 이렇게 해야 모든 사람의 이익이 고려될 수 있는 이유는, 모든 사람은 평등한 시민이며 모든 사람은 소득과 부의 분배에 있어서나 차등의 바탕이 되는 불변적인 자연적 특성의 영역 내에서 어떤 위치를 차지하고 있기 때문이다. 사회 정의론이 일관성을 갖기 위해서는 적합한 지위에 대한 어떤 선택이 필요하며 선택된 지위는 정의론의 제 1 원칙에 부합해야 한다. 이른바 시발점을 선정함으로써 우리는 자연적 우연성과 사회 여건의 효과를 완화시킨다는 생각을 수행하는 셈이 된다. 타인들의 복지에 기여하는 방식으로가 아니고서는 아무도 이러한 우연성으로부터 이익을 볼 수가 없다.

17. 평등에로의 경향

두 원칙에 대한 논의를 끝맺음에 있어서 나는 그것이 평등주의적(egalitarian) 정의관을 표현하고 있다는 의미를 설명하고자 한다. 또한 내가 미리 손을 쓰고 싶은 것은 공정한 기회의 원칙이란 결국 냉담한 업적주의적 사회(meritocratic society)에로 나아간다는 반론이다. 미리 손을 쓸 방도를 강구하기 위해 내가 지금까지 전개해 온 정의관의 몇 가지 측면에 주목해 보기로 한다.

첫째로 우리가 알 수 있는 것은 차등의 원칙이란 보상(redress)의 원칙에 의해 선정되는 고려 사항들에 중점을 둔다는 사실이다. 이것은 부당한 불

평등은 보상을 요구한다는 원칙으로서 출생이나 천부적 재능의 불평등은
부당한 것으로 이러한 불평등은 어떤 식으로든 보상되어야 한다는 것이
다.[18] 그래서 이 원칙이 주장하는 바는 모든 사람을 동등하게 취급하기 위
해서, 즉 진정한 기회 균등을 제공하기 위해서 사회는 마땅히 보다 적은
천부적 자질을 가진 자와 보다 불리한 사회적 지위에 태어난 자에게 더 많
은 관심을 가져야 한다는 것이다. 기본 사상은 평등에로의 방향을 향해서
우연적 여건의 불편 부당성을 보상해 주자는 것이다. 이러한 원칙을 따르
는 데 있어서는 적어도 어느 기간 동안, 예를 들어 저학년 동안만이라도
지능이 높은 자보다 낮은 자의 교육에 더 큰 재원이 소비될 것이다.

그런데 내가 알기로는 보상의 원칙은 정의의 유일한 규준이나 사회 질
서의 유일한 목표로서 제안된 것은 아니다. 그것은 이러한 원칙들이 대
체로 그렇듯이 다른 원칙들과 비교해서 경중이 가려져야 할 상대적 원칙
(prima facie principle)이라 할 수 있다. 예를 들어서 우리는 그 원칙을 생활
의 평균적 수준을 향상하는 원칙이나 공동선을 증진하는 원칙과 비교해서
그 비중을 가리게 된다.[19] 그러나 다른 어떤 원칙을 주장하든간에 보상
에의 요구는 고려되어야 한다. 그것은 우리의 정의관의 요소들 중 하나를
나타내고 있다고 생각된다. 그런데 차등의 원칙은 보상의 원칙이 아님은
물론이다. 그것은 마치 모든 사람이 동일한 경주에 있어서 공정한 바탕 위
에서 경쟁할 것이 기대되듯이 사회로 하여금 불리한 조건을 똑같이 해주
도록 요구하지는 않는다. 그러나 차등의 원칙은 예를 들어 교육에 있어서
재원을 할당함으로써 장기적으로 볼 때 최소 수혜자의 기대치를 향상해 주
게 된다. 만일 보다 나은 처지에 있는 자들에게 보다 많은 배려를 함으로
써 그러한 목적이 달성된다면 그러한 배려를 허용할 수 있으나 그렇지 않
는 경우에는 허용할 수 없는 것이다. 그리고 이러한 결정을 함에 있어서
교육의 가치는 경제적 효율성이나 사회 복지만을 통해서 평가되어서는 안
된다. 그에 못지 않게 주요한 교육의 역할은 인간으로 하여금 자기 사회
의 문화를 향유하도록 해주며 그 과업에 참여하게 함으로써 각자에게 자
신의 가치에 대한 확고한 신념을 갖도록 해주는 것이다.

그래서 비록 차등의 원칙은 보상의 원칙과 동일한 것은 아니지만 그 원
칙의 취지를 어느 정도 실현해 주고 있다. 그것은 기본 구조의 목표를 변

18) H. Spiegelberg, "A Defense of Human Equality", *Philosophical Review*,
제 53 권 (1944), pp. 101, 113~123; D.D. Raphael, "Justice and Liberty",
Proceedings of the Aristotelian Society, 제 51 권 (1950~1951), pp. 187 이
하 참조.
19) 예를 들어 Spiegelberg, 같은 책, pp. 120 이하 참조.

형시킴으로써 총체적 제도 체제가 더 이상 사회적 효율성이나 기능주의적 가치를 강조하지 않도록 한다. 그래서 우리가 알다시피 차등의 원칙은 결국 천부적 재능의 분배를 공동의 자산(common asset)으로 생각하고 그 결과에 상관없이 이러한 분배가 주는 이익을 함께 나누어 가지는 데 합의함을 나타낸다. 누구이든간에 천부적으로 보다 유리한 처지에 있는 자는 아주 불리한 처지에 있는 자의 여건을 향상시켜 준다는 조건하에서만 그들의 행운에 의해 이익을 볼 수 있다. 천부적으로 혜택받은 자는 그들이 재능을 더 많이 타고났다는 바로 그 이유만으로는 이득을 볼 수 없으며 훈련과 교육비를 감당해야 하고 불운한 자도 도울 수 있도록 그들의 자질을 사용해야 한다. 아무도 자신의 보다 큰 천부적 능력이나 공적을 사회에 있어서 보다 유리한 출발 지점으로 이용할 자격은 없다. 하지만 그렇다고 해서 이러한 차이점들을 없애야 한다는 결론은 나오지 않는다. 그러한 것을 처리할 수 있는 다른 방식이 있다. 기본 구조는 이러한 우연성이 최소 수혜자의 선을 위해서 작용할 수 있도록 편성될 수 있다. 따라서 만일 우리가 아무도 그 대신으로 보상적 이익을 주거나 받음이 없이는 천부적 자질이나 사회에 있어서 그의 지위가 갖는 임의적인 위치를 사용해서 이익을 보거나 손실을 보지 않도록 사회 체계를 세우고자 바랄 경우에는 차등의 원칙에 이르게 된다.

　이상 이야기한 바에 비추어 볼 때, 천부적 재능의 분배나 사회적 여건의 우연성은 부정의한 것이며 이러한 부정의는 필연적으로 인간의 체제에 영향을 미치기 때문에 제도상의 서열화는 언제나 잘못된 것이라는 주장에 대해서 우리는 반대할 수 있다. 때로는 이러한 사상은 마치 부정의의 묵인을 거부하는 것은 죽음을 받아들일 수 없다는 것과 같은 것처럼 생각하여 부정의를 눈감아 주는 구실을 제공하기도 한다. 천부적으로 타고나는 것은 정의롭거나 부정의하다 할 수 없으며, 사람이 사회의 어떤 특정한 지위에 태어나는 것도 부정의하다고 볼 수 없다. 이것은 단지 자연적인 사실(natural fact)에 불과하다. 정의 여부가 문제되는 것은 제도가 그러한 사실들을 처리하는 방식이다. 귀족 사회나 계급 사회가 부정의한 이유는 그러한 사회가 이들 우연성을 다소간 한정되고 특전을 가진 계층에 속하게 되는 귀속 근거로 삼기 때문이다. 이들 사회의 기본 구조는 자연에서 발견되는 임의성을 내포하고 있다. 그러나 사람들이 이러한 우연성에 자신을 내맡길 필요는 없다. 이러한 사회 체제란 인간이 통제할 수 없는 불변적인 질서가 아니며 인간 행위의 한 양식이다. 공정으로서의 정의관에 있어서 사람들은 서로의 운명을 함께 하는 데 합의한다. 제도를 만드는 데 있어서 그들은 공동의 이익을 가져오는 경우에만 자연적·사회적 여건의 우연성을 이용하기로 약속한다. 두 원칙은 운명의 임의성을 처리하는 공정한 방식이며 다른 점에 있어서 불완전할 수도 있으나 이들 원칙을 만족시키는 제도는 정의로운 것이다.

또 한 가지 점은 차등의 원칙이 호혜성(reciprocity)의 입장을 표현하고 있다는 사실이다. 그것은 상호 이익의 원칙이다. 우리가 보아왔듯이 적어도 연쇄 관계가 적용되는 경우에는 각 대표인이 자기 이익을 증진하도록 만들어진 기본 구조를 받아들일 수 있다는 것이다. 그러한 사회 질서는 모든 사람, 특히 최소 수혜자에게 정당화될 수 있으며 이런 의미에서 그것은 평등주의적이라 할 수 있다. 그런데 상호 이익이라는 조건이 어떻게 만족될 수 있는가를 구체적으로 생각해 볼 필요가 있는 것으로 보인다. 어떤 A, B라는 두 대표인이 있는데 B를 보다 불리한 처지에 있는 자라고 생각해 보자. 사실상 우리는 최소 수혜자에 비해서 훨씬 많은 이익을 보고 있는 자들이 대부분이므로 B를 바로 이러한 사람이라고 가정하자. 그런데 A의 이익은 B의 전망을 향상시키는 방식으로 얻어지는 것이므로 B는 A가 더 나은 혜택을 받는 것을 용납할 수 있다. 만일 A에게 보다 나은 지위를 허용하지 않는다면 B는 지금보다 더 나쁜 처지에 놓이게 된다. 여기서 문제점은 A가 불평할 근거가 없음을 밝히는 일이다. 그가 더 많은 것을 가질 경우 그것이 B에게 어떤 손실을 가져 온다면 그에게는 지금보다 더 적게 가질 것이 요구될 것이다. 그런데 보다 유리한 처지에 있는 자들에게 어떤 이야기를 할 수 있을 것인가? 우선 분명한 것은 각자의 행복은 사회 협동 체제에 달려 있으며 그것이 없이는 아무도 만족한 생활을 할 수 없다는 점이다. 다음으로 우리는 그 체제의 조건들이 정당할 경우 모든 사람들의 자발적인 협동을 요구할 수가 있다. 그래서 차등의 원칙이 공정한 근거가 되어 이를 바탕으로 해서 보다 나은 재질을 타고났거나 사회적 여건이 보다 유리한 자들은 어떤 쓸 만한 체제가 전체의 선을 위한 필수 조건일 경우 타인들이 그들과 협력해 줄 것을 기대할 수 있으리라고 생각된다.

타인의 이익 여부와는 상관없이 보다 나은 처지에 있는 자들은 더 큰 이익을 받을 응분의 자격이 있다는 반론을 펴고 싶을 것은 당연한 일이다. 바로 여기에서 당연한 응보(desert)의 개념이 해명되어야 할 필요가 생긴다. 공공 규칙의 체계로서 정의로운 협동 체제가 있고 그에 의해서 기대치들이 설정될 경우 자신의 처지를 향상시키려는 전망을 갖고서 그 체제가 보답해 주리라고 공언한 바를 행하는 자는 자기의 이익을 취할 자격이 있다는 것은 완전히 옳은 이야기다. 이런 의미에서 보다 나은 운수를 타고난 자는 보다 나은 처지를 요구할 권리를 가지며 그들의 요구는 사회 제도에 의해 확립된 합당한 기대치이고 공동체는 그것을 만족시켜 줄 의무가 있다. 그러나 이런 의미의 당연한 응보란 협동 체제가 존재함을 전제하고 있으며 일차적으로는 그 체제가 차등의 원칙이나 어떤 다른 기준에 따라 세워진 것인지의 문제와는 상관이 없다.

아마 혹자는 보다 나은 천부적 재능을 가진 자는 개발될 자질과 우월한 성품을 가질 응분의 자격이 있다고 생각할 것이다. 그는 이런 의미에서 더 고귀한 존재이므로 그것으로 얻을 수 있는 보다 큰 이득을 가질 응분의 자격이 있다는 것이다. 그러나 이러한 견해는 그릇된 것임에 틀림없다. 우리의 숙고된 판단에 있어서 변하지 않는 한 가지 점이라고 생각되는 바는, 그 누구도 사회에서 그가 최초에 갖게 되는 그러한 지위를 마땅히 가져야 할 이유가 없듯이 아무도 천부적 자질을 그렇게 타고나야 할 당연한 근거가 없다는 것이다. 사람은 자신의 능력을 개발하도록 노력할 수 있게 해 주는 보다 우월한 성품에 대한 응분의 자격이 있다는 주장에도 마찬가지로 문제점이 있다. 왜냐하면 그의 성품은 대체로 자신의 공로라고 주장할 수 없는 훌륭한 가정이나 사회적 여건에 달려 있다. 당연한 응보라는 개념은 이러한 경우들에는 적용될 수 없다고 생각된다. 따라서 보다 혜택받은 대표인은 타인의 복지에 기여함이 없이 이익을 얻을 수 있는 협동 체제를 요구할 자격과 권리가 없는 것이다. 그가 이러한 것을 요구할 근거는 없다. 그래서 상식적인 견지에서 볼 때 차등의 원칙은 보다 유리한 처지에 있는 자이든 보다 불리한 처지에 있는 자이든 그들 모두에게 받아들여질 것으로 생각된다. 물론 계약론에 있어서는 원초적 입장의 관점으로부터 논의가 이루어져야 하므로 앞에서 말한 식의 이야기는 엄밀히 말해서 논증이라 할 수는 없다. 그러나 이러한 직감적인 고찰은 원칙의 성격과 그것이 평등주의적이라는 의미를 해명하는 데 도움이 된다.

앞에서 주목했듯이(13절) 사회는 보다 불리한 자의 복지에 대한 보다 유리한 자의 한계 기여도가 마이너스(−)인 경우는 피하도록 노력해야 한다. 사회는 기여 곡선이 상향적인 부분(물론 최고점을 포함해서)에서만 움직여야 한다. 이제 알게 되겠지만 그에 대한 한 가지 이유는 그 부분에서는 상호 이익이라는 기준이 언제나 충족되기 때문이다. 나아가서 사회적 이익간의 조화가 이루어짐은 당연한 일이며 상호 이익만이 허용되어 있으므로 대표인들은 타인을 희생시키면서 이익을 취하지 않는다. 물론 기여 곡선의 형태나 경사도가 적어도 부분적으로는 생득적 자질의 천부적 운수

에 의해 결정되는데 이러한 것에 대해서는 정의 여부를 논할 수는 없다. 그
러나 모든 이익간의 완전한 조화라는 이상을 나타내는 것은 45°선이며 그
것은 모든 사람이 동등하게 이익을 보게 되는 기여 곡선(이 경우에는 직선)
이라고 생각해 보자. 그럴 경우에 정의의 두 원칙을 일관되게 실현시켜 가
면 그 곡선은 모든 이익이 완전히 조화되는 그 이상에 점차로 접근해 가
는 경향을 띠게 된다. 일단 사회가 곡선의 최고점을 넘어서게 되면 하향
적인 부분을 따라 움직이게 되며 이익의 조화는 더 이상 존재하지 않는다.
보다 유리한 자와 불리한 자 중 어느 한쪽이 이익을 보면 다른 한쪽은 손
실을 받게 된다. 그 상황은 마치 효율성의 한계점에 있는 것과 비슷하다.
기본 구조의 정의가 문제될 경우에 그러한 것은 결코 바람직하다고 볼 수
없다. 따라서 우리가 플러스(+)적인 기여도의 영역에 머물러 있어야 한
다는 것은 자연에 의해 주어진 조건 위에서 이익들이 조화를 이루는 이상
을 실현하고 상호 이익이라는 기준을 만족시킴을 말한다.

차등의 원칙이 갖는 또 하나의 이점은 그것이 박애(fraternity)의 원칙에
대한 해석을 제시한다는 점에 있다. 자유와 평등에 비해서 박애라는 관념은
민주주의 이론에 있어서 대단한 위치를 갖지 못했다. 그것은 본래 어떤 민
주주의적 권리로 규정되는 것이 아니라, 그것이 없이는 이러한 권리가 나타
내는 가치를 알아 보지 못하게 되는 어떤 마음의 태도요 행동의 형식인 까
닭에 그다지 특유한 정치적 개념이라고는 생각되지 않은 것이다. [20] 또한
이것과 밀접히 관련된 것으로서 박애는 여러 가지 공공적 규약에 나타난
바, 복종과 굴종의 양식이 아닌 사회적 존경심을 동등하게 갖는 것을 말한
다. [21] 물론 박애는 이러한 것들을 의미할 뿐만 아니라 시민적 우애와 사회
적 연대감도 뜻하지만 그러한 것에 대한 어떤 확정적인 요구 사항은 아니
다. 하지만 우리는 그러한 근본 이념에 부합하는 정의의 원칙을 발견해야
한다. 그런데 차등의 원칙은 박애의 자연스러운 의미, 다시 말하면 보다
못한 처지에 있는 타인에게 이익이 되지 않는 한 보다 큰 이익을 가질 것
을 원하지 않는다는 관념에 부합하는 것으로 생각된다. 가족이란 그 이념
상에 있어서나 때로는 실제에서도 그렇지만 이익 총량을 극대화하는 원칙
이 배제되는 곳이다. 가족의 성원은 보통 나머지 다른 이의 이익을 증진
하는 데 도움이 되지 않는다면 이익을 취하기를 바라지 않는다. 그런데 차

20) J.R. Pennock, *Liberal Democracy: Its Merits and Prospects* (N.Y.: Rinehart, 1950), pp. 94 이하 참조.
21) R.B. Perry, *Puritanism and Democracy* (N.Y.: The Vanguard Press, 1944). 19장 8절.

등의 원칙에 따라서 행동하기를 원한다면 이와 똑같은 결과를 가져 오게
된다. 처지가 보다 나은 자는 보다 불운한 자의 이익에 도움이 되는 체제
하에서만 보다 큰 이익을 기꺼이 가지려 하기 때문이다.

박애의 이상은 때때로 보다 넓은 사회의 성원간에는 현실적으로 기대
하기 힘든 정감이나 감정의 유대를 포함한다고 생각된다. 그래서 이러한
이유 때문에도 박애는 민주주의적 이론에서 상대적으로 무시되어 왔다는
것은 분명하다. 많은 사람들이 그것은 정치 문제에 있어서 적합한 자리가
없다고 생각했다. 그러나 만일 그것이 차등의 원칙이 요구하는 바를 포함
하는 것으로 해석되는 경우에는 실현성이 없는 생각도 아니다. 우리가 가
장 자신있게 정의롭다고 생각하는 제도와 정책은, 적어도 그것이 허용하
는 불평등은 보다 불리한 자의 복지에 기여한다는 의미에서 박애의 요구
를 만족시키는 것으로 생각된다. 여하튼 나는 5장에서 그 가능성을 밝혀
보도록 하겠다. 그런데 이런 식으로 해석할 경우 박애의 원칙은 완전히 현
실성있는 기준이 된다. 일단 우리가 그것을 받아들이게 되면 우리는 자유ㆍ
평등ㆍ박애와 같은 전통적인 관념을 다음과 같은 정의의 두 원칙에 대한
민주주의적인 해석과 연결지을 수 있을 것이다. 즉 자유는 제 1 원칙에,
평등은 제 1 원칙과 더불어 공정한 기회 균등에 있어서의 평등의 관념에,
박애는 차등의 원칙에 연결된다. 이렇게 해서 우리는 두 원칙에 대한 민
주주의적 해석 속에 박애 사상이 갖게 될 위치를 발견하게 되며 그것이 사
회의 기본 구조에 일정한 요구 사항을 부여함을 알게 된다. 박애의 다른
측면이 잊혀져서는 안 되겠지만 차등의 원칙은 사회 정의의 관점에서 볼
때 그 기본적인 의미를 표현한 셈이 된다.

그런데 이러한 고찰로부터 분명하게 나타난 사실은 두 원칙에 대한 민
주주의적 해석이 업적주의적 사회(meritocratic society)에로 이르지 않을 것
이라는 점이다. [22] 이러한 사회 질서의 형태는 재능있는 자면 출세할 수 있
다는 원칙을 따르고 있으며 기회의 균등을 경제적 번영이나 정치적 지배를
향해 인간의 정력을 해방시키는 방식으로 이용하고 있다. 상위 계층이나
하위 계층간에 생활 수단이나 권리나 조직 속의 특권에 있어서 뚜렷한 격
차가 존재하게 된다. 보다 빈곤한 계층의 생활 양식은 가난해져 가는 반면
에 지배층이나 기능을 가진 엘리트 계층은 권력과 부라는 국가적 목적에
의 봉사에 군건히 발을 붙이고 있다. 기회 균등이란 영향력이나 사회적 지
위에 대한 사적인 추구에 있어서 보다 불운한 자를 뒤에 처진 대로 내버려

---

22) 업적주의적 사회에 관한 문제는 Young 의 假想인 *The Rise of Meritocracy*
(London: Thames and Hudson, 1958)의 주제이다.

두는 그런 식의 평등한 기회를 의미한다. [23] 그래서 엽적주의적 사회란 정의의 원칙에 대한 다른 해석에 대해서는 위험물일지 모르나 민주주의적인 입장에 대해서는 그렇지 않다. 왜냐하면 방금 살펴보았듯이 차등의 원칙은 사회의 목표를 근본적인 점에서 변형시키기 때문이다. 그 결과가 보다 명백하게 되는 것은 일단 우리가 필요할 경우에는 자존감(self-respect)이라는 중요한 기본 가치를 고려해야 하며 질서 정연한 사회란 사회적 결합체들의 사회적 통합체라는 사실(79절)을 주목할 경우에 더욱 그러하다. 그로부터 나오는 결과는 자신의 가치에 대한 확신감은 최소 수혜자에게도 요구되어야 하며 그로 인해서 제층제(hierachy)의 형태가 제한되고 정의가 허용하는 불평등의 정도가 제한된다는 점이다. 그래서 예를 들면 교육에 대한 재원의 할당은 숙련된 생산 능력에 의해 평가되는 효과에 의해서가 아니라 최소 수혜자를 포함한 시민들의 개인적·사회적 생활을 윤택하게 하는 그 가치에 따라서 이루어져야 한다. 사회가 진보함에 따라 이러한 후자의 고려 사항은 점점더 중요한 것이 된다.

이상의 이야기로써 제도상에 있어서 두 원칙이 표현하는 사회 정의관에 대한 약술은 충분할 것이다. 개인에 대한 원칙들을 다루기 전에 한 가지 문제를 더 언급해야겠다. 내가 지금까지 가정했듯이 타고난 천부적 재질은 자연적 사실로서 그것을 변경할 수도 없으며 고려할 여지가 없다. 그러나 그러한 재질의 분배는 사회 체제에 의해서도 어느 정도 영향을 받게 마련이다. 예를 들어서 계급 제도는 사회를 생물학적으로 별다른 몇 개의 집단으로 구분하는 경향이 있는 데 반해, 개방 사회는 가장 광범한 유전적 다양성을 권장한다. [24] 그에 더하여 어느 정도 분명하게 우생학적(優生學的)인 정책을 채택할 수도 있다. 여기서는 계속해서 사회 정의에 대한 전통적인 관심사에만 국한시킴으로써 우생학의 문제는 생각하지 않기로 한다. 하지만 우리가 주목해야 할 바는 타인의 재능을 감소시키는 정책을 제안하는 것은 일반적으로 보다 불운한 자에게 이익이 되지 않는다는 점이다. 그 대신에 차등의 원칙을 받아들임으로써 그들은 보다 훌륭한 능력을 공동의 이익을 위해 소용될 사회적 자산으로 보게 된다. 그러나 보다 훌륭한 천부적 자질을 갖는 것은 그 각자에게도 이익이 된다. 이것은 그로 하여금 보다 나은

---

23) 이 점에 대해 내가 힘입은 상세한 논의에 관해서는 J. Schaar, "Equality of Opportunity and Beyond", *Nomos IX: Equality*, ed. J.R. Pennock and J.W. Chapman (N.Y.: Atherton Press, 1967); B.A.O. Williams, "The Idea of Equality", pp. 125~129 참조.

24) 이 문제에 대한 논의에 관해서는 T. Dobzhansky, *Mankind Evolving* (New Haven: Yale Univ. Press, 1962), pp. 242~252 참조.

인생 계획을 추구하도록 해준다. 그런데 원초적 입장에서 볼 때 당사자들은 그들의 후손에게 최선의 유전적 자질이(자기 자신의 것은 고정되어 있다고 생각할 때) 확보될 것을 바란다. 이런 관점에서 볼 때 세대간에 발생하는 문제로서 생각할 경우 합당한 정책의 추구는 전세대가 후세대를 위해 마땅히 해야 할 일이다. 그래서 사회는 언제나 적어도 천부적 능력의 일반적 수준을 유지하고 심각한 결점이 전파되는 것을 막기 위한 조치를 취해야 한다. 이러한 대책은 당사자들이 그들의 후손을 위해서 기꺼이 합의하게 될 원칙에 의해 이루어져야 한다. 내가 이러한 사변적이고 어려운 문제에·대해 언급하는 것은 차등의 원칙이 사회 정의의 문제를 변형시키는 방식을 다시 한번 지적하기 위해서이다. 우리가 가상할 수 있는 바는 먼 훗날 능력에 상한선이 있을 경우, 우리는 결국 그 성원들이 최대의 평등한 재능을 누리는 최대의 자유가 보장되는 사회에 도달하게 된다는 것이다. 그러나 나는 이런 생각을 더 이상 추적해 가지 않겠다.

18. 개인에 대한 원칙 : 공정성의 원칙

지금까지의 논의를 통해서 내가 고찰해 온 것은 제도, 혹은 더 정확히 말해서 사회의 기본 구조에 적용될 원칙들이었다. 그런데 다른 종류의 원칙들도 분명히 선택되어야 할 것인데, 왜냐하면 정당성(옳음)에 대한 완전한 이론은 개인에 대한 원칙들 또한 포함해야 하기 때문이다. 사실상 다음의 그림이 제시하듯이 우리는 그 외에도 국제법에 대한 원칙도 필요하며 원칙들이 상호 충돌할 경우 그 경중을 가려 줄 우선성 원칙도 물론 필요하다. 국제법에 대한 원칙은 간단히 훑어 보기만 하고(58절) 본격적으로 취급하지 않을 것이며 개인에 대한 원칙들도 어떤 체계적인 논의를 하려는 것은 아니다. 그러나 이런 종류의 원칙들은 어떤 정의론에 있어서도 중요한 부분이 된다. 이 절과 다음 절에서 이들 몇 가지 원칙의 의미가 설명되어질 것이다. 그것을 채택하는 근거에 대한 검토는 더 나중으로 미루기로 하자(51절~52절).

다음에 나오는 그림은 순전히 도식적이다. 계통수(系統樹)의 아래 부분에 있는 개념과 관련된 원칙들이 윗 부분에 있는 원칙들에서 연역된다는 것을 나타내지는 않는다. 이 도표는 단지 정당성에 관한 모든 입장이 주어지기 전에 선택되어져야 할 종류의 원칙들을 제시할 뿐이다. 로마 수자는 여러 가지 종류의 원칙들이 원초적 입장에서 받아들여질 순서를 나타낸다. 따라서 사회의 기본 구조에 대한 원칙들이 제일 먼저 합의되고, 개인에

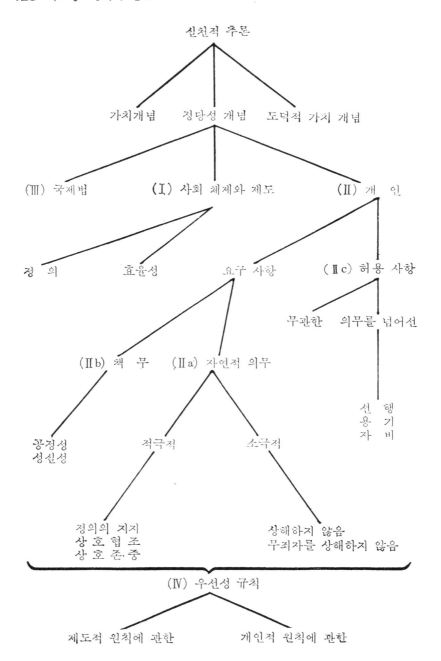

대한 원칙들이 그 다음이며, 국제법에 대한 것이 그 다음에 따르게 된다. 최종적으로 우선성 규칙이 채택되는데 물론 우리는 나중에 수정한다는 조건 아래에서 미리 이것을 잠정적으로 선택할 수 있을 것이다.

그런데 원칙들이 선택되는 순위는 여러 가지 문제점을 제기하지만 생략하기로 한다. 중요한 것은 여러 원칙들이 일정한 순서로 채택되어진다는 점이며 이러한 서열의 근거는 정의론의 보다 어려운 부분과 관련되어 있다. 구체적으로 설명하시면 원칙들에 실질적인 변화를 가함이 없이 기본 구조에 대한 책무(obligations)에 앞서 많은 자연적 의무(natural duties)를 선택할 수도 있겠지만 어느 경우에 있어서나 책무는 사회 형태에 대한 원칙을 전제한다는 사실을 그 순서가 반영하고 있다. 그리고 또한 어떤 자연적 의무도 이러한 원칙들을 전제하고 있는데, 예를 들면 정의로운 제도를 지지해야 할 의무와 같은 것이다. 이러한 이유 때문에 기본 구조에 대한 원칙 다음에 개인에 대한 원칙을 채택하는 것이 보다 단순할 것으로 생각된다. 제도에 대한 원칙들이 제일 먼저 선택된다는 사실은 정의라는 덕목이 갖는 사회적 성격과 관념론자들이 자주 주목하듯이 그 덕목이 사회적 관행과 밀접히 관련되어 있음을 나타낸다. 브래들리가 개인이란 단순한 추상물에 불과한 것이라고 말했을 때, 지나치게 왜곡함이 없이 그의 말을 해석한다면 사람의 책무와 의무는 제도에 대한 도덕적 관점을 전제하며 따라서 개인에 대한 요구 조항이 제시될 수 있기에 앞서 정의로운 제도의 내용이 규정되어야 한다는 것이다.[25] 그리고 이는 다시 말해서 대부분의 경우에 있어서 책무와 의무에 대한 원칙들이 기본 구조에 대한 원칙들 다음에 결정되어야 한다는 것이다.

그러므로 정당성에 대한 완전한 이론 체계를 확립하기 위해서 원초적 입장에 선 당사자들은 일정한 순서에 따라서 정의관뿐만 아니라 정당성의 개념에 속하는 각 주요 개념들에 관련된 원칙들도 선택하게 된다. 이러한 개념들은 비교적 소수일 것이며, 상호 일정한 관계를 갖는다고 생각한다. 그래서 제도에 대한 원칙들에 대하여 공정성・성실성・상호 존중 그리고 선행과 같은 개념들에 대한 원칙들에 합의해야 하는데 이들은 개인뿐만이 아니라 국가의 행위에 대한 원칙들에도 적용되는 것이다. 직감적으로 떠오르는 생각으로는 어떤 것이 정당하다는 개념은 원초적 입장에서 그와 동일한 것에 적용된다고 인정될 원칙들에 그것이 부합된다는 개념으로 바꾸어 놓는 것이 더 나으리라고 여겨진다. 나는 정당성에 대한 이러한 개념

25) F.H. Bradley, *Ethical Studies*, 제 2 판 (Oxford: The Clarendon Press, 1927), pp. 163~189 참조.

을 도덕적인 문맥에서 흔히 사용되는 '정당성'(right)이라는 용어의 의미
를 분석해 주는 것으로 해석하지는 않는다. 그것은 전통적인 의미에 있어
서 정당성의 개념에 대한 분석을 의미하지도 않는다. 오히려 공정성으로
서의 정당성이라는 보다 넓은 개념은 기존의 관점들을 바꾸어 놓은 것으
로 이해되어야 한다. 그 일상적인 의미에 있어서 '정당성'(및 그 유사어)
이란 말과 정당성에 대한 이러한 이상적인 계약적 개념을 표현하기 위해
필요한 보다 다듬어진 어법간에 의미의 동일성이 있다고 말할 필요는 없
다. 여기에서 우리의 의도를 위해서 나는 타당한 분석이란 만족할 만한 대
용어, 즉 필수 요건을 갖추면서도 어떤 애매성이나 혼동을 피하는 용어를
제시하는 것으로 이해하는 것이 가장 좋다는 견해를 받아들이고자 한다.
다시 말하면 해명(explication)한다는 것은 제거(elimination)한다는 것을 뜻
하는 데, 우리는 그 표현에 다소 문제가 있으나 포기할 수 없는 어떤 목적
에 도움이 되는 어떤 개념으로 시작을 한다. 해명이란 비교적 문제가 없어
지는 다른 방식으로 이 목적을 달성한다.[26] 그래서 만일 공정으로서의
정의론 혹은 더 일반적으로 말하면 공정성으로서의 정당성에 관한 이론이
반성적 평형 상태에 있어서의 우리의 숙고된 판단에 적합한 경우에, 그리
고 만일 그것으로 인해서 우리가 충분한 검토를 통해서 말하고자 하는 모
든 것을 다 말할 수 있는 경우에, 그것은 다른 표현법을 쓰도록 관용적인
어법을 제거하고 보다 나은 다른 표현법을 쓰는 방법을 제공해 주게 된다.
이렇게 이해할 때 공정으로서의 정의나 공정성으로서의 정당성은 정의와
정당성이란 개념에 대한 정의(定義)나 해명을 제공하는 것으로 생각될 수
있다.

나는 이제 개인에 대해 적용되는 원칙 중의 하나인 공정성의 원칙을 이
야기하고자 한다. 나는 이 원칙을 사용해서 자연적 의무와 구별되는 책무
(obligation)라고 할 모든 요구 조항을 설명하고자 한다. 이 원칙이 내세우
는 바는 다음과 같은 두 조건이 만족되는 경우 모든 사람은 제도의 규칙들
이 정하는 각자의 본분을 다해야 할 것이 요구된다. 즉 그 조건이란 첫째
로 제도는 정의로우며(혹은 공정하며) 다시 말하면 그것은 정의의 두 원칙
을 만족시키며, 둘째로 사람들은 그 체제(arrangement)의 이익을 자발적으
로 받아들이거나 자신의 이익을 증진하기 위해 그것이 제시하는 기회를 이
용한다는 것이다. 그 주요 내용은 많은 사람들이 규칙에 따라 상호 이
익이 되는 협동체에 가담하고 따라서 모든 사람에게 이익을 주는 데 필요

[26] W.V. Quine, *Word and Object*(Cambridge, Mass.: M.I.T. Press, 1960).
pp. 257~262 참조. 나는 여기서 그의 의견에 따랐다.

한 방식으로 그들의 자유를 제한할 경우, 이러한 제한에 따르는 사람들은 그들이 그것에 따름으로써 이익을 보는 다른 사람들 편에서도 동일하게 그것에 따를 것을 주장할 권리를 갖는다는 것이다.[27] 우리는 자신의 정당한 본분을 다함이 없이는 타인의 협력으로부터 이익을 취할 수 없다. 정의의 두 원칙은 기본 구조에 속하는 제도들의 경우에 있어서 무엇이 정당한 본분인가를 규정한다. 그래서 이러한 체제가 정의로운 것이라면 각자는 모든 이가 (자신을 포함해서) 그들의 역할을 다할 경우에 자신의 정당한 본분을 받아들이게 된다.

그런데 정의상으로 보아서 공정성의 원칙이 명시하는 요구 사항은 책무라 할 수 있다. 모든 책무는 이런 식으로 생겨난다. 그런데 주목해야 할 중요한 사실은 공정성의 원칙이란 두 부분으로 되어 있는데, 문제되는 제도와 관행이 정의로와야 함을 말하는 첫째 부분과 요구되는 자발적 행동을 규정하는 두번째 부분이 그것이다. 공정성의 원칙으로 인해서 정의롭지 못한 제도나 혹은 적어도 참아낼 수 있는 부정의(아직 규정되지는 않았지만)의 한도를 넘어서는 제도는 구속력을 가질 수 없다. 특히 독재적이거나 전제적인 형태의 정부에 대해 책무를 가질 수는 없는 것이다. 책무가 합의의 행위나 혹은 어떻게 표현되든 다른 행위에 의해 생겨날 수 있는 필수적인 배경 조건이 존재하지 않기 때문이다. 책무 관계는 정의로운 제도나 그 여건에 비추어 보아 어느 정도 정의로운 제도를 전제하고 있다. 따라서 공정으로서의 정의관이나 계약론 일반에 대해서, 그것은 시민들로 하여금 그들의 동의를 강요하고 보다 교묘한 방법으로 암암리에 그들의 복종을 얻고자 하는 정의롭지 못한 체제에 대한 책무를 지게 한다는 반론을 펴는 것은 잘못된 생각이다. 특히 로크는 일정한 배경적 조건에 대한 필요성을 무시했다는 그릇된 비판의 대상이 되어 왔었다.[28]

책무가 다른 도덕적 요구 사항과 구별되는 몇 가지 특징적인 측면이 있다. 그 중 한 가지는 책무란 우리의 자발적인 행위의 결과로 생겨나는 것으로서 이러한 행위는 약속이나 합의와 같은 공공연하거나 혹은 암암리의 협약을 하는 것일 수도 있으나 이익을 받아들이는 경우에서처럼 그럴 필

---

27) 이 점에 관해서 도움이 된 것은 H.L.A. Hart, "Are There Any Natural Rights?" *Philosophical Review*, 제 64 권(1955), pp. 185 이하.

28) Locke 의 주장에 따르면 아무리 "법이라는 이름과 구실과 형태로써 채색한다 할지라도" 정복은 정당성을 주지 못하며 폭력이나 상해도 그럴 수가 없다. *Second Treatise of Government*, 단락. 176, 20. Pitkin 의 Locke 에 대한 논의 참조. "Obligation and Consent I", *American Political Science Review*, 제 59 권(1965), 특히 pp. 994~997, 나는 그 요지를 받아들인다.

요가 없을 수도 있다. 또 한 가지는 책무의 내용은 언제나 제도나 관행에
의해 규정되는데 그 제도의 규칙들은 사람들이 해야 할 바를 명시하고 있
다는 점이다. 그리고 끝으로 책무는 보통 일정한 개인들, 즉 해당 체제를
유지하는데 협력하는 자들에게 지워진다. 29) 이러한 특징들을 설명해 주는
예로서 입헌주의적 체제에서 공직에 출마해서(성공할 경우) 그 직책을 담
당하는 정치적 행위를 생각해 보자. 이 행위는 그 직책의 의무를 수행할
책무를 지워 주며 이러한 의무는 그 책무의 내용을 정해 준다. 나는 여
기에서 의무를 도덕적인 의무로 생각하지 않고 어떤 제도적 지위에 할당
된 업무와 책임으로 생각한다. 하지만 이러한 의무를 감당하지 못할 때는
공정성의 원칙에 의해 구속을 받을 경우처럼 도덕적인 이유(도덕 원칙에 바
탕을 둔 이유)를 가질 수 있는 경우이다. 또한 공직을 담당한 자는 그들의
신뢰와 신용을 얻어야 하고 그들과 협동하여 민주 사회를 영위해 가야 할
동료 시민에 대해서도 책무를 갖는다. 마찬가지로 우리는 사법·행정 혹
은 다른 부서의 지위을 받아들이는 경우뿐만 아니라 결혼을 할 때에도 책
무를 갖게 된다. 우리는 약속이나 암암리의 합의에 의해서도 책무를 갖게
되며 경기에 참가할 경우까지도 이른바 규칙에 따라 경기하고 훌륭한 운
동 시합이 되도록 하는 책무를 갖는다.

내 생각에는 모든 이러한 책무들이 공정성 원칙의 적용을 받는다. 하지
만 다소간 문제가 되는 두 개의 중요한 경우가 있는데, 즉 직책을 맡은 자
가 아니라 일반 시민에게 적용되는 정치적 책무와 약속을 지키는 책무가
그것이다. 첫번째 경우에서는 요구되는 구속력있는 행위가 무엇이며 누가
그것을 수행하는지가 분명치 않다. 엄밀히 말해서 시민 일반에 대한 정치
적 책무는 없다고 생각한다. 두번째 경우에 있어서는 정의로운 관행을 이
용함으로써 신용상의 책무가 생기는 방식에 관해 설명이 필요하다. 우리
는 이 경우에 있어서 관련되는 관행의 성격을 조사할 필요가 있다. 이러
한 문제는 다른 곳에서(51~52 절) 논의하기로 한다.

19. 개인에 대한 원칙 : 자연적 의무

모든 책무는 공정성의 원칙에 의해 설명이 되겠지만 적극적이고 소극적

29) 책무와 자연적 의무를 구분하는 데 참조한 것으로는 H.L.A. Hart, "Legal
and Moral Obligation", *Essays in Moral Philosophy*, ed. A.I. Melden
(Seattle: Univ. of Washington Press, 1958), pp. 100~105; C.H. White-
ley, "On Duties", *Proceedings of the Aristotelian Society*, 제53 권 (1952

인 많은 자연적 의무(natural duteis)들이 있다. 나는 그것들을 한 가지 원칙 아래 귀속시키려 하지는 않겠다. 물론 이렇게 통일성이 없어지게 되면 우선성 규칙에 지나치게 부담을 줄 위험은 있지만 나는 이러한 문제를 접어 두고자 한다. 자연적 의무의 예는 다음과 같은 것으로서 자신에게 지나친 손실의 위험만 없다면 궁핍하고 위기에 처한 타인을 도와야 할 의무, 타인을 해치거나 상해하지 않아야 할 의무, 그리고 불필요한 고통을 야기하지 않을 의무가 그것이다. 이들 의무 중에 첫번째 것인 상호 협조의 의무는 타인을 위해 어떤 선을 행해야 할 의무라는 점에서 적극적인 의무인 반면, 마지막 두 의무는 나쁜 일을 행하지 않을 것을 요구한다는 뜻에서 소극적인 의무이다. 적극적 의무와 소극적 의무간의 구분은 대부분의 경우에 있어서 직관적으로 분명한 것이지만 가끔은 구분이 어려울 때가 있다. 나는 그 점을 강조하지는 않겠다. 이 구분은 오직 우선성 문제와 관련해서만 중요한 것인데, 그 이유는 구분이 분명할 경우 적극적인 의무보다는 소극적인 것에 더 큰 비중이 있다는 주장이 가능할 것으로 생각되기 때문이다. 그러나 이 문제도 여기서 더 이상 다루지 않겠다.

그런데 책무와 대조해 볼 때 우리의 자발적인 행위와 상관없이 우리에게 적용된다는 점이 자연적 의무의 특징이다. 더우기 그것은 제도나 관행과도 필수적인 관계는 없으며 일반적으로 그 내용이 이러한 체제상의 규칙들에 의해 규정되지 않는다. 따라서 우리가 말을 하건 안 하건간에 잔인하지 않을 자연적 의무와 타인을 도울 의무를 갖는다. 잔인하거나 보복하지 않을 것을 약속한 적도 없고 타인을 도운다고 언약하지 않았다고 말하는 것은 변명이나 구실이 될 수 없다. 사실상 예를 들어 살인하지 않겠다는 약속은 보통 불필요한 것이며 이미 아무도 존재하지 않는 곳에서 도덕적 요구 사항을 설정한다고 말하는 것은 그릇된 것이다. 이러한 약속이 타당한 경우는 정의로운 전쟁에서 생기는 상황에서와 같이 어떤 특별한 이유로 우리가 죽일 권리를 가지고 있을 때이다. 자연적 의무의 또 한 가지 다른 특징은 그것이 사람들간에 그들의 제도상의 관계에 상관없이 적용된다는 점인데, 그것은 동등한 도덕적 인격으로서의 모든 사람에게 성립하는 것이다. 이러한 의미에서 자연적 의무는 특정한 사회 체제에서 상호 협동하고 있는 어떤 개인들에게만 부과되는 것이 아니고 인간 일반에게 해당된다. 특히 이러한 특징은 '자연적'이라는 수식어가 타당함을 보여주고 있다. 국제법의 한 가지 목표는 국가의 행위에 있어서 이러한 의무의

~1953); R.B. Brandt, "The Concepts of Obligation and Duty", *Mind*, 제 73 권 (1964).

인정을 확고히 하려는 것이다. 이것은 어떤 상황 아래서도 자기 방어를 위한 전쟁이 정당화된다고 생각할 경우 전쟁에서 사용되는 수단을 제한함에 있어서 특히 중요하다(58 절).

공정으로서의 정의의 관점에서 볼 때 기본적인 자연적 의무는 정의의 의무이다. 이 의무는 우리에게 적용되는 정의로운 현행 제도를 우리가 지지하고 따를 것을 요구한다. 그것은 또한 적어도 우리의 지나친 희생이 없이 가능한 경우에는 아직 확립되지 못한 정의로운 체제를 세워 갈 것을 우리들에게 요청한다. 따라서 만일 사회의 기본 구조가 정의롭거나 혹은 그 상황에서 기대할 수 있을 정도로 정의로운 경우에 모든 사람은 그 현존 체제에서 자신의 본분을 다해야 할 자연적 의무를 갖는다. 모든 사람들은 약속이나 혹은 다른 방식의 자발적 행위와는 상관없이 이러한 제도의 구속을 받게 되어 있다. 그래서 자연적 의무의 원칙들은 계약적 관점으로부터 도출되는 바, 그것이 적용되기 위해서 공공연한 혹은 암묵적인 합의나 자발적인 행위를 전제하지 않는다. 제도에 대한 원칙과 마찬가지로 개인에 대해서 적용되는 원칙도 원초적 입장에서 인정되어질 것들이다. 만일 그것을 정식화하여 적용함에 있어 합의나 혹은 다른 방식에 의한 구속력있는 행위가 전제되지 않는다면 그들은 무조건적으로 적용된다. 책무가 자발적 행위에 의존하고 있는 이유는 이러한 조건을 말해 주는 공정성 원칙의 두번째 부분에 의해 주어진다. 그것은 공정으로서의 정의관이 갖는 계약적 성격과 아무런 관계가 없다.[30] 사실상 일단 원칙의 완전한 체계, 정당성에 대한 완전한 관점이 주어지게 되면 우리는 원초적 입장에 대한 생각도 잊어 버리고 다른 것들과 마찬가지로 이러한 원칙들을 적용할 수 있을 것이다.

공정으로서의 정의가 무조건적인 원칙을 허용한다는 사실에 모순점이 있거나 놀라울 것은 없다. 원초적 입장에 있는 당사자들이 정식화된 그대로

30) 이 점에 관한 해명에 있어서 도움을 받은 자는 Robert Amdur 이다. 정치적 관계를 합의적 행위에서만 유도하려는 입장은 Walzer 에게서 볼 수 있다. *Obligations: Essays on Disobedience, War, Citizenship* (Cambridge, Mass: Harvard Univ. Press, 1970), 특히 pp. ix~xvi, 7~10, 18~21, 5 장 ; Tussman, *Obligation and the Body Politic* (N.Y.: Oxford Univ. Press, 1960), 후자에 관해서는 H. Pitkin, "Obligation and Consent I", pp. 997 이하 참조; Pitkin 에 더하여 합의론의 문제에 관해 더 이상 논의한 것으로는 A. Gewirth, "Political Justice", *Social Justice*, ed. R.B. Brandt (Englewood Cliffs, N.J.: Prentice-Hall, Inc., 1962), pp. 128~141; J.P. Plamenatz, *Consent, Freedom, and Political Obligation*, 제 2 판(London: Oxford Univ. Press, 1968).

무조건적으로 적용되는 자연적 의무를 규정하는 원칙에 합의할 것이라는
사실을 보임으로써 충분하다. 우리가 주목해야 될 것은 공정성의 원칙이
현존하는 정의로운 체제에의 구속을 확립해 주기 때문에 그에 속하는 책무
는 정의라는 자연적 의무로부터 도출되는 바, 이미 현존하는 관계를 지지해
줄 수 있다는 점이다. 그래서 사람은 제도에 따르고 자신의 본분을 다하
는 자연적 의무와 책무를 모두 갖게 된다. 여기에서 주의해야 할 점은 우
리가 정치적 제도에 구속되는 방식에도 여러 가지가 있다는 사실이다. 대
체로 정의에 대한 자연적 의무가 가장 기본적인 이유는 그것이 시민 일반
을 구속하고 그 적용을 위해서 어떤 자발적인 행위를 필요로 하지 않기 때
문이다. 반면에 공정성의 원칙은 공직을 담당하는 자에게만, 혹은 나은 처
지에서 그 체제 내에서 자신의 목표를 증진해 온 자들에게만, 구속력을 갖
는다. 그래서 귀족에게는 귀족으로서의 의무가 있다(noblesse oblige)는 것
을 달리 해석하면 보다 많은 특권을 가진 자는 정의로운 체제에 보다 강
하게 결속되어야 하는 책무를 갖게끔 된다는 것이다.

　나는 개인에 대한 다른 종류의 원칙에 관해서는 별로 이야기하지 않으
려 한다. 왜냐하면 허용 사항(permissions)이란 중대하지 않은 부류의 행위
는 아니지만 논의를 사회 정의론에만 국한해야 하기 때문이다. 하지만 일
단 요구 사항(requirements)을 규정하는 모든 원칙들이 선택된 연후에는 허
용 사항을 정하는 더 이상의 합의가 불필요하다.

　그 이유로서는 허용 사항이란 우리가 행하거나 행하지 않을 자유가 있
는 행위들이기 때문이다. 그것은 책무와 자연적 의무를 침해하지 않는 행
위들이다. 허용 사항을 연구함에 있어 우리가 바라는 바는 도덕적 관점에
서 보아 의미있는 것들을 가려내어 그것이 의무나 책무와 갖는 관계를 설
명하는 일이다. 이러한 많은 행위들은 도덕적으로 무관하거나 중대한 것
이 아니다. 그러나 허용 사항 중에는 의무 이상을 하는 행위(supererogatory
actions)와 같은 흥미있는 것들도 있다. 그것은 선행이나 자비, 영웅심 및
희생과 같은 행위들이다. 이러한 행위를 하는 것은 좋은 일이긴 하지만 그
것은 의무나 책무는 아니다. 이러한 의무 이상을 하는 행위는 행위자 자
신에 관련된 손실이나 위험이 없는 한 권장되는 일이 보통이지만 요구되
는 것은 아니다. 의무 이상의 행위를 하는 자는 자연적 의무에서 있을 수
있는 면제의 경우를 바라지 않는다. 왜냐하면 우리가 비교적 쉽사리 해낼
수 있는 경우에는 큰 선을 이룩해야 할 자연적 의무를 갖지만 우리 자신
에게 대단한 희생이 요구될 경우에는 그것을 하지 않아도 무방하기 때문
이다. 의무 이상의 행위는 윤리론에 있어서 일차적인 중요성을 갖는 문제

들을 제기한다. 예를 들면 고전적 공리주의의 입장에서는 그러한 행위를 설명할 수 없을 것으로 언뜻 생각된다. 우리에게 가능한 다른 행위들을 훨씬 능가하는 이득의 총량을 가져오는 경우라면 우리 자신에 대한 희생이야 어떻든 보다 큰 선을 산출하는 행위를 수행해야 되는 것으로 보이며, 자연적 의무를 정식화하는 데 포함되어 있는 면제에 해당하는 것이 없기 때문이다. 그래서 공정으로서의 정의관에서 의무 이상의 행위라고 생각하는 그러한 행위들이 공리의 원칙에 있어서는 요구 사항으로 나타난다. 그러나 이 문제를 더 이상 추구하지는 않겠다. 의무 이상의 행위를 여기에서 언급한 것은 이론의 완전성을 기하기 위해서이다. 이제 우리는 최초의 상황에 대한 해석으로 나아가야만 하겠다.

제 3 장
원초적 입장

이 장에서 논의될 것은 최초의 상황(initial situation)에 대한 유력한 철학적 해석이다. 이러한 해석을 원초적 입장(original position)이라 부르기로 한다. 정의관에 대한 논의의 성격을 약술하고 당사자들이 전통적인 정의관의 목록 중에서 선택할 수 있도록 여러 대안이 제시되는 방법을 설명하는 것으로부터 시작해 보기로 한다. 그리고는 정의의 여건, 정당성 개념의 형식적 제한 조건, 무지의 베일, 계약 당사자의 합리성 등 여러 제목들 아래서 최초의 상황을 특징지우는 조건을 기술할 것이다. 이 모든 경우에 있어서 유리한 설명을 위해 선택될 여러 특징이 철학적 관점에서 보아 합당하다는 이유도 제시하고자 한다. 다음에는 정의의 두 원칙이나 평균 공리의 원칙에 이르는 일련의 자연스러운 추론 과정이 이러한 정의관들의 상대적 장점을 고찰하기에 앞서 검토될 것이다. 정의의 두 원칙이 받아들여지리라는 논증을 하고 이러한 주장을 지지할 만한 주요 근거가 제시될 것이다. 여러 정의관들간의 차이점을 해명하기 위해 이 장은 고전적인 공리의 원칙을 다시 한번 고찰함으로써 끝을 맺게 된다.

20. 정의관에 대한 논의의 성격

공정으로서의 정의관에 대해 직관적으로 떠오르는 생각으로는 그것이 정의의 제1원칙 자체를 적절히 규정된 최초의 상황에서 이루어질 원초적 합의의 대상으로 본다는 점이다. 이러한 원칙은 자신의 이익 증진에 관심을 가진 합리적 인간들이 그들의 공동체의 기본 조건을 정하기 위해서 평등한 입장에서 받아들이게 될 원칙이라는 것이다. 그래서 정의의 두 원칙이 원초적 입장에서 제시될 선택의 문제에 대한 해결책이 될 수 있음이 증명되어야 한다. 이를 위해서 우리는 당사자들과 그들의 지식, 소견, 이해 관계 등의 여건을 생각할 때 이러한 원칙들에 대한 합의가 가능한 여러 대안에 비추어 각자가 그의 목적을 실현하는 최선의 길이라는 것을 확증해야만 한다.

그런데 분명한 것은 아무도 그가 원하는 모든 것을 얻을 수는 없다는 사실이며, 타인들이 존재한다는 바로 그 자체가 이것을 불가능하게 만든다는 것이다. 누구에게 있어서나 가장 최선의 것은 어떠한 것이든 자신이 선(價值)이라고 생각하는 바를 증진하는 일에 다른 사람들이 동의해 주는 일이다. 그렇지 않고 그것에 실패할 경우에는 다른 사람들만 정의롭게 행동하기를 바라고 자기는 마음대로 그 행동에서 벗어날 수 있는 자격을 갖는 것도 좋은 일이다. 하지만 타인들이 이러한 결합 조건에 결코 합의하지 않을 것이므로 이러한 형태의 이기주의는 배제될 것이다. 사실상 나는 정의의 원칙이 타인의 대등한 요구에 대한 각자의 최선의 응답임을 증명하고자 한다. 이런 의미에서 그러한 정의관의 선택은 원초적 입장에 주어지는 문제에 대한 독특한 해결책이라 할 수 있다.

논의를 이런 식으로 해감으로써 우리는 사회 이론에서 흔히 취하는 전차를 따르게 된다. 즉 일정한 목적을 갖고서 어떤 식으로 상호 관계를 맺고 있는 합리적인 개인들이 여건에 대해 자기가 아는 바에 비추어서 여러 행위 경로 중에서 선택을 하게 되는 경우와 같이 단순화된 상황에 대해 기술될 것이다. 그래서 이 개인들이 어떻게 행동할 것인가는 그들의 소견 및 관심과 그들의 상황, 그들에게 가능한 선택지에 대한 이러한 가정들로부터 엄밀한 연역적인 추론을 거쳐서 도출되어진다. 파레토의 용어를 빌면 그들의 행위는 취향과 장애로 이루어진 결과물이다.[1] 예를 들어 가격론에 있어서 경쟁 시장의 평형 상태(equilibrium)는 각자가 자신의 이익을 증진시키려는 개인들이 자기가 최대로 바라는 것을 얻는 대가로 자기가 나누어 줄 수 있는 최선의 것을 상대방에게 나누어 줄 경우에 생겨나는 것으로 생각된다. 평형 상태는 자발적인 상인들 사이에 자유로이 성립된 합의의 결과이다. 그것은 각자에 있어서 똑같은 식으로 자기의 이익을 증진시키고자 하는 타인들의 권리 및 자유와 양립하는 한에서 자유로운 교환에 의해 도달될 수 있는 최선의 상황이다. 이러한 이유로 인해서 그러한 사태는 여건의 변화가 없는 한 지속하게 될 평형 상태인 것이다. 아무도 그것을 변화시킬 어떤 동인을 갖고 있지 않다. 이 상황에 변동이 있을 때 그

1) *Manuel d'économie politique* (Paris, 1909), 3장 23절. Pareto의 말을 옮기면 정확하게는 "취향과 장애의 대립으로부터 평형 상태가 결과된다"이다.

것을 회복하고자 하는 경향이 작동된다면 그 평형 상태는 안정된(stable) 것이라 할 수 있다.

물론 어떤 상황이 평형을 이루고 있다거나 더우기 안정되어 있다고 해서 반드시 그 상황이 정당하거나 정의롭다는 것은 아니다. 그것이 의미하는 바는 단지 사람들이 자기의 처지를 좋게 평가할 경우 그들은 그것을 유지하도록 효과적으로 행동한다는 것이다. 분명히 증오와 적개심이 균형을 이룬 것도 안정된 평형 상태라 할 수 있으며, 각자는 어떤 변화가 일어나게 되면 사태가 더 악화될 것으로 생각할 수도 있다. 그 경우에 각자가 자신을 위해 할 수 있는 최선의 것은 보다 큰 선보다는 오히려 보다 적은 부정의의 상태일 것이다. 평형 상태에 대한 도덕적인 평가는 그 상태를 결정하는 배경적 여건에 달려 있다. 이 점에 있어서 원초적 입장이라는 생각 속에는 도덕 이론에 특유한 특징들이 함축되어 있다. 소위 가격 이론은 작용하는 현실적인 추세에 관한 가정을 통해서 시장의 움직임을 설명하려는 것인데 반해서 최초의 상황에 대한 철학적으로 유력한 해석이란 원칙의 선택에 합당하게 부여할 수 있다고 생각되는 조건을 포함하고 있는 것이다. 사회 이론과 대조하는 의도는 내용에 상관없이 선택되어질 원칙들이 도덕적인 견지에서 볼 때 받아들일 만한 것이 되도록 그러한 상황을 구체화하려는 데 있다. 이런 식으로 원초적 입장의 특징이 규정되면 그것은 그로부터 도달된 어떤 합의도 공정한 것이 되는 그러한 어떤 상태가 된다. 그것은 그 속의 당사자들이 도덕적 인격으로서 평등하게 생각되고 그 결과가 임의적인 우연사나 모든 사회적 세력의 상대적인 세력 균형에 의해 좌우되지 않는 그러한 상태이다. 그래서 공정으로서의 정의관에서는 처음부터 순수 절차적 정의라는 개념을 사용할 수가 있다.

그런데 분명한 사실은 원초적 입장이란 순전히 가상적인 상황(hypothetical situation)이라는 것이다. 비록 우리가 그것이 나타내는 제한 조건들을 신중히 따름으로써 그 당사자들의 사려를 모방할 수는 있다 할지라도 그와 유사한 어떤 상황이 실제로 일어날 필요는 없다. 원초적 입장이라는 개념을 빌어서 인간의 행위를 설명하려는 것은 오직 그것이 우리의 도덕 판단을 설명해 주고 우리가 정의감을 갖는다는 사실을 설명하는 데 도움을 주기 때문이다. 공정으로서의 정의론이란 반성적 평형 상태에 있어서 우리의 숙고된 판단들이 보여 주는 도덕감(moral sentiments)에 관한 이론이라 할 수 있다. 이러한 도덕감이 우리의 사고와 행위에 어느 정도 영향을 미친다고 생각할 수 있다. 그래서 원초적 입장이라는 개념은 행위론의 일부이기는 하지만 그렇다고 해서 그와 유사한 현실적 상황이 있다고는 말

할 수 없다. 필요한 것은 거기서 받아들여지게 될 원칙들이 우리의 도덕
적 추론과 행위에 요구되는 역할을 담당한다는 점이다.

또한 우리가 주목해야 할 것은 이러한 원칙들을 받아들이는 일이 심리
적인 법칙이나 확률을 통해서 추측되어서는 안 된다는 점이다. 여하튼 이
상적으로는 그러한 것을 받아들이는 일이 원초적 입장에 대한 완전한 설
명에 부합하는 유일한 선택임을 증명하고자 한다. 논증이 결국 의도하는
바는 엄밀히 연역적이 되는 것이다. 확실히 말해서 원초적 입장에 있는 자
들이 어떤 심리 상태를 갖고 있다는 것은 사실이다. 왜냐하면 그들의 소
견이나 관심을 여러 가지로 가정해 볼 수 있기 때문이다. 이러한 가정은
그러한 최초의 상황에 대한 설명에 있어서 다른 전제들과 더불어 나타난
다. 그러나 분명히 이러한 전제들로부터의 논증은 정치학이나 경제학의
이론이 입증하듯이 완전하게 연역적일 수는 없다. 우리는 그 이름이 함축
하고 있는 엄밀한 의미에서 일종의 도덕 기하학(moral geometry)이 되도록
힘써야 한다. 불행히도 내가 전개하는 추론이 이에 크게 미치지 못한 점
이 있다면 그것은 전체적으로 지극히 직관적이라는 점 때문이다. 그러나
우리가 성취하고자 하는 이상을 염두에 두는 것은 중요한 일이다.

마지막으로 한 가지 말하고자 하는 것은 이미 언급한 바와 같이 최초의
상황에 대해서는 여러 해석이 가능하다는 것이다. 그러한 관점은 계약 당
사자를 어떻게 생각하며, 그들의 소견과 관심이 무엇이고, 그들에게 가능한
대안들이 무엇인가에 따라서 달라지게 된다. 이런 의미에서 여러 가지 상
이한 계약론이 있게 된다. 공정으로서의 정의관은 이들 중의 하나에 불과
하다. 그러나 정당함을 입증하는 문제를 해결하기 위해서 우리는 누구나
원칙의 선택에 부여됨이 합당하다고 생각하는 조건들을 가장 잘 표현해 주
면서도 동시에 반성적 평형 상태에 있어서의 우리의 숙고된 판단을 설명
해 줄 관점에 이르게 하는 바, 최초의 상황에 대한 그러한 해석이 있다는
것을 가능한 한 증명할 수 있어야 한다. 이와 같이 가장 유력하고 대표적
인 해석을 나는 원초적 입장이라 부르고자 한다. 전통적인 각 정의관에 있
어서도 그 원칙들이 더 나은 해결책이라고 할 최초의 상황에 대한 해석이
있으리라고 생각될 수도 있다. 따라서 예를 들어 고전적인 공리의 원칙이
나 평균 공리의 원칙에 이르게 되는 해석들이 있을 수 있다. 최초의 상황
에 대한 이러한 다양한 형태들이 앞으로 나아감에 따라 언급되어질 것이
다. 그런데 계약론의 전개 방법은 여러 정의관의 비교 연구를 위한 일반
적인 분석적 방법을 제시해 준다. 우리는 그러한 원칙들이 선택될 계약적
상황이 내포하는 여러 상이한 조건들을 제시하고자 한다. 이런 식으로 해

서 우리는 이러한 정의관들이 입각하고 있는 여러 상이한 근본 가정들을 정식화하게 된다. 그러나 만일 하나의 해석이 철학적으로 봐서 가장 유력하며 그 원칙들이 우리의 숙고된 판단들을 설명해 줄 경우에는 우리는 정당한 근거를 증명하는 방도를 가진 거나 마찬가지이다. 처음에는 이러한 해석의 존재 여부를 알기는 어렵지만 적어도 우리가 무엇을 탐구해야 할지는 알고 있다.

21. 대안의 제시

원초적 입장을 기술하는 방법론적인 이야기는 이제 그만두기로 하자. 나는 우선 이 상황에 처한 사람들에게 가능한 여러 대안(alternatives)에 관한 문제로부터 시작하고자 한다. 물론 이상적으로는 그들이 가능한 모든 정의관 가운데서 선택해야 한다고 말할 수도 있다. 그러나 이러한 모든 입장이 원초적 입장에 있는 자들에게 제시될 수 있도록 설명하기에는 분명히 어려운 점이 있다. 비록 이러한 입장들을 설명한다 할지라도 그 당사자들이 최선의 선택을 할 수 있으리라는 보장은 없으며, 최선의 원칙이 무시될 수도 있다. 또한 최선의 대안은 존재하지 않을 수도 있으며 각 정의관에 대해서 좀더 나은 정의관이 생각될 수도 있다. 비록 최선의 대안이 있다 할지라도 이 최선의 것이나 혹은 보다 현실성있는 입장이 분명히 그들의 생각에 떠오르도록 그 당사자의 지적 능력을 기술하기도 어렵다고 생각된다. 선택 문제에 대한 어떤 해결책은 신중히 생각해 보면 명백해질 듯도 하나 당사자들의 숙고가 이러한 대안들을 생각해 내도록 기술하는 것은 또 다른 문제이다. 그래서 비록 정의의 두 원칙이 우리에게 이미 알려진 입장들보다 우월한 것일지라도 지금까지 정식화되지 않은 또 다른 일련의 원칙이 보다더 나은 것일 수도 있는 일이다.

이러한 문제를 처리하기 위해 나는 다음과 같은 방식에 의존하려 한다. 나는 정의의 두 원칙이 제시하는 몇 가지 가능성과 더불어 예를 들면 1장에 논의된 것과 같은 전통적인 정의관들에 대한 간단한 목록이 주어진 것으로 생각하겠다. 그리고 그 당사자들에게 이러한 목록이 제시되고 열거된 것들 중에서 하나의 입장이 최선의 것임을 만장 일치로 합의할 것이 요구되었다고 생각할 것이다. 물론 이러한 결정은 여러 쌍을 비교해 봄으로써 이루어진다고 생각할 수 있다. 그래서 일단 모든 사람이 두 원칙이 다른 대안들에 우선적으로 선택되어야 한다고 동의하게 되면 그것은 보다 바람직한 것임이 증명되는 셈이다. 이 장에서 내가 주로 고찰할 것은 정의

의 두 원칙과 공리 원칙의 두 형태(고전적 원칙과 평균적 원칙)간의 선택에
관한 것이다. 그 후에는 완전설이나 절충적인 이론들과의 비교가 논의된
다. 이렇게 해서 나는 그 목록 가운데 정의의 두 원칙이 선택되리라는 것
을 증명하고자 한다.

물론 이러한 진행 방식이 만족스럽지 못한 것일 수도 있다. 만일 우리가
더할나위 없는 최선의 정의관에 대한 필요 조건과 충분 조건을 정하고 이
러한 조건들을 충족시키는 하나의 입장을 제시할 수 있다면 더욱 좋을 것
이다. 우리가 결국에 가서는 그렇게 할 수 있을지 모른다. 하지만 당분간
우리는 변변찮으나마 손쉬운 방법을 무시할 수가 없다. 더우기 이러한 절
차를 따라가게 되면 우리의 문제에 대한 일반적인 해결책이 제시될지도 모
른다. 그래서 이러한 비교를 해가는 가운데 당사자들의 추론이 기본 구조
의 어떤 측면을 바람직한 것으로 선정하게 되고 이러한 측면이 합당한 최
대의 성질과 최소의 성질을 갖게 될지도 모른다. 예를 들어서 원초적 입장
에 있는 자들이 최대의 균등한 자유가 있는 사회를 선택하는 것이 더 합리
적이라고 생각해 보자. 나아가서 그들이 사회적 · 경제적 이득이 공동선
을 도모해 줄 것을 바라면서 사람들이 천부적 · 사회적 우연성에 의해 이
익을 보거나 손해를 당하게 되는 방식을 완화시킬 것을 주장한다고 생각
해 보자. 만일 이 두 개의 측면만이 적합한 것이며 평등한 자유의 원칙이
첫번째 측면의 당연한 최대치이고 차등의 원칙(기회 균등이라는 조건이 붙은)
이 두번째 측면의 당연한 최대치라고 한다면 우선성 문제를 보류할 경우
그 두 원칙은 최적의 해결책이 된다. 우리는 가능한 모든 정의관을 적극
적으로 기술하거나 열거할 수 없으며 그것들을 반드시 생각하게끔 당사자
들을 기술할 수도 없다고 해서 이상과 같이 결론짓지 못할 이유는 없을 것
이다.

이러한 생각들을 더 이상 추구해 봐도 아무런 도움이 되지 않을 것이다.
현재로서는 최선의 해결책에 대한 일반적 문제를 처리할 시도를 하지 않
겠다. 나는 계속 다음의 목록에 나타난 정의관들로부터 정의의 두 원칙이
선정되리라는 보다 소박한 주장으로 논의를 제한하려 한다.

  A. 정의의 두 원칙(서열적 순서로 된)
    1. 최대로 평등한 자유의 원칙
    2. (a) (공정한) 기회 균등의 원칙
       (b) 차등의 원칙
  B. 절충적 입장. 위의 A₂ 에 대한 대안
    i. 평균적 공리 원칙 ; 혹은

2. 평균적 공리 원칙, 다음의 어느 한 제한 조건 아래서 :
   (a) 일정한 사회적 최소치가 유지됨, 혹은
   (b) 전체적 분배의 폭이 지나치게 넓지 않음, 혹은
3. 평균적 공리 원칙 — B_2에 나타난 어느 한 제한 조건＋공정한 기회 균등의 원칙 아래서

C. 고전적 목적론적 입장
   1. 고전적 공리 원칙
   2. 평균적 공리 원칙
   3. 완전한 자아 실현 원칙

D. 직관주의적 입장
   1. 총체적 공리와 평등한 분배 원칙간의 조정
   2. 평균적 공리와 보상 원칙간의 조정
   3. 조건부 원칙간의 (적절한) 조정

E. 이기주의적 입장(엄밀히 말해 이기주의적 입장이 대안이 될 수 없는 이유가 설명된 23절 참조)
   1. 1인칭 독재 : 모든 사람은 나의 이익을 위해 봉사해야 함
   2. 무임 편승자 : 나를 제외한 모든 사람은 정의롭게 행동해야 함, 단 내가 그것을 선택하지 않는 경우
   3. 보편적 : 모든 사람은 자신의 뜻대로 자기의 이익을 증진할 것이 허용됨

이상과 같은 전통적 이론들이 가진 장점은 그들의 우열을 가리려는 노력을 할 만하다는 것을 충분히 입증한다. 그리고 어떠한 경우에도 이렇게 우열을 가리려는 연구는 보다 광범위한 문제를 추구해 가는 데 있어 유용한 방편이 된다. 그런데 위에 나온 각 입장들도 그 장단점을 갖고 있다고 생각되며 우리가 선택하는 어떤 대안이든 그것을 지지하거나 반대할 만한 이유가 있을 것이다. 어떤 입장에 비판받을 점이 있다고 해서 반드시 그것이 치명적으로 불리한 것은 아니며 어떤 바람직한 측면을 가졌다고 해서 결정적으로 유리한 것도 아니다. 앞으로 알게 되겠지만 원초적 입장에 있는 사람들은 여러 고려 사항을 비교함으로써 결정을 짓게 된다. 이런 의미에서 정의론의 바탕에는 직관에의 의존이 있게 된다. 하지만 모든 것이 전부 고려되었을 경우 이유의 비중이 어디에 주어졌는가는 확연히 나타나게 된다. 원초적 입장의 기술에 의해서 적합한 이유들이 가려지고 분석됨으로써 하나의 정의관이 다른 것보다 더 낫다는 것은 분명해진다. 그에 대한 논증은 엄밀한 의미에 있어서의 증명이 아니다. 그러나 밀의 표현을

빌리면 그것은 지성이 결정을 내리게끔 여러 고려 사항들을 제시할 수는 있다.[2]

여러 입장들의 목록은 그것 자체만으로도 명백한 것이다. 그러나 간략한 언급이 도움이 될 수 있으리라 생각된다. 각 입장은 적절히 간단한 방식으로 표현되어 있고 그 각각은 무조건으로, 즉 그 여건이나 사회의 상태가 어떠하든 타당한 것이다. 어떤 사회적 조건이나 다른 조건들에 좌우되는 원칙들은 하나도 없다. 이렇게 하는 한 가지 이유는 문제를 단순화시키기 위해서이다. 각 입장에 있어서 그 여러 조건들이 철저해서 상호 배제적인 특정 여건이 주어질 경우에만 적용되도록 각 입장을 정식화하기란 쉬운 것이다. 예를 들면 어떤 입장은 문화의 어떤 단계에만 적용되고 다른 입장은 다른 단계에 적용되도록 하는 경우이다. 이런 식으로 배열된 일련의 입장들도 그 자체가 또 하나의 정의관으로 생각될 수 있으며 그것은 각 쌍이 그것이 적용될 여건들과 부합되는 정의관으로 이루어진 일군의 쌍들로 구성되어진다. 그러나 이런 식의 입장이 그 목록에 더해진다면 우리의 문제를 다룰 수 없는 것은 아니지만 지극히 복잡하게 되고 만다. 더우기 이런 유(類)의 대안을 제외시키는 또 하나의 이유로는 그 각 쌍들의 순서를 매기는 기본 원칙이 무엇인가를 당연히 물을 수가 있기 때문이다. 여기서 내가 가정하는 바는 인정할 만한 어떤 윤리적 원칙의 체계란 일정한 여건이 주어질 경우 그에 적합한 원칙들을 구체적으로 명시한다는 점이다. 사실상 서열을 이룬 여러 쌍들의 체계에 의해 표현된 입장을 규정하는 것은 바로 이러한 무조건적인 원칙이다. 그래서 이러한 집단들을 그 목록에 삽입시키게 되면 그 자체의 근거를 숨기고 있는 대안들을 포함시키는 격이 된다. 이러한 이유로 해서 나는 그러한 것들을 제외시키고자 한다. 또한 여건에 관계없이 무조건적으로 타당한 원칙들을 당사자들이 선택하게끔 원초적 입장의 성격을 규정하는 것이 바람직함이 드러나게 될 것이다. 이러한 사실은 공정으로서의 정의관에 대한 칸트적 해석과도 관련되어 있다. 그러나 나중에 이르기까지(40절) 이 문제를 그대로 보류해 두기로 한다.

끝으로 한가지 분명한 점은 두 원칙이나 혹은 다른 입장에 대한 논의는 어떤 대안들의 목록인가에 따라 상대적이다. 만일 우리가 목록을 변경시킨다면 일반적으로 그 논의가 달라지게 마련이다. 이와 비슷한 이야기가 원초적 입장의 모든 측면에 적용된다. 최초의 상황에 대해 무수히 많은 변형이 있을 수 있으며 도덕 기하학의 정리도 무수히 많을 수 있음은

---

2) *Utilitarianism*, 1장, 단락 5.

의심의 여지가 없다. 그들 중 몇 가지에 관해서만 철학적으로 관심을 가지게 되며, 대부분의 다른 변형은 도덕적 관점에서 볼 때 부적합한 것이다. 우리는 논의에 있어서 특수 가정들을 잊지 않으면서 동시에 부차적인 문제는 상관하지 않기로 노력해야 할 것이다.

22. 정의의 여건

정의의 여건(circumstances of justice)이란 그 아래에서 인간의 협동 체제가 가능하고도 필요한 정상적인 조건들로 설명될 수가 있다.[3] 그래서 서두에 언급한 바와 같이 사회란 상호 이익을 위한 협동체이기는 하나 그것은 이해 관계의 일치뿐만 아니라 그 상충이라는 고유한 특성을 갖게 된다. 혼자만의 노력에 의해 사는 것보다 사회적인 협동을 통해 보다 나은 생활이 가능하다는 점에서 이해의 일치가 있으며, 각자가 자신의 목적을 추구하기 위해서는 작은 몫보다는 보다 큰 몫을 선택할 것이기에 협동에 의해 산출된 보다 큰 이익의 분배 방식에 무관심하지 않으므로 이해의 상충이 있게 된다. 그래서 이와 같은 이익의 분배를 규제할 다양한 사회 체제 가운데에서 선택하고 적절한 배분적 몫에 대한 합의를 도모하기 위해서는 원칙들이 필요하게 된다. 이러한 요구 사항들이 정의의 역할을 규정한다. 이러한 필요성이 생기게 하는 배경적 조건들이 바로 정의의 여건이 된다.

이러한 조건들은 두 가지 부류로 나눌 수 있다. 첫째로 인간의 협동 체제가 가능하고도 필요한 객관적인 여건이다. 그래서 많은 개인들이 동시에 일정한 지리적 영역 내에 함께 거주한다. 이러한 개인들은 대체로 그 신체 및 정신적 능력에 있어서 유사하거나 아니면 그들 가운데 누구 하나가 타인 모두를 지배할 수 없다는 점에서 그들의 능력은 대체로 유사한 것이다. 그들은 공격받기 쉬우며 타인들의 단합된 힘에 의해서 자신의 계획이 좌절될 수도 있다. 끝으로 넓은 범위의 여건에 걸쳐 존재한다고 생각되는 적절한 부족 상태라는 조건이 있다. 천연 자원이나 기타 자원이 협동 체제가 필요없을 정도로 풍족한 것도 아니며 보람있는 협동체가 결렬되기 마련일 정도로 여건이 궁핍한 것도 아니다. 서로에게 이익이 되는 체

---

3) 나의 설명은 대체로 Hume 의 것을 따랐다. *A Treatise of Human Nature*, 제 3 권, 2 부 2 절, 그리고 *An Enquiry Concerning the Principles of Morals*, 3 부, 1 절. 그러나 또 참조할 것은 H.L.A. Hart, *The Concept of Law* (Oxford: The Clarendon Press, 1961), pp. 189~195; J.R. Lucas, *The Principles of Politics* (Oxford: The Clarendon Press, 1966), pp. 1~10.

제가 실현 가능한 동시에 그 체제가 산출하는 이득이 여러 사람이 내세우는 요구에는 미치지 못하고 있다.

주관적인 여건이란 협동의 주체들, 즉 협동하는 사람들에 관련된 측면이다. 그래서 당사자들은 대체로 비슷한 욕구와 관심을 갖거나 혹은 여러 면에서 상호 보완적인 욕구를 가짐으로써 그들간에 서로에게 유익한 협동이 가능해야 하며 그러면서도 그들 자신의 인생 계획을 가져야 한다. 이러한 계획이나 가치관으로 인해 그들은 서로 다른 목적과 목표를 갖게 되며 이용 가능한 천연 자원이나 사회적 자원에 대해서도 상충되는 요구를 하게 된다. 나아가서 이러한 계획에 의해 증진되는 이익이 특정 개인의 이익이라고 생각되지는 않을지라도 그러한 가치관을 받아들일 가치가 있는 것으로 생각하고 그것을 충족시킬 만한 것이라고 주장하는 자의 이익은 될 것이다. 특히 정의의 조건들 중 이러한 측면을 강조하기 위해 나는 당사자들이 자신의 이해 관계는 냉정히 따지지만 상대방의 이해 관계에는 무관심함을 가정하고자 한다. 또 하나의 가정은 모든 사람이 지식이나 사고나 판단 등 여러 가지에서 부족을 느끼고 있다는 점이다. 그들의 지식은 반드시 불완전할 것이며 기억력, 주의력 등은 제한되어 있고 그들의 판단은 불안과 편견과 그들 자신의 일에 대한 집착으로 말미암아 왜곡되기 쉬운 상태에 있다. 이러한 결점들 중 일부는 도덕적인 결함이나 이기심, 부주의에서 생겨나는 것이지만 그러나 대체로 그것들은 인간의 천부적 여건의 일부에 지나지 않는다. 결과적으로 개인들은 서로 다른 인생 계획을 가질 뿐 아니라 다양한 철학적·종교적 신념과 정치적·사회적 학설들도 존재하게 된다.

이상의 조건을 결합해서 나는 정의의 조건이라 부르고자 한다. 그에 대한 흄의 설명은 아주 분명한 것이어서 앞에 나온 약술이 그의 아주 자상한 논의에 더 이상의 중요한 점을 보탠 것은 없다. 간명하게 이야기하기 위해 (객관적 여건 가운데서는) 적절한 부족 상태(moderate scarcity)라는 조건을 강조하고 (주관적 여건으로서는) 상호 무관심성(mutual disinterest)이라는 조건, 혹은 개인들은 서로 상대방의 이해 관계에 관심을 갖지 않는다는 조건을 강조하고자 한다. 그래서 요약해서 말하면 적절한 부족 상태 아래서 상호 무관심한 자들이 사회적 이익에 대해 상충하는 요구를 제시할 경우 정의의 여건이 성립한다고 할 수 있을 것이다. 생명과 신체 상해의 위협만 없다면 육체적 용기를 가져야 할 필요가 없듯이 이러한 여건이 성립하지 않는 경우에는 정의라는 덕목에 대한 필요성도 없어진다.

주목해야 할 몇 가지 해명이 필요하다. 첫째로 원초적 입장에 있는 자들은 물론 이러한 정의의 여건이 성립함을 알고 있다고 나는 가정할 것이다. 그들은 자신이 처한 사회의 여건에 대해서 이 정도의 사실은 인정하고 있다. 그 이상의 가정으로는 그 당사자들이 가능한 한 그들이 선(가치)이라고 생각하는 바를 증진시키고자 하며 이러한 노력에 있어서 그들은 지금까지의 도덕적인 유대 관계의 구속을 받지 않는다는 점이다.

그런데 원초적 입장에 있는 자가 제 3 의 당사자, 즉 그들의 직계 후손에 대한 책임과 의무를 갖는지의 문제가 일어난다. 그것을 갖는다고 말하는 것은 세대간의 정의의 문제를 해결하는 한 가지 방식이 될 것이다. 그러나 공정으로서의 정의관의 목표는 책임과 의무를 다른 조건 아래서 도출하려는 것이기에 이러한 해결책은 피해야만 한다. 그 대신에 나는 동기상의 가정(motivational assumption)을 한 가지 하려 한다. 당사자들은 일련의 연속적인 요구를 대표하는 것으로서, 다시 말하면 일종의 영속적인 도덕적 행위자나 제도의 대리자로서 생각하게 된다. 그들은 자손 만대까지 고려할 필요까지는 없지만 그들의 선 의지는 적어도 두 세대까지는 걸쳐 있다고 볼 수 있다. 시간적으로 인접해 있는 기간의 대표들은 공통적인 이해 관계를 갖고 있다. 예를 들면 우리는 그 당사자들이 각 가정의 가장들이라고 생각할 수 있으며 바로 직계 후손의 복지를 증진시키려는 욕구를 가졌다고 생각할 수 있다. 가족을 대표하는 자들로서 그들의 이해 관계는 정의의 여건이 뜻하는 바대로 서로 대립적이다. 당사자를 반드시 가장으로 생각할 필요는 없지만 나는 대체로 이런 식의 해석에 따르기로 한다. 보다 중요한 것은 원초적 입장에 있는 각자가 다음 세대에 올 누군가에 대해 관심을 기울인다는 점과 그들의 관심은 각 경우에 있어서 서로 다른 개인이라고 생각되어진다. 나아가서 다음 세대에 올 각자에 대해서 그들에게 관심을 가진 누군가가 현 세대 속에 있다는 것이다. 따라서 모든 사람의 이해 관계가 배려되는 셈이며 무지의 베일을 가정할 경우 모든 계열의 가닥은 함께 묶어진다고 볼 수 있다.

주의해야 할 것은 당사자들이 선이라고 생각하는 것은 합리적인 장기적 계획이라는 점 이외에 나는 그에 대한 어떤 제한적인 가정도 하지 않는다는 점이다. 이런 계획이 각 개인의 목표와 관심을 결정하는 것이긴 하지만 그 목표와 관심이 자기 중심적이라거나 혹은 이기적인 것이라고 생각하지는 않는다. 그것이 어떠한 것인지는 각자가 추구하는 목적이 어떠한 부류이냐에 달려 있다. 만일 부나 지위, 세력, 사회적 특권이 주어지는 영예 등이 각자의 최종 목적이라면 분명히 그의 가치관은 자기 중심적이다. 그의 주관심은 단지 언제나 당연히 그렇듯이 자기의 이익(of a self)을 도모하

는 것에만 그치지 않고 이기적인 것(in himself)에 있다고 할 수 있다.[4] 일
단 무지의 베일이 벗겨져서 당사자들이 그들은 다정다감하고 애정으로 연
결되어 타인의 이익 증진을 원하고 그들의 목적이 실현되는 것을 바란다는
사실을 알게 된다 할지라도 일관성이 없어지는 것은 아니다. 원초적 입장
에서 상대방의 이해 관계에 무관심하다는 가정은 정의의 원칙들이 지나치
게 대담한 가정 위에 의존해 있지 않음을 확인하기 위해서 취해진 것이다.
원초적 입장이란 누구나 공유하고 있으면서도 최소한의 제한 조건만을 결
합한 것을 의미한다는 사실을 생각해 보자. 그래서 정의관은 자연적 애정
의 광범한 유대 관계를 전제해서는 안 된다. 이론의 기초에 있어서 우리
는 가능하면 가정을 약하게 하고자 한다.
　끝으로 당사자들은 제각기 상대방의 이해 관계에 관심이 없으며 타인의
이익을 위해 자신의 이익을 기꺼이 희생하지 않는다고 가정하는 의도는
정의가 문제되는 상황에 있어서 사람들의 행위와 동기를 나타내려는 데 있
다. 성인과 영웅의 정신적인 이상은 다른 이해 관계와 마찬가지로 조정할
수 없을 정도로 상반되는 것일 수도 있다. 이와 같은 이상을 추구함에 있
어서 생기는 갈등들은 무엇보다도 가장 비극적인 것이다. 그래서 대립적인
이해 관계가 있고 사람들이 서로에 대하여 자신의 권리를 주장할 자격이 있
다고 느끼는 경우에 정의는 제반 행동 양식의 덕목이 될 수 있다. 공동적
인 이상에 합의하는 성인들의 집단체에 있어서는, 만일 그러한 공동 사회
가 있을 수 있는 경우, 정의에 대한 논의는 발생하지 않을 것이다. 각자는
공동의 종교가 정해 준 하나의 목적을 위해 이기심이 없이 일할 것이며 정
당성 여부에 관한 모든 문제는 이러한 목적을 참조해서(그것이 명확히 규정
되었다고 가정할 경우) 해결되어질 것이다. 그러나 우리의 인간 사회는 정의
의 여건에 의해 특징지워진다. 이러한 조건들에 대한 설명은 인간의 동기
유발에 관한 어떤 특정 이론도 내포하지 않는다. 오히려 그 목적은 정의
가 문제되는 상황을 설정하는 개인 상호 관계를 원초적 입장의 기술 속에
포함시키려는 데 있다.

23. 정당성 개념의 형식적 제한 조건

　원초적 입장에 있는 자들의 상황은 몇 가지 제한 조건(constraints)을 반
영하고 있다. 그들에게 주어진 대안들이나 그들의 여건에 대한 지식은 여

---

4) 이 점에 관해서는 W.T. Stace, *The Concept of Morals*(Lonon: Macmillan,
　1937), pp. 221~223 참조.

러 가지로 제한되어 있다. 이러한 제한 사항들을 정당성 개념의 제한 조건이라 하는 이유는 그것이 단순히 정의의 원칙만이 아니라 모든 윤리적 원칙들의 선택에도 적용되기 때문이다. 당사자들이 다른 덕목들에 대한 원칙들을 받아들이게 되는 경우에도 역시 이러한 제한 조건들이 적용될 것이다.

나는 우선 대안들에 대한 제한 조건을 생각해 보기로 한다. 당사자들에게 주어진 목록에 들어갈 여러 정의관에 마땅히 부여되어야 한다고 생각되는 어떤 형식적 조건이 있다. 나는 이러한 조건이 정당성이라는 개념이나 더우기 도덕성의 의미로부터 도출된다고 주장하지는 않는다. 나는 이러한 중대한 국면에서 개념의 분석에 의존하는 것을 피하고자 한다. 정당성 개념과 마땅히 관련될 수 있는 여러 가지 제한 조건이 있으며 이들 중에서 서로 다른 선택이 가능하며 그것은 특정한 이론 내의 정의(定義)로서 생각될 수 있다. 어떤 정의(定義)가 갖는 장점은 그로 인해 결과되는 이론의 타당성에 달려 있으며, 정의(定義) 그 자체만으로는 어떤 근본적인 문제의 해결을 줄 수가 없다. 5)

이러한 형식적 조건들의 적합성 여부는 사람들이 그들의 제도에 대해서나 상호간에 하게 되는 요구들을 조정함에 있어 정당성의 원칙이 갖는 임무에서 도출된다. 만일 정의(正義)의 원칙이 기본적 권리와 의무를 할당하고 이득을 배분하는 그 역할을 다한다면 이러한 요구 조건은 타당한 것이다. 그 각 조건들은 적절히 약한 것으로서 전통적인 정의관들도 그것을 충족시키리라고 생각한다. 그러나 다음에서도 주의하겠지만 이러한 조건들에 의해 이기주의의 여러 형태들은 제외될 것인데 그것들은 아무런 도덕적인 힘도 없다는 것을 나타내게 된다. 더우기 이로 인해서 그 조건들의 정당화

---

5) 도덕성 개념에 대한 여러 가지 해석은 Frankena에 의해 논의되고 있다. "Recent Conceptions of Morality", *Morality and the Language of Conduct*, ed. H.N. Castañeda and G. Nakhnikian (Detroit: Wayne State Univ. Press, 1965); "The Concept of Morality", *Journal of Philosophy*, 제 63 권(1966). 첫번째 논문은 여러 참고 문헌을 포함하고 있다. 본문의 설명은 Baier 의 것과 아주 유사하다고 생각된다. *The Moral Point of View* (Ithaca, N.Y.: Cornell Univ. Press, 1958), 8장. 내가 Baier 를 따른 것은 공지성(그가 이러한 용어를 쓰지는 않았지만 그의 보편적 교육 가능성이란 규정이 의미하는 바이다. pp. 195 이하), 서열, 최종성 그리고 실질적 내용(계약론에 따르면 제일 마지막 조건은 결과로서 주어진다. 25 절과 그 아래의 각주 16 참조) 등의 조건을 강조한 점이다. 다른 논의로서는 역시 W.D. Falk, "Morality, Self, and Others", *Morality and the Language of Conduct*; P.F. Strawson, "Social Morality and Individual Ideal", *Philosophy*, 제 36 권 (1961).

는 개념의 분석이나 정의(定義)에 의해 증명되는 것이 아니라 반드시 그들
을 부분으로 포함하는 이론의 타당성에 의해서 증명되어야 할 필요가 있
다. 나는 그 조건들을 다섯 가지 친숙한 제목 아래에 배열하고자 한다.
　첫째로 모든 원칙은 일반적(general)이어야 한다. 즉 그 원칙은 고유 명
사나 특정한 설명이 감추어진 것임을 직감적으로 알게 되는 말을 사용하
지 않고서 정식화될 수 있어야 한다. 그래서 그 진술에 사용된 술어는 일
반적 성질이나 관계를 표현해야만 한다. 불행히도 심각한 철학적 난점이
이러한 문제를 만족스럽게 설명하는 데 방해가 될지도 모른다.[6] 나는 그
것들을 여기서 다루지 않기로 하겠다. 정의론을 제시함에 있어서 우리는
일반적 성질이나 관계를 정의하는 문제를 피하고 합당하다고 생각되는 바
에 따라서 진행할 수 있다. 나아가서 당사자들은 그들 자신이나 그들의 처
지에 관해 구체적인 지식을 갖고 있지 않으므로 그들은 어떻게 해서도 자
기 자신을 확인할 길이 없다. 비록 어떤 자가 다른 사람으로 하여금 동의
하도록 만들 수는 있을지라도 그는 자기에게 유리하도록 그 원칙을 마련
할 방도를 모른다. 이상에 나온 생각을 직감적으로 이해할 경우 당사자들
은 쉽사리 일반적인 원칙을 고수하게끔 되어 있다.
　이러한 조건이 합당함은 부분적으로는 제 1 원칙이란 질서 정연한 사회
의 영속적인 공공 헌장 노릇을 할 수 있어야 한다는 사실 때문이다. 무조
건적인 것이므로 그것은(정의의 여건 아래서는) 언제나 적용되며, 어떤 세대
이든간에 각 개인들은 그것을 알고 있어야만 한다. 그래서 이러한 원칙들
을 이해하는 데는 우연적인 특수 사정들에 대한 지식이 필요해서는 안 되
며 특정한 개인이나 집단에 대한 언급을 필요로 하지 않아야 함은 물론이
다. 전통적으로 이러한 조건을 알아보는 가장 분명한 시금석은 정당성이
란 신의 의지와 일치하는 것이라는 관념이다. 그러나 사실상 이러한 학설
은 보통 일반 원칙들로부터의 논증에 의해 밑받침된다. 예를 들어 로크는
도덕의 근본 원리를 다음과 같은 것이라 주장했다. 즉 만일 어떤 사람이
타자에 의해서(신학적인 의미에서) 창조되었다면 그 사람은 창조자가 그에
게 제시한 신조에 따라야 할 의무를 가진다는 것이다.[7] 이러한 원리는 완
전히 일반적이며, 세계의 본성이 로크의 견해에 따라 성립되었을 경우 그
것은 신을 합당한 도덕적 권위로서 선정할 것이다. 일반성이라는 조건이

<hr>
6) 예를 들어서 W.V. Quine, *Ontological Relativity and Other Essays*
　(N.Y.: Columbia Univ. Press, 1969), "Natural Kind"라는 제목이 붙은
　5장 참조.
7) *Essays on the Laws of Nature*, ed. W. von Leyden (Oxford: The Claren-
　don Press, 1954), 네번째 논문, 특히 pp. 151~157 참조.

처음 언뜻 보아서는 침해된 듯하나 그대로 지켜지고 있다.

다음에 원칙들은 그 적용에 있어서 보편적(universal)이어야 한다. 그것은 모든 사람에게 그들이 도덕적인 존재임으로 해서 적용되어야 한다. 그래서 나는 각자가 이 원칙들을 이해하고 그것들을 일의 분별에 이용할 수 있다고 생각한다. 이것은 그 원칙에 있어서 가능한 복잡도와 거기에 나타나는 구분들의 종류나 수에 대한 상한선을 제시하며 나아가서 그 원칙은 모든 사람이 그에 따라서 행동하게 될 것이므로 자기 모순적이거나 자기 파괴적인 원칙들은 제외된다. 마찬가지로 다른 사람들이 다른 원칙을 준수할 경우에만 합당하게 따를 수 있는 그런 원칙 또한 용납될 수가 없다. 모든 사람이 그것에 따르게 되는 결과에 비추어서 그 원칙들이 선택되어야 할 것이다.

규정된 바와 같이 일반성과 보편성은 각기 다른 조건들이다. 예를 들어서 1인칭 독재라는 형식에 있어서의 이기주의(만인은 나의—페리클레스의—이익에 봉사해야 함)는 보편성은 만족시키지만 일반성은 만족시키지 못한다. 모든 사람이 이러한 원칙에 따라서 행동할 수 있으며 독재자의 이익이 무엇인가에 따라 그 결과가 어떤 경우에는 전혀 나쁜 것이라고는 할 수 없는 반면에 1인칭 대명사(혹은 명사)가 일반성이라는 첫번째 조건을 어기고 있다. 또한 일반적인 원칙이라 해도 보편적인 것이 아닐 수도 있다. 제한된 특정한 계층의 개인, 예를 들어 머리 색깔, 계급상의 지위 등 특수한 생물학적 혹은 사회적 특성에 의해 선정된 자에게만 적용되는 것으로 만들어질 수도 있다. 개인들은 살아가는 과정 속에서 자신에게 특유한 책무와 의무를 갖게 됨은 물론이다. 그러나 이와 같은 여러 가지 의무와 책무는 도덕적 인격으로서의 만인에게 적용되는 원칙들의 결과이다. 즉 이러한 요구 사항의 도출은 공통적인 기반을 갖는다.

세번째 조건은 공지성(publicity)이라는 것으로서 이는 계약론적인 입장으로부터 자연히 생겨난다. 당사자들은 자기들이 공공적 정의관을 위한 원칙들을 선택하고 있다고 생각한다.[8] 그들은 생각하기를 모든 사람들은 이

8) 공지성이 Kant의 도덕법의 개념 속에 내포된 것이 분명하지만 내가 알기로 그가 그것을 명백히 논하고 있는 유일한 곳은 *Perpetual Peace*, 부록 2; *Political Wirtings*, ed. H. Reiss and trans. H.B. Nisbet (Cambridge: The Univ. Press, 1970), pp. 125～130 참조. 물론 다른 곳에서도 간략한 진술들이 있다. 예를 들면 *The Metaphysics of Morals*, 1부(*Rechtslehre*) 43절에서 그가 말하기를 "공공적인 법은 법이라는 자격을 갖기 위해서 보편적으로 공공적인 것이 되기를 요구하는 모든 법의 총체이다." "Theory and Practice"의 각주에서는 이야기하기를 "국가에 있어서 법은 비밀리의 유보 조항 속에 남모르게, 믿을 수 없도록 묻혀 있을 수는 없다. 특히 국민이 헌법의 일

려한 원칙들에 관해서 만일 그 원칙을 받아들임이 합의의 결과인 경우에
그들이 알게 될 모든 것을 다 알게 되리라는 것이다. 그래서 그것이 보편
적으로 받아들여지고 있음을 널리 알고 있음으로써 바람직한 결과를 가
져 와야 하며, 사회 협동 체제의 안정을 뒷받침해 주어야 한다. 이 공지성
이라는 조건과 보편성이라는 조건의 차이는 후자가 우리들로 하여금 모든
사람이 그 원칙에 지적인 이해를 갖고서 규칙적으로 따르는가의 여부를 기
초로 해서 원칙들을 평가하게 한다는 점이다. 그런데 모든 사람이 하나의
원칙을 이해하고 따를 수 있는 것이면서도 이러한 사실이 널리 알려지지
않거나 분명히 인정되지 않을 수가 있다. 공지성이라는 조건의 요점은 당
사자들로 하여금 어떤 정의관을 공공적으로 인정되고 충분히 유효한 사회
생활의 도덕적 헌장으로서 평가하게 한다는 점이다. 공지성이라는 조건은
우리가 합리적 존재로서 목적의 왕국의 법으로 제정하고자 하는 원칙들에
따라 행동하기를 요구하는 한에서 칸트의 정언 명법의 이론에 분명히 함
축되어 있다. 그는 이러한 왕국을 윤리적 공화국으로서 다시 말하면 이러
한 도덕 원칙을 그 공공 헌장으로서 갖고 있는 공화국으로서 생각하였던
것이다.

또 하나의 조건은 정당성의 개념이란 상충하는 요구들의 서열(ordering)
을 정해 주어야 한다는 것이다. 이러한 요구 조건은 정당성 원칙의 역할이
대립적인 요구를 조정하는 것이라는 사실로부터 바로 생겨난다. 그러나 순
위를 매김에 있어 무엇이 중요한가를 결정하는 데는 난점이 있다. 정의관
이 완벽하여 있을 수 있는 모든 요구의 순위를 정할 수 있는 것이 바람직
한 것임은 분명하다. (혹은 실제로 그럼직도 하다.) 그리고 일반적으로 순
위를 매기는 일은 이행적이라 할 수 있는데, 즉 만일 기본 구조의 제 1 체
계가 제 2 체계보다 더 낫다고 평가되고 제 2 의 것은 제 3 의 것보다 더 정
의로울 경우에 제 1 의 것은 제 3 의 것보다 정의로와야 한다는 것이다. 이
러한 형식적 조건을 만족시키기란 항상 쉬운 것은 아니지만 당연한 것이

부로서 요구하는 법은 더욱 그러하다. 왜냐하면 그 속에 있는 모든 법은 공
공의 의지로부터 생겨나는 것으로 생각되어야 할 것이기 때문이다. 따라서
만일 헌법에 반항이 허용되어 있으면 그것은 이 법을 공공적으로 선포해야 하
며 그것이 이행될 수 있는 방식을 해명해 주어야 한다. ” 이상의 말들은 각각
Political Writings, pp. 136, 84 각주에 나옴. 나는 Kant 가 이러한 조건을 한
사회의 정의관에도 적용하려는 의도를 갖고 있다고 생각한다. 아래의 51 절,
각주 4 도 참조 ; 위의 각주 5 에 인용한 Baier 도 참조. 공통의 지식과 합의
에 대한 그 관계를 논한 것은 D.K. Lewis, *Convention* (Cambridge, Mass. :
Harvard Univ. Press, 1969), 특히 pp. 52~60, 83~88.

다.[9] 그러나 그 판정 형식은 투쟁을 통한 시합에 의할 것인가? 결국 육체적인 충돌이나 무력에의 호소로도 순위가 결정될 수 있으며 이렇게 해서 어떤 요구가 다른 요구를 능가할 수 있다. 이렇게 순위를 정하는 데 대한 주된 반대는 그것이 비이행적이라는 것 때문이 아니다. 그러나 정당성이나 정의의 원칙을 채택함에 있어서는 완력이나 巧知(교지)에 호소하는 일은 피해야 한다. 그러므로 위협을 통해서 각자의 이익을 도모하는 것은 정의의 입장이 아니라고 생각한다. 그렇게 해서는 요구되는 의미에 있어서의 서열, 즉 사람이나 그들의 처지에 있어서의 어떤 적합한 측면을 근거로 한 계열을 정할 수가 없는데 그러한 측면이란 위험하거나 강제할 수 있는 그들의 사회적 지위나 능력과는 관련이 없는 것이다.[10]

다섯번째의 마지막 조건은 최종성(finality)이라는 조건이다. 당사자들은 원칙들의 체계를 실생활의 판단에 있어서 최종적인 것으로 평가하게 된다.

9) 서열이나 선호 관계에 대한 논의는 A.K. Sen, *Collective Choice and Social Welfare* (San Francisco: Holden-Day Inc., 1970), 1장과 1*장 참조; K.J. Arrow, *Social Choice and Individual Values*, 제 2 판(N.Y.: John Wiley, 1963), 2장 참조.

10) 이 점에 대한 설명은 R.B. Braithwaite, *Theory of Games as a Tool for the Moral Philosopher* (Cambridge: The Univ. Press, 1955) 참조. 그가 제시한 분석에 의하면 매튜와 루크라는 사람이 연주하는 시간에 대한 공정한 분할을 그들의 선호에 따라 할 경우에 이 선호는 다시 그들이 연주하는 악기에 관련을 갖게 된다. 트럼페터인 매튜는 그 둘 중 하나가 연주하지 않고 있는 것보다 동시에 둘이 같이 연주하기를 바라지만 피아니스트인 루크는 불협화음보다는 침묵을 바란다는 사실로 인해서 매튜는 루크에 비해 위협적 이점을 갖고 있는 까닭에 매튜에게는 26 일간의 저녁 연주가 할당되었고 루크에게는 17 일간이 주어졌다. 상황이 반대로 되면 위협적 이점은 루크에게 있게 된다. pp. 36 이하 참조. 그런데 우리가 만일 매튜는 드럼을 치는 재즈 열광자이고 루크는 소나타를 켜는 바이얼린 연주자라고 가정하게 되는 경우 이상과 같은 분석에 의하면 매튜는 루크가 연주하든 안 하든 상관하지 않는다는 것을 가정할 수 있다면 언제나 자기가 원하는 때에 연주하는 것이 공정한 것이 될 것이다. 여기에 무언가 잘못되어 있다는 것이 분명하다. 도덕적 관점에서 볼 때 받아들일 만한 原狀에 관한 적합한 定義가 빠져 있기 때문이다. 우리는 모든 우연적 여건을 이미 알고 있는 것으로, 그리고 개인적 선호를 이미 주어진 것으로 간주할 수 없으며 흥정의 이론에 의해 定義(혹은 공정성의 개념을 해명할 것을 기대할 수는 없다. 원초적 입장이라는 개념은 적합한 原狀에 관한 문제를 해결하기 위해 생겨난 것이다. Braithwaite의 분석에 대한 이와 유사한 반론이 J.R. Lucas, "Moralists and Gamesmen", *Philosophy*, 제 34 권 (1959), pp. 9 이하에서도 발견된다. 또 다른 논의로서 참조할 것은 Sen, *Collective Choice and Social Welfare*, pp. 118~123을 들 수 있는데 그의 논증에 의하면 "The Bargaining Problem", *Econometrica*, 제 18 권(1950)에 오는 J.F. Nash의 해결책도 논리적 관점에서 볼 때 비슷한 결함을 갖는다는 것이다.

요구들을 뒷받침할 논증이 도입하게 될 더 이상의 고차적인 기준이란 없으며, 그러한 원칙들로부터 성공적으로 추리된 것이 결정적인 것이 된다. 만일 우리가 모든 덕목들에 대한 원칙들을 가진 충분히 일반적인 이론에 의해서 생각할 수 있다면 이러한 이론은 적절한 고려 사항들이나 그것의 적합한 비중 일체를 명시해 줄 것이며 그 요구 조건은 결정적인 것이다. 그것은 법이나 관습, 사회의 규칙 일반의 요구를 능가한다. 우리는 정당성과 정의의 원칙들이 지시하는 바에 따라 사회 제도를 편성하고 이러한 원칙들에서 나온 결론들은 또한 이기적이거나 타산적인 고려 사항을 넘어선다. 그렇다고 해서 이러한 원칙들이 자기 희생을 요구한다는 뜻은 아니다. 왜냐하면 정당성의 개념 체계를 작성함에 있어서 당사자들은 자신의 이익을 가능한 한 최대로 고려하기 때문이다. 개인적인 타산에의 요구는 이미 전 체계 속에 그에 적합한 비중이 주어져 있다. 전체 체계에 의거한 실제적인 추론 과정이 그 결론에 이를 경우에는 문제가 해결된다는 뜻에서 그 전체 체계는 최종적인 것이다. 현존하는 사회 체제나 개인적인 이익에 대한 요구는 온당하게 허용되어야 한다. 하지만 우리는 그 결과를 우리가 원하지 않는 것이라고 해서 그것을 두 번 고려할 수는 없는 일이다.

그런데 정당성에 대한 이상의 조건들을 종합하면 다음과 같다. 즉 정당성의 입장은 형식에 있어서 일반적이며 적용에 있어 보편적이며 도덕적 인간들의 상충하는 요구의 서열을 정해 주는 최종적인 심판이라는 것이 공공적으로 인정되는 원칙들의 체계이다. 정의의 원칙들은 그것이 갖는 특수 기능과 그것이 적용되는 대상에 의해 확인될 수 있다. 그런데 다섯 개의 조건은 그 자체로서는 전통적인 정의관의 어떤 것도 배척하지 않는다. 그러나 그것은 목록에 나온 이기주의의 변형들을 배제하고 있음을 주목해야 한다. 일반성의 조건으로부터 1인칭 독재나 무임 편승적 이기주의의 형태는 제외된다. 왜냐하면 그 각 경우에 있어서 고유한 이름이나 고유 명사 혹은 위장된 특수한 기술 등이 독재자를 선정해 내거나 무임 편승자를 규정하는 데 필요하기 때문이다. 그러나 일반성이 일반적인 이기주의를 배제하지는 않는다. 왜냐하면 모든 사람은 그가 판단해 보건대 그 자신의 목적을 가장 잘 증진시켜 줌직한 것은 무엇이든 할 수 있도록 허용되기 때문이다. 이 경우에 그 원칙은 완전히 일반적인 방식으로 표현될 수 있음이 분명하다. 그런데 일반적인 이기주의를 받아들일 수 없는 것은 서열을 매기는 조건 때문인데, 그 이유는 모든 사람이 자기 뜻대로 자신의 목표를 증진할 권한이 있거나 모든 사람이 자신이 이익을 증진시키려 함이 마땅하다면 상충하는 요구간의 서열을 매길 수 없으며 그 결과는 완력과 교지에 의해 결정될 것이기 때문이다.

그래서 이러한 각종의 이기주의는 당사자들에게 주어지는 목록에는 제시되지 않는다. 그것들은 형식적 조건에 의해 제외된다. 원초적 입장에 있는 사람들은 다른 정의관을 택했을 경우 그들 자신에게 더욱 유리할 것이기 때문에 그렇게 결론지어도 놀랄 바가 없음은 물론이다. 모든 사람이 합의하게 될 원칙이 어떤 것인가가 문제되는 경우 어떤 형태의 이기주의이든 도무지 고려할 만큼 중요한 후보안(candidate)이 될 수가 없다. 이것은 이미 우리가 알고 있는 사실, 즉 비록 이기주의가 논리적 일관성이 있고 그런 의미에서 불합리한 것은 아닐지라도 그것은 도덕적 입장이라고 직감적으로 생각되는 바와 양립할 수 없다는 사실을 확인해 줄 뿐이다. 철학적으로 봐서 이기주의의 의의는 정당성의 대안적 개념이기보다는 이러한 체계에 대한 도전이라는 점에 있다. 공정으로서의 정의관에 있어서는 그러한 사실이 일반적 이기주의란 어떤 합의점도 없는 것으로 해석할 수 있다는 사실에서 나타난다. 그것은 당사자들이 어떤 합의에 도달할 수 없을 경우 집착하게 되는 그러한 입장일 뿐이다.

24. 무지의 베일

원초적 입장이라는 관념은 거기에서 합의된 어떤 원칙도 정의로운 것이 되게끔 하는 공정한 절차를 설정하기 위한 것이다. 그 목적은 순수 절차적 정의라는 관념을 이론의 기초로 사용하려는 것이다. 어떻게든 우리는 사람들을 불화하게 하고 그들의 사회적·자연적 여건을 그들 자신에게 유리하게 하도록 유혹하는 특수한 우연성의 결과들을 무효화시켜야 한다. 그런데 그러기 위해서는 당사자들이 무지의 베일(veil of ignorance) 속에 있어야 한다고 가정한다. 여러 대안들이 그들의 특정한 처지에 어떤 영향을 미칠 것인가를 그들이 몰라야 하며 일반적인 고려 사항만을 기초로 해서 원칙들을 평가해야만 한다.[11]

그래서 당사자는 어떤 종류의 특정 사실을 알지 못한다고 가정된다. 무엇보다도 각자는 사회에 있어서 자기의 지위나 계층을 모르며 천부적 재

---

11) 무지의 베일이란 아주 자연스러운 조건으로서 그와 같은 것은 누구나 생각하게 마련이다. 내가 알기로 그에 가장 근사하고 분명한 진술이 나타난 것은 J. C. Harsanyi, "Cardinal Utility in Welfare Economics and in the Theory of Risk-Taking", *Journal of Political Economy*, 제 61 권 (1953). Harsanyi 는 내가 다음의 27~28 절에 논의한 대로 그것을 사용해서 공리주의적 이론을 전개했다.

능이나 체력 등을 어떻게 타고날지 자신의 운수를 모른다. 또한 자기가 무엇을 선이라고 생각할지, 자신의 합리적 인생 계획의 세목이나 또는 모험을 싫어한다든가 비관적, 혹은 낙관적인 경향과 같은 자기 심리의 특징까지도 아무도 모르고 있다. 또한 당사자들은 그들이 속한 사회의 특수 사정도 모른다고 가정하려 한다. 다시 말하면 그들은 자기 사회의 경제적·정치적 상황이나 그것이 지금까지 이룩해 온 문명이나 문화의 수준도 모르고 있다. 원초적 입장에 있는 자들은 그들이 어떤 세대에 속하고 있는지에 대해서도 정보를 갖고 있지 않다. 바로 이와 같이 지식에 대한 보다 광범한 제한이 합당한 것은 한편으로 사회 정의의 문제는 한 세대 내에서만이 아니라 세대간에도 일어나기 때문이다. 예를 들면 자본 절약의 타당도나 천연 자원이나 자연적 여건의 보호 등의 문제가 바로 그러한 것이다. 여하튼 이론상으로는 합당한 유전적 정책까지도 있을 수 있다. 이러한 여러 경우들에 있어서 원초적 입장이라는 관념을 철저히 실현하기 위하여 당사자들은 그들의 의견을 대립시키게 될 어떤 우연사도 알아서는 안 된다. 결국 그들이 어떤 세대에 속하는 것으로 판명되든간에 그 결과를 감당할 각오를 가지고 원칙을 선택해야만 한다.

그런데 가능한 한 그 당사자들이 아는 유일한 특수 사정은 그들의 사회가 그 내용이야 어떠하든 정의의 여건 하에 있다는 것이다. 그러나 그들이 인간 사회에 대한 일반적인 사실들은 알고 있다고 인정해야 한다. 그들은 정치 현상이나 경제 이론의 원칙들을 이해하며 사회 조직의 기초와 인간 심리의 법칙들도 알고 있다. 또한 당사자들은 정의의 원칙들을 선택하는 데 영향을 줄 모든 일반적 사실들을 안다고 가정된다. 일반적인 정보, 즉 일반 법칙이나 이론에 대해서는 별다른 제한이 없는데 그것은 모든 정의관이란 그들이 규제할 사회적 협동 체제의 특성들에 부합되어야 하며 따라서 이러한 사실들을 배제해야 할 이유가 없기 때문이다. 예를 들면 어떤 정의관에 있어서 비록 사회 체제가 그것을 만족시킨다 할지라도 도덕 심리의 법칙들에 비추어 보아 사람들이 그에 따라 행위하려는 욕구를 갖지 않을 경우 그것은 그 정의관에 대해 부정적인 고려 사항이다. 왜냐하면 이 경우에는 사회적 협동체의 안정성을 확보하는 데 있어 난점이 있을 것이기 때문이다. 정의관이 자기 스스로를 지지하는 근거를 만들어 내야 한다는 것은 정의관의 중요한 특징이다. 다시 말하면 정의의 원칙은 그것이 사회의 기본 구조 속에 실현될 경우 사람들이 그에 해당하는 정의감 (sense of justice)을 갖고자 하는 경향을 낳을 수 있는 것이어야 한다. 도덕 학습의 원칙들이 있을 경우 사람들은 그 원칙에 따라 행동하려는 욕구를 개발하게 된다. 이 경우에 정의감은 안정된 것이다. 이런 유(類)의 일반적인 지식은 원초적 입장 속에 용납할 수 있을 것이다.

무지의 베일이라는 개념은 여러 가지 문제점을 제기한다. 어떤 사람은 거의 모든 특수 지식을 제거시키게 되면 원초적 입장이 무엇을 의미하는지를 파악하기가 어렵게 된다고 반대를 할지도 모른다. 그래서 한 사람 혹은 그 이상의 사람들이 적합한 제한 조건에 따라 추리하기만 하면 언제이든 이러한 입장을 취할 수가 있으며 혹은 이러한 가정적 상황에서 하게 되는 숙고를 모방할 수 있게 되리라는 사실에 주목한다면 도움이 될 것이다. 정의관에 대한 논의에 있어 우리는 그것이 허용된 대안들 중의 하나인지 그리고 규정된 형식적 조건을 만족시키는지를 확인해야 한다. 제외된 그러한 종류의 지식을 우리가 갖지 않는 경우에 우리가 합리적인 것으로 내세울 수 없는 것이라면 그에 대한 어떤 유리한 고려 사항도 제시될 수 없다. 원칙들은 모든 사람이 그것을 준수하게 될 경우 이러한 공공적 승인과 보편적 적용이 가져 오는 결과들에 의해서 그 평가가 이루어져야 한다. 원초적 입장에서 어떤 정의관이 선택될 것이라고 말하는 것은 어떤 조건과 제한을 만족시키는 합리적 숙고가 어떤 결론에 이르게 되었다고 말하는 것과 동일하다. 필요한 경우에 이러한 결과에 대한 논의는 보다 형식을 갖추어 전개될 수 있어야 한다. 그러나 나는 줄곧 원초적 입장이라는 개념을 가지고 말하고자 한다. 그것은 더 간편하고 암시적이며 그것이 아니고는 쉽게 지나쳐 버릴 어떤 본질적 측면을 나타내 주고 있다.

이상의 이야기로부터 원초적 입장이란 앞으로 언젠가 살게 될 모든 사람을 동시에 포함하는 일반적 집회라고 생각하지도 않으며 과거에 언젠가 살았던 모든 사람의 집합으로 생각한다는 것도 아님을 알 수 있다. 그것은 모든 현실적·가능적 사람들의 모임이 아니다. 그러한 식으로 원초적 입장을 생각한다는 것은 환상을 너무 심하게 전개하는 것이며 그러한 생각은 직관을 이끌어 줄 자연스러운 지침이 더 이상 될 수 없을 것이다. 여하튼 중요한 것은 원초적 입장이란 우리가 언제든지 그 관점은 취할 수 있는 것으로 해석되어야 한다는 점이다. 언제 우리가 이러한 견지를 택할 것인지 누가 그러한 입장을 취할 것인지는 상관이 없으며, 단지 그러한 제한 조건으로 인해서 언제나 동일한 원칙들이 선택되어야 한다는 것이다. 무지의 베일은 이러한 요구 사항을 충족시키는 관견이 되는 조건이다. 그것은 이용될 수 있는 정보가 적절하다는 것을 보장할 뿐만 아니라 그것이 언제나 동일하리라는 것까지를 보장한다.

무지의 베일이라는 조건은 불합리하다는 반대가 있을 수도 있다. 물론 원칙들이 사용할 수 있는 모든 지식에 비추어서 선택되어져야 한다고 반론을 제기할 수도 있을 것이다. 이러한 주장에 대해서는 여러 가지 대답이 있다. 여기에서 나는 단지 우리가 어떤 이론을 갖게 되는 경우에 필요한 단순화 작업을 강조해야 된다는 대답만을 간단히 논하기로 한다. (원초적 입장에 대한 칸트적 해석에 기초를 둔 대답은 40절에서 제시된다.) 우선 분명한 것은 당사자들간의 차이점이 그들에게 알려져 있지 않으며 모두가 똑같이 합리적이고 비슷한 처지에 있기 때문에 누구나 동일한 논의를 수긍하게 된다는 점이다. 따라서 우리는 원초적 입장에서의 선택을 아무렇게나 선정된 한 사람의 관점에서 볼 수가 있다. 어느 정도의 숙고만 하면 누구나 특정한 어떤 정의관을 택하는 경우에는 모든 사람이 그것을 택할 것이고 따라서 만장 일치의 합의에 도달하게 될 것이다. 그 상황을 보다 생생하게 하기 위해 당사자들이 중개자로서 어떤 심판관을 통해서 대화하기로 되어 있으며, 그들에게 어떤 대안이 제시되고 그를 뒷받침하는 근거가 제시되는 어떤 상황을 상상해 보기로 하자. 심판관은 성원들간에 결탁하려는 시도를 금지하고 그들이 합의에 도달했을 때는 당사자들에게 그 사실을 알려 준다. 그러나 사실 이러한 심판관은 당사자들의 사고 방식이 유사함을 가정한다면 불필요한 것이다.

그래서 당사자들은 일상적인 의미에서 흥정할 근거를 갖지 않는다는 중요한 결과가 나타난다. 아무도 자신의 사회적 처지나 천부적 재능을 알지 못하며 따라서 아무도 자기에게 유리하게 원칙들을 제정할 입장에 있지 못하다. 우리는 계약 당사자 중 한 사람이 그에게 유리한 원칙들을 내세우며 타인들이 동의하지 않는 한 끝까지 버티겠다고 위협하는 경우를 생각할 수 있을 것이다. 그러나 어떤 원칙이 그에게만 특히 이익이 될지 그가 어떻게 알 것인가? 상호 결탁하는 문제에 있어서도 마찬가지 이야기가 적용되는데 만일 다른 이들에게 불리하도록 하나의 집단이 결속하고자 작정한다고 해도 그들은 어떠한 원칙을 선택하는 것이 그들에게 유리할지 모를 것이다. 비록 그들이 다른 모든 사람도 그들의 제안에 합의하게 한다 할지라도 그것이 그들에게 이익이 되리라고 확신할 수는 없는 것이다. 왜냐하면 그들은 자신의 이름이나 특수성이 무엇인지 확인할 길이 없기 때문이다. 이러한 결론이 들어맞지 않는 한 가지 경우는 저축의 경우이다. 원초적 입장에 있는 사람들은 그들이 동시대인임을 알기 때문에 (그 관점을 취하는 그 시간을 기준으로 생각해서) 그들은 자신의 후손을 위해서 조금이라도 희생당하기를 거절함으로써 자기 세대에 유리하게 할 수가 있으며 따라서 그들은 아무도 **후손**을 위해 저축할 의무가 없다는 원칙을 받아들이게 될 수가 있다. 그들 이전의 세대들은 저축을 했을 수도, 하지 않았을 수도 있으며 이에 대해서는 지금 그 당사자들이 어쩔 수가 없는 것이다. 그래서 이 경우에 있어서는 무지의 베일이 바람직한 결과를 보장할 수가 없다. 그래서 나는 세대간에 생기는 정의의 문제는 동기 유발에 대한 가정을 변경함으로써 다른 방식으로 해결할 것이다. 그러나 이런 식으로 조정하더라도 아무도 자신의 주장을 실현하기 위해 특수하게 만들어진 원칙을 정식화할 수는 없다. 그의 시간상의 위치가 어디이든간에 각자는 모든 사람을 위해 선택을 하게끔 된다.[12]

그런데 원초적 입장에 있어서 특정 지식에 대한 제한은 근본적인 중요성을 갖는다. 그러한 제한이 없다면 우리는 전혀 어떤 일정한 정의론을 성립시킬 수가 없을 것이다. 우리는 정의란 단지 합의된 어떤 것일 뿐 합의 그 자체의 실질적 내용은 말할 수 없다는 애매한 진술 형식으로 만족해야만 할 것이다. 원칙들에 직접 적용될 정당성의 개념이 갖는 형식적 제한 조건만으로는 우리의 목적에 충분하지 못하다. 무지의 베일은 특정한 정의관에 대한 만장 일치의 선택을 가능하게 한다. 지식에 대한 그와 같은 제한이 없다면 원초적 입장에서의 합의 문제는 터무니없이 복잡하게 될 것이다. 비록 이론상으로는 해결책이 있을지 모르나 당장에 쉽사리 그것을 정할 수 없을 것이다.

무지의 베일이라는 개념은 칸트의 윤리학에도 함축되어 있다고 생각한다(40절). 그러나 당사자들의 지식을 확정하는 문제와 그들에게 주어진 대안들의 특징을 설명하는 문제는 계약론조차도 이를 지나쳐 버리는 일이 간혹 있다. 때로는 반드시 도덕적 숙고를 해야 할 상황마저도 그 결과를 확신할 수 없는 그러한 애매한 방식으로 제시되기도 한다. 그래서 페리의 학설도 그 본질에 있어서는 계약론적이라 할 수 있는데, 그의 주장에 의하면 사회적 통합과 개인의 내적 통합은 전혀 다른 원칙에 의해 이루어져야 하는데 개인의 내적 통합은 합리적 사고에 의해 그리고 사회적 통합은 선의지를 가진 자들의 일치에 의하여 이루어져야 한다는 것이다. 그도 이미 앞서 제시한 것과 대체로 동일한 근거에 의해 **공리주의를** 거부할 것으로 생각되는데, 즉 공리주의가 개인의 선택 원칙을 사회의 선택으로 확대한다는 것은 부당하다는 이유에서이다. 올바른 행위란 것은 당사자들이 여건에 대한 충분한 지식을 갖고 상호 이해 관계에 대한 이타적인 관심에 의해 마음이 움직일 경우 반성적 합의에 의해 정식화된 사회적 목적을 가장

---

12) Rousseau, *The Social Contract*, 제 2 권, 4 장, 단락 5.

잘 증진시켜 줄 수 있는 것이라고 규정한다. 그러나 이러한 유형의 합의가 가져 올 가능한 결과들을 정확하게 명시하려는 노력을 하지 않고 있다. 사실상 보다 치밀한 설명이 없이는 아무런 결론도 도출될 수 없다.[13] 나는 여기서 다른 사람들을 비판할 생각도 없고 오히려 때로는 장황하고 부적절한 세목들이라고도 생각될 수 있는 것의 필연성에 대해 설명하고자 한다.

무지의 베일이 필요한 이유는 단지 간명성을 위한 것 이상이다. 우리는 바람직한 해결책을 언도록 원초적 입장을 규정하고자 한다. 특수 사정에 대한 지식이 허용되면 그 결과는 임의적인 우연성에 의해 왜곡되게 된다. 이미 살핀 바와 같이 각자의 위험 부담에 따라 이익을 보는 해결책은 정의의 원칙이 될 수 없다. 만일 원초적 입장에서 정의로운 합의가 생겨나게 되려면 그 당사자들은 공정한 처지에 있어야 되고 도덕적 인격으로서 평등한 대우를 받아야 할 것이다. 세상의 임의성은 이러한 최초의 계약적 상황의 여건을 조정함으로써 수정되어야만 한다. 나아가서 원칙을 택함에 있어 충분한 지식을 갖고 있으면서도 만장 일치가 요구되는 경우에는 단지 소수의 다소 명백한 경우만이 정해질 수가 있을 것이다. 하지만 이러한 여건 하에서의 만장 일치에 기초를 둔 정의관은 빈약하고 보잘 것 없는 것이 될 것이 사실이다. 그러나 일단 지식이 배제된다면 만장 일치에 대한 요구는 터무니없는 것이 아니며, 그것이 이루어질 수 있다는 사실은 대단한 중요성을 갖는다. 그로 인해 우리는 보다 나은 정의관을 말할 수 있게 되며 이해 관계들에 대한 참된 조정을 제시하게 될 것이다.

결론적으로 말하면 대체로 나는 당사자들이 일반적인 지식을 모두 갖고 있다고 가정한다. 그들이 접근하지 못할 어떤 일반적 사실도 있을 수 없다. 내가 이러한 가정을 하는 것은 복잡성을 피하기 위해서이다. 하지만 정의관이란 사회 협동체의 관계에 대한 공공적 기반이다. 공동 합의를 위해서는 원칙들의 복잡성에 대한 어떤 한계가 필요한 것이므로 원초적인 입장에서 이론적인 지식을 사용함에 있어서도 마찬가지로 제한이 있을 수 있다. 그런데 여러 종류의 일반적 사실들의 복잡성을 구분하고 그 복잡성의 등급을 매기는 일이 어려우리라는 것은 분명하다. 이러한 작업을 하려는 시도는 하지 않기로 한다. 하지만 우리가 그러한 시도를 하게 되면 복잡한 이론 구성을 각오해야 한다. 그래서 다른 모든 조건이 동일하다면, 현저하게 보다 단순한 일반적 지식에 기초를 두고 있으며 그것을 선택함에

---

13) R.B. Perry, *The General Theory of Value*(N.Y.: Longmans, Green and Company, 1926), pp. 674~682 참조.

있어 이론상 있을 수 있는 갖가지 가능성에 비추어서 정밀한 계산을 하지
않아도 되는 그러한 정의관이 더 낫다고 말하는 것은 온당하다고 생각된
다. 공공적 정의관에 대한 근거는 가능한 모든 사람에게 분명하게 이해되
는 것이 바람직하다. 내 생각에는 이러한 것을 고려할 경우 정의의 두 원
칙은 공리의 원칙보다 유리하다고 여겨진다.

25. 당사자들의 합리성

　나는 지금까지 원초적 입장에 있는 자들이 합리적(rational)이라는 가정
을 해왔다. 원칙을 선택함에 있어 각자는 자기 이익을 증진하기 위해 가능
한 최선을 다 하고자 한다. 그런데 또 한 가지 가정은 당사자들은 그들이
선이라고 생각하는 바(가치관)가 무엇인지를 모른다는 점이다. 이는 그들
이 합리적인 인생 계획을 가지면서도 이러한 계획의 세목, 그것이 증진시
키리라고 생각되는 특정한 목적과 이익을 알지 못하고 있음을 의미한다.
그렇다면 도대체 그들에게 가장 유익한 정의관을 어떻게 결정할 수 있을
것인가? 혹은 우리는 그들이 단지 무턱대고 추측만 하게 되리라고 생각
해야 할 것인가? 이러한 난점을 해결하기 위해 그들은 앞장에서 취급된
선에 대한 설명을 받아들이리라고 나는 가정한다. 즉 그들은 적은 것 보
다는 보다 많은 사회적 가치(선)를 택하게 되리라는 점을 받아들일 것이
다. 물론 일단 무지의 베일이 걷어지게 되면 어떤 당사자들은 종교적 이
유나 혹은 다른 이유로 인해 이러한 보다 많은 가치를 원하지 않게 될지
도 모른다. 그러나 원초적 입장의 관점에서 보면 그 당사자들은 보다 많
은 몫을 원하게 되리라고 생각하는 것이 합리적이다. 왜냐하면 어떤 경우
이든 그들은 원치 않는다면 보다 많은 것을 받아들이도록 강요당하지 않
을 것이며 보다 큰 자유 때문에 고통을 받게 되지도 않을 것이기 때문이
다. 그래서 당사자들은 그들의 특정 목적에 대한 지식을 박탈당했다 할지
라도 그 대안들의 우열을 가리기에는 충분한 지식을 가지고 있다. 일반적
으로 그들은 자신의 자유를 지키며 기회의 폭을 넓히고 내용에 상관없이
그들의 목적을 실현해 줄 수단을 확대하고자 노력하게 될 것임을 그들은
알고 있다. 가치론(선에 관한 이론)과 도덕 심리의 일반적 사실들에 의거함
으로써 그들의 숙고는 더 이상 주먹구구식의 추측은 아니다. 그들은 일상
적인 의미에서 합리적인 결정을 할 수가 있는 것이다.
　여기에 관련된 합리성이라는 개념은 한 가지 본질적인 특성만을 제외하
고는 사회 이론에 흔히 나오는 전형적인 것이다.[14] 그래서 일반적으로 합

리적인 인간은 그에게 주어진 선택지에 대한 일관된 선호의 체계를 갖는 다고 생각된다. 그는 이러한 선택지들을 자신의 목적을 증진시켜 주는 정도에 따라 등급을 매기며 자신의 욕구를 보다 많이 만족시켜 주고 보다 성공적으로 실현시켜 줄 가능성이 큰 계획을 추구하게 된다. 내가 택한 특수한 가정은 합리적 인간이란 시기심(envy)에 좌우되지 않는다는 것이다. 그는 다른 사람에게 손해만 입힌다면 자신의 손실도 선뜻 받아들이려는 그러한 자가 아니다. 그는 또한 다른 사람들이 보다 많은 지수(index)의 기본 가치를 가진 것을 알거나 눈치챌지라도 실망하지 않는다. 아니면 적어도 자신과 타인간의 격차가 어느 정도를 능가하지 않으면, 현존하는 불평등이 부정의에 근거해 있거나 어떤 보상적인 사회적 목적과도 무관하게 우연성에 의해 생겨난 결과라고 생각하지 않는 한 실망하지 않는다는 것이다(80절).

당사자들이 시기심에 흔들리지 않는다는 가정은 어떤 문제점을 제기한다. 아마도 우리는 또한 당사자들이 수치심이나 굴욕감과 같은 여러 가지 다른 감정에도 좌우되지 않으리라고 가정해야 할 것이다(67절). 그런데 정의에 대한 만족스러운 설명은 결국 이러한 문제까지도 다루어야만 할 것이지만 당분간 이러한 복잡한 문제는 제외해 두기로 한다. 우리의 조치에 대한 다른 반론은 그것이 지나치게 비현실적이라는 것이다. 사람들은 이러한 감정의 지배를 받고 있음이 사실이다. 정의관이 어떻게 이러한 사실을 무시할 수 있을까? 나는 정의의 원칙들에 대한 논의를 두 부분으로 나눔으로써 이 문제를 해결하고자 한다. 첫째 부분에서는 원칙들은 시기심이 존재하지 않는다는 가정 아래서 도출되고, 한편 둘째 부분에서는 이렇게 도출된 정의관이 인간 생활의 여건에 비추어 현실성이 있는지 여부를 고찰하겠다.

14) 이러한 합리성 개념에 관해서는 앞에서 나온 23절 각주 9의 Sen과 Arrow 에 관한 문헌을 참조. I.M.D. Little, *The Critique of Welfare Economics*, 제 2 판(Oxford: Clarendon Press, 1957), 2 장에 나오는 논의 또한 여기에 관련된 것이다. 불확실성하의 합리적 선택에 대해서는 다음의 26절, 각주 18을 참조. H.A. Simon, "A Behavioral Model of Rational Choice", *Quarterly Journal of Economics*, 제 69 권(1955)에서는 합리성에 대한 전통적 입장의 한계와 보다 현실적인 이론에 대한 필요성이 논의되어 있다. 또한 *Surveys of Economic Theory*, 제 3 권 (London: Macmillan, 1967)에 나오는 Simon의 논문도 참조. 철학적 논의에 관해 참조할 것으로는 D. Davidson, "Actions, Reasons, and Causes", *Journal of Philosophy*, 제 60 권, (1963); C.G. Hempel, *Aspects of Scientific Explanation* (N.Y.: The Free Press, 1965), pp. 463~486; J. Bennett, *Rationality* (London: RKP, 1964), 그리고 J.D. Mabbott, "Reason and Desire", *Philosophy*, 제 28 권 (1953).

이러한 방법을 택하는 한 가지 이유는 시기심이란 모든 사람의 처지를 보다 악화시키는 경향을 갖는 것이기 때문이다. 그런 의미에서 그것은 전체적으로 봐서 아무런 이익이 없는 것이다. 시기심이 없음을 가정하는 것은 결국 원칙을 선택함에 있어 사람들도 각자 그 자체로서 충분한 인생 계획을 갖고 있는 자로서 스스로를 생각해야 한다고 가정하는 것을 의미한다. 그들은 자신의 가치에 대한 확신감을 갖는 까닭에 다른 사람이 목적 실현을 위한 수단을 더 작게 갖도록 하기 위해 자신의 목적을 포기할 의사는 조금도 갖고 있지 않다. 나는 어떠한 결과가 생겨날지를 알기 위해 이러한 규정 아래 정의관을 전개해 보고자 한다. 결국에 가서 나는 채택된 원칙이 실제로 실현되었을 경우 그것은 시기심이나 다른 파괴적 감정이 그다지 강하지 않는 사회 체제에로 나아가게 될 것임을 증명하고자 한다. 정의관은 파괴적인 태도를 유발하는 조건들을 제거시킨다. 그러므로 그것은 그 본질상 안정된 것이다(80~81절).

상호 무관심한 합리성(mutually disinterested rationality)이라는 가정은 그래서 다음과 같은 뜻이 된다. 원초적 입장에 있는 자는 가능한 한 자신의 목적 체계를 증진시켜 주는 원칙들을 받아들이고자 한다는 것이다. 그들은 이를 위해서 가장 높은 지수의 사회적 기본 가치를 스스로 얻고자 한다. 왜냐하면 그것은 그로 하여금 내용에 상관없이 그들이 선이라고 생각하는 것을 가장 효과적으로 증진시켜 줄 것이기 때문이다. 당사자들은 상호간에 이익을 주려고 하거나 손상을 끼치려 하지도 않으며, 그들은 애정이나 증오에 의해서 마음이 흔들리지도 않는다. 또한 그들은 서로를 비교하여 더 많은 것을 얻으려 하지 않으며 질투를 하거나 잘난 체하지도 않는다. 경기로 말할 것 같으면 그들은 가능한 한 높은 점수를 얻으려 한다. 그러나 그들은 그들의 상대편 때문에 높거나 낮은 점수를 원하는 것이 아니며 상대편과의 승점차를 극대화 혹은 극소화하려는 것도 아니다. 경기라는 관념은 실상 적합하지가 못하다. 왜냐하면 당사자들은 승리에 관심이 있는 것이 아니라 그들 자신의 목적 체계로 판단해서 가능한 한 많은 점수를 따는 데에만 관심이 있기 때문이다.

철저한 준수를 보장하기 위해서 또 하나의 가정이 필요하다. 당사자들은 정의감을 행사할 능력이 있다고 가정되며 바로 이러한 사실이 그들간에도 공공연히 알려져 있다는 점이다. 이러한 가정은 원초적 입장에서 이루어진 합의의 완전 무결함을 보장하기 위한 것이다. 그렇다고 해서 당사자들이 그들의 숙고 과정에 있어서 어떤 특정한 정의관을 적용한다는 뜻은 아니다. 왜냐하면 이것은 동기에 대한 가정의 핵심을 무시하는 것이기 때문이다. 오히려 그 의미는 당사자들이 서로 믿고서 이해하고 최종적으로 합의되는 원칙에 따라 행동할 수 있다는 점에 있는 것이다. 일단 원칙이 받아들여지면 당사자들은 서로 믿고서 그 원칙에 따를 수 있다. 그래서 합의에 도달함에 있어서 그들은 자신의 약속이 헛되지 않을 것을 알고 있으며, 정의감(sense of justice)에 대한 능력은 선택된 원칙이 준수될 것임을 보장하게 된다. 그러나 이러한 것이 가정될지라도 사람들은 여러 가지 정의관에 따라 행동할 여지가 있다는 사실을 아는 것이 중요하다. 인간 심리의 일반적 사실이나 도덕 학습의 원리들은 당사자들이 검토해야 할 적절한 문제가 된다. 만일 어떤 정의관이 그 자신의 근거를 갖지 못하거나 안정성을 결하고 있다면 이러한 사실을 간과해서는 안 된다. 왜냐하면 그러한 경우에는 이와는 다른 정의관이 선정될 수 있을 것이기 때문이다. 위의 가정이 뜻하는 바는 오직 순수히 형식적인 의미에서 당사자들은 정의에 대한 능력을 가지고 있다는 것인데 다시 말하면 도덕 심리의 일반 사실을 포함한 모든 것을 고려함으로써 당사자들은 최종적으로 선택된 원칙을 고수할 것이라는 점이다. 그들은 자신이 지키지 못하리라는 것을 알고서는 합의하지 않을 것이며 적어도 그러한 것에 합의하기가 어렵다는 점에서 합리적이다. 다른 고려 사항과 더불어 그들은 공약이 주는 구속력을 중요시한다(29절). 그래서 정의관을 평가함에 있어 원초적 입장에 있는 사람은 그들이 택한 바가 철저히 준수되리라고 생각한다. 그들의 합의 결과는 이러한 근거 위에서 확립되어야 하기 때문이다.

당사자들의 합리성과 동기에 대한 지금까지의 이야기로써 원초적 입장에 대한 기술은 대체로 마친 셈이다. 최초의 상황이 갖는 요소와 그 변형에 대한 다음의 목록을 통해 그에 대한 서술은 요약될 수 있을 것이다. (별표는 원초적 입장을 구성하는 해석을 나타낸다.)

1. 당사자의 성격(22절)
 *a. 계승적 인간(가장이나 혈족 계통)
  b. 단일한 개인
  c. 연합체 (국가·교단 혹은 다른 협동체)
2. 정의의 주제(2절)
 *a. 사회의 기본 구조
  b. 협동체의 규칙
  c. 국제법
3. 대안의 제시(21절)
 *a. 간단한(다소 광범한) 목록

  b. 모든 가능성에 대한 일반적 기술

4. 입장에 등장 시기(24절)

 *a. 현존인은(이성을 가진 연령 동안) 언제라도

  b. 모든 현실인이(언제 생존하든) 동시에

  c. 모든 가능인(可能人)이 동시에

5. 정의의 여건들(22절)

 *a. 흄의 적절한 부족 상태

  b. 위의 조건 이상의 극한 상태

6. 원칙에 대한 형식적 조건(29절)

 *a. 일반성, 보편성, 공지성, 서열성, 최종성

  b. 위의 조건 중 공지성 부족

7. 지식과 소견(24절)

 *a. 무지의 베일

  b. 완전한 지식

  c. 부분적 지식

8. 당사자의 동기(25절)

 *a. 상호 무관심성(제한된 이타주의)

  b. 사회적 연대감과 선 의지라는 요인

  c. 완전한 이타주의

9. 합리성(25, 28절)

 *a. 통일된 기대치와 확률에 대한 객관적 해석과 더불어 목적에 대한
    효과적 수단을 택함

  b. 통일된 기대치도 없이 불충분한 이유의 원칙을 이용하여 목적에 대
    한 효과적 수단을 택함

10. 합의 조건(24절)

 *a. 영원한 만장 일치

  b. 다수의 승인, 그것도 일정 기간 동안

11. 준수 조건(25절)

 *a. 철저한 준수

  b. 여러 과정에 따른 부분적 준수

12. 합의점이 없음(23절)

 *a. 일반적 이기주의

  b. 자연 상태

이제 우리는 원칙들의 선택 문제를 다룰 수 있게 되었다. 그런데 첫째로

피해야 할 몇 가지 오류에 대해 언급하기로 한다. 우선 우리가 염두에 두어야 할 것은 원초적 입장의 당사자들은 이론적으로 규정된 개인들이라는 점이다. 그들이 합의하게 되는 근거는 계약적 상황과 기본적 가치에 대한 그들의 선호를 서술함으로써 설명된다. 그래서 정의의 원칙들이 채택되리라고 하는 것은 그 사람들이 우리의 설명이 서술하는 방식으로 마음이 움직여 결정하게 되는 방식을 말하는 것이다. 물론 우리가 일상 생활 속에서 원초적 입장의 모방을 시도하려 할 때, 즉 우리가 도덕적 논의에 있어 그 요구 조건대로 행위하고자 할 때 우리는 자신의 숙고나 판단이 우리의 특수한 경향이나 태도에 좌우된다는 것을 발견하게 될 것이다. 확실히 이렇게 이상화된 상황의 조건을 지키고자 함에 있어 여러 가지 애착이나 반감을 교정하기가 어렵다는 것이 나타날 것이다. 그러나 이러한 사실로 인해서 원초적 입장에 있어서 그러한 특성을 지닌 합리적 인간이 어떤 결정을 내리리라는 주장이 영향을 받는 것은 아니다. 그러한 제안은 정의의 이론에 속하는 것이다. 인간들이 자신의 실생활의 추론을 규제함에 있어 이러한 기능을 얼마나 잘 수행할 수 있는지는 또 다른 문제이다.

원초적 입장에 있는 자들은 상대방의 이해 관계에 무관심하다고 생각되는 까닭에(비록 그들이 제 3 자에 대해서는 관심을 가질지 모르지만) 공정으로서의 정의관은 그 자체가 이기주의적 이론이라고 생각될지도 모른다. 물론 앞에서 언급한 세 가지 형태의 이기주의에 들어가지는 않지만 쇼펜하우어가 칸트의 학설을 그렇게 생각하듯이 어쨌든 그것도 이기주의적이라고 생각될 수가 있다.[15] 그런데 이것은 그릇된 생각이다. 왜냐하면 원초적 입장에 있어서 당사자들은 상호 무관심하다는 특성을 갖는다는 사실로부터 합의된 원칙을 갖고 사는 사람들이 일상 생활 가운데서도 마찬가지로 서로에게 무관심하다는 결론이 나오지는 않는다. 분명히 정의의 두 원칙과 책무 및 자연적 의무의 원칙은 우리에게 타인의 권리와 요구를 고려할 것을 요구한다. 그리고 정의감은 보통 이러한 제한 조건에 따르고자 하는 유효한 욕구이다. 원초적 입장에 있는 자들의 동기는 선택된 원칙들을 받아들이고 그에 대응하는 정의감을 가진 자들의 일상 생활에 있어서의 동기와 혼동되어서는 안 된다. 실생활에 있어서 개인들은 자신의 처지에 대해서 알고 있으며 원하기만 하면 그 우연성을 자기에게 유리하게 이용할 수도 있을 것이다. 그의 정의감으로 인해 만일 그가 원초적 입장에서 채택될 정당성의 원칙에 따라 행위하게 된다면 그의 욕구나 목적은 이기적이

---

15) *On the Basics of Ethics* (1840), trans. E.F.J. Payne (N.Y.: The Liberal Arts Press, Inc., 1965), pp. 89~92 참조.

아닌 것이 분명하다. 그는 도덕적 입장에 대한 해석이 표현하고 있는 제한들을 자발적으로 받아들이고 있는 셈이다.

이러한 결론을 뒷받침하기 위해 더 깊이 생각해 보기로 하자. 일단 우리가 계약론이란 개념을 생각해 본다면 그 당사자들이 적어도 어느 정도 상대방의 이해 관계에 관심을 갖거나 이타심을 갖지 않는다면 우리가 원하는 원칙들이 생겨나지 않으리라고 생각하기 쉽다. 앞에서 언급한 바와 같이 페리가 생각하기로는 정당한 기준과 결단이란 공평심과 선 의지가 생기게 하는 여건 아래서 반성적 합의에 의해 도달된 목적을 증진시키는 것이라고 한다. 그런데 상호 무관심과 무지의 베일이 결합되면 이타심과 동일한 의도를 성취할 수가 있다. 왜냐하면 그와 같은 조건들을 결합시키면 원초적 입장에 있는 자들은 각기 타인의 선을 고려하게끔 되어 있다. 그래서 공정으로서의 정의관에 있어서는 여러 가지 조건들이 공동으로 작용함으로써 선 의지가 갖는 결과가 나타나게 된다. 이러한 정의관이 이기주의적이라는 생각은 원초적 입장의 오직 한 요인에만 주목함으로써 생겨나는 착각이다. 나아가서 이러한 몇 가지 가정적 조건들은 이타심과 지식의 결합에서 생겨나는 것을 크게 능가하는 장점을 갖는다. 앞에서 주목한 바와 같이 이타심과 지식이 결합되는 경우에는 너무 복잡하게 되어 어떤 확정적인 이론도 전혀 성립될 수가 없다. 지나치게 많은 지식에 의해 생기는 복잡성을 처리할 수 없을 뿐만 아니라 동기에 관한 가정이 애매하여 해명을 필요로 하게 된다. 예를 들면 이타적인 욕구의 상대적인 강도는 무엇인가?라는 물음에의 해명이 요구된다. 간단히 말하면 상호 무관심성과 무지의 베일이 결합하게 되면 단순성, 명료성의 장점을 갖게 되는 동시에 언뜻 보기에는 도덕적으로 보다 매력적인 가정이라 생각되는 것이 갖는 결과까지도 보장해 준다. 그리고 무지의 베일과 더불어 이타심을 가정하지 않는 이유를 묻는다면 그러한 강한 조건은 불필요하다고 대답할 수 있다. 나아가서 그것은 정의론을 약소한 전제 위에 세우고자 하는 목적을 저버리게 될 뿐만 아니라 정의의 여건과도 일관성이 없게 되는 것이다.

끝으로 만일 당사자들이 제안을 한다고 생각한다면 그들은 무의미하거나 제멋대로의 원칙을 제시할 생각을 갖지 않을 것이다. 예를 들어 키가 정확히 6피트인 사람이나 날씨 맑은 날 태어난 자에게 특전을 주어야 한다고 아무도 주장하지 않을 것이다. 피부 색깔이나 머리결 모양에 따라 기본권이 좌우되어야 한다는 원칙을 제안하는 자는 없을 것이다. 이러한 원칙이 자신에게 유리할지는 아무도 알 수 없다. 나아가서 이러한 원칙은 각자의 행동의 자유를 제한하는 것으로서 이러한 제한이 이유없이 받아들여지지는 않을 것이다. 물론 우리는 이러한 특성들이 적용되는 특정한 상황을 상상해 볼 수는 있다. 맑은 날에 태어난 자는 행복한 기질을 갖도록 축복받을 수도 있으며 이러한 기질은 권세있는 지위에의 자격이 될 수도 있다. 그러나 이러한 차별이 제 1 원칙 속에 제시될 수는 없는 것으로서, 그러기 위해서는 그것들이 널리 규정된 인간적인 이익의 증진과 어떤 합리적인 관련을 가져야 하기 때문이다. 당사자들의 합리성과 원초적 입장에 있어서의 그들의 처지로 인해서 윤리적 원칙들과 정의관은 그러한 일반적인 내용을 갖게끔 보장되어 있다.[16] 그런데 인종 차별이나 성적 구별은 어떤 자들이 사회 체제 내에서 그들에게 이득이 되도록 이용할 유리한 지위를 갖는다는 것을 불가피하게 전제하고 있다. 공정한 최초의 상황에서 유사한 처지에 있는 자들의 관점에서 본다면 명백한 인종 차별적 원칙은 정의롭지 못할 뿐만 아니라 불합리한 것이다. 그러므로 그러한 것은 전혀 도덕적인 입장이 될 수 없으며 단지 억압의 수단에 지나지 않는다. 그러한 것은 전통적인 정의관의 정당한 목록 속에 들어갈 자리가 없다.[17] 물론 이러한 논의는 전혀 정의(定義)를 내릴 문제가 아니다. 그것은 오히려 원초적 입장의 특성을 나타내는 조건, 특히 당사자들의 합리성과 무지의 베일이라는 조건들에서 나오는 결과이다. 정당성의 입장은 일정한 내용을 지니며 제멋대로의 무의미한 원칙을 배제한다는 말은 그 이론으로부터의 추론 결과라고 할 수 있을 것이다.

26. 정의의 두 원칙에 이르는 추론

이 절과 다음 두 절에서 나는 정의의 두 원칙과 평균 공리(효용)의 원칙 가운데에서 선택하는 문제를 다루고자 한다. 이 두 선택지간에 합리적 선택을 가리는 것은 공리주의적 전통에 대한 하나의 유력한 대안으로서 공정으로서의 정의관을 전개함에 있어 중심 문제가 될 것이다. 이 절에서는 우선 정의의 두 원칙에 유리한 몇 가지 직감적인 제언을 하면서 시작하고

16) 이러한 결론에 이르는 다른 방법에 대해서는 P. Foot, "Moral Arguments", *Mind*, 제 67 권(1958)과 "Moral Beliefs", *Proceedings of the Aristotelian Society*, 제 59 권(1958~1959); R.W. Beardsmore, *Moral Reasoning* (N. Y.: Schocken Books, 1969), 특히 4 장을 참조. 내용의 문제가 간략히 논의된 것은 G.F. Warnock, *Contemporary Moral Philosophy* (London: Macmillan, 1967), pp. 55~61.

17) 유사한 견해에 관해서는 B.A.O. Williams, "The Idea of Equality", *Philosophy, Politics, and Society*, 2 nd Series, ed. P. Laslett and W.G. Runciman (Oxford: Basil Blackwell, 1962), p. 113 참조.

자 한다. 나는 또한 이러한 원칙들의 옹호 근거가 결정적임을 보이는 데
필요한 논의의 성질상의 구조를 간단히 논하고자 한다.

공정으로서의 정의의 일반적 입장이 요구하는 바는 불평등한 분배를 함
으로써 모든 사람에게 이익이 돌아가지 않는 한 모든 사회적 기본 가치
는 평등하게 분배되어야 한다는 것임을 다시 생각해 보기로 한다. 이러한
모든 가치간의 교환에 대해서는 아무런 제한도 가해져 있지 않으므로 보
다 적은 자유도 보다 큰 사회적·경제적 이익에 의해 보상될 수가 있다.
그런데 임의로 선정된 한 사람의 관점으로부터 그 상황에 주목해 볼 때 그
가 자신을 위해 특정한 이익을 취할 수 있는 길은 없다. 반면에 또한 그
는 특수한 손해를 그대로 묵과할 이유도 없는 것이다. 그가 사회적 가치
들의 분배에 있어서 동등한 몫 이상을 기대한다는 것은 부당하며 동등한
몫보다 적은 것에 동의한다는 것도 불합리한 까닭에 그가 할 수 있는 현
명한 길은 평등한 분배(equal distribution)를 요구하는 원칙을 정의의 제 1
원칙으로 인정하는 일이다. 사실 이러한 원칙은 너무나 분명하므로 우리
는 그것이 누구에게나 금방 떠오르리라고 기대할 수 있다.

그래서 당사자들은 기회 균등을 포함한 만인에 대한 평등한 자유와 더
불어 소득과 부의 평등한 분배를 확립해 줄 원칙에서부터 시작한다. 그러
나 이에 대한 인정이 최종적인 것이어야 할 이유는 없다. 만일 기본 구조
에 있어 어떤 불평등이 있음으로써 그것이 최초의 평등이라는 기준점과 비
교해서 모든 사람의 처지가 보다 나아지도록 작용한다면 그러한 불평등을
허용하지 않을 이유가 있겠는가? 보다 평등한 분배가 주는 당장의 이익은
미래에 돌아올 보상을 생각하여 지능적으로 투자된 것으로 간주할 수도 있
을 것이다. 예를 들어서 만일 이러한 불평등이 보다 많은 생산력을 유도
할 수 있는 여러 가지 유인으로 작용할 수 있다면 원초적 입장에 있는 자
들은 그러한 불평등을 숙련의 비용을 충당하고 효과적 작업을 조장하는 데
필요한 것으로 간주할 것이다. 이상적으로는 각 개인들이 상호 봉사하기
를 원한다고 생각할 수도 있다. 그러나 당사자들은 타인의 이익에 관심을
갖지 않으므로 그들이 이러한 불평등을 받아들인다는 것은 단지 정의의 여
건 속에서 인간이 가지게 될 관계를 인정함을 의미한다. 그들은 서로의 동
기에 관해 불평할 이유가 없다. 그러므로 원초적 입장에 있는 자는 이러
한 불평등이 정의라는 것을 용인하게 된다. 사실상 그것을 용인하지 않는
다는 것은 안목이 좁다는 뜻이 될 것이다. 당사자가 타인들이 더 나은 처
지에 있음을 단지 알았다거나 감지함으로써 낙담하는 자들이라면 이러한
규칙들에 합의하기를 망설일 것이다. 그런데 우리가 가정했듯이 당사자들

은 시기심에 좌우되지 않고 결정을 내리게 된다. 불평등을 규제할 원칙을 정하기 위해서 우리는 최소 수혜자 대표인의 관점에서 그 체제를 바라보게 된다. 불평등(inequality)이란 최소 수혜자 집단의 장기적인 기대치를 극대화하거나 적어도 그에 기여할 경우에 허용할 수가 있는 것이다.

그런데 이상의 일반적인 입장에서는 허용될 불평등의 종류에 대한 제한이 가해지지 않고 있는 반면(의미상에 있어서 필요한 조정을 가한) 서열적 순서로 된 두 원칙을 설정하는 특수한 입장에서는 기본적 자유와 경제적·사회적 이익 사이의 교환을 금지하고 있다. 나는 이 서열을 결정하는 근거를 여기서 밝히려 하지는 않겠다. 나중의 여러 장 속에서 때때로 이 문제가 고찰되어질 것이다(39, 82절). 그러나 대체로 이러한 서열을 매기는 근본적인 생각은 당사자들이 그들의 기본적 자유가 효과적으로 발휘될 수 있는 경우라면 경제적 복지의 개선을 위해 보다 적은 자유를 교환하지 않으리라고 생각할 것이라는 점이다. 사람들이 그러한 자유의 제한을 용인하는 것은 오직 사회적 조건이 그러한 권리를 효과적으로 확립해 주지 못할 경우에 한해서이다. 따라서 이러한 제한은 자유로운 사회에로의 길을 마련하기 위해 필요한 정도까지만 인정될 수 있다. 평등한 자유의 부인 (denial of equal liberty)은 적절한 과정을 거쳐 그러한 자유가 향유될 수 있도록 문명의 수준을 향상시킬 필요가 있을 경우에만 옹호될 수 있다. 그래서 서열적인 순서를 택함에 있어 우리는 결국 원초적 입장에 있어서의 특정한 가정, 즉 당사자들은 그것이 무엇이든간에 그들 사회의 여건이 평등한 자유의 효과적 실현을 허용할 수 있음을 알고 있다는 가정을 하게 된다. 정의의 두 원칙을 서열적 순서로 매기는 것은 결국 일반적인 입장이 일관성있게 지켜질 경우에 타당하게 된다. 이러한 축차적 서열은 오래 지속되어 온 일반적 입장의 경향이라 할 수 있다. 대체로 나는 서열적 순서를 요구하는 상황이 주어지리라고 가정하고자 한다.

이상의 이야기로부터 분명하다고 생각되는 것은 적어도 두 원칙은 실현 가능성이 있는 정의관이라는 점이다. 그런데 문제는 우리가 그에 대해서 어떻게 하면 보다 체계적인 논증을 하는가이다. 해야 할 일은 여러 가지가 있다. 우리는 제도상에 있어서 그것이 갖는 결과들을 생각해 볼 수도 있고 기본적인 사회 정책에 대한 그 의미에 주목할 수도 있다. 이런 식으로 그 두 원칙은 정의에 대한 우리의 숙고된 판단과의 비교를 통해서 검토되어진다. 그에 대해서는 제 II 부에서 다루기로 한다. 그런데 우리는 또한 원초적 입장의 관점에서 보아 두 원칙에 결정적으로 유력한 논증을 찾으려 할 수도 있다. 이런 작업의 결과를 알아 보기 위해서 그 두 원칙을 사회 정의의 문제에 대한 최소 극대적 해결책으로 생각해 보는 것도 발견의 방법으로 쓸모가 있다. 그 두 원칙과 불확실한 상태 아래서 선택을 위한 최소 극대화 규칙(maximin rule) 사이에는 유사성이 있다.[18] 그 두 원칙은 그의 적대자가 그의 사회적 지위를 배정해 주는 그러한 사회를 설계함에 있어 그가 택하게 될 원칙이라는 사실을 생각해 보면 앞의 이야기는 분명해진다. 최소 극대화의 규칙에 의하면 여러 대안들의 우열을 그들이 가져 올 가능한 최악의 결과에 따라 가리는 것이며, 어떤 대안의 최악의 결과(최소)가 다른 대안들이 갖는 최악의 결과에 비해 가장 우월할 경우에(극대화) 그 대안을 채택하게 된다는 것이다. 물론 원초적 지위에 있는 자들은 자신의 최초의 사회적 지위를 악의를 가진 적대자가 결정해 주리라고 가정한다. 아래에서도 살피겠지만 그들은 그릇된 전제들로부터 추론해서는 안 된다. 무지의 베일이 이러한 생각에 위배되지 않는 것은 지식이 없다는 것이 그릇된 지식은 아니기 때문이다. 그런데 당사자들이 그러한 우연성으로부터 자신을 보호해야만 할 경우에 정의의 두 원칙을 선택하게 되리라는 것은 그러한 원칙의 입장이 최소 극대적인 해결책이라는 의미를 설명해 준다. 그런데 이러한 유사성이 암시하는 바는 원초적 입장의 성격상 이러한 규칙에 표현된 보수적인 태도를 취함이 합리적이라고 할 경우 그러한 원칙을 뒷받침하는 결정적인 논증이 성립할 수 있음은 확실하다. 물론 최소 극대화의 규칙은 일반적으로 불확실한 경우의 선택을 위한 지침이 아닐 수도 있다. 그러나 그것은 어떤 특정한 측면을 가진 상황 아래서는 매력적인 것이 될 수 있다. 그런데 원초적 입장이란 이러한 측면을 그 극단적인 한계에까지 확대하여 가능한 한 가장 완전하게 표현하고 있다는 사실을 근거로 해서 두 원칙에 유리한 논거를 제시하는 것이 나의 목적이다.

다음의 손익표를 생각해 보자. 그것은 전략을 필요로 하는 게임이 아닌 상황에 있어서 손실과 이득을 나타낸다. 어떤 자가 결정을 내리는 데 대해서 적대 행위를 하는 자가 없으며 그 대신에 달성될 수도 안 될 수도 있는 가능한 여러 상황들이 제시되어 있다. 어떤 상황이 일어날지는 선택자의 결정 내용에 달려 있거나 혹은 그가 사전에 자신의 처신을 미리 알리

18) 불확실의 선택에 대한 이런 규칙 혹은 다른 규칙에 대한 손쉬운 논의가 발견되는 것은 W.J. Baumol, *Economic Theory and Operations Analysis*, 제2판 (Englewood Cliffs, N.J.: Prentice-Hall Inc., 1965), 24장. Baumol은 차등의 원칙을 설명하기 위해 13절에 사용된 도표를 포함해서 이러한 규칙들에 대한 기하학적인 해석을 제시한다. pp. 558~562 참조. 또한 더 이상의 설명을 위해 참조가 될 것으로는 R.D. Luce and H. Raiffa, *Games and Decisions* (N.Y.: John Wiley and Sons, Inc., 1957), 13장.

느냐 여부에 달려 있지 않다. 표에 나타난 수치는 최초의 상황과 비교된 금전상의 액수(100 달러가 한 단위)를 의미한다. 이득(g)은 개인의 결정(d)과 상황(c)에 달려 있다. 따라서 g=f(d, c)가 된다. 만일 가능한 결정의 수가 셋이고 가능한 상황의 수도 셋이라고 한다면 우리는 다음과 같은 손익표를 갖게 된다.

결 정	상	황	
	c_1	c_2	c_3
d_1	−7	8	12
d_2	−8	7	14
d_3	5	6	8

최소 극대화의 규칙에 따른다면 우리는 세번째의 결정을 내리게 된다. 왜냐하면 이 경우에 일어날 수 있는 최악의 상황은 500 달러의 이익을 갖게 되는 것으로서 이는 다른 식으로 결정을 내렸을 경우에 일어나는 최악의 것보다 나은 것이 된다. 만일 우리가 다른 결정 중 하나를 택했을 경우 우리는 800 달러나 700 달러의 손해를 보게 된다. 그래서 d_3를 선택하는 것이 f(d, c)를 극대화하는 길이다. 이때 c의 값은 결정 d를 취할 때 f가 최소가 되게 하는 경우이다. '최소 극대'(maximin)라는 말은 최소 중의 최대(maximum minimorum)를 의미하는 것인데 그 규칙이 주는 지침은 제시된 행동 과정을 취할 때 일어날 수 있는 최악의 경우에 주목하고 그에 비추어 결정을 하라는 것이다.

그런데 이러한 특이한 규칙이 적용 가능한 상황이 갖는 세 가지 주요 특징이 있을 것으로 생각된다.[19] 첫째로 그 규칙은 가능한 상황이 있어날 확률을 고려하지 않으므로 이러한 확률 평가를 전혀 고려하지 않는 어떤 이유가 있어야 한다. 우선 생각나는 것은 가장 자연스러운 선택 규칙은 각 결정이 가져 올 금전상의 이득에 대한 기대치를 비교해 보고 가장 높은 전망이 있는 행동 과정을 채택하는 것으로 생각된다. (이러한 기대치는 다음과 같이 규정된다. 즉 g_{ij}를 손익표상의 수치를 나타낸다고 생각하고 여기서 i는 행의 지수이고 j는 열의 지수라고 해보자. 그리고 p_i, j=1, 2, 3 은 $\sum p_j=1$ 인 상황이 일어날 가능성이라고 해보자. 그러면 j번째의 결정에 대한 기대치는 $\sum p_j g_{ij}$와 같게 된다.) 그래서 예를 들면 각 상황들은 그것이 일어날 가능성을 알 수 없거나 기껏해야 극히 불확실한 것이어야만 한다. 이러한 경우에 다른 해결책이

---

19) 이 점에 관해 내가 도움을 받은 것은 W. Fellner, *Probability and Profit* (Homewood, Ill.: R.D. Irwin, Inc., 1965), pp. 140~142, 여기에 이러한 특성들이 명기되어 있다.

없는 한 그리고 특히 그 결정이 타인들에게 그 정당성을 인정받아야 할 근본적인 것이라면 확률적 계산을 의심하지 않는다는 것은 불합리하다 할 것이다.

최소 극대화 규칙을 암시하는 두번째 특징은 다음과 같다. 즉 선택하는 자는 그 최소 극대화 규칙에 따름으로써 확보할 수 있는 최소한의 생활 수준 이상으로 얻게 될 이득에 관해서는 별다른 관심이 없는 그러한 가치관을 갖고 있다는 것이다. 우연히 보다 큰 이득을 갖게 될지도 모르나 그의 소중한 많은 것을 잃게 될지도 모를 그런 모험을 택하는 것은 그에게 무가치하다고 생각된다. 이 마지막 규정은 세번째 특징 속에도 나타나는데, 즉 제외된 다른 대안들은 도저히 받아들일 수 없는 결과를 갖고 있다는 점이다. 그 경우는 심각한 모험을 내포하고 있다. 물론 이러한 특징들은 서로 결합됨으로써 그 효력을 가장 잘 발휘할 수 있다. 최소 극대화에 따르게 되는 가장 전형적인 경우는 이러한 모든 특징이 최고도로 실현되었을 경우이다. 그런데 이러한 규칙은 일반적으로 적용되는 것도 아니고 물론 자명한 것도 아니다. 그것은 특수 사정에서만 효력을 갖게 되는 격률이요 대체적인 규칙이다. 그 규칙의 적용 여부는 자신의 가치관과 관련하여 있을 수 있는 이익과 손실의 질적 구조에 달려 있으며 이러한 모든 것은 또한 확률에 대한 추정적 평가를 도외시함이 합당한 배경적 상황 아래에서 이루어질 수 있다.

손익표에 대한 이야기에서와 같이 주목해야 할 사실은 그 표에 나타난 항목은 금전상의 가치이지 공리(효용)가 아니라는 점이다. 그 차이가 중요한 이유의 하나로서는 그러한 객관적 가치에 근거해서 기대치를 계산하는 것은 기대된 효용을 계산하는 것과 동일하지 않으며 때로는 전혀 다른 결과에 이르게 될 수도 있다는 것이다. 하지만 중요한 점은 공정으로서의 정의관에 있어서 당사자들은 자신의 가치관을 모르며 일상적인 의미에서 자신의 효용을 평가할 수가 없다는 것이다. 우리는 주어진 조건에 의해 생기는 사실적인(de facto) 선택을 넘어서고자 한다. 그래서 기대치는 기본적인 가치의 지수에 그 기초를 두고 있으며, 그에 따라서 당사자들은 자신의 선택을 결정하게 된다. 위에 나타난 항목은 계약론의 그와 같은 측면을 지시하기 위해 금액으로 표시되어 있으며 효용으로 표시된 것이 아니다.

그런데 방금 언급한 대로 원초적 입장은 최소 극대화 규칙이 적용되는 상황으로 규정되어진다. 이를 알아보기 위해 세 가지 특징을 염두에 두고서 이 상황의 성격을 다시 간단히 살피기로 한다. 우선 무지의 베일에 의해 확률에 대한 아주 애매한 모든 지식은 배제된다. 당사자들은 그들 사회의 가능적 성격이나 그에 있어서의 자기의 위치를 확인할 아무런 근거도 갖고 있지 않다. 그래서 그들이 다른 방도가 있을 경우 확률 계산을 꺼리는 데는 그럴 듯한 이유가 있다. 그들은 또한 그들이 원칙을 택함으로써 다른 사람들, 특히 그에 따라 그 권리가 크게 영향을 받게 될 후손들에게도 합당하여야 한다는 사실도 고려해야만 한다. 앞으로 논의의 전개에 따라 언급이 되겠지만 그런 식의 계산 방식을 도외시하는 또 다른 여러 이유들이 있다. 당장에는 당사자들이 자신의 손익표에 대해 아는 바가 거의 없다는 사실로 인해 이상과 같은 고찰이 더욱 유력해진다는 것만을 주목하기로 한다. 그들은 있을 수 있는 여러 상황의 가능성을 추정할 수 없을 뿐 아니라 있을 수 있는 상황이 어떤 것인지에 대해서도 잘 알지 못하며, 나아가 그들은 있을 수 있는 각 가능성의 결과를 열거하거나 예견할 수는 더욱 없는 노릇이다. 결정하는 자들은 수자로 된 표가 예시하는 바 이상으로 더 막연한 상태에 처해 있다. 그런 이유로 해서 나는 최소 극대화 규칙과의 유사성을 이야기했던 것이다.

정의의 두 원칙에 대한 여러 종류의 논의들은 두번째 특징을 잘 보여준다. 그래서 만일 이들 원칙이 사회 정의에 대한 쓸 만한 이론을 제시하며, 효율성의 합당한 요구와도 양립한다고 할 수 있다면 이러한 정의관은 최소한의 만족을 보장하게 된다. 깊이 생각해 봐서 달리 더 잘 해보려고 노력할 별다른 이유는 없을 것이다. 그래서 특히 제 II 부에 있어서의 대부분의 논의는 그 두 원칙을 사회 정의의 중요 문제에 적용해 봄으로써 두 원칙이 만족스러운 입장임을 증명하는 것이다. 이러한 세목들도 철학적인 의도를 갖는다. 나아가서 이런 식의 생각은 자유 우선성과 두 원칙의 축차적 서열을 확인할 수 있는 경우에는 사실상 결정적으로 유력한 것이다. 왜냐하면 이 우선성이 함축하는 바는 원초적 입장에 있는 자들은 평등한 자유를 희생하고서 보다더 큰 이득을 얻으려는 욕구를 가지지 않는다는 점이다. 축차적 서열로 된 두 원칙이 보장하는 최소한의 것은 보다 큰 경제적·사회적 이득을 위해 위태롭게 되기를 바라지 않는다는 것이다. 앞으로 4장과 14장의 일부에서 이러한 서열에 대한 문제가 논의될 것이다.

끝으로 세번째의 특징이 타당한 것은 다른 정의관에 의해서는 당사자들이 견디기 어려운 제도가 생겨날 수 있다고 생각할 수 있는 경우이다. 예를 들어 때때로 주장되는 바에 의하면 공리 원칙은(어떤 형식이든) 보다 큰 사회적 이득을 위해서는 노예 제도까지는 아니더라도 아뭏든 상당한 정도의 자유의 침해를 정당화한다는 것이다. 우리는 여기에서 이러한 주장의 진리 여부나 그러한 어떤 경우가 생길 가능성에 관해서 생각할 필요는 없다. 당장에 이런 주장을 한다는 것은 단지 그러한 정의관들은 당사자가 용납할 수 없는 결과를 허용할 수도 있음을 예증하기 위해서일 뿐이다. 그리고 최소한의 만족을 보장하는 정의의 두 원칙이라는 손쉬운 대안을 갖고서도 그러한 결과마저도 실현되지 않을 경우를 택한다는 것은 불합리하지는 않지만 어리석은 것으로 생각된다.

그러면 최소 극대화의 규칙이 제대로 적용될 상황의 특징과 정의의 두 원칙에 대한 논증이 어떻게 그 아래에 속하게 되는지에 관해서는 이 정도의 개략적인 이야기로 그치고자 한다. 그래서 전통적인 입장들의 목록이 (21절) 가능한 결정을 제시하고 있다면 그 규칙에 의해서 정의의 두 원칙이 선정될 것이다. 원초적 입장은 정의관에 대한 선택의 근본 성격에 비추어 볼 때 이러한 특징들을 아주 고도로 분명히 나타내고 있다. 최소 극대화에 관한 이상의 이야기는 원초적 입장에 있어서 선택 문제의 구조를 밝히는 데 그 의도가 있을 뿐이다. 그것은 그 선택 문제가 갖는 성질들의 해부도를 보여준다. 두 원칙에 대한 논증은 논의가 진행됨에 따라 보다 충실히 나타나게 될 것이다. 이 절을 끝맺음에 있어 나는 차등의 원칙에 대한 가능한 반론으로서 중대한 문제라고 생각되는 것을 다루고자 한다. 반론의 내용인즉, 우리는 최소 수혜자의 장기적인 전망을 극대화해야 되므로(보통의 제한 조건에 의해) 보다 유리한 자의 기대치에 있어 보다 큰 증감의 정의 여부가 보다 불리한 자의 기대치에 있어서의 사소한 변화에 의존하게 된다는 주장이다. 이를 구체적으로 설명해 보면 부나 소득에 있어서 최소 수혜자의 기대치가 아무리 적게라도 향상만 된다면, 부나 소득의 엄청난 불균형도 허용될 수 있다는 것이다. 그러면서도 동시에 보다 혜택받은 자에게 유리한 마찬가지의 불평등이 최소 수혜자에게 조금의 손해만 주어도 금지되는 것이다. 그런데 처지가 보다 나은 자의 기대치가 100억 달러가 증가하는 것의 정의 여부가 최소 수혜자의 전망에 있어 1페니가 증가하는 데 좌우된다는 것은 이상하게 생각된다. 이러한 반론은 최소 극대화 규칙에 있어서의 다음과 같은 난점과 유사하다. 일련의 손익표를 생각해 보기로 하자. 모든 자연수 n에 있어서,

$$0 \qquad\qquad n$$
$$1/n \qquad\qquad 1$$

적은 수치일 경우에는 두번째 행을 택함이 합당하겠지만 일련의 계열을 따라서 올라가면 어느 지점에 가서는 최소 극대화 규칙과는 달리 첫번째 행을 택하지 않으면 불합리하게 된다.

차등의 원칙은 이러한 추상적 가능성에 적용되기 위해 만들어진 것이 아니라는 점에서 약간의 해답이 주어진다. 앞에서 말한 바대로 금전이나 재산 등의 여러 가지 양을 일정한 개인에게 임의로 분배하는 문제가 아니다. 또한 어떤 내용물에 대한 기대치가 대표인들 사이에 각양 각색으로 교환될 수 있는 것도 아니다. 위의 반론이 생각하고 있는 가능성은 실제로 일어날 수가 없으며 현실성있는 경우란 아주 제한되어 있는 까닭에 그러한 가능성들도 제외된다.[20] 그 이유는 두 원칙이란 전체 사회의 기본 구조에 적용되는 하나의 정의관으로서 결합되어 있기 때문이다. 평등한 자유와 개방된 직위의 원칙들은 이러한 우연사가 일어날 것을 방지해 준다. 왜냐하면 보다 유리한 자의 기대치가 상승함에 따라 최소 수혜자의 처지도 점차 향상될 것이기 때문이다. 여하튼 어느 정도에 이르기까지는 이러한 모든 증가가 후자에게 유익하다. 왜냐하면 보다 유리한 자들의 보다 큰 기대치는 숙련 비용을 부담하고 보다 나은 작업을 권장함으로써 전체의 이득에 기여하기 때문이다. 불평등이 더 심해질지도 모르지만 교육받은 인재의 이용도가 증가하고 점차 기회가 확대됨에 따라 그들이 평등하게 되는 지속적인 경향성이 있게 된다. 다른 원칙들에 의해 설정될 조건들에 비해 여기서 일어남직한 불균형은 사람들이 과거에 가끔 참아왔던 차등보다 훨씬 적을 것이 분명하다.

또한 우리는 차등의 원칙이란 다른 원칙들의 작용을 가정할 뿐 아니라 어떠한 사회 제도론도 전제하고 있음을 알아야 한다. 특히 5 장에서 보다 자세히 논의하겠지만, 그것은 개방 계층제와 더불어 경쟁적인 경제 체제 아래에서(사유 재산 제도의 여부를 불문하고) 심각한 불평등이 지배하지 않으리라는 생각에 근거해 있다. 타고난 천부적인 재능과 동기의 법칙들을 가정할 때 커다란 불균형이 오래 지속하지는 않을 것이다. 그런데 여기에서 강조할 점은 경제학과 심리학의 일반적인 사실에 근거해서 제 1 원칙들을 선택한다는 데 대해서는 반대가 없다는 점이다. 지금까지 살펴보았듯이 원초적 입장의 당사자들은 인간 사회에 대한 일반적인 사실들을 알고 있다고 가정된다. 이러한 지식이 그들의 숙고의 전제 속에 개입됨으로써 그들은 이러한 사실에 비추어서 원칙들을 선택하게 된다. 물론 중요한 것은 이러한 전제들이 진리이고 충분히 일반적이라는 점이다. 예를 들어서 공리주의는 노예 제도나 다른 어떤 자유의 침해를 허용할 수도 있다는 반론이 흔히 제기된다. 이러한 제도들이 정당한지의 여부는 통계적 계산에 의해

---

20) 나는 이 점에 관해서 Marglin 의 도움을 얻었다.

그것들이 보다 높은 행복의 양을 산출하는가가 증명되느냐의 여부에 달려 있는 것으로 되기 때문이다. 이에 대한 공리주의자들의 대답은 사회는 그 성질상 그러한 계산이 보통 자유의 부인을 용납하지 않게끔 되어 있다는 것이다. 공리주의자는 앞으로도 언급되겠지만 어떤 표준을 가정함으로써 자유와 평등의 요구를 설명하려고 한다. 그래서 그것의 가정에 의하면 사람들은 한계 효용 체감(diminishing marginal utility)의 조건을 만족시키는 유사한 효용 함수 관계를 가진다는 것이다. 이러한 규정으로부터 생겨나는 결과는 이른바 일정량의 소득이 있을 경우 일단 우리가 미래의 생산에 대한 효과를 도외시한다면 분배는 평등하게 이루어져야 한다는 것이다. 왜냐하면 일부의 사람들이 다른 사람들보다 더 많이 가지고 있는 한에서는 보다 적게 가진 자에게 양도함으로써 전체 효용(total utility)이 증가될 수 있기 때문이다. 권리와 자유의 할당도 마찬가지로 생각될 수 있다. 앞서 나온 가정이 타당하다고 한다면 이러한 방식에 아무런 잘못된 점도 없는 것이다.

그런데 정의의 기본 원칙들이 사회 내의 인간에 대한 자연적 사실들에 의존한다고 주장하는 점에 있어 계약론은 공리주의에 합의한다. 이러한 의존 관계는 당사자들의 결정은 일반적 지식에 비추어 이루어진다는 원초적 입장의 성격 속에 분명히 설명되고 있다. 나아가서 원초적 입장의 여러 요인들도 인간 생활의 여건들에 관해서 여러 가지를 전제하고 있다. 어떤 철학자들은 생각하기를 윤리적 제 1 원칙은 모든 우연적 과정과는 상관없어야 하며 그것은 논리학의 가정과 그로부터 개념 분석을 통해 결과되는 것 이외의 진리는 인정해서는 안 된다고 한다. 도덕적 원리는 가능한 모든 세계에 타당해야 한다는 것이다. 그런데 이러한 입장은 도덕 철학을 창조의 윤리학에 관한 연구로 만들어 버렸으니 도덕 철학은 모든 가능한 세계 중에서 최선의 것이 무엇인지를 결정함에 있어 전능한 신이 품을 만한 생각을 검토하는 일이 되고 말았다. 비록 자연에 관한 일반적 사실마저도 선택되어져야 한다. 물론 우리는 창조의 윤리학에 대한 자연 종교적인 관심을 가지고 있다. 그러나 그것은 인간의 이해력을 넘어서는 것으로 생각되어진다. 계약론의 관점에서 볼 때 그것은 원초적 입장에 있는 자들이 그들 자신의 세계에 관해서 도무지 아무 것도 모르고 있다고 가정하는 것과 같다. 그렇다면 어떻게 그들은 결정을 내릴 수 있을까? 선택의 문제는 대안들이 자연 법칙이나 다른 조건들에 의해 적절히 제한되고 결정자가 이미 그들에 대한 어떤 선택 경향을 가질 경우에 제대로 성립할 수가 있다. 이런 식의 어떤 분명한 구조가 없다면 주어진 문제는 불확정적이다. 이런 이유 때문에 우리는 어떤 사회 제도를 전제로 해서 정의의 원칙들을 선택한다는 데 대해 아무런 주저도 할 필요가 없다. 사실상 우리는 일반적 사실에 관한 가정들을 피할 수가 없으며 당사자들이 대안들을 평가하는 기초가 되는 어떤 가치관이 없어서도 안 되는 것이다. 이러한 가정들이 옳고 적절히 일반적이라면 모든 것이 제대로 이루어진 셈이다. 왜냐하면 이러한 요인이 없다면 전체 체계는 핵심도 없고 공허한 것이 되고 말기 때문이다.

이상의 이야기로부터 분명한 사실은 정의의 제 1 원칙을 논증하기 위해서는 도덕적 조건뿐만 아니라 일반적 사실이 필요하다는 점이다. (물론 부차적인 도덕 규칙이나 특수한 윤리적 판단이 규범적 원리뿐만 아니라 사실적 전제에 의존한다는 것도 언제나 분명한 사실이다.) 계약론에 있어서 이러한 도덕적 조건은 최초의 계약적 상황에 대한 서술의 형식을 취하게 된다. 또한 분명한 것은 정의관에 도달함에 있어서 일반적 사실과 도덕적 조건 사이에는 분업이 성립한다는 점이며, 이런 분업은 정의관에 따라 달라질 수 있다. 앞에서 주목한 바와 같이 원칙들은 바람직한 도덕적 이상을 포함하는 정도에 따라 달라질 수 있다. 일반적 사실로부터의 논증에 대부분의 비중을 두는 것이 공리주의의 특징이다. 공리주의자는 사회나 인간성의 법칙들로 인해 우리의 숙고된 판단에 위배되는 모든 경우들은 제외된다고 주장함으로써 모든 반론들을 해결하려는 경향이 있다. 이와 대조적으로 공정으로서의 정의관은 일상적으로 이해하고 있는 정의의 이상을 보다 직접적으로 그 제 1 원칙 속에 구체화하고 있다. 이 정의관은 정의에 대한 우리의 판단들에 합치하기 위해 일반적 사실에 보다 적게 의존하고 있다. 그것은 이러한 합치가 가능한 한 보다 광범한 범위에 걸쳐 적용되는 것을 보장해 준다.

모든 이상을 제 1 원칙 속에 이런 식으로 구체화시키는 것에는 두 가지 정당한 이유가 있다. 우선 가장 분명하게는 원하는 결과로 이르게 하는 공리주의의 표준적 가정(standard assumptions)은 단지 확률적으로만 참일 뿐이거나 혹은 보다 의심스러운 것이다. 나아가서 그들의 충분한 의미와 적용은 지극히 가상적일 수가 있다. 효용 원칙을 정당화하는 데 필요한 모든 일반적 가정에 대해서도 같은 이야기가 적용된다. 원초적 입장의 관점에서 볼 때 이러한 가정들에 의존하는 것은 부당할 수 있으며, 따라서 이상을 선택된 원칙 속에 보다 분명하게 나타내는 것이 훨씬더 합당한 것이다. 그래서 당사자들이 불확실하고 복잡한 통계적 계산에 자신을 내맡기기보다는 곧바로 자신의 자유를 확보하는 길을 택할 것으로 생각된다. 공공적인 정의관에 도달함에 있어서 보다 복잡한 이론적 논증을 피하는 것이 더 바람직한 까닭에 이러한 이야기는 더욱 정당한 것이 된다(24절). 두 원칙에의 추론과 비교해 볼 때 효용이라는 기준의 근거는 이러한 제한을 무시하고 있다. 그런데 둘째로 효용에 대한 이론상의 계산이 언제나 평등한 자유를 보장하게 된다고 해도(이것이 사실임을 가정한다면) 당사자들은 사정이 달라지는 것을 바라지 않는다는 사실을 서로 공표하는 것이 실질적인 장점을 갖는다. 공정으로서의 정의관에 있어서 도덕적 입장은 공공적으로 알려져 있는 까닭에 두 원칙에 대한 선택은 결국 이러한 공표를 뜻하게 된다. 그리고 비록 표준적인 공리주의적 가정이 사실일지라도 집단적인 공표가 갖는 이점은 이들 원칙을 선호하게 한다. 이러한 문제들은 공지성 및 안정성과 관련하여 보다 상세히 고찰하고자 한다(29절). 여기에서 관련된 논점은 일반적으로 윤리론은 확실히 자연적 사실을 포함하게 되는 반면에 세상의 우연성을 이론상 완전히 파악하기보다는 정의에 대한 신념을 제1원칙 속에 보다 직접적으로 표현하는 것에 정당한 이유가 있다는 것이다.

27. 평균 효용의 원칙에 이르는 추론

이제 평균 효용(average utility)의 원칙에 유리한 추론을 검토해 보고자 한다. 고전적인 원칙은 나중에 논의하기로 하겠다(30절). 계약론이 갖는 또 하나의 장점은 비록 그 실제적 결과가 많은 점에서 일치하지만 이들 원칙들이 분명히 구별되는 입장임을 보여 준다는 점이다. 그들의 기본 가정을 분석해 보면 그것들이 최초의 상황에 대한 대조적인 해석과 관련되어 있다는 점에서 아주 다른 데 나는 이를 증명해 보고자 한다.

기본 구조에 관련시켜 볼 때 고전적 원칙에서는 제도가 합당한 대표인의 기대치의 절대 가중 총량(the absolute weighted sum)을 최대화하도록 편성될 것이 요구된다. 이 총량은 각 기대치에 그 해당 지위에 있는 사람 수를 곱하여 모두 합함으로써 주어진다. 다른 조건이 같다면 사회의 성원 수가 2배가 되면 효용도 2배로 커진다.(물론 공리주의적 입장에 따르면 기대치란 향유되고 예견된 만족 총량을 계산한 것이다. 그것은 공정으로서의 정의관에 있어서와 같이 단순히 기본적인 가치들의 지수가 아니다.) 이와 비교해서 평균 효용의 원칙은 사회로 하여금 전체 효용이 아니라 평균 효용(1인당)의 극대화를 도모하게 한다. 이는 보다 현대적인 입장으로 생각되는데 밀이나 위크셀에 의해 주장되었고 최근에는 다른 사람들이 그에 대한 새로운 기초를 제공했다.[21] 이러한 입장을 기본 구조에 적용해 보면 제도는 대표인의 기대치에 대한 백분비 가중 총량을 최대화하도록 설정하게 된다. 이 총량을 계산하기 위해서 우리는 각 기대치와 그에 해당하는 지위에 있는 자의 사회 전체인에 대한 비를 곱해서 이를 모두 합하면 된다. 그래서 여기에서는 더 이상 한 사회의 인구 수가 2배로 되면 효용도 마찬가지로 2배가 된다는 것이 들어맞지 않게 된다. 그와는 달리 여러 지위에 있는 자들의 전체 인구에 대한 비가 변하지 않는 한 효용은 동일한 것으로 남게 된다.

효용에 관한 이들 원칙 중에 어느 것이 원초적 입장에서 채택되어질 것인가? 이에 대답하기 위해서 우리가 주목해야 할 것은 인구 수가 일정한 경우에 상이한 그 두 대안들은 동일한 결과에 이른다는 점이다. 그러나 인구 수가 변동될 경우에는 차이가 생겨난다. 고전적 원칙이 요구하는 바는 제도가 가족 수나 결혼 연령 등을 좌우할 수 있는 한 그 제도는 총체 효용의 극대치가 달성되도록 편성되어야 한다는 것이다. 이로부터 나타나는 결과는 개인 수의 증가에 따라 1인당 평균 효용이 서서히 감소하는 한에 있어서 그 평균 효용이 아무리 저하된다 할지라도 인구는 무한히 증가되도록 권장된다는 것이다. 이 경우에 인구 수의 증대에 의해 늘어나는 효용은 1인당 분배량의 감소를 보상할 만큼 충분히 크다는 것이다. 따라서 선호의 문제가 아니라 정의의 문제로서 매우 낮은 수준의 복지가 요구될 수도 있다(아래의 도표를 참조).

인구의 무제한 증가

형식상으로는 무한한 인구 증가의 조건이란, y 는 1인당 평균치이고 x 는 인구 수

---

21) Mill 과 Wicksell 에 관해서는 G. Myrdal, *The Political Element in the Development of Economic Theory*, trans. P. Streeten (London: RKP, 1953), pp. 38 이하 참조 ; J.J.C. Smart, *An Outline of a System of Utilitarian Ethics* (Cambridge: The Univ. Press, 1961), p. 18 에서는 이러한 문제를 미해결로 남기고는 있지만, 우열은 꼭 가릴 필요가 있을 경우에는 고전적 원칙을 내세우고 있다. 평균 이론에 대한 명백한 주장자로서는 J.C. Harsanyi, "Cardinal Utility in Welfare Economics and the Theory of Risk Taking", *Journal of Political Economy*, 제 61 권 (1953) ; "Cardinal Welfare, Individualistic Ethics, and Interpersonal Comparisons of Utility", *Journal of Political Economy*, 제 61 권 (1955) ; R.B. Brandt, "Some Merits of One Form of Rule Utilitarianism", *University of Colorado Studies* (Boulder: Colo., 1967), pp. 39~65 참조. 그런데 다음 29절 각주 31 에 나오는 Brandt 의 견해에 관한 제한에 주목할 것. Harsanyi 에 대한 논의로서는 P.K. Pattanaik, "Risk, Impersonality, and the Social Welfare Funtion", *Journal of Political Economy*, 제 76 권 (1968) ; Sen, *Collective choice and Social Welfare*, pp. 141~146 참조.

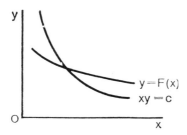

인 y=F(x) 곡선이 xy=c인 직각 곡선보다 더 수평적이어야 한다는 것이다. 왜 나하면 xy는 총체 효용과 동등하며 이 총량을 표현하는 사각형의 영역은 y=F(x) 곡선이 xy=c보다 수평적인 경우에는 언제나 x의 증가에 따라 증가하기 때문 이다.

그런데 이러한 고전적 원칙의 결과를 두고 볼 때 당사자들은 평균 효용 의 원칙이 더 낫다고 생각하므로 그것을 받아들이지 않을 것으로 생각된 다. 평균적인 복지가 그들 사이에 심각한 갈등을 일으키지 않을 정도의 충 분한 속도로(어느 지점 이상으로) 하강한다고 생각되는 경우에만 그 두 원 칙은 동일하게 될 것이다. 원초적 입장에 있는 자들의 관점에서 볼 때 평 균적인 복지를 유지해 줄 어떤 하한선에 합의하는 것이 보다 합리적이라 고 생각될 것이다. 당사자들은 자신의 이익을 증진하려 하는 까닭에 그들 은 만족의 총체량을 극대화하는 데는 전혀 관심이 없다. 그래서 정의의 두 원칙에 대한 보다 그럴 듯한 공리주의적 대안은 고전적 원칙이 아니고 평 균적 원칙이다.

이제 당사자들이 평균적 원칙에 도달하게 되는 과정을 고찰해 보기로 한다. 약술하고자 하는 추론 과정은 완전히 일반적인 것으로서 그것이 타 당할 경우에는 다른 대안들을 제시하는 문제는 완전히 제외해 두고자 한 다. 평균적 원칙은 합당한 유일한 후보안으로 인정될 것이다. 합리적인 한 개인이 여러 가지 사회 중에서 자기가 속하게 될 사회를 선택할 수 있는 상황을 생각해 보자.[22] 생각을 정돈하기 위해 우선 이런 사회의 성원들은 모두 동일한 선호를 가졌다고 생각하자. 또한 이러한 선호는 기수적 효용 (cardinal utility)을 결정할 수 있는 조건을 만족시킨다고 생각해 보자. 나

---

22) 이 점에 있어서 나는 Vickrey가 제시한 제 1 단계를 따랐다. "Utility, Stra-tegy, and Social Decision Rules", *Quarterly Journal of Economics*, 제 74 권 (1960), pp. 523 이하.

아가서 각 사회도 자원과 천부적 재능의 분배에 있어서 동일하다. 그러 나 서로 다른 재능을 가진 개인들이 상이한 소득을 가지며, 각 사회는 재분배 정책을 실시하고 있는데 이는 어느 정도 이상 밀고 갈 경우 유인(incentives) 을 약화시킴으로써 생산을 저하시키게 되기도 한다. 이들 사회에서 각기 다른 정책이 수행된다고 가정할 때 각 개인들은 어느 사회에 소속되기를 결심할 것인가? 만일 자신의 능력과 이해 관계를 자상하게 알고 이들 사 회에 관한 상세한 정보를 갖고 있다면 그가 각 사회에서 누리게 될 복지 를 예견할 수 있을 것이다. 그러면 그는 이를 기초로 해서 결정을 내릴 수 있다. 그는 어떤 확률적 계산을 할 필요가 없게 된다.

그러나 위에서 말한 경우는 다소 특수한 것이다. 그러한 경우를 점차 변 경시켜 감으로서 원초적 입장에 있는 경우와 유사하도록 접근해 보자. 그 래서 첫째로 우리는 가정상(假定上)의 가담자가 여러 사회 속에서 자신의 재능으로 하게 될 역할에 대해 불확실하다고 생각해 보자. 만일 그의 선호 가 다른 모든 사람과 동일하다고 생각한다면 그는 자신의 기대 복지를 극 대화하려고 노력함으로써 결정을 할 수가 있을 것이다. 그는 특정 사회에 대한 자신의 전망을 계산함에 있어 그 사회의 대표 성원들의 효용을 대안적 효용으로 생각하고 각 지위에 대한 가능성을 알기 위해 자신이 그 지위를 갖게 될 가능성을 평가하게 된다. 그래서 그의 기대치는 대표인의 가중된 효용 총량에 의해서 결정되는데 다시 말하면 $\sum p_i u_i$ 에 표현된 바에 따라 결정된다. 여기에서 p_i 는 그가 i 번째의 지위를 얻게 될 가능성이고 u_i 는 그에 대응하는 대표인의 효용이다. 이렇게 해서 그는 최고의 기대치를 주 는 사회를 택하게 된다.

여기서 다시 몇 가지 변경을 지키면 원초적 입장에 보다 가까운 상황이 나타난다. 가정상의 가담자가 각 사회에서 그가 갖게 될 자신의 능력이나 지위에 대해서 아무 것도 모른다고 생각해 보자. 그러나 아직도 그의 선 호는 이 사회의 사람들과 동일하다고 생각해 보자. 그리고 그는 어떤 개 인이든 될 수 있는 동등한 기회를 갖고 있다고 함으로써 확률적인 방식에 따라 계속 추리해 간다고 생각해 보자. (즉 그가 어떤 대표인에 소속될 기회는 사회 전체인에 대한 그 대표인의 비로 나타난다.) 이런 경우 그의 기대치는 각 사회에 있어서의 평균 효용과 동일하다. 이러한 변경은 드디어 각 사회에 대한 그의 기대 이익을 그 평균적 복지의 수준과 동일하게 해준다.

지금까지 우리는 모든 사람은 그들이 동일한 사회에 속하는지의 여부와 상관없이 동일한 선호를 가진다고 가정해 왔다. 그들의 가치관은 대체로 동일한 것이었다. 일단 이와 같이 지극히 제한된 가정을 버리게 되면 우리는 마지막 단계에 들어서게 되고 최초의 상황에 대한 한 형태에 이르게 된다. 다시 말하면 이러한 사회의 성원이나 결정자의 특정 선호에 대해서 알려진 바가 아무 것도 없게 된다. 이러한 사실과 더불어 이들 사회의 구조에 대한 지식까지도 배제된다. 이제 무지의 베일은 완전하게 되는 것이다. 그러나 이러한 경우에도 가정상의 참여자는 이전과 똑같이 추리한다고 생각할 수 있다. 그는 자기가 결국 어떤 선호, 능력, 사회적 지위를 완전히 갖춘 어떤 사람으로 나타날 가능성이 모두 동일하다고 생각한다. 여기서도 다시 한번 최대의 평균 효용을 갖춘 사회에 대해서 그의 전망이 최대가 된다. 우리는 다음과 같은 방식으로 이 사실을 알 수가 있다. 사회 성원의 수를 n이라 하고 복지의 수준을 $u_1, u_2, u_3, \cdots\cdots, u_n$ 이라 해보자. 그러면 총체 효용은 $\sum u_i$ 이고 평균 효용은 $\sum u_i/n$ 이 된다. 누구나 어떤 사람이 될 동등한 기회를 가진다고 가정한다면 우리의 기대치는 $1/n\, u_1 + 1/n\, u_2 + \cdots + 1/n\, u_n$ 혹은 $\sum u_i/n$ 이 된다. 그래서 기대치는 평균 효용과 동일하다.

그래서 만일 효용에 대한 개인간의 비교 문제를 잠시 덮어 두고 그리고 당사자들이 모험을 싫어하지 않으며 가능성을 헤아림에 있어 불충분한 이유의 원칙(사전에 이루어지는 확률적 계산의 기초가 되는 원칙)을 따르는 자로 생각할 경우 최초의 상황이라는 관념은 자연히 평균적 원칙에로 나아가게 된다. 그 원칙을 택함으로써 당사자들은 이런 입장에서 보아진 대로 그의 기대 복지를 극대화하게 된다. 그래서 어떤 형식의 계약론은 고전적 입장보다 평균적 입장에 보다 유리한 논증의 길을 제시한다. 사실상 이와 달리 어떻게 평균의 원칙이 설명되어질 것인가? 결국 그것은 엄밀히 말해서 고전적 견해와 같은 목적론이 아니며 따라서 그것은 선의 극대화라는 관념이 갖는 그런 유의 직감적 호소력이 없다. 평균적 원칙을 주장하는 자는 적어도 이 점에 이르기까지는 계약 이론에 의거하고자 할 것이다.

나아가서 가정상(假定上)의 신참자의 관점을 취한다고 해서 일반성을 잃는 것이 아니다. 물론 원초적 입장에 있는 자들은 그들이 이미 어떤 특정한 사회에 지위를 갖고 있음을 알고 있다. 그러나 최초의 상황이라는 관점에서 볼 때 지금까지의 사정이 어떠했는지와 앞으로 어떠할지를 추론함에 있어서 본질적인 차이는 없다. 무지의 베일로 인해 이러한 구분의 근거가 없어지는 것이다. 그래서 어느 쪽이든 평균의 원칙에 대한 동일한 논증이 이루어질 수 있다.[23] 그것을 받아들임에 있어 당사자들은 가정상의 신참자로서

---

23) 이 점에 관해서 Harman 의 도움을 입었다.

원초적 입장과 유사한 여건 속에서 여러 사회 중에 선택하기 위해 사용하게 될 원칙에 따라서 가능한 한 최선의 사회로 편성하는 데 합의할 것이다. 평균의 원칙은 당사자들이 모든 경우에 있어서 가장 추상적인 확률적 추론을 믿기 좋아하는 자라고 일단 생각될 경우 그들에게 호소력을 갖게 된다. 정의의 두 원칙을 논증하기 위해 내가 증명해야 할 것은 원초적 입장에 비추어 보아서 당사자들이 이상과 같은 방식으로 생각할 수 없다는 점이다. 사실상 여기에서 우리는 공정으로서의 정의관이 갖는 중심 문제 중의 하나에 당면하게 된다. 즉 원초적 입장을 규정함에 있어 의미있는 합의가 이루어질 수 있으면서도(무지의 베일과 더불어 흥정과 편견의 바탕을 제거한다는 조건) 이런 결과를 달성하기 위해 부여되는 제한 조건들이 계약론적인 전통의 특징을 지니는 원칙들을 이끌어 내도록 규정하는 일이다.

28. 평균 효용 원칙의 몇 가지 난점

정의의 두 원칙에 대한 논증에 들어가기 전에 평균 효용의 원칙이 갖는 몇 가지 문제점을 언급하고자 한다. 그런데 우선 우리는 단지 외견상으로만 그럴 듯해 보이는 것으로 판명될 한 가지 반론에 주목해야 한다. 앞에서 살폈듯이 이 원칙은 어떤 합리적 개인이 최초의 상황의 관점에서 보아 그의 기대치를 극대화하는 데 필요한 어떤 기회이든지 포착하고자 할 때 그의 규범으로 생각될 수가 있다.(만일 확률에 대한 객관적 근거가 없을 경우 그 기대치는 불충분한 이유의 원칙에 의해 선정된다.) 그런데 이러한 원칙에 대해 그것은 모든 사회의 성원이 실제로 똑같이 모험을 받아들인다는 것을 전제하고 있다는 반론을 전개할 가능성이 다분히 있다. 언젠가는 모든 사람이 실제로 동일한 모험을 갖기로 합의해야 한다고도 말하고 싶을 것이다. 그러나 이러한 경우가 있을 수 없다는 것은 분명하므로 그 원칙은 부당하다는 것이다. 다음과 같은 극단적인 경우를 하나 생각해 보자. 즉 노예 소유주가 자기의 노예들과 대립되어 있을 경우 그들에게 자신의 처지를 정당화하기 위해 첫째로 그들 사회의 형편으로 봐서 노예 제도란 사실상 최대의 평균 복지를 산출하기 위해 필요한 것임을 주장하고, 둘째로 최초의 계약적인 상황에서 그가 나중에 정당하게 노예로 소유될 입장에 있을 모험을 무릅쓰고라도 평균적 원칙을 선택하게 될 것이라고 주장했다고 해보자. 우선 당장 우리는 노예 소유주의 논법이 터무니없는 것은 아닐지라도 논점이 어긋난 것으로 거부하려 할 것이다. 개인들이 실제상으로 정말 모험성이 있는 정의관에 합의하지 않는 이상 아무도 그 요구 조건에 얽

매이지 않을 것이기 때문이다.

그런데 계약론의 입장에서 볼 때 노예 소유자가 제시한 논증의 일반 형식은 옳은 것이다. 사태의 결과에 대해서 쌍방이 똑같이 모험을 걸게 되는 그러한 경우가 실제로 없으므로 그의 주장은 부당하다고 노예들이 반박하는 것은 잘못일 것이다. 계약 이론은 순수히 가정적인 것으로서 원초적 입장에서 어떤 정의관이 합의된다면 그 원칙들은 적용될 수 있는 정당한 원칙이 되는 것이다. 이러한 합의는 일어난 적이 없으며 앞으로도 결코 일어나지 않으리라는 것은 반론이 될 수 없다. 우리는 개인의 의무와 책무를 설명해 주기 위한 적합한 합의가 현실적으로 생겨나지 않을 경우 정의론을 가정적으로 해석할 수가 없다고 말할 수도 없으며 우리가 원치 않는 정의의 원칙들을 배척하기 위해 모험성이 있는 실제적인 상황만을 내세우는 것도 역시 말이 안 된다.[24] 그래서 공정으로서의 정의관에서 노예주의 논증을 반박하는 길은 그가 의거하는 원칙이 원초적 입장에서 거부될 것임을 증명하는 일이다. 여러 가지 이유들에 비추어 볼 때 정의의 두 원칙이 유력함을 증명하기 위해서는(유력한 해석에 의한) 이러한 최초의 상황이 갖는 여러 측면을 이용하는 수밖에 없다. 다음 절에서 이 작업을 시작하려 한다.

평균적 원칙에 있어 첫번째 난점은 두 원칙에 유리한 논증을 전개하기 위한 발견적인 방도로서 최소 극대화의 규칙을 논할 때 이미 언급했었다. 그것은 합리적 개인이 확률성을 평가하는 방식에 관련된 것이다. 이러한 문제가 일어나는 까닭은 우리가 앞으로 어떤 사람이 될른지에 관해 똑같은 가능성을 가졌다고 생각할 객관적 근거가 최초의 상황에는 없기 때문이다. 즉 이러한 가정은 우리 사회에 대해 알려진 특징에 근거를 두고 있는 것이 아니다. 평균적 논증에 이르는 초기 단계에서 가정상의 참여자는 자신의 능력과 그가 속하고자 선택하게 될 사회의 구도에 대해 어느 정도의 지식을 갖고 있다. 그의 가능성에 대한 평가는 이러한 지식에 근거를 두고 있다. 그러나 마지막 단계에 가서는 특수 사정에 관해서 완전히 무지의 상태가 된다(정의의 여건이 의미하는 사정을 제외하고서). 이 단계에서 개인의 기대치는 불충분한 이유의 원칙에만 의존해서 형성된다. 이 원칙은 어떤 지식이 없는 경우에 결과에 대한 확률을 정하는 데 이용되는 것

---

24) 나는 이 문제에 관해 誤謬에 빠졌었다. "Constitutional Liberty and the Concept of Justice", *Nomos VI: Justice*, ed. C. J. Friedrich and J. W. Chapman (N. Y.: Atherton Press, 1963), pp. 109~114 참조. 나는 Harman이 이 점을 해명해 준 데 대해 고맙게 생각한다.

이다. 전혀 근거 자료가 없다면 가능한 모든 경우가 동일한 확률을 가진 것으로 생각된다. 그래서 라플라스의 추론에 의하면 우리가 검정 구슬과 빨간 구슬이 서로 다른 비율로 들어 있는 두 항아리로부터 구슬을 끄집어 낼 때 우리 앞에 놓인 항아리에 대해 전혀 아는 바가 없을 경우 우선 우리가 이들 항아리로부터 어떤 구슬을 끄집어 낼 확률은 동일하다고 생각해야만 한다는 것이다. 이러한 생각은 처음의 확률이 정해지는 근거가 되는 무지의 상태는 우리가 특정한 동전이 테두리가 한쪽으로만 기울지 않을 것을 보여주는 충분한 근거를 가지고 있을 경우와 동일한 유의 문제를 나타낸다. 그 원칙을 사용함에 있어서 특징적인 것은 그것이 여러 종류의 지식을 결합하여 엄밀히 확률적인 하나의 체계로 만들어 아무런 지식이 없는 경우에도 확률에 대한 추리를 이끌어 낼 수 있게 한다는 점이다. 어떻게 도달되든 처음의 확률성은 임의적인 사례 선정과 더불어 이론의 일부가 된다. 아무런 정보가 없는 제한된 경우도 어떤 이론상의 문제를 제기하지 않는다. [25] 증거가 누적됨에 따라 처음의 확률성은 어떤 식으로든 수정되어 갈 것이며 불충분한 이유의 원칙은 적어도 처음부터 어떤 가능성도 배제되지 않음을 보장한다.

그런데 당사자들은 오직 이러한 원칙에만 근거해서 도달된 가능성은 무시한다고 가정하고자 한다. 이러한 가정은 원초적 합의가 갖는 근본적 중요성에 비추어 볼 때 합당한 것이며 각자가 결정을 짓고자 하는 욕구는 그에 의해 영향을 받게 될 후손에게도 책임을 져야 할 것으로 보인다. 큰 모험을 감행함에 있어 우리는 후손들에 대해서 우리 자신을 위해서 보다더 망설일 것이며, 반드시 모험을 해야 할 경우는 그러한 불확실을 피할 수가 없거나 혹은 객관적 정보에 의해 평가된 바, 가능적 이익이 아주 커서 설사 주어진 모험을 받아들인 결과가 실제로 나쁜 것이 될지라도 주어진 기회를 거부하면 그들에게 무책임하게 될 때이다. 당사자들은 정의의 두 원칙이라는 대안을 가진 까닭에 원초적 입장의 불확실성을 대체로 피할 수 있다. 그들은 자신의 자유와 사회적 여건이 허용하는 대로 어느 정도의 만족스러운 생활 수준은 보장할 수가 있다. 사실상 다음 절에서 논의할 것이지만 평균적 원칙의 선택이 불충분한 이유의 원칙에 근거해 있다는 사

---

25) W. Fellner, *Probability and Profit*, pp. 27 이하 참조. 불충분한 이유의 원칙의 고전적 형태는 문제점들을 가진다고 알려져 있다. J.M. Keynes, *A Treatise on Probability* (London: Macmillan, 1921), 4장 참조. *Logical Foundations of Probability*, 제 2 판 (Chicago: Univ. Chicago Press, 1962)에서 Carnap 의 의도 가운데 일부는 고전적 원칙의 의도를 살릴 수 있는 다른 이론적 수단을 발견함으로써 연역적 논리와 체계를 구성하려는 데 있다.

실만 제외한다면 그것이 보다 나은 전망을 실제로 제시할 것인지도 모를 일이다. 그런데 무지의 베일이 갖는 효과로 인해 정의의 두 원칙이 보다 유리할 것으로 생각된다. 이러한 정의관은 완전한 무지의 상황에 보다 적합한 것이다.

타당한 경우에 당사자들로 하여금 동등한 확률을 객관적으로 평가하게 해줄 사회에 관한 가정이 있음은 물론이다. 이를 알아보기 위해 우리는 고전적 원칙에 대한 에즈워드의 논증을 평균 효용에 관한 논증으로 바꾸어 놓을 수가 있다.[26] 사실상 그의 추론은 정책에 관한 거의 모든 이론을 밑받침하도록 조정될 수가 있다. 에즈워드의 생각에 따르면 자기 이익을 추구하는 당사자들이 사회 정책을 평가하기 위한 정치 원리로서 효용의 기준에 합의하는 것이 합리적일 거라는 어떤 합당한 가정을 정식화할 수 있다는 것이다. 이러한 원리가 필요한 이유는 정치적 과정이란 경쟁적인 것이 아니며, 이러한 결정들을 시장에 맡겨 버릴 수는 없기 때문이다. 여러 가지 다양한 이해 관계를 조정하기 위해 어떤 다른 방도가 찾아져야 한다. 에지워드는 효용의 원칙이 자신의 이익을 추구하는 당사자들에 의해 바람직한 기준으로 합의되리라고 생각한다. 그의 생각에 따르면 오래도록 여러 경우가 경과하는 동안 각 경우의 효용을 극대화하는 정책은 개인에게도 최대의 효용을 가져다 줄 가능성이 가장 크다는 것이다. 이러한 기준을 조세나 소유권 입법에 일관되게 적용하면 어떤 사람의 입장에서 보아도 최선의 결과를 가져다 주리라 생각된다고 한다. 이런 원칙을 채택함으로써 자기 이익을 추구하는 개인은 결국 손해를 보지 않을 것이며 사실상 자기의 전망을 가장 잘 향상할 수 있으리라는 합당한 확신을 갖게 된다는 것이다.

에즈워드의 생각이 갖는 결함은 요구되는 가정이 지나치게 비현실적이며 특히 기본 구조의 경우에 있어서는 더우기 그러하다는 점이다.[27] 이러한 가정들을 진술해 보면 그것이 얼마나 현실성이 없는가를 알게 된다. 우리는 정치적 과정을 형성하는 결정들의 결과는 다소 상호 독립적일 뿐만 아니라 그 사회적 결과에 있어서 어느 경우가 대단히 클 수는 없겠지만 대

26) F.Y. Edgeworth, *Mathematical Psychics* (London, 1888), pp. 52~56, 그리고 "The Pure Theory of Taxation", *Economic Journal*, 제 7 권 (1897)의 첫 페이지 참조. 또한 R.B. Brandt, *Ethical Theory* (Englewood Cliffs, N.J.: Prentice Hall, Inc., 1959), pp. 376 이하.

27) 여기에서 내가 Edgeworth 에게 적용시킨 것은 Little 이 다음 책에서 Hicks 의 제안에 반대하기 위하여 사용한 논증이다. *Critique of Welfare Economics*, 제 2 판(Oxford: The Clarendon Press, 1957), pp. 93 이하, 113 이하 참조.

체로 동일한 차원에 있음을 가정해야만 하며 그렇지 않으면 이들 효과가 독립적일 수가 없기 때문이다. 더우기 사람들은 사회적 지위 이동을 임의로 할 수 있으며 손익이 평준화되도록 오래 산다고 가정되어야 하거나 아니면 효용의 원칙에 의해 이루어지는 입법이 그 특전을 언제나 골고루 분배한다고 가정되어야만 한다. 그러나 분명히 사회란 이런 식의 추정적인 (stochastic) 과정이 아니며, 사회 정책의 어떤 문제는 다른 문제들보다 훨씬더 중대한 것으로서 흔히 제도 내의 이익 분배에 있어 지속적인 대단한 변경을 가져오는 것이다.

예를 들어 한 사회가 다른 국가와의 무역 정책에 있어 역사적인 변경을 하고자 하는 경우를 생각해 보자. 문제는 그것이 새로운 산업 노동자들을 위한 보다 싼 식량을 얻기 위해 농산물의 수입에 오랫동안 부과해 왔던 관세를 철폐할 것인가에 관한 것이다. 공리주의적 근거에 의해 그 변경이 정당하다는 사실은 그것이 지주 계급이나 산업 계층에 속하는 자들의 상대적 지위에 영원히 영향을 미치지 않으리라는 것을 뜻하지는 않는다. 에즈워드의 추론이 타당한 경우는 오직 많은 결정들이 각각 분배의 몫에 비교적 사소하고 일시적인 영향을 미치며 임의성을 보장하는 어떤 제도적 방도가 있을 경우에서이다. 그런데 현실적인 가정 아래에서 그의 논증은 기껏해야 효용의 원칙은 보다 사소한 정책 문제에 대한 입법 기준으로서 부차적인 위치를 갖는다는 사실을 증명할 수 있을 뿐이다. 그러나 이는 분명히 그 원칙이 사회 정의의 중요 문제에 대해 실패하고 있음을 의미한다. 사회에 있어 우리의 최초의 지위와 천부적 재능 그리고 사회 질서는 하나의 체제라는 사실 등이 갖는 지배적이고 지속적인 영향은 정의의 문제를 일차적으로 특징짓는 것이다. 우리는 인간의 사회적 지위가 갖는 우연성과 그들의 처지가 갖는 불균형이 언젠가는 평준화된다고 가정하는 수학적 매력을 갖는 가정에 유혹되어서는 안 된다. 오히려 우리는 그것이 사실이 아니며 사실일 수 없음을 충분히 인정하는 우리의 정의관을 선택하지 않으면 안 된다.

그런데 만일 평균 효용의 원칙이 받아들여지게 된다면 당사자들은 불충분한 이유의 원칙에 의해 추론을 해야 할 것으로 생각된다. 그들은 혹자가 라플라스의 규칙이라고 한 것에 의해 불확실한 상태에서 선택해야 한다. 여러 가능성이 어떤 자연적 방식들에 의해 확인될 것이며 그 각각에 동일한 확률이 배정될 것이다. 사회에 대한 어떤 일반적 사실도 이러한 배정을 밑받침하기 위해 제시되지 않으며 당사자들은 정보가 입수되지 않은 것처럼 확률적인 계산을 수행해야 한다. 지금 여기서 확률의 개념을 논의할 수는 없으나 다만 몇 가지 점만을 주목해야겠다.[28] 첫째로 확률의 의미가 도덕 철학 특히 정의론의 문제로서 나타난다는 것은 놀라운 일이다. 그러나 그것은 도덕 철학론을 합리적 선택 이론의 일부로 간주하는 계약론의 불가피한 결과이다. 최초의 상황이 규정되는 방식에 따라 확률에 대한 고려가 나타나게 마련이다. 무지의 베일로 인해 당장 불확실성 아래에서의 선택 문제가 생긴다. 물론 당사자들을 완전한 이타주의자로 간주하고 그들이 확실히 상대방의 입장에 서 있는 것처럼 추론한다고 가정할 수도 있다. 최초의 상황을 이런 식으로 해석하게 되면 모험과 불확실성은 없어지게 된다(30절).

그러나 공정으로서 정의관에 있어서도 이러한 문제를 완전히 피할 길은 없다. 중요한 것은 채택된 원칙이 모험에 대한 특수한 태도에 좌우되지 않도록 하는 일이다. 이러한 이유로 인해 무지의 베일은 그러한 경향에 대한 지식 역시 배제하며 따라서 당사자들은 자신이 모험하는 일을 유별나게 싫어하는지의 여부를 모른다. 가능한 한 정의관의 선택은 모험에 대한 특수한 개인적 선호에 좌우됨이 없이 모험을 한다는 데 대한 합리적 평가에 의존해야만 한다. 물론 사회 체제는 이러한 여러 가지 경향성이 공공 목적을 위해 충분한 기능을 발휘하도록 허용하는 제도를 가짐으로써 그것을 이용할 수도 있다. 그러나 이상적으로는 사회의 기본 구조는 이러한 특정 태도에 의존해서는 안 된다(81절). 그러므로 정의의 두 원칙이 원초적 입장에서 모험에 대한 독특한 보수적 입장을 나타내고 있다는 사실은 그 원칙에 대한 논증이 아니다. 증명되어야 할 것은 사람이 모험을 싫어하는 것처럼 선택한다는 것은 모험에 대한 어떤 특수한 태도와는 상관없는 그런 고유한 특성을 가진 상황에서는 합리적이라는 점이다.

둘째로 나는 오직 확률에 대한 판단이 합리적 판단의 근거가 될 경우 그것은 객관적 근거, 즉 특정 사실에 대한 지식(혹은 타당한 신념)을 바탕으로 해야 한다고 가정한다. 그리고 이러한 근거는 상대적 빈도에 대한 보고의 형식을 취할 필요는 없으나 결과에 영향을 미치는 여러 경향들의 상대적 강도를 평가하는 근거는 제공해야만 한다. 객관적 이유에 대한 필요는 원초적 입장에 있어서 선택이 갖는 근본적인 의의와 당사자들은 자신의

---

28) W. Fellner, *Probability and Profit*, pp. 210~233 은 간략한 주석과 더불어 유용한 문헌록을 포함하고 있다. 소위 Bayesian 관점에 대한 최근의 발전에 대해 특히 중요한 것은 L. J. Savage, *The Foundations of Statistics*(N. Y.: John Wiley and Sons, Inc., 1954) 철학적 문헌에 대한 지침으로서는 H. E. Kyburg, *Probability and Inductive Logic* (Riverside, N. J.: Macmillan, 1970).

결정이 타인들에게 합당한 근거가 있어 보이기를 원한다는 사실에 비추어
보아 더욱 긴요한 것이다. 그러므로 원초적 입장에 대한 충분한 기술을 위
해 내가 가정하는 것은 당사자들이 특정 사실에 관한 지식에 밑받침되지
않은 확률 평가를 무시하며 반드시 그렇지는 않지만 대체로 불충분한 이유
의 원칙에서 도출한다는 점이다. 객관적 근거의 요구에 대해서는 신베이즈
학파 이론가들과 고전적 사상을 견지하는 자들간에 이론(異論)이 없는 것으
로 보인다. 이 경우 논란이 되는 것은 상식에 바탕을 둔 어느 정도의 직관
적이고 부정확한 확률 평가가 이러한 지식을 고려하지 않는 방법에 의해 도
달된 결론을 조정하는 특수 방법에 사용되기보다는 확률론의 형식적 체계
속에 포함되어야 하는가이다.[29] 여기에서 신베이즈 학파들은 유력한 사례
를 갖는다. 물론 가능하다면 불규칙적이고 애매하지 않은 체계적인 방식으
로 우리의 직관적 지식이나 상식적 예감을 사용하는 것이 더 낫다. 그러나
이러한 것들은 확률 판단이 원초적 입장이라는 특수한 상황에 있어서 결
정의 합리적 근거가 되어야 할 경우 사회에 관해 이미 알려진 사실에 어
떤 객관적 근거를 두어야 한다는 주장에 어떤 영향을 줄 수는 없다.

내가 여기서 언급할 마지막 난점은 심각한 문제를 제기한다. 나는 비록
그것을 제대로 다룰 수는 없지만 그냥 지나쳐 버려서는 안 된다. 문제는
평균적 원칙에 대한 추론의 마지막 단계에서 기대치가 갖는 특유성 때문
에 생긴다. 기대치가 정상적으로 계산될 경우에는 대안들의 효용은 ($\sum p_i u_i$
라는 표현 속의 u_i) 단일한 선호의 체계로부터, 즉 선택을 하는 개인의 선
호로부터 이루어진다. 효용은 이 사람의 가치 체계에 의해 평가된 대안들
의 기대치를 나타낸다. 그러나 지금 경우에는 각 효용이 서로 다른 사람
의 선호에 기초해 있다. 효용의 수자만큼 서로 다른 많은 사람이 있다. 이
러한 추론이 개인간의 비교를 전제함은 분명하다. 그러나 당분간 그것을
규정하는 문제를 접어 두고서 여기에서 주목해야 할 점은 그 개인들은 자
기의 것으로 생각해야 할 목적이라고는 도무지 갖지 않는 것처럼 선택하
는 것으로 생각된다는 점이다. 그는 각자의 목적 체계, 능력, 사회적 지
위를 완전히 갖춘 많은 사람들 중에 어떤 자가 될 모험을 하고 있다. 그
런데 우리는 이러한 기대치가 의미있는 것일지를 의심할 수 있다. 그에
대한 평가가 이루어지는 어떤 선호 체계가 없는 까닭에 그것은 필요한 일
관성을 결여하고 있는 것으로 보인다.

이 문제를 해명하기 위해 객관적 상황을 평가하는 것과 개인적 측면 즉

29) Fellner, *Probability and Profit*, pp. 48~67; Luce and Raiffa, *Games and Decisions*, pp. 318~334 참조.

능력, 성격상의 특징, 목적 체계 등을 평가하는 것 사이의 구분을 지어 보자. 그러면 우리의 입장에서 볼 때 우리는 사회적 지위, 부나 기본 가치에 대한 그의 기대치에 의해 명시된 대로 다른 개인의 처지를 평가하기가 아주 쉬워진다. 우리는 자신의 성격과 선호(그의 것이 아닌)를 그대로 가진 채 그의 처지에 우리 자신을 두고서 우리 자신의 계획이 어떤 영향을 받을 것인지를 고려하게 된다. 우리는 이로부터 더 나아가 적어도 타인의 특성과 목적의 일부를 지니고서 그의 위치에 있는 것이 우리에게 어떤 가치가 있을지를 평가할 수 있다. 우리는 자신의 인생 계획을 알고 있을 경우 우리가 이러한 목적과 특징을 갖는 것이 합리적이며, 따라서 가능한 한 그것들을 발전시키고 조장할 만한 것인지를 결정할 수 있다. 이런 문제들은 7장에서 논의할 것이다. 여기서는 우리가 타인들의 총체적 상황과 그의 객관적 처지 그리고 그의 성격과 목적 체계를 우리 자신의 가치관의 세목을 참조함이 없이는 평가할 수 없다는 점을 아는 것으로 충분하다. 이러한 것들을 우리의 관점에서 판단하려면 우리는 자신의 인생 계획을 알아야만 한다. 우리에게 있어서 타인의 여건이 갖는 가치는 구성된 기대치가 가정하듯이 그들 자신에 대한 가치는 아닌 것이다.

나아가서 지금까지 살펴본 바와 같이 개인간의 비교를 위한 가장 분명한 바탕은 기본 가치, 즉 내용에 상관없이 모든 합리적 인간이 원하리라고 생각되는 것에 의해 이루어진다. 우리가 사람의 보다 고차적인 목적과 특성으로 나아가 그것들이 우리에게 대해 갖는 가치를 평가한다면 그 절차는 더욱 보잘 것 없는 것이 된다. 그 이유는 이러한 평가가 우리의 생활 양식에 보다 근본적인 변경을 가져 오게 되며 우리의 계획에 보다 광범한 개조를 하게 되기 때문이다. 사실상 사람들간에 온갖 영역의 궁극 목적까지도 포함한 하나의 척도를 정하려 함은 무의미하다. 그 문제는 마치 예술의 상이한 양식을 비교하는 것과 유사하다. 인간에게는 그들의 경향에 따라 참여하게 되고 충분한 가치가 있다고 생각하게 될 것들이 너무나 많기 때문이다. 물론 공리주의는 이러한 반론에 양보하여 기본 가치에 관한 설명을 받아들일 수 있으며 그래서 적합한 기본 가치의 지수를 통해서 자신의 원칙을 규정할 수도 있다. 이는 내가 다루지는 않을 것이지만 이론상 중요한 변화를 가져온다. 나는 대표적인 입장에만 논의를 국한하고자 한다.

이렇게 해서 평균 원칙에 대한 논증에 있어 최종적으로 도달된 기대치는 두 가지 이유로 인해 불필요한 것으로 생각된다. 즉 기대치란 것이 마땅히 그래야 하는 것인데도 그것은 하나의 목적 체계에 기초해 있지는 않다는 점과 무지의 베일이 당사자들의 가치관에 대한 지식을 배제하므로 타인의 여건이 자신에게 갖는 가치는 단순히 평가될 수 없기 때문이다. 논의는 결국 아무런 의미도 갖지 못하는 기대치에 관한 순전히 형식적인 표현으로 끝나게 된다. 기대치에 관한 이러한 난점은 확률에 대한 지식과 유사하다. 어느 경우에나 추론은 그러한 개념을 정당하게 사용하기 위한 기초가 원초적 입장의 조건들에 의해 배제된 이후에 그런 개념들과 더불어 수행되고 있다.

29. 정의의 두 원칙에 대한 몇 가지 주요 논거

이 절의 목적은 공지성(publicity)과 최종성(finality)이라는 조건을 이용해서 정의의 두 원칙에 대한 논거 중 몇 가지를 제시하는 데 있다. 내가 의거할 사실은 합의가 타당하기 위해서 당사자들은 예견할 수 있는 모든 합당한 여건 아래서 합의 사항을 준수할 수 있어야 한다는 점이다. 누구나 수행할 수 있다는 합리적 확신이 있어야만 한다. 내가 인용할 논증은 최소 극대화 규칙에 따르는 이유가 나타내고 있는 발견적 도식 아래서 적합한 것이다. 다시 말하면 그 논증은 그 두 원칙이 지극히 불확실한 상황에 있어서 적합한 최소한의 정의관임을 증명하는 데 도움이 될 것이다. 효용의 원칙이 주는 어떤 장점이 있다 할지라도 그것은 많은 문제점을 포함하고 있으며 사정이 악화되는 날이면 곤란을 감당하기 어려운 것이다. 계약이라는 개념이 분명한 역할을 하는 것은 바로 이 점에 있어서인데 그것은 공지성이란 조건을 나타내고 합의될 수 있는 내용에 제한을 가한다. 그래서 공정으로서의 정의관은 지금까지의 논의가 보이는 것 이상으로 계약이라는 개념을 사용한다.

두 원칙을 확증해 줄 첫번째 논거는 앞에서 공약의 부담(strains of commitment)이라고 말한 것으로서 설명되어질 수 있다. 나는 당사자들은 자신의 약속이 헛되지 않을 것을 확신하고 있다는 의미에서 그들은 정의에 대한 능력을 갖고 있다고 말했다(25 절). 그들이 도덕 심리의 일반적 사실까지 포함한 모든 것을 고려한다고 가정할 경우 그들은 서로를 믿고서 채택된 원칙을 준수할 수 있다. 그래서 그들은 공약의 부담을 고려하게 된다. 그들은 그들이 용납할 수 없는 결과를 갖게 될 그러한 사항에 합의할 수 없다. 그들은 준수하기에 아주 어려운 것도 피하고자 한다. 원초적 합의는 최종적인 것이며 영구적인 까닭에 또 한번의 기회란 없다. 있을 수 있는 결과들의 심각성에 비추어 볼 때 공약의 부담이라는 문제는 심대한 것이다. 사람들은 자기의 인생 전망을 규제할 기준들을 한꺼번에 선택하게 된다. 나아가서 우리가 어떤 합의를 할 경우 우리는 최악의 가능성이 나타날지라도 그 합의 사항을 준수할 수 있어야 한다. 그렇지 않으면 우리는 신뢰 속에서 살 수가 없다. 그래서 당사자들은 모든 경우에 그들의 약속 내용을 고수할 수 있는지를 조심스럽게 고려해야 한다. 물론 이러한 문제를 해결하기 위해서도 그들은 나타날 인간 심리에 대한 일반적 지식만을 갖고 있어야 한다. 그러나 이러한 지식은 어떠한 정의관이 보다더 중요한 것인가를 가리기에 충분한 것이다.

이런 관점에서 볼 때 정의의 두 원칙은 분명한 장점을 갖는다. 당사자들은 그들의 기본권을 보호할 뿐만 아니라 최악의 불상사에도 대비하게 된다. 그들은 일생 동안 타인이 누릴 보다 큰 선을 위해 자유의 *상실*을 감수해야 할 모험을 하지 않으며 현실적 상황 속에서 그들이 지키지 못할 약속을 하지 않는다. 사실 우리가 염려하는 바는 그러한 비현실적인 합의가 진실된 심정으로 이루어질 수 있느냐이다. 그런 유(類)의 약속은 인간의 능력을 능가한다. 어떻게 당사자들이 이러한 합의 사항을 지킬 수 있는지를 알 수 있으며 그에 대해 충분한 확신을 가지겠는가? 분명히 그들의 확신은 도덕 심리에 대한 일반적 지식에 기초를 둔 것일 수가 없다. 확실히 원초적 입장에서 선택될 원칙은 어떤 것이든 일부의 사람들에게 커다란 희생을 요구한다. 명백히 부정의한 제도(받아들이라고 요구할 수 없는 원칙에 기초를 둔)의 수익자들은 이루어져야 할 변동에 만족하기가 어려움을 알게 된다. 그러나 이러한 경우에 그들은 자신의 입장을 어떤 식으로도 견지할 수 없음을 알게 될 것이다. 그런데 만일 사람들이 효용의 원칙을 적용하면 보다 큰 복지가 보장될지도 모른다는 희망으로 자기의 자유와 중요한 이익을 도박에 건다면 그는 자신의 약속을 지키기가 어렵게 된다. 그는 결국 대안으로서 정의의 두 원칙이 있었음을 상기하지 않을 수 없다. 만일 모든 대안들이 모두 유사한 모험들을 포함하고 있다면 공약이 갖는 부담 문제는 도외시될 수 있다. 그러나 사정이 그러하지 않으며 이점에 비추어 판단할 때 두 원칙은 단연 우세한 것이다.

두번째 고려할 점은 공지성이란 조건뿐만 아니라 합의에 대한 여러 제한 조건들과도 관련되어 있다. 나는 논의를 심리적 안정성의 문제로서 제시하고자 한다. 앞에서 나는 그 자신의 정당 근거를 스스로 지니고 있는 정의관이 가장 유력하다고 하였다. 사회의 기본 구조가 상당한 기간 동안 어떤 원칙을 만족시킨다는 것이 공공적으로 알려져 있을 때 그 체제에 속하는 사람들이 그 원칙에 따라 행위하고 그 원칙을 기강으로 하는 제도 내에서 그들의 맡은 바를 다하고자 하는 욕구가 생겨난다. 어떤 정의관이 사

회 체제 속에 구현되었음이 공공적으로 인정됨으로써 그에 상응하는 정의
감이 생겨났을 경우 그러한 정의관은 안정된 것이라 할 수 있다. 그런데
물론 이것의 발생 여부는 도덕 심리학의 법칙과 인간 동기의 유효성에 달
려 있다. 이러한 문제들도 나중에 다루기로 한다(75~76절). 당장에 우리
가 알 수 있는 것은 효용의 원칙은 정의의 두 원칙보다 타인의 이해 관계
에 대한 고도의 동일화를 요구하는 것으로 보인다는 점이다. 이러한 동일
화가 이루어지기 어려운 그만큼 정의의 두 원칙이 더 안정된 정의관임이
나타날 것이다. 정의의 두 원칙이 실현될 경우 각자의 자유는 보장될 것
이며 차등의 원칙이 의미를 갖게 되어 모든 사람이 사회 협동체의 혜택을
받게 된다. 그래서 우리가 그 사회 체제 및 그것이 실현하고 있는 원칙을
받아들이는 것은 인간이란 자신의 선을 증진해 주는 것은 무엇이든지 사
랑하고 애호하며 떠받드는 경향이 있다는 심리학적인 법칙에 의해서 설명
될 수가 있다. 각자의 선이 인정되기 때문에 모든 이는 그러한 체제를 떠
받들려는 경향을 갖게 된다.

  그러나 효용의 원칙이 실현될 경우에는 모든 이가 혜택받는다는 보장
은 없다. 사회 체제에 대한 충성으로 인해 전체의 보다 큰 선을 위해서 일
부의 사람은 이득을 보류하도록 요구될 수도 있다. 그래서 희생당해야 할
자가 자신의 것보다 더 큰 이해 관계에 대해 강한 일체감을 느끼지 않는
한 그 체제는 안정될 수 없다. 하지만 그러한 일이 생기기란 쉽지 않은
것이다. 문제되는 희생은 공동선을 위해 대부분이 전력을 경주해야 할
사회적 위기에서 요구되는 것이 아니다. 정의의 원칙들은 사회 체제의
기본 구조에 적용되며 인생 전망을 결정하는 데 적용된다. 효용의 원칙
이 요구하는 바는 이러한 기대치의 희생이다. 우리는 평생토록 타인의 보
다 큰 이익을 위해서 보다 낮은 기대치를 받아들이는 것이 충분한 이유
가 있는 것으로 인정해야 한다. 이는 분명히 지나친 요구이다. 사실상 사
회가 그 성원의 선을 증진시키기 위해 생겨난 협동 체제로 생각될 경우 정
치적 원칙을 근거로 해서 일부의 시민이 타인을 위해 보다 낮은 생의 전망
을 감수해야 한다는 것은 아주 놀라운 것이다. 공리주의자들이 도덕 학습
에 있어서 동정심(sympathy)의 역할과 도덕적 덕목 가운데서 이타심(bene-
volence)이 중심임을 강조하는 이유가 분명해진다. 그들의 정의관은 동정
심과 이타심이 널리 그리고 강하게 개발되지 않으면 불안정성으로 위협
을 받게 된다. 원초적 입장의 관점에서 이 문제를 보면 당사자들은 그 결
과가 아주 극단적으로 될 수도 있어 실제로 그것을 받아들일 수 없는 그
러한 원칙을 선택한다는 것은 비록 불합리한 것은 아닐지라도 지극히 현

명하지 못함을 인정할 것이다. 그들은 효용의 원칙을 거부할 것이며 사회
질서를 상호 이익되는 원칙 위에 세우는 보다 현실성있는 이념을 채택할
것이다. 물론 우리들은 가끔 애정과 정적 유대에 의해 마음이 움직이는 만
큼 결코 서로를 위해 중요한 희생을 하지 않는다고 생각할 필요는 없다.
그러나 사회의 기본 구조가 정의의 문제로서 이러한 행위를 요구해서는 안
될 것이다.

　나아가서 두 원칙에 대한 공공적인 인정은 사람들의 자존감(self-respect)
을 보다 많이 받들어 주며 이는 다시 사회적 협동의 효율성을 증대해 준
다. 그 두 가지 효과는 이러한 원칙을 택하는 이유가 된다. 사람들이 자
신의 자존감을 확보하고자 하는 것은 분명히 합리적이다. 사람들의 가치
감은 자신이 선이라고 생각하는 바를 열심히 추구하고 그를 성취했을 때
즐거워하기 위해서 필요한 것이다. 자존감은 자기의 계획이 수행할 만한
가치가 있다는 생각과 같이 어떤 합리적 인생 계획의 일부는 아니다. 그
런데 우리의 자존감은 보통 타인들의 존경에 달려 있으며, 우리의 노력이
타인들에 의해 존중됨을 느끼지 않는다면 우리의 목적이 실현할 만한 가
치가 있다는 신념을 견지하기가 불가능하지는 않지만 어렵게 된다(17절).
그러므로 이러한 이유로 인해 당사자들은 서로 친절하게 대하고 특히 타
인의 요구를 물리칠 때는 기꺼이 자기 행위의 이유를 설명할 것을 요구하
는 상호 존경의 의무를 받아들이게 될 것이다(51절). 나아가서 우리는 스
스로를 존중하는 자는 상대방도 쉽게 존중하게 되며 타인을 존중하는 자
는 자신도 존중하게 된다고 생각할 수 있다. 자멸감은 타인 멸시에로 이
르게 되며 시기심과 마찬가지로 타인의 선을 해치게 된다. 자존감은 상호
간에 자긍적인 자세이다.

　그래서 정의관의 바람직한 특징은 그것이 인간의 상호 존중을 공적으로
나타내야 한다는 점이다. 이렇게 해서 그들은 자신의 가치감을 확보하게
된다. 그런데 정의의 두 원칙은 이러한 목적을 달성해 준다. 왜냐하면 사
회가 이들 원칙에 따른 경우 모든 이의 선이 상호 이익의 체계 속에 포함
되고 그러한 체계 내에서 각자의 노력에 대한 공적인 인정은 사람들의 자
존감을 떠받들어 준다. 평등한 자유의 확립과 차등 원칙의 작용은 이러한
결과를 가져 오게끔 되어 있다. 앞에서 말한 바와 같이 그 두 원칙은 타
고난 천부적 능력을 전체의 자산으로 생각하여 혜택받는 자는 그렇지 못
한 자를 도울 수 있는 방식으로만 이익을 볼 수 있음을 약속하는 것이나
마찬가지이다. 나는 당사자들이 이런 관념을 담은 윤리적 규범에 의해 행
위한다고 말하지는 않겠다. 하지만 그들이 이러한 원칙을 받아들일 여러

이유들이 있다. 왜냐하면 서로에게 이익이 되도록 차등을 배정하고 평등한 자유 체제 내에서 자연적·사회적 우연성을 이기적으로 이용하지 못하도록 함으로써 사람들은 그들 사회의 구조 속에 상호간의 존경심을 표현하게 된다. 이렇게 해서 그들은 자신의 자존감을 확보하게 되는데 바로 그것이 그들에게 합리적이기 때문이다.

이를 달리 표현하면 정의의 두 원칙은 사회의 기본 구조 속에 사람들이 서로를 수단으로서만이 아니고 목적 그 자체로서 대하려는 욕구를 나타낸다고 할 수 있다. 나는 여기에서 칸트의 견해를 논하지는 않겠다.[30] 대신에 나는 그것을 계약 이론에 비추어서 자유로이 해석하고자 한다. 사람들을 목적 그 자체로서 대하며 결코 수단으로만 대하지 말라는 관념은 분명히 설명을 필요로 한다. 그것이 실현될 수 있을지조차 의심스럽다. 어떻게 우리가 언제나 모든 사람을 수단만으로가 아니라 목적으로 대할 수가 있을까? 물론 우리는 그것이 결국 모든 사람을 동일한 일반 원칙에 따라서 대하라는 뜻이 된다고 말할 수는 없다. 왜냐하면 이런 식의 해석은 그 개념을 형식적 정의와 동일시하게 되기 때문이다. 계약론적인 해석에 의하면 사람들을 목적 그 자체로서 대하라는 말은 적어도 그들이 평등한 원초적 입장에서 합의하게 될 원칙에 따라서 그들을 대하라는 뜻이다. 왜냐하면 이러한 상황에서 사람들은 자신을 목적으로 생각하는 도덕적 인격으로서 동등하게 대우받게 되며 그들이 받아들이는 원칙들은 그들의 인격이 요구하는 바를 보호하기 위해 합리적으로 마련될 것이기 때문이다. 계약론적인 입장에서는 인간들이 수단으로만이 아니라 목적으로서 대접받아야 한다는 의미를 이런 식으로 규정하고 있다.

그런데 과연 이러한 생각을 표현해 줄 실질적인 원칙들이 있느냐는 문제가 제기된다. 만일 당사자들이 이러한 생각을 그들 사회의 기본 구조 속에 표현함으로써 자존감을 통한 각자의 합리적 이익을 확보하기를 바라는 경우에 과연 그들은 어떤 원칙을 택할 것인가? 그런데 정의의 두 원칙이 이러한 목적을 달성해 줄 것으로 생각되는 이유는 모든 사람이 평등한 자유를 가지며 차등의 원칙은 사람을 수단으로만 대하는 것과 또한 목적 그 자체로도 대하는 것 사이의 구분을 명시하고 있기 때문이다. 사회의 기본 구조 속에서 사람을 목적 그 자체로서 본다는 것은 그들 대표인의 기대치에 기여하지 않는 그러한 이익은 취하지 않을 것에 합의한다는 것이다. 이

---

30) *The Foundations of the Metaphysics of Morals*, pp. 427〜430, *Kants Ge-sammelten Schriften*, 제 4 권, Preussische Akademie der Wissenschaften (Berlin, 1913) 참조. 여기에 정언 명법에 대한 두번째 정식이 소개되고 있다.

와 반대로 사람을 수단으로 생각한다는 것은 사람들에게 타인의 보다 높은 기대치를 위해 보다 낮은 생의 전망을 서슴지 않고 부과한다는 것이다. 그래서 우리는 차등의 원칙이 처음에는 다소 지나친 것으로 보이지만 정당한 해석을 얻을 수 있음을 알게 된다. 나아가서 만일 우리가 제도상에 나타난 대로 자신과 서로를 존중하는 자들간의 사회적 협동체가 보다 효율적이고 조화스러운 것임을 가정한다면, 우리가 평가할 수 있는 한에서 기대치의 일반적 수준은 달리 생각할 수 있는 것보다 정의의 두 원칙이 실현되었을 때 보다 높을 수 있을 것이다. 이런 관점에서 볼 때 효용의 원칙이 갖는 이점은 더 이상 그다지 명백하지가 않다.

효용의 원칙은 타인을 위해서 일부의 사람이 보다 큰 생의 전망이 없이 지낼 것을 요구한다. 확실히 이러한 희생을 해야 할 자들이 그들 자신의 가치감을 손상해 가면서까지 이러한 요구를 정당한 것으로 받아들일 필요는 없는 것이다. 공리주의적 학설로부터 어떤 개인의 목적이 보잘 것 없고 대수롭지 않다는 이유로 그들의 기대치가 보다 적은 것이어도 된다는 결론이 나오지는 않는다. 그러나 이러한 것은 흔히 일어날 수 있는 일이며 방금 우리가 주목했듯이 공리주의가 사람을 목적 그 자체로 생각하지 않는다는 데는 일리가 있는 것이다. 그리고 어떻든간에 당사자들은 도덕 심리의 일반적 사실들을 고려해야 한다. 우리가 타인을 위해서 보다 낮은 생의 전망을 받아들여야 할 경우 자존감의 상실, 즉 자신의 목적을 성취함으로써 생기는 가치감의 저하를 경험한다는 것은 확실히 당연한 것이다. 사회 협동체가 개인의 선을 위해 이루어져 있을 때에는 특히 그러한 일이 발생할 가능성이 있다. 다시 말하면 보다 큰 이익을 얻는 자가 모든 사람이 견지해야 할 의무가 있는 어떤 종교적 혹은 문화적 가치를 자기가 보존해야 할 필요가 있다고 주장하지 않는다. 우리가 여기서 고려하고 있는 것은 전통적 질서론이나 완전설의 원칙이 아니고 공리의 원칙이다. 그런데 이러한 경우에 있어서 인간의 자존감은 그들이 서로를 생각하는 방식에 달려 있다. 만일 당사자들이 효용의 기준을 받아들인다면 그들은 모든 사람에게 이익이 되도록 불평등을 배정하고 모든 사람의 평등한 자유를 보장한다는 타인들의 공약이 제시하는 바, 그들의 자존감에 대한 뒷받침을 결여하게 된다. 공공적인 공리주의적 사회에서 사람들이 그들 자신의 가치에 대한 확신감을 가지기가 더욱 어려움을 알게 될 것이다.

공리주의자는 평균 효용의 극대화에 있어서 이런 문제가 이미 고려되고 있다고 대답할지도 모른다. 예를 들면 평등한 자유가 인간의 자존감을 위해 필요하고 그것을 인정하면 평균 효용이 보다 높아질 것이며 따라서 평등한 자유가 마땅히 설정되어야 한다는 것이다. 거기까지는 좋다고 하자. 그러나 중요한 것은 우리가 공지성이라는 조건을 외면해서는 안 된다는 점이다. 이 조건이 요구하는 바는 평균 효용을 극대화하는 일이 공리주의적 원칙이 공공적으로 인정되고 사회의 기본 헌장으로 준수된다는 조건 아래서 이루어져야 한다는 점이다. 사람들로 하여금 비공리주의적 원칙을 채택하고 적용하도록 권장함으로써 평균 효용을 증대하는 일을 우리가 해서는 안 된다. 어떤 이유 때문이든간에 공리주의의 공적인 인정으로 인해 어느 정도 자존감이 손상되는 경우에는 이러한 결함을 피할 길이 없다. 우리가 규정한 바에 의하면 그것은 공리주의적 체제가 어차피 치루어야 할 대가이다. 그래서 정의의 두 원칙이 공적으로 인정되고 사회 구조의 기본으로서 실현된다면 평균 효용이 실제로 더 커진다고 생각해 보자. 지금 언급한 이유로 인해 이것이 타당하리라고 생각할 수가 있다. 이러한 원칙은 보다 매력적인 전망을 나타낼 것이며 방금 논의한 두 가지 추론 과정에 비추어 볼 때 두 원칙은 받아들여질 것이다. 이렇게 함으로써 비로소 우리가 진정으로 평균 효용을 극대화하게 된다고 공리주의자가 대답할 수는 없게 된다. 사실상 당사자들은 정의의 두 원칙을 선택했을 것이다.

그런데 우리가 주목해야 할 것은 우리가 규정한 대로 공리주의란 효용 원칙이 사회의 공공적 정의관을 위해 올바른 원칙이라는 견해라는 점이다. 이를 증명하기 위해서는 우리가 그러한 기준이 원초적 입장에서 선택될 것임을 논증해야 한다. 원한다면 최초의 상황을 달리 변경함으로써 동기에 대한 가정을 당사자들이 평균 효용을 극대화하는 원칙을 원한다는 것으로 설정할 수도 있을 것이다. 하지만 앞서 한 이야기에 비추어 볼 때 그래도 역시 정의의 두 원칙이 선택될 것이다. 그러나 그렇다고 해서 이러한 원칙들, 그리고 그 원칙이 제시하는 이론을 공리주의적이라 하는 것은 잘못이다. 동기에 대한 가정만으로는 전체 이론의 성격이 결정되지 않는다. 사실상 동기를 달리 가정하는 경우에도 정의의 두 원칙이 선택된다면 그것이 더욱 유력하다는 증거가 된다. 이것은 그 정의론의 기초가 견고하여 이런 조건의 사소한 변경에는 좌우되지 않음을 나타낸다. 우리가 알고자 하는 것은 반성적 평형 상태에 있어서 우리의 숙고된 판단을 특징지워 주고 사회의 공공 도덕의 기초 역할을 가장 잘 해줄 정의관이 어떤 것인가이다. 이러한 정의관이 공리의 원칙에 의해 주어진다고 주장하지 않는 한 그를 공리주의자라고는 할 수 없다.[31]

31) 그래서 Brandt는 사회의 도덕 규범이 공공적으로 인정되어야 하고 철학적 관점에서 보아 최선의 규범은 평균 효용을 극대화시키는 것이라고 주장하고 있

그런데 효용을 변호하려는 자는 이 원칙이 칸트의 사상에 의미를 부여한다고 주장할 수도 있다. 즉 "모든 사람은 하나로 계산되며 누구도 하나이상일 수가 없다"라는 벤담의 공식이 제시하는 의미를 부여한다는 것이다. 밀이 말한 바와 같이 이것이 뜻하는 것은 다른 사람의 행복의 정도와 동등하다고 생각되는 어떤 사람의 행복은 똑같은 것으로 계산되어야 한다는 것이다. [32] 효용의 원칙을 나타내는 부가 함수에 있어서의 가중치는 모두 개인에 있어서 동일하며 그들을 하나로 취급하는 것은 당연하다. 효용의 원칙은 사람을 목적으로도 수단으로도 다룬다고 말할 수 있을 것이다. 그것은 각자의 복지에 동일한 비중을 할당함으로써 사람들을 목적으로 대하며 그것이 사람들을 수단으로 다루는 것은 이미 어려운 처지에 있는 자들에게 낮은 생의 전망을 줌으로써 그 대가로서 다른 사람들에게 보다 높은 생의 전망을 허용한다는 점에서이다. 정의의 두 원칙은 칸트의 이념에 대해 보다 강력하고 특유한 해석을 가한다. 그것은 인간을 타인의 복지를 위한 수단으로 간주하는 경향까지도 배제시킨다. 사회 체제를 기획함에 있어 우리는 사람을 오직 목적으로만 다루어야 하며 결코 수단으로 다루어서는 안 된다. 앞서 나온 논증들은 이와 같이 보다 엄격한 해석에 의존하고 있는 것이다.

이 절을 결론지음에 있어 원칙의 일반성과 적용의 보편성, 천부적·사회적 상태에 대한 제한된 지식이라는 조건들은 그 자체로서 공정으로서의 정의관에 대한 원초적 입장을 기술하기에는 충분치가 못함을 주목하고자 한다. 평균 효용에 대한 원칙이 이러한 사실을 보여주고 있다. 그러한 조건들은 필요한 것이기는 하지만 충분한 것은 못 된다. 원초적 입장은 당사자들이 집단적으로 합의할 것을 요구하며, 따라서 타당한 약속에 대한 제한 조건과 더불어 공지성과 최종성이란 조건들도 두 원칙에 대한 논증에 있어 없어서는 안 될 부분이다. 나는 이러한 제한 조건들의 역할을 공약이 갖는 부담이나 안정성의 문제와 관련하여 논의해 왔다. 일단 이러한 고려 사항들이 확인되면 평균 효용의 원칙에서의 추론에 대한 의심은 더욱 깊어질 것이다.

그래서 잠정적인 결론은 여러 이유들을 감안할 때 분명히 정의의 두 원칙

기는 하지만 효용 원칙이 그 규범 자체에 속해야만 한다고 주장하지는 않는다. 사실 그는 공공 도덕에 있어서 최종적인 재판정이 효용이어야 함을 부인하고 있다. 그래서 본문에 나온 정의에 의해서도 그의 견해는 공리주의적인 것이 아니다. "Some Merits of One Form of Rule Utilitarianism", *University of Colorado Studies* (Boulder: Colo., 1967), pp. 58 이하.

32) *Utilitarianism*, 5장, 단락 36.

이 평균 효용의 원칙보다 유리하다는 점이며 미루어 생각하면 또한 그것
은 고전적 학설보다 더 한층 유력한 것이다. 원초적 입장이라는 개념이 일
상 생활에서 원칙의 타당성을 증명하는 데 이용되는 한에서 사람들이 정
의의 두 원칙에 합의하리라는 주장은 완전히 믿을 만한 것이다. 우선 그
것이 신중하지 않다고 생각할 이유는 없다. 사람들이 실제로 그러한 약속
을 하고 그를 준수해야만이 이러한 주장이 신빙성을 갖는 것은 아니다. 그
래서 그것은 사람들이 그것을 공공적으로 받아들임으로써 서로의 신뢰감
을 인정할 수 있는 정의관으로서 역할을 할 수 있을 것이다.

30. 고전적 공리주의, 공평성과 이타심

이제부터 나는 정의의 두 원칙과 고전적 공리주의를 비교하고자 한다.
지금까지 살펴보았듯이 원초적 입장의 당사자들은 평균 효용을 극대화하
는 원칙이 더 나은 것으로 생각하여 고전적 원칙에 반대할 것이다. 그들
은 자신의 이익을 증진하는 데 관심이 있으므로 총체적(혹은 순수 잔여) 만
족량을 극대화할 욕구는 갖고 있지 않다. 그와 유사한 이유로 인해 그들
은 정의의 두 원칙을 택하게 될 것이다. 그런데 계약론적인 관점에서 볼 때
고전적 원칙은 이 두 가지 대안보다 더 못한 것으로 평가된다. 그러므로
그것은 완전히 다른 추론 방식을 갖고 있는 것으로 생각되는데 그 이유는
역사적으로 볼 때 그것이 공리주의의 가장 중요한 형태였기 때문이다. 그
것을 주장했던 위대한 공리주의자들은 내가 말한 원초적 상황에서 그것이
채택되리라고 확신했음이 틀림없다. 그들 중 어떤 자는 특히 시즈위크 같
은 자는 그것을 배척하고 평균적 원칙을 대안으로 인정했다.[33] 우리는 1
장에서 고전적인 견해가 공평한 동정적 관망자의 개념과 밀접히 관련되어
있음을 보았다. 나는 이제 고전적 학설의 직관적인 기초을 해명하기 위해
이 개념을 살펴보고자 한다.

흄과 아담 스미드를 생각나게 하는 다음과 같은 정의를 생각해 보자. 이
른바 사회 체제와 같은 어떤 것이 정당하다는 것은 이상적으로 합리적이고
공평한 자가 여건에 관한 적합한 모든 지식을 감안해서 그가 취하게 될 일
반적 관점에서 그 체제를 시인할 경우이다. 정당하게 질서지어진 사회는
이러한 이상적 관망자의 시인(是認)과 합치하는 것이다.[34] 그런데 이러한

---

33) *Methods of Ethics*, pp. 415 이하.
34) R. Firth, "Ethical Absolutism and the Ideal Observer", *Philosophy and
Phenomenological Research*, 제 12 권 (1952) ; F.C. Sharp, *Good and Ill*

정의에는 몇 가지 문제점이 있을 수 있는데, 예를 들면 시인이니 적합한 지식이니 하는 개념들이 순환성을 범하지 않고 명시될 수 있느냐이다. 하지만 나는 이러한 문제는 접어 두기로 한다. 여기에서 중요한 것은 이런 방식으로 정의(定義)를 내리는 입장과 공정으로서의 정의관 사이에는 여기에 이르기까지 별다른 상충점이 없다는 점이다. 왜냐하면 어떤 것이 그와 동일한 종류의 것에 적용되기 위해 원초적 입장에서 채택된 원칙을 만족시킬 경우에만 그것이 정당하다고 함으로써 정당성의 개념을 규정한다고 생각해 보자. 그러면 이상적으로 합리적이고 공평한 관망자가 어떤 사회 체제가 계약적 체계에서 채택될 정의의 원칙을 충족시키는 경우에만 그 체제를 시인한다는 것은 타당할 것이다. 그 정의(定義)는 동일한 것이면 어느 것에나 적용된다. 이러한 가능성은 이상적 관망자에 의한 정의(定義)에 있어서도 제외되지 않는다. 그리고 이러한 정의(定義)는 공평한 관망자에 대한 어떤 특수한 심리적 가정도 하지 않기 때문에 그것은 이상적 조건 아래에서 그의 시인을 설명하기 위한 어떤 원칙도 갖지 않는다. 이러한 정의(定義)를 받아들이는 자는 공정으로서의 정의관도 마음대로 받아들일 수 있게 될 것이며, 이상적 관망자가 정의의 두 원칙을 충족시키는 한에서 사회 체제를 시인하리라는 것을 인정할 것이다. 그런데 정당성에 관한 이상의 두 정의(定義)간에는 중대한 차이가 있다. 공평한 관망자적 정의(impartial spectator definition)는 정당성과 정의의 원칙들이 도출되어질 어떠한 가정도 하지 않는다. 35) 그 대신에 그것은 도덕적 논의에 특유한 어떤 중심적 특성들, 즉 우리가 양심적인 반성을 거쳐서 숙고된 판단에 의거하고자 한다는 사실 등을 가려내기 위해서 만들어진 것이다. 계약론적인 정의(定義)는 보다 야심적인 것으로서 그것은 그러한 판단들을 설명해 줄 원칙들에 대한

Will (Chicago: Univ. Chicago Press, 1950), pp. 156~162 참조. Hume의 설명에 대해서는 *Treatise of Human Nature*, ed. L.A. Selby-Bigge (Oxford: 1888), 제3권, 3부 1절에서 특히 pp. 574~584 ; Adam Smith에 관해서는 *The Theory of Moral Sentiment*, in L.A. Selby-Bigge, *British Moralist*, 제권 (Oxford: 1897), pp. 257~277 참조. 일반적인 논의에 대해 쓴 것은 C.D. Broad, "Some Reflections on Moral-Sense Theories in Ethics", *Proceedings of the Aristotelian Society*, 제45권 (1944~1945). 또 W.K. Kneale, "Objectivity in Morals", *Philosophy*, 제25권 (1950) 참조.

35) 그래서 예를 들어서 Firth는 주장하기를 이상적 관망자는 특정한 관심은 아니지만 여러 가지의 일반적인 관심을 갖고 있다는 것이다. 그리고 이러한 관심은 사실 이와 같은 관망자가 어떤 의미있는 도덕적 반응을 해야 할 경우에 필요한 것이라 한다. 그러나 이러한 관심의 내용에 관해서는 별다른 이야기가 없으므로 우리는 이상적 관망자의 시인 여부가 결정되는 방식을 규정할 수 없다. "Ethical Absolutism and the Ideal Observer", pp. 336~341 참조.

연역적 기초를 제공하려 한다. 최초의 상황과 당사자들의 동기에 대한 조건들은 이러한 목적을 달성하는 데 필요한 전제를 설정하기 위한 것이다.

공평한 관망자적 정의(定義)를 계약론적인 견해로 보충하는 것은 가능하겠지만 그것에 연역적인 기초를 제시하는 데는 다른 방식들도 있다. 그래서 이상적인 관망자를 완전히 동정적인 존재로 가정해 보자. 그러면 다음과 같은 과정을 거쳐서 고전적인 효용의 원칙이 자연히 도출되어진다. 예를 들어서 이상적으로 동정적이고 공평한 관망자가 어떤 제도를 그 상황에서 가능한 다른 제도들보다 더 강력히 시인하는 경우에 그 제도는 정당하다고 할 것이다. 간단히 말해서 흄이 가정했듯이 시인이란 제도의 작용과 그것이 그에 가담하는 자들의 행복에 미치는 결과를 다소 긴밀히 관망하는 가운데 생기는 특수한 쾌락이라고 가정해 보자. 이러한 특수한 쾌락은 동정의 결과라 할 수 있다. 흄의 설명에 따르면 그것은 문자 그대로 다른 사람이 느끼리라고 생각되는 만족과 쾌락이 우리 자신의 경험 가운데 재현된 것이다.[36] 그래서 공평한 관망자는 사회 체제를 관망하는 가운데 그에 의해 영향을 받은 자들이 느끼는 쾌락의 순수 총량에 비례해서 그만큼 그러한 쾌락을 경험하게 된다. 그의 시인의 강도는 관망된 사회 속에서 느끼는 만족의 총량에 대응하거나 그 척도가 된다. 따라서 그의 시인은 고전적인 효용의 원칙에 의해서 표현될 수 있다. 물론 흄이 본대로 동정이란 강한 감정은 아니다. 이기심은 동정심이 일어나는 마음을 억누르기 쉬울 뿐만 아니라 우리의 행위를 결정함에 있어 동정심의 지시를 무시하는 경향을 가진다. 그러나 사람들이 그들의 제도를 일반적인 관점에서 바라볼 경우 흄의 생각에는 동정심이란 작용하는 주요한 심리적 경향이며, 적어도 그것이 우리의 숙고된 도덕 판단을 지도할 것이라는 것이다. 비록 동정심이 아무리 연약하더라도 그것은 우리의 도덕적 견해를 일치하게 하는 공통적인 근거를 제공한다. 동정심에 대한 인간의 천부적인 능력을 적절히 일반화하면 공통적인 정의관에 대한 합의에 도달할 수 있는 관점이 주어진다는 것이다.

그래서 다음과 같은 견해에 도달하게 된다. 합리적이고 공평한 동정적인 관망자는 일반적인 관점을 갖는 자로서 그 자신의 이해 관계는 중요시하지 않는 입장을 취하며, 필요한 모든 지식과 추리 능력을 소유하게 된다. 그러한 조건을 갖춤으로써 그는 그 사회 체제의 영향을 받는 모든 사람의

---

36) *A Treatise of Human Nature*, 제 2 권, 1 부 11절과 제 3 권, 1 부 1절, 각 절의 첫 부분과 6절 참조. Selby-Bigge 의 책에는 pp. 316~320, 575~580, 618 이하에 나와 있다.

욕구와 만족에 동일한 반응을 보이며 동감을 느끼게 된다. 그 자신의 이
해 관계가 다른 사람의 열망에 대한 그의 자연적 동정을 방해하지 않으며
그는 그들의 노력을 완전히 이해하고 그러한 노력을 하는 자들에게 그것
이 무엇을 의미하는지도 알고 있다. 각자의 이해에 동일한 반응을 보이면
서 공평한 관망자는 각자가 처한 상황이 그들에게 영향을 미치는 그대로
바라봄으로써 동정적 동일화(sympathetic identification)에 대한 그의 능력을
자유자재로 구사하게 된다. 그래서 그는 번갈아 가며 각자의 처지에서 스
스로 상상하게 되는데 그가 각자를 위해서 이러한 일을 할 경우에 그의 시
인의 강도는 그가 동정적으로 반응하는 만족의 잔여량에 의해 결정된다.
그가 영향을 받게 되는 모든 당사자들을 모두 한번 순회하게 될 때 그의
시인은 총체적인 결과를 나타내게 된다. 이른바 동정적으로 상상된 고통
이 동정적으로 상상된 쾌락을 상쇄시킴으로써 시인의 최종적인 강도는 쾌
락이라는 적극적인 감정의 순수 총량에 상응하게 된다.

 동정적 관망자의 특성들과 원초적 입장을 규정하는 조건들간의 대조점에
주목해 보면 도움이 클 것이다. 동정적 관망자의 정의(定義)가 갖는 요소들,
공평성, 적절한 지식의 소유, 상상적 동일화 등은 자연적 동정심이 완전
하고 정확하게 반응할 것을 보증해 준다. 공평성은 편견과 이기심에 의한
왜곡을 방지해 주며, 지식과 동일화 능력은 타인들의 열망이 정확히 평가
될 것을 보장해 준다. 일단 그 정의(定義)의 부분들이 동료 감정이 자유롭
게 구사될 수 있도록 만들어진 것임을 알게 되면 우리는 그 정의의 요점
을 아는 셈이 된다. 이와는 대조적으로 원초적 입장에서는 당사자들이 동
정적이 아니라 상호 무관심한 것이다. 그러나 그들은 자연적·사회적 상
황에 대한 지식이 없으므로 그들의 체제를 일반적인 방식으로 바라보지
않을 수가 없다. 한 경우에서는 완전한 지식과 동정적 일체감이 만족의
순수 총량에 대한 정확한 평가를 결과하고 다른 경우에서는 무지의 베일
에 의거한 상호 무관심성이 정의의 두 원칙을 결과하게 된다.

 그런데 내가 1장에서 언급한 대로 고전적 공리주의가 개인간의 차이를
신중히 다루지 못한다는 것에는 일리가 있다. 한 개인의 선택 원리가 사회
의 선택 원리와 동일하게 취급되고 있다. 어떻게 이러한 견해가 생겨나게
될까? 이제 우리가 알고 있듯이 그것은 이상적 관망자를 통해서 정당성의
정의(定義)에 대한 연역적 기초를 제공하려는 데서 비롯된 것이며, 인간의 자
연적 동정심이 그들의 도덕 판단과 일치될 수 있는 유일한 관점을 제시한
다고 생각한 결과이다. 이러한 배경으로 인해서 공평한 관망자의 시인을
정의의 기준으로 채택하고자 하는 생각이 생겨난 것이다. 그런데 고전적

학설에 있어 한 개체는 공평한 동정적 관망자와 동일한 자가 된다. 그 관
망자는 상상을 통해서 차례로 사회의 성원과 일체가 됨으로써 하나의 경
험 속에 모든 욕구와 만족을 포괄하는 하나의 자아이다. 바로 그 사람이
각 성원의 열망을 비교하고 제도를 시인하게 되는데 이 경우에 비교와 시
인은 그가 각자의 욕구를 자기 자신의 것인 양 생각하여 구성한 하나의 욕
구 체계를 만족시키는 정도에 따라서 이루어진다. 그래서 이와 같이 고전
적 견해가 모든 욕구를 하나의 욕구 체계로 융합시킴으로써 몰개인성(im-
personality)이 나타나게 되는 것이다. [37]

37) 이러한 견해에 대해서 내가 아는 가장 분명하고 발전된 논술은 C.I. Lewis,
The Analysis of Knowledge and Valuation (La Salle, Ill.: Open Court
Publ. Co., 1946)에서 볼 수 있다. 그 책의 18 장 13 절 전체가 이와 관련된 것
이다. Lewis 는 말하기를 "한 사람 이상에 대한 가치는 그들 각각의 가치 경
험이 마치 단일한 사람의 그것 속에 포괄된 것처럼 평가되어야 한다."(p. 550).
Smart 는 공정성이 행복의 극대화에 대한 제한이라는 사상에 대해 대답하
는 가운데 다음과 같은 질문을 통해서 요점을 간명하게 표현하고 있다. "만
일 내가 치통을 예방하기 위해서 치과에 가는 고통을 택하는 것이 합리적
이라면 치과에 가는 고통과 유사한, 존스의 고통을 택하는 것이 나의 치통
과 동일한 로빈슨의 고통을 예방할 수 있는 유일한 방법인 경우에 내가 그러
한 고통을 택하는 것이 불합리할 이유가 있겠는가 ?" *An Outline of a Sy-
stem of Utilitarian Ethics*, p. 26. 또 하나의 간단한 논술인 R.M. Hare,
Freedom and Reason (Oxford: The Clarendon Press, 1963), p. 123 에서
도 볼 수 있다.
　내가 알기로 고전적인 학자들은 모든 욕구를 하나의 욕구 체계로 융합한다
는 것을 분명히 주장하지는 않았다. 그러나 Edgeworth 가 '천체 역학'과 '사
회역학'을 비교하고 언젠가 후자도 전자와 대등한 위치를 차지하여 둘 다 최
상의 원칙에 기초를 둠으로써 도덕학과 물리학이 최고점에 도달하리라고 생각
했을 때 거기에 암암리에 그러한 관념이 함축된 것으로 보인다. 그는 "물질
세계에 있어서 속박된 것이건 자유로운 것이건간에 각 입자의 운동이 누적된
에너지의 최대 총량에 계속해서 종속되듯이, 이기적으로 고립된 것이든 동정
적으로 연결된 것이든 모든 혼령의 운동은 계속해서 우주의 신적인 사랑인
쾌락의 최대 에너지를 실현하고 있다"고 말했다. *Mathematical Psychics*,
p. 12. Sidgwick 는 언제나 삼가하는 까닭에 *The Methods of Ethics* 에도 학
설에 대한 암시들만이 있다. 그래서 어떤 한 곳을 읽어 보면 그가 보편적인
선의 개념이 여러 개인들의 선으로부터 형성되는 것은 한 개인의 선이 (대체
로) 그의 의식 상태의 시간적인 계열 속에 연속적으로 이루어지는 상이한 선
들로부터 구성되는 것과 같다고 이야기했다는 것을 알게 된다(p. 382). 이런
식의 해석은 다음과 같은 그의 이야기에 의해서도 확증된다. "그런데 어떤 자
가 가정상 자기 자신에게 주의를 집중하고 있을 때 만일 최고 선이란 당연히
그리고 거의 필연적으로 쾌락이라고 생각된다면 우리는 그와 유사한 존재들
이 서로 어떤 관계를 맺고 있든지간에 그들의 최고 선도 그 성질에 있어서 본
질적으로 다를 수 없다고 결론지어도 타당할 것이다." p. 405. 또한 Sidgwick
가 생각하기로는 합리적 타산의 공리는 합리적 이타심의 공리보다 문제점이

공정으로서의 정의관에서 볼 때 원초적 입장에 있는 자들이 정의의 기준으로서 공평한 동정적 관망자의 시인에 합의할 이유는 없다. 이러한 합의는 그에 상응하는 고전적 효용 원칙이 갖는 모든 결함을 갖게 된다. 그런데 당사자들을 완전한 이타주의자로 생각할 경우, 즉 그들의 욕구가 이러한 관망자의 시인 여부에 부합하는 자로 생각할 경우에는 고전적 원칙이 채택될 것은 물론이다. 동정을 통한 행복의 순수 잔여량이 보다 커질수록 완전한 이타주의자는 그만큼 그의 욕구를 보다 많이 성취하게 된다. 그래서 우리는 예기치 않던 결론에 도달하게 되는데, 즉 평균 효용의 원칙이 자신의 전망을 극대화시키고자 하는 (모험을 싫어하지 않는) 단일한 합리적 개인의 규범이라면 고전적 학설은 완전한 이타주의자들의 도덕이다. 진정 놀라운 대조인 것이다 ! 이러한 원칙들을 원초적 입장이라는 관점에서 살펴볼 때 우리는 그 원칙들의 기초에 상이한 복합적인 관념들이 깔려 있음을 알게 된다. 그들은 동기에 대한 상반되는 가정에 기초를 두고 있을 뿐만 아니라 모험을 한다는 관념이 한쪽 견해에 있어서는 한몫을 담당하는 반면에 다른 쪽에서는 그렇지가 않다. 고전적인 입장에서는 우리가 루이스의 말대로 순차적으로 모든 개인의 경험을 확실히 겪게 될 것처럼 택해서 그 결과를 총합하면 된다. [38] 결국 어떤 인간이 될지에 대해 모험을 건다는 생각은 생겨나지 않는다. 그래서 원초적 입장이라는 개념이 다른 목적에 도움이 되지는 않을지라도 쓸모있는 분석적 방편은 될 것이다. 공리의 여러 원칙들은 그 실제적인 결과가 유사한 경우가 흔히 있기는 하지만 이러한 입장이 분명히 서로 다른 가정에서 유래함을 알 수 있을 것이다.

그런데 완전한 이타주의에는 언급할 만한 독특한 측면이 있다. 완전한 이타주의자는 타인들이 독립적 혹은 제1차적인 욕구를 가지는 경우에만 자신의 욕구를 충족할 수 있다. 이러한 사실을 예시하기 위해 어떤 일을 할 것인지를 결정함에 있어 다른 사람이 바라는 바를 행하기 위해 표결을 한다고 생각해 보자. 아무 것도 결정될 수 없다는 점은 명백한데 사실상 결정지을 내용이 아무 것도 없는 것이다. 왜냐하면 정의의 문제가 발생하기 위

적다는 것이다. 타인의 감정에 대해서 왜 우리가 관심을 가져야 하느냐고 물을 수 있는 것과 마찬가지로 당연히 물을 수 있는 것은 왜 우리는 우리 자신의 미래의 감정에 대해서 관심을 가져야 하는가이다. p. 418 이하. 아마 그는 어느 경우에나 해답이 동일할 것으로 생각하는 것 같은데, 그것은 만족의 최대량을 성취할 필요가 있다는 것이다. 이러한 언급들은 융합에 대한 견해를 암시하는 것으로 생각된다.

38) *The Analysis of Knowledge and Valuation*, p. 547 이하.

해서는 적어도 두 사람이 상대방이 하고 싶어하는 바와는 다른 것을 하고자 해야만 하기 때문이다. 그래서 당사자들이 오직 완전한 이타주의자라고 생각하는 것은 불가능하다. 그들은 상충할 수 있는 각각의 이해 관계를 갖고 있어야 한다. 공정으로서의 정의관에서는 원초적 입장의 주된 동기 조건으로서 상호 무관심성이라는 형식을 통해 이러한 가정을 하고 있다. 이것이 지나친 단순화로 판명될지는 모르지만 그것을 기초로 해서 어느 정도 포괄적인 정의관을 전개할 수도 있을 것이다.

어떤 철학자들은 공평한 동정적 관망자라는 관념을 공평성에 대한 정확한 해석으로 생각하여 공리주의적 원칙을 받아들이고 있다. 사실 흄이 생각한 바에 따르면 그것은 도덕 판단이 일관성을 갖고 일치되기 위한 유일한 관점을 제공한다는 것이다. 물론 도덕 판단은 공평한 것이며 또한 공평해야 하지만, 이를 달성하는 데는 다른 방식이 있을 수 있으며 그에 의해서 정의에 관한 우리의 판단이 체계화될 수 있는 다른 관점이 있을 수 있는 것이다. 공정으로서의 정의관은 바로 우리가 바라는 바를 제시해 준다. 공평한 판단은 원초적 입장에서 채택될 원칙에 따라 이루어지는 판단이라 할 수 있다. 공평한 사람이란 편견이나 사심이 없이 이러한 원칙에 따라 판단할 수 있는 처지와 성격을 가진 자이다. 상반되는 타인의 이해 관계를 자신의 것인 양 대할 수 있는 동정적 관망자의 입장을 통해 공평성을 규정하는 대신에 우리는 문제에 관련된 당사자 자신들의 관점으로부터 공평성을 규정하고자 한다. 평등한 원초적 입장에서 오직 한번 자신의 정의관을 택해야만 하는 것은 바로 그들이다. 그들 상호간에 상반되는 요구를 해결지어 줄 원칙은 그들이 결정해야 하며 사람들간에 판단을 하게 될 자가 그들의 대리인 노릇을 한다. 공리주의적 학설의 결함은 그것이 몰개인성(impersonality)을 공평성(impartiality)으로 오인한다는 점에 있다.

이상의 이야기로부터 우리에게 당연히 문제되는 것은 우리가 동정적 관망자의 입장을 채택하면서도 이 관망자의 특성을 모든 욕구를 하나의 체계로 융합하는 것으로 규정하지 않을 경우, 어떤 종류의 정의관이 생겨날 것인가이다. 흄의 입장은 이타심에 대한 하나의 운용법을 제시하고 있지만 그것이 유일한 가능성일까? 그런데 사람은 분명히 한 사람이 합리적인 자기 사랑(자애심)이 요구하는 바대로 상대방의 선을 증진하고자 하는 욕구를 그 주요소로 갖는다. 우리가 이러한 욕구를 실천해야 할 방법은 흔히 분명히 나타난다. 문제는 여러 사람들의 욕구가 상충하는 경우 그들에 대한 사랑이 혼란에 빠진다는 점이다. 우리가 고전적 학설을 거부할 경우 인류애가 명하는 바는 무엇인가? 우리가 이타심이 명하는 대로 상황 판단을 한다고 말하는 것은 아주 애매하다. 이는 우리가 그릇되게 자기의 이해 관계에 흔들린다고 생각하기 때문이다. 우리의 문제는 다른 데에 있다. 이타심은 사랑할 대상이 많은 자에 있어서 사랑의 대상이 서로 상충하는 한에서 어쩔 줄을 모르게 된다.

여기서 우리가 검토해 보려는 것은 이타심을 가진 자는 어떤 자가 이른바 사회의 여러 성원들로 자신이 분열된 것이라는 사실을 아는 경우 택하게 될 원칙에 의해 인도받게 된다는 관념이다.[39] 다시 말하면 그는 생활과 경험이 보통 의미에서 서로 구분되는 여러 사람들로 자기가 갈라지리라고 상상해야만 한다. 경험과 기억이 각자의 것으로 남게 되며 욕구와 기억이 한 사람의 것으로 융합되지 않는다. 단일한 개인이 문자 그대로 여러 사람으로 되는 까닭에 그 중의 어떤 자가 될 것인가에 대한 추측이 문제되지 않으며 그에 대한 모험을 건다는 문제가 더 이상 생겨나지 않는다. 그런데 이러한 것을 알 경우(혹은 믿게 될 경우) 그러한 개인들로 이루어진 사회를 위해서 그 사람은 어떠한 정의관을 채택할 것인가? 그 사람이 여러 사람들을 자기 자신처럼 사랑한다고 가정할 경우 그가 택하게 될 원칙들은 이타심의 목표들을 기술해 줄 것이다.

분열이라는 관념에 있어서 개인적 동일성에 관한 문제에서 생기는 난점들을 접어 둔다면 두 가지가 분명하게 나타난다. 첫째로 사람이 어떠한 결정을 내리게 될지 여전히 분명하지가 않다. 왜냐하면 그 상황이 당장에 해답을 제시하지 않기 때문이다. 그러나 둘째로 정의의 두 원칙은 고전적 효용의 원칙과 비교해서 보다 선택될 가능성이 더 큰 것으로 생각된다. 후자는 더 이상 타당한 선택이 될 수 없는데, 이는 사람들을 하나로 융합함이 고전적 견해의 기초임을 나타내 준다. 상황이 불명료한 이유는 사랑과 이타심이 2차적인 관념이기 때문인데, 그것은 이미 전제된 대로 사랑받는 개인의 선을 증진하려는 것이다. 이러한 여러 선의 요구가 충돌할 경우 이러한 개인들을 개별적 인간으로 취급하는 한 이타심은 어찌할 바를 모르게 된다. 이러한 고차적인 감정은 그러한 충돌을 판정해 줄 정당성의 원칙들을 내포하고 있지 않다. 따라서 개인간의 차이점을 보장하고 생활과 경험의 개별성을 인정하고자 하는 인류애는 그것이 애호할 여러 선이 대립할 경우 정의의 두 원칙을 이용해서 그 목표를 정하게 될 것이다. 이것이 의미하는 바는 오직 그러한 사랑은 개인들을 도덕적 인격으로 평등하게 생각하는 공정한 최초의 상황에서 그들이 동의하게 될 바에 의해서 지침

---

39) 이러한 관념은 T. Nagel, *The Possibility of Altruism* (Oxford: The Clarendon Press, 1970), pp. 140 이하에서 보여진다.

을 얻는다는 점이다. 우리는 원초적 입장의 당사자들에게 이타심을 귀속시킴으로써 아무런 이득도 없는 이유를 알게 되었다.

그런데 우리는 인류애와 정의감을 구분해야만 한다. 그 차이는 양자가 모두 정의를 실현하려는 욕구를 포함하는 까닭에 서로 다른 원칙에 의해 지배된다. 전자는 이러한 욕구가 보다 강하고 지배적이라는 점에 의해 나타나며, 정의의 의무에 더하여 모든 지연적 의무를 수행하고 심지어 그러한 요구 이상을 넘어가려는 태도로서 나타난다. 인류애는 정의감보다 더 포괄적이며 의무를 넘어서는 행위를 진작시키지만 정의감은 그렇지 않다. 그래서 우리는 당사자의 상호 무관심성이라는 가정은 이타심과 인류애를 공정으로서의 정의의 체계 속에 정당하게 해석함을 방해하지 않는다는 것을 알게 된다. 당사자는 상호 무관심하며 상충하는 1차적 욕구를 가졌다는 가정에서 우리가 출발했다는 사실은 우리로 하여금 포괄적인 설명을 할 수 있도록 해준다. 왜냐하면 일단 정당성과 정의의 원칙이 주어지면 그것은 다른 이론에서와 마찬가지로 도덕적 덕목을 규정하는 데 이용될 수 있기 때문이다. 그 덕목은 도덕감, 다시 말하면 보다 고차적인 욕구의 규제를 받는 의향과 경향의 체계이며 이 경우 고차적인 욕구란 해당되는 도덕원칙으로부터 행위하고자 하는 욕구이다. 비록 공정으로서의 정의관은 원초적 입장에 있는 자들을 개인이나 혹은 보다 정확히 말하면 연속적 계열로 간주함으로써 시작되지만 이것이 인간의 공동 사회를 결속시켜 줄 고차적인 도덕감을 설명하는 데 방해가 되지는 않는다. 제 Ⅲ 부에서 다시 이 문제가 고찰될 것이다.

이상의 이야기들로 우리가 논의할 이론적 부분이 끝을 맺게 된다. 이 길다란 장을 요약하지는 않겠다. 정의의 두 원칙이 다른 두 효용의 형식보다 유리하다는 최초의 논증을 전개했으므로 이제는 이러한 원칙들이 제도에 적용되는 방식을 살펴보고 그것이 우리의 숙고된 판단에 어느 정도 부합되는지를 살펴볼 단계이다. 오직 이러한 식으로 해서만 우리는 그 원칙이 의미하는 바를 분명히 할 수 있고, 그것이 과연 다른 입장들보다 개선된 것인지의 여부를 알게 될 것이다.

제 2 부 제 도 론

제 4 장
평등한 자유

　제Ⅱ부의 세 장에 걸쳐서는 정의의 원칙들이 갖는 내용을 예시하고자 한다. 그러기 위해서 이들 원칙들을 만족시키는 기본 구조를 서술하고 그 원칙으로 인해 생겨나는 의무와 책무들을 검토하려 한다. 이러한 구조의 주요 제도들은 입헌 민주주의의 제도들이라 할 수 있다. 이러한 체제가 정의로운 유일한 체제임을 논증하려는 것은 아니고, 나의 본의는 지금까지 제도상의 형태와는 상관없이 논의해 온 정의의 원칙들이 유효한 정치적 관점을 규정해 준다는 것과 그것은 또한 우리의 숙고된 판단에 근사한 합당성을 갖는 동시에 그 연장이라는 것을 보이고자 함에 있다. 이 장에서 나는 제도에 관한 원칙들이 적용되는 방식을 해명해 줄 4 단계 과정(four stage sequence)을 제시하는 데서부터 시작하기로 한다. 그리고 기본 구조의 두 부분을 간단히 서술하고 자유의 개념을 규정하고자 한다. 그 다음에는 평등한 자유의 세 가지 문제를 논의할 것인데 즉 양심의 자유, 정치적 정의와 평등한 정치적 권리, 그리고 인간의 평등한 자유와 그것이 법적 지배와 갖게 되는 관계이다. 그리고 나는 자유 우선성의 의미를 다루고 원초적 입장에 대한 칸트적 해석을 간단히 설명하는 것으로 결론을 삼고자 한다.

31. 4 단계 과정

　정의의 두 원칙의 적용을 단순화하기 위해서 일종의 도식이 필요하다는 것은 분명하다. 그 이유는 한 시민이 내리게 될 3 종류의 판단을 생각해 보면 알 수가 있다. 첫째로 그는 입법과 사회 정책의 정의 여부를 판단해야 한다. 그러나 그는 또한 사람들의 판단이나 소견은 특히 그들의 이해 관계가 관련되는 경우에 서로 다르기 마련인 까닭에 자신의 의견이 반드시 타인의 것과 언제나 일치하지는 않으리라는 사실도 알고 있다. 따라서 둘째로 그 시민은 정의에 관한 상반되는 견해를 조정하기 위해서 어떠한 입헌 체제가 정의로운 것인가를 결정해야만 한다. 우리는 정치 과정을 하나의 기계로서 생각할 수 있는데 여기에 대의원과 그들의 선거구민의 의견을 투입하게 되면 사회적 결정이 이루어지게 된다. 한 시민은 이러한 기계를 설계하는 어떤 방식이 다른 것보다 더 정의로운 것으로 간주하게 된다. 그래서 완전한 정의관은 법과 정책을 평가해 줄 수 있을 뿐만 아니라 법으로 제정될 어떤 정치적 견해를 선정하는 절차의 등급을 매겨 줄 수도 있는 것이다. 그런데 세번째의 문제가 있다. 그 시민은 특정의 헌법을 정의로운 것으로 받아들이며 어떤 전통적인 절차, 예를 들면 적절한 제한을 가한 다수결의 절차가 합당한 것이라고 생각한다. 그러나 정치 과정이란 기껏해야 불완전한 절차적 정의의 하나인 까닭에 그는 다수에 의한 입법이 어느 때에 준수되어야 하고 어느 때에 더 이상 구속력이 없는 것으로 거부될 수 있는지를 확인해야 한다. 간단히 말하면 그는 정치적 의무 및 책무의 근거와 한계를 정할 수 있어야 한다. 그래서 정의론은 적어도 세 가지 유형의 문제를 다루어야 하는데 이는 그 원칙들이 여러 단계의 과정에 적용된다고 생각하는 것이 유용한 것임을 나타내고 있다.

그런데 이쯤해서 나는 원초적 입장에 대한 보다 자세한 설명을 도입하고자 한다. 지금까지 나는 일단 정의의 원칙들이 채택되어지면 당사자들은 각자의 사회적 위치로 돌아가서 그때부터 사회 체계에 대한 그들의 요구들을 이들 원칙에 의해 판단하는 것으로 생각해 왔다. 그러나 몇 가지 중간 단계가 일정한 과정을 통해서 발생한다고 생각할 경우에 그러한 과정이 하나의 도식으로 제시됨으로써 당면하게 될 복잡한 점들을 구분해 주게 된다. 각 단계는 일정한 종류의 문제가 고려될 적합한 관점을 나타내 주게 된다.[1] 그래서 당사자들이 원초적 입장에서 정의의 원칙을 채택한 후에 그들은 제헌 위원회(constitutional convention)에 참가한다고 생각하게 된다. 여기에서 그들은 정치 형태의 정의를 결정하고 헌법을 선택하게 되는데 그들은 말하자면 그 위원회에 파견된 대표자들이라 할 수 있다. 그들은 이미 채택된 정의의 원칙이 갖는 제한 조건 아래서 정부가 갖는 헌

---

1) 4 단계 과정에 대한 생각은 미국 헌법과 그 역사가 제시하고 있다. 이러한 과정이 이론적으로 어떻게 해석될 수 있으며 절차적 정의와 어떻게 관련되는지에 관한 몇 가지 견해가 언급되어 있는 K. J. Arrow, *Social Choice and Individual Values*, 제 2 판 (N. Y.: John Wiley and Sons, 1963), pp. 89~91 참조.

법상의 권한과 시민의 기본권을 위한 체제를 구상하게 된다. 다양한 정치적 견해를 다루게 될 절차의 정의 여부를 고려하게 되는 것은 바로 이 단계에서이다. 적당한 정의관에 이미 합의가 되어 있기 때문에 무지의 베일은 부분적으로 걷어지게 된다. 물론 이 위원회의 성원들은 특정한 개인들에 대한 아무런 지식도 갖고 있지 않다. 그들은 자신의 사회적 지위나 타고난 천부적 자질의 배정에 있어서의 위치 혹은 자신의 가치관 등을 알지 못하고 있다. 그러나 사회 이론의 원칙들을 이해함과 더불어 그들 사회와 관련된 일반적 사실들, 즉 그 자연적 여건 및 자원, 그 경제 발전의 수준과 정치 및 문화 등을 이제는 알게 된다. 그들은 이제 더 이상 정의의 여건들에 내포된 지식에 제한되지는 않는다. 그들이 이론적 지식이나 그들 사회에 관련된 일반적 사실을 알고 있는 까닭에 그들은 가장 효율적이고 정의로운 헌법, 즉 정의의 원칙들을 만족시키며 또한 정의롭고 효율적인 입법을 가장 잘 하도록 해주리라고 생각되는 헌법을 택하게 된다.[2]

여기에서 우리는 두 가지 문제를 구분해야 할 필요가 있다. 이상적으로 말하면 정의로운 헌법이란 정의로운 결과를 보장하도록 편성된 정의로운 절차라 할 수 있다. 그 절차는 헌법에 의해 규제받는 정치 과정일 것이며 그 결과는 제정된 입법의 체계일 것인데, 정의의 원칙들은 절차나 결과 양자에 대한 독립적인 기준을 정해 줄 것이다. 이와 같은 순수 절차적 정의의 이념을 추구함에 있어 (14절) 첫번째 문제는 정의로운 절차를 구상하는 일이다. 이를 위해서 평등한 시민권의 자유들이 헌법에 명시되고 보장되어야 한다. 이들 자유는 양심의 자유, 사상의 자유, 신체의 자유, 동등한 정치적 권리들을 포함한다. 입헌 민주주의(contitutional democracy)의 어떤 형태라고 생각되는 정치 체제가 이러한 자유들을 구현하지 않는다면 그것은 정의로운 절차가 될 수 없는 것이다.

---

2) 4단계 과정 및 제헌 위원회에 대한 그 입장으로부터 사회 이론에 나타나고, J.M. Buchanan and G. Tullock, *The Calculus of Consent* (Ann Arbor: Univ. Michigan Press, 1963)에 예시되어 있는 헌법 선택에 관한 그러한 종류의 견해를 구분하는 것은 중요한 일이다. 4단계 과정에 대한 이념은 도덕론의 일부이며 정치적 주체가 문제의 정의관에 의해 영향을 받는 경우를 제외하고는 실제 헌법의 작용에 대한 해명에 속하는 것이 아니다. 계약론에 있어서 정의의 원칙들은 이미 합의되어 있는 것이기 때문에 우리의 문제는 우리가 그것들을 적용함에 있어서 뒷받침해 줄 도식을 정식화하는 일이다. 그 목적은 정의로운 헌법의 성격을 기술하는 것이지 경제 이론에 특유한 종류의 이기주의적인 가정에 의해서는 물론이고 정치 생활에 관한 다소 현실적인 (비록 단순화된 것일지라도) 가정 아래서 채택되어지거나 묵인될 헌법이 어떠한 종류의 것인가를 확인하는 것에 있는 것은 아니다.

물론 어떤 실제의 정치 과정이 정의롭지 못한 결과를 가져올 수도 있다. 사실상 정의롭지 못한 입법이 이루어지지 않도록 보장해 주는 절차상의 정치적 규칙의 체계란 없는 것이다. 입헌 체제나 혹은 어떤 정치 형태의 경우에 있어서도 완전한 절차적 정의의 이념은 실현될 수 없다. 달성될 수 있는 최선의 체제는 불완전한 절차적 정의의 체제일 뿐이다. 그러나 어떤 체제는 다른 것보다 정의롭지 못한 법을 결과하는 경향이 보다 크다 할 수 있다. 그래서 두번째 문제는 정의롭고도 현실성이 있는 절차적 체제 가운데서 효과적이고 정의로운 법적 질서를 결과할 가능성이 가장 큰 것을 선정하는 일이다. 이는 또한 이해 관계의 인위적 동일화(artificial identification)에 대한 벤담의 문제이기도 하나 여기서는 단지 공리의 원칙보다 정의의 원칙들에 부합할 듯한 입법(정의로운 결과)을 하기 위한 규칙들(정의로운 절차)이 만들어져야 한다. 이 문제를 현명하게 해결하기 위해서는 체제 내의 성원들이 갖기 쉬운 신념과 이해 관계를 알 필요가 있으며 그들이 주어진 여건 아래서 이용하는 것이 합리적이라고 생각하게 될 정치적 전략에 대한 지식도 요구된다. 그래서 대표들은 이러한 것들을 알고 있다고 가정된다. 만일 그들이 자신을 포함한 특정한 개인들에 대한 지식만 갖고 있지 않다면 원초적 입장이라는 관념에는 아무런 영향도 미치지 않는다.

정의로운 헌법을 만드는 데 있어서 내가 가정하는 바는, 이미 선택된 정의의 두 원칙이 바람직한 결과에 대한 독립적인 기준을 정해 준다는 점이다. 이러한 기준이 없을 경우에는 헌법 구상의 문제가 제대로 이루어질 수 없는데 그 이유는 이러한 결정은 가능한 정의로운 여러 헌법들(사회 이론에 입각해서 열거된)을 모두 살펴보아 현존하는 여건 아래서 효과적이고 정의로운 사회 체제를 결과할 가능성이 가장 큰 하나를 찾아내는 것이기 때문이다. 그래서 이쯤해서 우리는 그 과정중 다음 단계인 입법의 단계(legislative stage)에 이르게 된다. 법과 정책의 정의 여부는 이러한 관점으로부터 평가되어져야 한다. 제안된 법안은 언제나 자신에 대한 특수 사정을 모르고 있는 대표적인 입법자의 입장에서 판단되어진다. 법규는 정의의 원칙뿐만 아니라 헌법에 의해 부과되는 모든 제한 조건을 만족시켜야 한다. 제헌 위원회의 단계와 입법의 단계를 왕래함으로써 최선의 헌법이 발견된다.

그런데 입법이 특히 경제 및 사회 정책과 관련해서 정의로운가 그렇지 못한가의 문제에 관해서는 상당한 의견 차이가 있게 마련이다. 이러한 경우에 판단은 순이론적인 정치적·경제적 학설과 사회 이론 일반에 달려 있는 일이 흔하다. 때로는 법이나 정책에 관해 우리가 말할 수 있는 최선의 것은 적어도 그것이 분명히 부정의롭지는 않다는 점이다. 차등의 원칙을 정확히 적용하기 위해서는 우리가 가질 것으로 기대할 수 있는 것 이상의 지식이 요구되며, 언제나 제 1 원칙을 적용하는 경우보다 많은 지식이 필요하게 된다. 평등한 자유가 지켜지지 못할 경우는 일반적으로 아주 명백하고 확연하다. 이러한 위반은 부정의할 뿐 아니라 부정의함을 분명히 알수 있으며 그 부정의는 제도들의 공공적 구조 속에 나타나게 된다. 그러나 이러한 사태는 차등의 원칙에 의해 규제되는 사회 및 경제 정책에 있어서는 아주 드물게 나타나는 일이다.

그런데 사회 정의의 상이한 문제들을 다루는 단계들간에는 분업이 성립된다고 생각한다. 이러한 분담은 대체로 기본 구조의 두 부분에 대응하는 것이다. 평등한 자유의 제 1 원칙은 제헌 위원회의 1 차적인 기준인데 그중요한 요구 조건은 개인의 기본적인 자유와 양심 및 사상의 자유가 보장되고 전체로서의 정치 과정이 정의로운 절차이어야 한다는 것이다. 그래서 헌법은 평등한 시민의 공동적 지위를 확립하고 정치적 정의를 실현하게 된다. 제 2 원칙은 입법의 단계에서 작용을 하게 된다. 그것은 평등한 자유가 유지되는 것을 전제로 해서 사회적·경제적 정책들이 공정한 기회균등의 조건 아래 최소 수혜자의 장기적인 기대를 극대화하는 데 목표를 두어야 한다는 것을 지시한다. 이 점에 있어서 일반적인 경제적·사회적 사실의 전 영역이 관련을 갖게 된다. 기본 구조의 두번째 부분은 효율적이고 상호 이익이 되는 사회 협동체를 위해 필요한 정치적·경제적·사회적인 형태들의 차등 및 계층제(hierarchy)를 내포하고 있다. 그래서 정의의 제 1 원칙이 제 2 원칙에 대해 갖는 우선성은 입법의 단계에 대한 제헌위원회의 우선성 속에 반영되고 있다.

마지막 단계는 법관과 행정관에 의한 법규의 적용과 시민 일반에 의한 법규의 준수이다. 이 단계에 있어서는 모든 사람들에게 모든 사실들이 완전히 알려지게 된다. 법규의 전 체계가 채택되어 개개인의 특징과 상황에 따라 적용되므로 지식에 대한 어떤 제한도 남아 있지 않다. 하지만 우리가 정치적 의무와 책무의 근거 및 한계를 결정하는 것은 이러한 관점에서 이루어지는 것이 아니다. 이러한 제 3 유형의 문제는 부분적 준수론에 속하며 그 원칙들은 이상적 이론의 원칙들이 채택된 후에 원초적 입장의 관점으로부터 논의된다(39 절). 일단 이러한 원칙들이 주어지면 우리는 예를 들어서 시민 불복종이나 양심적 거부의 경우에서와 같이 자신의 특수한 사정을 마지막 단계의 관점에서 바라볼 수 있게 된다(57~59 절).

4 단계 과정에서 지식의 이용 가능성은 대체로 다음과 같다. 세 가지 종류의 사실들을 구분하여 : 사회 이론의 제 1 원리들(그리고 관련된 다른 원칙들)과 그 결과들 ; 사회에 관한 일반적 사실들, 예를 들어 사회의 규모 및 경제 발전의 수준, 그 제도적 구조와 자연적 여건 등등 ; 그리고 끝으로 개인에 대한 특수한 사실들, 예를 들어 그들의 사회적 지위, 천부적 속성 그리고 특유한 이해 관계 등이다. 원초적 입장에 있어서 당사자들에게 알려질 수 있는 유일한 특수 사실은 정의의 여건들로부터 추론될 수 있는 것들이다. 그들은 사회 이론의 제 1 원리들을 알고 있지만 역사의 전개 과정이 그들에게는 가려져 있는데, 다시 말하면 그들은 얼마나 자주 사회가 이러저러한 형태를 취하며 현재는 어떤 종류의 사회가 존재하는지에 관한 지식을 갖고 있지 못하다는 것이다. 그러나 다음 단계들에서는 그들의 사회에 관한 일반적인 사실들은 이용할 수 있게 되지만 그들 자신의 특수한 조건들은 이용할 수가 없다. 정의의 원칙들이 채택되었으므로 지식에 대한 제한이 완화될 수 있다. 각 단계에 있어서 정보의 유입은 당면한 종류의 정의의 문제에 이러한 원칙들을 지적으로 적용함에 있어 필요한 바에 따라 정해지게 되는 동시에 편견과 왜곡을 유발하고 사람들을 서로 불화케 하는 모든 지식은 제외된다. 원칙을 합리적이고 공평하게 적용한다는 관념은 허용될 수 있는 지식의 종류를 결정한다. 마지막 단계에 가서는 분명히 어떤 형태의 무지의 베일도 있어야 할 이유가 없으며 모든 제한 조건들이 제거되어진다.

4 단계 과정이란 정의의 원칙들을 적용하기 위한 방편이라는 것을 염두에 두는 것이 중요하다. 이러한 체계는 공정으로서의 정의론의 일부이지 제위원회나 입법 기관이 실제로 운용되는 방식에 관한 것은 아니다. 그것은 정의의 상이한 문제들을 해결하게 될 일련의 관점을 제시하는 것으로서 각 관점들은 선행하는 단계에서 채택된 제한 조건들을 계승하게 된다. 그래서 정의로운 헌법이란 제 2 단계의 제한 조건에 따라서 합리적인 대표인들이 그들의 사회를 위해 채택하게 될 것들이다. 그리고 마찬가지로 정의로운 법규나 정책들도 입법의 단계에서 제정되게 될 것이다. 물론 그에 대한 선정이 때로는 불확정적이어서 여러 헌법들이나 경제적·사회적 체제들 중에서 어떤 것이 선택될 것인지가 반드시 분명한 것은 아니다. 그러나 그럴 경우에는 정의도 그와 동일한 정도로 불확정적인 것이 된다. 허용된 범위 내에서의 제도들은 그것들이 선택될 수 있다는 의미에서 똑같이 정의로운 것들이며 그들은 정의론의 모든 제한 조건들과도 양립할 수 있는 것이다. 그래서 사회적·경제적인 많은 문제들에 있어서 우

리는 준(準) 순수 절차적 정의의 개념에 의존해야만 한다. 즉 법과 정책들은 허용된 범위 내에 있다면 정의로운 것이며, 입법 기관은 정의로운 헌법이 인정하는 방식에 따라 실제로 그것들을 제정하게 된다. 정의론에 있어서 이러한 불확정성은 그 자체가 결함이라고 할 수는 없다. 그것은 우리가 예상해야만 할 것이다. 공정으로서의 정의관이 기존의 이론들보다 우리의 숙고된 판단에 보다 부합하는 정의의 범위를 정해 주고 사회가 피해야 할 보다 커다란 잘못들을 한층더 날카롭게 가려내 준다면 그것은 가치 있는 이론임이 판명되는 셈이다.

32. 자유의 개념

정의의 제 1 원칙의 적용을 논의함에 있어 자주 이러한 주제의 문제거리가 되어 왔던 자유(liberty)의 의미에 관한 논란은 그냥 지나치고자 한다. 자유가 어떻게 규정되어야 하는가에 대해서 적극적 자유와 소극적 자유의 주장자간의 논쟁이 바로 내가 접어 두고자 하는 문제의 하나이다. 내 생각으로는 대체로 보아 이러한 논쟁은 정의(定義)의 문제와는 전혀 상관이 없으며, 여러 가지 자유가 충돌하는 경우 그들의 상대적 가치에 관한 것으로 생각된다. 그래서 콘스탄트와 같이 우리는 이른바 현대인의 자유는 고대인의 자유보다 더 큰 가치가 있다고 주장하기를 원할지도 모른다. 어떤 쪽의 자유이든 그것은 모두가 인간의 열망에 깊이 뿌리를 내리고 있는 것이지만, 사상의 자유와 양심의 자유, 신체의 자유와 시민적 자유는 정치적 자유 즉 정치적 문제에 동등하게 참여할 자유로 인해서 희생되어서는 안된다.[3] 이러한 문제는 분명히 실질적인 정치 철학의 문제이며 정당성과 정의에 관한 이론이 그러한 것을 해결하기 위해 요구된다. 정의(定義)의 문제는 기껏해야 부차적인 역할밖에 할 수 없는 것이다.

그러므로 내가 단지 가정하려 하는 바는 자유란 언제나 다음 세 가지 항목에 관련해서 설명될 수 있다는 점이다. 즉 자유로운 행위의 주체, 이 주체가 그로부터 자유롭게 되는 제한이나 한계, 그리고 주체가 자유롭게

---

3) Constant의 논문, *Ancient and Modern Liberty* (1919) 참조. 이에 대한 그의 사상은 Guido de Ruggiero, *The History of European Liberalism*, trans. R.G. Collingwood (Oxford: The Clarendon Press, 1927), pp. 159 ~164에서 논의되고 있다. 일반적인 논의는 Berlin, *Four Essays on Liberty* (London: Oxford Univ. Press, 1969) 중에서 특히 세번째 논문과 입문의 pp. xxxvii~lxiii 참조. 그리고 G.G. MacCallum, "Negative and Positive Freedom", *Philosophical Review*, 제 76 권(1967) 참조.

행하거나 혹은 행하지 않을 바에 관련해서 자유가 설명될 수 있다는 것이다. 자유에 대한 완전한 설명은 이들 세 가지에 관한 적합한 정보를 제공해 준다.[4] 어떤 문제는 전후 관계로 봐서 분명해지는 일이 있으므로 완전한 설명이 불필요한 경우도 아주 빈번하다. 그런데 자유에 대한 일반적인 서술은 이 사람 혹은 저 사람(혹은 사람들)이 그러그러한 행위를 함에 있어(혹은 하지 않음에 있어) 이러저러한 제한(혹은 일단의 제한들)으로부터 자유롭다(혹은 자유롭지 않다)는 형식을 취하게 된다. 자연인뿐만 아니라 단체도 자유롭거나 자유롭지 않을 수 있으며, 제한이라는 것에도 법에 의해 규정된 의무 및 금제로부터 여론과 사회적 압력에서 생기는 강제적인 영향력에 이르기까지 여러 가지가 있을 수 있다. 대체로 나는 자유를 헌법상의 제한이나 법적인 제한과 관련해서 논의할 것이다. 이런 경우에 자유란 제도상의 어떤 구조를 의미하며 권리와 의무를 규정하는 공공적인 규칙들의 어떤 체계라 할 수 있다. 이러한 배경 속에서 자유는 언제나 위에 나온 세 가지 부분으로 된 형식을 갖는다. 나아가서 자유로울 수 있는 여러 종류의 주체 — 개인, 단체, 국가 — 가 있을 수 있듯이 그들을 제한하는 수많은 종류의 조건들 및 그들이 자유로이 행하거나 행하지 못할 것에도 무수한 종류가 있다. 이러한 의미에서 때로는 서로 구분하는 것이 유용할 수도 있는 서로 상이한 많은 자유들이 있다. 그러나 이러한 구분은 자유의 다른 의미들을 도입하지 않고서도 이루어질 수 있어야 한다.

그래서 사람들이 어떤 것을 행함에 있어 자유롭다는 것은 그들이 그것을 행하거나 행하지 않음에 있어 어떠한 제한으로부터 자유롭고 그들이 그것을 행하거나 행하지 않음이 다른 사람에 의한 간섭으로부터 보호되어 있는 경우를 말한다. 예를 들어 법에 의해 규정된 대로 양심의 자유를 생각해 볼 경우 개인이 그의 도덕적·철학적 혹은 종교적인 관심(interests)을 자유로이 추구함에 있어 어떤 특정한 형태의 종교적 혹은 다른 관행에 가담하거나 가담하지 말 것을 요구하는 법적인 제한이 없을 경우, 그리고 타인들이 간섭하지 않아야 할 법적인 의무를 가질 경우 그는 양심의 자유를 향유한다고 할 수 있다. 권리와 의무가 다소 미묘하게 결합됨으로써 어떤 특정한 자유의 성격이 규정된다. 개인이 어떤 것을 행하거나 행하지 않을 것이 허용되어야 할 뿐만 아니라 정부나 타인들이 그것을 간섭하지

---

[4] 여기서 나는 "Negative and Positive Freedom"에 나타난 MacCallum 견해에 따랐다. 나아가서 참조할 것은 F. Oppenheim, *Dimensions of Freedom* (N. Y.: St. Martin's Press, 1961), 특히 pp. 109~118, 132~134 인데 여기에서도 역시 사회적 자유의 개념이 3 원적으로 규정되고 있다.

않아야 할 법적인 의무를 가져야 한다. 나는 이러한 권리와 의무를 세목에 걸쳐 서술하지는 않겠지만 우리는 우리의 의도에 충분할 정도로 그것의 성격을 잘 이해하고 있다고 나는 생각한다.

몇 가지 간략한 해명을 하고자 한다. 무엇보다도 먼저 기본적 자유들은 하나의 전체로서, 하나의 체계로서 고려된다는 것이 중요하다. 다시 말하면 한 가지 자유의 가치는 일반적으로 다른 자유들을 명시하는 것에 달려 있으며, 이러한 사실은 헌법 제정과 입법 일반에서 고려되어야만 한다. 대체로 봐서 보다 큰 자유가 바람직하다는 것은 사실이지만 이것은 일차적으로 자유의 전체적인 체계에 있어서 그렇다는 것이지 어떤 특수한 자유에 있어서 타당한 것은 아니다. 자유들이 제한을 받지 않는다면 이들은 분명히 서로 충돌하게 마련이다. 분명한 예를 들어서 설명한다면, 지적이고 유익한 토론을 위해서는 질서를 위한 어떤 특정의 규칙이 필요하다. 질문과 논쟁의 적절한 절차를 받아들이지 않고서는 언론의 자유가 그 가치를 상실하게 된다. 이 경우에 질서를 위한 규칙과 언론의 내용을 제한하는 규칙간에 구분을 하는 것이 중요하다.[5] 질서를 위한 규칙은 우리가 말하고 싶을 때 말하지 못하게 함으로써 자유를 제한하긴 하지만 그러한 규칙은 이러한 자유가 가진 이익을 얻기 위해서 필요한 것이다. 그래서 제헌 위원회의 대표들이나 입법 기구의 성원들은 평등한 자유에 대한 최선의 전체 체계가 결과되도록 여러 가지 자유가 규정되는 방식을 결정해야 한다. 그들은 여러 자유들간의 균형을 잡도록 해야 한다. 여러 자유들이 최선의 체계를 이루는 것은 그들에게 부과되는 제한의 총체가 그들의 규정 내용에 따라 전체 체계 내에서 상호 관련을 맺는 방식에 달려 있다.

따라서 평등한 자유는 제한될 수는 있으나 이러한 제한은 평등한 자유의 의미와 정의의 두 원칙이 갖는 축차적 서열에 의해서 나타난 특정의 기준에 따라야 한다. 우선 제1원칙에 위배되는 데는 두 가지 방식이 있다. 한 계층의 사람들이 다른 계층의 사람들보다 더 큰 자유를 가질 경우나 혹은 자유가 당연히 그래야 할 것보다 덜 광범한 경우, 자유는 평등한 것이 되지 못한다. 그런데 평등한 시민의 신분이 갖는 모든 자유는 사회의 모든 성원에게 동등해야 한다. 하지만 자유의 폭을 비교할 수 있다고 생각한다면 어떠한 평등한 자유는 다른 것보다 더 광범위할 수가 있다. 보다 실제적으로 말해서 만일 각 자유가 기껏해야 그 자신의 척도로만 측정될 수 있다고 가정한다면 다양한 자유들은 그들이 서로 미치는 영향에 따라서

5) A. Meiklejohn, *Free Speech and Its Relation to Self-Government* (N.Y.: Harper and Brothers, 1948), 1장 6절 참조.

확대되거나 축소될 수 있다. 축차적 서열이 적용될 경우 제 1 원칙에 포함되는 기본적 자유는 오직 자유 자체만을 위해서 다시 말하면 동일한 자유나 상이한 기본적인 자유가 제대로 보호되는 것을 보장하고 하나의 자유 체계를 최선으로 조정하기 위해서만 제한될 수 있다. 자유의 전체 체계에 대한 조정은 오직 특수한 자유들의 규정과 범위에 달려 있다. 물론 이러한 체계는 언제나 대표적인 평등한 시민의 관점에서 평가되어야 한다. 제헌 위원회나 입법 단계(적절한 것으로서)의 관점으로부터 우리는 어떠한 체계를 택하는 것이 그에게 합리적일 것인가를 묻게 된다.

마지막으로 한 가지 중요한 점이 있다. 빈곤이나 무지, 그리고 일반적으로 수단의 결여로 인해 자신의 권리나 기회를 이용할 능력이 없는 것이 때로는 자유에 특유한 제한 조건으로 간주된다. 그러나 나는 이런 식으로 이야기하지 않고 그러한 것들은 제 1 원칙이 규정하고 있는 권리가 개인에 대해 갖는 가치, 즉 자유의 가치(the worth of liberty)에 영향을 미치는 것으로 생각하고자 한다. 이런 식으로 생각하는 동시에 자유의 전체 체계가 방금 설명한 대로 구성된다고 할 때 우리는 두 부분으로 된 기본 구조가 자유와 평등의 조정을 가능케 한다는 사실을 알 수 있다. 그래서 자유와 자유의 가치는 다음과 같이 구분될 수 있는데, 자유는 평등한 시민이 갖는 자유의 완전한 체계에 의해 표현되는 반면, 개인과 단체에 있어서의 자유의 가치는 그 체계가 정해 주는 형태 내에서 자신의 목적을 증진시킬 수 있는 그들의 역량에 비례하는 것이다. 평등한 자유로서의 자유는 모든 이에게 동일하므로 평등한 자유보다 작은 자유에 대한 보상의 문제는 생겨나지 않는다. 그러나 자유의 가치는 모든 이에게 다 동일한 것이 아니다. 어떤 자는 더 큰 권력과 부를 가지며 따라서 그들의 목표를 달성할 더 큰 수단을 갖는다. 그러나 보다 불운한 사회 성원도 차등의 원칙이 충족될 경우에 생겨날 불평등을 받아들이지 않는다면 그들의 목적을 달성할 능력이 보다 저하될 것이기 때문에 자유의 보다 작은 가치가 보상되어지는 것이다. 그러나 보다 작은 가치의 자유를 보상하는 것을 불평등한 자유를 정당화하는 것과 혼동해서는 안 된다. 두 원칙을 함께 생각할 때 기본 구조는 모든 이가 공유하는 평등한 자유의 완전한 체계가 최소 수혜자에게 갖는 가치를 극대화하도록 편성되어야 한다. 이는 사회 정의의 목적을 규정해 준다.

자유의 개념에 대한 이상의 이야기는 유감스럽게도 추상적인 것이다. 이 단계에서는 그것이 여러 가지 자유를 체계적으로 분류하는 목적에는 소용될 수가 없다. 그 대신에 내가 가정하고자 하는 것은 우리가 그들간의 구분에 대한 충분히 명확한 관념을 가지고 있으며 여러 경우를 다루어가는 과정에서 이러한 문제는 점차 해결되어 가리라는 점이다. 다음 절에서 나는 정의의 제 1 원칙을 법규에 의해 보장된 양심의 자유 및 사상의 자유, 정치적 자유 그리고 신체의 자유와 관련해서 논의하겠다. 이러한 적용을 통해서 평등한 자유의 의미를 규정하고 제 1 원칙에 대한 더 이상의 근거들이 제시될 수 있는 기회가 주어진다. 나아가서 각 경우들은 여러 가지 자유의 한계를 정하고 그들을 조정해 줄 규준을 사용하는 사례를 보여주며 그럼으로써 자유의 우선성이 의미하는 바를 예시해 주게 된다.

33. 평등한 양심의 자유

앞장에서 나는 정의의 원칙이 갖는 매력적인 특징 중의 하나는 그것이 평등한 자유의 안전한 보호를 보장하는 점이라고 말했다. 다음 여러 절들에서 내가 뜻하는 바는 양심의 자유(freedom of conscience)에 대한 근거들을 고찰함으로써 제 1 원칙에 대한 논의를 보다 면밀히 검토하는 일이다. [6] 지금까지는 당사자들이 그들의 직계 후손들에 대한 요구와 관심의 연속적 계열을 나타낸다는 것이 가정되어 왔으나 이러한 특징이 강조되지는 않았다. 또한 나는 당사자들이 별다른 대안이 없는 한 모험에 걸 수 없는 도덕적·종교적 철학적 주장들을 자신이 갖고 있다고 생각해야만 한다는 사실도 그리 강조하지 않았다. 그리고 그들은 자신이 자발적으로 준수해 가야 할 도덕적·종교적 책무를 가진 존재로 스스로 생각한다고 말할 수 있을 것이

---

6) 물론 평등권의 개념은 여러 가지 형식으로 잘 알려져 있으며 다른 문제에는 아주 다른 견해를 가진 학자들이라 할지라도 그들이 정의를 분석하는 경우에는 수없이 나타난다. 그래서 만일 자유에 대한 평등권의 원칙이 흔히 Kant와 관련지워진다면 *The Metaphisical Elements of Justice*, trans. J. Ladd (N. Y.:The Liberty of Liberal Arts, 1965), pp. 43~45 참조. ―그것은 또한 J.S. Mll, *On Liberty* 나 그의 저서의 다른 곳 그리고 많은 다른 자유 사상가들의 저서에서도 발견될 수 있다고 주장할 수 있다. 그와 비슷한 논의를 H.L.A. Hart, "Are There Any Natural Rights?" *Philosophical Review*, 제 64 권(1955)에서 하고 있으며 R. Wollheim, "Equality", *Proceedings of the Aristotelian Society*, 제 56 권(1955~1956)에서 비슷한 논의를 하고 있다. 그런데 앞으로 내가 사용하게 될 평등한 자유의 원칙은 그것을 부분으로 포함하는 이론에 비추어서 특수한 측면들을 갖는 것이다. 특히 그것은 어떤 제도적인 구조가 우선성 규칙이 허용하는 경우에만 그로부터 떠날 수 있음을 지시하고 있다(39 절). 그것은 평등한 고려의 원칙과는 거리가 먼데 왜냐하면 그 직관적인 관념이 종교적인 신교 자유의 원칙을 사회적인 형태로 일반화하고 그럼으로써 공공 제도들에 있어서 평등한 자유에 이르는 것이기 때문이다.

다. 물론 공정으로서의 정의의 관점에서 보면 이러한 책무들은 자기 스스로가 부과한 것으로서 그것들이 그러한 정의관에 의해 부여된 구속은 아닌 것이다. 요점은 원초적 입장에 있는 자들은 자신을 고립된 단일한 개인으로 보지 않아야 한다는 점에 있다. 그와는 달리 그들은 자신이 가능한 한 최선을 다해 보호해야 할 관심들을 가지고 있으며 마찬가지로 그와 비슷한 요구를 하게 될 다음 세대의 어떤 성원과 자기가 관련을 맺고 있다고 생각한다. 일단 그 당사자들이 이러한 문제들을 고려하게 되면, 앞으로 내가 밝히고자 하는 바와 같이 정의의 원칙들에 대한 논증이 아주 상당할 정도로 강화될 것이다.

　양심의 평등한 자유라는 문제는 해결된 것이다. 그것은 정의에 대한 우리의 숙고된 판단에 있어 고정점들 중의 하나이다. 그러나 바로 이러한 사실로 인해서 그것은 평등한 자유의 원칙에 대한 논증의 성격을 예시해 준다. 이 경우에 있어서의 추론은 언제나 동일한 정도로 강력한 것은 아니나 다른 자유에도 적용되도록 일반화될 수가 있다. 그래서 양심의 자유를 주목해 볼 때 분명해 보이는 사실은 당사자들이 그들의 종교적·도덕적 자유의 온전함을 보장해 줄 원칙을 틀림없이 선택하리라는 것이다. 물론 그들은 그들의 종교적·도덕적 신념이 무엇인지도 모르며 그들의 종교적·도덕적 책무에 대해 그들 나름으로 해석하게 될 특정한 내용이 무엇인지도 모른다. 또한 그들은 자신이 이러한 책무를 가진 자로 스스로를 생각하고 있다는 사실까지도 모른다. 내가 앞으로 보다 강한 가정을 하게 될지는 모르지만 논증을 위해서는 그들이 그렇게 생각할 수 있다는 가능성만으로 족하다. 나아가서 당사자들은 그들의 종교적·도덕적 견해가 그 사회에서 어떠한 처지에 있는지, 예를 들면 다수의 입장인지 소수의 입장인지를 모른다. 그들이 아는 것이라고는 그들이 그런 식으로 해석하고 있는 책무들을 갖고 있다는 것이 전부이다. 그들이 결정해야만 할 문제는 그들의 기본적인 종교적·도덕적 내지는 철학적 관심에 비추어 볼 때 시민들의 자유를 규제하기 위해 그들이 어떠한 원칙을 채택해야 하는가이다.

　그런데 평등한 양심의 자유는 원초적 입장에 있는 자들이 받아들일 수 있는 유일한 원칙이라고 생각된다. 그들은 어떤 지배적인 종교적 혹은 도덕적 교설이 제멋대로 다른 교설을 박해하거나 억압하는 것을 허용함으로써 그들의 자유에 모험을 걸 수는 없을 것이다. 설사 자기가 다수자(다수집단이 존재할 경우)에 속하게 될 확률이 있다는 것을 인정한다 할지라도 (의문의 여지는 있지만) 그런 식으로 도박을 건다는 것은 자기 자신의 종교적·도덕적 신념을 신중하게 다루지 않거나 혹은 그 믿음을 성찰할 자유를 귀중하게 평가하지 않았음을 나타내는 것이다. 다른 한편 당사자들은 공리의 원칙에도 찬성할 수가 없을 것이다. 이러한 경우 그들의 자유는 사회적 이득의 계산에 맡겨질 것이며 보다 큰 만족의 순수 잔여를 결과하는 경우라면 자유의 제한도 인정하게끔 될 것이기 때문이다. 물론 앞에서도 보았듯이 공리주의자들은 사회 생활의 일반적 사실을 들어서, 적어도 적절히 유리한 문화 상태 아래에서는, 이득의 계산을 올바르게 수행만 한다면 그러한 자유의 제한이 있을 수 없다고 논증하려 할 것이다. 그러나 당사자들에게 이러한 것을 설득시킨다 할지라도 그들은 평등한 자유의 원칙을 채택함으로써 그들의 자유를 직접적으로 보장받고자 함이 당연할 것이다. 그렇게 하지 않아서 이로울 것이라고는 아무 것도 없으며 통계적인 계산의 결과가 분명하지 못한 그만큼 그에 따른 손실이 클 수도 있을 것이다. 사실상 만일 우리가 당사자들에게 가용한 일반적 지식에 대해서 실제적인 해석(26절의 끝부분 참조)을 내리게 되면 그들은 공리주의적 원칙을 거부하지 않을 수 없을 것이다. 그들이 말하는 계산이 실제로 이루어질 경우 당면하게 될 복잡성과 애매성(계산을 이렇게 특징지을 경우)에 비추어 볼 때 이상의 고려 사항들은 보다 큰 영향력을 갖게 될 것이다.

나아가서 평등한 자유의 원칙에 대한 최초의 합의는 최종적인(final) 것이다. 종교적·도덕적 책무를 받아들이는 개인은 그의 다른 관심들을 실현하기 위한 보다 큰 수단을 얻기 위해서 그러한 책무를 수행한다고는 생각할 수 없다는 의미에서 그러한 책무들은 절대적인 구속력을 갖는 것으로 간주된다. 보다 큰 경제적·사회적 이득을 얻는다는 것이 보다 덜 평등한 자유를 받아들이는 데 대한 충분한 이유는 되지 않는다. 불평등한 자유에 동의하게 될 유일한 경우는 자유 그 자체의 관점에서 보아 저항하는 것이 현명하다고 볼 수 없는 그러한 압제의 위협이 있을 경우에 한해서이다. 예를 들어서 반항하지 않으면 자신의 종교적·도덕적 견해가 묵인될 수 있으나 평등한 자유를 내세우는 경우에는 제대로 저항할 수조차 없는 보다 큰 탄압을 결과하게 될 그러한 상황과 같은 것이다. 그러나 원초적 입장의 관점에서 볼 때 여러 다양한 교설들이 갖는 상대적 강점을 확인할 방도는 없으며 따라서 이러한 고려 사항은 생겨나지 않는다. 무지의 베일로 인해서 평등한 자유 원칙에 대한 합의가 이루어질 것이며, 사람들이 저마다 해석하는 대로의 종교적·도덕적 책무들이 갖는 강도를 감안해 볼 때 두 원칙에는 적어도 양심의 자유에 적용될 경우 축차적 서열이 주어져야 할 것이 요구된다고 생각된다.

평등한 자유의 원칙에 반대해서, 종교적인 분파들이 그들 상호간의 요구를 제한하기 위한 어떤 원칙도 전혀 받아들일 수 없다고 말할지 모른다. 종교적이고 신적인 법에 대한 의무는 절대적인 까닭에 상이한 신앙을 가진 자들간의 합의는 종교적인 관점에서 볼 때 용납할 수 없다는 것이다. 물론 사람들이 이러한 교설을 갖는 것처럼 행동하는 경우란 흔히 있는 일이기는 하다. 그렇다고 해서 그에 대한 반대 논증이 필요한 것은 아니다. 만일 어떤 원칙이든간에 합의가 이루어질 수 있기 위해서는 그것이 평등한 자유의 원칙이라야 한다는 것으로 족하다. 물론 어떤 사람은 타인들이 그와 동일한 신념과 제 1 원칙을 받아들여야 하며 만일 그렇게 하지 않으면 그들은 대단한 과오를 범하게 되어 그들의 구원에로의 길을 상실하게 된다고도 생각할 수 있을 것이다. 하지만 종교적인 책무나 철학적·종교적인 제 1 원리에 대한 합의는 다른 사람들이 보다 열등한 자유를 묵인하리라고 우리가 기대할 수 없음을 나타내고 있다. 더우기 우리는 그들의 종교적 의무 내지는 도덕적 책무에 대해서 그들로 하여금 우리를 올바른 해석자로 인정해 달라고 그들에게 요구할 수는 없는 일이다.

이제 우리가 살펴보아야 할 것은 제 1 원칙에 대한 이상과 같은 논거들은 일단 우리가 당사자들이 다음 세대에 대해 기울이는 관심을 고려하는 경우에는 보다 강력한 뒷받침을 얻게 된다는 사실이다. 그들은 자신의 후손에게도 동일한 자유를 확보해 주려는 욕구를 가지며, 그러한 자유 또한 평등한 자유의 원칙에 의해 보장되는 것이므로 세대간에 있어 이해 관계의 갈등이란 없는 것이다. 더우기 다음 세대가 이러한 원칙의 선택에 반대할 수 있는 유일한 경우는 공리주의적 입장이나 완전설적 입장처럼 다른 입장에서 제시하는 전망이 보다 매력이 있는 것으로서 원초적 입장에 있는 자들이 그 입장을 받아들이지 않으면 그들의 후손들을 제대로 생각해 주지 않게끔 되는 경우이다. 이를 해명하기 위해서는 우리가 다음과 같은 것을 생각해 보면 될 것이다. 예를 들어 만일 아버지가 자신은 평등한 자유 원칙을 받아들일 것이라고 주장하게 될 경우 아들은 그가(아버지가) 그렇게 하게 되면 그는 자신의(아들의) 이익을 무시하게 될 것이라고 반대는 할 수 없을 것이다. 다른 원칙들의 이점은 이 정도로 대단한 것도 아니며 사실상 불확실하고 추측적인 것으로 생각된다. 아버지가 대답할 수 있는 것은 원칙들을 선택하는 일이 타인들의 자유에도 영향을 주는 경우에는 그 결정이 가능한 한 같은 나이가 되면 그들에게도 합리적이고 훌륭한 것으로 생각되어야 한다는 것이다. 다른 사람들에 대해서 관심이 있는 자라면 아무리 그들이 다른 것을 원한다 해도 일단 그들이 성년에 이르게 되면 원하게 될 바에 비추어서 그들을 위해 선택해야만 한다. 따라서 기본적인 가치들에 대한 설명을 따를 경우 당사자들은 그들의 후손들도 그들의 자유가 보호될 것을 바라리라고 생각하게 될 것이다.

바로 이 점에 있어서 우리는 타인들을 위해서 이루어지는 결정들의 지침으로서 부권적 간섭주의의 원칙(principle of paternalism)에 관련을 갖게 된다(39절). 우리는 타인을 위해서 그들의 이성을 갖추어 합리적으로 결정할 수 있는 나이가 되면 그들 스스로 택하리라고 믿을 이유가 있는 바에 따라 선택해야만 한다. 보관인, 보호자, 후원자는 이런 식으로 행위하게 되는데 그들은 피보호자나 수익자의 처지나 이해 관계를 일반적으로 알고 있는 까닭에 그들이 원하거나 원하게 될 바가 무엇인가에 대한 정확한 평가를 내릴 수 있는 경우가 흔하다. 그러나 원초적 입장에 있는 자들은 그들 자신에 관해서 알고 있는 것 이상으로 그들 후손에 대해서 알고 있을 수가 없으며 따라서 이 경우에도 그들은 역시 기본적 가치들에 대한 이론에 의존해야만 한다. 그래서 아버지는 만일 자신이 평등한 자유 원칙을 채택함으로써 자기 후손들의 권리들을 보장하지 못하게 된다 해도 자기는 아무런 책임도 없게 될 것이라고 할 수 있을 것이다. 원초적 입장의 관점에서 보아 그는 이것이 바로 그의 후손들이 그들의 선(價値)으로 간주하게 될 바라고 생각해야만 한다.

나는 지금까지 양심의 자유를 일례로 하여 공정으로서의 정의가 평등한 자유에 대해 얼마나 강력한 논증을 제시하는가를 밝히고자 했다. 언제나 동일한 힘을 갖는다고는 말할 수 없으나 그와 동일한 종류의 추론이 다른 경우에도 적용되리라고 믿는다. 그렇다고 해서 다른 입장에 의해서 자유에 대한 보다 설득적인 논거가 제시될 수 있음을 부인하지는 않는다. 밀이 이해하고 있는 바에 따르면 공리의 원칙이 때로는 자유를 지지해 준다고 한다. 밀은 가치의 개념을 진보적인 존재(progressive being)로서의 인간의 관심들에 입각해서 정의하고 있다. 이러한 관념을 통해서 그는 선택의 자유를 권장하는 조건 아래서 인간이 갖게 될 관심들과 거기에서 그들이 추구하기를 바라는 활동들을 의미하고 있다. 결국 그는 가치에 대한 선택 기준을 채택하고 있는데, 즉 한 활동이 다른 활동보다 더 낫다고 할 수 있는 기준은 그 양자를 평가할 수 있고, 자유로운 상태 아래서 그 두 활동을 경험해 본 자가 한 가지를 더 우선적으로 택한다는 것이다.[7]

---

7) 진보적 존재로서의 인간의 항구적인 관심에 근거한 것으로서의 유용성에 대한 Mill 의 定義는 On Liberty, 1장, 단락 11에 나와 있다. 원래 나는 여러 판에 따라서 그 구절을 'the permanant interests of a man'이라고 읽었다. Spitz에게 고마운 것은 Mill은 거의 확실히 'a man'이 아니라 'man'으로 적었으며 따라서 초기에 염가판에서 생겨난 그 후의 변경은 아마도 식자공들의

이러한 원칙을 이용해서 밀은 자유로운 제도에 대해서 세 가지 근거를 중점적으로 인증하고 있다. 그 첫번째로서 그러한 제도들은 인간의 능력과 힘을 계발시키며 강력하고 활력있는 성격을 일깨우는 데 필요하다는 것이다. 그들의 능력이 최대한 계발되고 그들의 성격이 활성화됨이 없이는 인간은 자기가 할 수 있는 귀중한 활동에 참여하여 그것을 경험할 수가 없을 것이다. 두번째로 자유로운 제도와 그것에 의해 가능하게 될 경험에의 기회는 적어도 여러 활동들을 선택하는 인간의 선호가 합리적이고 지혜로운 것이 되기 위해서 어느 정도까지 필요한 것이다. 인간 존재가 그들이 할 수 있는 것이 무엇이며 그 중에서도 어느 것이 가장 보람있는 것인가를 아는 데는 그 이외의 다른 방도가 없다. 그래서 인간의 진보적인 관심에 비추어 평가된 가치에의 추구가 합리적인 것이기 위해서는 다시 말하면 인간의 능력과 올바른 선호에 대한 지식에 의해 지도된 것이기 위해서는 어떤 자유가 필수 불가결의 것이다. 그렇지 못할 경우에는 공리의 원칙에 따르고자 하는 사회의 시도가 맹목적으로 이루어지게 된다. 자유의 억압은 언제나 비합리적인 것이 되기 쉽다. 비록 인간의 일반적인 능력이 알려져 있다 할지라도(실제로 그런건 아지니만) 그래도 역시 각자는 자기 자신을 발견해야 하며 이를 위해서 자유는 전제되어야 한다. 끝으로 밀은 인간 존재는 자유로운 제도 아래서 살기를 더 바랄 것이라고 믿는다. 역사적인 경험에 비추어 볼 때 인간은 무감동이나 절망에 몸을 내맡기지 않는 이상 자유롭기를 바라는 한편 자유로운 자는 결코 그들의 자유를 포기하지 않는다는 것을 알 수 있다. 비록 사람들이 자유와 교양을 갖기 위해 요구되는 부담에 대해 불평하는 수도 있지만 그들은 자신이 살아갈 방식을 스스로 결정하고 자기 자신의 문제를 해결하고자하는 압도적인 욕구를 갖고 있다. 그래서 밀의 선택 기준에 의하면 자유로운 제도는 합리적으로 생각할 때 보다 나은 삶의 형태가 갖는 기본적인 특징으로서 그 자체에 있어서 가치가 있는 것이다.[8]

이상에서 말한 것들은 확실히 유력한 논증이며 일정한 상황 아래서라면 평등한 자유의 대부분은 아닐지라도 많은 부분에 대해서 정당한 근거가

잘못이라고 나에게 말해 준 점이다. 그에 따라서 나는 본문을 수정했다. 가치의 선택 기준에 대해서는 *Utilitarianism*, 2장, 단락 2~10 참조. 나는 G.A. Paul (1953)에 의해 진술된 이러한 해석을 들었으며 그의 이야기에 도움을 입었다.

8) 이상의 세 가지 근거는 *On Liberty*, 3장에 나타나 있다. 이것들은 Mill이 2장과 같은 다른 곳에서 제시하는 이유들과 혼동되어서는 안 되는데 이 이유들이란 자유로운 제도의 유익한 효과를 내세우는 것들이다.

될 수 있을 것이다. 그것들은 분명히 유리한 상태 아래서라면 상당한 정도의 자유가 가치에 대한 합리적 추구의 전제 조건이라는 것을 증명하고 있다. 그러나 비록 밀의 주장은 유력한 것이긴 하지만 모든 사람에 대한 평등한 자유를 정당화하지는 못할 것이다. 우리는 여전히 공리주의의 표준적인 가정(standard assumptions)과 유사한 것을 필요로 하게 된다. 우리가 개인간에 있어 어떤 유사성을 가정해야 되는데, 예를 들면 진보적 존재로서의 인간의 활동과 관심에 대한 그들의 능력이 동일하다고 가정해야 하며 그에 더하여 개인에게 할당되는 기본권의 한계 가치가 체감한다는 원칙도 가정되어야 한다. 이러한 가정이 없는 경우에는 인간적인 목적들의 실현과 더불어 어떤 사람의 자유를 억압하거나 아니면 최소한 제한된 자유만을 인정하는 일이 양립할 수 있을 것이다. 한 사회가 본질적 가치(intrinsic value)의 총체나 관심의 만족에 대한 순수 잔여의 극대화를 내세울 경우 거기에는 그러한 단일한 목표를 위한다는 명목 아래 소수자의 자유에 대한 무시가 정당화될 수 있다는 것을 쉽게 발견할 수 있을 것이다. 목적론적인 원칙에 입각할 경우 평등한 시민의 자유는 불안정한 것이 된다. 그러한 자유에 대한 논거는 추정적인 계산과 더불어 논의의 여지가 있는 불확실한 전제들에 의거해 있는 것이다.

나아가서 사람들이 동등한 본질적 가치를 지닌다고 말한다 해도 그것이 표준적 가정을 공리 원칙의 일부인 양 사용하는 방식이 되지 않는 한 아무런 소용이 없다. 다시 말하면 우리가 이 원칙을 적용하기 위해서는 이들 가정이 사실이라고 생각해야 한다는 것이다. 이렇게 한다는 것은 확실히 우리가 완전론자나 공리주의자의 입장이 도출되는 전제들의 진리에 대해서보다는 평등한 자유의 원칙에 더 신뢰를 두고 있다는 사실을 확인시켜 주는 이점을 갖는다. 계약론적인 입장에 따르면 이러한 신뢰의 근거는 평등한 자유가 전혀 다른 기반을 갖는다는 점이다. 그것은 본질적 가치의 총계를 극대화시키는 방식도 아니며 만족의 최대 잔여를 달성하기 위한 방식도 아니다. 개인들의 권리들을 조정함으로써 가치의 총합을 극대화시킨다는 생각은 생겨나지 않는다. 오히려 시민 각자가 도덕적인 존재로서 공정하게 대우받을 경우 그들이 받아들이게 될 협동 체제의 원칙들을 실현하기 위해서 그러한 권리들이 할당될 것이다. 이러한 원칙들에 의해 규정되는 입장은 모든 것을 고려해서 정의의 요구 사항들을 가장 잘 만족시킨다는 형식적인 의미의 경우를 제외하고서, 어떤 것을 극대화시키는 그러한 입장은 아닌 것이다.

34. 관용과 공익

우리가 지금까지 보아 왔듯이 공정으로서의 정의관은 양심의 **평등한** 자유에 대한 강력한 논거를 제시하고 있다. 나는 이러한 논증이 적절한 방식으로 일반화되면 평등한 자유의 원칙도 뒷받침해 줄 수 있다고 생각한다. 따라서 당사자들은 이러한 원칙을 채택할 만한 정당한 근거가 있는 것이다. 이러한 고려 사항은 자유의 우선성을 해명하는 경우에도 역시 중대한 것임이 분명하다. 제헌 위원회의 관점에서 볼 때 이러한 논증으로 인해 도덕적인 자유나 사상과 신앙 그리고 종교적 관행의 자유를 보장해 주는 체제를 선택하게 되는데 물론 이러한 자유들은 언제나 그렇듯이 공공 질서와 안녕이라는 국가적 이익에 의해 규제되기는 한다. 국가는 특정한 종교를 선호할 수가 없으며 어떤 종교에 가입하거나 탈퇴한다고 해서 벌금이나 근신을 부과할 수 없는 것이다. 신앙 고백을 요구하는 국가라는 관념을 받아들일 수 없다. 이와는 달리 특정 단체들은 그 성원의 희망에 따라 자유로이 조직될 수 있으며 단체들은 그 구성원들이 그에 대한 계속적인 참여 여부를 자신의 선택에 맡긴다는 조건 아래 단체마다 그 자체의 내부 생활과 규율을 가질 수가 있다. 법은 한 종교에 대한 배교뿐만 아니라 전혀 종교를 갖지 않는 것까지도 법률상의 죄로 인정하거나 그에 대해 형벌을 부과할 수 없다는 의미에서 종교상의 권리를 보호한다. 이런 식으로 해서 국가는 도덕적 및 종교적 자유를 지지하게 된다.

공공 질서나 안녕에 대한 공동의 이익(common interest)에 비추어 양심의 자유를 제한하는 데 대해서는 누구나 동의할 것이다. 이러한 제도 자체는 계약론적인 관점으로부터 쉽사리 도출될 수 있다. 우선 이러한 제한을 받아들인다고 해서 공공의 이익이 어떤 의미에서 도덕적·종교적 이익보다 우월한 것이라는 뜻은 아니며, 그렇다고 해서 그것이 정부가 종교적인 문제를 관심 밖으로 여긴다든가 어떤 철학적 신념이 국사와 상충한다고 해서 그것을 탄압할 권리를 주장할 것을 요구하지는 않는다. 정부는 어떤 단체를 합법화시키거나 불법화할 권한이 없으며 마찬가지로 예술이나 과학에 관해서도 그러한 권한을 갖지 못한다. 이러한 문제들은 정의로운 헌법에 규정되는 것으로서 단순히 정부의 권한 사항에 속하는 것은 아니다. 오히려 정의의 원칙에 따른다면 국가는 평등한 시민에 의해 구성되는 단체(association)로서 이해되어야만 한다. 국가는 그 자체가 철학이나 종교적 교설에 관여하는 것은 아니나 평등한 최초의 상황에서 개인들 자신이 합의하게 될 원칙들에 따라서 그들의 도덕적·정신적인 관심 분야에 대한 추구를 규제하게 된다. 이런 식으로 그 권한을 행사함으로써 정부는 시민의 대행자로서의 역할을 하게 되고 그들의 공공적 정의관의 요구들을 만족시키게 된다. 따라서 만능적인 세속 국가관도 거부되는데 그 이유는 정의의 원칙에서 볼 때 정부는 도덕이나 종교 문제에 있어 그 자체나 혹은 다수자(혹은 그 무엇인가)가 행하기를 바라는 바를 행해야 할 권리도 의무도 갖지 않는다는 결론이 나오기 때문이다. 그것이 갖는 의무란 도덕적이고 종교적인 평등한 자유의 조건들을 보장해 주는 것에만 국한된다.

이상의 모든 것을 인정하는 경우 분명하게 생각되는 것은 공공 질서나 안녕에 있어서의 공공 이익에 비추어 자유를 제한함에 있어서 정부는 원초적 입장에서 선택되어질 원칙에 입각해서 행동한다는 점이다. 왜냐하면 이러한 입장에 있어서 각자는 그러한 조건들을 파괴한다는 것이 모든 이의 자유에 대한 위협임을 인정하기 때문이다. 이로부터 일단 공공 질서의 유지란 모든 사람이 그 내용에 관계없이(일정한 한도 내의 것인 한) 그들의 목적을 달성하고 자기 나름으로 해석한 도덕적·종교적 의무를 완수하기 위한 필요 조건으로서 생각된다는 결론이 나온다. 비록 그 한계가 부정확한 것이긴 하지만 공공 질서에 대한 국가적 이익의 테두리에서 양심의 자유를 통제하는 것은 공동의 이익, 다시 말하면 대표적인 평등한 시민의 이익이라는 원칙에서 도출되는 제한이라 할 수 있다. 공공 질서와 안녕을 유지하려는 정부의 권한은 모든 사람이 자기의 이익을 추구하고 각자 나름으로 이해한 자신의 의무에 따라 사는 데 있어 필수적인 조건들을 공평하게 뒷받침해 주는 의무를 수행하기 위해 정부가 가져야만 할 권한 부여적 권리(enabling right)라 할 수 있다.

나아가서 양심의 자유가 제한되어야 할 경우는 그렇지 않을 경우 정부가 유지해야 할 공공 질서를 해치게 되리라는 합리적인 예상이 있을 때에 한해서이다. 이러한 예상은 분명한 근거와 모든 사람이 받아들일 수 있는 추론 방식에 입각한 것이어야 한다. 그것은 일반적으로 합당한 것으로 인정되는 일상적인 관찰과 사고 방식(의문의 여지가 없는 합리적이고 과학적인 탐구 방법을 포함해서)의 밑받침을 받아야 한다. 그런데 이와 같이 모든 사람에 의해 확인되고 알려질 수 있는 바에 의거한다는 것은 그 자체가 정의의 원칙들에 입각한 것이다. 그것은 어떤 특정한 형이상학적 교설이나 인식론도 내포하지 않는다. 왜냐하면 그러한 기준은 모든 사람이 받아들일 수 있는 바에 근거를 두고 있기 때문이다. 그것은 세계에 대한 공통된 지식과 이해에 비추어서만 자유를 제한하는 데 합의한다는 것을 나타

낸다. 이러한 기준을 채택한다고 해도 그 누구의 평등한 자유가 침해되지
는 않는다. 반면에 일반적으로 인정되는 추론 방식으로부터 벗어날 경우
에는 어떤 특정한 견해에 보다 우월한 위치를 부여하게 되며, 따라서 이러
한 것을 허용하는 원칙은 원초적 입장에서 합의될 수가 없을 것이다. 나
아가서 공공 질서의 유지가 가져 올 결과들은 단순히 가능적인 것이거나
심지어 어떤 경우에 있어서만 실현될 수 있는 것이 아니라 합리적으로 생
각해 볼 때 확실하거나 긴요한 것이라고 주장한다고 해서 어떤 특정한 철
학적 이론을 함축하고 있는 것은 아니다. 오히려 그러한 요구 사항은 양
심의 자유와 사상의 자유에 주어져야 할 지위가 중대한 것임을 내타내고
있다.

　우리는 이 점에 있어서 개인간의 복지를 비교하는 방식과의 유사성에 주
목할 수 있다. 이러한 비교는 사람들이 합리적으로 기대할 수 있는 기본
가치의 지수에 입각한 것이며(15절) 이러한 기본 가치는 누구나 원하리라고
추정되는 바이다. 이와 같은 비교의 기준은 사회 정의라는 목적에 비추어
볼 때 당사자들이 합의할 수 있는 그러한 것이다. 그것은 사람들이 가진
행복에의 능력에 대한 미묘한 평가를 요구하지도 않으며 더우기 그들의
인생 계획이 갖는 상대적 가치에 대한 정밀한 측정을 필요로 하지도 않는
다. 우리는 그러한 것들의 유의미성을 문제삼을 필요가 없으며 그러한 것
들은 정의로운 제도를 기획하는 것과는 아무런 관련이 없다. 이와 마찬
가지로 당사자들은 그들의 평등한 자유가 공공 질서에의 공동 이익이나
타인의 자유를 해치는 방식으로 추구되었다고 할 만한 근거가 무엇인가를
정하기 위해서 공공적으로 인정되는 기준에 합의할 것이다. 이와 같은 근
거에 대한 원칙들은 정의의 목적상 채택되는 것으로서 그것들을 택하는
의도가 의미나 진리의 문제에 적용하기 위한 것은 아니다. 그것이 철학이
나 과학에서 어느 정도 타당성을 가지는가는 별개의 문제이다.

　양심의 자유에 대한 이상과 같은 논증이 갖는 특징적인 측면은 그것들
이 단지 정의관에만 입각하고 있다는 점이다. 관용(toleration)은 실제적인
필요성이나 국가적인 이유들로부터 도출되는 것이 아니다. 도덕적·종교
적 자유는 평등한 자유의 원칙으로부터 결과되는 것이며, 이러한 원칙이
갖는 우선성을 가정할 경우 평등한 자유를 부정할 수 있는 유일한 근거는
보다 큰 부정의나 나아가서는 보다 큰 자유의 상실을 막기 위해서라는 것
이다. 더우기 이상의 논증은 어떤 특정한 형이상학 내지는 철학설에 입각
하고 있는 것이 아니다. 그것은 모든 진리는 상식이 받아들일 수 있는 사
고 방식에 의해 확인될 수 있다는 것을 전제하지도 않으며, 또한 명확한

의미를 가질 수 있는 것은 모두가 합리적인 과학적 탐구에 의해 관찰되거나 증명될 수 있는 것으로부터 논리적으로 구성된 것임을 주장하지도 않는다. 물론 상식에 의거하며, 모든 사람이 알 수 있는 간명한 사실과 널리 공유하고 있는 추리 방식에 의존하기는 하지만 그것은 위에 말한 보다 광범위한 전제들을 피할 수 있는 방식으로 전개된다. 한편 자유에 대한 논증에는 철학에 대한 회의나 종교에 관한 무관심이 내포되어 있는 것도 아니다. 아마도 양심의 자유에 대한 논증 가운데는 이러한 교설들 중 하나 또는 그 이상을 전제로 갖는 것도 제시될 수 있을 것이다. 서로 상이한 논증들도 동일한 결론을 가질 수 있는 까닭에 그것에 아무런 놀랄 만한 이유가 없다. 하지만 우리는 이러한 문제를 더 이상 추구해 갈 필요가 없다. 적어도 자유에 대한 논증만큼은 가능한 한 가장 강력한 논증이어야 한다. 왜냐하면 미약하고 그릇된 논증은 가장 잘 잊혀져 버리기 때문이다. 양심의 자유를 부인하는 자는 철학적 회의나 종교상의 무관심을 비난함으로써 그들의 행위를 정당화할 수도 없으며 사회적 이득이나 국가의 직책에 의거함으로써 정당화할 수도 없을 것이다. 자유의 제한이 정당화될 수 있는 경우는 오직 자유의 침해가 더욱 악화될 것을 방지하는 것이 자유 그 자체를 위해서 필요한 때이다.

그런데 제헌 위원회의 당사자들은 널리 받아들여지고 있는 논증 방식에 의해서만 양심의 평등한 자유가 규제되고, 또한 그 자유가 이러한 논증에 의해서 공공 질서의 중요 측면을 침해함이 합리적으로 확인될 경우에 한해서만 제한할 것을 보장하는 헌법을 선택해야만 한다. 자유는 자유 그 자체를 위한 필요 조건에 의해 규제된다. 그런데 이러한 단순한 원칙에만 비추어 보아 과거 몇 세기 동안 인정되어 왔던 바 관용을 제한하는 여러 근거들은 그릇된 것이었다. 그래서 예를 들어 아퀴나스는 영혼의 생명인 신앙을 더럽히는 일은 생명을 유지하기 위해 위조 화폐를 만드는 것보다 훨씬더 중대한 문제라는 근거에서 이단자에 대한 사형 제도를 정당화하였다. 따라서 위조범이나 다른 범법자를 사형시키는 것이 정당하다면 더우기 이단자를 그와 같이 다룬다는 것은 말할 나위 없이 당연하다는 것이다.[9] 그러나 아퀴나스가 의거하고 있는 전제들은 일반적으로 인정되는 추론 방식에 의해서 확증될 수가 없다. 신앙이 영혼의 생명이며 이단, 즉 교회의 권위로부터의 이탈을 억제하는 것은 영혼의 안전을 위해 필요하다는 것은 일종의 독단인 것이다.

또한 관용을 제한하기 위해 주어지는 이유들 역시 앞에 나온 그러한 원

9) *Summa Theologica*, Ⅱ~Ⅱ, q.11, art. 3

칙과 상충하는 일이 자주 있다. 그래서 루소의 생각에 따르면 사람들이
저주받은 자로 인정된 자를 사랑하는 것은 그들을 처벌한 신을 증오하게
되는 것인 까닭에 그들과 더불어 화평하게 산다는 것은 불가능한 것으로
여긴다는 것이다. 그래서 그는 타인을 저주받은 자로 간주하는 사람들은
틀림없이 그들을 박해하거나 개종시키려 할 것이며 따라서 이러한 신조를
내세우는 종파는 공공의 화평을 유지하기 위해서는 믿어서 안 되는 것이라
고 생각했다. 따라서 루소는 교회 바깥에서는 구원이 있을 수 없다고 말
하는 종교들에게는 관용을 베풀지 않게 될 것이다.[10] 그러나 루소가 상정한
그러한 독단적인 신앙에서 버릇되는 결과들은 경험에 비추어 볼 때 생겨
나지 않는다. 아무리 그럴 듯하다 할지라도 선험적인 심리학적 논증은 관
용의 원칙을 포기하기 위해서 충분한 것은 못 된다. 왜냐하면 공공의 질서
와 자유 그 자체에 대한 방해 여부는 공통의 경험에 의해 안전하게 확인
되어야 한다는 것이 정의가 내세우는 바이기 때문이다. 그러나 제한된 관
용을 주장하는 루소 및 로크와 그러지 않는 아퀴나스 및 종교 개혁자들간에
는 중대한 차이가 있다.[11] 로크와 루소는 그들의 생각에 공공 질서를 위
해 분명하고 명확한 결과들을 가져 온다고 보이는 바에 의거해서 자유를
제한하였다. 만일 가톨릭 신자들이나 무신론자들에게 관용을 베풀 수 없
다고 할 경우 그것은 이러한 사람들이 공공 사회의 규약을 준수하리라고
믿을 수 없다는 것이 분명해 보인다는 이유에서라는 것이다. 하지만 아마
도 보다 많은 역사적 경험과 정치 생활의 보다 넓은 가능성들에 대한 지
식을 갖게 되면 그들은 자신이 그릇되다는 확신을 갖게 되거나 적어도 그
들의 주장은 특수한 여건 아래서만 참되다는 것을 확신하게 될 것이다. 그
러나 아퀴나스나 개신교도들에 있어서는 관용을 베풀지 않는 근거 자체가
신앙의 문제인 것이며, 따라서 이와 같은 차이점은 관용에 실제로 그어지
는 제한보다 훨씬 근본적인 것이다. 왜냐하면 자유의 부인이 상식에 의해
확인되는 바의 공공 질서에 의거해서 정당화되어지는 경우에는 언제나 그
제한이 그릇되게 그어졌다는 주장도 할 수가 있으며, 경험에 비추어 볼
때 사실상 그 제한이 정당하지 않다고 내세울 수도 있을 것이다. 하지만
자유의 억압이 신학적 원리나 신앙의 문제에 근거해 있는 경우에는 어떤

---

10) *The Social Contract*, 제 4 권, 8 장.
11) 종교 개혁자들의 견해에 대해서는 J.E.E.D.(Lord) Acton, "The Protestant
 Theory of Persecution", *The History of Freedom and Other Essays*
 (London: Macmillan, 1907)을 참조. Locke에 관해서는 *The Second Treatise
 of Government* 와 함께 수록된 *A Letter Concerning Toleration*, ed. J.W.
 Gough (Oxford: Basil Blackwell, 1946), pp. 156~158 참조.

논란도 있을 수가 없다. 전자의 견해는 원초적 입장에서 선택되어질 원칙들의 우선성을 인정하는 데 비해 후자의 견해는 그렇지 않은 것이다.

35. 불관용자에 대한 관용

지금부터는 과연 정의가 불관용자들(the intolerant)에게도 관용을 베풀 것을 요구하는지, 그리고 만일 그렇다면 어떤 조건 아래서 그러한지를 고찰해 보기로 한다. 이러한 문제가 일어나는 데는 여러 가지 다양한 상황들이 있다. 민주 국가에 있어서도 어떤 정당들은 그들이 권력을 잡을 때는 헌법상의 자유를 억압한다는 교설을 내세우고 있다. 또한 지성의 자유를 거부하면서도 여전히 대학에 직책을 갖고 있는 자들이 있다. 이러한 경우에 있어서는 관용을 베푸는 것이 정의의 원칙들에 부합하지 않으며 혹은 어떻든간에 그러한 원칙들에 의해 요구되지 않는 것으로 보인다. 나는 이 문제를 종교적인 관용에 관련해서 논의하고자 한다. 적절한 변경만 가하면 이러한 논증은 다른 경우에까지 확대해서 적용될 수 있을 것이다.

몇 가지 문제가 구분되어야 한다. 첫째, 불관용하는 종파가 자기에게 관용을 베풀지 않는다고 해서 불평할 명분이 있는지의 문제이다. 둘째, 어떤 조건 아래에서 관용적인 종파가 불관용적인 종파에게 관용을 베풀지 않을 권리가 있으며, 그리고 마지막으로 언제 그들이 베풀지 않을 권리를 가질 것이며 어떤 목적을 위해서 그러한 권리가 행사되어야 할 것인가이다. 우선 첫번째 문제로부터 시작해 보면 불관용적 종파는 그에게 평등한 자유가 거부되었을 경우에도 불평할 아무런 명분이 없는 것으로 생각된다. 우리가 타인들의 행위에 반대할 명분을 가질 수 있기 위해서는 그 행위가 그와 유사한 경우에 우리의 행위를 타인들에게 정당화하기 위해 사용하게 될 원칙에 부합하지 않는 것이어야 할 것을 가정한다면 적어도 이상과 같은 결론에 도달하게 된다. 사람들의 불평권은 그 자신이 인정하는 원칙들이 위반되었을 경우에 국한된다. 불평이란 성실성에 입각해서 타인에게 제시되는 항의이다. 그것은 쌍방이 받아들이는 원칙에 위배되었음을 요구한다. 그런데 물론 불관용자도 자신은 성실하게 행위한다고 말할 것이며 타인에게 거부한 것은 자신을 위해서도 요구하지 않는다고 말할 것이다. 그의 견해에 따른다면 그 자신은 신에게 순종해야 하며 진리는 모든 사람이 받아들여야 한다는 원칙에 입각해서 행위한다는 것을 가정해 보기로 하자. 이 원칙은 완전히 일반적인 것이며 그에 입각해서 행위한다고 해도 그 자신의 경우를 어떤 예외로 만드는 것은 아니다. 하지만 그 자신도 사정을 알고 있듯이 그는 올바른 원칙에 따르고 있을지 모르나 타인들은 이 원칙을 거부할 것이다.

이상의 항변에 대한 대답은 원초적 입장에서 볼 때 종교적 진리에 대한 어떤 특정한 견해도 시민 일반에게 구속력이 있는 것으로 인정될 수 없다는 것이다. 또한 신학 교설의 문제들에 대해 해결권을 가진 하나의 권위가 있어야 한다는 데 대해서도 어떤 합의가 있을 수 없다. 각자는 자신의 종교적 책무가 무엇인가를 결정지을 평등한 권리를 내세울 수 있어야만 한다. 그는 이러한 권리를 타인이나 제도적 권위에 양도해 버릴 수 없다. 사실상 우리는 타인이 그의 권위를 절대적인 것으로 간주한다 할지라도 그를 하나의 권위로서 받아들일 것을 결정함에 있어 우리의 자유를 행사하고 있는 셈이다. 왜냐하면 그렇게 한다 해도 우리는 결코 헌법상에 나타난 바 우리가 갖는 평등한 양심의 자유를 포기한 것이 아니기 때문이다. 그 까닭은 정의에 의해 보장되는 이러한 자유는 시효에 관계없는 것으로서 우리는 언제나 자유로이 자신의 신앙을 바꿀 수 있으며 이러한 권리는 우리가 자신의 선택 능력을 일관성있게 혹은 지성적으로 행사하는지 여부와도 상관이 없다. 우리는 인간이 평등한 양심의 자유를 갖는다는 것과 모든 인간이 신에 복종해야 하며 진리를 받아들여야 한다는 관념과는 양립한다는 것을 알 수 있다. 자유의 문제는 인간들이 종교라는 이름 아래 서로 간에 하게 될 요구들을 규제할 하나의 원칙을 선택하는 문제이다. 신의 의지에 따라야 하고 진리를 인정해야 함을 받아들인다 할지라도 아직 판정 원칙이 규정된 것은 아니다. 신의 의사에 따라야 한다는 사실로부터 특정한 사람이나 제도가 종교적 책무들에 관한 타인들의 견해에 간섭할 수 있는 권위를 갖게 되는 결과가 생겨나지는 않는다. 이러한 종교상의 원칙으로 인해 법이나 정치에 있어서 자신의 보다 큰 자유에 대한 그 누구의 요구도 정당화될 수가 없다. 제도상의 요구들을 정당화해 주는 원칙들은 원초적 입장에서 선택되어질 원칙들뿐인 것이다.

그러면 불관용적인 종파는 관용은 베풀지 않은 데 대해 불평할 아무런 근거가 없다고 가정해 보자. 그렇다고 해도 관용적 종파가 그들을 탄압할 권리를 갖는다고 말할 수는 없다. 그 한 가지 이유는 타인들은 불평할 권리를 가질 수가 있다는 것이다. 그러나 그들이 이러한 권리를 갖는 것은 불관용자에 대한 불평권으로서가 아니라 단지 정의의 원칙이 어겨지는 경우에 반대한다는 권리로서이다. 왜냐하면 충분한 이유없이 평등한 자유가 부인될 경우에는 언제나 정의가 침해되기 때문이다. 그런데 문제는 타인에게 관용을 베풀지 않는다고 해서 그것이 어떤 사람의 자유를 제한하기 위한 충분한 근거가 되는지의 여부이다. 문제를 간단히 하기 위해서 관용적인 종파들은 적어도 한 가지 경우에 있어서, 즉 그들 나름의 이유를 가지고 진지하게 생각해 보아서 관용을 베풀지 않는 것이 그들 자신의 안전을위해서 필요한 경우에는 불관용자들의 자유를 허용하지 않을 권리를 갖는다고 생각해 보자. 이러한 권리는 저절로 도출되는데 그 이유는 원초적입장이 그렇게 규정되듯이 각자는 자기 보존(self-preservation)의 권리에 합의할 것이기 때문이다. 정의는 사람들이 그들의 존재 기반을 타인들이 파괴하는 경우에도 그.대로 수수방관해야 할 것을 요구하지는 않는다. 일반적인 관점에 비추어 보아도 자기 보존의 권리가 없이 지낸다는 것은 인간들에게 아무런 이득도 될 수 없는 까닭에, 유일한 문제는 관용자는 불관용자가 타인들의 평등한 자유에 직접적인 위험을 주지 않을 경우에 그들을구속할 권리가 있는지 여부이다.

어떤 불관용적인 종파가 어떤 방식으로든 정의의 두 원칙을 받아들이는질서 정연한 사회 속에 존재하게 되었다고 생각해 보자. 이 사회의 시민들은 그 종파에 대해서 어떻게 행위할 것인가? 그런데 물론 이들은 자신들이 그 불관용적 종파의 구성원들을 억압할 경우 그들이 불평할 수 없다는 단지 그 이유만으로 그 종파를 억압해서는 안 될 것이다. 그보다는 오히려, 정의로운 헌법이 존재하는 까닭에 모든 시민들은 그것을 유지하기 위한 정의의 자연적 의무를 갖게 된다. 타인들이 부정의하게 행위하는 경향을 가진다고 해서 우리가 그러한 의무로부터 벗어날 수는 없는 것이다. 보다 엄중한 조건이 요구되는데 그것은 우리들 자신의 합리적인 이해 관계에 어떤 상당한 위험이 있어야 한다는 것이다. 그래서 정의로운 시민들은 자유 그자체와 그들 자신의 자유가 위협당하지 않는 한 모든 평등한 자유와 더불어 그 헌법을 지키기 위해 힘써야 한다. 그들은 불관용자로 하여금 타인의 자유를 존중하도록 강권함이 옳은데, 왜냐하면 사람은 그가 원초적 입장에서 인정하게 될 원칙들에 확립되어 있는 권리들을 존중해야 할 의무가 있기 때문이다. 그러나 헌법 그 자체에 위험이 없을 경우에는 불관용자에게 자유를 부인할 아무런 이유가 없는 것이다.

불관용자에게 관용을 베푸는 문제는 두 원칙에 의해 규제되는 질서 정연한 사회의 안정성의 문제와 직결되어 있다. 우리는 다음과 같은 것을통해서 이러한 사실을 알 수 있다. 사람들이 다양한 종교 단체에 가담하게 되는 것은 평등한 시민의 입장에서이며, 바로 이러한 입장에서 그들은타인과 논의를 할 수 있어야만 한다. 자유로운 사회의 시민들은 평등한자유 그 자체를 위해서가 아닌 한 타인들이 정의감을 느낄 수 없는 존재로 생각해서는 안 된다. 만일 불관용적인 종파가 질서 정연한 사회에 존재하게 되는 경우 타인들은 그들 제도의 내적인 안정성을 염두에 두어야만 한다. 불관용자에게 자유를 줌으로써 그들로 하여금 자유에의 신념을 갖도록 설득할 수도 있을 것이다. 이러한 설득은 그들의 자유가 보호를 받고 정의로운 헌법으로 인해 이득을 받는 자들은 별다른 사정이 없을 경우 어느 기간에 걸쳐서 그 헌법에 대한 충성심을 갖게 된다는 심리학적인 원칙에 의해 이루어질 수 있다(72절). 그래서 비록 불관용적 종파가 생긴다 할지라도 그 세력이 당장 대단한 것이 아니어서 그 뜻을 곧바로 펼칠 만한 것이 아니라거나 그러한 심리학적인 원칙이 적용될 만한 시간적인 여지도 없이 급격히 성장할 것이 아니라면, 그 종파는 불관용을 버리고 양심의 자유를 받아들이는 경향을 갖게 될 것이다. 이것은 정의로운 제도의 안정성이 갖는 결과인데 왜냐하면 안정성이란 부정의의 경향이 생길 경우 전체 체제의 정의를 보존하기 위해 작용할 다른 힘이 동원될 수 있음을 의미한다. 물론 불관용적인 종파는 처음부터 아주 강할 수도 있고 그 성장이 아주 급속하여 안정 세력이 그것을 미처 자유에로 전향시키지 못할 수도 있다. 이러한 상황은 철학만으로는 풀 수 없는 실제상의 난관을 제시하고 있다. 불관용자의 자유가 정의로운 헌법상의 자유를 보존하기 위해 제한되어야 하는가의 여부는 상황에 따라 달라진다. 정의론은 정의로운 헌법의 특성, 즉 실제상의 결정들이 지침으로 삼아야 할 정치적 행위의 목적이 갖는 특성만을 규정할 뿐이다. 이러한 목적을 추구하는 과정에서 자유로운 제도가 갖는 본래적인 강점이 망각되어서도 안 되며, 그러한 제도로부터 이탈하려는 경향이 제멋대로 나아갈 수 있다거나 언제나 성공을 거둔다고 생각되어도 안 된다. 정의로운 헌법이 갖는 내적인 안정성을 알 경우 질서 정연한 사회의 성원들은 평등한 자유 그 자체를 보존할 필요가 있는 특수한 경우에 확신을 갖고서 불관용자의 자유를 제한하게 된다.

그래서 결론을 내려 본다면 불관용적인 종파는 그 자신이 관용을 허용받지 못한다 해도 불평할 명분이 없는 반면에 관용을 베푸는 자가 정당한 이유를 가지고 진지하게 생각해 보아서 그들 자신의 안전이나 자유로운 제도가 위협을 받게 되는 경우에만 불관용적인 종파의 자유가 제한되어야 한다는 것이다. 관용자들은 오직 이러한 경우에만 불관용자들을 제한해야만 한다. 주도적 원칙은 평등한 시민의 자유를 보장하는 정의로운 헌법을 확립하기 위한 것이다. 정의로운 자들은 정의의 원칙들에 의해 인도되어야 하며 부정의한 자들이 불평할 수 없다는 사실에 의해 인도되어서는

안 된다. 끝으로 주목해야 할 것은 정의로운 헌법을 보호하기 위해 불관
용자의 자유가 제한되는 경우라 할지라도 이러한 일이 자유의 극대화라는
이름 아래 이루어져서는 안 된다는 점이다. 단지 타인들이 보다 큰 자유
를 누리도록 하기 위해 어떤 자들의 자유가 억압되지는 않는다. 정의는
이득의 총화에 있어서와 마찬가지로 자유와 관련해서도 이런 식의 추론
방식을 허용하지 않는다. 제한되어야 하는 것은 오직 불관용자들의 자유
뿐이며 이를 제한하는 경우에도 그것이 불관용자들 자신까지도 원초적 입
장에서 받아들이게 될 원칙들로 이루어진 정의로운 헌법 아래서 평등한 자
유를 위해 이루어져야 한다.

　이 절과 앞선 절들의 논증이 제시하는 바는 평등한 자유 원칙이 채택되
는 것은 한정된 경우로 생각되어질 수 있다는 점이다. 사람들간의 차이점
이 심대하여 아무도 이성에 의해 그들간에 조정할 방안을 알지 못한다 할
지라도, 원초적 입장의 관점에서 볼 때 사람들은 역시 자신들이 만일 어
떤 원칙에 합의할 수 있기라도 한다면 이러한 원칙에 합의하게 될 것이
다. 역사상 종교적 관용에 있어서 생겨났던 이러한 관념은 다른 사례들에
도 확대될 수 있다. 따라서 원초적 입장에 있는 자들은 무지의 베일이
요구하는 대로 그들 자신이 그 내용이 무엇인지는 알지 못한다 할지라도
어떤 도덕적 신념을 갖는다는 것을 알고 있다고 가정할 수 있다. 그들은
그들이 받아들이는 원칙들과 이들 신념들이 상충될 경우에는 그 원칙들이
보다 우월하다는 사실을 알고 있다. 그러나 상충이 없을 경우에 그들은
자신의 견해를 수정할 필요도 없으며 그러한 원칙들이 자신의 견해를 지
지하지 않는다 해서 그 견해를 포기할 필요도 없다. 이런 식으로 해서 정
의의 원칙들은 대립적인 종교들의 요구들을 통제하는 경우와 똑같이 대립
하는 도덕 체계간에 판정을 내릴 수 있다. 정의가 설정하는 체계 내에서
상이한 원칙들을 갖는 도덕관이나 동일한 원칙들을 서로 달리 조정하는
입장들이 사회의 여러 부분에 의해 채택되어질 수 있다. 중요한 것은 상
이한 신념을 가진 자들이 정치 원리의 문제로서 기본 구조에 대해서 상충
되는 요구를 할 경우 그들은 이러한 요구들을 정의의 원칙에 의해 판단해
야 한다는 점이다. 원초적 입장에서 선택되어질 원칙들은 정치적 도덕성의
중핵이 된다. 그 원칙들은 단지 인간간의 협동 조건을 명시해 줄 뿐만 아
니라 다양한 종교 및 도덕적 신념들과 그것들이 속하게 될 문화 형태들
간의 조정을 위한 규정을 정해 주는 것이다. 만일 이러한 정의관이 지금
까지는 대체로 소극적인 것으로 생각되었다면 그것이 보다 유망한 측면도
갖고 있는지를 알아보기로 하자.

36. 정치적 정의와 헌법

지금부터 나는 정치적 정의(political justice) 다시 말하면 헌법(constitution)의 정의를 고찰하고 기본 구조의 이러한 부분에 대해서 평등한 자유가 의미하는 바를 약술하고자 한다. 정치적 정의는 정의로운 헌법이 불완전한 절차적 정의의 한 예라는 사실로부터 생겨나는 두 가지 측면을 갖는다. 첫째로 헌법은 평등한 자유의 요구 조건들을 만족시키는 정의로운 절차이어야 하며, 둘째로 그 헌법은 가능한 모든 정의로운 체제 가운데서 다른 어떤 것보다도 가장 정의롭고 효율적인 입법 체계를 결과할 만한 것이 되도록 구성되어야 한다. 헌법의 정의는 여건이 허용하는 바에 비추어서 두 가지 명목 아래 평가되어야 하는데 이러한 평가는 제헌 위원회의 관점에서 이루어지게 된다.

헌법에 의해 규정된 정치적 절차에 적용될 경우 평등한 자유의 원칙은 (평등한) 참여(participation)의 원칙이라 부르게 될 것이다. 그것은 모든 시민들이 그들이 준수하게 될 법을 제정하는 입헌 과정에 참여하여 그 과정의 결과를 정하게 될 평등한 권리를 요구한다. 공정으로서의 정의관은 공통의 원칙들이 필요한 동시에 모든 사람에게 이득이 될 경우 그 원칙들은 모든 사람이 공정하게 대우를 받도록 적절히 규정된 평등한 최초의 상황의 관점으로부터 구성되어야 한다는 관념에서 시작된다. 참여의 원칙은 이러한 관념을 원초적 입장으로부터 규칙들을 만들기 위한 최고도의 사회적 규칙들의 체계로서의 헌법으로 옮겨 놓는다. 만일 국가가 어떤 영역에 대해서 결정적이고 강제적인 권위를 행사하게 된다면 그리고 그런 식으로 해서 국가가 사람들의 인생 전망에 영구적으로 영향을 주게 된다면, 입헌 과정은 원초적 입장에 있어서의 평등한 대우를 그것이 실현될 수 있을 정도로 보존하여야 한다.

당분간 나는 입헌 민주제가 참여의 원칙을 만족시키도록 편성될 수 있으리라고 가정한다. 그러나 우리는 이른바 극단적으로 상정된 유리한 여건 아래서 이러한 원칙이 무엇을 요구할지를 보다 정확히 알 필요가 있다. 물론 이러한 요구 사항들은 콘스탄트가 현대인의 자유와 대비해서 고대인의 자유라고 불렀던 바를 포함해서 잘 알려져 있는 것이다. 그러나 이러한 자유들이 어떻게 참여의 원칙에 속하는지를 안다는 것은 보람있는 일이다. 현실적인 조건들에 응하여 요구되는 조정과 이러한 조정을 규제해 줄 추론에 대해서는 다음 절에서 논의하고자 한다.

우선 입헌 체제가 갖는 요소들을 상기해 보는 것으로부터 시작하기로 하자. 첫째로 사회의 기본 정책을 결정하는 권한은 일정 기간 동안 선거민에 의해 선출되어 결국 그들에 대해서 책임을 지고 있는 대표단에 있게 된다. 이러한 대표단은 단순한 자문 능력 이상을 갖게 된다. 그것은 법을 제정하는 능력을 가진 입법부로서, 단지 행정부가 그에 대해 자신의 행정을 해명하고 여론의 추세를 간파해야 하는 사회의 각종 분야로부터 온 대표들의 공의회는 아니다. 또한 정당들도 그들 자신을 위해 정부에 청원하는 단순한 이익 집단이 아니며 오히려 직위를 따내기 위한 충분한 지지를 얻기 위해 그들은 공공선에 대한 어떤 입장을 제시해야 한다. 물론 헌법은 입법부를 여러 측면에서 규정할 수 있다. 즉 헌법상의 규범들은 입법부의 활동을 대의 집단으로 규정할 수가 있다. 그러나 선거민의 절대 다수는 합당한 기간을 지나 필요한 경우에는 개헌을 함으로써 그 목적을 달성할 수도 있다.

일반적으로 인정할 수 있는 어떤 예외를 제외하고는 모든 정상적인 성인은 정사(政事)에 참여할 권리를 가지며 가능한 한 1인 1표(one elector one vote)의 원칙이 준수된다. 선거는 공정하고 자유로우며 정규적으로 실시된다. 국민 투표나 다른 방법에 의해서 당국자의 편의에 따라 예측할 수 없는 우연적인 기회에 국민 여론을 점검하는 것만으로는 대의 체제로서 충분하지 못하다. 어떤 자유, 특히 언론 및 집회의 자유 그리고 정치적 결사의 자유는 헌법상 확고히 보장되어야 한다. 충성스런 반대(loyal opposition)의 원칙이 인정되며 정치적 신념이나 그것에 영향을 줄 듯한 관심과 태도의 충돌도 인간 생활의 정상적인 조건의 일부로서 받아들여진다. 만장 일치가 없다는 것이 정의의 여건들 가운데 일부가 되는 까닭은 거의 동일한 정치적 원칙을 따르고자 하는 정직한 인간들 사이에서도 불일치가 있게 마련이기 때문이다. 충성스런 반대라는 관념이 없이는, 그리고 그것을 표현하고 보장하는 헌법상의 규칙들을 고수하지 않고는 민주 정치란 제대로 시행될 수가 없으며 오래 지속될 수도 없는 것이다.

참여의 원칙에 의해 규정된 평등한 자유에 관해서 세 가지 점이 논의될 필요가 있다. 즉 그 의미와 한계, 그리고 그 가치를 고양시킬 방도가 그것이다. 우선 의미의 문제부터 시작해 보면 1인 1표의 원칙은, 그에 엄밀히 따를 경우 각 표는 투표의 결과를 결정함에 있어 거의 동일한 비중을 갖는다는 것을 뜻한다. 이것은 나아가서 선거구 단일 후보제를 가정할 경우 입법부의 각 성원들은(각기 한 표를 가지고) 동일한 수효의 선거민을 대표할 것을 요구한다. 내가 또한 가정하려 하는 것은 그러한 원칙으로 인

해서 대표구가 미리 헌법에 명시되고 가능한 한 공평한 절차에 따라 적용
될 일반 기준에 의거해서 구획되어져야 한다는 것이다. 이러한 보장 조항
은 임의로 선거구를 변경하는 일(gerrymandering)을 막기 위해서 필요한
것인데, 그 이유는 표의 비중이 부당한 크기의 선거구에 의해서 뿐만 아
니라 당파에 유리하게 선거구를 변경시키는 자의 농간에 의해서도 영향을
받기 때문이다. 요구되는 기준과 절차는 편견을 갖고서 선거구를 구상하
게 할 지식을 아무도 갖지 않는 제헌 위원회의 관점에서 채택되어야 한
다. 정당들은 투표상에 나타난 통계에 비추어서 그들에게 유리하게 선거
구를 조정할 수 없으며 구역은 그러한 유의 정보가 없는 가운데 이미 합
의된 기준에 의해 정해진다. 물론 선거구를 정하는 기준이 어느 정도까지
는 임의적인 까닭에 어떤 우연적인 요소가 도입되지 않을 수 없을지도 모
른다. 이러한 우연성을 처리할 별다른 공정한 방식은 없을 것이다. [12]

참여의 원칙은 또한 모든 시민들은 적어도 형식적인 의미에서 공공 직
위에 대해 동등하게 접근할 수 있다는 것을 내세운다. 각자는 정당에 가
입할 수 있으며 선거에 입후보할 수 있고 권한을 갖는 각 지위를 차지할
수 있는 자격이 있다. 물론 연령이나 거주지 등에 대한 제한은 있을 수
있다. 그러나 이러한 것들도 직책의 임무에 따라 적절히 관련지워져야 하
는데 아마도 이러한 제한들은 공통의 이익이 되고 또한 그것들은 모든 사
람들이 정상적인 생활을 해가는 가운데 똑같이 당면하게 된다는 의미에서
사람들이나 집단들간에 부당한 차별 대우를 하지 않게 된다.

평등한 정치적 자유에 대한 두번째 문제점은 그 자유의 한도에 관한 것
이다. 이러한 자유는 어떤 범위로 규정되어야만 하는가? 언뜻 보아서는
이 경우에 한도라는 말이 뜻하는 바가 명료하지 않다. 정치적 자유는 경우
에 따라 어느 정도 넓게 규정될 수도 있다. 다소 임의적이긴 하나 전통에
따라서 내가 상정하는 바는 평등한 정치적 자유의 한도에 있어서 중요한
변경은 헌법이 다수결주의적인 정도에 따라 달라진다는 점이다. 다른 자유
에 대한 규정은 어느 정도 고정적인 것으로 간주한다. 그래서 가장 광범위
한 정치적 자유는 헌법에 의해 확립되는데 이 헌법은 헌법상의 제한들에
저해되지 않는 모든 중요한 정치적 결정에 대해서는 소위 단순한 다수결
원칙(bare majority rule)의 절차(이 절차에서는 소수자가 다수자를 무시하거나
저지할 수 없다)를 이용하게 된다. 헌법이 어떤 일정한 유형의 결정 기준으
로서 보다 큰 다수를 요구함으로써 혹은 입법부 등의 권한을 제한하는 권리

---

12) 이러한 문제에 관한 논의에 대해서는 W.S. Vickrey, "On the Prevention
of Gerrymandering", *Political Science Quarterly*, 제 76 권(1961) 참조.

조항을 둠으로써 다수자의 활동 범위나 권한을 제한할 경우에는 언제나 평등한 정치적 자유가 보다 협소한 것이 된다. 양원제의 입법부 견제와 균형을 위한 권력 분립, 사법적 심의를 통한 권리 청원 등 입헌 체제가 갖는 전통적인 방식들은 참여의 원칙의 범위를 제한하는 것이다. 그러나 내 생각에는 그와 유사한 제한이 모든 사람에게 적용되고 이러한 제한이 언젠가는 사회의 모든 부분에 고르게 주어진다는 것을 가정하는 경우 그러한 체제들은 평등한 정치적 자유와 일치하게 된다. 그리고 만일 정치적 자유가 갖는 공정한 가치가 견지된다면 그러한 것은 더욱 실현 가능성이 있을 것으로 생각된다. 그런데 중요한 문제는 평등한 참여가 어느 정도로 광범해야 하는가이다. 이 문제는 다음 절을 위해 남겨 두겠다.

정치적 자유가 갖는 가치에 관해 생각해 볼 경우 헌법은 사회의 모든 성원이 갖는 평등한 참여권의 가치를 고양시키는 방도를 취해야 한다. 그것은 정치 과정에 참여하고 그에 영향을 미칠 수 있는 공정한 기회를 보장해야만 한다. 이 경우에 있어서 차별은 앞에서 행한 것과(12절) 유사한 것으로서 이상적으로 말하면 비슷한 자질과 동기를 가진 자들은 그들의 경제적 사회적 계층에 상관없이 정치적 권한을 가진 직위를 얻음에 있어 대체로 동일한 기회를 가져야만 한다. 그러나 이러한 자유들의 공정한 가치는 어떻게 보장되어야 할 것인가?

우리가 인정할 수 있는 것은 민주주의 체제란 언론 및 집회의 자유, 그리고 사상 및 양심의 자유를 전제한다는 점이다. 이러한 제도는 정의의 제1원칙이 요구하고 있는 것일 뿐만 아니라, 밀이 논한 바와 같이 정사가 합리적인 방식으로 처리되기 위해서도 필요한 것이다. 이러한 체제가 합리성을 보장해 주는 것은 아니지만 그러한 체제가 없는 경우에는 특정한 이해 관계가 추구하는 정책에 유리하게끔 어떠한 합당한 절차까지도 거부되어 버린다는 것이 분명하리라고 생각된다. 만일 공공 의회가 모든 사람에게 자유롭게 개방되어 있어야 하며, 그것도 계속되는 회기 동안에 그러해야 한다면 모든 사람들이 그것을 이용할 수 있어야 한다. 모든 시민들은 정사에 대한 정보를 얻을 수 있는 수단을 가져야 한다. 그들은 어떤 제안이 그들의 복지에 어떤 영향을 주며 어떤 정책이 그들이 공공선으로 생각하는 바를 증진시켜 줄지를 평가할 수 있는 입장에 있어야 한다. 나아가서 그들은 정치적 논의를 위한 의제에 대안적인 제안을 첨가할 수 있는 공정한 기회도 가져야만 한다.[13] 보다 큰 사적인 수단을 가진 자가 공공

13) 정치적 평등을 달성하기 위해 필요한 조건에 관한 논의에 대해서는 R. A. Dahl, *A Preface to Democratic Theory*(Chicago: Univ. Chicago Press,

적 논의의 과정을 좌우할 수 있는 그들의 이점을 마음대로 행사할 경우 참여의 원칙에 의해 보장되는 자유는 그 가치의 대부분을 상실하게 된다. 왜냐하면 결국 이러한 불평등으로 인해 보다 유리한 처지에 있는 자들은 입법 과정에 보다 큰 영향력을 행사할 것이기 때문이다. 일정한 기간이 지나게 되면 그들은 자연히 사회 문제의 해결에 있어 적어도 그들이 흔히 동의하는 문제에 관해서, 다시 말하면 그들의 유리한 여건을 유지해 줄 바에 관해서 대단한 비중을 갖게 될 것이다.

그래서 평등한 정치적 자유의 공정한 가치가 모든 사람에게 보장되기 위해 어떤 보완 조치가 취해져야 한다. 여러 가지 방도가 사용될 수 있다. 예를 들어 생활 수단의 사유를 허용하는 사회에 있어서는 재산과 부가 마땅히 널리 분배되어야 하고 정부의 자금이 자유로운 공개 토론을 조장하기 위해 정규적인 근거에서 제공되어야 한다. 이에 덧붙여서 정당들은 입헌 체제 내에서 그들의 역할을 다하도록 충분한 세입을 할당받음으로써 사적인 경제적 이해 관계로부터 독립되어야 한다. (예를 들면 그들에 대한 보조금은 지난 몇 차례의 선거 등에서 얻은 표의 수에 근거를 둘 수도 있다.) 필요한 것은 정당들이 사적인 요구, 즉 공공 의회에서 언명되지도 않았고 공공 선이라 할 수 있는 바에 비추어서 공개적으로 논의된 적도 없는 요구로부터 해방되어야 한다는 점이다. 만일 사회가 조직의 경비를 부담하지 않고 정당의 기금을 사회적으로나 경제적으로 보다 유력한 이해 집단에 청구해야 할 필요가 있는 경우에는, 이러한 집단들의 요구가 지나친 배려를 받게 되기 마련이다. 특히 사회의 보다 불리한 처지에 있는 자들이 수단을 결여하므로 해서 그들이 갖는 공정한 정도의 영향력을 효과적으로 행사하지 못하고 위축되어 무관심과 원한을 갖게 될 경우 그러한 일은 더욱 쉽게 일어날 수 있다.

역사적으로 볼 때 입헌적인 정부가 갖는 주요 결점은 정치적 자유의 공정한 가치를 보장하는 데 실패해 왔다는 점이다. 필요한 보완적인 조치가 취해지지도 않았고 사실상 그러한 것을 심각히 다룬 적도 없는 것으로 보인다. 정치적 평등과는 양립할 수 없을 정도로 벌어진 재산과 부의 분배상의 격차가 일반적으로 법적 체계에 의해 허용되어 왔다. 공공 자원은 정치적 자유의 공정한 가치를 위해 요구되는 제도를 유지하는 데 쓰여지지 않았다. 본질적인 잘못은 민주주의적 정치 과정이 기껏해야 규제된 경쟁이라는 사실에 있으며, 그것은 이론적인 면에 있어서조차 가격 이론이 진정한 경쟁 시장에 귀속시켰던 그러한 바람직한 성질마저 갖지 못한 것이다.

<hr />

1956), pp. 67~75 참조.

나아가서 정치 체제에 있어서 부정의의 결과는 시장의 불완전성보다 훨씬더 심대하고 오래 지속하는 것이다. 정치 권력이란 순식간에 누적되어 불평등이 생겨나고 국가와 그 법이 갖는 강제 체제를 이용함으로써 이득을 얻는 자들이 자신에게 보다 유리한 지위를 확보할 수 있다는 것은 흔한 일이다. 그래서 경제적·사회적 체제에 있어서의 불평등은 유리한 역사적 조건 밑에서 존재해 온 어떠한 정치적 평등도 곧 해치게 된다. 보통 선거권만으로는 불충분한 대응책이 될 수밖에 없는데, 왜냐하면 정당이나 선거의 자금이 공공 기금에 의해서가 아니고 사적인 회사금에 의해 조달될 경우, 정치 의회는 지배적인 이해 관계의 요구에 예속되어 정의로운 입헌적 규율을 확립하기 위해 필요한 기본 방침이 제대로 제시되는 일이 드물기 때문이다. 그러나 이러한 문제들은 정치 사회학에 속하는 것이다.[14] 내가 그것을 여기에서 언급한 것은 우리의 논의가 정의론의 일부이지 정치 체제론으로 오해되어서는 안 된다는 것을 강조하기 위해서이다. 우리는 이상적인 체제를 밝히고자 하며 그에 대조함으로써 현실적인 제도들을 판단할 기준을 규명하고 그러한 체제로부터의 이탈이 정당화되기 위해 유지되어야 할 바가 무엇인가를 지적해 내고자 하고 있는 것이다.

참여 원칙에 대한 해명을 요약함에 있어 우리는 정의로운 헌법이란 정치적 직위나 권한에 대한 공정한 경쟁 방식을 설정하는 것이라고 말할 수 있다. 공공 선에 대한 관념과 사회적 목적을 증진하기 위해 마련된 정책을 제시함으로써 경쟁적인 정당들은 정치적 자유의 공정한 가치가 보장하는 바 사상과 집회의 자유를 바탕으로 정의로운 절차상의 규칙들에 부합하는 시민적 승인을 추구한다. 참여의 원칙으로 인해 권한을 가진 자들로 하여금 선거민의 절실한 이해 관계에 책임을 갖지 않을 수 없게 한다. 물론 대의원들은 그들 선거구의 단순한 대리인에 불과할 수만은 없는데 왜냐하면 그들은 자유로운 선택을 할 수 있으며 입헌 과정에 있어서 그들의 판단력을 행사할 것으로 기대되기 때문이다. 그러나 질서 정연한 사회에 있어서는 그들이 자신의 선거구민을 실질적인 의미에서 대표해야 한다. 즉 첫째로 그들은 정의롭고 효과적인 입법을 하도록 노력해야 하는데 이것이 바로 정부에 대한 시민들의 일차적 관심이기 때문이다. 그리고 둘째로 그들은 그들 선거구민들의 다른 이해 관계도 정의에 위배되지 않는 한에서 증진시켜야만 한다.[15] 대표인의 증언이나 그것을 변호하기 위해 내세우

---

14) 나의 이야기는 F.H. Knight, *The Ethics of Competition and Other Essays* (N.Y.: Harper and Brothers, 1935), pp. 293~305 에서 나온 것이다.

15) 내가 도움을 받은 대의제에 관한 논의에 관해서는 H.F. Pitkin, *The Concept*

는 근거를 판단함에 있어서는 다른 어떤 주요 기준보다 정의의 원칙들이 사용되어야 한다. 헌법은 사회 구조의 기반이요, 다른 제도들을 규제하고 통제하는 고차적인 규율 체계인 까닭에 모든 사람들은 그것이 내세우는 정치 과정에 동등한 참여권을 가져야 한다. 참여의 원칙이 충족될 경우 모든 사람들은 평등한 시민의 공통된 지위를 갖게 된다.

끝으로 오해를 피하기 위해 유념해야 될 것은 참여의 원칙이 제도에 적용된다는 점이다. 그것은 시민권의 이상을 규정하는 것도 아니고 모든 사람이 정사에 적극적으로 가담할 것을 요구하는 의무를 내세우는 것도 아니다. 개인의 의무와 책무는 별개의 문제인 까닭에 나중에 논의하기로 한다(6장 참조). 중요한 것은 헌법이 공적 문제에 참여할 평등권을 확립해야 한다는 점과 이러한 자유의 공정한 가치를 유지하기 위해 대책이 취해져야 한다는 점이다. 잘 통치되는 국가에서는 단지 소수의 사람들만이 그들 시간의 많은 부분을 정치에 바치게 된다. 인간적 선에는 다른 형태들도 많이 있다. 그런데 그러한 소수의 사람들은 그 규모에 상관없이 사회의 각 부분에서 다소 고르게 뽑혀지게 될 것이다. 여러 이익 집단들과 정치 단체들은 자신의 관심사를 추구하는 능동적인 성원들을 갖게 될 것이다.

37. 참여의 원칙의 한계

참여의 원칙(principle of participation)에 대한 앞 절의 해명에서 분명해진 것은 그 원칙의 적용을 제한하는 데 세 가지 방식이 있다는 점이다. 헌법은 다소 광범한 참여의 자유를 규정할 수 있으며 정치적 자유에 있어서의 불평등을 허용할 수도 있고, 많든 적든간에 사회적 자원이 이러한 자유의 가치를 대표적 시민에게 보장하기 위해 바쳐질 수도 있다. 나는 이러한 종류의 제한들을 순서대로 논의해 가는 가운데 자유 우선성의 의미를 밝히고자 한다.

참여 원칙의 적용 범위는 입헌 체제의 방편들에 의해 (단순한) 다수결 원칙의 절차가 제한을 받는 정도로써 규정될 수 있는 것이다. 그러한 방편들은 다수결 원칙의 적용 범위와 다수자가 최종적 권한을 갖게 될 문제의 종류, 다수자의 의도가 실현되는 속도를 제한하는 데 도움이 된다. 권리 헌장은 일정한 자유를 다수결 원칙으로부터 전적으로 제외시킬 수 있

---

of Representation (Berkeley: Univ. California Press, 1967), pp. 221~225 참조.

으며 사법부의 재심리와 더불어 권력 분립은 입법상의 변경의 속도를 줄일 수 있다. 그런데 문제는 이러한 방책들이 어떻게 정의의 두 원칙에 일관되게 정당화될 수 있는가이다. 우리가 묻고자 하는 것은 이러한 방도가 실제로 정당화되는가의 여부가 아니라 그에 대해서 요구되는 논거가 어떤 종류의 것인가에 관해서이다.

그런데 우선 우리가 살펴야 할 것은 참여 원칙의 적용 범위에 대한 제한이 모든 사람에게 평등하게 가해진다고 가정된다는 점이다. 이러한 이유로 해서 그러한 제한은 불평등한 정치적 자유보다 정당화하기가 더 쉽다. 만일 모든 사람이 지금보다 더 큰 자유를 가질 수 있는 길이 있는데도 그것을 누리지 못하고 있다면 다른 조건이 같은 경우에는 적어도 각자는 똑같이 손해를 보고 있는 셈이다. 그리고 만일 이와 같이 보다 작은 자유가 불가피한 것도 아니며 어떤 인간적인 힘에 의해 부과된 것도 아니라면 그러한 자유의 체계는 부정의한 것이기보다는 그만큼 불합리한 것이다. 그런데 1인 1표의 준칙이 어겨질 경우와 같은 불평등한 자유는 그와는 다른 문제로서 이 경우에는 당장 정의의 문제가 제기된다.

당분간 다수결 원칙에 대한 제한이 모든 시민들에게 똑같이 관련된다고 가정한다면 입헌주의의 방책들에 대한 정당 근거는 그것들에 의해서 다른 자유들도 보호되리라는 점에 있다. 최선의 체계는 자유 체계의 전체에 대한 결과들에 주목함으로써 찾아진다. 이에 대한 직관적 관념은 명백한 것이다. 우리가 말했듯이 정치 과정이란 불완전한 절차적 정의의 한 예이다. 여러 가지 전통적인 방식에 의해 다수결 원칙을 제한하는 헌법은 보다 정의로운 법 체계를 결과한다고 생각된다. 다수결 원칙이란 실제상의 필요에 의해서 어느 정도까지는 의존해야 할 것인 까닭에 문제는 주어진 여건 속에서 자유의 목적을 최선으로 증진시켜 줄 제한이 무엇인가를 발견하는 일이다. 물론 이러한 문제들은 정의의 문제를 넘어서 있는 것이다. 우리는 그러한 목적을 달성하는 데 있어서 만약 있다면 어떠한 입헌주의적 방도가 가장 효과적인가 혹은 그것이 성공적으로 작용하기 위해서 그 바탕이 되는 어떤 사회적 조건을 어느 정도 전제해야 하는가를 고찰해야 할 필요는 없다. 관련된 문제점은 이러한 제한들을 정당화하기 위해 우리는 제헌 위원회의 대표적 개인의 관점에서 볼 때 보다 큰 안정이나 다른 자유의 보다 큰 폭을 위해서 참여의 자유가 덜 광범위해도 충분히 보상된다는 것을 내세워야 한다는 점이다. 다수결 원칙에 대한 제한이 없으면 그것은 가끔 이러한 자유들에 대해 적대적인 것이 된다고 생각된다. 입헌체제로 인해서 다수자는 그들의 의지를 구현함에 있어 지연되지 않을 수

246 제 4 장 평등한 자유

없으며 보다 숙고되고 신중한 결정을 내리지 않을 수가 없게 된다. 이러한 여러 가지 방식에 의한 절차상의 제한들은 다수결 원칙의 결함을 완화시킨다고 말해진다. 그 정당화는 보다 큰 평등한 자유에 의거해서 이루어진다. 어떤 점에서도 경제적·사회적 이득의 보상에 근거한 것이라고는 하나도 없다.

고전적 자유주의(classical liberalism)의 주장 중 한 가지는 정치적 자유란 양심의 자유나 신체의 자유보다 본질적으로 덜 중요하다는 것이다. 만일 우리가 정치적 자유와 다른 모든 자유 사이에서 선택하지 않을 수 없는 경우라면 후자를 인정하는 동시에 법의 지배를 주장하는 훌륭한 지배자의 통치가 훨씬더 나은 것이라 할 것이다. 이러한 견해에 따르면 참여 원칙의 주요한 장점은 정부가 피지배자의 권리와 복지를 존중한다는 데 있다. 16) 그러나 다행스럽게도 우리는 대체로 서로 다른 자유들이 갖는 상대적인 중요성의 평가를 하지 않아도 된다. 보통 자유의 전 체계를 조정함에 있어 행해지는 방식은 평등한 이득의 원칙을 적용하는 것이다. 우리는 참여의 원칙을 온전히 포기하거나 그것에 대해 무제한의 지배권을 허용하라는 요구를 받지 않는다. 그 대신에 우리는 정치적인 권력을 쥔 자들을 견제함에 있어 한계 손실로부터 오는 자유에의 위협과, 입헌적 방도들을 보다 많이 사용함에서 얻어지는 자유의 보장간에 조정되는 점에 따라서 그 원칙에 적용 범위를 좁히든가 넓히든가 해야 한다. 결정은 전부냐 전무냐 (all or nothing)의 문제가 아니다. 그것은 상이한 자유들의 적용 범위와 그 규정에 있어서 여러 가지 사소한 차이들간에 조정을 하는 문제이다. 자유의 우선성은 자유의 체계 내에서 한계적인 교환을 배제하지는 않는다. 나아가서 그것은 이른바 참여 원칙이 적용되는 것과 같은 어떤 자유가 그 주된 역할이 그 밖의 다른 자유를 보호하는 것이라는 점에서 덜 중요하다는 사실을 요구하지는 않을지 모르나 그러한 교환을 허용하고 있다. 자유의 가치에 대한 상이한 견해는 물론 서로 다른 사람들이 자유의 전 체계가 어떻게 편성되어야 하느냐에 대한 생각에 영향을 주게 될 것이다. 참여 원칙에 보다 큰 가치를 두는 사람은 이른바 정치적 자유에 보다 큰 지위를 주기 위해서 신체의 자유에 보다 큰 모험을 걸 각오가 되어 있을 것이다. 이상적으로 말하면 이러한 상충점은 생겨나지 않을 것이며 어떤 유리한 조건 밑에서는 다른 자유를 위협하지 않으면서 참여의 가치에 대해 충분한 적용 범위를 허용하는 입헌적 절차를 발견하는 일이 가능한 것이다.

흔히 다수결 원칙에 대해 제기되어 온 반론은 그 원칙을 어떻게 규정하든

16) I. Berlin, *Four Essays on Liberty*, pp. 130, 165 참조.

간에 그것은 욕구의 강도를 고려하지 않는 셈인데 왜냐하면 다수자가 소
수자의 보다 강렬한 감정을 침해하게 될 수도 있을 것이기 때문이라는 것
이다. 이러한 반론의 비판은 욕구의 강도가 입헌 과정에 있어서 적절한
고려 사항이라는 그릇된 견해에 근거해 있다(54절 참조). 그와는 달리 정
의의 문제가 제기되는 경우 언제나 우리는 감정의 강도에 의거해서는 안
되며 그 대신에 법 질서의 보다 큰 정의에 목표를 두어야 한다. 어떤 절차
를 판단하기 위한 기본적인 기준은 그것이 가져 올 듯한 결과들의 정의 여
부이다. 투표권이 공평하게 배분될 경우 다수결 원칙이 갖는 적합성에 대
해서도 그와 유사한 해답이 주어질 수 있다. 모든 것은 결과가 갖는 정의
가능성에 달려 있다. 만일 사회의 여러 부분들이 서로 합당한 신뢰를 가
지고 있으며 공통된 정의관을 공유하고 있다면 순수한 다수결 원칙은 아
주 훌륭하게 성공을 거둘 수도 있다. 이러한 기본적인 합의가 이루어지지
않는 정도에 따라 다수결 원칙은 그 정당화가 보다 어려워지게 되는데 왜
냐하면 정의로운 정책이 추구될 확률이 보다 적어지기 때문이다. 그러나
일단 불신과 적대감이 사회에 널리 퍼지게 되면 의지할 수 있는 절차란
아무 것도 있을 수 없다. 나는 이 문제를 더 이상 추구하기를 바라지 않는
다. 내가 다수결 원칙에 대한 이러한 친숙해 있는 점들에 언급하는 것은
입헌 체제에 대한 평가 기준은 언제나 정의의 전체적 균형이라는 점을 강
조하기 위함이다. 정의의 문제가 관련되는 경우에는 욕구의 강도가 고려
되어서는 안 된다. 물론 흔히 그렇듯이 입법자는 공중의 강렬한 감정을 고
려해야 한다. 불법에 대한 사람들의 감각은 그것이 아무리 불합리하다 할
지라도 정치적으로 달성될 수 있는 바에 어떤 한계를 설정해 줄 것이며,
공공의 견해는 이러한 한계 내에서 시행의 대책에도 어떤 영향을 주게 될
것이다. 그러나 전략의 문제가 정의의 문제와 혼동되어서는 안 된다. 만
일 양심의 자유와 사상 및 집회의 자유를 보장하는 권리 헌장이 효력있는
것일 경우에는 그것이 채택될 것이다. 그에 대한 감정의 강도에 상관없이
이러한 권리들은 가능한 한 고수되어야 한다. 반대하는 태도들이 갖는 힘
은 권리의 문제에 아무런 관련이 없으며 자유의 체계가 갖는 실현성에만
관계하는 것이다.
　불평등한 정치적 자유에 대한 정당화도 거의 동일한 방식으로 진행된다.
우리는 제헌 위원회의 대표적 시민의 관점을 취하여 그에게 보이는 바대로
의 자유의 전 체계를 평가하게 된다. 그러나 이러한 경우에도 중대한 차
이들이 있게 된다. 여기서 우리는 보다 작은 정치적 자유를 가진 자의 관
점으로부터 추론을 해야 한다. 기본 구조에 있어서의 불평등은 언제나 가

장 불리한 입장에 있는 자들에게 정당화되어야 한다. 이것은 기본적인 사회적 선, 특히 자유에 대해서 해당된다. 따라서 우선성 규칙은 우리에게 권리의 불평등이 이러한 제한으로 인해서 그 대신 다른 자유들이 보다 크게 보장될 경우 보다 불리한 처지에 있는 자들이 받아들이리라는 점을 입증해 줄 것을 요구한다.

아마도 가장 명백한 정치적 불평등은 1인 1표주의에 대한 위반일 것이다. 그러나 최근에 이르기까지 대부분의 학자들은 평등한 보통 선거를 거부했었다. 사실상 사람들이 대의원 선출의 진정한 주체로 간주되지 않았다. 신흥 중산층의 이익이 지주나 성직자의 이익과 대등한 대우를 받아야 하는가에 대해서 의견을 달리하던 휘그당과 토리당에 있어서 대표가 되어야 할 것은 이해 관계들이었다. 사람들이 사회의 농촌적 요소와 도시적 요소의 대표임을 이야기할 때와 같이 다른 경우에 있어서는 대표되어야 할 것이 지역이나 문화 양식이다. 언뜻 보기에는 이러한 종류의 대표는 부정의한 것으로 보인다. 그것들이 1인 1표주의로부터 이탈해 있는 정도는 그 부정의의 심도에 대한 구체적인 척도요, 제시되어야 할 보상적 근거들의 강도를 지적해 주는 것이다.[17]

그런데 정치적 자유에 반대하는 자들이 필요한 형식의 정당 근거를 제시하는 것은 흔히 있는 일이다. 그들은 적어도 정치적 불평등이 보다 작은 자유를 가진 자에게 이익이 된다는 것을 입증할 준비가 되어 있다. 그 한 예로서 보다 나은 지능과 교육을 받은 사람은 그들의 견해가 보다 큰 영향력을 가질 수 있도록 여분의 투표권을 가져야 한다는 밀의 입장을 생각해 보자.[18] 밀의 생각에는 이러한 경우에 복수 투표는 인간 생활의 자연적 질서에도 부합한다는 것인데, 그 이유는 사람들이 공동의 이해 관계를 가지는 공동 사업을 하는 경우에는 언제나 그들 모두가 발언을 해야 하기는 하나 모든 사람의 언권이 동등할 필요는 없다는 것을 인정하기 때문이라는 것이다. 보다 현명하고 학식있는 자의 판단에는 보다 우월한 비중이 주어져야 한다. 그러한 조치는 각자에게 이득이 되고 사람들의 정의감에도 부합된다. 국가 대사도 이러한 공동 사업과 똑같은 것이다. 비록 사실상은 모든 사람들이 투표를 해야 할지라도 공공의 이익을 관리함에 있어 더 큰 능력을 가진 자가 보다 큰 발언권을 가져야 한다는 것이다. 그들의 영향력은 무교육자가 자기 계급에 유리한 입법을 하지 못하게 할 정도로 충분

---

17) J.R. Pole, *Political Representation in England and the Origin of the American Republic* (London : Macmillan, 1966), pp. 535~537 참조.

18) *On Liberty* 및 *Representative Government*, ed. R.B. McCallum (Oxford: Basil Blackwell, 1946), pp. 216~222 참조(이것은 8장 후반부의 대부분이다).

히 커야 하며 한편 그들 자신의 계급을 위한 입법을 할 정도로 커서도 안
된다. 이상적으로 말한다면 우월한 지혜와 판단력을 가진 자는 정의와 공
동 선의 편에서 항구적인 힘으로 작용해야 하며 그 힘은 비록 언제나 그
자체로서는 약한 것일지라도 보다 큰 힘이 압도해 오면 저울(천평)을 바른
방향으로 기울게 할 수 있어야 한다. 밀은 적은 표수를 가진 자를 포함해
서 모든 사람이 이러한 체제로부터 이득을 얻으리라고 확신하고 있었다.
물론 보통 그러하듯이 이러한 논의는 공정으로서의 일반적인 정의관을 벗
어나는 것은 아니다. 밀은 분명히 언명하지는 않았으나 그의 추론에 비추
어 볼 때 교육을 받지 않은 자의 이득 여부는 우선 일차적으로 그들의 다
른 자유의 보다 큰 안전 여부에 의해 평가되어야 한다고 그는 생각했던
것이다. 여하튼 밀의 견해가 자유 우선성에 의해 부과된 제한을 만족시키
는 것이라면 논증이 그러한 식으로 진행되었어야 할 것이다.

　내가 밀의 제안을 비판하려는 것은 아니다. 그에 대한 나의 해명은 단
지 예증을 위한 것뿐이다. 그의 견해로 인해 우리는 정치적 평등이 때때
로 평등한 양심의 자유나 신체의 자유보다 덜 중요한 것으로 간주되어 온
까닭을 알 수 있게 되었다. 정부는 공동선, 다시 말하면 모든 사람에게
비슷하게 이득이 되는 조건을 보호하고 그러한 목표를 달성하는 것을 그
목적으로 한다고 가정된다. 이러한 가정이 타당하면 보다 우월한 지혜와
판단력을 가진 자가 확인될 수 있는 그만큼 타인들은 그들을 신뢰하고 그
들의 견해에 보다 큰 비중을 주려 할 것이다. 배의 승객들이 선장에게 기
꺼이 항해를 내맡기는 까닭은 그들의 생각에 선장은 보다 많은 지식을 갖
고 있으며 그들과 꼭 마찬가지로 안전하게 도달하기를 바랄 것이라고 믿
기 때문이다. 이해 관계의 일치와 더불어 그것을 실현함에 있어 두드러지
게 나은 기술과 판단력이 있다. 그런데 국가라는 배도 몇 가지 점에서 바
다의 배와 유사하다. 그리고 그것이 유사한 그만큼 정치적 자유는 사실
이른바 승객의 본질적 선을 규정하는 다른 자유들에 종속하는 것이다. 이
러한 가정을 받아들이면 복수 투표는 완전히 정의로운 것일 수가 있다.

　물론 자치(self-government)에 대한 근거들이 오직 수단적인 것만은 아니
다. 평등한 정치적 자유가 그 공정한 가치를 확보하는 경우에는 시민 생
활의 도덕성에 심대한 영향을 끼치게 마련이다. 시민들의 상호 관계에 대
해서는 사회의 명시된 헌법 속에 안전한 기초가 주어지게 된다. 모든 사
람에게 관련된 것은 모든 사람이 관심을 갖게 된다는 중세의 격언이 신중
하게 다루어지고 공공의 의지로서 선언되어진다. 이러한 의미의 정치적
자유는 개인의 자제욕을 충족시키기 위해 마련된 것도 아니요, 권력 추구

를 위해 마련된 것은 더욱 아니다. 정치 생활에 참여함으로써 개인이 자기 자신의 주인이 되는 것은 아니나 사회의 기본 조건이 배정되는 방식을 결정함에 있어서 다른 사람들과 더불어 평등한 발언권을 갖게 되는 것이다. 또한 그것은 타인들에게 명령하려는 야망을 만족시켜 주는 것도 아닌데 왜냐하면 각자는 이제 모든 사람이 정의로운 것으로 인정할 수 있는 바에 따라서 자신의 요구를 조정할 것을 요청받기 때문이다. 모든 사람의 신념과 이익을 고려하고자 하는 공공의 의지는 시민적 우의에 대한 기초를 놓게 되고 정치 문화의 기풍을 조성해 준다.

나아가서 평등한 정치적 자유가 그 공정한 가치를 지니는 자치의 결과는 시민들의 자존감을 드높이고 정치적 자신감을 북돋아 준다. 사회의 보다 작은 조직 내에서 나타난 자기 자신의 가치에 대한 의식은 전체 사회의 헌법 속에서 확증되어진다. 그가 투표하리라는 기대가 있는 까닭에 그가 정치적 견해를 가지리라는 기대가 주어진다. 그가 자신의 견해를 형성하는 데 바친 시간과 생각은 그의 정치적 영향력이 갖는 가능한 실질적 보답에 의해 좌우되지 않는다. 오히려 그것은 그 자체로서 즐길 만한 행위로서 사회에 대한 관점을 보다 넓혀 주고 시민의 지적·도덕적 능력을 개발시켜 주는 결과를 가져 오게 된다. 밀이 언명한 바와 같이 시민은 자기 자신의 것이 아닌 여러 이해 관계들의 비중을 재고 자기 자신의 경향성에 의해서가 아니라 어떤 정의관과 공동선에 의해 지침을 받도록 요청받는다. [19] 자신의 견해를 타인들에게 설명하고 정당화해야 하는 까닭에 그는 타인들도 받아들일 원칙에 호소해야만 한다. 나아가서 밀은 덧붙이기를 이러한 공공 정신에 대한 교육은 법과 정부에 단순히 복종하고자 하는 의향을 넘어서서 정치적 의무와 책무에 대한 긍정적 감각을 시민들이 갖도록 하기 위해서 필수적인 것이다. 이와 같이 보다 포괄적인 감정이 없이는 사람들은 소원해지고 그들의 소규모 집단 속에 고립되고 정적인 유대는 가족이나 좁은 친우의 무리를 넘어서까지 확대될 수 없다. 시민들은 더 이상 서로를, 공공선에 대한 어떤 입장을 증진시키기 위해 협력할 수 있는 동료로 간주하는 대신에 그들은 자신들을 서로의 목적에 대한 경쟁자나 장애물로 보게 된다. 이러한 모든 고려 사항들은 밀이나 그 밖에 다른 사람들로 인해서 잘 알려져 있는 것이다. 그것들은 평등한 정치적 자유가 단지 수단에 불과한 것이 아니라는 점을 밝혀 준다. 이러한 자유는 사람들이 자신에 대해 갖는 가치감을 강화해 주고 그들의 지적·도덕

---

19) *Representative Government*, pp. 149~151, 209~211 (이것은 3장의 끝부분이며 8장의 머리 부분이다).

적 식견을 확대해 주며 정의로운 제도가 의존하게 될 의무 및 책무감에 기초를 놓아 주는 것이다. 이러한 문제들이 인간적 선 및 정의감과 갖는 관련은 제Ⅲ부로 미루기로 한다. 거기에서 나는 이러한 여러 사항들을 정의를 선으로 보는 관점이라는 개념 아래 종합하고자 할 것이다.

38. 법의 지배

지금부터 내가 고찰하고자 하는 것은 법의 지배(rule of law)라는 원칙에 의해 보호되는 인간의 권리들(rights of the person)이다. [20] 앞에서와 같이 나의 의도는 단지 이러한 개념들을 정의의 원칙에 관련지우려는 데만 있는 것이 아니라 자유 우선성의 의미를 밝히려는 데 있다. 이미 주목했던 바와 같이(10절) 형식적 정의관, 즉 공공 규칙의 일관되고 공평한 운용이 법적 체계에 적용될 경우 법의 지배가 된다. 재판관의 과오도 한 가지 부정의한 행위이며 합당한 규칙을 적용하고 그것을 올바르게 해석해야 할 권한에도 다른 종류의 부정의한 행위가 있을 수 있다. 이와 관련해서는 회뢰나 독직으로 대표되는 대단한 위법이나 정적을 처벌하기 위해 법 체계를 악용하는 것을 생각할 것이 아니라, 재판 과정에 있어서 특정한 집단을 차별 대우하기 위해 편견이나 사심에 의해 교묘하게 이루어지는 사소한 왜곡 상태를 생각해 보는 것이 보다 도움이 된다. 일관되고 공평한 그런 의미에서 공정한 법 운용을 우리는 '규칙성으로서의 정의'(justice as regularity)라 부를 수 있다. 이는 '형식적 정의'(formal justice)보다 더 시사적인 표현이다.

그런데 법의 지배란 분명히 자유와 밀접히 관련되어 있다. 법적 체계라는 관념과 그것이 규칙성으로서의 정의로 규정되는 원칙과 밀접한 관련을 갖는다는 것을 생각해 보면 그것을 알 수 있다. 법적 체계는 합리적 인간들에게 제시되어 그들의 행위를 규제하고 사회적 협동의 구조를 제공해 주기 위한 공공 규칙의 강제 질서이다. 이러한 규칙이 정의로울 경우 그

20) 일반적인 논의에 관해서는 L. Fuller, *The Morality of Law*(New Haven: Yale Univ. Press, 1964), 2장 참조. 헌법에 있어서 원칙에 의한 결정이라는 개념은 H. Wechsler, *Principles, Politics, and Fundamental Law* (Cambridge: Harvard Univ. Press, 1961)에서 고찰되고 있다. 정치에 있어서 司法 형태의 이용 및 남용에 대해서는 O. Kirchenheimer, *Political Justice* (Princeton: Princeton Univ. Press, 1961)와 J.N.Shklar, *Legalism* (Cambrige: Harvard Univ. Press, 1964), 2부 참조. J.R. Lucas, *The Principles of Politics*(Oxford: The Clarendon Press, 1966), pp. 106~143 에는 철학적인 해명이 포함되어 있다.

것은 합당한 기대의 기반을 확립해 준다. 그것은 사람들이 서로 의지할 수 있고 그들의 기대가 충족되지 않을 경우에는 정당하게 반대할 수 있는 근거를 형성한다. 만일 이러한 요구들의 기초가 불안정하면 인간의 자유의 영역도 불안정하게 된다. 물론 다른 규칙들도 이러한 특성의 대부분을 공유하고 있다. 경기나 사적인 조직의 규칙들도 그와 마찬가지로 합리적 인간들에게 제시되어 그들의 행위를 규제해 주는 것이다. 이들 규칙들이 공정하고 정의로울 경우에는 일단 사람들이 그 체계 속으로 들어가서 결과하는 이득을 받게 되면 그로 인해서 생겨나는 책무가 합당한 기대의 기반을 형성하게 된다. 법적 체계에 특징적인 것은 다른 조직과 대조해 볼 때 그것이 갖는 적용 범위와 규제력이라 할 수 있다. 그것이 규정하고 있는 헌법상의 기관들은 일반적으로 보다 강력한 형태의 강제를 할 수 있는 합법적 전유권을 갖는다. 사적인 조직이 가할 수 있는 종류의 자유 구속은 엄격히 제한된다. 나아가서 법적 질서는 어떤 분명한 영역에 대해서는 최종적인 권한을 행사한다. 그것은 또한 그것이 규제하는 행위의 영역이 넓고 그것이 보장하고자 하는 이해 관계가 보다 근본적인 것이라는 특성을 갖는다. 이러한 특성들은 법이 모든 다른 활동에의 추구가 일어나는 기본 구조를 규정하는 것이라는 사실을 반영해 줄 뿐이다.

　법적인 질서가 합리적 인간들에게 제시된 공공 규칙의 체계라고 생각한다면 우리는 법의 지배와 관련된 정의의 신조들을 해명할 수 있다. 이러한 신조는 법적 체계라는 관념을 완전히 구현하고 있는 것이라면 어떤 규칙 체계이든 따르게 되는 그러한 것이다. 물론 이것은 현존하는 모든 법이 모든 경우에 반드시 그러한 신조를 만족시킨다고 말하는 것은 아니다. 오히려 그러한 신조는 법들이 적어도 대체로 접근해 가리라고 기대되는 이상적인 관념으로부터 생겨난다. 만일 규칙성으로서의 정의로부터의 이탈이 지나치게 횡행하게 될 경우 생겨날 수 있는 심각한 문제는 법적 체계가 독재자의 이익이나 자애로운 군주의 이상을 증진하기 위해 마련된 일련의 특정한 질서에 대항하기 위한 것으로서 존재하는지의 여부이다. 흔히 이러한 문제에 대해 명확한 해답이 주어지지 않는다. 법 질서를 공공 규칙의 체계로 생각하는 것의 요지는 그렇게 함으로써 우리가 합법성의 원칙과 결부된 신조를 도출할 수 있다는 점이다. 나아가서 우리는 다른 조건이 동일한 경우 하나의 법 질서가 법의 지배라는 신조를 보다 완전하게 충족시킬 때, 그것은 다른 법 질서보다 더 정의롭게 운용된다고 말할 수 있다. 그것은 자유에 대해서 보다 안정된 기반을 제공하며 협동체를 조직하는 데 있어서 보다 효과적인 방도를 제시할 것이다. 그러나 이러한 신조들은 내용에 상관없이 규칙들에 대한 공평하고 규칙적인 운용만을 보장하는 까닭에 그와 더불어 부정의도 양립할 수가 있다. 그것들은 기본 구조에 대해서 다소 미약한 제한을 가하는 것이긴 하지만 그 제한이 결코 무시될 수는 없는 것이다.

해야 한다(ought)는 말은 할 수 있다(can)를 함축한다는 신조로부터 시작해 보기로 하자. 이 신조는 법 체계가 갖는 여러 가지 분명한 특성들을 명시해 준다. 첫째로 법의 지배가 요구하고 금지하는 행위는 사람들이 합당하게 행하거나 피하리라고 기대될 수 있는 종류의 행위여야 한다는 것이다. 합리적 인간에게 그들의 행위를 규제하도록 제시된 규칙의 체계는 그 자체가 그들이 할 수 있거나 없는 바에 관한 것이다. 그것은 행해질 수 없는 바를 행해야 한다는 의무를 부과해서는 안 된다. 둘째로 '해야 한다'는 '할 수 있다'를 함축한다는 관념은 법을 제정하고 명령을 부여하는 자도 성실하게(in good faith) 그 임무를 행한다는 관념을 전해 주고 있다. 입법자나 재판관 그리고 그 체계의 다른 공무원들도 법이 지켜질 수 있다는 것을 믿고 있어야 하며 그들도 주어진 어떤 명령이 수행될 수 있는 것이어야 한다고 생각해야만 한다. 나아가서 당국도 성실하게 움직여야 할 뿐만 아니라 그들의 성실성이 그들의 입법에 복종하는 자들에 의해 인정받아야 한다. 법과 명령은 그것이 지켜질 수 있고 실행될 수 있다고 일반적으로 믿어지는 경우에만 법과 명령으로 받아들여진다. 만일 이것이 의심스러운 경우 당국자들의 조치는 아마도 행위를 규제해 주는 이외의 다른 목적을 갖고 있을 것이다. 끝으로 이러한 신조가 표현하고 있는 요구 사항은 법적 체계가 수행이 불가능한 것을 정당한 변명이나 혹은 적어도 참작 요건으로 받아들여야 한다는 점이다. 법규를 시행함에 있어서 법 체계는 수행 불가능성을 상관없는 것으로 생각할 수는 없다. 위법 유무가 보통 행할 수 있거나 행할 수 없는 우리의 능력 내에 있는 행위에 국한되지 않는다면 그것은 자유에 대한 견딜 수 없는 부담이 될 것이다.

법의 지배는 또한 유사한 경우는 유사하게 취급되어야 한다는 신조를 의미하기도 한다. 만일 이러한 신조가 지켜지지 않는다면 인간은 법규를 통해서 자신의 행위를 규제할 수가 없을 것이다. 물론 이러한 관념이 갖게 될 성과가 대단한 것은 아니다. 왜냐하면 우리는 유사성의 기준이 법규 그 자체나 그것을 해석하기 위해 사용되는 원칙들에 의해서 주어진다고 가정해야 하기 때문이다. 그러나 유사한 경우에 유사한 결정이 이루어진다는 신조는 재판관과 다른 당국자들의 재량을 제한해 준다는 의미가 있다. 그러한 신조로 인해 그들은 관련된 법규나 원칙에 의거해서 자신이 사람들간에 짓게 될 구별들을 정당화하지 않을 수 없게 된다. 만일 법규가 아주 복잡한 것이어서 해명이 필요한 특정한 경우에는 마음대로 한 결정을 정당화하기란 쉬울 것이다. 그러나 사례들의 수가 증대함에 따라 편파적인 판단에 대해 그럴 듯한 정당화를 한다는 것은 보다 어려워진다. 물론 일관성이라는 요구 사항은 모든 법규의 해석과 갖가지 차원의 정당화에 있어서 모두 적용된다. 결국 분별있는 판단에 대한 합리적 논증을 하기는 더욱 어려워지며 그렇게 하고자 하는 시도는 보다 설득력을 잃게 된다. 이러한 신조는 확립된 법규로는 처리할 수 없는 예상 외의 난관에 당면해서 예외 조항이 만들어질 경우, 즉 형평법(equity)의 경우에도 역시 타당하다. 그러나 여기에는 다음과 같은 전제가 따라야 하는데, 즉 그러한 예외적인 경우를 가려낼 명확한 구분선이 없는 까닭에 해석의 문제에 있어서와 같이 거의 어떤 차이점도 차이점이 될 수 있는 지점이 있다는 전제이다. 이러한 경우에는 유권적인 결정의 원칙이 적용되며 이전에 공표된 판례들로서 충분한 것이다.[21]

법이 없다면 벌도 없다(nullum crimen sine lege)라는 신조와 그것이 함축하는 요구 조항도 역시 법적 체계의 관념에서 결과된다. 이러한 신조가 요구하는 바는 법이란 알려지고 분명히 공표되어야 하며 그 의미가 명백하게 규정되어야 하고, 법규는 그 언표나 의도에 있어서 일반적이어야 하며 분명히 이름이 밝혀질 수 있는 어떤 특정 개인을 해치는 방식(사권 상실서)으로 사용되어서도 안 된다는 것, 그리고 적어도 보다 무거운 범죄는 엄격한 의미로 해석되어야 하고 형법은 그것이 적용되는 자에게 불리하도록 소급 효력을 가져서는 안 된다는 것이다. 이상과 같은 요구 조항들은 공공 법규에 의해 행위를 규제한다는 관념 속에 내포되어 있다. 왜냐하면 만일 예를 들어 법 조문들이 그것이 명하고 금하는 내용이 명확하지 않을 경우에 시민들은 어떻게 행동해야 할지를 모를 것이기 때문이다. 나아가서 우연적인 사권 상실서나 소급 입법이 있을 수도 있으나 이러한 것들이 체제의 지배적이거나 특징적인 면모일 수는 없으며 그렇지 않다면 그 체제는 다른 목적을 가졌음에 틀림없다. 폭군이라면 아무도 모르게 법을 변경시킬 수 있고 따라서 그의 신하를 처벌할 수도 있는데 (만일 이것이 합당한 말이라면), 왜냐하면 이때 그 폭군은 자기의 신하들이 자기가 가하는 형벌을 보고서 새로운 법규가 어떤 것인지를 알아내는 데 얼마나 오래 걸리는가를 알아봄으로써 쾌락을 얻기 때문이다. 그러나 이러한 법규들이

21) L. Fuller, *Anatomy of the Law* (N.Y.: The New American Library, 1969), p. 182 참조.

법 체계가 될 수 없는 이유는 그 법규가 합법적인 기대의 기초를 제공함
으로써 사회적 행위를 규제하는 데 사용되지 않을 것이기 때문이다.

끝으로 자연적 정의의 관념을 규정하는 신조들이 있다. 그것들은 재판
과정의 성실성을 유지하기 위해 마련된 지침이다.[22] 만일 법이 합리적인
사람들의 행위를 규제하도록 그들에게 주어진 지침이라면 법정은 이러한
법규들을 합당한 방식으로 적용하고 시행하는 데 관여해야만 한다. 위법
이 일어났는지 여부를 판가름하고 합당한 형벌을 부과하기 위해서 양심적
인 노력이 이루어져야 한다. 그래서 법의 체계는 규율에 따라 심문하도록
하는 조항을 만들어야 하는데, 즉 그것은 합리적인 심문 절차를 보장해
줄 증거에 대한 규칙들을 포함하고 있어야 한다. 이러한 절차에 있어 변
통이 있기는 하지만 법의 지배는 일정 형식의 합당한 과정을 요구하는데,
이 과정이란 위법이 발생했는지의 여부와 어떠한 여건 아래서 발생했는지에
관해서 법 체계의 다른 목적과도 양립하면서 그 진실 여부를 확인하기 위
해 합당하게 마련된 과정이다. 예를 들어서 재판관은 독립적이고 공평해야
하며 아무도 그 자신의 문제를 판단할 수는 없다는 것이다. 심문은 공정하
고 공개적이면서도 공중의 불평에 편승해서도 안 된다. 자연적 정의의 신
조는 법 질서가 공평하고 규칙적으로 유지될 것을 보장하기 위한 것이다.

이제 법의 지배와 자유와의 관련은 아주 분명해졌다. 앞서 언급한 바와
같이 자유는 제도에 의해 규정된 권리와 의무들의 복합체이다. 여러 가지
자유는 우리가 원하는 경우에 선택할 수 있는 여러 행위를 명시해 주며
자유의 본성에 비추어서 합당한 경우 타인들은 그 행위에 관해서 방해하지
않아야 할 의무를 갖게 된다.[23] 그러나 만일 법 조항이 애매하고 불명확

---

22) 이러한 의미의 자연적 정의는 전통적인 것이다. H.L.A. Hart, *The Concept of Law* (Oxford: The Clarendon Press, 1961), pp. 156, 202 참조.
23) 이러한 견해가 모든 권리들, 예를 들어서 주인없는 물건을 취할 권리 같은 것에도 타당할지는 의문의 여지가 있다. Hart, *Philosophical Review*, 제 64 권 p. 179 참조. 그러나 그것은 여기에 있어서의 우리의 의도에는 충분히 타당하다. 기본권들 중 어떤 것은 유사한 경쟁적 권리라고 부를 수 있는 반면—예를 들어서 공적인 문제에 참여하여 정치적 결정이 이루어지는 데 영향을 미칠 권리—동시에 모든 사람은 그 자신이 어떤 방식으로 행위해야 할 의무를 갖게 한다. 이러한 의무는 이른바 공정한 정치적 행위의 하나이며 그것에 위반하는 것은 일종의 간섭이다. 앞에서 보았듯이 헌법의 목표는 그 속에서 평등한 정치적 권리들이 공정하게 추구되고 그것들이 공정한 가치를 지님으로써 정의롭고 효율적인 입법이 쉽게 결과될 그러한 체계를 확립하는 것이다. 적절한 경우에 우리는 본문 중의 진술을 이러한 노선에 따라 해석할 수 있다. 이 점에 대해서는 R. Wollheim, "Equality", *Proceedings of the Aristotelian Society*, 제 56 권 (1955~1956), pp. 291 이하. 달리 말하면 그러한 권리는

하므로 인해 법이 없다면 벌도 없다는 신조가 지켜지지 않는다면 우리가 자유로이 행할 수 있는 것 역시 애매하고 불명확하게 된다. 우리가 갖는 자유의 영역이 불확실하게 된다. 그리고 그것이 불확실한 그만큼 자유는 그 행위에 대한 상당한 두려움으로 인해 제한을 받게 된다. 이와 동일한 종류의 결과는 유사한 경우가 유사하게 처리되지 않거나 재판 과정이 그 본질적인 성실성을 상실하거나 법이 수행 불가능한 것을 정당한 변호로 인정해 주지 않는 등등의 경우에도 생겨난다. 그래서 합법성의 원칙은 자신을 위해서 최대의 평등한 자유를 확보하고자 하는 합리적인 인간들의 합의 속에 확고한 기초를 갖게 된다. 이러한 자유를 소유하고 그것을 행사함에 있어 확신을 갖기 위해서 질서 정연한 사회의 시민들은 보통 법의 지배가 유지되기를 원하게 될 것이다.

우리는 다소 다른 방식을 통해서도 이와 동일한 결론에 도달할 수 있다. 질서 정연한 사회에 있어서까지도 정부의 강제력은 사회적 협동체의 안정을 위해서 어느 정도 필요하다고 생각하는 것이 합당하다. 왜냐하면 비록 사람들이 그들은 공통된 정의감을 공유하고 있으며 각자는 현존 체제를 고수하고자 한다는 것을 알고 있다 할지라도 그들은 서로에 대해서 완전한 신뢰를 하지 않을 수가 있다. 그들은 누군가가 자신의 본분을 다하지 않으리라고 의심할 수 있으며, 따라서 그들도 자신의 본분을 행하지 않으려는 유혹을 받을 수가 있다. 이러한 유혹이 널리 의식되면 결국에는 체제가 붕괴되는 원인이 될 수도 있다. 다른 사람들이 자신의 의무와 책무를 다하지 않으리라는 의혹은 법규에 대한 유권적인 해석과 강력한 시행이 없을 경우 그것을 위반할 구실을 발견하기가 특히 용이해진다는 사실에 의해 증대된다. 그래서 어느 정도 이상적인 조건 아래서도 예를 들어 성공적인 소득세 체제가 자발적인 기초 위에서 이루어질 것을 상상하기가 어렵다. 이와 같은 체제는 불안정한 것이다. 공동의 형벌제에 의해 밑받침된 법규들에 대한 유권적인 공공 해석이 갖는 역할은 바로 그러한 불안정성을 극복하는 일이다. 공공적인 처벌 체체를 시행함으로써 정부는 타인들이 법규에 따르지 않으리라고 생각할 근거를 제거하게 된다. 이러한 이유만으로도 비록 질서 정연한 사회에서 형벌제가 가혹하거나 지나칠 필요는 결코 없을지라도 강제력을 가진 통치권은 언제나 필요할 것이다. 나아가서 효과적인 형벌 제도가 있다는 것은 사람들의 상호 안전에도 도움

특수한 여건 아래서 어떤 것을 하고자 노력할 권리로서 재묘사될 수 있는데, 그러한 여건들이란 타인들의 공정한 경쟁을 허용하는 것이다. 불공정이란 방해의 특유한 간섭이 된다.

이 된다. 이러한 명제와 그에 대한 추론은 바로 홉즈의 주제라고 생각할 수 있다(42절).[24]

그런데 이러한 형벌 제도를 설치함에 있어서 제헌 위원회의 당사자들은 그것이 갖는 불리점도 고려해야만 한다. 그것은 적어도 두 가지가 있는데 한 가지는 이른바 징세에 의해 운용될 관계 기관의 유지비이고, 다른 한 가지는 그러한 형벌 제도가 대표적 시민의 자유를 그르치게 될 가능성에 의해 판단될 그의 자유에 대한 위협이다. 강제 기관을 설치하는 것이 합리적이기 위해서는 이러한 불리점이 불안정에서 오는 자유의 상실보다 작아야 한다는 것이다. 이것이 사실이라고 가정할 때 최선의 체제는 이러한 위험들을 극소화하는 체제이다. 다른 조건이 동일하다고 할 경우 자유에 대한 위협은 법이 합법성 원칙에 따라 공평하고 규칙적으로 운용될 때보다 작아진다는 것은 명백하다. 강제 기관이 필요하기는 하지만 분명히 중요한 것은 그 기관의 활동 방향을 명확히 규정하는 일이다. 그것이 처벌하는 바를 알고 자신이 그것을 행하거나 하지 않을 능력을 갖고 있음을 앎으로써 시민들은 그에 따라 자신의 계획을 설계할 수 있을 것이다. 공표된 법규에 따르는 자는 자신의 자유가 침해될 것을 두려워할 필요가 없다.

앞서 이야기한 바로부터 분명한 것은 이상론에 있어서까지도 비록 제한된 것이긴 하나 형벌 제도에 대한 고려가 필요하다는 점이다. 정상적인 인간 생활의 여건들이 이루어지려면 그러한 어떤 체제가 필요하다. 나는 이러한 형벌 제도를 정당화하는 원칙들이 자유의 원칙으로부터 도출될 수 있다고 주장해 왔다. 여하튼 이러한 경우에 있어서 이상적인 입장은 어떻게 그러한 비이상적인 체제가 세워져야 하는지를 밝혀 주게 되며, 그로 인해서 이상적인 이론이 보다 기본적인 것이라는 추정이 확증된다. 또한 우리는 책임(responsibility)의 원리는 처벌이 일차적으로 응보적이거나 보복적이라는 관념에 기초해 있지 않다는 것을 알게 된다. 그 대신에 그것은 자유 그 자체를 위한 것임이 인정된다. 만일 시민들이 법이 무엇인가를 알 수 없고 그 지침을 고려할 공정한 기회도 주어지지 않는다면 형벌 제도가 그들에게 적용되어서는 안 된다. 이러한 원칙은 법 체계를 합리적 인간에게 그들의 협동체를 규제하도록 제시된 공공적인 법 질서로 간주한 결과요, 자유에 대해서 합당한 비중을 부여한 결과일 뿐이다. 나는 책임

24) *Leviathan*, 13~18장 참조. 그리고 또한 H. Warrender, *The Political Philosophy of Hobbes*(Oxford: The Clarendon Press, 1957), 3장 ; D.P. Gauthier, *The Logic of Leviathan* (Oxford: The Clarendon Press, 1969), pp. 76~89 참조.

에 대한 이러한 견해로 인해서 우리는 피고인 정신(mens rea)이라는 제명
아래 형법에 의해 인정되는 대부분의 변명과 변호를 설명할 수 있게 되고
또한 그것이 법의 개조를 위한 지침으로 이용될 수도 있다고 생각한다.
그러나 그러한 점들에 관해서는 여기서 더 이상 다룰 수가 없다.[25] 이상
적인 이론도 안정화의 방편으로서 형벌 제도에 대한 고려를 필요로 하며
또한 그것은 부분적 준수론에 있어 이러한 부분이 설정되어야 할 방식을
제시해 준다는 점을 주목하는 것으로 족하다. 특히 자유의 원칙은 책임의
원칙을 결과하게 된다.

　또한 부분적 준수론에서 생겨나는 도덕적 딜레마도 자유의 우선성을 염
두에 두고서 생각해야 한다. 그래서 우리는 법의 지배라는 신조가 지켜져
야 한다고 그다지 강조하지 않아도 되는 불행한 종류의 상황을 상상할 수
있다. 예를 들어 어떤 극단적인 돌발사에 있어서는 '해야 함'이 '할 수
있음'을 함축한다는 신조에 반하는 범죄에 대해서도 사람에게 책임을 물
을 수 있다. 만일 날카로운 종교적 적대 관계로 인해서 대립하고 있는 종
파들이 내란을 준비하기 위해 무기를 수집하고 군대를 형성한다고 생각
해 보자. 이러한 상황에 대처하여 정부는 무기의 소유를 금하는 법규를
제정할 수 있다. (지금까지 그러한 소유가 유죄가 아니었다고 가정할 경우) 그
법이 내세우는 바는 무기가 피고의 집이나 소유지에서 발견되고 그것이
다른 사람이 거기에 두었다는 것을 자신이 증명할 수 없을 경우 그것은
유죄 판결을 위한 충분한 증거가 된다는 점이다. 이러한 전제 조건이 없
다면 소지의 의도 및 의식이 없다는 것, 그리고 주의의 합당한 기준을 지
킨다는 것들은 터무니없는 것이라 주장된다. 이와 같은 일반적인 변호들
로 인해 그 법은 효력이 없고 시행 불가능한 것이 된다고 주장된다.

　그런데 비록 이러한 법규가 '해야 함'이 '할 수 있음'을 함축한다는 신
조에 위반된다 할지라도 적어도 부과된 형벌이 지나치게 심하지만 않다면
그것은 대표적 시민들에 의해 자유를 보다 덜 잃게 하는 것으로 받아들여
질 수 있다. (이 경우에 나는 이른바 구금이란 자유에 대한 지나친 제한이라고
생각하며 따라서 의도하는 형벌의 엄한 정도는 고려되어야 한다고 생각된다.) 입법
의 단계에서 사태를 바라볼 때 법령이 금하고 있는 준군사적인 단체를 형
성하는 일은 무기를 소지하는 데 대해 엄한 책임을 묻는 것보다 일반 시
민의 자유에 훨씬더 큰 위협이 된다. 시민들은 그들이 행하지 않은 바에

---

25) 이러한 문제에 대해서는 여기에서 내가 따른 Hart, *Punishment and Res-
ponsibility* (Oxford: The Clarendon Press, 1968), pp. 173~183 참조.

대해서도 유죄가 될 가능성이 있기는 하지만 다른 방식으로는 그들의 자유에 대한 위험이 보다 클 것이라는 사실에 의해 두 가지 악 중에서는 더 나은 것으로 내세울 것이다. 심각한 의견 대립이 있을 것이므로 우리가 보통 생각하고 있는 바와 같이 어떤 부정의도·발생하지 않도록 할 수 없다. 문제는 이러한 부정의를 최소한의 부정의한 방법으로 제한하는 것이 할 수 있는 것의 전부이다.

　다시 되풀이되는 것이지만 결론은 자유를 제한하기 위한 논거가 자유 그 자체의 원칙으로부터 나온다는 점이다. 여하튼 자유의 우선성은 어느 정도까지는 부분적 준수론으로 넘겨진다. 따라서 앞에서 논의한 경우에 있어서 일부인에게 보다 큰 선이 된다고 해서 나머지 사람들에게 보다 작은 선이 돌아가게 할 수는 없다. 또한 보다 큰 경제적·사회적 이익을 위해서 보다 작은 자유가 받아들여지지도 않는다. 그보다는 대표적 시민의 기본적인 평등한 자유라는 형식의 공동선이 판단의 준거가 되어 있다. 불행한 여건과 소수의 부정의한 계략으로 인해 질서 정연한 사회에 있어서 누리게 될 것보다 훨씬더 작은 자유가 불가피하게 된다. 사회 질서에 있어서 어떤 부정의이건간에 그것은 그만한 희생을 요구하게 되며 그 결과가 전적으로 제거된다는 것은 불가능한 것이다. 합법성의 원칙을 적용함에 있어서 우리는 자유를 규정하는 권리와 의무의 총체를 염두에 두고서 그에 따라서 요구들을 조정해야만 한다. 때때로 우리는 불가피한 사회 악으로부터 자유의 상실을 줄이기 위해서 그 조항에 대한 어떤 위반을 허용하지 않을 수 없으며, 사정이 허락하는 한에서 최소한의 부정의를 목표로 삼지 않을 수 없을 것이다.

39. 자유의 우선성에 대한 정의

　아리스토텔레스는 인간이 정의와 부정의에 대한 감각을 지니며 그들이 정의에 대한 공통된 이해를 공유하는 특성으로 인해 도시 국가가 성립한다고 말했다.[26] 우리의 논의에 비추어 볼 때 그와 유사하게 우리는 공정으로서의 정의관에 대한 공통의 이해로 인해서 입헌적 민주주의가 성립한다고 말할 수 있을 것이다. 왜냐하면 제 1 원칙에 대한 부가적인 논의를 전개한 다음 나는 지금까지 민주주의적 체제의 기본적 자유가 이러한 정의관에 의해서 가장 확고하게 보장된다는 것을 밝히고자 해왔기 때문이다. 어느 경우에 있어서나 도달된 결론은 친숙한 것이다. 나의 의도는

26) *Politics*, 제 1 권, 2 장, 1253a 15.

정의의 원칙들이 우리의 숙고된 판단에도 적합하다는 사실뿐만 아니라, 그것은 또한 자유에 대해서도 가장 강력한 논거를 제시한다는 사실을 지적하기 위한 것이었다. 이와 대조적으로 목적론적인 원칙은 잘해야 자유에 대한 불확실한 논거를, 잘못되면 평등한 자유에 대한 불확실한 근거를 제시할 수 있을 것이다. 그런데 양심의 자유나 사상의 자유는 철학적 혹은 논리적 회의론에 기초를 두어서는 안 되며 종교적 도덕적인 주장에 대한 무관심에 바탕을 두어서도 안 된다. 정의의 원칙들은 한편에서는 독선주의와 불관용, 다른 편에서는 종교와 도덕을 단순한 선호로 간주하는 환원주의 사이에 적절한 통로를 정해 준다. 그리고 정의론은 널리 인정되고 있는 약한 전제들에 근거하기 때문에 아주 보편적인 인정을 받게 될 것이다. 실로 우리의 자유에 가장 견고한 바탕이 주어지는 것은 그것이 상호간에 적절한 상황에 처한 자들이 가능한 한 합의할 수 있는 그러한 원칙들에서 도출될 경우이다.

이제 나는 자유의 우선성(priority of liberty)의 의미에 대해서 보다 주의 깊게 검토해 보고자 한다. 나는 이러한 우선성 그 자체를 여기에서 논의하려는 것보다(이 문제는 82절까지 보류해 두기로 하고) 우선 지금까지 나온 사례에 비추어서 그 우선성의 의미를 해명해 보고자 한다. 구분되어야 할 몇 가지 우선성이 있다. 자유의 우선성을 말할 때 내가 의미하는 바는 평등한 자유의 원칙이 정의의 제 2 원칙보다 우선적이라는 것이다. 두 원칙은 축차적 서열로 되어 있어서 자유에 대한 요구가 제일 먼저 충족되어야 한다. 정당성(옳음)이 선(좋음)에 우선한다든가 공정한 기회가 차등 원칙에 우선한다는 것은 현재 우리의 관심사가 아니다.

앞에서 나온 모든 사례들이 설명해 주듯이 자유의 우선이 의미하는 것은 자유란 자유 그 자체만을 위해서 제한될 수 있다는 것이다. 여기에는 두 가지 경우가 있을 수 있다. 기본적인 자유들이 평등하기는 하지만 덜 광범위하든가 그것들이 불평등하든가이다. 자유가 덜 광범위할 수 있기 위해서는 대표적 시민이 모든 것을 고려할 때 그것이 자기의 자유를 위해서 이득으로 생각할 수 있을 때이며, 자유가 불평등해도 좋은 경우는 보다 작은 자유를 가지게 될 자의 자유가 그로 인해 더욱 잘 보장되어질 수 있을 때이다. 어떤 경우에 있어서나 평등한 자유의 전 체계와 관련해서 정당화가 이루어질 수 있다. 이러한 우월성 규칙은 이미 많은 경우에 걸쳐서 살펴왔다.

그런데 나아가서 자유의 제한이 정당화되고 변호될 수 있는 두 가지 상황간에 구분이 이루어져야 한다. 첫째로 자연적인 제약이나 인간 생활의 우연사 혹은 역사적 우연성으로부터 제한이 생겨날 수 있다. 이러한 제한 사항의 정의 여부에 관한 문제는 일어나지 않는다. 예를 들어 유리한 여건 아래의 질서 정연한 사회에 있어서도 사상과 양심의 자유는 합당한 통제를 받게 되며 참여의 원칙도 어느 정도 제한을 받는다. 이러한 제한 조건들은 다소 영구적인 정치 생활의 조건들로부터 생겨나며 다른 사항들은 어린이의 자유가 보다 작다는 것과 더불어 인간 상황의 자연적 특성에 대한 적응이다. 이러한 경우에 있어서 문제가 되는 것은 주어진 일정한 제약을 충족시킬 정의로운 방도를 발견하는 일이다.

두번째 종류의 경우에 있어서는 사회 체제나 개인의 행위에 있어서 부정의가 이미 존재한다. 여기에 있어서 문제는 이 부정의에 대처하는 정의로운 방식이 무엇인가이다. 물론 이러한 부정의도 여러 가지로 설명될 수 있으며, 부정의하게 행위하는 자도 때로는 보다 높은 명분을 추구한다는 신념으로 인해서 그런 행위를 하기도 한다. 배타적이고 적대적인 파벌의 사례들이 이러한 가능성을 잘 설명하고 있다. 그러나 인간이 갖는 부정의에로의 경향성은 공동 생활의 항구적인 측면은 아니며 그것은 어느 정도는 대체로 사회 제도, 특히 그 제도의 정의 여부에 달려 있다. 질서 정연한 사회는 인간이 갖는 부정의에로의 성향을 제거하거나 적어도 제어하려는 경향이 있으며(8~9장 참조) 따라서 일단 이러한 사회가 성립되면 적대적이고 배타적인 분파들이란 존재하기도 어려울 뿐더러 위험 요소도 되지 않는다. 우리가 부정의를 처리함에 있어 정의가 요구하는 방식은 불가피한 제약이나 인간 생활의 우연사를 최선으로 처리하는 방식과는 아주 다른 문제이다.

이들 두 가지 경우는 여러 가지 문제를 야기한다. 철저한 준수가 원초적 입장의 규약 중 하나임이 상기되어야 할 것인데, 즉 정의의 원칙들이란 그것이 보편적으로 준수되리라는 가정 아래 채택되는 것이다. 어떤 불이행이 있으면 예외로 취급되어야 한다(25절). 이들 원칙을 축차적으로 서열화함으로써 당사자들은 유리한 조건들에 적합한 정의관을 선택하며 어느 정도 경과하면 정의로운 사회가 달성될 수 있다고 가정한다. 이러한 순위로 배열됨으로써 완전히 정의로운 체제가 성립되는데 그래서 그 원칙들은 이상론에 속하며 사회 개혁의 과정을 지도해 줄 목표를 설정한다. 그런데 비록 이들 원칙이 이러한 의도를 위해서 타당함을 인정할지라도 여전히 우리는 그것이 다소 불리한 조건 아래서 제도에 어느 정도 잘 적용될 것인지 그리고 그것이 부정의한 경우에 대해서 어떤 지침을 제시하는지의 여부를 물을 수 있다. 원칙들과 그들의 축차적 서열이 이러한 사정들을 염두에 두고서 인정되지 않은 것이라면 그들은 더 이상 타당성을 갖기가 어렵다.

나는 이러한 문제들에 대해 체계적인 해답을 제시하려 하지는 않겠다. 몇 가지 특수한 경우는 나중에 다루기로 한다(6장 참조). 직감적으로 떠오르는 생각으로는 정의론을 두 부분으로 나누는 일이다. 첫번째 이상적인 부분은 철저한 준수를 가정하고 유리한 여건 아래서 질서 정연한 사회를 특징지우는 원칙을 작성하게 된다. 그것은 완전히 정의로운 기본 구조에 대한 입장과 인간 생활의 고정된 제한 사항 아래서 그에 상응하는 의무와 책무를 전개한다. 나의 주요 관심사는 바로 이론의 이 부분이다. 비이상적인 이론인 두번째 부분은 이상적인 정의관이 채택된 후에 성립하는데, 그러한 뒤라야 당사자들은 덜 유리한 조건 아래서 어떤 원칙을 채택할 것인가를 묻게 된다. 이미 지적했듯이 이론의 이러한 부분은 다소 상이한 두 개의 하위 부분을 갖는다. 하나는 자연적 제약과 역사적 우연성에의 적응을 다루는 원칙으로 구성되며 다른 하나는 부정의를 처리하는 원칙으로 다루어진다.

정의론을 전체적으로 볼 때 이상적인 부분이란 가능한 한 우리가 달성해야 할 정의로운 사회관을 제시하는 것이다. 현존하는 제도는 이러한 관점에 비추어서 판단되어야 하며 제도가 충분한 이유도 없이 그로부터 벗어나 있는 그 정도만큼 그 제도는 부정의한 것으로 간주된다. 원칙들의 축차적 서열은 그 이상 중에 어떠한 요소가 비교적 더 긴요한 것인가를 명시하고 있으며 이러한 서열이 나타내는 우선성 규칙은 비이상적인 경우에도 마찬가지로 적용되어야 한다. 그래서 여건이 허용하는 한 완전한 정의로부터 이탈되는 정도를 봐서 확인되는 가장 극악한 것을 위시해서 어떤 부정의라도 제거해야 할 자연적 의무를 우리는 갖는다. 물론 이러한 생각은 지극히 개략적인 것이다. 이상으로부터의 이탈의 정도를 재는 것은 대체로 직관에 맡겨져 있다. 그러나 우리의 판단에는 축차적 서열이 제시하는 우선성에 의해 지침이 주어진다. 만일 우리가 무엇이 정의로운 것인가에 대해 적절히 분명한 구도를 갖는다면 비록 우리가 보다 큰 합의에 도달하는 방도를 정확하게 정식화할 수는 없을지라도 정의에 대한 우리의 숙고된 신념은 보다 가까이 일치하게 될 것이다. 그래서 정의의 원칙들이 이상적인 상태에 대한 이론에 속하는 경우 그것은 일반적으로도 합당한 것이다.

비이상적인 이론의 몇 가지 부분은 여러 가지 예들에 의해 설명될 수 있는데 일부는 이미 우리가 논의한 바 있다. 그 중 한 가지 경우는 보다 더 광범한 자유와 관련된 것이다. 불평등함은 없지만 모든 사람이 보다 광범한 자유를 가지기보다는 보다 좁은 범위의 자유를 가지기 때문에 그 문제는 평등한 대표적 시민의 관점에서 평가될 수가 있다. 정의의 원칙들을 적용함에 있어 이러한 대표적 인간들의 이해 관계에 호소한다는 것은 공동 이익의 원칙에 의거하는 것이다. (공동의 이익이란 적절한 의미에 있어서 모든 사람에게 똑같이 이익이 되는 어떤 일반적인 조건이라고 나는 생각한다.) 앞에 나온 사례 중 몇 가지는 덜 광범한 자유와 관련된 것인데 공공 질서를 위한 양심의 자유 및 사상의 자유에 대한 제한도 이러한 범주에 속한다(34, 37절). 이러한 제한 사항은 인간 생활의 항구적인 조건에서 생겨나며 따라서 이러한 경우들은 비이상적 이론 가운데서 자연적 제약을 처리하는 부분에 속하는 것이다. 그것이 부정의를 내포하기 때문에 불관용자의 자유를 억제하고 경쟁하는 파벌의 폭력을 제지하는 두 가지 사례는 비이상적 이론 중 부분적 준수론에 속한다. 그런데 이러한 네 가지 경우 각각에 있어서 논의는 대표적 시민의 관점에서 전개된다. 축차적 서열의 관념에 따를 때 자유의 정도에 대한 제한은 자유 그 자체를 위해서 이루어지며 자유는 보다 작아지나 평등한 자유가 결과된다.

두번째 종류의 경우는 불평등한 자유의 경우이다. 만일 일부의 사람이 다른 사람들보다 많은 투표권을 가진다면 정치적 자유는 불평등하며, 일부의 투표권에 더 큰 비중이 주어지거나 사회의 일부 계층이 선거권을 함께 갖지 못할 때에도 마찬가지이다. 역사상 많은 상황에 있어서 보다 작은 정치적 자유가 정당화되어 왔다. 아마도 선거에 대한 버크의 비현실적인 설명은 18세기 사회의 상황에서는 타당한 요소를 가질 것이다.[27] 만일 그러한 경우 그것이 반영하고 있는 사실은, 여러 가지 자유가 모두 동등하지는 않은데 왜냐하면 그 당시에는 불평등한 정치적 자유가 역사적 제약에의 가능한 적응 방식으로 생각될 수 있었던 반면에 농노 및 노예제, 그리고 종교적 불관용은 분명히 그렇지 않기 때문이라는 것이다. 이러한 제한 사항은 양심의 자유와 개인의 통합성을 규정해 주는 권리의 상실을 정당화하지 못한다. 어떤 정치적 자유나 공정한 기회 균등의 권리에 대한 경우는 덜 심각하다. 앞에서 주목했던 바와 같이(11절) 이러한 자유가 없이 지내는 것이 합당한 경우는 장기적인 이득이 다소 불행한 사회를 평등한 자유가 충분히 향유되는 사회에로 변형시킬 만한 대단한 것일 때이다. 특히 이것이 사실일 경우는 여건들이 어떻게 해서든 이러한 권리들을 행

---

27) H.F. Pitkin, *The Concept of Representation*, 8장을 보면 Burke의 견해를 알 수 있다.

사람에 도움이 되지 않을 때이다. 현재로서는 제거될 수 없는 어떤 조건 아래에서 어떤 자유의 가치는 보다 불리한 처지에 있는 자들을 보상해 줄 가능성을 무시할 만큼 높을 수는 없다. 두 원칙의 축차적 서열을 받아들이기 위해 자유의 가치가 여건들에 달려 있다는 것을 우리가 부인할 필요는 없다. 그러나 해명되어야 할 것은 일반적인 정의관에 따를 경우 결국에는 덜 평등한 자유가 더 이상 용납될 수 없는 그러한 사회적 조건들이 발생할 것이라는 사실이다. 그러면 불평등한 자유는 더 이상 정당화될 수 없게 된다. 축차적 서열은 이른바 정의로운 체제에 내재하는 장기적인 평형 상태이다. 일단 평등에로의 경향이 작용하게 된다면 오래지 않아 두 원칙은 축차적으로 서열이 매겨지게 된다.

이상의 이야기에서 내가 가정한 것은 보상을 받아야 할 자는 언제나 보다 작은 자유를 가진 자라는 점이다. 우리는 언제나 그들의 관점(제헌 위원회나 입법 기구로부터 보아진 대로)에서 상황을 판단해야 한다. 이러한 제한 조건으로 인해 우리가 익히 아는 형태의 노예제나 농노제는 그것이 보다 심한 부정의를 해소하는 경우에만 허용될 수 있다는 것이 실제적으로 분명해진다. 노예제가 현행 체제보다 더 나은 과도적인 경우가 있을 수 있다. 예를 들어 만일 도시 국가들이 지금까지는 전쟁에서 포로를 받아들이지 않고 언제나 그들을 죽여 오다가 조약을 통해서 그 대신에 포로들을 노예로 삼기로 했다고 가정해 보자. 일부에게 보다 큰 이득이 되면 타인들이 손해를 봐도 된다는 근거에서 우리가 노예 제도를 허용할 수 없을지는 모르나 이상과 같은 상황 아래에서는 모든 사람이 전쟁의 포로가 될 위험이 있기 때문에 이러한 형태의 노예 제도도 지금까지의 관습보다는 덜 부정의할 수가 있다. 적어도 당면한 예속이 세습적인 것은 아닌 까닭에 (그렇다고 가정한다면) 그것은 어느 정도 평등한 도시 국가의 자유민들에 의해 받아들여질 것이다. 노예를 지나치게 다루지만 않는다면 그 체제는 기존 제도에 대한 하나의 발전으로 옹호될 수 있다. 언젠가 그 체제는 아마 전적으로 포기될 것인데 왜냐하면 포로로 잡혀 있는 공동체의 성원들을 송환받는 것이 노예의 봉사를 받는 것보다 더 나음으로 전쟁 포로의 교환이 훨씬더 바람직한 제도일 것이기 때문이다. 그러나 비록 기이한 것이긴 하나 이상과 같은 고려 사항 중 어느 점을 보더라도 자연적 혹은 역사적 제약을 들어서 세습적인 노예제나 농노제를 정당화할 수는 없다. 더우기 이러한 점에 있어서 우리는 보다 고차적인 문화 생활을 위해서 이러한 노예 체제가 필요하다든가 적어도 보탬이 된다고 주장할 수는 없다. 나중에도 논의할 것이지만 완전론의 원칙은 원초적 입장에서 받아들여지지 않을 것이다(50절).

부권주의(paternalism)의 문제도 여기서 다소 논의할 필요가 있다. 왜냐하면 그것은 평등한 자유에 관한 논의에서도 언급이 되었었고 보다 작은 자유와도 관련되기 때문이다. 원초적 입장에서 당사자들은 그들이 사회 속에서 그들 자신의 일을 처리함에 있어 합리적이고 유능하다고 생각하고 있다. 따라서 자신에 대한 의무(duties to self)를 받아들이지 않는다. 왜냐하면 그것은 그들의 선을 증진하는 데 불필요하기 때문이다. 그러나 일단 이상적인 원칙의 체계가 채택되고 나면 그들은 아이들의 경우에서와 같이 그들의 능력이 개발되지 못하고 자신의 이익을 합리적으로 도모하지 못할 가능성으로부터 그들 자신을 보호하기를 원할 것이며, 혹은 심한 상처를 가졌거나 정신적인 장애가 있는 자의 경우와 같이 어떤 불행이나 우연에 의해 그들이 자신의 선을 위해 결정을 내릴 능력이 없을 가능성으로부터 자신을 보호하고자 할 것이다. 또한 그들이 자기 자신의 비합리적인 경향성으로부터 자신을 보호하기 위해 어리석은 행동을 피하게 할 충분한 동기를 그들에게 부여하는 형벌 제도에 합의하고, 그들의 무분별한 행동이 가져 올 불행한 결과를 보상하도록 마련된 어떤 부담을 받아들이는 것은 합리적인 일이다. 이러한 경우들을 위해서 당사자들은 타인들이 자신에게 유리하게 행위하고 필요에 따라서는 그들이 지금 갖고 있는 소망을 짓밟을 권한을 가질 경우 그를 규제할 원칙을 채택하게 된다. 그리고 그렇게 하는 것은 때로는 그들 자신의 선을 위해서 합리적으로 행위할 자신의 능력이 그릇되거나 혹은 그것을 결여하게 될 것을 인정하기 때문이다.[28]

그래서 부권주의의 원칙들은 당사자들이 사회 속에서 그들의 이성과 의지가 갖는 연약함과 불확실성에 대비해서 원초적 입장에서 받아들이게 될 것이다. 타인들이 우리 자신을 위해 행위하고 우리가 합리적이라면 우리 자신을 위해 하게 될 바를 그가 행할 권한이 있고 때로는 그러한 요청을 받게 되는데, 그러한 권한이 효력을 발휘하는 것은 오직 우리가 스스로의 선을 돌볼 수 없을 경우에서이다. 부권주의적 결정은 개인 자신의 정해진 선호나 관심이 합리적인 한 그에 의해 지시를 받아야 하고, 그에 대한 지식이 없을 경우에는 기본적인 선에 대한 이론에 의해 지시를 받아야 한다. 우리가 어떤 사람에 관해서 잘 모르면 모를수록 우리는 그를 위해서 원초적 입장에서 봐서 우리 자신을 위해 행위하게 될 바와 같이 행위

---
28) 이러한 문제에 대한 논의에 관해서는 G. Dworkin, "Paternalism", *Morality and the Law*, ed. R.A. Wasserstrom (Belmont, Calif.: Wadsworth Publ. Co., 1971), pp. 107~126.

하게 된다. 우리는 그에게 그가 다른 어떤 것을 원하든간에 필요하게 될 것을 그가 갖도록 노력한다. 우리는 문제되고 있는 그 개인이 자신의 합리적인 능력을 개발시키고 회복하게 되면 그를 위한 우리의 결정을 받아들이고 우리가 그를 위해 최선을 다했다는 것에 대해 우리와 합의하리라는 것을 논증할 수 있어야만 한다.

그러나 타인이 적당한 시간이 지나면 그의 조건을 받아들인다는 요구 사항은 비록 그러한 조건에 대해서 합리적인 비판을 할 수 없을지 모르지만 결코 충분한 것이 될 수 없다. 그래서 자신의 이성과 의지를 충분히 소유하고 있으면서도 서로 다른 종교적 혹은 철학적 신념을 주장하고 있는 두 사람을 상정해 보자. 그리고 각자를 상대방의 견해에로 전향시키게 될 어떤 심리적인 방도가 존재한다고 가정해 보자. 물론 그러한 방도가 그들의 소망에 반하는 것이기는 하지만 그들에게 부여되었다고 생각해 보자. 적절한 시간이 지나서 그 양자는 그들의 새로운 신념을 양심적으로 받아들이게 될 것이라고 가정해 보자. 그렇다 하더라도 우리는 그들에게 이러한 조치를 취해서는 안 된다. 그 이상의 두 가지 규정이 더 필요한데, 부권주의적 간섭이 정당화되기 위해서는 이성과 의지가 부족하거나 결여됨이 명백해야 하며, 또한 그것은 정의의 원칙과 그 주체가 갖는 보다 항구적인 목적과 선호에 관해 알려진 바와 기본적 선에 대한 해명에 의해 지침이 주어져야 한다. 부권주의적인 방법의 시발점과 방향에 대한 이러한 제한들은 원초적 입장의 가정으로부터 결과된 것이다. 당사자들은 자신의 인격과 그들이 갖는 최종 목표와 신념이 어떤 것이든간에 침해받지 않기를 바란다. 부권주의적 원칙은 우리 자신의 불합리성을 막기 위한 것이며 나중에 합의를 얻게 될 전망만 보인다면 어떤 수단을 써서든 사람의 신념이나 인격에 대한 횡포를 허가하는 것으로 해석되어서는 안 된다. 보다 일반적으로 말하면 교육의 방법도 마찬가지로 이러한 제한 사항을 준수해야 한다(78 절).

공정으로서의 정의관이 갖는 약점은 두 가지로부터 생겨나는 것으로 보일 것이다. 즉 모든 불평등은 최소 수혜자에 대해 정당화되어야 한다는 요구 사항과 자유의 우선성이 그것이다. 이러한 두 가지 제약으로 인해서 그 입장은 직관주의나 목적론과 구별된다. 앞서 나온 논의를 고려해서 우리는 정의의 제 1 원칙을 다시 손질하고 그것에 적합한 우선성 규칙을 부가할 수 있다. 변경이나 부가는 내가 생각하건대 자명한 것이다. 이제 그 원칙은 다음과 같은 것이 될 것이다.

제 1 원칙

각자는 모든 사람의 유사한 자유의 체계와 양립할 수 있는, 평등한 기본적 자유의 가장 광범한 전체적 체계에 대해 평등한 권리를 갖는다.

우선성 규칙

정의의 원칙들은 축차적 서열로 이루어져야 하고 따라서 자유는 자유 그 자체를 위해서만 제한될 수 있다. 두 가지 경우가 있는데, ⓐ 보다 덜 광범한 자유는 모든 이에 의해 공유된 자유의 전체적 체계를 강화해야만 하고 ⓑ 보다 덜 평등한 자유는 보다 작은 자유를 가진 자들에 의하여 받아들여질 수 있어야만 한다.

내가 우선성 규칙을 여러 중요한 사례를 통해서 점검해 왔지만 아직도 그에 대한 보다 체계적인 논증이 이루어져야 할 필요가 있다고 할 수 있을 것이다. 그것은 우리의 숙고된 신념에 부합될 것으로 생각된다. 그러나 원초적 입장의 관점에서 본 논증은 계약론이 충분한 힘을 발휘하게 되는 제Ⅲ부로 미루기로 하겠다(82절).

40. 공정으로서의 정의에 대한 칸트적 해석

대체로 나는 지금까지 평등한 자유 원칙의 내용과 그것이 규정하는 권리들의 우선성이 의미하는 바를 고찰해 왔다. 이쯤해서 이러한 원칙이 도출되는 바탕인 정의관에 대한 칸트적 해석(Kantian interpretation)이 있다는 것에 주목해 보는 것이 적합하다고 생각된다. 이러한 해석은 자율성(autonomy)에 대한 칸트의 관념에 기초를 두고 있다. 내 생각으로는 칸트의 논리학에 있어서 일반성과 보편성의 위치를 강조하는 것은 그릇되었다고 생각된다. 도덕 원칙들이 일반적이고 보편적이라는 것은 그에 있어서 새로운 것도 아니며, 앞에서도 우리가 살펴왔듯이 이러한 조건들로서도 대단한 성과가 나는 것도 아니다. 그와 같이 빈약한 기초 위에 도덕 이론을 세운다는 것은 불가능하며 따라서 칸트의 학설에 대한 논의를 이러한 관념들에 국한시키는 것은 그것을 보잘 것 없는 것으로 만들어 버리게 된다. 그의 견해가 갖는 진정한 힘은 다른 곳에 있다 할 것이다.[29]

---

[29] 어떻게 해서라도 피해야 할 것은 Kant 의 학설이 공리주의론(혹은 다른 이론)에 대한 일반적이고 형식적인 요소를 제시할 뿐이라는 생각이다. 예를 들어서 R.M. Hare, *Freedom and Reason* (Oxford: The Clarendon Press, 1963), pp. 123 이하 참조. 우리는 그의 견해의 전 영역에 대한 조망을 잃어서도 안되지만 또한 후기 저작들을 고려에 넣어야 한다. 불행하게도 칸트 도덕론의

그 한 가지 경우로서 그는 도덕 원칙들이란 합리적 선택의 대상이라는
관념으로 시작하고 있다는 점이다. 그 원칙들은 사람들이 윤리적 공화국
(ethical commonwealth) 내에서 자신들의 행위를 다스리고자 합리적으로
의욕할 수 있는 도덕 법칙을 정해 준다. 도덕 철학은 적절히 규정된 합리
적 결정의 개념과 그 결과에 관한 연구가 된다. 이러한 관념에서부터 직
접적인 결과들이 생겨난다. 왜냐하면 일단 우리가 도덕 원칙들을 목적 왕
국을 위한 입법으로 생각하게 되면 그러한 원칙들은 모든 사람에게 받아
들여질 수 있어야 할 뿐 아니라 또한 공공적인 것이라는 점이 명백해진
다. 끝으로 칸트가 가정하는 바는 이러한 도덕적 입법이 인간을 자유롭고
평등한 합리적 존재로서 특징지우는 조건들 아래서 합의되어질 것이라는
점이다. 원초적 입장에 대한 기술은 이러한 입장을 해명하기 위한 시도이
다. 나는 여기서 이러한 해명을 칸트의 원전에 의거해서 논의하려는 것은
아니다. 물론 그를 다른 식으로 해석하려 하는 이도 있을 것이다. 다음에
올 이야기들은 아마도 공정으로서의 정의관과 칸트 및 루소에 있어서의
계약론적인 전통의 요체를 관련지우기 위한 이야기로 간주될 수 있을 것
이다.

내 생각에 칸트의 주장은 인간이 자율적으로 행동하는 경우란 그 행위
의 원칙들이 자유롭고 평등한 합리적 존재로서 그의 본성을 가능한 한 가
장 적합하게 표현해 주는 것으로서 그에 의해 선택되었을 때라는 것이다.
인간 행위의 기준이 되는 원칙은 그의 사회적 지위나 천부적 자질로 인해
서 채택되어서는 안 되며, 혹은 그가 살고 있는 특정한 종류의 사회나 우
연히 그가 원하게 되는 특정한 사물에 비추어서 선택되어서도 안 된다. 이
렇게 채택된 원칙에 의거한 행위는 타율적인 행위이다. 그런데 무지의 베
일로 인해서 원초적 입장에 있는 자들은 그들로 하여금 타율적인 원칙을

전체에 대한 주석은 없는데 그것을 쓴다는 것이 불가능할지 모른다. 그러나
H.J. Paton, *The Categorical Imperative* (Chicago: Univ. of Chicago
Press, 1948); L.W. Beck, *A Commentary on Kant's Critique of Practical
Reason* (Chicago: Univ. of Chicago Press, 1960) 등의 대표적인 저술 및 기타
저서들도 다른 저술들의 연구에 의해 더 보완이 될 필요가 있다. 이 점에서
*The Metaphisics of Morals*에 대한 해명서인 M.J. Gregor, *Laws of Free-
dom* (Oxford: Basil Blackwell, 1963)와 J.G. Murphy, *Kant: The Philoso-
phy of Right* (London: Macmillan, 1970) 참조. 이외에도 *The Critique of
Judgment, Religion within the Limits of Reason*과 정치적 저서들도 그의
학설을 온전히 이해하기 위해서는 무시될 수 없는 것들이다. 끝으로 참조할
것은 *Kant's Political Writings*, ed. H. Reiss and trans. H.B. Nisbet
(Cambridge: The Univ. Press, 1970).

선택하게 하는 지식이 주어지지 않는다. 당사자들은 정의의 원칙들에 대한 필요성이 생기는 그러한 여건이 이루어졌다는 것만을 아는 자유롭고 평등한 합리적 인간들로서 함께 그들의 선택에 임하게 된다.

물론 이들 원칙에 대한 논의는 여러 가지 점에서 칸트의 입장에 다른 것들이 첨가된 것이다. 예를 들어 그것은 선택된 원칙들이 사회의 기본 구조에 적용되는 것이며 이러한 구조를 특징지우는 전제들이 정의의 원칙을 도출하는 데 이용된다는 등의 측면을 덧붙이고 있다. 그러나 나는 이 몇 가지 첨가물이 충분히 합당한 것이며 칸트의 모든 윤리서를 함께 고려할 때 그의 학설과도 아주 유사한 것이라고 생각한다. 그래서 정의의 원칙들을 위한 추론이 올바른 것이라고 생각한다면 우리는 사람들이 이들 원칙에 의거해서 행위할 때에 그들은 평등한 원초적 입장에서 자신이 선택하게 될 원칙들에 따라서 행위한다고 말할 수 있을 것이다. 그들 행위의 원칙들은 사회적 혹은 자연적 우연에 좌우되지도 않으며 또한 그것은 그들의 인생 계획의 세부 사항이나 그들의 동기가 된 열망에 의해 왜곡된 것을 반영하는 것도 아니다. 이들 원칙에 따라 행위함으로써 사람들은 인간 생활의 일반적인 조건 아래서 자유롭고 평등한 합리적 존재로서의 그들의 본성을 표현하게 된다. 왜냐하면 특정한 존재로서의 자신의 본성을 표현한다는 것은 이 본성이 지배적인 결정 요인일 경우 선택될 원칙에 의거해서 행위하는 것이다. 물론 원초적 입장에 있어서 당사자들의 선택은 그 상황의 제약을 받게 된다. 그러나 우리가 의식적으로 일상 생활에 있어서 정의의 원칙에 따라 행위할 경우 우리는 숙고를 통해서 원초적 입장의 제한들을 받아들이고 있다. 그것을 받아들이는 한 가지 이유는 그렇게 할 수 있고 또 그렇게 하기를 원하는 사람에 있어서는 그것이 자신의 본성을 표현하는 것이기 때문이다.

정의의 원칙은 또한 칸트가 의미한 바와 같은 정언적 명법(categorical imperatives)이다. 왜냐하면 정언적 명법이란 말로써 칸트는 자유롭고 평등한 합리적 존재로서의 그의 본성으로 인해서 인간에게 적용되는 행위의 원칙을 뜻했기 때문이다. 그 원칙이 타당하기 위해서 사람이 특정한 욕구나 목적을 가진다는 전제를 하는 것은 아니다. 이와는 대조적으로 가언적 명법에서는 그러한 것을 가정하게 되는데 그것은 우리가 특수한 목적을 달성하기 위한 효과적인 수단으로서 어떤 방도를 취할 것인가를 지시하는 것이다. 그 욕구가 특정한 것에 관한 것이건 그것이 보다 일반적인 것, 즉 합당한 감각이나 쾌락의 어떤 종류에 관한 것이든간에 그에 상응하는 명법은 가언적인 것이다. 그것은 사람이 합리적인 인간 개체가 되기 위한 조건으로서는 가질 필요가 없는 목적을 가질 경우에도 적용 가능한 것이다. 정의의 두 원칙에 대한 논증은 당사자들이 특정한 목적을 가질 것을 가정하지 않으며 단지 그들이 어떤 기본적 가치(선)들을 욕구한다는 것을 가정한다. 이것들은 다른 무엇을 원하든간에 그것을 원하는 것이 합리적인 것들이다. 그래서 인간의 본성에 비추어 볼 때 그것들을 원한다는 것은 합리적인 존재가 되는 바의 일부이며 각자는 어떤 가치(선)관을 갖고 있다고 생각되기는 하지만 자신의 최종 목적에 관해서는 아무것도 알려져 있지 않다. 그래서 기본 가치(선)에 대한 선호는 합리성에 대한 가장 일반적인 가정과 인간 생활의 조건들로부터 도출된다. 정의의 원칙에 따라서 행위한다는 것은 우리의 특유한 목적이 무엇인가에 상관없이 그 원칙이 우리에게 적용된다는 의미에서 정언적 명법에 따라서 행위한다는 것을 뜻한다. 이는 그 원칙들의 도출에 있어서 그러한 우연성들이 전제로서 나타나지 않는다는 사실을 반영하고 있다.

또한 우리가 알 수 있는 것은 상호 무관심성이라는 동기에 대한 가정은 칸트의 자율성의 개념에 합치하며 그러한 조건에 대한 또 다른 이유를 제시해 준다는 점이다. 지금까지 이 가정은 정의의 여건들을 특징지우고 당사자들의 추론을 이끌어 줄 분명한 관점을 제공하기 위해서 사용되어 왔다. 또한 우리가 보아 왔듯이 2 차적인 욕구와 관련된 개념으로서 이타심이라는 개념은 제대로 역할을 해내지 못할 것이다. 그래서 우리는 상호 무관심성이 최종 목적의 체계를 선택함에 있어 자유를 허용한다는 말을 덧붙일 수 있을 것이다.[30] 가치관을 채택함에 있어서의 자유란 그러한 관점들에 대해 어떠한 선행적인 제한 조건도 부과하지 않는 학설에서 도출되는 원칙들에 의해서만 제한될 수 있다. 원초적 입장에 있어서의 상호 무관심성을 가정하게 되면 그러한 이념을 수행하는 셈이다. 우리는 당사자들이 적절히 일반적인 의미에서 대립적인 요구들을 갖는다고 전제한다. 만일 그들의 목적이 특정한 방식으로 제한된다면 이는 처음부터 자유에 대한 임의적인 제한으로 보일 것이다. 나아가서 만일 당사자들을 이타주의자로 생각하거나 혹은 특종의 쾌락을 추구한다고 생각한다면, 논의를 통해 밝혀질 바와 같이 선택된 원칙들은 그의 자유가 이타주의나 쾌락주의와 양립할 수 있는 선택에 국한된 사람에게만 적용될 것이다. 지금 논의되고 있듯이 정의의 원칙은 그 내용이야 어떤 것이든 합리적인 인생 계획을 가진 모든 사람에게 적용되며, 이들 원칙들은 자유에 대한 적절한 제한을 나타내고 있다. 그래서 가치관에 대한 제한은 사람들이 욕구하는 내용

30) 나는 이 점에 관해서 Fried의 도움을 받았다.

에 대한 선행적인 제한을 가하지 않는 계약적인 상황에 대한 해석의 결과
라고 할 수 있을 것이다. 그래서 상호 무관심성이라는 동기를 전제함에
관해서는 여러 가지 근거가 있다. 그 전제는 단지 정의의 여건들에 대한
현실주의적인 문제이거나 이론을 손쉽게 해주는 방식에 지나지 않는 것만
은 아니다. 그것은 또한 자율성이라는 칸트의 관념과도 관련되어 있다.

그런데 해명되어야 할 난점이 하나 있다. 시즈위크가 이를 잘 표현해 주
고 있다.[31] 그는 말하기를, 칸트의 윤리학에 있어서 사람이 도덕 법칙에
따라 행위할 때에 자신의 진정한 자아를 인식하며, 이에 반해서 자신의
행위가 감각적인 욕구나 우연적인 목적에 의해 정해지도록 맡겨 둔다면
그는 자연 법칙에 예속된다는 그러한 사상에 지나지 않는다고 한다. 그러
나 시즈위크의 견해에 의하면 이러한 사상은 무의미하다는 것이다. 그는
생각하기를 칸트의 견해에 따르면 성인이나 악한의 생활이 똑같이 자유
선택의 결과이며 (본체적 자아 : noumenal self의 편에서 볼 때) 똑같이 인과
법칙의 지배를 받고 있다(현상적 자아 : phenomenal self의 편에서 볼 때)는
것이다. 성인이 자유로이 선택한 그의 특유한 자아를 선한 생활 속에 표현
하는 것과 같은 방식으로 악한이 악한 삶 속에 자유로이 선택한 그의 특유
한 자아를 표현하지 않는다고 할 이유를 칸트는 설명한 적이 없다고 한다.
내 생각으로는 시즈위크의 반론이 결정적이기 위해서는 칸트의 설명 방
식이 본체적 자아가 어떤 일관된 원칙의 체계를 선택할 수 있음을 허용하
고 이와 더불어 그 원칙이 어떤 것이든 그에 따라 행위하는 것이 자유롭고
평등한 합리적 존재로서의 선택을 표현해 주기에 충분함을 허용한다고 생
각할 수 있어야 한다. 칸트의 대답은 어떤 일관된 원칙의 체계에 따라 행
위하는 것이 본체적 자아의 편에서 이루어진 결정의 결과일 수는 있다 할
지라도, 현상적 자아에 의한 이와 같은 모든 행위가 자유롭고 평등한 합리
적 존재의 결정을 나타내지 않는다는 것이다. 그래서 만일 사람이 자신의
행위 속에 자기의 진정한 자아를 표현함으로써 그것을 인식한다면, 그리
고 그가 이러한 자아의 인식을 무엇보다도 바란다고 한다면, 그는 자유롭
고 평등한 합리적 존재로서의 자신의 본성을 표현해 줄 원칙에 따라서 행
위하기를 선택할 것이다. 논의에 있어서 빠진 부분은 표현(expression)이
라는 개념에 관련된 것이다. 칸트는 도덕 법칙에 따른 행위는 그에 상반
되는 법칙에 따른 행위가 할 수 없는 뚜렷한 방식으로 우리의 본성을 표

---

31) *The Methods of Ethics*, 제 7 판 (London: Macmillan, 1907), 부록, "The
    Kantian Conception of Free Will" (*Mind*, 제 13 권, 1888 에서 다시 게재),
    pp. 511~516, 특히 p. 516 참조.

현해 준다는 사실을 분명히 하지 않았다.

이러한 결점은 원초적 입장이라는 개념에 의해 보완되리라고 나는 생각한다. 중요점은 자유롭고 평등한 합리적 존재가 어떠한 원칙을 선택할 것이며 이러한 원칙이 실제에 있어서도 적용될 수 있어야 한다는 것을 밝혀 줄 논증이 우리에게 필요하다는 점이다. 이러한 문제에 대한 확실한 답은 시즈위크의 반론을 막는 데도 필요하다. 내가 제시한 것은 우리는 원초적 입장을 본체적 자아가 세계를 바라보는 관점이라고 생각한다는 점이다. 본체적 자아로서의 당사자는 그들이 원하는 것이라면 어떠한 원칙이든지 선택할 완전한 자유를 가진다. 그러나 그들은 또한 바로 이러한 선택의 자유를 지닌 예지계의 합리적이고 평등한 성원으로서, 다시 말하면 세계를 이런 식으로 바라볼 수 있고 이러한 관점을 사회 성원으로서의 그들의 생활 속에 표현할 수 있는 그러한 존재로서의 자신의 본성을 표현하려는 욕구도 갖는다. 그래서 그들은 일상 생활에 있어서 의식적으로 따르고 실천에 옮길 때 그들 공동체 내에서 이러한 자유를 가장 잘 나타내 주고 천부적·사회적 우연으로부터 그들의 독립성을 충분히 드러내 줄 원칙들이 어떤 것인가를 결정해야 한다. 그런데 만일 계약 이론의 논증이 옳다면 이러한 원칙들은 실로 도덕 법칙을 규정하는 것들이거나 혹은 더 정확히 말해서 제도나 개인에 대한 정의의 원칙이 된다. 원초적 입장에 대한 기술은 본체적 자아의 관점을 설명해 주며 그것이 자유롭고 평등한 합리적 존재가 되기 위해 무엇을 의미하는가를 설명해 준다. 이와 같은 존재로서의 우리의 본성이 나타나는 것은 그 본성이 선택을 규정하는 조건 속에 반영될 경우 택하게 될 원칙에 따라 우리가 행위할 때이다. 그래서 인간은 그들이 원초적 입장에서 인정하게 될 방식에 따라서 행위함으로써 그들의 자유를 나타내고 자연과 사회의 우연성으로부터의 독립을 표현하게 된다.

그래서 제대로 이해할 경우 정의롭게 행위하려는 욕구는 부분적으로는 우리의 본질 혹은 가능성을, 다시 말하면 선택의 자유를 가진 자유롭고 평등한 합리적 존재를 가장 충분히 표현하려는 욕구에서 생겨난다. 이런 이유로 해서 나는 칸트가 도덕 법칙에 따라 행위하지 못하게 되면 죄책감(feelings of guilt)이 아니라 수치심(shame)이 생긴다는 말을 했다고 생각한다. 그리고 이 말이 타당한 까닭은 그에게 있어서는 정의롭지 못하게 행위하는 것이란 자유롭고 평등한 합리적 존재로서의 우리의 본성을 표현하지 못하고서 행위하는 것이기 때문이다. 그래서 이러한 행위는 우리의 자존감과 자기 가치감에 타격을 주며 그러한 상실의 체험은 수치감이 된다(67절). 우리는 마치 저급한 차원에 속하는 자로서 행위하게 되고 우리의 제 1 원칙이 천부적 우연에 의해 결정되는 존재처럼 행동하게 된다. 칸트의 도덕 이론을 법이나 죄의식에 관한 이론으로 생각하는 자는 그를 아주 심히 오해하고 있는 것이다. 칸트의 주된 의도는 자유란 우리가 자신에게 부과한 법칙에 따라서 행위라는 것이라는 루소의 사상을 심화하고 정당화하는 일이다. 그리고 이에서 결과되는 것은 엄정한 명령의 도덕이 아니라 상호 존중과 자기 존중의 윤리이다. [32]

그런데 원초적 입장은 칸트의 자율성 개념과 정언 명법에 대한 절차적 해석(procedural interpretation)으로 볼 수도 있다. 목적의 왕국을 규제하는 원칙은 이 입장에서 채택될 원칙들이며 이러한 상황에 대한 서술로 인해서 우리는 이들 원칙에 따라서 행위하는 것이 자유롭고 평등한 합리적 인격으로서의 우리의 본성을 나타내 준다는 것의 의미를 설명할 수 있게 된다. 이러한 개념들은 더 이상 순수히 선험적인 것도 아니며 인간 행위와의 설명 가능한 관련을 잃지 않게 되는데, 왜냐하면 원초적 입장에 대한 절차적 관점은 우리로 하여금 그러한 관련을 짓도록 해주기 때문이다. 내가 칸트의 견해로부터 여러 면에서 벗어나고 있음도 사실이다. 나는 여기에서 그러한 문제들을 논의하지는 않겠지만 두 가지 점만은 주목해 두어야겠다. 나는 본체적 자아로서의 사람의 선택이 집단적인 것이라고 가정해 왔다. 자아의 평등함이 힘을 갖기 위해서는 선택된 원칙이 다른 자아에도 용납될 수 있는 것이어야 한다. 모든 사람은 유사하게 자유롭고 합리적인 까닭에 각자는 윤리적 공화국의 공공 원칙을 채택함에 있어 동등한 언권을 가져야 한다. 이는 본체적 자아들로서 모든 사람이 이 원칙들에 동의해야 한다는 것을 의미한다. 악한의 원칙들이 선택되지 않을 것이라면 개별적 자아로서는 아무리 그것들을 택하고 싶은 마음이 강하다 할지라도 그것은 이러한 자유 선택을 표현해 줄 수가 없다. 나중에 나는 이러한 만장 일치의 합의가 개별적 자아의 본성까지도 가장 잘 나타내 준다는 의미를 명확히 규정하고자 한다(85절). 그것은 결코 선택의 집단적인 성격이 의미한다고 여겨지는 바와 같이 사람의 이익을 침해하지 않는다. 그러나 나는 당분간 이 문제를 보류하기로 한다.

---

32) B.A.O. Williams, "The Idea of Equality", *Philosophy*, *Politics and Society*, *2nd Series*, ed. P. Laslett and W.G. Runciman, pp. 115 이하 참조. 이러한 해석에 대한 확증을 위해서는 *The Critique of Practical Reason*, 2부의 도덕 교육에 관한 Kant 의 언급을 참조. 또한 Beck, *A Commentary on Kant's Critique of Practical Reason*, pp. 233~236 참조.

둘째로 나는 지금까지 줄곧 당사자들은 그들이 인간적 생활 조건들에 처하고 있음을 안다고 가정해 왔다. 정의의 조건들에 처해 있음으로써 그들은 적절한 부족과 경쟁적 요구라는 제한에 동일하게 직면하고 있는 타인들과 더불어 존재하는 세계에 처해 있다. 인간의 자유는 이러한 자연적 제약에 비추어서 채택될 원칙에 의해 규제되어야 한다. 그래서 공정으로서의 정의관이란 인간적인 정의에 대한 이론이며, 그 전제들 가운데는 인간과 자연에 있어서 그들의 위치에 대한 기본적인 사실들이 내포되어 있다. 순수 지성의 자유는 이러한 제한 조건에 구속되지 않으며, 신의 자유는 이론의 범위를 넘어선다. 칸트는 그의 학설이 모든 이성적 존재에게와, 따라서 신과 천사들에게도 마찬가지로 적용될 것을 뜻했던 것같이 보인다. 세계 내에서의 인간의 사회적 상황은 그의 이론에 있어서 정의의 제 1 원칙을 결정하는 데 아무런 역할도 하지 않는 것으로 보이는 듯도 하다. 그러나 내가 보기에는 칸트가 그러한 견해를 가졌다고 생각되지는 않는다. 하지만 이 문제를 여기서 더 이상 논의하지 않기로 한다. 만일 내 생각이 그릇되었다면 공정으로서의 정의에 대한 칸트적 해석이란 내가 지금 가정하고자 하는 것보다 칸트의 의도에 덜 충실한 셈이 된다고 말하는 것으로 충분하다.

제 5 장
분배의 몫

이 장에서 나는 정의의 제 2 원칙을 다루고자 하며 현대 국가의 체계 내에서 이 원칙이 요구하는 바를 충족시켜 줄 제도의 체계를 서술하려 한다. 나는 우선 정의의 원칙들이 경제학설의 일부로서의 역할을 하리라는 사실에 주목하는 것에서 시작하고자 한다. 공리주의적 전통은 이런 식의 적용을 강조해 왔는데 우리는 이 점에 있어서 그들이 어떻게 해왔는지를 알아야만 한다. 또한 내가 강조하고자 하는 것은 이들 정의의 원칙들은 그 속에 일정한 사회 제도의 이상을 함축하고 있으며 이러한 사실은 우리가 제Ⅲ부에서 공동체의 가치를 고찰하게 되면 중대한 것으로 나타나리라는 점이다. 다음에 올 논의를 위한 준비로서 경제 체제와 시장의 역할 등에 대한 간략한 언급을 하고자 한다. 그리고 세대간에 있어서 저축과 정의라는 어려운 문제를 다룰 것이다. 중요점들이 직관적인 방식으로 집약될 것이며 그에 덧붙여 시간 선호의 문제와 그 이상의 몇 가지 우선성 문제에 대해서도 언급하게 될 것이다. 그 다음에 내가 밝히려는 것은 분배의 몫(distributive shares)에 대한 해명을 하면 정의에 대한 상식적인 신조의 위치가 설명된다는 사실이다. 또한 나는 분배적 정의(distributive justice)의 이념으로서 완전설과 직관주의를 검토할 것이며 이로써 다른 전통적인 견해와의 대조는 어느 정도 완결되게 된다. 사유 재산 경제와 사회주의간의 선택은 줄곧 그대로 남겨 두었으며 정의의 관점에서만 본다면 그 원칙을 만족시키는 것에는 여러 가지 기본 구조가 있을 것으로 나타날 것이다.

41. 정치 경제학에 있어서의 정의의 개념

이 장에서 나의 의도는 정의의 두 원칙이 정치 경제학적 입장으로서, 다시 말하면 경제 체제 및 정책, 그리고 그 배경적 제도를 평가해 줄 기준으로서 역할을 하는지를 알고자 하는데 있다. (후생 경제학도 가끔 그와 같은 방식으로 규정된다.[1] 내가 그러한 명칭을 사용하지 않는 이유는 후생이라는 말에 내포된 도덕적 입장이 공리주의적임을 암시하고 있기 때문이며 '사회적 선택'이라는 표현이 비록 그 함의가 역시 아주 협소한 것이긴 하나 훨씬더 나으리라고 생각된다). 정치 경제학의 이론에는 정의관에 기초를 둔 공공선(public good)에 대한 설명이 포함되어야 한다. 그것은 시민이 경제 및 사회 정책의 문제를 생각할 경우 그의 숙고의 지침이 된다. 그는 제헌 위원회나 입법적 단계의 관점을 취해서 정의의 원칙들이 적용되는 방식을 확인하게 된다. 정치적 견해란 전체로서의 국가의 선이 무엇인가에 대한 것이며 사회적 이익의 정의로운 분배에 대한 어떤 기준에 의거하고 있다.

처음부터 내가 강조해 온 것은 공정으로서의 정의관이 사회의 기본 **구조**에 적용된다는 것이었다. 그것은 폐쇄 체제로 생각되는 사회 형태들을 평가하기 위한 관점이다. 이러한 배경적 체제에 관한 어떤 결정은 기본적인 것이어서 피할 수가 없는 것이다. 사실상 사회적·경제적 입법의 누적적 결과가 기본 구조를 구체적으로 규정해 준다. 나아가서 사회 체제는 그 시민들이 갖게 될 욕구와 열망의 형태를 형성해 준다. 그것은 부분적으로는 시민들의 현실적인 인간상뿐만 아니라, 되고자 희망하는 인간상까지도 결정한다. 그래서 경제 체제는 단순히 기존의 욕망과 욕구를 만족시키기 위한 제도적 방도일 뿐만 아니라 미래에 있어서의 욕구를 창조하고 형성하는 방식이기도 하다. 지금 사람들이 그들이 가진 현재의 욕구를 만족시키기 위해 협력하는 방식은 나중에 그들이 갖게 될 욕구와 그들이 어떠한 종류의 인간이 될 것인가에 영향을 미친다. 물론 이러한 문제들은 아주 분명한 것이어서 언제나 인정되어 왔던 것이다. 그것은 마샬이나 마르크스와 같이 서로 상이한 경제학자에 의해서도 강조되었다.[2] 경제 체제는 이상과 같은 결과를 갖기 때문에 그리고 사실상 그러하기 때문에 이들 제도의 선택은 인간의 선과 그것을 실현해 줄 제도의 설계에 대한 어떤 입장을 내포하고 있다. 따라서 이러한 선택은 경제적 이유뿐만 아니라 도덕적·

1) 후생 경제학(welfare economics)에 대한 그러한 규정은 *Readings in Welfare Economics* (Homewood, Ill.: Richard D. Irwin, 1969), p. 1 의 서문에서 K. J. Arrow 와 T. Scitovsky 가 하고 있다. 더 이상의 논의에 관해서는 A. Bergson, *Essays in Normative Economics* (Cambridge: Harvard Univ. Press, 1966), pp. 35~39, 60~63, 68 이하 ; A. K. Sen, *Colletcve Choice and Social Welfare* (San Francisco: Holden-Day, 1970), pp. 56~59 참조.
2) 이 점과 **그것의 정치 원칙들의 결과**에 대한 논의에 관해서는 B. Barry, *Political Argument* (Lodon: RKP, 1965), pp. 75~79 참조.

정치적 이유에서도 이루어진다. 효율성에 대한 고려는 결정에 있어서 한 가지 근거에 불과하며 그것도 때때로 비교적 미약한 것이다. 물론 이러한 결정이 공공연하게 다루어지지 않을 수도 있으며 부주의하게 이루어질 수도 있다. 우리는 가끔 현상(status quo) 속에 내재하는 도덕적·정치적 입장에 대해 생각없이 따르거나 대립적인 경제적 세력들이 우연히 작용하는 방식에 따라 사태가 결정되도록 내맡겨 두기도 한다. 그러나 정치 경제학 (political economy)은 비록 사태를 되는 대로 내맡겨 두는 것이 최선의 것이라는 결론에 도달한다 할지라도 이러한 문제를 탐구해야 한다.

그런데 언뜻 보기에는 사회 체제가 인간의 욕구 및 자신에 대한 견해에 미치는 영향이 계약론에 대한 결정적인 반론을 제기하는 것으로 보일지도 모른다. 이러한 계약론적 정의관은 현존하는 개인들의 목적에 근거하고 있으며 이러한 목적에 의해 좌우되는 개인이 선택하게 될 원칙에 따라서 사회 질서를 규제한다고 생각할 것이다. 그런데 그러한 교설이 어떻게 기본 구조 그 자체를 평가할 수 있는 아르키메데스적인 점이 될 수 있겠는가? 완전론적인 혹은 선험적인 근거에 의해 도달된 이상적인 인간관에 비추어서 제도를 판단하는 이외에 다른 대안이 없는 것으로 보일지도 모른다. 그러나 원초적 입장에 대한 해명과 그에 대한 칸트적 해석에 의해 분명해진 바와 같이 우리는 그 상황이 갖는 바로 그 특수한 성격과 거기에서 채택된 원칙들의 적용 범위를 간과해서는 안 된다. 당사자들의 목적에 관해서는 오직 가장 일반적인 가정만이 행해지고 있는데, 즉 그들은 여타의 어떤 것을 더 바라든간에 원하게 되리라고 생각되는 사회의 기본적 선에 대해서 관심을 갖는다는 것만이 가정된다. 물론 이들 선에 대한 이론은 심리학적인 전제들에 의거해 있으며 이러한 전제들이 그릇된 것일 수도 있다. 그러나 여하튼 의도하는 바는 각양각색의 목적까지도 포함할 수 있는 합리적인 인생 계획의 일부로서 일반적으로 원하게 되는 선들의 집합을 규정하고자 하는 것이다. 그래서 당사자들이 이러한 선들을 원한다고 가정하고 정의관의 기초를 이러한 전제 위에 두는 것은 정의관을 특정한 제도 체제에서 생겨날 수 있는 바와 같은 인간적인 관심의 특수한 양태와 결부시키는 것과는 다르다. 정의론은 사실상 선에 대한 이론을 전제하고 있기는 하나 이것이 광범한 범위 내에 있어서는 사람들이 되고자 하는 그러한 유형의 인간을 선택함에 있어 편파적이지는 않다.

그러나 일단 정의의 원칙들이 도출되면 계약론은 선에 대한 입장에 어떤 제한을 설정하게 된다. 이러한 제한이 효율성에 대한 정의의 우선성과 사회적·경제적 이득에 대한 자유의 우선성(축차적 서열이 이루어진다고 가정한다면)으로부터 생겨난다. 왜냐하면 앞에서도 이야기한 바와 같이 (6 절) 이들 우선성이 의미하는 바는 본래적으로 부정의한 것에 대한 욕구나 정의로운 체제를 위반하지 않고는 만족될 수 없는 욕구들은 아무런 비중도 가질 수 없다는 것이기 때문이다. 이러한 욕망은 만족시킬 만한 아무런 가치도 없으며 따라서 사회 체제는 그것을 막아야만 한다. 나아가서 우리는 안정성(stability)의 문제도 고려해야만 한다. 정의로운 체제는 그 자신의 정당한 근거를 스스로 산출해야만 한다. 이것이 의미하는 바는 그러한 체제가 그 성원들에게 그에 상응하는 정의감, 즉 정의를 위해서 그 체제의 규칙에 따라서 행위하고자 하는 효과적인 욕구를 유발시키도록 편성되어야 한다는 점이다. 그래서 안정성이라는 요구 조항과 정의의 원칙들에 상반되는 요구들을 막으려는 기준은 제도에 대해서 더 많은 제한을 가하게 된다. 제도는 정의로와야 할 뿐만 아니라 그에 참여하는 자들에게 정의의 덕을 조장할 수 있는 것이어야만 한다. 이러한 의미에서 정의의 원칙들은 사회적 · 경제적 체제가 존중해야 할 이상적 인간상의 일부를 규정하고 있다. 끝으로 이상을 우리의 현실적인 원칙들 속에 도입하는 것에 대한 논의에서 나타난 바와 같이 특정한 제도들이 정의의 두 원칙에 의해 요구된다. 그 원칙들은 이상적인 기본 구조를 규정하거나 혹은 개조의 과정이 지향해야 할 어떤 기본 구조의 윤곽을 규정하고 있다.

이상에서의 고찰의 요지는 공정으로서의 정의관이 소위 현존하는 욕구나 관심에 의해 손상되지 않는다는 점이다. 그것은 선험적인 고찰을 끌어들임이 없이 사회 체제를 평가하기 위한 아르키메데스적인 점을 설정한다. 사회의 장기적인 목적은 현존하는 성원의 특정한 욕망이나 욕구에 상관없이 그 사회의 기본 노선 속에 설정된다. 그리고 제도가 정의의 덕목을 조장하고 그와 상충하는 욕구와 야망을 막는 까닭에 이상적인 정의관이 규정되어 진다. 물론 어떤 주어진 시대에 있어서 요구되는 변화의 폭이나 특정한 개조는 현존 조건에 달려 있다. 그러나 정의관, 정의로운 사회의 일반 형태 그리고 그에 일치하는 이상적인 인간상은 그와 같이 좌우되지는 않는다. 상급자나 하급자의 역할을 하고자 하는 인간의 욕구가 독재 체제를 받아들여야 할 정도로 강하지나 않을지 혹은 타인의 종교 생활에 대한 사람들의 인식이 양심의 자유가 허용되지 않아야 할 정도로 그릇된 것인지의 문제가 생길 여지는 없다. 우리는 어느 정도 유리한 조건 아래서 기능주의적(technocratic)이면서도 권위주의적인 제도가 갖는 경제상의 이득이 기본 가치의 희생을 정당화할 만큼 대단한 것인지의 여부를 물어야 할 필요도 없다. 물론 이상의 이야기에서는 정의의 원칙을 선택하게 하는 일반적인 가정이 옳은 것으로 생각되고 있다. 그런데 만일 그것들이 옳다면 이런 종류의 문제는 그 원칙에 의해 이미 해결되어 있는 것이다. 일정한 제도의 형태가 그 정의관 속에 함축되어 있다. 이러한 입장은 완전론적인 입장과 같이 현존하는 욕구에 대한 추구를 규제하는 이상적인 인간상을 설정한다는 특징을 함께 갖고 있다.

그런데 공리주의는 욕구의 질을 구별하지 않으며 모든 만족이 어떤 가치를 지니는 까닭에 그것은 욕구의 체계나 이상적인 인간상을 선택할 기준을 갖지 않는 것처럼 생각된다. 하지만 이론적인 관점에서 볼 때 그것은 그릇된 것이다. 공리주의자가 언제나 이야기할 수 있는 바는 어떤 현존하는 사회 여건과 인간의 이해 관계가 주어져 있을 경우 그것들이 이러저러한 대안적 체계 아래서 어떻게 전개될 것인가를 고려할 때 다른 것보다 어떤 특정한 욕구 형태를 권장하는 것이 만족에 있어서 보다 큰 순수 잔여량(혹은 보다 높은 평균량)을 결과하기 쉽다는 점이다. 이러한 근거 위에서 공리주의자는 이상적인 인간상을 선정하고 있다. 어떤 태도와 욕구는 효과적인 사회적 협동에 덜 적합한 것이어서 전체적인(혹은 평균적인) 행복을 감소시키는 경향을 갖는다. 대체로 말해서 도덕적인 덕목이란 일반적으로 복지 총량의 최대치를 달성해 준다고 믿을 수 있는 성향 내지는 효율적인 욕구이다. 그래서 공리의 원칙도 비록 그 원칙을 실제로 적용시키는 데 어려움이 있다 할지라도 이상적인 인간상을 선정함에 있어 아무런 근거도 제공하지 못한다고 주장하는 것은 그릇된 것이다. 하지만 그 선정은 기존하는 욕구나 현존하는 사회적 여건 및 그로부터 자연히 나타나게 될 미래의 상태에 의존해 있다. 이러한 최초의 조건이 인간적인 선(善)으로서 권장되어야 한다고 하는 생각에 강한 영향을 미치게 된다. 이와 대조되는 것으로서 공정으로서의 정의관과 완전론의 입장에서는 인간과 기본 구조에 대한 이상적인 관점을 독립적으로 설정함으로써 어떤 욕구나 성향은 반드시 권장될 뿐만 아니라 처음에 주어진 여건이 갖는 효과는 결국 사라지게 된다는 것이다. 공리주의에 있어서는 무엇이 일어날 것인지에 대해 확신할 수가 없다. 그 제 1 원칙 속에는 아무런 이상이 함축되어 있지 않은 까닭에 우리가 출발한 지점이 언제나 우리가 나아가게 될 과정에 영향을 미치게 될 것이다.

요약해 보건대 핵심은 공정으로서의 정의관이 갖는 개인주의적인 특성에도 불구하고 정의의 두 원칙은 기존하는 욕구나 현존하는 사회적 여건에 의존하지 않는다는 점이다. 그래서 우리는 정의로운 기본 구조관과 그에 부합하는 이상적 인간상을 도출할 수 있으며 이는 제도들을 평가하고 사회 변동의 전체적인 방향을 지도해 줄 기준이 될 수 있다. 아르키메데스적인 점을 찾기 위해서 반드시 선험적인 혹은 완전론적인 원칙에 의거하지 않아도 된다. 어떤 일반적인 욕구, 즉 기본적인 사회적 선에 대한 욕구를 가정함으로써 그리고 적절하게 규정된 최초의 상황에서 이루어지게 될 합의를 기본 바탕으로 삼음으로써 우리는 현존하는 여건들로부터의 필요한 독립을 달성할 수가 있다. 원초적 입장이란 만장 일치를 가능하게 하는 특징을 지니며 어떤 한 사람의 숙고도 모든 사람의 전형이 될 수 있다. 나아가서 정의의 원칙들에 의해 효율적으로 규제되는 질서 정연한 사회의 시민들이 내리는 숙고된 판단에 대해서도 동일한 이야기가 적용될 것이다. 모든 사람은 유사한 정의감을 갖고 있으며 이러한 관점에서 질서 정연한 사회는 동질적이다. 정치적 논의는 이러한 도덕적인 합의에 의거하게 된다.

만장 일치라는 가정은 이상주의의 정치 철학에 특유한 것이라고 생각될 지도 모른다.[3] 그러나 그것이 계약론에서 사용될 경우에는 만장 일치라는 가정에 특별히 이상주의적인 점은 없다. 이러한 조건은 원초적 입장에 대한 절차적 관점의 일부이며 따라서 그것은 논의에 대한 제한 조건을 나타내고 있다. 이렇게 해서 그것은 정의론의 내용, 즉 우리의 숙고된 판단에 부합하는 원칙들을 형성해 준다. 흄과 아담 스미드도 마찬가지로 사람들이 어떤 관점, 즉 공평한 관망자(impartial spectator)의 관점을 취하게 된다면 그들은 유사한 신념에 도달하게 될 것이라고 생각했다. 공리주의적 사회도 역시 질서 정연한 것일 수가 있다. 직관주의를 포함해서 대체로 철학의 전통이 가정해 온 바는 적어도 어느 정도 유사하고 충분한 지식을 가진 합리적 인간들 사이에는 도덕적 문제에 대한 만장 일치가 기대될 수 있는 어떤 적합한 관점이 존재한다는 것이다. 혹은 만장 일치가 불가능하다 할지라도 일단 이러한 관점이 채택되기만 하면 판단들간의 간격이 매우 좁혀질 것이라 한다. 서로 상이한 도덕설은 이러한 관점, 즉 내가 원초적 상황이라 불러 온 바에 대한 상이한 해석으로부터 생긴다. 이러한 의미에서 합리적 인간간의 만장일치라는 이념은 도덕 철학의 전통 속에 줄곧 함축되어 온 것이다.

공정으로서의 정의관의 특징은 그것이 최초의 상황, 즉 만장 일치라는 조건이 생겨나게 될 조건을 규정하는 방식에 있다. 원초적 입장에 대해서는 칸트적인 해석이 가능할 것이므로 사실 이러한 정의관은 이상주의와 유

---

3) 이러한 암시는 K. J. Arrow, *Social Choice and Individual Values*, 제2판 (N.Y.: John Wiley and Sons, 1963), pp. 74 이하, 81~86에서 나타난다.

사한 점을 갖는다. 칸트는 루소의 일반 의지(general will)라는 개념에 철학적인 기초를 제공하고자 했다.[4] 나아가서 정의론은 칸트의 목적 왕국이라는 관념, 자율성이라는 관념 그리고 정언적 명법에 대해서 자연스러운 절차적 해석을 하고자 한다(40절. 이런 식으로 해서 칸트 학설의 기본 구조가 그 형이상학적인 배경으로부터 격리되어 보다 선명히 나타날 수가 있고 반론으로부터도 비교적 자유스럽게 제시될 수 있다.

이상주의와는 또 다른 유사성으로서, 공정으로서의 정의관은 공동체의 가치에 대해서 중심적인 위치를 부여하는데 그것이 어떤 식으로 이루어지는가는 칸트적 해석에 달려 있다. 나는 이러한 주제를 제Ⅲ부에서 논의할 것이다. 그 요지는 우리가 그 이론적인 기초에 있어서 개인주의적인 정의관에 의해서 사회적 가치 및 제도, 공동체 그리고 단체 활동이 갖는 본질적 가치를 해명하고자 한다는 점이다. 무엇보다도 명료성을 위해서 우리는 불명확한 공동체의 개념에 의거하기를 원치 않으며 사회는 상호 관계를 맺고 있는 그 모든 성원들의 생활과도 구별되고 그것보다도 더 우월한 그 자체의 생명을 갖는 유기적인 전체라고 가정하기를 원치도 않는다. 그래서 원초적 입장에 관한 계약론적인 관점이 우선 형성된다. 그것은 적절하게 간명하며 그것이 제시하는 합리적 선택의 문제는 비교적 정확하다. 비록 그것이 개인주의적인 것으로 생각되기는 하지만 이러한 관점으로부터 우리는 결국 공동체의 가치를 설명해야만 한다. 그렇지 않고서는 정의론이 성공을 거둘 수가 없다. 이를 달성하기 위해서 우리는 자존감이라는 기본적인 선에 대한 해명을 필요로 하게 될 것이며, 그렇게 함으로써 자존감은 이미 전개된 제Ⅰ부와 관련을 맺게 될 것이다. 그러나 당분간 나는 이러한 문제들을 접어 두고 정의의 두 원칙이 기본 구조의 경제적 측면에 대해서 갖는 몇 가지 의미를 더 고찰하고자 한다.

42. 경제 체제에 대한 논의

우리가 논의하는 것은 비록 기초적인 것이라 할지라도 경제학이 아니고

---

4) L.W. Beck, *A Commentary on Kant's Critique of Practical Reason* (Chicago: Univ. Chicago Press, 1960), pp. 200, 235 이하. E. Cassirer, *Rousseau, Kant and Goethe* (Princeton: Princeton Univ. Press, 1945), pp. 18~25, 30~35, 58 이하 참조. 그래서 Kant는 무엇보다 다음과 같은 Rousseau의 이야기에 보다 깊은 의미를 주고 있는데 즉 "욕망에 의해서만 지배되는 것은 노예이며 반면 우리가 자신에게 명하는 법에의 복종은 자유이다." *The Social Contract*, 제1권, 8장.

정의론이라는 점을 염두에 두는 일이 중요하다. 우리는 단지 정치 경제학의 몇 가지 도덕적 문제에 관심을 갖고 있을 뿐이다. 예를 들어 내가 문제 삼고자 하는 것은 항구적으로 적절한 저축률은 얼마이고 과세와 재산에 대한 배경적 제도는 어떻게 편성되어야 하며 혹은 사회적 최소치(최저 생활 수준)는 어느 수준에서 설정되어야 하는가? 등이다. 이러한 문제를 제기함에 있어서 나의 의도는 경제학설이 이러한 제도들의 운용에 관해 어떤 이야기를 하는가를 설명하려는 것이 아니며 더우기 그것에 어떤 것을 첨가하려는 것도 아니다. 여기서 그러한 시도를 한다는 것은 분명히 적합하지 못할 것이다. 경제학설의 기초적인 부분을 인용하는 것은 오직 정의의 원칙이 갖는 내용을 예증하기 위해서이다. 만일 경제학설이 부정확하게 이용되었거나 혹은 받아들인 학설 그 자체가 그릇된 것이라 해도 정의론을 위해서는 아무런 해가 되지 않기를 바란다. 그러나 지금까지 보아온 바와 같이 윤리적인 원칙은 일반적인 사실에 근거하고 있으며 따라서 기본 구조에 대한 정의론은 위에 나온 체제들에 대한 해명을 전제한다. 우리가 도덕적인 입장을 검토하기 위해서는 어떤 가정을 하고 그것의 결과 전부를 알아 볼 필요가 있다. 이러한 가정들은 부정확하거나 지나치게 단순화되어 있기 마련이지만 그것을 통해서 정의의 원칙들의 내용을 발견할 수 있다면 그것은 큰 문제가 되지 않으며, 넓은 범위에 걸친 여건 아래서 차등의 원칙이 받아들일 만한 결과를 가져온다면 그것으로 우리는 만족하게 된다. 간단히 말해서 경제학의 문제를 논의하는 것은 단지 공정으로서의 정의관이 갖는 실제적 관련들을 발견하기 위한 것이다. 나는 이러한 문제들을 경제 제도의 정의 여부에 관해서 자신의 판단을 구성하려 하는 시민의 관점으로부터 논의하고 있다.

오해를 피하고 몇 가지 중심 문제를 지적하기 위해서 나는 우선 경제 체제(economic system)에 관한 몇 가지 언급으로부터 시작하려 한다. 정치 경제학은 공공 부문(public sector)이나 경제 활동을 규제하는 배경적 제도의 고유한 형태, 즉 과세 및 재산권 그리고 시장의 구조 등을 중요한 관심사로 한다. 경제 체제에 의해 규제되는 것은 어떤 재화가 어떤 수단에 의해 생산되며 누가 그 재화를 어떤 기여에 대한 대가로 받게 되고, 어느 정도 비율의 사회적 자원이 저축과 공공선의 제공에 투여되고 있는가 등이다. 이상적으로 말한다면 이러한 모든 문제들은 정의의 두 원칙을 만족시키는 방식으로 조정되어야 한다. 그러나 우리는 이것이 가능한지 어떤지, 그리고 이러한 원칙들이 특히 무엇을 요구하는가를 물어야만 한다.

우선 공공 부문의 두 측면을 구분하는 것이 도움이 될 것이다. 그렇게 하지 않는다면 사유 재산 경제 체제와 사회주의간의 차이점은 불명확한 채로 남게 된다. 첫번째 측면은 생산 수단의 소유와 관련된 것이다. 고전적인 구분에 의하면 사회주의에서의 공공 부문의 규모가 (국가 소유의 기업에 의해 생산되고 국가 공무원이나 노동자 협회에 의해 관리되는 산출 총량의 비율에 의해 측정된 바가) 훨씬더 크다는 것이다. 사유 재산 경제 체제에 있어서는 아마 공유된 기업의 수자가 적으며, 어떤 경우에는 공공 시설이나 교통 수단과 같은 것에 국한되기도 한다.

공공 부문이 갖는 두번째 아주 상이한 특징은 공공선에 투여된 전체 사회 자원의 비율이다. 공공선과 사적인 선간의 구분은 여러 가지 미묘한 문제점을 유발하나, 요지는 공공선은 불가분성(indivisibility)과 공공성(publicness)이라는 두 가지 특징적인 측면을 갖는다는 점이다. [5] 다시 말하면 이른바 **공중**이라는 많은 개인들이 있는데 그들은 다소간 이러한 **공공선**을 원하기는 하지만 만일 그들이 그것을 향유하게 된다면 각자는 동일한 양을 향유해야 한다. 결과된 양은 사적인 선에서처럼 분할될 수 없으며, 개인이 자기의 선호에 따라 많이 혹은 적게 구매할 수도 없다. 불가분성의 정도나 관련된 공중의 규모에 따라 여러 가지 종류의 공공선이 있다. 공공선의 극단적인 경우는 전체 사회에 걸친 완전한 불가분성이다. 대표적인 예는 (부당한) 외침에 대한 국가의 방위이다. 모든 시민들은 동일한 양으로 이러한 선의 혜택을 받아야 하며 그들의 소망에 따라 여러 가지의 보호가 주어질 수는 없다. 이들 경우에 있어서 불가분성과 공공성의 결과는 공공선의 공급이 시장을 통해서가 아니고 정치 과정을 통해서 이루어져야 한다는 점이다. 산출된 양과 그 자금 조달은 입법에 의해서 확립될 필요가 있다. 모든 시민들이 동일한 양을 받는다는 의미에 있어서 분배의 문제가 생기지 않는 까닭에 분배를 위한 경비는 전혀 들지 않게 된다.

공공선이 갖는 여러 가지 특징은 이상과 같은 두 가지 성격들로부터 도출된다. 첫째로 무임 편승자(free rider)의 문제가 있다. [6] 공중의 규모가 커서 많은 개인을 포함하는 경우에는 각자가 자신의 본분을 회피하고자 하는 유혹이 있게 된다. 그 이유는 한 사람이 행하는 바가 전체 산출된 양에

5) 공공선에 대한 논의에 관해서는 J.M. Buchanan, *The Demand and Supply of Public Goods* (Chicago: Rand McNally, 1968), 특히 9장 참조. 이 책에는 관계 문헌에 대한 유용한 서목 부록이 포함되어 있다.

6) Buchanan, 앞의 책, 5장 ; M. Olson, *The Logic of Collective Action* (Cambridge: Harvard Univ. Press, 1965), 1, 2장 참조. 여기서 이 문제는 조직의 이론과 관련해서 논의되고 있다.

대단한 영향을 미치지 않기 때문이다. 그 한 사람은 타인들의 집단적인 행위를 어떻게든 이미 주어진 것으로 간주한다. 만일 공공선이 산출된다면 자기가 기여함이 없다고 해도 그에 대한 자신의 향유가 감소되지 않을 것이다. 그리고 만일 그것이 산출되지 않을 경우에는 그가 본분을 행한다 해도 사정은 여전히 변경되지 않을 것이다. 시민은 자기가 세금을 납부하는 것에 상관없이 외침으로부터 똑같은 보호를 받게 된다. 따라서 극단적인 경우에는 타협이나 자발적인 합의가 이루어질 것이라는 기대도 할 수가 없다.

이로부터 공공선을 배정하고 그 자금을 조달하는 일은 국가가 맡아야 하며 납부를 요구하는 규제 원칙이 시행되어야 한다는 결론이 나온다. 비록 모든 시민들이 그들의 몫을 지불하려는 의지를 가진다 할지라도 그들은 아마 타인들도 그들의 본분을 다하리라는 확신이 설 경우에만 그렇게 할 것이다. 그래서 시민들이 타인들의 행위가 주어진 것으로 간주하고 고립된 개인으로서가 아니라 전체적으로 함께 행위하기로 합의하게 된다 해도 그 합의가 구속력을 갖도록 하는 작업이 필요하다. 정의감이 있으므로 해서 우리는 정의로운 체제를 발전시키게 되고 타인들이나 혹은 그들의 대다수가 자신의 임무를 다하리라고 믿을 경우, 정의의 체제 내에서 우리의 임무를 다하게 될 것이다. 그러나 보통의 경우에 있어서는 구속력있는 규칙이 시행될 때만 이에 대한 합당한 보장이 이루어질 수 있다. 공공선이 모든 사람에게 유익하고 모두가 그것을 배정하는 데 합의하게 될 것이라고 가정할 경우, 강제의 사용은 각자의 관점에서 보아 완전히 합리적인 것이다. 전통적으로 정부가 하는 대부분의 활동은 그것이 정당화될 수 있는 한에서, 이런 식으로 해명될 수가 있다.[7] 모든 사람이 동일한 정의감에 의해 움직이는 경우라 할지라도 국가에 의해 법규가 시행될 필요는 여전히 존재하게 될 것이다. 주요 공공선이 갖는 특유한 성격은 집단적 합의를 필요로 하며 그 합의가 준수되리라는 확고한 신념이 모두에게 주어져야만 한다.

공공선의 경우가 갖는 다른 한 측면은 외부성(externality)이라는 것이다. 어떤 선이 공공적이고 불가분적인 것일 경우 이들의 산출은 그것을 배정하고 그것을 산출할 결정을 하는 자가 고려에 넣지 않는 자들에게도 손해나 이익을 가져오게 될 것이다. 그래서 이와 같은 극단적인 경우에 공공선에 대한 경비를 오직 일부의 시민들이 부담한다 할지라도 전체 사회가 제공된 품목으로 인해 영향을 받게 될 것이다. 그러나 이러한 징세에 합

7) W.J. Baumol, *Welfare Economics and the Theory of the State* (London : Longmans, Green, 1952), 1, 7~9, 12장 참조.

의하는 자들은 그러한 결과들을 고려하지 않을 것이며 따라서 공공 비용의 총액은 아마도 모든 손익이 고려되었을 경우의 액수와 다를 것이다. 일상적인 경우는 불가분성이 부분적이고, 공공성이 보다 소규모적이다. 전염병 예방 접종을 한 사람은 다른 사람도 자기 자신처럼 돕게 된다. 그런데 이러한 보호를 얻게 된 것이 그에게는 별다른 이득이 되지 않을지 모르나 모든 이점들을 총합하게 되면 지역 사회에 있어서는 그것이 값진 것이 된다. 그런데 물론 산업이 자연 환경을 오염, 침식할 경우와 같이 공해가 현저한 경우도 있다. 보통 이러한 대가는 시장에 의해 고려되지 않는 것이며 따라서 산출된 재화는 그것에 드는 한계적, 사회적 대가보다 훨씬 낮은 값에 매매되고 있다. 사적 회계나 공적 회계간에는 시장이 나타낼 수 없는 상위점이 있다. 법과 정부의 한 가지 중요한 임무는 필요한 시정을 제도적으로 해주는 일이다.

그런데 어떤 중요선의 불가분성과 공공성, 그리고 그것이 유발하는 외부성과 유혹으로 인해서 전체적인 합의가 국가에 의해 조직되고 실시될 필요가 있음은 명백한 일이다. 정치적 규칙이 이기심과 부정에 대한 인간의 경향성에만 그 기초를 두고 있다는 것은 피상적인 견해이다. 왜냐하면 비록 정의로운 사람들간에도 일단 어떤 선이 많은 개인들에 걸쳐서 불가분적인 것이면 서로 개별적으로 결정한 그들의 행위는 전체의 선을 결과하지 못할 것이기 때문이다. 어떤 전체적인 체제가 필요하며, 모든 사람은 기꺼이 자신의 본분을 다하게 되면 그 체제가 고수될 것이라는 확신을 갖고자 한다. 광범한 공동 사회에서는 강제가 불필요할 정도로 서로의 통합에 대한 상호 신뢰가 기대될 수 없다. 질서 정연한 사회에서는 요구되는 강제력이 미약할 것은 물론이고 그것이 결코 적용되지 않을 수도 있다. 그러나 이 경우에 있어서도 그러한 방도는 역시 인간 생활의 정상적인 조건으로서 존재하게 된다.

이상의 이야기에서 나는 고립(isolation)의 문제와 확신(assurance)의 문제를 구분해 왔다.[8] 첫번째 유형의 문제는 고립적으로 이루어진 많은 개인들의 결정의 결과가 타인들의 행위가 이미 전제된 것으로 보아 각자의 결정이 지극히 합리적으로 이루어졌다 할지라도 어떤 다른 행동 방식보다 모든 사람에게 더 좋지 못할 경우이면 언제나 생겨나는 것이다. 이는 홉즈의 자연 상태가 그 고전적인 사례로 되어 있는 바 수인의 딜레마의 일반적인 경우에 지나지 않는다.[9] 고립의 문제는 이러한 상황들을 가려내

---

8) 이런 구분은 A.K. Sen, "Isolation, Assurance and the Social Rate of Discount", *Quarterly Journal of Economics*, 제 81 권 (1967)에서 따온 것이다.

주고 모든 이의 관점에서 볼 때 최선이 될 구속력있는 전체적인 약속을 확인해 주기 위한 것이다. 확신의 문제는 이와 다르다. 여기에서의 의도는 협동하는 당사자들에게 공통의 합의가 수행되고 있음을 확신시키기 위함이다. 기여하고자 하는 각 사람의 의욕은 타인들의 기여에 달려 있다. 따라서 그 체제가 모든 이의 관점에서 볼 때 우월하며, 그것이 없을 때 생겨날 상황보다 더 낫다는 데 대한 공공적 확신을 유지하기 위해서 상벌을 다루는 어떤 방도가 확립되어야 한다. 바로 이 점에 있어서 효율적인 통치의 단순한 존재나 그 효율성에 대한 일반적인 믿음이 갖는 중대한 역할이 있는 것이다.

공공선에 대한 마지막 문제점은 그것을 생산하는 데 드는 사회적 자원

---

9) 수인의 딜레마(prisoner's dilemma: A.W. Tucker에 의한 것인데)는 두 사람간의 비협동적·비영합적 게임(non zero-sum game)을 예시한 것인데, 협동적인 이유는 합의 사항이 구속적(혹은 강제적)인 것이 아니기 때문이며 비영합적인 이유는 한 사람의 이득이 다른 사람의 손실이 되지 않기 때문이다. 그래서 검찰관에게 불려와 개별적으로 심문을 받는 두 수인을 생각해 보자. 그들은 모두 아무도 실토하지 않으면 사소한 죄목으로 짧은 형을 선고받아 감옥에서 1년만 보내면 된다는 것을 알고 있다. 그러나 그들은 또한 만일 한 사람이 실토하여 공범 증언을 하면 그는 풀려 나고 상대방은 10년이라는 특수 장기 복역을 하게 된다는 것도 알고 있다. 상호 부관심한 동기를 가정할 때 이러한 상황에서 그들에게 가장 합당한 행동 진로 — 아무도 실토하지 않아야 한다는 — 는 불안정한 것이다. 이것은 다음의 손익표 항목들(각 항목은 수감 연수를 나타냄)을 보면 알 수 있다.

제 1 수 인	제 2 수 인	
	묵 비	실 토
묵 비	1, 1	10, 0
실 토	0, 10	5, 5

자기 자신의 이익을 증대하려 하지는 않을지라도 자신을 보호하기 위해서 각자는 타인이 어떻게 하든지간에 실토할 충분한 동기를 갖게 된다. 각자의 관점에서 보아 합리적인 결정을 짓게 되면 결국 두 수인이 모두 더 불리해지는 상황을 낳게 된다.

문제는 분명히 최선의 계획을 확보하는 어떤 방도를 발견하는 것이다. 우리가 알 수 있는 것은 만일 수인들이 그들 모두가 공리주의자이거나 정의의 원칙을 내세우는 자임을 서로 함께 알고 있다면 그들의 문제는 해결될 수 있다는 것이다. 이러한 경우에 쌍방의 관점은 가장 합당한 조치를 지지하게 된다. 이러한 문제들은 국가 이론과 관련해서 논의한 것으로는 위의 각주 7에서 인용한 Baumol을 참조. 수인의 딜레마 게임에 관한 설명은 R.D. Luce and H. Raiffa, *Games and Decisions*(N.Y.: John Wiley and Sons, 1957), 5장, 특히 pp. 94~102 참조. D.P. Gauthier, "Morality and Advantage", *Philosophical Review*, 제 76 권 (1967)에서 이 문제를 도덕 철학의 관점에서 다루고 있다.

의 비율과 생산 수단의 공유 문제는 구분되기 때문에 둘 사이에는 필연적인 관계가 없다는 점이다. 사유 재산 경제 체제는 국가 수입의 많은 부분을 이러한 목적에 할당할 수 있으며 사회주의적 사회는 작은 부분을 할당할지도 모르나 그 반대도 또한 성립한다. 공공선은 군사 시설에서 보건 사업에 이르기까지 여러 가지가 있다. 이러한 항목들의 할당 및 재정 조달에 대한 정치적인 합의가 있으므로 정부는 그것들을 민간 부문이나 공공 소유의 기업들로부터 구입할 수가 있다. 생산된 공공선의 특정 항목과 공공적인 피해를 줄이기 위해 취해진 조치는 문제된 사회에 달려 있다. 그것은 제도상의 윤리의 문제가 아니라 정치 사회학의 문제이며 이러한 주제 속에는 제도들이 정치적 이득의 조정에 영향을 주는 방식도 포함되어 있다.

공공 부문이 갖는 두 가지 측면을 간단히 고찰했으므로 결론삼아 경제 체제는 수요와 공급에 의해 가격이 자유로이 결정되는 그러한 시장 체제에 어느 정도 의존할 것인가에 관한 몇 가지 언급을 하고자 한다. 여기서는 몇 가지 경우를 구분해야 할 필요가 있다. 모든 체제는 일반적으로 시장을 이용해서 실제로 생산된 소비품을 공급하게 될 것이다. 어떤 다른 방도는 관리상 난점이 있으며 특수한 경우에서만 배급이나 다른 방편에 의거하게 될 것이다. 그러나 자유 시장 체제에서는 재화의 산출 또한 그 종류나 양에 있어서 시장의 구매에서 나타난 가계들의 선호에 의해 지시를 받게 된다. 정상 이윤 이상을 가져오는 재화는 그 초과분이 줄어질 때까지 보다 많은 양이 생산되어질 것이다. 사회주의 체제에서는 흔히 계획자의 선호나 전체의 결정이 생산의 방향을 결정하는 데 보다 큰 역할을 한다. 사유 재산 체제나 사회주의 체제 둘 다 직업과 직장의 자유로운 선택을 허용하는 것이 보통이다. 이러한 자유가 분명한 간섭을 받게 되는 것은 오직 어떤 종류이든간에 명령 체제 아래에서이다.

끝으로 한 가지 기본 특성은 시장이 저축의 비율과 투자의 방향뿐만 아니라 자원 보존이나 미래 세대의 복지에 있어 어쩔 수 없는 손실을 제거하는 데 바쳐질 국부(國富)의 분량을 결정짓는데 이용되는 정도에 관한 것이다. 여기에는 여러 가지의 가능성이 있다. 저축의 비율은 전체의 결정이 정할 수 있으나 투자의 방향은 대체로 자금 경쟁을 하는 개인 기업에 맡겨진다. 사유 재산 사회나 사회주의 사회의 어느 경우에나 어쩔 수 없는 손해를 방지하고 천연 자원을 절약하며 환경을 보존하기 위해 대단한 관심이 표명될 수가 있다. 그러나 또한 둘 중의 어느 하나가 다소 잘못 처리될 수도 있을 것이다.

그런데 자유 시장을 이용하는 것과 생산 수단의 사유 사이에 본질적인 관련이 없다는 것은 명백하다. 정상적인 조건 아래서의 경쟁 가격이 정의롭거나 공정하다는 관념은 적어도 중세에까지 거슬러 올라간다. [10] 시장 경제가 어떤 의미에서 최선의 체제라는 관념은 소위 부르즈와 경제학자들에 의해 가장 주의깊게 탐구되었는데, 이러한 관계는 적어도 이론상으로는 사회주의 체제도 그 자체가 그러한 체제의 이점을 이용할 수 있다는 점에서 역사상의 우연에 불과한 것이다. [11] 이러한 이점 중의 하나는 효율성이다. 어떤 조건 아래서는 경쟁 가격이 기업에 의한 생산 방식의 선택에 있어서나 가계의 구매에서 생기는 재화의 분배에 있어 더 이상 개선할 방도가 없게끔 생산될 재화를 선정해 주고 그것들의 생산에 자원을 할당해 준다. 결과되는 경제 형태를 재조정한다 해도 다른 가계에 불리하게 함이 없이 한 가계를 더 유리하게(그 선호에 비추어 볼 때) 해줄 그런 조정책이 존재하지 않는다. 서로에게 유리한 더 이상의 거래가 불가능하며 다른 재화를 감축시키는 것이다. 왜냐하면 만일 그러하지 않을 경우에는 어떤 개인의 처지가 다른 개인에게 손실을 주지 않고도 더 유리하게 될 수 있을 것이기 때문이다. 일반적인 균형 이론은 적합한 조건이 주어졌을 경우 가격에 의해 제공된 정보로 인해 경제 주체가 결국 이러한 결과를 성취하도록 행위하게 되는 방식을 설명해 준다. 완전한 경쟁이 효율성에 비추어 볼 때 완전한 절차가 된다. [12] 물론 필요한 조건들은 아주 특수한 것이며 그것들이 현실 세계에서 충족되는 일은 거의 드물다. 더우기 시장의 실패와 불완전성은 종종 심각한 것이며 이를 보상하는 조정이 할당처(allocation branch)에 의해 이루어져야 한다(43 절 참조). 독점적 제약, 정보의 결여, 외부 경제(external economics)와 불경제(diseconomies)등이 인정되어야 하며 수정되어야 한다. 그래서 시장은 공공선의 경우에 완전히 실패하게 된다. 그러나 우리는 여기에서 이러한 문제에 관여할 필요가 없다. 이상과 같은 이상화된 체제에

---

10) M. Blaug, *Econcomic Theory in Retrospect*, 개정판 (Homewood, Ill.: Richard D. Irwin, 1968), pp. 31 이하 참조. pp. 36 이하와 문헌록, 특히 R. A. deRoover의 논문 참조.

11) 이 문제에 대한 논의 및 참고 문헌에 관해서는 A. Bergson, "Market Socialism Revisited", *Journal of Political Economy*, 제 75 권 (1967) 참조 ; J. Vanek, *The General Theory of a Labor Managed Economy* (Ithaca: Cornell Univ. Press, 1970).

12) 경쟁의 효율성에 관해서는 W.J. Baumol, *Economic Theory and Operations Analysis*, 제 2 판 (Englewood Cliffs, N.J.: Prentice-Hall, 1965), pp. 355 ~371 ; T.C. Koopmans, *Three Essays on the State of Economic Science* (N.Y.: McGraw-Hill, 1957), 첫번째 논문 참조.

언급하는 것은 순수 절차적 정의와 관련된 개념을 해명하기 위해서이다. 그래서 이상적인 이론은 현존하는 체제를 평가하는 데 이용될 수 있고 이루어져야 할 변화를 확인해 줄 기준으로서 사용될 수 있다.

시장 체제가 갖는 그 이상의 보다 중요한 이점은 필요한 배경적 제도가 있을 경우 그것은 평등한 자유와 기회의 균등과도 부합한다는 점이다. 시민들은 직업과 직장을 자유로이 선택할 수 있다. 노동에 대한 강제적인 중앙 통제를 해야 할 이유가 전혀 없는 것이다. 사실상 경쟁 체제 내에서 생기는 소득에 어떤 차이가 없는 경우에는 일상적인 여건 아래서 자유와 부합되지 않는 명령적인 사회의 어떤 측면을 피할 수 있는 방도를 알기가 어렵다. 나아가서 시장 체제는 경제력의 행사를 분산시킨다. 기업의 내적 성격이 어떠한 것이든, 즉 그것이 사유이든 국유이든 혹은 사업가에 의해 운영되든 노동자들이 선출한 관리자에 의해 운영되든간에 기업들은 투자와 산출의 가격을 취해서 거기에 따라 그들의 계획을 짠다. 시장이 진정으로 경쟁적인 경우에는 기업들은 가격 전쟁이나 시장세를 잡기 위한 다른 경쟁에 가담하지 않는다. 민주적으로 도달된 정치적 결정에 부합해서 정부는 전체적인 투자량, 이윤율, 통화량 등 그의 통제 속에 있는 어떤 요소들을 조정함으로써 경제 풍토를 규제하게 된다. 전체적인 직접적 계획을 할 필요성은 없다. 개개의 가계나 기업들은 경제의 일반적 조건에 의거해서 독립적으로 그들의 결정을 자유로이 할 수 있다.

시장 체제가 사회주의적 제도와 부합할 수 있음을 생각할 때 가격의 할당적 기능과 분배적 기능을 구분하는 것이 중요하다. 전자는 경제적 효율성을 달성하기 위한 이용과 관련되어 있고, 후자는 개인들이 그들이 기여한 대가로서 받게 될 소득을 가격이 결정하는 것과 관련되어 있다. 사회주의 체제가 투자 계획 속에 자원을 할당하기 위해 이윤율을 설정하고 토지 및 임야와 같은 부족한 자연재와 자본을 사용하는 데 대한 임대료를 계량한다고 해서 이상할 것은 없다. 사실상 그와 같은 생산 수단이 최선의 방법으로 사용되기 위해서는 그러한 일이 반드시 행해져야 한다. 왜냐하면 비록 그러한 재원들이 인간의 노력없이 하늘에서 떨어진 것이라 할지라도 다른 요인들과 결합되면 더 큰 산출이 생겨난다는 의미에서 그것들은 생산적인 것이기 때문이다. 그러나 그렇다 해서 그러한 재원들의 소유주로서 그에 대한 평가에 상당하는 금액을 받는 사적인 개인이 있어야 할 필요는 없다. 오히려 이렇게 계산된 가격은 경제 행위의 효율적인 체제를 설계하기 위한 지표가 된다. 모든 종류의 작업의 경우를 제외하고서 사회주의에서의 가격은 사적인 개인에게 지불되는 소득과는 상관이 없다. 그 대신에 집단의 천부적인 자산에 의해 생겨나는 소득은 국가의 이익이 되며 따라서 그들의 가격은 분배적 기능을 갖지 않게 된다.[13]

그래서 시장 제도는 사유 재산 체제나 사회주의 체제에 공통된 것임을 인정하고 가격이 갖는 할당적 기능과 분배적 기능을 구분할 필요가 있다. 사회주의 아래에서는 생산 수단과 천연 자원이 공유된 것이므로 분배적 기능이 상당히 제한되며 반면에 사유 재산 체제는 두 가지 목적을 위해 가격을 여러 가지로 이용한다. 이러한 두 체제나 여러 가지 그 중간 형태 가운데서 정의의 요구 사항에 가장 충실히 부응하는 것이 어느 것인가는 미리 결정될 수가 없다고 생각한다. 아마도 이러한 물음에 대한 일반적인 해답이란 있을 수 없을 것인데 왜냐하면 그것은 대체로 전통이나 제도, 그리고 각국의 사회적 세력 그리고 그 특수한 역사적 여건 등에 달려 있기 때문이다. 정의론은 그러한 문제들까지 포함하지는 않는다. 그러나 그것이 할 수 있는 바는 여러 가지 형태들을 용납할 수 있는 정의로운 경제 체제의 윤곽을 체계적으로 전개하는 일이다. 그렇게 되면 어떤 주어진 경우의 정치적 판단은 실제에 있어서 어떠한 형태가 가장 잘 작동을 할 수 있을 것인가에 달려 있다. 정의관은 이와 같은 정치적 평가 판단에 필요한 부분이 되기는 하나 충분한 부분은 못 되는 것이다.

다음 몇 장에서 묘사될 이상적 체제는 시장 체제를 상당한 정도로 활용하고 있는 것이다. 분배의 문제가 순수 절차적 정의의 경우로서 다루어질 수 있는 것은 바로 이러한 방식을 통해서라고 나는 생각한다. 나아가서 우리는 또한 효율성이라는 이점을 얻을 수 있으며 직업의 자유로운 선택이라는 중대한 자유를 보호하게 된다. 처음부터 나는 체제가 사유 재산적 민주 체제임을 가정하는데 그 이유는 그러한 경우가 보다 잘 알려진 것이기 때문이다.[14] 그러나 이미 주목한 바와 같이 그것은 편견을 가지고 특정한 경우의 체제를 선택하려는 의도에서 나온 것은 아니다. 물론 그것은 생산 수단을 사유하는 현실 사회가 심각한 부정의의 어려움을 갖지 않는다는 것을 뜻하는 것도 아니다. 정의로운 이상적인 사유 재산 체제가 존재한다 해서 역사적으로 나타났던 형태들까지 정의롭다거나 용납할 만하다는 뜻은 아니다. 물론 이와 똑같은 말이 사회주의에 있어서도 타당할 것이다.

---

13) 가격이 갖는 할당적 기능과 분배적 기능의 구분에 관해서는 J.E. Meade, *Efficiency, Equality and the Ownership of Property* (London: George Allen and Unwin, 1964), pp. 11~26 참조.

14) 사유 재산제적 민주 체제(property-owning democracy)라는 용어는 Meade, 앞의 책, 5장 제목에서 따온 것이다.

43. 분배적 정의의 배경적 제도

분배적 정의(distributive justice)의 중심 문제는 사회 체제의 선택이다. 정의의 원칙들은 기본 구조에 적용되며 그 주요 제도들이 하나의 체계로 결합되는 방식을 규제하는 것이다. 그런데 앞에서 보아 왔듯이 공정으로서의 정의관의 이념은 특수한 상황의 우연성을 처리하기 위해서 순수한 절차적 정의의 관념을 이용하고 있다. 사회 체제는 그로부터 결과되는 분배가 그 내용에는 상관없이 정의로운 것이 되도록 그렇게 기획되어진다. 이러한 목적을 달성하기 위해서는 사회적·경제적 과정이 적절한 정치적·법적인 제도를 배경으로 해서 설정될 필요가 있다. 이러한 적절한 체계의 배경적 제도(background institutions)가 없이는 분배적 과정의 결과는 정의로울 수 없다. 배경적 공정성을 결여하고 있기 때문이다. 나는 이러한 밑받침이 되는 제도가 자본과 천연 자원의 사유를 허용하는 바 적절히 조직된 민주 국가 속에 존재하는 양식에 대한 간단한 묘사를 하고자 한다. 이러한 체제는 흔히 알고 있는 것이긴 하나 그것이 정의의 두 원칙에 적합한 것인가를 알아보는 일은 유용할 것이다. 사회주의적 체제의 경우에 대한 수정도 나중에 간략히 고려해 보기로 한다.

우선 내가 가정하는 것은 기본 구조는 평등한 시민의 자유(8장에서 기술된 바)를 보장하는 정의로운 헌법에 의해 규제된다는 점이다. 양심의 자유와 사상의 자유는 인정되고 있으며 정치적 자유의 공정한 가치가 유지되고 있다. 상황이 허락하는 한 정치 과정은 정부를 선택하고 정의로운 입법을 하기 위한 정의로운 절차로서 이루어지고 있다. 또한 내가 가정하는 바는 공정한(형식적인 것과 대립하는 것으로서) 기회 균등이 있다는 점이다. 이것이 의미하는 것은 정부는 일반적인 종류의 사회적 공통 자본을 보존함과 더불어 사립 학교를 보조하고 공립 학교 체제를 확립함으로써 비슷한 재능과 의욕을 가진 자들에게 동등한 교육과 교양의 기회를 보장하고자 노력해야 한다는 점이다. 정부는 또한 경제 활동과 자유로운 직업 선택에 있어서의 기회의 균등을 실시하고 보장해야 한다. 이러한 일은 기업과 사립 단체의 행동 방침을 정하여 보다 바람직한 상태에 대한 독점적인 제약이나 방해물을 제거함으로써 이루어질 수 있다. 끝으로 정부는 가족 수당 및 질병이나 고용에 대한 특별한 급여에 의해서나 아니면 보다 조직적으로 등급별 보조(소위 네거티브 소득세)와 같은 방도에 의해서 사회적 최소치를 보장하게 된다는 것이다.

이러한 배경적 제도를 확립함에 있어서 정부는 네 개의 부처로 나누어진다고 생각할 수 있다.[15] 각 부처는 일정한 사회적 경제적 조건들을 유지하는 임무를 띤 여러 기관 및 그 활동으로 구성된다. 이러한 구분은 일반적인 정부의 조직과 합치하는 것이 아니며 서로 다른 기능을 갖는 것으로 이해되어야 한다. 예를 들면 할당처(allocation branch)는 가격 체제가 제대로 경쟁적이도록 유지하고 불합리한 시장세의 형성을 막는 것이다. 이러한 세력은 시장이 효율적이라는 요구 조건과 지리적 사실들과 가계의 선호에 맞추어서 그 이상 경쟁적인 것으로 될 수 없는 한 존재하지 않는다. 할당처는 또한 이른바 적절한 세금과 보조금으로써 그리고 재산권에 대한 규정을 변경함으로써 가격이 정확히 사회적 이득과 경비를 측정하지 못해서 생기는 효율성으로부터의 보다 명백한 이탈을 확인하고 수정하는 책임을 진다. 이러한 목적을 위해서 세금과 보조금이 이용될 수 있으며 혹은 재산권의 범위와 규정이 수정될 수도 있다. 반면에 안정처(stabilization branch)는 합당하게 충분한 고용 상태를 이룩하기 위하여 노력함으로써 일하기를 원하는 자는 일자리를 발견할 수 있고 직업의 자유로운 선택과 재정의 융통이 강력한 효율적 요구에 의해 뒷받침되도록 해야 한다. 이러한 두 부처가 함께 시장 경제 체제 일반의 효율성을 유지하게 된다.

사회적 최소치는 양도처(transfer branch)의 책임에 속한다. 나중에 나는 어떤 수준에서 최소치가 설정되어야 할 것인지를 생각해 보기로 하겠지만 우선 당장에는 몇 가지 일반적인 이야기로 족할 것이다. 핵심은 이 부처의 임무가 필요를 고려하여 다른 요구들에 비추어서 그것에 적합한 비중을 부여하는 것이다. 경쟁적인 가격 체제는 필요를 고려하지 않으며 따라서 그것은 분배의 유일한 방편이 될 수 없는 것이다. 정의의 상식적인 신조에 부응함에 있어서는 사회 체제의 부문간에 임무의 분담이 있어야 한다. 상이한 제도는 상이한 요구를 충족시키게 된다. 적절하게 규제된 경쟁적인 시장 그 자체는 직업의 자유로운 선택을 보장하고 자원을 효율적으로 이용하게 되며 가계의 재화를 할당해 주게 된다. 그것은 임금과 소득에 관련된 전통적 신조에 역점을 두며 반면에 양도처는 어떤 수준의 복리를 보장하고 필요의 요구들을 존중한다. 결국 나는 이러한 상식적인 신조들을 논의할 것이며 그것들이 다양한 제도의 전후 관계 속에서 생겨나는 방식을 논하려 한다. 여기에서 관련되는 문제점은 특정한 신조는 특수한 제도와 연결되는 경향을 가진다는 점이다. 이러한 신조들이 상

---

15) 정부와 각 부처에 대한 관념에 관해서는 R.A. Musgrave, *The Theory of Public Finance* (N.Y.: McGraw-Hill, 1959), 1장 참조.

호 조정되는 방식은 전체로서의 배경적 체제에 맡겨진다. 정의의 원칙들
은 전체 구조를 통제하기 때문에 그것은 또한 신조간의 조정을 규제한다.
그래서 일반적으로 이러한 조정은 기본적인 정치적 입장에 따라 달라지게
된다.

분배적 몫의 정의 여부는 배경적 제도와 그것이 전체 소득, 임금, 그리
고 다른 소득과 양도액을 합한 것을 할당하는 방식에 달려 있다는 점은 명
백하다. 전체 소득을 경쟁적으로 결정하는 데 대해서 강력한 반론이 있음
은 정당한 것인데, 왜냐하면 그것은 필요가 내세우는 바를 무시하며 그에
상응하는 생활 수준을 고려하지 않기 때문이다. 입법 단계의 관점에서 볼
때 시장이 갖는 그러한 우연성에 대해서 자신과 후손들을 보호하는 것은
합리적이다. 사실상 차등의 원칙이 요구하는 바도 아마 그러한 것일 것이
다. 그러나 양도에 의해 적절한 최소치가 제공되면 나머지 전체 소득이 가
격 체제에 의해 정해지는 것은 완전히 공정할 수가 있는데, 이때 가정되는
것은 그 체제가 적당하게 효율적이고 독점적 제약으로부터 자유스러우며
부당한 외부성이 제거되어 있다는 점이다. 나아가서 이런 식으로 필요의
요구를 처리하는 것은 최저 임금 기준에 의해 소득을 규제하게 하는 것보
다 더 효율적인 것으로 보일 것이다. 각 부처에 서로 양립할 수 있는 임
무만을 부여하는 것이 더 낫다. 시장은 필요의 요구를 들어 주기에 적합
하지 않기 때문에 이러한 것은 그와 다른 체제에 의해 만족되어야 한다.
그런데 정의의 원칙들이 충족되는지의 여부는 최소 수혜자의 전체 소득
(임금과 양도금)이 그들의 장기적인 기대(평등한 자유나 공정한 기회 균등이라
는 조건과 부합하는)를 극대화해 주는 것인가의 여부에 달려 있다.

끝으로 분배처(distributive branch)가 있다. 그 임무는 과세와 재산권에
있어서의 필요한 조정을 통해서 분배의 몫(distributive shares)에 있어서의
근사적(近似的) 정의를 유지하는 일이다. 이 부처가 갖는 두 가지 측면이 구
별될 수 있다. 우선 그것은 여러 가지의 상속세 및 증여세를 부과하고 유산
권에 제한을 가한다. 이러한 징세와 규제의 목적은 세입(정부에 양여한 재원)
을 증대시키는 데 있는 것이 아니고 점차적이고 계속적으로 부의 분배를
바로 잡고 정치적 자유의 공정한 가치와 공정한 기회 균등 등을 해치는 힘
의 집중을 막는 데 있다. 예를 들어 누진 세율(progressive)의 원칙은 수익
자의 목적에 따라 적용될 수가 있다. [16] 이렇게 함으로써 평등한 자유의 가
치가 유지될 수 있기 위한 필수 조건으로 생각되는 재산의 광범한 분산을

---

16) Meade, *Efficiency, Equality and the Ownership of Property*, pp. 56 이하.

조장하게 될 것이다. 부의 불평등한 상속은 지능의 불평등한 상속보다 본질적으로 더 부정의 한 것은 아니다. 아마도 전자가 더 쉽게 사회적으로 통제할 수 있음이 사실이지만, 중요한 것은 어떤 쪽에 바탕을 둔 불평등이든간에 그것이 가능한 한 차등의 원칙을 만족시켜야 한다는 점이다. 그래서 상속은 그로 인해 생겨나는 불평등이 가장 불운한 자에게 이득이 되고 자유 및 기회 균등과 양립할 수 있을 경우에 허용될 수가 있다. 앞에서 규정한 대로 기회의 균등은 비슷한 동기를 가진 자들에게 교육과 교양에 대한 유사한 기회를 보장해 주고, 적절한 의무와 임무에 합당하게 관련된 자질과 노력에 근거해서 직책과 직위를 모든 이에게 개방시켜 주는 일련의 제도를 의미한다. 부의 불평등이 어느 정도의 한도를 넘어섰을 경우에 위험에 빠지는 것은 바로 그러한 제도들이며 정치적 자유도 마찬가지로 그 가치를 상실하는 경향을 갖게 되고 대의 정부는 외형상으로만 그럴 듯한 경향을 갖게 된다. 분배처의 과세나 입법은 이러한 제한을 초과하는 것을 막기 위함이다. 자연히 그러한 제한을 어디까지 둘 것인지는 적어도 넓은 범위에 걸쳐 이론, 양식, 단순한 예감 등에 의해 좌우되는 정치적 판단의 문제이다. 이러한 유의 문제에 관해서 정의론은 특별히 이야기할 아무 것도 없다. 정의론의 목표는 배경적 제도를 규제해 줄 원리들을 정식화하는 데 있다.

분배처의 두번째 부분은 정의가 요구하는 세입의 증대를 위한 조세 체제이다. 사회적 자원도 공공선을 위해 제공될 수 있고 차등의 원칙을 만족시키는 데 필요한 양도액 지불을 할 수 있도록 정부에 기탁되어야 한다. 이 문제가 분배처에 속하게 되는 이유는 조세의 부담이 정의롭게 나누어져야 하고 그 목적이 정의로운 체제를 확립하는 데 있기 때문이다. 여러 복잡한 문제를 접어 두고 볼 때 비례적인 소비세(proportional expenditure tax)는 최선의 세제의 일부가 될 수 있을 것임은 주목할 만하다.[17] 한 가지 예를 들면 그것은 정의에 대한 상식적인 신조의 수준에서 볼 때 소득세(어떤 종류이든) 보다더 낫다고 할 수 있다. 왜냐하면 그것은 사람들이 공통의 재화 총량으로부터 얼마나 취하는가에 따라서 징세하는 것이지 사람들이 얼마나 기여하는가(여기서 소득도 공정하게 취득된다고 가정함)에 따라 징세하는 것이 아니기 때문이다. 또한 전체 소비(예를 들어 매년마다)에 대한 비례 세제에는 부양 가족 등에 대한 통상적인 공제가 포함되어 있다. 그리고 그것은 모든 사람을 일률적인 방식으로 다룬다(여기서도 역시 소득은 공정하게 획득된다고 가정함). 따라서 정의의 제1원칙과 기회 균등에 비추

---

17) N. Kaldor, *An Expenditure Tax* (London: George Allen and Unwin, 1955) 참조.

어 보아 기본 구조의 정의를 보존하고 그럼으로써 해당되는 제도를 침해하는 듯한 재산과 권력의 축적을 미리 막는 데 필요한 경우에만 누진 세율을 이용하는 것이 더 나을 것이다. 이러한 규칙에 따르면 정책 문제에 있어서 중대한 구분을 표현하는데 도움이 된다. 그리고 만일 비례세도 그것이 자극 요인을 덜 침해한다는 이유로 보다 효율적인 것이라고 판명된다면, 현실적인 체제가 만들어질 수 있다는 조건 아래서 이는 그것에 대한 결정적인 이유가 될 수 있을 것이다. 앞에서와 같이 이것들은 정치적 판단의 문제이지 정의론의 영역은 아니다. 그리고 어떤 경우이든 우리가 여기에서 두 원칙의 내용을 예시하기 위해서 그와 같은 비례세를 질서 정연한 사회를 위한 이상적인 체제의 일부로 생각하고 있는 것이다. 그렇다고 해서 현존 제도의 부정의가 있을 경우 극도로 누진적인 소득세가 모든 것을 고려할 때 정당화되지 않는다는 결론이 나오지 않는다. 실제에 있어서 우리는 보통 몇 가지 부정의한 체제나 차선적인 체제 가운데서 선택을 해야만 한다. 그리고 그 경우에 우리는 가장 부정의하지 않은 체제를 발견하기 위해 이상적이지 않은 이론으로 눈을 돌리게 된다. 때때로 이러한 체제는 완전히 정의로운 체제라면 배제하게 될 방편과 정책을 포함하게 될 것이다. 이용할 수 있는 최선의 체제는 불완전한 것들의 균형을 이루고 부정의를 보상하는 조정을 내포할 수도 있다는 의미에서 두 가지 악이 정당화될 수가 있다.

분배처의 두 부분은 정의의 두 원칙에서 도출된다. 누진율(필요한 경우에)로 상속과 소득에 대해 과세하고 재산권을 법적으로 규정하는 것은 사유재산적 민주제에서 평등한 자유의 제도와 그것이 규정하는 권리들의 공정한 가치를 지키기 위한 것이다. 비례적인 소비세(혹은 소득세)는 공공선, 양도처 그리고 교육에 있어서 기회 균등의 확립 등을 위한 세입을 제공함으로써 제 2 원칙을 실현하려는 것이다. 받은 이익이나 지불 능력에 따라 세금을 징수한다는 것과 같은 전통적인 과세 기준 의의 어떤 점에 대해서도 지금까지 아무런 언급을 하지 않았다.[18] 소비세에 관련해서 상식적인 신조를 참조하는 것은 부차적인 고려 사항이다. 이러한 기준들의 적용 범위는 정의의 원칙에 의해 규제된다. 일단 분배의 몫에 대한 문제가 배경적 제도를 설계하는 문제로 인정이 되면 전통적인 원칙도 비록 그것이 어떤 국한된 경우에는 아무리 적합한 것이라 할지라도 독립적인 힘이 없는 것으로 보여진다. 이와 달리 생각하는 것은 충분히 포괄적인 견지를 취하지

[18] 이러한 과세 기준에 대한 논의에 관해서는 Musgrave, *The Theory of Public Finance*, 4, 5장 참조.

않은 것이다(47 절 참조). 또한 명백한 사실은 분배처의 기획은 개인의 효용에 대한 공리주의자의 표준적 가정을 전제하지 않는다는 점이다. 예를 들어서 상속이나 누진적 소득세는 개인이란 한계 효용 체감의 원칙을 만족시키는 유사한 효용 함수를 갖는다는 관념 속에 나타나 있지 않다. 물론 분배처의 목적은 만족의 순수 잔여량을 극대화함에 있는 것이 아니고 정의로운 배경적 제도를 확립하는 데 있다. 효용 함수의 형태에 대한 문제는 상관없는 것이다. 이러한 문제는 공리주의자의 문제이지 계약론의 문제는 아니다.

지금까지 내가 가정해 온 것은 정부 각 부처의 목표는 토지와 자본이 평등하지 않을지는 모르나 널리 소유되는 민주 체제를 확립하는 것이라는 점이다. 사회는 어떤 아주 작은 부분에서 생산 자원의 대부분을 좌우할 수 있도록 분화되어 있지 않다. 이러한 일이 이루어지고 분배의 몫이 정의의 원칙들을 만족시키는 경우 시장 경제 체제에 대한 많은 사회주의자들의 비판을 면하게 된다. 그러나 분명한 것은 어쨌든 이론상으로는 자유주의적 사회주의 체제 또한 정의의 두 원칙에 부합된다는 점이다. 여기서 우리가 가정해야 할 것은 생산 수단이 공유된다는 점과 기업이 이른바 노동자 협회나 혹은 그에 의해 지명된 대리인에 의해 경영된다는 점이다. 헌법 내에서 민주적으로 성립되는 전체의 결정은 저축물이나 중요 공공재에 바쳐질 사회적 생산 비율 등과 같은 경제 체제의 일반적 측면을 정하게 된다. 이에 결과되는 경제적 환경이 조성될 경우 시장세에 의해 규정되는 기업은 과거와 같이 잘 가동된다. 배경적 제도가 특히 분배처의 경우에 있어서 다른 형태를 취할지라도 원리상으로 정의로운 분배의 몫이 달성될 수 없을 이유가 없다. 정의론 그 자체는 어떤 형태의 체제도 옹호하지 않는다. 앞에서 보았듯이 일정한 사람들에게 최선의 체제가 어떤 것일까에 대한 결정은 그들의 여건과 제도와 역사적 전통에 달려 있다.

어떤 사회주의자들은 모든 시장 제도는 타락한 것이라고 반대해 왔으며 그들은 사람들이 대체로 사회적 · 이타적 관심에 의해 움직이는 그러한 경제 체제를 세울 것을 희망했었다. 첫번째 문제점에 관해서 말하면 시장이란 실상 이상적인 체제는 아니다. 그러나 필요한 배경적 제도가 있을 경우 소위 임금 노예제라는 최악의 측면이 없어질 것은 확실하다. 그래서 중요한 것은 가능한 대안들을 비교하는 일이다. 사회적인 통제 체제로 발전하기 마련인 관료제를 통해서 경제 활동을 통제하는 것(산업 노동자 협회에 의해 도달된 합의에 의해 중앙에서 방향 결정을 하든 혹은 지침만 제시하든 간에)은 가격 체제(언제나 필요한 체제로서 가정할 때)를 통해서 이루어지는 통제와 비교해서 보다더 정의로울 가능성은 없는 것으로 보인다. 물론 경쟁 체제란 비인격적이며 그 작용의 세목에 있어서까지 자동적인 것으로서 그 구체적인 결과들은 개인의 의식적인 결정을 나타내는 것은 아니다. 그러나 여러 가지 점에서 볼 때 그것은 그 체제가 갖는 강점이며 시장 체제를 이용한다고 해서 합당한 인간 자율성을 결여한다는 뜻은 아니다. 민주 사회는 이득에 비추어 보아 가격에 의존하는 것을 택하게 될 것이며 그래서 정의가 요구하는 배경적 제도를 유지하고자 한다. 이러한 배경적 체제를 규제하는 것뿐만 아니라 그러한 정치적 결정도 온전히 합리적이고 자유로운 것일 수가 있다.

나아가서 정의론은 사회적이고 이타적인 동기의 강도에 명확한 한계를 가정한다. 그것은 개인이나 단체들이 서로 상충하는 요구를 내세우며 그들은 정의롭게 행위하려고는 하지만 그들의 이득을 포기할 생각도 없다는 것을 가정한다. 이러한 가정은 사람들이 일상적인 의미로 이기적임을 뜻하지 않는다는 것은 더 이상 논의할 필요가 없다. 오히려 모든 사람이 자기의 완전한 선을 달성할 수 있는 사회나 혹은 서로 상충하는 요구도 없으며 모든 사람의 욕구가 강제없이도 서로 일치되어 조화로운 활동 계획을 형성하게 되는 사회는 어떤 의미에서 정의를 초월한(beyond justice) 사회이다. 그런 사회는 정의의 원칙들에 대한 호소가 필요한 경우를 배제해 버린 것이다.[19] 이러한 이상적인 상태는 비록 바람직한 것일지는 모르나 우리가 관여할 바가 아니다. 그러나 우리가 주의해야 할 것은 비록 그 상태에 있어서도 정의론은 중대한 이론적인 역할을 하게 되는 것인데 그것은 개인들의 목적과 욕구의 자발적인 합치는 강제되거나 계획되지 않고 이상적인 선에 일치하는 본래의 조화 상태가 이루어지는 조건을 규정해 주는 것이기 때문이다. 나는 이 문제를 더 이상 추구할 수 없다. 요지는 정의의 원칙들은 아주 상이한 유형의 체제와도 양립할 수 있다는 점이다.

마지막 문제는 깊이 생각해 볼 필요가 있다. 배경적 제도에 대한 위의 설명은 우리의 목적상 충분하며 정의의 두 원칙은 일정한 체제의 정부 활동과 세제와 더불어 재산에 대한 법적 규정을 결과한다고 가정해 보고자 한다. 이러한 경우에 공공 지출의 총액과 필요한 세원이 잘 규정되며 결

---

19) 혹자는 완전한 공산주의 사회에 대한 Marx의 이론을 이러한 의미에서 정의를 넘어서 있는 사회라고 풀이해 왔다. R.C. Tucker, *The Marxian Revolutionary Idea*(N.Y.: W.W. Norton, 1969), 1, 2장.

과되는 소득과 재산의 분배는 어떠한 것이든 정의로운 것이다(자세한 논의
는 44, 47절 참조). 그러나 그렇다고 해서 시민들이 더 이상의 공공 지출
을 하기로 결정해서는 안 된다는 결론이 나오지는 않는다. 만일 충분히
많은 수의 시민들이 공공선의 한계 이익이 시장을 통해 이용할 수 있는 이
익보다 크다고 생각할 경우 정부가 그것을 공급할 방도가 발견되어야 함
이 마땅하다. 소득과 재산의 분배가 정의롭다고 가정되므로 지도 원리가
변하게 된다. 그래서 정부의 제 5 부처인 교환처(exchange branch)가 있게
되며 이는 여러 가지 사회적 이해 관계와 공공선에 대한 그들의 선호를 배
려하는 특수한 대표 기관이라고 가정해 보자. 그것은 정의가 요구하는 바
와 상관없이 정부 활동을 규정하는 법안만을 고려할 자격이 헌법에 의해
주어지며 그러한 법안은 윅셀의 만장 일치의 기준을 만족시킬 경우에는 입
법화된다.[20] 이것이 뜻하는 바는 어떠한 공공 지출도 동시에 그 경비를
감당할 방도에 만장 일치로는 아니나 대체적인 일치로나마 합의되지 않는
한 표결되지 않는다는 점이다. 새로운 공공 생활을 제안하는 일은 경비를
분담하는 데 대한 하나 이상의 대안적 체제를 포함할 것이 요구된다. 윅셀
의 생각은 만일 공공선이 사회적 자원을 효율적으로 사용하는 것이라면
만장 일치로 합의될 상이한 종류의 납세자들간에 여타의 세금을 분배하기
위한 어떤 체제가 있어야만 한다는 것이다. 만일 그러한 제안이 존재하지
않는다면 제시된 지출은 낭비일 것이요, 그것을 택해서는 안 될 것이다.
그래서 교환처는 효율성의 원리에 따라 활동하며 결국 시장 체제가 기능
을 발휘하지 못하는 경우 공공선과 공공 봉사를 조정해 줄 특수한 거래
기관을 세우게 된다. 그런데 이러한 이념을 수행하는 데는 매우 실제적인
난점이 가로 놓여 있다는 것을 덧붙여야겠다. 그리고 표결 전략이나 선호
의 은폐를 접어 두고라도 협상력, 소득 효과 등에 있어서의 상위로 인해
효율적인 결과에 도달하지 못할지도 모른다. 아마도 대체적인 근사적 해
결은 가능할 것이다. 그러나 나는 이러한 문제들을 남겨 두기로 한다.
  오해를 막기 위해서 몇 가지를 이야기할 필요가 있다. 첫째로 윅셀이

---

20) 이 기준에 관해서는 K. Wicksell, *Finanztheoretische Untersuchungen*(Jena,
   1896)에서 언급. 그 대부분이 "A New Principle of Just Taxation"이라는 제
   목으로 번역되었으며, *Classics in the Theory of Public Finance* ed. R. A.
   Musgrave and A. T. Peacock (London: Macmillan, 1953)에서 인용되었
   는데 같은 책, pp. 72~118 과 특히 pp. 91~93 에 그 원칙의 설명이 나온다.
   더 자세한 설명을 원할 경우, H. Shibata, "A Bargaining Model of the
   Pure Theory of Public Expenditure", *Journal of Political Economy*, 제
   79 권(1971), 특히 pp. 27 이하를 참조.

강조한 바와 같이 만장 일치의 기준은 소득과 부에 대한 현재의 분배와 재산권에 대한 현행 규정이 정의로움을 가정하고 있다. 이러한 중요한 가정이 없다면 그것은 효율성 원칙이 지닌 모든 결함들을 가지게 될 것이다. 왜냐하면 그것은 단지 이러한 원칙을 공공 지출의 경우에서 표현하는 것에 불과하기 때문이다. 그러나 이러한 조건이 만족되는 경우에는 만장 일치의 원칙은 타당한 것이다. 국가 기관을 이용해서 어떤 시민으로 하여금 타인들은 바라는 것이나 자신은 원하지 않는 이득에 대해서 보답하라는 강요를 정당화할 수 없는 것은 그들로 하여금 그들의 사적인 경비에 대해 타인들에게 상환하기를 강요하는 것이 정상화될 수 없는 것과 마찬가지이다. 그래서 이득의 기준이 지금까지는 적용되지 않았으나 이제는 적용되는데 여러 종류의 공공 지출을 증대시키려는 자는 교환처를 이용해서 필요한 세금이 합의될 수 있는 것인지를 알아야 한다. 그래서 **국가 예산**과는 **구별**되는 교환 예산의 규모는 결국 받아들여지게 될 지출에 의해 정해지게 된다. 이론상으로 볼 때 공동체의 성원들은 모두 그들의 **공공선**이 갖는 한계 가치가 그들의 사적인 선이 갖는 그것과 동일한 지점에 이르기까지 공공선을 구입할 수 있을 것이다.

주목해야 할 것은 교환처는 별개의 대표 기관을 포함한다는 점이다. 그 이유는 이 체제의 기초는 이익의 원칙이지 정의의 원칙이 아니라는 것을 강조하기 위해서이다. 배경적 제도라는 관념은 우리들이 정의에 대한 우리의 숙고된 판단들을 체계화하는 데 도움이 되므로 무지의 베일은 입법 단계에 적용되어야 한다. 교환처는 단지 거래 체제에 불과하다. 정보에 아무런 제약도 없는데(그 체제를 보다 효율적으로 만들 임무를 가진 자는 제외), 왜냐하면 그것은 시민들이 공공선이나 사적인 선에 대한 그들 자신의 상대적인 평가를 아는 것에 달려 있기 때문이다. 또한 우리가 알아야 할 것은 교환처에서는 대표인들(그리고 그들의 대표인들을 통한 시민들)은 자신의 이해 관계의 지도를 제대로 받게 된다. 다른 부처를 설명하는 경우에서와 달리 우리는 정의의 원칙들이 오직 일반적인 지식을 기초로 해서만 제도에 적용되어진다고 가정한다. 우리는 무지의 베일에 의해 적절히 제약된, 이런 의미에서 공평한 합리적인 입법자가 정의관을 실현하기 위해서 입법하게 될 바를 작성해 보려 한다. 이상적인 입법가는 그들의 이득을 내세우지는 않는다. 그래서 엄밀히 말하면 교환처의 이념은 4단계 과정의 일부는 아니다. 그럼에도 불구하고 정의로운 제도를 유지하기 위해 요구되는 정부 활동과 공공 지출 및 이득의 원칙으로부터 생기는 것과는 혼동이 되기 쉽다. 부처간의 구분을 염두에 둘 때 공정으로서의 정의관은 보다 실현 가능한 것이라 믿는다. 물론 두 종류의 정부 활동을 구분하는 것이 어려울 때가 자주 있으며, 어떤 공공선은 양쪽 범주에 모두 속하는 것으로 보일지도 모른다. 나는 그러한 문제들을 여기에서는 접어 두기로 하고 당장의 목적에 비추어 볼 때 이론상의 구분이 충분히 명백한 것이기론 바랄 뿐이다.

44. 세대간의 정의 문제

이제 우리는 세대간의 정의 문제(justice between generations)를 고찰해야만 한다. 이 문제가 야기하는 난점을 강조해야 할 필요는 없다. 그로 인해서 어떤 윤리론이든 견뎌 낼 수 없을 정도는 아니나 엄격한 검사를 받게 된다. 하지만 공정으로서의 정의관에 대한 설명은 이러한 중요한 문제에 대한 논의없이는 불완전하게 될 것이다. 현재의 맥락에서 그 문제가 제기되는 이유는 전체로서의 사회 체제나 적절한 일련의 배경적 제도에 의해 이루어진 경쟁적 경제 체제가 정의의 두 원칙을 만족시키게끔 성립될 수 있는지의 여부는 여전히 미해결의 문제이기 때문이다. 그에 대한 해답은 어느 정도까지는 사회적 최소치가 설정되는 수준에 달려 있기 마련이다. 그러나 이것은 다시 현 세대가 그 후손들의 요구를 어느 정도까지 존중해야 하는가에 관련되어 있다.

지금까지 나는 사회적 최소치가 어느 정도이어야 하는가에 대해서 아무런 이야기도 하지 않았다. 타당한 수준이란 그 나라의 평균적 부에 달려 있으며 다른 사정이 같을 경우 그 최소치는 평균치가 증가할 때보다 커져야 한다고 말하는 데 대해 상식적으로 우리는 동의할 수 있을 것이다. 혹은 적절한 수준은 관례적인 기대치에 의해 정해진다고 말할 수 있을 것이다. 그러나 이러한 제안들은 불만족스러운 것이다. 첫번째 이야기가 정확하지 못한 이유는 거기에서는 최소치가 평균적 부에 의존하는 방식에 대한 언급이 없고 분배와 같은 관련된 다른 측면들을 무시하고 있기 때문이며, 한편 두번째 이야기는 관례적 기대치 자체가 타당한 경우를 말해 줄 기준을 제시하지 않고 있기 때문이다. 그러나 일단 차등의 원칙이 받아들여지게 되면 그 결과는 반드시 임금을 고려해서 최소 수혜자 집단의 기대치를 극대화하는 점에서 사회의 최소치가 설정된다. 양도액(예를 들어 보상적인 소득 지불액의 크기)을 조정함으로써 보다 불리한 자의 전망과 그들의 기본 가치의 지수(임금과 양도액의 합계로 측정된 바)를 증감함으로써 바람직한 결과를 달성할 수 있을 것이다.

그런데 우선 당장에 차등의 원칙은 매우 높은 최소치를 요구할 것으로
생각될 수 있다. 우리는 당연히 보다 유복한 자들의 보다 큰 부가 감소되
어 결국은 모든 사람이 거의 동일한 소득을 갖게 되리라고 생각하게 된
다. 그러나 이것은 비록 특수한 여건에서는 타당할지 모르나 그릇된 생각
이다. 차등의 원칙을 적용함에 있어 합당하게 기대할 수 있는 것은 미래의
세대에까지 걸친 최소 수혜자의 장기적인 전망에 관련된 것이다. 각 세대
는 문화와 문명의 장점들을 보존하고 이미 세워진 정의로운 제도들을 해침
이 없이 유지해야 할 뿐만 아니라 그들은 또한 각 시기 동안에 적절한 양
의 실질적인 자본을 축적해야 한다. 이러한 저축은 기계나 다른 생산 수
단에 대한 순투자에서부터 학문과 교육에 있어서의 투자에 이르기까지 여
러 가지 형태를 가질 수 있다. 우선 어느 정도의 투자가 이루어져야 하는
가를 말해 줄 정의로운 저축 원칙(just savings principle)이 이용될 수 있다
는 가정을 한다면 사회적 최소치의 수준이 정해지게 된다. 논의를 간단히
하기 위해 최소치는 소비(소득)세 비례제에 따라 납부된 양도금에 의해 조
정된다고 생각해 보자. 이러한 경우에 최소치가 상승하게 되면 반드시 소
비세(소득세)의 비율도 높아지게 된다. 이러한 비율이 높아지게 되면 다음
두 가지 중 한 가지, 즉 더 이상 나아가면 적합한 저축이 이루어질 수 없게
되든지, 보다 고율의 세금과 경제적 효율성의 심한 침해로 인해 현 세대
에 있어 최소 수혜자의 전망이 더 이상 향상되지 않고 하락하기 시작하는
지점에 이르게 된다. 어느 경우에 있어서나 적합한 최소치에 이미 도달한
것이다. 차등의 원칙은 이미 만족되었으며 더 이상의 증대가 요구되지 않
는 것이다.

사회적 최소치를 명시하는 방법에 관한 이상의 서술로 인해 우리는 세대
간의 정의 문제에 이르게 된다. 정의로운 저축 원칙을 발견하는 일은 이
문제의 한 측면이다.[21] 그런데 내 생각에는 저축의 비율이 어느 정도이어

21) 이러한 문제는 경제 성장론의 맥락 속에서 경제학자들에 의해 자주 논의된다.
그에 대한 해명으로는 A.K. Sen, "On Optimizing the Rate of Saving",
Economic Journal, 제 71 권 (1961) ; J. Tobin, *National Economic Policy*
(New Haven: Yale Univ. Press, 1966), 9장 ; R.M. Solow, *Growth Theory*
(N.Y.: Oxford Univ. Press, 1970), 5장. 광범위한 문헌 중에서 Arrow and
Scitovsky, *Readings in Welfare Economics* 속에 다시 게재된 F.P. Ramsey,
"A Mathematical Theory of Saving", *Economic Journal*, 제 38 권(1928);
T.C. Koopmans, "On the Concept of Optimal Economic Growth" (1965),
Scientific Papers of T.C. Koopmans (Berlin: Springer Verlag, 1970) ;
S. Chakravarty, *Capital and Development Planning* (Cambridge: M.I.T.
Press, 1969)은 규범적인 문제를 취급한 이론적인 연구이다. 만일 우리가 이론

야 하는가에 대한 정확한 한계를 규정하는 일을 현재로서는 할 수 없을 것 같다. 자본 축적을 부담하는 일과 문명과 문화 생활의 수준을 향상시키는 일이 세대간에 어떻게 조정되어야 하는가에 대해서는 확정적인 대답을 할 수 없는 것으로 생각된다. 그러나 그렇다고 해서 의미있는 윤리적 제한을 부과하는 어떤 한계가 설정될 수 없다는 결론이 나오지는 않는다. 앞에서 이야기했듯이 도덕 이론은 정책이 평가되어야 할 관점을 규정해 주는 것으로서 때로는 대안적 학설들이 완전히 제시되지 않았을 경우에도 제시된 해답이 그릇된 것임이 분명할 수 있다. 그래서 예를 들어 고전적인 공리의 원칙이 세대간의 정의 문제에 대해 그릇된 방향 제시를 했다는 것은 분명한 것으로 보인다. 왜냐하면 만일 인구수를 변수적인 것으로 간주하고 자본이 고도의 한계 생산성을 갖고 있으며 시간 한계가 매우 멀다고 가정할 경우 효용 총량을 극대화하기 위해서는 과도한 고율의 축적을 (적어도 가까운 장래에는) 하게 될 것이기 때문이다. 도덕적인 관점에서 볼 때 순수한 시간 선호에 의거해서 미래의 복지를 소홀히 할 근거가 없는 까닭에 미래의 세대에게 보다 큰 이득은 현재의 희생을 충분히 보상하게 될 것이라는 결론이 나온다. 이것이 타당한 것으로 판명될 수 있는 것은 오직 보다 많은 자본과 보다 나은 기술을 통해서 아주 대단한 인구도 부양할 수 있을 것이라는 이유에서이다. 그래서 공리주의가 제시하는 바에 따르면 우리는 나중에 훨씬더 잘 살 세대들의 보다 큰 이득을 위해서 보다 가난한 세대들에게 무거운 희생을 요구하게 된다. 그러나 어떤 사람들의 손실과 타인의 이익을 비교하는 이와 같은 이득의 계산은 당대인들간에 있어서 보다 세대간의 경우에 있어서 정당화하기가 더욱 어렵다. 비록 우리가 정의로운 저축 원칙을 정확히는 규정할 수 없을지라도 우리는 위에서 나온 그러한 종류의 극단을 피할 수는 있어야만 한다.

그런데 계약론은 원초적 입장의 관점에서 문제를 바라본다. 당사자들은 어떤 세대에 그들이 속하는지, 혹은 결국 같은 이야기가 되겠지만 그들 사회의 문화 단계가 어떤 것인지를 모르고 있다. 그들은 자신의 사회가 빈곤한지 아니면 비교적 부유한지, 대체로 농업 사회인지 아니면 이미 산업화된 사회인지 등등을 가릴 수가 없다. 무지의 베일은 이런 점에 있어서 완

상의 목적으로 이상적인 사회란 그 경제 체제가 꾸준한 성장의 상태에 있으며(정지하고 있을 수도 있음) 동시에 그것이 정의로운 것으로 생각한다면, 저축의 문제는 성장의 길(만일 하나 이상의 길이 있을 경우는 이러한 길 중의 하나)로 나가고, 일단 그것이 달성될 경우 필요한 체제의 정의를 유지하기 위한 부담의 분배로 원칙을 채택하는 일이다. 그런데 본문 중에서 나는 이러한 견해를 따르지 않았으며 나의 논의는 보다 초보적인 수준의 것이다.

전한 것이다. 원초적 입장에 있는 사람들은 모든 다른 세대도 동일한 비율로 저축을 해야 한다는 가정 아래서 사회 발달의 각 단계마다 어느 정도로 저축에 대한 욕구를 가져야 하는 것인지를 스스로 묻게 된다. 다시 말하면 그들은 자신이 제안한 그 비율이 저축의 전 과정을 규제하게 되리라고 생각하고서 어떤 주어진 문화의 단계에서 저축하고자 하는 그들의 의욕을 고려하게 된다. 그래서 결국 그들은 각 발전의 수준에 대해 그에 적합한 저축의 비율을 설정해 주는 정의로운 저축 원칙을 선택해야 한다. 아마도 이러한 비율은 사회의 상태에 따라 달라질 것이다. 국민이 가난하고 저축이 어려우면 낮은 비율의 저축이 요구되어야 하고 반면에 보다 부유한 사회에서는 실제 부담이 작을 것이므로 보다 큰 저축이 합당하게 기대될 수 있다. 결국 일단 정의로운 제도가 굳건히 확립되면 요구되는 순수한 저축은 영점으로 떨어진다. 이 점에 이르러서 사회는 정의로운 제도를 유지하고 그 물질적인 기초를 보존함으로써 그 정의의 의무를 다하게 된다. 물론 정의로운 저축 원칙이란 정의의 문제로서 한 사회가 얼마만큼 저축해야 하는가에 적용되는 것이다. 만일 그 시민들이 여러 가지 중대한 사업을 위해서 저축하기를 바란다면 그것은 다른 문제가 된다.

시간 선호와 우선성의 문제는 다음 절로 미루기로 한다. 우선 나는 계약론적인 접근 방식이 갖는 주요 특성을 지적하고자 한다. 첫째로 정의로운 저축 원칙이 문자 그대로 민주적인 방식으로 채택될 수 없다는 것이 명백하긴 하지만 원초적 입장이라는 개념은 그와 동일한 결과를 달성해 준다. 아무도 자기가 어느 세대에 속하는지를 모르는 까닭에 각 세대의 관점에서 문제를 바라보기는 하지만 채택된 원칙은 공정한 조정을 나타내게 된다. 언제나 동일한 원칙이 선택될 것이기 때문에 모든 세대가 실제로 원초적 입장 속에 대변되고 있다. 이상적으로 민주적인 결정이 이루어지게 되는데 이는 각 세대의 요구들을 공정히 조정한 것이요, 따라서 모든 이에게 관계되는 것은 모든 이의 관심사라는 신조를 만족시키는 것이다. 나아가서 아마도 최초의 세대를 제외하고는 모든 세대가 합당한 저축율이 유지될 경우 이득을 보게 된다. 저축의 과정은 일단 시작되어 계속되기만 하면 모든 후속 세대에게 좋은 것이다. 각 세대는 정의로운 저축 원칙이 규정한 바대로 실질 자본에 있어서 공정한 동등치를 다음 세대에 넘겨 준다. (여기서 염두에 두어야 할 것은 자본이란 공장이나 기계와 같은 것뿐만 아니라 정의로운 제도 및 자유의 공정한 가치를 가능하게 하는 기술, 기능과 더불어 지식과 교양을 가리킨다는 점이다.) 이러한 동등치는 앞 세대로부터 받은 것에 대한 보답으로서, 이로 인해 다음 세대는 보다 정의로운 사회에서 보다 나은 생활을 향유할 수 있게 된다. 말하자면 오직 최초의 세대만이 이득을 받지 못하게 되는데 왜냐하면 그들은 그 전 과정을 시작하기만 하고 그들이 제공하는 바의 결과에 가담하지는 않기 때문이다. 그러나 한 세대는 어버이가 그들의 자식을 사랑하듯이 그 바로 다음 세대들에 대해 관심을 갖는 까닭에 정의로운 저축 원칙, 보다 정확히 말하면 이러한 원칙에 대한 어떤 제한이 받아들여지게 될 것이다.

계약론은 또한 저축의 전체 과정이 목표로 하는 정의로운 사회 상태를 규정한다는 특성을 갖는다. 이러한 특성은 정의로운 기본 구조에 대한 이상적 관념이 원초적 입장에서 선택된 원칙 속에 함축되어 있다는 사실로부터 도출된다. 이러한 점에서 공정으로서의 정의관은 공리주의적 입장과 대조가 된다(41 절). 정의로운 저축 원칙이란 정의로운 사회를 실현하고 유지하기 위한 부담에 있어서 그들 각자의 공정한 몫을 이행하자는 세대들 간의 합의로 간주될 수 있다. 저축 과정의 목표는 비록 그 일반적인 윤곽만이 가려질 수 있기는 하나 미리 설정된다. 때가 되어서 특수한 여건들이 생기게 되면 보다 상세한 측면들이 결정될 것이다. 그러나 어떤 경우에서든 우리는 무제한하게 극대화로 나가야 할 필요는 없다. 사실상 이러한 이유로 인해서 비록 저축 원칙이 차등의 원칙을 규제하기는 하지만 그 원칙에 대한 합의는 제도에 대한 정의의 원칙들 다음에 이루어지게 된다. 이들 원칙들은 우리가 추구할 바를 말해 준다. 저축 원칙은 정의로운 제도를 유지하고 발전시키겠다는 앞서 받아들여진 자연적 의무에 대해서 원초적 입장에서 나온 해석을 나타내고 있다. 이러한 경우에 윤리적 문제는 사회 역사의 전 과정을 통해서 모든 세대들을 정의롭게 대우할, 전시간에 걸친 방도에 대한 합의의 문제이다. 원초적 입장에 있는 자들에게 공정하게 보이는 바는 다른 경우에서와 같이 이 경우에서도 정의를 규정해 준다.

그런데 사회의 최종 단계가 갖는 의의가 오해되어서는 안 된다. 모든 세대들은 순수한 저축이 더 이상 요구되지 않는 정의로운 상태에 도달함에 있어 자신의 본분을 다해야 하기는 하지만 이러한 상태가 전 과정에 의미와 목표를 부여하는 유일한 것으로 생각되어서는 안 된다. 그와는 달리 모든 세대들은 그들 나름의 합당한 목적을 갖는다. 세대들도 개인들에 있어서와 마찬가지로 상호 종속적인 것은 아니다. 공민의 생활이란 역사상의 시간을 두루해서 펼쳐져 있는 협동 체제로 생각된다. 그것은 당대인들의 협동체를 규제하고 있는 것과 동일한 정의관의 통제를 받는다. 어떤 세대도 다른 세대보다 강한 요구를 갖지 않는다. 공정한 저축률을 평가하기 위해 원초적 입장에 있는 자들은 인접한 세대의 성원들이 발전의 각 수준에서 서로에게 합당하게 기대할 수 있는 것이 무엇인가를 묻게 된다. 그들은 각 단계에서 그들의 바로 다음 세대들을 위해 그들이 저축하고자 하는 바와 그들이 자신의 바로 앞 세대들에게 당연히 요구해야 할 것으로 느끼는 바를 비교해서 정의로운 저축 계획을 작성하고자 한다. 그래서 이를테면 그들은 자신을 어버이로 가정하고서 그들의 자식들을 위해 얼마나 저축해야 할지를 확인하기 위해, 그들 자신이 자기의 어버이들에게 마땅히 요구해야 한다고 믿는 바에 주목하게 된다. 그들이 자신의 여건 개선에 대한 충분한 고려와 더불어 양쪽 편으로부터 공정하다고 생각되는 어떤 평가에 이르게 될 때 그 단계에 있어서의 공정한 비율(혹은 비율의 폭)이 명시된다. 그래서 일단 모든 단계에 대해서 이러한 것이 이루어지게 되면 정의로운 저축 원칙이 규정된다. 이러한 원칙에 따를 때 인접한 세대들은 서로 불평할 수 없으며 따라서 사실은 시간적으로 아무리 멀어져 있다 할지라도 어떤 세대도 다른 세대를 나무랄 수 없게 된다.

저축의 목표로 하는 마지막 단계도 엄청난 풍요의 단계가 아니다. 이에 대한 고찰도 다소 강조해 둘 만한 것이라 생각된다. 어떤 목적을 위해서는 더 이상의 부가 필요할지도 모르며 사실상 절대적으로 말해서 평균 소득이 그리 높은 것이 아닐 수도 있다. 단지 다음에 올 세대들을 보다 부유하게 만들기 위해 앞선 세대들이 저축하는 것은 정의가 요구하는 바가 아니다. 저축이란 정의로운 제도를 충실히 구현하고 자유가 공정한 가치를 갖도록 하는 조건으로서 요구되는 것이다. 추가되는 저축이 행해진다면 그것은 다른 이유에서이다. 정의롭고 가치있는 사회는 고도의 물질적인 생활 수준에 달려 있다고 믿는 것은 그릇된 것이다. 사람들이 원하는 바는 타인들과의 자유로운 결사를 통해서 의미있는 활동을 하는 것이며 이러한 단체들은 정의로운 기본 구조의 체계 내에서 그들 상호 관계를 규제해 주는 것이다. 이러한 상태에 도달하기 위해서 대단한 부가 필요한 것은 아니다. 사실상 어느 정도가 넘게 되면 부는 오히려 적극적인 방해물이 되고 방종이나 허황된 것에 대한 유혹물이 아니면 기껏해야 무의미한 여흥에 지나지 않는 것이다. (물론 의미있는 활동에 대한 규정은 그 자체가 하나의 문제이다. 비록 그것이 정의의 문제는 아닐지라도 그에 대한 몇 가지 의견이 79절에서 언급될 것이다.)

이제 우리는 정의로운 저축의 경우에는 호혜성(reciprocity)의 원칙이 갖는 특유한 측면이 있다는 점을 살펴보아야 한다. 보통 이러한 원칙은 이득의 교환이 있고 각 당사자가 상대방에게 공정한 대가로서 어떤 것을 주는

경우에 적용된다. 그러나 역사의 과정 가운데서 어떤 세대도 앞선 세대의
저축에서 오는 이득을 보면서도 그들에게 무엇인가를 주는 세대는 없다.
저축 원칙에 따름으로써 각 세대는 다음 세대에 기여하는 것이며 그 앞선
세대로부터는 받기만 한다. 최초의 세대는 전혀 이득을 보지 못하는 반면
최후의 세대는 더 이상의 저축이 부과되지 않을 때에 살기 때문에 가장 큰
이득을 보며 주는 것은 거의 없다. 그래서 이것은 부정의한 것으로 보일
지도 모른다. 헤르젠의 말과 같이 인간의 발전은 일종의 연대기적인 불공
정인데 왜냐하면 보다 나중에 사는 자는 동일한 대가를 치루지 않고 앞선
세대의 노동으로부터 이득을 보기 때문이다. 그래서 칸트도 기이하게 생각
했던 바는 선행하는 세대는 후속하는 세대만을 위해서 그들의 부담을 감당
해야 되는데 오직 마지막 세대만은 완성된 건물 속에 거주하게 될 행운을
가지게 된다는 사실이다.[22] 이러한 생각은 지극히 자연스럽기는 하지만 그
릇된 것이다. 왜냐하면 비록 세대간의 관계는 특수한 것이긴 하지만 그것
이 해결할 수 없는 난점을 제기하지는 않는다.

　세대들이 시간상으로 널리 퍼져 있고 그들간에 실제적인 교환이 한쪽 방
향으로만 이루어진다는 것은 자연스런 것이다. 우리가 번영을 위해 무언
가를 할 수는 있으나 그것이 우리에게 아무 소용이 없을 수도 있다. 이러
한 사정은 변경될 수 없으며 따라서 정의의 문제는 생기지 않는다. 정의
와 부정의의 문제는 제도가 이러한 자연적인 제약을 다루는 방식에 있으
며 역사적인 가능성들을 이용하기 위해 제도들이 설정되는 양식에 있는
것이다. 분명히 모든 세대들이 이득을 보게만 된다면(아마도 최초의 세대를
제외하고는) 각 세대들이 그들보다 앞서간 세대로부터 부여 받고 다음에 오
는 세대들을 위해 그 공정한 본분을 하게 될 결과를 가져오는 그러한 정
의로운 저축 원칙을 선택해야만 한다. 세대간의 유일한 호혜적 교환은 가
상적인 교환, 다시 말하면 원초적 입장에서 정의로운 저축 원칙을 작성함
에 있어 이루어질 보상적 조정인 것이다. 그러나 이러한 조정은 어떤 한
세대가 모든 세대를 대신해서 바라볼 수 있게 하는 무지의 베일이나 기타
제한 사항에 의거해서 각 세대가 스스로 하게 될 바라고 생각된다.

　차등의 원칙이 저축의 문제에 적용되지 않는 이유가 이제 명백하게 되

22) A. Herzen의 말은 F. Venturi, *Roots of Revolution*(N.Y.: Alfred Knopf, 1960)에 대한 I. Berlin의 서문 p. xx 에서 따온 것이다. Kant 에 관해서는 "Idea for a Universal History with a Cosmopolitan Purpose", *Political Writings*, ed. Hans Reiss and trans. H.B. Nisbet(Cambridge: The Univ. Press, 1970), p. 44 참조.

었다. 나중의 세대가 가장 불행한 최초의 세대의 처지를 개선해 줄 길은
없다. 그 원칙은 적용될 수가 없으며 그것은 도무지 저축이 성립할 수 없
음을 의미하는 것으로 보인다. 그래서 저축의 문제는 다른 방식으로 처리
되어져야만 한다. 만일 우리가 원초적 입장어 실재하는 모든 세대의 대표
들을 전부 포함하는 것으로 것으로 생각할 수 있다면 무지의 베일로 인해
서 동기에 대한 가정은 변경시킬 필요가 없을 것이다. 그러나 우리가 앞
에서 주목했던 바와 같이(24절) 현재를 원초적 입장에 등장하는 시간으로
해석하는 것이 가장 좋을 것이다. 그래서 원초적 입장에 있는 자들은 그
들이 동시대인임을 알고 있으며 따라서 그들이 최소한 그들의 바로 다음
세대에 관심을 갖지 않는다면 그들은 도대체 저축을 한다는 데 대해서 합
의할 이유가 없다. 물론 그들은 자신이 어느 세대에 속하는지를 모르고 있
기는 하나 그것은 아무 문제도 되지 않는다. 앞선 세대들이 저축을 해왔
거나 하지 않았을 것이지만 그에 대해서 당사자들은 아무런 영향도 미칠
수가 없다. 현재를 등장 시간으로 해석함을 견지함으로써 동기에 관한 조
건을 조정하는 일이 최선의 길이다. 당사자들은 전후 세대들간에 정적 유
대로 연속되어 있는 가족 계열을 대표하는 것으로 간주된다. 이러한 제한
은 당연한 것으로 보이며 이미 평등한 자유에 대한 논증에서(33절) 이용
된 바 있다. 비록 저축 문제는 특수한 사정을 나타내고 있지만 정의에 대
한 규정은 동일한 것으로 남아 있다. 세대간의 정의에 대한 기준은 원초
적 입장에서 선택되어지는 것이다.

  이제 우리는 정의로운 저축 원칙과 정의의 두 원칙을 관련지워야 한다.
이러한 일이 이루어져야 하는 이유는 저축의 원칙이 각 세대의 최소 수혜
자의 입장으로부터 규정된다고 생각하기 때문이다. 가상적인 조정에 의해
서 저축률을 명시하게 될 자는 모든 시간에 걸쳐서 있는 이러한 집단들로
부터의 대표적 인간들이다. 그들은 결국 차등 원칙의 적용을 규제하게 된
다. 어떤 세대에 있어서나 그들의 기대치는 채택될 저축을 한다는 조건 아
래에서 극대화되어야 한다. 그래서 차등의 원칙을 완전히 서술하게 되면
거기에는 저축의 원칙도 하나의 제한 사항으로 포함되게 된다. 정의의 제
1원칙이나 공정한 기회의 원칙은 세대들 내에서 차등 원칙의 적용을 제
한하는 것이라면 저축의 원칙도 세대들간에서 그 원칙의 적용 범위를 제
한하는 것이다.

  물론 혜택을 덜 받은 자들에게까지 투자 과정에 적극 참여하도록 저축
을 강요할 필요는 없다. 오히려 그것은 보통 적합한 저축을 위해 필요한
경제 체제 혹은 여타의 체제를 그들이 시인함으로써 이루어진다. 저축은

다른 세대의 최소 수혜자들의 생활 수준을 향상시키기 위해 마련된 정책들을 정치적 판단으로 받아들이고 그럼으로써 이용 가능한 당장의 이득을 삼가함으로써 달성된다. 이러한 체제를 지지함으로써 요구되는 저축이 이루어질 수 있으며 어떤 세대의 최소 수혜자가 대표인중 그 누구도 타인들이 그의 몫을 하지 않는다고 해서 불평할 수 없을 것이다. 또한 주목되어야 할 바는 특히 초기 단계에 있어서의 대부분의 시간 동안에는 서열적 순서로 된 정의의 두 원칙보다는 일반적인 정의관이 적용되기가 쉽다. 그러나 동일한 이념이 그대로 성립될 것이므로 그것을 언급하는 번거러움을 취하지는 않겠다.

그런데 정의로운 저축 원칙의 몇 가지 주요 특성에 대해서는 간단한 진술로서 충분하다. 이제 우리가 알 수 있는 바는 서로 상이한 세대에 속하는 사람들은 동시대인들에 있어서와 같이 서로간에 의무와 책무를 갖는다는 것이다. 현 세대는 마음내키는 대로 행동할 수 없으며 서로 다른 시대의 사람들간의 정의를 규정하기 위해서 원초적 입장에서 채택될 원칙의 구속을 받게 된다. 이와 더불어 인간은 정의로운 제도를 유지하고 발전시킬 자연적인 의무를 가지며 이를 위해서는 문명이 어느 수준까지 향상될 필요가 있다. 이러한 의무와 책무의 도출은 처음 보기에는 계약론을 어느 정도 지나치게 적용하는 것으로 생각될지도 모른다. 그러나 이러한 요구는 원초적 입장에서 받아들여질 것이며 따라서 공정으로서의 정의관은 그 기본 이념에 어떤 변경도 없이 이러한 문제들에 적용될 것이다.

45. 시간에 대한 선호

내가 가정해 온 것은 저축의 원칙을 선택함에 있어 원초적 입장에 있는 자들은 순수한 시간 선호(time preference)를 갖지 않는다는 점이다. 우리는 이러한 가정에 대한 이유를 생각해 볼 필요가 있다. 개인의 경우에 있어서 순수한 시간 선호를 피한다는 것은 합리적인 삶의 한 특성이다. 시즈위크가 주장한 대로 합리성이란 우리의 생애의 모든 부분에 대한 공평한 관심을 의미한다. 시간상의 위치가 단지 다르다거나 어떤 것이 오직 앞에 오거나 뒤에 온다고 해서 그 자체가 그것에 대하여 관심의 경중을 달리해야 할 합리적인 이유는 있을 수 없다. 물론 현재나 가까운 미래는 그것이 갖는 보다 큰 확실성이나 확률로 인해서 보다 중요시될 수도 있으며, 우리는 특정한 쾌락에 대한 우리의 처지나 능력이 어떻게 변할 것인지도 고려해야만 한다. 그러나 그렇다고 해서 그것이 단지 시간상으로 보다 가까이 위치하고 있다는 이유로 우리가 미래의 보다 큰 선보다 현재의 보다 작은 선을 택하는 것이 정당화되는 것은 아니다(64절).[23]

그런데 시즈위크의 생각에는 보편적인 선(universal good)의 개념과 개인적인 선(individual good)의 개념은 본질적인 점에서 유사하다는 것이다. 그는 한 개인의 선이 시간적으로 서로 계기하는 각 순간들의 상이한 선들을 비교, 통합함으로써 구성되는 것과 마찬가지로 보편적 선도 상이한 많은 개인들의 선을 비교, 통합함으로써 성립한다고 주장한다. 전체에 대한 부분의 관계나 부분들 상호간의 관계는 어느 경우에 있어서나 공리의 합산 원칙에 의거한다는 점에서 유사한 것이라 한다.[24] 그래서 사회에 있어서 정의로운 저축의 원칙은 순수한 시간 선호에 영향을 받아서는 안 되는데, 그 이유는 앞에서와 같이 개인이나 세대에 있어 시간상의 위치가 다르다고 해서 그들을 서로 달리 취급한다는 것은 그 자체로서 정당화될 수는 없기 때문이다.

공정으로서의 정의관에 있어서는 정의의 원칙이 한 개인의 합리적 선택 원칙의 확대가 아니기 때문에 시간 선호에 대한 논의도 달라져야 한다. 그 문제도 원초적 입장에 의거해서 결정된다. 그리고 일단 그러한 입장에서 바라보게 되면 우리는 동일한 결론에 이르게 된다. 당사자들이 시간상의 단순한 위치에 특정한 비중을 둘 이유는 없다. 그들은 문명의 각 수준에 대한 저축의 비율을 택해야만 한다. 만일 그들이 미래의 사태가 현재에서는 덜 중요하게 보이기 때문에 보다 가까운 시기와 보다 먼 시기를 구별한다면 미래에서는 현재의 사태가 덜 중요하게 생각될 것이다. 비록 어떤 결정이 현재 내려져야 한다 할지라도 미래에서 현재를 대수롭지 않게 생각할 이유가 없듯이 현재에서 미래를 대수롭지 않게 생각할 이유도 없는 것이다. 상황은 대칭적이며 어느 하나를 선호한다는 것은 똑같이 임의적인 것이다.[25] 원초적 입장에 있는 자는 무지의 베일 속에서 각 시기에 대한 관점을 취하기 때문에 그러한 대칭 관계가 그들에게는 분명할 것이며 그들은 보다 가까운 시기에 비중을 보다 크게 두거나 작게 두는 원칙에 동의하지 않을 것이다. 오직 이렇게 해서 그들은 모든 관점에서 보아 일관된 합의에 도달할 수 있는데 왜냐하면 시간 선호의 원칙을 받아들인다는 것은 시간상으로 서로 상이한 처지에 놓인 사람들에게 상호간의 요

23) *The Methods of Ethics*, 제 7 판 (London: Macmillan, 1907), p. 381. 시간 선호는 Ramsey, "A Methematical Theory of Saving"에 의해서도 역시 배척되고 있다.

24) *Methods of Ethics*, p. 382. 또한 30절, 각주 37 참조.

25) Sen, "On Optimizing the Rate of Savings", p. 482 참조.

구를 그러한 우연성에만 바탕을 둔 서로 다른 비중에 따라 평가하도록 허용한다는 것과 같기 때문이다.

순수한 시간 선호를 배제하는 것이 합리적 사려와 합치하듯이 그것은 불확실성과 변화하는 여건들을 고려하는 것과 합치하지 못할 것도 없으며, 그것이 투자에 한정된 자금을 배당하기 위해서 (사회주의적 혹은 사유 재산체적 경제에 있어서) 이율을 사용하는 것을 배제하지도 않는다. 오히려 제한 사항은 정의의 제 1 원칙에 있어서 우리가 시간적으로 앞에 오거나 뒤에 온다는 이유만을 들어서 세대들을 달리 취급할 수 없다는 점이다. 이러한 점에서 올바른 원칙에 이르도록 원초적 입장이 규정되어진다. 개인의 경우에 있어서 순수한 시간 선호란 비합리적인데 그것은 그가 모든 순간이 한 생애의 똑같은 부분들임을 보지 못한다는 것을 의미하기 때문이다. 사회의 경우에 있어서는 순수한 시간 선호란 부정의한 것인데 그것은 생존자가 그 자신의 이익을 도모하기 위해서 시간상 그들의 위치를 이용한다는 것(미래가 보다 가볍게 평가되는 보다 일상적인 경우에 있어서)을 뜻하기 때문이다.

그런데 계약론의 입장은 시간 선호를 사회적 선택의 근거로서 받아들이지 않는다는 점에서 시즈위크에 동의한다. 만일 현존자가 이러한 고려 사항에 의해 마음이 좌우되는 것이 허용된다면 그들은 그들의 조상이나 후손들을 부당하게 취급할 수 있다. 그런데 이러한 주장은 민주적 원칙에 위배될지도 모르는데 왜냐하면 이 원칙은 현 세대의 소망에 의해 사회 정책이 결정될 것을 요구한다고 때때로 말해지기 때문이다. 물론 그러한 선호는 적절한 조건 아래서 해명되고 확인될 필요가 있다. 미래에 대한 집단적 저축은 공공선이 갖는 여러 측면을 갖고 있으며 고립과 확언의 문제가 이 경우에도 일어난다. [26] 그러나 이러한 난점들이 극복되고 정보에 의한 현 세대의 집단적 판단이 필요한 조건 아래 알려져 있다고 가정할 경우 민주주의적 국가관은 공공의 판단이 분명히 그릇되었을 경우에도 미래의 세대를 위해서 정부가 간섭하는 것을 찬성하지 않는다고 생각할 수 있다.

이러한 주장이 올바른 것인지의 여부는 그것이 해석되는 방식에 달려 있다. 그것이 민주적 헌법에 대한 서술이라는 데에는 반론이 있을 수 없다. 일단 공공의 의지가 입법이나 사회 정책에 분명히 표현되면 정부는 민주적이기를 그만두지 않은 이상 그것을 침해할 수 없다. 어느 정도의 저축이 행해져야 하는가에 대한 유권자의 견해를 무시하는 일은 허용되지 않는다.

---

26) Sen, 같은 책, p. 479; S.A. Marglin, "The Social Rate of Discount and the Optimal Rate of Investment", *Quarterly Journal of Economics*, 제 77 권(1963), pp. 100~109 참조.

만일 민주적 체제가 정당화된다면, 이를 무시하려는 힘을 갖는 정부는 결국 보다 큰 부정의를 결과하는 것이 보통이다. 우리는 여러 입헌적 체제 가운데 정의롭고도 효율적인 입법을 결과할 가능성에 따라서 결정을 짓게 된다. 민주주의자란 민주적 헌법이 이러한 기준을 가장 잘 충족 시킨다고 믿는 자이다. 그러나 그의 정의관에는 미래 세대의 정당한 요구에 대한 규정도 포함되어 있다. 비록 체제의 선택에 있어 실제상의 문제로서 유권자가 최종적인 언권을 가지긴 하나 그러한 유일한 이유는 그의 소망을 침해할 수 있는 권능을 가진 정부보다 그가 올바를 가능성이 더 크기 때문이다. 그런데 유리한 조건 아래서 일지라도 정의로운 헌법은 불완전한 절차적 정의의 경우이므로 사람들도 그릇된 결정을 할 수가 있다. 돌이킬 수 없는 실수를 범함으로써 다른 정부 아래에서는 방지할 수도 있을 커다란 과오가 다른 세대에까지 오래 그 영향을 미칠 수가 있다. 더우기 부정의가 아주 분명한 것이어서 민주 체제 자체의 바탕이 되어 있는 것과 같은 정의관에 의해서도 그러한 것으로 증명될 수도 있을 것이다. 이러한 정의관의 몇 가지 원칙은 실제로 헌법 속에 어느 정도 명백히 나타나거나 그것을 해석함에 있어 사법의 유권적인 견해에 의해서도 자주 인용될 수도 있다.

그런데 이러한 경우들에 있어서 민주주의자가 어떤 적절한 불복종의 방식을 통해서 공공 의지에 반대하지 못할 이유는 없으며 비록 정부의 관리가 그것을 거부한다 할지라도 못할 이유가 없다. 비록 우리가 민주 헌정의 견실성을 신뢰하고 그것을 지지할 의무를 받아들인다 할지라도 집단적 판단이 완전히 부정의한 것일 경우에는 특정한 법규에 따라야 할 의무를 이행하지 않을 수 있는 것이다. 저축의 기준에 관한 공공의 결정에 어떤 신성 불가침적인 것은 없으며 그것이 시간 선호에 관해서 갖는 편견은 특별한 고려를 받을 가치가 없다. 사실상 피해받은 당사자나 미래의 세대가 없으면 한층더 해결이 어려워지게 된다. 만일 어떤 사람이 다른 형태의 정부가 더 나을 것이라고 생각하여 그것을 목표로 해서 그의 노력을 기울이지만 않는다면 그는 민주주의자가 되기를 중지한 것은 아니다. 그가 그렇게 믿지는 않으나 그 대신에 예를 들어 시민적 불복종이나 양심적 거부의 행동과 같은 적절한 형태의 불복종을 민주적으로 입법화된 정책을 수정하는 데 필요하고도 합당한 방식으로 생각하는 한 그의 행위는 민주 헌법을 받아들이는 것과 일관된 것이다. 다음 장에서 나는 이 문제를 보다 상세히 논의하고자 한다. 우선 그 요점만 말하면, 다른 모든 사회적 결정과 마찬가지로 미래에의 조항에 관한 집단적 의지도 정의의 원칙들에 의거해 있다는 점이다. 이 경우가 특수한 성격을 갖는다고 해서 그것이 예외로 되지는 않는다.

우리가 주목해야 할 것은 제 1 원칙으로서 순순한 시간 선호를 받아들이지 않는 것은, 미래를 어느 정도 무시하는 것이, 그렇지 않을 경우에 결함이 있게 될 기준을 개선할 수 있음을 인정하는 것에 부합된다는 점이다. 예를 들어서 내가 이미 말했듯이 공리주의적 원칙은 전 세대에 지나친 어려움을 부과하는 극단적으로 고율의 저축을 결과하게 된다. 이러한 결과는 미래에 살게 될 자들의 복지를 경시함으로써 어느 정도 수정될 수 있다. 후대의 복지가 중시되지 않는 까닭에 그 이전만큼 많은 양이 저축될 필요가 없다. 또한 가정된 효용 함수에 있어서 매개 변수를 조정함으로써 요구되는 저축을 변경시킬 수도 있다. 나는 여기에서 이 문제를 논의할 수는 없다.[27] 불행히도 내가 표명할 수 있는 견해라고는 이러한 방도들이 단지 그릇된 원칙의 결과들을 완화시켜 준다는 점뿐이다. 어떤 관점에서 볼 때 이러한 사정은 공리의 기준과 평등의 원칙을 결합한 직관주의적 입장에서 발견되는 바와 유사하다(7 절 참조). 평등의 기준은 적절히 조정만 되면 공리의 기준을 수정하는 데 도움이 될 것이지만 그 원칙들 각각으로는 받아들일 만한 것이 못 된다. 그래서 이와 유사한 방식으로 적합한 저축률이란 전 시간에 걸쳐서 사회적 효용을 극대화하는 것이라는 관념으로부터 출발할 경우에는 미래의 세대의 복지에 비중이 보다 가볍게 주어진다면 우리는 보다 그럴 듯한 결론을 얻을 수 있을 것이다. 그리고 가장 적합한 경시는 인구의 증대 속도와 자본의 생산성 등에 의존하게 될 것이다. 우리가 할 일은 우리의 직관적인 판단이 보다 잘 부합되는 결론에 도달할 수 있도록 어떤 매개 변수를 조정하는 일이다. 우리는 세대들간의 정의를 달성하기 위해서 공리의 원칙에 대한 이러한 수정이 필요하다는 사실을 알 수 있을 것이다. 확실히 시간 선호의 개념을 도입하는 것은 이러한 경우에서는 하나의 개선이 될 수 있을 것이다. 그러나 그것을 이러한 경우에 끌어들이는 것은 우리가 그릇된 견해로부터 출발했다는 것을 지적하는 것이다. 이 경우의 사정과 앞서 언급한 직관주의적 견해간에는 차이가 있다. 평등의 원칙과는 달리 시간 선호는 어떤 본질적인 윤리적 호소력을 갖지 않는다. 그것은 공리의 기준이 가지는 결과들을 완화시키기 위해서 순전히 미봉책으로 도입된 것이다.

27) Chakravarty, *Capital and Development Planning*, pp. 39 이하, 47, 63〜65, 249 이하 참조. Solow, *Growth Theory*, pp. 79〜87 은 수학적 문제에 대한 해명을 제시한다.

46. 우선성에 관한 그 밖의 사례

정의로운 저축의 문제는 정의의 우선성(priority)이 갖는 더 이상의 사례들을 예시하기 위해서 이용될 수도 있다. 계약론의 한 가지 측면은 그것이 어떤 세대가 다음 세대의 복지를 위해서 요구될 수 있는 저축량의 상한선을 설정한다는 점이다. 정의로운 저축 원칙은 저축의 비율에 대한 제한 조건으로서 작용한다. 각 세대는 정의로운 제도를 위해 필요한 조건들과 자유의 공정한 가치를 달성하기 위해서 그 공정한 몫을 행해야 한다. 그러나 그 이상을 요구할 수는 없다. 그런데 특히 이득의 총합이 매우 크고 장기적인 향상을 나타낼 때에는 보다 고율의 저축이 요구될 수도 있다는 반론이 있을지도 모른다. 어떤 사람은 이에서 더 나아가 정의의 제 2 원칙에 위배되는 부와 권력에 있어서의 불평등은 그에 따라 생기는 경제적·사회적 이득이 아주 클 경우에는 정당화될 수 있다고 주장한다. 그들은 자신의 견해를 밑받침하기 위해 우리가 다음 세대의 복지를 위해서 이러한 불평등과 저축률을 받아들일 것으로 보이는 경우들을 지적한다. 예를 들어 케인즈에 의하면 세계 제 1 차 대전 전에 성립된 자본의 거대한 축적은 부가 평등하게 분배되는 사회에서는 결코 생겨날 수 없다는 것이다.[28] 그는 말하기를 19세기의 사회는 증대된 소득이 그것을 거의 사용하지 않을 자의 손에 쥐어지도록 편성되었다 한다. 신흥 부유층은 대단한 소비를 감당할 만큼 성장해 있지 않았으며, 당장의 소비에서 오는 만족보다 투자에서 오는 재력을 택하였다. 자본의 급속한 형성과 모든 이의 일반적인 생활 수준을 다소 꾸준하게 향상되게 한 것은 바로 부의 분배에 있어서의 불평등이었다. 케인즈의 견해에 따르면 자본주의적 체제의 주요한 정당화의 근거를 제시한 것은 것은 바로 이러한 사실이라는 것이다. 만일 부유층이 그들의 새로운 부를 자신에게 소비했다면 이러한 체제는 지탱되기 어려운 것으로 거부되었을 것이다. 물론 복지와 문화의 수준을 향상시키는 데는 케인즈가 서술한 것보다 더 효율적이면서도 정의로운 방식이 있다. 사회가 투자 기금을 마련하기 위해서 부자들에게 그들이 마땅히 자신에게 소비할 수 있다고 생각하는 것 이상을 소유할 수 있게 하는 경우는 오직 귀족 계층의 방종과는 반대되는 자본가 계층의 절약 정신을 내포하는 특수

---

[28] J.M. Keynes, *The Economic Consequences of the Peace*(London: Macmillan, 1919), pp. 18~22 참조.

한 여건에서이다. 그러나 여기에서 중요한 점은 케인즈의 전제의 정당성 여부는 노동자 계층의 처지가 개선되는가에 의해서만 판명될 수 있다. 비록 그들의 처지가 어렵게 보일지라도 케인즈는 체제 내에 눈에 띄는 많은 부정의가 있지만 이러한 것들이 제거되고 보다 불리한 자들의 처지가 개선될 현실적 가능성은 없었다고 주장할 것이다. 만일 다른 체제 아래에서라면 노동자의 처지가 훨씬더 악화되었으리라는 것이다. 우리는 이러한 주장들의 진위를 고려해 볼 필요는 없다. 흔히 생각해 왔던 것과는 달리 케인즈는 빈자들의 노고가 다음 세대의 보다 큰 복지에 의해 정당화된다고 말하지 않았다는 것을 주목하는 것으로 충분하다. 이것은 효율성이나 보다 큰 이익 총합에 대한 정의의 우선성과 합치한다. 저축의 문제에 대한 정의의 요구 조건을 어길 때는 언제나 그것을 어기지 않으면 부정의를 당하는 자들에게 더 큰 피해를 가져오게 되는 사정임을 밝혀야 한다. 이 문제는 자유의 우선성(39절 참조)이라는 제목 아래에서 이미 논의한 바와 유사하다.

분명한 사실은 케인즈가 염두에 두었던 불평등은 공정한 기회 균등의 원칙에도 역시 어긋난다는 점이다. 그래서 우리는 이러한 기준의 위반을 변호하기 위해 어떤 논증을 펴야 하며 적합한 우선성 규칙을 어떻게 정식화해야 할 것인지를 생각하게 된다.[29] 많은 학자들의 주장에 의하면 공정한 기회 균등은 위험한 결과를 가져오게 되리라는 것이다. 그들은 어떤 종류의 계층적인 사회 구조와 지배적인 유전적 특성을 갖는 통치 계층은 공공선을 위해서 필수적인 것이라 믿고 있다. 정치 권력이란 그 사회의 법 전통에서 경험도 쌓고 어릴 때부터 그것을 받아들이도록 교육받은 사람 그리고 그들의 보장된 지위의 특권과 예절로 그들의 포부가 조정된 자에 의해 행사되어야 한다. 그렇지 않으면 교양과 신념이 없는 자들이 그들의 편협한 목적을 위해 국가의 권력을 행사하고자 서로 경쟁하게 될 커다란 모험을 감수해야 한다. 그래서 버크는 통치 계층의 훌륭한 가문들은 그들의 정치적 지배의 지혜를 통해서 대대로 일반 복지에 기여한다고 믿었다.[30] 그리고 헤겔은 장자 상속과 같이 기회 균등에의 제한은 지주 계층으로 하

---

29) 이 구절과 다음 몇 구절에서 내가 도움을 받은 것은 Lessnoff이다. *Political Studies*, 제 19 권(1971), pp. 75 이하에 있는 그의 논문 참조. 이곳과 39 절에서 우선성 규칙에 대한 논의는 그의 비판으로부터 도움을 받은 것이다.

30) *Reflections on the Revolution in France*(London: J.M. Dent and Sons, 1910), p. 49; J. Plamenatz, *Man and Society*, 제 1 권 (London: Logmans, Green, 1963), pp. 346~351 참조.

여금 계급이나 이권의 추구 및 시민 사회의 여러 우연성으로부터 독립시킴으로써 특히 통치에 적합하도록 보장하는 데 필수적이라고 생각하였다.[31] 특권이 부여되는 가문이나 재산 제도는 그 혜택을 받는 자들로 하여금 전체 사회의 이익을 위한 보편적인 관심을 보다 선명히 갖도록 준비시킨다. 물론 고정적으로 계층화된 체제를 옹호할 필요는 없으며 그와 반대로 통치 계층의 활기를 위해서 비상한 재능을 가진 자는 언제나 그 계층에 가담할 수 있고 그들이 전적으로 받아들여진다는 것이 중요하다고 주장할 수 있다. 그러나 이러한 조건은 공정한 기회의 원칙을 부인하면서도 가능한 것이다.

그런데 차등 원칙에 있어서 공정한 기회의 우선성에 부합하기 위해서는 버크와 헤겔이 했던 것으로 보이는 바와 같이 최소 수혜자를 포함한 사회 전체가 기회 균등에 대한 어떤 제한으로부터 이득을 본다고 논하는 것으로는 충분치가 못하다. 우리는 또한 이러한 불평등을 제거하려 하게 되면 사회 체제나 경제 활동에 지장이 있으므로 결국은 불리한 자들의 기회가 훨씬더 제한된다는 것을 주장할 수 있어야만 한다. 공정한 기회의 우선성은, 자유 우선성의 경우에서와 꼭 마찬가지로 우리가 보다 적은 기회를 가진 자들에게 주어지는 선택의 가능성에 호소해야 함을 의미한다. 우리는 그러한 우선성이 없을 경우보다도 그들에게 보다 바람직한 더 넓은 선택의 영역이 열려진다고 주장해야만 한다. 사회의 전체가 이득을 본다는 보다 불확실한 주장은 축차적 서열을 버리고 공정한 기회와 경제적·사회적 이득을 직관적으로 대조하는 것으로 나아가는 것이 정당한 경우에만 충분한 것이 된다. 이러한 경우는 정의의 원칙들이 갖는 축차적 서열도 마찬가지로 포기할 것을 우리에게 요구하거나 하지 않을 수 있다. 두 가지 서열은 서로 상이한 시간에서만 작용할 수가 있다.

나는 이같이 복잡한 문제를 더 이상 추구하지 않겠다. 그러나 우리가 주목해야 할 것은 가족의 내적 생활이나 교양 상태는 다른 것에 못지 않게 교육을 받고자 하는 아동의 동기와 능력 및 나아가서는 그의 인생 전망에 영향을 미치기는 하지만 이러한 결과가 있다고 해서 그것이 반드시 공정한 기회 균등과 양립할 수 없는 것은 아니라는 점이다. 정의의 두 원칙을 충족시키는 질서 정연한 사회에서조차도 가정은 개인간에 있어서 균등한 기회의 장애물이 될 것이다. 왜냐하면 앞에서 규정한 바와 같이 제 2 원칙은

---

31) *Philosophy of Right*, 306 절, trans. T.M. Knox(Oxford: The Clarendon Press, 1942), p. 199.

사회의 모든 계층에 있어서 유사한 재능과 의사를 갖는 자들에게 동등한 인생 전망을 요구할 뿐이다. 동일한 계층에 있어서도 가정에 있어 아동의 포부를 형성하는 방식에 차이가 있게 되면 그 계층 내에서는 공정한 기회의 균등이 성립하면서도 개인간에는 동등한 기회가 성립하지 않는다. 이러한 가능성은 기회의 균등이라는 개념이 어느 정도 실현될 수 있는가에 대한 문제를 제기하지만 이에 대한 언급은 나중으로(77절) 미루겠다. 여기서 이야기하고자 하는 것은 단지 차등의 원칙과 우선성 원칙을 따르게 되면 완전한 기회 균등을 달성해야 한다는 긴박감을 감소시켜 주는 의의가 있다는 점이다.

나는 공정한 기회 균등의 원칙에 우선해서 계층적 계급 구조를 옹호할 만한 타당한 논거가 있는가에 대해 더 이상 검토하지는 않겠다. 이러한 문제들은 정의론의 일부가 아니다. 중요한 점은 이 같은 주장이 때로는 독선적이고 위선적으로 보이기는 하지만 차등의 원칙이나 그것이 지향하는 축차적 서열에 비추어 해석됨으로써 일반적인 정의관을 예시하는 것이 될 경우 그것은 올바른 형태를 갖게 된다는 점이다. 타인들이나 전체 사회가 누리게 되는 보다 큰 이득 총량에 의해서도 공정한 기회 균등의 침해는 정당화되지 않는다. 주장될 수 있는 사항은(옳든 그르든간에) 이러한 불평등이 제거될 경우에는 공동 사회에 있어서 최소 수혜자 계층의 기회가 한층 더 줄어든다는 점이다. 우리는 정의의 원칙들을 완전히 실현할 수 있는 조건이 존재하지 않는 까닭에 그러한 불평등이 부정의하지는 않다고 주장해야 한다.

이상과 같은 우선성 문제를 생각해 보았으므로 이제 나는 제도상의 정의의 두 원칙에 대한 최종적인 진술을 하고자 한다. 완전을 기하기 위해 앞서 정식화된 것들을 포함해서 진술하고자 한다.

제 1 원칙

각자는 모든 사람의 유사한 자유 체계와 양립 가능한 평등한 기본적 자유의 가장 광범한 전체 체계에 대한 평등한 권리를 가져야 한다.

제 2 원칙

사회적 · 경제적 불평등은 다음 두 가지, 즉

(a) 그것이 정의로운 저축 원칙과 양립하면서 최소 수혜자에게 최대 이득이 되고

(b) 공정한 기회 균등의 조건 아래 모든 사람에게 개방된 직책과 직위에 결부되도록 배정되어야 한다.

제 1 우선성 규칙(자유의 우선성)

정의의 원칙들의 순위는 축차적 서열로 되어야 하며 따라서 자유는 오직 자유를 위해서만 제한될 수 있다. 여기에도 두 가지 경우가 있는데, 즉

(a) 덜 광범위한 자유는 모든 이가 공유하는 자유의 전 체계를 강화할 경우에

(b) 덜 평등한 자유는 자유를 작게 가진 자들에게 용납될 수 있을 경우에 허용될 수 있다.

제 2 우선성 규칙(효율성과 복지에 대한 정의의 우선성)

정의의 제 2 원칙은 서열상으로 효율성의 원칙이나 이득 총량의 극대화 원칙에 우선적이며 공정한 기회는 차등의 원칙에 우선해야 한다. 여기에는 두 가지 경우가 있는데, 즉

(a) 기회의 불균등은 적은 기회를 가진 자의 기회를 증대해 줄 경우에

(b) 과도한 저축률은 결국 이러한 노고를 치르는 자들의 부담을 경감시키는 경우에 허용될 수 있다.

일반적 정의관

모든 사회적인 기본 가치(선) — 자유, 기회, 소득, 부 및 자존감의 기반 — 는 이러한 가치들의 일부 혹은 전부의 불평등한 분배가 최소 수혜자의 이득이 되지 않는 한 평등하게 분배되어야 한다.

이에 한마디 덧붙이면 이들 원칙이나 우선성 규칙들이 완전하다고 할 수 없음은 물론이며 확실히 더 이상의 수정이 가해져야 할 것이지만 나는 원칙들에 대한 논술을 더 이상 복잡하게 하지 않을 것이다. 비이상적인 이론으로 나가게 될 경우 우리가 일반적 정의관에 직접 의존하지 않는다는 점을 아는 것으로 충분하다. 두 원칙의 축차적 서열과 서열이 함축하는 가치 판단은 많은 경우에 있어서 우선성 규칙이 합당함을 보여주고 있다. 여러 사례를 통해서 나는 이들 규칙이 이용될 수 있는 방식을 예증하고 그들의 실현 가능성을 나타내고자 하였다. 그래서 이상론에 있어서 정의의 원칙들의 순위는 이들 원칙을 비이상적인 상황에 적용하는 방식을 반영하며 그 지침이 된다. 그것은 어떤 제한을 먼저 처리해야 할 것인가를 명시해 준다. 일반적인 정의관의 결점은 그것이 축차적 서열로 된 두 원칙이 갖는 분명한 구조를 결하고 있다는 것이다. 비이상적인 이론의 보다 극단적이고 복잡한 경우에 있어서는 그에 대한 대안이 있을 수가 없다. 어떤 점에 있어서 규칙들의 우선성이 비이상적인 경우에는 적용될 수 없을

것이다. 그리고 물론 우리는 어떤 만족한 해답을 발견할 수 없을지도 모른다. 그러나 우리는 가능한 한 최후의 심판일을 늦추도록 노력해야 하며 그러한 경우가 결코 생기지 않게끔 사회를 편성하도록 노력해야만 한다.

47. 정의에 대한 신조들

정의의 두 원칙을 충족시키는 제도 체계에 대한 서술은 이제 완결되었다. 일단 정의로운 저축률이 확인되거나 비율의 적절한 폭이라도 명시되면 우리는 사회적 최소치의 수준을 조정할 기준을 갖게 된다. 주요한 공공선으로부터 양도액 및 이득을 합한 총량은 요구되는 저축 및 평등한 자유의 유지와 더불어 최소 수혜자의 기대치를 증진하도록 배정되어야 한다. 기본 구조가 이러한 형태를 취할 때 결과되는 분배는 내용에 상관없이 정의로울(혹은 부정의하지는 않을) 것이다. 각자는 그의 합법적 기대치의 기초가 되어 있는 공공 규칙의 체계 속에서 자기가 마땅히 받아야 할 그러한 총소득(임금과 양도액)을 받게 된다.

그런데 앞에서 보았듯이(14절) 이와 같은 분배적 정의관의 주요한 특징은 그것이 순수 절차적 정의의 대부분의 요소를 내포하고 있다는 것이다. 재화와 용역의 분배를 개인들의 선호나 요구에 대한 정보에 기초해서 규정하려는 시도를 하지 않는다. 이런 유의 지식은 적절한 일반적 관점에서 볼 때 부적합한 것으로 간주된다. 그리고 어떤 경우에나 그것은 사람들이 합의하리라고 합당하게 기대되는 정도의 단순성을 가진 원칙들에 의해 처리될 수 없는 복잡성을 도입하게 된다. 그러나 순수 절차적 정의의 개념이 성공을 거두려면 이미 내가 말한 바와 같이 배경적 제도의 정의로운 체계를 세우고 그것을 공평하게 운영하는 일이 필수적이다. 순수 절차적 정의는 기본 구조가 두 원칙을 만족시킨다는 것을 전제하고 있다.

분배의 몫에 대한 이러한 설명은 일단 (현실성있게) 경쟁적인 가격 체계가 정의로운 기본 구조 내에서 제대로 조직되고 자리잡히게 되면 소득과 임금은 정의롭게 된다는 잘 알려진 관념을 보다 정밀하게 한 것뿐이다. 이러한 조건들이면 충분한 것이다. 결과되는 분배는 공정한 경기의 결과에 비유해 볼 때 배경적 정의의 한 사례이다. 그러나 우리는 이러한 생각이 정의 여부에 대한 우리의 직관적 관념에 부합하는지를 고찰해 볼 필요가 있다. 특히 우리는 그것이 정의에 대한 상식적인 신조들(precepts)에 얼마나 잘 부합하는지를 물어야만 한다. 우리는 지금까지 이러한 개념들을 전혀 도외시해 온 것으로 생각된다. 이제 나는 그것들이 해명되어질 수 있고 그들의 종속적인 위치가 설명되어질 수 있음을 밝히고자 한다.

그 문제는 다음과 같이 말할 수 있을 것이다. 밀이 올바르게 논의한 바로는 우리가 상식적인 신조의 수준에 머무르고 있는 한 정의에 대한 이들 준칙들간의 조정은 불가능하다는 것이다. 예를 들어 임금의 경우에 있어서 각자에게 그의 노력(effort)에 따라서라는 신조와 각자에게 그의 기여(contribution)에 따라서라는 신조는 그 자체로 볼 때 서로 상반되는 지침이다. 더우기 그 각각에게 일정한 비중을 부여하게 되면 그것들은 그 상대적인 강점을 어떻게 확인해야 할지를 결정할 방도를 제시하지 못한다. 따라서 상식적인 신조는 정의롭거나 공정한 임금에 대한 결정적인 이론을 나타내지 못한다.[32] 그러나 그렇다고 해서 밀이 가정한 것으로 보이는 바와 같이 공리주의적 원칙을 채택함으로써만 만족스러운 입장을 발견할 수 있다는 결론이 나오지는 않는다. 물론 보다 고차적인 어떤 원리가 필요하기는 하지만 공리의 원칙과는 다른 대안이 있을 수 있다. 앞에 나온 여러 신조들 중 한 가지나 혹은 그것들을 결합함으로써 흔히 말해지는 바와 같이 각자로부터 그의 능력(ability)에 따라서 각자에게 그의 필요(needs)에 따라서라고 하는 제 1 원칙의 차원으로 승격시킬 수도 있다.[33] 정의론의 관점에서 볼 때는 정의의 두 원칙이 보다 고차적인 올바른 기준을 규정하고 있는 것이다. 따라서 문제는 정의에 대한 상식적인 신조들이 질서 정연한 사회에도 존재할 것인지, 어떻게 그것들이 그 적절한 비중을 부여받을 것인지를 고려해 보는 것이다.

정의로운 기본 구조를 배경으로 갖는 완전히 경쟁적인 경제 체제에 있어서의 임금의 문제를 생각해 보자. 각 기업체는 (공유이든 사유이든간에) 그 지불의 비율을 수요와 공급의 장기적인 추세에 따라서 조정해야 한다고 가정해 보자. 기업이 지불하는 비율이 너무 높으면 그들은 이 비율의 지불을 감당할 수가 없으며 너무 낮으면 가용한 다른 기회들로 인해서 충분한 인원이 그들의 기술을 제공하려 하지 않을 것이다. 모든 것을 고려한 균형 상태에 있어서 상이한 직업들이 갖는 상대적인 매력은 동일하게 될 것이다. 그 경우에 정의에 대한 여러 신조들이 어떻게 나타나는가를 알기는 쉬울 것이다. 그것들은 시장의 수요면이나 공급면에 있어서, 아니면 그 양면에 있어서 현저한 면모의 직업만을 가려내 줄 것이다. 한 기업의

---

32) *Utilitarianism*, 5 장, 단락 30.

33) 이 신조는 Marx 가 그의 *Critique of the Gotha Program, Karl Marx and Frederick Engels, Selected Works*, 제 2 권 (Moscow: Foreign Languages Publ. House, 1955), p. 24 에서 인용한 것이다.

노동자에 대한 수요는 노동이 갖는 한계 생산성, 다시 말하면 재화의 판매 가격에 의해 측정된 노동의 한 단위가 기여하는 순수 가치에 의해 결정되어진다. 기업에 대한 이러한 기여의 가치는 결국 시장 상태, 즉 가계들이 여러 재화에 대해 지불하고자 하는 바에 의해 좌우된다. 경험과 숙련, 자연적 능력과 특수한 지식에게는 특전이 돌아가게 되어 있다. 기업이 이러한 특성을 갖는 자들에게 많은 지불을 하려 하는 것은 그들의 생산성이 보다 크기 때문이다. 이러한 사실은 각자에게 그의 기여에 따라서라고 하는 신조를 설명해 주고 그에 비중을 두게 되며 특수한 경우로서 우리는 각자에게 그의 숙련에 따라서 혹은 그의 경험에 따라서 등등의 준칙을 갖게 된다. 그러나 또한 공급의 면에서 볼 때 만일 차후에 그들의 용역을 제공하게 될 자들이 훈련과 지연의 비용을 감당해야 한다고 확신하게 되면 그들에게 특별 수당이 지불되어야 한다. 이와 마찬가지로 불확실하고 불안전한 고용과 관련된 직업 또는 위험하고 지극히 힘든 상황 아래서 수행되는 직무는 더 많은 급료를 받게끔 된다. 그렇지 않으면 사람들이 그 직업을 채우는 일이 있을 수 없다. 이런 여건으로부터는 각자에게 그의 노력이나 그가 감당하는 위험 등에 따라서라는 신조가 생기게 된다. 비록 개인들이 동일한 천부적 재능을 가졌다고 가정되는 경우에라도 역시 이러한 기준들은 경제 활동의 요구 조건들로부터 생겨나게 될 것이다. 생산 단위나 일거리를 찾는 사람들의 목적이 주어질 경우 일정한 특성이 적절한 것으로 선별되어진다. 언제나 기업들의 임금 제도는 이들 신조를 알아서 조정의 시간을 두고 그들에게 시장 조건이 요구하는 비중을 부여하는 경향을 갖는다.

이 모든 것은 어느 정도 분명한 것이라 생각된다. 나아가서 보다 중요한 몇 가지 문제가 있다. 그 일례로서 서로 다른 정의관들도 거의 동일한 상식적 신조들을 제시하는 경향을 갖는다. 그래서 공리의 원칙에 의해 규정되는 사회에서는 이상에 나온 모든 기준들이 대체로 그대로 승인되기 마련이다. 경제 주체들의 의도가 거의 유사한 한에서 이러한 신조들에 의거하게 마련이고 임금 대책은 분명히 그것들을 고려하게 될 것이다. 한편 이러한 신조들에 주어지는 비중이 일반적으로 동일하지는 않을 것이다. 정의관들이 서로 달라지게 되는 것은 바로 이 점에서이다. 임금 대책이 달리 조정될 뿐만 아니라 경제 사태의 장기적인 추세도 다른 진로로 나아갈 것이 거의 확실하다. 배경적 제도 체계가 서로 다른 정의관에 의해 규제되는 경우 기업과 노동자가 대응해야 할 시장의 추세는 동일하지 않을 것이다. 수요와 공급의 상이한 균형은 여러 신조들이 서로 다르게 조정되게끔 할 것이다. 그래서 정의관들 사이의 대조점은 상식적인 기준의 수준에서가 아니라 이러한 기준이 상당 기간에 걸쳐서 받게 되는 상대적이고 변화하는 강조점에서 드러나게 된다. 어떤 경우에 있어서는 관행적이고 관습적으로 공정하고 정의로운 조정이라 생각된 것이 기본적인 것으로 간주될 수는 없는데, 왜냐하면 그것은 배경적 체제를 규제하는 원칙들과 그것들이 현행 조건들에 대해 요구하는 조정에 달려 있기 때문이다.

하나의 예를 들면 이 점이 분명해질 것이다. 한 사회의 기본 구조는 공정한 기회 균등을 제공하는데 또 다른 한 사회의 그것은 그렇지 않다고 생각해 보자. 그럴 경우 처음 사회에 있어서는 각자에게 그의 숙련과 교육에 따라서라는 것의 특정 형태로서 각자에게 그의 기여에 따라서라는 신조가 아마 훨씬 덜 중요한 대접을 받게 될 것이다. 이는 사실이 그렇듯이 사람들이 서로 다른 천부적 재능을 가졌다고 가정한다 할지라도 타당할 것이다. 그 이유는 훈련과 교육의 이득을 받은 사람들이 아주 많아서 자격을 갖춘 개인의 공급이 첫번째 사회에 있어서는 너무 많을 것이기 때문이다. 교육 대여금(혹은 보조금)을 위한 자본 시장에의 참여에 아무런 제한이나 불완전한 사항이 없는 경우에는 보다 자질이 나은 자가 얻은 특전은 훨씬 줄어진다. 보다 유리한 자와 최저 소득 계층간의 수입에 있어서의 상대적인 차이는 근소하게 될 것이며 이러한 경향은 차등 원칙에 따를 경우 더욱 강화된다. 그래서 각자에게 그의 숙련이나 교육에 따라서라는 신조는 두번째 사회보다 첫번째 사회에서 덜 중요시되며 각자에게 그의 노력에 따라서라는 신조가 더 중요시된다. 물론 정의관은 사회 조건이 변할 경우 일반적으로 신조들에 대한 적절한 조정도 마찬가지로 변할 것을 요구한다. 일정한 기간에 걸쳐서 그 원칙들을 계속 적용하게 되면 점차로 사회 구조가 변형되며 따라서 시장의 추세도 달라지고 그럼으로써 신조들의 비중도 달라지게 된다. 기존하는 조정책이 옳은 것이라 할지라도 거기에 신성 불가침한 것이라고는 없다.

나아가서 상식적인 기준들이 갖는 종속적인 지위를 염두에 두는 것이 중요하다. 때때로 그렇게 하기가 어려운 이유는 그것들이 일상 생활로부터 친숙해 있어서 그것들이 우리의 생각을 지배하고 있으므로 그 부차적인 지위가 부당한 것으로 생각되기 때문이다. 이러한 신조들 중에 어떤 것도 제 1 원리로 승격될 수는 없다. 아마 그 각각은 어떤 특정한 제도와 관련된 적절한 국면에 대한 대응책으로 생겨난 것인데 이러한 국면도 여러 국면들 중의 하나에 불과하며 그 제도 또한 특수한 경우에 지나지 않는 것이다. 그들 중의 하나를 제 1 원칙으로 채택하게 되면 고려되어야 할 다른

322 제 5 장 분배의 몫

것들이 소홀히 되는 결과가 생기게 마련이다. 그리고 만일 모든 혹은 여러 신조들이 제 1 원리로 취급되면 체계상의 명료성이 없어진다. 상식적인 신조들은 그릇된 일반성의 수준에 있는 것이다. 적절한 제 1 원칙을 발견하기 위해서는 그것을 넘어서 나아가야 한다. 물론 어떤 신조들은 처음에는 제법 일반적인 것으로 보인다. 예를 들면 각자에게 그의 기여에 따라서라는 신조는 완전한 경쟁 경제에 있어서 많은 경우의 분배에 적용된다. 분배에 대한 한계 생산성 이론을 받아들이게 되면 생산의 각 요소들은 그것이 산출에 얼마나 보탬이 되었는가에 따라 소득을 얻게 된다(생산 수단에 있어 사유 재산을 인정할 경우). 이런 의미에서 노동자는 자기 노동의 결과가 갖는 것 그 이상도 그 이하도 아닌 충분한 가치의 지불을 받게 된다. 언뜻 보면 이것은 우리에게 공정하다는 인상을 준다. 그것은 우리 노동의 결과에 대해서 자연적인 재산권이라는 전통적인 관념에 호소하는 것이다. 따라서 어떤 학자에게는 기여에 의거한 신조가 정의의 원리로서 만족스러운 것으로 생각되었던 것이다. [34)]

   그러나 이것이 타당하지 않음은 쉽게 알 수 있다. 노동의 한계 생산은 수요와 공급에 달려 있다. 개인이 그의 노동에 의해 기여하는 바는 그의 기술에 대한 기업의 수요에 따라 달라지며 나아가서 이것은 다시 그 기업의 생산물에 대한 수요에 따라 달라진다. 개인의 기여는 또한 얼마나 많은 사람이 유사한 재능을 제공하는가에 의해서도 영향을 받는다. 그런데 기본적인 시장의 추세나 거기에 반영되고 있는 기회들의 가용성이 적절하게 규제되지 않는 한 기여의 신조를 따른다고 해서 정의로운 결과가 생긴다고 미리 추정할 수는 없다. 앞에서 보아 왔듯이 적절하게 규제된다는 것은 전체로서의 기본 구조가 정의롭다는 것을 의미하고 있다. 그런데 정의의 원칙들이 요구하는 배경적 체제를 확립함이 없이는 정의의 신조들에 대해서 적절한 비중을 부여할 수 있는 방도가 없다. 물론 예를 들어 경쟁적인 경제에서는 기여의 신조가 강조되듯이 특정한 제도는 일정한 신조를 특별히 강조하게 될 것이다. 그러나 어떤 신조만을 분리해서 보아서는 최종적인 분배의 정의에 대한 어떤 추론도 할 수가 없다. 많은 신조들에 대한 전반적인 조정은 전체 체제에 의해 이루어진다. 필요라는 신조는 양도처에 맡겨지는데 그것은 전체 임금의 신조로서 역할을 할 수가 없다. 분배적 몫의 정의를 평가하기 위해서는 우리가 배경적 체제의 전반적 작용,

---

34) J.B. Clark 는 때때로 하나의 예로서 인용된다. 그러나 J.M. Clark, *The Development of Economic Thought*, ed. H.W. Spiegel(N.Y.: John Wiley and Sons, 1952), pp. 598~612 참조.

각 부처로부터 생겨나는 소득과 부의 비율에 주목해야 한다.[35]

　상식적 신조에 대한 지금까지의 해명과 순수 절차적 정의라는 이념에 대해서 완전히 경쟁적인 경제 체제는 결코 실현될 수가 없다는 반론을 펼지도 모른다. 실제에 있어서 생산의 요소들이 그 한계 생산을 얻는 일이 없으며 현대적인 조건 아래서 어떻든 산업은 곧 소수의 대기업에 의해 지배되어진다. 경쟁은 기껏해야 불완전할 뿐이고 사람들은 그들의 기여 가치보다 적게 받게 되며 이런 의미에서 그들은 착취를 당한다는 것이다.[36] 이에 대한 대답은 우선 어떤 경우에 있어서나 적합한 배경적 제도를 갖는 적절히 규제된 경쟁적 경제 체제의 개념은 정의의 두 원칙이 실현될 수 있는 방식을 보여 주는 이상적인 체계라는 점이다. 그것은 이러한 원칙들의 내용을 예시하고 사유 재산 경제 체제나 사회주의적 체제가 이러한 정의관을 만족시킬 수 있는 한 가지 방식을 나타내 주는 데 도움이 된다. 현존하는 조건들은 언제나 이상적인 가정에 미치지 못한다는 것을 인정할 때 우리는 무엇이 정의로운 것인가에 대한 어떤 개념을 갖게 된다. 나아가서 우리는 현존하는 불완전성이 얼마나 심각한지를 평가하고 이상에 접근하는 최선의 길을 결정하는 데 보다 나은 처지에 있게 된다.

　대답의 두번째 점은 다음과 같다. 사람들이 시장의 불완전성으로 인해 착취당하는 의미는 아주 특수한 의미로서, 즉 기여의 신조가 지켜지지 않았음을 의미하며 이는 가격 체계가 더 이상 효율적인 것이 아니어서 생겨난다는 것을 뜻한다. 그러나 방금 우리가 보았듯이 이러한 신조는 부차적인 여러 기준들 중의 하나에 불과하며 실제로 중요한 것은 전체 체제의 운용이며 이들 결함들이 다른 곳에서 보완되는지의 여부이다. 나아가서 충족되어지지 않는 것은 본질상 효율성의 원칙이므로 전체 사회가 착취당하고 있다고 말해도 좋을 것이다. 그러나 사실상 착취라는 개념은 여기에서는 문제가 되지 않는다. 그것은 배경적 체제 내의 심각한 부정의를 의미하며 시장의 비효율성과는 별로 관계없는 것이다.[37]

　끝으로 공정으로서의 정의관에 있어서 효율성의 원칙이 갖는 부차적인 위치에 비추어 볼 때 시장의 완전성으로부터 어쩔 수 없이 이탈하게 되는

---

35) 그래서 Marx에 대한 대답에서 J.B. Clark가 범한 오류는 그가 배경적 정의의 문제를 충분히 고려하지 않았다는 점이다. J.M. Clark, 같은 책, pp. 610 이하 참조. 마르크스적인 착취는 재산 관계의 어떤 구조로부터 비롯된 것이므로 완전 경쟁과 양립 가능한 것이다.

36) 착취에 대한 이러한 정의에 관해서는 A.C. Pigou, *The Economics of Welfare*, 제 4판(London: Macmillan, 1932), pp. 549~551 참조.

37) M. Blaug, *Economic Theory in Retrospect*, pp. 434 이하 참조.

것은 특별히 걱정할 바가 아니다. 보다 중요한 것은 경쟁 체제는 자유 결
사의 원칙 및 공정한 기회 균등을 배경으로 한 개인적인 직업 선택의 여
지를 준다는 것과 가계들에게 사적인 목적을 위해 생산될 품목을 규제하
는 결정권을 준다는 점이다. 기본적인 필요 조건은 경제 체제와, 자유 및
자유로운 결사를 위한 제도의 양립 가능성이다. 그래서 만일 시장이 어
느 정도 경쟁적이고 개방적이라면 순수 절차적 정의의 개념 또한 따를
만한 현실성을 가진 것이다. 그것은 가능한 여러 가지의 기준들이 결합
되어 일관성있고 현실성있는 하나의 개념 체계로 분명하게 구성되어 있
기 때문에 다른 전통적인 이념들보다 더 실현 가능한 것이라 생각되어
진다.

48. 합법적 기대치와 도덕적 응분

상식은 소득이나 부 그리고 생 일반에 있어서 좋은 것(善)은 도덕적 응
분(moral desert)에 따라 분배되어야 한다고 생각하는 경향이 있다. 정의
란 덕에 상응하는 행복이라는 것이다. 이러한 이상은 결코 온전히 실현될
수 없다는 것이 인정되고 있기는 하나 그것은 적어도 조건부 원칙(prima
facie principle)으로서 적절한 분배적 정의관이 될 수 있으며 사회는 여건
이 허락하는 한 그것을 실현하도록 힘써야 한다는 것이다.[38] 그런데 공정
으로서의 정의관은 이러한 입장을 거부한다. 이러한 원칙은 원초적 입장
에서 채택되지 않을 것이다. 그 상황에 있어서는 필요한 기준을 규정할 방
도가 없는 것으로 보인다. 나아가서 덕에 따른 분배라는 개념은 도덕적 응
보와 합법적 기대치(legitimate expectations)를 구분하지 못한다. 그래서
개인이나 집단이 정의로운 체제에 참여하고 있을 경우 그들은 공인된 규칙
에 규정된 바 서로에 대한 요구권을 갖게 되는 것이 사실이다. 현존 체제
가 권장하는 여러 가지를 행함으로써 그들은 어떤 권리를 갖게 되며 정의
로운 분배적 몫은 이러한 요구권에 대한 대가가 된다. 그런데 정의로운 체
제는 사람이 당연히 받을 권리가 있는 바를 만족시켜 주는데, 즉 그것은
사회 체제에 기초한 그들의 합법적인 기대치를 만족시켜 준다. 그러나 그

---

38) 예를 들어서 W.D. Ross, *The Right and the Good*(Oxford: The Clarendon
Press, 1930), pp. 21, 26~28, 35, 57 이하 참조. 이와 마찬가지로 Leibniz
도 "On the Ultimate Origin of Things"(1967)에서 말하기를 "정의의 법은
각자(각 개인)가 자신의 미덕과 공공선에 대해 품고 있는 선 의지에 비례
해서 우주의 완성이나 자신의 행복에 참여할 것을 명하고 있다"고 말했다.
Leibniz ed. P.P. Wiener (N.Y.: Charles Scribner's Sons, 1951), p. 353 참조.

들에게 권리가 있는 것이란 그들이 갖는 본질적 가치(intrinsic value)에 비례하거나 의존하는 것이 아니다. 기본 구조를 규제하고 개인의 권리나 의무를 명시하는 정의의 원칙들은 도덕적인 응분에 관해서 언급하지 않으며 분배의 몫도 응분에 상응하는 경향을 갖지 않는다.

이러한 주장은 상식적인 신조와 순수 절차적 정의에서 갖는 그러한 신조들의 역할에 대한 앞서의 설명으로부터 생겨난 것이다(47절). 예를 들면 임금을 결정함에 있어서 경쟁적 경제 체제는 기여의 신조에다 비중을 두게 된다. 그러나 앞에서 보았듯이 한 사람의 기여도(그의 한계 생산성에 의해 평가됨)는 공급과 수요에 달려 있다. 물론 한 사람의 도덕적 가치(moral worth)는 얼마나 많은 사람이 그와 유사한 기술을 제시하는가 혹은 그가 생산할 수 있는 것을 얼마나 많은 사람이 우연히 원하게 되는가에 따라서 달라지지는 않는다. 어떤 사람의 능력이 덜 요구되고 저하되어 간다 해도 (가수들의 경우에 있어서와 같이) 그의 도덕적인 자격이 비슷하게 변하게 된다고 생각할 자는 아무도 없다. 이와 같은 모든 것은 아주 분명한 것이어서 의견 일치가 있어 온 지 오래다. [39] 그것은 단지 앞서 주목했던 사실들(17절), 즉 아무도 그의 천부적 재능을 배정받음에 있어 자기의 위치를 가져야 할 응분의 이유가 없는 것과 마찬가지로 그가 사회에 있어서 그의 최초의 출발점을 당연히 그렇게 가져야 할 이유가 없다는 것은 우리의 도덕적 판단의 고정점 중의 하나라는 사실을 반영하고 있을 뿐이다.

나아가서 정의의 신조들 중 어떤 것도 덕에 보답하는 것을 목표로 하는 것은 없다. 예를 들어서 드문 천부적 재능에 의해 얻어진 특전은 훈련의 경비를 감당하고 학습 노력을 권장할 뿐만 아니라 그 능력이 공익을 가장 잘 증진해 줄 방향으로 지향하게 한다. 결과되는 분배의 몫이 도덕적 가치에 상응하는 것은 아니다. 왜냐하면 천부적 재능을 최초로 부여받는 것과 어린 시절에 그것을 기르고 배양하게 되는 우연성은 도덕적인 관점에서 볼 때 임의적(arbitrary)인 것이다. 도덕적 가치에 보답하는 것에 가장 가까운 것이라고 직관적으로 생각되는 신조는 노력에 따른, 혹은 보다 나은 표현으로 한다면 양심적인 노력에 따른 분배라는 신조이다. [40] 하지만 다시금 분명해지는 바는 사람이 자발적으로 하고자 하는 노력은 그의 천부적 능력이나, 기능 그리고 그에게 가능한 대안들의 영향을 받게 된다. 보다 나은 자질을 가진 자는 다른 것들이 같을 경우 양심적으로 노력하기

---

39) F.H. Knight, *The Ethics of Competition*(N.Y.: Harper and Brothers, 1935), pp. 54~57.

40) Knight, 앞의 책, p. 56 각주 참조.

가 보다 쉬우며 그들에게 보다 큰 행운이 오리라는 것을 가벼이 여기기가 어렵다. 도덕적 능력에 보답한다는 관념은 실현 불가능한 것이다. 그리고 확실히 필요의 신조가 강조되는 한 도덕적 가치는 경시된다. 기본 구조는 필요한 상응 관계를 달성하기 위하여 배후에서 정의의 신조들을 조정하려는 경향을 갖지도 않는다. 그것은 다른 목적까지도 전부 규정하고 있는 정의의 두 원칙에 의해 규제된다.

다른 방식으로도 동일한 결론에 이를 수가 있다. 앞서 이야기에서 사람들의 합법적인 기대치에 기초한 그들의 요구와는 구별되는 도덕적 가치의 개념은 아직 설명되지 않았다. 그래서 우리가 이 개념을 규정하고 그것이 분배의 몫과 상관 관계가 없다는 것을 증명한다고 생각해 보자. 우리가 생각해야 할 것은 오직 질서 정연한 사회 즉 제도가 정의로우며 이러한 사실이 공지되어 있는 그러한 사회이다. 그 성원들 또한 강력한 정의감 즉 현행 법규에 따르고 서로에게 그들의 합당한 바를 주고자 하는 효과적인 욕구를 가지고 있다. 이러한 경우에 우리는 모든 사람이 동일한 도덕적 가치를 갖는다고 생각할 수 있다. 우리는 이제 이러한 개념을 정의감 즉 원초적 입장에서 채택될 원칙에 따라서 행위하려는 욕구를 통해서 규정하게 될 것이다(72 절). 그러나 분명한 것은 이런 식으로 이해하게 될 경우 사람들의 도덕적 가치가 동일하다고 해서 분배의 몫이 동일해야 한다는 결과가 나오지는 않는다는 점이다. 각자는 정의의 원칙에 의해 그에게 합당한 바를 받게 되는데 이것이 평등을 요구하지는 않는다.

요점은 도덕적 가치라는 개념이 분배적 정의의 제 1 원칙을 제시하지는 않는다는 점이다. 그 이유는 그것은 정의나 의무 및 책무의 원칙들이 인정되고 나서야 비로소 도입될 개념이기 때문이다. 일단 이러한 원칙들이 주어지면 도덕적 가치는 정의감을 갖는 것으로 규정될 수 있으며 나중에도 논의하겠지만(66 절) 덕목은 그에 상응하는 원칙에 따라 행동하고자 하는 욕구 혹은 성향으로서 규정될 수가 있다. 그래서 도덕적 가치의 개념은 정당성과 정의의 개념에 비해 이차적인 것이며 그것은 분배의 몫에 대한 실질적인 정의(定義)에 있어서 아무런 역할도 하지 않는다. 이러한 경우는 재산에 대한 실질적 법규와 강도 및 절도에 대한 법규간의 관계와 비슷하다. 이러한 범죄와 그로부터 생겨나는 과실은 보다 중요한 독자적인 사회적 목적을 위해 확립된 재산 제도를 전제하고 있다. 왜냐하면 그제 1 원칙으로서 도덕적 가치에 보답할 목적으로 사회 자체가 조직된다는 것은 도적을 처벌하기 위해서 재산 제도도 갖는다는 것과 같은 것이기 때문이다. 그래서 각자에게 그의 덕에 따라서라는 기준은 원초적 입장에서 채택되지 않을 것이다. 당사자들은 자신이 선이라고 생각하는 바를 성취하고자 할 것이기 때문에 그들은 비록 도덕적 가치를 정의하기 위한 선행적인 기준을 발견할 수 있다 할지라도 분배의 몫이 도덕적 가치에 따라 정해지도록 그들의 제도를 편성할 이유가 없는 것이다.

질서 정연한 사회에서 개인들은 현존 체제가 권장하는 어떤 일을 행함으로써 사회적 생산물의 할당에 대한 요구권을 갖게 된다. 결과되는 합법적인 기대치는 이른바 공정성 원칙과 정의의 자연적 의무가 갖는 다른 측면이다. 왜냐하면 우리가 정의로운 체제를 유지할 의무와 그 체제 내에 어떤 지위를 차지하게 될 경우 그 본분을 다해야 할 책무를 갖게 되듯이 그 체제에 따르고 자신의 본분을 다하는 자는 마찬가지로 타인에 의해서도 그렇게 대우받을 권리를 갖는다. 타인들은 그의 합법적인 기대치를 충족시킬 의무가 있다. 그래서 정의로운 경제 체제가 존재할 경우 개인들의 요구권은 이들 제도가 적합하다고 간주하는 법규와 신조(그들 각각의 비중을 갖는)를 참조로 해서 제대로 정해지게 된다. 앞에서 보았듯이 정의로운 분배의 몫은 개인들에게 그들의 도덕적인 가치에 따라 보답되는 것이라고 말하는 것은 그릇된 것이다. 그런데 우리가 말할 수 있는 것은 전통적인 표현을 빌면 정의로운 체제는 각자에게 그의 몫을 준다는 것, 즉 그것은 각자에게 그 체제 자체에 의해 규정된 바, 그에게 마땅히 돌아갈 것을 할당한다는 것이다. 제도와 개인에 대한 정의의 원칙들은 그렇게 하는 것이 공정하다는 것을 명시해 준다.

그런데 주목해야 할 것은 비록 한 사람의 요구권이 현존하는 법규에 의해 규제된다 할지라도 우리는 역시 도덕적인 것은 아니지만 친숙해 있는 의미에서 어떤 것에 대한 합법적인 권리가 있다(entitled to)는 것과 그것을 받을 만한 자격이 있다(deserved to)라는 것을 구분할 수 있다.[41] 예를 들어 설명해 보면 경기가 끝난 후 우리는 가끔 말하기를 진 편도 이길 만한 자격이 있었다고 한다. 이 경우에 우리는 승자가 왕위권이나 승리자에게 돌아갈 어떤 전리품을 요구할 권리가 없다는 것을 의미하는 것이 아니다. 그보다도 우리가 뜻하는 바는 진 팀도 그 경기가 요구하는 정도 이상으로 높은 수준의 기술과 재질을 보여 주었으며 그로 인해서 경기는 보다 훌륭한 것이 되었다는 것이다. 따라서 패자도 사실은 이길 만한 자격이 있었으나 운이 나쁜 결과로 혹은 그 시험을 실패로 이끈 다른 우연성으로 인해서 지고 말

---

41) 이 점에서 나는 J. Feinberg, *Doing and Deserving* (Princeton: Princeton Univ. Press, 1970), pp. 64 이하의 도움을 받고 있다.

았다는 것이다. 이와 마찬가지로 최선의 경제 체제라 할지라도 언제나 보
다 나은 결과만을 가져오지는 않을 것이다. 개인들이 실제로 얻게 되는 권
리는 어쩔 수 없이 그 체제가 허용하고자 하는 것으로부터 다소 멀리 벗
어날 수 있을 것이다. 예를 들어 유리한 지위에 있는 어떤 사람은 바람직
한 자질과 능력을 다른 사람들 보다 더 높은 정도로 갖고 있지 않을 수도
있다. 이러한 모든 것은 충분히 명백한 것이다. 여기에서 그것이 갖는 의
미는 비록 우리가 사실상 개인들이 행해 온 바와 사태가 돌아가는 방식이
전제될 경우 현존하는 체제가 우리로 하여금 존중하도록 요구하는 주장과
보다 이상적인 여건 아래서 생겨나게 되는 주장을 구별한다 할지라도 그
중 어느 것도 분배의 몫이 도덕적 가치에 따라야 할 것을 의미하지는 않
는다는 점이다. 사태가 가장 좋은 방식으로 나타날 경우라 할지라도 역시
분배와 덕이 합치하게 되는 경향은 없는 것이다.

　물론 어떤 사람들은 여전히 분배의 몫이 적어도 그것이 가능한 한도까
지는 도덕적 가치와 합치해야 한다는 주장을 할지도 모른다. 그들은 보다
나은 처지에 있는 자들이 우월한 도덕적 품성을 가지지 못한다면 그들이
보다 큰 이득을 얻는다는 것은 우리의 정의감에 반하는 것으로 생각한다.
그런데 이러한 견해는 분배적 정의를 응보적 정의(retributive justice)에 대
응하는 것으로 생각하는 데서 생겨난 것이다. 어느 정도 질서 정연한 사
회에서는 정의로운 법을 어긴 이유로 처벌을 받는 자는 보통 어떤 그릇된
짓을 했음이 사실이다. 그 이유는 형벌의 목적이란 기본적인 자연적 의무,
즉 우리로 하여금 타인의 생명과 신체를 해치지 못하게 하고 그들의 자유
를 박탈하지 못하게 하는 의무를 지키게 하기 위한 것이며 형벌은 이러한
목적에 봉사하기 위한 것이기 때문이다. 그것은 단지 어떤 형태의 행위에
가격을 매기고 그렇게 함으로써 상호 이익을 위해 인간의 행위를 지도하
고자 마련된 과세와 부담의 체제만은 아니다. 만일 형법에 규정된 행위가
결코 행해지지 않는다면 훨씬더 나을 것이다.[42] 그래서 이러한 행위를 저
지르려는 경향성은 나쁜 성품의 표시이며 정의로운 사회에서는 합법적인
처벌이란 오직 그러한 결함을 노출시키는 자에게 내리게 되는 것이다.

　경제적 · 사회적 이득의 분배가 그와 전혀 다르다는 것은 명백하다. 이
러한 체제는 형법과의 관계에 있어서 한 쪽은 어떤 범행을 처벌하며 다른
쪽은 도덕적 가치에 보답을 하는 식으로 서로 반대되는 것이 아니다.[43]

---

[42] Hart, *The Concept of Law*(Oxford: The Clarendon Press, 1961), p. 39;
　　Feinberg, *Doing and Deserving*, 5장 참조.

[43] 이 점에 관해서는 Feinberg, 앞의 책, pp. 62, 69 각주 참조.

불평등한 분배의 몫의 기능은 훈련과 교육의 경비를 부담하고 개인들을 사회적 관점에서 보아 가장 필요한 장소와 집단으로 유인하려는 것 등이다. 각자가 정의감에 의해 적절히 규제되는 개인이나 집단의 이익을 추구하는 동기를 받아들인다고 가정하면 각자는 자신의 목적에 가장 잘 부합하는 바를 행할 것으로 결정하게 된다. 임금이나 소득상의 차이 그리고 지위상 생기는 임시 수입은 단지 마지막 결과가 효율성과 정의에 부합하도록 이러한 선택에 영향을 주기 위한 것일 뿐이다. 질서 정연한 사회에서는 확신의 문제가 그것을 필요로 하는 경우를 제외하고는 형법에 대한 필요가 없을 것이다. 형법상의 정의의 문제는 대체로 부분적 준수론에 속하는 것인 반면 분배의 몫에 대한 설명은 철저한 준수론에 속하며 따라서 이상적 체제에 대한 고려 사항에 속한다. 분배적 정의와 응보적 정의를 서로 대응되는 것으로 생각하는 것은 완전히 그릇된 것이며 분배의 몫에 관해서 그것이 갖게 될 실제의 정당화와는 전혀 다른 정당화를 나타내고 있는 것이다.

49. 절충론과의 비교

지금까지 나는 주로 정의의 두 원칙과 공리주의는 비교했으나 아직도 절충론(mixed conception)에 대해서는 아무런 이야기도 하지 않았다. 이러한 입장은 정의의 두번째 원칙 대신에 공리의 기준이나 다른 기준을 대치함에 의해 규정된다는 사실을 상기할 수 있을 것이다(21 절). 내가 지금 이러한 대안들을 살펴보아야 하는 이유는 특히 많은 사람들이 처음 보기에 보다 엄중한 요구 사항을 부과하는 것으로 보이는 정의의 원칙들보다 그러한 대안들이 더 합당하다고 생각할 수도 있을 것이기 때문이다. 그러나 당장에 강조해 둘 필요가 있는 점은 모든 그러한 절충안들이 제 1 원칙을 받아들이고 있으며 따라서 평등한 자유의 우위를 인정하고 있다는 점이다. 그러한 입장들 중에 어떤 것도 공리주의적인 것은 없는데 왜냐하면 비록 공리의 원칙이 제 2 원칙, 혹은 그 일부인 차등의 원칙에 대치되기는 했으나 그래도 역시 공리의 개념은 부차적인 지위를 차지하고 있기 때문이다. 그래서 공정으로서의 정의관의 주요 목적 중 하나가 고전적 공리주의 학설에 대안을 구성하고자 하는 것인 한 우리가 최종적으로 정의의 두 원칙보다 절충안을 받아들인다 할지라도 그러한 목적은 성취된다. 더우기 제 1 원칙의 중대성에 비추어 볼 때 계약론의 주요한 면모가 이러한 대안들 속에 보존되는 것으로 생각된다.

이제 이상의 이야기들로부터 분명한 것으로서 절충론은 공리의 원칙보다 논박하기가 훨씬더 어렵다는 점이다. 공리주의적 입장의 변형을 주장한 것으로 보이는 많은 학자들은 비록 그 입장이 사회적인 이해 관계들을 조정하고 조화시키는 것이라고 애매하게 표현하고 있기는 하나 최소한의 정도일지라도 기본적인 자유를 보장하는 어떤 안정된 입헌 체제를 전제하고 있음이 분명하다. 그래서 그들은 사실상 어떤 절충론을 주장하고 있으며 따라서 자유로부터의 강력한 반론이 이전처럼 이용될 수가 없다. 그래서 중심 문제는 평등한 자유의 원칙에 의해 규제되는 한에 있어서 공리의 원칙보다 정의의 제 2 원칙이 더 낫다는 데 대해서 이야기될 수 있는 바에 관한 것이다. 물론 이러한 경우에 공리의 기준을 배척하는 이유들은 고전적 학설이나 평균적 학설을 거부할 때의 이유들만큼 결정적인 것이 될 수 없음은 분명하지만 우리는 그에 대한 검토를 필요로 한다.

먼저 정의의 원칙들에 보다 근사한 절충론을 생각해 보기로 하자. 즉 어떤 사회적 최소치에 의해 규제된 평균 효용(average utility)의 원칙이 차등의 원칙에 대치되고 다른 것은 변동이 없을 경우에 생겨나는 입장을 생각해 보자. 그런데 여기에서 난점은 직관주의적 학설 일반에 있어서의 난점과 동일한 것으로서 그것은 사회적 최소치가 어떻게 선정되며 변화하는 상황에 따라 어떻게 조정될 것인가에 관한 것이다. 정의의 원칙들을 이용하는 사람도 역시 한계 효용을 극대화하는 것과 적절한 사회적 최소치를 유지하는 것간에 조정을 하는 것으로 보일 것이다. 만일 우리가 그의 숙고된 판단에만 주목하고 이러한 판단에 대한 이유에 주목하지 않는다면 그의 평가는 위에 나온 절충설을 따르는 자의 평가와 구분이 될 수 없을 것이다. 변화하는 상황 아래서 사회적 최소치를 결정함에 있어서는 이러한 결과를 가져오기 위한 충분한 범위가 있다고 생각한다. 그런데 이러한 절충론을 채택하는 자가 실제로 차등 원칙에 입각하지 않고 있다는 것을 어떻게 판별할 것인가? 물론 그는 그것에 의거하고 있음을 의식하지는 않으며 사실 그는 자신이 그렇게 하고 있다는 말을 반박할 수도 있을 것이다. 그러나 사실상 한계 효용 원칙을 제약하는 필요한 최소치로 지정된 수준은 결국 차등 원칙의 기준을 따랐을 때 생겨날 수 있는 결과들과 똑같다는 사실이 판명된다. 나아가서 그는 자신이 왜 그러한 최소치를 선택했는지의 이유를 설명할 수가 없으며 그가 말할 수 있는 최선의 것은 그에게 가장 합당하다고 여겨지는 결정을 했다는 것뿐이다. 그런데 이러한 사람이 실제로 차등의 원칙을 사용했다고 주장하는 것은 너무 지나친 것일지도 모른다. 왜냐하면 그의 판단은 어떤 다른 기준에 부합하는 것일 수도 있기 때문이다. 그러나 그의 정의관이 아직도 검토되어야 한다는 것은 사실이다. 적절한 최소치를 결정하는 마당에 있어서의 여지로 인해서 문제가 해결되지 않은 채로 남게 된다.

비슷한 이야기가 다른 절충론에 관해서도 말해질 수 있다. 그래서 우리는 어떤 분배상의 요구 사항을 그 자체로서 설정하거나 혹은 적절하게 선정된 어떤 최소치와 더불어 설정함으로써 평균적인 원칙을 제한하는 결정을 내릴 수도 있다. 예를 들어서 우리는 차등 원칙 대신에 결과되는 분배의 표준 편차의 어떤 분수(혹은 배수)를 빼고 난 평균 효용을 극대화하는 기준을 대치할 수도 있다. [44] 이러한 편차는 모든 사람이 동일한 효용을 성취할 경우 가장 작아지기 때문에 이러한 기준은 평균 원칙보다 불우한 자에 대해서 보다 큰 관심을 나타내고 있다. 그런데 이러한 입장은 분명히 직관주의적인 특성을 갖게 되는데 왜냐하면 우리는 표준 편차의 그러한 분수(혹은 배수)가 어떻게 선정되며 이러한 매개 변수가 어떻게 평균 효용 그 자체와 더불어 변하게 되는가를 물을 필요가 있기 때문이다. 여기에서 다시 그 배후에 차등의 원칙이 있을 수 있는 것이다. 이런 유의 절충설은 우리로 하여금 다원적인 목적을 따르라고 지시하는 다른 직관주의적인 입장과 마찬가지가 된다. 왜냐하면 그것이 내세우는 바는 만일 어떤 최소치가 유지만 된다면 보다 큰 평균적 복지와 보다 동등한 분배가 모두 바람직한 목표라는 것이기 때문이다. 이들 각 측면에서 보다 나은 제도라면 그것이 다른 것보다 더 선택할 만한 것이라는 점은 분명해진다.

그러나 상이한 정치적 입장은 이런 목적들을 서로 달리 조정하므로 우리는 그것들의 상대적인 비중을 정하기 위한 기준을 필요로 한다. 사실은 우리가 이러한 종류의 목적들을 받아들일 때 일반적으로 우리는 그다지 의견이 일치하지 않는다는 점이다. 어느 정도 완전한 정의관 속에는 목적들에 대한 다소 자세한 평가가 함축되어 있다는 것을 인정해야 한다. 일상 생활에서 우리는 종종 상식적인 신조들이나 정책의 목적들을 열거하며 특정한 문제에 있어서는 그 상황의 일반 사실에 비추어서 그것들을 조정해야 함을 덧붙임으로써 만족하게 된다. 하지만 그것은 건전한 실제상의 조언은 될 수 있으나 분명한 정의관을 나타내 주는 것은 아니다. 우리는 지침으로서 이러한 목적들의 체계 내에서 우리에게 가능한 최선의 판단력을 행사하라는 말을 듣는다. 모든 면에서 더 나은 정책만이 보다 바람직한 것임은 분명하다. 이와 대조적으로 차등의 원칙은 비교적 정밀한 입장이라 할 수 있는데 그 이유는 그것이 최소 수혜자의 전망을 증진시키는 정도에

---

44) 이러한 종류의 견해에 관해서는 N. Rescher, *Distributive Justice*(N.Y.: Bobbs-Merrill, 1966), pp. 35~38 참조.

따라서 모든 목적 체계들을 평가하기 때문이다.

그래서 언뜻 보기에는 차등의 원칙이 다소 특수한 관점으로 생각됨이 사실임에도 불구하고 다른 정의의 원칙들과 결합하여 그 배후에 있음으로써 여러 절충설과 부합될 우리의 일상적인 판단에 표현된 비중들을 조절해 주는 기준이 될 수 있을 것이다. 보다 낮은 차원에 있는 기준을 지침으로 우리가 직관에 의존하는 관례적인 방식은 그러한 기준의 효력을 해명해 주는 보다 기본적인 원칙들의 존재를 애매하게 할지도 모른다. 물론 정의의 두 원칙과 특히 차등의 원칙이 분배적 정의에 대한 우리의 판단을 해명해 주는지 어떤지는 이러한 원칙들의 결과들을 보다 자상하게 밝히고 그들이 결과하는 비중들을 우리가 어느 정도 기꺼이 받아들일 수 있는가에 주목함으로써만이 결정될 수가 있다. 아마도 이러한 결과들과 우리의 숙고된 신념간에는 상충이 없을 것이다. 물론 이러한 일상적인 판단들에 있어서는 예견할 수 있는 어떤 상황에서도 우리가 수정하지 않을 것으로 보이는 고정점은 있을 수 없을 것이다. 그렇지 않다면 정의의 두 원칙은 온전히 받아들일 수 없고 어떤 수정이 가해져야만 한다.

그런데 아마도 우리의 일상적인 입장 속에는 대립적인 목적을 조정하는 문제에 관한 명확한 어떤 것이 포함되어 있지 않다. 만일 그러하다면 주요 문제는 우리의 정의관에 있어 두 원칙이 나타내는 바와 같은 훨씬더 정확한 규정에 관해서 우리가 동의할 수 있는지의 여부이다. 어떤 고정점 (fixed point)이 유지된다고 가정한다면 우리는 우리의 정의관을 규명하게 해주고 그것을 다른 경우에까지 확대해 줄 최선의 방도를 결정해야 한다. 정의의 두 원칙은 상식이 친숙하지 못하여 해결할 수 없는 문제에 대해서도 비교적 구체적인 원칙을 제시하는 만큼 우리의 직관적인 신념과도 그다지 배치되지 않을 것이다. 그래서 차등의 원칙은 처음에는 특이한 인상을 주겠지만 적절한 제한을 붙일 경우의 함축을 생각해 보면 우리는 그것이 우리의 숙고된 판단에 부합하든가 혹은 이들 신념들을 받아들일 수 있도록 새로운 상태로 변형시킨 것이라는 확신을 갖게 될 것이다.

이상과 같은 이야기와 관련해서 우리는 공공 이익에 호소한다는 것은 민주 사회의 정치적 관행임을 알 수가 있다. 어떤 정당도 공공적으로 이미 인정된 어떤 사회 집단에 불이익을 주는 입법을 강요하는 일은 행할 수가 없다. 그러나 이러한 관행은 어떻게 이해되어야 할 것인가? 물론 그것은 효율성의 원칙 이상의 것이며 우리는 정부가 모든 사람의 이익에 똑같은 영향을 미친다고 가정할 수는 없다. 한 가지 이상의 관점에 관해서 극대화하는 것은 불가능한 까닭에 민주주의 사회의 정신에 의하면 평등한 자유와 공정한 기회에 일관되는 최선의 방식으로서 최소 수혜자의 관점을 가려내어 그들의 장기적인 전망을 증진시키는 것이 자연스러울 것이다. 그 정의로움에 있어 우리가 가장 크게 신뢰하고 있는 정책이 그와 같은 방향으로 나아가는 경향을 갖게 된다는 것은 적어도 사회의 최소 수혜자 계층은 그러한 정책이 없는 경우에 그 사정이 더욱 악화된다는 의미에서일 것이다. 이러한 정책은 완전히 정의로운 것은 아니지만 전반적으로 정의로운 것이다. 따라서 차등의 원칙은 일단 우리가 어느 정도 완전한 정의관을 채택할 필요성에 당면할 경우 민주주의의 정치적 관행을 합당하게 확대한 것으로 해석될 수 있을 것이다.

절충론이 직관주의적인 특성을 갖게 된다는 점을 살펴봄에 있어서 나는 이러한 사실이 그 입장에 대한 결정적인 반증이라고 생각하지는 않는다. 이미 앞에서 살펴보았듯이(7절) 원칙들을 이렇게 결합시키는 것은 확실히 대단한 실제상의 가치를 갖는다. 절충론이 정책을 평가할 합당한 기준을 판정해 주리라는 것은 의심의 여지가 없으며 적절한 배경적 제도가 있을 경우 그것은 우리들에게 올바른 결론에로 이끌 지침이 될 수도 있을 것이다. 예를 들어 표준 편차의 어떤 분수(혹은 배수)를 빼고 난 평균 복지를 극대화하는 절충론을 받아들이는 사람은 아마도 기회의 공정한 평균을 택할 것인데 왜냐하면 모든 사람에게 동등한 기회를 주는 것은 평균치도 증가시키고(효율의 증가를 통해서) 또한 불평등도 감소시켜 줄 것으로 보이기 때문이다. 이러한 예에서 차등의 원칙에 해당하는 대안은 제 2 원칙의 다른 부분을 지지하게 된다. 나아가서 분명한 사실은 어떤 점에서는 우리는 우리의 직관적인 판단에 의존하는 것을 피할 수 없다는 점이다. 절충론에 있어서의 난점은 그것이 이러한 판단에 너무 빨리 호소하며 차등의 원칙에 대한 분명한 대안을 확정하지 못한다는 점이다. 적합한 가중치(혹은 매개변수)를 지정하는 절차가 없기 때문에 정의의 원칙들이 우리가 용납할 수 없는 결론을 가져오지만 않는다면 실제로 그 조정은 이러한 원칙들에 의해서 정해지는 것이 가능할 것이다. 이러한 일이 일어날 경우 직관에 호소하는 것임에도 불구하고 어떤 절충론은 특히 그것을 이용함으로서 우리의 숙고된 신념에 질서와 합의를 도입하는 데 도움만 된다면 보다 선택할 만한 것일 수도 있을 것이다.

차등의 원칙을 택하게 하는 다른 고려 사항으로서는 그것이 비교적 수월하게 해석되고 적용될 수 있다는 점이다. 사실 절충적인 기준이 갖는 매력의 일부는 그것이 차등 원칙의 비교적 강한 요구를 피하는 방도라는 데 있다. 최소 수혜자의 이익을 증진하는 것이 무엇인가를 확인하는 일은 아주 쉽다. 이 집단은 그것이 갖는 기본 가치의 지표에 의해 확인되어질 수 있으며 정책의 문제는 적절한 처지에 있는 해당 대표인이 어떻게 선택할 것인가를 물음으로써 해결되어질 수가 있다. 그러나 공리의 원칙에 어떤 역할이 주어지는 한에서 평균(혹은 전체) 복지라는 관념에 있어서의 애매성은 난처한 것이다. 필요한 것은 상이한 대표인들에 있어 효용 함수에 대한 어떤 평가에 이르는 것과 그들간의 상호 대등치를 설정하는 것 등이다. 이렇게 하는 데 있어서 문제점이 매우 많고 그 추산이 대략적인 것이어서 서로 다른 사람들에게는 깊은 상위점을 가진 견해들도 똑같이 현실성이 있는 것으로 생각될 수가 있다. 어떤 사람은 한 집단의 이득이 다른 집단의 손실보다 더 중요하다고 주장할 것이며 다른 사람들은 그것을 부인할 것이다. 아무도 이러한 차이점을 해명해 줄 기본 원칙이 무엇이며 그것이 어떻게 해결될 것인가를 말할 수가 없다. 보다 유력한 사회적 지위를 가진 자는 분명히 어떤 한계를 벗어났다는 것을 노출시키지 않고 부정의하게 자신의 이득을 도모하기가 보다 쉽다. 물론 이상의 모든 점은 분명하며 윤리적인 원칙이 애매하다는 것은 언제나 인정되어 왔다. 그렇지만 그것들이 모두 똑같이 부정확한 것은 아니며 정의의 두 원칙은 그것이 요구하는 바가 보다 분명하고 그것을 만족시키기 위해서 행해질 필요가 있는 것이 무엇인가에 있어서 유리한 점을 가지고 있다.

공리의 원칙이 갖는 애매성은 복지를 측정하고 그것을 합산하는 방식을 보다 잘 해명함으로써 극복되어질 수 있다고 생각될 수 있다. 나는 많이 논의되어 온 이러한 기술적인 문제를 강조하고 싶지는 않다. 왜냐하면 공리주의에 대한 보다 중요한 반대는 다른 차원에 있는 것이기 때문이다. 그러나 이들 문제에 대해 간단히 언급함으로써 계약론이 해명될 것이다. 그런데 개인간에 있어서 효용의 척도를 확정하는 데는 여러 방식들이 있다. 이들 중의 하나는(적어도 에즈워드에까지 소급되는 것인데) 개인은 한정된 수의 효용 수준을 구분할 수 있다고 가정하는 것이다. [45] 사람은 동일한 구분의 수준에 속하는 대안들간에는 무차별하다는 것이며 두 가지 대안간의 효용 차이에 대한 기수적 측정은 그것들을 나누는 구분 가능한 수준의 수에 의해 정해진다. 결과되는 기수적 척도는 흔히 그러해야 하듯이 양수적 선형 변환(陽數的 線型變換)에 이르기까지는 독특하다. 개인간의 척도를 설정하기 위해서 우리는 인접한 수준간의 차이는 모든 개인에 있어서 동일하며 모

45) A.K. Sen, *Collective Choice and Social Welfare*(San Francisco: Holden-Day, 1970), pp. 93 이하 참조 ; Edgeworth, *Methematical Psychics*(London, 1888), pp. 7~9, 60 이하 참조.

든 수준간에 있어서도 동일하다고 가정하게 된다. 이와 같은 개인간의 상응 규칙으로 인해서 계산은 지극히 단순해진다. 비교가 되는 대안들에 있어서 우리는 각 개인에 있어 대안들 사이에 있는 수준의 수를 확인할 수 있으며 플러스와 마이너스를 고려해서 총계를 내게 된다.

이러한 기수적 효용의 개념은 잘 알려져 있는 난점을 갖게 된다. 명백한 실제상의 문제 및 사람들의 구분 수준에 대한 발견이 실제로 가용한 대안들에 달려 있다는 사실은 접어 두고라도 한 수준에서 다른 수준에의 이행이 갖는 사회적 효용이 모든 개인에게 동일하다는 가정을 정당화하는 것은 불가능한 것으로 여겨진다. 한편에 있어서는 이러한 절차는 동일한 수치의 구분을 내포하는 변화를 똑같이 평가하게 될 것인데 사실 그에 대해서는 개인마다 다르게 느껴서 어떤 이는 다른 이에 비해 더 강하게 느끼는 것이다. 반면에 다른 한편에서는 보다 많은 구분을 하는 것으로 보이는 개인에 의해 경험된 변화는 더 중요한 것으로 간주하게 될 것이다. 태도들의 강도는 무시하고 기질이나 훈련에 따라 조직적으로 변할 수 있는 바 구분에 주목하는 능력에만 특별히 높은 보답을 한다는 것이 만족스럽지 못함은 명백하다. [46] 사실 절차 전체가 임의적인 것으로 보인다. 그러나 그것은 공리의 원칙이란 효용을 재는데 요구되는 척도를 확립하기 위해 선택된 방법에 있어서 암암리의 윤리적 가정을 내포할 가능성이 있는 것임을 설명해 주는 장점을 갖는다. 행복과 복리의 개념은 충분할 만큼 명확한 것이 아니며 적절한 기수적 척도를 정하는 데 있어서도 우리는 그것이 쓰이게 될 도덕 이론을 살펴보아야 할 것이다.

노이만-모르겐슈테른의 정의(定義)에 있어서도 비슷한 난점이 생긴다. [47] 모험적인 전망들 중에서 개인의 선택이 어떤 전제를 만족시키는 경우 그의 결정은 기대 효용을 극대화시키는 것으로 해석될 수 있다는 방식으로 대안들에 상응하는 효용 수치가 존재한다는 것이 증명될 수 있다. 그는 마치 이러한 효용 수치에 대한 수학적인 기대치를 지침으로 한 것처럼 선택한다. 그리고 이러한 효용의 지시는 양수적인 선형 변화에 따라서 독특한 것이다. 물론 개인 자신이 그의 의사 결정을 함에 있어 효용의 지시를 이용한다고 주장되지는 않는다. 이러한 수치는 그의 선택에 지침이 되지 못

46) 이러한 난점에 관해서는 Sen, 같은 책, pp. 94 이하 ; W.S. Vickrey, "Utility, Strategy, and Social Decision Rules", *Quarterly Journal of Economics*, 제 74 권(1960), pp. 519~522 참조.
47) 이에 대한 설명에 관해서는 Baumol, *Economic Theory and Operations Analysis*, pp. 512~528; Luce and Raiffa, *Games and Decisions*, pp. 12~38 참조.

336 제 5 장 분배의 몫

하며 숙고에 있어서 일인칭적인 절차도 제공하지 못한다. 오히려 전망들에 대한 어떤 사람의 선호가 어떤 조건을 충족시킬 경우 주의깊은 수학자라면 적어도 논리상으로는 규정된 의미의 기대 효용을 극대화해 주는 것으로서 이러한 선호를 나타내는 수치를 계산할 수가 있다. 이런 한에서는 실제의 반성 과정이나 개인이 의거하는 기준에 관해서 아무 것도 결과되지 않으며 효용치가 대응하거나 나타내는 것이 대안들의 어떤 측면인가에 관해서 아무 것도 내포되어 있지 않다.

그런데 각자에 대한 기수적 효용을 설정할 수 있다고 가정할 때 개인간의 척도는 어떻게 세워져야 할 것인가? 잘 알려진 하나의 제안은 영일 규칙(zero-one rule)인데 개인에 있어 가능한 최악의 상황에 영의 가치를 부여하고 최선의 경우에 1 의 가치를 부여하는 것이다. 언뜻 보기에 이것은 각자는 한 사람으로 계산해야 하며, 하나 이상으로 계산되면 안 된다는 관념을 다른 식으로 나타내 주는 것 같아서 공정한 것으로 생각된다. 그런데 이에 대비될 만한 다른 제안이 있는데 예를 들면 영의 가치를 최악의 대안에 배정하고 1 의 가치를 모든 대안들에서 생기는 효용의 총합에다 배정하는 것이다. [48] 이들 두 가지 규칙이 모두 똑같이 정의로운 것으로 보이는데 왜냐하면 첫번째 것은 모든 사람들에 대한 동등한 최대 효용을 가정하며 나중 것은 동등한 평균 효용을 가정하고 있기 때문이다. 그러나 그들은 서로 다른 사회적 결정을 결과할 수도 있다. 나아가서 이러한 제안들은 결국 모든 개인이 만족에 관한 비슷한 능력을 가졌음을 전제하는 것인데 이것은 개인간의 척도를 정하는 데에만 지나친 가치를 부여하는 것으로 보인다. 이러한 규칙들은 분명히 복지의 개념을 특수하게 규정하고 있는데 왜냐하면 일상적인 관념은 복지 개념에 대한 해석이 상식과 더불어 양립할 수 있다는 의미에서 다양성을 허용하는 것으로 보이기 때문이다. 그래서 예를 들어서 영일 규칙이 뜻하는 바는 다른 것이 동일한다면 사람들로 하여금 단순한 욕구를 지니어 쉽사리 만족될 수 있도록 교육할 경우 보다 큰 사회적 효용이 생겨나게 되며 이러한 사람들은 일반적으로 보다 강한 요구권을 가지게 될 것이라는 점이다. 그들은 보다 적은 것으로도 만족할 것이며 따라서 아마도 그들의 최고의 효용에 보다 기꺼이 접근될 수가 있을 것이다. 만일 우리가 이러한 결과들을 받아들일 수 없으면서도 여전히 공리주의적 견해를 내세우고자 하는 경우에는 어떤 다른 개인간의 척도가 발견되어야만 한다.

나아가서 우리가 살펴야 할 것은 노이만-모르겐슈테른이 개인들은 모험

---

48) Sen, *Collective Choice and Social Welfare*, p. 98 참조.

이나 실제의 도박 과정을 경험하는 것을 즐기지 않는다고 가정하지만 그럼에도 불구하고 결과되는 척도는 전체적인 확률 분배에 의해 규정되는 바 불확실성에 대한 태도의 영향을 받는다는 사실이다. [49] 그래서 만일 효용에 대한 이러한 정의(定義)가 사회적 결정에 이용된다면 모험을 하는데 대한 인간의 감정은 극대화되어야 할 복지의 기준에 영향을 줄 것이다. 우리는 다시 한번 개인 사이의 비교를 정해 주는 규정이 예상 외의 도덕적 결과를 는다는 것을 알게 된다. 앞서와 같이 효용의 척도는 도덕적 관점에서 볼 갖때 임의적인 우연성의 영향을 받는다. 이러한 사정은 칸트적 해석에 의해 보여진 바 공정으로서의 정의관의 경우, 즉 이상을 그 원칙들 속에 도입하고 필요한 개인간의 비교를 위해서는 기본적인 가치(善)에 의존하는 경우와는 전혀 다르다.

그런데 공리주의적 원칙이 갖는 애매성은 효용에 대한 보다 정확한 척도만으로는 만족스럽게 제거될 것 같지가 않다는 점이 나타날 것이다. 그 반대로 일단 개인간의 비교를 위해 필요한 규정들이 검토되면 우리는 이러한 비교를 규정해 줄 여러 방법들이 있음을 알게 된다. 그러나 이러한 방법들은 놀랄 만큼 서로 다른 가정들을 포함하며 아마도 매우 다른 결과들을 갖게 될 것이다. 이들 정의(定義)와 상관 규칙들 중에서 정의관에 적합한 것이 어느 것인가는 도덕적인 문제이다. 이것이 바로 개인간의 비교는 가치 판단에 의존한다고 할 때 뜻하는 바라고 생각한다. 공리의 원칙을 받아들이는 것이 도덕론의 문제라는 점은 명백한 데 비해 복지를 측정하는 바로 그 절차가 그와 유사한 문제를 일으킨다는 것은 보다 덜 분명한 것이다. 이러한 절차가 하나 이상 있기 때문에 그 선택은 측정이 이루어질 용도에 달려 있으며 따라서 이는 윤리적인 고려가 결국은 결정적이 될 것임을 의미한다.

공리주의의 표준적 가정에 대한 마인의 해명은 이 점에서 적절한 것이다. 그는 그러한 가정의 근거는 일단 우리가 그러한 가정이 입법의 작용 규칙이며 벤담이 바로 이런 식으로 그것을 생각했다는 점을 알게 되면 분명해진다고 말했다. [50] 인구가 조밀하고 어느 정도 동질적인 사회와 강력한 현대적 입법체가 존재할 경우 대체로 입법의 지침이 될 수 있는 유일한 원칙은 공리의 원칙이다. 개인간의 차이가 비록 매우 현실적인 것일지라도 그것을 무

---

49) Arrow, *Social Choice and Individual Values*, p. 10; Sen, 앞의 책, pp. 96 이하 참조.
50) 이러한 이야기는 H.S. Maine, *The Early History of Institutions*(London, 1897), pp. 399 이하.

시할 필요성으로 인해 모든 사람을 동등하게 본다는 준칙과 유사성 및 한계
효용에 대한 가정에 이르게 된다. 개인간의 비교를 위한 규정도 동일한 방
식에 비추어서 판단되어야 할 것은 물론이다. 계약론이 내세우는 바는 일
단 우리가 그것을 알게 되면 우리는 또한 복지를 측정하고 합산한다는 관
념을 온전히 내버리는 것이 가장 좋다는 것도 알게 된다는 것이다. 모든
것을 고려해 볼 때 절충론의 제한된 문맥에 있어서조차 공리의 원칙보다
는 역시 차등의 원칙이나 제 2 원칙 전부를 택해야 할 정당한 이유들이 있
다고 할 것이다.

50. 완전성의 원리

지금까지 나는 완전성의 원리(principle of perfection)에 대해서 별로 이
야기하지 않았다. 그러나 방금 절충적인 입장을 살펴보았으므로 이제 그러
한 입장을 검토해 보고자 한다. 이에는 두 가지 상이한 형태가 있는데 첫
째로 그것은 예술이나 학문, 문화에 있어서 인간적 탁월성(excellence)의
성취를 극대화하게끔 사회가 제도를 마련하고 개인의 의무와 책무를 규정
하는데 지침이 되는 단일 원리의 목적론적 이론이다. 분명히 이 원리는
해당하는 이상이 더 높이 지향될수록 더 많은 것을 요구하는 것이다. 니
체가 때때로 소크라테스나 괴테와 같은 위대한 인간의 생에 대해 부여했
던 절대적인 비중은 범상한 것이 아니다. 곳곳에서 그는 말하기를 인류는
계속해서 위대한 개인들을 배출하도록 노력해야 한다고 했다. 우리의 생은
가장 고귀한 기인들의 선을 위해서 일함으로써 가치를 부여받게 된다.[51]
두번째 형태는 아리스토텔레스에서 발견되는 것으로서 다른 어떤 사람들
보다 강력한 주장을 한다.

이러한 보다 완화된 학설에 있어서의 완전성의 원리는 직관주의의 여러
기준들 중 하나에 불과한 것으로 인정되고 있다. 이 원리는 직관에 의해

---

51) G.A. Morgan, *What Nietzsche Means*(Cambridge: Harvard Univ. Press,
 1941), pp. 40~42, 369~376 에 인용된 구절을 참조. 특히 눈에 띄는 것은 니
 체의 다음과 같은 진술이다. 즉 "인류는 위대한 개인의 산출을 위해 부단
 히 노력해야 하며 다른 어떤 것도 아닌 바로 이것이 그 임무이다. 결국 문제
 는 당신들의 생, 개체적인 생이 어떻게 높은 가치와 깊은 의미를 간직하게 되
 는가이다. 그것은 오직 당신이 가장 회유하고 가장 고귀한 기인의 선을 위해
 서 삶으로써이다." *Untimely Mediations: Third Essay: Schopenhauer as
 Educator*, 6 절에 나오는 것인데 이는 J.R. Hollingsdale, *Nietzsche: The
 Man and His Philosophy* (Baton Rouge: Louisiana State Univ. Press,
 1965), p. 127 에서 인용.

서 다른 여러 원리들과 조정되어야 한다. 이러한 입장이 어느 정도 완전 설적인 것인가는 탁월성과 문화의 요구에 부여하는 비중에 달려 있다. 예를 들어 만일 철학이나 학문에 있어서 그리스인들이 성취한 것 그 자체가 고대의 노예 제도를 정당화한다고 주장한다면(이러한 성취를 위해서는 그러한 제도가 필요하다고 생각하여) 분명히 그 입장은 지극히 완전설적인 것이다. 완전성에 대한 요구가 자유에 대한 강력한 요청을 능가하게 된다. 한편 우리는 그러한 기준을 단지 입헌 체제 아래서 부와 소득의 재분배를 제한하기 위해 이용할 수도 있다. 이런 경우에 그것은 평등주의적 이념에 대한 견제 역할을 한다. 그래서 보다 혜택받은 자들의 향유와 쾌락을 감소시킬 뿐이고 혜택받지 못한 자들의 기본 욕구를 충족시키는 데 필수적인 경우에만 분배는 보다 균등한 것이어야 한다고 말할 수 있다. 그러나 일반적으로 불행한 자들에게 보다 큰 행복을 주기 위해서 문화적 가치를 보존하는 데 필요한 경비를 감축하는 것이 정당화되지는 않는다. 이러한 문화적 가치라는 삶의 형태는 아무리 널리 향유된다 할지라도 보다 사소한 쾌락들보다는 더 큰 내재적 가치를 갖는다. 정상적인 조건 아래서 완전성이라는 목표의 실현을 위해서 최소한의 사회적 자원이 비축되어야 한다. 유일한 예외는 이러한 요구가 기본적 욕구라는 요청과 상충하는 경우이다. 그래서 여건들이 향상되고 있을 경우에는 완전성의 원리가 욕구의 보다 큰 만족과 비교해서 보다 증대되는 비중을 얻게 된다. 많은 사람들이 이러한 직관주의적인 형식의 완전설을 받아들여 왔음은 물론이다. 이것은 일련의 해석의 여지를 허용하고 있으며 엄밀한 완전설적 이론보다 더 합당한 입장을 나타내 주는 것으로 보인다.[52]

완전성의 원리가 거부될 이유를 생각해 보기 이전에 나는 정의의 원칙들과 완전설 및 공리주의라는 두 종류의 목적론적인 이론들간의 관계에 대해서 언급하고자 한다. 우리는 이상 지향적(ideal-regarding) 원리를 욕구 지향적(want-regarding) 원리가 아닌 것으로 규정할 수 있다.[53] 다시 말하

---

52) 이런 류의 견해에 대해서는 B. de Jouvenal, *The Ethics of Redistribution* (Cambridge: The Univ. Press, 1951), pp. 53~56, 62~65 참조. 또한 H. Rashdall, *The Theory of Good and Evil*(London: Oxford Univ. Press, 1907), 제 1 권, pp. 235~243 도 참조가 될 것인데, 여기서는 완전성의 기준은 사람들의 선이 동등한 경우를 결정해 주는 데 적합한 것이므로 모든 사람의 선은 다른 어떤 사람의 비슷한 선과 똑같은 것으로 간주해야 된다는 원칙을 논하고 있는데 pp. 240~242 도 참조. 비슷한 견해가 G.E. Moore, *Principia Ethica*, 6 장에도 나타나 있다.

53) 이러한 규정은 Barry, *Political Argument*, pp. 39 이하에서 따온 것이다.

면 그러한 원리들은 욕구 충족의 전체량이나 그것이 사람들에게 배분되는
방식을 유일한 고려 사항으로 간주하지 않는다. 그런데 이러한 구분을 통
해서 볼 때 정의의 원칙들이나 완전성의 원리들(어느 형태이든)은 이상 지
향적인 원리들이다. 그것들은 욕구의 목표들을 무시하지도 않지만 욕구의
만족들이 같은 강도나 쾌적함을 가진다 해서 동일한 가치를 지닌다고 (다
른 조건이 같을 경우 압정 놀이가 시 감상과 동등하게 좋다는 벤담의 말이 의미하는
바) 주장하지도 않는다. 앞에서 보았듯이 (41절) 정의의 원칙들 속에는 어
면 이상이 내포되어 있으며 이러한 원칙들과 양립할 수 없는 욕구들의 충
족은 아무런 가치도 없다. 더우기 우리는 성격에 있어서 어떤 특성 특히
정의감 같은 것을 권장하게 된다. 그래서 계약론은 만족의 순 잔여량이나
그것이 분배되는 방식과는 다른 것들을 고려한다는 점에서 완전론과 유사
하다. 사실상 정의의 원칙들은 복지의 분량이나 분배에 대해서는 언급조
차 하지 않으며 자유 및 다른 기본적인 선의 분배만을 지시할 뿐이다. 동
시에 그 원칙들은 인간의 탁월성에 대한 기준을 전제함이 없이 인간의 이
념상을 규정하고 있는 셈이다. 따라서 계약론적인 입장은 완전설과 공리
주의의 중간적인 위치를 차지하게 된다.

완전설적 기준이 채택될 것인지의 여부에 관한 문제를 다룰 때 우선 엄
밀한 완전설적인 입장을 고찰해 보고자 한다. 왜냐하면 거기에서 문제
가 보다 선명히 나타날 것이기 때문이다. 그런데 명확한 의미를 갖기 위
해서는 이 기준이 상이한 성취들을 평가하고 그들의 가치를 총합하는 어
면 방도를 제공해야만 한다. 물론 이러한 평가가 아주 정확할 수 없을지
는 모르나 그것은 기본 구조에 관한 주요 결정을 지도할 정도로는 정확해
야 한다. 바로 이 점에 있어서 완전성의 원리가 난관에 접어들게 된다. 왜
냐하면 원초적 입장에 있는 자들은 서로의 이해 관계에 대해서 무관심한
반면에 그들은 그들 자신이 함부로 무시해 버릴 수 없는 어떤 도덕적·종
교적 관심이나 다른 문화적인 목표들을 갖고 있음(혹은 가질 수 있음)을 알
고 있다. 나아가서 그들은 상이한 가치(선)관에 입각하고 있는 것으로 생
각되며 그들은 자신들의 개별적인 목적을 성취하기 위해서 서로에 대해서
자신의 요구를 내세울 권리가 있다고 생각한다. 당사자들은 그들 능력의
달성이나 그들 욕구의 만족까지도 평가될 수 있는 기준으로서 하나의 가
치관을 공유하고 있지는 않다. 그들은 제도들 가운데서 선택하는 원리로
서 이용될 수 있는 일치된 완전성의 기준을 갖고 있지 않다. 이러한 기준
을 받아들이게 되면 결국 각자의 여러 정신적인 목표들을 달성해 줄 자유
를 모두 상실하지는 않을지라도 종교상의 혹은 다른 종류의 자유를 감소

당하는 결과를 가져올 그러한 원리를 받아들이는 셈이 된다. 만일 탁월성의 기준이 어느 정도 분명해진다 할지라도 당사자들은 그들의 요구들이 완전성을 극대화한다는 보다 고차적인 사회적 목적에 속하게 되는지 어떤지를 알 길이 없는 것이다. 그래서 원초적 입장에 있는 자들이 이를 수 있는 유일한 합의 사항은 모든 사람이 타인들의 유사한 자유와 양립하는 최대의 동등한 자유를 가져야 한다는 점이라 생각된다. 그들은 정의의 목적론적인 원리에 의해 극대화되어야 할 것을 규정하기 위해서 어떤 가치 기준에 권위를 부여함으로써 그들의 자유를 모험에 걸 수는 없다. 이러한 경우는 개인간의 비교의 근거로서 기본적인 가치들의 지표에 합의하는 경우와는 전혀 다르다. 그 지표는 어떤 문제에 있어서는 부차적인 역할을 하게 되는데 기본 가치들이란 사람들이 그 내용에 상관없이 그들의 목적을 달성하기 위해서 일반적으로 원하는 것들이다. 이러한 가치들을 원하는 점에 있어서는 개인간에 있어 어떤 차이가 있을 수 없다. 하지만 지표의 목적상 그것들을 받아들인다고 해서 탁월성의 기준을 설정하는 것이 아님은 물론이다.

그런데 분명한 것은 평등한 자유의 원칙에 이르게 되는 논증과 똑같은 것이 완전성의 원리를 거부하기 위해서도 요구된다는 점이다. 하지만 이러한 논증을 함에 있어서 나는 일상 생활의 관점에서 볼 때 탁월성의 기준에 합리적인 근거가 없다고 주장하지는 않았다. 분명히 예술이나 학문에 있어서 적어도 특정한 양식이나 사상의 전통 내에서는 창조적인 노력을 평가할 기준이 있다. 한 사람의 작품이 타인들의 것보다 우월하다는 것이 의문의 여지가 없다는 것은 아주 흔히 있는 일이다. 물론 개인의 자유나 복리는 그들의 행위나 활동의 탁월성으로 평가될 경우 그 가치에 있어서 아주 상이한 것이다. 이것은 실제적인 수행에서 뿐만 아니라 잠재적인 수행에 있어서도 마찬가지로 옳은 말이다. 내재적 가치들의 비교도 물론 이루어질 수 있다. 그리고 완전성의 기준이 정의의 원칙은 아닐지라도 가치 판단은 인간 문제에 있어서 중요한 위치를 갖는다. 가치 판단은 권리를 할당하기 위한 실제상의 기준으로서 실패할 정도로 그렇게 애매한 것만은 아니다. 논점은 오히려 당사자들이 그들의 개별적인 목적에 비추어 보아 원초적 입장의 여건들이 성립할 경우 완전성의 원칙을 채택할 이유가 없다는 점에 있다.

완전설의 윤리에 이르기 위해서는 우리가 당사자들에게 어떤 자연적 의무, 예를 들어 어떤 양식의 인격과 미적인 우아함을 개발시킬 의무와 지식을 추구하고 재능을 발전시킬 의무를 미리 받아들이도록 해야 한다. 그

러나 이러한 전제는 원초적 입장에 대한 해석을 전적으로 바꾸어 놓게 된
다. 공정으로서의 정의관은 질서 정연한 사회 내에서 탁월성의 가치가 인
정되는 것을 한편에서는 허용하면서도 인간의 완전성을 자유 결사의 원칙
이 갖는 한도 내에서 추구하게 한다. 사람들은 그들이 종교 집단을 형
성하는 것과 같은 방식으로 그들의 문화적 · 예술적 관심을 실현하기 위해
결합하게 된다. 그들은 자신의 활동이 보다더 내재적인 가치관을 지닌다
는 것을 근거로 해서 그들 자신에게 보다 큰 자유나 보다 많은 분배의 몫
이 돌아가게끔 국가의 강권 조직을 이용하지는 않는다. 완전설은 정치 원
리로서는 거부된다. 그래서 예술과 학문 그리고 문화 일반을 발전시키는
데 종사하는 단체를 후원하는 데 필요한 사회적 자원은 행해진 봉사에 대
한 공정한 대가로서 획득되어야만 하며 혹은 정의의 두 원칙에 의해 규제
되는 체제 내의 시민들이 즐거이 하고자 하는 자발적인 희사로부터 주어
진 것이어야 한다.

　그런데 계약론에 의하면 시민들의 동등한 자유는 서로 다른 사람의 목
적들이 동일한 내재적 가치를 갖는다거나 그들의 자유와 복리가 동일한 가
치를 갖는다고 전제하지 않는다. 그러나 당사자들은 도덕적 인격체요, 일
관된 목적 체계와 정의감에 대한 능력을 갖는 합리적 개인이라는 점이 미
리 가정되어 있다. 그들은 요구되는 규정상의 성격들을 갖는 까닭에 당사
자들이 똑같이 도덕적인 인격체라는 것을 덧붙일 필요가 없을 것이다. 원
하기만 한다면 우리는 사람들이 모두 최초의 계약적 상황에 대한 해석이
나타내고 있는 도덕적 성격이 조건들을 만족시킨다는 의미에서 그들이 동
일한 존엄성(equal dignity)을 갖는다고 말할 수 있다. 그리고 이러한 점에
서 동등하므로 그들은 정의의 원칙들이 요구하는 대로(77 절) 대우받아야
한다. 그러나 그렇다고 해서 그들의 활동과 성취가 동등한 탁월성을 갖는
다는 것을 의미하지는 않는다. 이렇게 생각한다는 것은 도덕적 인간성의
개념을 가치 개념에 속하는 다양한 완전성과 결합시키기 때문이다.

　나는 방금 평등한 자유를 위해서 반드시 사람이 동등한 가치를 가질 필
요가 없다는 것에 주목했었다. 또한 사람들이 동등한 가치를 지닌다는 것
이 평등한 자유를 위한 충분 조건 또한 될 수 없다는 것도 살펴보아야 할
것이다. 때로는 보다 고차적인 생활 양식에 대한 개인들의 동등한 능력으
로부터 기본권에 대한 평등이 도출된다고 말해지기도 한다. 그러나 그래
야할 이유는 분명하지가 않다. 본질적 가치란 가치라는 개념 아래 속하는
개념이며 동등한 자유나 어떤 다른 원리가 적합한가의 여부는 권리를 어
떻게 보는가에 달려 있다. 그런데 완전성의 기준이 내세우는 것은 기본 구

조에 있어서의 권리들이 본질적 가치의 총체를 극대화하도록 할당되어야 한다는 것이다. 아마 개인들에 의해 향유되는 권리와 기회의 배정 상태는 개인들이 그들의 잠재 능력과 탁월성을 발휘하는 정도에 영향을 줄 것이다. 그러나 그렇다고 해서 기본적인 자유의 동등한 분배가 최선의 해결책이라는 결론이 나오지는 않는다.

사정이 고전적 공리주의의 경우와 비슷하다. 즉 우리는 표준에 대한 가정과 유사한 가정을 필요로 한다. 그래서 비록 개인들의 잠재 능력이 비슷하다 할지라도 권리들의 할당이 한계 가치 체감의 원칙(principle of diminishing marginal value)에 의해 규제되지 않는다면(이 경우에 가치는 탁월성의 기준에 의해 평가된 것) 동등한 권리가 보장되지는 않을 것이다. 사실상 풍부한 자원이 없는 경우 가치의 총합은 소수에게 유리한, 불평등한 권리와 기회에 의해 가장 잘 증대될 수 있을 것이다. 이렇게 하는 것은 그것이 인간의 탁월성의 보다 큰 총합을 산출하는 데 필요하다면 완전설적인 입장에서 볼 때 정의롭지 못한 것이 아니기 때문이다. 그런데 한계 가치 체감의 원칙은 비록 평등한 가치의 원칙만큼은 아니지만 의심스러운 것이라는 점은 확실하다. 일반적으로 고도의 재능 있는 자들을 후원하고 계발하기 위해 할당되는 권리와 자원들은 적절한 범위의 어떤 지점을 넘어선다고 해도 전체에서 기여하는 것이 점차 줄어진다고 생각할 이유는 거의 없는 것이다. 그와 반대로 이러한 기여도는 무한히 증대될 수도(혹은 일정하게 머무를 수도) 있을 것이다. 그래서 완전성의 원리는 평등한 자유에 대한 불안정한 기초를 제공하는 것이며 아마도 그것은 차등의 원칙과는 아주 멀리 떨어진 것일 것이다. 평등을 위해 요구되는 가정은 지극히 비실제적인 것으로 보일 것이다. 평등한 자유를 위한 견고한 기초를 발견하기 위해서 우리는 완전설적이든 공리주의적이든간에 모든 전통적인 목적론적 원리를 배척해야 하리라고 생각된다.

지금까지 나는 단일 원칙의 목적론적인 이론으로서의 완전설을 논의해 왔다. 이러한 형태의 이론에 있어서의 난점은 아주 분명하다. 직관주의적인 형태는 훨씬더 현실성이 있으며 완전성의 요구에 적절한 비중이 주어질 경우 이러한 입장을 논박하기란 쉽지가 않다. 정의의 두 원칙과의 어긋남은 훨씬 작다. 그럼에도 불구하고 비슷한 문제들이 생겨나는데 그 이유는 직관주의적 입장을 위한 각 원칙이 선택되어야 하기 때문이며, 이 경우에 그 결과는 대단한 것일 가능성이 없음에 반하여 이전과 마찬가지로 사회 정의의 기준으로서 완전성의 원리를 받아들여야 할 아무런 근거가 없기 때문이다. 이에 더하여 탁월성의 기준은 정치적 원리로서는 부정확하

며 공공 문제에 그것을 적용할 경우 그것이 보다 좋은 전통과 사상계 내
에서는 아무리 합당하게 적용되고 받아들여질 수 있다 할지라도 불안정하
고 특이한 것이기 마련이다. 다른 무엇보다도 이러한 이유 때문에 공정으
로서의 정의관은 행동 양식에 대한 어떤 제한이 가해질 수 있기 이전에 타
인들의 기본적인 자유를 간섭하거나 혹은 어떤 책무나 자연적 의무에 위
배된다는 것을 보여 줄 것을 요구한다. 왜냐하면 개인들이 특수한 방식으
로서 완전설적인 기준에 의존하려는 유혹을 받는 것은 바로 이상과 같은
결론에의 논증이 실패했을 경우이기 때문이다. 예를 들어 어떤 종류의 성
적인 관계가 비천하고 수치스러운 것이며 그러한 근거로 인해 해당되는 개
인들의 욕망에 상관없이 그들 자신을 위해서라면 금지되어야 한다고 말해
질 경우, 흔히 그 이유는 정의의 원칙에 의해서 합당한 논거가 주어질 수
없기 때문이다. 그 대신에 우리는 탁월성의 개념에 의거하게 된다. 그러
나 이러한 문제들에 있어서 우리는 미묘한 미적인 선호나 개인적인 예절
감에 의해 영향을 받기 쉬우며 따라서 개인이나 계층 그리고 집단의 상이
점이 날카롭게 대립하여 조화되지 않는 경우가 흔히 있다. 이러한 불확실
성이 완전설적 기준을 어렵게 만들고 개인적인 자유를 위태롭게 하기 때
문에 보다 확실한 구조를 갖는 정의의 원칙에 전적으로 의존하는 것이 가
장 낫다고 생각된다.[54] 그래서 직관주의적 형태를 갖는다 할지라도 완전
설은 사회 정의의 현실적인 기초를 규정하지 못하는 것이므로 거부당하게
될 것이다.

결국 우리는 완전성의 기준이 없을 경우 생겨나는 결과들이 받아들일 만
한 것인지의 여부를 검토하게 될 것임은 물론이다. 왜냐하면 우선 당장에
공정으로서의 정의관은 이상에 관한 고려에 있어서 충분한 여지를 허용
하고 있지 않는 것으로 보이는 듯하기 때문이다. 이 점에 있어서 내가 주
목할 수 있는 것은 예술과 과학에 대한 공공 기금은 교환처를 통해서 공
급될 수 있다는 점이다(43절). 이러한 경우에 시민들이 그들 자신에게 요
구되는 세금을 부과하는 데 대해서 갖게 될 이유들에는 아무런 제한이 없

---

54) 이러한 점을 예증하는 것으로는 흔히 성 도덕이라는 좁은 의미의 이른바 도
덕적 실천에 대한 논란을 들 수 있다. P. Devlin, *The Enforcement of
Morals*(London: Oxford Univ. Press, 1965); H.L.A. Hart, *Law, Liberty
and Morality*(Stanford, Calif.: Stanford Univ. Press, 1963)을 참조할 수
있는데 그들은 이 문제에 대해서 상이한 입장을 취하고 있다. 그 이상의 논의
에 관해서는 B. Barry, *Political Argument*, pp. 66~69; R. Dworkin, "Lord
Devlin and the Enforcement of Morals", *Yale Law Journal*, 제 75 권
(1966); A.R. Louch, "Sins and Crimes", *Philosohy*, 제 43 권(1968) 참조.

다. 그들은 공공선의 장점을 완전론적인 원칙에 의거해서 평가할 수도 있는데, 왜냐하면 이 경우에 정부의 강권 조직은 오직 고립과 확신의 문제를 해결하기 위해서만 사용되며 아무도 자신의 동의없이는 세금을 내지 않기 때문이다. 여기에서 탁월성의 기준은 정치적 원리로서의 역할을 하지 않으며 따라서 원하기만 한다면 정의로운 사회는 그 자원의 상당한 부분을 이러한 종류의 경비에 바칠 수가 있다. 그런데 문화의 요구들이 이런 식으로 충족되는 반면, 정의의 원칙은 어떤 제도가 내재적으로 가치가 있으며 그에 종사하는 자는 보상적인 이득을 받지도 않는 다른 사람에게 큰 희생을 끼치면서까지 지원해야 한다는 근거에서 대학이나 연구소, 혹은 오페라나 극장에 지원을 해주지는 않는다. 이러한 목적을 위한 과세는 직접 간접으로 평등한 자유를 보장해 주는 사회적 조건을 촉진하고 최소 수혜자의 장기적인 이득을 합당한 방식으로 증진해 준다는 이유로서만 정당화될 수 있다. 이는 그 정당성에 이론의 여지가 적은 후원에 권위를 부여하는 것으로 보이며 따라서 이 경우에는 어떻든 완전성의 원칙에 대한 요청이 명백히 나타나지는 않는다.

  이상으로써 나는 정의의 원칙들이 제도에 적용되는 방식에 대한 논의의 결론을 삼고자 한다. 물론 고찰되어야 할 더 많은 문제들이 있음은 분명하다. 다른 형태의 완전론도 가능할 것이며 각 문제들이 너무 간략하게만 검토되었다. 강조되어야 할 것은 나의 의도가 단지 계약론이라고 하는 대안적인 도덕관으로서도 충분한 역할을 하리라는 점을 지적하는 데 있다. 우리가 그것이 제도와 관련해서 갖게 될 결과들을 검토할 경우 그것은 전통적으로 내려 온 경쟁적인 대안들 보다더 정확하게 우리의 상식적인 신념에 부합되는 것으로 보이며 이전에 해결되지 않은 경우들을 합당한 방식으로 드러낼 것으로 생각된다.

제 6 장
의무와 책무

앞서 두 장에서 나는 제도에 관한 정의의 원칙들을 논하였다. 이제 나는 개인에 적용되는 자연적 의무와 책무를 다루고자 한다. 처음 두 절에서는 이러한 원칙들이 원초적 입장에서 선택되는 이유와 사회 협동체를 안정되게 하는 기능이 검토된다. 약속에 대한 간단한 논의와 신의의 원칙도 다루어지고 있다. 그러나 대체로 나는 이들 원칙들이 입헌 체제 내의 정치적 의무와 책무에 관한 이론에 대해 함축하는 의미를 논의하게 될 것이다. 이는 정의론의 목적상 그것들이 갖게 될 의미와 내용을 설명함에 있어 최선의 방법이라 생각된다. 특히 시민 불복종의 특수한 경우를 다수결 원칙의 문제 및 부정의한 법의 준수에 대한 근거와 관련하여 간단히 해명하게 될 것이다. 시민 불복종을 양심적 거부와 같은 다른 형태의 비준수와 비교함으로써 대체로 정의로운 민주 체제를 안정화하는데 있어 그것이 갖는 특수한 역할을 밝히고자 한다.

51. 자연적 의무의 원칙에 대한 논증

이미 앞장에서 (18~19절) 나는 개인에게 적용되는 자연적 의무(natural duties)와 책무(obligation)의 원칙들을 간단히 설명하였다. 이제 우리는 이러한 원칙들이 원초적 입장에서 채택되는 이유를 생각해 보아야겠다. 그것들은 정당성에 관한 이론의 중요한 부분이며 그에 의해서 우리의 제도상의 유대와 우리가 서로 어떻게 결속되는가가 규정된다. 공정으로서의 정의관은 이 원리들이 해명되기까지는 불완전한 것이다.

정의론의 관점에서 볼 때 가장 중대한 자연적 의무는 정의로운 제도를 유지하고 발전시켜야 하는 의무이다. 이러한 의무는 두 부분으로 되어 있는데 첫째로 정의로운 제도가 현존하고 그것이 우리에게 적용되고 있을 경우 우리는 그것에 따르고 그 속에서 우리의 본분을 다해야 한다는 것이다. 그리고 둘째로 그러한 제도가 현존하지는 않으나 적어도 우리가 조금만 노력을 하면 그러한 것이 성립될 수 있을 경우에도 정의로운 체제를 확립함에 있어서 협력을 해야 한다는 것이다. 결과적으로 사회의 기본 구조가 정의롭거나 혹은 그러한 상황에서 합당하게 기대할 만큼 정의로울 경우 모든 이는 그에게 요구되는 바를 행해야 할 자연적 의무를 갖는다는 말이 된다. 각자는 약속에 의하든 그렇지 않든간에 그의 자발적인 행위에 상관없이 구속을 받는다. 그런데 우리의 문제는 다른 원칙보다 이 원칙이 채택되는 이유에 관한 것이다. 제도의 경우에 있어서와 마찬가지로 당사자들은 제안될 수 있는 모든 가능한 원칙들을 검토할 수 있는 방도가 없다고 생각해 보자. 많은 가능성들이 분명히 규정되지는 않으며 그 중에서 최선의 것이 선택되지 않을 수도 있다. 이러한 난점을 피하기 위해서 앞에서와 같이 친숙해 있는 전통적인 원칙들에 대한 간단한 목록으로부터 선택이 이루어진다고 생각한다. 문제를 신속히 처리하기 위해서 나는 여기에서 해명과 대조를 목적으로 공리주의적인 대안만을 언급하여 논의를 아주 간략하게 하고자 한다.

그런데 개인에 대한 원칙의 선택은 제도에 관한 원칙들이 이미 선택되었다는 사실로 인해 아주 단순해진다. 가능한 대안은 정의의 두 원칙과 관련해서 생각할 경우 그것과 의무 및 책무가 일관된 체계를 이루는 것들로 곧바로 좁혀지게 된다.[1] 이러한 한정은 우리의 제도적인 유대에 특유한 원칙들과 관련해서 볼 때 특별히 중요하게 마련이다. 그러므로 원초적 입장에 있는 자들이 정의의 두 원칙에 합의했으므로 개인들의 행위에 대한 기준으로는 공리의 원칙(혹은 그 변형)을 선택할 생각을 품는다고 가정해 보자. 이러한 가정에 모순은 없을지라도 공리의 원리를 택하게 되면 정당성에 대한 일관성없는 체계가 생겨나게 된다. 제도에 대한 기준들과 개인에 대한 기준들이 제대로 부합되지가 않는다. 이것은 특히 어떤 사람이 정의의 원칙에 의해 규제된 사회적 지위를 갖게 되는 경우에 분명해진다. 예를 들어서 시민들이 정당에 대한 투표 방식을 결정하는 경우나 입법자가 어떤 명령에 대한 찬성 여부를 고려하는 경우를 생각해 보자. 이 개인들은 제도에 관해서는 정의의 두 원칙을 채택하고, 개인에 대해서는 공리성의 원칙을 채택하는 공정한 사회의 일원이라고 가정해 보자. 그들은 어

---

1) 이 점에 관한 해명에 대해서 나는 A. Gibbard 의 도움을 받았다.

떠한 행동을 할 것인가? 합리적인 시민이나 입법자로서 그 사람은 정의의 두 원칙에 가장 잘 부합되는 정당을 지지하고 그러한 법령에 찬성을 해야 한다고 생각된다. 이는 그가 일관성있게 투표해야 하고 타인들도 그와 같이 하도록 권장해야 한다는 것 등을 의미한다. 현존하는 제도는 공공적으로 인정된 규칙에 부합되는 개인들의 행동 양식을 내포한다. 그래서 제도에 관한 원칙들은 그러한 체제 내에서 지위를 갖고 있는 자들에 대해서 중대한 영향력을 갖는다. 그런데 이런 사람들은 그들의 행위가 공리의 원칙에 의해서도 규제받는다고 생각해야 한다. 이 경우에는 합리적 시민이나 입법자는 그 정당이 승리하거나 그 법령이 제정되면 순수한 만족 잔여량 혹은 (평균량)을 극대화해 줄 가능성이 가장 큰 것을 지지해야 한다. 개인에 대한 기준으로서 공리의 원리를 선택함으로써 반대 방향으로 나아가게 된다. 이러한 갈등을 피하기 위해서 필요한 것은 적어도 그 개인이 제도상의 지위를 차지하고 있는 경우는 어떤 적절한 방식으로 정의의 두 원칙에 부합하는 원칙을 택하는 일이다. 오직 비제도적인 상황에 있어서만은 공리주의적인 입장도 이미 이루어진 합의 내용과 양립할 수가 있다. 하지만 공리의 원칙은 비록 적절한 제한을 가진 어떤 상황에서는 의미가 있을지 모르나, 의무나 책무에 대한 일반적인 해명으로서는 이미 배제되어 버린 것이다.

그래서 가장 간단히 할 수 있는 일은 개인에 대한 정당성의 개념 체계의 일부로서 정의의 두 원칙을 이용하는 일이다. 우리는 정의의 자연적 의무를 이들 원칙들을 만족시키는 체제를 지지하고 발전시키는 의무로 규정할 수가 있으며 이렇게 해서 우리는 제도에 대한 기준과도 일관성이 있는 원칙에 이를 수 있다. 여전히 남는 문제는 원초적 입장의 당사자들이 그들의 편에서 어떤 자발적인 행동, 예를 들면 그들이 정의로운 체제의 이득을 받아들이는 행위나 그것에 따르리라고 그들이 약속을 하는 행위, 혹은 그렇지 않고 달리 취해진 행위 등을 조건으로 해서 정의로운 제도에 따른다는 요구 사항을 내세우는 것이 잘한 것인지 아닌지에 관한 것이다. 언뜻 보기에는 이런 종류의 조건이 붙은 원칙이 자유로운 합의와 자유의 보호에 강조를 둔다는 점에서 계약론적 이념에 더 잘 부합하는 것으로 보인다. 그러나 사실상 이러한 전제 조건에 의해서는 아무 것도 얻어지지 않을 것이다. 두 원칙이 축차적 서열로 되어 있다는 점에 의해서 평등에 대한 충분한 대책은 이미 보장되어 있다. 이러한 점에 대해서는 더 이상의 보장책이 필요하지 않다. 나아가서 당사자들이 정의로운 제도의 안정을 확보하려는 데는 충분한 이유가 있으며, 이를 위한 가장 쉽고 직접적인 방법은 각자의 자발적인 행위에 상관없이 그 제도를 지지하고 그에 따른다는 요구 사항을 받아들이는 것이다.

이상의 이야기는 앞서 행한 공공선에 대의 논의를 상기함으로써 보다 확실하게 될 수 있다(42절). 우리가 주목한 바에 따르면 질서 정연한 사회에 있어서는 시민들이 일반적으로 효율적인 정의감을 가졌다는 데 대한 공공적인 인정이 아주 대단한 사회적 자산이 된다. 그것은 정의로운 사회 체제를 안정시키는 경향을 갖는다. 고립의 문제가 극복되고 공공선을 산출하기 위해서 대규모의 공정한 체제가 이미 존재하는 경우에라도 불안정으로 나아가는 두 가지 종류의 경향이 있다. 이기적인 관점에서 각자는 자신의 본분을 다하는 것을 회피하려는 성향을 갖는다. 그는 어떤 경우에도 공공선의 혜택을 받게 될 것이며 그의 세금이 갖는 사회적인 한계 가치가 자기 자신에게 소비하는 한계액의 그것에 비해 훨씬더 크다 할지라도 오직 그것의 작은 일부만이 그의 이득에 보탬이 되기 때문이다. 이기심에서 생기는 이러한 경향은 첫번째 종류의 불안정을 결과한다. 그러나 정의감을 갖는 경우에도 사람들이 협동체에 따르는 것은 타인들도 그들의 본분을 다하리라는 믿음에 입각해 있으므로 시민들은 타인들이 자신의 본분을 하지 않으리라고 생각하거나 의심하는 것이 합당할 경우 기여하는 행위를 회피하는 경향을 가질 수 있다. 타인의 성실성에 대한 염려로부터 생겨나는 이러한 경향은 두번째 종류의 불안정을 결과한다. 특히 이러한 불안정은 타인들이 따르지 않을 때 법규에 따른다는 것이 위험할 경우에 보다 강하게 될 가능성이 있다. 이러한 난점으로 인해 무장 해제에 대한 합의가 어렵게 되는데 상호 의혹이 있을 경우에는 정의로운 사람마저도 항구적인 적대감의 상태로 빠지게 되어 있다. 앞에서 보았듯이 확신의 문제는 첫번째 종류의 경향성을 제거함으로써 안정을 유지하는 것이요, 이것은 공공 제도에 의해 이루어지는 것인 까닭에 적어도 질서 정연한 사회에서는 두번째 종류의 경향까지도 사라지게 된다.

이상과 같은 이야기의 의미는 우리의 정치적인 유대를 책무의 원칙 위에 기초할 경우 확신의 문제가 복잡해질 것이라는 점이다. 시민들은 정의로운 체제라 할지라도 그것이 주는 이득을 받아들이지 않았거나 계속해서 그것을 받아들일 의사가 없는 경우에는 그것에 구속되고자 하지 않을 것이다. 나아가서 그것을 받아들이는 것은 어떤 적절한 의미에서 자발적인 것이어야 한다. 그러나 이 적절한 의미란 무엇인가? 우리가 거기서 태어나서 우리의 생을 시작한 정치적 체제의 경우에 있어서 현실성있는 해명을 발견한다는 것은 어려운 일이다.[2] 그리고 비록 이러한 해명이 주어질 수 있다 할지라도 시민들은 여전히 서로에 대해서 자신이 결속되어 있는지 혹은 그렇다고 스스로를 생각하고 있는지에 관해 의심을 할 것이다. 모든 사람들이 정의로운 체제에 결속되어 있다는 공공적인 신념은 보다 덜 공고해질 것이며 안정을 성취하는 데 통치의 강권에 보다 많이 의존하는 것이 필요하게 될 것이다. 그러나 이러한 모험을 할 이유는 없다. 따라서 원초적 입장에 있는 당사자들이 정의의 자연적 의무를 용인할 경우 최선을 다한 것이라 할 수 있다. 공공적이고 효율적인 정의감이 가치있는 것이라면 개인의 의무를 규정하는 원칙이 단순하고 분명하며 그래서 그것이 정의로운 체제의 안정을 보장하는 것은 중요한 것이다. 그렇다면 공리의 원칙보다 정의의 자연적 의무에 합의하게 될 것이며 정의론의 관점에서 볼 때 그것은 개인에 대한 기본적인 요구라고 생각된다. 책무의 원칙들은 그것과 양립 가능한 것이긴 하나 대안이 되기보다는 보완적인 기능을 갖는다.

물론 다른 자연적 의무들도 있다. 이와 같은 것들은 앞에서 많이 언급되었다(19 절). 이들 모두를 다루는 대신에 앞에서 언급되지 않은 상호 존중(mutual respect)을 위시해서 몇 가지 경우를 검토하는 것이 보다 유익할 것이다. 이는 하나의 도덕적 존재로서, 다시 말하면 정의감과 가치관을 가진 존재로서의 인간에게 마땅한 존경을 표시해야 한다는 의무이다. (어떤 경우에는 그러한 특성들이 단지 가능성에 그칠 것이지만 여기서 이러한 복잡한 문제는 접어 두기로 한다. 77 절 참조) 상호 존중은 여러 방식으로 나타나게 되는데 타인들의 처지를 그들의 관점으로부터, 그들의 선에 대한 그들의 입장으로부터 보고자 하는 우리들의 의지에서 그리고 타인들의 이해에 중대한 영향을 미칠 우리의 행위에 대해서 정당한 이유를 제시하고자 하는 우리의 마음가짐 등에서이다.[3]

이러한 가지 방식은 도덕적 인격의 두 가지 측면에 대응한다. 요청을 받았을 때는 관련된 자들에게 정의 근거가 제시되어야 하는데 그것들은 성실하게 다시 말하면 그 자유들은 모든 사람의 선이 고려된 상호 인용할 만한 정의관에 의해 규정된 타당한 이유들이라는 신념을 가지고 제시되어야 한다. 그래서 타인을 도덕적 인격으로서 존중한다는 것은 그의 목적과 이해 관

---

[2] 나는 "Of the Original Contract"에서 Hume 이 제시한 모든 논의를 받아들이지는 않지만 그것이 시민 일반의 정치적 의무에 적용된다는 점에서는 옳은 것이라고 믿는다. Essays: Moral, Political and Literary, ed. T.H. Green and T.H. Grose, 제 1 권, (London, 1875), pp. 450~452 참조.

[3] 존중의 관념에 관해서는 B.A.O. Williams, "The Idea of Equality", Philosophy, Politics, and Society, 제 2 집, ed. P. Laslett and W.G. Runciman (Oxford: Basil Blackwell, 1962), pp. 118 이하 참조.

계를 그의 입장에서 이해하고 그가 자신의 행위에 대한 제약을 받아들일 수 있게 하는 고려 사항들을 그에게 제시하도록 노력하는 일이다. 타인들은 모든 사람들이 동의할 수 있는 원칙들을 기초로 해서 자신의 행위를 규제하기를 바란다고 생각되기 때문에 그는 제약들을 이런 방식으로 설명해 주는데 관련된 사실들에 친숙해 있어야 한다. 또한 존중은 조그마한 호의나 예절을 행하려는 의욕 속에도 나타나게 되는데, 이는 그것이 대단한 실질적인 가치가 있기 때문이라기보다 그러한 것들이 타인들의 감정이나 열망을 우리가 의식하고 있다는 데 대한 적절한 표현이기 때문이다. 그런데 이러한 의무가 받아들여지리라는 이유는 비록 원초적 입장에 있는 당사자들이 상대방의 이해에 무관심하다 할지라도 그들은 사회 속에서 자신이 그들 동료들의 평가에 의한 확인을 받을 필요가 있다는 것을 알고 있다는 점이다. 자신들의 목적 체계가 갖는 가치에 대한 그들의 자존감이나 확신만으로는 타인들의 무관심뿐 아니라 경멸을 견뎌 낼 수 없다. 그래서 모든 사람들은 상호 존중의 의무가 지켜지는 사회에서 생활함으로써 혜택을 받게 된다. 자신에 대한 가치감을 유지하는 것과 비교하면 자기 이득에 대한 부담은 사소한 것이다.

다른 자연적 의무를 밑받침하기 위해서도 이와 비슷한 추론이 가능하다. 예를 들어서 상호 협조(mutual aid)의 의무를 생각해 보자. 이에 있어서 칸트가 제시하였고 다른 사람들이 그에 따랐던 견해에 의하면, 이러한 의무를 제안하는 근거는 우리에게 타인의 도움을 필요로 하는 상황이 생겨날 것이며 이러한 원칙을 받아들이지 않는다는 것은 우리 자신으로부터 그들의 협력을 박탈하게 된다는 것이다.[4] 특정한 경우에는 우리 자신에게 이익이 되지 않는 일을 하도록 요구받기는 하나 정상적인 여건 아래에서 좀 더 장기적으로 볼 때 결국 우리에게 이익이 될 가능성이 있다. 단일한 각각의 경우에 도움을 필요로 하는 자들의 이익은 그를 도와야 할 자의 손실을 훨씬 능가하는 것이며, 도움을 받아야 할 자가 되는 경우가 도움을 주어야 할 자가 되는 경우에 비해 그렇게 드물지가 않음을 생각해 볼 때 그 원칙이 우리에게 유익하다는 것은 분명하다. 하지만 이것이 상호 협조에 대한 유일한 논거도 아니요, 가장 중요한 논거는 더욱 아니다. 그러

---

4) *The Foundations of the Metaphysics of Morals*, Academy 판, 제 4권, p. 423 참조. *The Metaphyics of Morals*, 2부(*Tugendlehre*), 제 6권, 30절, pp. 451 이하에는 보다더 충실한 논의가 있다. Kant는 여기에서 자선의 의무(그가 명명한 바)는 공공적인 것, 다시 말하면 보편적인 법이 되어야 한다는 것을 주목하고 있다. 23절 각주 8 참조.

한 의무를 채택하는 충분한 논거는 일상 생활의 성질에 대해서 그것이 갖는 중대한 효과이다. 우리가 어려운 처지에 다른 사람들에 의지해서 도움을 받을 수 있는 사회에 살고 있다는 것이 공공적으로 알려지는 것은 그 자체가 대단히 가치있는 일이다. 결국에 가서 우리가 그러한 도움을 필요로 하는 적이 한 번도 없었고 때때로 우리가 도움을 주도록 요구를 받았다 해도 아무런 변함이 없다. 편협하게 해석된 이득의 순수 잔여는 문제되지 않는다. 그 원칙이 갖는 일차적 가치는 우리가 실제로 얻게 되는 도움에 의해서 측정되는 것이 아니고 타인들의 선의에 대한 확신과 신뢰감 및 우리가 그들을 필요로 하는 경우 그들이 있다는 것에 대한 인지에 의해서 측정된다. 사실 이러한 의무가 배척된다는 것이 공공적으로 알려질 경우 사회가 어떻게 될 것인가를 상상해 볼 필요가 있다. 그래서 자연적 의무들은 단일한 원칙의 특수한 경우들이 아니지만 (혹은 아니라고 나는 생각해 왔지만) 그것들이 나타내고 있는 기본 태도를 생각해 볼 때 그들 대부분을 지지하기 위해서는 유사한 이유들이 제시됨은 물론이다. 이러한 의무들에 대한 지극히 작은 욕구마저 갖지 않는 사회 생활을 상상해 보게 되면 그것은 우리 자신에 대한 가치감을 갖지 못하게 하는 바, 인간 존재에 대한 경멸은 아닐지라도 무관심을 나타내게 되리라는 것을 알게 된다. 다시 한번 우리는 공지(公知) 효과가 갖는 대단한 중대성에 주목해야만 한다.

어떤 하나의 자연적 의무가 의무 그 자체로서 채택된다고 할 때 그것을 옹호하는 이유는 아주 명백한 것이다. 적어도 이러한 의무들이 그와 유사한 요구 사항에 비해 더 나을 이유가 없음은 분명하다. 그것들의 정의(定義)나 조직 체계가 정연하지 못할지라도 그것들이 받아들여지리라는 데는 별 의문이 없다. 진정한 난점은 그것들에 대한 보다 자세한 명시와 우선성의 문제에 있는데, 즉 그러한 의무들이 서로간에 혹은 책무들과 상충할 경우, 그리고 의무 이상의 행위들(supererogatory actions)에 의해 성취될 수 있는 선과 상치할 경우 그 의무들을 조정하는 방식에 문제가 있다. 이러한 문제를 해결하기 위한 분명한 규칙은 없다. 예를 들어서 우리는 의무가 의무 이상의 행위나 책무에 비추어 보아 축차적으로 우선적이라고 말할 수가 없다. 또한 우리는 사태를 수습하기 위해서 공리주의적 원칙에 호소할 수만도 없다. 개인에 대한 요구 사항들은 서로 상반되는 경우가 흔한 까닭에 이것은 개인에 대해서 공리의 기준을 채택하는 것과 똑같이 될 것이다. 그리고 앞서도 보았듯이 이는 정당성에 대한 일관성없는 입장을 가져오므로 배제된다. 나는 이 문제가 해결될 방식을 모르며 더우기 현실성있는 쓸 만한 규칙을 정식화해 줄 체계적인 해결책이 가능한지 어떤지도 알지 못한다. 기본 구조에 대한 이론이 사실상 보다 단순한 것으로 생각될 것이다. 우리는 일반 규칙들의 전체적인 체계를 다루고 있으므로 일단 우리가 보다 장기적인 관점을 취할 경우 특정 경우들이 갖는 보다 복잡한 요소들의 의의를 제거하기 위해 어떤 통계의 절차에 의존할 수 있을 것이다. 따라서 이 책에서 나는 우선성에 대한 이러한 문제들을 충분히 일반적인 수준에서 논의하려 하지 않겠다. 내가 하게 될 바는 내가 거의 정의로운 체제라 부르게 될 여건 아래서의 시민 불복종 및 양심적 거부와 관련하여 몇 가지 특수한 경우를 검토하는 일이다. 이러한 문제에 대한 만족스러운 해명은 기껏해야 하나의 출발에 불과할 뿐이다. 그러나 그것은 우리가 당면할 그러한 종류의 장애에 대한 어떤 생각을 제시하고 우리의 직관적인 판단력이 올바른 문제를 겨냥하도록 도와주게 될 것이다.

이쯤해서 다른 것이 동일한 경우의 의무(a duty other things equal; 소위 조건부 의무)와 모든 것을 고려한 경우의 의무(a duty all things considered) 간의 잘 알려진 구분에 주목하는 것이 적절하리라고 생각된다. (이와 유사한 구분은 책무에 있어서도 타당하다.) 이러한 개념에 대한 정식화는 로스에 의한 것으로서 우리는 그 주요 골자에 있어서 그의 뜻을 따를 수 있을 것이다.[5] 그래서 원초적 입장에서 채택될 원칙들의 완전한 체계가 알려진다고 생각해 보자. 거기에는 제도와 개인에 관한 원칙들은 물론 특정 경우에 그것들이 서로 다른 측면을 내세울 경우 그 원칙들의 경중을 가려 줄 우선성 규칙도 내포되어 있을 것이다. 나아가서 나는 정당성에 관한 이러한 완전한 체계(full conception)는 한정된 것임을 가정하려 하는데, 즉 그것은 한정된 수효의 원칙들과 우선성 규칙들로 구성되어 있다는 것이다. 비록 도덕 원칙들(제도 및 개인의 덕목들)의 수효가 무한하거나 무한히 광범하다는 것에 일리가 있다 할지라도 전 체계는 거의 완전한 것인데, 다시 말하면 그것이 포괄하지 못하는 도덕적 고려 사항은 대체로 별로 중요하지 않은 것들이다. 그래서 보통 그것을 무시한다고 해서 심각한 오류의 위험은 없는 것이다. 해명되지 않은 도덕적인 이유들의 의의는 정당성에 대한 입장이 보다 충실히 전개되면 무시할 수 있는 것이 될 것이다. 이러한 완전한 체계(유한하나 규정된 의미에서 완전한)가 주어지게 되면 그 완전성을 내세우게 되는 원칙이 있게 되고 우리가 원하기만 하면 행위자로 하여금 그에게 가능한 모든 행위들 가운데서 완전한 체계에 비추어 볼 때(우선성 규칙을 포함해서)

5) *The Right and the Good* (Oxford: The Clarendon Press, 1930), pp. 18~33, 41 이하 참조.

가장 정당한 것(혹은 최선의 것)으로 합당하게 판단되는 행위를 명하는 원칙이 있게 된다. 이 점에서 나는 우선성 규칙이 원칙들의 충돌을 해결하거나 적어도 비중을 올바르게 할당하는 길을 제시하기에 충분하다고 생각한다. 분명히 우리는 아직 몇 가지 이상의 경우에 관해서는 이러한 규칙들을 이야기할 위치에 있지 못하지만 우리가 어떻게 해서든지 그러한 판단들을 내릴 수 있으므로 유용한 규칙들이 존재하는 셈이다(만일 직관주의자가 올바르지 않고 오직 서술만 있는 것이 아니라면). 어떤 경우든지 전체 체계는 가능한 모든 적절한 이유들을 (그 관점의 원칙들에 의해 규정된 바) 우리가 확인할 수 있거나 확인해야 하는 한에서 그것들에 비추어 행위할 수 있도록 지도해 준다.

그런데 이상의 규정들을 염두에 둘 때 "다른 것들이 동일한"과 "모든 것을 고려한"이란 구절들은 (그리고 이와 관련된 다른 표현들은) 하나의 판단이 원칙들의 전체 체계에 입각해 있는 정도를 나타낸다. 한 원칙만 따로 떼어서 생각하면 그것은 전제 조건들이 충족되었을 경우 우리가 행위해야 할 방식을 확정해 주기에 족한 보편적인 진술을 언제나 나타내 주지 못한다. 오히려 제1원칙들은 도덕적인 상황의 적합한 측면들을 가려내어 이러한 특성들을 예시함으로써 어떤 윤리적 판단을 지지하게 되거나 그러한 판단을 하는 데 대한 이유를 제공하는 것이다. 올바른 판단은 정당성에 대한 전 체계에 의해 확인되고 통합된 적절한 모든 측면들에 달려 있다. 우리가 어떤 것이 모든 것을 고려한 경우의 우리의 의무가 된다고 말할 때 우리는 그 경우의 이러한 측면 각각을 검토해 보기를 요구하거나, 혹은 그렇지 않은 경우에 우리가 이러한 보다 광범한 검토의 결과가 어떻게 될 것인지를 알고 있다는 것을 뜻하게 된다. 이와 대조적으로 어떤 요구사항을 다른 것이 동일할 경우의 의무(혹은 소위 상대적 의무)라고 말할 때에는 우리가 지금까지 어떤 원칙들만을 고려해 왔으며 우리는 단지 보다 광범위한 이유 체계의 하위 부분에만 기초해서 판단을 내리고 있다는 것이다. 나는 보통 어떤 것이, 다른 것이 동일할 경우 어떤 사람의 의무(또는 책무)라는 것과, 모든 것을 고려할 경우 그것이 그 사람의 의무가 된다는 것의 구분을 표시하지는 않겠다. 일상적으로는 어떤 것을 의미하는지를 짐작하기 위해서 전후 관계에 의거할 수 있을 것이다.

나는 이상의 이야기들이 조건부 의무(prima facie duty)에 대한 로스의 입장의 본질을 나타내리라고 믿는다. 중요한 것은 "다른 것이 동일한"과 "모든 것을 고려한"(그리고 '조건부'도 물론이고)과 같은 부대 조항은 단일한 문장에 영향을 주는 것도 아니요, 행위의 술어에 영향을 미치는 것은 더욱 아니다. 오히려 그것들은 문장간의 관계 판단과 그 근거와의 관계를 나타내거나 혹은 위에서 말했듯이 그것들은 하나의 판단과 그 근거들을 규정하는 체계의 일부 혹은 전체와의 관계를 나타내고 있다.[6] 이러한 설명은 로스의 입장의 요점을 받아들인 것이다. 왜냐하면 그는 그것을 제 1 원칙들을 진술하는 방식으로 도입함으로써 그것들이 규정하고 있는 이유들로 하여금 사실상 흔히 그러하듯이 우리를 모순에 빠지도록 하지는 않으면서 특수한 경우들에 있어서 상반되는 노선의 행위도 지지할 수 있게 하기 때문이다. 칸트에서 발견되는 로스도 그러한 생각을 했지만 고전적인 이론은 개인에 적용되는 원칙들을 완전한 책무와 불완전한 책무의 둘로 나누고, 첫번째 종류의 원칙을 두번째 종류의 것에 축차적으로 선행(나의 용어를 사용하자면)시키는 등급을 매기는 것이다. 그러나 불완전한 책무(예를 들면 선행의 책무)는 언제나 완전한 책무(예를 들면 신의 책무)에 자리를 양보해야 한다는 것은 일반적으로 오류일 뿐만 아니라 만일 완전한 책무들이 상충하는 경우에는 아무런 해결책이 없는 것이다.[7] 아마도 칸트의 이론이 출구를 마련할지도 모르나 어느 경우에 있어서도 그는 이 문제를 보류해 두고 있다. 이러한 목적을 위해 로스의 개념을 사용하면 편리하다. 물론 이렇게 말한다고 해서 제 1 원칙들이 자명하다는 그의 주장을 받아들이는 것은 아니다. 이러한 입장은 그러한 원칙들이 알려지는 방식과 그것이 어떠한 도출 방식을 받아들이는가에 관련된 것이다. 이러한 문제는 원칙들이 이유들의 한 체계 속에서 서로 결합하는 방식이나 의무와 책무에 대한 특정한 판단을 지지하는 방식과는 상관이 없는 것이다.

52. 공정성의 원칙에 대한 논증

자연적 의무에는 다양한 원칙이 있는 반면에 모든 책무는 공정성의 원칙(the principle of fairness, 18 절에 규정됨)에서 나온다. 이러한 원칙이 내세우는 것은 어떤 사람이 정의의 두 원칙을 만족시키는 정의롭고 공정한 어떤 제도의 이득을 자발적으로 받아들이고 또 그것이 제공하는 기회

---

6) 이 점에서 나는 D. Davidson, "How Is Weakness of the Will Possible?" *Moral Concepts* ed. J. Feinberg, (London: Oxford Univ. Press, 1969)에 따른 것인데 p. 109 를 참조. pp. 105~110 에 나온 전체 논의는 이 점과 관련된 것이다.

7) *The Right and the Good*, pp. 18 이하 ; *The Foundation of Ethics* (Oxford: The Clarendon Press, 1939), pp. 173, 187 참조.

를 이용할 때는 언제나 그는 그 제도의 규칙들이 명시하고 있는 바 자신의 본분을 행할 책무를 갖게 된다는 것이다. 앞에서 살핀 바와 같이 이 경우에 직관적으로 떠오르는 생각은 많은 사람들이 어떤 규칙에 따라서 상호 이익이 되는 협동 체제에 가담하고 따라서 그들의 자유를 자발적으로 제한할 경우 이러한 제한을 받아들이는 자는 이로 인해 이득을 보는 다른 사람들 쪽에 대해서도 동일한 승인을 요구할 권리를 갖는다는 것이다. [8] 우리 자신의 공정한 몫을 하지 않고는 타인들의 협동적인 노력으로부터 이득을 보아서는 안 된다.

잊어서 안 될 것은 공정성의 원칙이 두 부분으로 되어 있다는 점으로써 한 부분은 우리가 책무를 갖게 되는 방식을 말하는 것이고, 다른 부분은 관련된 제도가 완벽하게 정의로운 것은 아닐지라도 그러한 사정 아래서 합당하게 기대될 정도로 정의로운 것이 되는 조건을 설정하는 것이다. 이 두 번째 조항의 목적은 어떤 배경적 조건이 만족되었을 경우에만 책무가 생겨 난다는 것을 확실히 하기 위함이다. 분명히 부정의한 제도를 묵인하거나 동의한다고 해서 책무가 생겨나는 것은 아니다. 강요된 약속이 애초부터 무효라는 것은 일반적으로 승인되고 있는 것이다. 그런데 그와 비슷하게 부정의한 사회 체제 역시 그 자체가 일종의 강요요 심지어 폭력이라 할 수 있는 것으로서, 그에 대한 동의는 구속력이 없다. 이러한 사정에 대한 이유는 원초적 입장에 있는 당사자들이 그러한 주장을 하게 될 것이라는 점이다.

원칙의 도출을 논하기에 앞서 해결해야 할 기본적인 문제가 있다. 자연적인 의무의 원칙들이 주어졌으므로 공정성의 원칙은 필요없다는 반대가 있을 수 있다. 책무는 정의의 자연적 의무에 의해 해명되어질 수 있는데 왜냐하면 어떤 사람 자신이 한 제도 체제를 이용할 경우 그 규칙들은 그에게 적용될 것이며 정의의 의무가 요구될 것이기 때문이다. 이러한 주장은 물론 타당한 것이다. 원한다면 우리는 정의의 의무에 의거해서 책무를 설명할 수가 있다. 요구되는 자발적 행위를 우리의 자연적 의무를 자유로이 확대했을 때의 행위로 해석하는 것으로서 족하다. 비록 예전에는 관련된 체제가 우리에게 해당되지 않았으며 그에 관해서 우리는 그것을 전복시키려 하지 않는 것 이외에 다른 의무를 갖지 않았다 할지라도, 지금 우리는 우리의 행위에 의해서 자연적 의무의 구속력을 확대하고 있다. 그러나 우리가 그 속에서 태어났고 그것이 우리 행위의 전 영역을 규제하기

---

8) 나는 이 점에서 H. L. A. Hart, "Are There any Natural Rights?" *Philosophical Review*, 제 64 권 (1955), pp. 185 이하에 도움받고 있다.

때문에 어쩔 수 없이 우리에게 적용되어야 하는 제도 및 그 제도의 측면들과, 우리의 목적을 실현해 주는 합리적인 방도로서 우리의 자유로운 어떤 행위로 인해서 우리에게 적용되는 제도와는 구분하는 것이 적절하다고 생각된다. 그래서 우리는 헌법이나 혹은 재산을 규제하는 기본법(그것이 정의롭다고 가정할 때)에 따라야 할 자연적 의무를 가지는 반면에, 우리가 획득하는 데 성공한 직책의 의무를 수행하거나 혹은 우리가 가담하는 단체나 활동의 규칙들에 따라야 할 책무를 갖는다. 의무와 책무들은 똑같은 방식으로 생겨나지 않는다는 바로 그 이유 때문에 그것들이 상충할 경우 그것들에게 서로 다른 비중을 주는 것이 때로는 합당하다. 적어도 어떤 경우에는 책무가 자유로이 떠맡은 것이라는 사실로 인해 그것이 다른 도덕적 요구들과 충돌할 경우 그들을 평가하는 데 있어 영향을 받게끔 되어 있다. 사회에서 보다 나은 지위에 있는 성원은 타인들에 비해서 정치적 의무와 구분되는 것으로서 정치적 책무를 갖게 될 가능성이 더 크다는 것 또한 옳은 것이다. 왜냐하면 대체로 정치적인 직위를 가장 잘 얻을 수 있고 입헌 체제가 제공하는 기회들을 가장 잘 이용할 수 있는 것이 바로 그러한 사람들이기 때문이다. 따라서 그들은 정의로운 체계와 보다 긴밀히 결속되어 있다. 이러한 사실들을 나타내고 여러 가지 결속이 자유로이 받아들여지는 양식을 강조하기 위해서는 공정성의 원칙을 갖는 것이 유용하다. 이 원칙은 우리들로 하여금 의무와 책무를 보다 잘 분간하여 설명해 준다. 그래서 '책무'(obligation)라는 용어는 공정성의 원칙에서 도출되는 도덕적 요구들을 위해서 마련된 것인데 비해, 다른 요구 사항들은 '자연적 의무'(natural duty)로 불린다.

뒤의 절에 가서 공정성의 원칙이 정치적인 문제와 관련해서 언급되어질 것이므로 여기서는 그것과 약속(promising)과의 관계를 논의하고자 한다. 그런데 신의(fidelity)의 원칙은 약속이라는 사회적 관행에 적용된 공정성 원칙의 특수 경우에 불과하다. 이에 대한 논의는 약속이란 것이 규칙들의 공적인 체계에 의해 규정된 행위라는 것을 살피는 것에서 시작된다. 이러한 규칙들은 제도 일반의 경우에서와 같이 일련의 규제적인 관행이다. 경기의 규칙들과 마찬가지로 그것은 어떤 활동들을 명시하고 어떤 행위들을 규정한다. [9] 약속의 경우에 있어서 기본이 되는 규칙은 "나는 X를 행하기로 약속한다"라는 말의 용법을 규제하는 것이다. 그것은 대체로 다음과 같은

---

9) 규제적 규칙에 관해서는 J.R. Searle, *Speech Acts*(Cambridge: The Univ. Press, 1969), pp. 33~42. 약속에 관해서는 3장, 특히 pp. 57~62에서 논의되고 있다.

내용이 되는데, 즉 만일 어떤 사람이 적절한 여건 아래서 "나는 X를 하기로 약속한다"라는 말을 한다면 그는 어떤 구실이 될 만한 조건이 생겨나지 않는 한 X를 행하겠다는 것이다. 이러한 규칙을 우리는 약속의 규칙으로 생각할 수 있는데 그것은 관행 전체를 대표하는 것으로 간주될 수도 있다. 그 자체는 도덕적인 원칙이 아니고 규제적인 관행이다. 그러한 관점에서 그것은 법규나 법령 그리고 경기의 규칙과 비슷한 것인데 이것과 같이 그것이 어느 정도 일반에게 준수되는 경우에 사회에 존재하게 되는 것이다.

약속의 규칙이 적절한 여건과 구실이 되는 조건을 명시하는 방식은 그것이 대표하고 있는 규율 체계(관행)의 정의 여부를 결정하게 된다. 예를 들면 구속력이 있는 약속을 하기 위해서 우리는 충분히 의식적이어야 하고 정신이 합리적인 상태에 있어야 하며 효력을 갖는 말의 의미와 약속을 함에 있어서 그 말의 용법 등을 알고 있어야 한다. 나아가서 이러한 말들은 위협이나 강권에 예속되지 않고 이른바 합당하게 공정한 흥정을 할 수 있는 처지에 있게 될 상황에서 자유롭고 자율적으로 행해져야 한다. 자고 있거나 망상에 사로잡혀 있는 동안 약속어가 발언되었거나 혹은 약속하도록 강요되었거나 속일 목적으로 적절한 정보를 갖지 못하게 했을 경우 그러한 약속의 이행은 요구될 수가 없다. 일반적으로 약속을 발생시키는 여건과 구실이 될 수 있는 조건은 당사자들의 평등한 자유를 보존하고, 그 관행이 그에 가담하여 상호 이익을 위한 협동적인 합의 사항을 안정시키는 합리적인 수단이 될 수 있도록 규정되어야 한다. 어쩔 수 없이 이에 대한 여러 가지 복잡한 문제는 여기에서 고찰될 수가 없다. 정의의 원칙들은 그것이 다른 제도들에 적용되는 것과 동일한 방식으로 약속이라는 관행에도 적용된다고 말하는 것만으로 족하다. 따라서 적절한 여건들에 대한 제한은 평등한 자유를 보장하기 위해서 필요한 것이다. 원초적 입장에서 수면 중에 발언되었거나 힘으로 강요된 말이 구속력을 갖는다는 데 합의한다는 것은 터무니없이 불합리할 것이다. 물론 그것은 아주 불합리한 것이어서 우리는 약속의 개념(의미)과 양립할 수 없는 그러한 가능성 및 다른 가능성을 배제하는 경향을 갖는다. 하지만 나는 약속이라는 것이 그 정의상 정의로운 관행이라고 보지는 않을 것이다. 왜냐하면 그렇게 되면 약속의 규칙과 공정성의 원칙에서 도출된 책무와의 구분은 모호하게 되기 때문이다. 여러 가지 계약법의 형태가 있는 것과 마찬가지로 약속에도 많은 형태가 있다. 사람이나 사람들의 집단에 의해 이해된 바의 특정 관행(practice)이 정의로운가 어떤가는 정의의 원칙에 의해 결정될 것으로 남는다.

이상과 같은 이야기를 배경으로 해서 우리는 두 가지 정의(定義)를 도입할 수 있다. 첫째로 진실한(bona fide) 약속은 그것이 나타내고 있는 관행이 정의로울 경우 약속의 규칙에 따라서 생겨난 약속이다. 일단 어떤 사람이 정의로운 관행에 의해 규정된 바의 적절한 여건 아래서 "나는 X를 하기로 약속한다"는 말을 하게 되면 그는 진실한 약속을 한 것이다. 다음에 신의의 원칙이란 진실한 약속은 지켜져야 한다는 원칙이다. 위에서 주목했던 바와 같이 약속의 규칙과 신의의 원칙을 구분하는 것은 중요하다. 약속의 규칙은 단지 규제적인 관행인 데 반해 신의의 원칙은 공정성 원칙의 결과로서 도덕적 원칙이다. 왜냐하면 만일 정의로운 약속의 관행이 존재한다고 해보자. 그러면 약속을 함에 있어서, 다시 말하면 적절한 여건 아래서 "나는 X를 하기로 약속한다"는 말을 함에 있어서 우리는 알고서 그 규칙에 의거하며 정의로운 체제의 이득을 받아들인다. 약속을 해야 할 책무가 없다고 가정하는 경우 우리는 약속을 하거나 말거나 자유이다. 그러나 가정상 관행이 정의로운 것이므로 공정성의 원칙이 적용되며 우리는 규칙이 명시하는 대로 행해야 한다. 다시 말하면 우리는 X를 행해야 한다. 약속을 지켜야 한다는 책무는 공정성 원칙의 결과이다.

나는 약속을 함으로써 우리가 사회적 관행에 관련을 맺게 되고 그것이 줄 수 있는 이득을 얻게 된다고 말했다. 이러한 이득이란 무엇이며, 관행은 어떻게 작용하는가? 이 문제에 대답하기 위해서 약속을 하는 대표적인 이유는 소규모의 협동 체제나 혹은 상호 작용의 특수한 양식을 세우고 그것을 안정되게 하는 것이라고 가정해 보자. 약속의 역할은 홉즈가 지배자에게 부여한 역할과 유사한 것이다. 지배자가 효과적인 형벌 절차를 공공적으로 운용함으로써 사회 협동 체제를 유지하고 안정시키듯이, 사람들은 강제 체제가 없는 가운데서도 상호간에 약속을 통해서 그들의 사적인 사업을 설립하고 인정하게 한다. 때때로 이러한 사업을 시작해서 유지하기가 어렵다. 특히 이것이 명백한 경우는 한 사람이 다른 사람에 앞서 약속을 이행하게 될 그러한 계약들의 경우이다. 왜냐하면 이 사람은 두번째 당사자가 자신의 본분을 다하지 않아 계획이 이루어지지 않으리라고 생각할 수 있기 때문이다. 비록 이행하기로 된 그 사람이 나중에 실제로 약속을 수행하게 될지라도 그것은 두번째 종류의 불안정을 당하게 된다. 그런데 이러한 경우에 있어서 먼저 수행하게 될 당사자를 확신시키는 방법은 그에게 약속을 하는 것, 다시 말하면 나중에 수행하리라는 책무를 자신에게 지우는 것 이외에 있을 수 없다. 오직 이렇게 해서만이 그 체제는 안정되며 그럼으로써 양자는 그들의 협동으로부터 이득을 얻을 수 있다. 약속이라는 관행은 바로 이러한 목적을 위해서 존재하는 것이며 그래서 우리는 보통 도덕적인 요구 사항들을 우리에게 주어진 구속물로 생각하지만, 때로는 그것들이 우리 자신의 이익을 위해 의도적으로 스스로 부과한 것이기도 하다. 따라서 약속이란 의도적으로 책무를 부과하는 공공적인 의지에 의해 이루어진 행위인데, 그 책무가 존재함으로써 주어진 여건 속에서 우리의 목적이 달성된다. 우리는 이러한 책무가 존재하고 또한 그 존재가 알려지기를 원하며 타인들이 우리가 이러한 구속을 인정하고 그에 따를 마음이 있음을 알기를 바란다. 그래서 이러한 이유로 인해 그러한 관행을 이용함으로써 우리는 공정성의 원칙에 의해 우리가 약속한 바대로 행해야 하는 책무를 지게 된다.

어떻게 약속(혹은 계약을 맺음)이 협동의 형태를 확립하고 그것을 안정시키는 데 이용되는가를 이렇게 설명함에 있어서 나는 대체로 프리챠드를 따랐다.[10] 그의 논의는 모든 중요한 문제점들을 포함하고 있다. 그가 한 것처럼 나도 역시 가정하고 있는 것은 각자가 타인들이 정의감을 가지고 있으며 따라서 자신의 진실한 책무를 수행하고자 하는 정상적인 효과적 욕구를 지니고 있음을 알고 있거나 적어도 합당하게 믿고 있다는 점이다. 이러한 상호 신뢰가 없이 언약을 하는 것만으로는 아무 것도 달성되지 않는다. 그런데 질서 정연한 사회에는 이러한 인지가 존재하고 있는데, 즉 그 성원들이 약속을 하는 경우에는 각자가 모두 책무를 지고자 하는 요구를 갖는다는 데 대한 상호 인지와 이 책무가 지켜진다는 합리적인 공통 신념이 있다는 것이다. 바로 이러한 상호 인지와 공유 지식으로 인해서 체제는 시작될 수 있고 그 존재를 유지할 수 있게 된다.

공통된 정의관(공정성이나 자연적 의무의 원칙을 포함해서)이나 그에 따라 행동하려는 사람들의 욕구에 대한 공공적 인지가 어느 정도로 큰 집단적 자산이 되는가에 대한 더 이상의 언급은 필요 없을 것이다. 나는 이미 확신이라는 문제의 관점에서 많은 이점들을 주목해 왔다. 이제 마찬가지로 명백한 것은 서로간에 믿음과 신뢰를 갖고 있으므로 이러한 원칙들에 대한 그들의 공유적 인지를 통해서 상호 이익이 되는 협동 체제의 범위와 가치를 얼마든지 확대할 수가 있다는 점이다. 그런데 원초적 입장의 관점에서 볼 때 당사자들이 공정성의 원칙에 합의한다는 것은 분명히 합리적인 것이다. 이러한 원칙은 선택의 자유를 만족시키고 도덕적인 요구 사항을

---

10) H.A. Prichard, "The Obligation To Keep a Promise", (c. 1940) *Moral Obligation*(Oxford: The Clarendon Press, 1949), pp. 169~179 참조.

불필요하게 확대하지 않고서 그러한 협동체를 안정시키는 데 사용될 수 있다. 동시에 공정성의 원칙이 있으면 우리는 쌍방에 상호 이득이 되는 경우 자유로이 책무를 설정하는 방식으로서 약속이라는 관행이 존재해야 하는 이유를 알게 된다. 이러한 체제가 공동의 이익이 됨은 분명하다. 나는 이상의 고려 사항이 공정성의 원칙을 논의하기에 충분하리라는 것을 가정하고자 한다.

정치적 의무와 책무의 문제를 다루기 전에 나는 몇 가지 문제점들에 더 주목하고자 한다. 우선 첫째로 약속에 대한 논의에서 나타난 바와 같이 계약론이 주장하는 바는 단지 제도들이 존재한다는 것만으로는 아무런 도덕적인 요구 사항도 생겨나지 않는다는 점이다. 약속의 규칙조차도 그 자체만으로는 도덕적 책무를 발생시키지 않는다. 진실한 책무를 해명하기 위해서 우리는 공정성의 원칙을 전제로 삼아야 한다. 그래서 대부분의 다른 윤리설과 더불어 공정으로서의 정의관이 내세우는 바는 자연적 의무 및 책무는 윤리적 원칙에 의해서만이 생겨난다는 것이다. 이러한 원칙들은 원초적 입장에서 선택되어질 바의 것이다. 당면한 여건에 관련된 사실과 더불어 바로 이러한 기준은 우리의 책무와 의무를 정해 주고 도덕적 이유로 간주될 바를 선정해 주는 것이다. 이러한 원칙들 중 하나 또는 그 이상이 판단의 근거가 되는 것으로 판정될 사실이 바로 도덕적 이유(타당한)가 된다. 올바른 도덕적 결정이란 관련이 있다고 생각되는 모든 사실에 적용되었을 경우 그러한 원칙들의 체계가 명하는 바와 가장 일치되는 것이다. 따라서 한 원칙에 의해 가려지는 이유는 다른 하나 또는 그 이상의 원칙들에 의해 확인되는 이유들에 의해 지지되거나 무시되거나 혹은 무효화(무의미하게)되기까지 한다. 그렇지만 어떤 의미에서는 무한한 것일지도 모를 사실들의 총체로부터 유한한 혹은 셀 수 있는 수효의 사실이 특정한 경우에 관련된 것으로 선정됨으로써 전체 체계가 우리들로 하여금 모든 것을 고려한 판단에 이르게 할 수 있다.

이와 대조적으로 제도상의 요구 사항과 사회적 규율 체계 일반으로부터 나오는 요구 사항들은 현존하는 규칙과 그것들이 해석되는 방식으로부터 확인될 수가 있다. 예를 들어 시민으로서 우리들의 법적인 의무나 책무는 확인될 수 있는 한에서 법이 무엇인가에 의해 결정된다. 경기에 있어서는 선수가 되는 사람들에게 적용되는 규범이 경기의 규칙에 달려 있다. 이러한 요구 사항들이 도덕적 의무 및 책무와 관련이 있는지 여부는 별개의 문제이다. 법을 해석, 적용하는 법관이나 다른 사람들이 이용하는 기준이 정당성 및 정의의 원칙과 유사하거나 일치한다 할지라도 그것은 역시 그러하다. 예를 들어서 질서 정연한 사회에서는 정의의 두 원칙이 헌법 가운데서 사상과 양심을 규제하고 법의 평등한 보호를 보장하는 부분을 해석함에 있어서 법정에 의해 이용될 수가 있다.[11] 비록 이러한 경우에 있어서 법이 그 자신의 기준을 만족시킨다면, 다른 것이 같을 경우 우리는 도덕적으로 그것을 준수할 의무가 있다는 것이 분명하다 할지라도 법이 요구하는 문제와 정의가 요구하는 문제는 여전히 구분된다. 약속의 규칙과 신의의 원칙(공정성의 원칙에서 나오는 특수 경우로서)을 혼동하려는 경향이 특히 강하다. 언뜻 보면 그것들도 동일한 것으로 보일지 모른다. 그러나 하나는 현존하는 체제상의 관행에 의해 규정되는 반면, 다른 하나는 원초적 입장에서 채택될 원칙에 의해서 설명되어진다. 그래서 이러한 식으로 우리는 두 종류의 규범을 구별할 수 있다. '의무'와 '책무'라는 용어는 두 가지 경우에 다 사용되지만 이러한 사용에서 오는 애매성은 쉽게 해결되는 것이다.

끝으로 내가 말하고 싶은 것은 신의의 원칙에 대한 앞서의 설명은 프리챠드에 의해 제기된 문제를 해결해 준다는 점이다. 그가 의심했던 바는 사전의 일반적 약속이나 합의 사항을 지키겠다는 합의에 의거하지 않고서 다음과 같은 사실을 설명하는 것이 어떻게 가능할 것인가이다. 즉 어떤 발언에 의해서(어떤 관행을 이용함으로써) 우리가 어떤 것을 행해야 할 의무를 갖게 된다는 것, 특히 우리에게 지워진 행위가, 타인들도 인정하고자 하는 바 그러한 책무를 수행하고자 하는 바로 그 의지를 갖고서 공적으로 수행되는 경우 우리가 어떤 것을 행해야 할 의무를 갖게 된다는 사실을 설명하는 일이다. 혹은 프리챠드가 표현한 바와 같이 합의 사항을 지키자고 하는 합의와 똑같이 보이면서도 그것과 동일한 것이 될 수 없는 (왜냐하면 이러한 합의에는 가담한 적이 없기 때문에) 진실한 합의가 존재한다는 것에 내포되어 있는 것은 도대체 무엇인가?[12] 그런데 체제에 있어서 공공 규칙들의 체계로서의 약속이라는 정의로운 관행과 공정성의 원칙의 존재는 진실한 책무에 대한 이론을 위해서 충분하다. 그리고 그 어느 쪽도 합의 사항을 지키자는 사전의 합의가 실제로 있었다는 것을 의미하지는 않는다. 공정성의 원칙을 채택하는 것은 순수히 가정적인 것으로서 우리는 단지 이러한 원칙이 받아들여질 것이라는 사실만을 필요로 한다. 그 나머지에 대해서는 어떻게 확립되어진 것이든간에 정의로운 약속의 관행이 성립한다

---

11) 이 점에 관해서는 R. Dworkin, "The Model of Rules", *University of Chicago Law Review*, 제 35 권(1967), 특히 pp. 21～29 참조.

12) "The Obligation To Keep a Promise", pp. 172, 178 이하 참조.

고 일단 우리가 가정하게 되면 이미 서술한 적절한 조건이 주어질 경우 공정성의 원칙은 그 관행을 이용하는 자들을 구속하기에 충분하다. 그래서 프리챠드에게는 사전의 합의로 보였으나 실제로는 그렇지 않은 그 어떤 것에 대응하는 것은, 공정성의 원칙에 대한 가정적 합의와 관련해서 약속을 하는 정의로운 관행이다. 물론 또 다른 윤리학은 원초적 입장이라는 개념을 사용하지 않고서 이러한 원칙을 도출해 낼지도 모른다. 당분간 나는 진실한 의무가 어떤 다른 방식으로는 설명될 수 없다고 주장할 필요는 없다. 오히려 내가 나타내고자 하는 바는 비록 공정으로서의 정의관이 원초적 합의라는 개념을 사용한다 할지라도 그것으로도 역시 프리챠드의 문제에 만족스러운 해답을 줄 수 있다는 점이다.

53. 부정의한 법을 준수할 의무

정의로운 체제 아래서 제정된 정의로운 법을 지켜야 할 이유를 설명함에 있어서는 아무런 어려움도 없음이 분명하다. 이러한 경우에는 자연적인 의무의 원칙과 공정성의 원칙이 필요한 의무와 책무를 확정해 준다. 일반 시민들은 정의의 의무에 구속되며 유리한 직책과 지위를 얻은 자나 자신의 이득을 증진하기 위해 어떤 기회를 이용하는 자는 그에 더하여 공정성의 원칙들에 의해 자신의 역할을 해야 할 책무가 있다. 진정한 문제는 우리가 어떤 조건 아래서 어느 정도까지 부정의한 체제를 따라야만 하는가이다. 그런데 때로는 체제가 부정의한 경우엔 그것을 따라야 할 필요가 없다고 말해지기도 한다. 그러나 이는 그릇된 것이다. 일반적으로 말해서 법의 부정의가 그것을 지키지 않아도 될 충분 조건이 아닌 것은 입법(기존 체제에 의해 규정된)의 법적 유효성이 그것을 지켜야 할 충분 조건이 아닌 것과 같다. 사회의 기본 구조가 현 상태가 허용하는 바에 비추어 볼 때 합당하게 정의로운 것인 경우, 그 부정의가 어느 정도 이상을 지나치지만 않다면 우리는 부정의한 법(unjust laws)도 구속력이 있다고 인정해야 한다. 그러한 정도를 분별하기 위해서 우리는 정치적 의무나 책무의 보다 깊은 문제로 접근하게 된다. 여기에 있어서 난점의 일부는 이러한 경우들에 있어서 원리들간의 상충이 있다는 사실이다. 어떤 원리는 준수할 것을 권하는가 하면 다른 원리들은 다른 식의 지침을 우리들에게 준다. 그래서 정치적 의무와 책무의 요구들은 적절한 우선성의 규칙에 의해 조정되어야 한다.

그런데 또 한 가지 문제가 있다. 앞에서도 보았듯이 정의의 원칙들(축차적 서열로 된)은 이상론에 속한다(39절). 원초적 입장에 있는 자들·은 그들이 받아들이는 원칙이 무엇이든간에 모든 사람들이 그것을 철저히 준수하고 따를 것이라고 생각한다. 그래서 그로부터 생겨나는 정의의 원칙은 적절한 여건 아래서 완전히 정의로운 사회를 규정하는 원리로 된다. 엄격한 준수라는 가정을 통해서 우리는 어떤 이상론에 이르게 된다. 부정의한 체제가 용인되어야 할 것인가의 여부, 그리고 어떤 상황 아래서 용인되어야 할 것인가를 물을 경우 우리는 그와는 상이한 종류의 물음에 직면하게 된다. 우리가 자연적 제약에 순응하지 않고 부정의와 대결하는 경우에도 이상적인 정의관이 과연 어떻게 적용될 것인가를 확인해 보아야 한다. 이러한 문제들에 대한 논의는 비이상적 정의관의 부분적 준수론에 속한다. 그것에는 다른 무엇보다도 처벌과 보상적 정의, 정의로운 전쟁 그리고 양심적 반대, 시민 불복종 및 무력적 저항 등에 관한 이론이 포함된다. 이것들은 정치 생활의 중심 문제에 속하기는 하지만 그런 한에 있어서는 공정으로서의 정의관이 직접 적용되지는 않는다. 그런데 나는 이러한 문제들을 완전한 일반성에서 논의하려 하지는 않겠다. 실제로 나는 부분적 준수론의 일부만을, 즉 시민 불복종과 양심적 거부의 문제만을 다루고자 한다. 그런데 이에 있어서도 나는 논의의 문맥을 거의 정의로운 국가들 중의 하나, 즉 그 여건에서 기대될 바를 고려해 볼 때 기본 구조가 거의 정의로운 그러한 국가임을 상정하려 한다. 이와 같이 명백히 특수한 경우에 대해 이해하게 되면 보다 어려운 문제를 해명하는 데도 도움이 될 것이다. 그러나 시민 불복종과 양심적인 거부를 고찰하기 위해서 우리는 먼저 정치적 의무와 책무에 관한 몇 가지 문제점을 논의해야만 한다.

그 중에 한 가지를 들면 현존 체제를 받아들여야 할 우리의 의무와 책무가 때로는 어겨질 수 있다는 것이 명백하다는 점이다. 그러한 요구 사항들은 정당성의 원칙에 의거해 있는데 이 원칙에 의하면 모든 것을 고려해서 어떤 상황에서는 불복종도 정당화될 수가 있다는 것이다. 불복종의 정당화 여부는 **법**과 제도가 부정의한 정도에 달려 있다. 부정의한 법들도 모두 똑같은 것은 아니며 정책이나 제도들에 있어서도 마찬가지이다. 그런데 부정의가 생겨날 수 있는 두 가지 방식이 있는데, 즉 현행 체제가 어느 정도 정의롭다고 공공적으로 받아들여진 기준으로부터 여러 가지 정도로 이탈되어 있는 것일 수도 있고, 혹은 그러한 체제가 사회의 정의관이나 지배 계층의 입장에 부합되기는 하지만 그러한 입장 자체가 부당하거나 많은 경우에 있어서 분명히 부정의한 것일 수도 있다. 앞에서 보았듯이 어떤 정의관은 다른 정의관보다 더 합당하다(49절 참조). 정의의 두 원칙과 자연적 의무 및 책무에 관한 관련 원칙들에 의해 목록상에서 가장 합당한 견해가 정해지기는 하나 다른 원칙들이 부당하다는 것은 아니다. 사실상 어떤 절충론은 확실히 여러 목적상 충분히 적합한 것이다. 대체로 말해서 하나의 정의관은 원칙적 입장에서 그것이 채택되는 데 대해 제시될 수 있는 논거의 설득력에 비례해서 합당한 것이다. 물론 이러한 기준은 원초적 입장이 원리의 선택에 부과되어야 하고 결국 우리의 숙고된 판단에 합치하게 하는 다양한 조건들을 포함하고 있는 것이라 한다면 더할 나위없이 당연한 것이다.

비록 현존하는 제도가 부정의할 수 있는 이상과 같은 두 가지 방식을 구분하기는 쉽다 할지라도 그것들이 우리의 정치적 의무나 책무에 영향을 주는 방식에 대한 쓸 만한 이론을 세운다는 것은 또 다른 문제이다. 법과 정책이 공공적으로 인정된 기준에 어긋나는 경우에는 아마도 그 사회의 정의감에의 호소가 어느 정도까지는 가능할 것이다. 나는 아래에서 시민 불복종을 행함에 있어서는 이러한 조건이 전제되어 있음을 논의할 것이다. 그런데 일반적으로 인정되는 정의관이 침해되지 않은 경우에는 상황이 매우 달라진다. 취해야 할 행위의 과정은 대채로 널리 받아들여지고 있는 입장이 어느 정도 합당하며 그것을 변경시키기 위해서는 어떤 수단을 쓸 수 있는가에 달려 있다. 물론 우리는 여러 가지의 절충적이고 직관주의적인 입장에 따라서 생활해 갈 수도 있으며 너무 엄격하게 해석되지 않는 한에서 공리주의적인 입장에 따라서 생활해 나갈 수도 있다. 그러나 이와는 달리 한 사회가 편협한 계급적 이익을 옹호하는 원리에 의해 지배될 때와 같은 경우에 우리는 널리 지배하는 관점 및 그것이 정당화해 주는 제도에 성공할 가망이 있는 방식으로 반대하는 것 이외에 다른 방도가 없는 것이다.

둘째로 거의 정의로운 상황에 있어서는 보통 정의로운 법뿐만 아니라 부정의한 법에도 따라야 할 의무가 있다는 이유를 생각해 보아야 한다. 어떤 학자는 이러한 주장에 의문을 갖기도 하지만 나는 대부분의 사람들이 그것을 받아들일 것이라고 믿는다. 정의로부터의 이탈이 아무리 사소한 것이라 할지라도 그것은 현존하는 법규에 따를 의무를 무효화시킨다고 생각하는 사람은 단지 극소수에 불과하다. 그런데 이러한 사실은 어떻게 설명되어야 할 것인가? 정의의 의무와 공정성의 원칙은 제도가 정의롭다는 것을 전제하기 때문에 더 이상의 설명이 필요하게 된다.[13] 그런데 만

13) 나의 논문 "Legal Obligation and the Duty of Fair Play", *Law and Philosophy*, ed. S. Hook(N.Y.: New York Univ. Press, 1964)에서 이런 사

일 우리가 어느 정도 정의의 원칙들을 만족시키는 **강력한 입헌 체제**가 존재하는 거의 정의로운 사회를 가정한다면 우리는 그러한 문제에 쉽게 답할 수 있을 것이다. 그래서 나는 사회 체제가 물론 완전히 질서있는 것은 아니나 대체로 질서 정연한 것이라고 가정하는데, 그 이유는 완전히 질서있는 경우에는 부정의한 법과 정책에 따를 것인가의 문제가 생겨나지 않을 것이기 때문이다. 이러한 가정 아래서 정의로운 헌법을 불완전한 절차적 정의의 한 예라고 한 먼저의 설명은 해답을 제공한다(31 절).

상기해야 할 것은 제헌 위원회에 있어서 당사자들의 목적은 정의로운 헌법들(평등한 자유 원칙을 만족시키는 것들) 중에서 문제되는 사회에 대한 일반적 사실에 비추어 보아 가장 정의롭고 효율적인 입법을 결과할 가능성을 가진 것을 발견하는 것이다. 헌법이란 정의로운 결과를 보장하기 위해서 여건이 허용하는 한에서 형성되는 정의롭긴 하지만 불완전한 절차로 생각된다. 그것이 불완전한 이유는 헌법에 따라서 제정된 법이 정의로운 것이기를 보장해 줄 현실적인 정치 과정이 존재하지 않기 때문이다. 정치적인 문제에 있어서 완전한 절차적 정의는 달성될 수가 없다. 더우기 입헌 과정은 어떤 형태의 투표에 상당한 정도로 의존해야 한다. 단순화를 위해서 나는 다수결 원칙의 어떤 형태도 적절하게 제한되는 것이 실제적으로 불가결한 것이라 생각한다. 그러나 다수자(혹은 소수자들의 연합)는 지식이나 판단력의 결핍에 의해서가 아니면 편협하고 이기적 관점의 결과로 인해 오류를 범하게 마련이다. 그럼에도 불구하고 정의로운 제도를 지키려는 우리의 자연적 의무는 우리로 하여금 부정의한 법이나 정책이라도 그것이 부정의의 어떤 한도를 벗어나는 것이 아닌 한 따르도록 하며 적어도 불법적인 수단을 통해서 그것에 반대하게 하지는 못하게 한다. 정의로운 체제를 지지해야 한다는 요구가 있기 때문에 우리는 그 중요 원리인 다수결 규칙에 의거하지 않을 수 없다. 그런데 거의 정의로운 국가에서 우리는 보통 정의로운 체제를 지켜야 하는 우리의 의무로 인해서 부정의한 법에도 따라야 할 의무를 갖는다. 인간의 현실에 비추어 볼 때 이러한 의무가 제 역할을 발휘하게 되는 경우는 많다고 할 것이다.

계약론은 자연히 우리로 하여금 우리가 부정의하다고 생각하는 법에 따를 것을 요구하는 입헌 규칙에 우리가 어떻게 동의할 수 있을 것인가를 생

실에 주목하지 않았다. 나는 이 절에서 그러한 결점을 보충하고자 했다. 그러나 정의의 자연적 의무가 시민 일반에 있어서 정치적 의무의 중심 원리요, 공정성의 원칙은 2 차적인 역할을 갖게 된다는 점에서 여기에서 논증되고 있는 입장은 다른 것이다.

각하게 한다. 우리가 물을 수 있는 것은 우리가 자유롭고 아직도 구속되어 있지 않을 경우에 우리 자신의 의사에 거슬리는 결정을 하고 타인들의 의사를 실현시켜 주게 될 그러한 절차를 받아들일 수 있다는 것이 어떻게 가능한가? 라는 것이다.[14] 일단 우리가 제헌 위원회의 관점을 취한다면 그 대답은 아주 분명해진다. 첫째로 적어도 채택될 가능성이 있는 아주 제한된 수효의 그럴 듯한 절차들 가운데 언제나 우리 마음에 드는 결정만 내려 주게 될 것은 하나도 없다. 그리고 둘째로 이들 절차들 중 하나에 합의한다는 것은 도대체 아무런 합의가 없는 것보다는 분명히 더 낫다. 그 상황은 마치 당사자들이 무임 편승자적 이기주의에 대한 어떤 희망도 버려야 하는 원초적 입장의 상황과 비슷하다. 이기주의적 대안은 각자에게는 (일반성이라는 제약 조건만 제외한다면) 최선의(혹은 차선의) 후보안이긴 하나 그 것을 아무도 받아들이지 않으리라는 것은 명백하다. 이와 마찬가지로 제헌 위원회의 단계에서 당사자들이 정의의 원칙들을 받아들인다 할지라도 입헌 체제를 운용하기 위해서 그들은 서로 다소의 양보를 해야 한다. 최대의 선의를 가진다 할지라도 정의에 대한 그들의 의견은 엇갈리게 마련이다. 그래서 헌법을 선정하고 어떤 형태의 다수결 원칙을 채택함에 있어서 당사자들은 효율적인 입헌 절차를 이용하기 위해 지식과 정의감에 있어서 서로의 결함을 참아내야 하는 위험을 받아들이게 된다. 그 외에 민주 체제를 관리해 나갈 다른 방도가 없는 것이다.

그러나 그들이 다수결 원칙을 채택할 경우 당사자들은 어떤 조건에서만 부정의한 법을 참을 것인가에 동의하게 된다. 대체로 말해서 장기적으로는 부정의가 주는 부담이 사회의 상이한 집단들간에 다소 고르게 배분되어야 하며 부정한 정책이 주는 압제가 어떤 특정한 경우에도 지나치게 무거운 것이어서는 안 된다. 그러므로 오랫 동안 부정의로부터 고통을 당해 온 항구적인 소수자들에게는 부정한 법에 따를 의무가 의심스럽게 된다. 그래서 확실히 우리는 우리 자신과 타인의 기본적 자유가 부정되는 것을 묵인해야 한다는 요구를 받지는 않는다. 왜냐하면 그러한 요구는 원초적 입장에 있어서 정의의 의무가 뜻하는 바일 수가 없으며 제헌 위원회에 있어서 다수자의 권리들에 대한 합의와 일관된 것이 아니기 때문이다. 그 대신에 우리는 입헌 체제가 갖는 불가피한 결함을 똑같이 분담하는 데 필요

---

14) 자유로우며 아직도 구속되어 있지 않다는 비유는 K. J. Arrow에 관한 I. M. D. Little의 평론, "Social Choice and Individual Values", *The Journal of Political Economy*, 제 60 권(1953), p. 431 에서 따온 것이다. 이 점에 관한 나의 견해는 Little 의 것을 따랐다.

한 정도까지는 우리의 행위를 민주주의적 권위 속에 예속시켜야 한다. 이러한 어려운 점을 받아들인다는 것은 단지 인간 생활의 모든 여건이 부과하는 제약을 인정하고 그 속에서 기꺼이 일하고자 함에 불과하다. 이러한 관점에서 볼 때, 우리는 사회 체제의 결함을 그 체제에 따르지 않기 위한 손쉬운 구실로 삼아서도 안 되고 법규에 있어서 불가피한 허점을 이용해서 우리의 이득을 도모하지도 않아야 하는 시민의 자연적 의무를 갖게 된다. 시민의 의무는 제도가 갖는 결함을 충분히 받아들이게 하고 그것을 이용하는 데 있어 어떤 제한을 부과한다. 이러한 의무에 대한 어떤 인정없이는 서로의 신뢰와 믿음이 깨어지기 쉽다. 그래서 적어도 거의 정의로운 국가에서는 부정의한 법이 어느 정도의 부정의를 넘어서지만 않는다면 보통 그것에 따라야 할 의무(그리고 어떤 자에게는 또한 책무)가 있게 된다. 이러한 결론은 정의로운 법에 따라야 한다는 우리의 의무를 내세우는 것만큼 강한 것은 아니다. 여하튼 그로 인해서 우리가 어떤 해결에 이르게 되는 것은 아닌데 왜냐하면 그것은 광범위한 영역의 상황에 적용될 것이기 때문이다. 그러나 보다 중요한 것은 그것이 우리의 정치적 의무를 확인함에 있어 제기되어야 할 몇 가지 문제에 대해 어떤 생각을 제시해 준다는 점이다.

54. 다수결 원칙의 지위

먼저 한 이야기들로부터 명백해진 것은 다수결 원칙(majority rule)의 절차는 그것이 어떻게 규정되거나 한정되든간에 절차상의 방편으로서는 종속적인 지위를 갖는다는 점이다. 그에 대한 정당화는 바로 헌법이 성취하고자 하는 정치적 목적에 달려 있으며 따라서 정의의 두 원칙에 의거하는 것이다. 내가 가정해 온 바는 어떤 형태의 다수결 규칙이 정의롭고 효율적인 입법을 보장하는 쓸 만한 최선의 방도로서 정당화된다는 것이었다. 그것은 평등한 자유와 양립할 수 있으며(36절) 어떤 합당성을 갖는 것인데, 왜냐하면 만일 소수결 규칙이 허용된다면 어느 것이 결정된 것으로 선택해야 할 것인가에 대한 명백한 기준이 없으며 평등이 깨어지고 말기 때문이다. 다수결 원칙의 기본이 되는 부분은 그 절차가 배경적 정의의 조건들을 만족시켜야 한다는 점이다. 이 경우에 이러한 조건들은 정치적 자유 즉 언론과 집회의 자유, 공무에 참여하고 헌법상의 방편을 통해서 입법 과정에 영향을 미칠 자유 등의 조건과 이러한 자유들의 공정한 가치를 보장하는 것이다. 이러한 배경이 없는 경우에는 정의의 제 1 원칙이 만족되지

않는다. 그러나 이것이 있는 경우라 할지라도 정의로운 법령이 제정될 것이라는 보장은 없다.[15]

그런데 다수자가 바라는 것이 옳다는 견해에는 아무런 의미가 없다. 사실상 전통적 정의관 중 어떤 것도 표결의 결과가 정치 원리에 달려 있다고 언제나 주장함으로써 그러한 입장을 내세우지는 않는다. 비록 어떤 여건 아래서 다수자(적절히 규정되고 제한된)가 법을 만들 헌법상의 권리가 있다 할지라도, 그렇다고 해서 규정된 법이 정의로운 것임을 뜻하지는 않는다. 다수결 원칙의 실질적 내용에 대한 논란은 그것을 어떻게 규정하는 것이 최선의 것이며, 헌법상의 제약이 정의의 전체적 균형을 강화해 주는 효율적이고 합당한 방편인지의 여부에 관한 것이다. 이러한 제한이 때로는 확고한 지위를 구축한(entrenched) 소수자들이 그들의 불법적 이득을 보존하는 데 사용될 수도 있다. 이러한 문제는 정치적 판단의 문제요, 정의론에 속하지 않는다. 시민들은 보통 그들의 행위를 민주주의적 권위에 예속시키기는 하면서도 다시 말하면 다른 것이 같은 경우엔 표결의 결과가 구속력있는 법규를 확립해 주는 것이라고 인정하면서도 한편 그들의 판단을 그것에 예속시키지는 않는다는 것에 주목하는 것으로 충분한 것이다.

이제 나는 정의론의 일부를 이루고 있는 이상적인 절차에 있어서 다수결 원칙의 지위를 다루고자 한다. 정의로운 헌법이란 제헌 위원회에 있어서 정의의 두 원칙을 지침으로 하는 합리적인 대표자들이 합의하게 될 헌법이라고 규정된다. 우리가 한 헌법을 정당화하는 경우에 우리는 그것이 그와 같은 조건들 아래서 채택될 것임을 보여 줄 고려 사항들을 제시한다. 이와 비슷하게 정의로운 법과 정책이란 입법 단계에서 합리적인 입법자들이 정의로운 헌법의 제한을 받고, 정의의 원칙을 그들의 기준으로서 양심적으로 따르고자 함으로써 제정하게 될 그러한 것들이다. 우리가 법과 정책을 비판할 경우 우리는 그것들이 이와 같은 이상적인 절차 아래서 채택되지 않을 것임을 입증하고자 한다. 그런데 합리적인 입법자들

15) 다수결 규칙에 대한 더 이상의 논의에 관해서는 H. McCloskey, "The Fallacy of Majority Rule", *Journal of Politics*, 제 2 권(1949) ; J.R. Pennock, *Liberal Democracy*(N.Y.: Rinehart, 1950), pp. 112~114, 117 이하 참조. 사회적 선택의 관점에서 볼 때 다수결 원칙이 갖는 매력적인 측면들에 관해서는 A.K. Sen, *Collective Choice and Social Welfare*(San Francisco: Holden-Day, 1970), pp. 68~70, 71~73, 161~186 참조. 이러한 절차에 있어서의 문제점은 그것이 순환적인 다수성을 허용한다는 점이다. 그러나 정의의 관점에서 볼 때 일차적인 결함은 그것이 자유의 침해를 허용한다는 점이다. 또한 Sen, 앞의 책, pp. 79~83, 87~89 가 참조될 것인데 여기에서는 자유주의가 갖는 파라독스가 논의되고 있다.

까지도 때로는 상이한 결론에 도달하게 되는 까닭에 이상적인 조건 아래서도 표결은 반드시 필요한 것이다. 정보의 제약 때문에 합의가 보장되지 않게 되는데 왜냐하면 일반적인 사회적 사실의 추세가 때로는 애매하고 판단하기 어렵기 때문이다.

우리가 이상적인 절차가 작용하는 방식을 상상해 볼 때 이러한 절차에 참여하고 그 규정을 수행하는 대부분의 사람들이 어떤 법이나 정책을 찬양한다면 그 법이나 정책은 충분히 정의롭거나 혹은 적어도 부정의하지는 않는 것이라고 결론지을 수 있다. 이상적인 절차에 있어서 도달된 결정은 자신의 목적을 달성시키고자 하는 대립하고 있는 당사자들간의 타협이나 협상이 아니다. 입법상의 논의는 이해 관계들간의 경쟁으로 생각되어서는 안 되고, 정의의 원칙들에 의해 규정된 바 최선의 정책을 발견하려는 시도로서 생각되어야 한다. 그래서 나는 정의론의 일부로서 공평한 입법자의 유일한 욕구는 그에게 일반적인 사실들이 알려질 경우 앞서 말한 그러한 관점에서 올바른 결정을 하는 것이라고 생각하고자 한다. 그는 자신의 판단에 따라서만 표결해야 한다. 표결의 결과는 정의관에 가장 잘 일치하는 바가 무엇인가를 평가하게 해준다.

만일 우리가 다수자의 견해가 올바른 것일 가능성이 얼마나 있는가를 물을 경우 명백한 것은 이상적인 절차는 최선의 판단에 이르기 위해서 일군의 전문가들의 의견을 결합하는 통계적인 문제와 어떤 유사성을 갖는다는 점이다. [16] 이 경우에 전문가는 그들이 공평한 자인 까닭에 객관적인 관점을 취할 수 있는 합리적인 입법자들이다. 이러한 생각은 다음과 같은 콩도르세의 견해로 거슬러 올라가는데, 즉 만일 대표적 입법자의 편에서 올바른 판단을 내릴 가능성이 그릇된 판단을 내릴 가능성보다 크다면, 다수의 의결이 옳을 확률은 대표적 입법자에 의해 올바른 결정이 이루어질 가능성이 증대함에 따라 커진다는 것이다. [17] 그래서 만일 합리적 인간들이 이상적 절차의 조건들을 그대로 가정하고 그에 따라 추리와 논의를 행하게 된다면 큰 다수가 옳으리라는 것도 거의 확실하다고 생각하려는 경향이 있다. 이것은 그릇된 생각일 수 있다. 대표적 입법자의 편에서 그릇된 판

16) 이 점에 관해서는 K.J. Arrow, *Social Choice and Individual Values*, 제 2 판(N.Y.: John Wiley and Sons, 1963), pp. 85 이하 참조. 이해의 경쟁이 아니라 객관적인 탐구로서의 입법상의 논의라는 개념에 관해서는 F.H. Knight, *The Ethics of Competition*(N.Y.: Harper and Brothers, 1935), pp. 296, 345~347 참조. 이 양자에 있어서 각주를 참조할 것.

17) D. Black, *Theory of Committee and Elections*, 제 2 판(Cambridge: The Univ. Press, 1963), pp. 159~165 참조.

단 보다는 올바른 판단을 내릴 가능성이 더 크다는 것을 우리가 확인해야 할 뿐만 아니라 서로 다른 사람들의 투표가 서로 독립적이 아니라는 것 또한 분명하다. 그들의 견해는 논의의 과정에 의해 영향을 받을 것이기 때문에 보다 단순한 종류의 확률적 추리는 적용되지 않는다.

그렇지만 우리는 보통 많은 사람들 가운데서 이상적으로 수행된 논의는 (필요한 경우에는 표결에 의해서) 그들 중 어느 한 사람 자신의 숙고에 비해서 올바른 결론에 이를 가능성이 더 크다고 생각한다. 그렇게 되어야 할 이유는 무엇일까? 일상 생활에서 타인들과의 의견 교환은 우리의 편파성을 없애 주고 우리의 시야를 넓혀 주어 우리는 그들의 관점에서 사물을 보게 되고 우리의 관점이 갖는 한계가 자각되어진다. 그러나 이상적인 절차에 있어서 무지의 베일이 의미하는 바는 그 입법자들이 이미 공평하다는 점이다. 논의를 통해서 생기는 이득은 대표적 입법자들마저도 지식과 추리력에 있어서 제한되어 있다는 사실에 있다. 그들 중의 누구도 타인들이 알고 있는 것을 모두 알지 못하며, 그들이 함께 이끌어내는 것과 똑같은 추리를 할 수가 없다. 논의란 정보를 결합시키고 논거의 범위를 확대해 주는 방식이다. 적어도 시간이 경과함에 따라 공동의 숙고가 갖는 결과는 사태를 개선하게 마련이라고 생각된다.

그래서 우리는 정의 문제에 있어서 공공적 숙고를 위한 이상적인 헌법, 즉 올바른 판단에 도달한 것은 아니지만 그것에 가장 잘 접근하도록 집단이 갖는 보다 큰 지식과 추리력에 영향을 받게끔 훌륭하게 계획된 일련의 법규를 정식화하는 데 노력해야 할 문제에 이르게 되었다. 하지만 나는 이 문제를 추구하지는 않겠다. 여기서 중요한 점은 이상적인 절차가 정의론의 일부라는 점이다. 나는 그것이 뜻하는 바를 어느 정도 설명하기 위해서 그 몇 가지 특성을 언급했다. 좋은 조건 아래서 실현될 수 있을 이러한 절차에 대한 우리의 입장이 보다 명확하게 되면 될수록 4 단계 과정이 우리의 반성에 줄 수 있는 지침은 보다 확고하게 된다. 왜냐하면 그럴 경우에 우리는 법과 정책이 사회에 대한 일반적 사실에 비추어서 어떻게 평가받게 될 것인가에 대해 보다 정확한 관념을 갖게 될 것이기 때문이다. 때때로 우리는 입법 단계에 있어서 숙고가 어떠한 결과를 가져올 것인가라는 문제에 대해서 훌륭한 직관적인 이해를 하게 된다.

이상적인 절차는 그것이 이상적인 시장 과정과 대비된다는 것에 주목함으로써 한층더 명백하게 된다. 그래서 완전한 경쟁에 대한 고전적 가정이 타당하다는 것과 외부 경제(external economies)나 불경제(diseconomies) 등과 같은 것이 없다는 것을 인정하게 되면 효율적인 경제 형태가 생겨난다. 이상적인 시장은 효율성의 관점에서 볼 때 완전한 절차이다. 합리적이고 공평한 입법자들에 의해 이루어지는 이상적인 정치적 과정과 구분되는 이상적인 시장 과정의 특성은 비록 모든 사람들이 그 자신의 이득을 추구한다 할지라도 시장은 효율적인 결과를 달성한다는 점이다. 사실상 가정되어 있는 바는 바로 그와 같은 것이 경제 주체가 보통 행위하는 방식이라는 것이다. 만족과 이득을 극대화하기 위해 사고 파는 가운데 가계와 기업은 최초의 자산 분배가 주어질 경우 사회적 관점에서 볼 때 가장 효율적인 경제 형태가 어떤 것인가에 관해 판단을 내리지 않는다. 오히려 그들은 법규가 허용하는 한에서 그들의 목적을 달성하고자 하며 그들 자신의 관점에 서서 판단을 하고 있다. 효율성에 대한 판단은 가계와 기업의 활동에 의해 주어지는 여러 가지 개별적인 정보의 원천에서 도출되는 것이므로 그러한 판단을 내리는 것은 이른바 전체로서의 체제이다. 비록 개인은 그러한 문제에 대해서 아무런 견해도 갖지 못하며 때로는 그 의미조차도 모르지만 체제는 그 해답을 제시해 준다.

그래서 시장과 투표간에는 어떤 유사성이 있음에도 불구하고 이상적인 시장 과정과 이상적인 입법 절차는 중요한 관점에서 서로 다르다. 그것들은 서로 구분되는 목적을 달성하기 위해 마련된 것인데 전자는 효율성을, 후자는 가능하다면 정의를 위한 것이다. 그리고 이상적인 시장은 그 목적상 완전한 절차인 반면 이상적 입법은 불완전한 절차이다. 정의로운 입법으로 나아갈 것을 보장하는 현실적인 절차의 특성을 묘사할 방법은 없는 것으로 보인다. 이러한 사실로 인한 한 가지 결과로서 시민은 다른 조건이 같은 한 제정된 정책에 따를 의무는 있지만 그가 이러한 정책이 정의롭다고 생각할 필요는 없으며 그가 자신의 판단을 투표 결과에 예속시킨다는 것은 그릇된 것이라는 점이다. 그러나 완전한 시장 체제에 있어서는 경제 주체가 어떤 의견을 갖는 한에 있어서 생겨날 결과는 사실상 효율적이라고 생각해야만 한다. 비록 가계나 기업이 그가 원하는 모든 것을 얻었다 할지라도 최초의 분배를 가정하는 한 효율적인 결과가 달성되었다는 점을 인정해야만 한다. 그러나 정의 문제에 관해서 입법 절차에 대한 그와 같은 인정이 요구될 수 없다. 왜냐하면 물론 현실적인 헌법은 가능한 한 이상적인 입법 절차와 똑같은 결정을 내리도록 만들어져야 하는 것이지만 그것이 실제상으로는 정의로운 것에 미치지 못하게 마련이기 때문이다. 이는 단지 현존하는 시장처럼 그 헌법이 그에 대응하는 이상적인 것에 합치하지 못하기 때문만이 아니고 그에 대응하는 것까지도 불완전한 절차이기 때문이다. 정의로운 헌법은 시민이나 입법가들이 정의의 원칙들을 적용함에 있어 어느 정도로 넓은 관점을 택하고 훌륭한 판단력을 행사하는가에 달려 있다. 그들이 편협하거나 혹은 계층의 이익만을 위하는 관점을 취하게 하면서도 그 과정이 정의로운 결과를 낳도록 규제할 수 있는 방도는 없는 것으로 생각된다. 적어도 지금까지는 효율성을 결과하는 절차로서 경쟁적 시장에 관한 이론에 대응되는 바 정의로운 입법을 결과하는 절차로서 정의로운 헌법에 관한 이론은 존재하지 않는다. 그리고 이것이 의미하는 것으로 보이는 바는, 어떤 활력있는 사회에서도 반드시 그러하듯이 정치적 행위가 사람들의 정의감에 의해 영향을 받고 정의로운 입법이 사회의 일차적 목적인 한에서 경제학설이 실제상의 입헌 절차에 적용되는 것은 상당한 제한을 받게 된다는 점이다(76절). 경제 이론이 이상적인 절차에 들어맞지 않음은 물론이다.[18]

이상과 같은 이야기들은 더 많은 비교에 의해 확증된다. 이상적인 시장 과정에서는 욕구의 상대적인 강도에 대해 어떤 비중이 주어지게 된다. 사람은 자기가 보다 많이 원하는 사물에 대해 자신의 소득의 보다 많은 부분을 소비할 수 있으며 이런 식으로 해서 그는 다른 구매자와 더불어 그가 가장 좋아하는 방식으로 자원의 사용을 조장하게 된다. 시장은 선호에 대한 전체적인 균형과 어떤 욕구의 상대적 지배에 호응하기 위해 여러 등급의 조정책들을 고려한다. 이상적인 입법 절차에 있어서는 이에 대응하는 바가 아무 것도 없다. 합리적인 각 입법자들은 정의의 원칙들에 가장 잘 부합하는 법이나 정책이 어떤 것인가에 대해서 자신의 견해를 표결에 부치게 된다. 보다 큰 확신을 가지고 주장된 견해라 해서, 혹은 소수자에 속한다는 사실이 그들에게 커다란 불쾌감을 유발하리라는 것을 알리려 하는 자들의 표결이라 해서, 별다른 비중이 주어지거나 주어져야만 하는 것은 아니다(37절). 물론 이러한 투표 원칙도 생각할 수 있지만 그것을 이상적인 절차에서 채택해야 할 근거는 없다. 합리적이고 공평한 사람들 사이에 있어서도 자신의 견해에 대해 보다 큰 확신을 가진 자라 해서 보다더 옳으리라는 가능성은 없는 것으로 보인다. 문제가 갖는 복잡성에 대해 어떤

---

18) 민주주의의 경제론에 관해서는 J.A. Schumpeter, *Capitalism, Socialism and Democracy*, 제 3 판(N.Y.: Harper and Brothers, 1950), 21~23장과 A. Downs, *An Economic Theory of Democracy*(N.Y.: Harper and Brothers, 1957) 참조. 이해 관계간의 경쟁이 정치 과정을 규제한다고 생각되는 한에서 민주주의에 대한 다원론은 유사한 반대를 당하게 된다. R.A. Dahl, *A Preface to Democratic Theory*(Chicago: Univ. of Chicago Press, 1956)와 보다 최근의 것으로 *Pluralist Democracy in the United States*(Chicago: Rand McNally, 1967) 참조.

사람은 다른 사람보다 더 민감할 수도 있다. 정의로운 입법의 기준을 규정함에 있어 우리는 각자가 올바른 원리를 적용하기 위한 이상적인 조건 아래에서 자신의 최선을 다한 경우 도달하게 되는 숙고된 집단적 판단이 갖는 비중을 강조해야 한다. 욕구의 강도나 확신의 강도는 정의 문제가 생기는 경우에는 관련이 없는 것이다.

 이상적인 입법과 이상적인 시장 절차간의 몇 가지 차이에 관해서는 이 정도로 해 두기로 한다. 지금 내가 주목하고자 하는 것은 정치적 결정을 달성하는 방식으로서의 다수결 원칙이라는 절차의 용도에 관해서이다. 지금까지 보아 왔듯이 다수결 원칙이란 정의의 원칙들에 의해 미리 규정된 어떤 목적을 실현하기 위한 가장 그럴 듯한 방식으로서 채택된 것이다. 물론 때로는 이 원칙들이 요구하는 바가 불분명하거나 명확하지가 않다. 증거가 복잡, 애매하거나 검토, 평가하기 어려워서 그런 것만도 아니다. 원칙들 자체의 성격상 어떤 특정한 대안을 선정해 주기보다는 일정한 범위의 선택지를 미결 상태로 허용하기 때문이다. 예를 들어서 저축률은 어떤 한도 내에서만 명시될 뿐이며 따라서 정의로운 저축 원칙의 요지는 어떤 극단을 배제하기 위한 것이다. 결국 차등의 원칙을 적용함에 있어서 우리가 바라는 바는 최소 수혜자의 전망 속에 자존감이라는 기본선을 포함시키는 일인데, 차등의 원칙에 부합되게 이러한 가치를 고려하는 데는 여러 방식이 있다. 이러한 차이나 그에 결부된 다른 것들이 지표 속에서 어느 정도 비중으로 다루어져야 하는가는 특정한 사회의 일반적인 특성에 비추어서 결정되어야 하거나 입법 단계에서 보아 최소 수혜자들이 합당하게 바라는 바에 의해 결정되어야 한다. 그런데 이와 같은 경우에 있어서 정의의 원칙들은 일정한 한계 영역을 설정하여 저축률이나 자존감에 주어질 비중이 그 속에 있도록 해야 한다. 그러나 그것이 이 영역 속에서 어느 지점이 선택되어야 하는가를 말해 주지는 않는다.

 바로 이러한 상황에 적용되는 것이 정치적 결정의 원칙인데, 즉 만일 우리가 확인할 수 있는 한에서 정의의 원칙에 양심적으로 따르고자 하는 합리적 입법자에 의해 합당하게 택해질 수 있는 영역 내에 실제로 표결된 법이 존재하게 된다면 다수자의 결정은 절대적인 것은 아닐지라도 실제적인 권위를 갖게 된다. 그 경우가 준순수 절차적 정의 중의 하나에 속한다. 우리는 허용된 한도 내의 정책을 선택하기 위해서 입법 단계에서 실제적인 논의 과정에 의거해야만 한다. 이러한 경우는 그 결과가 있는 그대로 정당한 결과를 규정하는 것이 아닌 까닭에 순수 절차적 정의의 사례는 아니다. 그것은 단지 이루어진 결정에 동의하지 않는 자는 공공적인 정의관의 테두리 속에 자신의 주장을 설득력있게 내세울 수 없다는 것이다. 그 문제는 선명히 규정될 수 없는 것이다. 실제상으로 정당들이 이러한 유의 문제에 대해서 다른 입장을 취할 것은 물론이다. 입헌 체제의 목적은 사회적 계층들의 이기심이 허용된 한도 밖에서 정치적 결정이 이루어질 정도로 그릇되지 않은지를 가능한 한 확인하기 위한 것이다.

55. 시민 불복종에 대한 정의

이제 시민 불복종(civil disobedience)에 관한 이론을 간략히 서술함으로써 자연적 의무와 책무의 내용을 예시하고자 한다. 이미 지적한 바와 같이 이 이론은 거의 정의로운 사회와 같은 특수한 경우를 위해서 마련된 것인데, 그 사회는 대체로 질서 정연한 것이면서도 정의에 대한 다소 심각한 위반도 일어나는 그러한 사회이다. 거의 정의로운 국가는 민주 체제를 요구한다고 생각하기에 그 이론은 합법적으로 확립된 민주적인 권위에 대한 시민 불복종의 역할과 적합성에 관련된 것이다. 그것은 다른 형태의 정부에는 적용되지 않으며 우연한 경우가 아니고서는 다른 종류의 항의나 저항에도 적용되지 않는다. 나는 부정의하고 부패한 체제를 변혁하거나 심지어 정복하기 위한 방책으로서 군사적 행동이나 저항과 더불어 그와 같은 반항의 방식을 논의하지는 않겠다. 이러한 경우에는 그러한 행위를 하는 것에 관한 문제가 생겨나지 않는다. 이러한 목적을 위한 어떤 수단이 정당화된다면 분명히 비폭력적인 반대가 정당화될 것이다. 내가 보기에는 시민 불복종의 문제는 어느 정도 정의로운 국가 내에서 그 체제의 합법성을 인정하고 받아들이는 시민들에 있어서만 생겨난다. 문제는 의무들간의 상충이라는 문제이다. 합법적인 다수자에 의해 제정된 법(혹은 이러한 다수자의 지지를 받는 행정 법령)에 따라야 할 의무는 각자의 자유를 방어할 권리와 부정의에 반대할 의무에 비추어 볼 때 어느 정도의 지점에서 그 구속력을 상실할 것인가? 이런 문제는 다수결 원칙의 성격 및 한계와 관련된 것이다. 이런 이유로 해서 시민 불복종의 문제는 민주주의의 도덕적인 기초에 관한 어떤 이론들에 대한 중요한 테스트 케이스가 된다.

시민 불복종에 관한 헌법상의 이론은 세 부분으로 나뉜다. 첫째로 그 것은 이런 종류의 항의를 규정하고 그것을 민주주주의적 권위에 대한 다른 형태의 반대와 구분한다. 이러한 다른 형태에는 합법적인 시위 및 법정에 판례를 남기기 위한 고의적 위법에서부터 군사적 행위나 조직적인 항거에 이르기까지 있을 수 있다. 이론은 이들 다양한 가능성 가운데 시

376 제 6 장 의무와 책무

민 불복종의 위치를 명시하게 된다. 둘째로 그 이론은 시민 불복종의 근 거와 (어느 정도) 정의로운 민주 체제 속에서 그러한 행위가 정당화되는 조건들을 제시한다. 그리고 끝으로 그 이론은 입헌적 체제 내에서 시민 불복종이 갖는 역할을 설명해야 하고 자유로운 사회 속에서 그러한 방식 의 항의가 갖는 적합성을 해명해야 한다.

이러한 문제들을 다루기에 앞서 한 마디의 주의가 필요하다. 비록 우 리가 특수한 상황에 대한 시민 불복종을 논한다 할지라도 그 이론에 대해 서 대단한 기대를 해서는 안 된다. 실제적인 경우들에 있어서 곧바로 결정 을 내려 줄 정확한 원칙들이 있을 수 없다는 것이 분명해진다. 그 대신에 쓸모있는 이론은 시민 불복종의 문제에 접근할 수 있게 하는 관점을 규정 해 주는데, 즉 그것은 적절한 고려 사항을 가려 주고 보다 중요한 경우에 그것들의 올바른 비중을 정하는 데 도움을 준다. 신중히 생각해 보아 이 러한 문제들에 대한 이론이 우리의 안목을 밝혀 주고 우리의 숙고된 판단 을 보다 일관되게 해준다고 여겨지게 되면 그것은 가치있는 것이 된다. 그 이론은 우선 우리가 그것에 대해서 합당하게 기대할 수 있는 바를 수행한 셈인데, 즉 민주 사회의 기본 원리를 받아들이는 자들이 갖는 양심적인 신 념들간의 불일치를 줄여 주는 셈이다.

나는 우선 시민 불복종을 흔히 법이나 정부의 정책에 변혁을 가져 올 목 적으로 행해지는 공공적이고 비폭력적이며 양심적이긴 하지만, 법에 반하 는 정치적 행위라 정의(定義)하고자 한다.[19] 이러한 행위를 통해서 우리는 공동 사회의 다수자가 갖는 정의감을 나타내게 되고, 우리의 신중한 견지 에서 볼 때 자유롭고 평등한 인간들간에 있어서 사회 협동체의 원칙이 존 중되지 않고 있음을 선언하게 된다. 이러한 정의에 대한 한 가지 예비적

---

19) 여기서 나는 H.A. Bedau 의 시민 불복종에 대한 定義에 따랐다. 그의 논문 "On Civil Disobedience", *Journal of Philosophy*, 제 58 권(1961), pp. 653 ~661 참조. 다음 절에서도 살피겠지만 이 定義는 Thoreau 의 논문에 제시 된 의미보다 좁은 것이라는 점에 주목해야 한다. 비슷한 입장에 대한 피력 은 M.L. King, "Letter from Birmingham City Jail"(1963)에도 나타나 있 는데 H.A. Bedau 가 편집한 *Civil Disobedience*(N.Y.: Pegasus, 1969), pp. 72~89 에 재수록되었다. 본문에 나오는 시민 불복종론은 이런 유의 개념을 보다 넓은 체계로 전개하고자 한 것이다. 최근의 몇몇 학자들도 역시 시민 불복종을 보다 넓은 의미로 규정하고 있다. 예를 들면 H. Zinn, *Disobedience and Democracy*(N.Y.: Random House, 1968), pp. 119 이하에서 그것을 "중 대한 사회적 목적을 위해 신중하고 사려깊게 법을 위반함"이라고 규정한다. 나는 보다 제한된 개념을 문제삼고 있다. 나는 오직 이러한 형태의 항의만이 민주 국가에서 정당화된다고 말하려는 생각은 전혀 없다.

인 설명을 하자면 시민 불복종 행위가 항의의 대상이 되고 있는 있는 바로 그 법을 위반하라는 요구를 하지는 않는다는 점이다.[20] 그것은 사람들이 직접적인 시민 불복종이라 부르는 것뿐만 아니라 간접적인 시민 불복종이라 하는 것까지도 고려하고 있다. 때로는 부정의하다고 간주되는 법이나 정책도 어기지 않아야 할 강력한 이유가 있는 것이므로 정의(定義)는 마땅히 그러한 고려를 해야 한다. 그 대신에 우리는 자신의 처지를 드러내는 방식으로서 교통 법규나 비행에 관한 법을 어길 수도 있다. 그래서 만일 정부가 반역죄에 대한 애매하고도 가혹한 법령을 제정할 경우 그에 대한 항의의 방식으로서 반역죄를 범하는 것은 적절하지 못할 것이며 결국 이에 대한 형벌은 우리가 합당하게 받게 되어 있는 것을 훨씬 능가할 것이다. 다른 경우에 있어서는 정부의 정책이 국제 문제에 관한 것이거나 국가의 다른 일부에 영향을 미칠 때처럼 정부의 정책을 직접 불복종하는 방도가 없다. 두번째의 설명은 시민 불복종의 행위란 적어도 그에 가담하는 자들이 단지 입헌상의 결정에 대한 판례를 제공하고 있는 것이 아니라는 의미에서 법에 반하는 것이라고 생각된다는 것이며, 그들은 비록 그것이 지지되어야 할 것일지라도 그 법령에 반대할 각오가 되어 있는 것이다. 확실히 입헌적 체제에서는 법정이 최종적으로 항의자들의 편에 설 것이며 항의받은 법이나 정책은 위헌적인 것이라고 선언될 것이다. 그런데 때로는 반대자들의 행위가 불법적이라 생각될 것인지 아닌지에 대해서 다소 불확실한 경우가 생겨난다. 그러나 이것은 단지 복잡한 부분일 뿐이다. 불정의한 법에 항의하기 위해 시민 불복종을 이용하는 자들은 법정이 그들의 주장에 동의하는 결정을 내리면 좋아할 것이나 그들에게 동의하지 않는 경우에도 쉽사리 포기하지는 않을 것이다.

또한 주목해야 할 것으로서 시민 불복종은 그것이 정치 권력을 쥐고 있는 다수자에게 제시된다는 의미에서 뿐만이 아니라 그것이 정치 원리, 즉 헌법과 사회 제도 일반을 규제하는 정의의 원칙들에 의해 지도되고 정당화되는 행위라는 의미에서 정치적 행위라는 점이다. 시민 불복종을 정당화함에 있어서 우리는 어떤 개인적인 도덕 원칙이나 혹은 종교적 교설이 우리의 주장에 일치하고 이를 지지해 준다고 해서 그것에 의거해서는 안된다. 그리고 시민 불복종의 근거가 오직 개인이나 집단의 이익에만 기초할 수 없다는 것은 말할 필요도 없다. 그 대신 우리는 정치적인 질서의 바

---

20) 이 설명과 다음의 설명은 M. Cohen, "Civil Disobedience in a Constitutional Democracy", *The Massachusetts Review*, 제 10 권(1969), pp. 224~226, 218~221 에서 각각 따온 것이다.

탕에 깔려 있는 바, 공유하고 있는 정의관에 의거하게 된다. 어느 정도 정의로운 민주 체제에 있어서는 시민들이 그들의 정치적 문제를 처리하고 헌법을 해석하는 기준이 되는 공공적인 정의관이 있다고 생각된다. 이러한 정의관의 기본 원칙을 오래도록 끈질기고 의도적으로 위반하는 것, 특히 기본적인 평등한 자유의 침해는 굴종이 아니면 반항을 일으키게 된다. 시민 불복종에 가담함으로써 소수자는 다수자로 하여금 그들의 행위가 위반이나 침해로 해석되기를 바라는지 아니면 공통된 정의감에 비추어서 소수자의 합당한 요구를 인정하고자 하는지에 대한 숙고를 강요하게 된다.

또 다른 한 가지 문제점은 시민 불복종이 공공적 행위라는 점이다. 그것은 공공 원칙에 관련된 것일 뿐만 아니라 또한 공공적으로 행해지는 것이다. 그것은 공개적으로 공정한 주목을 받으며 참여하는 것이며 은밀히 혹은 비밀리에 행해지는 것이 아니다. 우리는 그것을 공공 연설에 비유할 수 있으며 신중하고 양심적인 정치적 신념의 표현인 청원의 한 형태인 까닭에 그것은 공개석상에서 이루어진다. 무엇보다도 이러한 이유로 인해서 시민 불복종은 비폭력적이다. 그것은 폭력의 사용을 피하고자 하며 특히 사람들에 대한 폭력의 사용을 피하려 하는데, 그 이유는 원칙상으로 폭력의 사용을 싫어해서가 아니고 그것이 우리의 실정을 최종적으로 표현하는 것이기 때문이다. 상해하고 해칠 가능성이 있는 폭력 행위에 가담하는 것은 청원의 양식으로서의 시민 불복종과 양립할 수 없다. 사실상 타인의 시민적 자유에 대한 간섭은 어떤 행위가 갖는 시민 불복종적 성격을 흐리게 하는 경향이 있다. 때때로 만일 청원이 그 목적을 이루지 못하게 되면 차후에는 강력한 저항을 생각할 수도 있다. 그러나 시민 불복종은 양심적이고 깊이 간직된 신념을 표현하는 것이어서 그것은 경고나 훈계일 수는 있어도 그 자체가 위협일 수는 없다.

시민 불복종은 또 다른 이유에서도 비폭력적이다. 시민 불복종은 그것이 비록 법의 바깥 경계선에 있는 것이긴 하지만 법에 대한 충실성(fidelity to law)의 한계 내에서 법에 대한 불복종을 나타내고 있다.[21] 그 법을 어기긴 하지만 법에 대한 충실성은 그 행위의 공공적이고 비폭력적인 성격과 그 행위의 법적인 결과들을 받아들이겠다는 의지에 의해 표현된다.[22]

---

[21] 이 점에 대한 보다 충실한 논의에 관해서는 C. Fried, "Moral Causation", *Harvard Law Review*, 제77권(1964), pp. 1268 이하 참조. 군사적 행위라는 개념 이하에 관한 설명에 대해서 나는 G. Loev의 도움을 받았다.

[22] 시민 불복종을 보다 넓게 정의하는 자들은 이러한 설명을 받아들이지 않을 것이다. 그 예로서 Zinn, *Disobedience and Democracy*, pp. 27~31, 39, 119 이하 참조. 더우기 그는 시민 불복종이 비폭력일 필요가 있음을 부인한

이와 같은 법에의 충실은 다수자로 하여금 그 행위가 사실상 정치적으로
도 양심적이고 진지하며 또한 공중의 정의감에 호소하려고 의도된 것이라
는 사실을 보여주는 데 도움이 된다. 완전히 공개적이고 비폭력적인 것은
우리의 성실성을 보증하기 위한 것인데, 그 이유는 우리의 행위가 양심적
임을 다른 이에게 확신시키거나 우리 자신 앞에서조차도 이것을 확신하기
가 쉽지 않기 때문이다. 물론 법이 부정의하다는 양심적인 신념이 위반에
대한 변호로 받아들여지는 법 체제를 생각해 볼 수는 있다. 서로 완전히
신뢰하는 아주 정직한 사람들은 이러한 체제를 운용할 수 있을 것이다.
그러나 사실상 이러한 체제는 아마도 거의 정의로운 국가에 있어서까지
도 불안정한 것일 것이다. 주의깊게 숙고된 자신의 입장에서 볼 때 우리
의 행위가 공동체의 정치적 신념에 충분한 도덕적 기초를 갖는 것임을 타
인들에게 확신시키기 위해서 우리는 어떤 대가를 치루어야 한다.

　시민 불복종은 한편에서는 합법적인 테스트 케이스를 제기하는 것으로
다른 편에서는 양심적인 거부 및 여러 형식의 저항간에 존재하는 것으로
정의되어 왔다. 이러한 가능성의 영역에 있어서 그것은 법에 대한 충실성
의 경계에 있는 그러한 형태의 항의를 의미하는 것이다. 이렇게 이해하는
경우 시민 불복종은 전투적인 행위나 파괴로부터 분명히 구분되며 그것은
조직적인 강력한 저항과는 거리가 멀다. 예를 들어서 호전적인 사람은 현
존하는 정치 체제에 대해서 훨씬더 심한 반대를 할 것이다. 그는 그것을 거
의 정의롭거나 합당하게 정의로운 것으로 받아들이지 않으며 그것이 공표
된 원칙들로부터 멀리 이탈해 있다고 믿거나 혹은 전적으로 그릇된 정의관
을 좇고 있다고 믿는다. 그의 행위는 그 자체로서 양심적인 것일지는 모
르나 그는 다수자(혹은 효과적인 정치 권력을 가진 자)의 정의감에 호소하지
않는다. 왜냐하면 그는 그들의 정의감이 그릇된 것이거나 혹은 효력이 없
는 것이라고 생각하기 때문이다. 그 대신 그는 지배적인 정의관을 공격하
고 바람직한 방향으로 움직이도록 하기 위해 파괴와 저항 등의 조직적인
전투적 행위를 추구한다. 그래서 그 호전가는 형벌을 피하도록 힘쓰게 되
는데 왜냐하면 그는 법을 위반한 데 대한 법적인 결과들을 받아들일 마음
이 없기 때문이다. 만일 그것을 받아들이게 되면 그것은 그가 믿을 수 없

　　다. 물론 우리는 형벌을 정당한 것으로, 즉 비행에 대한 합당한 것으로 받아
　들이지 않는다. 그보다 우리는 법에의 충실을 위해 법의 결과들을 기꺼이 참
　고 받아들이는데 이는 다른 문제이다. 그러한 정의(定義)는 처형이 법정에서
　항의받을 수도 있음을 허용한다는 점에서 여지를 남기고 있다. 그러나 그러
　한 항의가 여기에서 규정된 바 시민 불복종이 될 수 없는 지점이 있게 된다.

다고 생각한 그 권력의 손길에 농락당하는 것일 뿐만 아니라 그가 반대하는 체제의 합법성에 대한 인정을 나타내는 것이 된다. 이러한 의미에서 호전적인 행위는 법에 대한 충실성의 영역 내에 있는 것이 아니며 법 질서에 대한 보다 철저한 반대를 나타낸다. 기본 구조가 아주 부정의하다고 생각되거나 그 자체가 공표한 이상과는 매우 거리가 멀다면 우리는 극단적인 변화나 혹은 혁명적인 변화를 위한 방도까지도 마련하도록 노력해야 한다. 이는 이루어질 필요가 있는 근본적인 변혁에 대한 의식을 공중에게 일깨우려는 시도를 통해서 행해져야만 한다. 그래서 어떤 경우에 있어서는 무력에 의한 행위나 다른 종류의 저항도 분명히 정당화된다. 그러나 나는 이러한 경우들을 고찰하지는 않겠다. 앞에서도 말한 바와 같이 여기에서 나의 목적은 시민 불복종을 정의하고 거의 정의로운 입헌 체제 내에서 그것이 갖는 역할을 이해하는 데 한정된 것이다.

56. 양심적 거부에 대한 정의

시민 불복종과 양심적 거부(conscientious refusal)를 구분해 왔으나 나는 아직도 후자의 개념에 대해서는 설명하지 않았다. 그것을 지금 하고자 한다. 그런데 인정해야 할 것은 이런한 두 개념을 구분함으로써 시민 불복종에 대해서 전통적인 정의(定義)보다는 좁은 의미의 정의를 하게 된다는 점이다. 왜냐하면 흔히 관례적으로는 시민 불복종을, 적어도 은밀한 것은 아니며 힘의 사용을 내포하지 않을 경우 양심적인 이유로 인한 법에의 어떤 불순종과 같은 넓은 의미로 생각했기 때문이다. 소로우의 논문은 전통적인 의미에 대해서 결정적인 것은 아니나 특징적인 것을 보여준다.[23] 협의의 정의가 갖는 유용성은 일단 양심적 거부에 대한 정의가 검토되면 분명해지리라고 생각한다.

양심적 거부는 어느 정도 직접적인 법령이나 행정적인 명령에 대한 불순종이다. 그것이 거부인 이유는 하나의 명령이 우리에게 주어졌으며 상황의 성격에 따라서 그 명령에 우리가 응하는지의 여부가 당국에 알려지는 것이기 때문이다. 전형적인 사례로서는 초기 기독교도들에 있어서 이교 국가가 규정하는 어떤 경배 행위를 수행하라는 명령에 대한 거부, 그리고 여호아의 증인들의 국기 경배에 대한 거부 등이다. 다른 사례로는 평화주의

---

23) H.D. Thoreau, "Civil Disobedience" (1848) 참조. 이것은 H.A. Bedau가 편집한 *Civil Disobedience*, pp. 27~48에 재수록되어 있다. 비판적인 논의로서는 Bedau의 논평, pp. 15~26 참조.

자들의 군복무 기피 혹은 병사가 전쟁에 적용되는 도덕 법칙에 분명히 어긋난다고 생각되는 명령에 복종하려 하지 않는 것 등이다. 또한 소로우에 의하면 다른 사람에게 대단한 부정의를 행하는 자가 될 것이라는 근거에서 세금 납부를 거부하는 것도 이 경우에 속한다. 그러한 행위는 어떤 경우에는 아무리 그것을 감추고자 해도 당국에 알려진다고 생각된다. 그것이 은밀하게 행해질 수 있는 경우에는 양심적인 거부라기 보다는 양심적인 기피(conscious evasion)라 할 수 있다. 탈주 노예법을 암암리에 어기는 것은 양심적인 기피의 사례이다.[24]

양심적인 거부 혹은 기피와 시민 불복종간에는 몇 가지 차이점이 있다. 첫째로 양심적인 거부는 다수자의 정의감에 호소하는 청원의 형식이 아니다. 확실히 이러한 행위는 숨길 수가 없는 까닭에 일반적으로 비밀리에 이루어지는 것이거나 은밀한 것이 아니다. 우리는 단지 양심적인 이유로 명령에 복종하기를 거부하거나 법령에 따르기를 거부할 뿐이다. 공동체의 신념에 호소하지도 않으며 이런 의미에서 양심적 거부는 공개석상에서의 행위도 아니다. 복종을 보류할 각오가 되어 있는 자들은 상호 이해를 위한 기반이란 있을 수 없음을 인정하며 그들의 명분을 나타낼 방식으로서 불복종의 계기를 찾는 것도 아니다. 오히려 그들은 불복종할 필요가 생기지 않을 것을 희망하면서 때를 기다린다. 그들은 시민 불복종을 행하는 자들보다 덜 낙관적이며 따라서 그들은 법이나 정책이 변하리라는 기대를 갖지 않는다. 상황으로 봐서 그들이 자신의 처지를 나타낼 시간이 허락되지 않으며 또한 다수자가 그들의 요구를 받아들일 어떤 기회도 있을 수가 없다.

양심적인 거부는 반드시 정치적 원칙에 그 바탕을 두는 것은 아니며 그것은 법 질서와 상반되는 종교적 원리나 혹은 다른 어떤 원리에 기초할 수도 있다. 시민 불복종은 공통적으로 공유하고 있는 정의관에의 호소인 데 반해서 양심적인 거부는 다른 근거를 가질 수 있다. 예를 들어 초기 기독교도들이 로마 제국의 종교적 관습에 따르는 것에 대한 그들의 거부를 정당화함에 있어 정의를 이유로 해서가 아니고 단지 그들의 종교적인 신념에 반한다는 이유에 의거하려는 생각을 했을 때 그들의 논거는 정치적인 것이 아니며, 또한 적어도 자체 방어를 위한 전쟁이 입헌 체제의 바탕이 되는 정의관에 의해 인정된다고 가정한다면 평화주의자의 입장도 똑같은 조건으로 정치적이 아닌 것이다. 그러나 양심적인 거부가 정치적인 원리에 근거를 둘 수도 있다. 법이 아주 부정의한 것이어서 그것을 준수한다는 것은

---

24) 이러한 구분에 관해서는 B. Dreben 의 도움을 받았다.

말이 안 된다고 생각하여 법에 따르는 것을 거절할 수도 있다. 이것은 이른바 법이 우리로 하여금 다른 사람을 노예화하는 자가 되라는 명령을 내릴 경우나 우리 자신이 그러한 운명에 처할 것을 요구할 경우에 해당된다. 그러한 일들은 공인된 정치적 원리들을 분명히 위반하는 것이다.

어떤 사람이 정치적 정의의 원리들이 요구하는 것으로 보이는 행위를 거부함에 있어서 종교적 원리에 호소하는 경우 정당한 절차를 발견하는 것은 어려운 문제이다. 정의로운 전쟁이 있다고 가정할 때도 평화주의자는 이러한 전쟁에 대한 병역 의무의 면제를 받게 될 것인가? 또는 국가는 불복종에 대해서 어떤 노역을 부과할 수 있는가? 법은 언제나 양심의 명령을 존중해야 한다고 말하고 싶을지 모르나 그것이 옳은 것은 아니다. 불관용자의 경우에서도 보아 왔듯이, 법령은 평등한 자유의 원칙을 실현하기 위해서도 그들의 종교적 관심에 대한 추구를 규제해야만 하며, 또한 그것은 하나의 극단적인 경우로서 사람을 제물로 바치는 것과 같은 종교적 관행을 금하게 됨은 물론이다. 신앙도 양심도 이러한 관행을 보호하기에는 충분치 못하다. 정의론은 그 자체의 관점에서 보아 그에 반대하는 자들을 처리할 방식을 마련해야만 한다. 정의로운 사회의 목적이나 거의 정의로운 국가의 목적은 정의로운 제도를 보존하고 강화하는 것이다. 만일 어떤 종교가 그 충분한 표현을 거절당하게 된다면 그것은 아마도 타인의 평등한 자유를 침해하는 이유 때문일 것이다. 일반적으로 대립하는 도덕관들에 부합하는 관용의 정도는 정의로운 자유 체제 내에서 그것들에게 동등한 위치가 허용될 수 있는 한도에 달려 있다.

만일 평화주의가 단지 관용될 뿐만 아니라 존경을 받게 된다면 그것은 정의의 원칙들에 어느 정도 잘 부합하며, 중요한 예외라고는 정당한 전쟁(여기에서는 어떤 상황에서 자체 방어를 위한 전쟁이 정당화된다고 가정할 때)에의 참여에 대한 그 태도에서 생겨난다고 설명되어야 한다. 공동 사회가 공인하는 정치적 원리는 평화주의자가 내세우는 학설과 어떤 유사성을 갖는다. 전쟁과 무력 사용에 대한 혐오에 있어 공통되며 도덕적 인격으로서 인간의 평등한 지위에 대한 신념에 있어서도 동일하다. 그리고 국가 특히 거대한 권력이 부정의하게 전쟁에 가담하려 하고 반대자를 누르기 위해 국가 기구를 운용하려는 경향성을 가질 경우, 평화주의에 대한 존경심은 정부가 그 이름으로 범하려 하는 부정에 대해 시민들의 경각심을 일깨우는 목적에 도움이 된다. 비록 평화주의자의 견해가 완전히 타당한 것은 아닐지라도 그가 나타내고자 하는 경고와 항거는 여러 가지를 감안할 때 정의의 원칙들이 보다더 안정된 것이라는 결과를 가져 오는 것이다. 올바른 학설로부터 자연적 이탈로서의 평화주의는 아마 자신이 공언한 바에 따라 생활함에 있어 인간이 가진 약점도 보상할 수 있을 것이다.

물론 실제적인 상황에서는 시민 불복종과 양심적 거부간에는 분명한 구분이 없다는 것은 주목되어야 한다. 더우기 동일한 행위(혹은 행위의 계열)는 양쪽의 강한 요인들을 다 가질 수도 있다. 각각이 분명히 드러나는 경우가 있을 때 그들을 비교하는 것은 시민 불복종에 대한 해석과 민주 사회에 있어서의 그 역할을 해명하는 방식으로 의도된 것이다. 정치적 호소의 특수한 종류로서 이와 같은 행동 방식의 성격상 그것은 법 체계 내에서 다른 절차들을 밟은 후에야 비로소 정당화되는 것이 보통이다. 이와 대조적으로 적합한 양심적인 거부임이 분명한 경우에는 흔히 이러한 요구 사항이 해당되지 않는다. 자유 사회에서는 아무도 초기 기독교도들과 같이 평등한 자유를 침해하는 종교적 행위를 수행하도록 강요받지도 않으며, 어떤 병사가 보다 상급의 당국에 호소할 준비가 되어 있긴 하지만 본질적으로 그릇된 명령에 따라야 하는 것도 아니다. 이상의 말들은 정당화의 문제로 연결된다.

57. 시민 불복종의 정당화

이상과 같은 여러 가지 구분을 염두에 두고 나는 시민 불복종이 정당화 (justification)될 여건들을 생각해 보고자 한다. 문제를 간단히 하기 위해 나는 논의를 국내의 제도에만 제한해서 일정한 사회에 내재하는 부정의를 다루고자 한다. 전쟁에 적용될 경우의 도덕 법칙과 관련해서 양심적 거부와의 비교 문제를 다루게 되면 그와 같은 제한이 갖는 다소의 협소성은 어느 정도 완화될 것이다. 나는 우선 시민 불복종에 참여하기 위한 합당한 조건이라 생각되는 바를 제시하는 것으로부터 시작해서 나중에는 이러한 조건들을 거의 정의로운 국가에 있어서 시민 불복종의 역할과 보다 체계적으로 관련지우고자 한다. 물론 열거된 조건들은 가정으로 받아들여져야 하는데 그것들이 적용되지 않는 상황도 있을 것이며 시민 불복종에 대해서 다른 논거가 주어질 수도 있을 것이다.

첫번째 문제점은 시민 불복종의 적절한 대상이 되는 부정의의 종류에 관한 것이다. 그런데 만일 우리가 이러한 시민 불복종을 공동체의 정의감에 호소하는 정치적 행위로 본다면 다른 조건이 동일할 경우, 그것을 구체적이고 분명한 부정의의 사례나 더우기 다른 부정의를 제거하는 길을 방해하는 것에 한정하는 것이 합당하다고 생각된다. 이러한 이유 때문에 시민 불복종을 정의의 제 1 원칙인 평등한 자유의 원칙에 대한 심한 위반이나 제 2 원칙의 두번째 부분인 공정한 기회 균등의 원칙에 대한 현저한 위배에 국한시킬 것을 내세우는 데는 나름의 추정 근거가 존재한다. 물론 이러한 원칙들이 만족되었는지를 판별하기가 언제나 쉬운 것은 아니다. 그러나 만일 우리가 그 원칙들이 기본적인 자유를 보장하는 것이라고 생각한다면 이러한 자유가 존중되지 않는다는 것은 분명한 일이다. 결국 그것들은 제도 속에 선명하게 표현되어야만 할 어떤 엄격한 요구 사항들을 부과하는 것이다. 그래서 어떤 소수자에게 투표나 직책을 맡을 권리, 혹은 재산을 소유하고 이주를 할 권리가 거절될 때나, 어떤 종교 단체를 억압하고 다른 어떤 단체에게는 여러 가지 기회를 거절할 경우, 이러한 부정의는 모든 이에게 분명할 것이다. 그것들은 문서상으로는 아닐지라도 사회 체제의 공인된 관행 속에 공개적으로 포함되어 있는 것이다. 이러한 부정의한 것에 대한 확인이 제도적 효과들에 대한 전문적인 검토를 전제하는 것은 아니다.

이와는 대조적으로 차등의 원칙에 위반된 것을 확인하기는 더욱 어렵다. 이러한 원칙이 충족되었는지에 관해서는 합당하면서도 넓은 영역에 걸치는 대립적인 견지들이 있는 것이 보통이다. 이는 그 원칙이 일차적으로 경제적·사회적인 제도나 정책에 적용되는 것이기 때문이다. 이것들 중에 선택하는 것은 이론적이고 추론적인 지식과 더불어 많은 통계적인 정보나 혹은 다른 정보들에 달려 있는데 이런 것들은 모두 날카로운 판단과 철저한 탐구에 의해 음미되어야 한다. 이러한 문제들이 갖는 복잡성에 비추어 볼 때 이기심과 선입견의 영향을 배제하기란 어렵고 비록 우리 자신의 경우에 확인이 되었다 할지라도 타인들에게 우리 자신의 진실함을 납득시키는 것은 또 다른 문제이다. 그래서 예를 들어 세제법이 기본적인 평등한 자유를 침해하거나 박탈하기 위해 마련된 것이 아닌 한 그것은 보통 시민 불복종에 의해 거부되어서는 안 된다. 공중의 정의관에의 호소는 충분한 정도로 명백한 것이 못 된다. 요구되는 균등한 자유만 확보된다면 이러한 문제에 대한 해결은 정치적 과정에 맡겨 두는 것이 가장 좋다. 이러한 경우에 아마 합당한 조정에 이를 수가 있을 것이다. 그런데 평등한 자유의 원칙에 대한 위반은 보다 적합한 시민 불복종의 대상이 된다. 이러한 원칙은 입법 체제에 있어서 평등한 시민권이 갖는 공통된 지위를 규정하며 정치 질서의 바탕에 깔려 있는 것이다. 그것이 충분히 지켜질 때 다른 부정의는 지속적이고 심각한 것일 수는 있어도 처리할 수 없는 것은 아니라고 추정할 수 있다.

시민 불복종에 대한 또 하나의 조건은 다음과 같은 것이다. 우리는 보통 정치적 다수자에게 정상적인 호소를 성실하게 해왔지만 그것이 성공적이 못되는 경우를 생각해 볼 수 있다. 합법적인 보상 수단은 아무런 소용도 없음이 판명된다. 그래서 예를 들어 현존하는 정당이 소수자의 요구에 대해 그들 스스로 무관심을 나타내고 기꺼이 그 편의를 도모해 주려는 의사를 보이지 않는 경우가 있다. 법을 폐기시키려는 시도는 무시되고 합법적인 항거와 시위가 성공을 거두지 못하게 된다. 시민 불복종은 최후의 대책이기 때문에 우리는 그것이 필요한 것임을 확신해야 한다. 그런데 합법적인 수단이 더 이상 없다고 말하지 못할 수도 있다는 사실에 주의해야 한다. 여하튼 정상적인 호소의 방편이 되풀이 사용될 수도 있는데 그 이유는 자유로운 언론이 언제나 가능하기 때문이다. 그러나 만일 과거의 행동을 통해서 다수자가 마음이 움직이지 않거나 혹은 무감각함이 밝혀진다면, 합리적으로 생각할 때 더 이상의 시도는 효과가 없는 것이며 정당한 시민 불복종의 두번째 조건이 성립하게 된다. 그러나 이러한 조건은 하나의 추정에 의한 것이다. 어떤 경우는 지극히 극단적인 것이어서 처음부터 합법적인 정치적 반대의 수단을 사용해야 할 의무가 없을 수도 있다. 예를 들어 만일 입법부가 힘없고 무방비한 소수자의 종교를 금지함으로써 기본적인 자유에 대한 어떤 난폭한 침해 사항을 제정한다면 우리는 분명히 그 종파가 정상적인 정치 과정을 통해서 법에 항거하리라는 기대를 할 수가 없다. 게다가 다수자들이 이미 터무니없이 부정의하고 공공연하게 적대적인 의도를 스스로 확신하고 있는 경우에는 시민 불복종조차도 오히려 너무 미약한 것이 된다.

내가 논의하고자 하는 세번째이자 마지막 조건은 다소 복잡한 것일 수가 있다. 그것은 앞서 두 가지 조건은 흔히 시민 불복종을 정당화시키기에 충분하기는 하지만 언제나 그런 것은 아니라는 사실로 인해서 생겨나는 것이다. 어떤 상황에서는 정의의 자연적 의무가 어떤 제한을 요구할 수도 있다. 우리는 다음에서 이것을 알 수 있다. 만일 어떤 소수자가 시민 불복종에 가담함이 정당화되는 경우 그와 적절하게 유사한 상황에 있는 다른 소수자도 마찬가지로 정당화된다. 적절히 유사한 상황의 기준으로서 앞에 나온 두 가지 조건을 사용함으로써 우리가 말할 수 있는 것은 다른 것이 동일할 경우 두 소수 집단은 만일 그들이 동일한 시간 동안 동일한 정도의 부정의로 인해 고통을 당하고 있으며 똑같이 진실되고 정상적인 정치적 호소가 마찬가지로 소용이 없었다면 그들이 시민 불복종에 의거하는 것은 마찬가지로 정당화된다는 것이다. 그런데 시민 불복종을 하기 위한 똑

같이 타당한 사정을 가진(방금 규정한 바와 같은 의미에서) 많은 집단이 있을
가능성은 별로 없지만 생각해 볼 수는 있다. 그러나 만일 그들이 모두 이
와 같은 방식으로 행동하게 될 경우 정의로운 체제의 효율성을 침해하게
될 극심한 무질서가 따르게 된다는 것도 생각해 볼 수 있다. 나는 여기서
체제를 파멸로 이끌고 그럼으로써 모든 이에게 불행한 결과를 가져 오지 않
기 위해 시민 불복종에 가담할 수 있는 범위에 한계가 있다고 가정한다.
또한 이러한 형태의 항의를 처리할 공의회의 능력에도 상한선이 있어서 시
민 불복종을 하는 집단이 하고자 하는 호소가 왜곡될 수도 있고 다수자의
정의감에 호소하려는 그들의 의도를 알지 못할 수도 있다. 이들 한 가지
혹은 양쪽 이유로 인해서 항거의 형태로서의 시민 불복종의 효율성은 어
느 지점을 넘어서게 되면 감소하게 되며 그것을 기도하는 자는 이러한 제
약들을 고려해야만 한다.

이론적인 관점에서 볼 때 이상적인 해결책은 모든 수준의 항의를 규제
하기 위해 소수 집단의 협동적인 정치적 연합을 요구한다. 이는 각자 시민
불복종에 참여할 똑같은 자격을 가진 많은 집단이 있게 되는 상황의 성격을
생각해 보면 알 수 있다. 나아가서 그들은 모두 모든 경우에 있어서 똑같
은 강도로 이러한 권리를 행사하고자 한다. 그러나 만일 그들이 모두 이
렇게 함으로써 결국 그들 각자가 정의의 자연적 의무를 인정하는 정의로
운 체제는 계속적인 손상을 입게 된다. 따라서 함께 고려된다면 용인될 수
있는 바를 능가하는 똑같이 강력한 요구들이 많이 있을 경우에는 모든 사
람이 공평하게 고려될 수 있도록 어떤 공정한 계획이 채택되어야 한다. 불
가분적이고 수적으로 한정된 선에 대한 요구와 같이 단순할 경우에는 똑
같이 타당한 요구의 수가 너무 많다면 어떤 윤번제나 추첨제가 공정한 해
결책이 될 수도 있다.[25] 그러나 이러한 종류의 대책은 여기에서는 완전히
현실성이 없는 것이다. 필요한 것은 부정의로 고통받고 있는 소수 집단들

25) 어떤 공정한 절차가 요구되는 경우의 조건에 대한 논의에 관해서는 K. Baier,
The Moral Point of View(Ithaca, N.Y.: Cornell Univ. Press, 1958),
pp. 207~213 ; D. Lyons, *Forms and Limits of Utilitarianism*(Oxford:
The Clarendon Press, 1965), pp. 160~176 참조. Lyons는 공정한 추첨제
의 예를 제시하고 있으며 그는 또한 (이러한 것을 설립하는 비용을 제한한
다면) 그러한 절차는 어느 정도 효율적인 것이 될 수 있음을 인정하고 있
다. pp. 169~171 참조. 나는 공정성의 개념이란 유용성에 관련시키지 않고는
설명될 수 없다는 그의 주장을 포함해서 그의 이론이 갖는 결과들을 인정한
다. pp. 176 이하. C.D. Broad에 의한 그 이전의 논의인 "On the Function
of False Hypotheses in Ethics", *International Journal of Ethics*, 제 26 권
(1916), 특히 pp. 385~390 도 역시 여기에서 주목되어야 할 것이다.

간의 정치적 합의라고 생각된다. 그들은 자신의 권리를 행사할 기회를 가지면서도 시민 불복종의 정도에 대한 한계를 지나치지 않도록 그들의 행위를 조정함으로써 민주적 제도에 대한 그들의 의무를 수행할 수가 있다. 확실히 이러한 종류의 연합은 이루어지기가 어렵긴 하지만 현명한 지도력만 있으면 가능하다고 본다.

고찰된 상황이 특수한 것임은 물론이나 이러한 고찰 방식이 정당한 시민 불복종에 대한 장애가 되지는 않을 것이다. 정의로운 체제에 대한 의무를 인정하는 동시에 이러한 형식의 항의에 가담할 비슷한 자본을 가진 집단이 많이 있을 가능성은 별로 없을 것이다. 그러나 우리가 주목해야 할 것은 침해를 받은 소수자는 그들의 요구가 다른 사람들의 것과 똑같이 강하다고 믿으려는 경향이 있다는 점이며, 따라서 시민 불복종에 참여하는 데 대해서 상이한 집단들이 갖고 있는 이유들이 똑같이 절박한 것은 아닐지라도 그들의 요구들을 구별지을 수 없다고 추정하는 것이 가끔은 현명하다는 점이다. 이러한 원칙을 채택할 경우 가상적인 그러한 상황이 일어날 가능성은 보다 클 것으로 생각된다. 이러한 종류의 경우는 또한 권리 일반의 행사와 마찬가지로 항의에의 권리 행사도 때로는 똑같은 권리를 가진 타인들에 의해 제한을 받는다는 것을 보여준다는 점에서도 도움이 된다. 모든 사람이 이러한 권리를 행사하게 되면 모든 사람에게 유해한 결과들이 생겨나게 되므로 어떤 공평한 계획이 요구되는 것이다.

세 가지 조건에 비추어 우리가 시민 불복종에 의해 자신의 입장을 호소할 권리를 갖는다고 가정해 보자. 우리가 항거하는 부정의는 평등한 시민의 자유와 기회 균등을 분명히 위반한 것이며, 이러한 위반이 정상적인 정치적 반대에도 불구하고 오랜 기간에 걸쳐 고의적으로 행해진 것이며, 그래서 공정성의 문제에 의해 제기된 복잡한 사정에 직면하게 된다. 이러한 조건들은 완전한 것이 아니므로 제3의 당사자, 이른바 무고한 사람에게 침해가 될 가능성도 어느 정도 고려해야 한다. 그러나 나는 그것만으로도 중요한 점은 표현되었다고 생각된다. 물론 이러한 권리를 행사하는 것이 현명하고 이로운 것인지는 아직 문제될 수 있다. 그러한 권리가 제정되어 있는 이상 이들 문제들이 그 경우를 결정하도록 맡겨 두는 것은 그 이전과는 달리 자유이다. 우리는 우리들의 권리 내에서 행위하고 있으나 만일 우리의 행위가 다수자의 거센 보복을 유발하는 데 이용될 뿐이라면 현명하지 못하게 행동한 셈이 된다. 확실히 거의 정의로운 국가에서는 합당한 항의에 대한 보복적인 억압이 있을 수 없으나 그 행위가 보다 넓은 공동체에 대해서 효과적인 호소가 되도록 적절하게 계획되는 것이 중요하다. 시민 불복종은 공의회에서 일어나는 청원의 한 양식이므로 그것이 이해되었는지 확인해 보는 배려를 베풀어야 한다. 그래서 시민 불복종에 대한 권리의 행사는 다른 권리들과 마찬가지로 우리의 목적이나 우리가 도와 주고자 하는 자들의 목적을 실현하도록 합리적으로 이루어져야 한다. 정의론이 이러한 실제적인 고려 사항에 대해서 특별히 언급할 것은 없다. 어떤 경우에 있어서나 전략과 전술은 각 경우의 사정에 달려 있다. 그러나 정의론은 어떤 지점에서 이러한 문제들이 적절히 제기될 것인가를 말해야만 한다.

그런데 이와 같이 시민 불복종의 정당화를 설명함에 있어서 아직 나는 공정성의 원리를 언급하지 않았다. 정의의 자연적 의무는 입헌 체제에 대한 우리의 정치적인 결속을 나타내는 주요한 기초이다. 앞에서 주목한 바와 같이(52절) 사회에서 보다 유리한 자들만이 정치적 의무에 대립되는 분명한 정치적 책무를 갖게 되는 경향이 있다. 그들은 공공 직책을 얻기에 보다 나은 처지에 있으며 정치 체제를 이용하기가 보다 수월하다는 것을 알고 있다. 이러하므로 그들은 정의로운 체제를 떠받들어야 한다는, 시민 일반에게 지워진 책무를 가지게 된다. 그러나 예를 들어 지배를 당하는 소수자들은 시민 불복종에 대한 강한 요구를 가지기 때문에 일반적으로 이런 유의 정치적 책무를 지려고 하지 않는다. 그러나 그렇다고 해서 공정성의 원칙이 그들의 경우에 중요한 책무를 일으키지 않음을 뜻하는 것은 아니다.[26] 왜냐하면 개인 생활에 있어서 많은 요구 사항들이 이 원리로부터 도출될 뿐만 아니라 개인이나 집단들이 공통된 정치적 목적을 위해 결합할 경우에도 그 원칙은 효력을 갖게 되기 때문이다. 우리가 여러 사적인 단체에서 연합하게 되는 다른 사람들에 대해서 책무를 갖게 되는 것과 마찬가지로 정치적 행위에 참여하게 되는 자들도 서로에 대한 책무상의 구속을 받아들인다. 그래서 반대자들이 시민들에게 갖는 정치적 책무는 일반적으로 의문의 여지가 있지만 역시 그들간에도 자신의 명분을 달성하려 함에 있어서는 성실과 신의의 구속이 생겨나게 된다. 일반적으로 정의로운 체제 아래서의 자유로운 단체는 그 집단의 목적이 합법적이고 그 조직이 공정한 한에서 책무를 생기게 한다. 이는 정치적 단체뿐만 아니라 다른 단체에 대해서도 옳은 말이다. 이러한 책무는 대단한 중요성을 가진 것이어서 그것들은 여러 방식으로 개인들이 할 수 있는 바를 규제한다.

---

26) 이러한 책무들에 관한 논의에 대해서는 M. Walzer, *Obligations : Essays on Disobedience, War, and Citizenship*(Cambridge: Harvard Univ. Press, 1970), 3장 참조.

그러나 그것들은 정의로운 입법 체계에 따를 책무와는 구분된다. 시민 불복종에 대한 나의 논의는 단지 정의의 의무에 관한 것이었지만 보다 완전한 입장이 되기 위해서는 그러한 다른 요구 조건들의 지위에 대해서도 주목해야 할 것이다.

58. 양심적 거부의 정당화

시민 불복종의 정당화를 검토함에 있어 단순화를 위해서 내가 가정한 바는 항의를 받는 법이나 정책이 국내 문제에 관련된 것이라는 점이었다. 정치적 의무에 관한 이론이 대외 정책에 어떻게 적용될 것인지를 묻는 것은 당연하다. 그런데 이러한 일을 위해서는 정의론을 국제법으로 확대시킬 필요가 있다. 나는 그것이 이루어질 수 있는 방식을 지적하고자 한다. 생각을 정리하기 위해서 나는 어떤 전쟁 행위에 가담하는 것이나 혹은 군대에 복무하는 것에 대한 양심적 거부의 정당화(justification)를 간략히 고찰해 보고자 한다. 나는 이러한 거부가 종교적 원칙이나 혹은 다른 어떤 원칙이 아니라 정치적 원칙에 기초하고 있다고 가정하는데, 즉 정당화를 위해서 인용되는 원칙들은 헌법의 기초가 되는 정의관의 원칙들이다. 그래서 우리의 문제는 국가들의 행위를 규제하는 정의로운 정치적 원칙들과 계약론을 관련지워서 이러한 관점에서 국제법의 도덕적 기초를 설명하는 일이다.

우리는 이미 단위로서의 사회와 기본 구조에 적용되는 경우의 정의의 원칙들이 도출되었다고 가정하기로 하자. 또한 개인에 적용되는 자연적 의무와 책무의 여러 가지 원칙들도 채택되었다고 생각해 보자. 그러므로 원초적 입장에 있는 사람들은 그들 자신의 사회와 그 성원으로서 자신들에게 적용될 경우의 정당성에 관한 원칙들에 합의하고 있다. 이제 이러한 점에서 우리는 원초적 입장에 대한 해석을 확대하고, 당사자들 및 국가들간에 상충하는 요구들을 판단하게 될 기본 원칙을 함께 선택해야 할 상이한 국가들의 대표인들이라고 생각할 수 있다. 최초의 상황에 대한 입장은 그대로 따르면서 나는 이러한 대표인들이 여러 종류의 정보를 갖지 못하고 있음을 가정한다. 그들은 자신이 각기 정상적인 인간 생활의 여건 아래서 생활하고 있는 상이한 국가들을 대표하고 있음을 알지만, 그들 자신의 사회가 갖는 특정 여건이나 다른 나라와의 비교를 통한 그 능력이나 힘에 대해서 아무 것도 모르며 또한 그들 자신의 사회에 있어서 자기의 지위도 모른다. 또한 이 경우에는 국가들의 대표인이 되는 계약 당사자들에게 그들 자신의 이익을 보호하기 위한 합리적 선택을 하기에만 충분한 지식이 허용되며 그들 중에 보다 운이 좋은 자가 자신의 특수 사정을 유리하게 이용할 수 있을 정도로 많은 것을 알지는 못한다. 이러한 원초적 입장은 국가들간에 공정한 것인데 그것은 역사적 운명의 우연성과 편파성을 무효화시켜 준다. 국가간의 정의는 이렇게 해석된 원초적 입장에서 선택될 원칙들에 의해 결정된다. 이러한 원칙들은 다른 나라들에 대한 공공 정책들을 규제하므로 정치적 원칙들이라 할 수 있다.

나는 받아들여질 원칙들을 단지 제시할 수 있을 뿐이다. 그러나 어떤 경우에도 이상할 것이라고는 없을 것인데, 왜냐하면 내 생각으로는 선택될 원칙들은 잘 알려진 것들이기 때문이다.[27] 국제법의 기본 원칙은 평등의 원칙이다. 국가로 조직되어 있는 독립된 국민들은 어떤 기본적인 평등한 권리를 갖는다. 이 원칙은 입헌 체제 내의 시민들이 갖는 평등권과 유사하다. 국가간의 이러한 평등이 갖는 한 가지 결과는 자결(self-determination)의 원칙이요, 국민들이 그 자신의 문제를 외세의 간섭없이 스스로 결정할 권리이다. 또 다른 결과는 공격에 대한 자기 방어의 권리인데 이에는 이러한 권리를 보호하기 위한 방위 동맹을 형성할 권리도 포함된다. 그이상의 원칙으로는 국제 관계를 규제하는 다른 원칙들과 양립하는 한의 조약은 지켜야 한다는 것이다. 그래서 적절하게 해석된 자기 방어를 위한 조약은 구속력이 있지만 부당한 공격에 협력할 합의는 애초부터 효력이 없는 것이다.

이러한 원칙들은 국가가 전쟁에 대한 정의로운 근거를 가졌을 경우를 규정하는데 전통적인 용어로는 국가의 정전법(jus ad bellum)이라 한다. 그러나 또한 한 국가가 전쟁을 치르기 위해 사용할 수 있는 수단을 규제하는 원칙도 있는데 이를 그 국가의 전쟁법(jus in bello)이라 한다.[28] 정의로운 전쟁에 있어서도 어떤 형식의 폭력은 엄격히 허용될 수 없으며, 전쟁에 대한 한 나라의 권리가 의심스럽고 불확실한 경우는 그것이 사용할 수 있는 수단에 대한 조약이 훨씬더 엄격하게 된다. 합법적인 자기 방어의 전쟁에 있어서 필요한 경우 허용될 수 있는 행위도 보다 미심쩍은 상황 아래서는 단호히 배제될 수 있다. 전쟁의 목적은 정의로운 평화이다. 따라서

---

27) J.L. Brierly, *The Law of Nations*, 제 6 판(Oxford: The Clarendon Press, 1963), 특히 4장~5장 참조. 이 저서에는 이 점에 있어서 우리가 필요로 하는 모든 것들이 수록되어 있다.

28) 최근의 논의에 관해서는 P. Ramsey, *War and the Christian Conscience* (Durham, N.C.: The Duke Univ. Press, 1969)와 또한 R.B. Potter, *War and Moral Discourse* (Richmond Va.: John Knox Press, 1969) 참조. 두 번째 책에는 pp. 87~123에 유용한 문헌 해제적인 논문이 실려 있다.

이용되는 수단은 평화의 가능성을 파괴해서는 안 되며 우리 자신과 인류의 안전을 위협하는 바, 인간의 생명에 대한 경시를 조장하는 것이어서도 안 된다. 전쟁 행위는 이러한 목적을 위해서 제한되고 조정되어야 한다. 각 국의 대표인들은 원초적 입장에서 보여주듯이 그들의 국가 이익이 전쟁 수 단에 대한 이러한 제한들을 받아들임으로써 가장 잘 주어질 것이라는 점 을 인정하게 될 것이다. 그 이유는 정의로운 국가의 이익이라는 것은 이 미 받아들여진 정의의 원칙들에 의해 규정되기 때문이다. 따라서 이러한 국가의 목표는 무엇보다도 그 정의로운 제도와 그것을 가능하게 하는 조 건들을 유지하고 보존하는 것이다. 그것은 세계 권력이나 국가 영광에 대 한 욕구에 의해 좌우되지 않으며 또한 경제적 이득이나 영토의 획득을 위 해서 전쟁을 치르지도 않는다. 이러한 목적들은 비록 그것이 국가의 현실 적 행위에 있어서 아무리 지배적인 것이라 할지라도 사회의 합법적 이득 을 규정하는 정의관에 어긋나는 것이다. 그래서 이러한 전제들을 인정할 때 인간 생활을 보호하는 자연적 의무를 포함한 전통적 금제들이 선택되 리라고 가정하는 것은 합당한 것으로 보여진다.

그런데 전쟁중의 양심적 거부가 이러한 원칙에 의거하는 것이라면, 그 것은 정치적 입장에 입각하고 있는 것이며 반드시 종교적인 혹은 다른 관 점에 기초하는 것은 아니다. 이러한 형식의 거부는 공의회에서 이루어지 는 것이 아닌 까닭에 정치적인 행위가 아닐 수도 있으나 그것은 헌법의 기초가 되고 그 해석의 지침이 되는 것과 동일한 정의론에 입각하고 있다. 나아가서 법 질서 자체는 조약의 형식을 통해서 적어도 국제법의 이러한 원칙들 중 몇 가지의 타당성을 인정할 것이다. 따라서 한 병사가 어떤 불 법적인 전쟁 행위에 가담하라는 명령을 받았을 경우, 만약 그가 전쟁 행 위에 적용되는 원칙이 명백히 위반되고 있다고 합당하게 그리고 양심적으 로 믿을 경우, 그는 거부해도 좋을 것이다. 그가 주장할 수 있는 바는, 모 든 것을 고려할 때 타인에 대한 심한 부정의나 악을 행하는 자가 되지 말아 야 한다는 그의 자연적 의무가 명령에 복종해야 한다는 그의 의무보다 더 중요하다는 점이다. 나는 여기에서 무엇이 이러한 원칙들의 명백한 위반 을 이루게 되는지를 논의할 수가 없다. 확실히 분명한 경우들이 아주 흔 한 것이라는 점을 주목하는 것으로 충분하다. 중요한 점은 정당화를 위해 서는 계약론에 의해 해명될 수 있는 정치적 원리를 인용한다는 것이다. 나 는 정의론이 이러한 경우에도 적용되게끔 전개될 수 있다고 생각한다.

다소 다른 또 하나의 문제는 어떤 특정한 전쟁 동안 우리는 도대체 군대 에 가담해야만 하는가의 여부이다. 그 대답은 전쟁의 목표뿐만 아니라 그

수행에도 달려 있는 듯하다. 그 경우를 보다 분명히 하기 위해서 징병이
강제로 이루어지고 있는 가운데 개인이 군에 입대해야 할 자신의 법적 의
무에 따를 것인지를 고려해야 한다고 가정해 보자. 그런데 나는 징병이 평
등한 시민의 기본적 자유에 대한 극심한 침해이기 때문에 그것은 국가 안
보(national security)보다 덜 긴박한 어떤 요구에 의해서는 정당화될 수 없
다고 가정할 것이다. [29] 질서 정연한 사회에서는(혹은 거의 정의로운 사회에
서는) 이러한 요구들이 정의로운 제도를 유지한다는 목적에 의해서 규정된
다. 징집은 오직 그것이 자유 자체의 옹호를 위해서 요구되는 경우에만
허용될 수 있는데 그것에는 해당되는 사회의 시민들의 자유뿐만 아니라
다른 사회의 사람들의 자유 역시 포함되어 있다. 따라서 징집군이 부당한
외국 정복의 수단이 될 가능성이 거의 없는 경우에는 비록 징병이 시민의
평등한 자유를 침해한다는 사실에도 불구하고 바로 그러한 근거에서 그것
은 정당화될 수 있다. 그러나 어떤 경우에도 자유의 우선성(축차적 서열이
성립한다고 가정할 때)은 징집이 자유의 보장을 위해 반드시 필요한 경우에
만 이용될 것을 요구한다. 입법부(이 문제와 관련된 적절한 단계인)의 관점에
서 볼 때 징병제는 오직 이러한 근거에서만 옹호될 수 있다. 시민들은 국
가 방위의 부담을 분담하는 공정한 방식으로서 이러한 체제에 동의한다.
확실히 어떤 특정 개인이 당면해야 할 위험은 어떤 면에서는 우연한 사건
이나 역사적인 우연사의 결과이다. 그러나 어떻든 질서 정연한 사회에서
는 이러한 불운이 외부로부터, 다시 말하면 외부로부터의 부당한 공격으
로 인해 생겨난다. 정의로운 제도도 이러한 난국을 완전히 제거한다는 것
은 불가능하다. 그것이 할 수 있는 모든 것은 이렇게 주어진 불운으로부
터 당하는 위험이 그들의 생애에 걸쳐서 사회의 모든 성원에 의해 다소간
고르게 분담되었으며, 또한 의무에 부름을 받는 자들을 선정함에 있어서
피할 수 있는 계층적 편파성이 없는가를 확인하도록 노력하는 일이다.
　　그래서 징병이 존재하는 민주 사회를 생각해 보자. 사람은 전투의 목적
이 부정의하다는 것을 근거로 특정한 전쟁 동안 군에 입대하는 자신의 의
무를 지키는 일을 양심적으로 거부할 수 있다. 전쟁이 추구하는 목적은
경제적 이득이나 국력일 수도 있다. 시민의 기본적인 자유가 이러한 목적
달성을 위해서 침해될 수는 없다. 그리고 이러한 것을 이유로 해서 다른
사회의 자유를 침공하는 것 또한 부정의하며 국제법에 어긋난다는 것은
물론이다. 따라서 전쟁을 위한 정의로운 명분이란 존재하지 않으며 이는

---

29) 나는 이 단락에서 이 문제 및 다른 문제들의 해명에 관해 R.G. Albritton 의
　　도움을 받고 있다.

충분히 명백한 까닭에 시민이 그의 법적 의무의 이행을 거부하는 것도 정
당화된다. 국제법이나 그 자신의 사회를 위한 정의의 원칙 양자가 모두 그
의 이러한 주장을 지지해 준다. 때로는 거부를 위한 더 이상의 근거가 전
쟁의 목적이 아니라 그 수행에 바탕을 두기도 한다. 시민이 내세울 수 있
는 바는 일단 전쟁의 도덕법이 계속해서 어겨지고 있음이 분명한 경우에
는 그도 자신이 그의 자연적 의무를 지키고 있음을 보증할 응분의 권한이
있다는 근거에서 군복무를 거절할 권리를 갖는다. 일단 그가 군대 내에 있
게 되면 그가 전쟁의 도덕법에 어긋나는 행위에 대한 명령이 주어졌음을
아는 경우에도 그는 복종에 대한 요구를 거절할 수가 없게 될 것이다. 실
제로 만일 전쟁의 목적이 충분히 의심스럽고 극심하게 부정의한 명령을 받
을 가능성이 충분히 클 경우라면 우리는 거부할 권리뿐만 아니라 거부할
의무까지도 갖는다. 특히 크고 강력한 전쟁을 치르는 국가의 목적과 행위
는 어떤 경우에는 지극히 부정의한 것이어서, 머지 않은 장래에 결단코 우
리가 모두 군대를 떠나야 한다는 결론을 내리지 않을 수 없는 것이다. 이
렇게 이해할 때 조건부의 평화주의 형식은 완전히 합당한 입장이라 할 수
있다. 정의로운 전쟁의 가능성을 인정할지라도 현재의 여건 아래서는 인
정되기 어려운 일이다.[30]

그래서 필요한 것은 일반적인 평화주의가 아니라 특정한 여건 아래서 전
쟁에 가담하는 일에 대한 분별있는 양심적 거부인 것이다. 국가들이 평화
주의를 용인하고 그것에 특별한 지위를 인정하는 일을 싫어했던 것은 아
니다. 어떤 조건 아래서이든 모든 전쟁에의 가담을 거부하는 것은 편파적
인 교설로 남게 마련이므로 현실과는 먼 견해이다. 그것이 국가의 권위에
도전하는 것은 수도자의 독신 생활이 결혼의 신성함에 도전하는 것과 같
다.[31] 국가가 평화주의자들을 그 법규로부터 면제해 줌으로써 어떤 아량
을 베푸는 것으로 보일지도 모른다. 그러나 국민들이 특정한 전투에 적용
시키는 바 그들간의 정의의 원칙들에 기초한 양심적 거부는 그와 다른 문
제이다. 왜냐하면 이러한 거부는 정부의 요구에 대한 모욕이며 그것이
널리 퍼지게 될 경우 부정의한 전쟁의 계속은 불가능한 것으로 될 것이기
때문이다. 국가 권력이 때때로 침략적인 목적을 갖고 있으며 전쟁을 치
르고자 하는 정부의 결정을 지연시키려 하는 성향을 사람들이 가진다고

---

30) W. Stein, ed., *Nuclear Weapons and Christian Conscience* (London: The
Merlin Press, 1965)을 참조하면 핵전쟁과 관련해서 이러한 유의 이론이 제
시되고 있다.

31) 나는 이 점을 Walzer, *Obligations*, p. 127에서 인용했다.

할 경우, 국가의 요구를 거부하려 하는 일반 의지는 더욱더 필요한 것이다.

59. 시민 불복종의 역할

시민 불복종론의 세번째 의도는 입헌 체제 속에서 그것이 갖는 역할(role)을 설명하고 민주 정체에 대한 그것의 관련을 해명하려는 것이다. 언제나 그렇듯이 나는 문제의 사회가 거의 정의로운 그러한 사회임을 가정하고 있는데, 이 말은 그 사회에 비록 심각한 부정의가 존재할지도 모르지만 그것은 일종의 민주 정부의 형태를 갖추고 있다는 것이다. 이와 같은 사회에 있어서는 대체로 보아서 정의의 원칙들이 자유롭고 평등한 인간들간의 자발적인 협동의 기본 조항으로서 공공적으로 인정되고 있다고 생각한다. 그래서 시민 불복종에 참여함으로써 사람들이 뜻하는 바는 다수자의 정의감에 호소하여 진지하고 숙고된 견지에서 볼 때 자유로운 협동의 조건이 침해되었다는 것을 정당하게 알리는 것이다. 우리는 타인들에게 호소함으로써 그들이 우리 입장에서 다시 생각해 보도록 하며, 그들이 우리에게 부과하는 조건으로는 무한정한 복종을 기대할 수 없다는 것을 인식시키고자 한다.

그런데 이러한 호소의 힘은 사회를 평등한 개인들간의 협동 체제로 보는 민주주의적 관점에 달려 있다. 만일 우리가 사회를 다른 방식으로 생각한다면 이런 형식의 저항은 적합하지 않을 것이다. 예를 들어서 만일 기본법은 자연의 질서를 반영하는 것이며 주권자는 신의 선택을 받은 상관으로서 신권에 의해 통치한다고 생각한다면, 그의 신민들은 탄원자로서의 권리만을 가질 뿐이다. 그들은 자신의 주장을 애원할 수는 있지만 그들의 호소가 거절될지라도 불복종할 수는 없다. 그렇게 한다는 것은 최종적인 정당한 도덕적 권위(단지 법적인 것만이 아니라)에 대한 반역이 될 것이다. 이것은 주권자가 오류를 범할 수 없다는 것이 아니라, 그의 신민이 그것을 바로잡을 수 없는 상황을 말하는 것이다. 그러나 일단 사회가 동등한 사람들간의 협동 체제로 해석되는 경우에는, 심각한 부정의로 고통을 받는 자들은 복종할 필요가 없다. 사실상 시민 불복종(그리고 양심적 거부도 마찬가지지만)은 비록 그 정의(定義)로 봐서 불법적인 것이긴 하나 입헌 체제를 안정시키는 방도이다. 자유롭고 정규적인 선거나 헌법(반드시 성문법만은 아님)을 해석할 권한을 가진 독립적인 사법부와 더불어 적절한 제한 조건과 건실한 판단을 통해서 이용되는 시민 불복종은 정의로운 제도를 유지하고 강화하는 데 도움이 된다. 법에 대한 충실성의 한계 내에서 부정의에 항거함으로써 정의로부터의 이탈을 방지하고 그런 일이 일어났을 때는 그것을 교정하는 데 도움이 된다. 정당한 시민 불복종에 참여하고자 하는 일반적인 성향은 질서 정연한 사회나 혹은 거의 정의로운 사회 속에 안정을 가져다 준다.

이상과 같은 이론을 원초적 입장에 있는 자들의 관점으로부터 바라볼 필요가 있다. 그들이 고려해야 할 관련된 두 가지 문제점이 있다. 첫번째 문제는 개인에 대한 원칙을 선택했으므로 그들은 자연적 의무와 책무의 강도, 특히 정의로운 헌법과 그 기본 절차 중의 하나인 다수결 원칙에 따를 의무의 강도를 평가할 지침을 마련해야만 한다는 것이다. 두번째 문제는 부정의한 상황이나 혹은 정의로운 원칙에의 준수가 단지 부분적으로 이루어지는 경우를 처리하기 위한 합당한 원칙을 발견하는 일이다. 그런데 거의 정의로운 사회를 특징지우는 입장을 받아들일 경우 당사자들은 시민 불복종이 정당화되는 경우를 명시하는(앞에서 논의한) 추정 근거에 합의할 것이다. 그들은 이러한 기준들이 그러한 형태의 반대가 합당한 경우를 가려줄 것임을 인정하게 될 것이다. 그렇게 하게 되면 하나의 중대한 특수 경우에 정의의 자연적 의무가 갖는 비중이 명시될 것이다. 그리고 또한 그것은 사람들의 자존감뿐만 아니라 그들 상호간의 존중심을 강화함으로써 사회 전반에 걸쳐 정의의 구현을 증진시키는 경향을 갖게 된다. 계약론이 강조하는 바와 같이 정의의 원칙들은 동등한 자들간의 자발적인 협동의 원칙들이다. 타인에게 정의를 거부하는 것은 그를 동등자(그에 대해서 우리가 공정한 평등의 상황에서 선택하게 될 원칙들에 의해 우리의 행위를 제한할 각오가 되어 있는 그러한 사람)로 인정하기를 거절하는 것이거나, 아니면 자연적인 행운이나 우연성을 우리 자신에게 유리하게 이용하려는 욕구를 나타내는 것이다. 어느 경우에 있어서나 의도된 부정의는 복종이나 저항을 초래하게 된다. 복종은 부정의를 영속화하고 그들의 의도를 굳히려는 자들의 경멸심을 일으키는 반면 저항은 공동체의 유대감을 끊어 버린다. 만일 합당한 정치적 호소를 위해 어느 정도의 기간을 정상적으로 허용한 후에 기본적인 자유가 침해될 경우, 시민들이 시민 불복종으로 반대를 한다면 이러한 자유는 보다더 확고해지리라고 생각된다. 그래서 이러한 이유 때문에 당사자들은 정당한 시민 불복종을 규정하는 조건들을 법에의 충실성의 한도 내에서 정의로운 체제의 안정성을 유지하기 위한 방도를 세우는 방식으로서 채택하게 될 것이다. 비록 이러한 양식의 행위가 엄밀히 말해서 법에 반(反)하는 것이기는 할지라도 그것은 입헌 체제를 유지함에 있어 도덕적으로 옳은 방식인 것이다.

아마 대체로 동일한 종류의 설명이 양심적 거부(역시 거의 정의로운 국가라는 배경이 가정됨)를 정당화해 줄 조건에 대해서도 주어질 수 있을 것이다. 하지만 나는 여기에서 그러한 조건들을 논의하지는 않겠다. 그 대신 내가 강조하고 싶은 것은 시민 불복종에 대한 입헌적인 이론은 오직 정의관에 입각하고 있다는 점이다. 공지성과 비폭력의 측면들까지도 이러한 기반 위에서 설명될 수 있다. 그리고 계약론에 관한 더 이상의 상론이 요구되기는 하나 양심적 거부에 대한 설명에 있어서도 동일한 이야기가 적용된다. 어떠한 점에 있어서도 정치 원리 이외에 다른 것에 대한 참조가 이루어지지 않으며 종교적이거나 평화주의적인 입장은 본질적인 것이 못 된다. 때로는 시민 불복종에 가담하는 자들이 이러한 유의 신념에 의해 움직여 오긴 했으나 그것과 시민 불복종간에는 필연적인 관련은 없다. 왜냐하면 이러한 형식의 정치적 행위는 공동체의 정의감에의 호소이고 동등자간에 공인된 협동의 원리를 환기시키는 방식으로 이해될 수 있을 것이기 때문이다. 시민 생활의 도덕적인 기반에 대한 호소인 까닭에 그것은 정치적인 행위이지 종교적인 행위가 아닌 것이다. 그것은 사람들이 상호간에 따르도록 요구할 수 있는 정의의 원칙들에 대한 공동 의식에 입각하고 있으며, 모든 사람이 받아들일 것을 요구할 수 없는 종교적인 신념이나 사랑에 대한 주장에 근거하고 있는 것이 아니다. 물론 나는 비정치적인 견해들이 타당성이 없다는 것을 뜻하지는 않는다. 사실상 그것들은 우리의 판단을 확증해 줄 수 있고 다른 근거에서 정의롭다고 알려진 방식으로 우리의 행위를 밑받침해 줄 수도 있다. 그러나 헌법의 근저에 깔려 있는 것은 이들 원칙들이 아니라 자유롭고 동등한 인간들 사이의 사회적 협동의 기본 조항인 정의의 원칙들이다. 규정된 바대로 시민 불복종은 종파적인 근거를 필요로 하지는 않으며 민주 사회를 특징지우는 공공적인 정의관으로부터 생겨나는 것이다. 이렇게 이해할 때 시민 불복종에 대한 견해는 자유로운 정부에 관한 이론의 일부가 된다.

중세와 근세 입헌주의와의 한 가지 차이는 전자에 있어서는 법의 우월성이 확립된 제도적 통제에 의해 보장되지 않았다는 점이다. 통치자가 그의 판단이나 포고에 있어서 공동체의 정의감에 반하는 것이 있을 경우 그에 대한 견제는 대체로 전체 사회 혹은 그 일부의 저항권에 국한되었다. 이러한 권리마저도 공동의 행위로 해석되지 않았고 부정의한 왕만이 배척될 뿐이었다.[32] 그래서 중세는 근대 입헌 정부의 기본 이론, 즉 최종적인

32) J.H. Franklin, ed., *Constitutionalism and Resistance in the Sixteenth Century* (N.Y.: Pegasus, 1969), 서문, pp. 11~15 참조.

권위를 가진 주권자로서의 국민과 선거나 의회 및 다른 입헌적인 형태를 통해서 그러한 권위를 제도화한다는 이념을 결여하고 있다. 그런데 근대의 입헌 정부관이 중세적인 것을 기초로 해서 건립되는 것과 거의 똑같은 방식으로, 시민 불복종의 이론도 입헌 민주주의에 대한 순수히 법적인 관점을 보충하고 있다. 그것은 법에 분명히 반하는 것이긴 하지만 법에의 충실성과 민주 체제의 기본적인 정치적 원리들에 호소함을 나타내는 방식으로 합법적인 민주적 권위에 반대할 수 있는 근거를 정식화하려는 것이다. 그래서 우리는 그러한 반대의 지침이 되는 원리들에 비추어 보아 입헌주의의 법적인 형태에 대해서 민주 헌법의 의도에 어긋나지 않는 어떤 불법적 항거에 가담할 수가 있다. 나는 이러한 원리들이 계약론에 의해 해명될 수 있는 방식을 보여주고자 했다.

혹자는 이러한 시민 불복종론에 대해 그것이 비현실적이라는 반론을 제기할 것이다. 그것은 다수자가 정의감을 가지고 있음을 전제하고 있는데, 도덕감이란 그다지 대단한 정치적 힘이 될 수 없다고 할지도 모른다. 사람을 움직이는 것은 다양한 관심과 권력, 특전, 부 등에 대한 욕구들이다. 비록 사람들은 그들의 요구를 밑받침하기 위한 도덕적 논의를 하는데는 현명하지만 그들의 견해가 여러 상황을 관철하는 일관된 정의관을 형성하고 있는 것은 아니다. 오히려 일정한 시기에 있어서 그들의 견해는 일정한 이해 관계를 증진시키기 위해 의도된 우연적인 단편들에 불과하다. 물론 이상과 같은 주장은 매우 옳은 것이며 어떤 사회에 있어서는 다른 사회에 있어서보다 더 타당하다. 그러나 중요한 문제는 정의감에 반대되는 경향의 상대적인 강도와 더불어 정의감이 불려일으켜져 중대한 결과를 가져 올 정도로 그것이 충분히 강한 것인지의 여부이다.

제시된 설명을 보다 그럴 듯하게 해줄 몇 가지 점에 언급하기로 한다. 무엇보다 먼저 나는 지금까지 줄곧 우리가 거의 정의로운 사회와 관계하고 있다고 가정해 왔다. 이는 입헌 체제가 존재하며 공인된 정의관이 존재한다는 것을 뜻한다. 물론 어떤 특정한 상황에서 일정한 개인과 집단은 그 원칙을 위반하려는 경향을 가질 수도 있으나 원칙을 옹호하는 전체의 감정이 제대로 환기만 되면 굉장한 강도를 갖는 것이다. 이러한 원칙들은 자유롭고 동등한 인간들간의 필요한 협동 조항으로 주장된다. 만일 부정의를 범하는 자들이 명백히 확인될 수 있고 전체 공동체로부터 구분될 수 있다면 사회 전체의 신념은 충분히 강한 것일 수 있다. 혹은 만일 경쟁하는 당사자들이 대체로 평등하다면 거기에 가담하지 않는 자들의 정의감이 결정적인 요인이 될 수 있다. 어떤 경우에서나 그러한 유의 여건이 조성되

지 않으면 시민 불복종의 지혜는 극히 의심스러운 것이 된다. 왜냐하면
전체 사회의 정의감에 호소할 수 없다면 다수자들도 이익의 계산이 지시
하는 방향에 따라 보다더 억압적인 방식으로 나아가게 될 뿐이기 때문이
다. 법정은 항의자들의 행위가 갖는 시민 불복종성을 고려해야 하고, 그
것이 헌법의 바탕을 이루는 정치 원리에 의해 정당화될 수 있다(혹은 됨
직하다)는 사실을 참작해야 하며, 이러한 근거로 해서 법적인 제제를 줄여
주거나 어떤 경우에는 보류해야 한다.[33] 그러나 이와 같이 필요한 배경들
을 결여할 경우에는 전혀 반대 현상이 일어날 수도 있다. 그래서 우리는
정당화될 수 있는 시민 불복종은 보통 정의감에 의해 상당한 정도로 규제
되는 사회에서만이 합당하고 효율적인 반대 형식이라는 사실을 인식해야
한다.

정의감이 작용한다고 말할 수 있는 방식에 대한 어떤 오해가 있을 수 있
다. 우리는 이러한 감정이란 그 자체가 원칙을 진지하게 공언함에 있어서
그리고 상당한 정도의 자기 희생을 요구하는 행위 속에 표현된다고 생각
할 수도 있다. 그러나 이러한 가정은 너무나 많은 것을 요구하고 있다. 공
동체의 정의감은 다수자 자신이 소수자를 억누르고 법이 허용하는 한의 시
민 불복종 행위를 처벌하는 데 필요한 조치를 취할 수 없다는 사실 속에
보다 쉽게 노출된다. 다른 사회에서는 시도될 수 없는 무자비한 술책이 현
실적인 대책으로 받아들여지지 않는다. 그래서 정의감은 우리가 보통 의
식하지 못하는 방식으로 정치 생활에 대한 우리의 입장과 가능한 행동 방
식에 대한 우리의 지각 및 타인들의 정당한 항거를 무시하려는 우리의 의
지 등에 영향을 미친다. 그 우월한 힘에도 불구하고 다수자는 그 입장을
버리고 반대자들의 제안에 따를 수 있으며, 정의에 따르고자 하는 욕구가
그들의 부정의한 이익을 옹호하고자 하는 능력을 약화시킨다. 정의감이란
일단 그것이 영향력을 행사하는 미묘한 형식이 인정되고 특히 어떤 사회
적인 입장을 옹호할 수 없는 것으로 만드는 그 역할을 수긍하게 되면 보
다 강력한 정치적 힘으로 생각되어질 것이다.

이상의 이야기에서 내가 가정한 것은 거의 정의로운 사회에 있어서는
동일한 정의의 원칙이 공공적으로 받아들여진다는 점이다. 이러한 가정이
필요 이상으로 강한 것은 다행스러운 일이다. 사실상 시민들의 정의관은
유사한 정치적 판단에 이르게 될지도 모르지만 그것에는 상당한 차이점
이 있을 수 있다. 그리고 상이한 전제로부터 동일한 결론이 도출될 수 있

33) 일반적인 논의에 관해서는 R. Dworkin, "On Not Prosecuting Civil Dis-
obedience", *The New York Review of Books* (1968. 6. 6) 참조.

는 까닭에 그러한 일은 가능한 것이다. 이러한 경우에는 엄밀한 일치라기보다는 부분적인 합치라고 할 수 있는 바가 존재한다. 일반적으로 공언된 정의관이 어느 정도 합치하는 것으로도 시민 불복종이 합당하고 신중한 정치적 반대 형식이 되기에 충분하다. 물론 그러한 합치가 완벽한 것일 필요는 없으며 호혜성의 조건이 만족되는 것으로 족한 것이다. 쌍방은 비록 그들의 정의관이 많이 다를지라도 그들의 견해는 당면한 상황에서 동일한 판단을 지지할 것이며, 그들 각각의 입장이 서로 바뀌어질 경우에도 그러하리라고 믿어야만 한다. 그러나 결국 판단에 대한 필요한 합의가 깨어지는 지점이 있게 되고, 그를 넘어서게 되면 사회는 기본적인 정치적 문제에 대해서 여러 가지 견해를 가진 다소 구분되는 부분들로 나누어지게 된다. 엄격히 분할되어 있는 합의의 경우에는 시민 불복종의 기초가 더 이상 성립할 수 없다. 예를 들어 관용을 믿지 않는 자들과 권력을 잡았을 경우에는 타인에게 관용을 베풀지 않으면서 자신의 보다 작은 자유에 대해서는 평등한 자유의 원칙을 내세우고 다수자의 정의감에 호소함으로써 항의하려는 그러한 자들을 생각해 보기로 하자. 앞에서도 보았듯이 그러한 원칙을 받아들이는 자는 자유로운 제도의 안정성이 허용하는 한에서 불관용자에게도 자유를 주어야 하지만, 그들은 입장만 바뀌면 자기 자신의 지배를 확고히 할 불관용자들에 의해 그러한 의무를 상기하고서는 쉽사리 분개하게 될 것이다. 다수자는 평등한 자유에 대한 그들의 충실성이 타인들에 의해 부정의한 목적으로 사용된다고 느끼게 마련이다. 이러한 상황은 공동의 정의감이 많은 사람들의 협동체가 보존되어 갈 것을 요구하는 집단의 큰 자산임을 다시 한번 잘 예증해 주고 있다. 불관용자들은 정의로운 제도로부터 이익을 구하면서도 그것을 유지하기 위한 자신의 본분을 다하지 않는 사람들로서 무임 편승자로 간주될 수 있다. 정의의 원칙들을 받아들이는 자들은 언제나 그 원칙들의 지침에 따르는 것이 마땅하지만, 분할된 사회뿐만 아니라 집단 이기주의에 의해 움직이는 사회에서는 시민 불복종의 조건들이 존재하지 않는다. 그러나 엄밀한 일치가 반드시 이루어져야 하는 것은 아닌데 왜냐하면 보통 어느 정도의 합치만으로도 호혜성의 조건이 만족될 수 있기 때문이다.

　물론 시민 불복종에 의존함에는 분명한 위험이 있다. 헌법의 형태와 그에 대한 사법적 해석을 하는 한 가지 이유는 정치적 정의관에 대한 **공공적 해석**과 그 원칙들을 사회적 문제들에 적용하는 데 대한 설명을 확립하기 위한 것이다. 어느 지점에 이르기까지는 법과 그에 대한 해석 방식을 고정하는 것이 법을 정확히 확정하는 것보다 더 낫다. 따라서 앞서 한 설

명으로는 시민 불복종을 정당화해 줄 만한 여건이 되었는가를 말해 줄 사
람이 결정되지 않는다는 항의가 있을 수 있다. 그것은 모든 사람으로 하
여금 그 스스로 결정하게 하며 정치적 원칙들을 공공적으로 표현하지 못
하도록 조장함으로써 무정부 상태를 초래한다는 것이다. 이에 대한 응답은
사실 각자는 자기 스스로 결정해야만 한다는 것이다. 사람들은 보통 조언
과 상담을 구하되 자신에게 합당하게 보이는 경우에는 권위있는 자들의
명령을 받아들인다 하더라도 그들은 언제나 자신의 행위에 책임을 벗어날
수가 없으며 비난의 부담을 다른 이에게 전가할 수도 없다. 이 말은 민주
헌법의 원리와 양립할 수 있는 정치적 의무나 책무에 대한 어떤 이론에 있
어서도 옳은 것이다. 시민들은 자율적이나 그는 자신이 행한 바에 대해서
책임을 지게 된다(78절). 만일 우리가 일상적으로 법에 따라야 한다고 생
각한다면 그 이유는 우리의 정치적 원리가 보통 이러한 결론에 이르기 때
문이다. 확실히 거의 정의로운 국가에 있어서는 반대할 강력한 이유가 없
는 경우에는 법의 준수를 옹호하는 추정 근거가 있다. 개인들의 여러 가
지 자유롭고 합리적인 결정들이 결합되어 질서있는 정치 체제가 이루어지
는 것이다.

그러나 여건이 시민 불복종을 정당화해 주는가의 여부를 각자 스스로 결
정해야 하지만, 그렇다고 해서 자기의 마음내키는 대로 결정해도 좋다는
결론이 나오지는 않는다. 우리가 자신의 마음을 결정하는 경우에 그것이
우리의 사적인 이익이나 편협하게 해석된 우리의 정치적 신념을 근거로 해
서 이루어져서는 안 된다. 자율적으로 그리고 책임있게 행위하기 위해서 시
민은 헌법 해석의 근간이 되고 그 지침이 되는 정치 원리들에 의거해야 한
다. 그는 이러한 원리들이 현존하는 여건에 마땅히 적용되어야 할 방식을
평가하도록 해야 한다. 충분한 숙고 끝에 그가 시민 불복종이 정당하다는
결론에 이르게 되고 그 자신이 그에 따라 행위한다면 그는 양심적으로 행
위하는 것이다. 그리고 그가 그릇되게 행동한 것일 수는 있다 할지라도
자의적(恣意的)으로 행동한 것은 아니다. 정치적 의무와 책무에 대한 이론
을 통해서 우리는 이러한 구분을 할 수 있게 된다.

과학에 도달되는 공통의 이해 및 결론은 서로 비슷한 점이 있다. 거기
에서도 역시 모든 사람들은 자율적이긴 하지만 책임이 있다. 우리는 공인
된 원리에 의한 증거에 비추어서 이론과 가설들을 평가하게 된다. 권위있
는 업적이 있는 것도 사실이지만 그것도 각자 스스로 결정짓는 많은 사람
들의 합의를 총합한 것이다. 결정의 최종적인 권위나 모든 사람이 받아들
여야 할 공식적인 해석이 없다고 해서 혼돈된 결과가 생겨나지는 않으며

오히려 그것은 이론적인 발전의 조건이 된다. 합리적인 원칙들을 받아들이고 적용하는 동등자들은 확정된 우월자를 가질 필요가 없다. 누가 결정하는가?라는 질문에 대한 답은 각자가 자신과 더불어 합당성, 예의 그리고 행운과 함께 상의함으로써 모든 사람들이 결정을 짓게 된다는 것이다.

그런데 민주 사회에 있어서 각 시민에게는 정의의 원칙들에 대한 자신의 해석과 그에 의거한 자신의 행위에 대해서 책임이 있다는 것이 인정되고 있다. 언제나 도덕적으로 받아들이지 않을 수 없는 이러한 원칙에 대한 법적인 해석이나 사회적으로 시인되는 해석이 있을 수가 없고, 최고 법정이나 입법부에 의해서조차도 주어질 수 없다. 사실상 제헌 기관, 입법부, 행정부 그리고 사법 기관은 헌법에 대한 각자의 해석과 그것을 알려 주는 정치적 이상을 내세운다. [34] 어떤 특정한 사건을 결정함에 있어서는 법정이 최후의 발언권을 갖고 있기는 하지만, 그것은 헌법에 대한 해석에 수정을 강요할지도 모르는 강력한 정치적인 영향에서 벗어날 수 없다. 법정은 자신의 교설을 이유와 논거를 들어서 제시할 것이나 그것이 갖는 헌법에 대한 입장을 보존하기 위해서는 그 타당성에 대해서 시민 대다수를 설득시켜야 한다. 최후의 법정은 사법부도 행정부도 입법부도 아닌 전체로서의 유권자이다. 시민 불복종에 참여하는 자들은 독특한 방식으로 그러한 집단에 호소하는 것이다. 시민들의 정의관에 있어서 충분히 작용하고 있는 합의가 존재하고 시민 불복종에 의거하기 위한 조건들이 존중되는 한 무정부 상태에 대한 위험은 없다. 기본적인 정치적 자유가 유지되는 사람들이 이러한 합의에 이를 수 있고 제한을 준수한다는 것은 민주주의적인 정치 속에 내포되어 있는 가정이다. 깊은 과학적인 논쟁의 가능성을 배제할 수 없듯이 분열된 투쟁의 위험을 온전히 피할 길은 없다. 그러나 만일 정당한 시민 불복종이 시민의 화합을 위협하는 것으로 보일 경우, 그 책임은 항거하는 자에게 있는 것이 아니라 이러한 반대가 정당화되게끔 권위와 권력을 남용한 자들에게 있다. 왜냐하면 명백히 부정의한 제도를 유지하기 위해 국가의 강제 기구를 이용하는 것은 그 자체가 사람들이 정당한 과정을 통해서 항거하는 권리를 갖게 되는 일종의 비합법적인 힘이기 때문이다.

이상의 이야기로써 우리는 정의의 원칙들이 갖는 내용에 대한 논의의 마지막에 이르게 되었다. 제Ⅱ부를 통해서 나의 의도는 그러한 원칙들을

34) 내가 의거하고 있는 이러한 견해의 제시에 관해서는 A.M. Bickel, *The Least Dangerous Branch*(N.Y.: Bobbs-Merrill, 1962), 특히 5, 6장 참조.

만족시키는 제도의 체계를 서술하고 의무와 책무가 생겨나는 방식을 제시하는 일이었다. 이러한 일이 이루어져야 하는 것은 제시된 정의론이 우리의 숙고된 판단과 합치하고 그 판단을 받아들일 수 있는 방식으로 확대한 것인지 어떤지를 살펴보기 위함이었다. 우리는 그 정의론이 현실성있는 정치적 입장을 규정해 주며 가장 적합하고 기본적인 도덕적 관심사에 우리의 숙고의 초점을 맞추는 데 도움을 주는지 여부를 검토해야 할 필요가 있다. 이 제Ⅱ부에서 행한 설명은 아직도 지극히 추상적인 것이지만 나는 정의의 원칙들이 실제에 적용되는 방식에 대한 어떤 지침을 제시한 것이기를 바란다. 그러나 우리는 제시된 이론이 제한된 범위의 것임을 잊어서는 안된다. 대체로 나는 이상적인 이론을 전개하고자 하였으며, 아주 가끔 여러 경우의 비이상적인 이론에 대해 언급하였다. 확실히 우선성 규칙은 여러 문제에 있어서 지침을 제시해 주며 지나치게 내세우지만 않는다면 그것들은 유용한 것이 될 수 있다. 비록 그렇다 할지라도 보다 세밀하게 검토된 유일한 비이상론의 문제는 거의 정의로운 특수 경우에 있어서 시민 불복종의 문제였다. 만일 이상론이 연구할 가치가 있는 것이라면 아마도 그 이유는 그것이 정의론의 기본적인 부분이며 비이상적인 부분에 대해서도 마찬가지로 중요한 것이기 때문일 것이다. 나는 이 문제를 더 이상 추구하지 않기로 한다. 아직도 정의론을 완성하기 위해서 우리는 그것이 인간의 사고와 감정에 어떻게 뿌리내리고 있으며 우리의 목적 및 포부와 어떻게 관련되어 있는가를 알아야 할 것이다.

제 3 부 목 적 론

제 7 장
합리성으로서의 선

이 마지막 부분은 다음과 같이 진행될 것이다. 우선 나는 이미 기본적인 선(가치)과 원초적 입장에 있는 자들의 관심을 특징지우기 위해 사용한 바 있는 선에 관한 이론을 보다 자세하게 제시하겠다. 다음에 올 논의를 위해서는 보다 포괄적인 입장이 요구되기 때문에 이 이론은 보다 견실하게 기초가 다져져야 한다. 다음 장은 대체로 도덕 심리학 및 정의감의 습득에 관한 것이다. 일단 이러한 문제들이 다루어진 후 우리는 공정으로서의 정의관이 갖는 상대적인 안정성을 논의할 것이며, 마지막 장에서는 규정된 의미에서의 정의와 선이 적어도 질서 정연한 사회의 여건 아래서 서로 합치되는지를(congruent) 논하는 입장에 서게 된다. 끝으로 나는 정의론이 사회적 가치 및 공동체의 선과 관련되는 방식을 설명할 것이다. 때로는 이제 Ⅲ부에서 설명의 전체적 방향이 다소 불분명하게 생각될지도 모르며 한 주제로부터 다른 것으로의 이행이 어느 정도 돌연적인 것도 있을 것이다. 그러나 중심 의도는 안정성과 합치성(정합성)의 문제를 해결하고 사회의 가치 및 정의가 선임을 설명하기 위한 방도를 마련하는 데 있다는 점을 염두에 두면 도움이 될 것이다.

60. 선에 대한 이론의 필요성

지금까지 나는 선(the good)이라는 개념에 관해서 별로 이야기한 것이 없다. 앞에서 내가 어떤 사람의 선이란 어느 정도 유리한 여건 아래서 그에게 가장 합리적인 인생 계획이 무엇인가에 의해 정해진다고 했을 때 그것을 간략히 언급했을 뿐이다(15절). 내가 줄곧 가정했던 바는, 질서 정

연한 사회에 있어서 자신의 선에 대한 시민들의 입장은 공인된 정당성의
원칙들과 합치되며 여러 가지 기본적인 선에 대한 적합한 지위 배정도 포
함한다는 것이다. 그러나 지금까지 선의 개념은 다소 좁은 의미로만 사용
되어 왔다. 그래서 사실상 나는 선에 대한 두 가지 이론을 구분하고자 한
다. 이렇게 하는 이유는 공정으로서의 정의관에 있어서는 정당성의 개념
이 선의 개념보다 선행하기 때문이다. 목적론적인 이론들과 대조가 되는
점은 어떤 것을 선이라고 할 경우란 그것이 이미 주어진 정당성의 원칙들
에 입각한 생활 방식에 부합할 경우에 한한다는 점이다. 그런데 이러한
원칙들을 확립하는 데 있어서도 어떠한 선의 개념에 입각해야 할 필요가
있게 되는데, 왜냐하면 우리는 원초적 입장에 있어서 당사자들이 갖는 동
기에 대한 가정을 필요로 하기 때문이다. 그런데 이러한 가정은 정당성의
개념이 갖는 우선성을 손상해서는 안 되기 때문에 정의의 원칙들을 논하
는데 이용되는 선에 대한 이론은 순전히 기본적인 요소에만 국한된다. 선
에 대한 이러한 해명을 나는 기초론(thin theory)이라고 부를 것인데, 이의
목적은 정의의 원칙에 이르기 위해 요구되는 기본적인 선에 대한 전제를
확보하는 데 있다. 일단 이러한 이론이 마련되고 기본적인 선이 설명되면
우리는 나아가 자유로이 정의의 원칙들을 이용해서 내가 선에 대한 완전
론(full theory)이라 부르고자 하는 바를 전개할 수가 있다.

   이러한 문제들을 해명하기 위해서 선에 대한 이론이 지금까지 어떤 역
할을 했는가를 상기해 보도록 하자. 첫째로 그것은 사회의 최소 수혜자
를 규정하는 데 이용되었다. 차등의 원칙은 그러한 규정이 가능하다는 사
실을 가정하고 있다. 그 이론이 복지의 기수적 측정까지 할 필요가 없다
는 것도 사실이다. 우리는 그 최소 수혜자가 어느 정도 불리한 처지에 있
는가를 알 필요는 없는데, 왜냐하면 일단 그들의 집단이 가려지게 되면
우리는 그들의 서수적 선호(적합한 관점에서 본)가 적절한 체계의 기본 구
조를 정해 주는 것으로 생각할 수 있기 때문이다(15 절). 하지만 우리가
그러한 집단을 확인할 수 있어야만 한다. 나아가서 복지의 지표나 대표인
의 기대치는 기본적인 선에 의해서 명시된다. 그들이 다른 무엇을 원하든
간에 합리적 개인들은 어떤 것들을 그들의 인생 목적을 수행하기 위한 선
결 조건으로서 욕구할 것이다. 다른 조건이 같은 한 그들은 좁은 것보다
는 더 넓은 자유와 기회를 바랄 것이며, 작은 것보다는 더 큰 몫의 부와
소득을 선택할 것이다. 이러한 것들이 좋은 것(선)임은 아주 분명하다고
생각된다. 그러나 또한 나는 자존감이나 자기 자신의 가치감에 대한 확신
이 아마도 가장 중요한 기본 선일 것이라고 말해 왔다. 이러한 제언은 정

의의 두 원칙에 대한 논의에서 이미 제시된 것이다(29절). 그래서 자유나 부와 같은 것들에만 기대치를 관련시킨 최초의 규정은 잠정적인 것으로서 다른 종류의 기본선도 포함시킬 필요가 있으며, 이러한 다른 선들은 보다 심각한 문제들을 제기하고 있다. 물론 이를 위해서도 선에 대한 입장이 요구되기는 하지만 그것도 기초론적인 것이어야 한다.

둘째로 선에 대한 어떤 입장이 여러 반론들에 대해서 공정으로서 정의관을 옹호하는 데 사용되었다. 예를 들면 원초적 입장에 있는 자들은 그들의 처지에 대해서 아는 바가 거의 없으므로 정의의 원칙들에 관한 합의가 불가능하다고 할지도 모른다. 그들은 자신의 목적이 무엇인가를 모르기 때문에 자기가 동의하는 그 원칙들에 의해서 자신의 계획이 완전히 좌절되는 것을 보게 될지도 모른다. 따라서 그들이 어떻게 현명한 결정에 이를 수 있을 것인가? 우리가 대답할 수 있는 바는 어떤 사람의 선택이 합리적임은 그가 얼마나 알고 있는가에 달려 있는 것이 아니라, 아무리 불충분하더라도 그가 알고 있는 정보로부터 그가 얼마나 잘 추론하고 있는가에 달려 있다는 것이다. 우리가 우리의 여건을 직시하여 우리가 할 수 있는 최선을 다하게 되면 우리의 결정은 충분히 합리적인 것이 된다. 그래서 당사자들은 사실상 합리적인 결정을 할 수 있으며 정의에 대한 대안적인 입장들 중 어떤 것이 다른 것들보다 더 나은 것임은 물론이다. 그러나 당사자들이 받아들일 것으로 생각되는 바, 선에 대한 기초론은 그들이 자신의 자유와 자존감을 확보하고자 노력해야 하며 자신의 목적이 어떤 것이든간에 그것을 달성하기 위해서 그들은 보통 다른 기본선들에 있어서 적은 것보다는 더 많은 것을 요구하리라는 점을 보여준다. 그래서 원초적 합의에 도달하기 위해서 당사자들은, 선에 대한 그들의 입장들이 특정한 구조를 가지며, 또한 그것은 그들로 하여금 합리적인 근거에서 원칙들을 선택할 수 있게 할 정도로 충분하다고 가정하게 된다.

이상의 요점을 종합해 보면 기본적인 선에 대한 합리적인 선호를 설명하기 위해서, 그리고 원초적 입장에서 원칙들을 선택함에 있어 그 바탕에 깔려 있는 합리성의 개념을 해명하기 위해서 우리는 내가 선에 대한 기초론이라고 부른 그러한 것을 필요로 하고 있다는 것이다. 이 이론은 정의의 원칙들을 도출하는 데 요구되는 전제들의 근거를 제시하기 위해서 필요한 것이다. 그러나 아직도 논의되어야 할 다른 문제들을 고려하기 위해서는 선에 대한 보다 포괄적인 해명이 필요하다. 그래서 자선 행위나 의무 이상의 행위에 대한 정의는 이러한 이론에 입각하게 된다. 인간의 도덕적인 가치(moral worth of persons)에 대한 규정도 그와 마찬가지이다.

바로 이것이 윤리학에 있어서 세번째의 주요 개념이며 우리는 계약론적인 입장 속에 이에 적절한 위치를 찾아야 한다. 결국 우리는 좋은(선한) 사람이 되는 것은 일반적으로는 아닐지라도 바로 그 사람에게 좋은 것인지 그리고 어떤 조건 아래서 그러한지를 숙고해야만 한다. 적어도 어떤 여건 아래는, 예를 들어 질서 정연한 사회 여건이나 거의 정의로운 국가 속에서는 좋은 사람이 되는 것은 역시 좋은 것(선)임이 판명되리라고 생각한다. 이러한 사실은 곧바로 정의가 좋은 것임(선)과 관련되며 도덕론의 정합성의 문제와 결부된다. 우리는 이러한 모든 것들을 밝혀 줄, 선에 대한 해명을 필요로 한다. 앞에서도 말했듯이 이러한 완전론이 갖는 특유한 측면은 그것이 정의의 원칙들을 이미 확보된 것으로 간주하고서, 선의 개념과 관련되는 다른 도덕적인 개념들을 이용한다는 점이다. 일단 정당성의 원칙들이 주어지면 우리는 그것에 의거해서 도덕적 가치라는 개념과 도덕적인 덕목들이 좋은(선한) 것임을 설명할 수가 있다. 사실상 어떤 것이 인간 존재에게 선인가를 정해 주게 될 합리적인 인생 계획, 이른바 인간 생활의 가치까지도 정의의 원칙들에 의한 제한을 받는다. 그러나 순환론법을 피하기 위해서 우리는 기초론과 완전론을 분명히 구분해야 하며 우리가 그 중 어느 것에 의거하고 있는가를 언제나 염두에 두어야 한다.

끝으로 우리가 사회적 가치 및 정의관의 안정성을 설명하게 될 경우에도 선에 대한 보다 넓은 관점이 요구된다. 예를 들어서 하나의 중요한 심리학적 원칙으로서, 우리는 명백히 우리를 사랑하고 우리 자신의 선을 증진시키고자 하는 분명한 의도를 가진 자를 사랑하게 되는 경향을 가진다는 점이다. 이러한 경우에 우리의 선은 단지 기본적인 선뿐만이 아니고 궁극적인 목적들(final ends)을 포함하게 된다. 나아가서 사회적 가치들을 설명하기 위해서 우리는 활동의 선, 그리고 특히 그들의 사회 제도를 옹호하기 위해서 공공적인 정의관에 따라서 각자가 기꺼이 하고자 하는 행위의 선을 설명해 줄 이론을 필요로 한다. 이러한 문제들을 고려할 경우에 우리는 완전론 속에서 작업을 할 수가 있다. 때때로 우리는 정의감이나 도덕감이 습득되는 과정을 검토하거나 혹은 정의로운 사회의 집단적 활동 역시 선이라는 사실을 주목하게 된다. 정의관이 이용 가능하므로 완전론을 사용하지 말아야 할 이유는 없는 것이다.

그러나 우리가 정의감이 선인가를 물을 경우 분명히 중요한 문제는 기초론에 의해 규정되는 문제이다. 우리가 알고자 하는 바는 정의감을 갖거나 소지하는 것이 질서 정연한 사회의 성원들에게 선(기초론적인 의미에 있어서)이 될 것인가이다. 물론 정의감이 언제나 선이라면 그것은 이러한 특수한 경우에도 선일 것이다. 그런데 만일 기초론에 있어서도 정의감을 갖는 것이 선이라고 판명된다면 질서 정연한 사회는 우리가 바라는 만큼 안정된 것이 된다. 그것은 자신을 지지해 줄 도덕적인 태도를 산출할 뿐만 아니라, 이러한 태도는 그것을 갖는 합리적인 인간들이 정의의 제한 조건들과는 상관없이 그들의 처지를 평가할 경우에 그들의 관점에서 볼 때도 바람직한 것이다. 정의와 선과의 이러한 합치를 나는 합치성(congruence)이라 부를 것이며, 우리가 정의가 선인가라는 문제를 다루게 될 경우 나는 그러한 관계를 검토할 것이다(86절).

61. 단순한 경우의 선에 대한 정의

합리성의 개념을 계획에 대한 평가에 적용하는 일로 바로 들어가기에 앞서, 우선 보다 단순한 경우들을 고려해 봄으로써 내가 앞으로 사용하게 될 정의(定義)를 설명하는 것이 가장 좋을 것으로 생각된다. 이렇게 함으로써 그 의미를 분명히 이해하는 데 필요한 몇 가지 특성이 밝혀지게 될 것이다. 그래서 나는 그 정의가 다음과 같이 3단계를 갖는다고 가정한다 (간단을 기하기 위해 이러한 단계들을 '보다 좋다'는 개념 대신에 좋음이라는 개념을 이용해서 정식화했음). ① X가 무엇에 사용될 것이며 어떤 작용을 하리라고 기대되는가 등등(모든 적합한 추가 사항)이 알려져 있고, 그 X에서 합리적으로 원하게 될 성질(평균적이거나[1] 표준적인 X보다 높은 정도의)을 A가 가지게 될 경우 오직 그 경우에만 A는 좋은 X이다. ② K(K가 어떤 사람일 경우)의 여건이나 능력 및 인생 계획(그의 목적 체계)이 알려져 있고, 따라서 그가 X를 가지고 하려 하는 의도에 비추어 볼 때 K가 합리적으로 X에서 원하게 될 성질을 A가 가질 경우 오직 그 경우에만 A는 K에게 좋은 X이다. ③ ②와 동일하지만 거기에다 K의 인생 계획이나 혹은 그 중 현재의 경우와 관련된 부분 그 자체가 합리적인 것이라는 취지의 절을 첨가한 것 등이다. 계획의 경우에 있어서 합리성이 의미하는 바는 아직도 미정이므로 나중에 논의되어야 할 것이다. 그러나 앞서의 정의(定義)에 따르면, 일단 우리가 어떤 대상이 합리적으로 원하게 될 성질을 가졌음을 확인하게 되면 우리는 그것이 그에게 좋은 것임을 증명한 셈이

---

[1] W.D. Ross, *The Right and the Good* (Oxford : The Clarendon Press, 1930), p. 67 참조.

다. 그리고 만일 어떤 종류의 사물이 인간 일반에 대해서 이러한 조건을
만족시킨다면 그러한 사물은 인간적인 선인 것이다. 결국 우리는 자유와
기회 및 우리 자신의 가치감이 이러한 범주에 속한다는 확신을 갖고자
한다. 2)

이제 정의(定義)의 첫 2단계에 관해서 몇 가지 언급하기로 한다. 정의
가 적합하다고 규정하는 어떤 사람의 처지가 지니는 특수한 측면을 고려
해야 할 필요가 있을 경우 우리는 언제나 1단계에서 2단계에로 나아가는
경향을 갖는다. 이러한 측면들의 전형적인 예는 그의 관심, 능력 및 여건
들이다. 비록 합리적인 선택의 원칙이 아직 자세히 설명되지 않았지만 당
분간은 일상적인 개념만으로도 충분히 명백하리라고 생각된다. 일반적으
로 어떤 유의 대상을 좋은 대상이라고 말함에 있어서는, 이러한 대상에
관여하는 사람들 간에 공인된 척도가 설정될 수 있을 정도로 관심이나 여
건에 있어서의 충분한 유사성만 있다면, 2단계에 의해 설명되는 어느 정

---

2) 내가 말해 온 바와 같이 여러 가지 변형들이 있기는 하나 선에 대한 이러한
   노선의 견해가 광범위한 합의를 얻고 있다. Aristotles, *Nicomachean Ethics*,
   제 1 권과 10 권 ; Aquinas, *Summa Theologica*, I-I, q. 5∼6; *Summa Contra
   Gentiles*, 제 3 권, 1∼63 장, 그리고 trans. J.A. Oesterle, *Treatise on Happi-
   ness* (Englewood Cliffs, N.J.: Prentice-Hall Inc., 1964) 참조. Kant 에 있
   어서는, *The Fundamental Principles of the Metaphysics of Morals*,
   Academy Edition, 제 4 권, pp. 415∼419 ; *The Critique of Practical Reason*,
   1 부 제 1 권 2 장의 첫 부분. H.J. Paton 의 Kant 에 관한 논의는, *In Defense
   of Reason* (London: George Allen and Unwin, Ltd., 1951), pp. 157∼177
   참조. Sidgwick, *Methods of Ethics*, 제 7 판 (London: Macmillan, 1907), 제
   1 권, 9 장과 제 3 권, 14 장 참조. 이러한 유의 견해는 이상론자나 그들의 영
   향을 받은 자들에 의해 주장된다. 예를 들어 F.H. Bradley, *Ethical Studies*,
   제 2 판(Oxford : The Clarendon Press, 1925), 2 장 ; J. Royce, *The Phil-
   osophy of Loyalty* (N.Y.: Macmillan, 1908), 2 장 참조. 보다 최근에는
   H.J. Paton, *The Good Will* (London : George Allen and Unwin, 1927),
   제 2, 3 권, 특히 8, 9 장 ; W.D. Lamont, *The Value Judgment* (Edin-
   burgh : The Univ. Press, 1955) ; J.N. Findlay, *Values and Intentions*
   (London : George Allen and Unwin, 1961), 5 장 1, 3 절, 6 장 참조. 가치론
   에 있어서 소위 자연주의자들로서는 J. Dewey, *Human Nature and Conduct*
   (N.Y.: Henry Holt, 1922), 3 부 ; R.B. Perry, *General Theory of Value*
   (N.Y.: Longmans, Green, 1926), 20∼22 장 ; C.I. Lewis, *An Analysis of
   Knowledge and Valuation* (LaSalle, Ill.: Open Court Publishing Co.,
   1946), 제 3 권. 나의 견지는 J.O. Urmson, "On Grading", *Mind*, 제 59 권
   (1950) ; P. Ziff, *Semantic Analysis* (Ithaca, N.Y.: Cornell Univ. Press,
   1960), 6 장 ; P. Foot, "Goodness and Choice", *Proceedings of the
   Aristotelian Society*, 증보판 제 35 권(1961)에 도움받고 있으며, 물론 그들
   이 내가 말한 내용에 동의하지 않을 수도 있다.

도 정확한 의미가 그 말 속에 들어 있는 것이다. 그러한 조건이 성립할 경우 어떤 것이 좋다고 말하는 것은 유용한 정보를 전해 주는 것이다. 우리들은 평균적인 혹은 표준적인 대상이 예시하고 있는 바람직한 특성에 대해 합의할 정도로 그러한 대상에 대한 충분한 공통 경험이나 지식을 가지고 있다. 때로는 그러한 특성을 규정하는 상업적, 혹은 그 밖의 관행에 입각한 관례적인 기준이 있다.[3] 여러 사례들을 취함으로써 우리들이 어떻게 이러한 기준들이 발전해 왔으며 어떻게 적절한 표준이 결정되었는가를 알 수 있음은 물론이다. 하지만 요점은 이러한 기준들이 관련된 대상의 성질과 그에 대한 우리들의 경험에 의거해 있다는 것이며, 따라서 우리는 어떤 배경이 전제되거나 어떤 특정한 맥락이 인정되는 경우에만 더 이상 설명이 필요없이 어떤 대상을 좋다고 말하게 된다. 기본적인 가치 판단이란 어떤 사람의 관심, 능력, 여건이 주어질 경우 그의 관점에서 이루어지는 것이다. 조건들의 유사성이 허용하는 한에서만 우리는 어떤 이의 특수한 처지를 도외시해도 좋다. 선택될 사물이 특수한 욕구나 사정에 따라 조정되어야 하는 복잡한 경우에는 우리는 정의의 2 단계로 나아가게 된다. 우리의 가치 판단은 이 단계가 요구하는 대로 해당되는 행위자에 맞추어서 이루어진다.

지금까지의 이야기는 세공품, 체계상의 기능적 부분, 직업, 역할 등과 같은 어떤 전형적인 범주로부터의 몇 가지 사례들을 살펴보면 쉽사리 설명되어질 수 있다. 세공품 가운데서 예를 들어 좋은 시계란 시계에 대해 합리적으로 원하는 특성을 가진 시계이다. 물론 이것에는 정확한 시간을 유지한다는 특성과 더불어 바람직한 많은 특성이 있을 것이다. 예를 들어 그것은 지나치게 무거운 것이어서도 안 된다. 이러한 특성이 어떤 식으로 측정되어 전체적인 평가에 있어서 적절한 비중이 부여되어야 한다. 나는 여기에서 이러한 것들이 행해지는 방식을 살피지는 않겠다. 하지만 주목할 만한 가치가 있는 것은 만일 우리가 전통적인 의미에서의 선에 대한 정의를 분석적인 것, 즉 개념 동일성에 관한 진술로 간주한다면, 그리고 만일 우리가 시계란 그 정의(定義)상 시간을 알기 위해 사용되는 물건이며 또한 합리성도 그 정의상 어떤 사람의 목적을 달성하기 위해서 효과적인 수단을 취하는 것이라고 가정한다면, 좋은 시계란 정확한 시간을 유지하는 것이라고 하는 것은 분석적인 것이 된다. 그러한 사실은 논리적 진리나 개념의 정의(定義)만에 의해서도 확증된다. 그러나 나는 선에 대

---

3) Urmson, "On Grading", pp. 148∼154.

한 정의(定義)를 이러한 의미로 생각하기 싫어서라기보다는 반성을 함으로써 우리가 말하고 싶어하는 것을 할 수 있도록 하는 대리 표현(substitute expression)을 구성하기 위한 개략적인 지침으로 생각하기를 원하는 까닭에 그에 대한 명제를 분석적인 것으로 간주하지 않는다. 사실상 현재의 우리의 목적을 위해서 나는 이러한 문제를 완전히 접어 두고서 시계(혹은 어떤 것이든)에 관한 어떤 사실들을 공통된 지식으로만 간주할 것이다. 그러한 것들을 표현하는 진술이 분석적인 것인가의 여부를 물어야 할 경우는 없다. 그래서 이러한 이유로 인해 좋은 시계가 정확한 시간을 지킨다는 것은 확실히 타당하며 일상적인 사실과의 이러한 합치는 정의(定義)의 적합성을 확증하기에 충분한 것이다.

또한 명백한 것은 '좋은 X'라는 구절 속의 'X'라는 글자는 맥락 관계에 따라 여러 가지 명사절에 의해 대치되어야 할 경우가 자주 있다. 그래서 좋은 시계라고 말하는 것만으로는 충분치 못한 것이 보통인데, 왜냐하면 우리는 보다 정교한 구분을 자주 필요로 하기 때문이다. 우리가 손목 시계, 스톱 워치 등등을 평가해야 할 경우가 있으며 혹은 손목 시계가 특유한 종류의 이브닝 드레스와 어울리는가를 평해야 한다. 이러한 모든 경우에 있어서 특수한 관심들은 어떤 적절한 분류와 기준을 생기게 한다. 이러한 복잡한 문제는 여건에 따라 결정되는 것이 보통이며 필요한 경우에는 분명하게 언급되어진다. 세공품이 아닌 경우에 있어서 우리가 의미하는 바를 설명하기 위해서는 어떤 상세화가 요구되는 것이 보통인데, 왜냐하면 그 의미가 대상에 의거해서 주어지지 않기 때문이다. 그래서 예를 들어 와일드 캣은 좋은 산이라는 진술은 그것이 스키하기에 좋은 산이라는 말을 덧붙임으로써 주어지는 바와 같은 유의 설명을 요구하게 된다. 혹은 좋은 밤이다라고 하는 관찰은 맑고 어두운 밤이기 때문에 별을 보기에 좋은 밤이라는 설명을 요구하게 될 수도 있다. 어떤 말은 적절한 설명을 나타내 주고 있다. 한 가지 예를 생각해 보면 만일 우리가 어떤 시체는 좋은 시체(corpse)라는 진술과 그것은 좋은 해부용 시체(cadaver)라는 진술을 비교해 볼 때 전자의 의미는 불분명한 데 비해 어떤 것을 해부용 시체라고 부르는 것은 해부학의 연구에 있어서 그 용례를 전달해 주고 있다. 좋은 해부용 시체는 아마도 해부의 목적상 합리적으로 원하게 될 특성(그것이 무엇이든간에)을 가진 시체일 것이다.[4] 지나가는 김에 주목해야 할 바는 비록 우리가 평가되고 있는 대상이 가진 바람직한 특성이 무엇인가를 알

---

4) 예는 Ziff, *Semantic Analysis*, p. 211 에서 따온 것이다.

지는 못할지라도 적어도 어떤 것을 좋다고 함으로써 의미하는 바의 일부
나마 이해할 수 있다는 점이다.

　물론 그러한 관점이 분명하게 될 필요가 없을지는 모르나 그 배경에는
언제나 그에 의해서 세공품, 기능상의 부분이나 역할이 평가되어지는 하
나의 관점이 있다. 이러한 관점은 그의 관심이 판단을 하는 것과 관련된
사람을 확인하고 대상에 대해서 갖는 그들의 관심을 서술함으로써 그 특
성이 규정된다. 예를 들어 신체의 일부분(체계상의 기능적 부분들)의 경우
에 있어서 우리는 일반적으로 문제된 사람의 관점을 취해서 그의 관심이
정상적인 것이라고 추정하게 된다. 그래서 좋은 눈과 귀란 우리가 잘 보
고 잘 듣기를 바랄 경우 우리 자신의 눈과 귀에 있어서 합리적으로 원하
게 될 성질을 가진 것이다. 동물과 식물에 있어서도 마찬가지인데 그들이
좋은 털이나 좋은 뿌리를 가졌다고 말할 때 우리는 동물이나 식물의 관점
을 취하는 것으로 보인다. 물론 이렇게 함에 있어서는 특히 식물의 경우
에 있어서 다소의 인위성이 있다. 한편 아마도 이러한 판단을 보다더 자
연스럽게 설명해 줄 다른 관점이 존재할 것이다. 그러나 그 정의(定義)는
어떤 경우에는 다른 때보다 더 적합할 듯하며 그것이 정의론의 목적상 만
족스러운 한 그러한 사실로 인해서 그다지 염려할 필요는 없다. 직업이라
는 범주로 넘어가 보면 어떤 경우에 있어서는 바람직한 특성이 그 직업에
속하는 자들의 특성인 데 반해, 우리가 취하게 되는 그러한 관점을 갖는
자가 그 직업에 속하지 않을 때가 있다. 그래서 좋은 의사는 그 환자가
의사에게서 합리적으로 원하게 되는 기술과 능력을 가진 자이다. 기술과
능력은 의사의 것이지만 그것들이 평가되어질 건강 회복에의 관심은 환자
의 것이다. 이러한 예증이 보여주는 바는 관점이 경우에 따라 달라진다
는 것과 선에 대한 정의(定義)가 그러한 관점을 결정해 주는 어떤 일반적
인 공식을 포함하지는 않는다는 것이다. 이러한 문제들은 생기는 경우에
따라서 설명되거나 전후 관계로부터 추정된다.

　한 가지 더 언급할 것은 사물의 좋음과 나쁨을 판단하게 될 관점에 대해
서는 필연적으로 정당하다거나 도덕적으로 옳다고 할 만한 아무 것도 없
다는 점이다.[5] 우리는 어떤 사람에 대해서 그의 기술에 찬성하지 않고서
도 그가 좋은 스파이라거나 좋은 자객이라고 할 수 있다. 그 정의(定義)
를 이 경우에 적용해 보면 우리는 언급된 그 사람이 스파이나 자객이 할

---

5) 이 점에 관해서는 Ross, *The Right and the Good*, p. 67 참조. A.E. Duncan-
　 Jones, "Good Things and Good Thieves", *Analysis*, 제 27 권 (1966),
　 pp. 113~118 에서 다소 다른 견해를 표명하고 있다.

것으로 기대되는 바가 주어진 경우, 스파이나 자객에게 합리적으로 원하게 될 속성들을 갖고 있다고 말한 것으로 해석되어질 것이다. 스파이나 자객이 그들의 임무를 행해 주기를 원하는 것이 합당하다는 합의는 없다. 보통 스파이나 자객을 고용하는 것은 정부나 음모자들 등이다. 스파이나 자객이 좋은 사람인지의 여부는 전혀 별개의 문제이며, 그것에 답하기 위해서는 그가 작업을 하는 명분이나 그렇게 하게 된 동기를 판단해야만 한다.

그런데 선에 대한 정의(定義)의 이러한 도덕적인 중립성은 바로 우리가 마땅히 예상해야 하는 바이다. 합리성이란 개념 그 자체는 정당성의 개념에 대한 적절한 기초가 되지 못하며, 계약론에 있어서 후자는 다른 식으로 도출된다. 나아가서 도덕적인 선에 대한 입장을 구성하기 위해서는 정당성이나 정의의 원칙이 도입되어야만 한다. 여러 가지 직업이나 역할에 있어서 도덕적인 원칙이 바람직한 특성을 규정하는 데 중요한 위치를 차지한다는 것은 쉽게 알 수 있다. 예들 들어 좋은 재판관은 법이 요구하는 바에 따라서 사건을 정당하게 다루고 공정하게 판결하고자 하는 강한 욕구를 지니고 있다. 그는 자신의 지위가 요구하는 사법상의 덕목들을 갖추고 있는데, 즉 그는 사적인 고려에 의해 좌우되거나 편견을 갖지 않고 증거를 공정하게 평가할 수 있는 공평하고 유능한 자이다. 이러한 속성들은 충분하지 않을지는 모르나 일반적으로 요구되는 것들이다. 좋은 남편이나 아내, 친구나 동료 등등에 대한 규정도 덕목에 대한 이론에 의거하고 있으며 따라서 정당성의 원리를 전제하고 있다. 이러한 문제들은 선에 대한 완전론에 속한다. 합리성으로서의 선이 도덕적 가치의 개념에도 적용되기 위해서는 사람들이 요구되는 관점을 택했을 경우, 그들이 합리적으로 원하게 될 특성을 그 덕목들이 갖고 있다는 것이 판명되어야 한다. 나는 적절한 과정을 거쳐서 사실상 그것이 타당하다는 것을 증명하고자 한다.

62. 의미에 관한 주석

나는 이상과 같은 기초론에 대한 설명을 가치 판단이 갖는 의미에 대한 몇 가지 언급을 통해서 보충하고자 한다. 이러한 문제들은 우리의 탐구에서 중심적인 것은 아니지만 몇 마디 말로써 오해를 피할 수 있을 것이다. 아마도 여기에서 핵심이 되는 주제는 이러한 판단이 언어를 서술적 (descriptive)으로 사용하는 것인가 혹은 규정적 (prescriptive)으로 사용하는 것인가이다. 불행하게도 서술적 및 규정적 용법이라는 개념은 애매하기는 하지만 나는 곧바로 문제의 핵심에 접근하고자 한다.[6] 모두가 두 가지 일반적인 사실에는 합의하는 것으로 보인다. 첫째로 '좋은'과 '나쁜' 등의 말이 전형적으로 사용되는 것은 조언 및 의향을 말하거나 칭찬하고 찬탄하는 경우 등이다. 물론 이러한 말들이 언제나 이런 식으로 사용되는 것은 아닌데, 왜냐하면 그것들은 조건부의 진술이나 명령 및 의문뿐만 아니라 아무런 현실적인 관련을 갖지 않는 다른 말에서도 나타나기 때문이다. 그러나 조언 및 의향을 나타내고 칭찬과 찬탄을 하는 데 있어서 그들이 갖는 역할은 특유한 것이다. 둘째로 평가의 기준은 사물의 종류에 따라서 달라진다. 주거에 있어서 요구되는 것은 의복에 있어서 필요한 것과 다르다. 선에 대한 만족할 만한 정의(定義)는 이러한 두 가지 사실에 부합되어야만 한다.

이제 나는 서술적 이론이란 다음과 같은 것들을 내세우는 것으로만 규정하고자 한다. 첫째로 대상에 따른 기준상의 차이에도 불구하고 '좋은'이란 말은 철학적인 목적에 있어 보통 서술적인 것으로 간주되는 다른 술어들이 갖는 그러한 일정한 뜻(혹은 의미)을 갖는다. 사실상 이러한 일정한 의미로 인해서 우리는 사물의 종류에 따라 평가의 기준이 달라지는 이유와 방식을 이해할 수 있게 된다. 또 하나의 입론(立論)은 '좋은'(및 그 유사어)이라는 말을 조언 및 의향을 나타내고 찬의를 표하는 데 사용함에 있어서의 적합성은 의미에 대한 일반론과 더불어 이러한 일정한 의미에 의해서 설명된다는 것이다. 나는 이러한 이론 속에는 오스틴이 제시한 그러한 노선의 언어 행위(speech act)와 언어 수행력(illocutionary forces)에 대한 해명도 포함된다고 생각한다.[7] 서술적 이론이 내세우는 바는 좋음에 대한 일정한 서술적 의미가 그것이 칭찬이나 조언 등을 함에 있어서 실제상 제대로 사용되었을 경우 그 용법을 설명해 준다는 것이다. '좋은'이란 말에 대해서 그것이 갖는 일정한 서술적 의미와 더불어 언어 행위에 대한 일반 이론에 의해 이미 설명되지 않은 특수한 종류의 의미는 부여할 필요가 없다는 것이다.

이러한 뜻에서 좋음(善)을 합리성으로 보는 것은 서술적인 이론에 속한다. 요구되는 방식대로 그것은 모든 이가 인정하는 두 가지 일반적인 사실

6) 대체로 나의 설명은 J.R. Searle, "Meaning and Speech Acts", *Philsophical Review*, 제 71 권(1962)을 따르고 있다. 또한 그 외 *Meaning and Speech Acts* (Cambridge : The Univ. Press, 1969), 4장 ; Ziff, *Semantic Analysis*, 6장 참조.

7) J. L. Austin, *How To Do Things with Words* (Oxford : The Clarendon Press, 1962), pp. 99~109, 113~116, 145 이하 참조.

을 설명해 준다. '좋은'이 갖는 일정한 의미는 여러 단계에 있어서의 정의(定義)에 의해 규정된다. 그래서 어떤 것이 좋다는 것은 그것이 그러한 종류의 사물에서 합리적으로 원하게 되는 특성과 나아가서는 그에 더하여 각 경우에 따른 세부 사항을 가지고 있다는 것이다. 이러한 정의(定義)에 비추어 볼 때 평가의 기준이 사물의 종류에 따라 달라진다는 사실이 쉽게 설명되어진다. 우리는 사물들을 상이한 목적으로 원하게 되는 까닭에 그것들의 다른 특성들을 평가하게 되는 것은 분명히 합리적인 일이다. '좋은'이라는 것의 의미를 함수 기호[8]의 그것과 비슷한 것으로 생각해 보면 도움이 된다. 그래서 우리는 그 정의(定義)가 각 종류의 사물에 대해서 그러한 종류의 사례들이 그에 의해 평가되어질 특성 즉 그러한 종류의 사물에서 합리적으로 원하게 될 특성들의 체계를 부여하는 것으로 볼 수 있을 것이다.

나아가서 좋음을 합리성으로 보는 입장은 '좋은'이란 말이 조언 및 의향에 대한 진술 혹은 칭찬이나 시인의 언명 속에 나타나는 이유를 설명해 준다. 그래서 예를 들면 우리가 어떤 사람에 의해 조언을 요청받았을 경우에는, 그 사람은 이른바 어떤 과정의 행위가 그에게 최선의 것인가에 대한 우리의 의향을 듣고자 하는 것이다. 그는 어떤 것을 행하는 것이 그에게 합리적이라고 우리가 생각하는지를 알고자 한다. 힘겨운 경사면을 오르는 데 이용할 장비와 통로에 관해서 타인에게 조언하는 등산가는 타인들의 관점을 취해서 자기가 현명한 공격 계획이라고 생각하는 바를 추천하게 된다. '좋은'이나 그와 유사한 표현들의 의미는 조언으로 간주되는 그러한 진술들 속에서 변하지 않는다. 우리가 쓰는 말의 의미는 동일하지만 그 말을 조언이 되게 하는 것은 전후 맥락이다. 예를 들면 등산가는 서로를 도와야 할 상호 협조의 의무를 지니고 있으며, 따라서 그들은 긴박한 처지에 대해서 그들의 신중한 의견을 제공할 의무가 있다. 이러한 경우에 그들의 말은 조언적인 것이 된다. 그리고 상황이 보증하는 바에 따라서 우리가 말한 것이 조언이나 의견으로 간주될 수도 있고 어떤 경우에는 마땅히 간주되어야 한다. 이미 약술된 정당성에 대한 이론을 받아들이게 되면 일정한 서술적 의미와 더불어 사람들이 타인의 견해를 얻고자 하는 일반적인 이유들은 그와 같은 '좋은'이란 말에 특유한 용법을 설명해 준다. 어떤 점에서도 우리가 규정적인 혹은 정의적(emotive)인 의미와 같은 특수한 종류의 의미에 의거해야 될 이유가 없다.

---

8) 이 점에서 나는 P.T. Geach, "Good and Evil", *Analysis*, 제 17 권 (1956), pp. 37 이하에 도움을 받고 있다.

이상의 견해에 대해서 언어 수행력에 대한 이론은 규정적 혹은 정의적 의미론을 제안하는 자들이 주장해 온 모든 것을 용납한다는 반론이 제기될 수도 있다. 만일 사실이 그러하다면 견해의 차이가 있을 수 없다. 나는 '좋은'이란 말이 갖는 여러 가지 용법, 즉 칭찬이나 조언 등의 진술에 이용될 경우에 대한 이해가 그 말의 의미를 파악하는 데 관련된다는 것을 부인한 것은 아니다. 또한 나는 어떤 것이 좋다는 진술에 있어서 그 수행력에 관해서는 의견을 달리하면서도 그것을 참이라고 받아들일 수는 없다는 의미에서 어떤 수행력이 '좋은'이라는 말에 중심적인 것이라는 (이 수행력이 그 문맥 가운데서 성립한다고 가정할 경우) 견해에 대해서 반대하지도 않는다.[9] 문제는 그러한 사실들이 어떻게 설명되어질 것인가이다.

그래서 서술적인 이론은 '좋은'이란 것이 권유나 조언의 힘을 가지고서 특유하게 사용되는 것은 바로 그 정의(定義)에 의해 주어진 서술적 의미 때문이라고 주장한다. '좋은'의 서술적 의미는 관례나 선호에 따른 각종 사물의 목록인 바 단순히 특성들의 집합이 아니다. 오히려 그 정의(定義)가 설명해 주는 방식대로 이러한 목록들은 여러 종류의 대상들 속에서 합리적으로 바라게 될 바에 비추어서 작성되어진다. 따라서 '좋은'(및 그 유사어)이 이러한 언어 행위에서 이용되는 이유에 대한 이해는 이러한 일정한 의미에 대한 이해의 일부가 된다. 마찬가지로 어떤 언명이 사실을 서술하는 힘을 가지게 되는 것은 그 언명의 서술적 의미에 의해서인 것과 똑같이 어떤 수행력이 '좋은'이란 말의 중요 부분이 되는 것은 그것이 갖는 서술적 의미의 결과이다. 왜냐하면 예를 들어 어떤 것이 조언으로서 제시되었을 경우 그것이 최선의 것이라는 진술에 우리가 동의한다면 우리가 합리적일 경우 우리는 물론 그러한 조언을 받아들여 그에 따라 행동할 것이기 때문이다. 만일 한 가지 이견이 있다면 그것은 이와 같은 인정되고 있는 사실들에 관한 것이 아니라 그것들을 설명함에 있어서 '좋은'이란 말의 서술적 의미가 차지하는 위치에 관련된 것이다. 서술적 이론이 내세우는 바는 언어 행위에 관한 일반론과 결합될 경우 '좋은'에 대한 정의(定義)는 이러한 사실들에 관한 적절한 해명을 주게 될 것이라는 점이다. 특이한 유의 의미를 도입해야 할 아무런 이유가 없다는 것이다.

63. 인생 계획의 선에 대한 정의

지금까지 나는 선에 대한 정의의 제 1 단계만을 논해 왔는데 이에 있어

---

9) 이 몇 가지 점에 대해서는 J.O. Urmson, *The Emotive Theory of Ethics* (London : Hutchinson Univ. Library, 1968), pp. 136~145 참조.

이미 주어진 것으로 간주되는 목적들의 합리성에 관해서 아무런 문제도
제기되지 않는다. 어떤 것이 K에게 좋은 X라는 것은 그것이 K의 관심
이나 목적에 비추어 봐서 K가 X에 대해서 합리적으로 원하게 될 특성들
을 갖고 있다는 것과 같은 것으로 다루어진다. 그러나 가끔 우리는 사람
의 욕구의 합리성도 평가하게 되며, 따라서 어떤 정의(定義)가 정의론의
목적에 부합되기 위해서는 그것이 이러한 기본적인 경우에도 적용되도록
확대되어야만 한다. 그런데 세번째 단계의 요지는 선에 대한 정의(定義)를
인생 계획(life plans)에 적용하는 것이다. 어떤 사람에게 합리적인 계획은
그의 선을 결정하게 된다. 여기에서 나는 사람이란 계획에 따라 생활하는
인간 존재라고 생각하는 로이스의 견해를 채택한다. 로이스에 의하면 한
개인은 그의 목적이나 명분, 그가 자신의 생활 속에서 하고자 의도하는
바를 서술함으로써 자기가 어떤 존재인가를 말하게 된다고 한다. [10] 이러
한 계획이 합리적일 경우에는 선에 대한 그의 입장 역시 합리적이라고 나
는 말하고자 한다. 그의 경우에는 실재적 선과 현상적 선이 일치하고 있
다. 그것과 더불어 그의 관심이나 목적도 합리적인 것이며 따라서 그것들
을 정의(定義)의 처음 두 단계에 대응하는 판단을 내림에 있어서 정지점으
로 간주하는 것은 타당할 것이다. 이러한 이야기는 다소 경솔한 것일지도
모르지만 불행하게도 자세한 설명을 제시하는 것은 아주 지루한 것이다.
문제를 신속히 처리하기 위해서 한쌍의 정의(定義)로부터 시작해서 다음의
몇 절에 걸쳐서 그것들을 설명하고 언급하기로 한다.

  이러한 정의(定義)들은 다음과 같이 이루어지는데 첫째로 어떤 사람의
인생 계획은 다음과 같은 경우 오직 그 경우에만 합리적이라는 것이다.

---

10) *The Philosophy of Loyalty*, 4장 4절 참조. Royce는 한 개인을 의식적이
  고 통일된 도덕적 인간이 되게 하는 바, 그의 일관되고 체계적인 목적을 규
  정하기 위해서 계획이라는 개념을 사용한다. 이 점에 있어서 Royce는 61절
  각주 2에서 인용한 많은 학자들 예를 들어 Dewey나 Perry에게서 발견되는
  철학적 용법에 있어 전형을 이룬다. 그리고 나도 그런 식으로 할 것이다. 그
  용어에 대해서는 어떤 전문적인 의미도 부여되지 않을 것이며 상식적으로 분
  명한 것과는 다른 결과를 얻기 위해서 계획의 특유한 구조에 의거하지도 않
  을 것이다. 이것들은 내가 탐구하지 않을 문제들이다. 계획에 관한 논증에
  대해서는 G.A. Miller, E. Galanter and K.H. Pribram, *Plans and the
  Structure of Behavior* (N.Y.: Henry Holt, 1960) ; Galanter, *Textbook
  of Elementary Psychology* (San Francisco: Holden-Day, 1966), 9장 참
  조. 계획이라는 개념은 의도적인 행위를 규정하는 데 있어서 유용하다는 것이
  판명될 것이다. 예를 들면 A. Goldman, *A Theory of Action* (Englewood
  Cliffs, N.J.: Prentice-Hall, 1970), pp. 56~73, 76~80 참조. 그러나 나는
  이 문제를 고찰하지 않을 것이다.

즉 (1) 그것은 합리적인 선택 원칙들을 그의 처지에 있어서 관련된 모든 측면에 적용했을 경우 그 원칙들에 부합하는 계획들이며, (2) 그것은 이러한 조건을 만족시키는 계획 가운데서 충분히 숙고된 합리성에 의해서, 즉 관련된 사실들에 대한 충분한 인지와 더불어 결과에 대한 세심한 고려를 거친 후에 그가 선택하게 될 그러한 계획이라는 것이다.[11](숙고된 합리성이란 개념은 다음 절에서 논의된다.) 둘째로 사람의 관심이나 목적들이 합리적인 경우는 그것들이 그에게 합리적인 계획에 의해서 제시되고 권장되는 그러한 것일 때 오직 그때에 한해서이다. 이러한 정의(定義)들 가운데 첫번째 경우에 있어서 나는 합리적 계획이란 아마도 합리적인 선택 원칙에 부합하는 여러 가능한 계획들 중 하나에 불과할 것이라는 점을 뜻하고 있음에 주목해 보자. 이와 같은 복잡한 문제가 생기는 이유는 그러한 원칙들에 의해서 하나의 계획이 최선의 것으로 선정되지 않는다는 점이다. 그 대신에 우리는 최선의 계획군을 갖게 되는데 이러한 무리 속의 각 계획들은 그 속에 포함되지 않는 모든 계획들보다는 우월한 것이지만 그들간에는 서로 우열이 없는 것이다. 그래서 어떤 사람의 합리적인 계획을 가려내기 위해서 나는 그것이 충분히 숙고된 합리성을 통해서 그가 선정하게 될 최선의 계획군에 속하는 그러한 계획이라고 가정한다. 그래서 우리는 어떤 사람의 계획이 합리적인 선택 원칙에 위배되었거나 그것이 그 자신의 처지에 대한 충분한 지식에 비추어서 그가 조심스럽게 자신의 인생 전망을 평가할 경우 그가 추구하게 될 계획이 아님을 증명함으로써 그 계획을 비판하게 된다.

합리적인 선택 원칙을 설명하기 이전에 나는 합리적인 계획이라는 다소 복합적인 개념에 관해서 몇 가지 이야기를 해야겠다. 그것이 선에 대한 정의(定義)에 있어서 기본적인 이유는 합리적인 인생 계획이, 그로부터 특정한 사람과 관련된 모든 판단이 이루어지고 그리고 결국에는 일관성을 갖게 하는 기본적인 관점을 설정해 주기 때문이다. 사실상 어떤 조건 아래서(83절) 우리는 어떤 사람이 행복한 상태에 있다는 것은 그가 어느 정도 유리한 여건 아래서 마련된 합리적인 인생 계획을(다소간) 성공적으로 실현하고 있는 중이며, 또한 그의 계획이 수행될 수 있다는 데 대해서 합당하게 확신하고 있을 경우라고 생각할 수 있다. 어떤 사람이 행복할 때란 그의 계획이 잘 진행되고 보다 중요한 그의 포부가 충족되며 그

---

11) 간단을 기하기 위해 나는 선택될 계획이 오직 하나뿐이지 행위자에게 그 어느 것도 상관없는 여러 개의 수가 없다고 가정한다. 그래서 나는 줄곧 숙고된 합리성을 통해서 채택될 계획에 대해서 말하고 있는 것이다.

의 행운이 오래 지속할 것이라는 기분이 들 때이다. 합리적으로 채택될 계획은 사람들의 자질이나 여건 등에 따라 달라지기 때문에 서로 다른 사람들은 서로 다른 일을 하는 데서 행복을 발견한다. 유리한 여건에 대한 해명이 필요한 이유는 자연적인 조건이 나쁘고 타인들의 요구가 강압적일 경우에는 우리의 행위를 합리적으로 처리하는 일이 보다 적은 악을 결과하는 문제로 될 수 있기 때문이다. 행복한 삶이나 우리 인생의 행복한 시절이라는 보다 넓은 의미에서의 행복의 성취는 언제나 어느 정도의 행운을 전제하고 있는 것이다.

장기적인 계획에 대한 또 다른 몇 가지 문제점이 더 언급되어야 할 것이다. 첫번째 문제점은 계획의 시간 구조에 관한 것이다. 물론 계획이란 가장 먼 미래나 우리의 죽음에 대해서까지도 어떤 준비를 하는 것이긴 하지만 나중의 기간에 대해서는 비교적 덜 자세하게 된다. 어떤 광범위한 우연성에 대비해야 하며 일반적인 방도가 제시되어야 한다. 그러나 더 많은 정보가 이용 가능하게 되고 우리의 욕망이나 욕구가 보다 정확히 알려짐에 따라 점차적으로 세목들이 밝혀지게 된다. 사실상 합리적인 선택의 한 가지 원칙은 연기(postponement)의 원칙인데, 즉 만일 우리가 미래에 여러 가지 일 가운데서 한 가지를 하고자 하지만 어느 것인지 확실하지 않을 경우, 다른 조건이 같은 한 우리는 현재로서 이러한 대안들이 결정되지 않은 상태로 계획하게 된다는 것이다. 합리적인 계획이란 전 인생 과정에 걸쳐서 전개되는 자세한 청사진이라고 생각해서는 안 된다. 그것은 적절한 시기가 오면 완성될 보다 특수한 하위 계획들로 이루어진 계획들의 계층 체계로 구성되는 것이다.

두번째 문제점은 첫번째 것과 관련되어 있다. 계획의 구조는 특수한 정보가 결여되어 있음을 반영하고 있을 뿐만 아니라 그것은 또한 보다 일반적인 것으로부터 덜 일반적인 것으로 위에서 말한 바와 동일한 양식으로 전개되는 욕구의 계층 체계를 나타내고 있다. 계획의 주요 특징은 보다 항구적이고 일반적인 목적의 성취를 조장하고 확보해 준다는 것이다. 예를 들어서 합리적인 계획은 기본적인 선을 고려에 넣어야 하는데, 왜냐하면 그렇지 않을 경우에는 어떤 계획도 성공할 수 없기 때문이다. 그러나 상응하는 욕구가 취하게 될 특별한 형태는 보통 미리 알려져 있지 않으며 기회를 기다릴 수 있다는 것이다. 그래서 어떠한 기간 동안에도 우리는 언제나 음식에 관한 욕구를 가질 것으로 알고 있지만 특정한 코스로 이루어진 식사에 대한 결정은 때가 되어서야 비로소 이루어진다. 이러한 결정은 이용 가능한 선택, 즉 상황이 허락하는 메뉴에 달려 있는 것이다.

그래서 계획을 짠다는 것은 어떤 점에서 시간표를 만드는 것이다.[12] 우리는 우리의 행위들을 시간상에서 계열화함으로써 그 각 행위들이 일정한 시간 동안 수행되도록 조직하고자 한다. 이런 식으로 해서 서로 관련된 욕구군이 효율적이고 조화된 방식으로 만족될 수 있는 것이다. 행동들에 대응하는 욕구의 강도에 따라서 그리고 그것들이 다른 목적들의 달성에 기여하는 바에 따라서 그 행동들에 대해 시간과 정력이라는 기본적인 자원이 할당된다. 숙고를 하는 목적은 우리의 행동을 가장 잘 조직해 주고 뒤따르는 우리의 욕구의 형성에 가장 좋은 영향을 줌으로써 우리의 목적과 관심들이 하나의 행위 체계로 효과적으로 결합될 수 있게 하는 그러한 계획을 발견하는 데 있다. 다른 목적들과 충돌하는 경향을 가졌거나 다른 행위에 대한 가능성을 저해하는 욕구는 제거되며, 그 자체로서 바람직할 뿐 아니라 다른 목적까지도 지지해 주는 것들은 조장되어진다. 그래서 계획은 하나의 계층 체계로 적절하게 배열된 하위 계획들로 이루어져 있는데, 그 계획은 서로 보완해 주는 보다 항구적인 목적과 관심들을 고려한다는 일반적 특성을 갖게 된다. 이러한 목적이나 관심은 오직 그 윤곽만이 예견될 수 있는 까닭에 그것들을 위해 마련되는 하위 계획의 유효한 부분은 우리가 나아감에 따라 독립적으로 최종적인 결정이 이루어진다. 낮은 수준에 있어서의 개선이나 변경은 보통 전체 구조에 영향을 주지는 않는다. 만약 계획에 대한 이상과 같은 입장이 타당하다면 우리는 인생에 있어서 좋은 것이란 대체로 말해서 합리적인 계획에서 중요한 위치를 차지하고 있는 그러한 행동들과 관계들이라는 것을 예견해야 한다. 그리고 기본적인 선이란 계획이나 그 계획의 최종 목적의 특정한 성격이 어떤 것이든간에 그러한 계획을 성공적으로 수행하는 데 일반적으로 필요한 것들임이 밝혀질 것이다.

이상의 이야기는 유감스럽게도 너무 간략한 것이다. 그러나 그것은 오로지 합리적인 계획이라는 개념에 대한 보다 명백한 오해를 방지하고 선에 있어서 이러한 개념이 갖는 위치를 지적하기 위해서 의도된 것이다. 이제 나는 합리적인 선택의 원칙이 의미하는 바가 무엇인가를 제시하고자 한다. 이러한 원칙들이 열거됨으로써 결국 그것들이 합리성이란 개념에 대치된다. 어떤 사람의 처지가 갖는 적절한 측면들이 이러한 원칙과 더불어 계획들이 그에 따라 조정되어야 하는 인간 생활의 일반적인 조건들에 의해 확인된다. 이쯤해서 나는 가장 친숙해 있고 거의 이론의 여지가 없

12) J.D. Mabbott, "Reason and Desire", *Philosophy*, 제 28 권 (1953) 참조. 이 점 및 다른 점들에 대한 논의에 있어서도 나는 그의 도움을 받고 있다.

어 보이는 합리성의 측면들에 언급하고자 한다. 그리고 당분간 나는 선택
의 상황이 단기간에 관련된 것으로 가정할 것이다. 문제는 휴일에 대한
계획을 잘 경우와 같이 비교적 단기간에 걸쳐 시행될 하위 계획의 다소
최종적인 세목들을 어떻게 완성할 것인가이다. 물론 이 기간 동안 어떤
욕구는 만족되고 다른 것들은 그렇지 못하긴 하지만, 보다 넓은 욕구의
체계에 대단한 영향을 미치지는 않을 것이다.

그런데 단기적인 문제에 있어서 어떤 원칙들은 아주 간명한 듯이 보여
서 이견이 있을 수 없는 것이 있다. 이들 중 첫번째 원칙은 효과적인 수
단(effective means)의 원칙이다. 원하는 특정한 목적이 있으며 모든 대안
들은 그것을 달성하기 위한 수단이긴 하지만 그것들은 다른 관점에서는
중립적인 것이라고 해보자. 그 원칙이 내세우는 바는, 우리가 그러한 목
적을 최선으로 달성해 줄 대안을 채택해야 한다는 것이다. 보다 자세히
말하면 어떤 목적이 주어질 경우 우리는 수단(그것이 무엇이든간에)을 최소
한으로 써서 그것을 달성하려 하거나 혹은 수단이 주어질 경우 우리는 그
목적을 가능한 한도에서 가장 완전하게 달성하려 한다는 것이다. 아마도
이러한 원칙은 합리적인 선택의 가장 자연스러운 기준이 될 것이다. 물론
나중에도 살피게 되겠지만 숙고란 궁극적으로 단일한 최종 목적에 의해
규제되면서 언제나 그러한 형태를 취해야 한다고 생각하는 경향이 어느
정도 있다(83절). 그렇지 않는 경우에는 다수의 목적들을 서로 비교할 합
리적인 방식이 없다고 생각된다. 그러나 나는 이 문제를 당분간 보류해
두기로 한다.

합리적 선택의 두번째 원칙은 만일 어떤 계획이 실현되면 다른 계획이
의도하는 모든 목표뿐만 아니라 그에 더하여 한두 가지 목적을 더 달성하
게 될 경우 그러한 (단기적인) 계획은 다른 것에 우선적으로 선택되리라는
것이다. 페리는 이러한 기준을 포괄성(inclusiveness)의 원칙이라 불렀는데
나도 그대로 따르기로 한다. [13] 그래서 만일 이러한 계획이 있을 경우 우
리는 보다 포괄적인 계획을 따르게 되는 셈이다. 이를 예증하기 위해서
우리가 어떤 여행을 계획함에 있어서 로마나 파리 중 어느 곳으로 갈 것
인지를 결정해야 한다고 생각해 보자. 양쪽을 다 방문하는 것은 불가능한
것으로 생각된다. 생각을 해보아서 만일 우리가 파리에 가면 로마에서
하기를 원하는 모든 것뿐만 아니라 다른 것까지도 더 할 수 있음이 명백
할 경우 우리는 파리로 가야만 한다. 이러한 계획을 채택하게 되면 보다

---

13) *General Theory of Value* (N.Y.: Longmans, Green, 1926), pp. 645~649
참조.

광범한 목적 체계를 실현하게 되고 다른 계획에서 실현되어질 것 가운데서 행해지지 않는 것이라고는 없게 된다. 하지만 때로는 어떤 것도 다른 것에 비해 더 포괄적인 것은 아니면서, 각각은 다른 것이 달성하지 못할 목적을 달성하게 되는 경우도 있다. 우리는 우리의 마음을 결정하기 위해서 어떤 또 다른 원칙에 의거하거나 아니면 우리의 목적을 더 이상 분석해야만 된다(83절).

세번째 원칙은 우리가 보다 큰 실현 가능성(likelihood)의 원칙이라 부를 수 있다. 두 개의 계획에 의해서 성취될 수 있는 목적이 대체로 같은 것이라고 해보자. 그런데 어떤 목적이 그 중의 한 가지 계획에 의해 실현될 보다 큰 가능성을 가지면서, 동시에 나머지 목적들 중 어떤 것도 달성될 확률이 적지는 않을 수가 있다. 예를 들어서 아마도 우리가 로마나 파리 어디에서나 우리가 하고자 하는 모든 것을 할 수 있다 할지라도 우리가 하고자 하는 어떤 것이 파리에서 성공적으로 달성될 가능성이 더 많아 보이고 그 나머지에 대해서는 대체로 동일할 수가 있다. 만일 그러한 경우에 그 원칙은 우리가 파리로 가야 한다고 주장한다. 성공에 대한 보다 큰 가능성은 보다 포괄적인 목적과 마찬가지로 하나의 계획을 선정해 준다. 이러한 원칙들이 함께 작용할 경우 선택은 가능한 한 명백하게 될 것이다. 우리가 틴토레토보다 타이탄을 선호하는데 두 개의 추첨표 중에서 첫번째 것은 타이탄에 보다 큰 가능성을 주는 것이고 두번째 것은 틴토레토에 보다 큰 가능성을 배정하는 것이라고 생각해 보자. 그러면 우리는 첫번째 표를 택해야만 한다.

지금까지 우리들은 합리적인 선택의 원칙들을 단기적인 경우에 적용하는 문제를 생각해 왔다. 이제 나는 전문직이나 직업을 선택해야 할 경우에서처럼 장기적인 계획, 심지어 인생 계획 같은 것을 선택해야 하는 다른 극단적인 경우를 검토해 보고자 한다. 이러한 결정은 특정한 문화 형태에 의해서만 부과되는 과제라고 생각될 수도 있다. 다른 사회에서는 이러한 선택이 생겨나지 않을 수도 있다. 그러나 사실상 우리의 일생을 두고 무엇을 할 것인가라는 문제는 비록 어떤 사회가 다른 사회보다 우리들에게 그것을 더 분명히 강요하든가 혹은 일생의 다른 시기에 강요한다 할지라도 언제나 존재하는 문제이다. 그것이 가능하다고 가정할지라도 전혀 어떤 계획도 갖지 않는다는 극단적인 결정도 역시 이론상으로는 합리적일 수도, 아닐 수도 있는 하나의 계획이다. 그런데 장기적인 계획이라는 관념을 받아들이게 되면 그러한 계획은 그것이 미래의 각 시기에 가져올 듯한 결과에 의해서 평가되어야 함은 분명한 것으로 보인다. 따라서 이러한 경우에 포괄성의 원칙은 다음과 같이 적용되는데, 즉 만일 어떤 장기적인 계획이 다른 계획의 모든 목적과 관심을 조장하고 만족시키는 것은 물론, 그에 더하여 다른 목적들이나 관심도 조장하고 만족시키는 경우 그것은 어떤 주어진 기간 동안 다른 계획보다도 더 낫다는 것이다. 만일 있기만 한다면 보다 포괄적인 계획이 더 나은 것으로 택해지는데, 왜냐하면 그것은 다른 계획의 모든 목적들을 포괄할 뿐 아니라 적어도 하나 이상의 다른 목적까지도 포괄하기 때문이다. 만일 이러한 원칙이 효과적인 수단의 원칙과 결합된다면 그것들은 함께 합리성을 다음과 같이 규정하게 된다. 즉 다른 조건이 같은 한 우리의 목적을 실현해 줄 가능성이 보다 큰 수단을 선택하는 것이 합리적이며, 또한 실현이 가능하다고 가정할 경우 보다 넓고 다양한 관심의 계발을 선호하는 것이 합리적이라고 규정하게 된다. 보다 큰 현실성의 원칙은 보다 큰 목적의 실현 가능성이 보다 덜 포괄적인 계획만큼 크다고 가정할 경우, 이러한 목적이 실현될 수 있다는 데 대해서 비록 우리가 확신할 수 없는 그러한 상황에서도 위와 같은 선택을 지지하게 된다.

효과적인 수단의 원칙과 보다 큰 실현 가능성의 원칙을 장기적인 경우에 적용하는 일은 충분히 타당한 것으로 생각된다. 그러나 포괄성의 원칙을 이용하는 데는 문제가 있는 것으로 보일 수도 있다. 단기적인 고정된 목적 체계를 가질 경우 우리는 이미 자신의 욕구들을 가지고 있다고 생각하며 이러한 사실이 전제될 경우 우리는 그것들을 최선으로 만족시킬 방도를 고려하게 된다. 그러나 장기적인 선택에 있어서는 비록 우리가 여러 계획들이 조장해 줄 욕구를 아직 갖지 못했다 할지라도 우리는 그와 같이 보다 많은 목적이 실현될 수 있다는 가정 아래서 보다 포괄적 관심을 계발해 줄 그러한 목적을 택하는 쪽으로 향하게 된다. 그런데 어떤 사람은 자신이 보다 포괄적인 관심들을 갖지 못했기 때문에 그것들을 조장하고 만족시키는 결정을 하지 않는다고 해서 손해볼 것이 없다고 말할지도 모른다. 그는 자신이 결코 갖지 못하게 되어 있는 욕구들의 가능한 만족이란 부적합한 고려 사항이라고 주장할 수도 있다. 물론 그는 또한 관심의 보다 포괄적인 체계는 그를 불만족이라는 보다 큰 위험에 처하게 한다고 내세울지는 모르나, 그 원칙은 보다 큰 목적 체계들도 성취될 수 있는 똑같은 가능성을 갖고 있다고 가정하고 있기 때문에 그러한 반론은 제외된다.

장기적인 경우에 있어서 포괄성의 원칙을 옹호하는 것으로 보이는 두 가지 고려 사항이 있다. 첫째로 어떤 사람이 얼마나 행복한가는 어떤 면에서 그의 목적이 성취되는 비율과 그의 계획이 실현되는 정도에 달려 있다고 가정할 경우, 포괄성의 원칙을 따르게 되면 그러한 비율이 향상되고 그럼으로써 그 사람의 행복이 증진된다는 결과가 나온다. 이러한 결과는 보다 덜 포괄적인 계획의 모든 목적들이 이미 안전하게 되어 있는 경우에만 생겨나지 않는다. 또 다른 고려 사항은 아리스토텔레스적 원칙(아래의 65 절에서 설명됨)에 따라 나는 인간 존재가 포괄성의 원칙을 따르려는 보다 고차적인 욕구를 가지고 있다고 가정한다는 점이다. 그들이 보다 포괄적인 장기적 계획을 선택하는 이유는 아마도 그것의 실현이 보다 복합적인 능력의 결합을 내포하기 때문일 것이다. 아리스토텔레스적 원칙에 의하면 다른 조건이 같은 경우 인간 존재는 그들의 능력(그들의 생득적 혹은 훈련된 능력)이 실현되어 행사되는 것을 즐기며 그 능력이 보다 많이 실현되거나 그 복잡성이 증대될수록 그러한 즐거움도 증가한다는 것이다. 인간은 어떤 것에 있어서 보다 유능해짐에 따라 그것을 행함에 즐거움을 맛보며, 그가 똑같이 잘 수행할 수 있는 활동 중에서 보다 섬세하고 정교한 분별력을 더 많이 요구하는 쪽을 택하게 된다고 한다. 그래서 보다 정교하게 계발된 재능을 작용시키는 보다 큰 목적 체계를 수행하려는 욕구는 아리스토텔레스적 원칙이 갖는 일면이다. 그리고 이러한 욕구는 다른 합리적인 선택 원칙에 따라서 행동하려는 고차적인 욕구들과 더불어 우리로 하여금 합리적인 숙고를 하게 하고 그 결과에 따르도록 하는 규제적 목적들 중의 하나이다.

이상에서 말한 여러 가지 것들은 더 많은 설명을 요하는 것이다. 예를 들어서 앞의 세 가지 원칙들은 우리에게 가능한 계획들을 평가함에 있어서 일반적으로 충분하지가 않다는 것이 분명하다. 수단이 중립적인 것이 아닐 수도 있으며 포괄적인 계획이 없을 수도 있고 성취될 목적들이 충분히 실현성이 없을 수도 있다. 이러한 원칙을 적용함에 있어서 우리는 자신의 목적을, 우리가 그것을 서술하고 싶은 대로 보며 다소간에 이러저러한 계획에 의해 실현된 목적의 수효를 계산하고 성공의 가능성을 평가한다. 이러한 이유로 인해서 나는 이러한 기준들을 계산 원칙(counting principles)이라고 부르고자 한다. 그것들은 우리들의 욕구에 대한 더 이상의 분석이나 변경을 요구하지도 않으며 우리의 욕구가 갖는 상대적인 강도에 관한 판단을 요구하지도 않는다. 숙고된 합리성을 논함에 있어서 이러한 문제들은 제외시키고자 한다. 이러한 예비적인 설명을 결론지음에 있어서 어느 정도 명백하다고 생각되는 바에, 즉 우리는 합리적인 인생 계획들 가운데서 선택할 수 있다는 점에 주목하는 것이 가장 좋을 것으로 보인다.

그리고 이것은 나중에 우리가 어떤 욕구들을 갖게 될 것인가를 지금 선택
할 수 있다는 것을 의미한다.

　처음에는 그것이 가능하지 않다고 생각할지도 모른다. 때때로 우리는
적어도 우리의 주요 욕구들은 정해져 있으며 우리는 단지 그것들을 만족
시킬 수단에 대해서만 숙고한다고 생각한다. 물론 숙고를 함으로써 우리
는 지금까지 갖지 않았던 어떤 욕구들, 예를 들면 반성을 통해서 우리의
목적에 도움이 된다는 것을 알게 된 어떤 수단을 이용하려는 욕구를 갖게
된다는 것도 분명한 일이다. 나아가서 생각을 함으로써 음악에 대한 욕구
가 어떤 특정한 작품을 듣고자 하는 욕구가 될 때처럼, 일반적인 욕구가
특수한 것이 된다는 것도 분명한 일이다. 그러나 이러한 예외적인 경우를
제외하고서 우리가 지금 욕구하는 바를 지금 선택하지 않는다고 생각해 보
자. 하지만 우리는 우리가 미래에 갖게 될 욕구에 영향을 줄 것으로 알고
있는 어떤 것을 지금 행하기를 결정할 수 있음은 물론이다. 언제나 합리
적인 인간은 그들의 처지나 소견과 더불어 현재 그들의 주요 욕구 및 합
리적인 선택 원칙에 비추어서 행동의 계획들을 선택하게 된다. 그래서 우
리는 합리적인 원칙들에 입각해서 행동하고자 하는 욕구를 포함한 우리의
현행 욕구들에 비추어서 미래의 욕구들을 선택한다. 한 개인이 자기가 어
떤 존재가 될 것인지 어떤 직업이나 전문직에 종사할 것인지를 결정할 경
우 그는 특정한 인생 계획을 채택하게 된다. 어느 정도 지나게 되면 그가
선택한 것으로 인해서 그는 특정한 양식의 욕구와 포부(혹은 그에 대한 결
핍)를 갖게 될 것인데, 그것들의 어떤 측면은 그에게 특유한 것이고 다른
측면들은 그가 선정한 직업이나 생활 방식에 특유한 것이다. 이상의 고찰
은 충분히 명백한 것으로 보이며 개인의 경우에 있어서 정의관의 선택이
기본적인 사회 구조에 의해서 권장되는 목적과 관심의 종류에 미치는 깊
은 영향과 유사한 것에 불과하다. 어떤 종류의 인간이 될 것인가에 관한
신념도 마찬가지로 정의관의 원칙의 수용과 관련되어 있다.

64. 숙고된 합리성

　내가 이미 주목했던 바와 같이 합리적 선택에 있어서 보다 간단한 원칙
들(계산의 원칙들)은 계획들의 등급을 매기기에 충분하지가 못하다. 때때로
그것들이 적용되지 않는 이유는 포괄적인 계획이 없다거나 혹은 수단이
중립적인 것이 아닐 수가 있기 때문이다. 또는 우리들에게 최선의 것들로
이루어진 집합이 주어지는 일도 종종 있는 일이다. 이러한 경우에는 보다

더 합리적인 기준에 의거해야 함은 물론인데 이들 몇 가지에 대해서 앞으로 논의하고자 한다. 그러나 합리적인 원칙들은 우리의 판단에 중심을 주고 반성의 지침을 설정해 주기는 하지만, 선택은 우리가 원하는 것이 무엇인가 뿐만 아니라 그것을 우리가 얼마나 원하는지에 대한 우리의 직접적인 자기 인식에 의거하는 일이 흔하다는 뜻에서 결국 우리 자신의 힘으로 선택해야만 하는 것이다. 때로는 우리가 갖는 욕구의 상대적인 강도를 평가해야 하는 일을 피할 길이 없다. 이를 위해서 합리적인 원칙이 우리들에게 도움을 주기는 하지만, 그것도 언제나 이러한 평가를 일률적인 양식으로 정해 줄 수는 없다. 물론 일반적인 해답을 제시하는 듯이 보이는 하나의 형식적인 원칙이 있기는 하다. 그것은 기대되는 만족의 순수 잔여를 극대화해 주는 계획을 채택하는 원칙이다. 아니면 보다 완곡하게 그 기준을 덜 쾌락주의적으로 표현하면 우리가 자신의 가장 중대한 목적을 가장 잘 실현시켜 줄 듯한 그러한 방도를 택하는 방향으로 나아가는 것이다. 하지만 이러한 원칙도 역시 우리들에게 우리 자신의 마음을 정하기 위한 분명한 절차를 제시하지 못하고 있다. 자신이 가장 원하는 것이 무엇인지를 결정하고 자기의 여러 목적들이 갖는 상대적인 중대성을 판단하는 일은 여전히 행위자 그 자신에게 맡겨져 있음이 분명하다.

　이러한 점에서 나는 시즈위크의 생각을 좇아서 숙고된 합리성(deliberative rationality)이라는 개념을 도입하고자 한다. 그는 한 사람의 미래의 선을 대체로 규정하기를 그 사람에게 가능한 모든 다양한 행위 과정의 결과가 현 시점에서 그에 의해 정확히 예견되고 상상을 통해서 정확하게 인지될 경우에 그가 지금 욕구하고 추구하는 것이라고 한다. 한 개인의 선이란 어떤 조건에 대한 숙고된 반성으로부터 결과되는 충동적인 힘들의 가상적 구성물이다.[14] 시즈위크의 개념을 계획의 선택에 적용시키면 우리는 어떤 사람에게 합리적인 계획이란 숙고된 합리성을 통해서 그가 선택하게 될 계획(계산의 원칙들이나 다른 합리적인 선택 원칙들이 확립될 경우 그것들에 부합되는 계획들 중에서)이라고 말할 수 있다. 그것은 관련된 모든 사실들에 비추어 그러한 계획들의 수행 결과에 대한 행위자의 검토를 통해 자신의 보다 기본적인 욕구를 최선으로 실현시켜 줄 행동 과정을 확인하게 되는 신중한 반성의 결과로서 결정될 그러한 계획인 것이다.

　숙고된 합리성을 이렇게 정의(定義)함에 있어서 가정되어 있는 바는 계산이나 추리의 오류가 없으며 사실들이 정확하게 평가되고 있다는 점이

---

14) *The Methods of Ethics*, 제 7 판 (London: Macmillan), pp. 111 이하 참조.

428 제 7 장 합리성으로서의 선

다. 또한 나는 행위자가 자신이 진실로 원하는 바에 대해서 잘못 인식하고 있지 않다는 것을 가정한다. 그가 자신의 목적을 달성했을 때는 어떤 경우에 있어서도 그는 자기가 더 이상 그것을 원하지 않고 달리 행했기를 바란다는 사실을 발견하지는 않는다는 것이다. 나아가서 자신의 처지와 각 계획을 실현한 결과들에 대한 행위자의 지식은 정확하고 완전한 것으로 가정된다. 관련된 여건들 중에서 고려에서 제외된 것은 없다. 그래서 한 개인에 있어서 최선의 계획은 그가 충분한 정보를 가질 경우 채택하게 될 그러한 것이다. 그것은 그에게 있어서 객관적으로 합리적인 계획이며 그의 진정한 선을 결정해 준다. 물론 실제로는 우리가 이러저러한 계획을 따랐을 경우 일어나게 될 바에 관한 우리의 지식은 불완전한 것이 보통이다. 때때로 우리는 우리에게 합리적인 계획이 무엇인지를 모르며, 우리가 가질 수 있는 최선의 것은 우리의 선이 어디에 존재하는가에 관한 합당한 믿음이며 때로는 우리가 단지 추정만 할 수 있을 뿐이다. 그러나 만일 합리적인 사람이 이용 가능한 정보를 가지고 할 수 있는 바, 최선의 것을 어떤 행위자가 했을 경우에 그가 택하게 된 계획은 주관적으로 합리적인 계획이다. 그의 선택이 부당한 것일 수도 있지만, 그러한 경우에 그 이유는 그의 소신이 어느 정도 그릇되었거나 그의 지식이 불충분했기 때문이지 그가 성급하고 잘못된 추론을 했거나 그가 진정으로 원했던 바에 관해서 혼동을 했기 때문은 아니다. 이러한 경우에 그의 현상적인 선과 그의 실재적 선과의 어떤 어긋남에 대해서도 그에게 잘못이 있는 것은 아니다.

숙고된 합리성이라는 개념은 여러 가지 요소들을 결합하고 있는 아주 복합적인 것임이 분명하다. 나는 반성의 과정이 그릇될 수 있는 모든 방식들을 여기에서 일일이 열거하려 하지는 않겠다. 필요한 경우에는 생길 수 있는 오류의 종류들과 행위자가 적절한 지식을 갖고 있는지를 알기 위해 그가 적용하게 될 검증의 종류를 분류할 수도 있다. 그러나 주목해야 할 것은 일반적으로 합리적 인간은 그에게 가능한 최선의 계획을 그가 발견할 때까지 숙고를 계속하지는 않을 것이라는 점이다. 가끔 그는 만족할 만한 계획(혹은 하위 계획), 다시 말하면 여러 가지 최소한의 조건을 만족시키는 계획을 구상하게 되면 그것으로 만족하기도 한다.[15] 합리적인 숙고 그 자체는 어떤 다른 것과 마찬가지로 하나의 활동이며 그것에 우리가 가담해야 하는 정도는 합리적인 결정에 의한 것이다. 형식상의 규칙은 우리의 계획을 개선함으로써 생길 듯한 이득들이 반성을 위한 시간과 노력을 들일

---

15) 이 점에 대해서는 H.A. Simon, "A Behavioral Model of Rational Choice", *Quarterly Journal of Economics*, 제 69 권 (1955) 참조.

만한 정당한 가치가 있는 지점에 이르기까지 우리가 숙고해야 한다는 것이다. 일단 우리가 숙고의 부담을 감안한다면 완전한 정보를 가졌을 경우 선택하게 될 그러한 최선의 계획을 발견하기 위해 염려하는 것은 불합리한 것이다. 그 이상의 계산과 부가된 지식으로부터 전망되는 보답이 수고를 능가하지 않을 경우에는 만족할 만한 계획에 따르는 것도 충분히 합리적이다. 우리가 결과를 받아들일 만한 각오가 되어 있다는 조건에서라면 숙고 그 자체를 싫어한다 해서 별다른 불합리함은 없다. 합리성으로서의 선은 결정의 과정에 대해서 어떤 특별한 가치를 부여하지 않는다. 신중한 반성이 행위자에게 갖는 중요성은 아마 인간에 따라서 달라질 것이다. 그러나 만일 어떤 사람이 무엇을 하는 것이 최선의 (혹은 만족스러운) 것인가에 관해서 생각하기가 싫음으로 인해서 조금만 반성해 보면 자기가 달리 생각했어야만 함을 인정하게 될 그러한 불행을 당했을 경우라면 그는 불합리한 것이다.

숙고된 합리성을 이런 식으로 해명함에 있어서 내가 가정하고 있는 것은 결정하는 자의 어떤 능력인데, 즉 그는 현재 및 미래에 있어서의 자신의 욕구와 목적의 일반적인 특성을 알아야 하고 그의 욕구가 갖는 상대적인 강도를 평가하며 필요한 경우에는 자기가 진정으로 원하는 바가 무엇인가를 결정하는 능력이 있다는 것이다. 나아가서 그는 자기에게 가능한 대안들을 관찰함으로써 그것들의 일관된 서열을 정할 수 있어야 하며, 어떤 두 개의 계획이 있을 경우 그가 어느 쪽을 택할 것인지 혹은 그에게는 그 어느 것도 상관없는지, 그리고 이러한 선호는 이행적인 것인지의 여부를 알아낼 수가 있다. 일단 어떤 계획이 결정되면 그는 그것을 고수하여 그 실현을 방해하는 당장의 유혹이나 방심을 물리칠 수 있다. 이러한 가정은 내가 지금까지 줄곧 사용해 왔던 합리성이라는 친숙한 개념에도 부합된다(25절). 나는 여기에서 합리적인 것이 갖는 이러한 측면들을 검토하지는 않겠다. 가끔 우리가 자신의 욕구의 상대적인 강도를 평가하는 데 도움이 되는 우리의 목적을 비평하는 몇 가지 방식에 대해서 간단히 언급하는 것이 보다 유익할 것으로 생각된다. 우리의 전반적인 의도가 합리적인 계획(혹은 하위 계획)을 실현하는 것이라는 점을 염두에 둘 때, 분명한 것은 어떤 특성을 갖는 욕구는 계획의 실현을 불가능하게 한다는 점이다. 예를 들어서 우리는 그 내용이 아무런 의미도 없는 것이거나 혹은 확립된 진리에 모순되는 그러한 목적들은 실현할 수가 없다. π는 초경험적인 수이기 때문에 그것이 산술적인 수임을 증명하려는 것은 무의미할 것이다. 물론 어떤 수학자가 그러한 명제의 증명을 시도하는 도중에 많은 중대한 사실들을 발견할지도 모르며 이러한 성취가 그의 노력을 보상해 줄지도 모른다. 그러나 그 목적이 허위를 증명하려는 것일 때만 그의 계획은 비판에 회부될 것이며, 일단 그가 이러한 것을 알게 되면 그는 더 이상 그러한 의도를 갖지 않게 될 것이다. 같은 이야기가 부정확한 소신에 입각한 욕구에 대해서도 타당하다. 그릇된 견해가 이른바 유용한 착각이 되어 우리의 계획을 진전시켜 줌으로써 유익한 결과를 가져올 수도 있다. 그러나 이러한 소신에 기초해 있는 욕구는 그러한 소신이 그릇됨으로 해서 계획의 실현을 불가능하게 하고 보다 나은 계획이 채택되지 못하게 하는 그 정도만큼 불합리한 것이다. (내가 여기에서 주목하고자 하는 바는 기초론에 있어서 사실에 대한 인식이 갖는 가치는 그것이 합리적인 계획의 성공적인 수행에 대해서 갖는 관계로부터 도출된다는 점이다. 적어도 이런 한에서는 참된 소신을 갖는다는 것에 대해서 본질적인 가치를 부여할 아무런 근거도 없는 것이다.)

또한 우리는 우리가 자신의 욕구를 습득하게 되는 여건을 연구하고 우리의 목적들 중 어떤 것은 여러 관점에서 볼 때 적합하지 못하다는 결론을 내릴 수도 있다.[16] 그래서 어떤 욕구는 지나친 일반화에서 생길 수도 있으며 혹은 다소 우연적인 연상에서 올 수도 있다. 특히 이런 일이 일어남직한 것은 우리가 보다 젊기 때문에 필요한 수정을 하기에 충분한 경험과 원숙성을 갖지 못했을 때 생겨난 혐오감(aversion)의 경우에 있어서이다. 또 어떤 욕구들은 과도한 것일 수도 있는데, 그것은 그 이전의 심각한 상실감이나 불안의 기간에 대한 지나친 반동으로서 그 특유한 긴박성을 얻게 된 것이다. 이와 같은 과정들 및 우리의 욕구 체계의 정상적인 계발을 저해하는 그 영향력에 대한 연구는 여기에서 우리의 관심사가 아니다. 하지만 그것들은 숙고의 중대한 방편이 되는 어떤 긴요한 반성점들을 제시해 준다. 우리는 욕구의 기원을 앎으로써 가끔 우리가 어떤 것을 다른 것보다 더 진정으로 욕구하고 있다는 사실이 우리에게 분명하게 되기도 한다. 엄밀히 검토해 봄으로써 어떤 목적은 덜 중요하게 생각되거나 혹은 그 호소력을 전적으로 상실하기까지 하는가 하면, 다른 목적은 선택할 만한 충분한 증거를 제시해 주는 확고한 탁월성을 얻게 된다. 물론 우리의 어떤 욕구나 혐오감을 생겨나게 한 불행한 조건에도 불구하고, 그것이 합리적인 계획의 실현에 적합하고 이를 크게 증진한다고 생각될 수도 있다. 그럴 경우에 그것은 결국 완전히 합리적인 것임이 판명되는 셈이다.

끝으로 계획을 선택하는 데 이용될 수도 있는 시간과 관련된 어떤 원칙

---

16) 이 구절에 있는 견해에 대해서 나는 R. B. Brandt에 도움받고 있다.

이 있다. 연기의 원칙에 대해서 나는 이미 언급했었다. 그것은 합리적인 계획이란 다른 조건이 같은 한, 우리가 관련된 사실들에 대한 분명한 견해를 갖게 될 때까지 수행을 보류해야 함을 내세운다. 그리고 순수한 시간 선호를 배제하는 근거에 대해서도 우리는 역시 고찰하였다(45절). 우리는 자신의 생을 하나의 전체로서, 시간상으로 펼쳐져 있는 한 합리적인 주체의 활동들로 보게 된다. 단순한 시간상의 위치 혹은 현재로부터의 거리 때문에 한 순간을 다른 순간보다 좋아할 수는 없다. 미래의 목적이 단지 미래라는 이유로 인해서 경시되어서는 안 된다. 물론 그것이 다른 것들과 갖는 관계에서 볼 때 그 실현의 가능성이 보다 작다고 생각할 이유가 있을 경우 그것에 보다 작은 비중을 부여할 수 있기는 하다. 우리가 우리의 생활 중 다른 부분에 부여하는 본래적 중요성은 시간의 모든 순간을 통해서 동일해야만 한다. 이러한 가치는 우리가 정할 수 있는 한에서 전체적인 계획 그 자체에 의거해야 하며, 현재의 우리의 관점이 갖는 우연성에 의해 영향을 받아서는 안 된다.

다른 두 개의 원칙은 시간상으로 전체에 걸친 계획의 형태에 적용된다. 그들 중의 하나는 연속성(continuity)의 원칙이다.[17] 그것이 우리들에게 상기시켜 주는 것은 계획이란 시간상의 행동 계열이므로 앞뒤의 행동들은 서로 영향을 주고 받도록 결속되어 있다는 것이다. 전체 계획은 어떤 통일성과 지배적인 주제를 갖게 된다. 말하자면 각 기간에 대한 개별적인 효용 함수라는 것은 없다. 기간들간의 효과가 고려되어야 할 뿐만 아니라 실질적인 내용상의 변화는 피해야 할 것이다. 이와 밀접히 관계된 두번째의 원칙은 우리는 기대가 상승하거나 혹은 적어도 심한 하강은 하지 않음으로써 생기는 이득을 고려해야 함을 내세운다. 인생에는 여러 단계들이 있는데 이상적으로는 각 단계가 그 자체에 특유한 임무와 향락을 지니게 된다. 다른 조건이 같은 경우 우리는 나중의 단계에 행복한 생이 가능하도록 처음 단계들을 처리해야 한다. 대체로 시간상으로 상승하는 기대치가 선정될 것으로 생각된다. 만일 한 행동의 가치가 그 자체의 기간에만 상관해서 평가된다고 한다면, 이것이 가능하다고 가정할 경우 우리는 그러한 선호를 기억이 주는 쾌락보다 기대가 주는 쾌락이 상대적으로 보다 큰 강도를 갖는다는 것에 의해 설명하고자 할 것이다. 만족이 국부적으로 측정될 경우 만족의 총합이 동일하다 할지라도 상승적인 기대치는 차이가 나게 하는 만족의 기준을 제시한다. 그러나 이러한 요인을 제거한

17) 이 명칭은 J. Tinbergen, "Optimum Savings and Utility Maximization over Time", *Econometrica*, 제 28 권 (1960)에서 따온 것이다.

다 할지라도, 상승적인 혹은 적어도 하강하지는 않는 계획이 보다 바람직한 이유는 후기의 행동이 전생애의 결과들과 만족들을 결합하고 관련 지워서 하강적인 계획으로는 할 수가 없는 하나의 일관된 구조를 만들어 내는 일이 자주 있기 때문이다.

숙고의 방편들 및 시간과 관련된 원칙들에 대한 지금까지의 이야기에서 나는 인간의 선에 대한 시즈위크의 생각을 보완하고자 했다. 간단히 말해서 우리의 선은 미래가 정확하게 예견되고 상상을 통해서 적절하게 인지될 경우의 충분한 숙고된 합리성에 의해 우리가 채택하게 될 인생 계획에 의해 정해진다. 방금 우리가 논한 문제들은 이러한 의미에서의 합리적인 것과 관련되어 있다. 여기에서 강조할 만한 것은 합리적인 계획이란 어떤 조건이 충족되었을 경우 선택되어질 것이라는 점이다. 선의 기준은 정의의 기준과 유사한 방식으로 가정적인 것이다. 어떤 일을 하는 것이 우리의 선에 부합하는지에 관한 문제가 생겨날 경우 그에 대한 해답은 그것이 숙고된 합리성에 의해 채택되어질 계획에 얼마나 잘 부합하는가에 달려 있게 된다.

그런데 합리적인 계획이 갖는 한 가지 특징은 그것을 수행하는 도중에 그 사람이 자기의 마음을 바꾸어 자신이 그것과 다른 일을 했을 것을 바라지 않는다는 점이다. 합리적인 사람은 자기가 채택한 계획을 수행한 데 대해 후회를 할 정도로 예견된 결과들에 대해서 대단한 혐오감을 느끼게 되지는 않는다. 하지만 이러한 종류의 후회가 없다는 것이 그 계획의 합리성을 보장하기에 충분한 것은 아니다. 만일 우리가 더 깊이 생각해 본다면 보다 나은 것으로 보이는 다른 계획이 우리에게 가능할 수도 있다. 그러나 만일 우리의 정보가 정확하고 결과들에 대한 우리의 이해가 관련된 측면들에 있어서 완전하다면, 비록 그 계획이 절대적으로 좋은 것이라고 판단되지는 않을지라도 그러한 합리적인 계획을 따른 것을 후회하지는 않게 된다. 이런 경우에 그 계획은 객관적으로 합리적인 것이다. 물론 우리는 다른 점, 예를 들어 우리가 행복한 삶이 이루어질 수 없는 불운한 여건 속에 살지 않을 수 없었다는 데 대해 후회할 수도 있다. 또한 우리가 태어나지 않았기를 바랄 수도 있을 것이다. 그러나 우리가 태어난 이상 이상적인 기준에 의해 판단할 경우에는 나쁜 것일지는 모르나 최선의 계획에 따랐다는 점에 대해서 후회는 하지 않는다. 합리적인 사람은 주관적으로 합리적인 계획을 자기가 따랐다는 데 대해서 후회할지는 모르나 그의 선택이 어떤 방식으로든 비판받게 되었다고 생각해서 후회하는 것은 아니다. 왜냐하면 그는 당시에 최선으로 생각되는 바를 행했으며 나중에 그의 소신이 곤란한 결과를 가져 오는 그릇된 것으로 판명된다 할지라도 그것은 그의 잘못으로 인한 것이 아니기 때문이다. 자책해야 할 아무런 이유도 없다. 최선의 계획은 고사하고 보다 나은 계획이 무엇인지조차도 알 길이 없었던 것이다.

이상의 고찰을 종합해 볼 때 우리는 합리적인 개인이 언제나 자신의 계획이 결국 어떤 결과를 가져오는가에 상관없이 자책할 필요가 없도록 행동함에 있어 지침이 되는 원칙을 갖게 된다. 자신을 시간상으로 연속하는 존재로 볼 경우 그는 자기 생애의 각 순간마다 각 이유의 조정점이 요구하거나 적어도 허용하는 바를 그가 행해 왔다고 말할 수 있을 것이다.[18] 따라서 그가 받아들이는 어떠한 모험도 할 만한 가치가 있는 것이어서 그가 예견할 만한 어떤 이유를 갖고 있는 최악의 일이 일어난다 할지라도 그는 여전히 자기가 한 일이 비판의 대상이 되지 않는다는 것을 주장할 수 있을 것이다. 그는 자신의 선택을 후회하지 않으며 심지어 그때에 달리 행동하는 것이 더 합리적이었으리라고 그가 나중에 믿게 되는 경우에 있어서도 후회하지 않는다. 물론 이러한 원칙으로 인해서 우리가 불행을 결과하는 단계를 밟지 않는다는 것은 아니다. 어떤 것도 우리의 지식이 갖는 애매성과 한계로부터 우리를 보호할 수는 없으며, 우리가 우리에게 가능한 최선의 대책을 발견한다는 것을 보장해 줄 수는 없다. 숙고된 합리성에 의해 행동함으로써 보장될 수 있는 것은 오직 우리의 행위가 비난을 받지는 않는다는 점과 우리가 전 시간에 걸친 한 인간으로서 우리 스스로에 대해서 책임을 진다는 점이다. 만일 어떤 사람이 자기는 다른 사람의 일(대단한 것이 아니라고 가정할 때)에 관심이 없듯이 자기가 나중에 자신의 현재의 행동을 어떻게 볼 것인가에 대해서 주의를 기울이지 않는다고 말한다면 우리는 실로 놀라지 않을 수 없을 것이다. 자신의 미래의 자아가 갖는 요구와 타인들의 관심을 똑같이 도외시하는 자는 타인들에 대해서 뿐만 아니라 자기 자신의 인격에 관해서도 무책임하다. 그는 자기 자신을 하나의 연속적인 개인으로 보지 않는 것이다.

그런데 이런 방식으로 볼 때 자아에 대한 책임(responsibility to self)의 원칙은 정당성의 원칙과 유사하다. 즉 상이한 시기에 자아가 요구하는 바는 각 시기의 자아가 지금까지 수행했고 지금도 수행하고 있는 그러한 계

---

18) 이 구절에 있어서 이 점과 다른 몇 가지 점에 대해서는 C. Fried, *An Anatomy of Values* (Cambridge : Harvard Univ. Press, 1970), pp. 158~169; T. Nagel, *The Possibility of Altruism* (Oxford: The Clarendon Press, 1970), 특히 8장 참조.

획을 내세울 수 있도록 조정되어야 하기 때문이다. 다시 말하면 어떤 시기의 인격이 다른 시기의 인격의 행위에 대해서 불평할 수 없어야 한다. 물론 이러한 원칙은 역경과 고난을 기꺼이 참아 내는 것을 배제하지는 않는다. 그러나 그것은 기대되거나 성취된 선에 비추어서 현재에 받아들일 만한 것이어야 한다. 원초적 입장의 관점에서 볼 때 자아에 대한 책임의 관련성은 충분히 명백한 것으로 보인다. 숙고된 합리성이라는 개념이 거기에 적용되는 까닭에 그것이 의미하는 바는 그것을 적용한 결과가 가장 불운한 가능성이 실현되어 자책을 가져올 경우 당사자들은 정의관에 합의할 수가 없다는 점이다. 그들은 이러한 후회를 하지 않으려고 힘써야 한다. 그리고 공정으로서의 정의의 원칙들은 우리가 약속이 주는 부담에 관한 먼저의 논의(29절)에 비춰볼 수 있듯이 다른 입장들보다 이러한 요구를 더 잘 만족시킬 것으로 생각된다.

합리성으로서의 선에 관하여 마지막으로 주목할 점은 이러한 입장이 의미하는 바는 우리가 계속적으로 계획하고 계산해야 한다는 것이라는 반론이 있을 수 있다는 점이다. 그러나 그러한 해석은 오해에 입각한 것이다. 이론이 갖는 첫번째 목적은 인간의 선에 대한 기준을 제공하려는 것이다. 이러한 기준은 충분히 숙고된 합리성을 통해 선택되어질 합리적인 계획을 참조해서 주로 규정되는 것이다. 그 규정이 갖는 가정적인 특성을 염두에 두어야 한다. 행복한 생애란 이것을 혹은 저것을 할까를 결정함으로써 채택된 것은 아니다. 규정 그 자체만으로는 합리적인 계획의 내용이나 그것을 구성하는 구체적인 행동들에 대한 별다른 이야기가 있을 수 없다. 한 개인이나 혹은 전체 사회까지도 전적으로 자발적인 의사에 의해서 움직임으로써 행복을 달성해야 한다고 생각할 수 없는 것은 아니다. 지극히 운이 좋아서 어떤 사람은 그들이 숙고된 합리성을 거쳐서 채택하게 될 그러한 생활 방식에 날 때부터 우연히 맞추어 살게 될 수도 있다. 그러나 대체로 우리는 그런 식으로 축복받은 존재가 아니며 시간을 통해 생애를 살게 될 사람으로서 우리 자신을 생각하고 돌보지 않고서는 우리는 거의 확실히 우리의 행동 과정에 대해서 후회하게 될 것이다. 설사 어떤 사람이 그의 자연적인 충동에 의거해서 불행을 당하지 않고 성공한 경우에도 역시 우리는 그가 진정으로 행복한지 아닌지를 평가하기 위해서 그의 선에 대한 입장을 요구하게 된다. 그가 그렇게 생각할 수도 있으나 잘못 알고 있을 수도 있다. 그래서 이러한 문제를 해결하기 위해서 그가 그것들에 대해서 염려하지 않음으로써 얻게 될 모든 이득들도 고려해서 그가 합리적으로 택하게 될 가상적인 선택들을 검토해야만 한다.

앞에서 주목한 바와 같이 결정하는 행위가 갖는 가치 그 자체가 합리적인 평가를 받게 되어 있다. 결정을 함에 있어서 우리가 들여야 할 노력은 다른 것과 마찬가지로 여건들에 달려 있다. 합리성으로서의 선은 이러한 문제를 인간과 그의 상황이 갖는 우연성에 맡기게 된다.

65. 아리스토텔레스적 원칙

선에 대한 정의(定義)는 순전히 형식적인 것이다. 그것이 규정하는 있는 것은 어떤 사람의 선이란 최상의 계획들의 집합 속에서 숙고된 합리성을 거쳐 그가 선택하게 될 합리적인 인생 계획에 의해 정해진다는 것이다. 숙고된 합리성이라는 개념과 합리적인 선택의 원칙들은 상당히 복잡한 개념들에 의거하고 있기는 하지만, 우리는 역시 합리적 계획에 대한 정의만 가지고는 그러한 계획이 어떤 유의 목적을 조장할 가능성이 있는가를 도출할 수 없다. 이러한 목적들에 대한 결론들을 이끌어 내기 위해서는 어떤 일반적인 사실들에 주목할 필요가 있다.

첫째로 인간의 욕망 및 욕구의 일반적 특성, 그들이 갖는 상대적인 긴박성과 재현의 주기, 그리고 심리학적인 혹은 다른 조건들에 영향을 받는 그것들의 발전 단계들이 있다. 둘째로 계획들은 인간의 수용력 및 능력의 요구 조건들과 그것의 성숙 및 발전의 성향 그리고 그것이 이러저러한 목적을 위해서 가장 잘 훈련되고 개발될 수 있는 방식 등에 적합해야만 한다. 나는 앞으로 아리스토텔레스적 원칙(Aristotelian Principle)이라고 부르게 될 동기 유발의 기본 원칙을 가정하려 한다. 사회적인 상호 의존성이라는 일반적 사실이 고려되어야만 한다. 사회의 기본 구조는 그 성원들이 정의에 부합되는 공동선에 기여함에 대해서 보상함으로써 다른 것들보다 어떤 특정한 종류의 계획을 권장하고 지지하게 마련이다. 이러한 우연적 요인들을 고려하게 되면 대안적인 계획들의 범위가 보다 좁혀져서 결정의 문제가 어떤 경우에 있어서는 어느 정도 명확해지게 된다. 물론 앞으로 알게 되겠지만 어떤 임의성은 여전히 남게 될 것이지만, 그것은 정당성이 갖는 우선성으로 인해 정의의 관점에서 보아 더 이상 문제가 되지 않을 정도로 제한을 받게 된다(68절).

인간의 욕구 및 능력에 관한 일반적인 사실들은 아마 충분히 명백할 것이며 여기에서 우리가 의도하는 바를 위해서는 상식적인 지식만으로도 충분하리라고 가정하고자 한다. 그런데 아리스토텔레스적 원칙을 다루기 이전에 인간의 선(앞으로도 그렇게 부르겠지만)과 정의의 제한 조건들에 관해서 간략히 언급하고자 한다. 합리적인 계획에 대한 정의(定義)가 주어질 경우 우리는 그러한 선이란 우리의 인생에 있어서 중심적인 것은 아닐지라도 중요한 위치에 적절한 특징들을 갖는 활동과 목적들로 생각할 수 있다.[19] 완전론(full theory)에 있어서 합리적인 계획은 정의의 원칙들에 부합해야 하기 때문에 인간적인 선도 그와 유사한 제한을 받게 된다. 사적인 애정과 우애, 의의있는 활동과 사회적 협동, 지식의 추구 및 미적 대상의 조성과 관조 등등이 지니는 잘 알려진 가치들은 우리의 합리적인 계획에 있어서 두드러진 것일 뿐만 아니라, 그것들은 대체로 정의가 허용되는 방식으로 달성될 수가 있다. 물론 그러한 가치들을 성취하고 보존하기 위해서 우리는 가끔 부정의하게 행동하도록 유혹을 받기는 하지만 그러한 목적들의 달성이 본질상 부정의를 내포하는 것은 아니다. 타인들을 속이고 경시하려는 욕구와는 대조적으로 부정의한 것을 행하는 것은 인간적인 선에 대한 기술(記述)에 포함되어 있지 않다(66절).

이러한 가치들이 갖는 사회적인 상호 의존성은 그것들이 그것을 향유하는 자에게 선일 뿐만 아니라 타인들의 선을 증진시키기도 한다는 사실 속에 나타나 있다. 이러한 목적을 달성함에 있어서 우리는 일반적으로 우리 동료들의 합리적인 계획에도 기여하게 된다. 이러한 의미에서 그것들은 상보적인 선이며 이는 그것들이 특별한 추천을 받을 만한 것으로 선정될 것이라는 점을 설명해 준다. 왜냐하면 어떤 것을 추천한다는 것은 그것을 칭찬함이며, 그것을 선(합리적으로 원하게 될 바)이 되게 하는 특성들을 강조와 시인의 표현을 통해서 자세히 설명하는 것이다. 상호 의존성에 대한 이러한 사실들은 인정된 가치들을 장기적인 계획들 속에 포함시키기 위한 또 다른 이유들이 된다. 왜냐하면 우리가 타인들의 존경과 선의지를 바라거나 혹은 적어도 그들의 적대감이나 경멸을 피하고자 한다고 가정할 때 우리의 목적뿐만 아니라 그들의 목적까지도 달성해 줄 그러한 인생 목적들은 보다더 바람직한 것이 될 경향을 갖게 될 것이다.

이제 우리의 당면 과제로 눈을 돌릴 때 기억해야 할 것으로서 아리스토텔레스적 원칙은 다음과 같다는 점이다. 즉 다른 조건이 같다면 인간 존재는 그들의 능력(그들의 생득적 혹은 습득된 능력)이 현실화되어 행사됨을 즐거워하며, 이러한 즐거움은 그러한 능력이 실현됨에 따라 그리고 그 복잡성이 보다 커짐에 따라 더욱 증가된다는 것이다.[20] 여기에서 직관적으

---

19) 이와 같은 모든 선을 설명하기 위하여, 나는 C.A. Campbell, "Moral and Non-Moral Values", *Mind*, 제 44 권 (1935)에서 도움을 받았다. pp. 279~291 을 보라.

로 떠오르는 생각은 인간 존재란 어떤 것에 더 유능해질수록 그것을 하는
데 즐거움을 갖게 되며, 똑같이 잘 할 수 있는 두 가지 활동 중에서는 보
다 복잡하고 정교한 분별력을 더 많이 보여주는 종목을 택한다는 점이다.
예를 들어 바둑은 장기보다 훨씬더 복잡하고 정교한 놀이이며, 대수는 기
초 산술보다 더 복잡한 것이다. 그래서 그 원칙에 의하면 양쪽을 다 할
수 있는 자는 일반적으로 장기보다는 바둑 놀이를 택할 것이며 산술보다
대수를 더 공부하려 할 것이다. 우리가 여기에서 아리스토텔레스적 원칙
이 참인 이유를 설명할 필요는 없다. 아마 복잡한 활동이 보다 즐길만한
것인 이유는 그것이 경험의 다양성과 새로움에 대한 욕구를 충족시켜 주고
창의성과 발휘력을 발휘할 여지를 남겨 주기 때문이다. 그것들은 또한 예
견과 경이의 즐거움을 일깨우며 때로는 그 활동의 전체적인 형태나 그 구
조적인 전개가 매혹적이고 아름다운 것이다. 나아가서 보다 단순한 활동들
은 복잡한 활동들이 허용하거나 심지어 요구하기까지 하는 개성적인 양식
이나 개인적인 표현의 가능성을 배제한다. 복잡한 행동을 모든 사람들이

20) '아리스토텔레스적 원칙'이라는 명칭은 Aristotles가 *Nicomachean Ethics*,
제7권, 11~14장에서 행복, 활동 및 즐거움간의 관계에 대해서 이야기한
바에 비추어 볼 때 나에게 적합한 것으로 여겨진다. 그러나 그가 이러한 원
칙을 명백하게 말하지 않았으며 기껏해야 그 비슷한 것이 함축적으로 나타나
있는 까닭에 나는 그것을 '아리스토텔레스의 원칙'이라고 부르지는 않겠다.
그러나 Aristotles는 그 원칙이 나타내고자 하는 두 가지 점을 분명히 내세
우고 있다. ① 즐거움이나 쾌락이란 반드시 건강하거나 정상 상태를 회복하
거나 결함을 보완하는 결과로서 주어지는 것은 아니고 오히려, 우리가 자신
의 능력을 행사할 경우에 여러 종류의 쾌락과 즐거움이 생겨난다. 그리고
② 우리의 자연적 능력의 행사는 주된 인간적 가치라는 것이다. 나아가서 ③
보다 즐길 만한 활동과 보다 바람직하고 지속적인 쾌락은 보다 복잡한 분별
력을 내포하는 보다 큰 능력의 행사로부터 생겨난다는 생각은 자연의 질서에
대한 Aristotles의 입장에도 부합될 뿐만 아니라, 그와 유사한 이야기는 일
반적으로 그것이 그의 이유가 되지 않는 경우에 있어서도 그가 내리는 가치
판단에 합치하는 것이다. 즐거움과 쾌락에 대한 Aristotles의 입장에 대한
논의를 위해서는 W.F.R. Hardie, *Aristoteles's Ethical Theory* (Oxford :
The Clarendon Press, 1968), 14장 참조. G.C. Field, *Moral Theory*
(London : Methuen, 1932), pp. 76~78에서 제시된 Aristotles의 입장에 대
한 해명은 내가 아리스토텔레스적 원칙이라고 부른 바를 강하게 암시하고 있
다. Mill은 *Utilitarianism*, 2장에서 그와 아주 흡사한 것을 말하고 있다.
이 점에 있어서 중요한 것으로는 R.W. White, "Ego and Reality in Psycho-
analytic Theory", *Psychological Issues*, 제3권(1963), 3장에서 도입한
有能(effectance) 動因이라는 개념인데 나도 그것에 힘을 입고 있다. 또한
pp. 173~175, 180이하 참조. 그리고 나는 이러한 원칙에 대한 해명과 그 명
칭이 갖는 적합성에 대한 논의에 있어서는 J.M. Cooper의 도움을 받고
있다.

어떻게 동일한 방식으로 수행할 수 있겠는가? 우리가 자신의 자연적인 성향이나 우리의 과거 경험의 교훈에 따라야 함은 우리가 자신의 길을 어떻게든 발견해 나가야 하는 경우에 불가피한 일이다. 이러한 각 특성이 잘 설명될 수 있는 것은 장기 놀이에 의해서이며 대단한 고단수가 놀이에 있어서 그들의 특유한 스타일을 갖는 경우에 있어서까지도 그러하다. 이상의 고려 사항이 아리스토텔레스적 원칙에 대한 설명인지 아니면 그 의미를 보다 확대 해석한 것인지의 문제는 접어 두기로 한다. 나는 선에 대한 어떤 본질적인 것도 그러한 문제에 달려 있지는 않다고 믿는다.

명백한 것은 아리스토텔레스적 원칙에는 포괄성 원칙의 어떤 형태가 포함되어 있다는 점이다. 아니면 적어도 보다 복잡성을 갖는 가장 명백한 경우란 비교되는 활동들 중 하나가 다른 활동의 모든 기술 및 **분별력**에 더하여 그 이상의 것들을 포함하는 경우인 것이다. 여기에서도 다시금 우리는 오직 부분적인 서열만을 확정할 수 있을 뿐인데, 왜냐하면 **여러** 활동들 각각은 다른 활동들에서 사용되지 않는 능력을 요구할 수 있기 때문이다. 이러한 서열은 우리로 하여금 별개의 것으로 보이는 활동들을 비교 분석할 수 있게 하는 어느 정도 정확한 이론과 복잡성에 대한 기준을 소유할 때까지 우리가 가질 수 있는 최선의 것이다. 하지만 나는 이러한 문제를 여기에서 논하지 않겠다. 대신에 복잡성에 대한 우리의 직관적인 생각만으로도 우리의 목적상 충분할 것으로 가정하고자 한다.

아리스토텔레스적 원칙은 동기 유발의 원칙이다. 그것은 우리의 주요 욕구들의 대부분을 설명해 주며 우리의 활동 과정에 대해서 끊임없이 영향력을 행사함으로써 우리가 다른 것이 아닌 어떤 특정한 일을 택하는 이유를 밝혀 주게 된다. 나아가서 그것은 우리의 욕구의 형태에 있어서의 변화를 지배하는 심리학적인 법칙을 나타내고 있다. 그래서 그 원칙이 의미하는 바는 어떤 사람의 능력이 나이가 들면서 증가함에 따라(심리적·생리적인 성숙, 예를 들어 어린이에 있어서 신경 체계의 발달로 인해 생겨나는 바), 그리고 그가 이러한 능력을 훈련시키고 그것을 행사하는 방식을 배우게 됨에 따라 그는 적당한 시기가 되면 그의 최근에 개발된 능력을 요구하는, 즉 그가 현재 종사하고 있는 보다 복잡한 활동을 선택하게 될 것이라는 점이다. 그가 과거에 즐긴 보다 단순한 일은 더 이상 충분히 흥미롭거나 매력적인 것이 못 된다. 만일 우리가 연습과 학습의 어려움을 기꺼이 참아내는 이유를 묻는다면, 그 이유는 (우리가 외적인 보상 및 처벌을 무시할 경우) 과거에 일을 배우는 데 다소의 성공을 거두었고 그 활동이 주는 현재의 즐거움을 맛보므로 해서 우리는 일단 우리가 기술들을 보다 많이 나타내는 종목을 습득하게 될 경우에는 보다 큰 만족을 얻을 수 있으리라고 기대하게 된다는 것이다. 또한 아리스토텔레스적 원칙에는 동반 효과 (companion effect)가 있다. 우리가 타인들에 의해 잘 훈련된 능력이 행사되는 것을 목격할 경우 그러한 발휘는 우리를 즐겁게 해주며 나아가 우리 자신도 동일한 것을 할 수 있어야 한다는 욕구를 불러일으키게 된다. 우리는 우리 자신의 본성 속에 잠재되어 있다고 생각되는 그러한 능력을 행사할 수 있는 자들과 같이 되기를 원하게 된다.

그래서 우리가 얼마나 많이 학습하고 우리의 천부적인 능력을 어느 정도 양성하는가는 그러한 능력이 얼마나 크며 그것을 실현하기 위한 노력이 얼마나 힘드는 것인가에 달려 있는 것으로 보일 것이다. 다시 말하면 개발된 능력의 보다 큰 행사에서 오는 만족의 증대와 그 활동이 보다 힘들고 어려워짐에 따른 학습 부담의 증가간에는 경합이 있게 된다. 훈련의 어려움이 점차 심해지는 데는 한이 없지만 천부적인 재능에 상한선이 있다고 생각할 때, 성취된 능력의 어떤 수준을 넘어서게 되면 그러한 수준을 더 이상 증대시킴에서 생기는 이득은 그것을 개발시키고 유지하기 위해 필요한 그 이상의 연습과 연마에 드는 부담에 의해 그대로 상쇄되어 버린다. 이러한 두 세력이 서로 균형을 이루었을 때 평형 상태에 이르게 되며 이러한 지점에서 보다 큰 능력을 개발하고자 하는 노력은 중단된다. 그래서 능력의 향상과 더불어 활동의 즐거움이 아주 느리게 증가되는 경우(보다 낮은 수준의 천부적 능력의 지표를 가정해 보자), 그에 따라 증가하는 학습의 노력으로 인해 우리는 보다 빨리 포기하게끔 되는 결과를 가져온다. 이런 경우 우리는 보다 복잡한 활동에 결코 가담하지 않을 것이며 그것에 가담함으로써 유발되는 욕구를 습득하지도 않게 된다.

그런데 아리스토텔레스적 원칙을 당연한 사실로서 받아들일 경우, 다른 가정에 비추어 볼 때 능력을 훈련하고 개발하는 것은 일반적으로 합리적인 것이 될 것이다. 최선의 만족스러운 계획은 상당한 정도로 그런 일을 할 것을 제시하는 계획임이 거의 확실하다. 아리스토텔레스적 원칙이 가정하는 이러한 방향에도 어떤 경향성이 있을 뿐만 아니라, 사회적인 상호의존성이라는 명백한 사실과 보다 좁은 의미로 해석된 우리의 관심의 성격도 우리가 같은 식으로 나아가게 하는 성향을 갖는다. 합리적인 계획—언제나 정당성의 원칙에 의해 규제되는—은 여건이 허락하는 한에서 사람을 발전하게 하고 그가 할 수 있는 한 그의 개발된 능력을 발휘하게 해준다. 나아가서 그의 동료들도 공동 이익을 증진하는 것으로서 이러한 활동들을 지지하고 인간적인 탁월성의 표현으로서 그 활동들에 대해서 즐거움을 가질 것이다. 그런데 아리스토텔레스적 원칙에 의해 옹호되는 활동들은 타인들의 평가와 존경을 요구하는 정도만큼 다른 사람들에게도 역시 선이 된다.

이 원칙에 대한 오해를 막기 위해서 염두에 두어야 할 몇 가지 점이 있다. 그 중의 한 가지는 그 원칙은 선택의 불변적인 양태가 아니라 하나의 경향을 정식화하고 있는데, 모든 성향들과 마찬가지로 그것도 무시될 수가 있다는 것이다. 그에 대적하는 경향성은 개발된 능력의 발휘와 보다 복잡한 행위에 대한 선호를 막을 수 있다. 심리적·사회적인 여러 위험과 모험들이 훈련 및 가능적인 성취 속에 내재되어 있으며 이러한 것들을 이해하게 되면 최초의 성향이 없어질 수도 있다. 우리는 그 원칙을 이러한 사실들을 고려하게끔 해석해야만 한다. 그러나 가정상의 성향이 유용한 이론적인 개념이 되기 위해서는 그것이 어느 정도 강한 것이어야 하며 쉽사리 무시되는 것이어서는 안 된다. 나는 이것이 실제로 사실이며 사회 제도들을 마련하는 경우에는 그것이 크게 고려되어야 하고, 만일 그렇지 않은 경우에는 인간의 문화와 생활 방식은 무기력하고 공허한 것이 될 것이라고 생각한다. 인간의 생활이 틀에 박힌 지루한 것이 되면 인간의 생동력과 열성도 사라지게 된다. 이를 증거할 만한 사실은 그것이 종교적인 헌신이거나 순수히 실제적인 문제, 혹은 경기나 오락이든간에 인간의 정력을 흡수하는 모든 생활 양식은 거의 무한히 그 복잡성과 미묘성이 발전되는 경향을 갖는다는 것이다. 사회적인 관행 및 협동적인 활동이 많은 개인들의 상상력을 통해서 형성되어지면, 그것은 점차 보다 복잡한 능력들의 결합과 새로운 활동 방식들을 요구하게 된다. 이러한 과정이 자연적이고 자유로운 활동을 즐김에 의해 진행된다는 것은 그와 똑같은 모든 특징들을 보여주는 어린이와 동물들의 자발적인 놀이에 의해 증명되는 것으로 생각된다.

더 이상 고려할 점은, 그 원칙이 어떤 특정한 유의 활동이 선택되어질 것임을 수장하지는 않는다는 것이다. 그것이 내세우는 것은 단지 다른 조건이 같을 경우, 우리는 개발되는 능력이 보다 많이 발휘되는 종목에 의존하는 보다 복잡한 활동을 선택한다는 점이다. 보다 자세히 말하기 위해 우리가 일정한 수의 활동들에 대해 포섭 관계에 의해 연쇄적인 서열을 매길 수 있다고 생각해 보자. 이것은 n번째의 활동은 n—1번째의 활동이 갖는 모든 기술에 더하여 그 이상의 어떤 것들을 발휘함을 의미한다. 그런데 이러한 연쇄에는 서로 공유하는 요소들을 갖지 않는 무한히 많은 것들이 존재한다고 가정하고, 나아가서는 수많은 연쇄들이 동일한 활동에서 시작은 하되 그 활동이 다른 방식으로 형성되고 풍요롭게 될 수 있음을 나타낸다고 생각해 보자. 아리스토텔레스적 원칙이 뜻하는 바에 의하면 어떤 사람이 어떤 연쇄에 (그리고 아마도 여러 연쇄들에) 속하는 활동에 참여하는 경우 그는 그 연쇄를 따라 올라가는 경향을 갖는다는 것이다. 일반적으로 그는 n—1 번째의 활동보다 n 번째의 활동을 택할 것이며 그의 능력이 계발될 여지가 보다 많을수록, 그리고 학습과 훈련의 부담이 보다 작을수록 이러한 경향은 보다 강해질 것이다. 최소한의 노력을 들여서 가장 고도의 능력을 발휘할 최대의 전망을 주는 연쇄 및 연쇄들을 따라 올라가는 것을 택하게 될 것이다. 사람이 따르게 될 실제상의 과정과 그에게 가장 호소력이 있을 활동들의 결합은, 그의 성향 및 재능 그리고 그의 사회적 여건, 그의 동료들이 평가하고 권장할 듯한 바가 무엇인가에 의해 결정된다. 그래서 천부적 자질과 사회적 기회들이 인간이 결국 택하게 될 연쇄에 영향을 미칠 것은 분명하다. 그 원칙 자체는 어떤 연쇄가 채택되든간에 그것을 따라 올라가는 성향이 있음을 내세우고 있을 뿐이다. 그렇다고 해서 합리적인 계획은 어떤 특정한 목적들만을 포함한다거나 그것이 어떤 특수한 사회 형태를 대표한다는 결과가 나오지는 않는다.

또한 우리는 비록 그것이 중요한 것이 아닐지는 모르나 모든 활동은 어떤 연쇄에 속한다고 가정할 수 있을 것이다. 그 이유는 인간의 창의성은 각 활동마다 그에 요구되는 기술과 분별력이 점증하는 목록을 끌어 내는 연속적인 연쇄를 발견할 수 있고 또한 발견하게 되는 것이 보통이기 때문이다. 하지만 우리는 더 높이 올라가서 선택된 연쇄의 수준을 향상시키고 유지하기 위해 요구되는 자원을 다 써 버리게 될 경우 연쇄를 따라 움직이는 일을 멈추게 된다. 여기에서 자원이란 넓은 의미로 해석되는 것으로서 그 가장 중요한 것들 가운데는 시간과 정력이 있다. 그 이유는 예를 들어 우리는 구두끈을 매거나 넥타이를 맬 경우 곧바로 해버리는 것에 만족하며, 보통 이러한 일상적인 행위를 복잡한 양식으로 만들지를 않는다. 하루에는 일정한 시간밖에 없기 때문에 우리가 우리에게 가능한 모든 연쇄에 있어서 우리 능력의 상한선에까지 오를 수는 없다. 그러나 독방에 갇힌 죄수는 판에 박힌 일과로 소일하는 까닭에 지루하지 않게 그 일과를 해낼 방식들을 생각해 내게 된다. 형식상의 기준에 의하면 합리적인 인간은 보다 나은 활동 양식들(정의의 원칙에 부합하는)을 선택해서 그 각 연쇄들을 따라 계획상 어떤 변형이 있을지라도 더 이상의 개선이 있을 수 없는 지점에까지 나아간다는 것이다. 물론 이러한 대체적인 기준이 우리에게 어떤 식으로 결정이 이루어질 것인가를 말해 주지 않으며, 그것은 오히려 시간과 정력이 제한된 것임을 강조하고 비록 우리가 참여하는 형식에 있어서는 어떤 활동이 더 이상 발전할 여지가 있다 하더라도 그것이 다른 것에 비해서 경시되는 이유를 설명해 준다.

그런데 아리스토텔레스적 원칙이 참이라고 생각할 근거가 없다는 반론이 있을 수도 있다. 그와 어떤 유사성을 갖는 자아 실현(self-realization)이라는 이상주의적 개념처럼 그것도 별다른 근거도 없는 철학자의 원칙과 같은 의미를 지닌다는 것이다. 그러나 그 원칙은 일상 생활의 여러 사실들 및 어린이나 일부의 고등 동물들의 행동에 의해 입증될 것으로 생각된다. 나아가서 그것에는 진화론적인 설명이 주어질 수 있을 것으로 보인다. 자연 도태는 이러한 원칙에 적합한 생물만을 택해 왔다. 아리스토텔레스에 의하면 인간은 알기를 욕구한다는 것이다. 우리가 이러한 욕구를 습득하게 된 것은 그 원칙이 타당할 경우, 우리의 힘이 미치는 것이면 어떤 종류이든지 보다 복잡하고 힘이 드는 활동에 가담하고자 하는 욕구의 자연적인 발전에 의한 것이다. 21) 인간 존재는 보다 큰 다양성을 갖는 경험을 즐기며 그들은 그러한 활동이 제공하는 새로움, 경이 그리고 창의와 발명의 기회에 즐거움을 갖는다. 자발적인 활동의 대다수는 우리가 상상력이나 창조적인 환상에서 취하는 즐거움의 표현이다. 그래서 아리스토텔레스적 원칙은 인간 존재를 주로 육체적인 욕구의 압력에 의해 움직일 뿐 아니라 적어도 긴박하고 강압적인 욕구가 만족되었을 경우에는 즐거운 일을 오직 그 자체를 위해서 행하고자 하는 욕구에 의해 움직이는 존재로 규정한다. 이러한 즐거운 활동의 특징은 그것이 행해지는 양식 및 방식으로부터 그것이 나중에 되돌아오는 지속성에 이르기까지 여러 가지가 있다. 우리는 분명한 보답의 유인이 없이 그것을 행하며, 우리가 그것에 종사할 수 있게 하는 그 자체가 흔히 다른 일을 하는데 대한 보답으로서 작용할 수가 있다. 22) 아리스토텔레스적 원칙은 현존하는 인간 욕구의 한 측면을 나타내는 까닭에 합리적인 계획은 그것을 고려해야 한다. 진화론적인 설명은 비록 옳은 것이긴 하지만 우리의 성격이 갖는 이러한 면모에 대한 정당화가 될 수 없음은 물론이다. 사실상 정당화의 문제는 생겨나지 않는

21) B. G. Campbell, *Human Evolution* (Chicago : Aldine Publishing Co., 1966), pp. 49~53; W.H. Thorpe, *Science, Man, and Morals* (London : Methuen, 1965), pp. 87~92 참조. 동물에 대해서는 I. Eibl-Eibesfeldt, *Ethology*, trans. E. Klinghammer (N.Y.: Holt, Rinehart, and Winston, 1970), pp. 217~248 참조.
22) 이러한 이야기는 원숭이에게도 합당한 것으로 생각된다. Eibl-Eibesfeldt, 같은 책, p. 239 참조.

다. 문제가 되는 것은 오히려 그러한 원칙이 우리가 알고 있는 바의 인간성을 특징짓는 것임을 인정할 경우, 그것이 어느 정도로 권장되고 지지되어야 하며 합리적인 인생 계획을 세우는 데 그것이 어떻게 고려되어야할 것인가이다.

선에 관한 이론에 있어서 아리스토텔레스적 원칙이 갖는 역할은 그것이 다른 일반적인 사실들 및 합리적인 계획이라는 개념과 더불어 우리의 신중한 가치 판단을 해명해 주는 깊은 심리학적 사실을 서술해 준다는 것이다. 인간의 선이라고 공통적으로 생각되고 있는 것들은 합리적인 계획에서 주요한 위치를 차지하는 목적과 활동들임이 판명되어야 한다. 그 원칙은 이러한 판단들을 규제하는 배경의 일부를 이룬다. 그 원칙이 참이고 선과 불선에 관한 우리의 신념(반성적 평형 상태에 있어서의)에 부합하는 결론을 가져 올 경우 그것은 도덕 이론에서 제대로의 위치를 갖게 된다. 비록 그러한 개념이 어떤 사람에게 타당하지 않다 할지라도 합리적인 장기적 계획이라는 관념은 여전히 적용된다. 우리는 그들에게 선이 되는 바를 과거와 마찬가지로 알아 낼 수 있다. 그래서 어떤 사람이 있는데 그의 유일의 즐거움은 공원의 광장이나 잘 다듬어진 잔디밭의 풀잎을 세는 것이라고 생각해 보자. 다른 면에서 그는 지능이 높으며 실제로 비상한 기술을 소유하고 있는데, 왜냐하면 그는 어려운 수학 문제를 푸는 일로 돈을 벌어 살아 가고 있기 때문이다. 선에 대한 정의(定義)에 의하면 우리는 이 사람에게 있어서 선은 풀잎을 세는 것, 혹은 보다 정확하게는, 그의 선은 그러한 활동에 특히 현저한 비중을 부여하는 계획에 의해 정해진다는 것을 인정하지 않을 수 없다. 이러한 사람이 존재한다는 데 대해서 우리는 당연히 놀라지 않을 수 없다. 그의 경우에 당면해서 우리는 다른 가설을 시도해 보게 될 것이다. 아마 그는 특유한 신경병 증세를 가진 자이며 어린 시절에 인간적인 우의에 대한 혐오감을 갖게 되어 다른 사람을 대하는 일을 피하기 위해 풀잎이나 세고 있는 것이다. 그러나 만일 우리가 그는 천성적으로 다른 것은 즐기지 않고 바로 이러한 활동을 즐기며 그의 조건을 변경시킬 만한 방도가 없음을 인정할 경우, 그에게 합리적인 계획에 있어서 이러한 활동이 중심이 될 것임은 확실하다. 그것은 그에게 그의 행동의 스케줄을 규제하는 목적이 될 것이며 이러한 사실로 인해서 그것이 그에게 선임이 입증된다. 내가 이런 기이한 경우를 말한 것은 단지 어떤 인간의 선을 그를 위한 합리적인 계획으로 정의(定義)함이 옳은 것이기 위해서 아리스토텔레스적 원칙이 옳은 것이어야 할 필요는 없음을 보이기 위한 것이다. 그러한 원칙이 부정확하다고 판명되거나 혹은 전혀 그릇된 것일지라도 그 정의(定義)는 만족할 만한 것이라고 나는 생각한다. 그러나 그 원칙을 가정함으로써 우리는 어떤 것이 있는 그대로의 인간 존재에게 선으로 인정될 것인가를 해명할 수 있을 것으로 보인다. 나아가서 이 원칙은 자존감이라는 기본적인 선과 관련되어 있는 것이기 때문에 그것은 공정으로서의 정의관의 기초로 되어 있는 도덕 심리학에 있어서 **중요한 위치**를 갖는 것으로 판명될 것이다(67 절).

66. 인간에 적용되는 선에 대한 정의

어떤 인간의 선(person's good)을 합리적인 인생 계획의 성공적인 **수행**으로 규정하고 그 부분적인 수행을 하위의 선으로 규정했으므로, 우리는 또 다른 정의(定義)를 도입할 수 있는 입장에 놓여 있다. 그렇게 함으로써 선이라는 개념은 도덕 철학에 있어서 중요한 지위를 차지하는 다른 주제들에도 적용되어진다. 그러나 이러한 일을 하기 이전에 우리가 주목해야 할 것은, 기본적인 선이 선의 기초론에 의해 해명될 수 있다는 가정이다. 다시 말하면 나는 기본적인 선이란 일반적으로 합리적인 인생 계획을 작성하고 실현함에 있어서 필요한 것이므로 다른 어떤 것을 원하든간에 이러한 선을 원하는 것은 합리적이라고 가정한다. 원초적 입장에 있는 자들은 선에 대한 이러한 입장을 받아들일 것으로 생각되며, 따라서 그들은 자신들이 보다 큰 자유 및 기회 그리고 그들의 목적을 달성하기 위한 보다 광범한 수단들을 원하리라는 것을 인정할 것이다. 이러한 목표들과 더불어 기본적인 자존감을 확보한다는 목표를 염두에 두고서 그들은 원초적 입장에서 그들에게 가능한 정의관들을 평가하게 된다.

자유 및 기회, 소득과 부, 그리고 무엇보다도 자존감이 기본적인 **선이**라는 사실이 기초론에 의해 설명되어야 함은 물론이다. 정의의 원칙들에 대한 조건들이, 최초의 상황에 대한 규정의 일부로서 역할을 하게 될 기본적인 선의 목록을 작성하는 데 사용될 수는 없다. 그 이유는 물론 이 목록이 정당성의 원칙들에 대한 선택이 도출되어질 전제들 가운데 하나이기 때문이다. 그 목록을 설명하는 데 이러한 원칙들을 인용한다는 것은 순환 논증이 될 것이다. 그래서 우리는 기본적인 선의 목록이 선을 합리성으로 보는 입장과 더불어 인간의 욕구 및 능력에 대한 일반적인 사실, 그 특징적인 측면들, 그 육성을 위한 요구 조건, 아리스토텔레스적 원칙, 사회적인 상호 의존의 필요성 등에 의해서 설명되어질 수 있다고 생각해야만 한다. 어떤 점에서도 우리는 정의의 제한 조건에 의존할 수가 없다.

그러나 일단 우리가 이와 같은 기본적인 선의 목록이 이런 식으로 이루어 지는 것에 만족하게 되면 선에 대한 정의를 적용하는 모든 면에 있어서는 정당성의 조건들에 자유로이 의거할 수가 있을 것이다. 내가 여기에서 기 본적인 선의 목록에 대한 문제를 논의하지 않는 이유는 그들에 대한 요구 가 너무 명백한 것으로 생각되기 때문이다. 그러나 나는 특히 자존감이라 는 기본적인 선과 관련해서 이러한 문제점에 때때로 되돌아오게 될 것이 다. 아래에서 나는 그 목록이 확립된 것으로 간주하고 선에 대한 완전론 을 적용할 것이다. 그러한 이론에 대한 검토는 그것이 반성적 평형 상태 에 있어서 우리의 숙고된 판단에 부합하는가에 의해 이루어진다.

선의 이론에 관해서 고찰되어야 할 두 가지 기본적인 문제점이 남는다. 우리는 그 정의가 인간과 사회 양자에 적용될 것인지를 확인해야만 한다. 이 절에서는 인간의 경우를 논하기로 하고, 좋은 사회의 문제는 공정으로 서의 정의관의 전 부분과 관련지을 수 있는 마지막 장으로 미루기로 한다. 그런데 많은 철학자들이 선을 합리성으로 보는 것과 비슷한 어떤 입장을 세공품이나 기능 그리고 우정 및 애정과 같이 도덕과 상관없는 가치들, 지식의 추구, 미의 향락에 기꺼이 적용해 왔다. 사실상 내가 강조해 온 바도 합리성으로서의 선이 갖는 주 요소들은 현저하게 다른 신념을 가진 철학자들에 의해 공유되는 지극히 공통된 것이라는 점이다. 그러나 선에 대한 이러한 입장은 도덕적인 가치의 경우에는 적용되지 않는 수단적이거 나 경제적인 가치론을 표현하고 있다고 생각되는 일이 종종 있었다. 우리 가 정의롭거나 자애로운 인간이 도덕적으로 선하다고 말할 경우에는 선에 대한 다른 개념과 관련되어 있다고들 한다. [23] 그러나 일단 정당성과 정의 의 원칙들이 주어지면 합리성으로서의 선에 대한 완전론은 실제로 이러한 판단들에도 적용될 수 있다. 소위 수단적이거나 경제적인 이론이 실패하 는 이유는 결국 기초론적인 것이 바로 도덕적인 가치의 문제에 적용되었 기 때문이다. 그대신에 우리가 해야 할 일은 그로부터 정당성과 정의의 원칙들이 도출될 원초적 입장에 대한 규정의 일부로서 그러한 이론을 사 용하는 것이다. 그러면 우리는 선에 대한 완전론을 제한없이 적용할 수 있으며 그것을 좋은 인간과 좋은 사회라는 두 가지 기본적인 경우에 자유 로이 사용하게 된다. 원초적인 입장을 거쳐서 기초론을 완전론으로 발전 시키는 것은 중대한 조치인 것이다.

그 정의(定義)를 도덕적인 가치의 문제에까지 확대함에 있어서는 여러

---

23) C.A. Campbell, "Moral and Non-Moral Values", *Mind*, 제 44 권 (1935) ; R.M. Hare, "Geach on Good and Evil", *Analysis*, 제 18 권 (1957) 참조.

방식이 나타나게 되며, 나는 적어도 이들 중의 하나는 충분히 역할을 잘
하리라고 생각한다. 첫째로 우리는 어떤 기본적인 역할이나 지위, 즉 시
민의 지위를 선정할 수 있으며, 그럴 경우 좋은 인간이란 시민들이 서로
간에 합리적으로 원하게 될 특성을 평균 정도 이상으로 갖고 있는 자라고
할 수 있다. 여기에서 적절한 관점이란 동일한 역할을 갖는 다른 시민들
을 판단하는 시민의 관점이다. 둘째로 좋은 인간이란 개념은 어떤 일반적
인 혹은 평균적인 평가를 요구하는 것으로 해석될 수 있으며, 따라서 좋
은 인간이란 그의 여러 가지 역할, 특히 보다 중요하다고 생각되는 역할
을 잘 수행하는 사람이라 할 수 있다. 끝으로 사람들이 갖는 사회적 역할
들 중 어떤 것에 비추어 보아도 사람들에게 합리적으로 원하게 될 특성들
이 존재한다는 것이다. 만일 그것들이 존재하는 경우 이러한 특성들은 일
반적인 근거를 갖는 것들이라 생각해 보자. [24] 도구의 경우에 있어서 이러
한 관념을 예시하자면 일반적인 기초를 갖는 특성이란 효율성, 내구성,
용이한 보존 등이다. 이러한 특징들도 거의 모든 종류의 도구들에 있어서
바람직한 것이다. 훨씬 덜 일반적인 기초를 갖는 특성은 그 단면(斷面)의
보존, 녹이 나지 않는 것 등이다. 어떤 도구에 있어서는 이러한 특징을
갖는가의 문제가 생겨나지 않을 수도 있을 것이다. 그와 마찬가지로 좋은
의사나 좋은 농부 등과 비교해서 좋은 인간은 사람들이 서로간에 합리적
으로 원하게 될 일반적인 기초를 갖는 특성들을 평균인보다 높은 정도로
갖는 사람이라고 할 수 있다.

　언뜻 보아서 마지막 이야기는 가장 그럴듯한 것으로 생각된다. 그것은
첫번째 것을 특수한 경우로서 포괄하고 두번째 것의 직관적인 관념도 갖
는 것으로 될 수 있다. 그러나 그렇게 하는 데는 어떤 복잡한 문제들이
있다. 첫번째 문제는 일반적인 기초를 갖는 특성들이 선정되는 관점과 그
러한 선호의 근거가 되는 가정을 확인하는 일이다. 내가 곧바로 주목하는
바는 도덕적인 기본 덕목들, 다시 말하면 정당성의 원칙들에 입각해서 행
위하고자 하는 강하고도 대체로 효과적인 욕구들이 일반적인 기초를 갖는
특성 속에 들어가는 것은 확실하다는 점이다. 여하튼 내가 합당하다고 생
각하게 될 질서 정연한 사회나 혹은 거의 정의로운 상태에 있는 사회를
우리가 고려하고 있다고 생각하는 한 그것은 사실임에 틀림없다고 생각된
다. 그런데 이러한 사회의 기본 구조는 정의로운 것이며 이러한 체제는
그 사회의 공공적인 정의관에 비춰 볼 때 안정된 것이므로 그 성원들은

---

24) 여기에서 일반적인 기초를 갖는 특성이라는 개념 및 그 용법에 있어서 나는
　　T.M. Scanlon 에 도움을 받고 있다.

일반적으로 적합한 정의감과 그들의 제도들이 유지되는 것을 바라는 욕구를 가질 것이다. 그러나 또한 대체로 정의의 원칙들이 인정되고 있으며 다른 사람도 마찬가지로 그에 의해 행위하리라는 가정에만 의해서도 각자가 그러한 원칙들에 의해 행위하는 것이 합리적이라는 것은 옳다. 따라서 질서 정연한 사회의 대표적인 성원은 다른 이들도 기본적인 덕목들, 특히 정의감을 가질 것을 스스로 원한다는 사실을 알게 될 것이다. 그의 합리적인 인생 계획은 정당성의 조건들에 부합되며 그는 타인들도 동일한 조건들을 인정할 것을 바랄 것임이 확실하다. 이러한 결론을 절대적으로 확고한 것이 되게 하기 위해 우리는 또한 이미 정의감을 습득하고 있는 바, 질서 정연한 사회에 속하는 자들이 그러한 도덕감을 유지하고 강화시키기까지 한다는 것이 합리적임을 확인하고자 한다. 나는 이러한 문제를 나중에(86절) 고찰하겠는데 당분간 나는 그것이 타당하다고 가정할 것이다. 그래서 이러한 모든 가정들을 전제할 때 분명하게 생각되는 것은 기본적인 덕목들이란 질서 정연한 사회의 성원들간에 서로 합리적으로 바라게 될 일반적인 기초를 갖는 특성들 속에 들어간다는 점이다.

또 다른 문제점도 고려되어야 한다. 덕목만큼 일반적인 기초를 가진 것으로 생각되는 다른 특성들이 있는데, 예를 들면 지능과 상상력, 체력 및 지구력 등이다. 사실상 이러한 속성의 어떤 최소치는 정당한 행위를 위해서 필요한데, 왜냐하면 예를 들어 판단력과 상상력이 없이는 자애로운 의도일지라도 쉽사리 해를 가져 올 수 있기 때문이다. 반면에 지능과 활력이 정의감이나 의무감에 의해 규제되지 않으면 그것은 단지 타인들의 합법적인 요구를 침해하는 능력을 증대해 줄 뿐이다. 어떤 사람이 이러한 측면에 있어서 정의로운 제도가 위기에 처할 정도로 아주 우월하기를 바라는 것이 불합리함은 물론이다. 그러나 이러한 자연적인 자질을 적절한 정도로 소유한다는 것이 사회적인 관점에서 볼 때 바람직한 것은 물론이며, 따라서 일정한 한도 내에서 이러한 속성들은 일반적인 기초를 갖게 된다. 그래서 도덕적인 덕목들이 일반적인 기초를 갖는 특성들 속에 포함되는 것이긴 하지만, 그러한 것들이 이러한 특성들의 부류에 있어서 유일한 것은 아니다.

그런데 도덕적인 덕목과 자연적인 자질을 구분할 필요가 있다. 후자는 교육이나 훈련에 의해 개발되는 자연적인 능력으로 생각될 수 있으며, 종종 그것들은 대략 측정할 수 있는 특유한 지적 기준이나 혹은 다른 기준에 따라서 발휘되는 것이다. 반면에 덕목들은 우리로 하여금 어떤 정당성의 원칙에 입각해서 행위하게 하는 감정이요 습관적인 태도이다. 우리는 덕목을 그에 상응하는 원칙에 따라 구분할 수 있다. 그래서 나는 덕목은 이미 확립된 정의관을 이용해서 가려내질 수 있다고 가정하며, 일단 이러한 정의관에 합의되면 우리는 그것에 의거해서 **도덕감을** 규정할 수 있고 그것을 자연적인 자질들로부터 구분할 수 있다.

그런데 좋은 사람이나 도덕적인 가치가 있는 인간이란 원초적 입장에 있는 사람들간에 서로 합리적으로 원하게 될 도덕적인 성품 중에서 일반적인 기초를 갖는 특성들을 평균 이상의 높은 정도로 갖고 있는 자이다. 정의의 원칙들이 선정되었고 그 철저한 준수를 우리가 가정하고 있기 때문에, 각자는 사회에서 다른 사람들이 이러한 기준의 고수를 밑받침해 주는 도덕감을 갖기를 자기가 원할 것임을 알고 있다. 그래서 우리는 좋은 사람이란 질서 정연한 사회의 성원들이 그들의 동료들에게 합리적으로 바라게 될 도덕적인 성품의 특성들을 가진 자라고 바꾸어 말할 수 있을 것이다. 이러한 해석들 중 어떤 것도 새로운 윤리적인 개념을 도입하는 것은 없으며 따라서 선이 합리성이라는 정의(定義)는 인간에까지 확대되는 것이다. 선에 대한 기초론을 하위 부분으로 갖는 정의론과 더불어, 그에 대한 완전론은 윤리학에 있어서 제 3 의 주요 개념인 도덕적인 가치에 대한 만족한 해명을 제시하는 것으로 생각된다.

어떤 철학자들은 인격으로서의 인간은 어떤 특정한 역할이나 기능도 갖지 않으며 하나의 도구나 대상으로 취급되지도 않으므로 합리성으로서의 선과 같은 방식의 정의(定義)는 타당하지 않다고 생각한다.[25] 그러나 우리가 살핀 바와 같이 인간이 어떤 특정한 역할을 가졌다거나 더우기 그가 어떤 궁극적인 목적을 위해 사용될 사물이라고 가정하지 않고서도 그러한 종류의 정의(定義)를 전개할 수가 있다. 물론 그 정의를 도덕적인 가치의 경우에로 확대하기 위해서는 여러 가지 가정을 하게 된다. 특히 나는 어떤 공동체의 성원이 되고 여러 형태의 협동체에 가담한다는 것은 인간 생활의 조건임을 가정하고 있다. 그러나 이러한 가정은 정의나 도덕적인 가치에 대한 이론을 해치지 않을 정도로 충분히 일반적인 것이다. 사실상 앞에서 내가 주목한 바와 같이 우리의 신중한 도덕 판단에 대한 해명이 사회의 자연적인 여건들에 의거한다는 것도 전적으로 타당하다. 이러한 의미에서 도덕 철학에 있어서 선험적인 것이라고는 아무 것도 없다. 요약해서 말하자면 선에 대한 이런 정의(定義)가 도덕적 가치의 개념에 적용될 수 있게 하는 것은 이미 도출된 정의의 원칙들의 사용에 의한 것임을 상

---

25) 예로서 Hare, "Geach on Good and Evil", pp. 109 이하 참조.

기하는 것으로 충분하다. 나아가서 이러한 원칙의 특수한 내용과 도출 양
식도 역시 관련되어 있다. 공정으로서의 정의의 주요 개념인 정의의 원칙
들은 평등한 원초적 입장에서 합리적인 인간에 의해 합의될 것이라는 사
실로 인해서, 선에 대한 정의를 도덕적인 선이라는 보다 넓은 문제에로
확대할 수 있는 길이 마련되는 것이다.

　선에 대한 정의(定義)가 다른 경우들에도 확대될 수 있는 방식을 제시하
는 것은 바람직한 일이다. 그렇게 함으로써 우리는 그것을 인간에 적용함
에 있어 보다 확신을 갖게 될 것이다. 그래서 각 사람들에 있어서 그의
선을 결정해 주는 합리적인 인생 계획이 있다고 생각해 보자. 그럴 경우
우리는 좋은 행동이란(자선 행위라는 의미에서) 우리가 자유로이 하거나 하
지 않을 수 있는 행위, 즉 자연적인 의무나 책무의 어떤 요구 사항도 우
리가 그것을 행하거나 행하지 않게끔 규제하지 않는 행위, 타인의 선(그의
합리적인 행위)을 증진하거나 증진할 의사를 가진 행위로 규정할 수 있다.
한걸음 더 나아가서 좋은 행위란(선의의 행위라는 의미에서) 타인의 선을 위
해서 수행되는 좋은 행위로 규정할 수 있다. 자선 행위(beneficent act)는
타인의 선을 증진하는 것이고 선의의 행위(benevolent action)는 타인들이 그
러한 선을 갖기를 바라는 욕구에서 수행되는 것이다. 선의의 행위가 타인
을위해서 많은 선을 가져오며 그것이 보다 좁게 해석된 행위자의 이해 관
계에 의해 평가해 볼 때 그에게 상당한 손실이나 위험에도 불구하고 취해진
다면 그 행위는 의무 이상의 것이다. 타인에게 매우 좋은 것이 될 행위, 특
히 타인을 큰 손해나 상해로부터 보호하는 행위는 그 행위자에게 주는 희
생과 위험이 그리 크지 않을 경우에는 상호 협조의 원칙이 요구하는 자연
적인 의무이다. 그래서 의무 이상의 행위란 자연적인 의무를 무효화하는 전
제가 충족되었다 할지라도 사람이 타인을 위해 행하는 행위로 생각될 수
있다. 일반적으로 의무 이상의 행위는 합당한 자기 이익(self-interest)을 고
려하는 면제의 조건이 성립되지 않는 경우에는 의무가 될 그러한 행위이다.
결국 정당성에 대한 완전한 계약론적인 입장에 있어서는 우리가 원초적
입장의 관점에서 무엇이 합당한 자기 이익으로 간주될 것인가를 결정해야
할 것임은 물론이다. 그러나 나는 이 문제를 여기서 다루지 않을 것이다.

　끝으로 선에 대한 완전론은 우리들로 하여금 도덕적 가치의 서로 다른 종
류들이나 그 결여 상태를 구분할 수 있게 해준다. 그래서 우리는 부정의한
자, 선하지 못한(bad) 자, 그리고 악한 자를 구분할 수가 있다. 예를 들어
어떤 사람이 과도한 권력, 다시 말하면 타인들에 대해서 정의의 원칙들이
허용하는 이상으로 그리고 자의적으로 행사될 수 있는 권한을 추구한다는

사실을 생각해 보자. 이러한 경우에 있어서는 자신의 목적을 달성하기 위해서 부당하고 부정의한 것을 행하려는 욕구가 있게 된다. 그런데 부정의한(unjust) 사람은 적절한 제한만 가하면 합법적인 것이 될 부 및 안전과 같은 목적을 위해서 지배권을 추구한다. 선하지 못한 사람은 그것을 행사함으로써 갖게 될 지배감을 자기가 즐길 수 있고 사회적인 명성을 추구하기 때문에 자의적인 권력을 바라는 자이다. 또한 그는 적절히 제한되면 선이 될 것들, 즉 타인들의 존경 및 자제감 등에 대한 지나친 욕구를 가지고 있다. 그를 위험하게 만드는 것은 바로 이러한 야망들을 만족시키는 그의 방식이다. 이와 대조적으로 악한(evil) 사람은 부정의한 법규가 평등한 원초적 입장에서 독립적인 인간들이 합의하게 될 바를 침해하게 될 것이며, 따라서 그러한 법규를 소유하고 그것을 과시함으로써 자신의 우월성을 나타내고 타인들의 자존감을 모욕하기 위해 부정의한 법규를 안출(案出)하는 자이다. 추구되는 것은 바로 이러한 과시와 모욕이다. 악한 자를 움직이는 것은 부정의에 대한 사랑인데, 그는 자신에게 복종하는 자의 무력과 굴복을 즐거워하며 그들에 의해서 그들의 몰락을 좌우하는 장본인으로 인정받는 것을 좋아한다. 일단 정의론이 내가 완전론이라 부르는 선에 대한 이론과 결합되면 우리는 이러한 것을 위시해서 다른 구분들도 가능하게 된다. 도덕적인 가치의 여러 가지 차이들이 설명될 수 없으리라는 우려를 할 아무런 이유가 없는 것으로 생각된다.

67. 자존감, 탁월성, 수치심

여러 번에 걸쳐서 나는 아마도 가장 중요한 기본선은 자존감(self-respect)일 것이라고 말했다. 우리는 그 이유를, 선을 합리성으로 보는 입장이 설명할 수 있는지를 확인해야 한다. 우리는 자존감(혹은 자중감)이 두 가지 측면을 갖는 것으로 규정할 수 있다. 첫째로 앞서 주목한 바와 같이 (29절) 그것은 인간이 갖는 자기 자신의 가치감, 자기의 선에 대한 자신의 관점(價値觀) 및 자기의 인생 계획이 실현할 만한 가치가 있다는 데 대한 자신의 확고한 신념 등을 포함한다. 그리고 둘째로 자존감은 자신의 의도를 성취하는 것이 자기의 힘에 닿는 것인 한에서 자기의 능력에 대한 자신감을 내포한다. 우리의 계획이 보잘 것 없다고 느낄 경우에 우리는 그것을 즐거이 추구할 수가 없으며 그 실현에 기쁨을 가질 수 없다. 실패와 자기 불신(self-doubt)을 걱정한 나머지 우리의 노력을 계속해서 기울일 수 없다. 그래서 자존감이 기본선이 되는 이유가 명백해진다. 그것이 없이는 어떤 것도 할 가치가 없는 것으로 보이며, 또는 비록 어떤 것이 우리에게 가치가 있는 것일지라도 우리는 그것을 추구하고자 하는 의지를 갖지 못하게 된다. 모든 욕구와 활동은 공허하게 되고 우리는 무감각과 냉소에 빠지게 된다. 따라서 원초적 입장에 있는 당사자들은 어떠한 대가를 치루더라도 자존감을 침해하는 사회적인 조건들은 피하려 하게 될 것이다. 공정으로서의 정의관이 다른 원칙들에 비해서 자존감을 더 지지해 준다는 사실은 그들이 그것을 채택하게 되는 강력한 근거가 된다.

선을 합리성으로 보는 입장에 의해서 우리는 자존감이나 자기 자신의 가치감이 갖는 첫번째 측면을 지지해 주는 여건들을 보다 완전하게 규정할 수 있다. 그 핵심은 두 가지인데 ① 합리적인 인생 계획 특히 아리스토텔레스적 원칙을 만족시키는 계획을 갖는다는 것 ② 우리의 인격과 행위가 마찬가지로 존중을 받고 있는 타인들에 의해 평가와 인정을 받으며 그들 집단에 의해 애호받는다는 것을 아는 것이 그것이다. 그런데 나는 어떤 사람의 인생 계획이 그의 천부적인 능력을 흥미로운 방식으로 요구하는 것이 아닐 경우 그것은 그에게 어떤 매력을 잃게 될 것이라고 가정한다. 어떤 활동이 아리스토텔레스적 원칙을 만족시키지 못할 경우, 그것은 무기력하고 단조로운 것으로 보일 것이며 유능하다는 기분이나 그것이 할만한 가치가 있다는 느낌을 주지 못할 것이다. 사람은 자신의 능력이 충분히 실현되고 적절히 복잡하고 세련된 방식으로 조직될 경우 자기 가치에 대한 보다 큰 자신을 갖는 경향이 있다.

그러나 아리스토텔레스적 원칙이 갖는 동반 효과는 우리가 하는 일에 대해서 타인들이 인정하고 즐거워하는 정도에 영향을 준다. 왜냐하면 우리의 노력이 우리의 동료에게 평가받지 않는 한 우리가 그것이 가치있는 것이라는 확신을 가질 수 없음이 사실이기는 하지만, 타인들도 우리가 하는 일이 그들의 존경을 불러일으키고 그들에게 즐거움을 주는 경우에만 그것을 귀중하게 생각하는 경향이 있다는 것도 역시 사실이기 때문이다. 그래서 복잡하고 미묘한 재능을 보여주고 분별력과 세련미를 나타내는 활동은 행위자 자신이나 그의 주위에 있는 사람들 모두에 의해서 귀중하게 여겨진다. 나아가서 어떤 사람이 자신의 생활 방식이 실현할 만한 가치가 있는 것으로 경험하면 할수록 그는 우리의 재능도 더욱더 귀하게 여기게 될 것이다. 자기에 대해서 자신을 갖고 있는 자는 타인을 평가하는 데 있어서도 인색하지 않다. 이상의 이야기들을 종합하면 사람들이 자기 자신과 서로를 존귀하게 여길 조건은 그들의 공통된 계획이 합리적이면서도 상보적일 것을 요구하는 것으로 보여야 된다는 것인데, 즉 그 계획들은 그들

의 훈련된 재질을 요구하고 각자에게 우월감을 야기하며 그들이 결합되어
모든 사람이 인정하고 즐기게 될 하나의 활동 체계를 이루게 된다는 것
이다.

　그런데 이상과 같은 규정들은 일반적으로 만족될 수 없다고 생각할지
도 모른다. 우리는 예술적·과학적 혹은 사회적인 공통의 목적을 추구하
기 위해 결합된 고도의 재능을 가진 개인들의 제한된 단체에서만 그러한
유의 것이 가능하다고 생각할 수도 있다. 사회 전체를 통해서 자존감의
지속적인 기초를 확립할 수 있는 방도는 없는 것으로 보일지 모른다. 그
러나 이러한 추정은 그릇된 것이다. 아리스토텔레스적 원칙의 적용은 언
제나 개인에 따라 상대적이며, 따라서 그의 자연적인 재능이나 특유한 상
황에 따라 상대적이다. 각자는 그가 속하고 그 속에서 자신에게 합리적인
활동이 타인들에 의해서도 공적으로 인정될 어떤 단체(하나 혹은 그 이상의)
가 있다는 것으로 보통 충분하다. 이런 식으로 해서 우리는 우리가 일상
생활에서 하는 일이 가치가 있다는 느낌을 갖게 된다. 나아가 단체에 의
한 유대는 자존감의 두번째 측면을 강화해 주는데, 왜냐하면 그것이 실패
의 가능성을 감소시키고 불운이 닥칠 경우에도 자기 불신감을 갖지 않게
끔 해주는 경향을 갖기 때문이다. 물론 인간은 여러 가지 가능성과 능력
을 가지며 어떤 이에게 흥미롭고 매력적으로 여겨지는 바가 다른 사람에
게는 그렇게 생각되지 않을 것이다. 그러나 여하튼 질서 정연한 사회에는
여러 가지 공동체와 단체가 있으며 각 단체의 성원들은 자신의 포부와 재
능에 적절히 부합하는 그들 자신의 이상을 갖는다. 완전론적인 입장에 비
추어 판단해 볼 때 많은 집단의 활동들은 고도의 탁월성을 나타내지 않을
수도 있다. 그러나 그것은 문제가 되지 않는다. 중요한 것은 이러한 단체
의 내적인 생활이 그것에 속하는 자들의 능력과 욕구에 따라 적절하게 조
정되어야 하고, 그 성원들의 가치감에 대한 확고한 기초를 제시해야 한다
는 점이다. 성취한 바의 절대적인 수준이 비록 규정될 수 있다 할지라도
그것은 아무런 관련이 없다. 그러나 어떠한 경우이든 시민으로서 우리는
완전성의 기준을 정치적인 원리로서는 거부하게 되며, 정의의 목적상 서
로의 생활 방식이 갖는 상대적인 가치에 대한 어떤 평가도 피하게 된다.
그래서 필요한 것은 적어도 각자에게 그가 속하고 거기에서 자신의 노력
이 그의 동료들에게 인정받게 될 바 공유된 이해 관계를 갖는 공동체가 하
나는 있어야 한다는 것이다. 그리고 대체로 공공 생활에 있어서 시민들이
서로의 목적을 존중하고 그리고 자신들의 요구들을 자기의 자존감도 역시
지지해 줄 방식에 따라 판단할 경우 이상과 같은 것은 충분히 보장이 된

다. 정의의 원칙들이 주장하는 바는 바로 이러한 배경적인 조건이다. 원초적 입장의 당사자들이 완전성의 원칙을 채택하지 않는 이유는 그러한 기준을 배제하게 되면 아리스토텔레스적 원칙을 충족시키는(그래서 정의의 원칙에도 부합되는) 모든 활동의 선을 인정하게 되는 길이 마련되기 때문이다. 서로의 목적들을 판단함에 있어서 이러한 민주주의는 질서 정연한 사회에 있어 자존감의 기초가 된다.

나중에 나는 이러한 문제들을 사회적인 연합체의 이념과 관련지을 것이다(79~82절). 여기에서 내가 논하고자 하는 것은 자존감(self-respect), 탁월성(excellences), 수치심(shame)간의 관계이며 수치심이 자연적인 감정에 대립되는 도덕적인 감정이 되는 경우도 생각해 보고자 한다. 그런데 우리는 수치심을 어떤 사람이 자신의 자존감이 상함을 경험하거나 자중감에 타격을 받을 경우 갖게 되는 감정이라고 규정할 수 있다. 수치심이 고통스러운 것은 그것이 귀중한 선의 상실이기 때문이다. 그런데 수치심과 후회감은 구분되어야 하는데 이 점을 주목해야 할 것이다. 후자는 사려없이 부주의하게 어떤 일을 해서 그것이 우리에게 어떤 해를 결과한 데 대해 후회하는 경우에서와 같이 어떤 종류의 선이든 상실함으로써 생기게 되는 감정이다. 후회감을 설명함에 있어서 우리는 이른바 놓친 기회나 낭비해 버린 수단에 초점을 맞추게 된다. 그런데 우리는 또한 수치심을 갖게 한 어떤 일을 하거나 우리의 자존감의 기초를 확립해 줄 인생 계획을 수행하지 못한 데 대해서도 후회를 할 수 있다. 그래서 우리는 우리 자신의 가치감을 상실한 데 대해서 후회할 수 있다. 후회란 우리가 자신에게 선이라고 생각한 바의 상실이나 부재에 의해 야기된 일반적인 감정인 반면에 수치심은 특수한 종류의 선인 자존감에 대한 타격에 의해 야기되는 감정이다.

그런데 후회감이나 수치심은 자아에 관련된 것이기는 하지만, 수치심은 우리의 인격 즉 우리 자신의 가치감을 확인하기 위해 의거하게 될 바와 특별히 밀접한 관련을 내포하는 것이다.[26] 또한 수치심이란 그것을 설명

---

26) 수치심에 대한 나의 정의는 W. McDougall, *An Introduction to Social Psychology* (London: Methuen, 1908), pp. 124~128에 나오는 것과 가깝다. 자존감과 내가 아리스토텔레스적 원칙이라 부른 것과의 관련에 대해서 나는 White, "Ego and Reality in Psychoanalytic Theory", 7장에 따랐다. 죄책감에 대한 수치심의 관계에 대해서는 G. Piers and M. Singer, *Shame and Guilt* (Springfield, Ill.: Charles C. Thomas, 1953)에 도움을 받고 있는데 물론 나의 논의의 구성은 전혀 다른 것이긴 하다. 또한 E. Erikson, "Identity and the Life Cycle", *Psychological Issuss*, 제1권 (1959), pp. 39~41, 65~70 참조. 수치심에 대한 자세한 것을 위해서는 S. Cavell, "The Avo-

하기 위해 정당성의 원칙이 인용되기도 하므로 때로는 도덕적인 감정이 된다. 우리는 이러한 사실에 대한 해명을 찾아 내야만 한다. 일차적으로 우리에게(그것을 소유한 자에게) 선인 것과 우리뿐만 아니라 다른 사람에게도 역시 선이 되는 우리 인격의 속성들을 구분해 보자. 이러한 두 가지 분류가 절대적인 것은 아니나 적절한 대조점을 나타내 주고 있다. 그래서 일용품이나 재산 품목(배타적인 선)은 주로 그것을 소유하고 이용하는 자에게 선이요 타인들에게는 단지 간접적으로만 그러하다. 반면에 상상력과 기지, 미와 우아, 그리고 다른 천부적 자질 및 인간의 능력은 타인들에게도 역시 선이 되며 적절하게 표현되고 정당하게 발휘될 경우 그것들은 우리들 자신뿐만 아니라 우리 동료들에게도 즐거움을 주게 된다. 그러한 것들은 사람들이 자기 자신이나 타인들이 자신들의 본성을 실현함에 있어 함께 참여하여 즐기게 되는 상보적인 활동에 대한 인간적인 수단을 형성하는 것이다. 이러한 선의 부류는 탁월성을 구성하는데, 즉 그것들은 모든 사람들이(우리 자신을 포함해서) 우리가 갖기를 합리적으로 원하게 될 인간의 특성이요 능력들이다. 우리의 관점에서 볼 때 탁월성이 선이 되는 이유는 그것으로 인해서 우리가 우리의 우월감을 향상시켜 주는 보다 만족스러운 인생 계획을 실현할 수 있게 되기 때문이다. 동시에 그러한 속성들은 우리의 동료들에 의해 좋은 평가를 받게 되며, 그들이 우리의 인격과 우리가 하는 바에 있어서 갖게 되는 즐거움은 우리의 자존감을 지지해 준다. 그래서 탁월성은 인간 발전의 조건이며 따라서 그것은 모든 이의 관점에서 볼 때 선이 된다. 이러한 사실은 탁월성을 자존심의 조건들과 관련지우고 그것과 우리 자신의 가치에 대한 우리의 자신감과의 관계를 설명해 준다.

첫째로 자연적인 수치심을 생각해 보면 그것은 독점적인 선의 상실이나 부재로부터 생기지는 않으며, 적어도 직접적으로는 그러하지 않으며 어떤 탁월성을 갖지 못하거나 발휘하지 못함으로 인해서 결과되는, 우리의 자존감에 대한 손상으로부터 생겨나는 것이다. 우리에게 일차적으로 선이 되는 것의 결손은 후회를 야기하기는 하지만 수치심을 결과하지는 않는다. 그래서 우리는 자신의 모습이나 우둔함에 대해서 수치심을 느낄 수 있다. 보통 이러한 속성들은 우리의 의사에 의한 것이 아니므로 그로 인해서 우리가 비난받을 만한 존재는 되지 않는다. 그러나 수치심과 자존감간의 관계가 성립할 경우 그러한 것들 때문에 기가 죽는다는 것은 확실하다. 그

idance of Love", *Must We Mean What We Say?* (N.Y.: Charles Scribner's Sons, 1969), pp. 278, 286 이하 참조.

려한 결점으로 인해서 때로는 우리의 생활 방식이 덜 충족되고 타인으로부터는 덜 호의적인 지지를 받게 된다. 그래서 자연적인 수치심은 우리의 인간적인 결점이나 그것을 보여주는 행위 및 속성으로부터 생겨나는 것인데, 그것은 우리 자신뿐만 아니라 타인들도 우리가 갖는 것이 합리적이라고 보는 그러한 특성의 상실이나 결손을 나타낸다. 그러나 어떤 제한이 필요하다. 무엇을 우리가 수치로 느끼게 되는가를 결정하는 것은 우리의 인생 계획이며 따라서 수치감은 우리의 포부, 우리가 하고자 하는 바, 그리고 우리가 동료로 삼고자 하는 자에 따라서 상대적이다.[27] 음악적인 능력이 없는 자는 음악가가 되려고 하지 않으며 그러한 결함에 대해서 수치심을 느끼지 않는다. 사실상 그것은 전혀 결함이 아니며 적어도 다른 일을 함으로써 단체를 즐겁게 할 수 있는 경우에는 결함이 되지 않는다. 그래서 우리는 인생 계획이 주어질 경우 우리가 갖는 보다 중요한 단체의 목적을 수행하는 데 필요한 탁월성의 상실이나 부재를 나타내는 바, 우리의 인격의 결함이나 우리 행위의 실패를 수치스럽게 생각하는 경향이 있다고 말해야 한다.

이제 도덕적인 수치심에 대해서는 단지 우리가(앞장에서 나온) 좋은 사람이라는 개념에 대한 해명과 수치심의 성격에 관한 위의 설명을 종합하기만 하면 된다. 그래서 어떤 사람은 자기가 자기 인격의 탁월성으로서 그의 인생 계획이 요구하고 권장하게 될 그러한 덕목들을 귀중하게 생각할 경우, 도덕적인 수치심을 느낄 수 있게 된다. 그는 그 덕목들이나 혹은 그 일부를 그의 동료나 그 자신이 자기 자신에게 원하는 그러한 특성이라고 생각하게 된다. 이러한 탁월성을 간직하고 그것을 그의 행위 속에 표현한다는 것은 그의 규제적인 목적(regulative ends)들에 속하며 그가 교제하고자 하는 자들에 의해서 자신이 평가받고 대우받을 조건이라고 느끼게 된다. 그래서 자기의 인격에 이러한 속성이 없음을 나타내거나 폭로하는 행동과 특성은 수치심을 유발할 가능성이 있으며 그러한 결함에 대한 의식이나 회상도 같은 것을 생기게 한다. 수치심은 자아의 위축감에서 생기기 때문에 우리는 도덕적인 수치심도 어떻게 그런 식으로 생각될 수 있는지를 설명해야만 한다. 첫째로 원초적 입장에 대한 칸트적 해석이 의미하는 바에 의하면 정당하고 정의로운 것을 행하고자 하는 욕구는 사람들이 자유롭고 평등한 합리적 존재로서 그들의 본성을 표현하는 주요 방식이라는 점이다. 그리고 아리스토텔레스적 원칙에서 볼 때 그들의 본

27) W. James, *The Principles of Psychology*, 제 1 권 (N.Y, 1890), pp. 309 이하 참조.

성에 대한 이러한 표현은 그들의 선에 있어서 기본적인 요구라는 결론이 나온다. 도덕적인 가치에 대한 해명과 관련지워 볼 때 우리는 덕목이란 탁월성임을 알게 된다. 그것은 우리 자신뿐만 아니라 타인들의 관점에서도 선이 되는 것이다. 그것이 없으면 우리의 자존감이나 우리의 동료들이 우리에 대해서 갖게 되는 존경심 양자를 모두 저해할 가능성이 있게 된다. 따라서 이러한 결함이 나타나면 자신의 자존감에 상처가 가게 되고 그에 따라 수치감이 생겨나게 된다.

도덕적인 수치심과 죄책감(guilt)간의 차이점에 주목하는 것은 도움이 될 것이다. 비록 그 양자가 동일한 행동에 의해 생겨날 수 있기는 하지만 그에 대해서 동일한 설명이 주어지지는 않는다(73절). 예를 들어 남을 속이거나 비겁하게 항복한 사람이 죄책감과 수치심 모두를 느꼈다고 생각해 보자. 그가 죄책감을 느끼는 이유는 그가 자신의 정당성 및 정의감에 반하는 행위를 했기 때문이다. 부당하게 자기의 이익을 추구함으로써 그는 타인의 권리를 침해했으며 그가 피해 당사자와 우정이나 교제의 관계를 가진 경우에 그의 죄책감은 보다 강한 것이 될 것이다. 그는 타인들이 자신의 행위에 대해서 분개하고 화를 내리라고 예견하고 그들의 정당한 분노와 보복의 가능성을 두려워한다. 그러나, 그가 또한 수치심을 느끼게 되는 이유는 그의 행위에 의해서 자기가 자제력이라는 선을 실현하지도 못하고 자기의 가치감을 확인시켜 줄 그의 동료들에게 무가치함을 보이게 되기 때문이다. 그는 그들이 자기를 배척하고 조소의 대상으로 경멸할 것을 두려워한다. 그의 행동을 통해서 그는 자기가 귀중하게 여기며 얻기를 바라는 도덕적인 탁월성의 결핍을 노출한 셈이다.

그래서 우리는 사회 생활의 문제들에 있어서 나타나게 될 우리의 인격이 탁월성을 가지도록 하기 위해 모든 덕목을 다 추구하게 될 것이며 그러한 것이 없을 경우에는 우리가 쉽사리 수치심을 갖게 된다. 그러나 어떤 덕목은 특별한 방식으로 수치심과 관련이 되는데, 왜냐하면 그것은 자제력을 실현하고 거기에 수반되는 힘, 용기, 극기 등의 탁월성을 달성하는 데 실패한 것을 두드러지게 암시하기 때문이다. 이러한 특성이 없음을 나타내는 결함은 특히 우리로 하여금 고통스러운 수치심을 느끼게 하기 쉽다. 그래서 정당성과 정의의 원칙들은 우리가 도덕적인 수치심과 죄책감을 느끼게 하는 행위를 설명하는 데 이용되기는 하지만 그 각 경우에 있어서 관점이 서로 다른 것이다. 한 경우에 있어서는 우리가 타인들의 정의로운 요구들에 대한 침해와 우리가 그들에게 끼치는 상해 및 그들이 우리의 행위를 알게 될 경우, 그것이 가져올 듯한 그들의 분노와 분개에 주목하게 된다. 반면에 다른 경우에 있어서는 우리가 우리의 자존감의 상실이나 우리의 목적을 수행할 능력이 없음에 의해 타격을 받게 되는데, 우리는 타인들이 우리에 대해 갖게 될 존경심이 줄어질 것에 대한 불안과 우리 자신의 이상에 따라 살지 못하는 자신에 대한 실망에서 오는 자아의 위축을 느끼게 된다. 도덕적인 수치심과 죄책감은 모두가 타인들에 대한 우리의 관계를 내포하는 것이 분명하며 그 각각은 정당성과 정의의 제1원칙을 우리가 받아들인다는 것에 대한 표현이다. 그러나 그러한 감정들은 우리의 여건을 대조적으로 보는 서로 다른 관점 속에서 생겨나는 것이다.

68. 정당성과 선과의 몇 가지 대비

계약론의 구조적인 특성을 밝히기 위해서 나는 이제 정당성(옳음 : the right)과 선(좋음 : the good)이라는 개념간의 몇 가지 대비점에 대해 언급하려 한다. 이러한 개념들에 의해 도덕적 가치들이 설명되어질 수 있기 때문에, 그것은 도덕론의 두 가지 기본적인 개념이다. 윤리설의 구조는 이러한 두 개념을 관련지우고 그 차이점들을 규정하는 방식에 따라 달라진다. 공정으로서의 정의관의 두드러진 특성은 이러한 문제점에 주목하는 데서 밝혀질 수 있을 것이다.

한 가지 차이점으로서 정의의 원칙들(정당성 일반의 원칙들)은 원초적 입장에서 선택되어질 것인데 비해, 합리적인 선택의 원칙들과 숙고된 합리성의 기준은 전혀 선택되지 않는다는 점이다. 정의론에 있어서 첫번째 과제는 결과되는 원칙들이 철학적인 시점에서 볼 때 올바른 정의관을 나타내도록 최초의 상황을 규정하는 일이다. 이것이 뜻하는 바는 그러한 상황에 전형적인 특성이 원칙들을 받아들이기 위한 논의에 있어 합당한 제약 조건들을 나타내어야 하고, 합의되는 원칙들은 반성적 평형 상태에 있어서 정의에 대한 우리의 숙고된 신념에 부합해야 한다는 것이다. 우선 합리적 선택의 원칙들에는 합의가 필요하지 않다. 각 사람은 자기가 바라는 대로 자유로이 그의 인생을 계획할 수 있으므로(그의 의도가 정의의 원칙들에 부합하는 한) 합리성의 기준에 관한 만장 일치가 요구되지 않는다. 선에 대한 기초론에 있어서 합리적인 선택의 명백한 기준만으로도 기본적인 선에 대한 선호를 설명하기에 충분하다는 것과 합리성에 대한 입장에 있어서 존재하는 이러한 변통성(變通性)이 원초적 입장에서 채택될 정의의 원칙들에는 영향을 미치지 않는다는 것이 정의론이 가정하고 있는 전부이다.

하지만 내가 가정해 온 것은 인간 존재는 어떤 원칙들을 인정하리라는 것과 그러한 기준은 열거를 통해서 합리성이라는 개념에 대치될 수 있다는 점이다. 만일 우리가 바란다면 목록상에 있어서 어떤 변통성을 허용할 수 있다. 그래서 불확정을 처리하는 최선의 방식에 대해서 불일치가 있게 된다.[28] 그러나 자신의 계획을 세움에 있어서 개인들이 이러한 경우에 그들의 성향을 따른다고 생각되지 않아야 할 이유는 없다. 따라서 있을 법한 불확실성 아래서는 어떠한 선택의 원칙도 그에 대한 결정적인 반증이 제시되지 않는 한 그 목록에 첨가될 수 있다. 우리가 이러한 문제에 관해서 염려해야 될 경우는 오직 선에 대한 기초론에 있어서이다. 여기에서 합리성이라는 개념은 기본적인 선에 대한 일반적인 욕구가 확인될 수 있고 정의의 원칙들에 대한 선택이 논증될 수 있게끔 해석되어야 한다. 그러나 이러한 경우에 있어서조차도 채택된 정의관은 합리성에 대한 대립적인 해석들에 관해서 상관하지 않는다고 말해 왔다. 하지만 어떠한 경우에도 일단 정의의 원칙들이 채택되고 또한 우리가 완전론 내에서 생각하는 한, 합리적인 선택의 모든 기준에 대해서 억지로 만장 일치가 되게끔 선에 대한 입장을 세울 필요는 없다. 사실상 그것은 공정으로서의 정의관이 정의로운 제도 체제 내에서 개인과 단체에게 보장하는 선택의 자유에 배치되는 것이다.

정당성과 선 사이의 두번째 대비점은, 일반적으로 자신의 선에 대한 개인들의 입장은 현저하게 서로 달라야 좋은 것인데 반해서 정당성에 대한 입장에 대해서는 그렇지 않다는 점이다. 질서 정연한 사회에서 시민들은 동일한 정당성의 원칙을 갖게 되며 특정한 경우에 있어서도 동일한 판단에 이르고자 노력한다. 이러한 원칙들은 사람들이 서로간에 하게 될 대립적인 요구들간에 최종적인 서열을 정하기 위한 것이며, 비록 실제상에 있어서는 각자가 그것을 받아들이는 것이 서로 다를지라도 그러한 서열이 모든 사람들의 관점에서 확인될 수 있다는 것은 중요한 것이다. 반면에 개인들은 그들의 선을 다른 방식에서 찾게 되며 다른 사람에게 선이 아닐 수 있는 것이 어떤 이에게는 선이 되는 것도 여러 가지 있을 수 있다. 나아가서 특정한 개인의 선이 무엇인가에 대해서 공인된 판단에 이르는 것도 반드시 필요한 것은 아니다. 그러한 합의가 정의론에서 필요하게 되는 이유는 가치 판단에서는 타당하지가 않다. 비록 우리가 타인의 관점을 취해서 그에게 이득이 될 바가 무엇인가를 측정하려고 하는 경우일지라도 우리는 소위 조언자로서 그 일을 하는 것이다. 우리가 다른 사람의 입장

28) R.D. Luce and H. Raiffa, *Games and Decisions* (N.Y.: John Wiley and Sons, 1957), pp. 278~306 에 나오는 논의를 참조.

이 되어서 우리가 그의 목적과 욕구를 가진다고 가정할 경우 우리는 사물을 그의 관점에서 보고자 한다. 부권적 간섭주의(paternalism)의 문제가 배제될 경우 요청이 있을 때면 우리의 판단이 제시되기는 하나 우리의 조언이 거부되고 우리의 소견대로 행하지 않을지라도 정당성에 있어서의 대립은 없는 것이다.

그런데 질서 정연한 사회에 있어서 개인들의 인생 계획이 서로 다르다는 것은 그 계획들이 다른 목적들을 강조하고 사람들은 타인들의 견해를 한갓 조언으로 생각하며, 자신의 선을 자유로이 정하게 된다는 뜻에서이다. 그런데 선에 대한 입장에 있어서 이러한 다양성은 그 자체로서 좋은 것인데, 다시 말하면 질서 정연한 사회의 성원들이 자신의 계획이 서로 다르기를 원하는 것은 합리적인 것이 된다. 이에 대한 이유는 명백하다. 인간 존재는 다양한 재능과 능력을 가지고 있으며 그 어떤 한 사람이나 한 인간 집단에 의해서 그 전체가 실현될 수는 없다. 그래서 우리는 우리의 개발된 성향이 상보적인 성격을 가짐에 의해서 이득을 볼 뿐만 아니라 서로 상대방의 활동에 대해서 즐거움을 갖게 된다. 그것은 마치 타인이 우리 자신이 개발할 수가 없었던 우리 자신의 일부를 표현하는 것과 같다. 우리 자신은 다른 일들에 전념해야 하며 우리가 지금까지 해온 작은 부분에만 종사해야 한다(79절). 그러나 정의에 있어서는 사정이 매우 달라지게 되는데, 여기에 있어서 우리는 공통된 원칙들을 요구할 뿐만 아니라 대립적인 주장들의 최종적인 원칙이 규정될 수 있게끔 그 원칙들을 특정한 경우에 적용하는 방식도 충분히 유사해야만 한다. 정의에 대한 판단들은 특수한 여건에 있어서만 조언적인 것이다.

세번째 차이점으로는 정의의 원칙들은 무지의 베일에 의해서 규제되는 반면 인간의 선에 대한 평가는 사실들에 대한 충분한 지식에 의존할 수 있다는 것이다. 그래서 앞에서도 보았듯이 정의의 원칙들은 어떤 종류의 특정 정보가 없는 데서 선택되어야 할 뿐만 아니라, 이러한 원칙들이 헌법 및 사회의 기본 체제를 기획하고 법과 정책을 결정하는 데 사용될 경우 우리는 비록 엄격하지는 않을지라도 유사한 제약에 의거해야 한다. 제헌 위원회의 대표들이나 이상적인 입법자와 투표자도 역시 그들이 단지 적합한 일반적인 사실들만 알고 있는 그러한 관점을 취할 것이 요구된다. 반면에 자신의 선에 대한 개인의 입장은 처음부터 자기의 특정한 처지로부터 조정되게 마련이다. 합리적인 인생 계획은 우리의 특수한 능력, 관심 및 여건을 고려하며 따라서 그것이 우리의 사회적 지위와 천부적인 자질에 의존하는 것은 아주 당연한 것이다. 합리적인 계획을 이러한 우연성에 맞춘다 해서 반대할 수 없는 이유는, 정의의 원칙들이 이미 선택되어져서 이러한 계획들과 더불어 그것이 권장할 목적들 및 그것이 이용할 수단들을 규제하기 때문이다. 그러나 정의에 대한 판단에 있어서는 정보에 대한 모든 제한이 제거되고, 특정한 경우들이 모든 적합한 사실들에 비추어서 결정되는 것은 오직 사법적·행정적 단계에서 뿐이다.

이러한 대비점들에 비추어서 앞으로 우리는 계약론과 공리주의간의 중대한 차이를 해명할 수가 있다. 공리주의적인 원칙은 합리적인 욕구의 만족으로 이해된 선을 극대화하는 것이기 때문에, 우리는 현존하는 선호와 그것이 미래에로 연장되는 가능성을 전제하고 만족의 최대 순수 잔여를 추구하는 것이다. 그러나 앞에서도 보았듯이 합리적인 계획의 결정은 중요한 방식에서 미결정적이다(64절). 보다 명백하고 쉽게 적용되는 합리적 선택의 원칙에 의해서도 최선의 계획은 명시되지 않으며 불확정적인 상태로 남는 부분이 많은 것이다. 이러한 불확정성은 공정으로서의 정의관에 있어서는 난점이 될 수 없는데, 왜냐하면 계획의 자세한 내용들은 무엇이 정당하고 정의로운 것인가에 대해서 아무런 영향도 미치지 않기 때문이다. 그래서 인생 계획이 갖는 임의적인 측면은 정의의 원칙들이나 혹은 기본 구조가 편성되는 방식에 영향을 주지 않는다. 합리성이라는 개념에 있어서의 불확정성은 사람들이 서로간에 부과하는 합법적인 요구로 이행하지 않는다. 정당성이 갖는 우선성이 이를 막아 주는 것이다.

한편 공리주의자들은 그러한 불확정이 허용하는 선호의 체계들이 일상적으로 이해되는 바의 부정의를 결과하게 될 이론적인 가능성을 인정해야만 한다. 예를 들어 사회의 대부분이 특정한 종교적·성적인 관행에 대해서 혐오감을 갖고 있어 그것들을 혐오의 대상으로 간주한다고 생각해 보자. 이러한 감정이 너무 강해서 그러한 관행이 공공의 눈을 피하는 것만으로 충분하지 못하며, 그러한 것들이 시행되고 있다고 생각만 해도 다수자의 분노와 증오를 유발하기에 충분하다고 해보자. 비록 이러한 태도가 도덕적인 근거에 의해 지지될 수 없는 경우에도 그것을 비합리적인 것으로 배제할 만한 확실한 방도는 없는 것이라 생각된다. 그런데 욕구의 최대 만족을 추구한다고 해서 사회적인 상해를 유발하지 않는 행위에 대한 지나치게 강압적인 대책이 정당화될 수는 없다. 이런 경우에 개인적인 자유를 옹호하기 위해서 공리주의자들은 일정한 여건 아래서 이득의 순수 잔여가 결국에 가서 자유의 편에 있다는 것을 증명해야 하는데, 이러한 논증은 성공할 수도 있고 하지 못할 수도 있는 것이다.

그러나 공정으로서의 정의관에 있어서는 이러한 문제가 결코 생겨나지 않는다. 다수자의 강한 신념이라 할지라도 그것이 이미 확립된 정의의 원칙들에 기초를 갖지 않는 단순한 선호에 불과할 경우 그것은 처음부터 아무런 비중도 갖지 못한다. 이러한 감정의 만족은 그 규모에 있어서 평등한 자유에 대한 요구에 맞서서 주어질 만한 어떤 가치도 갖지 못한다. 타인들의 행위나 신념에 대해 불평을 하기 위해서 우리는 그들의 행동이 우리를 해치거나 그들이 행하는 바를 정당화해 주는 제도가 우리를 부정의하게 다룬다는 것을 증명해야만 한다 그리고 이는 우리가 원초적 입장에서 택하게 될 원칙들에 의거해야 됨을 의미한다. 이러한 원칙들에 대해서는 감정의 강도나 그것이 다수자에 의해 공유되고 있다는 점도 아무런 의미가 없다. 그런데 계약론에 의하면 자유의 근거는 현재하는 선호와는 완전히 별개의 것이다. 사실상 우리는 정의의 원칙들을 타인의 행위를 평가할 경우 특정한 감정을 고려하지 않는다는 데 대한 합의 사항으로 생각할 수가 있다. 앞에서 주목한 바와 같이 (50절) 이러한 문제점은 고전적인 자유주의 학설에 있어서 친숙한 요소들이다. 나는 선에 대한 완전론에 있어서의 불확정성이 반대할 만한 이유가 되지 않음을 증명하기 위해서 또한번 그러한 이야기를 한 적이 있다. 그 이론은 사람들로 하여금 자기가 할 바에 대해서 미결로 내버려 두는데, 왜냐하면 그것은 그에게 결정하는 방식에 대한 아무런 지침도 제시하지 않기 때문이다. 그러나 정의의 목적은 합리적인 계획의 성취를 극대화하는 것이 아니기 때문에 정의의 내용은 어떻게도 영향을 받지 않는다. 물론 지배적인 사회적 태도들이 정치가의 손에 달려 있다는 것을 부인할 수는 없다. 다수자의 신념과 감정은 자유가 주장될 수 없도록 만들 수도 있다. 그러나 이러한 실제상의 불가피성에 굴복하는 것은 그러한 감정이 아주 강해서 그것이 강도에 있어서 대치할 만한 어떤 감정도 능가할 경우에는, 그것이 결정권을 갖게 된다는 사실을 정당한 것으로 받아들인다는 것과는 다른 것이다. 이와 대조적으로 계약론은 우리가 현존하는 감정과는 상관없이 여건이 허용하는 한 곧바로 정의로운 제도로 나아갈 것을 요구한다. 이상적인 제도들에 대한 특정 체제가 그에 대한 정의의 원칙들 속에 함축되어 있는 것이다 (41절).

　이상의 대조로부터 명백해진 것은 공정으로서의 정의관에 있어서는 정당성과 선의 개념이 현저히 구분되는 특성들을 갖는다는 점이다. 이러한 차이점은 계약론의 구조와 그로부터 결과되는 정당성 및 정의의 우선성에서 생겨난다. 하지만 나는 '정당성'과 '선'이라는 용어 (그리고 그 유사어들)가 일반적으로 그러한 구분점을 나타내는 방식으로 사용되고 있다고 말한 것은 아니다. 비록 우리의 일상적인 어법이 이러한 개념들에 대한

462 제 7 장 합리성으로서의 선

해명을 지지하는 경향이 있다 할지라도 그러한 상응은 계약론이 옳은 것이 되기 위해서 필요한 것은 아니다. 오히려 다음과 같은 두 가지만으로 족하다. 첫째로 반성적 평형 상태에서 그러한 신념들에 상응하는 것이 우리가 받아들일 수 있는 판단들을 나타내고 참인 것으로 판명되게끔 우리의 숙고된 판단들을 정의론으로 체계화하는 방도가 있다는 것이다. 그리고 둘째로 일단 우리가 그 이론을 이해하게 되면 우리는 그러한 해석법이 반성을 통해서 지금 우리가 주장하고 싶은 바를 적절하게 체계화한 것임을 인정할 수 있을 것이다. 물론 우리는 보통 그러한 체계화가 너무 성가시고 오해될지도 모른다는 이유로 그것을 이용하지 않을지도 모르지만, 우리는 그것이 실질적으로 말하고자 하는 모든 것을 포함한다는 사실을 인정할 각오가 되어 있다. 물론 이러한 대치물은 그에 대응하는 일상적인 판단과 똑같은 것을 의미할 수는 없다. 얼마만큼 그 말이 타당한 가는 내가 검토하게 될 문제가 아니다. 나아가서 그 대치는 철학적인 반성 이전에 존재했던 바 우리의 최초의 도덕 판단으로부터 다소 지나치게 벗어난 변화를 나타낼 수도 있다. 철학적인 비판이나 구성으로 인해 우리가 우리의 견해를 수정하고 확장하기 위해서는 어떤 종류의 변화이든 일어나게 마련이다. 그러나 중요한 것은 지금 우리에게 알려진 다른 어떤 이론보다도 공정으로서의 정의관이 우리의 숙고된 판단에 대한 참된 해석을 가져 오고, 우리가 내세우고자 하는 바에 대한 표현의 방식을 제공하는 것으로 판명되는지의 여부이다.

제 8 장
정 의 감

　선에 대한 해명을 제시했으므로 이제 나는 안정성의 문제를 다루고자한다. 나는 그것을 두 단계에 걸쳐서 다루게 될 것이다. 이 장에서 나는질서 정연한 사회의 성원들이 정의감(sense of justice)을 습득하는 것을 논하고, 서로 상이한 도덕관에 의해 규정될 경우 이러한 감정이 보여줄 상대적인 강도를 간단히 고찰하려 한다. 마지막 장에서는 정합성(congruence)의 문제, 다시 말하면 정의감과 우리의 가치(선)관이 서로 합치되어 정의로운 체제를 유지하게끔 함께 작용할 것인지의 문제를 검토할 것이다. 이 장의 대부분은 준비를 위한 것이며 여러 논제들이 철학적인 이론과 관련된 보다 기본적인 문제점을 지적하기 위해서만 취급되고 있다는것을 염두에 두는 것이 좋다. 우선 질서 정연한 사회에 대한 정의(定義)와안정성이 갖는 의미에 대해 몇 가지 간략히 언급함으로써 시작하겠다. 그리고 나서 나는 일단 정의로운 제도들이 굳건히 확립되어 정의롭다고 인정될 경우 아마도 생겨나게 될 정의감의 발전을 기술하고자 한다. 도덕 심리학의 원칙들 또한 어느 정도 논의되어야 할 것이므로 나는 그 원칙들이호혜성의 원칙들이라는 사실을 강조하고 이러한 사실을 상대적인 안정성의 문제와 관련지을 것이다. 이 장의 결론에서는 인간 존재로 하여금 평등한 정의를 보장받게 해주고 평등의 자연적인 기초를 규정하는 자연적인속성을 검토하게 될 것이다.

69. 질서 정연한 사회의 개념

　서두에서 (1절) 나는 질서 정연한 사회(well-ordered society)란 그 성원의

선을 증진하기 위해 세워지고 공공적인 정의관에 의해 규제되는 사회라고
규정했다. 그래서 그것은 모든 사람들이 타인들도 동일한 정의의 원칙들
을 받아들이리라는 것을 인정하고 알고 있는 사회요, 사회의 기본적인 제
도들이 그러한 원칙들을 만족시키고 있으며 또한 만족시킨다는 것이 알려
져 있는 사회이다. 그런데 공정으로서의 정의관은 이러한 사회의 이념에
부합되도록 구성되었다. 원초적 입장에 있는 사람들은 선택된 원칙들이
공공적임을 받아들이게 되는 까닭에 그들은 정의관들을 일반적으로 인정
되는 기준으로서 그것들이 가져올 듯한 결과들에 비추어서 평가해야만 한
다(23절). 일부의 사람이나 심지어 전체가 이해하고 따르게 될 경우 훌륭
하게 작용할 정의관이라 할지라도 이러한 사실이 널리 알려져 있지 않는
한 공지성의 조건에 의해서 배제된다. 또한 우리가 주목해야 할 바는 원
칙들이란 인간과 그들의 사회적 지위에 대한 올바른 일반적인 지식에 비
추어서 합의되는 것인 까닭에, 채택된 정의관은 이러한 사실들에 근거해서
받아들일 만한 것이 된다는 것이다. 그러한 원칙들을 지지할 신학적인 혹은
형이상학적인 학설에 의거해야 할 필요는 없으며, 그 두 원칙이 이 세상에
서 용인되는 불평등을 보상하고 시정해 줄 다른 세계를 가정해야 할 필요
도 없다. 정의관은 우리가 그것을 알든 혹은 전혀 모르든간에 우리의 생
활 조건에 의해서 정당화되어야만 한다.[1]

　그런데 질서 정연한 사회란 또한 그것이 갖는 공공적인 정의관에 의해
규제된다. 이러한 사실은 그 성원들이 정의의 원칙들이 요구하는 바대로
행위하고자 하는, 강력하고도 정상적으로 효력을 갖는 욕구를 지니고 있음
을 의미한다. 질서 정연한 사회는 시간상으로 지속되는 것인 까닭에 그
정의관은 안정(stable)될 것이다. 다시 말하면 제도들이 정의로울 경우(그
러한 정의관에 의해 규정된 대로) 그러한 체제에 가담하는 자들은 그에 상응
하는 정의감과 그 체제를 유지하기 위해 그들의 본분을 다하려는 욕구를
갖게 된다. 어떤 하나의 정의관이 다른 것보다 더 안정된 것이라 함은 그
것이 일으키는 정의감이 보다 강하고 분열에의 경향을 진압할 가능성이
더욱 크다는 것이며, 그로 인해서 가능하게 되는 제도들이 정의롭지 못하
게 행동하려는 행동력과 성향을 보다 약하게 만든다는 것이다. 정의관의
안정성은 동기들의 조정에 달려 있는데, 그것이 개발하게 될 정의감과 그

---

1) Platon, *Republic*, 제 3 권, pp. 414~415에 나오는 고귀한 거짓말(Noble Lie)
　과 같은 방편뿐만 아니라 Dostoevsky의 *The Brothers Karamazov*에 나
　오는 종교 재판 소장과 같이 그냥 두면 지탱하지 못할 사회 체제를 떠받들
　기 위해 (믿지 않는 경우의) 종교에 대한 변호 같은 것은 배제된다는 결과가
　된다.

것이 권장할 목적들은 부정의에의 경향성을 일반적으로 이겨 내어야 한다. 정의관(그리고 그것이 규정하는 질서 정연한 사회)의 안정성을 평가하기 위해서 우리는 이러한 대립적인 경향성들이 갖는 상대적인 강도를 살펴보아야만 한다.

안정성이란 도덕관이 가져야 할 바람직한 특성임은 분명하다. 다른 조건이 같은 한 원초적 입장에 있는 자들은 보다 안정된 원칙들의 체계를 택할 것이다. 어떤 정의관이 다른 근거에 있어서는 아무리 매력적인 것이라 할지라도, 도덕 심리학에 비추어 볼 때 그것에 입각해서 행위하는 데 필요한 욕구가 인간에게 생기지 않을 경우 그것은 심각한 결함을 갖는 것이 된다. 그래서 앞으로 공정으로서의 정의관의 원칙들을 논함에 있어서 나는 이러한 정의관이 다른 대안들에 비해서 보다 안정된 것임을 보여 주고자 한다. 안정성에서 본 이러한 논의는 대체로 지금까지 인용된 이유들에 첨가된 것이라 할 수 있다(29절에 제시된 고려 사항을 제외하고서). 나는 이 개념을 보다더 자세히 고찰하고자 하는데, 그것은 그 개념 자체를 위해서 뿐만 아니라 평등의 근거나 자유의 우선성과 같은 다른 문제의 논의를 위한 길을 마련하기 위한 것이다.

물론 안정성이란 기준이 결정적인 것은 아니다. 사실상 어떤 윤리설들은 그러한 기준을 적어도 어떤 관점에 있어서는 완전히 경시해 왔다. 그래서 벤담은 고전적인 공리의 원칙과 심리학적인 이기주의설 양자를 모두 내세웠다고 때때로 말해진다. 그러나 개인들이 그들 자신의 이익만을 추구한다는 것이 심리학적인 법칙이라면 그들은 정의감(공리주의에 의해 규정된)을 가질 수 없을 것이다. 이상적인 입법자가 할 수 있는 최선의 것은 자기의 이익이나 집단의 이익을 추구하는 동기로부터 시민들이 복지 총량을 극대화하는 방식으로 확신을 갖고 행위하게끔 사회 체제를 설계하는 일이다. 이러한 입장에 있어서는 결과되는 이익에 대한 확인이 참으로 인위적인 것이어서, 그것은 이성이 고안하는 바에 따라 달라질 것이며 개인들은 단지 그들의 개별적인 이해에 대한 수단으로서 제도 체제에 따르게 된다.[2]

정당성 및 정의의 원칙들과 인간의 동기들간의 이러한 괴리는 비록 제한된 경우에 있어서 교훈적이긴 하지만 특이한 것이다. 대부분의 전통적

2) Bentham이 때로는 심리학적인 이기주의자로 해석되기는 하나 그가 그렇지 않다는 것은 J. Viner, "Bentham and J.S. Mill: The Utilitarian Background"(1949)를 보면 알 수 있는데 이 책은 *The Long View and the Short* (Glencoe, Ill.: Free Press, 1958)에 재수록, pp. 312~314 참조. 또한 Viner는 입법자의 역할에 관한 Bentham의 입장에 대해 올바른 해명을 제시하고 있다. pp. 316~319.

인 이론이 내세우는 바는 인간의 본성이란 적어도 어느 정도까지는 우리가 정의로운 제도 아래서 살아가고 그로부터 이득을 받을 경우 정의롭게 행위하려는 욕구를 습득하게끔 되어 있다는 점이다. 이 말이 옳다면 정의관은 심리학적으로 인간의 성향에 부합되는 것이다. 나아가서 정의롭게 행위하려는 욕구가 합리적인 인생 계획까지도 통제한다는 점이 판명되는 경우에는 정의롭게 행위하는 것은 우리의 선의 일부가 된다. 이러한 경우 정의관과 가치(선)관은 합치하게 되며 전체로서의 이론은 일관성을 갖게 된다. 이 장의 과제는 공정으로서의 정의관이 그 자체의 정당성의 근거를 산출하는 방식을 설명하고, 그것이 도덕 심리학의 원칙들에 보다 잘 부합하기 때문에 전통적인 대안들에 비해 보다 큰 안정성을 갖게 될 가능성이 있음을 증명하는 일이다. 이러한 목적을 위해서 나는 질서 정연한 사회에 있어서 사람들이 정의감 및 다른 도덕감들을 습득하는 방식을 간략히 기술할 것이다. 어쩔 수 없이 우리는 다소 이론상의 심리학적인 문제들을 다루어야 할 것이다. 그러나 줄곧 내가 가정해 온 바와 같이 기본적인 심리학적인 원칙들을 포함해서 세계에 대한 일반적인 사실들은 원초적 입장에 있는 자들에게 알려져 있으며, 그들은 그것들에 의거해서 결정을 짓게 된다. 여기에서 이러한 문제들을 반성함으로써 우리는 최초의 합의에 영향을 미치게 될 사실들을 살피게 될 것이다.

평형 상태(equilibrium)와 안정성(stability)이라는 개념에 대해서 몇 가지 해명을 함으로써 오해를 막고자 한다. 이러한 관념들은 모두가 상당한 이론적·수리적인 상설(詳說)이 필요하겠지만 나는 그것들을 직관적인 방식으로 사용할 것이다.[3] 주목할 만한 첫번째 것으로는 그것들이 어떤 유의 조직(system)에 적용된다는 점이다. 그래서 평형 상태에 있게 되는 것은

3) 제도에 적용되는 평형 상태와 안정성의 개념에 대하여는 예를 들어서 W.R. Ashby, *Design for a Brains*, 제 2 개정판(London: Chapman and Hall, 1960), 2~4, 19~20장 참조. 내가 사용하는 안정성의 개념은 실제로 준안정성의 개념이라 할 수 있는데 즉 만일 평형 상태가 완전히 안정된 것이라면 그 체제가 교란에 의해 평형 상태로부터 떠난 다음에 모든 변수들이 다시 그 평형 상태로 돌아가는 것인데 비해 평형 상태가 준안정적인 경우에는 변항들 중 일부만이 평형 상태를 회복하는 것이다. 이와 같은 定義에 관해서는 H. Leibenstein, *Economic Backwardness and Economic Growth*(N.Y.: John Wiley and Sons, 1957), p. 18 참조. 질서 정연한 사회는 그 제도의 정의나 그러한 상태를 유지하는 데 필요한 정의감에 비추어 볼 때 준안정적이다. 사회적 여건에 있어서의 변경으로 인해 그 제도가 더 이상 정의로울 수 없게 될 경우 어느 시기가 지나서 상황이 요구하는 바대로 그 제도가 개혁되고 정의가 회복되는 것이다.

하나의 조직이며, 어떤 조직이 그에 간섭하는 외적인 힘이 없는 한 시간상으로 무한히 지속하는 상태에 이르게 될 때 그것은 평형적인 것이 된다. 평형 상태를 정확하게 규정하기 위해서는 조직의 범위가 조심스러이 구분되어야 할 것이며 그것의 결정적인 특성이 분명히 제시되어야 한다. 세 가지 중요한 문제가 있는데, 첫째로 조직을 확인하고 그 외적인 힘과 내적인 힘을 구분하는 것이고, 둘째로 그 조직의 결정적인 특성들의 윤곽이 될 그러한 상태를 규정하는 것, 그리고 세째로 그러한 상태들을 관련지우는 법칙을 명시하는 일이다.

어떤 조직은 아무런 평형 상태도 갖지 않는 반면에 다른 것들은 여러 평형 상태들을 갖게 된다. 이러한 문제는 조직의 성격에 달려 있다. 그런데 어떤 평형 상태가 소위 외적인 간섭에 의해 야기된 바, 그로부터의 이탈이 생길 경우 외적인 충격이 지나치게 큰 것이 아닌 한, 그 조직 내에서 그것을 다시 평형 상태에로 가져가게 하는 힘이 작용하게 될 때 안정된 것이라 할 수 있다. 이와 대조적으로 어떤 평형 상태가 불안정하다는 것은 그로부터 벗어난 움직임이 그 조직 속에 보다 큰 변화를 가져 오는 힘을 유발하게 될 때이다. 조직이 가진 안정성의 정도는 그것을 다시 평형 상태에로 회복시키는 데 소용되는 내적인 힘의 강도에 달려 있다. 실제로 모든 사회 조직은 어떤 종류의 교란을 받게 되어 있으므로, 그것이 실제적으로 안정된 것이라 할 수 있는 조건은, 통상적인 교란에 의해 생겨난 보다 선호하는 평형 상태로부터의 이탈이 어느 정도의 시간이 지난 후에 다시 이러한 평형을 회복하거나, 아니면 그것에 아주 근사한 상태로 되돌아가게 하기에 충분히 강한 힘을 유발할 경우이다. 이상과 같은 규정은 불행하게도 모호한 것이긴 하지만 그것은 우리의 의도하는 바에는 도움이 될 것이다.

물론 여기에서 문제되고 있는 조직은 서로 다른 정의관에 대응하는 질서 정연한 사회의 기본 구조이다. 우리는 적절한 정의의 원칙들을 만족시키고, 그러한 사실이 구성원들에게 공공적으로 알려진 정치적·경제적·사회적 제도들의 복합체를 문제삼고 있다. 우리는 그러한 조직들이 갖는 상대적인 안정성을 평가하도록 해야 한다. 그런데 나는 이러한 조직의 범위는 자족적인 국가 공동체라는 개념에 의해 주어진다고 가정한다. 이러한 가정은 국제법을 위한 정의의 원칙(58절)이 도출되기 전에는 완화되지 않지만 그러나 국제법이라는 보다 광범한 문제는 더 이상 논의하지 않기로 한다. 지금의 경우에 있어서 평형 상태와 안정성은 기본 구조의 정의와 개인의 도덕적 행위에 관련해서 규정되어야 한다는 점을 주목하는 일도 또한 중요하다. 정의관의 안정성은 질서 정연한 사회의 제도와 관행들이 변하지 않는다는 것을 뜻하지는 않는다. 사실상 이러한 사회는 아마도 상당한 다양성을 내포할 것이며 수시로 다른 체제를 택하게 될 것이다. 이러한 맥락에서 안정성이 의미하는 바는, 아무리 제도들이 바뀐다 할지라도 새로운 사회적 여건에 따라서 조정이 이루어짐으로써 그것들은 여전히 정의롭게 혹은 거의 정의로운 상태로 남게 된다는 점이다. 불가피하게 정의로부터 어긋나는 점은 효과적으로 수정되거나 조직 내의 힘에 의해서 용납될 수 있는 한계 내에 머물게 된다. 나는 이러한 힘들 가운데서 공동체의 성원들이 공유하는 정의감이 기본적인 역할을 한다고 가정한다. 그러므로 어느 정도까지 도덕감(moral sentiments)은 기본 구조가 정의의 관점에서 안정될 것을 보장하기 위해 필요할 것이다.

그러면 그러한 도덕감이 어떻게 형성되는가를 다루고자 한다. 개괄해 보면 이에 대한 두 가지 주요한 전통이 있다. 첫번째 것은 역사적으로 볼 때 경험론의 학설에서 유래하며 흄에서 시즈위크에 이르는 공리주의자들에게서 발견된다. 그 가장 최근의 발전된 형태는 사회 학습 이론(social learning theory)으로 대표된다. 여기에서의 한 가지 주요 논점은 도덕 교육의 목적은 결여된 동기(missing motives), 즉 옳은 것은 그 자체를 위해 행하고 그른 것은 행하지 않으려는 욕구를 제공한다는 것이다. 옳은 행위는 일반적으로 타인들과 사회에 이로운(공리주의의 원칙에 의해 규정된 바) 것으로서 흔히 우리는 그러한 행위에 대해서 효과적인 욕구를 결여하고 있는데 반해, 그릇된 행위는 일반적으로 타인들과 사회에 해로운 것으로서 그러한 행위에 관해서 우리가 충분한 동기를 갖고 있는 것은 흔한 일이다. 사회는 어떻게든 이러한 결함을 보충해야만 한다. 이것은 부모나 권위있는 타인들의 시인(是認)과 비난에 의해 이루어지는데, 그들은 필요에 따라 애정을 주거나 뺏는 데에서 쾌락과 고통을 가하는 데 이르기까지 보상과 형벌을 이용할 수 있다. 결국 여러 가지 심리적인 과정을 거쳐서 우리는 옳은 것을 행하고자 하는 욕구와 그른 것을 행하는 데 대한 혐오를 습득하게 된다. 또 다른 입론은 도덕적인 기준에 따르고자 하는 욕구란 이러한 규범들의 정당 근거에 대한 적절한 이해를 갖기 이전에 생기는 것이 보통이라는 것이다. 사실상 어떤 사람은 그것에 대한 정당 근거를 결코 공리주의적인 원리에서 파악하지 못할 수도 있는 것이다.4) 결론적으로 말

4) 도덕 학습에 대한 이러한 서술은 J. Mill, *Fragment on Mackintosh* 의 절에서 따온 것인데 이는 Mill이 그의 부친의 *Analysis of the Phenomena of the Human Mind* (1869), 23장에 대한 각주에 포함시킨 것이다. 그 구절은 [J.S.] *Mill's Ethical Writings*, ed. J.B. Schneewind (N.Y.: Collier Books,

하면 우리의 최초 성격을 윤곽적으로나마 형성하게 되는 초기의 훈련이
남기는 흔적은 그 후의 우리의 도덕감에 영향을 주기 쉽다는 점이다.
　프로이트의 이론도 중요한 관점에 있어서 이러한 견해와 유사하다. 그
의 주장에 의하면 어린이가 도덕적인 태도를 갖게 되는 과정은 오이디프스
적 상황이나 그에 의해 생겨나는 깊은 갈등에 집중되어 있다는 것이다.
권위를 가진 자들(이 경우에는 부모)이 내세우는 도덕적 신조들은 어린이에
의해 그의 불안을 해결하는 최선의 방법으로 받아들여지게 되고, 그로부
터 생기는 초자아에 의해 대표되는 태도들은 오이디프스기의 스트레스를
가혹하고 징벌적으로 반영하는 것이기 쉽다. [5] 그래서 프로이트의 설명
에 의해 지지되는 두 가지 요점은 도덕 학습의 주요 부분이 생에 있어서
도덕에 대한 합리적인 근거가 이해될 수 있기 이전에 생겨난다는 것과,
또한 갈등과 압박으로 특징지워지는 심리적인 과정에 의한 새로운 동기
의 습득을 내포한다는 점이다. 사실상 그의 학설은 이러한 측면들에 대한
극적인 설명법인 것이다. 결론적으로 말하면 권위를 갖는 부모나 타인들은
여러 가지 방식으로 그릇되게 혹은 자기 본위로 칭찬과 비난, 그리고 보상
과 처벌 등을 사용하게 마련이므로, 우리의 음미되지 않은 초기의 태도는
중요한 관점에서 불합리하거나 부당하기가 쉽다. 그 이후의 생활을 통한
도덕적인 발전은 부분적으로는 우리가 합당하다고 최종적으로 인정하게 될
어떤 원칙들에 비추어서 그러한 태도들을 수정함으로써 이루어지게 된다.
　도덕적인 학습에 대한 또 하나의 전통은 합리주의자의 사상으로부터 유
래하며 루소와 칸트, 때로는 밀에 의해서, 그리고 보다 최근에는 피아제
의 이론에 의해 예시될 수 있다. 여기서 도덕적 학습이란 결여된 동기를
제공하는 문제이기보다는 본래부터 타고난 지적·정서적 능력을 그 자연
적 성향에 따라 자유로이 발전시키는 문제라는 것이다. 일단 이해의 능력
이 성숙하고 사람이 자신의 사회적 지위를 인정하며 타인들의 관점도 취
할 수 있게 되면, 그들은 사회적인 협동의 공정한 관계를 확립하는 것이

─────────────

　　1965), pp. 259~270에 나오는 것이다. 사회 학습 이론에 대한 설명은 A.
　　Bandura, *Principles of Behavior Modification* (N.Y.: Holt, Rinehart, and
　　Winston, 1969) 참조. 도덕 학습에 대한 최근의 논의로는 R. Brown, *Social*
　　Psychology (N.Y.: The Free Press, 1965), 8장을 참조 ; 사회 학습 이
　　론에 관해서는 M.L. Hoffman, "Moral Development", *Carmichael's*
　　Manual of Psychology, ed. P.H. Mussen, 제3판(N.Y.: John Wiley and
　　Sons, 1970), 제2권, 23장 pp. 282~332 참조.
　5) Freud의 도덕 학습론의 설명에 대해서는 R. Brown, *Social Psychology*,
　　pp. 350~381 ; R. Fletcher, *Instinct in Man* (N.Y.: International Univ.
　　Press, 1957), 6장, 특히 pp. 226~234 참조.

서로의 이익이 된다는 것을 이해하게 된다. 우리는 타인들에 대한 자연적인 동정심을 갖고 있으며 동료 감정과 자제심이 주는 즐거움을 받아들일만한 본래적인 능력을 갖고 있는데, 일단 우리가 적절하게 일반적인 관점으로부터 우리의 동료들에 대한 우리의 관계를 명백히 파악하게 될 경우그러한 것들은 도덕감에 대한 정의적(情意的)인 기초를 제공하게 된다. 그래서 이러한 전통은 도덕감을 우리의 사회적인 성격에 대한 완전한 이해력의 자연적인 성숙으로 간주한다. 6)

밀은 그 견해를 다음과 같이 표현하고 있는데, 즉 정의로운 사회 체제가 우리에게 적합한 것이 되기 위해서는 그것을 위해 분명히 필요한 것은물리적인 필연성과 똑같이 받아들여져야 한다는 것이다. 이러한 사회를 위한 불가결한 조건은 모든 사람들이 서로간에 받아들일 만한 호혜성(reciprocity)의 원칙들을 기초로 해서 타인들을 고려하게 된다는 점이다. 우리의 감정이 우리 동료의 것과 일치하지 않을 때는 우리가 고통스럽게 되는데, 바로 이러한 사회성에의 경향은 적절한 과정을 거쳐서 도덕감의 견고한 기초를 제공하게 된다. 나아가서 밀은 덧붙이기를 타인을 대함에 있어서 정의의 원칙들에 입각한다고 해서 우리의 본성을 저해하는 것은 아니라는 것이다. 오히려 그것은 우리의 사회적인 감수성을 실현시켜 주며 우리를 보다 광범위한 선에 대면시킴으로써 우리의 보다 옹졸한 충동을 통제하도록 해준다. 우리의 본성을 보다 둔화시키는 것은 우리가 타인의 선을해친다는 이유에서가 아니라 그들의 단순한 불쾌나 우리에게 그들의 자의적인 권위라고 생각되는 바에 의해서 우리가 제약을 받을 경우이다. 도덕적 계명에 대한 이유가 타인들의 정의로운 요구에 의해 명백하게 될 때는 그러한제약이 우리에게 해가 되는 것이 아니라 우리의 선과 합치하는 것으로 보

---

6) Rousseau에 관해서는 *Emile*, trans. Barbara Foxley (London: J.M. Dent and Sons, 1908), 특히 제 2 권의 pp. 46~66, 제 4 권의 pp. 172~196, 244~258 ; Kant에 대해서는 *The Critique of Practical Reason*의 The Methodology of Pure Practical Reason 이라는 잘못된 명칭으로 된 2 부 ; 아래의 각주 7에 인용된 대로 Mill, Piaget에 대해서는 *The Moral Judgment of the Child*, trans. Majorie Gabain (London: Kegan Paul, Trench, Trubner, 1932) 참조. 이러한 접근법이 한층더 발전된 것으로는 L. Kohlberg, "The Development of Children's Orientation toward a Moral Order: 1. Sequence in the Developmant of Moral Thought", *Vita Humana*, 제 6 권 (1963) ; "Stage and Sequence: The Cognitive Developmental Approach to Socialization", *Handbook of Socialization Theory and Research*, ed. D. A. Goslin (Chicago: Rand McNally, 1969), 6장 참조. 비판에 있어서는 Hoffman, "Moral Development", pp. 264~275 (Piaget에 관함), pp. 276~281 (Kohlberg에 관함).

여진다.[7] 도덕 학습이 새로운 동기를 습득하는 문제가 아닌 이유는, 동기들은 일단 우리의 지적·정서적 능력에 있어서 필요한 발전이 이루어지게 되면 저절로 생겨날 것이기 때문이다. 그래서 도덕적 개념들에 대한 완전한 파악은 성숙을 기다려야만 하는데, 즉 어린이의 이해력은 언제나 원시적인 것이며 그의 도덕이 갖는 특징적인 측면은 그 후의 단계에서는 사라지게 된다. 합리주의적 전통은 보다 합당한 설명을 제시하고 있다. 왜냐하면 그것은 정당성과 정의의 원칙들은 우리의 본성에서 생겨나며 우리의 선과 불일치하지 않는다고 주장하는 반면, 다른 해명 방식에서는 이러한 보장을 포함하지 않을 것으로 생각되기 때문이다.

나는 도덕 학습에 대한 이상의 두 입장이 갖는 상대적인 장점들을 평가하려 하지는 않겠다. 물론 양자에 있어서 타당한 점도 많이 있으며 그 두 입장을 자연스럽게 결합하려는 것이 바람직한 것일지도 모른다. 강조되어야 할 점은 도덕적 관점이란 원칙들, 이상들 및 신조들의 지극히 복합적인 구성물이며, 사고, 행위 및 감정의 모든 요소를 포함하고 있다는 것이다. 그것의 발전 과정에는 강화 및 고전적인 조건 형성에서부터 지극히 추상적인 추리 및 본보기에 대한 섬세한 지각에 이르는 많은 종류의 학습이 가담된다는 것은 확실하다. 아마도 때에 따라서는 그 각각이 필수적인 역할을 하게 될 것이다. 다음의 몇 개의 절에서(70~72절) 나는 공정으로서의 정의관을 실천하고 있는 질서 정연한 사회에서 생겨나게 될 도덕적 발전의 과정을 약술할 것이다. 나는 오직 이러한 특수한 경우에만 관심을 두고자 한다. 그래서 나의 의도는 사람이 그러한 질서 정연한 특정 체제 속에서 자라나면서 정의의 원칙들에 대한 이해와 애착을 습득하게 되는 주요 단계들을 지적하는 데 있다. 나는 그러한 단계들을 사회 체제에 적용되는 원칙, 이상 및 신조들의 완전한 체계가 갖는 주요한 구조적 특성에 의해 확인되는 것으로 생각한다. 내가 설명을 하겠지만 우리는 권위, 공동체 및 원리를 중심으로 한 도덕들을 구분하게 될 것이다. 도덕적 발전에 대한 해명은 줄곧 학습되어질 정의관과 관련되어 있으며, 따라서 이 이론이 정확하다는 것은 아닐지라도 그럴 수 있는 가능성을 가지고 있다는 것을 전제하고 있다.[8]

---

7) 밀의 견해에 대해서는 *Utilitarianism* 3, 5장, 단락 16~25 참조 ; *On Liberty*, 3장, 단락 10 ; *Mill's Ethical Writings*, ed. J.B. Schneewind, pp. 257 ~259 참조.

8) 70~72절에서 전개된 도덕 발달에 관한 견해는 정의론에 적합하게끔 마련된 것인데 여러 원천으로부터 빌어온 것이다. 그 내용이 신조, 역할 이상 및 원칙에 의해 제시되는 3단계에 대한 생각은 W. McDougall, *An Introduction*

내가 이전에 경제 이론의 해명(42절)에 관해서 했던 바와 유사한 경고가 여기서도 적합할 것이다. 우리는 도덕 학습에 대한 심리학적인 해명이 합당하며 기존 지식에 부합되기를 바란다. 그러나 세목들까지 고려한다는 것이 불가능한 것은 물론이며 기껏해야 나는 그 개요만을 약술하게 될 것이다. 우리가 염두에 두어야 할 바는 다음에 올 논의의 목적이 안정성의 문제를 검토하고 여러 정의관의 심리학적인 근거들을 대조하는 데 있다는 점이다. 중요한 점은 도덕 심리학의 일반적인 사실들이 원초적 입장에 있어서의 원칙들의 선택에 영향을 미치는 방식이다. 공리주의적 기준보다 정의의 원칙들을 우선적으로 받아들이는 것을 의심스럽게 할 만큼 심리학적인 해명이 그릇된 것이 아닌 한 해결 못할 어려움이 생기지는 않는다. 또한 내가 바라는 바는 심리학적인 이론을 이 이상으로 사용한다고 해도 과녁을 크게 벗어난 것으로는 판명되지 않으리라는 점이다. 특히 그 가운데 중요한 것은 평등의 근거에 대한 해명이다.

70. 권위에 의한 도덕

도덕의 발달 과정에 있어서 첫번째 단계를 권위에 의한 도덕(morality of authority)이라 부르고자 한다. 이러한 도덕이 갖는 어떤 측면은 특수한 경우에 나중의 단계에까지 보존되기는 하나 우리는 이러한 권위적인 도덕의 원초적 형태를 유아의 도덕이라고 생각할 수 있다. 나는 정의감이란 사회의 보다 어린 성원들이 자라나면서 점차적으로 습득하게 되는 것이라고 생각한다. 세대의 연속과 어린이들에게 도덕적인 태도(아무리 단순한

to Social Psychology (London: Methuen, 1908), 7~8 장에 나오는 것과 유사하다. 피아제의 The Moral Judgment of the Child 로부터 나는 권위에 의한 도덕과, 공동체 및 원칙에 의한 도덕간의 대조와 그러한 단계들에 대한 대부분의 표시를 암시받았다. 또한 이러한 유형의 이론으로서는 위의 각주 6에 인용된 Kohlberg 의 문헌에 보다 발전된 것이 실려 있으며, 특히 pp. 369~389 에는 그의 6 단계론이 제시되어 있다. 75 절의 마지막 몇 구절에서 나는 이상의 저서들과 내가 제시한 입장간의 몇 가지 차이점에 주목하고 있다. Kohlberg 의 이론에 관해서 내가 여기에서 첨가해야 할 점은 내 생각으로는 공동체로 인한 도덕이 그의 3 단계에서 5 단계에 이르는 것에 해당한다는 것이다. 이러한 단계 내에서의 발달은 보다 복잡하고 중요한 포괄적인 역할을 받아들일 수 있게 되는 것이다. 그러나 보다 중요한 것이라고 내가 생각한 바는 최종 단계인 원칙으로 인한 도덕에 대해서는 우리가 논의한 전통적인 철학설마다 다른 내용이 주어질 수 있다. 내가 정의론이 보다 우위를 차지하는 것으로서 논하고 그러한 전제 아래에 심리론을 작성하고자 한 것은 사실이지만, 그와 같은 우위성은 철학적인 문제로서 발달에 대한 심리학적인 이론만으로는 확립될 수 없는 것이라고 생각한다.

것일지라도)를 가르칠 필요성은 인간 생활의 조건들 중 하나이다.

그런데 내가 가정하는 바로는 질서 정연한 사회의 기본 구조에는 일정한 형태의 가정(家庭)이 포함되며, 따라서 유아들은 그들 양친의 합당한 권위에 최초로 예속된다는 점이다. 물론 더 깊이 탐구해 보면 가정이라는 제도에도 문제가 제기될 수 있으며 사실상 그 외의 다른 체제가 더 나은 것으로 나타날지도 모른다. 그러나 아마도 권위적인 도덕에 대한 설명은 필요한 경우에 그러한 다른 체제들에 적합하도록 조정될 수 있을 것이다. 여하튼 이 경우에 있어서는 부모라는 권위에 의해 제시되는 신조(precepts)나 계명의 타당성을 평가할 만한 위치에 있지 못하는 것이 어린이가 처한 상황의 특성이다. 그는 부모의 지도에 반발할 수 있는 근거가 되는 지식이나 이해력을 갖지 못하고 있다. 사실상 유아들은 정당화라는 개념을 아예 갖지 못하고 있는데 이것은 훨씬 뒤에 습득되어진다. 따라서 그는 양친의 훈계가 갖는 적합성에 대해서 정당한 근거에 의해 의심할 수가 없다. 그러나 우리는 사회를 질서 정연한 것으로 가정하기 때문에, 불필요한 복잡성을 피하기 위해서 그러한 신조들이 대체로 정당화되는 것으로 생각할 수가 있다. 그것들은 정의의 원칙에 의해 규정되는 가정의 의무에 대한 합당한 해석에 합치되는 것이다.

우리가 생각할 수 있듯이 부모는 어린이를 사랑하고, 때가 되면 그 아이도 그의 양친을 사랑하고 신뢰하게 된다. 어린이에 있어서 이러한 변화는 어떻게 이루어지는 것인가? 이 물음에 답하기 위해 나는 다음과 같은 심리학적 원칙을 가정하는데, 즉 어린이는 부모가 그를 먼저 분명히 사랑할 경우에만 그 양친을 사랑하게 된다는 것이다.[9] 그래서 유아의 행동은 일차적으로 어떤 본능이나 욕구에 의해 그 동기가 유발되며, 그의 목적은 합리적인 자기 이익(적절히 제한된 의미에서)에 의해 규제된다. 비록 어린이가 사랑에의 잠재력을 가진다 할지라도, 부모에 대한 어린이의 사랑은 부모들이 그를 분명히 사랑하고 있음을 인정하고 그들의 사랑이 표현되는 행위로부터 자기가 이득을 봄으로써 생겨나는 새로운 욕구이다.

어린이에 대한 부모의 사랑은 그를 보살피고 그의 합리적인 자기애(self-love)가 바라는 대로 그에게 해주고자 하는 그들의 명백한 의도와 이러한 의도의 달성 속에 나타난다. 그들의 사랑은 그가 존재함을 즐거워하고 그

---

9) 이와 같은 심리학적 법칙의 정식은 Rousseau 의 *Emile*, p. 174 에서 빌어온 것이다. Rousseau 에 의하면 우리는 처음부터 우리의 보존에 도움이 되는 것은 좋아하지만 이러한 애착은 아주 무의식적이고 본능적이라는 것이다. "Ce que transforme cet instinct en sentiment, l'attachement en amour, l'aversion en haine, c'est l'intention manifestée de nous nuire ou de nous être utile."

의 자신감 및 자존감을 받들어 줌으로써 발현된다. 그들은 성장을 완수하고자 하는 어린이의 노력을 고무하고 그가 자기 자신의 위치를 확보하는 것을 환영하게 된다. 일반적으로 타인을 사랑한다는 것은 그 사람의 욕구나 필요에 관심을 가질 뿐만 아니라, 그 사람 자신의 인격에 대한 그 사람의 가치감을 긍정해 주는 것을 의미한다. 그래서 결국 어린이에 대한 양친의 사랑은 그 대가로 어린이의 사랑을 유발하게 된다. 어린이의 사랑을 합리적인 수단으로 설명할 수 없는 것은, 그가 자기의 최초의 이기적인 목적을 달성하기 위한 수단으로 그들을 사랑하는 것이 아니기 때문이다. 이러한 목적 때문에 마치 그가 그들을 사랑하는 것처럼 행동할 수 있다고도 생각할 수 있지만, 그가 그렇게 한다고 해도 그의 원초적 욕구가 변형되는 것은 아니다. 언급된 심리학적 원칙에 의해 양친의 명백한 사랑에 의해서 때가 되면 새로운 애정이 생겨나게 된다.

이상과 같은 심리학적인 법칙이 이상의 요소들로 분석될 수 있는 여러 방식들이 있다. 그래서 부모의 애정에 대한 어린이의 인정이 곧바로 보답하는 감정을 불러일으킬 가능성은 없다. 우리는 다음과 같이 몇 가지 다른 단계들을 생각해 볼 수 있는데, 즉 어린이에 대한 부모의 사랑이 그들의 명백한 의향을 근거로 해서 그에게 인정될 경우 어린이는 인간으로서의 자신의 가치를 확신하게 된다. 그는 자신을 그의 세계에서 당당하고 유력한 인간이 되게 하는 바에 의해서 자기가 그 자체로서 평가받는다는 것을 알게 된다. 그는 부모의 애정을 무조건적인 것으로 경험하게 되는데, 즉 부모는 그의 존재와 자발적인 행동을 좋아하며 그들이 그에게 갖는 즐거움은 타인의 복지에 기여하는 훈련된 활동으로 인해 생기는 것이 아니다. 적당한 시기가 되면 어린이는 자기의 부모를 신뢰하게 되고 그의 환경에 믿음을 갖게 된다. 그리고 이로 인해서 그는 줄곧 부모의 사랑과 격려에 의해 뒷받침되어 온 그의 성숙해 가는 능력을 발휘하기 시작하고 그것을 시험해 보게 된다. 점차 그는 여러 가지 기술을 습득하고 그의 자존감을 지지해 줄 자신감을 개발하게 된다. 부모에 대한 어린이의 애정이 개발되는 것은 이러한 전 과정이 진행되는 가운데서이다. 그는 자신의 세계를 유지함으로써 갖게 된 성공 및 즐거움, 그리고 그의 자기 자신에 대한 가치감과 부모들을 관련시킨다. 그리고 이로 인해서 그들에 대한 그의 사랑이 생겨나게 된다.

이제 우리는 어린이의 사랑과 신뢰 그 자체가 나타나는 방식을 살펴보아야겠다. 이 점에 있어서 권위적 상황이 갖는 특징들을 염두에 두어야 할 필요가 있다. 어린이가 자신의 판단 기준을 갖지 못하는 이유는 그가 합리

적인 근거에서 신조들을 거부할 만한 위치에 있지 못하기 때문이다. 그가
자신의 부모를 사랑하고 신뢰하게 되는 경우에 그는 그들의 계명을 받아
들이는 경향을 갖게 될 것이다. 그는 또한 그들이 사실상 존경할 만한 가
치가 있고 그들이 부과하는 신조를 스스로 고수해야 한다고 생각하고서 그
들을 닮고자 애쓰게 된다. 그들은 우월한 지식과 능력의 본보기가 되고
요구되는 바에 대한 호소력있는 표본을 제시한다고 생각할 수 있다. 따라
서 어린이는 자신에 대한 그들의 판단을 받아들이며, 또한 그는 그들의
계명을 어겼을 경우 그들이 행하는 대로 자신을 판단하는 경향을 갖게 될
것이다. 동시에 그의 욕구는 허용되는 바의 한계를 물론 초과하게 되는데
그렇지 않을 경우에는 그러한 신조들이 필요하지 않을 것이기 때문이다.
그래서 양친에 의해 주어지는 규범은 제약으로 경험되며 어린이는 그것들
을 거역하게 된다. 결국 그는 자기가 그것에 따라야 할 아무런 이유도 없
다는 것을 알게 되는데, 그것은 그 자체가 임의적인 금제(禁制)이며 자
신은 지시받은 바를 행하고자 하는 원초적 성향을 갖지 않은 것으로 생각
한다. 그러나 만일 그가 자기 부모를 사랑하고 신뢰하게 되는 경우에는,
일단 그가 유혹에 넘어갈 때 그는 자신의 비행에 대해서 부모들의 태도를
공유하는 성향을 갖게 된다. 그는 자신의 범행을 고백하고 화해를 구하는
성향을 갖게 될 것이다. 이상의 여러 성향들 속에는 권위에 대한 죄책감
(guilt feeling)이 나타나 있다. 이상과 같은 것이나 그와 관련된 성향이 없
다면 죄책감은 존재하지 않을 것이다.

  그러나 이러한 감정이 없다는 것은 사랑과 신뢰의 결핍을 나타낸다는
것 또한 사실이다. 왜냐하면 권위적 상황의 성격과 윤리적 태도 및 자연
적 태도를 연결하는 도덕 심리학의 원칙들이 성립한다면 사랑과 신뢰는
일단 부모의 계명에 복종하지 않을 경우 죄책감을 유발하게 될 것이다.
물론 어린이의 경우에 있어서 때로는 죄책감을, 처벌에 대한 두려움이나
특히 부모의 사랑이나 애정의 상실에 대한 걱정으로부터 구분해 내기 어
려울 때가 있다. 어린이는 도덕적 구분을 이해하기 위한 개념을 결여하
고 있으며 이것은 그의 행동에 반영될 것이다. 하지만 나는 비록 어린이
의 경우일지라도 권위에의 죄책감을 두려움과 불안으로부터 구분할 수 있
다고 가정해 온 것이다.

  이상과 같이 권위에 의한 도덕의 발달에 대한 약술에 비추어 볼 때 어
린이에 의해 그것이 학습되는 데 유리한 조건들은 다음과 같은 것들이라고
여겨진다.[10] 첫째로 부모는 어린이를 사랑하고 그의 존경을 받을 만한 값

10) 이 점에서 나는 E.E. Maccoby, "Moral Values and Behavior in

있는 존재가 되어야 한다. 이렇게 해서 그들은 아이에게서 자기 자신의 가치감과 그들과 같은 인간 유형이 되고자 하는 욕구를 불러일으키게 된다. 둘째로 그들은 어린이의 이해의 수준에 맞는 분명하고 이해할 수 있는(물론 정당화도 될 수 있는) 원칙들을 지정해 주어야만 한다. 이에 덧붙여서 그들은 그러한 계명들의 근거를 이해될 수 있는 한에서 제시해야 하며, 그것이 그들 자신에게도 똑같이 적용되는 한 그들도 그러한 신조에 따라야 한다. 부모는 그들이 부과하는 도덕의 모범이 되어야 하며 시간이 흐름에 따라 그 근거가 되는 원칙들을 해명해 주어야 한다. 이렇게 하는 것은 어린이가 나중에도 그러한 원칙들을 받아들이려는 성향을 갖게 할 뿐만 아니라 그것들이 특정한 경우에 해석되는 방식을 보여주기 위해 필요하다. 아마도 도덕적 발달은 이상과 같은 조건들이 없는 경우에, 그리고 특히 부모의 계명이 가혹하고 부당할 뿐만 아니라 처벌이나 심지어 신체적인 제재에 의해 강요되는 경우에는 그만큼 이루어질 수가 없을 것이다. 어린이가 권위적인 도덕을 갖는다는 것은, 대체로 그에게 부당한 것으로 보일 뿐만 아니라 그의 원초적인 성향에 대해서 아무런 호소력도 없는 어떤 신조를, 보상이나 처벌을 기대함이 없이 그가 따르는 경향을 갖고 있다는 것이다. 그가 이러한 금지 조항에 따르려는 욕구를 습득하는 경우에는 그가, 그 조항들이 자기의 사랑과 신뢰를 받으며 역시 그것들에 따라서 행동하는 유력한 인간에 의해 그에게 제시된 것으로 보기 때문이다. 그래서 그는 결국 그 신조들은 그가 마땅히 그렇게 되기를 원해야 할 그러한 인간 유형을 규정하는 행위 형식을 나타내는 것으로 결론짓게 된다. 예를 들어서 애정과 지도가 없는 경우에는 이상의 과정들 중 어떤 것도 생겨날 수 없으며, 강제적인 위협과 보복에 의해서 유지되는 애정없는 관계에서는 결코 그러한 것이 생겨날 수 없는 것이다.

권위로 인한 어린이의 도덕이 기초적인 것인 이유는 대체로 그것이 여러 신조들의 집합으로 되어 있으며, 어린이는 자기에게 제시된 규칙들이 그 속에서 정당화될 정당성과 정의의 보다 큰 체계를 이해할 수 없기 때문이다. 그러나 비록 규칙들의 근거가 이해될 수 있는 발전된 권위적 도덕일지라도 그와 같은 많은 특성들을 보이고 있으며 유사한 장단점들을 포함하게 된다. 특유한 하나의 권위적인 인간이 있게 되고 그는 사랑과 신뢰를 받는 자이거나 적어도 그의 지위를 가질 만한 가치를 지닌 자로

Childhood", *Socialization and Society*, ed. J.A. Clausen (Boston: Little, Brown, 1968), 그리고 Hoffman, "Moral Development", pp. 282~319 으로부터 도움을 받아 응용하고 있다.

받아들여지며, 그의 신조는 사람들이 전적으로 따라야 할 의무가 된다. 그로부터 생기는 결과는 우리가 고려하지 않아도 되며 권위적인 존재에게 맡겨진다. 찬양받는 미덕으로는 복종, 겸양, 그리고 권위적 존재에 대한 충성이며, 주된 악덕은 불복종, 고집, 만용 등이다. 우리는 당연히 기대되는 바를 행해야 하며 그렇게 하지 않는 것은 의혹과 불신, 어떤 거만함과 의심의 기미를 표현하는 것이다. 분명히 권위를 중심으로 한 도덕은 정당성과 정의의 원칙들에 예속되어야 하며, 오로지 이러한 원칙들만이 그러한 지나친 요구와 그와 같은 제약 등이 정당화될 수 있는 경우를 결정해 준다. 어린이의 권위적인 도덕은 그의 특유한 사정과 제한된 이해에서 생겨난 필연적인 산물로서 일시적인 것이다. 나아가서 신학적인 유사물은 평등한 자유의 원칙에 비추어 볼 때 사회의 기본 구조에는 적용되지 않는 특수한 경우이다(33 절). 그래서 권위를 중심으로 한 도덕은 기본적인 사회 체제 내에서 오직 제한된 역할만을 할 뿐이며, 해당 규율 체계의 색다른 요구로 인해서 어떤 개인들에게 지휘와 명령의 특전을 줄 필요가 있을 경우에만 정당화될 수가 있다. 모든 경우들에 있어서 이러한 도덕의 범위는 정의의 원칙들에 의해 규제되는 것이다.

71. 공동체에 의한 도덕

도덕적 발전의 두번째 단계는 공동체에 의한 도덕(morality of association)이다. 이 단계는 해당되는 공동체에 따라 그 범위가 광범위하게 걸쳐 있으므로 그것은 전체로서의 국가 공동체까지도 내포할 수 있다. 어린이의 권위적 도덕은 대체로 계명의 집합으로 이루어지는 것인데 비해, 공동체에 의한 도덕은 어떤 개인이 속하는 바 여러 조직체에 있어서의 그의 역할에 적합한 도덕적 기준에 의해 주어진다. 이러한 기준은 상식적인 도덕 규칙과 더불어 그것을 개인의 특정한 지위에 적용함에 필요한 조정 사항들을 포함하는데, 그것들은 권위를 가진 자의 시인 및 비난이나 그 집단의 다른 성원들에 의해 부여된다. 그래서 이 단계에서는 가정 자체도 각 성원들이 일정한 권리와 의무를 갖게 되는 바 보통 어떤 서열에 의해 규정되는 작은 공동체로 생각된다. 어린이는 자라남에 따라 그의 위치에 적합한 행동 기준에 대해서 가르침을 받게 된다. 좋은 아들이나 좋은 딸이 갖는 덕목들은 설명되거나 적어도 부모의 시인과 비난에 의해 표현되는 그들의 기대에 의해 전달되어진다. 이와 유사하게 학교나 이웃과 같은 공동체가 있으며, 그에 못지 않게 중요한 동료들간의 시합이나 경기와 같은 단기적인 형태의 협동체도 있다. 이러한 조직체에 적응하기 위해 우리는 좋은 학생 및 급우의 덕목과 훌륭한 경기 및 동료 등의 이상(ideals)을 배우게 된다. 이러한 유형의 도덕적인 입장은 나이가 든 후에 선정될 이상으로 확대되며 나아가서는 성인이 갖게 될 지위 및 직업, 가정 내의 위치, 심지어는 사회 성원으로서의 지위에까지 확대된다. 그러한 이상의 내용은 훌륭한 남편과 아내, 좋은 친우와 시민에 대한 여러 가지 관점들로부터 주어진다. 그래서 공동체의 도덕은 각각의 지위나 역할에 적합한 방식으로 규정되는 다수의 이상을 포함하게 된다. 우리의 도덕적인 이해력은 일생 동안 일련의 지위들을 거쳐 감에 따라 증대된다. 그에 따른 일련의 이상들도 점차 보다 나은 지적 판단력과 보다 섬세한 도덕적 분별력을 요구하게 된다. 이러한 이상들 중 어떤 것은 보다 포괄적이고 개인에 대해서 아주 다른 요구를 한다는 것은 분명하다. 앞으로 살피게 되겠지만 어떤 이상을 따라야 한다는 것은 자연적으로 원리를 중심으로 한 도덕에로 나아가게 할 것이다.

그런데 각각의 특정한 이상들은 아마도 해당되는 역할과 지위가 속하게 될 공동체의 목적과 목표의 맥락에서 설명되어질 것이다. 적절한 과정을 거쳐서 한 개인은 공동체와 그것이 추구하는 목적을 규정하는 전체 협동 체제라는 관념을 생각하게 된다. 그는 타인들이 협동 체제에 있어서 그들의 지위에 따라 여러 가지 본분을 갖게 될 것을 알게 된다. 그래서 결국 그는 타인들의 입장을 취해서 그들의 관점에서 사태를 볼 줄 알게 된다. 그래서 공동체에 의한 도덕(이상의 어떤 구조에 의해 대표되는 바)의 습득은, 사태를 다양한 관점들로부터 보고 그것들 모두를 합해서 한 협동체의 측면들이라고 생각하는 데 필요한 지적인 능력의 발달에 달려 있다. 사실상 그와 같은 것을 깊이 생각할 경우 요구되는 능력들의 결합은 아주 복합적인 것이다.[11] 첫째로 우리는 상이한 입장들이 존재한다는 것과 타인들의 관점들이 우리의 것과 다르다는 것을 인정해야만 한다. 그러나 또한 우리는 그들에게는 사태가 달라 보인다는 것뿐만 아니라, 그들이 상이한 욕구와 목적, 그리고 서로 다른 계획과 동기들을 갖는다는 것을 배워야 하며 또한 우리는 이러한 사실들을 그들의 언사, 행위, 그리고 표정으로부터 알아 내는 방식을 배워야 한다. 다음으로 우리는 그러한 관점들이 갖는 일정한

---

11) 아래의 견해에 있어서는 J. Flavell, *The Development of Role-Taking and Communication Skills in Children* (N.Y.: John Wiley and Sons, 1968), pp. 208~211 에 도움을 받았다. 또한 G.H. Mead, *Mind, Self and Society* (Chicago: Univ. of Chicago Press, 1934), pp. 135~164 참조.

특징들, 즉 타인들이 대체로 원하고 바라는 바가 무엇이며 그들의 지배적인 신조나 견해가 무엇인지를 확인할 필요가 있다. 오직 이러한 방식을 통해서 우리는 그들의 행위, 의도 및 동기를 이해하고 평가할 수 있다. 우리가 이상과 같은 주도적인 요소들을 확인할 수 없을 경우에는 우리들이 타인들의 입장이 되어서 그 처지에서 우리가 하게 될 바를 발견할 수가 없게 된다. 이러한 일들을 하기 위해서 우리는 물론 타인들의 관점이 실제로 어떤 것인가를 알아야 한다. 하지만 끝으로 타인의 처지를 이해하게 된다고 해도 여전히 우리에게는 그에 비추어 적절한 방식으로 우리의 행위를 규제해야 하는 일이 남게 되는 것이다.

적어도 최소한의 정도로나마 이러한 일을 행하는 것은 어른이 되면 쉽게 이루어지지만 어린이에게는 그것이 어려운 일이다. 물론 이것은 어린이의 원초적인 권위적 도덕의 신조들이 보통 의적인 행동과 관련되는 것으로 표현되는 이유 및 어린이들이 행동에 대한 그들의 평가에 있어서 동기나 의도를 경시하는 이유를 부분적으로나마 설명해 준다. 어린이는 아직도 타인을 자신과 똑같은 사람으로 지각하는 기술, 다시 말하면 타인들의 소신, 의도를 분간하는 기술을 습득하지 못했으므로 그러한 것들에 대한 의식이 타인들의 행동을 그가 해석하는 데 도움을 주지 못한다. 나아가서 타인의 입장이 되어 보는 그의 능력은 아직도 미숙하여 그들을 그르치게 하기 쉬운 것이다. 그래서 그러한 요구들은 도덕적인 관점에서 볼 때 중요한 것이기는 하지만 최초의 단계에서는 고려의 대상에서 제외된다 해도 놀랄 것은 없다.[12] 그러나 그러한 결함은 우리가 권리와 의무들의 보다 복합적인 체계에 따른 그들의 보다 적극적인 역할이 연속된다고 가정할 경우 점차적으로 극복되어진다. 그에 대응하는 이상들은 우리로 하여금 기본 구조의 개념이 내포하고 있는 보다 다양한 관점들로부터 사태를 볼 것을 요구하게 된다.

나는 지금까지 완전을 기하기 위해서 지적인 발달의 측면들에 대해 언급해 왔다. 내가 그것들을 세밀히 생각할 수는 없었지만, 그것들은 도덕적인 관점의 습득에 있어서 중심적인 위치를 차지함이 분명하다는 것을 주목해야 한다. 사람을 알아보는 기술이 어느 정도 잘 학습되었는가는 그의 도덕적인 감수성에도 영향을 주게 마련이며, 사회 협동체의 복잡성을 이해하는 데에도 중요하다. 그러나 그러한 능력만으로 충분한 것은 아니다. 어떤 사람이 그의 계약이 순전히 속임수를 위한 것이고 자신의 이익을 위해 타

12) 이 점에 대한 논의는 R. Brown, *Social Psychology*, pp. 239~244 참조.

인을 이용하려 한다면, 그도 굉장한 권력을 가지지 않은 이상은 마찬가지로 그러한 기술을 가져야만 한다. 설득과 도박의 술책도 똑같은 지적인 기능을 요구한다. 그래서 우리는 우리가 동료들과 나아가서는 사회 공동체 일반에 접근해 가는 방식을 검토해야만 한다. 그 공공의 규칙들이 모든 이에게 정의로운 것으로 알려져 있는 공동체의 경우를 생각해 보자. 그런데 그 조직체에 참여하는 자들이 우호와 상호 신뢰의 유대에 의해 결속되고 그들이 서로간에 각자의 본분을 다하리라고 믿게 되는 일이 어떻게 생겨날 것인가? 우리는 그러한 감정과 태도가 그 공동체에의 참여에 의해 생겨나게 되었다고 생각할 수 있다. 그래서 일단 동료 감정에의 능력이 제 1 의 심리학적인 법칙에 따라 그가 애착심을 갖게 됨으로써 개발되어지고, 그리고 그의 동료들도 명백한 의사를 갖고서 그들의 의무와 책무에 따라 살 경우에는, 그도 신뢰와 확신감과 더불어 그들에 대한 우호를 느끼게 된다. 그런데 이러한 원칙은 제 2 의 심리학적인 원칙이다. 개인들이 일정한 기간 동안 개별적으로나 단체적으로(그 규모에 있어서 적절히 한정된) 그 공동체에 참여하게 됨에 따라 그들은 보다 오랫동안 공동체 성원의 신분을 갖는 타인들이 그들의 본분을 다하고 그들 지위의 이상에 맞추어 살 경우 그러한 애착심을 습득하게 된다. 그래서 만일 사회 협동 체제에 참여하는 자들이 분명한 의사를 갖고서 그 정의로운(혹은 공정한) 규칙을 지지하기 위해 행동한다면 우호와 상호 신뢰의 유대가 그들간에 생겨나게 되고, 따라서 그들을 한층 더 그 체제에 결속시켜 주게 되는 것이다.

  일단 그러한 유대가 확립되면 사람은 자신의 본분을 다하지 못할 경우(공동체에의) 죄책감을 경험하기 쉽다. 그러한 감정은 여러 가지 방식으로 나타나는데, 예를 들면 타인에게 어떤 손해를 끼쳤을 경우 그 손해를 보상하려는 성향(배상)에서 뿐만 아니라 그가 한 일이 불공정함(부당함)을 기꺼이 인정하고 사죄하려는 용의 등에서 볼 수 있다. 죄책감은 또한 처벌과 책망의 당연함을 인정하고, 타인들도 마찬가지로 자신의 본분을 다하지 못할 경우에는 다른 사람에게 화를 내거나 격분하기가 보다 어렵다고 생각하는 데서 분명히 드러난다. 이러한 성향이 없다는 것은 동료애와 상호 신뢰의 유대가 없음을 폭로하는 것이다. 그것은 공공적으로 인정되고 있고 모든 이들이 그들의 불일치를 판정하기 위해 사용하게 될 합당한 기대치에 대한 기준 및 척도를 무시하고서 타인들과 교우 관계를 맺고자 하는 용의를 나타내 준다. 이러한 죄책감이 없는 자는 타인에게 주어지는 부담에 대해서 양심의 가책도 느끼지 않으며, 그들이 속임을 당하고 결과적으로 신용을 저버리게 됨을 걱정하지도 않는다. 그러나 우호와 신뢰의 관계가 존재할 경우엔 자신의 의무를 수행하지 못하게 되면 그러한 억제와 반응이 생겨나게 된다. 만일 이러한 정서적 제약이 없을 경우엔 기껏해야 동료감이나 상호 신뢰가 나타나게 될 뿐이다. 그래서 첫번째 단계에서 부모에 대하여 어떤 자연적인 태도가 생겨나는 것과 똑같이 여기서는 우호와 신뢰의 유대가 공동체의 성원들간에 형성된다. 어느 경우에 있어서나 어떤 자연적인 태도가 그에 대응하는 도덕적인 감정의 바탕에 깔려 있으며, 이러한 감정의 결여는 그러한 태도가 없음을 나타내 줄 것이다.

두번째의 심리학적 법칙도 아마 첫번째 것과 비슷한 방식으로 적용될 것이다. 공동체의 조직이 정의롭다는 것이 인정되고(그리고 보다 복합적인 역할에 있어서 정의의 원칙들이 이해되며 그에 적합한 이상을 규정해 주고) 있으며, 그렇게 함으로써 그 모든 성원들이 이득을 보고 자기들이 그 활동으로부터 이득을 보고 있음을 안다는 사실이 보장되고 있으므로, 그들이 자신의 본분을 다함에 있어서 타인들의 행위가 각자에게 이익이 되는 것으로 생각되고 있다. 여기에서도 각자의 책무와 의무를 이행하려는 명백한 의도는 선의지(good will)의 형식으로 보여지며 이러한 인정은 나아가서 우호와 신뢰를 불러일으킨다. 적절한 시기가 되면 각자의 본분을 다함에서 오는 상호 효과가 일종의 평형 상태에 이를 때까지 서로를 강화시켜 준다. 또한 우리가 생각할 수 있는 것은 그 공동체의 새로운 성원은 도덕적 모범, 다시 말하면 여러 방식으로 존경받고 있고 상당한 정도로 그들의 지위에 대응하는 이상을 보여주는 사람을 알아보게 된다는 점이다. 그러한 사람은 우리의 상상을 자극시켜 우리가 그들과 비슷하게 되어야 하고 동일한 일을 할 수 있어야 된다는 욕구를 우리에게 불러일으키게 하는 기술과 능력 및 성품과 기질상의 미덕을 나타내게 된다. 닮고자 하는 이러한 욕구는 부분적으로는 그들이 가진 속성을 보다 특권적인 지위를 위한 선행 조건으로 보는 데서 생겨나는 것이지만, 또한 그것은 아리스토텔레스적 원칙의 동반 효과이기도 한데, 왜냐하면 우리는 보다 복합적이고 미묘한 활동의 발휘를 좋아하는데 그러한 발휘가 우리 자신도 그러한 것을 행하고자 하는 욕구를 우리 속에 불러일으키기 때문이다. 그래서 정의로운 공동체의 여러 역할들에 속하는 도덕적 이상이 매력적이고 존경할 만한 사람의 생활 속에 명백한 의향으로 실천될 경우, 그러한 이상은 그와 같은 실현을 목격하는 자들에 의해 채택되기가 쉽다. 그러한 이념이 선 의지의 형식으로 알려지게 되면 그것이 예시되는 활동은 타인들 역시 높이 평가하게 될 인간적 탁월성으로 보여지게 된다. 두 가지 동일한 심리학적인 과정이 앞서와 마찬가지로 나타나게 되는데, 즉 타인들이 명백한 의향을 갖고서 우리의 안녕을 뒷받침하기 위해 행동하고, 동시에 그들은 우리에게 호소력있는 일을 행하는 성질과 방식을 보여주고 그들을 따라 우리 자신을 형성하고자 하는 욕구가 생기게 된다.

공동체에 의한 도덕은 관련되는 공동체와 역할에 따라 여러 형태를 띠게 되는데 이러한 형태는 여러 가지 복합성의 수준을 나타내 준다. 그러나 주요한 사회 제도에 의해 규정되는 보다 중요한 임무를 생각해 볼 경우 정의의 원칙들은 기본 구조를 규제하고 중요한 여러 이상들의 내용에 속하는 것이라고 인정될 것이다. 사실상 그러한 원칙들은 모든 사람이 갖게 될 시민의 역할에 적용되는 것인데, 왜냐하면 공적인 생활을 하는 자들뿐만 아니라 모든 사람들이 공동선에 관한 정치적 견해를 가질 것을 바라기 때문이다. 그래서 우리가 생각할 수 있는 것은 사회의 성원들이 서로를 동등자, 교우, 동료로 생각하고 함께 결합하여 모든 이에게 이득이 되는 것으로 알려지고 공통의 정의관에 의해 규제되는 협동체를 이루게 되는 공동체적 도덕이 있다는 것이다. 이러한 도덕의 내용은 협동적 미덕, 즉 정의와 공정, 성실과 신의, 정직과 공평의 덕 등에 의해 특징지워진다. 전형적인 악덕으로는 탐욕과 불공정, 불성실과 사기, 편중과 편견 등이다. 공동체의 성원들간에 이러한 결함을 저질렀을 경우에는 한편에서는 (공동체에의) 죄책감을 유발하게 되고 다른 편에서는 분노와 의분을 자아내기가 쉽다. 이러한 도덕적인 태도는 일단 우리가 정의로운 (혹은 공정한) 체제 내에서 우리들과 협동하는 자들과 결속될 경우 존재하게 마련인 것이다.

72. 원리에 의한 도덕

소위 평등한 시민이라는 이상에 의해 표현되는 공동체적 도덕의 보다 복합적인 형태에 도달한 사람은 정의의 원칙들에 대해서도 확실한 이해를 갖게 된다. 또한 그는 여러 특정 개인이나 공동체와의 유대를 갖게 되며 그에게 자기의 여러 지위에 따라 적용되고 사회적 시인과 비난에 의해 지지되는 도덕적 기준을 따를 마음이 생기게 된다. 타인들과 관계를 맺고 그러한 윤리관에 따라서 살 생각을 하게 됨으로써 그는 그의 행위와 목적이 인정받는 일에 관심을 쓰게 된다. 개인이 정의의 원칙을 이해한다 할지라도 그것에 따르고자 하는 그의 동기는, 적어도 얼마 동안은, 대체로 그가 타인들에 대해서 갖는 우호나 동료애의 유대, 그리고 보다 넓은 사회의 인정에 대한 그의 관심으로부터 생겨나는 것일 수 있다. 이제 내가 생각해 보고자 하는 것은 한 사람이 그 자체로서 가장 고차적인 원리들에 애착을 갖게 되고, 그렇게 함으로써 공동체적 도덕의 보다 초기의 단계에서와 마찬가지로 그가 좋은 사람이 되기를 원하게 되는, 즉 이 경우에는 정의로운 사람이 되기를 바라게 되는 그 과정이다. 정의롭게 행동하고 정의로운 제도를 발전시킨다는 관념은 그에게 지금까지 종속적인 이상들이 가졌던 것과 유사한 매력을 갖게 된다.

　이상과 같이 원리에 의거한 도덕(morality of principles)이 생겨나게 되는 방식을 생각하면서(여기에서 원리란 원초적 입장에서 고려되는 바와 같은 제 1 원칙들을 의미함) 우리는 공동체적 도덕이 아주 자연스럽게 정의의 기준에 대한 지식에 이르게 된다는 사실에 주목해야 한다. 여하튼 질서 정연한 사회에서는 그러한 기준이 공공적인 정의관을 규정할 뿐만 아니라, 정치사에 관심을 갖는 시민들이나 입법 및 사법 내지는 그와 유사한 직위를 갖는 자들은 계속해서 그 원칙들을 적용하고 해석해야 할 요구를 받게 된다. 그들은 가끔 타인들이 무엇을 원하고 행할지를 알아 낼 의도로서만이 아니고, 상충하는 요구들을 합당하게 조정하고 공동체적 도덕의 여러 종속적인 이상들을 조정할 목적으로 타인들의 관점을 취하기도 해야 한다. 정의의 원칙들을 실현시키기 위해서 우리는 4 단계 과정에 의해 규정되는 관점을 취해야 할 것이 요구된다(31 절). 상황이 지시하는 바에 따라 우리는 제헌 위원회나 혹은 입법 기관 등의 관점을 취하게 된다. 그래서 결국 우리가 그러한 원칙들에 정통하게 되고 그것이 보장하는 가치와 그것이 모든 이에게 이득이 되는 방식을 이해하게 된다. 그런데 이로 인해서 제 3 의 심리학적인 법칙에 의해서 그러한 원칙들을 받아들이는 결과가 된다. 이 법칙에 의하면 사랑과 신뢰 및 우호와 상호 신뢰의 태도가 일단 앞선 두 심리학적 법칙에 의해 생겨나게 되면, 우리와 우리가 관심을 갖는 자들이 이미 확립되어 존속하는 정의로운 제도의 수혜자임을 인정함으로써 우리들에게 그에 상응하는 정의감이 생겨나게 된다는 것이다. 일단 우리가 정의의 원칙에 부합하는 사회 체제가 우리의 선과 우리가 관계를 맺는 자들의 선을 증진하는 방식을 알게 되면 우리는 그 원칙을 적용하고 그에 따라 행동하고자 하는 욕구를 갖게 된다. 적절한 시기가 되면 우리는 정의로운 인간 협동체의 이상을 높이 평가하게끔 된다.

　그런데 정의감 자체는 적어도 두 가지 방식으로 나타난다. 첫째로 그것은 우리에게 적용되고 그로부터 우리와 우리의 동료가 이득을 보게 되는 정의로운 체제를 우리가 받아들이게끔 해준다. 우리는 그러한 체제의 유

지를 위해 우리의 본분을 다하고자 한다. 우리는 비록 특정한 동료감의
유대에 의해 우리가 이득을 보게 되는 자들과 결속되어 있지 않을지라도
우리의 의무와 책무를 이행하지 못할 경우에는 죄책감을 느끼게 된다. 그
들은 그들의 본분을 다하리라는 명백한 의도를 나타낼 충분한 기회를 갖
지 못했을 수도 있으며, 따라서 두번째 법칙을 통한 그러한 감정의 대상
이 아닐 수도 있다. 혹은 문제된 제도 체제가 아주 광범위한 것이어서 특
정한 결속이 결코 널리 이루어지지 않을 수도 있다. 여하튼 전체로서의
시민의 집단은 일반적으로 개인간의 동료감의 유대에 의해 결속되어 있
다. 시민들은 모두가 어떤 시민의 친우이긴 하지만 어떤 시민도 모든 시
민의 친우는 아닌 것이다. 그러나 정의에 대한 그들의 공통된 신의는 그
들이 자신의 차이점을 판단할 수 있게 하는 통일된 하나의 관점을 제공한
다. 두번째로 정의감은 정의로운 체제를 설립하고 정의가 요구할 경우 현
존 제도에 대한 개혁을 위하여 일하고자 하는 (혹은 적어도 반대하지는 않을)
각오가 생겨나게 한다. 우리는 정의로운 체제를 발전시키기 위한 자연적
의무에 따라 행동하기를 바란다. 그리고 이러한 성향은 우리의 선을 받들
어 주는 특정한 체제에 대한 지지를 넘어서는 것이다. 그것은 그러한 체
제들이 구현하고 있는 관점을 보다 광범위한 **공동체의 선을 위한 그 이상**
의 상황으로 확대할 것을 추구하는 것이다.

  우리가 자신의 정의감에 위반할 경우 우리는 자신의 죄책감을 정의의
원칙들에 입각해서 설명하게 된다. 그런데 그러한 감정은 권위나 공동체
에 대한 죄책감과는 아주 달리 설명되는 것이다. 이제 완전한 도덕적 발
달이 이루어졌으며 처음으로 우리는 엄밀한 의미에서 죄책감을 경험하게
된다. 그리고 이것은 다른 도덕적인 감정에 있어서도 마찬가지이다. 어린
이의 경우에 있어서는 도덕적 이상이라는 관념과 의도와 동기의 적절성은
이해되지 않으며, 따라서 (원리에의) 죄책감을 위한 적합한 조건이 성립하
지 않는다. 그리고 공동체적 도덕에 있어서는 도덕감이 본질적으로 특정
개인들이나 공동체에의 우호 및 신뢰의 유대에 달려 있으며 도덕적 행위
는 대체로 우리의 동료들의 시인을 바라는 데 기초를 두고 있다. 이는 그
러한 공동체적 도덕의 보다 중요한 단계에 있어서까지도 역시 타당하다.
정의의 원칙들에 대한 내용을 충분히 이해하는 시민으로서의 역할을 갖는
개인이 그 원칙에 따라 행동하게 되는 것도 대체로 특정한 사람에 대한
그들의 유대나 그들 자신의 사회에 대한 결속 때문이다. 그러나 일단 원
리에 의한 도덕이 받아들여지면, 도덕적인 태도는 더 이상 단순히 특정한
개인이나 집단의 안녕이나 인정에 연결되지 않고 그러한 우연성과는 무관

하게 선택된 정당성에 대한 입장에 의해 형성되어진다. 우리의 도덕감은 우리 세계의 우연적인 여건으로부터의 해방을 나타내게 되는데, 그 해방의 의미는 원초적 입장에 대한 서술과 그에 대한 칸트적 해석에 의해 주어지게 된다.

그러나 도덕감이 이러한 의미에서 우연성으로부터 해방된 것이라 할지라도 특정한 개인이나 집단에 대한 우리의 자연적 애착은 여전히 적절한 지위를 갖게 된다. 왜냐하면 원리로 인한 도덕에 있어서는 이전엔 (공동체에의) 죄책감과 의분 및 다른 도덕적 감정들을 유발했던 위반 사항들이 이제 와서는 그러한 감정들을 엄밀한 의미에서 일으키게 된다. 우리의 감정을 설명함에 있어서 합당한 원칙을 참조하게 되기는 하지만, 우호와 상호 신뢰의 자연적인 유대가 존재하는 경우에는 그것이 없을 경우보다 그러한 감정이 보다 강하게 된다. 원리로 인한 도덕의 단계에 있어서도 기존의 애착심은 죄책감이나 의분 혹은 요구되는 다른 감정들을 강화시킨다. 그런데 이러한 강화가 합당함을 인정할 경우 그러한 자연적 유대에 대한 침해는 부당한 것이라는 결론이 나온다. 왜냐하면 만일 우리가, 이른바 합리적인 죄책감(다시 말하면 참되고 합당한 소신에 비추어서 올바른 도덕 원칙들을 적용함에서 생기는 죄책감)은 우리 쪽의 잘못을 의미하고 보다 큰 죄책감은 보다 큰 잘못을 뜻한다고 가정할 경우, 신뢰를 저버리고 우호를 저버리는 일은 특히 금지된다. 특정한 개인과 집단에 대한 이러한 유대를 깨는 일은 보다 강한 도덕감을 유발하며 이로 인해서 그러한 위반은 보다 나쁜 것이라는 결론이 나온다. 물론 속이는 일이나 불성실은 자연적 의무나 책무에 반하는 것으로서 언제나 그릇된 것이다. 그러나 그것들이 언제나 똑같은 정도로 그릇된 것은 아니다. 그것들은 우호와 성실의 유대가 형성되어 있을 경우에는 더욱 그릇된 것이며, 적절한 우선의 규칙을 만들어 냄에 있어서 그러한 고려 사항은 합당한 것이다.

처음에는 우리가 정당성이나 정의의 관점으로부터 행동하고자 하는 욕구를 가지게 된다는 것이 이상스럽게 보일지도 모른다. 도덕적 원칙들이 우리의 감정을 구속할 수 있다는 것이 어떻게 가능할 것인가? 공정성으로서의 정의관에 있어서는 그러한 문제에 대한 몇 가지 해답이 있다. 첫째로 앞에서 보았듯이(25절) 도덕 원칙이란 어떤 내용을 갖게 마련이다. 그것은 상충하는 요구들을 판정하기 위해서 합리적인 사람들에 의해 선택되는 것이므로 그것은 인간의 이익을 증진하는 합의된 방식들을 규정하고 있다. 제도와 행위들은 그러한 목적을 달성하기 위한 관점으로부터 평가되며 따라서 무의미한 원칙들, 예를 들어 화요일에는 하늘을 보지 않는다는 것과 같은 원칙은 성가시고 불합리한 제약으로서 거부당하게 된다. 원초적 입장에서 합리적인 사람들이 그러한 종류의 기준을 인정할 아무런 이유가 없다. 그러나 둘째로 정의감은 인류애와 이어져 있다는 점 또한 타당하다. 앞에서 주목한 바와 같이 (30 절) 이타심 (benevolence)이란 그 사랑의 많은 대상들이 서로 대립할 경우 당황하게 된다. 정의의 원칙은 그 지침을 제공하기 위해 필요한 것이다. 정의감과 인류애간의 차이는 후자는 의무 이상의 것으로서 도덕적인 요구 사항을 넘어서는 것이며 자연적 의무나 책무의 원칙들이 허용하는 면제에 의거하는 것은 아니다. 그러나 그러한 두 개의 감정이 갖는 대상은 분명히 서로 밀접히 관련되어 있으며 대체로 동일한 정의관에 의해 규정된다. 만일 그것들 중 하나가 합당하고 이해될 수 있을 것으로 보일 경우에는 다른 쪽도 마찬가지이다. 나아가서 죄책감과 의분은 우리나 제 3 자가 타인에게 끼친 상해나 침해에 의해 생겨나며 우리의 정의감도 같은 방식으로 손상된다. 정의의 원칙들이 갖는 내용이 이를 해명해 준다. 끝으로 그러한 원칙들에 대한 칸트적 설명이 보여주는 바는 그 원칙들에 의거해서 행위함으로써 사람이 자유롭고 평등한 합리적 존재로서의 그들의 본성을 표현하게 된다는 점이다 (40 절). 그렇게 행하는 것이 그들의 선에 속하는 까닭에 정의감은 그들의 안녕을 보다 직접적으로 지향하는 것이 된다. 그것은 모든 이로 하여금 그의 공통된 본성을 표현하게 해주는 체제를 지지해 준다. 사실상 공통적인 혹은 거의 일치된 정의감이 없이는 시민적 우호 관계는 존재할 수 없다. 그래서 정의롭게 행동하고자 하는 욕구는 합리적인 목적과 관련없는 임의의 원칙들에 대한 맹목적인 복종의 형식이 아닌 것이다.

물론 내가 공정으로서의 정의관이 정의감을 합당하게 해석할 수 있는 유일한 입장임을 주장하는 것은 아니다. 시즈위크가 주목한 바와 같이 공리주의자는 자신을 결코 단지 비인격적인 법칙 자체를 위해서 행동한다고 생각하는 일은 없지만, 언제나 그가 어느 정도의 동료감을 갖는 존재나 존재들의 복지를 위해 행동한다고 생각한다.[13] 완전론도 마찬가지이겠지만 공리주의적 입장은 정의감이 심리학적으로 이해할 수 있는 것이게끔 규정될 수 있는 조건을 충족시킨다. 우선 무엇보다도 이론은 이상적으로 정의로운 상태에 대한 기술, 즉 그러한 상태를 실현하고 그것을 존속시키고자 하는 열망이 우리의 선에도 부합하고 우리의 자연적인 감정과도 연속적인 것이 되게 하는 질서 정연한 사회관에 대한 기술을 나타내어야 한다. 완전히 정의로운 사회는 합리적인 존재들이 일단 그에 대한 충분한

13) *Methods of Ethics*, 제 7 판 (London: Macmillan, 1907), p. 501.

지식과 경험을 가지게 될 경우 다른 어떤 것보다 더 바랄 수 있는 이상의 일부가 되어야만 한다. [14] 정의의 원칙들의 내용과 그 원칙들이 도출되는 방식, 그리고 도덕 발전의 단계들은 공정으로서의 정의관에 있어서 그러한 해석이 어떻게 가능한지를 보여주고 있다.

그런데 순수히 양심적인 행위에 대한 학설은 불합리한 것인듯도 하다. 그러한 학설이 주장하는 바는, 첫째로 최고의 도덕적 동기는 정당하고 정의로운 바를 오직 그것이 정당하고 정의롭다는 이유만으로 행하고자 하는 욕구이므로 다른 어떤 설명도 부적합하다는 것이며, 둘째로 물론 다른 동기들, 예를 들면 그것이 인간의 행복을 증진시킨다는 이유로 혹은 그것이 평등을 쉽게 조장한다는 이유로 정당한 것을 행하고자 하는 욕구도 도덕적 가치를 갖는 것이기는 하지만, 그러한 욕구들은 옳은 일을 그것이 옳다는 바로 그것 때문에 행하는 것보다는 도덕적으로 덜 가치가 있다는 것이다. 로스에 의하면 정의감은 독특한 (그리고 분석 불가능한) 대상에 대한 욕구인데, 왜냐하면 특유한 (그리고 분석 불가능한) 성질이 우리의 의무가 되는 행위들을 규정해 주기 때문이라는 것이다. 도덕적으로 가치있는 다른 욕구들은 정당한 일과 반드시 관련을 갖는 것에 대한 욕구는 아니다. [15] 그러나 이러한 입장에 의하면 정의감은 어떤 명백한 근거를 갖지 못하며 그것은 커피보다 차에 대한 선호와 비슷한 것이다. 비록 그러한 선호가 존재한다 할지라도 그러한 것이 사회의 기본 구조를 규제하게 하는 것은 지극히 임의적인 것이며, 그것이 운이 좋아 정당성의 판단에 대한 합당한 근거와 필연적인 관련에 의해 변장된다 할지라도 역시 마찬가지이다.

하지만 계약론을 이해하고 받아들이는 자에게는 정의감이, 모든 사람이 도덕적 인격으로서 평등하게 등장하는 최초의 상황에서 합리적 개인들이 합의하게 될 원칙들에 따라 행동하려는 것과 다른 욕구가 아니다. 또한 그것은 자유롭고 평등한 합리적 존재로서의 인간의 성격을 표현하는 원칙들에 따라서 행동하려는 욕망과도 다른 것이 아니다. 정의의 원칙들은 그와 같은 규정에 합당한 것이며, 이러한 사실 때문에 우리는 정의감에 대

---

14) 이 점에 관해서는 G.C. Field, *Moral Theory*, 제 2 판(London: Methuen, 1932), pp. 135 이하. 141 이하 참조.

15) 순수히 양심적인 행위라는 개념에 관해서는 W.D. Ross, *The Right and the Good* (Oxford: The Clarendon Press, 1930), pp. 157~160 ; *The Foundations of Ethics* (Oxford: The Clarendon Press, 1939), pp. 205 이하 참조. 이러한 개념으로 인해 정당성이 임의적인 선호가 된다는 이야기는 J.N. Findlay, *Values and Intentions* (London: George Allen and Unwin, 1961), pp. 213 이하에서 빌어온 것이다.

해서 받아들일 만한 해석을 할 수 있게 된다. 정의론에 비추어서 우리는
도덕감이 우리의 생활을 규제할 수 있게 되고 도덕의 원칙들에 대한 형식
적 조건들에 의해 그 감정에 부여된 역할을 갖게 되는 방식을 이해하게
된다. 그러한 원칙들에 의해 규제된다는 것은 모든 사람이 합당한 것으로
받아들이게 될 관점에서 볼 때 모두가 공정한 것이라고 인정할 조건 아래
서 우리가 타인들과 함께 살기를 바란다는 것을 의미한다. 이러한 기초
위에서 협동하는 사람들의 이상은 우리의 감정에 자연스러운 매력을 갖게
되는 것이다.

끝으로 우리가 주목할 수 있는 것은 원리에 의한 도덕은 두 가지 형식을
취하게 되는데 하나는 정당성과 정의감에 상응하는 것이고, 다른 하나는
인류애와 자제심에 해당된다는 것이다. 앞에서도 살펴보았듯이 후자는 의
무를 넘어서는 것인데 비해 전자는 그렇지가 않다. 정당성 및 정의의 정
상적인 형태에 있어서 원리에 의한 도덕은 권위 및 공동체에 의한 도덕이
갖는 덕목들을 내포한다. 그것은 종속적인 모든 이상들이 최종적으로 이
해되고 전절하게 일반적인 원칙들에 의해 하나의 일관된 체계로 조직되는
최종적인 단계를 이루게 된다. 다른 도덕의 덕목들은 보다 광범위한 체계
속에서 제나름의 의의와 정당화를 받게 되며, 그들 각각의 요구는 보다
포괄적인 입장이 부여하는 우선성에 의해 조정되어진다. 의무 이상의 도
덕도 원리에 의한 도덕의 요구 사항들을 잘 넘어서게 되는 방향에 따라
두 가지 측면을 갖는다. 한편에서는 인류애란 우리의 자연적인 의무와 책
무를 훨씬 넘어서서 공동선을 증진하는 데서 나타난다. 이러한 도덕은 평
범한 사람들의 도덕이 아니며, 그에 특유한 덕목은 이타심과 타인의 감정
및 욕구에 대한 고도의 감수성, 적절한 겸양, 그리고 자아에 대한 무관심
등이다. 반면에 자제의 도덕은 그 가장 단순한 형식으로서 정당성과 정의
의 요구들을 자유자재로, 그리고 훌륭하게 수행하는 데서 나타난다. 그것
이 진정으로 의무 이상의 것이 되는 것은 개인이 그것에 특징적인 용기,
대담성, 그리고 자제력을, 상당한 교육과 훈련을 요구하는 행위를 통해 나
타낼 경우이다. 그는 이러한 행위를 그들의 의무가 잘 수행된다면 그러한
덕목들을 요구하는 직책과 직위를 자유로이 떠맡음으로써 수행하거나 혹은
정의에 부합하면서도 의무와 책무의 요구를 능가하는 우월한 목적을 추구
함에 의해서 수행한다. 그래서 성인과 영웅의 도덕인 의무 이상의 도덕은
정의 및 정당성의 규범에 어긋나는 것이 아니고, 그러한 원칙들과 연속하
면서도 그들이 부과하는 바를 넘어서는 목적을 자아가 자발적으로 채택한
것이라는 특성을 갖는다. [16]

73. 도덕감의 특성

이 절에서 나는 도덕의 단계들이 갖는 몇 가지 성격을 보다 자세하게 논하고자 한다. 도덕감(moral sentiment)이라는 개념과 세 가지 심리적 법칙의 성격, 그리고 그 법칙들이 적용되는 과정에 관해서는 더 많은 언급이 필요하다. 이러한 문제들 중 첫번째 것을 다룸에 있어서, 내가 설명해야 할 것은 내가 감정(sentiment)이라는 보다 오래된 용어를 정의감이나 인류애 같은 항구적 질서를 갖춘 규제적 성향들의 집합(30절) 및 인간 생활에 중요한 위치를 차지하는 특정한 개인이나 단체에 대한 지속적인 애착심에 대해서 사용하려 한다는 점이다. 그래서 도덕적 감정과 자연적 감정 두 가지가 있게 된다. '태도'(attitude)라는 말은 보다 광의로 사용하려 한다. 감정과 마찬가지로 태도도 도덕적이거나 혹은 자연적인 성향들의 질서있는 집합이긴 하지만 이 경우에 있어서는 그 성향이 아주 규제적이거나 지속적인 것일 필요가 없다. 끝으로 나는 '도덕적 감정'(moral feeling) 및 '도덕적 정서'(moral emotion)와 같은 어구는 특정한 경우에 우리가 경험하게 되는 감정이나 정서에 대해서 사용하고자 한다. 나는 도덕감, 태도 및 감정간의 관계와 그에 관련된 도덕적 원칙들을 해명하려 한다.

도덕감의 주요 특성은 그것을 규정하려는 데서 생겨나는 여러 문제들과 그것이 나타나는 갖가지 감정들을 생각해 봄으로써 가장 잘 해명될 수 있을 것이다. [17] 또한 그것들 상호간에 구분되는 방식과, 그리고 도덕감

---

16) 의무 이상의 도덕이 갖는 성격에 관한 이와 같은 설명에 있어서 내가 의거하고 있는 것은, J.O. Urmson, "Saints and Heros," *Essays in Moral Philosophy*, ed. A.I. Melden (Seattle: Univ. of Washington Press, 1958). 자제라는 개념은 A. Smith, *The Theory of the Moral Sentiments*, 6부 3절에서 따온 것인데 이는 *Adam Smith's Moral and Political Philosophy*, ed. H.W. Schneider (N.Y.: Hafner, 1948), pp. 251~277 에서도 볼 수 있다.

17) 이러한 문제들은 도덕적 감정이라는 개념에 대해서 Wittgenstein 에 *Philosophical Investigations* (Oxford: Basil Blackwell, 1953)에서 수행한 종류의 탐구를 적용함으로써 나타나게 된다. 또한 그 예로서 G.E.M. Anscombe, "Pretending," *Proceedings of the Aristotelian Society*, 증보판 제32권 (1958), pp. 285~289 ; P. Foot, "Moral Beliefs", *Proceedings of the Aristotelian Society*, 제59권 (1958~1959), pp. 86~89 ; G. Pitcher, "On Approval," *Philosophical Review*, 제67권 (1958) 참조. 또한 B.A.O. Williams, "Morality and the Emotions," *Inaugural Lecture* (Bedford College, Univ. of London, 1965) 참조. 도덕적인 감정을 확인하고 그를 비도덕적인 감정으로부터 구분할 수가 없다는 것은 C.L. Stevenson, *Echics and Language*

이 그와 혼동되기 쉬운 자연적 태도 및 감정과 구분되는 방식을 살펴보는 것도 보람있는 일이다. 그래서 첫째로 다음과 같은 물음이 생겨나게 되는데, (a) 특정한 도덕적 감정을 가졌다고 말하는데 사용되는 언어적 표현은 어떤 것이며, 이러한 표현들이 있다면 그들에 있어서 두드러진 차이는 무엇인가? (b) 어떤 감정에 특징적인 행태적 징표는 어떠하며 사람이 특유하게 그가 느낀 바로 표출시키는 방식은 무엇인가? (c) 도덕적인 감정과 관련된 특징적인 감각 및 운동 감각은 무엇인가이다. 예를 들어 어떤 사람이 화가 났을 경우 그는 더움을 느낄 수 있으며 몸을 떨거나 배가 조이는 것을 경험할 수 있다. 그는 목소리를 떨지 않고서는 말을 할 수 없을지도 모르고 어떤 몸짓을 참을 수 없을지도 모른다. 설사 도덕적 감정에 대해서도 이와 같이 특유한 감각이나 행태상의 표출이 있을지라도 그러한 것들이 죄책감, 수치심, 의분 등을 형성하는 것은 아니다. 그러한 특유한 감각이나 표출은 어떤 자가 특정 경우에서 죄책감, 수치심, 의분을 느끼기 위해 필요하지도 충분하지도 않는 것이다. 이 말은 어떤 사람이 죄책감, 수치심 혹은 의분에 사로잡힐 경우 어떤 특정한 감각이나 행태적인 표출이 필요하리라는 것을 부인하는 것은 아니다. 그러나 흔히 그러한 감정을 갖는다는 것은 어떤 사람이 자기가 죄책감, 수치심 혹은 의분을 느낀다고 진지하게 말하고 그가 그렇게 느끼는 이유에 대한 적절한 설명을 할 각오가 되어 있는 것으로 충분하다(물론 그가 그러한 설명을 옳은 것으로 인정하고 있다는 가정 아래서).

마지막 고려 사항은 도덕적 감정들을 그들 상호간이나 다른 감정들로부터 구분함에 있어서 주요 문제를 끌어들이고 있는데, 그것은 (d) 도덕적 감정을 갖는 것에 대해 요구되는 전형적 유형의 설명이 무엇이며 그런 설명들은 감정에 따라 어떻게 달라지는가 하는 것이다. 그래서 어떤 사람에게 죄책감을 느끼는 이유를 물을 경우 어떤 종류의 대답을 우리가 원하고 있는 것인가? 물론 아무런 대답이든 받아들일 수 있는 것은 아니다. 기대되는 처벌만을 지적하는 것으로도 충분치 않다. 그것은 두려움이나 불안에 대한 설명이 될 수 있을지는 모르나 죄책감에 대한 설명은 되지 않는다. 그와 마찬가지로 어떤 사람의 과거 행위의 결과로서 그에게 닥쳐 왔던 상해와 재난을 말한다는 것은 후회감을 설명해 주기는 하나 죄책감이나 더우기 가책감을 설명해 주지는 않는다. 물론 두려움이나 불안

(New Haven: Yale Univ. Press, 1944)에서 제시한 정의적 윤리론의 난점이 된다. 이런 문제에 대한 논의를 위해서는 W.P. Alston, "Moral Attitudes and Moral Judgments," *Nous*, 제 2 권 (1968) 참조.

정이 때로는 명백한 이유로서 죄책감을 동반하기도 하나 이러한 감정과 도덕적인 감정이 혼동되어서는 안 된다. 그래서 우리는 죄책감을 맛본다는 것이 두려움, 불안, 그리고 후회의 어떤 혼합물이라고 생각해서는 안 된다. 불안과 두려움은 전혀 도덕적 감정이 될 수 없으며, 후회란 우리의 관심사를 합당하게 실현하지 못함으로써 생긴 우리 자신의 선에 대한 어떤 관점과 관련된 것이다. 신경증적 죄책감이나 정상적인 경우에서 벗어난 다른 탈선 행위들과 같은 현상도 규범을 어긴 데 대한 특수한 유형으로 설명할 수 있기 때문에 불합리한 공포나 불안만이 아닌 죄책감으로 받아들여진다. 이러한 경우에 있어서 언제나 가정되고 있는 것은 보다 깊은 심리학적 탐구로 인해서 다른 죄책감과의 적절한 유사성이 앞으로 밝혀질 (혹은 이미 밝혀진) 것이라는 점이다.

일반적으로 어떤 사람이 경험한 바에 대한 자신의 설명이 도덕 개념이나 그와 관련된 원칙들에 의거하고 있다는 점은, 도덕적 감정의 필수적인 특성이며 도덕적 감정을 자연적 태도와 구분해 주는 일부가 된다. 자신의 감정에 대한 그의 해명은 인정되고 있는 정당성과 부당성에 비추어서 행해진다. 이에 대해서 의문이 생길 경우에 우리는 반대 사례들로서 여러 가지 형태의 죄책감을 제시할 수 있을 것이다. 그것을 이해하기 쉬운 까닭은 죄책감의 최초 형태는 권위에의 죄책감이며, 우리는 죄책감의 잔재라고 할 수 있는 것을 갖지 않고서는 성장할 수가 없기 때문이다. 예를 들면 종교적으로 엄격한 종파에서 자라난 사람은 극장에 가는 것이 나쁘다는 가르침을 받을 수 있다. 그가 더 이상 그러한 믿음을 갖지 않게 되었을 때에도 그는 여전히 극장에 갈 경우 죄책감을 느낀다고 말한다, 하지만 이러한 것이 진정한 죄책감이 아닌 이유는 그가 아무에게도 변명하려 하지 않으며 다시는 연극을 보러 가지 않을 결심도 하지 않을 것이기 때문이다. 물론 그는 죄책감을 느낄 때 갖게 되는 것과 유사한 거북한 어떤 감각과 느낌을 갖는다고 말할 것이다. 그런데 계약론적 관점이 타당하다고 가정한다면, 어떤 도덕적 감정들에 대한 설명은 원초적 입장에서 채택되게 될 정당성의 원칙에 의거할 것이며, 반면에 다른 도덕적 감정들은 선의 개념과 관련될 것이다. 예를 들어 어떤 사람은 자신이 그의 몫(어떤 정의로운 체계에 의해 규정된) 이상을 가졌거나 타인들을 불공정하게 취급했다는 것을 알게 됨으로써 죄책감을 느끼게 된다. 또는 어떤 사람은 자기가 비겁하게도 폭로하지 못했다는 이유로 수치심을 느끼게 된다. 그는 자신이 달성하고자 했던 도덕적 가치관에 따라서 살지 못한 셈이다(68절). 도덕적 감정들 상호간을 구분해 주는 것은 그것들에 대한 설명이 특유하게 의거하고 있는 원칙들과 결점들이다. 대체로 보아서 심리적으로 착란되어 있고 그러한 공통의 특성을 갖는다는 점에서 특정한 감각이나 행태상의 표출은 동일한 것이다.

각 감정에 대해 적합한 설명이 주어질 수 있다면(흔히 그러하기도 하지만) 동일한 행동이 동시에 여러 가지 도덕적 감정들을 일으킬 수 있다는 사실은 주목할 만한 가치가 있다(67절). 예를 들면 남을 속인 자는 죄책감과 수치심 모두를 느낄 수 있는데, 죄책감을 느끼는 이유가 그가 신용을 어기고 부당하게 자기의 이익을 도모했기 때문으로 그의 죄책감은 타인에게 끼친 상해에 대한 반응인 것이며, 수치심을 느끼는 이유는 그러한 수단에 의거함으로써 자기 자신이 보기에도(그리고 다른 사람들이 볼 때도) 자기의 목적을 실현하기 위해서 부당하고 은밀한 수단에 의존하는 자와 같이 보잘 것 없고 믿음직스럽지 못하다는 것이 확신되기 때문이다. 이러한 설명들은 상이한 원칙과 가치에 의거하고 있으며, 따라서 그에 상응하는 감정들을 구분해 주기는 하지만 두 설명이 모두 빈번히 적용되는 것이다. 여기에서 우리가 덧붙일 수 있는 것은, 도덕적 감정을 갖는 자에 있어서 그의 설명에서 주장되는 모든 것이 반드시 참인 것은 아니라는 점이며 그가 그 설명을 일정하고 있다는 것으로 충분하다는 점이다. 그래서 어떤 자는 그가 자기 몫 이상을 가졌다고 잘못 생각할 수도 있다. 그에게는 아무런 죄책이 없을 수도 있다. 그러나 그는 자기의 소견이 옳은 것이며 비록 잘못된 것일지라도 그가 표명한 신념이 진실된 것이기에 그는 죄책감을 느끼는 것이다.

행위와 도덕적 태도와의 관계에 관한 일군의 문제들이 있는데, 그것은 (e) 주어진 감정을 경험하는 자의 특유한 의도, 노력 및 경향성이 무엇이며, 그가 하고자 원했거나 할 수 없다고 생각하게 된 일은 어떤 종류의 것인가 하는 것이다. 화가 난 사람은 특이하게 분풀이를 하거나 화를 내게 한 자의 목적을 방해하려 할 것이다. 죄책감으로 괴로워할 경우 사람은 미래에는 올바르게 행동하기를 바라고 그의 행위를 고치려고 애쓰게 된다. 그는 자기가 행한 바를 인정하고 개선할 것을 바라며 문책과 처벌을 받아들이려는 성향을 갖게 된다. 그리고 그는 타인들이 그릇되게 행동했을 경우에도 그들을 자기가 나무라기 어렵다는 것을 알게 된다. 특정한 상황에 따라서 이러한 성향들 가운데서 어떠한 것이 나타나게 될 것인지가 결정된다. 그리고 또한 우리가 가정할 수 있는 것은 나타나게 될 성향들의 집합은 개인의 도덕성에 따라 달라진다는 점이다. 예를 들면 죄책감의 특유한 표현이나 적절한 해명은 공동체적 도덕의 이상과 역할이 보다 복잡하고 중대해짐에 따라 아주 달라진다. 그리고 나아가서 이러한 감정들은 원리적인 도덕과 관련된 감정들과도 구별되어질 것이다. 공정으로서의 정의관에 있어서는 이러한 차이들이 일차적으로 그에 상응하는 도덕적 관점의 내용에 의해서 해명된다. 신조, 이상 및 원칙들의 구조는 어떤 종류의 설명이 요구되는가를 보여준다.

나아가서 우리가 물을 수 있는 것은 (f) 특정한 감정을 느끼는 자가 다른 사람들의 편에서 어떠한 감정과 반응을 기대하는가, 자기에 대한 타인들의 행위를 그가 해석함에 있어서 나타난 여러 가지 특유한 오해들에 있어서와 같이 타인들이 그에게 반응한다는 것을 어떻게 예견할 것인가 하는 것이다. 그래서 자신의 행위가 타인들의 합당한 요구를 침해했음을 인정하면서 죄책감을 느끼는 자는 그들이 그의 행위에 대해 분노를 느끼고 여러 방식으로 그를 처벌할 것으로 예견한다. 그는 또한 제 3 자도 그에게 의분을 느끼리라고 생각한다. 죄책감을 느끼는 자는 타인들의 분노와 의분, 그리고 그로 인해서 생기게 될 불확정성을 우려한다. 이와 대조적으로 수치심을 느끼는 자는 조소와 경멸을 예상한다. 그는 탁월성의 기준에 미치지 못하고 나약한 존재로 되어 버리고 그와 이상을 같이 하는 타인들과 상종할 만한 가치가 없는 자임을 나타낸 것이다. 그는 절교되어 배척될까 두려워하며, 경멸과 조소의 대상이 될까 염려한다. 죄책감과 수치심은 그 설명에 있어서 다른 원칙을 갖는 것과 마찬가지로 그것으로 인해 우리는 타인들로부터 서로 다른 태도를 예견하게 된다. 일반적으로 죄책, 분노, 의분은 정당성의 개념과 관련을 갖는 반면, 수치, 경멸, 조소는 선의 개념에 의거해 있다. 그리고 이러한 이야기는 분명한 방식으로 의무 및 책무감(만일 그러한 것이 있는 경우)과 올바른 긍지 및 자기 자신의 가치감에로 확대된다.

끝으로 우리가 물을 수 있는 것은 (g) 도덕적 감정을 유발하는 행위에로의 특유한 유인이 무엇이며 그런 감정이 해소되는 특유한 방식이 무엇이냐는 것인데, 여기에서 다시금 도덕적 감정들간의 뚜렷한 차이가 나타나게 된다. 죄책감과 수치심은 서로 다른 구조를 갖고 있으며 다른 방식으로 극복되는데, 이러한 차이는 그것들이 관련되어 있는 특유한 원칙들 및 그것에 특유한 심리적 기초를 반영하는 것이다. 그래서 예를 들면 죄책은 배상과 화해를 뜻하는 용서에 의해 해소되는 반면, 수치는 결점이 보완되었음을 증거하고 한 사람의 인격의 탁월성에 대한 새로운 확신을 통해서 없어지게 된다. 예를 들어 보면 또한 분명한 것은 분노와 의분은 그들의 특유한 해소 방식을 갖는다는 점이다. 왜냐하면 전자는 우리 자신에게 저질려진 잘못이라고 생각하는 바에 의해 생기는 것이며 후자는 타인들에게 행해진 부당함에 관련된 것이기 때문이다.

그러나 죄책감과 수치심간의 대조는 아주 뚜렷한 것이어서 그것들이 도덕의 상이한 측면간에 행해지는 구분과 부합되는 방식에 주목하는 것은 도움이 되는 일이다. 앞에서 살핀 바와 같이 어떤 덕목을 어김은 수치심을 유발하는 까닭에 우리는 우리의 탁월성 가운데 들어가는 형태의 행위를 귀중하게 여기는 것으로 족하다(67절). 그와 비슷하게 부정은 언제나 죄책감을 유발할 수 있는데 그때마다 타인들은 어떤 방식으로 손해를 입고 있거나 그들의 권리가 침해되어 있다. 그래서 죄책과 수치는 모든 도덕적 행위에 나타나게 마련인 타인 및 자신의 인격에 대한 관심을 반영하고 있다. 그러나 어떤 덕목들과 그것을 강조하는 도덕들은 어떤 한 가지 종류의 감정의 관점에 보다 전형적인 것이며, 따라서 그것과 보다 밀접하다. 그래서 특히 의무 이상이 도덕은 수치심이 나타날 무대를 마련하는데, 왜냐하면 그것은 인류애나 자제심과 같이 보다 고차적인 형태의 도덕적 탁월성을 나타내고 있으며 그것을 택함에 있어서 우리는 바로 그 도덕의 성격으로 인해 그러한 탁월성을 달성하지 못하게 될 위험을 갖게 되기 때문이다. 하지만 전체적인 도덕적 체계에 있어서 한 감정의 관점을 다른 것보다 더 강조하는 것은 잘못이다. 왜냐하면 정당성과 정의의 이론은 평등한 도덕적 인격들로서 자신과 타인들에 대한 관점을 만족시키는 호혜성의 개념에 기초하고 있기 때문이다. 이러한 호혜성은 양쪽 관점이 모두 보통 대체로 동일한 정도로 도덕적 사고와 감정을 규정하게 되는 결과를 갖는다. 모든 사람은 동등하기 때문에 타인에 대한 배려나 자신에 대한 관심 중 어느 것도 우선성을 갖지 못하며, 사람들 사이의 조정은 정의의 원칙들에 의해 이루어진다. 그리고 이러한 조정점이 의무 이상의 도덕에 있어서처럼 한쪽으로 움직일 경우에는, 자유로이 보다 큰 부분의 편을 택하고자 하는 자신의 선택에 의해 이루어지는 것이다. 그래서 우리가 자신이나 타인의 관점을 사간상에 있어서 어떤 도덕의 특성이나 전체 체계에 있어서 어떤 관점의 특성으로 생각할 수 있지만, 완전한 도덕 학설은 그 양자를 모두 포함하고 있다. 수치의 도덕이든 죄책의 도덕이든간에 모든 것은 그 자체로서 도덕적 입장의 일부에 불과한 것이다.

이상의 이야기에서 나는 두 가지 중요점을 강조해 왔다. 첫째로 도덕적인 태도는 특유한 감각이나 행태상의 표출이 있다 할지라도 그러한 것들과 동일시되어서는 안 된다는 것이다. 도덕적 감정은 어떤 유형의 설명을 요구한다. 그래서 둘째로 도덕적 태도는 특수한 도덕적 덕목들에 대한 승인을 내포하며, 그러한 덕목들을 규정하는 원칙들은 그에 상응하는 감정을 설명하는 데에 사용된다. 상이한 감정들을 해명하는 판단들은 그것들을 설명할 때 인용되는 기준에 의해 서로 구분이 되어진다. 죄책과 수치, 가책과 후회, 의분과 분노는 모두 상이한 부분의 도덕에 속하는 원칙들에 호소하거나 대조적인 관점에서 그것들에 의거하고 있는 것이다. 윤리설은 학설에 따라 그 고유한 방식에 의거하게 될 것이지만 그러한 구분들을 설명하고 그것에 적절한 지위를 부여해야 할 것이다.

74. 도덕적 태도와 자연적 태도의 관계

정의감의 발달에 대한 약술을 할 때 나는 도덕적 태도(moral attitudes)의 또 다른 측면, 즉 그것과 어떤 자연적 태도(natural attitudes)와의 관련에 주목했었다,[18] 그래서 도덕적 감정을 검토함에 있어서 우리가 물어야 할 것은 그것과 관련되는 자연적 태도가 있다면 그것이 무엇인가 하는 것이다. 그런데 여기에는 서로 상반된 두 개의 문제가 있다. 첫 번째 문제는 사람이 어떤 도덕적 감정을 갖지 못했을 경우에 결여되어 있는 것으로 보여지는 자연적 태도에 관한 것이다. 반면에 두번째 문제는 어떤 자가 도덕적인 감정을 경험했을 때 역시 존재한다고 확증되는 자연적인 태도가 무엇인가에 대한 것이다. 도덕의 3 단계를 약술함에 있어서 나는 단지 첫 번째 문제에만 관심을 가져왔는데, 왜냐하면 이에 상반되는 두번째 문제는 보다 어려운 다른 문제들을 제기하기 때문이다. 내가 내세워 온 것은 권위적 상황의 맥락에 있어서 권위를 가진 자에 대한 사랑과 신뢰라는 어린이의 자연적 태도는 어린이가 그에게 제시된 계명을 위반했을 경우 (권위에의) 죄책감을 느끼게 한다. 이러한 도덕적 감정이 없다는 것은 그러한 자연적 유대가 없다는 데 대한 확증이 된다. 그와 마찬가지로 공동체적 도덕의 구조 내에서도 우호와 상호 신뢰의 자연적 태도는 그 공동체가 인정하는 의무와 책무를 수행하지 못함에 대해서 죄책감을 유발하게 된다. 이러한 감정이 없다는 것은 그러한 애착이 없음을 의미할 것이다. 이러한 명제들로 인해서 그 역명제도 옳다고 생각함은 잘못인데, 왜냐하면 이른바 의분이나 죄책감이 때때로 그러한 애정에 대한 증거로 간주될 수 있기는 하지만 다른 식의 설명이 있을 수도 있기 때문이다. 일반적으로 도덕적인 원칙들은 여러 가지 이유로서 주장되며 그것들을 받아들인다는 것은

---

18) 이 절 전체를 통해 그리고 도덕적 감정에 대한 주제 전반에 걸쳐서, 나는 D. Sachs에게 아주 크게 도움을 받았다.

보통 도덕적인 감정을 일으키기에 충분한 것이다. 물론 계약론에 의하면 정당성과 정의의 원칙들은 어떤 내용을 갖고 있으며, 우리가 방금 살핀 것과 같이 그러한 원칙들에 따라서 행동한다는 것은 인간에 대한 애정이나 타인의 선을 위해서 행동하는 것이라고 해석될 수도 있는 것이다. 이러한 사실이 우리가 어떤 점에서는 특정한 개인에 대한 애착과 같은 자연적 태도로부터 행동하며, 단순히 동정이나 이타심이라는 일반적 형식으로부터 행동하지 않는다는 것을 보여주는지에 대한 문제는 여기에서 접어 두기로 한다. 물론 먼저의 도덕 발달에 대한 설명은 특정한 사람에 대한 애정의 습득에 있어서 중요한 역할을 한다는 것을 가정하고 있다. 그러나 그러한 애착이 별로 필요하지 않다면 놀라운 것이라고 생각되지만, 나중의 도덕적인 동기 유발을 위해서 그러한 태도가 어느 정도 필요한가 하는 것은 여전히 문제가 될 수 있다.

　이제 자연적 태도와 도덕적 감정과의 관계는 다음과 같이 표현될 수 있다. 즉 이러한 감정과 태도는 모두가 특징적인 성향의 서열군인데, 그러한 집합들은 서로 겹치는 것이어서 어떤 도덕적인 감정이 없다는 것은 특정한 자연적 유대가 없다는 데 대한 확증이 된다. 혹은 그 반대로 어떤 자연적 애착이 존재하게 되면 일단 필요한 도덕적 발달이 이루어졌을 경우 그것은 일정한 도덕적 감수성을 유발하게 된다. 예를 통해서 그것을 알 수가 있다. 만일 A가 B를 좋아할 경우 특별한 설명이 없는 한 B가 위험해 할 때 A는 B를 염려하며 B에게 도움을 주고자 힘쓰게 된다. 또한 만일 C가 B를 부정의하게 다룰 계획인 경우 A는 C에게 분노를 느끼며 계획을 성공하지 못하게 할 것이다. 어느 경우에 있어서나 A는 B의 이익을 보호하려는 성향을 갖고 있다. 나아가서 특수한 여건이 없는 한 A는 B와 함께 있을 때 즐거워하며 B가 상해를 당하거나 죽을 경우 A는 충격적인 슬픔을 당하게 된다. B의 상해가 A의 책임일 경우에 A는 가책을 느끼게 될 것이다. 사랑이란, 그런 경우가 생길 때 그러한 일차적인 감정을 경험하고 표현하며 적절한 방식으로 행동하고자 하는 성향들의 계층으로 된 하나의 감정이다.[19] 자연적 태도와 도덕적 감정간의 관계를 확인하기 위해서, 우리는 단지 A의 편에서 그가 B를 상해했을 경우 가책을 느끼는 성향이나, 혹은 그가 B의 합당한 요구를 침해했을 경우 죄책감을 느끼게 되는 성향, 혹은 C가 B의 권리를 무시하려 했을 때 분노를 느끼는 A의 성향 등은 타인이 있음을 즐거워하고 그의 고통에 슬픔을 느끼는 성향의

---

19) 이 점에 관해서는 A.F. Shand, *The Foundations of Character*, 제 2 판 (London: Macmillan, 1920), pp. 55 이하 참조.

크기만큼 사랑이라는 자연적 감정과 심리적으로 밀접한 관련을 가진 것임을 주목하기만 하면 된다, 도덕적 감정이란 어떤 점에서는 더욱 복합적인 것이다. 그 완전한 형태에 있어서 그것은 어떤 원칙들에 대한 이해와 수용, 그리고 그것들에 따라서 판단하는 능력을 전제하고 있다. 그러나 이러한 것들을 가정할 경우 도덕적인 감수성은 즐거움을 향하는 성향이나 슬픔에 대한 감수성과 같은 자연적인 감정의 일부와 같은 것으로 생각된다. 어떤 경우에는 사랑이 슬픔으로 표현되기도 하고 다른 때는 분노를 나타내기도 한다. 다른 쪽이 없는 어느 한쪽만 일어나는 것은 드문 일이다. 합리적인 도덕 원칙들의 내용은 그들의 관계를 해석 가능하게 해주는 것이다.

그런데 이상과 같은 학설의 한 가지 주요 결과는 도덕적 감정이란 인간 생활의 정상적인 특성이라는 점이다. 우리가 그것이 없이 지낼 수 있으려면 동시에 어떤 자연적인 태도들도 없애야 한다. 제시된 이기나 편의라는 이유가 아니고서는 정의의 의무에 따라 행위한 적이 없는 자들간에는 우호와 상호 신뢰의 유대가 있을 수 없을 것이다. 왜냐하면 이러한 애착이 존재할 경우에는 공정하게 행동하는 데 대해서 다른 이유들이 받아들여지게 될 것이기 때문이다. 여기까지는 어느 정도 분명한 것으로 생각된다. 그러나 또한 지금까지 이야기한 데서 생기는 결론은 자기 기만이 없는 한 이기주의자는 분노와 의분을 느낄 수 없다는 점이다. 두 이기주의자가 서로 상대방을 속인 다음 이러한 사실이 발각되었을 경우 그들 중의 누구도 불평할 근거가 없는 것이다. 그들은 정의의 원칙들이나 혹은 원초적 입장에서 볼 때 합당한 다른 어떤 관점도 받아들이지 않으며, 그들은 또한 의무를 다하지 않은 데 대해서 죄책감으로 인한 어떤 억압도 경험하지 못한다. 우리가 지금까지 보아 왔듯이 분노와 의분은 도덕적인 감정이며, 따라서 그것은 정당성 및 정의의 원칙에 대한 용인을 근거로 하는 해명을 전제하고 있다. 그런데 이 경우에는 가정상 적절한 변명이 주어질 수가 없는 것이다. 물론 이기적인 사람이 분노와 의분을 느낄 수 없다고 말한다 해서 그들이 서로간에 화를 내거나 괴롭힐 수 없다는 것은 아니다. 정의감이 없는 사람도 공정하게 행위하지 못한 자에게 성을 낼 수가 있다. 그러나 노하거나 괴로워하는 것은 의분이나 분노와는 다르다. 전자는 후자와 같은 도덕적 감정이 아니다. 또한 이기주의자들도 다른 사람들이 자기와의 우호 관계를 인정하기를 바라고 자신을 다정하게 대해 주기를 원하리라는 사실을 부인해서는 안 된다. 그러나 이러한 욕구들을 자기의 친구를 위해서 희생도 감수하게 하는 애정의 유대로 오인해서는 안 될

다. 물론 분노와 성냄을, 그리고 피상적인 우호와 진정한 우정을 구분하
기는 어렵다. 더우기 일정한 기간의 행위를 두고 볼 때 외적인 표현이나
행동이 똑같이 보일 수도 있다. 그러나 보다 오랜 기간을 거치면 그 차이
가 분명해지는 것이 보통이다.

그런데 우리는 정의감을 결여하고, 사리사욕이나 당장의 편의를 위해서
가 아니고서는 정의가 요구하는 대로 행한 적이 없는 사람은 우정, 애정,
상호 신뢰의 유대가 없을 뿐만 아니라 분노와 의분을 경험할 능력이 없다
고 할 수 있다. 그는 일정한 자연적 태도와 특히 기본적인 도덕감을 결여
하고 있다. 달리 말하면 정의감을 갖지 못한 자는 인간이라는 개념 아래
에 포섭되는 어떤 기본적인 태도와 능력을 갖추지 못하고 있다. 그런데 도
덕적 감정이란 불유쾌한 것임(불유쾌함을 좀 넓은 의미로 본다면)은 물론이
다. 그러나 그러한 감수성을 무시하게 되면 우리 자신의 가치를 손상시키
는 길밖에 없다. 그러한 성향은 사랑과 신뢰, 우정과 애정, 우리에게 이익
을 주고 인간의 일반적인 이익도 되는 제도와 전통에 대한 공헌의 대가이
다. 나아가서 사람들이 그들 자신의 관심과 포부를 간직하고 있으며 그들
자신의 목적과 이상을 추구함에 있어서 서로간에 그들의 주장을 할 각오
가 되어 있음을, 다시 말하면 그들간에 정의의 문제들을 유발할 여건들이
성립함을 가정할 경우, 기질과 정열이 있다면 그러한 경향성이 실현될 것
은 불가피한 일이다. 그리고 탁월성이라는 목적과 이상에 의해 움직인다
는 것은 굴욕과 수치를 느낄 줄 아는 성향이 있음을 의미하고 굴욕과 수
치를 느끼는 성향이 없음은 그와 같은 목적과 이상이 없음을 의미하기 때
문에, 우리는 수치와 굴욕이 인간성 개념의 일부를 이룬다고 말할 수
있다. 그런데 정의감의 결여로 인해서 죄책감의 성향이 없는 사람은 또한
일정한 기본적 태도와 능력도 결여한다는 사실이 정의가 지시하는 대로
행동하는 데 대한 이유라고는 생각되지 않는다. 그러나 그것은 다음과 같
은 의의를 갖는데, 즉 정의감을 갖지 않으면 ― 그것은 또한 우리 인간성
의 일부를 결여하는 것인데 ― 어떻게 될 것인가를 이해함으로써 우리는
우리가 그러한 감정을 갖고 있다는 것을 인정하게 된다.

결국 도덕감은 인간 생활의 정상적인 일부라는 결론이 나온다. 우리는
동시에 자연적 태도들을 버리지 않는 이상 그것없이 생활할 수는 없다,
그리고 또한 우리가 보아 온 것처럼(30, 72 절) 인류애와 공동선을 지지하려
는 욕구는 그것들의 대상을 규정하는 데 필요한 정당성 및 정의의 원칙들
을 내포한다는 뜻에서 도덕감은 그러한 태도들과 연속되어 있다. 이렇게
이야기한다고 해서 우리의 현존하는 도덕적 감정이 많은 점에서 불합리하

며 우리의 선에 유해하다는 것을 부인하는 것은 아니다. 프로이트도 그러한 태도가 그것이 처음 습득되었던 권위적 상황이 갖는 여러 가지 잔인한 측면들을 포함하고 있어서 그것이 징벌적이며 맹목적인 일이 있다고 주장하는 점은 옳다. 분노와 의분, 가책과 죄책감, 의무감 및 타인의 비난에 대한 감정 등은 종종 경솔하고 파괴적인 형태를 취하며 아무런 이유없이 인간의 자율성과 즐거움을 약화시키기도 한다. 도덕적 태도를 인간성의 일부라고 말했을 때 내가 뜻하는 것은 그 해석에 있어서 그것이 정당성 및 정의의 합당한 원칙들에 의거하는 태도들이라는 점이다. 바탕에 깔려 있는 윤리관의 합당성이 필요 조건이 된다. 그리고 도덕적 감정이 우리의 본성에 대한 적합성 여부는 원초적 입장에 있어서 합의될 원칙들에 의해 결정된다,[20] 이러한 원칙들은 제도들의 설계를 규제하는 것과 마찬가지로 도덕 교육 및 도덕적 시인과 비난의 표현을 규제하게 된다. 그러나 비록 정의감이 질서 정연한 사회 내에서 자연적인 인간 태도의 정상적인 결과임에도 불구하고, 우리가 갖는 현재의 도덕적 감정은 부당하고 일관성없는 것이기 쉽다는 것 또한 사실이다. 그러나 질서 정연한 사회가 갖는 장점들 중 하나는 이미 자의적인 권위가 사라졌으므로 그 성원들은 강압적인 양심의 부담을 훨씬 적게 받는다는 것이다.

75. 도덕 심리학의 원칙

이제 곧 우리는 도덕적 발달에 대한 약술에 비추어서 공정으로서의 정의관이 갖는 상대적 안정성을 검토해야만 한다. 그러나 그 일을 하기 이전에 나는 심리학의 세 가지 법칙에 대하여 몇 가지 해명하고자 하는데, 그것들을 우리 앞에 진술의 형식으로 제시하는 것이 도움이 될 것이다. 그것들은 성향을 나타내고 있으며 다른 조건들이 같을 경우 효력을 갖는다는 것을 인정할 때, 다음과 같은 형태로 제시될 수 있을 것이다.

제 1 법칙 : 가족 제도가 정의롭고 부모가 자녀를 사랑하며 그의 선을 귀하게 여김으로서 그들의 사랑을 명백히 표현할 경우, 어린이는 그에 대한 그들의 명백한 사랑을 인정함으로써 그들을 사랑하게 된다.

제 2 법칙 : 동료감에 대한 어떤 사람의 능력이 제 1 법칙에 따른 애착

20) Mill이 *On Liberty*, 3장, 단락 10에서 주목한 바에 의하면, 타인들을 위해서 정의의 엄격한 규칙을 지킨다는 것은 우리의 본성에 있어서 사회적 측면의 개발을 가져오며 따라서 우리의 복지에도 부합되는 것인데 반해서, 그들의 선을 위한 것이 아니라 단지 그들이 불쾌해 한다는 이유로 계약을 받는다는 것은 그것이 묵인될 경우 우리의 본성을 둔하게 하는 것이라고 한다.

심을 갖게 됨으로써 개발되고, 사회 체재가 정의로우며 모든 사람에게 그 정의로움이 공적으로 알려질 경우, 그 사람은 공동체 내의 타인들이 명백한 의사로써 그들의 의무와 책무를 수행하고 그들의 지위의 이상에 맞추어 살 때 그들에 대한 우호와 신뢰의 유대감을 나타내게 된다.

제 3 법칙 : 동료감에 대한 어떤 사람의 능력이 처음 두 법칙에 따른 애착심을 형성함으로써 개발되어지고 사회 제도들이 정의롭고 모든 이에게 그 정의로움이 공적으로 알려질 경우, 그 사람은 자신과 자기가 아끼는 사람이 그 체제의 수혜자임을 알게 됨에 따라 그에 상응하는 정의감을 갖게 된다.

아마도 이러한 원칙들(혹은 성향들)의 가장 두드러진 특성은 그 정식이 제도적 구조가 정의로울 것에 언급하고 있으며, 나중의 두 경우에 있어서는 그 정의로움이 공적으로 알려질 것임을 말하고 있다. 도덕 심리학의 원칙(the principles of moral psychology)에는 정의관이 한 자리를 차지하며 서로 다른 정의관이 이용될 경우에는 그러한 원칙들에 대한 상이한 정식화가 결과된다. 그래서 정의에 대한 어떤 관점이 그에 상응하는 감정의 발달에 대한 설명에 개입되며, 그러한 심리적인 과정에 대한 가정은 비록 심리학적 이론의 일부로서만 이해되는 것이긴 하지만 도덕적 개념들을 내포하고 있다. 여기까지는 간단한 것으로 생각되며 윤리적 개념들이 분명히 언명될 수 있는 것이라고 생각할 때, 그러한 종류의 법칙들이 어떻게 존재할 수 있는가를 쉽게 알 수 있을 것이다. 도덕적 발달에 대한 앞에서의 개요는 이러한 문제가 해결될 수 있는 방식을 제시하고 있다. 결국 정의감이란 적어도 정의의 원칙들이 규정하는 한에 있어서의 도덕적 관점을 채택하고 그것에 따라 행동하고자 확립된 성향이다. 이러한 원칙들이 그와 같은 규제적 감정의 형성에 개입한다고 해서 놀랄 것은 없다. 물론 도덕 학습에 대한 우리의 이해가 학습되어질 도덕적 개념에 대한 우리의 파악을 훨씬 능가할 수는 없을 것이다. 마찬가지로 우리가 언어를 어떻게 배우는가에 대한 우리의 이해는 그 문법적·어의적인 구조에 대해서 우리가 아는 바에 의해 제한된다. 언어 심리학이 언어학에 의존하는 것과 마찬가지로 도덕 학습론은 도덕의 본성 및 그 여러 형태들에 대한 입장에 달려 있다. 이러한 문제들에 대한 우리의 상식적인 관념으로서는 이론의 목적상 충분치 못한 것이다.

물론 어떤 사람은 사회 이론에는 도덕적인 개념의 사용을 피해야 한다고 말한다. 예를 들면 그들은 어떤 공동 작업에 종사하고 있는 자들간의 상호 작용의 빈도나, 어떤 사람이 지배권을 갖거나 권위적 지도력을 행사

하는 규칙성에 관한 법칙에 의해서 감정적인 유대의 형성을 설명하고자
할 것이다. 그래서 어떤 법칙에 의하면 인정된 원칙들에 의해 그 평등이
규정되는, 함께 협동하는 동등자들간에는 개인들이 서로 보다 자주 접촉
할수록 그들 사이에 우호적인 감정이 생겨날 가능성이 보다 커진다는 것
이다. 또 다른 법칙이 주장하는 바에 의하면 권위있는 지위에 있는 자가
보다 많이 그의 권능을 사용하고 그에게 예속된 자를 보다 많이 지도할수
록, 그들은 더욱더 그를 존경하게 된다는 것이다.[21] 그러나 이러한 법칙
들(혹은 경향성들)은 문제되는 체제의 정의(혹은 공정)에 대해서는 언급이
없는 까닭에 그것들은 범위에 있어서 지극히 제한된 것일 수밖에 없다.
권위를 행사하는 타인에게 예속된 자들은 전체 체제가 그들의 합당한 이
익이라고 생각되는 바를 증진하도록 정의롭고 잘 설계된 것인지 여부에
따라서 그 사람을 서로 달리 보게 될 것임은 물론이다. 동등자들간의 협
동에 있어서도 같은 말이 적용된다. 제도들이란 규칙들의 공공적 체계에
의해 규정되는 인간 행위의 양식이며, 그것이 규정하는 직책과 직위를 갖
는다는 바로 그것도 일정한 의도와 목적을 지시해 주는 것이 보통이다.
사회 체제의 정의 여부와 이러한 문제에 대한 인간의 소신은 사회적 감정
에 깊은 영향을 주며, 그것들은 타인이 제도를 받아들이거나 거부하는 것
과 그것을 개혁하거나 옹호하려는 그의 시도를 우리가 어떻게 볼 것인가
를 결정해 준다.

　대부분의 사회 이론은 어떤 도덕적 관념의 사용이 없이도 충분히 가능
하다는 반론을 펼 수도 있을 것이다. 경제학이 그 명백한 사례가 된다.
그러나 경제 이론에 있어서의 경우는 특유한 것으로서 개인이나 기업에게
가능한 행위들을 규정하는 고정된 규칙들 및 제약들의 구조를 흔히 우리는
가정할 수 있으며, 동기를 단순화시켜 보는 어떤 가정들은 아주 현실성이
크다는 점이다. 가격론(이것에 있어 보다 기본적인 부분들)은 그 예증이 된다.
우리는 구매자나 판매자가 경제 활동을 지배하는 법칙들을 따라 행동하는
이유나 혹은 어떻게 해서 선호가 형성되고 법규가 확립되었는가를 생각해
보지 않는다. 대체로 당연한 것으로 받아들여지며 어느 수준에까지는 그
에 대한 아무런 반대도 없다. 반면에 이른바 민주주의 경제 이론, 즉

21) 제시된 이러한 유형의 법칙들에 대한 예로서는 G.C. Homans, *The Human Group* (N.Y.: Harcourt, Brace, 1950), pp. 243, 247, 249, 251 참조. 그런데 후기의 저술에서는 정의의 개념이 분명히 도입되고 있다. *Social Behavior: Its Elementary Forms* (N.Y.: Harcourt, Brace and World, 1961), pp. 295 이하, 이것은 pp. 232~264 에서 전개된 이론을 적용한 것이다.

가격론의 기본적인 관념과 방법을 정부 과정에까지 확대시키는 입장은 많은 장점을 가진 것이긴 하지만 조심스럽게 다루어져야 한다. [22] 왜냐하면 입헌 체제에 관한 이론은 그 규칙들을 당연한 것으로 받아들일 수 없으며, 그것들이 준수되리라고 단순히 가정할 수도 없기 때문이다. 분명히 정치 과정이란 법규를 제정하고 수정하며 정부의 입법 및 행정부를 규제하고자 하는 중대한 것이다. 비록 모든 것이 입헌 절차에 따라 이루어진다 할지라도 우리들은 그 절차들이 받아들여지는 이유를 설명할 필요가 있다. 이 경우에 있어서는 경쟁적인 시장의 제한 조건과 유사한 것이라고는 아무 것도 없다. 그리고 의회나 행정부 및 그들이 대표하는 정치 세력에 의한 여러 종류의 비헌법적 행위에 대해서는 보통 의미에 있어서의 어떠한 합법적인 허용도 있을 수 없다. 따라서 정치 지도자들에 있어서는 어떤 점에서 그들이 도덕적으로 허용될 수 있다고 생각하는 바가 행위의 지침이 되며, 또한 어떠한 입헌적인 견제와 균형의 체제도 그것에 의존해서 그 과정을 정의로운 결과로 이끌 만한 보이지 않는 손을 확립하는 데 성공하지는 못할 것인 까닭에, 공공적 정의감이 어느 정도는 필요한 것이다. 그런데 정의로운 입헌 체제에 관한 올바른 정치 이론은 도덕감이 공적인 일 처리에 영향을 주는 방식을 설명해 줄 정의론을 전제하는 것으로 보일 것이다. 나는 시민 불복종의 역할과 관련해서 이러한 문제에 언급한 적이 있는데, 여기에서는 계약론에 대한 또 하나의 검증으로서 그것이 이러한 목적을 얼마나 잘 수행하는가 하는 점을 첨가하는 것으로 족할 것이다.

심리학적 법칙들에 대한 두번째 중요성은 그것들이 우리의 궁극 목적들에 속하는 감정적 유대에 있어서의 변화를 통제한다는 점이다. 이 점을 분명히 하기 위해서 우리는 의도적인 행위를 설명한다는 것은, 우리의 소견들과 이용 가능한 대안들이 주어질 경우 그 행위가 어떻게 우리의 인생 계획 및 계획들 중에서 그 상황과 관련된 부분 계획에 부합되는지를 밝히는 것이라는 사실을 알 수 있을 것이다. 때로는 그러한 일이 일련의 계열을 이루는 설명들로 이루어지는데, 즉 첫번째 것은 두번째 것을 달성하기 위해서 행해지고 두번째 것은 세번째 것을 달성하기 위해서 등등인데, 그 계열은 한정된 것으로서 그 이전의 것들이 그것을 위해 행해지는 하나의 목적에서 끝이 난다. 우리의 여러 가지 행동을 설명함에 있어서 우리는

---

22) 이러한 민주주의론에 대한 문헌으로는 31절 각주 2 및 54절 각주 18 참조. 물론 이 이론을 전개한 자들도 그러한 제한을 인식하고 있다. 그 예로서 A. Downs, "The Public Interest: Its Meaning in a Democracy", *Social Research*, 제 29 권 (1962) 참조.

많은 상이한 계열의 이유들을 인용할 수 있는데, 이것들은 보통 인생 계획의 복합성이나 그 목적들의 다수성으로 인해 서로 다른 지점에서 끝나게 된다. 나아가서 한 계열의 이유 또한 여러 갈래들을 갖게 되는데, 왜냐하면 한 행위는 한 가지 이상의 목적을 달성하기 위해서 행해질 수 있기 때문이다. 여러 가지 목적을 수행할 행동이 어떻게 계획되고 서로 조정될 것인가는 계획 그 자체와 그 계획의 바탕이 되는 원칙들에 의해 결정된다.

그런데 우리의 궁극 목적들 중에는 우리가 사람들에 대해서 갖는 애착심, 그들의 관심을 실현함에 대해 우리가 갖는 관심, 그리고 정의감 등이 있다. 세 가지 법칙은 우리의 욕구 체계가 우리가 감정적 유대를 습득함에 따라 어떻게 새로운 최종 목적을 갖게 되는지 기술하고 있다. 이러한 변화들은 지식이 늘거나 기회가 더 주어짐으로써 생기는 결과로서, 우리가 파생적인 욕구를 형성하는 것이나 우리가 현재 갖고 있는 욕망을 보다 구체적으로 정하는 것과도 구분되어야 한다. 예를 들어서 어떤 곳으로 여행하기를 바라는 자는 어떤 길이 가장 좋다는 정보를 듣게 된다. 이러한 조언을 받아들이게 되면 그는 특정한 방향으로 진로를 택할 욕구를 갖게 된다. 이러한 종류의 파생적인 욕구에 대해서는 합리적인 설명을 할 수가 있다. 그것은 주어진 근거에 비추어서 현재 우리의 목적을 가장 효과적으로 실천해 줄 바를 행하려는 욕구이며, 따라서 그것은 지식과 소견 및 이용 가능한 기회에 따라 변하는 것이다. 세 가지 심리학적 법칙은 이러한 의미에 있어서 욕구들에 대한 합리적 설명을 제시하지 않으며, 오히려 그것은 제도와 타인의 행동이 우리의 선에 영향을 주는 방식을 우리가 인지함으로써 생겨나게 되는 우리가 갖는 양식의 최종 목적의 변형을 규정하는 것이다. 물론 하나의 목적이 최종적인가, 파생적인가는 반드시 쉽게 확인되는 것은 아니다. 그 구분은 어떤 사람의 합리적 인생 계획에 근거해서 이루어지며 이러한 계획의 구조는 그 자신에게 있어서까지도 명백하지 않은 것이 보통이다. 그러나 여기에 있어서 우리의 목적에 비추어 볼 때 그 구분은 충분히 분명한 것이다.

세번째의 주목거리는 세 법칙이 단지 연상이나 강화의 원칙이 아니라는 점이다. 그것들은 이러한 학습의 원칙들과 어떤 유사성을 갖기는 하지만 그것들이 내세우는 바는 사랑이나 우정과 같은 능동적 감정과 심지어는 정의감까지도 우리의 선을 위해 행동하고자 하는 타인들의 명백한 의사에 의해 생겨난다는 점이다. 그들이 우리가 잘 되기를 바란다는 것을 우리가 인정하는 까닭에 그에 대한 보답으로 우리도 그들의 안녕을 바라게 된다. 그래서 우리는 우리의 선이 그들에 의해 영향을 받는다고 생각하는 방식에 따라 사람과 제도에 대한 애착을 갖게 된다. 요점은 호혜성이라는 관념, 즉 같은 것으로 응답하려는 성향이다. 그런데 이러한 성향은 중요한 심리학적인 사실이다. 그것이 없다면 우리의 본성은 서로 아주 달랐을 것이며 보람있는 사회적 협동이 비록 불가능하지는 않았을지라도 깨어지기 쉬웠을 것이다. 왜냐하면 합리적인 인간이라면 분명히 그의 선에 영향을 미치는 것에 대해 무관심하지 않을 것이 확실하기 때문이며, 만약 그가 그것에 대해서 어떤 태도를 취한다면 그는 새로운 애착 혹은 새로운 혐오를 갖게 될 것이다. 만일 우리가 사랑을 미움으로 답하든가, 우리에게 공정하게 행위하는 자를 미워하게 되거나, 혹은 우리의 선을 증진하는 행동을 싫어하게 될 경우 공동체는 곧 해체되고 말 것이다. 유별난 심리를 가진 존재는 결코 존재할 수 없거나 혹은 진화의 과정에서 곧 소멸하게 마련이다. 같은 방식으로 응답함으로써 형성된 정의감에 대한 능력은 인간적인 사회성의 조건으로 나타날 것이다. 가장 안정된 정의관은 아마도 그에 상응하는 정의감이 그와 같은 성향 위에 가장 굳건하게 기초를 둔 그러한 입장일 것이다(76절).

끝으로 도덕 심리학에 관한 해명 전반에 대해서 몇 가지 언급하기로 한다. 도덕 심리학의 세 가지 법칙에 의거한다는 것이 단순함임은 물론이다. 더 이상의 설명을 하면 서로 다른 종류의 학습들이 구분될 것이고, 따라서 수단적인 조건화(강화)와 고전적인 조건 형성을 구분함으로써 우리의 감정과 느낌을 형성하기가 쉬울 것이다. 본을 보고 모방하는 것과 개념 및 원칙에 대한 학습이라는 고려 사항도 역시 필요하게 될 것이다.[23] 이러한 형태의 학습이 갖는 의의를 부인할 이유는 없다. 하지만 우리의 목적상 3 단계로 된 형식만으로도 족하다. 그것이 최종 목적으로서 애착심의 형성을 강조하는 한, 도덕 학습에 대한 개요는 새로운 동기의 획득이 갖는 중요성을 강조하는 경험론적인 전통과 유사한 것이다.

내가 합리주의적 입장이라고 한 것과도 역시 관련성이 있다. 예를 들면 정의감의 습득은 지식과 이해력의 성장과 관련된 단계에서 일어난다. 정의감이 습득되려면 사회 생활이나 정의 여부에 대한 관념을 가져야 한다. 타인들의 명백한 의도는 자신과 자신의 처지에 대한 견해에 의해 해석되는 공공 제도를 배경으로 해서 인지되어진다. 하지만 나는 발달의 단계들이 생득적인 것이라거나 심리적 기제에 의해 결정되어 있다고 주장한 적은 없다. 여러 가지 생태적인 성향이 이러한 단계에 영향을 주는지의 문제는 접어 두기로 한다. 오히려 기대되는 발달의 과정이 어떠할 것인가

---

23) Brown, *Social Psychology*, pp. 411 이하 참조.

를 서술하는 데 이용되는 것은 정당성과 정의에 대한 이론이다. 질서 정연한 사회가 편성되는 방식, 그리고 전 체제를 규제할 원칙들, 이상들과 신조들의 전 체제는 도덕의 세 가지 단계를 구분하는 방식을 제시해 준다. 계약론에 의해 규제되는 사회에 있어서는 도덕 학습이 제시된 순서를 따라 일어날 것으로 생각된다. 단계들은 요구되는 능력이 개발됨에 따라 단순한 것으로부터 복잡한 것으로 진행하면서 학습되는 바의 구조에 의해 결정되어진다.

마지막으로 도덕 학습에 대한 설명을 특정한 윤리설에 분명히 기초함으로써 단계들의 계열이 어떤 의미에서 단순히 규정적인 계열이 아니라 전진적인 발달을 제시하고 있는지가 명백해진다. 사람들이 그들의 보다 깊은 관심에 부합하는 합리적인 인생 계획을 점차 형성해 가는 것과 마찬가지로, 그들은 자기들이 평등한 최초의 상황에서 받아들이게 될 원칙들로부터 도덕적 신조들과 이상들이 도출된다는 것을 알게 될 것이다. 윤리적 규범들은 더 이상 단순히 제약들로만 경험되지 않고 결합되어서 하나의 일관된 체계를 이루게 된다. 이러한 기준들과 인간의 포부간의 관계가 이제 이해되며, 사람들은 그들의 정의감을 자연적 애착의 연장으로서, 그리고 전체의 선을 보살피는 방식으로서 이해하게 된다. 여러 고정점들을 갖는 이유들의 많은 연쇄들은 더 이상 별개의 것으로 있지 않고 체계적인 한 입장의 요소들로 보여진다. 하지만 이러한 설명은 특정한 정의론을 가정하고 있다. 다른 이론을 펴는 자들은 그러한 문제들에 관해서 다른 해명을 택할 것이다. 그러나 어떻든간에 비록 어떤 정의관이 철학적으로 옳은 것으로 받아들여지지 않고 단지 심리학적인 이론에만 속하는 것일지라도, 그러한 정의관이 도덕 학습을 설명함에 있어서 어떤 위치를 차지하게 됨은 물론이다.

76. 상대적인 안정성의 문제

이제 안정성(stability)에 관해서 공정으로서의 정의관과 다른 입장들을 비교해 보기로 한다. 안정의 문제가 생기는 이유는 정의로운 협동 체제가 평균 상태에 있지 않거나 더우기 안정되지 않을 수가 있기 때문이라는 점을 생각해 보는 것이 도움이 될 것이다. 물론 원초적 입장의 관점에서 볼 때 정의의 원칙들이 전체에게 합리적인 것이어서 모든 사람이 그 원칙들에 따를 경우 적어도 아무런 합의가 없을 때 주어지게 될 전망에 비해서 누구나 그의 처지가 향상될 것을 기대할 수가 있다. 보편적 이기주의는

이러한 합의점이 없음을 나타낸다. 그러나 어떤 사람의 관점에서 볼 때
는 1 인칭(first-person) 이기주의와 무임 편승자적(free-rider) 이기주의가
더 나을 것이다. 물론 원초적 입장의 조건들이 성립할 경우에는 이러한
선택항 중 어떤 것도 중요한 후보안이 되지 않는다(23절). 그러나 일상
생활에 있어서는 어떤 개인이 그러한 성향을 갖게 될 경우, 타인들의 협
동적 노력을 이용함으로써 때로는 자신에게 보다 큰 이득을 가져올 수도
있다. 충분히 많은 사람들이 그들의 본분을 다할 것이므로 특수한 여건으
로 말미암아 그가 아무런 기여를 하지 않아도 될 경우에(그의 불참여가 발
각되지 않을 때) 그는 이중으로 이득을 보게 되며, 이 경우에 있어서는 무
임 편승자적 이기주의가 용인되는 것처럼 사태가 진전될 것이다.

그런데 정의로운 체제가 평형 상태에 있지 못할 수도 있는데 그 이유는
공정하게 행동하는 것이 일반적으로 동료들의 정의로운 행위에 대한 각자
의 최선의 대응인 것은 아니기 때문이다. 안정성을 보장하기 유해서는 사
람들이 정의감이나 혹은 그들의 잘못으로 인해 손해를 보게 될 자들에 대
한 관심을 가져야 하며 더욱 좋은 것은 이 양자를 모두 가지는 것이다. 이
러한 감정들이 규칙들을 위반하려는 유혹을 능가하기에 충분할 정도로 강
할 경우 정의로운 체제는 안정되어진다. 각자는 자신의 의무와 책무를 다
하는 것이 타인들의 행위에 대한 올바른 응답이라고 생각하게 된다. 자신
의 정의감에 의해 규제되는 그의 합리적인 인생 계획은 이러한 결론에 이
르게 한다.

앞에서 이야기한 바와 같이 홉즈는 안정의 문제를 정치적 책무의 문제
와 관련시켜다. 우리는 홉즈적인 군주제가 그것이 없이는 불안정하게 될
협동 체제에 덧붙인 기구라고 생각할 수 있다. 군주제의 효능에 대한 일
반적인 믿음은 두 가지 종류의 불안정을 제거하게 된다(42절). 그런데 우정
과 상호 신뢰의 관계, 그리고 정상적으로 효능을 갖는 공통된 정의감에
대한 공공적 인지도 그와 똑같은 결과를 가져오리라는 것은 명백하다. 왜
냐하면 이러한 자연적 태도와 정의로운 바를 행하고자 하는 욕구가 있을
경우 아무도 타인들에게 손해를 끼치면서 부정하게 자신의 이익을 증진시
키기를 원치 않을 것이기 때문이다. 바로 이것이 첫번째 종류의 불안정을
없애 준다. 그리고 각자는 이러한 성향과 감정이 널리 효력을 발휘하고
있다고 인정하는 까닭에 어느 누구도 그가 자신의 합당한 이익을 보호하
기 위해서 규칙들을 어겨야 한다고 생각할 이유가 없으며, 따라서 두번째
종류의 불안정성도 마찬가지로 없어지게 된다. 물론 다소의 위반이 생겨
날지도 모르지만, 그러한 것들이 일어날 경우에는 우정과 상호 신뢰에서

오는 죄책감과 정의감이 그 체제를 다시 회복시키는 경향을 갖게 된다.

더우기 공공적인 정의감에 의해 규제되는 사회는 본질적으로 안정된 것인데, 그 이유는 시간이 감에 따라 안정을 이루려는 힘이(어느 한도에 이르기까지) 증대하게 되기 때문이다. 이러한 내재적인 안정성은 세 가지 심리학적 법칙들간의 교호 관계에서 오는 결과이다. 한 법칙의 보다 효율적인 작용은 다른 두 개의 그것을 강화한다. 예를 들어서 제 2 의 법칙이 보다 강한 애착심을 결과할 경우, 제 2 법칙에 의해 얻어지는 정의감은 정의로운 제도의 수익자들에 대한 보다 큰 배려로 말미암아 보다 강화되게 된다. 그리고 거꾸로 보다 효력있는 정의감은 각자의 임무를 다하고자 하는 보다 확고한 의사를 갖게 하며, 이러한 사실에 대한 인정은 보다 깊은 우호와 신뢰의 감정을 일으킨다. 또한 자기 자신의 가치에 대한 보다 굳건한 확신과 보다 생생한 동료 감정이 제 1 법칙을 위한 보다 유리한 조건들로 인해서 생겨나게 되면, 다른 두 법칙들에 의해 규제되는 효과들도 그에 따라 향상되어지게 된다. 이와 반대로 규제적인 정의감이 개발되고 자신의 자아 가치를 확신하는 사람들은 명백한 의도를 갖고서 그들의 자녀를 사랑할 가능성이 보다 커진다. 그래서 세 가지 심리학적 원칙들이 모두 연합해서 질서 정연한 제도를 떠받치게 된다.

그래서 공정으로서의 정의관이 어느 정도 안정된 도덕적 입장이라는 데는 의문이 없을 것으로 보인다. 그러나 원초적 입장에서의 결정은 비교에 의존하는 까닭에, 다른 조건이 같은 한 가장 안정된 입장이 보다 나은 정의관이 된다. 이상적으로는 그러한 점에 관해서 계약론과 그와 대립적인 모든 대안들을 비교해야 하겠지만 자주 그래 왔듯이 나는 공리주의적 원칙만을 생각해 보기로 한다. 이를 위해서 심리학적 법칙의 작용에 개입되는 다음의 세 가지 요소들을 생각해 보는 것도 의의있는 일이다. 즉 우리의 선에 대한 절대적 관심, 도덕적 신조 및 이상들의 근거에 대한 분명한 인지(설명과 훈육 및 정확하고 설득력있는 정당화의 가능성에 힘입은), 그리고 그러한 신조 및 이상에 따르고 사회 체제에 있어서 그들의 본분을 다하는 사람들은 누구나 그러한 규범들을 받아들이며 그들의 생활과 성품 속에 우리의 존경과 평가를 받게 될 형태의 인간적 선을 표현한다는 점에 대한 인정이 세 가지 요소이다(70절). 요인들이 보다 많이 실현될수록 그에 따라 생겨나는 정의감도 보다 강해진다. 첫번째 요소는 같은 것으로 보답하려는 성향을 강화시키는 우리 자신의 가치감을 생생하게 하는 것이고, 두번째 것은 도덕적 관점을 제시함으로써 그것이 쉽사리 이해될 수 있게 하며, 세 번째 것은 이 요소의 고수가 매력적인 것임을 보여준다. 따라서 가장 안정된 정의관은 아마도 우리의 선에 합치하고 자아의 부정이 아닌 긍정에 바탕을 둔 것으로서 우리의 이성에 명료히 나타나는 것이다.

그런데 몇 가지 사실로 인해서 공정으로서의 정의에 상응하는 정의감이 다른 입장에 의해 개발되는 그와 같은 감정보다 더 강한 것으로 나타난다. 첫째로 우리의 선에 대한 타인이나 제도의 절대적인 배려가 계약론에 있어서 훨씬더 강하다는 것이다. 정의의 원칙 속에 내포되어 있는 제한 사항은 모든 사람에게 평등한 자유를 보장하고 보다 큰 이익 총량을 위해서나 혹은 전체 사회를 위해서일지라도 우리의 요구들이 무시되거나 침해되지 않을 것을 우리에게 확신시켜 준다. 오직 우리가 염두에 두어야 할 것은 여러 가지 우선성 규칙, 그리고 칸트적 해석(인격을 결코 수단으로 대우해서는 안 된다고 하는)에 의한 차등 원칙의 의미 및 그것이 박애의 이념과 갖는 관계(29, 17 절) 등이다. 공정으로서의 정의관이 갖는 이러한 측면의 효과는 호혜성 원칙의 작용을 강화하는 것이다. 앞에서 주목한 바와 같이 우리의 선에 대한 보다 조건없는 배려와 우연적인 여건들의 득을 보는 데 대한 타인들의 명백한 거부는 우리들의 자존감을 강화하게 마련이다. 그리고 나아가서 이와 같은 보다 큰 선으로 보답함으로써 사람들 및 제도들과 보다 밀접한 교제를 하게 해준다. 이러한 결과들은 공리주의적 원칙의 경우에 있어서보다 강하며 따라서 그로부터 생겨나는 애착심은 보다 강해지게 되는 것이다.

우리는 이상의 이야기를 확증하기 위해서 공리주의적 원칙으로 이루어진 질서 정연한 사회를 생각해 볼 수 있다. 이런 경우에는 세 가지 심리학적 법칙들이 변경되어야 한다. 예를 들면 두번째 원칙은 이제 사람들은 이득의 총체나 혹은 평균적 복지(어떤 형태가 이용되든간에)를 극대화하는 것으로 공지되어 있는 협동 체계에 있어서 분명한 의도를 갖고서 그들의 본분을 다하는 자들에 대해서 우호적인 감정을 개발하게 되는 성향을 갖는다는 점을 내세우는 것이 된다. 어느 경우에 있어서나 결과될 심리학적 법칙은 이전과 같은 것일 수 없다. 왜냐하면 일부 사람들의 보다 큰 이득이 다른 사람들의 보다 적은 손실보다 더 중요하다는 공공 합의에 의거해서 어떤 제도가 채택된다고 가정해 보자. 보다 유리한 자들이(어떤 형태이든간에) 공리주의의 원칙을 받아들인다고 해서 그것이 보다 작은 이득을 받는 자들로 하여금 그들에 대해서 우호적인 감정을 갖게 할 이유가 있는가? 특히 보다 나은 처지에 있는 자들이 그들의 만족을 통해서 보다 큰 이득의 총량(혹은 평균치)이 결과된다고 주장함으로써 그들의 요구를 내세우는 경우 그러한 반응은 사실상 더 놀라울 것으로 생각된다. 이러한 경우엔 어떤 호혜

성 원칙도 작용하고 있지 않으며 유용성에 의거한다는 것은 단지 의혹
만 일으키게 될 뿐이다. 각자를 하나로 간주함으로써(모든 이의 효용을 똑
같은 것으로 평가함으로써) 모든 이에게 표현되고 있는 관심이 정의의 원칙
들에 의해 전달되고 있는 것에 비하면 빈약한 것이다. 그래서 공리주의적
기준에 의해 규제되는 질서 정연한 사회에서 생겨나는 애착심은 사회의
계층에 따라 큰 차이가 있을 가능성이 있다. 어떤 집단은 정의롭게(이 경
우에는 공리주의적 원칙에 의해 지정된 바) 행위하려는 욕구를 거의 갖지 못
하게 될 것이며 따라서 그에 상응하는 안정에 있어서의 결함이 있게 된다.
  물론 어떤 종류의 질서 정연한 사회에 있어서든지 정의감의 강도는 모
든 사회 집단에 있어서 동일하지는 않을 것이다. 그러나 상호 유대가 전
체 사회, 그 사회의 각 성원 및 모든 성원을 결속시킬 것을 보장하기 위
해서는 정의의 두 원칙과 같은 어떤 것을 채택하지 않을 수 없을 것이
다. 공리주의자가 동정의 능력을 강조하는 이유는 명백하다. 타인들이 보
다 나은 처지를 가지므로 해서 이득을 보지 못하는 자는 만족의 보다 큰
총량(혹은 평균치)과 자신을 동일시해야 하며 그렇지 않을 경우 그들은 공
리주의적 기준을 따르려 하지 않을 것이다. 그리고 그들의 정의감은 호혜
성의 원칙들로 정식화된 세 가지 심리학적 법칙에 의해 유발된 것보다 덜
강하기 쉬우며, 동정적 동일시의 능력이 뚜렷이 나타나는 일도 비교적 드
물 것으로 보인다. 따라서 이러한 감정 상태는 사회의 기본 구조를 덜 떠
받들어 주게 된다. 게다가 앞에서 보았듯이 공리주의적 입장을 따르는 것
은 불리한 자들, 특히 그들이 이미 보다 운이 없게 되었을 때 그들의 자
존감을 파괴하는 경향을 띠게 된다(29절). 그런데 보다 고차적인 선을 위
해서 자기 희생을 요구하고 개인이나 보다 작은 집단이 갖는 가치를 경시
하는 것이 전체로서의 사회 질서를 위한 도덕으로 간주될 경우 그것은 권
위적 도덕의 특징을 지니게 된다. 자아의 공허감이 보다 큰 목적에의 봉
사를 통해서 극복된다는 것이다. 이러한 학설은 자기 혐오 및 파괴적인
결과들을 조장할 가능성이 있다. 물론 공리주의가 이러한 극단에까지 이
르지는 않겠지만 결국 동정에의 능력을 약화시키고 감정적 유대의 개발을
저해하는 그와 비슷한 효과가 생겨나게 마련이다.
  이와 대조적으로 공정으로서의 정의관에 의해 규제되는 사회 체제에
있어서는 타인들의 선에 대한 일체감이나 그들의 행하는 바를 우리 자신
의 선에 있어서의 요소로서 평가하는(79절) 정신이 아주 강해질 것이다.
그러나 그것이 가능한 이유는 이미 정의의 원칙들 속에 함축되어 있는 상
호성 때문이다. 이러한 원칙들에 의해 표현되고 있는 변함없는 확신으로

인해 사람들은 인류애의 기초가 되는 그들 자신의 가치에 대한 확고한 신념을 개발하게 될 것이다. 호혜성이 없는 가운데 정의로운 행위의 기초로서 동정심의 능력에 바로 호소함으로써 공리주의적 원칙은 공정으로서의 정의관보다 많은 것을 요구할 뿐만 아니라 보다 미약하고 덜 공통적인 경향성에 의존하고 있다. 또 다른 두 가지 요인이 정의감의 강도에 영향을 미치게 되는데 그것은 도덕관의 명료성과 그 이상이 갖는 매력이다. 나는 이 마지막 것을 다음 장에서 고찰하고자 한다. 거기에서 나는 계약론이 그 대안들에 비해 우리의 선에 보다 합치되는 것임을 보이고자 한다. 그리고 여기에서 이러한 결론을 가정할 경우 그것은 앞서 한 고찰에 보다 큰 밑받침을 제공해 주게 된다. 정의의 원칙이 보다 큰 명료성을 갖는 것은 이미 앞에서 고찰되었다(49절). 내가 주목했던 바와 같이 목적론적인 학설과 비교해 볼 때 정의의 원칙은 명료한 개념인 것이다. 이와 대조적으로 복지 총량을 극대화하거나 최대의 완전성을 성취한다는 관념은 애매하고 모호한 것이다. 평등한 자유가 침해되는 경우를 확인하고 차등의 원칙에서 벗어난 점을 확증하는 것은 불평등한 대우가 사회 복지를 증대하는지의 여부를 결정하는 것에 비해서 쉬운 일이다. 두 원칙(및 여러 우선성 규칙들)의 구조는 보다 명확한 까닭에 그것은 우리의 지성에 보다 선명하게 주어지게 되고 그렇게 함으로써 그것은 우리의 마음을 확정해 주게 된다. 그것에 대해서 주어진 설명이나 근거는 보다 쉽사리 이해되고 받아들여지게 되며 우리에게 기대되는 행위는 공인된 기준에 의해 보다 분명히 규정된다. 그래서 이 세 가지 관점에 비추어 볼 때 계약론은 보다 큰 안정성을 갖는 것으로 생각된다.

주목할 만한 것은 밀이 이러한 결론에 합의하는 것으로 보인다는 점이다. 그에 의하면 문명이 진보함에 따라 사람들은 인간 존재들간의 사회가 모든 사람의 이해 관계가 고려되는 것이 아닌, 어떤 다른 토대 위에서는 성립할 수 없다는 점을 점차 더 인정하게 된다는 것이다. 정치적 제도의 개선은 이해 관계의 대립 및 개인들이나 계층들이 서로 상대방의 요구를 무시하게끔 조장하는 장애나 불평등을 제거하게 된다. 이러한 발전은 자연적으로 개체가 타인과의 일체감을 갖게 하는 정신 상태를 결과하게 된다는 것이다. 밀은 이러한 정신 상태가 완전해지면 그로 인해서 개인은 스스로 타인들의 이득도 고려되는 것만을 의욕하게 된다고 주장한다. 사람의 자연적 욕망 중의 하나는 자신의 감정과 그의 동료 시민의 감정들간에 조화가 있어야 한다는 것이다. 그는 자신의 목적과 타인들의 것이 서로 대립하지 않으며, 즉 자기가 그들의 선에 배치되는 일을 하지 않

으며 그들이 진정으로 바라는 바를 증진시키고 있다는 것을 알고자 하는 욕구를 갖는다는 것이다. [24]

그런데 밀이 여기에서 규정하고 있는 욕구는 차등의 원칙(혹은 그와 유사한 어떤 기준)에 입각해서 행위하고자 하는 욕구이며, 공리주의적 원칙에 의거해서 행동하려는 욕구는 아니다. 밀은 그 차이에 주목하지는 않았지만, 그도 인간의 목적이 그들 모두가 용납할 수 있는 방식으로 조정되어지는 완전히 정의로운 사회는 정의의 원칙들이 표현하는 호혜성의 개념에 의한 것이리라는 점을 인정하고 있는 것으로 직감적으로 생각된다. 그의 언명들은 인간의 자연적인 일체감이나 동료 감정을 유발하는 안정된 정의관이 공리주의적 기준보다 이러한 원칙들을 내포할 가능성이 크다는 관념과 합치되는 것이다. 또한 이러한 결론은 정의감의 근거에 대한 밀의 해명으로부터도 도출되는데, 왜냐하면 그는 이러한 감정이 동정심뿐만 아니라 자기 보존의 자연적 본능 및 안녕에의 욕구로부터 생겨나는 것으로 믿고 있기 때문이다. [25] 이러한 두 개의 견거(典據)가 보여주듯 그의 견해에 있어서 정의란 이타주의와 자아의 요구들 사이를 조정하는 것이며 따라서 호혜성의 개념을 포함하게 된다. 계약론도 바로 그와 동일한 결론에 이르게 되지만, 이는 두 개의 대립적인 성향에 대한 그와 같은 특수한 조정에 의해서가 아니고 결론으로서 적절한 호혜성 원칙에 이르게 되는 이론적 구성에 의해서 이루어지는 것이다.

정의의 원칙들이 보다 안정성이 있음을 논의하는 데 있어서 나는 어떤 심리학적 법칙들이 참이거나 혹은 참에 가깝다는 것을 가정하고 있다. 나는 이 점을 넘어서는 안정의 문제를 다루지는 않을 것이다. 하지만 우리가 주목할 수 있는 것은 인간 존재가 그러한 심리학적 법칙들이 규정하는 성격을 습득하는 것이 어떻게 가능한지를 물을 수 있다는 점이다. 진화론은 그것이 자연 도태의 결과임을 암시하고 있는데, 이에 따르면 정의감에의 능력과 도덕적 감정은 인간이 자연에 있어서의 그의 지위에 대한 적응 방식인 셈이다. 인종학자들의 주장에 의하면 종의 행동 양식 및 그것을 습득하는 심리적 기제(mechanism)는 그 신체적 구조의 특징과 마찬가지로 그 종족의 특성이며 이러한 행동 양식은 기관들이나 골격과 똑같이 진화한다는 것이다. [26] 안정된 사회 집단에 살고 있는 종족의 성원들에

24) *Utilitarianism*, 3장, 단락 10~11.
25) 같은 책, 5장, 단락 16~25.
26) K. Lorenz, Dawin 의 *The Expression of the Emotions in Man and Animals* (Chicago: Univ. of Chicage Press, 1965), pp. xii~xiii에 대한 그의 입문 참조.

게는 공정한 협동 체제에 따르고 그것을 유지하는 데 필요한 감정을 개발할 능력은 특히 개인들이 긴 생애를 갖고 서로 의존적일 경우 지극히 이로움이 분명한 것으로 보인다. 이러한 조건들은 일관되게 지켜지는 상호간의 정의가 모든 당사자들에게 이로운 것이 되는 무수한 경우들을 보장해 준다.[27]

그런데 여기에서 중대한 문제는 정의의 원칙들이 공리주의적 원칙보다 진화의 경향에 더 접근하고 있다는 점이다. 당장 보기에는 도태 과정이 언제나 개인과 그들의 유전적 계통에 대해서 이루어지는 것 같고, 만일 여러 형태의 도덕적 행동에의 능력이 어떤 유전적 근거를 갖는다면 엄밀한 의미에 있어서의 이타주의는 보통 친족과 보다 소규모적인 면접적 집단(face-to-face group)에만 제한되는 것처럼 보인다. 이러한 경우 상당한 자기 희생을 한다면 그의 후손들은 보다 유리하게 되고, 그렇게 되려는 경향이 반대의 극단으로 나갈 경우 다른 사회와의 관계에 있어서는 의무 이상의 행위에의 강한 경향을 갖는 사회는 그 자신의 특징적인 문화의 존재를 위태롭게 만들 것이며 그 성원들이 지배당하게 될 위기에 처할 것이다. 따라서 보다 보편적인 형태의 합리적 이타심으로부터 행동하는 능력은 제거되는 한편, 친족 관계가 아닌 집단 및 개인들간의 관계에 있어서 정의의 원칙들과 자연적 의무에 따르고자 하는 능력이 선택되어질 것이다. 또한 우리는 도덕적 감정의 체계가 자연적 의무를 지지하는 경향성 및 정의로운 체제를 안정되게 하려는 심리적 기제와 더불어 진화하게 될 방식을 알 수 있다.[28] 만일 그러한 사실이 참일 경우 정의의 원칙들은 한층더 확고한 기초를 갖게 되는 것이다.

이상에서 한 이야기가 계약론적 입장을 정당화해 주는 근거로서 의도된

27) 생물학자들은 이타주의와 다른 종류의 도덕적 행위를 반드시 구별되지는 않는다. 흔히 행동은 이타적으로나 혹은 이기적인 것으로 분류되지만 R.B. Trivers 는 "Evolution of Reciprocal Altruism", *Quarterly Review of Biology*, 제 46 권 (1971)에서 그렇게 하지 않는다. 그는 이타주의와 상호 이타주의(혹은 내가 그냥 호혜성이라 부르고자 하는 것)를 구분하고 있다. 후자는 공정이나 신의와 같은 협동적 덕목과의 생물학적 유사물이다. Trivers 는 호혜성의 자연적 조건과 선별적 이점 및 그 호혜성을 지지하는 능력을 논하고 있다. 또한 G.C. Williams, *Adaptation and Natural Selection* (Princeton: Princeton Univ. Press, 1966), pp. 93~96, 113, 195~197, 247 참조. 종족간의 상호 부조론에 대한 논의로는 Irenäus Eibl-Eibesfeldt, *Ethology*, trans. E. Klinghammer (N.Y.: Holt, Rinehart and Winston, 1970), pp. 146 이하, 292~302 참조.
28) 이 마지막 점에 관해서는 Trivers, 같은 책, pp. 47~54 참조.

것은 아니다. 정의의 원칙에 대한 주요 근거는 이미 제시된 바 있다. 여기에 있어서 우리는 이미 채택된 입장이 현실성이 있는 것인지 그리고 그것이 아주 불안정해서 다른 것을 택하는 것이 더 낫지 않은지를 검토하고 있을 뿐이다. 우리는 앞서 이루어진 승인이 재고되어야 하는지를 문제삼는 논의의 두번째 부분을 다루고 있는 것이다(25절). 그래서 나는 공정으로서의 정의관이 가장 안정된 정의관이라고 주장하지는 않는다. 이러한 문제에 답하기 위해서 요구되는 이해는 내가 약술해 온 기초적 이론을 훨씬 넘어서는 것이다. 합의될 입장이 단지 충분히 안정된 것이기를 요구하고 있을 뿐이다.

77. 평등의 근거

나는 이제 평등의 근거(basis of equality)를 논하고자 하는데, 이는 사람들이 정의의 원칙들에 따라 대우받게 되는 인간 존재의 특성들이다. 동물에 대한 우리의 행위는 그러한 원칙들에 의해 규제되지 않거나 혹은 그러리라고 일반적으로 믿고 있다. 그러면 우리는 어떤 근거에서 인간과 다른 생물들을 구분하고 정의의 제약들이 오직 인간 존재에 대한 우리들의 관계에 있어서만 적용된다고 생각할 것인가? 우리는 정의관의 적용 범위를 결정하는 바가 무엇인가를 살펴봐야만 한다.

우리의 문제를 명백히 하기 위해서 우리는 평등의 개념이 적용되는 세 가지 수준을 구분할 수 있다. 첫번째 것은 규칙들의 공공 체계로서의 제도의 운영에 관한 것이다. 이 경우에 평등은 본질적으로 규칙성(regularity)으로서의 정의이다. 그것은 규칙의 공평한 적용을 의미하며 유사한 경우는 유사하게 처리한다는 것과 같은 신조들(조문과 선례에 의해 규정된 바)에 따라 규칙을 일관성있게 해석하는 것을 뜻한다. 이러한 수준에 있어서의 평등이란 정의에 대한 상식적인 이념에 있어서 가장 논란의 여지가 없는 요소이다.[29] 평등에 있어서 두번째의 보다 어려운 적용은 제도들의 실질적인 구조에 관련된 것이다. 여기에서 평등의 의미는 평등한 기본권이 모든 사람에게 주어져야 한다고 요구하는 정의의 원칙들에 의해서 구체화된다. 아마도 이 때문에 동물은 배제될 것인데, 물론 그것들도 어떤 보호를 받아야 하겠지만 그들의 지위가 인간 존재의 그것이 될 수는 없는 것이다. 그러나 이러한 결과는 여전히 설명되지 않고 있는 셈이다. 우리는 아직도 어떤 종류의 존재가 정의의 보장을 받아야 되는지를 고찰해야

29) Sidgwick, *Methods of Ethics*, p. 496.

만 한다. 이로 인해서 우리는 평등의 문제가 생겨나는 세번째 수준에 이르게 된다.

이에 대한 자연스러운 해답은 평등한 정의의 보장을 받을 만한 자는 바로 도덕적인 인격인 것으로 생각된다. 도덕적 인격은 두 가지 특성으로 인해 구분되는데, 첫째로 그것은 자신의 선에 대한 입장을 취할 수 있어야 (그리고 취한다고 가정되어야) 하며, 둘째로 그것은 정의감, 즉 정의의 원칙들을 적용하고 그에 따라 행위하고자 하는 정상적인 효력이 있는 욕구를 가질(그리고 습득하리라고 가정되는) 능력이 있다는 것이다. 우리는 원초적 입장에 있는 자들에 대한 규정을 이용해서 선택된 원칙들이 적용될 존재의 종류를 선정하게 된다. 결국 그 당사자들은 그들의 공통된 제도들과 그들 상호간의 행위를 규제해 줄 그러한 기준을 채택하는 것으로 생각된다. 그리고 그들의 본성에 대한 규정은 그러한 원칙들이 선택되는 추론 속에 개입하게 된다. 그래서 평등한 정의는 최초의 상황의 공공적 합의에 참여하고 그에 따라 행위할 수 있는 능력을 갖는 자들에게 주어지게 된다. 우리가 주목해야 할 바는 도덕적 인격이 여기에서는 보통 적절한 과정을 거쳐서 개발되어질 잠재성(potentiality)으로 규정되고 있다는 점이다. 정의의 요구들이 제구실을 하게 하는 것은 바로 이러한 잠재성이다. 나는 바로 이 점을 논의하고자 한다.

그런데 우리는 도덕적 인격이 될 능력은 평등한 정의에 대한 권한에 있어서 충분 조건임을 알고 있다.[30] 그와 같이 최소한의 요건 이상으로는

---

30) 이러한 사실은 자연권을 해석하는 데 이용될 수가 있다. 한 예로서 그 사실은 정의가 보호하는 권리들을 그런 식으로 부르는 것이 적절한 이유를 설명해 준다. 그러한 권리들은 그것의 존재가 상식적인 탐구 방도를 따르는 자연적 이성에 의해 확인될 수 있는 그러한 어떤 자연적 속성에만 의거하고 있다. 그러한 속성이 존재한다는 것과 그것에 바탕을 둔 권리들은 사회적 관행 및 법규와는 무관하게 확립되는 것이다. 자연적이라는 용어가 적합함은 그것이 정의론에 의해 확인되는 권리와, 법이나 관습에 의해 규정되는 권리간의 대조를 나타내고 있기 때문이다. 그러나 이보다도 자연관이라는 개념은 그러한 권리들이 일차적으로 인간에게 부여되며 그것들에 어떤 특수한 비중이 주어진다는 생각을 내포하고 있다. 다른 가치들을 위해 쉽게 침해될 수 있는 권리들은 자연권이 아니다. 그런데 제1원칙에 의해 보장되는 권리들은 우선성 규칙에 비추어서 그와 같은 모든 특성들을 갖는다. 그래서 공정으로서의 정의관은 자연권 이론에 특유한 점들을 갖는다. 그것은 기본권을 자연적 속성에 기초하고 그들의 근거를 사회 규범과 구분할 뿐만 아니라 그것은 또한 일반적으로 다른 어떤 가치가 능가할 수 없는 특별한 힘을 갖는 원칙들인 바 평등한 정의의 원칙들에 의해 사람에게 권리를 부여한다. 특수한 권리가 절대적인 것은 아니지만 유리한 조건 아래서 실제적으로 평등한 자유의 체계는 절대적인 것이다.

아무 것도 요구되지 않는다. 도덕적 인격이 필요 조건도 되는지에 대하여는 여기서 다루지 않기로 한다. 나는 정의감에 대한 능력은 대다수의 인간이 소유하고 있으며, 따라서 이러한 문제는 심각한 실제적인 난점을 유발하지 않는다고 생각한다. 도덕적 인격성이 사람으로 하여금 권리의 주체로 만드는 데 족하다는 것이 중요한 것이다. 우리가 이러한 충분 조건이 언제나 만족되리라고 생각하는 것은 큰 잘못이다. 비록 그러한 능력이 필요한 것이긴 하지만 실제상 그것을 근거로 해서 정의를 보류한다는 것은 현명하지 못할 것이다. 이는 정의로운 제도에 대한 위험이 너무 클 것이기 때문이다.

강조되어야 할 것은 도덕적 인격에의 능력이라는 평등한 정의에의 충분 조건은 결코 엄격한 것이 아니라는 점이다. 어떤 사람이 날 때부터 혹은 사고로 인해서 필요한 잠재성이 없는 경우 그것은 결손이나 상실로 간주된다. 그러한 속성을 결여하고 있는 종족도 없으며 그것이 공인된 어떤 인간 집단도 없다. 단지 산발적으로 그러한 능력이 없거나 그 개발이 극미한 상태에 있는 개인들이 있는데, 그러한 개발이 이루어지지 못한 것은 부정의하고 궁핍한 사회적 여건이나 뜻밖의 우연사로 인한 것이다. 나아가서 개인들이 정의감에 대해 상이한 능력들을 갖고 있을 것이지만, 그러한 사실이 보다 작은 능력을 가진 자로부터 정의의 완전한 보장을 박탈하기 위한 이유가 되지는 않는다. 일단 어떤 최소치만 만족시키게 되면 사람은 다른 사람들과 똑같은 선에서 평등한 자유에 대한 권한을 갖는다. 정의의 원칙들을 적용하고 특정한 경우에 논거를 제시함에 있어서 보다 훌륭한 기술과 솜씨에서 보여지는 정의감에 대한 보다 큰 능력은 다른 어떤 능력들과 마찬가지로 천부적인 자질인 것이다. 사람이 그러한 능력을 발휘함으로써 얻게 되는 이득도 차등의 원칙에 의해 규제되어야 한다. 그래서 만일 어떤 사람이 특정한 지위에 요구되는 공평성 및 완전 무결성(integrity)과 같은 재판관의 덕목을 뛰어날 정도로 가질 경우, 그들이야말로 그러한 직위에 마땅히 돌아가야 할 모든 이득을 합당하게 가질 수 있는 것이다. 그러나 평등한 자유의 원칙의 적용은 이러한 차등의 영향을 받지 않는다. 때로는 기본권과 자유가 능력에 따라 달라져야 한다고 생각되기도 했으나 공정으로서의 정의관은 이를 거부하고 있다. 즉 도덕적 인격에의 최소치만 충족되면 사람은 모두 정의의 보장을 받게 된다.

평등의 근거에 대한 이상의 설명에 관해서 몇 가지 언급이 필요할 것이다. 첫째로 평등이란 천부적 속성에 의존할 수 없다는 반론이 있을 수 있다. 그에 있어서 모든 인간 존재가 평등한, 다시 말하면 모든 사람이 똑

같은 정도로 가지고 있는(혹은 충분히 많은 사람이 갖는) 그러한 자연적 특성
은 없다는 것이다. 만일 우리가 평등주의적 학설을 주장하고자 한다면 우
리는 그것을 다른 방식으로, 다시 말하면 순전히 절차적 원칙으로서 해석
해야 할 것으로 보일지도 모른다. 그래서 인간 존재가 평등하다고 말하는
것은 절실한 이유가 아니고서는 아무도 우선적인 대우를 받을 권리를 갖
지 않는다고 말하는 것이 된다. 증명의 부담(burden of proof)으로 인해 평
등을 택하게 되며, 또한 그것은 사람들이 똑같이 대우받아야 한다는 절차
상의 가정을 규정하게 된다. 각 경우에 있어서 평등한 대우로부터의 이탈
은 모든 사람에게 적용되는 동일한 체계의 원칙들에 의해 정당화되고 공
평하게 판단되어야 하는데, 본질적인 평등은 고려의 평등(equality of
consideration)으로 생각되기 때문이다.

이러한 절차적인 해석에 있어서는 몇 가지 어려움이 있다.[31] 그 한 예
로서 그것은 증명의 부담을 줌과 더불어, 유사한 경우는 유사하게 처리
한다는 신조를 가장 고차적인 수준에 적용시킨 것에 불과하다는 것이
다. 고려의 평등이란 불평등을 정당화하기 위해서 제시될 수 있는 근거
들에 대한 아무런 제한도 가하지 않는다. 노비 제도나 계급 제도(극단적인
경우를 말하자면)도 그러한 입장을 만족시킬 수 있는 한 실질적인 평등한
대우는 보장될 수 없다. 평등의 진정한 보장은 정의의 원칙들이 갖는 내
용에 있는 것이지 절차상의 전제에 있는 것은 아니다. 증명의 부담을 부
여하는 것만으로는 충분치 못하다. 그러나 나아가서 절차적인 해석이
어떤 진정한 제한을 제도들에 부과한다 할지라도, 우리가 어떤 특정한 경
우에만 그러한 절차를 따라야 한다는 이유에 대한 문제는 여전히 남게 된
다. 물론 그것은 어떤 계층에 속하는 존재들에게 적용될 것이지만 그것이
어떤 계층일 것인가? 우리는 여전히 이러한 계층이 확인될 수 있게끔 평
등에 대한 자연적 근거를 필요로 한다.

나아가서 평등을 자연적 능력에 기초한다고 해서 그것이 평등주의적 입
장에 합치할 수 없는 것은 아니다. 영역 성질(나는 그렇게 부르고자 함)을 선
정해서 그것의 조건들을 충족시키는 자들에게 평등한 정의를 부여하는 것
이 우리가 해야 할 바의 전부이다. 예를 들면 어떤 단위원의 내부에 있다
는 성질은 평면상의 점들이 갖는 영역 성질(range property)이다. 이 원 속

---

31) 이 점에 대한 논의에 있어서는 S.I. Benn, "Egalitarianism and the Equal
    Consideration of Interest", *Nomos 9: Equality*, ed. J.R. Pennock and
    J.W. Chapman (N.Y.: Atherton Press, 1967), pp. 62~64, 66~68 ; W.K.
    Frankena, "Some Beliefs about Justice" (The Lindley Lecture, The Univ.
    of Kansas, 1966), pp. 16 이하 참조.

에 있는 모든 점은 그들의 좌표가 비록 어떤 영역 내에서 변하기는 하나 그러한 성질을 갖게 된다. 또한 그것들은 원의 내부에 있는 어떤 점도 다른 어떤 내부의 점보다 더 내부에 있거나 덜 내부에 있지 않기 때문에 똑같이 그러한 성질을 갖는 것이다. 그런데 그에 비추어서 인간 존재가 평등하다고 생각되는 관점을 선정해 줄 적절한 영역 성질이 있는지 여부는 정의관에 의해 해결된다. 그러나 원초적 입장의 당사자들에 대한 규정이 이러한 성질을 확인해 주며 정의의 원칙들로 인해 우리는 영역 내에 있어서의 여러 가지 능력들은 어떤 다른 모든 천부적 자질과 마찬가지로 고려된다는 것을 확신하게 된다. 자연적 능력이 평등의 근거를 이룬다고 생각함에 있어서 아무런 장애도 없는 것이다.

그러면 평등의 근거를 자연적 속성에 둠으로써 평등이 침해될 가능성은 없는가? 영역 성질이란 개념은 간과될 수 없을 정도로 아주 분명한 것이다. 거기에는 보다 깊은 설명이 있어야 할 것이다. 내 생각으로는 그에 대한 해답은 목적론적 이론이 가끔 인정되고 있다는 것이다. 그래서 만일 정당성이 만족의 순수 잔여량을 극대화하는 것이라면 권리와 의무는 그러한 목적을 달성하게끔 배정되어야 한다. 이 문제와 관련된 측면에는 사람들이 갖는 서로 다른 생산 기술과 만족 역량도 들어간다. 복지 총량의 극대화를 위해서 기본권을 그러한 특성들의 차이에 따라 조정할 것이 요구되는 일도 있다. 물론 공리주의의 표준적 가정을 할 경우 평등에의 경향이 있게 된다. 그러나 문제가 되는 것은 어느 경우에 있어서나 올바른 자연적 근거와 권리들의 적합한 배정이 공리의 원칙에 의존한다는 점이다. 불평등한 기본권을 정당화해 줄 능력상의 차등을 허용하는 것은 윤리설의 내용, 즉 그것이 극대화의 개념이라는 사실이지 평등이 자연적 속성에 근거하고 있다는 관념이 아니다. 완전론을 검토해 보면 그와 동일한 결론에 이르게 된다고 나는 생각한다. 그러나 공정으로서의 정의관은 극대화의 이론이 아니다. 우리는 어떤 극대량에 영향을 미치게 되고 따라서 시민의 상이한 등급을 위한 가능한 근거 구실을 하는 자연적 특성에 있어서의 차이점을 찾으려 하지는 않는다. 자연적 속성의 관련성에 대한 여러 목적론에 합의한다 할지라도, 제약론은 평등권을 확립함에 있어 그 속성들이 기여하는 바에 대해서 훨씬 약한 가정을 필요로 한다. 어떤 최소치가 일반적으로 만족되고 있는 것으로 충분한 것이다.

몇 가지 그 이상의 문제점들에 대해서도 간략히 주목해야 할 것이다. 첫째로 도덕적 인격의 개념과 요구되는 최소치가 때로는 문제가 있는 것으로 나타난다. 많은 개념들이 어느 정도는 모호하지만 도덕적 인격이라는 개념은 특히 그러하기가 쉬운 것이다. 그러나 이러한 문제는 일정한 도덕적 문제의 문맥 속에서 논의되는 것이 가장 좋다고 생각한다. 특수한 과제의 성격과 가용(可用)한 일반 사실의 구조에 의해서 그 문제를 해결하기 위한 유력한 길이 제시되어진다. 여하튼 우리는 정의관이 갖는 모호함을 기본권이 자연적 능력에 따라 달라져야 한다는 입론과 혼동해서는 안된다.

내가 말한 바와 같이 도덕적 인격을 규정하는 최소한의 요구 조건은 능력에 관한 것이지 그 실현에 관한 것은 아니다. 개발되었든 아직 되지 않았든간에 그러한 능력을 갖는 자는 정의의 원칙들의 완전한 보호를 받게 되어 있다. 유아와 어린이도 기본권을 갖는다고 생각되는 까닭에 (보통은 그들 대신에 부모나 보호자에 의해 행사되지만), 요구 조건에 대한 이러한 해석은 반드시 우리의 숙고된 판단에도 부합될 것으로 보인다. 나아가서 가능성만으로 충분하다고 생각하는 것은 원초적 입장의 가상적 성격과 가능한 한 원칙들이 임의적인 우연성에 영향을 받지 않아야 한다는 관념에도 부합한다. 따라서 최초의 합의에 가담할 수 있는 자들에게는 의외의 상황이 벌어지지 않는 한 평등한 정의가 보장된다고 하는 것은 합당하다.

물론 이러한 것이 엄밀한 논증은 되지 않는다. 하지만 아주 엄밀한 것은 아닐지라도 원초적 입장에 있어서의 정의관의 선택을 다루어 옴에 있어서와 같이 내가 이러한 결론이 도출될 수 있는 전제들을 제시한 것은 아니다. 또 하나는 당사자들의 성격 규정이 평등의 근거로 사용되어야 한다는 것을 입증하려 한 것도 아니다. 오히려 이러한 해석은 공정으로서의 정의관의 자연스러운 완결로 생각된다. 충분한 논의를 하게 되면 여러 가지 경우의 능력상의 결함이 다루어질 것이다. 어린이의 경우는 부권주의와 관련해서 이미 간략히 논급되었다(39절). 실현된 능력을 재난, 사고 혹은 심적 강박으로 인해 일시적으로 상실한 자의 문제도 비슷한 방식으로 간주될 수 있다. 그러나 도덕적 인격을 어느 정도 영구적으로 박탈당한 자는 문제가 될 수도 있다. 나는 여기서 이 문제를 검토하지는 않겠지만 평등에 대한 입장이 실질적인 영향을 받지는 않으리라고 생각한다.

나는 이 절을 몇 가지 일반적인 언급으로써 끝맺고자 한다. 첫째로 평등의 근거에 대한 계약론적인 관점이 갖는 간명성은 강조할 만한 것이다. 정의감에 대한 최소한의 능력으로 인해서 모든 사람이 평등권을 갖는다는 것이 보장된다. 모든 사람들의 요구는 정의의 원칙들에 의해 판정되어진다. 평등은 실질적인 힘이 없는 절차상의 규칙에 의해서가 아니고 자연의 일반적 사실들에 의해 지지된다. 또한 평등은 인간의 본래적 가치에 대한 평가나 선에 대한 그들의 관점에 대한 비교적 평가를 전제하지도 않는다. 정의를 줄 수 있는 자는 정의의 대접을 받을 수 있다.

이와 같은 간단한 명제들이 갖는 장점은 평등에 관한 다른 입장들을 검토해 보면 더욱 명백하게 된다. 예를 들어서 평등한 정의란 사회가 각자에게 가능한 최선의 생활을 실현하게끔 그들에게 똑같은 비율의 기여를 한다는 것을 뜻한다고 생각할 수도 있다.[32] 언뜻 보면 그것은 매력적인 제안 같기도 하다. 하지만 그것은 심각한 난점들을 허용하고 있다. 그 한 예로서 그것은 인생 계획들의 상대적인 선을 평가하는 방법을 요구할 뿐만 아니라 자신의 선에 대한 서로 다른 입장을 갖는 사람들에 대해서 동등한 비례적 기여로 간주되는 바를 측정하기 위한 어떤 방식을 전제하고 있다. 이러한 기준을 적용함에 있어서의 문제는 명백한 것이다. 보다 중요한 난점은 어떤 이들의 보다 큰 능력은 그들에게 타인에 대한 보상적인 이득에 상관없이 사회적 자원들에 대한 보다 강력한 권리를 준다는 점이다. 천부적 자질에 있어서의 차이가, 서로 다른 인생 계획을 가진 자들에게 동일한 비율의 보조를 하는 데 필요한 것에 영향을 미칠 것으로 가정해야 한다. 하지만 상호 이득의 원칙에 위반될 뿐만 아니라 그러한 평등관은 사람들의 요구가 갖는 강도가 천부적 능력의 분배에 의해, 따라서 도덕적 관점에서 볼 때 임의적인 우연성에 의해 직접적으로 영향을 받음을 의미한다. 공정으로서의 정의관에 있어서 평등의 근거는 이러한 반박을 피하게 된다. 결정적인 유일의 우연성은 정의감에 대한 능력을 갖거나 갖지 않는다는 것이다. 정의로 보답할 수 있는 자에게 정의를 부여함으로써 호혜성의 원칙은 고차적인 수준에서 충족되어진다.

더 이상 주목되는 것은 이제 우리는 평등에 관한 두 입장을 보다 충분히 조정할 수 있다는 점이다. 어떤 학자들은 두 가지 평등을 구분하는데, 그 하나는 일정한 가치들의 분배와 관련해서 의거하는 경우의 평등으로 그 가치 중 어떤 것은 보다 유리한 처지에 있는 자들에게 더 높은 지위나 특전을 부여하게 될 것이 거의 확실한 것이며, 또 한 가지는 그 사회적 지위와는 무관하게 사람들에게 주어지게 될 존경에 적용되는 평등이다.[33] 첫번째 종류의 평등은 사회 협동체가 효율적이면서도 공정한 것이 되게끔

32) 이러한 생각에 대해서는 W.K. Frankena, "Some Beliefs about Justice", pp. 14 이하 ; J.N. Findlay, *Values and Intentions*, pp. 301 이하 참조.
33) B.A.O. Williams, "The Idea of Equality", *Philosophy, Politics, and Society*, 2 nd Series, ed. P. Laslett and W.G. Runciman (Oxford: Basil Blackwell, 1962), pp. 129~131 ; W.G. Runciman, *Relative Deprivation and Social Justice* (London: R K P, 1966), pp. 274~284 참조.

조직의 구조와 분배의 몫을 규제하는 정의의 원칙들에 의해 규정되는 것이다. 그러나 두번째 종류의 평등이 기본적인 것이다. 그것은 정의의 첫번째 원칙 및 상호 존중과 같은 의무에 의해 규정되어지는 것으로서 도덕적 인격으로서의 인간 존재에게 부여되는 것이다. 평등의 자연적 근거는 그것이 갖는 보다 깊은 의의를 설명해 준다. 제 2 원칙에 대한 제 1 원칙의 우선성으로 인해서 우리는 평등에 대한 이러한 입장들을 특수한 방식으로 조정하는 일을 피할 수 있는데, 원초적 입장의 관점으로부터의 논증을 통해서 그러한 우선이 결과되는 방식이 증명된다(82절).

공정한 기회의 원칙을 일관되게 적용하자면 우리가 사람들을 그들의 사회적 지위가 갖는 영향력과는 상관없이 볼 것이 요구된다.[34] 그러나 이러한 성향이 어느 정도까지나 실현될 것인가? 비록 공정한 기회(지금까지 규정되어 온 바의)가 만족되는 경우일지라도 가족은 개인들간의 불평등한 기회를 결과하게 될 것으로 생각된다(46절). 그러면 가정(家庭)도 없애야 할 것인가? 그 자체만을 생각하여 어떤 우위성을 인정할 경우 평등한 기회라는 이념은 이러한 방향으로 기울어질 것이다. 그러나 전체로서의 정의론의 문맥에서 볼 때 그러한 방향을 취해야 할 긴박성은 훨씬 덜하게 된다. 차등 원칙에 대한 인정은 자유로운 평등의 체제 속에서 생각되는 사회적 불평등에 대한 근거를 재규정해 주며, 박애와 보상의 원칙들에 대해서 적절한 비중이 주어질 경우 자질의 천부적 배정과 사회적 여건들의 우연성은 보다 쉽게 용납될 수 있다. 우리는 모든 사회적 장애만 제거되면 다른 사람들과 더불어 똑같은 기회를 갖게 되어 더 잘 살게 되리라는 것으로 인해 실망하기보다는, 그러한 차등이 우리에게 이득이 되도록 작용한다는 현재의 행운을 보다 기꺼이 받아들이게 된다. 정의관이 그 자체로서 참으로 효율적이고 공적으로 인정받기만 한다면 그것은 다른 대안들에 비해서 사회에 대한 우리의 관점을 변형시키고 우리를 자연적 질서의 성향과 인간 생활의 조건들에 적응시켜 줄 가능성이 더욱 큰 것으로 보인다.

끝으로 여기에서 우리는 정의론이 갖는 한계를 생각해야만 한다. 도덕이 갖는 많은 측면들이 제외되고 있을 뿐만 아니라 동물 및 나머지 자연과의 관계에 있어서의 정당한 행위에 관해서는 아무런 해명이 주어지지 않고 있다. 정의관은 도덕관의 한 부분에 불과하다. 정의감에의 능력이 정의의 의무에 의해 대우를 받기 위해 필요한 것이라고 내가 주장하지는 않았지만, 우리는 그러한 능력을 갖지 못한 존재에 대해서는 엄밀한 정의를 부여할 수가 없는 것으로 보인다. 그러나 그렇다고 해서 그들에 관련해

---

34) Williams, 같은 책, pp. 125~129 참조.

서 혹은 자연적 질서에 대한 우리의 관계에 있어서 아무런 요구 사항이
없다는 것은 아니다. 동물에게 잔인한 것이 부당한 것은 물론이고 전 종
족의 말살은 대단한 죄악이 될 수도 있다. 쾌락과 고통의 감정 및 동물들
이 취할 수 있는 생활 형태에 대한 능력은 그들의 경우에 있어서 동정과
자애의 의무를 분명히 부과하고 있다. 나는 이러한 중대한 신념을 설명하
려 하지는 않겠다. 그것들은 정의론의 범위를 벗어나는 것이며 그것을 자
연스럽게 포함하게끔 계약 이론을 확대시키는 일도 가능할 것 같지가 않
다. 동물들 및 자연과 우리의 관계에 대한 올바른 입장은 자연의 질서 및
그 속에서의 우리의 위치에 대한 이론에 의존할 것으로 보여진다. 형이상
학의 과제들 중 하나는 이러한 목적에 적합한 세계관을 형성해 내는 일이
며, 따라서 그것은 이러한 문제들을 해결해 줄 진리들을 확인하고 체계화
해야 한다. 공정으로서의 정의관이 이와 같은 보다 광범위한 이론에 부합
되기 위해서 어느 정도 수정되어야 할 것인가는 말할 수 없다. 그러나 합
당하게 기대할 수 있는 것은 만일 그것이 인간들간의 정의에 대한 해명으
로서 타당한 것이라면 그와 같이 보다 넓은 관계들이 고려되는 경우에도
그것은 크게 그릇될 리가 없다는 점이다.

제 9 장
정의는 선인가

　이 장에서 나는 안정성 문제의 두번째이자 마지막 부분을 다루고자 한다. 이 문제는 공정으로서의 정의관과 합리성으로서의 선(가치)관이 정합적인(합치하는)가에 관한 것이다. 질서 정연한 사회의 여건들이 주어질 경우 어떤 사람의 합리적인 인생 계획은 그의 정의감을 떠받들고 지지해 준다는 것을 증명해야 할 일이 남아 있다. 나아가서 나는 질서 정연한 사회의 여러 요구 사항과 그 정의로운 체제가 성원들의 선에 기여하는 방식을 논함으로써 그 문제에 접근하려 한다. 그래서 나는 먼저 그러한 사회가 사람들의 자율성 및 정당성과 정의에 대한 그들의 판단이 갖는 객관성을 보장하는지에 주목하고자 한다. 다음으로 나는 정의가 사회적 연합의 이념과 결합되고 시기와 원한의 성향을 완화시키며 자유의 우선성이 성립하는 평형 상태를 규정하는 방식을 지적하고자 한다. 끝으로 공정으로서의 정의관과 쾌락주의적 공리주의간의 대조를 검토함으로써, 나는 정의로운 제도가 자아의 통일성을 주고 인간 존재로 하여금 자유롭고 평등한 도덕적 인격으로서의 자신의 본성을 표현하게 할 수 있게 함을 보이고자 한다. 그리고 이러한 측면을 종합함으로써, 나는 질서 정연한 사회에 있어서는 효력있는 정의감이 인간의 선에 속하며 따라서 불안정으로의 경향이 제거되지는 않을지라도 견제될 것임을 논의하려 한다.

78. 자율성과 객관성

　질서 정연한 사회의 여러 특성을 다루기에 앞서 강조해야 할 것은 나의 관심사가 오직 그러한 사회 형태의 정합성(congruence) 문제에만 있다는 점이다. 따라서 우리는 여전히 철저한 준수론에 한정되고 있는 것이다. 하지만 이러한 경우를 제일 먼저 검토하게 되는 것은 만일 질서 정연한 사회에 있어서 정합성이 이루어지지 않는다면 그것은 다른 어떠한 경우에 있어서도 이루어지지 않을 것으로 생각되기 때문이다. 한편 이러한 경우에 있어서도 정당성과 선이 합치된다는 것이 이미 확정된 결론은 아니다. 왜냐하면 이러한 관계는 질서 정연한 사회의 성원이 합리적 선택의 원칙들에 의해 자신의 인생 계획을 평가하게 될 경우, 그들 상호간의 행위를 규제하는 것으로서 자신의 정의감을 지지할 결심을 하게 될 것임을 의미한다. 요구되는 합치는 정보가 없는 가운데서 합의하게 될 정의의 원칙들과, 선택되는 것이 아니고 충분한 지식을 갖고서 적용되는 합리적 선택의 원칙들간에 존재하게 되는 것이다. 현저하게 다른 방식으로 설명되는 원칙들이기는 하지만 정의의 원칙들이 실현될 경우에는 서로 합치하게 된다. 물론 이러한 합치는 계약론이 세워지는 방식 가운데서 설명되어진다. 그러나 그 관계는 자명한 문제가 아니며 그에 대한 근거가 밝혀져야 할 필요가 있다.

나는 그 모두를 합리적 인간들로 하여금 그들의 정의감에 대해 확신을 갖게 해주는 질서 정연한 사회의 많은 특성을 검토함으로써 진행하게 될 것이다. 논증은 누적적인 것이어서 관찰 결과의 일치 여부에 달려 있는 까닭에 그 효력은 나중에 가서야 비로소 나타나게 될 것이다(86절).

내가 우선 주목하고자 하는 바는 우리는 때때로 심리학적인 기원을 생각해 보고서 우리의 도덕적 태도가 갖는 타당성을 의심한다는 것이다. 이러한 감정들이 이른바 권위에의 복종으로 특징지워지는 상황에서 발생했다고 생각할 경우 우리는 그것이 전적으로 거부되어야 할 것이 아닌가 하는 의심을 갖게 된다. 정의는 선인가(the good of justice)에 대한 논의는 정의롭게 행동하고자 하는 효과적인 욕구를 갖는 질서 정연한 사회의 성원들에 달려 있는 까닭에 우리는 그러한 불확실성을 해결해야 한다. 그래서 어떤 사람이 그의 도덕감이 촉구하는 것들을 당장에 그가 정당화할 수 없는 설명이 불가능한 금제로서 경험한다고 생각해 보자. 그가 그것을 신경증적 강압이라고 생각하지 않아야 할 이유는 없다. 이러한 억압된 심리는 대체로 우리의 가족 생활사나 계층 상황을 통한 유아 시절의 우연한 일에 의해 형성되었고 그것에 의해 해명될 수 있으며 그 대신에 다른 것을 덧붙일 수 없음이 판명될 경우에는, 확실히 그것이 우리의 생활을 지배해야 할 아무런 정당한 이유가 없을 것이다. 그러나 물론 질서 정연한 사회에 있는 사람들에 관해서는 할 이야기가 많다. 우리는 그에게 정의감의 발달과 결국 원리에 의한 도덕이 이해되는 방식이 갖는 중요 특성들을 지적할 수 있을 것이다. 나아가서 그의 도덕 교육 그 자체는 모든 사람이 도덕적 인격으로서 동등하게 대표되는 최초의 상황에서 그가 합의하게 될 정당성 및 정의의 원칙들에 의해 규제되어 왔다는 것이다. 앞에서 살폈듯이 채택된 도덕관은 자연적 우연성이나 우연적인 사회적 여건들로부터 독립적이며, 따라서 그의 도덕감이 습득되는 심리적 과정은 행운이나 우연사에 의해 왜곡되지 않았으며 그가 공정하다고 인정하게 될 조건들 아래서 그 자신이 선택하게 될 원칙들에 부합하는 것이다.

질서 정연한 사회에 있는 자는 도덕감을 가르치는 도덕적 훈육의 체계에 대해서 반대할 수 없다. 왜냐하면 정당성의 원칙들에 합의함에 있어서 원초적 입장의 당사자들은 동시에 이러한 원칙들이 그들의 행위에서 효력을 갖게 하는 데 필요한 체제에 합의하고 있기 때문이다. 물론 이러한 체제가 인간성의 한계에 적합한가는 정의관을 택함에 있어서 중대한 고려 사항이다. 그래서 어떤 사람의 도덕적 신념도 강제적인 주입의 결과가 아닌 것이다. 훈육은 상호 존중의 자발적 의무가 요구하는 바와 똑같이 이해의 발달이 허용하는 바에 따라 철저히 이치를 따져서 이루어진다. 사회에서 지지되는 이상이나 원칙 그리고 신조 중의 어떤 것도 인간의 약점을 부당하게 이용하는 것은 없다. 인간의 정의감은 권위자의 이득을 증진하기 위해 마련된 규칙에 대한 그의 변함없는 준수를 보증하기 위해 그들에 의해 교묘히 장치된 강압적인 심리적 기제(mechanism)는 아니다. 또한 교육의 과정도 단지 최종적인 결과로서 적절한 도덕감이 생겨나게끔 의도된 인과적 연쇄만은 아니다. 가능한 한 각 단계는 그것이 목표로 하는 정당성 및 정의관을 그 가르침이나 설명 속에서 예시하고 있으며, 그것에 비추어서 우리는 나중에 우리에게 주어지는 도덕적 기준을 정당한 것으로 인정하게 될 것이다.

이상과 같은 관찰은 계약론과 그 원칙들이 질서 정연한 사회의 도덕 교육 체제를 규정한다는 사실이 갖게 될 명백한 결과이다. 공정으로서의 정의관에 대한 칸트적 해석에 따를 경우, 우리가 말할 수 있는 것은 이러한 원칙들에 따라 행동함으로써 사람들은 자율적으로 행위하고 있다는 점이다. 즉 그들은 자유롭고 평등한 합리적 존재로서 자신들의 본성을 가장 잘 표현해 주는 조건들 아래서 그들이 인정하게 될 원칙에 따라 행동하고 있다는 점이다. 확실히 그러한 조건들은 또한 세계에 있어서 인간들의 상황을 반영하는데 그들은 정의의 여건에 처하고 있다. 그러나 이것은 단지 자율성이라는 개념이 인간 존재에만 적합한 개념임을 의미하는 것이므로 보다 우수하거나 보다 열등한 본성을 갖는 존재에게 해당되는 개념은 달라질 것에 틀림없다(40절). 그래서 도덕 교육은 자율성에 대한 교육이다. 일정한 과정만 거치면 모든 사람들은 그가 정의의 원칙들을 택하는 이유와 그것이 그의 존재를 도덕적 인격들의 사회에 있어서 동등자로 규정하는 조건들로부터 도출되는 과정을 알게 된다. 따라서 이러한 근거 위에서 그러한 원칙들을 받아들임에 있어서 우리는 전통과 권위 혹은 타인들의 견해에 의해 일차적으로 영향받지 않는다는 결론이 나온다. 그러한 작용인(agency)들이 우리가 완전한 이해력을 갖춤에 있어 아무리 필요한 것일지라도, 결국 우리는 우리가 스스로 독립적으로 제시할 수 있는 합당한 근거에 의해 정의관을 내세우게 되는 것이다.

그런데 계약론의 입장에 의하면 자율성(autonomy)과 객관성(objectivity)의 개념은 양립할 수 있는데, 왜냐하면 자유와 이성간에는 이율 배반이 없기 때문이다. [1] 자율성과 객관성은 모두가 원초적 입장에 비추어서 일관되게 규정되어진다. 최초의 상황이라는 관념은 전체 이론의 중심이며 다른 기본 개념들도 그것을 통해서 규정된다. 그래서 자율적으로 행위한다는 것은 우리가 자유롭고 평등한 합리적 존재로서 합의하게 되고 그러한 방식으로 이해하게 될 원칙에 따라 행위한다는 것이다. 또한 그러한 원칙들은 객관적인 것이다. 그것들은 우리가 모두 함께 적당한 일반적인 관점을 취하게 될 경우(우리를 포함한) 모든 사람들이 따를 것을 우리가 바라게 되는 원칙들이다. 원초적 입장이란 그러한 관점을 규정하는 것이며 그 조건들 역시 객관성의 조건을 표현하는 것이어서 그 규정 조항은 우리로 하여금 우리가 처하고 있는 여건들의 개별성에 구애받지 않고서 원칙들의 선택을 생각하게 하는 논의상의 제약들을 나타내 주고 있다. 무지의 베일은 우리로 하여금 우리 자신의 특유한 애착과 이해에 맞추어서 우리의 도덕적 관점을 형성하지 못하게 된다. 우리는 사회 질서를 우리의 처지에서 바라보지 않고 모든 사람들이 동등한 지반 위에서 채택할 수 있는 관점을 취하게 된다. 이러한 의미에서 우리는 우리의 사회와 그 안에서의 우리의 지위를 객관적으로 바라보게 되며, 우리는 타인들과 더불어 공통의 관점을 공유함으로써 개인적인 경향성으로부터 우리의 판단을 내

---

1) 자율성과 객관성의 양립 가능성이라는 문제는 H.D. Aiken에 의해 그의 논문 "The Concept of Moral Objectivity", *Reason and Conduct* (N.Y.: Alfred Knopf, 1962), pp. 134~170 에서 논의되고 있다. 또한 H. Terrell, "Moral Objectivity and Freedom", *Ethics*, 제 76 권 (1965), pp. 117~127 참조.

리지 않게 된다. 그래서 우리의 도덕적 원칙들과 신념들은, 그것이 이러한 일반적인 관점을 가정하고 원초적 입장이라는 개념이 표현하고 있는 제약에 의해서 그것들에 대한 논거를 평가함으로써 도달되고 검토되는 그 정도만큼 객관적인 것이다. 공평성이나 신중성과 같은 재판관의 덕목은 우리로 하여금 저러한 일들을 잘하게 하는 지성과 감성의 탁월성이다.

객관성을 띠고자 노력하고 공유된 관점에서 우리의 도덕적 입장과 판단을 형성하려고 시도함으로써 우리는 보다 쉽게 합의에 도달하게 될 것이다. 사실상 다른 조건들이 같다면 최초의 상황에 대한 최선의 규정은 견해에 있어서 최대의 합치를 가져오는 것이다. 일면에 있어서는 바로 이러한 이유로 인해서 우리가 공통의 관점이 갖는 제약들을 받아들이게 되는데, 왜냐하면 우리의 관점이 서로 다른 우리의 여건들이 갖는 우연적 요소에 의해 영향을 받을 경우 우리의 견해가 서로 일치하리라는 데 대해서 합당한 기대를 할 수 없기 때문이다. 하지만 물론 우리의 판단들이 모든 문제에 있어서 일치하지는 않을 것이며, 사실상 대부분이라고는 할 수 없지만 많은 사회적 문제들이 특히 그것들의 완전한 복잡성에 비추어 볼 때 여전히 미해결로 남을 것이다. 이것이 바로 공정으로서의 정의관이 갖는 여러 규정들이 받아들여지는 이유이다. 우리는 단지 무지의 베일, 순수 절차적 정의(할당적 정의와는 대립된 것으로서), 축차적 서열, 기본 구조의 이분화 등등의 개념에 대한 이유를 생각해 보아야 한다. 결국 당사자들이 이것과 다른 방편들이 정치적·사회적 문제들을 단순화시켜 줌으로써, 보다 큰 합의에 의해 가능하게 될 정의의 결과적 조정은 도덕적 상황에 있어서 잠재적으로 관련된 어떤 측면들을 무시함으로써 손실되는 바를 능가하게 된다. 정의의 문제가 갖는 복잡성은 결정을 하는 원초적 입장에 있는 자들에게 달려 있다. 비록 윤리적인 의견 차이는 남게 마련이지만 사회를 원초적 입장에서 보게 됨으로써 중대한 합의에 이르게 된다. 정당성 및 정의의 원칙들을 받아들이는 것은 시민적 우호 관계의 유대를 형성하게 되고 존속하는 차이에도 불구하고 예의의 기반을 확립해 준다. 시민들은 비록 입헌적 문제나 더우기 많은 정책상의 문제들에 있어서 합의가 때때로 잘 이루어지지 않는 경우에도 정의에 대한 서로의 성실성과 욕구를 인정할 수 있다. 그러나 그것을 가정함으로써 의견 차이를 좁혀 주는 공통의 관점이 존재하지 않는다면, 추론과 논의는 지리멸렬하게 될 것이고 우리는 우리의 신념의 타당성을 믿는 데 대한 아무런 합리적인 근거도 갖지 못하게 될 것이다.

자율성과 객관성에 대한 해석이 정의론에 의거하고 있다는 것은 분명하다. 두 개념에 대한 일관된 해석을 위해서 원초적 입장이라는 관념이 이용되고 있다. 물론 정의의 원칙들이 선택되지 않으리라고 믿는다면 이러한 개념의 내용은 적절하게 변경되어야 할 것이다. 공리주의적 원칙에 합의하리라고 주장하는 자는 우리의 자율성이 그러한 기준에 따르는 것으로 표현된다고 생각한다. 그러나 일반적 관념은 동일할 것이며 자율성과 객관성도 여전히 최초의 상황에 의거해서 설명되어진다. 하지만 어떤 사람들은 자율성과 객관성을 전혀 다른 방식으로 규정해 왔다. 그들에 의하면 자율성이란 우리의 도덕적 견해를 형성하는 완전한 자유이며 모든 도덕적 행위자의 양심적인 판단이 절대적으로 존중되야 한다는 것이다. 그럴 경우 객관성이란 행위자 자신이 적합한 것이라고 자유로이 결정하는 모든 기준을 만족시키는 판단에 속하는 것이다.[2] 이러한 기준은 타인들도 갖게 되리라고 합당하게 기대될 수 있는 공통 관점을 취하는 것과 별로 관련이 없으며, 또한 자율성에 해당하는 관념도 이러한 관점과 관련되지 않음은 물론이다. 내가 이러한 다른 해석들에 언급하는 것은 단지 대비를 통해서 계약론의 성격을 지적하기 위한 것이다.

공정으로서의 정의관의 관점에서 볼 때 각자의 양심적인 판단이 절대적으로 존중되어야 한다는 것은 참이 아니며, 또한 개인들이 그들의 도덕적 신념을 형성하는 데 완전히 자유롭다는 것도 옳지 않다. 만일 이러한 주장이 의미하는 바가, 우리의 도덕적 견해는 양심적으로 도달된 것이므로(우리가 그렇게 믿고 있듯이) 우리는 언제나 그것에 따라 행위하도록 허용될 것을 요구할 수 있다고 한다면 그것은 그릇된 것이다. 양심적 반대를 논의했을 때 우리가 주목한 바와 같이 이 점에 있어서 문제가 되는 것은 그릇된 양심이 지시하는 바에 따라 행위하고자 하는 자들에게 어떻게 응수할 것인지를 결정하는 문제이다(56절). 우리의 것이 양심이 그릇된 것이 아니라 그들의 양심이 그릇되었다는 것을 어떻게 확인할 것이며, 어떤 여건 아래서 그들을 단념하도록 강요할 수 있을 것인가? 그런데 이러한 문제들에 대한 해답은 원초적 입장으로 거슬러 올라감으로써 발견될 수 있는데, 어떤 사람의 양심이 오도되었을 경우는 그가 우리들 각자가 그 상황에서 합의하게 될 원칙들에 위배되는 조건을 우리에게 부과하고자 할 때인 것이다. 그리고 우리는 그 갈등이 그러한 관점에서 보아질 경우 정당화될 수 있는 방식으로 그의 계획을 거부할 수 있다. 우리는 개인의 양심을 있는 그대로 존중하지는 않는다. 오히려 우리는 그를 하나의 인격체로서 존중하고 필

---

2) Aiken, 같은 책, pp. 162~169 참조.

요하다고 판명될 경우 우리 양자가 받아들인 원칙들이 허용하는 대로 그의 행위를 제한함에 의해 그를 존중하게 된다. 원초적 입장에서 당사자들은 선택되는 정의관에 대해서 책임을 질 것에 동의한다. 그 원칙들이 제대로 지켜지는 한에서 우리의 자율성은 침해되지 않는다. 나아가서 이러한 원칙들은 많은 경우에 있어서 우리가 타인에게 행한 바에 대한 책임을 회피할 수 없는 것으로 규정하고 있다. 권한을 갖는 자들은 그들이 추구하는 정책과 주장하는 훈령에 대해서 책임을 지게 된다. 부정의한 명령을 묵묵히 수행하거나 나쁜 계략을 암암리에 방조한 자들은 일반적으로 자기가 나쁜 짓인 줄 모르고 했다거나 과실이 전적으로 더 상급자에게 있다고 항변할 수가 없게 된다. 이러한 문제들에 대한 자세한 사항은 부분적 준수론에 속한다. 여기에서 중요한 점은 자유롭고 평등한 합리적 존재로서의 우리의 본성에 가장 잘 부합되는 원칙들은 그 자체가 우리의 책임성을 확립하고 있다는 점이다. 그렇지 않고서는 자율성은 독선적인 자의간의 단순한 충돌을 가져올 가능성이 있으며 객관성은 일관된 것이나 괴이한 체계를 고수하는 결과를 낳게 될 것이다.

여기에서 주목해야 할 것은 오랫동안 확립되어 온 가치관에 대한 사회적 불신 및 신념이 상실될 경우 성실성의 덕목들 즉 신의, 성실, 정심 (正心), 서약 혹은 혹자의 말대로 진실성 등에 의지하려는 경향이 생긴다. 만일 아무도 무엇이 옳은지를 모르는 경우에는 적어도 우리는 우리의 소신을 나름대로 우리의 것으로 할 수 있으며, 타인에 의해 우리에게 주어진 그것들을 채택하지 않을 수 있다. 만일 전통적인 도덕 규칙들이 더 이상 적절하지도 않고 어떤 것이 그것들을 대신할 것인지도 합의할 수 없을 경우에는, 우리는 어떻게 해서든지 이미 우리에게 어떤 것이 결정되어 있고 또한 우리는 어떤 권위를 받아들여야 한다는 생각을 버리고 우리가 어떻게 처신할 것인지를 맑은 정신으로 결정할 수가 있을 것이다. 그런데 물론 성실성의 덕목들도 덕목이고 자유로운 인격의 탁월성에 속한다. 그러나 그것들은 필요한 것이기는 하지만 충분한 것은 아닌데, 왜냐하면 그것들에 대한 정의는 거의 어떤 내용도 용납하고 있기 때문이다. 즉 폭군도 이러한 속성들을 대단한 정도로 나타낼 수 있으며, 그렇게 함으로써 정치적인 구실이나 운명을 변명삼아 자기 기만을 하지 않고서도 어떤 매력을 나타낼 수 있다. 이러한 덕목만 가지고는 도덕적 관점을 구성할 수 없다. 그것은 형식상의 덕목들로서 어떤 의미에서 2차적인 것이다. 그러나 적절한 정의관, 즉 올바르게 이해된 자율성과 객관성을 줄 수 있는 관점과 결합됨으로써 그것은 제대로 역할을 할 수 있는 것이다.

원초적 입장이라는 관념과 거기에서 선택된 원칙들은 이것이 달성되는 방식을 보여주고 있다.

그래서 결론적으로 말하면 질서 정연한 사회는 인간의 자율성을 지지하고 정의에 대한 그들의 숙고된 판단이 갖는 객관성을 조장한다. 그 성원들이 그들의 도덕감의 정당성에 대해서 그러한 성향이 습득되는 방식을 반성해 볼 경우 품게 될지도 모를 어떤 의혹은 그들의 신념이 원초적 입장에서 선택되어질 원칙들에 부합한다는 것을 확인해 보든가, 아니면 그것이 부합하도록 그들의 판단을 수정함으로써 사라지게 된다.

79. 사회적 연합의 관념

우리가 이미 살펴 온 것처럼 공정으로서의 정의관이 개인주의적인 특성들을 갖기는 하지만, 정의의 두 원칙은 현존 제도들뿐만 아니라 그로 인해 생겨나는 욕구와 포부를 평가하기 위한 아르키메데스의 점을 제공하고 있다. 그러한 기준은 사회에 대한 완전설적인 혹은 유기체적인 입장에 의거하지 않고도 사회 변동의 과정을 지도하기 위한 독립적인 지침을 제시해 준다(41절). 그러나 계약 이론이 공동체의 가치들을 이해하고 이러한 가치를 실현시켜 줄 사회 체제를 선택하는 데 있어 만족스러운 이론 체계인가에 대한 문제는 남는다. 정당성과 선의 합치는 대체로 질서 정연한 사회가 공동체의 선(good of community)을 성취하는가에 달려 있다고 생각해 보는 것은 당연하다. 나는 이 절과 다음의 몇몇 절에서 이러한 문제의 여러 측면들을 다루고자 한다.

우선 우리는 원초적 입장의 조건들 중 하나를, 즉 당사자들이 자기가 정의의 여건에 처하고 있다는 것을 알고 있다는 점을 상기하는 데서 시작해 보기로 한다. 그들은 각자가 자신의 선에 대한 입장을 갖고 있으며 그에 비추어서 그가 타인들에게 요구들을 내세우리라고 생각한다. 그래서 비록 그들이 사회를 공동의 이득을 위한 협동 체제로 보고 있다 할지라도 그것은 이해 관계의 일치뿐만 아니라 대립에 의해서 특징지워지는 것이다. 그런데 이러한 가정을 두 가지 방식으로 볼 수가 있다. 첫번째는 정의론이 취하고 있는 방식인데, 그 요지는 가능한 한 가장 약한 가정들로부터 만족할 만한 원칙들을 이끌어내는 것이다. 그 이론의 전제들은 단순하고 합당한 조건들이어서 모든 혹은 대부분의 사람들이 인정하게 되고 그에 대해서 철학적 논증이 이루어질 수 있는 것이라야 한다. 동시에 그 원칙들이 합당한 질서를 부여할 수 있는 요구들간의 최초의 충돌이 클수록 그 이

530   제 9 장   정의는 선인가

론도 그만큼 더 포괄적이게 될 것이다. 따라서 이해 관계의 심각한 대립이 성립한다고 가정된다.

이러한 가정들을 생각하는 또 다른 방식은 그것들을 어떤 종류의 사회 질서나 혹은 현실적으로 실현되어 있는 기본 구조의 어떤 측면을 기술하는 것으로 보는 방법이다. 그래서 우리는 사적인 사회(private society)라는 관념에 이르게 된다.[3] 그 주요 특성들은 첫째로 그것을 구성하는 개체들이 개인들이든 집단들이든간에 경쟁적이거나 혹은 독립적이긴 하지만 결코 상보(相補)적이 아닌 그들 자신의 사적인 목적을 갖는다는 점이다. 그리고 둘째로 제도들은 거기에 가담하는 행위가 선이 아니라 부담으로 간주되는 까닭에 그 자체로서 어떤 가치를 갖는다고 생각되지 않는다. 그래서 각 개체는 사회 체제를 자기의 사적인 목적에 대한 수단으로서만 평가하게 된다. 아무도 타인들의 선이나 그들이 소유하고 있는 바를 고려하지 않으며 오히려 모든 사람들이 자기에게 최대의 자산의 몫을 주는 가장 효율적인 체제를 택하려 한다. (보다 형식적으로 표현하자면 개인의 효용 함수에 있어서 유일한 변수는 그가 갖게 되는 상품과 자산이지 타인이 소유하는 품목이나 그들의 효용 수준은 아니다.)

우리는 또한 이득의 실제적인 분배가 대체로 현존하는 여건으로부터 결과하는 세력 및 전략적 입장간의 균형에 의해 결정된다고 생각할 수 있다. 그러나 이러한 분배의 몫도 물론 완전히 공정하고 상호성의 요구들을 만족시키는 것일 수 있다. 사태가 이러한 결과로 나아갈 수가 있으면 다행한 일이다. 공공선은 대체로 국가가 지니고 있는 수단 및 조건들로 구성되는데, 이는 모든 사람이 마치 각자 공로(公路)를 따라 여행할 때 그 자신의 목적지를 갖는 것과 마찬가지로 그의 수단이 허용할 경우 자기 자신의 목적을 위해서 이용할 수 있는 것이다. 경쟁 시장론은 이러한 사회 유형에 대한 전형적인 기술이다. 이러한 사회의 성원들은 정의롭게 행위하고자 하는 욕구에 의해 움직이지 않기 때문에 정의롭고 효율적인 체제가 존재할 경우 그것의 안정성을 위해서 보통 제재의 사용이 요구된다. 따라서 사적인 이해와 전체의 이해의 일치는 서로 적대적은 아닐지라도 무관한 세력으로서 상호 대립하는 개체에 적용되는 안정을 위한 제도적 방편

---

3) 사적 사회 및 그와 유사한 관념은 여러 곳에서 발견된다. 잘 알려진 예로서는 Platon, *The Republic*, 369~372 ; Hegel, *Philosophy of Right*, trans. T.M. Knox (Oxford: The Clarendon Press, 1942), 182~187 절, 시민 사회라는 제목 참조. 이러한 개념이 자연스럽게 사용되는 곳은 경제 이론(일반적 평균 상태)에서이며 Hegel 의 논의는 Adam Smith, *The Wealth of Nations* 에 대한 그의 **讀法**을 반영하고 있다.

의 결과이다. 사적인 사회는 기본 구조가 그 자체로서 정의롭고 선이라는 공공 신념에 의해서는 결코 지지되지 않으며, 그 체제를 지지하는 모든 사람이나 충분히 많은 사람들이 어떤 실제상의 변화가 그들 자신의 사적인 목적을 추구하는 데 이용할 수단의 양을 감소시키리라고 계량함에 의해서 주장된다.

적어도 이득의 분배가 적합한 호혜성의 기준을 만족시킬 경우 사적인 사회가 이상적이라는 생각이 계약론에 함축되어 있다는 주장이 때때로 있었다. 그러나 이러한 주장은 질서 정연한 사회라는 개념이 보여주고 있듯이 타당하지가 않다. 방금 말한 바와 같이 원초적 입장이라는 관념은 또 다른 해석을 갖는다. 합리성으로서의 선에 대한 해명과 인간의 사회적 성격은 그와는 다른 관점을 요구한다. 그런데 인간의 사회성(sociability)이 사소한 것인양 이해되어서는 안 된다. 그것은 단지 사회가 인간 생활을 위해서 필요한 것이라든가 혹은 공공 사회 속에 생활함으로써 사람들은 그들의 제도가 허용하고 권장하는 특수한 방식으로 서로의 이득을 위해 함께 일하게끔 하는 욕구와 관심을 습득한다는 것만을 의미하지는 않는다. 또한 그것은 사회 생활이란 우리가 생각하고 말하며 사회와 문화의 공동 생활에 가담하는 능력을 발달시키기 위한 조건이라는 자명한 이치에 의해서 표현되지도 않는다. 물론 우리의 계획과 처지를 기술하기 위해서, 심지어 사적인 욕구와 목적을 표현하기 위해서 우리가 사용하는 개념들까지도 때로는 오랜 전통을 갖는 공동 노력의 결과인 신념이나 사상의 체계만이 아니라 사회 체제를 전제하고 있다. 물론 이러한 사실들은 사소한 것은 아니다. 그러나 그것들을 이용해서 우리들 상호간의 유대를 규정하려는 것은 인간의 사회성에 대한 보잘 것 없는 해석을 하는 것이다. 왜냐하면 이러한 모든 것들은 그들의 관계를 순전히 도구적으로 보는 사람들에게도 똑같이 참이기 때문이다.

인간의 사회성은 사적인 사회라는 개념과의 대조를 통해서 가장 잘 나타난다. 인간 존재는 사실상 공동의 궁극적인 목적을 가지고 있으며 그들은 자신들의 공동 제도와 그 자체로서 선이 되는 활동을 귀중하게 여긴다. 우리는 자기 자신을 위해서 참여하고 있는 생활 방식 속에서 서로를 동반자로서 필요로 하며 타인의 성공과 즐거움은 우리 자신의 선을 위해 필요하며 상보적인 것이다. 이러한 점들은 충분히 명백한 것이지만 그것들을 좀 더 자세히 설명할 필요가 있다. 합리성으로서의 선에 대한 해명에 있어서 우리는 합리적 인생 계획이란 보통 적어도 한 개인이 갖는 능력의 일부를 발전시켜 주리라는 잘 알려진 결론에 도달하였다. 아리스토텔레스적 원칙은 이러한 방향을 지시하고 있다. 그러나 인간 존재의 한 가지 기본 특성은 아무도 그가 할 수 있는 모든 것을 다 할 수는 없으며, 더우기 어떤 다른 사람이 할 수 있는 것을 모두 할 수도 없는 것이다. 각 개인의 잠재력은 그가 실현하기를 바랄 수 있는 것보다 더 큰 것이며, 인간 일반이 가지고 있는 능력에는 미치지 못한다. 그래서 모든 사람은 그의 능력이나 가질 수 있는 관심 중에서 자신이 조장하고자 하는 어떤 것을 선택해야만 하며, 그 연마와 훈련의 계획을 세워야 하고 그것들에 대한 추구를 위한 순서있는 시간 계획을 짜게 된다. 유사하거나 상보적인 능력을 가진 상이한 존재들은 그들의 공통적인 혹은 관련되는 성격을 실천함에 있어서 이른바 협동을 할 수가 있다. 사람들은 그들 자신의 능력 발휘에 대한 즐거움에 확신을 갖게 되면 타인들의 능력 발휘도 귀중하게 생각하는데, 특히 그들의 여러 가지 탁월성이 모두가 받아들이는 생활 양식에 있어서 합의된 지위를 차지할 때 그렇다.

그래서 우리는 훔볼트를 따라 각자가 타인들의 실현된 자연적 자질의 총체에 참여할 수 있는 것은 그 성원들의 필요와 잠재력에 입각한 사회적 통합(social union)을 통해서 이루어진다고 말할 수 있다. 그래서 우리는 그 성원들이 자유로운 제도에 의해 일깨워진 서로간의 탁월성과 개성을 향유하며, 그 전 체계가 모든 사람에게 인정되고 즐거움을 주는 완전한 활동에 있어서 각자의 선을 하나의 요소로서 인정하고 있는 그러한 인간 공동체(community of humankind)라는 개념에 이르게 된다. 또한 이러한 공동체는 시간상으로 확대될 수 있다고 생각되며, 따라서 사회 역사에 있어서 연속하는 세대들의 공동 기여도 그와 마찬가지로 생각될 수 있는 것이다.[4]

---

4) 많은 사람들에게 이러한 관념이 떠올랐으며 수많은 저서 속에 분명히 함축되고 있다. 그러나 이 점에서 표현되고 있는 바와 같이 확정적으로 정식화된 것은 몇 개밖에 발견할 수가 없었다. 보다 분명한 진술에 대해서는 W. von Humboldt, *The Limits of State Action*, ed. J.W. Burrow (Cambridge: The Univ. Press, 1969), pp. 16 이하 참조. 그에 의하면 "그런데 모든 인간 존재는 어떤 시기에 오직 하나의 주된 능력으로 행위할 수 있다. 혹은 좀더 정확히 말하면 우리의 전체 본성상 우리는 주어진 시간에 어떤 단일한 형태의 자동적 행위를 하게끔 되어 있다. 따라서 이로부터 도출되는 것으로 생각되는 바는 인간은 어쩔 수 없이 부분적인 능력 배양만 되도록 운명지워져 있는데, 왜냐하면 만일 그가 다양한 대상들로 나아가게 되면 그의 정력은 약화될 것이기 때문이다. 그러나 인간은 이러한 일방성을 피할 능력이 있는데 그것은 인간의 본성이 제각기 널리 개별적으로 발휘되고 있는 능력을 결합시키려는 시도에 의해, 그의 인생의 각 시기에 있어서 한 활동의 소멸해 가는 불꽃과 미래에 빛나게 될 불꽃을 자동적으로 협동시킴으로써 그가 발휘하게 될

우리의 선행자들은 어떤 것을 달성함에 있어서 그것을 그 이상 추구하
라는 과제를 우리에게 남겨 주었다. 그들이 성취한 바는 우리가 힘쓸 바
를 선택함에 있어서 영향을 미치며, 그에 비추어서 우리의 목적들이 이해
될 수 있는 보다 넓은 배경을 규정한다. 인간이 역사적 존재라고 하는 것
은 어떤 한 시간에 사는 인간 개개인이 갖는 능력의 실현은 오랜 시간에
걸친 많은 세계들(혹은 사회들)의 협동에 의한 것임을 말해 준다. 또한 그
것은 어떤 시기에서의 이러한 협동은 사회적 전통에 의해 해석되어지는 과
거에 행해진 것에 대한 이해에 의해서 이루어짐을 의미한다. 인간과는 대
조적으로 모든 개별 동물은 대체로 그것이 할 수 있는 바나, 혹은 그와 같
은 시기에 살고 있는 동일한 종류의 어떤 다른 것이 행할 수 있거나 행하
는 바만을 행할 수 있고 행하게 된다. 종에 있어서 단일 개체가 실현한 능
력의 범위는 일반적으로 그와 유사한 다른 개체들의 잠재력보다 실질적으
로 작은 것이다. 두드러진 예외는 성의 구별이다. 아마도 이것은 양성간
의 친화성이 인간이든 동물이든간에 개체가 서로 상대방을 서로 필요로
한다는 것을 잘 보여 주는 분명한 사례가 되는 이유일 것이다. 그러나 그
러한 친화력은 각 개체가 상대방을 자신의 쾌락이나 자기 계열의 존속을

능력을 증대시키고 다양화시키려는 노력에 의해서, 그 능력이 각각으로 발휘
될 잡다한 대상들을 찾는 대신 그것'들을 조화시킴에 의해서이다. 개인의 경우
에 있어서 과거 및 미래와 현재의 결합을 통해서 성취되는 바가 사회에 있어
서는 그 상이한 성원들간의 상호 협동에 의해서 이루어진다. 각 개인들은 그
의 생애의 모든 단계들 있어서 인간 품성의 가능한 측면들을 나타내 주는 능
력 실현 중 한 가지만을 성취할 수 있기 때문이다. 따라서 각자가 모든 타
인들이 갖는 풍요한 전체와 자질에 참여할 수 있게 되는 것은 사회 성원들의
내적인 욕구와 능력에 기초한 사회적 통합을 통해서이다"(pp. 16 이하). 사회
적 통합이라는 이러한 개념을 순수하게 예시하고 있는 경우로서 우리는 한
무리의 음악가들을 생각해 볼 수 있는데 그들 각자는 다른 사람들과 꼭 마찬
가지로 어떠한 관현 악기도 연주할 수 있도록 스스로 훈련할 수 있기는 하나
각자는 잠정적인 합의를 통해서 그들 각자가 합동 연주를 함으로써 모든 사
람이 능력을 발휘하게끔 그들이 선택한 한 가지 악기에 대해서 그들의 기술을
완벽하게 할 수가 있다. 이러한 생각은 또한 Kant 의 "Idea for a Universal
History", *Kant's Political Writings*, ed. Hans Reiss and trans. H.B.
Nisbet (Cambridge: The Univ. Press, 1970)에서도 중요한 위치를 차지하
고 있다. pp. 42 이하를 보면 거기에서 Kant 가 말하기를 만일 모든 개인들이
자기가 가진 모든 자연적 능력을 완전히 발휘하는 방법을 배우게 된다면, 사
실상 이것은 사람들의 수많은 세대를 요구하는 것인데, 그는 아주 오랜 세월
을 사는 셈이 되리라는 것이다. 내가 이러한 생각이 명백히 서술되리라고 기대
했음에도 발견하지 못한 저서의 예로서는 Schiller, *Letters on the Aesthetic
Education of Man*, ed. and trans. E.M. Wilkinson and L.A. Willoughby
(Oxford: The Clarendon Press, 1967), 특히 제 6, 27 서한에서이다.

위한 수단으로 대함으로써 순전히 도구적인 형식을 취할 수도 있다 그려한 애착이 애정이나 우정과 결합되지 않을 경우 그것은 사회적 연합의 특성을 나타내지 못할 것이다.

그런데 여러 가지 삶의 형태는 그 자체로서 중요시되는 궁극 목적과 공동 활동을 함께 갖는 사회적 연합체(social union)의 특성을 갖고 있다. 과학과 예술은 알기 쉬운 사례가 된다. 마찬가지로 가정, 친우 관계, 그리고 다른 집단들도 사회적 통합체들이다. 그런데 보다 단순한 예의 경기를 생각해보면 도움이 될 것이다. 여기에서 우리는 쉽사리 네 가지 종류의 목적을 구분할 수가 있다. 이른바 점수 계산과 같이 그 규칙이 규정하는 대로의 경기의 목적과, 경기를 벌이는 선수들의 여러 가지 동기 즉 그것을 통해 그들이 얻게 될 즐거움이나 운동에 대한 욕구 등등이 있는데, 이것은 개인마다 다룰 수 있다. 그리고 선수들이 알지 못하거나 의도하지 못할 수도 있는, 혹은 그 사회에서 아무도 모를 수 있는, 그 경기에 의해 이루어지는 사회적 목적이 있는데 이것은 반성적 관망자가 확인하게 되는 것이며, 끝으로 훌륭한 경기를 해야 한다는 모든 선수들의 공동 목적이나 공

발견하지 못한 또 한 가지는 Marx의 초기 저작 특히, *Economic and Philosophical Manuscripts*이다. *Karl Marx: Early Writings, trans. and ed.* Bottomore (London : C.A. Watts, 1963), pp. 126~129, 154, 156~157, 189, 202 이하, 그러나 Marx가 이러한 개념을 가지고 있다고 해석하는 것은 S. Avineri, *The Social and Political Thought of Karl Marx* (Cambridge: The Univ. Press, 1969), pp. 231 이하. 그러나 내 생각에는 Marx는 전체 공산주의 사회를 그 속에서 각자가 자신의 능력을 완전히 개발하여 그 스스로 그의 모든 능력을 표현하는 사회로 보려는 경향이 있다. 어떻든 중요한 것으로서 사회적 통합의 이념은 Mill의 *On Liberty*, 3장이나 독일 낭만주의, 즉 A.O. Lovejoy, *The Great Chain of Being* (Cambridge: Harvard Univ. Press, 1936), 10장에서 발견되는 바와 같은 인간의 다양성 및 개성에 부여되는 고도의 가치나 선을 (완전한) 개인들에 의한 자연적 능력의 조화로운 발휘로 보는 입장과 혼동되어서는 안 되며, 또한 끝으로 천재적인 개인, 예술가 그리고 정치인이 그 능력을 나머지 사람들을 위해 발휘하는 것과도 혼동해서는 안 된다. 오히려 각자의 능력이 유사한 한정된 경우에 있어서 집단은 동등한 자들의 활력을 결합시킴으로써 각자에게 잠재되어 있는 동등한 총량을 달성하게 된다. 그렇지 않고서 그러한 능력들이 서로 달라 적절한 방식으로 상보적일 경우 그들은 전체로서의 성원의 잠재력의 총체를 사회적·경제적 이득을 위한 단순한 협동이 아니라 그 자체로서 선인 활동 속에서 표현하게 된다. (이 마지막 점에 대해서는 Smith, *Wealth of Nations*, 제 1 권, 1~2 장 참조.) 어느 경우에 있어서나 사람들은 서로 상대방을 필요로 하는데 왜냐하면 자기의 능력이 완전히 발휘되기 위해서는 타인들과의 적극적인 협동에 의해서만 가능하기 때문이다. 오직 사회적 연합을 통해서만 개인은 완전하게 된다.

통 욕구가 있다. 이러한 공동 목적이 실현될 수 있기 위해서는 그 경기가 규칙에 따라서 공정하게 운영되고 양편이 다소 비슷한 상태이며 그 선수 자신들이 모두 좋은 경기를 했다고 느껴야 한다. 그런데 그러한 목적이 달성되었을 경우 모든 사람은 바로 동일한 것에 대해서 즐거움과 만족감을 갖게 된다. 말하자면 훌륭하게 운영된 경기는 모든 이의 협동을 요구하는 공동의 성취물이다.

그런데 사회적 통합체의 공동 목적은 분명히 동일한 특정의 것에 대한 공동의 욕구만으로 성립되는 것은 아니다. 그랜트와 리는 리치먼드를 얻으려 하는 그들의 욕구에 있어서는 동일했지만 그렇다고 해서 이러한 욕구로 인해서 그들간에 공동체가 성립하지는 않았다. 사람들은 일반적으로 자유와 기회, 보호와 양육과 같은 유사한 종류의 것을 원하기는 하지만, 그러한 욕구들은 그들에게 불화를 일으킬 수도 있다. 개인들이 공동 목적을 갖는지의 여부는 정의의 원칙들에 의해 규제될 경우에 그들의 관심을 끄는 활동의 보다 자세한 특성들에 달려 있다. 각자의 탁월성과 즐거움이 상대적으로 모든 이의 선을 가져 오게 되는 합의된 행위의 체계가 있어야 한다. 그래서 각자는 타인들과 함께 모든 이에게 용납될 수 있는 계획을 수행하는 경우에는 타인들의 행위에 대해서 즐거움을 갖게 된다. 그것들이 갖는 경쟁적인 측면이 있음에도 불구하고 많은 경기들은 이러한 유형의 목적을 분명하게 보여주고 있는데, 훌륭하고 공정한 경기의 운영을 하고자 하는 공공 욕구가 규제력과 효력을 가짐으로써 모든 이의 열의와 즐거움이 식지 않게 된다.

모든 종류의 예술과 과학, 종교 및 문화는 등급의 고하를 막론하고 거의 동일한 방식으로 생각될 수 있음은 물론이다. 서로의 노력을 통해서 배우고 그들의 여러 가지 기여를 평가함으로써 인간 존재는 서서히 지식과 믿음의 체계를 세우며, 일하기 위한 인정된 기술과 감정 및 표현의 정치한 양식을 만들어 내게 된다. 이러한 경우들에 있어서 공동 목적은 때때로 예술이나 과학 혹은 종교 등 각각의 전통에·의해 규정되는 것으로서 심원하고 복합적인 것이며, 그러한 목적을 이해하기 위해서는 수년 간의 훈련과 연구가 필요할 때도 있다. 중요한 것은 모든 사람의 성취에 대한 공공적인 인정을 가능하게 하는 공동의 궁극 목적과 그것을 달성하기 위한 공인된 방식이 있다는 점이다. 그러한 목적이 달성될 경우 모든 사람들은 똑같은 것에 대해서 만족을 느끼게 되며, 개인들의 선이 갖는 상보적인 성격과 더불어 그러한 사실은 공동체의 유대를 지탱해 주게 된다.

하지만 나는 예술이나 학문, 그리고 고차적인 형태의 종교 및 문화의 경우를 강조하려는 것은 아니다. 완전성의 원칙을 거부하고 서로의 탁월성에 대한 평가에 있어서 민주주의를 받아들이는 것과 마찬가지로, 그것들은 정의의 관점에서 볼 때 별다른 장점을 갖지는 않는다. 사실상 경기를 이야기하는 것은 단순성이라는 장점도 가지면서 어떤 면에 있어서는 보다 적합한 것이기 때문이다. 한편 그것은 여러 가지 유형의 사회 통합체가 있으며, 정치적 정의의 관점에서 볼때 그것들을 가치에 있어 서열을 매기려 하지 않는다는 점이 우리의 일차적 관심사임을 나타내 준다. 나아가서 그러한 통합체는 일정한 크기를 갖지 않으며 그 범위는 가정이나 친우 관계로부터 보다 큰 단체에까지 이른다. 또한 시간, 공간적인 제한도 없는데, 왜냐하면 역사나 환경에 의해 멀리 떨어져 있다 할지라도 그것들은 그들의 공동 성격을 실현함에 있어서 협동할 수 있기 때문이다. 질서 정연한 사회와 실제상의 대부분의 사회는 아마도 수많은 서로 다른 종류의 무수한 사회 통합체를 포함하고 있을 것이다.

이상의 이야기를 입문으로 해서 우리는 정의의 원칙들이 인간의 안정성과 관련되는 방식을 알 수가 있다. 요지는 단지 질서 정연한 사회는(공정으로서의 정의관에 부합하는) 그 자체가 사회적 연합체들의 사회적 연합(social union of social unions)이라는 점이다. 여기에는 양쪽 특성들이 모두 나타나게 되는데, 정의로운 제도가 성공적으로 운영됨으로써 사회의 모든 성원들은 공동의 궁극 목표를 갖게 되며 그러한 제도적 형태는 그 자체로서 선으로 평가받게 된다. 그러한 특성들을 차례로 살펴보면 첫번째 것은 간명한 것이다. 선수들이 경기를 훌륭하고 공정하게 운영하겠다는 공동 목적을 갖는 것과 마찬가지로 질서 정연한 사회의 성원들도 정의의 원칙들이 허용하는 방식대로 자신과 타인의 본성을 실현하는 데 함께 협동하자는 공동 목표를 갖는다. 이러한 전체의 의지는 모든 사람이 효과적인 정의감을 가지므로 생기는 결과이다. 각 시민들은 모든 사람들이(자신을 포함해서) 평등한 최초의 상황에서 합의하게 될 원칙들에 따라 행위해 주기를 원한다. 이러한 욕구는 도덕 원칙들에 대한 최종성(finality)의 조건이 요구하는 바대로 규제적인 것이며, 모든 사람이 정의롭게 행위할 경우 그들은 동일한 것에서 만족을 발견하게 된다.

두번째 특성에 대한 설명은 보다 어려운 것이긴 하지만 이미 우리가 말한 바로부터 충분히 명백해진다. 우리가 단지 주목해 온 것은 사회의 기본 제도들, 즉 정의로운 헌법과 법 질서의 주요 부분들은 일단 사회적 통합이라는 관념이 전체로서의 기본 구조에 적용될 경우 그 자체로서 선이 된다는 점이다. 그래서 첫째로 칸트적인 해석으로 인해서 우리는 정의로

운 제도를 지지하는 모든 사람의 행동은 각자의 선을 위한 것이라고 말할
수 있다. 인간 존재는 자유롭고 평등한 도덕적 인격으로서의 자신의 본성
을 표현하려는 욕구를 지니며, 그들은 이것을 원초적 입장에서 인정하게
될 원칙들에 따라 행동함으로써 가장 적절하게 시행할 수 있다. 모든 사
람들이 그러한 원칙들에 따르고자 하고 각자가 그에 성공하게 될 경우 도
덕적 인격으로서 그들의 본성은 개인적으로나 전체적으로 가장 충실히 실
현되고 그로 인해서 그들의 개인적·전체적 선도 실현되어진다.

   그런데 나아가서 아리스토텔레스적 원칙은 인간의 다른 어떤 활동뿐만
아니라 제도적인 형태에도 적용된다. 이러한 점에 비추어 볼 때 정의로운
입헌 질서는 일상 생활의 보다 소규모적 사회 연합체와 결합될 경우, 그러
한 많은 단체들에 대해서 골격을 제공해 주고 복잡하고 다양한 전체의 활
동을 확립해 준다. 질서 정연한 사회에서 각자는 여러 세대에 걸쳐 시행
되어질 전 체제를 규제하는 제1원칙들을 이해하고 있으며, 또한 모든 사
람들이 그들의 인생 계획에 있어서 그러한 원칙들을 준수할 확고한 의향
을 갖고 있다. 그래서 각자의 계획은 그것이 다른 경우에 갖게 될 것보다
훨씬 풍부하고 충실한 구조를 갖게 될 것인데, 그것은 서로간에 받아들이
게 될 원칙들에 따라서 타인들의 계획과도 조정이 될 것이다. 말하자면 모든
사람들의 보다 사적인 생활이란 이른바 사회의 공공 제도 내에서 실현되는
상위 계획 속의 한 계획이다. 그러나 이러한 보다 큰 계획도 모든 개인이
나 단체의 목적이 예속될 국가 권력이나 특권 같은 것은 물론이고 종교적
단일성이나 문화의 최대 탁월성과 같은 지배적인 목적을 설정하지는 않는
다. 규제적인 공공 의지는 오히려 입법 질서가 정의의 원칙들을 실현해야
한다는 것이다. 그리고 아리스토텔레스적 원칙이 타당하다면 그러한 전체
의 활동은 선으로 경험되어야 한다.

   우리가 보아 온 바와 같이 도덕적 덕목이란 사람들이 그 자신이나 타인
들로부터 그 자체로서 높이 평가되거나 아니면 마찬가지로 향유되는 활동
등에서 나타나는 것으로서 합리적으로 원하게 될 사람들의 속성, 즉 탁월
성인 것이다(66~67절). 그런데 분명한 것은 그러한 탁월성이 질서 정연한
사회의 공공 생활에서 나타난다는 점이다. 아리스토텔레스적 원칙과 한 조
를 이루는 원칙이 의미하는 바는 그러한 속성들이 정의로운 체제를 지지하
기 위해 협동할 즈음에 나타날 경우 사람들은 서로 상대방의 그러한 품성
들을 높이 평가하고 즐거워한다는 것이다. 그래서 정의로운 전체적 활동
체계는 인간 번영을 위한 특출한 형태라는 결론이 나온다. 왜냐하면 유리
한 조건이 주어질 경우, 사람들이 그들의 본성을 가장 잘 표현하고 각자에

게 가능한 가장 널리 규제하는 탁월성을 성취하기 위해서는 그러한 공공
체제를 지지해야 하기 때문이다. 동시에 정의로운 제도는 그 속에서 개인
들이 자신의 보다 특정한 목적을 실현할 단체들의 다양한 내면 활동을 허
용하고 권장해 준다. 그래서 정의의 공공적 실현은 공동체의 가치가 된다.
　마지막으로 나는 질서 정연한 사회란 가장 일반적인 의미에서 노동의
분화를 포기하지 않는다는 점에 주목하고자 한다. 물론 그러한 분업이 갖
는 가장 **나쁜** 측면은 극복되어야 할 것인데, 즉 아무도 타인에게 노예처
럼 의존할 필요는 없으며 그 누구도 인간의 사고나 감수성을 무디게 하는
단조롭고 천편 일률적인 직종을 선정할 필요가 없다. 각자에게는 그의 본
성이 갖는 상이한 요소들이 적절히 표현될 수 있는 다양한 직무가 제시될
수 있어야 한다. 그러나 작업이 모든 이에게 의미있는 것일 경우에도, 우
리는 타인에 대한 의존을 극복할 수는 없으며 또한 극복하고자 해서도 안
된다. 완전히 정의로운 사회에서 사람들은 자기에게 특유한 방식으로 자
신의 선을 추구하며, 또한 자신이 지금까지 할 수 없었던 것뿐만 아니
라, 할 수 있었으나 하지 못한 일들을 하기 위해서도 그들의 동료에게 의
지하게 된다. 모든 사람이 자신의 능력을 완전히 실현하게 되고 적어도
몇몇 사람은 인간의 완전한 전형이 될 수 있다고 생각하고 싶을지 모른다.
그러나 그것은 불가능하다. 우리들은 남의 도움없이는 우리가 될 수 있는
것들 가운데 일부밖에 될 수 없다는 것이 인간이 갖는 사회성의 특징이
다. 우리는 보류해야만 하거나 전혀 결여하고 있는 탁월성을 얻는 일을
타인들에게서 구하지 않으면 안 된다. 사회의 전체 활동, 즉 많은 단체들
과 그것들을 규제하는 최대 공동체가 갖는 공공 생활은 우리의 노력을 밑
받침해 주고 우리의 기여를 유도해 낸다. 그러나 공통의 문화로부터 얻어
지는 선은 우리가 단지 일부분에 지나지 않는다는 의미에서 우리 자신의
작업을 훨씬 능가하고 있으며, 우리가 직접적으로 실현하게 되는 우리 자
신의 부분은 그 목적을 우리가 지지하는 보다 광범위하고 정의로운 체제
에 결합되어진다. 분업은 각자가 자기 자신에 있어서 완전해짐으로써 극
복되는 것이 아니고, 모든 사람이 자기 의사대로 자유로이 참여할 수 있
는 사회 통합체의 정의로운 사회적 통합 속에서 뜻에 맞는 의미있는 활동
을 함으로써 극복되어지는 것이다.

80. 시기심의 문제

　지금까지 내가 가정해 온 것은 원초적 입장에 있는 자들은 어떤 심리적

경향성에 의해 움직이지 않는다는 점이다(25절). 합리적인 개인은 적어도 자신과 다른 사람들간의 차등이 부정의의 결과라고 생각하지 않고 어느 한도만 넘지 않는다면 시기심(envy)에 사로잡히지 않는다. 또한 당사자들은 위험이나 불확실성에 대한 상이한 태도, 지배하고 예속하는 등 다양한 성향들에 의한 영향도 받지 않는다. 나는 이러한 특수한 심리들 역시 당사자들의 가치(선)관에 대한 지식과 더불어 무지의 베일 속에 있는 것으로 생각해 왔다. 이러한 규정들에 대한 한 가지 설명은, 가능한 한 정의관의 선택은 우연적 여건들의 영향을 받지 않는다는 것이다. 채택된 원칙들은 우리가 그것들이 개인적인 선호와 사회적 여건에 상관없이 적용될 것을 바라는 것과 마찬가지로 그와 같은 경향성들에 있어서의 차등에 대해서도 불변적인 것이라야 된다.

이상의 가정들은 공정으로서의 정의관에 대한 칸트적 해석과 관련되어 있으며 원초적 입장의 관점으로부터의 논의를 상당히 단순화시켜 준다. 당사자들은 그러한 경향성들에 있어서의 개인차에 좌우되지 않으며 그로 인해서 결과하게 될 협의 과정의 복잡성을 피하게 된다. 어떤 형태의 태도들이 존재하는가에 대한 다소 확정적인 정보가 없이는 우리들이 어떤 합의에 이를지 말할 수 없게 될지도 모른다. 각 경우에 있어서 그것은 전제된 특정한 가정에 의존하게 될 것이다. 만일 우리가 가정된 여러 가지 특수한 심리들에 있어서 도덕적 관점에서 볼 때 어떤 두드러진 장점을 나타낼 수 없다면 채택된 원칙들은 합당한 조건들의 결과가 아니라 임의적인 것이 될 것이다. 그래서 시기심은 적어도 그것이 강하게 될 경우는 일반적으로 피해야 하고 두려워할 것으로 생각되는 까닭에, 가능하다면 원칙을 선택하는 경우에도 이러한 특성에 영향을 받지 않아야 할 것이 바람직하다. 따라서 단순성과 도덕론 양쪽을 이유로 해서 나는 시기심이 없을 것과 특수한 심리에 대한 지식이 없다는 가정을 했던 것이다.

하지만 그러한 성향들이 실제로 존재하고 있는 까닭에 그것들은 어떤 방식으로든 고려되어야 한다. 그래서 나는 정의의 원칙들에 대한 논의를 두 부분으로 갈라서, 첫번째 부분은 지금까지의 대부분의 논의가 예시하는 바와 같이 방금 언급한 전제에 입각해서 진행시키고, 두번째 부분은 채택된 정의관에 따른 질서 정연한 사회가 현실적으로 시기의 감정이나 그것이 정의롭다고 간주하는 체제를 해치게 될 양식의 심리적 태도를 유발할 것인지를 묻는 것이다. 첫번째에 있어서는, 우리가 시기나 특수 심리의 문제가 없는 것처럼 추론을 하고 그 다음에는 어떤 원칙들로 결정될 것인지를 확인했으므로, 이들에 의해 규정된 정의로운 제도가, 그 체제가 작동할 수 없으며 인간의 선에 부합할 수 없게 될 정도로 그러한 경향성을 유발하고 조장할 가능성이 있는가를 검토하게 된다. 만일 그러하다면 그러한 정의관의 채택은 다시 고려되어야 할 것이다. 그러나 생겨난 성향이 정의로운 체제를 지지해 주는 것이거나 혹은 그 체제에 의해서 쉽사리 조정되는 것이라면 논의의 첫번째 부분은 확증된다. 2 단계 절차가 갖는 중요한 이점은 어떤 특정한 형태의 태도도 전제하지 않게 된다는 점이다. 우리는 단지 우리 세계의 일반적 사실이 부과하는 제약들에 비추어서 최초의 가정이 갖는 합당성과 그로부터 우리가 도출한 결과를 검토하기만 하면 된다.

나는 시기심의 문제를 특수한 심리가 정의론에 개입하게 될 방식에 대한 예증으로서 논하고자 한다. 각 특수 심리는 물론 서로 다른 문제를 제기할 것이지만 일반적인 과정은 거의 동일할 것이다. 나는 우선 시기심이 문제를 제기하는 이유, 즉 차등의 원칙이 허용하는 불평등이 사회적으로 위험할 정도의 시기를 불러일으킬 만큼 대단한 것일 수 있다는 사실에 주목하는 것에서 시작하려 한다. 이러한 가능성을 해명하기 위해서 일반적 시기심과 특수적 시기심을 구별하는 것이 좋을 것이다. 보다 나은 처지에 있는 자들에 대해서 최소 수혜자들이 경험하는 시기는 그들이 보다 나은 처지에 있는 자들이 소유하고 있는 특정한 대상 때문이 아니고 여러 종류의 선 때문에 그들을 시기한다는 의미에서 보통 일반적인 시기심이라 할 수 있다. 소위 상부 계층은 그들의 보다 큰 재산과 기회로 인해서 시기를 받는데, 그들을 시기하는 자는 자신도 그와 유사한 혜택을 바라고 있다. 이와 대조적으로 특수한 시기심은 적대나 경쟁에 있어서 특유한 것이다. 직위와 명예 및 타인의 애정에 대한 추구에 있어서 실패한 자는 그들의 경쟁자의 성공을 시기하고 그들이 쟁취한 것과 똑같은 것을 탐내기가 쉽다. 그래서 우리의 문제는 정의의 원칙들, 그리고 특히 공정한 기회 균등과 더불어 차등의 원칙이 지나칠 정도의 파괴적인 일반적 시기심을 실제로 유발할 가능성이 있는지의 여부이다.

이제 나는 이러한 문제를 위해서 적합하리라고 생각되는 시기심의 정의(定義)를 다루기로 한다. 생각을 정돈하기 위해서 필요한 개인간의 비교는 객관적인 기본적 가치들, 즉 자유와 기회, 소득과 부 등과 같이 내가 단순화를 위해서 차등의 원칙을 적용함에 있어서 기대치를 규정하는 데 일반적으로 사용해 온 것들에 의해 이루어진다고 생각해 보자. 그럴 경우 우리는 다른 사람의 보다 유복함이 우리의 이득으로부터 탈취한 것은 아닐지라도 그들의 보다 큰 선을 적대적으로 보려는 경향을 시기심이라고 생각할 수가 있다. 우리는 처지가 우리보다 우월한(위에 언급한 가치들에 대한 어떤 합의된 지표에 의해 평가될 경우) 자를 시기하게 되며, 또한 우리 스스로 어떤 것을 불가피하게 포기해야 하는 한이 있을지라도 그들로부터 그들의 보다 큰 이득을 뺏아 버리고 싶어진다. 타인들이 우리의 시기심을 알게 될 경우 그들은 자신의 보다 나은 처지를 애써 지키려 할 것이고 시기심으로 인해 우리가 저지르게 될 적대적 행동에 대비해서 매우 조심할 것이다. 이렇게 생각할 때 시기는 전체적으로 봐서 손실이 되는 것으로서 타인을 시기하는 자는 그들간의 격차가 충분히 줄어지기만 한다면 그들 모두에게 손해가 되는 일도 할 각오를 하게 된다. 그래서 나는 칸트의 정의(定義)를 대체로 따르는데, 그는 시기심이란 인간을 혐오하는 악덕이라는 데 대해서 합당한 논의를 펴고 있다.[5]

이러한 정의(定義)에 관해 몇 가지 언급해야 할 필요가 있다. 첫째로 칸트가 주목한 바대로 우리가 타인의 보다 큰 선에 시기심이 난다고 공공연하게 말하는 경우가 많이 있다. 그래서 우리는 어떤 결혼이나 가정의 화합과 행복에 샘이 난다고 말할 수 있다. 그와 비슷하게 우리는 타인에게 그가 보다 많은 기회나 업적을 가진 데 대해 시기심이 난다고 말할 수 있다. 이러한 경우들은 앞으로 온건한 시기심(benign envy)이라 부르겠는데, 거기에는 어떤 악의도 의도되거나 나타나지 않는다. 예를 들어 우리는 그 결혼이나 가정이 덜 행복하거나 덜 화목하기를 바라지는 않는다. 그러한 관례적인 표현을 통해서 우리는 타인들이 누리고 있는 어떤 것의 가치를 인정해 주고 있다. 우리가 나타내고 있는 것은 비록 우리가 그와 같은 가치를 갖는 유사한 선을 소유하고 있지는 않으나, 그것이 사실상 추구할 만한 가치가 있다는 점이다. 우리가 누군가에게 이런 말을 하게 될 때, 그것을 듣는 자는 그 말을 우리들의 적개심의 표출로서가 아니라 일종의 찬사로 받아들일 것이라고 기대된다. 이와 다소 다른 경우로는 우리가 타인들이 갖는 바를 달성하게 하는 경쟁적 시기심(emulative envy)이다. 그들의 보다 큰 선을 보게 되면 마음이 동하여 우리도 그와 같은 것들을 갖게끔 사회적으로 이로운 방식으로 노력하게 된다.[6] 그래서 우리가 자유롭게 표

---

5) *The Metaphysics of Morals*, 2부, 36절. M.G. Gregor가 번역한 (N.Y.: Harper and Row, 1964), p. 127. Aristoteles는 시기와 악의 같은 감정들이란 중용을 허용하지 않는 것으로서 그러한 명칭들에는 이미 악이 내포되어 있다고 하였다. *Nichomachean Ethics*, 1107 a 11.

6) 경쟁심과 시기심간의 구분에 대해서는 B. Butler, *Sermons*, I, in *British Moralists*, ed. L.A. Selby-Bigge, 제 1 권 (Oxford, 1897), p. 205 참조.

현하는 온건한 시기심과 대조해 볼 때 엄격한 의미에서의 시기심은 그 객체나 그 주체 모두를 해치게 될 증오의 형식이다. 경쟁적인 시기심도 어떤 패배의 상태나 실패감 아래서는 그렇게 변할 수 있는 것이다.

또 한 가지 점은 시기심은 도덕적 감정이 아니라는 점이다. 그러므로 그것을 설명함에 있어서 도덕 원칙을 인용할 필요는 없다. 타인들의 보다 나은 처지가 우리의 주의를 사로잡고 있음을 말하는 것으로 족하다. 우리는 그들의 행운을 보고 기가 죽어 있으며 우리가 가진 바를 더 이상 높게 평가하지 않는다. 그리고 이러한 좌절감과 상실감으로 인해서 우리의 증오와 적개심이 유발된다. 그래서 우리는 시기심과 의분을 혼동하지 않도록 주의해야 한다. 왜냐하면 의분은 도덕적 감정이기 때문이다. 만일 우리가 타인에 비해 적게 가진 데 대해 의분을 느낀다면, 그것은 그들이 보다 유복한 것이 부정의한 제도의 결과이든가 혹은 그들 쪽의 부정 행위의 결과라고 생각되기 때문이어야 한다. 의분을 나타내는 자는 어떤 제도가 부정의한 이유나 혹은 타인들이 그들을 해쳤다는 점을 제시할 각오가 되어야만 한다. 시기심을 도덕 감정들로부터 구분해 주는 것은 그것이 설명되는 상이한 방식과 그러한 상황을 보는 관점의 종류이다(73 절).

우리가 또한 주목해야 할 것은 시기심과 관련된 것이긴 하나 그것과 혼동되어서는 안 될 도덕과 무관한 감정들이다. 특히 심술(jealousy)과 인색은 이른바 시기와 대조적인 것이다. 더 나은 처지에 있는 자는 자기보다 불운한 자가 계속 그러한 처지에 머물러 있기를 바랄 수 있다. 그는 자신의 우월한 지위를 심술궂게 지키고자 하며 보다 불운한 사람들에게 인색하여 그들의 처지를 자신과 비슷한 수준에 올려 놓게 될 보다 큰 이득을 허용하지 않는다. 그리고 이러한 경향성이 확대되어 그가 필요로 하지도 않으며 자신이 사용할 수 없는 이득을 보다 불운한 사람들에게 돌아가는 것을 거부하게 될 경우 그는 악의에 의해 움직이고 있는 것이다.[7] 이러한 경향은 시기심과 마찬가지로 전체에게 해로운 것인데, 왜냐하면 인색하고 심술궂은 사람은 자신과 타인들간의 격차를 유지하기 위해서라면 어떤 것이라도 포기할 용의를 갖기 때문이다.

지금까지 나는 시기와 인색을 악덕이라고 생각해 왔다. 우리가 보아 왔듯이 도덕적 덕목들은 사람들이 동료로서 서로 상대방에게 합리적으로 원

---

7) Aristotles, *Nicomachean Ethics*, 1108 b 1∼6 은 악의란 타인의 불운을 그것이 합당한 것이든 아니든간에 즐거워함이라 규정한다. 심술, 질투, 악의는 시기의 대상이 되고 필요한 것을 소유한 자의 감정으로서 시기의 양면이라는 생각에 있어서는 G.M. Foster 에 도움을 받고 있다.

하게 될 성품이 지닌 광범위한 기반을 갖는 특성 속에 들어간다(66절). 그래서 악덕은 서로 원하지 않는 광범위한 기반을 갖는 특성들로서 그 분명한 예는 악의와 시기를 들 수 있는데, 왜냐하면 그것들은 모든 이에게 손실을 주기 때문이다. 당사자들은 분명히 그 실현이 그러한 경향을 유발하지 않을 정의관을 택하게 될 것이다. 그러한 성향이 우리에게 촉구하는 행위를 삼가하고 그런 것들을 없애는 데 필요한 조치를 취하게 된다. 그러나 때로는 시기심을 유발하는 상황이 아주 강압적인 것이어서 현실적으로 존재하는 인간은 아무도 그의 악의에 찬 감정을 합당하게 억누를 수 없을 경우가 있다. 객관적인 기본적 선(가치)의 지표에 의해 측정된 어떤 사람의 지위는 그의 자존감을 상하게 할 정도로 아주 낮은 것일 수 있으며, 그러한 처지에 처할 경우 우리는 그의 상실감에 동감을 느끼게 된다. 사실상 우리는 시기심을 느끼게 됨에 대해서 분노할 수 있는데, 왜냐하면 현존하는 사회 여건 아래서는 그러한 차등이 자존감의 상실을 유발하지 않을 수 없을 정도로 그러한 선에 있어서의 격차를 사회가 허용할 수도 있기 때문이다. 그러한 상처를 받는 사람에게는 시기의 감정이 불합리한 것이 아니며, 그들의 증오를 풀어 주는 것이 그들의 처지를 보다 낫게 해 줄 것이다. 시기심이 달리 느낄 것을 기대할 수 없는 상황에서 자존감의 상실에 대한 반응일 경우 그것은 허용될 수 있는 것이 된다. 자존감은 주요한 기본선인 까닭에 내가 생각하기로는 당사자들은 그러한 종류의 내면적인 상실을 무관한 것으로 보려는 데 동의하지 않을 것이다. 따라서 문제는 정의의 원칙들을 만족시키는 사회의 기본 구조가 그러한 원칙들의 선택이 재고되어야 할 정도로 이유있는 시기심(excusable envy)을 많이 유발할 가능성이 있는지의 여부인 것이다.

81. 시기심과 평등

이제 우리는 질서 정연한 사회에서 이유있는 일반적 시기심이 일어날 가능성을 검토하고자 한다. 내가 이러한 경우를 논의하려는 것은 오직 우리가 문제삼는 바가 과연 정의의 원칙들이 인간 존재의 성향 특히 객관적인 선들에 있어서의 격차에 대한 그들의 혐오감에 비추어 볼 때 합당한 약정인지의 여부이다. 그런데 나는 시기적 성향의 중요한 심리적 근거는 무력감과 관련된 우리 자신의 가치에 대한 자신감의 결핍이라고 생각한다. 그럴 경우 우리의 생활 방식은 무미 건조하며 또한 우리가 그것을 변화시키기는 무력하고 아직도 우리가 하고자 하는 바를 행하기 위한 수단을 확보할 힘이 없음을 느끼게 된다. [8] 이와 대조적으로 자신의 인생 계획의 가치와 그것을 수행하기 위한 자신의 능력에 자신감을 갖는 자는 증오심에 사로잡히지도 않고 자신의 행운에 지나친 집착을 하지도 않는다. 또한 비록 그렇게 할 수 있다 할지라도 그는 스스로 손해를 보면서까지 타인들의 이득을 깎아내려는 욕심을 갖지 않는다. 이러한 가설이 함축하는 바는 최소 수혜자가 그들의 자존감이 보다 불안정하고 자신의 전망을 개선할 수 없다는 느낌이 커질수록 보다 나은 자들의 처지를 더욱 더 시기하는 경향을 갖게 된다는 것이다. 이와 마찬가지로 경쟁과 적대에 의해 유발되는 특수한 시기심은 자신의 패배가 보다 처절할수록 더 강해지기 쉽다. 왜냐하면 그의 자존감에 대한 타격이 보다 극심하고 상실감이 회복할 수 없는 것으로 생각되기 때문이다. 하지만 여기에서 우리의 주된 관심사는 일반적인 시기심이다.

내가 생각하기에는 시기심의 적대적인 발로를 조장하는 데는 세 가지 조건이 있다. 그 중의 첫번째 것은 우리가 방금 주목했던 심리적 조건인데, 즉 사람이 자기 자신의 가치 및 보람된 일을 하기 위한 자신의 능력에 대한 확신감이 없는 것이다. 둘째는(그리고 두 가지 사회적 조건 중 하나는) 그러한 심리적 조건이 고통스럽고 창피한 것으로 경험되는 많은 경우들이 생기게 된다는 것이다. 자신과 타인들간의 격차가 사회 구조 및 자신의 사회 활동의 양식에 의해 가시적으로 전개된다. 따라서 보다 불운한 자는 때때로 어쩔 수 없이 자신의 처지를 돌아보게 되고, 그것이 가끔 그들로 하여금 자신과 자신의 생활 양식을 훨씬더 낮게 평가하게 되는 결과를 가져온다. 그리고 세째로 그들은 자신의 지위가 보다 혜택받은 자의 유리한 여건에 대적하기 위한 어떤 건설적 대책도 줄 수 없는 것으로 보게 된다. 물론 체념과 무력감에 젖어 있지만 않다면 그들은 고통과 열등감을 줄이기 위해 자신에게 어떤 희생이 올지라도 보다 나은 처지에 있는 자들에게 상해를 주는 이외에 다른 길이 없다고 생각한다.

그런데 질서 정연한 사회의 여러 측면은 그러한 조건들을 막지 못할지는 모르나 완화시키는 작용을 하게 된다. 제 1 조건에 있어서 분명한 것은

8) 이런 유의 가설은 여러 학자들에 의해 제안되어 왔다. 예를 들어서 Nietzsche, *On the Genealogy of Morals*, trans. W. Kaufmann and R.J. Hollingdale (N.Y.: Random House, 1967), 1장 10, 11, 13, 14, 16절, 2장 11절, 3장 14~16절 ; M. Scheler, *Ressentiment* trans. W.W. Holdheim (Glencoe, Ill.: The Free Press, 1961), pp. 45~50 참조. Nietzsche의 ressentiment 라는 개념에 대한 논의로서는 W. Kaufmann, *Nietzsche* (Princeton: Princeton Univ. Press, 1950), pp. 325~331 참조.

비록 그것이 심리적 상태이긴 하나 사회 제도가 그 기본적 조장 원인이라는 점이다. 하지만 내가 주장해 온 바대로 계약론적 정의관은 다른 어떤 정치적 원리들 보다도 일반 시민들의 자존감을 보다 확고히 지지해 준다. 공의회에서 각자는 동등한 주권자에 해당하는 존경을 받게 된다. 그리고 모든 이는 공정한 것으로 생각되는 최초의 상황에서 인정될 동등한 기본권을 갖게 된다. 공동체의 성원들은 공통된 정의감을 가지며 또한 그들은 시민적 우호의 유대로 결속된다. 나는 이미 이러한 점들을 안정성과 관련해서 논한 적이 있다(75~76절). 우리가 첨가할 수 있는 것은 일부에게 준 보다 큰 이득이 보다 불리한 자들에게 보상적 이익으로 되돌려져야 하고, 아무도 보다 큰 몫을 갖는 자가 도덕적 관점에서 보아 마땅히 더 대접받아야 된다고 생각하지 않는다는 점이다. 덕에 따른 행복은 분배의 원칙으로서 배척된다(48절). 그리고 또한 완전성의 원칙도 마찬가지인데, 개인들이나 단체가 보여주는 탁월성에 상관없이 사회적 자원에 대한 그들의 요구는 언제나 상호 정의의 원칙에 의해 판정되어진다(50절). 이러한 모든 이유들로 해서 보다 불행한 자들은 그들 자신이 열등한 존재라고 생각해야 할 이유가 없으며 일반적으로 인정된 공공 원칙들이 그들의 자신감을 보증해 준다. 그들과 타인들간의 격차는 그것이 상대적이든 절대적이든간에 다른 정치 형태에 있어서보다 그들이 그것을 보다 쉽게 받아들이게 된다.

두번째 조건에 있어서는 질서 정연한 사회에 있어서 허용되는 절대적·상대적 차등이 아마도 일반적으로 볼 수 있는 것보다는 작을 것이라는 점이다. 비록 이론상으로는 차등의 원칙이 그 보답으로서 작게 혜택받는 자들에게 사소한 이득을 주는 대신에 무한히 큰 불평등을 허용할지는 모르나 요구되는 배경적 제도가 성립할 경우 소득과 부의 간격이 실제로는 그리 대단하지 않게 된다(26절). 더우기 질서 정연한 사회에 있어서는 각기 그 확고한 내적 생활을 갖는 단체들이 많으므로 사람들이 갖는 전망들 간의 눈에 띄는 격차들 내지는 적어도 눈에 띄는 엄청난 격차들을 줄여주는 경향이 생긴다. 왜냐하면 우리는 우리와 동일한 집단이나 유사한 집단 또는 우리가 자신의 포부와 관련된다고 생각하는 지위 내에서 우리의 처지와 타인의 처지를 비교하게 되기 때문이다. 사회에 그러한 다양한 집단이 있으므로 해서 사회는 서로 비교되지 않는 여러 집단으로 분화되고, 그러한 부분들간의 간격은 보다 혜택을 적게 받는 자들의 생활을 불안정하게 할 그런 유의 주의를 야기시키지 않는다. 시민들이 적어도 공적인 일에 있어서 그래야 하는 것처럼 서로 만나게 됨에 따라 평등한 정의의 원칙들을 받아들인다는 사실에 의해 부와 처지에 있어서의 차등에 그와 같이 개의치 않는 일이 보다 쉬워진다. 나아가서 일상 생활에서 자연적 의무가 존중됨으로써 보다 혜택받은 자들은 적게 가진 자들의 품위를 보다 떨어뜨리리라고 생각되는 그들의 보다 높은 신분을 밖으로 드러내지 않는다. 결국 만일 시기심을 느끼게 하는 조건이 제거되면 시기심에 대응하는 심술, 인색, 악의 등도 역시 사라지게 될 것이다. 사회에 있어서 보다 불운한 계층이 전자를 갖지 않게 되면, 보다 혜택받은 자들도 후자를 버리게 될 것이다. 종합적으로 말하면 질서 정연한 체제의 이상과 같은 특성들로 인해서 보다 혜택받지 못한 자들이 그들의 처지가 찌들리고 창피스러운 것으로 느끼기 쉬운 많은 기회를 감소시켜 준다. 비록 그들이 시기심을 갖게 될 어떤 가능성이 있다 할지라도 그것은 결코 강하게 유발되지 않을 것이다.

끝으로 마지막 조건에 있어서 질서 정연한 사회는 다른 것에 대해서 뿐만 아니라 시기심의 적대적 발로에 대해서도 건설적인 대책을 제시할 것으로 보인다. 어쨌든 일반적 시기심의 문제로 인해서 우리가 정의의 원칙들에 대한 선택을 재고해야 하지는 않는다. 특수한 시기심에 있어서는 그것이 어느 정도까지는 인간 생활에 특유한 것으로서 경쟁심과 결부되어 어떤 사회에서든 그러한 것이 존재하게 된다. 정치적 정의에 있어서 보다 특수한 문제는 직위와 지위를 추구함으로써 생겨나는 악의와 심술이 어느 정도 지배적이며 그것이 제도들의 정의를 저해할 가능성이 있는지 여부이다. 입법의 단계에서 이용 가능한 사회의 형태들에 대한 보다 상세한 지식이 없는 가운데서 그러한 문제를 해결하기는 어렵다. 그러나 특수한 시기심이 갖는 위험이 어떤 다른 입장에 의해서 보다 공정으로서의 정의관에 의해 규제되는 사회에서 보다 악화되어야 할 아무런 이유가 없는 것으로 보인다.

그래서 나는 정의의 원칙들이 이유 있는 일반적 시기심을 곤란할 정도로 유발할 가능성은 없다(특수한 시기심은 물론이고)라고 결론짓고자 한다. 이러한 검증에 의해서도 역시 정의관은 비교적 안정된 것으로 보인다. 이제 나는 시기심과 평등간의 가능한 관계를 간략히 검토하고자 하는데, 여기에서 평등이란 문제된 정의론에 의해 명시되는 여러 방식으로 규정되는 것으로 생각한다. 여러 형태의 평등이 있으며 평등주의에서도 그 정도를 인정하고 있기는 하지만, 어떤 대단한 차등을 허용하면서도 평등주의적인 것으로 인정될 수 있는 정의관이 있다. 나는 정의의 두 원칙은 바로 그러한 제명(題名)에 속한다고 생각하는 것이다.

많은 보수주의자의 주장에 따르면 현대의 사회 운동에 있어서 평등에로의 경향은 시기심의 표현이라는 것이다.⁹⁾ 이런 식으로 그들은 그러한 추세를 집단적으로 유해한 충동과 결부시킴으로써 그것을 나쁘게 평가하고자 한다. 이러한 입장을 제시하기 위해서는 먼저 반대하는 평등의 형태가 사실상 부정의한 것이고 결국 최소 수혜자를 포함한 모든 사람의 처지를 더 악화시키지 않을 수 없다는 데 대한 논의가 이루어져야 한다. 그러나 정의의 원칙들이 규정하는 바의 평등을 주장한다 해서 시기심을 토로하는 것은 아니다. 이러한 사실은 원칙들의 내용 및 시기심에 대한 규정에 의해 나타나게 된다. 또한 그것은 원초적 입장에 있는 당사자들의 성격에 의해서도 명백해지는데, 정의관은 가정상 아무도 악의와 심술에 의해 영향을 받지 않는다는 조건 아래서 채택되기 때문이다(25절). 그래서 두 원칙에 의해 지지되는 평등에의 요구는 그러한 시기심에서 생겨난 것이 아니다. 그 원칙들을 내세우는 자의 요구들이 때로는 의분을 나타낼 수는 있으나 그것은 우리가 살펴 본 대로 전혀 다른 문제이다.

정의의 원칙들이 부분적으로 시기심에 기초해 있다는 것을 증명하기 위해서는 원초적 입장의 조건들 중 하나 혹은 그 이상이 그러한 경향에서 생겨난다는 점을 확인해야 할 것이다. 안정성의 문제로 인해서는 이미 이루어진 선택을 재고해야 할 필요가 없는 까닭에, 시기심의 영향에 대한 문제는 정의론의 첫번째 부분에 비추어서 해결되어야 한다. 그러나 원초적 입장에 대한 각 규정들은 시기심에 언급할 필요가 없는 정당 근거를 갖는다. 예를 들어 우리는 도덕적 원칙들의 기능이란 요구들간의 서열을 매겨 주는 적절히 일반적이고 공공적인 방식이라고 생각한다(23절). 사실상 시기심에서 생겨나는 평등의 유형도 있을 수 있다. 모든 기본 선의 동등한 분배를 내세우는 학설과 같은 엄격한 평등주의는 그러한 경향에서 생겨난다고도 생각할 수 있다. 이 말이 의미하는 바는 그러한 평등관은 당사자들이 충분한 시기심의 소유자라고 가정할 경우에만 원초적 입장에서 채택될 것이다. 그러한 가능성은 결코 정의의 두 원칙에 영향을 미칠 수 없다. 그것이 규정하고 있는 상이한 평등관은 시기심이 존재하지 않는다는 가정 아래 받아들여지게 된 것이다.¹⁰⁾

---

9) 예를 들어서 H. Schoeck, *Envy: A Theory of Social Behavior*, trans. M. Glenny and B. Ross (London: Secker and Warburg, 1969) 참조. 14~15장에는 많은 참고 도서가 수록되어 있다. 어떤 점에 있어서는 Marx 까지도 공산주의의 제1단계를 시기심의 표현으로 생각하고 있다. *Early Writings*, pp. 153 이하 참조.

시기심을 도덕 감정들로부터 분리시키는 것이 중요하다는 것은 몇 가지 예로부터 알 수 있다. 첫째로 시기심이란 가난한 농민 사회에 지배적인 것으로 볼 수 있다고 생각해 보자. 그 이유는 사회적인 부의 총량이 다소 고정되어 있으므로 해서 한 사람의 이득은 다른 사람의 손실이 된다는 일 반적인 생각 때문이라고 할 수 있겠다. 사회 체제는 자연적으로 세워진 불변하는 영합(zero-sum : 零合) 게임으로 해석된다고 할 수 있다. 그런데 사실상 그러한 생각이 널리 퍼져 있고 재화의 양이 일정한 것으로 널리 생각되고 있는 경우, 이해 관계의 엄격한 대립이 이루어질 것으로 생각된 다. 이러한 경우에 정의는 동일한 몫을 요구한다고 생각하는 것이 옳을 것 이다. 사회적 부는 상호 이득이 되는 협동의 결과로서 생각되지 않으며 따라서 이득의 차등적인 분배에 대한 공정한 근거란 없는 것이다. 시기 심이라고 하는 것은 사실상 정당화될 수도 있고 되지 않을 수도 있는 분 노와 같은 것일지도 모른다.

프로이트의 정의감의 기원에 관한 규정도 동일한 결함을 갖고 있다. 그 에 의하면 그러한 감정은 시기심과 심술에서 생겨난 것이라고 한다. 사회 집단의 성원들이 심술궂게 그들의 이익을 보존하고자 할 경우, 보다 혜택 받지 못한 자들은 그것을 뺏고자 하는 시기심에 의해 움직이게 된다. 결 국 모든 사람들은 그들이 자신에게 해를 끼치지 않고서는 서로에 대한 그 들의 적대적 태도를 견지할 수 없다는 것을 인정하게 된다. 그래서 타협 으로서 동등한 대우라는 요구에 합의하게 된다. 정의감이란 반동 형성물 로서 원래는 질투나 시기였던 것이 모든 이에게 평등을 내세우는 정의 감이라는 사회적 감정으로 변형된 것이다. 프로이트의 생각에 의하면 그 러한 과정은 육아실이나 다른 여러 가지 사회적 여건 속에서 잘 나타난다 고 한다. [11] 하지만 그의 설명이 현실성을 갖기 위해서는 최초의 태도가 정확히 기술된다고 가정되어야 한다. 약간의 변경만 가하면 그가 묘사한 사례의 기본 특성들은 원초적 입장의 그것과 상응하게 된다. 사람들이 서 로 대립적인 이해 관계를 가지며 그들 자신이 선이라고 생각하는 바를 증 진시키고자 한다는 사실은 그들이 시기나 심술에 의해 움직인다는 것과 전혀 동일한 것이 아니다. 앞에서 보아 온 바와 같이 그러한 종류의 대립 은 정의의 여건들을 성립시켜 준다. 그래서 만일 어린 아이들이 그들 부모

---

10) 이 구절 및 다음 몇 구절에서 나는 R.A. Schultz 의 협조적 제언에 도움을 받고 있다.

11) *Group Psychology and the Analysis of the Ego*, 수정판, trans. James Strachey (London: The Hogarth Press, 1959), pp. 51 이하 참조.

의 관심과 애정을 얻고자 하며 그에 관해서 똑같은 권리를 갖는 것이 정
당하다고 할 경우, 우리는 그들의 정의감이 질투와 시기에서 생겨난다고
주장할 수는 없다. 물론 어린애들은 때로는 시기하고 질투하며 필요한 분
별력을 갖지 못하는 바, 그들의 도덕적 관념이 아주 원시적인 것임은 물
론이다. 그러나 이러한 문제점을 접어 둔다면 우리는 그들의 사회적 감
정도 역시 의분, 또는 그들이 부당하게 대우받는다는 느낌으로부터 생겨
난다고 당연히 말할 수 있다. [12] 그리고 마찬가지로 보수적 학자들에게 말
할 수 있는 것은 보다 나은 처지에 있는 자가 보다 혜택받지 못한 자들의
평등에의 요구를 거부할 경우 그것은 단순한 심술이라는 것이다. 그러나
이러한 주장 역시 세심한 논의를 요구하는 것이다. 그러한 주장이나 그에
반대되는 주장이 믿을 수 있는 것이 되려면 그들의 요구가 사실상 어느
정도 그러한 동기들에 기초하고 있는가를 알기 위해서 개인들에 의해 진
지하게 주장되는 정의관과 사회적 상황에 대한 그들의 이해를 먼저 검토
해 보아야 한다.

이상의 이야기들 중 그 어떤 것에도 정의에 호소하는 것이 때로는 변장
된 시기심이라는 것을 부인하려는 의도는 없다. 의분이라 하는 것도 실제
로는 악의일 수가 있다. 그러나 그러한 종류의 합리화는 또 다른 문제를
제기한다. 어떤 이의 정의관 자체가 시기심에 입각하고 있지 않음을 증거
하는 것과 더불어 우리가 확인해야 하는 바는, 그의 설명에 인용되는 정의
의 원칙들에 그가 개입되지 않는 다른 경우들, 보다 낫게 말해서 그것에
따름으로써 그가 손실을 보게 될 경우에도 그가 그것을 적용할 때 보여주
는 것처럼 진실하게 주장하는가 하는 점이다. 프로이트는 시기심이 때로는
의분으로 변장한다는 것보다 더 자명한 것은 없다고 주장하려 한다. 그는
정의감을 작동시키는 에너지는 시기와 심술에서 주어진 것이며, 그러한 정
력 없이는 정의를 베풀고자 하는 욕구가 없어(훨씬 줄어)질 것이라고 말하
고자 한다. 그러한 감정이나 그와 유사한 감정에서 유발된 것이 아닌 정
의관은 우리들에게 훨씬 매력이 없을 것이라는 것이다. 시기심과 의분을
잘못 혼동함으로써 내세워지는 것이 바로 이러한 주장이다.

불행히도 다른 특수한 심리에 대한 문제는 다룰 수가 없다. 여하튼 그
것은 시기심과 거의 같은 방식으로 다루어질 수 있을 것이다. 우리는 정
의로운 제도가 산출할 듯한 위험, 불확실, 지배와 예속 등에 대한 태도

---

12) Rousseau, *Emile*, trans. B. Foxley (London: J.M. Dent and Sons, 1911),
pp. 61~63 참조. 그리고 또한 J.N. Shklar, *Men and Citizens* (Cambridge:
The Univ. Press, 1969), p. 49 참조.

등의 양상을 평가하고, 그것들이 그러한 제도들을 작동할 수 없게 하거나 혹은 비효율적으로 만들 가능성이 없는가를 확인해야 한다. 또한 우리들은 원초적 입장에 있는 자들의 관점에서 볼 때, 우리의 특수한 성향이 어떤 것으로 판명되든간에 선택된 입장이 받아들일 만한 것인지 아니면 용인할 만한 것인지를 물을 필요가 있다. 가장 유리한 대책은 모든 그러한 서로 다른 경향성들이 정의로운 기본 구조에 의해 조장될 가능성이 있는 한에서 그려한 것들에 대한 여지를 허용하는 것이다. 이른바 서로 대립적인 경향을 갖는 자들간의 분업이 있게 된다. 물론 그러한 태도들 중 어떤 것, 예를 들어 탐험이나 이상한 모험을 하고자 하는 의욕과 같은 것에 대해서는 어떤 숙련된 능력에 대해서와 마찬가지로 장려금이 주어질 수도 있다. 그러나 만일 그럴 경우 문제는 자연적 자질에 대한 보답과 똑같아지는데 그것은 이미 분배의 몫을 논의할 때에 이루어졌던 것이다(47절). 사회 체제가 해서는 안 될 분명한 것은 억누르거나 실망을 주게 마련인 경향이나 야망을 권장하는 일이다. 사회에 의해 유발된 특수한 심리의 양식이 그 체제를 지지하거나 그것에 의해 합당하게 조정될 수 있는 한, 정의관의 선택을 재고할 필요는 없어진다. 지금까지 비록 입증된 것은 아니나 나는 공정으로서의 정의관이 그러한 시험을 통과하리라고 생각한다.

82. 자유의 우선성에 대한 근거

정의의 원칙들을 제시함에 있어서 나는 보통 제 2 원칙보다 제 1 원칙에 우선성을 둠으로써 그것들을 축차적으로 서열화하였다. 이러한 우선성의 의미에 대해서는 이미 설명한 바 있으며 그것을 우선성 규칙으로 나타내었다(39, 46절). 내가 원칙들을 언급할 경우 그것들은 일반적인 정의관과는 다른 특수한 것으로서 축차적으로 서열화된 것이다(11, 26절). 그러나 지금까지 그러한 서열화가 갖는 이론적 이점을 언급했고 그 결과가 우리의 숙고된 판단과 아주 근사하게 부합된다는 것을 보이고자 했지만, 내가 아직도 해야 할 것은 그것이 갖는 정당 근거들을 종합하는 일이다. 나아가 제 1 원칙에 대한 논의는 원초적 입장에 있는 자가 동등한 자유에 대한 그들의 주장에 우선적 지위를 부여하는 이유를 밝혀 준다. 그런데 정의론의 모든 요소들이 제시되었으므로 이제는 그러한 우선성에 대한 일반적 논거를 고찰할 때이다.

이미 앞에서 나는 자유 우선의 배경에 깔린 직관적인 생각에 주목했었다(26절). 그러한 가정은 원초적 입장에 있는 자들이 그들의 기본적 자유가 효과적으로 행사될 수 있다고 생각할 경우, 그들은 자신의 경제적 복지의 개선을 위해 보다 작은 자유를 취하지 않을 것이며, 적어도 부가 일정한 수준에 이르렀을 경우에는 그렇지 않을 것이라는 점이다. 그들이 자유의 제한을 받아들이는 것은 오직 사회적 조건들이 그러한 권리들의 효과적 시행을 허용하지 않을 경우뿐이다. 동등한 자유의 제한이 받아들여질 수 있는 경우는, 오직 일정한 기간이 지나서 모든 사람이 동등한 자유를 향유할 수 있게끔 문명의 질을 향상시킬 필요가 있을 때이다. 두 원칙의 축차적 서열은 어느 정도 유리한 조건 아래서 일관성있게 추구된 일반적 정의관의 장기적인 추세이다. 결국 질서 정연한 사회의 역사에 있어서 두 원칙의 특수한 형태로 나아감으로써 그때부터는 이 원칙들이 적용되는 그러한 시기가 오게 된다. 그럴 경우 증명되어야 할 것은 원초적 입장에 있는 당사자들의 관점에서 볼 때 그러한 서열이 갖는 합리성 여부이다. 분명히 합리성으로서의 선에 대한 입장과 도덕 심리학의 원칙들은 그러한 문제를 해결함에 있어서 한몫을 담당하는 것이다.

그런데 자유 우선성의 근거는 대체로 다음과 같은 것인데, 즉 문명의 상태가 향상됨에 따라 더 이상의 경제적·사회적 이득이 우리의 선(가치)에 있어서 갖게 될 한계 의의(marginal significance)는 자유에 대한 관심에 비해 상대적으로 줄어들 것이며, 자유에의 관심은 동등한 자유의 행사를 위한 여건이 보다 충분히 실현됨에 따라 강화된다는 것이다. 일정한 지점을 넘어설 경우, 보다 큰 물질적 수단과 직책의 쾌적을 위해서 보다 작은 자유를 받아들인다는 것은 불합리하게 되며 계속 그러한 상태로 남게 된다. 그렇게 되어야 할 이유에 주목해 보기로 하자. 첫째로 복지의 일반적 수준(혜택받지 못한 자들이 기대할 수 있는 기본 선의 지표가 지시하는)이 향상됨에 따라 적어도 인간의 욕망이 제도나 사회 형태에 의해 심하게 생겨나는 것이 아닌 한, 더 이상의 향상으로 인해 충족되어야 할 것으로 남는 것은 보다 덜 긴박한 욕구들일 뿐이다. 동시에 동등한 자유의 행사에 대한 장애물은 줄어지고 우리의 정신적·문화적 관심들을 추구하는 권리에 대한 요구가 점점더 커지게 된다. 점차적으로 사람들과 집단들이 성취하고자 하는 관심들로 이루어진 다양한 공동체의 자유로운 내적 생활을, 동등한 자유 및 그들이 지향하는 목적과 탁월성을 허용하는 사회적 통합의 양식 속에서 확보하는 것이 보다 중요한 것으로 된다. 이에 더하여 사람들은 그들 자신이 직접적으로 의사 결정에 가담하든 혹은 간접적으로 문화나 사회적 상황의 유대에 의해 관계맺고 있는 대표인들을 통하든간에 그들 조직체를 규제하고 있는 법칙과 규칙들을 다소 지배하기를 열망한다.

물론 자유의 우선성이 적용될 경우에도 모든 물질적인 욕구가 충족되는 것은 아니다. 그러나 그러한 욕구들은 원초적 입장에 있는 자들이 동등하지 못한 자유를 받아들임으로써 그것을 만족시키는 데 합의하는 것이 합리적인 것이 되게 할 만큼 긴박한 것은 아니다. 선에 대한 해명으로 인해서 당사자들은 그들이 갖는 관심들의 체계를 형성할 수 있게 되고 어떤 종류의 목적이 그들의 합리적인 인생 계획에 규제적인 것이 되어야 할 것인가를 알 수 있게 된다. 개인들의 기본적인 욕구가 충족될 수 있기까지는 자유에 대한 그들의 관심의 상대적 긴박성은 미리 확정되어질 수가 없다. 그것은 제헌 및 입법의 단계에서 보여주듯이 가장 혜택받지 못한 자들의 욕구에 의거하게 될 것이다. 그러나 유리한 조건 아래서 우리의 인생 계획을 결정하는 데 대한 기본적인 관심에 대해 우선권이 주어지게 된다. 이에 대한 이유 중의 한 가지를 나는 양심의 자유와 사상의 자유에 관련해서 논의했었다. 또한 두번째 이유는 자존감이라는 기본선이 갖는 중심적 지위와, 타인과의 자유로운 사회적 통합 속에서 자신의 본성을 표현하고자 하는 인간의 욕구에 있다. 그래서 자유에 대한 욕구는 당사자들이 그들 모두가 일정한 기간이 지나면 함께 갖게 될 것이라고 생각해야 할 주요한 규제적 관심(regulative interest)이다. 무지의 베일로 인해서 그들은 그들의 인생 계획으로부터 특수한 것들을 배제하지 않을 수 없으며 그렇게 함으로써 그와 같은 결론에 이르지 않을 수 없게 된다. 그래서 두 원칙의 축차적 서열이 결과하게 된다.

그런데 비록 경제적 이득의 절대적 증대에 대한 욕구가 감소한다 할지라도 부의 분배에 있어서 그것들이 갖는 상대적 지위에 관한 인간의 관심이 계속될 것으로 보인다. 사실상 만일 우리가 모든 사람은 보다 큰 비례적 몫을 원하리라고 생각할 경우 그 결과로서 마찬가지로 물질적 풍요에 대한 증대되는 욕구가 나타날 수 있을 것이다. 각자가 전체가 성취할 수 없는 목적을 추구하기 때문에 사회는 생산력을 증대시키고 경제적 능률을 향상시키는 일에 점점더 몰두하게 되리라고 생각할 수 있다. 그리고 이러한 목표들은 점차 지배적인 것이 되므로 자유의 우선성을 침해하게 된다. 어떤 사람은 바로 이러한 근거 즉 개인이 사회적 부에 있어서 그들의 상대적 몫에 집착하리라고 생각된다는 이유로 평등으로의 경향을 부인하여 왔다. 그러나 질서 정연한 사회에서는 보다 평등한 것으로의 추세가 있을 가능성이 가장 크다는 것이 사실인 한 그 성원들은 그와 같은 그들의 상대적 지위에 별다른 관심을 갖지 않는다. 앞에서 보았듯이 그들은 시기나 질투에 의해 그다지 영향을 받지 않으며 대체로 타인들의 보다 큰 유복과 향유에 기가 죽지 않고 그들 자신의 인생 계획에 의해 판단해서 가장 좋다고 생각되는 바를 행하게 된다. 그래서 그들이 보다 큰 절대적 혹은 상대적인 경제적 복리를 위해 그들의 자유를 줄이게끔 자극할 강한 심리적 경향성이 없게 된다. 물질적 수단의 분배 때문에 일어나는 보다 높은 상대적 지위에 대한 욕구는 자유의 우선성에 영향을 주지 않을 만큼 충분히 미약하게 된다.

물론 그렇다고 해서 정의로운 사회에서는 모든 사람들이 지위의 문제에 관심이 없다는 것은 아니다. 자존감이 아마 가장 중요한 기본선일 것이라는 입장은 다른 사람들이 우리를 평가한다는 것을 우리가 어떻게 생각하느냐에 상당한 중요성을 부여한다. 그러나 질서 정연한 사회에서는 지위에 대한 욕구가 정의로운 제도의 공공적인 인정과 더불어 동등한 자유가 허용하는 관심들로 이루어진 많은 자유로운 공동체의 충실하고 다양한 내적 생활에 의해 충족되어진다. 그래서 정의로운 사회에서 자존감의 근거는 소득의 몫이 아니고 공공적으로 인정된 기본적 권리와 자유의 분배이다. 그리고 이러한 분배는 동등한 것인 까닭에 모든 사람들은 보다 넓은 사회의 공동사를 처리함에 있어 유사하고 확고한 지위를 갖는 것이다. 아무도 평등의 헌법적 인정을 넘어서 자신의 지위를 확보하기 위해서 더 이상의 정치적 방도를 넘보지 않는다. 한편 사람들은 평등하지 못한 자유를 받아들이려는 성향도 없다. 그 한 가지 이유로서 그렇게 하게 되면 그들에게 불리하게 될 것이며 전략적인 관점에서 볼 때도 그들의 정치적 지위가 약해질 것이기 때문이다. 그것은 또한 그들이 열등하다는 것을 사회의 기본 구조에 의해 규정함으로써 공공적으로 확정시키는 결과도 갖게 될 것이다. 공의회에서의 이와 같은 종속적인 서열은 정치적·경제적 생활에 참여하려는 시도에 있어서도 경험되며 보다 큰 자유를 가진 자를 대할 경우에도 느끼게 되는데 사실상 그것은 창피스럽고 자존심을 깎게 될 것이다. 그래서 평등하지 못한 자유에 묵종함으로써 우리는 결국 두 가지 면에서 손해를 보게 될 것이다. 특히 이것은 사회가 보다 정의로와질수록 옳을 가능성이 있는데 왜냐하면 동등한 권리와 공적인 상호 존중의 태도는 정치적 균형을 유지하고 시민들에게 그들의 가치를 확신시킴에 있어서 중요한 지위를 차지하기 때문이다. 그래서 사회의 여러 계층들간의 즉 우리가 생각하기에 비교의 대상이 되지 않는 집단간의 사회적·경제적 차등은 적의를 일으킬 가능성이 없지만 정치적·시민적 불평등이나, 문화적·인종적 차별로부터 생겨나는 고통은 쉽사리 용납될 수가 없다. 지위에의 욕구에 해당하는 것이 평등한 시민의 지위일 경우 동등한 자유의 우선은 훨썬더 필요한 것이 된다. 인간의 자신감을 지지해 주는 것으로서 상대적인 경제적·사회적 이득의 중대성을 낮게 평가하려는 정의관을 선택할 경우 자유의 우선성이 확고히 유지된다는 것은 중요하다. 그래서 이러한 이유로 해서도 역시 당사자들은 두 원칙의 축차적 서열화를 채택하게 될 것이다.

그런데 질서 정연한 사회에서는 자존감이 모든 사람들에게 동등한 시민의 지위를 공적으로 인정함에 의해 확보되는 데 물질적 수단의 분배는 순수 절차적 정의의 이념에 따라서 저절로 이루어지도록 내맡겨 둔다. 물론 그렇게 한다는 것은 이유있는 시기심이 생겨나지 않도록 불평등의 범위를 좁혀 줄 필요한 배경적 제도를 전제하는 것이다. 그런데 지위의 문제를 처리하는 이러한 방식은 다음과 같이 표현될 수 있는 몇 가지 뚜렷한 특성들을 갖는다. 앞에서와는 반대로 사람이 타인들에 의해 평가받는 방식이 소득과 부의 분배에 있어서 그가 갖는 상대적 지위에 달려 있다고 생각해 보자. 이러한 경우에 보다 높은 지위를 갖는다는 것은 사회의 대다수의 계층보다 더 많은 물질적 수단을 갖는다는 것을 의미한다. 그래서 모든 사람들이 최고의 지위를 가질 수는 없으며 한 사람의 지위를 향상시키게 되면 다른 사람의 지위는 저하된다. 한편 자존감의 조건을 증대시키기 위한 사회적 협동이 불가능하게 된다. 다시 말하면 지위의 수단들이 고정되고 각자의 이익은 타인의 손실이 된다. 이러한 상황이 대단한 불행임은 물론이다. 사람들은 그들의 자존감을 추구함에 있어 서로 반목하게 된다. 이러한 기본 선에 우위성이 주어질 경우 원초적 입장의 당사자들은 그들 자신이 서로 대립하는 것을 원치 않을 것은 물론이다. 그 한가지 이유로서 그렇게 되면 사회 통합체의 선을 달성하기가 불가능하지는 않지만 어렵게 되기 때문이다. 나아가서 내가 시기심을 논의할 때 언급한 대로 만일 선을 제공하는 수단이 고정되어 있어 협동에 의해 증가될 수 없는 경우에는, 다른 조건이 동일한 한 정의는 동등한 분배의 몫을 요구할 것으로 보인다. 그러나 어떤 불평등을 받아들임으로써 모든 사람의 처지가 개선될 수 있는 가능성에 비추어 볼 때 모든 기본적인 선의 동등한 분배는 불합리하다. 그래서 최선의 해결책은 모든 사람에게 동일한 지위를 규정해 줌으로써 실제로 동등하게 될 수 있는 기본적 자유의 할당에 의해서 가능한 한 자존감이라는 기본선을 지지해 주는 일이다. 동시에 흔히 이해되는 대로의 분배적 정의, 즉 물질적 수단의 상대적 몫에 있어서의 정의는 부차적인 지위로 떨어지게 된다. 그래서 우리는 사회 질서를 정의의 원칙들이 나타내는 바와 같이 두 부분으로 나누는 데 대한 또 다른 이유에 이르게 된다. 그러한 원칙들은 모든 사람의 이득을 가져 오는 기여에 대한 보답으로 불평등을 허용하기는 하지만 자유의 우선성으로 인해 자존감의 사회적 기초에 있어서의 평등이 결과되는 것이다.

그런데 이상과 같은 이념이 완전히 실현될 수 없을 가능성도 다분히 있다. 어느 정도까지는 인간이 갖는 자기 자신의 가치감이 그들의 제도상의 지위와 그들의 소득에 달려 있을 수 있다. 하지만 만일 사회적 시기와 질투에 대한 해명이 타당할 경우 적절한 배경적 제도만 있으면 그러한 경향성들은 지나치지 않을 것이며, 적어도 자유의 우선성이 효과적으로 유지될 때는 그러하지 않을 것이다. 그러나 이론상으로 우리는 자존감을 그지표가 기대치를 규정해 주는 기본선 속에 포함시킬 수 있다. 그런데 차등의 원칙을 적용함에 있어서 그러한 지표는 이유있는 시기심의 결과를 허용할 수 있는데(80절), 보다 혜택받지 못한 자들의 기대치가 낮아질수록 그러한 결과는 더욱 심각해진다. 자존감에 대한 어떤 조정이 이루어져야 하는지의 여부는 당사자들이 사회적 여건에 관해서 보다 많은 정보를 갖고 있고 정치적 결정의 원칙이 적용되는 입법적 단계의 관점에서 가장 잘 결정되어진다. 물론 이러한 문제는 반갑지 않은 어려운 문제이다. 공공적 정의관에 있어서는 단순성 그 자체도 바람직한 것이므로 이유있는 시기심을 유발하는 조건은 가능하다면 회피되어야 한다. 내가 그러한 점에 대해 언급해 온 것은 그것을 해결하기 위해서가 아니고, 필요할 경우 보다 혜택받지 못한 자들의 기대치가 자존감이라는 기본선을 포함하도록 이해될 수 있음을 단지 주목하기 위해서였다.

그런데 어떤 자는 사회란 자존감을 밑받침해 주고 시기심 및 다른 파괴적 성향을 처리할 다른 방식을 갖는다는 점을 들어 자유의 우선성에 대한 이러한 해명에 반대하려 할지도 모른다. 그래서 봉건 체제나 혹은 계급 제도에 있어서는 각자가 사물의 자연적 질서에 따라 자신에게 할당된 지위를 취한다는 믿음을 갖게 된다. 그의 비교는 아마도 자기 자신의 지위나 계층 내에 국한해서 이루어질 것이며, 이러한 서열화는 결국 인간이 통제할 수 없게끔 확립되고 종교나 신학에 의해 인가된 많은 비교될 수 없는 집단을 만들어 낸다. 사람들은 하등의 의혹도 품지 않고서 그들의 지위에 몸을 내맡기며 모두가 자신의 소임을 부여받은 것으로 보기 때문에, 모든 사람은 동일하게 운명지어졌고 섭리자의 눈에는 똑같이 귀한 것이라고 주장된다.[13] 이러한 사회관은 사회 정의의 문제를 유발할 여건을 생각 속

---

13) 이 점에 관해서는 M. Weber, *Economy and Society*, ed. G. Roth and C.

에서 제거함으로써 문제를 해결하고 있다. 여기서는 기본 구조란 이미 결정되어 있어서 인간이 영향을 줄 수 있는 어떤 것이 아니다. 그러한 입장에 따르면 사회 질서가 그들이 동등자로서 합의하게 될 원칙들에 부합해야 한다고 생각하는 것은 세계에서의 인간의 지위를 잘못 아는 것이 되는 것이다.

그런데 이상과 같은 생각과는 반대로 나는 지금까지 당사자들은 정의관을 선택함에 있어서 사회의 일반적 사실에 관한 지식의 인도를 받게 된다고 생각해 왔다. 그래서 그들은 제도란 고정된 것이 아니라 자연적 여건과 사회 집단의 활동 및 충돌에 따라 변경되고 시대에 따라 변하는 것임을 인정한다. 자연의 제약이 인정되기는 하지만 사람들은 그들의 사회 체제를 형성함에 있어서 무력하지는 않다는 것이다. 이러한 가정도 역시 정의론에 있어 배경의 일부를 이룬다. 결국 이기심 및 다른 변태 성향을 처리하는 어떤 방식들은 질서 정연한 사회에서는 배제된다는 결론이 나온다. 예를 들어서 질서 정연한 사회는 거짓되거나 근거없는 믿음을 퍼뜨림으로써 그러한 방식을 견제할 수는 없다. 왜냐하면 우리의 문제는 참다운 일반적 지식을 갖는 합리적 인간이 원초적 입장에서 받아들이게 될 원칙들에 부합하기 위해서 사회는 어떻게 편성되어야 하는가에 있기 때문이다. 공지성의 조건은 당사자들이 사회의 성원으로서 그들 역시 일반적인 사실들을 알게 될 것이라고 생각하기를 요구한다. 최초의 합의에 이르게 하는 추론은 공공적인 이해가 가능해야 한다. 물론 요구되는 원칙들이 무엇인가를 결정하기 위해서 우리는 상식과 현존하는 과학적 합의에 의해 인정되는 지금의 지식에 의존해야 한다. 우리는 확립된 지식이 변함에 따라 합리적으로 선택될 것으로 보이는 정의의 원칙들도 마찬가지로 변하게 될 가능성이 있음을 인정해야 한다. 그래서 계층적 사회를 인가하는 고정된 자연적 질서에 대한 믿음이 옳지 못한 것이라고 생각해 버리게 될 경우 축차적 서열로 된 정의의 두 원칙으로 나가는 경향이 성립될 것이다. 동등한 자유에 대한 효과적인 보호는 점차 가장 중대한 것으로 될 것이다.

Wittich (N.Y.: Bedminster Press, 1968), 제 2 권, pp. 435 이하, 598 이하 참조. 여러 종교에 있어서 사회적으로 상이한 지위에 의해 추구되는 바에 관한 일반적 언급에 대해서는 pp. 490~499 참조. 또한 E. Troeltsch, *The Social Teaching of the Christian Churches*, trans. Olive Wyon (London: George Allen and Unwin, 1931), 제 1 권, pp. 120~127, 132 이하, 134~138 ; Scheler, *Ressentiment*, pp. 56 이하 참조.

83. 행복과 지배적 목적

정의가 선인가를 문제삼을 수 있기 위해서 나는 정의로운 제도가 우리의 합리적 계획의 선택을 규정하고 우리의 선에 있어서 규제적 요소를 결합하는 양식에 대해서 논의하고자 한다. 나는 이 절에서 행복(happiness)의 개념을 재론하고 그것이 지배적 목적(dominant ends)에 의해 결정된 것으로 생각하려는 성향에 주목함으로써 그러한 주제에 우회적으로 접근하고자 한다. 그러한 일을 하게 되면 자연히 쾌락주의와 자아의 통일성의 문제에 이르게 될 것이다. 이러한 문제들이 서로 어떠한 관련을 맺는가는 어느 정도 지나게 되면 분명해질 것이다.

앞에서 내가 말한 바와 같이, 일정한 제한 아래서 사람은 (다소) 유리한 조건 아래 설계된 합리적 인생 계획을 (다소) 성공적으로 실현하는 과정에 있을 경우 행복하며 또한 그는 자신의 의도가 성취되어질 수 있다는 합당한 신념을 갖게 된다(63절). 그래서 우리는 우리의 합리적 계획이 잘 진행되고 보다 중요한 목적이 성취될 경우 행복하며 행운이 지속되리라는 합당한 신념을 갖게 된다. 행복의 성취는 여건 및 운세, 따라서 유리한 조건에 대한 설명에 달려 있다. 행복의 개념을 상세하게 논의하지는 못하겠지만 쾌락주의와 관련해서 몇 가지 문제점을 고찰해 보기로 한다.

첫째로 행복은 두 가지 측면을 갖는다. 그 하나는 사람이 실현하고자 하는 합리적 계획(활동 및 목적의 체계)의 성공적 수행이고, 다른 하나는 그의 심리 상태, 즉 그의 성공이 지속되리라는 합당한 근거를 바탕으로 한 확신이다. 행복하다는 것은 행동을 통한 어떤 성취와 그 결과에 대한 합리적인 확신 모두를 포함한다.[14] 행복에 대한 이러한 정의(定義)는 객관적인 것으로서 계획은 우리 생활의 여건에 따라 조정되어야 하고 우리의 확신은 타당한 믿음에 근거해야 한다. 이와는 달리 행복이란 다음과 같이 주관적으로도 규정될 수 있는데, 즉 사람이 행복한 경우는 그가 자신의 합리적인 계획이 (다소) 성공적으로 수행되는 도상에 있고 지금까지와 마찬가지로 앞으로도 그러리라고 믿을 때이며, 그 부칙으로서 만일 그가 그릇 생각하고 있거나 미혹되어 있을 때도 우연적인 사건들을 계기로 그가 그릇된 생각을 하고 있음을 깨닫게 하는 아무 일도 일어나지 않는다는 조항

---

14) 이 점에 관해서는 A. Kenny, "Happiness", *Proceedings of the Aristotelian Society*, 제 66 권(1965~1966), pp. 101 이하 참조.

을 덧붙이게 된다. 다행히 그는 자기가 속한 어리석은 자의 천국으로부터
추방되지 않는다. 그런데 선택되어야 할 정의(定義)는 정의론에 가장 적합
하고 가치에 대한 우리의 숙고된 판단에도 부합되는 것이다. 이러한 점에
서 볼 때 몇 페이지 앞에서 지적한 바와 같이 (82절) 우리는 원초적 입장에
있는 당사자들이 올바른 지식을 갖는 것으로 가정했다는 사실에 주목하는
것으로 족하다. 그들은 인간과 사회에 있어서 그들의 지위에 관한 일반적
사실에 비추어서 정의관을 받아들인다. 그래서 그들이 인생 계획을 짤 경
우에도 그들은 마찬가지로 현명할 것이라고 생각하는 것은 자연스러운 것
으로 보인다. 물론 이상의 이야기 중 어느 것도 엄밀한 논증은 아니다. 결
국 우리는 도덕론에 속하게 될 한 부분으로서의 객관적인 정의(定義)를 높
이 평가하게 된다.

그러한 정의(定義)를 받아들이고 앞서 제시한 합리적 계획에 대한 해명
을 염두에 둘 경우 우리는 때때로 행복에 주어지게 되는 특성들을 해석할
수 있다.[15] 예를 들면 행복은 자기 목적적 (self-contained)인 것인데, 즉 그
것은 그 자체를 위해서만이 선택되는 것이다. 물론 합리적 계획은 많은
(혹은 적어도 몇 가지의) 최종 목적들을 포함하게 될 것이며, 그러한 것들
중 어느 것은 어떤 점에서 그것이 하나 이상의 다른 목적들도 보완하고
증진시켜 준다는 이유로 추구될 수도 있다. 그 자체를 위해 추구되는 목
적들간의 상호 지지는 합리적 계획의 중요한 특성이며, 따라서 그러한 목
적들은 보통 그 자체만을 위해서는 추구되지 않는다. 그러나 전체 계획을
성취하고 그것이 이루어지리라는 데 대한 지속적인 신념은 우리가 그 자
체만을 위해서 행하고자 하고 갖고자 하는 것이다. 정당성과 정의를 포함
한 모든 고려 사항들은 계획을 세움에 있어서 이미 참고된 바이다. 따라
서 전체 활동은 자족적인 것이다.

행복은 또한 자기 충족적 (self-sufficient)인 것인데, 합리적 계획은 확신을
갖고서 실현될 경우 인생을 충분히 선택할 만한 가치가 있는 것으로 만들
며 덧붙여서 다른 어떤 것도 요구하지 않는다. 여건들이 이상하게도 순조
롭고 수행도 특이하게 성공적일 경우 우리의 행복은 완벽해진다. 우리가
따르고자 하는 일반적 입장에 있어서는 결여하고 있는 아무런 중요한 것
도 없으며 그것이 현저히 보다 나을 수 있는 아무런 방도도 없다. 그래
서 비록 우리의 생활 양식을 밑받침해 주는 수단들이 언제나 보다 커질

---

15) 특히 Aristotles, *Nichomachean Ethics*, 1097 a 15~b 21 참조. 행복에 대한
   Aristoteles의 해명에 대한 논의로는 W.F.R. Hardie, *Aristotle's Ethical
   Theory* (Oxford: The Clarendon Press, 1968), 2장 참조.

것으로 생각될 수 있고 때로는 다른 양태의 목적들이 선택될 수 있다 할지라도, 계획 그 자체의 현실적인 성취는 작곡과 회화 및 시작(詩作)이 흔히 그렇듯이 여건이나 사람의 실수로 인해 손상되기는 하지만 전체로 볼 때 분명한 어떤 완전성을 갖는다. 그래서 어떤 사람들은 그들의 삶이 인생을 사는 방식에 있어서 철학적 교설과 같이 교훈적인 것이어서 인간적인 번영의 사례가 되고 모방의 모델이 된다.

그래서 사람은 합리적인 계획을 성공적으로 수행하고 있고 그의 노력이 결실되리라는 합당한 신념을 가지는 동안 행복하다. 그는 여건들이 극히 양호하고 그의 생활은 완전할 정도로 행복에 가까이 가 있다고 말해질 수 있다. 그러나 그렇다고 해서 합리적 계획을 수행함에 있어서 행복을 추구하고 있다는 결론은 나오지 않으며 적어도 일반적인 의미에 있어서는 그러하지가 않다. 그 한가지 이유로서 행복이란 우리가 지향하고 있는 여러 목적들 가운데 하나가 아니고 전체 계획 자체의 실현이기 때문이다. 그러나 또한 내가 먼저 가정한 바와 같이 합리적 계획은 정당성 및 정의의 제약들(선에 대한 완전론이 규정하고 있는 바의)을 만족시키는 것이다. 어떤 사람에 대해서 그가 행복을 추구한다고 말하는 것은 그가 그러한 제한들을 어기거나 받아들일 생각이 있다는 것을 의미하지는 않는 것으로 보인다. 따라서 그러한 제한을 받아들인다는 것이 분명해져야 한다. 그리고 둘째로 행복의 추구는 때때로 어떤 종류의 목적, 예를 들면 생명, 자유 그리고 자신의 복지와 같은 것에 대한 추구를 나타낸다.[16] 그래서 의로운 이유로 자신을 바치는 자들이나 혹은 타인의 복리를 위해 자신의 생명을 버리는 자들은 흔히 행복을 추구한다고 생각되지 않고 있다. 그래서 성인이나 영웅 혹은 인생 계획이 현저하게 의무를 능가하는 사람들에 대해서 그런 식으로 이야기한다는 것은 그릇된 것일 것이다. 그들은 물론 선명하게 규정된 것은 아니지만 그러한 명목 속에 들어가는 종류의 목적을 갖지는 않는다. 그러나 성인과 영웅, 그리고 그 의도가 정당성 및 정의의 제한을 받아들이는 자들은 사실상 그들의 계획이 성공할 경우 행복한 것이며, 그들이 행복을 추구하지는 않을지라도 정의의 요구나 타인들의 복지를 증진시키거나 그들이 매력을 느끼는 탁월성을 성취할 때 행복해진다.

그러나 일반적으로 말해서 어떻게 계획을 합리적으로 선택할 수 있을 것인가? 개인이 그러한 종류의 의사 결정에 당면할 경우 어떤 절차를 따를 수 있을 것인가? 이제 나는 다시 그 문제를 다루고자 한다. 앞서서

---

16) 이 두 가지 제한 사항에 관해서는 Kenny, "Happiness", pp. 98 이하 참조.

나는 합리적 계획이란 합리적인 선택의 원칙들을 만족시키고 일정한 형식
의 비판적 반성을 이겨 낸 일군의 계획들 가운데서 숙고된 합리성을 통해
서 선택되어질 것이라고 말했다. 결국 우리는 원칙으로부터 더 이상의 지
침을 받지 않고 우리가 가장 바라는 계획을 선택해야 할 그러한 지점에
이르게 된다(64절). 하지만 내가 지금까지 언급하지 않았던 한 가지 숙고의
방도가 있는데 그것은 바로 우리의 목적을 분석하는 것이다. 다시 말하면
우리가 바라는 대상에 대한 보다 자세하고 분명한 기술을 발견하고자 힘
쓸 수 있으며 그럴 경우 우리는 계산 원칙에 따라 그 문제가 해결되기를
바라게 된다. 그래서 우리가 원하는 바를 보다 완전하고 충실하게 기술하
면 결국 포괄적인 계획이 존재한다는 사실이 들어나게 된다.

　다시금 휴일을 계획하는 예를 생각해 보기로 하자. 가끔 우리가 서로
다른 두 장소를 방문하고 싶어하는 이유를 스스로 물어 볼 경우, 우리는
보다 일반적인 어떤 목적들이 배후에 있다는 것과 그러한 것들이 모두가
다른 곳보다 어느 한 곳에 감으로써 달성될 수 있다는 것을 알게 된다. 그
래서 우리는 어떤 양식의 미술을 연구하고 싶어하며 보다 깊이 반성할 경
우 어떤 하나의 계획이 모든 면에서 더 우월하거나 동등하게 훌륭한 것이
라는 점이 밝혀지게 된다. 이러한 의미에서 우리는 우리가 파리에 가고자
하는 욕구가 로마에 가고자 하는 욕구보다 훨씬 강하다는 것을 발견하게
된다. 하지만 때로는 보다 상세한 분석도 결정을 내려 주지 못할 때가 있
다. 만일 우리가 기독교 국가에 있는 가장 유명한 교회와, 가장 유명한 박
물관을 구경하는 것을 모두 원할 경우 우리는 곤란을 당하게 된다. 물론
그러한 욕구들 역시 더 검토될 수 있다. 대부분의 욕구가 표현되는 방
식 속에는 우리가 진정으로 원하는 바를 보다 분명히 밝혀 줄 설명이 있
는지를 보여줄 것이라고는 아무 것도 없다. 그러나 우리는 숙고된 합리성
으로 그 중에서 우리가 선택해야 하는 서로 비교할 수 없는 목적들에 조
만간 도달하게 될 가능성 및 실제성을 인정해야만 한다. 우리는 우리의
목적들을 여러 가지 방식으로 다듬고 재구성하고 변형함으로써 그것들을
종합하게 된다. 합리적 선택의 원칙을 지침으로 삼고 우리의 욕구들을 될
수 있는 한 가장 분명한 방식으로 형식화할 경우 우리는 완전한 선호상의
선택 범위를 축소시킬 수는 있으나 그것을 완전히 제거할 수는 없다.

　그런데 사람은 목적들이 상충할 경우 그를 해결해 줄 손쉬운 비교의 기
준이 없는 수많은 목적들을 가지고 있다는 사실로부터 미해결의 사항이
생겨날 것으로 보인다. 실제상의 숙고의 과정에는 많은 정지점이 있으며
그 자체로서 우리가 원하는 바를 우리가 기술하는 데도 여러 방식이 있다.

그래서 합리적으로 지향하게 되는 단일한 지배적 목적이 있다는 관념(포괄적인 목적에 대응하는 것으로서의)이 지극히 호소력을 갖는 이유를 쉽사리 알 수 있다. [17] 왜냐하면 모든 다른 목적들이 종속되는 하나의 목적이 있을 경우, 아마도 합리적인 것인 한에서 모든 욕구들에는 계산 원칙(counting principles)이 적용된다는 것을 보여줄 분석이 가능해진다. 그럴 경우 합리적 선택을 하는 절차와 그러한 선택의 개념이 아주 분명해지는데, 숙고는 언제나 목적에 대한 수단에 관심을 갖게 될 것이며 보다 하위의 모든 수단들은 단일한 하나의 지배적 목적에 대한 수단으로서 차례로 서열이 매겨지게 된다. 이유들의 많은 한정된 연쇄들은 결국 동일한 점에 합일하고 합치될 것이다. 그래서 합리적인 결정이 원리상으로는 언제나 가능한 것인데, 왜냐하면 계획의 어려움과 정보의 부족만이 문제로 남기 때문이다.

그런데 중요한 것은 지배적 목적론자들이 원하는 바가 무엇인지를 이해하는 일인데, 즉 그것은 행위자 자신이 합리적 결정을 하기 위해서 언제나 따를 수 있는 선택의 방법이다. 그래서 세 가지 요구 사항들이 있게 되는데 숙고의 개념이 명시해야 할 바는 (1) 일인칭 절차이며, (2) 그것은 일반적으로 적용될 수 있어야 하고, (3) 최선의 결과를 보장해야 한다(적어도 정보에 대한 유리한 조건과 계산의 능력이 주어질 경우). 우리는 그러한 조건들을 충족시키는 절차를 갖고 있지 못하다. 임의의 방편은 일반적인 방법은 될 것이나 특수한 경우에서만 합리적일 것이다. 일상 생활에서 우리가 쓰는 숙고의 방편은 우리의 문화가 요구하는 것이며 우리들 각자의 삶의 과정 속에서 수정을 받게 된다. 그러나 그러한 형태의 반성이 합리적일 것이라는 보장은 없다. 아마도 그것은 우리가 근근히 살아가게 하는 여러 가지 최소한의 기준만을 만족시킬 뿐, 언제나 우리가 할 수 있는 최선의 것에는 훨씬 미치지 못한다. 그래서 만일 우리가 상충하는 목적들을 조정해서 최선의 행위 방식을 선정한다든가 혹은 적어도 생각만으로 그것을 확인하기 위한 일반적인 절차를 찾고자 할 경우, 지배적 목적이라는 관념은 간명하고 자연스러운 해답을 제시하는 것으로 보인다.

그러면 이러한 지배적 목적이 어떤 것이 될지를 생각해 보기로 하자. 그것이 행복 그 자체가 될 수 없는 이유는 행복의 상태가 이미 독립적으

---

17) '지배적'(dominant)과 '포괄적'(inclusive)인 목적이라는 용어는 W.F.R. Hardie, "The Final Good in Aristotle's Ethics", *Philosophy*, 제 40 권 (1965)에서 따온 것이다. 이러한 용어법이 그의 *Aristotle's Ethical Theory* 에서는 고수되고 있지 않다.

로 세워진 합리적 계획을 실현함으로써 얻어지는 것이기 때문이다. 우리
는 기껏해야 "행복이란 포괄적인 목적(inclusive ends)이다"라고 말할 수
있는데, 여기서 포괄적인 목적이란 만약 실현된다면 우리를 행복하게 하
는 계획 자체는 내용에 관계없이 여러 가지 목적들을 포괄하고 정돈해 준
다는 것을 의미한다. 한편 정치 권력의 행사나 사회적 명성을 얻거나 물
질적 재산을 극대화시킴과 같은 개인적 혹은 사회적 목적과 같은 것을 지
배적 목적으로 생각할 수는 전혀 없다. 그러한 목적 중 하나에 사로잡혀
서 다른 어떤 것을 위해서도 그 추구를 늦추지 않는다는 것은 우리의 숙
고된 가치 판단에도 어긋나는 것이며 사실상 비인간적인 것이다. 왜냐하
면 지배적 목적이란 적어도 모든 다른 목적들보다 축차적으로 선행하며
그것을 달성하고자 하는 것은 언제나 절대적인 우선을 차지한다. 그래서
로욜라는 주장하기를, 지배적인 목적은 신에 봉사하는 것이며, 이는 결국
우리 영혼을 구하는 것을 의미한다고 했다. 그가 시종일관 인정하고 있
는 바는 신의 사상을 실천하는 것이 종속적인 목적들을 조성하기 위한 유
일한 기준이라는 것이다. 이러한 이유만으로 해서 우리는 병보다는 건강
을 빈곤보다는 부유를 불명예보다는 명예를 단명보다는 장수를, 또한 덧
붙인다면 증오와 적대보다는 우호와 애정을 더 좋게 생각하게 된다. 그에
의하면 우리는 모든 집착에 대해서도 무관심해야 하는데, 왜냐하면 일단
그로 인해서 우리가 공정한 평가를 통해서 신의 영광을 가장 위하는 것이
라고 생각하는 방향으로 나아가지 못하게 될 경우 그러한 것들은 터무니
없는 것이 되기 때문이다. [18]

주목해야 할 것은 이러한 무관심의 원리는 보다 작은 쾌락을 누리고
우리로 하여금 경기와 오락에 참여하게 하는 것과 부합된다는 점이다. 왜
냐하면 그러한 활동들은 마음의 긴장을 풀어 주고 정신에 휴식을 줌으로
써 우리는 한층더 중요한 목적을 달성하기에 보다 적합하게 된다. 그래
서 비록 아퀴나스는 신의 견지가 모든 인간 지식과 노력의 마지막 목적이
라고 믿고 있었지만 그는 우리의 삶에 있어서 유희와 오락을 인정하였다.
그러나 이러한 쾌락은 그로 인해서 보다 상위의 목적이 실현되거나 아니
면 적어도 방해받지는 않을 정도로만 허용된다. 우리는 쓸데없는 일이나
농담, 애정과 우정에 빠져서 우리의 궁극적인 목적의 가장 완전한 성취
에 저해되지 않도록 사태를 처리해 나가야 한다. [19]

18) *The Spiritual Exercises*, The First Week, "Principle and Foundation"
   이라는 제목 아래의 설명과 The Second Week, "Three Occasions When a
   Wise Choice Can Be Made"라는 제목 아래의 설명 참조.
19) *Summa Contra Gentiles*, 제 3 권, 25 장.

　지배적 목적을 내세우는 입장이 갖는 극단적인 성격은 제시된 목적이 갖는 애매 모호성으로 인해 감추어지는 일이 흔하다. 그래서 만일 신이 도덕적 존재로 생각될 경우(물론 신은 그래야겠지만), 무엇보다도 먼저 그에게 봉사해야 한다는 목적은 신의 의도가 계시에 의해 분명해지거나 혹은 자연적 이성에 의해 명백하게 되지 않는 그만큼은 불분명한 채로 남게 된다. 이러한 한에서 신학적인 도덕 이론도 다른 입장에 있어서 문제거리가 되었던 원칙들간의 조정이나 우선의 결정이라는 동일한 문제를 안고 있는 것이다. 흔히 논란이 되는 문제가 이 점에 있는 까닭에 종교적인 윤리에 의해 제시되는 해결도 뻔한 것일 뿐이다. 그리고 또한 지배적인 목적이 정치적인 권력이나 물질적인 부와 같이 어떤 객관적인 목표를 달성하는 것으로서, 분명히 명시될 경우에는 그 바탕에 깔린 광신주의나 비인간성이 분명히 나타나게 된다. 인간 각자의 목적이 이질적인 까닭에 인간의 선도 이질적인 것이다. 비록 인간의 모든 목적을 단일한 최종 목적에 종속시킨다는 것은 엄밀히 말해서 합리적 선택의 원칙들에 위배되는 것은 아닐지라도, 역시 그것은 우리에게 비합리적인 것으로 혹은 보다 광적인 것으로 느껴진다. 인간의 자아가 그 가치를 손상받게 되고 체제를 위해서 그 목적들 중의 하나에 봉사하게 된다.

84. 선택 방법으로서의 쾌락주의

　전통적으로 쾌락주의(hedonism)는 두 가지 방식 중 한 가지로 해석되었는데, 그 중 하나는 유일한 본래적 선이 쾌락의 감정이라는 주장이고 또 하나는 사람들이 추구하는 유일한 것이 쾌락이라는 심리학적 입론이다. 그러나 나는 제 3 의 방식 즉 숙고에 있어서 지배적 목적을 내세우는 입장을 관철하려는 것으로 쾌락주의를 이해하고자 한다. 그것은 적어도 원리상으로는 어떻게 합리적 선택이 언제나 가능한지를 보여주고자 하는 것이다. 비록 그러한 노력이 실패한다 할지라도 나는 그것을 간략히 검토해 봄으로써 공리주의와 계약론간의 대조에 대한 어떤 해명을 얻고자 한다.

　나는 쾌락주의자가 다음과 같이 추론하리라고 생각한다. 첫째로 그는 생각하기를 인간의 생활이 이성에 의해 인도되기 위해서는 반드지 지배적 목적이 존재해야 한다는 것이다. 보다 고차적인 목적을 위한 수단이 아니고서는 우리의 상충하는 목적들 상호간의 비중을 잴 만한 합리적인 방식은 없다. 둘째로 그는 쾌락을 호감이라고 좁게 해석한다. 감정과 감각의 속성으로서의 쾌락성(pleasantness)은 지배적인 목적의 역할에 맞는 유일한

후보가 됨직하다고 생각되며, 따라서 그것은 그 자체로서 선이 되는 유일
의 것이다. 그렇게 생각될 경우 쾌락만이 선이라는 점이 곧바로 제 1 원
리로서 전제되는 것은 아니며 우리의 숙고된 가치 판단에 부합되는 것으
로 주장될 것이다. 보다 정확히 말하면 쾌락은 배제해 가는 과정에 의해
지배적 목적으로 도달될 것이다. 합리적인 선택이 가능하다는 것을 인정
할 경우 그러한 하나의 목적이 존재해야 한다. 동시에 그러한 목적은 행
복이거나 다른 어떤 객관적 목표일 수도 없다. 전자가 갖는 순환성이나
후자가 같은 비인간성 및 광신성을 피하기 위해 쾌락주의자들은 내면으로
향하게 된다. 그는 내성(內省)에 의해 확인될 수 있는, 감각이나 감정의 어
떤 일정한 성질 속에서 궁극적인 목적을 발견한다. 원한다면 우리는 쾌락
성이란 다른 조건이 같을 경우 우리가 호의적인 태도를 갖고서 연장되기
를 바라는 감정과 경험에 공통되는 속성으로 분명히 규정될 수 있다고 생
각할 수 있다. 그래서 설명삼아 우리가 말할 수 있는 것은 쾌락성이란 장
미의 향기를 맡고 쵸콜렛 냄새를 맡으며 응대받은 애정 등등의 경험에 공
통되는 특성이며 고통은 그와 대립되는 속성을 갖는다는 점이다. 20)

그런데 쾌락주의자는 주장하기를 합리적 행위자는 자신의 선을 결정함
에 있어서 해야 할 바를 정확히 안다는 것인데, 즉 그는 자신에게 가능한
계획들 중에서 고통을 제하고 난 쾌락의 가장 큰 순수 잔여를 보장하는 것
이 어느 것인가를 확실히 알게 된다는 것이다. 그러한 계획은 그의 합리
적 선택, 즉 그의 상충하는 목적들에 서열을 정해 주는 최선의 방식을 규
정하게 된다. 여기에서 계산 원칙은 사소한 역할만 하게 되는데, 왜냐하
면 모든 선들이 동질적인 것이어서 쾌락이라는 하나의 목적에 대한 수단
으로 비교가 가능한 것들이기 때문이다. 물론 그러한 평가에 있어서도 불
확실성과 정보의 부족이라는 문제가 있으며 보통 아주 대략적인 측정만이
이루어질 수 있다. 그러나 쾌락주의에 있어서 그러한 것이 진정한 문제점
이 될 수가 없는데 중요한 것은 쾌락의 극대화가 선에 대한 분명한 관념
을 제공하기 때문이다. 그래서 우리는 그에 대한 추구가 우리의 생활이
합리적인 형식을 제공해주는 한 가지 유일한 것을 안다고 말할 수 있다.
대체로 이러한 이유들로 해서 시즈위크는 쾌락이 숙고를 지도해 줄 단일
한 합리적 목적이어야 한다고 생각한다. 21)

20) 이러한 설명은 C.D. Broad, *Five Types of Ethical Theory* (London: RKP, 1930), pp. 186 이하 참조.
21) *The Methods of Ethics*, 제 7 판(London: Macmillan, 1907), pp. 405~407, 479 참조.

　주목해야 할 두 가지 중요점이 있다. 첫째로 쾌락이 감정과 감각의 특수한 속성으로 간주될 경우 그것은 계산의 바탕이 될 수 있는 일정한 척도로 생각된다. 쾌적한 경험의 강도와 지속성을 고려함으로써 이론상으로는 필요한 계산이 이루어질 수 있다. 쾌락주의의 방법은 행복이라는 기준이 줄 수 없는 선택의 일인칭적 절차를 제공한다. 둘째는 쾌락을 지배적 목적으로 삼는다고 해서 우리가 어떤 특정한 객관적 목표를 갖는다는 것을 의미하지도 않는다. 우리는 다양한 활동들 속에서 그리고 여러 가지 사물들에 대한 추구에 있어서도 쾌락을 찾는다. 따라서 쾌락적 감정의 극대화를 목적으로 삼는다는 것은 적어도 광신주의나 비인간적인 면모를 피하면서도 일인칭적 선택의 합리적 방법을 규정해 주는 것으로 보인다. 나아가서 쾌락주의에 대한 두 가지 전통적인 입장도 이제 쉽게 해명되어진다. 만일 쾌락이 사실상 그것을 추구함으로써 우리가 합리적 계획을 확인할 수 있게 되는 유일한 목적이라면 확실히 쾌락은 유일한 본래적 선으로 나타나게 될 것이고, 따라서 우리는 합리적 숙고의 조건들로부터 논증에 의해 쾌락주의의 원칙에 이르게 된다. 심리학적 쾌락주의의 형태도 역시 결과적으로 생겨나게 되는데, 왜냐하면 비록 합리적 행위가 언제나 의식적으로 쾌락을 지향하고 있다고 말하는 것은 지나친 것일지는 모르나 여하튼 그것은 쾌적한 감정의 순수 잔여를 극대화하도록 계획된 행동 체계에 의해 규제될 것이기 때문이다. 결국 그것은 보다 친숙한 입장을 결과하게 될 것이므로, 쾌락의 추구가 숙고의 유일한 합리적 방법을 제공한다는 입론은 쾌락주의의 근본적인 이념으로 생각된다.

　쾌락주의가 합당한 지배적 목적을 규정하는 데 실패하고 있다는 점은 분명할 것으로 보인다. 흔히 그러하듯이 일단 쾌락이 그 강도와 지속이 행위자의 계산 속에 고려될 수 있게끔 충분히 확정적인 방식으로 규정된다면, 그것이 유일한 합리적 목적으로 생각된다는 것은 더 이상 불가능하다는 점에 우리는 단지 주의할 필요가 있다.[22] 감정이나 감각의 특정한 속성에 대한 선호는 분명히 타인들에 대한 자기의 권력 및 자신의 물질적 부를 극대화하려는 지나친 욕구와 마찬가지로 치우친 것이고 비인간적인 것이다. 의심의 여지없이 바로 이러한 이유로 해서 시즈위크는 쾌락성이 감정의 특정한 성질임을 인정하기를 꺼려한다. 그러나 만일 쾌락이 그가 원하는 바대로 지식, 미, 우정과 같은 이상적인 가치들 상호간의 비중을 재기 위한 궁극적인 기준으로 작용하게 된다면 그도 그러한 점을 인정하

―――――――――
22) Broad 가 *Five Types of Ethical Theory*, p. 187 에서 주목한 바와 같음.

지 않을 수 없게 된다. 23)

그리고 또한 그 자체로서 비교할 수 없는 서로 다른 종류의 쾌감이 있을
뿐만 아니라 쾌락의 양적 차원이나 강도 및 지속성에도 여러 가지가 있다는
것이 사실이다. 만일 그러한 것들이 서로 상충할 경우 우리는 그것들을 어
떻게 조정해야 할 것인가? 우리는 어떤 종류의 감정을 짧지만 강하게 경
험하는 것과 다른 감정을 덜 강하지만 보다 길게 경험하는 것 중에서 어느
것을 택해야 할 것인가? 아리스토텔레스에 의하면 좋은 사람은 필요할 경
우 그의 친구를 위해서 자신의 목숨도 버리게 되는데, 왜냐하면 그는 장
기간의 미지근한 즐거움보다 단기적인 강렬한 쾌락을, 많은 햇수 동안 빈
둥거리며 사는 것보다 열두 달 동안의 고귀한 삶을 택하기 때문이라는 것
이다. 24) 하지만 어떻게 해서 그가 그러한 결정을 하게 되는가? 더우기 산
타야나가 주목했듯이 우리는 쾌락과 고통이 갖는 상대적인 가치를 결정해
야만 한다. 페트라치가 수천의 쾌락이 하나의 고통만큼 값지지 못하다고
했을 때 그는 그것들을 비교하기 위해서 그들보다 더 기본적인 기준을 채
택하고 있다. 그 사람 자신은 현재나 미래에 있을 그의 성향 및 욕구의 전
범위를 고려해서 그러한 결정을 내려야만 한다. 분명한 것은 우리가 숙고
된 합리성 이상으로 별다른 진전을 보지 못했다는 점이다. 목적의 다양성
이 갖는 문제는 주관적 감정의 집합 내에서 줄곧 생겨나는 것이다. 25)

경제학이나 의사 결정론에 있어서는 그러한 문제가 해결된다는 반론을
제기할지도 모른다. 그러나 이러한 주장은 그릇된 이해에 기초를 두고 있
다. 예를 들어 공급 이론에 있어서 가정되고 있는 것은 소비자의 선호가
다음과 같은 여러 가지 전제를 만족시킨다는 것이다. 즉 그것들은 일군의
대안들에 대한 완전한 서열을 규정해 주며 철면성(convexity : 凸)과 연성
등을 나타내고 있다. 이러한 가정들이 받아들여질 경우, 선택된 대안에

---

23) *Methods of Ethics*, p. 127 에서 시즈위크는 쾌락이 의지와의 관계로부터 독
  립적인 감정의 측정 가능한 성질임을 부인한다. 그에 의하면 그것은 몇몇 학
  자들의 견해이기는 하나 그 자신은 받아들일 수 없다는 것이다. 그는 쾌락을
  규정하기를 이지적인 존재가 경험하게 될 경우 적어도 바람직한 것으로 생각되
  거나 비교가 될 경우에는 선호할 만한 감정이라는 것이다. 그가 여기에서 거
  부한 견해는 나중에 그가 목적들간에 일관성을 도입하기 위한 최종적 기준으
  로서 의거하게 되는 것이라 생각된다. pp. 405~407, 479 참조. 그렇지 않을
  경우에는 선택에 대한 쾌락주의적 방법은 추종될 수 있는 교설을 더 이상 제
  공하지 못하게 된다.

24) *Nicomachean Ethics*, 1169 a 17~26.

25) *The Life of Reason in Common Sense* (N.Y.: Charles Scribners, 1905),
  pp. 237 이하,

대한 함수치가 보다 크게 되면 그리고 오직 그때에만 그 대안이 다른 것에 비해 우선적으로 선택된다는 의미에서 그러한 선호에 부합되는 효용 함수가 존재한다는 것이 증명될 수 있다. 개인의 선호가 일정한 규정을 만족시킨다는 것을 인정할 경우 그러한 함수는 개인이 선택하는 바, 즉 그가 실제로 선호하는 바를 특징지워 준다. 그것은 우선 사람이 그의 의사 결정을 일관성있게 편성하는 방식에 관해서 아무런 주장도 하지 않으며 또한 그것은 분명히 어떤 자가 합리적으로 따르게 될 일인칭적 선택 절차가 되기를 요구할 수도 없는데, 왜냐하면 그것은 단지 그의 숙고의 결과를 기록하는 것에 불과하기 때문이다. 합리적 개인들의 선택이 만족시켜야 한다고 경제학자들이 생각해 온 원칙들은 기껏해야 우리가 의사 결정을 하게 될 경우 고려하게 될 지침으로 제시될 수 있다. 그러나 그렇게 이해할 때 그러한 기준들은 바로 합리적인 선호 원칙(혹은 그와 유사한 것)이 되며 우리는 다시 한번 숙고된 합리성에 의거하게 된다.[26]

그런데 그에 대한 추구가 우리의 숙고된 가치 판단에 부합하는 그러한 지배적 목적이 없다는 것은 이론의 여지가 없는 것으로 보인다. 합리적 인생 계획을 실현하는 포괄적 목적은 전혀 다른 것이다. 그러나 쾌락주의가 합리적 선호 절차에 실패했다고 해서 놀랄 것은 아무 것도 없다. 비트겐슈타인에 따르면 우리가 어떻게 기억과 상상, 신념과 가정 그리고 여타의 정신 작용들을 서로 구분하는 가를 설명하기 위해서 어떤 특수한 경험을 미리부터 전제하는 것은 잘못이라고 한다. 그와 마찬가지로 미루어 볼 때 어떤 종류의 쾌적한 감정이 그를 사용함으로써 합리적 숙고의 가능성을 설명해 줄 해명의 단위가 될 수는 없을 듯하다. 쾌락이나 다른 어떤 특정한 목적도 쾌락주의자가 그것에 지정하게 될 그러한 역할을 할 수는 없을 것이다.[27]

---

26) 그래서 자유 의지를 가진 자의 의사 결정이라는 예측 불가능한 것을 예측하려 하는 까닭에 가격론은 실패하고 있다는 반론에 대해 Walras 는 말하기를 실제로 우리는 결코 완전한 자유의 조건 아래에서 이루어진 결정을 예측하려 한 적은 없으며 단지 우리는 그러한 결정의 결과를 수학적으로 표현하려 한 것일 뿐이다. 우리의 이론에서는 각 교역자가 자신의 효용을 결정하며 그가 바라는 대로 커브를 원한다고 가정된다. *Elements of Pure Economics*, trans. W. Jaffé (Homewood, Ill.: Richard D. Irwin, 1954), p. 256 참조 ; P.A. Samuelson, *Foundations of Economic Analysis* (Cambridge : Harvard Univ. Press, 1947), pp. 90~92, 97 이하 설명 ; R.D. Luce and H. Raiffa, *Games and Decisions* (N.Y.: John Wiley and Sons, 1957), pp. 16, 21~24, 38 참조.

27) *The Philosophical Investigations* (Oxford: Basil Blackwell, 1953) 참조. 특수한 경험을 가정함에 대한 반론은 여러 가지 서로 다른 경우들에도 두루

그런데 철학자들은 특유한 경험들이 있어서 그것이 여러 가지 서로 다른 이유로 해서 우리의 정신 생활을 지도한다고 생각해 왔다. 그래서 쾌락주의로는 별다른 해결도 나지 않음을 증명하는 것이 단순한 문제로 보일지 모르지만 중요한 것은 우리가 그러한 무모한 편법에 의거하게끔 되는 이유를 아는 일이다. 이미 나는 가능한 한가지 이유에 주목했었는데, 즉 우리의 선을 결정함에 있어서 순수히 선호적인 선택의 범위를 줄이고자 하는 욕구이다. 목적론에 있어서는 선의 개념에 있어서의 애매 모호성이 정당성의 개념에로 이전된다. 따라서 만일 개인들의 선이 단지 그들이 개인으로서 선택하는 데 달려 있는 것이라면 정당한 것 역시 어떤 한도 내에서 마찬가지로 된다. 그러나 정당한 것이란 단순한 선호의 문제가 아니라고 생각하는 것은 당연하며, 따라서 우리는 선에 대한 특정한 관점을 발견하도록 힘써야 한다.

그러나 또 다른 하나의 이유가 있는데, 즉 목적론은 전체선이 극대화될 수 있게끔 상이한 개인들의 다양한 선들을 비교할 방도가 필요한 것이다. 그러한 평가는 어떻게 이루어질 수 있을 것인가? 비록 어떤 목적이 개별적으로 보아진 개인들의 계획을 조직해 주는 역할을 한다 할지라도 그것이 정당성에 대한 입장을 규정하기에 충분치는 못한 것이다. 그래서 쾌적한 감정이라는 기준에로의 내면적인 전환은 수많은 사람들 속에서 공통 분모, 다시 말해서 사회적 서열을 명시해 줄 수 있는 소위 개인간의 유통가(價)를 발견하려는 시도이다. 그리고 이러한 이야기는 그와 같은 기준이 각자가 합리적인 정도에 따라 그들의 목적이 된다는 점이 이미 주장되고 있다면 훨씬더 설득력을 갖는 것이 된다.

행해진다. 쾌락의 적용에 관해서는 G.E.M. Anscombe, *Intention* (Oxford: Basil Blackwell, 1957) 참조. Anscombe에 의하면 "우리는 Wittgenstein의 의미론을 채택함으로써 '쾌락이란 인상이 될 수 없다. 왜냐하면 어떤 인상도 쾌락이라는 결과를 갖지 않기 때문이다'라고 말할 수 있다. 그들〔영국의 경험론자들〕은 말하기를 그들이 특별하게 바라는 것이라고 생각되는 바는 아주 분명하게 무엇이든 어떤 것을 행한다는 점이었다"(p. 77). 또한 G. Ryle, "Pleasure", *Proceedings of the Aristotelian Society*, 증보 제 28 권 (1954); *Dilemmas* (Cambridge: The Univ. Press, 1954), 4장; A. Kenny, *Action, Emotion and Will* (London: RKP, 1963), 6장; C.C.W. Taylor, "Pleasure", *Analysis*, 증보판 (1963). 이러한 연구들은 보다 정확한 견해라 생각되는 바를 보여주고 있다. 본문에서 나는 소위 영국 경험론의 쾌락관이 갖는 도덕 철학적 관점으로부터 동기 유발을 설명하고자 했다. 그것이 그릇된 것이라고 내가 온전히 인정하는 것은 위에 언급된 학자들이 증명한 바와 같다고 나는 생각한다.

결국 나는 목적론이 정합적인 이론이 되기 위해서는 반드시 어떤 형태의 쾌락주의로 나아가지 않을 수 없다는 이야기로 결론을 삼으려는 것은 아니다. 그러나 그러한 방향으로의 경향성이 어떤 타당성을 갖는 것으로 보인다. 우리는 쾌락주의란 목적론적 이론이 명확하고 적용할 만한 도덕 추리의 방법을 정식화하려고 하는 한 노출되는 증세라고 말할 수 있다. 쾌락주의의 약점은 극대화되어야 할 적절한 일정한 목적이 규정 불가능하다는 것을 보여준다. 그리고 이것이 의미하는 바는 목적론적인 이론 체계는 근본적으로 잘못되었다는 것인데, 처음부터 그것은 **옳음과 좋음**을 그릇된 방식으로 관련지우고 있는 것이다. 우리는 먼저 독립적으로 규정된 선에 주목함으로써 우리의 삶을 구성하고자 해서는 안 된다. 우리의 본성을 일차적으로 나타내 주는 것은 우리의 목적이 아니라 그러한 목적이 형성되는 배경적 조건과 그것이 추구되어야 할 양식을 규제해 줄 것으로 우리가 인정하는 원칙들인 것이다. 왜냐하면 자아는 그 자아가 내세우는 목적에 선행하는 것이며 지배적인 목적까지도 수많은 가능성 가운데서 선택되어야만 하기 때문이다. 숙고된 합리성을 넘어갈 수 있는 방도는 없다. 따라서 우리는 목적론적 이론이 제시하는 바 옳음과 좋음의 관계를 뒤집어서 옳음을 우선적인 것으로 보아야 할 것이다. 그래서 도덕 이론은 반대 방향으로 전개함으로써 성립하게 된다. 이제 나는 계약론에 비추어서 이러한 마지막 **논제**를 설명하고자 **한다.**

85. 자아의 통일성

지금까지 논의의 결과는 우리의 선택이 합당하게 이루어짐에 있어서 준거가 될 하나의 목적이란 없다는 것이다. 선을 결정함에 있어서 상당한 직관주의적 요소가 개입하며 그러한 것이 목적론에 있어서는 정당성에 영향을 미치게 마련이다. 고전적 공리주의자는 쾌락주의 학설을 통해서 그러한 결과를 피하려고 하지만 실효를 거두지 못한다. 하지만 우리는 여기에서 그만둘 수 없는데, 즉 우리는 쾌락주의가 해결하고자 하는 선택의 문제에 대한 건설적인 해결책을 발견해야만 한다. 그래서 우리가 다시금 직면하게 되는 문제는 만일 목적의 적절한 양식을 결정해 줄 단일한 목적이 없을 경우 실제로 합리적 계획은 어떻게 확인될 것인가 하는 점이다. 그런데 여기에 대해서 이미 주어져 있는 해답은 합리적 계획이란 선에 대한 완전한 이론에 의해 규정된 숙고된 합리성을 통해 선택될 것이라는 점이다. 다만 계약론의 문맥에 있어서 그러한 해답이 완전히 만족스러운 것이며 쾌락주의에 붙어 다니는 문제점이 일어나지 않는지를 확인해야 할 일 만이 남게 된다.

앞에서 말한 적이 있듯이 도덕적 인격은 두 가지 능력으로 특징지워지는 데, 하나는 가치〔선〕관(conception of the good)에 대한 것이고 다른 하나는 정의감(a sense of justice)에 관한 것이다. 그것들이 실현되어질 경우 전자 는 합리적인 인생 계획으로 표현되고 후자는 어떤 정당성의 원칙들에 입 각해서 행위하고자 하는 규제적인 욕구에 의해 나타난다. 그래서 도덕적 인 인격은 자신이 선택한 목적을 가진 주체이며, 그가 기본적으로 선호하 는 것은 여건이 충분히 허락하는 한 자유롭고 평등한 합리적 존재로서의 자신의 본성을 나타내 줄 생활 양식을 구성할 수 있게 해주는 조건들에 관한 것이다. 그런데 인격의 통일성은 그의 계획이 갖는 정합성에 나타나 게 되는데, 그러한 통일성은 그의 정당성과 정의감에 일관되게 합리적 선 택 원칙에 따르고자 하는 보다 고차적인 욕구에 기초를 둔 것이다. 물론 사람은 자신의 목적을 한꺼번에 구성하는 것이 아니라 서서히 형성해 간 다. 그러나 그는 정의가 허용하는 방식대로 인생 계획을 형성하고 그것에 따를 수 있으며 그렇게 함으로써 그 자신의 통일성을 이룩할 수 있다.

지배적인 목적을 주장하는 입장의 두드러진 특성은 그것이 자아의 통일 성(the unity of the self)이 성취된다고 생각하는 방식에 있다. 그래서 쾌 락주의에서는 자아란 그 심리적 한계 내에서 쾌적한 경험의 총체를 극대 화시키고자 노력함으로써 통일된다. 합리적 자아는 그 통일성을 이런 식 으로 이룩해야만 한다. 쾌락이 지배적인 목적이므로 개인은 자신의 천부적 인 심신의 자질, 심지어 그의 자연적 성향 및 애착 등을 쾌적한 경험을 하 기 위한 여러 가지 자료로 봄으로써 그 자신의 모든 측면에 대해서는 무 관심하다. 더우기 자아에 대해서 통일성을 주는 것은 쾌락을 자신의 쾌락 으로서가 아니고 한갓 쾌락으로 지향함에 의해서이다. 달성되어야 할 것 이 그의 쾌락인가 혹은 타인의 것까지인가는 우리가 한 인간의 선을 다루 는 한에서는 접어 둘 수 있는 또 다른 문제를 제기한다. 그러나 일단 우리 가 사회적 선택의 문제를 고려하게 될 경우 쾌락주의적 형식의 공리주의 원칙은 매우 당연한 것이다. 왜냐하면 만일 어떤 한 개인이 쾌락이라는 지배적인 목적을 추구함으로써 자신의 숙고를 정돈해야 하며 다른 방식 에 의해서는 자신의 합리적인 인격성을 보장할 수 없을 경우, 공동 노 력에 참가한 많은 사람들은 그 집단의 쾌적한 경험을 극대화함으로써 그 들의 집단적인 행위에 질서를 부여해야 할 것으로 보이기 때문이다. 그래 서 한 사람의 성인(聖人)이 혼자 있을 때에도 신의 영광을 위해서 일해야 하는 것과 같이 성인들로 이루어진 여러 개의 집단도 동일한 목적을 위해 필요한 바를 함께 협동해서 행하게 된다. 개인적인 경우와 사회적인 경우간의 차이는 자아가 갖는 자질들, 즉 그 정신적·심리적 능력과 아울러 정서적 감수성과 욕구 등이 다른 맥락 속에 놓이게 된다는 점이다. 양쪽 경우에 있어서 그러한 자료들은 지배적인 목적에 소용되는 것이다. 그러나 그들과 함께 협동할 수 있는 다른 행위자에 따라서 극대화되어야 할 것이 자아의 쾌락이 되기도 하고 사회 집단의 쾌락이 되기도 한다.

나아가서 일인칭적 선택 이론으로서 쾌락주의에 이르게 하는 것과 같은 종류의 고려 사항들이 정당성의 이론에 적용될 경우 공리주의적 원칙이 아주 그럴 듯한 것으로 보인다. 왜냐하면 우선 행복(쾌적한 감정으로 규정된)이 유일한 선이라고 생각해 보자. 그리고 직관주의자들까지 인정하듯이 적어도 행복을 극대화한다는 것은 정당성의 조건부 원칙들 중 하나인 것이다. 그러한 원칙이 유일한 규제 원칙이 아니라면 분배와 같은 어떤 다른 기준에도 일정한 비중이 주어져야 한다. 그러나 사회적 행위의 어떤 지배적인 목적에 비추어서 이러한 기준들이 조정되어질 것인가? 정당성에 대한 판단이 임의적이지 않고 추론된 것이기 위해서는 그러한 목적이 있어야 하는 까닭에 공리주의적 원칙은 요구되는 목표를 명시하는 것으로 보인다. 다른 어떤 원칙도 정당한 행위의 궁극 목적을 규정하기 위해 필요한 특성을 갖는 것은 없다. 나는 이른바 공리에 대한 밀의 논증의 바탕이 되는 것은 주로 이와 같은 추론이라고 생각한다. [28)]

그런데 공정으로서의 정의관에 있어서는 정당성이 갖는 우선성과 칸트적인 해석법으로 인해서 관점의 완전한 전도가 이루어진다. 그것을 알기 위해서는 원초적 입장이 갖는 특성들과 선택될 원칙들을 상기해 보면 된다. 당사자들은 쾌락과 고통에 대한 능력이 아니라 도덕적 인격성을 자아의 기본적인 측면으로 간주한다. 그들은 사람들이 어떠한 최종 목적들을

---

28) *Utilitarianism*, 4장 참조. 많이 논의되어 온 이 장 특히 구절 3은 Mill이 만일 자기가 행복이 유일한 선임을 증명할 수 있을 경우 그는 공리주의의 원칙이 정당성의 원칙임을 증명했다고 생각한 것으로 보인다는 사실로 인해 주목할 만하다. 이 장의 제목이 공리주의적 원칙의 증명과 관련된 것이긴 하나 우리에게 제시된 것은 행복만이 선이라는 취지의 논의이다. 그런데 여기까지는 정당성의 개념에 대해서 아무런 결과도 나오지 않는다. 그 논고의 1장으로 돌아가서 도덕 이론의 구조에 대한 밀의 견해에 주목함으로써 비로소 내가 8절에서 논의했고 위 본문에서도 요약한 바와 같이 Mill이 그에 비추어 그의 논의가 논증이라고 생각하게 된 모든 전제를 설명할 수 있다.

가졌는지 알지 못하며 지배적인 목적을 내세우는 모든 입장들은 배제되게 된다. 그래서 그들은 쾌락주의의 형태로 된 공리주의적 원리를 받아들이겠다는 생각이 나지 않을 것이다. 당사자들이 다른 어떤 특정한 목표를 극대화해야 할 이유가 없듯이 그러한 기준에 합의할 이유도 없다. 그들은 스스로를 그 자신의 궁극 목적들(언제나 복수)을 선택할 수 있는 존재로서 생각한다. 한 개인이 충분한 정보에 비추어서(이 경우에는 어떤 제한도 가해지지 않은 채) 자기의 인생 계획을 결정하게 되는 것과 마찬가지로 개인들의 집단도 모든 이들이 도덕적 존재로서 공정하게 대우받는 상황에서 그들의 협동 조건을 결정하게 된다. 원초적 입장에서 당사자들의 목적은 각자가 그 자신의 통일성을 이룩하기 위한 정의롭고 유리한 조건을 확립하는 것이다. 자유 및 그것을 공정하게 사용하게 하는 수단에 대한 그들의 기본적인 관심은 그들 자신을 일차적으로 자신의 생활 방식을 채택할 동등한 권리를 가진 도덕적 인격으로 본다는 것의 표현이다. 그래서 그들은 여건이 허용하는 한 축차적 서열로 된 정의의 두 원칙을 택하게 된다.

이제 우리는 지금까지의 이야기와 이미 말한 적이 있는 선택이 갖는 불확정성의 문제를 관련지워야 한다. 요지는 정당성에 우선이 주어질 경우 우리의 선에 대한 관점의 선택은 일정한 한도 내에서 이루어진다. 정의의 원칙들 및 사회 형태에서의 실현은 그 안에서 우리의 숙고가 이루어질 한계를 규정해 준다. 자아의 본질적인 통일성은 이미 정당성의 관점에 의해서 주어진다. 더우기 질서 정연한 사회에서는 이러한 통일성이 모든 이에게 동일한데, 각자의 합리적 계획에 의해 주어지는 선에 대한 각자의 관념은 사회적 연합체들의 사회적 연합으로서의 공동체를 규제하는 보다 전체적인 계획의 하위 계획인 것이다. 다양한 규모와 목적을 가진 많은 단체들은 공공적인 정의관에 의해 상호 조정되는 까닭에 그것은 무수한 개인들에 의해 때로는 세대를 거쳐서 발전되고 검증된 일정한 이상과 생활 방식을 제시해 줌으로써 의사 결정을 단순화시켜 준다. 그래서 우리의 인생 계획을 설계함에 있어서 우리는 처음부터 새로이 출발하지 않으며, 일정한 틀이나 한정된 윤곽도 없이 무한한 가능성 가운데서 선택해야 할 필요도 없다. 그래서 우리의 선을 결정하기 위한 산술법도 없고 선택의 일인칭적 절차도 없지만, 정당성 및 정의의 우선성은 그러한 것들이 보다 처리되기 쉽게끔 그러한 숙고를 확실히 규정해 준다. 기본적인 권리 및 자유가 이미 확고히 보장되어 있는 까닭에 우리의 선택 때문에 서로에 대한 우리의 요구가 그르치게 되는 경우는 없는 것이다.

그런데 정당성 및 정의에 우선성이 주어질 경우 선에 대한 관념이 갖는 불확실성의 문제는 훨씬 작아진다. 사실상 목적론으로 하여금 지배적인 목적이라는 관념을 갖게끔 한 근거는 그 힘을 잃게 된다. 첫째로 선택에 있어서 순전히 선호적인 요소가 제거되지는 않을지라도 이미 주어진 정당성의 제한 속에 국한되게 된다. 사람들 서로간의 요구에 영향을 주지 않기 때문에 불확정성은 비교적 해가 없다. 나아가서 정당성의 원칙이 허용하는 한계 내에서는 숙고된 합리성이라는 기준을 넘어서 별다른 시비의 기준이 필요하지 않다. 한 개인의 인생 계획이 그러한 기준을 만족시키고 또한 그가 그것을 수행하여 그것이 행할 보람이 있는 것을 알게 될 경우, 그가 차라리 다른 것을 했으면 더 나았을 텐데라고 말할 아무런 근거가 없게 된다. 우리는 우리의 합리적인 선이 단일하게 정해져야 한다고 생각할 필요는 없다. 정의론의 관점에서 볼 때 그러한 가정은 불필요한 것이다. 둘째로 우리는 정당성에 대한 분명하고 쓸 만한 입장을 규정하기 위해 숙고된 합리성을 넘어서는 요구를 받지 않는다. 정의의 원칙들은 일정한 내용을 가지며 그 원칙들을 지지하는 논의는 선에 대한 기초론과 그 기본적 선들의 목록만을 이용한다. 일단 정의관이 세워지게 되면 정당성의 우선으로 인해서 그 원칙들의 우선성이 보장된다. 그래서 지배적인 목적을 내세우는 입장이 목적론에 있어서 매력적인 것이 되게 하는 두 가지 논거는 계약론에서는 모두 성립하지 않는다. 이러한 것은 구조의 전환을 통한 결과이다.

앞에서 공정으로서의 정의에 대한 칸트적 해석을 소개할 때, 나는 정의의 원칙들에 대한 만장 일치의 조건은 단일한 자아의 본성을 표현하기에도 적합하다는 데 의미있다는 이야기를 했었다(40절). 언뜻 보면 이러한 이야기는 역설적으로 생각된다. 어떻게 해서 만장 일치의 조건이 제약 조건이 될 수 없는 것인가? 그 이유 중의 하나는 무지의 베일로 인해서 모든 사람이 같은 방식으로 추론하고 따라서 그 조건은 자연적으로 만족될 것이 보장되어 있기 때문이다. 그러나 보다 깊은 설명은 계약론이 공리주의적 이론과 상반되는 구조를 가졌다는 사실에 있다. 후자에 있어서는 각자가 충분한 정보를 갖고서 아무런 제약을 받지 않고 자기의 합리적 계획을 설계하며 따라서 사회는 결과되는 계획들의 전체 성취를 극대화하는 방향으로 나아가게 된다. 반면에 공정으로서의 정의관에 있어서는 모든 사람들이 그들 상호간의 요구들을 해결해 줄 원칙에 미리 합의하게 된다. 그래서 이러한 원칙들에 절대적인 우선이 주어지게 되면 그것들은 사회 제도를 의심없이 규제하게 되고, 각자는 그것에 따라 자신의 계획을 짜게 되며 그것에 부합되지 않게 된 계획들은 수정되어야 한다. 따라서 최초의 전체적 합의가 처음부터 모든 사람의 계획에 공통되는 일정한 구조적 특성을 설정해 준다. 자유롭고 평등한 도덕적 인격으로서의 자아의 본성은 모든 이에게 동일한데, 합리적 계획의 기본 형태에 있어서의 유사성은 그러한 사실을 나타내 준다. 더우기 사회를 사회적 연합체들의 사회적 연합으로 보는 사회관이 보여주듯이 공동체의 성원들은 서로의 본성에 관여하게 된다. 즉 우리는 다른 사람들이 행하는 바를 직접적으로 우리를 위해서 행한 것은 아니지만 우리가 할 수도 있던 것을 그들이 우리 대신에 해준 것으로 평가하며, 마찬가지로 우리가 행한 바도 그들을 위해 행해지게 된다. 자아는 많은 자아들의 활동 속에서 실현되므로 모든 사람이 동의하게 될 원칙들에 부합되는 정의로운 관계들은 각자의 본성을 나타내기에 가장 적합한 것이다. 그래서 결국 만장 일치의 합의라는 요구 조건은 사회적 연합의 성원으로서 공동체의 가치를 추구하는 인간 존재라는 관념과 관련되어 있다.

일단 정의의 원칙들에 우선이 주어질 경우 결국 우리의 생활을 정돈해 줄 지배적 목적이 있게 되는 셈이라고 생각할지도 모른다. 그러나 그런 생각은 오해에 바탕을 두고 있다. 물론 정의의 원칙들이 효율성의 원칙보다 축차적으로 선행하며 제 1 원칙은 제 2 원칙보다 우선권을 갖는다. 따라서 결국 변화의 방향과 개혁의 노력을 규제하게 될 이상적인 사회 질서관이 설정되는 셈이다(41절). 그러나 그러한 이상이 개인에 대해서 요구하는 바를 규정하는 것은 개인적 의무 및 책무의 원칙들인데 그렇다고 해서 그것이 모든 것을 통제하는 것은 아니다. 나아가서 나는 지금까지 제시된 지배적 목적은 선이 정의상(定義上) 정당성과 상관없이 명시되는 목적론에 속한다고 가정해 왔다. 그러한 목적이 갖는 역할은 어떤 의미에서 정당성의 체계를 합당하게 규정해 주는 것이다. 공정으로서의 정의관에 있어서는 그런 의미에서의 지배적 목적은 있을 수 없으며, 우리가 보아 왔듯이 그러한 의도로는 하나의 목적도 필요하지 않다. 끝으로 목적론의 지배적 목적은 결코 우리가 그것을 성취할 수 없도록 규정되어 있으며 따라서 그것을 증진해야 한다는 격률이 언제나 적용되는 것이다. 여기에서 공리주의적 원칙이 축차적 서열화에 사실상 적합하지 못한 이유에 대한 언급을 상기해 보기로 하자. 즉 보다 뒤에 나오는 기준은 동률(ties)을 깨뜨려야 할 특수한 경우를 제외하고는 결코 작용하지 못할 것이다. 반면에 정의의 원칙들은 어느 정도 일정한 사회적 목적과 제한을 나타내 준다(8절). 일단 우리가 어떤 구조의 사회 제도를 실현하게 될 경우 우리는 그 체제가 허용하는 한도 내에서 우리의 선을 결정하고 추구할 자유가 있는 것이다.

이상과 같은 고찰을 통해서 볼 때 목적론과 계약론간의 대조는 다음과 같은 직관적인 방식으로 표현될 수 있다. 즉 전자는 선을 부분적으로, 예를 들면 경험의 다소 동질적인 성질이나 속성으로 규정하고 그것을 어떤 전체성에 걸쳐서 극대화되어야 할 양적인 크기로 보는 반면, 후자는 그와 반대 방향으로 나아가는 것으로서 선행하는 것 내에서 각기 정해지는 올바른 행위의 구조적 형태들이 점차 특수화되어 가는 계열을 확인하고 이런 식으로 해서 전체에 대한 일반적인 구조로부터 그 부분들에 대한 보다 구체적인 결정으로 나아가게 된다. 쾌락주의적 공리주의는 첫번째 절차의 고전적인 예로서 설득력있는 간명성으로 예시되고 있다. 공정으로서의 정의관은 두번째 가능성을 예시하고 있다. 그래서 4단계 과정(31절)은 여러 단계를 거쳐서 원칙, 기준, 규칙들의 계층적 구조를 확립하기 위해 마련된 합의와 입법의 순서를 정식화하고 있는데, 그러한 원칙의 체계는 일관되게 적용되고 준수될 경우 사회적 행위에 대해서 일정한 구조를 가져 오게 된다.

그런데 그러한 계열은 행위에 대한 완전한 상세화를 의도하는 것은 아니다. 오히려 요지는 모호하기는 하지만 대체적인 윤곽을 가진 범위를 제시함으로써 그 안에서 개인이나 집단이 그들의 목적을 자유로이 달성하고 숙고된 합리성이 자유로이 행해지도록 하는 것이다. 이상적으로는 그 윤곽은 설명되지 않은 채 남아 있는 경우들은 단계가 진전됨에 따라 점차 그 중요성이 작아지게 된다는 진전된 의미에서 수렴되어야 한다. 전체적인 구성을 지도하는 관념은 원초적 입장과 그에 대한 칸트적 해석인데, 이러한 개념은 그 자체 속에 각 단계에서 어떤 정보가 적합한 것인가를 선정해 주고 현존하는 사회의 우연적 여건들에 적절한 일련의 조정을 가져오는 요소들을 포함하고 있다.

86. 정의감은 선인가

이제 정의론의 모든 부분이 우리 앞에 제시되었으므로 정합성에 대한 논의도 종결될 수 있을 것이다. 질서 정연한 사회의 여러 측면들을 관련지우고 그것들을 적절한 관계 속에서 살펴보는 것으로 충분하다. 정의 및 선의 개념은 별개의 원칙들과 관련이 되며 정합성의 문제는 이러한 두 가지 체계의 기준이 서로 합치되는가에 관한 것이다. 보다 정확히 말하면 그와 관련된 원칙들을 갖는 각 개념은 제도, 행위 및 인생 계획들을 평가해 줄 수 있는 관점을 정해 주느냐는 것이다. 정의감은 정의의 원칙들을 적용하고 그에 따라 행동하고자 하는 효과적인 욕구이다. 그래서 증명되어야 할 것은 질서 정연한 사회에 있는 자들이 자신의 정의감을 그들의 인생 계획을 규제하는 것으로 내세우는 것이 합리적(선에 대한 기초론에 의해 규정된 바)인가 하는 것이다. 정의의 관점을 취하고 그에 의해 인도되고자 하는 성향이 개인의 선에 부합되는지 증명되어야 할 것이다.

그런 두 가지 관점이 서로 합치하는지는 안정성을 결정하는 데 있어서 중대한 요인이 될 것으로 보인다. 그러나 합치성은 질서 정연한 사회에 있어서도 아직 정해진 결론은 아니다. 우리는 그것을 검증하여야 한다. 물론 원초적 입장에서 정의의 원칙들을 택하는 합리성을 의심하는 것은 아니다. 그에 대한 논의는 이미 이루어졌으며 만일 그것이 타당할 경우 정의로운 제도는 전체적으로 보아서 합리적이며 적절하게 일반적인 관점에서 볼 때 모든 사람의 이득이 된다. 또한 각자가 타인들이 그러한 제도를 지지하고 자신의 의무 및 책무를 수행하도록 권유하는 것 역시 합리적인 것이다. 문제는 정의의 관점을 채택하고자 하는 규제적인 요구가 정보에 대한 아무런 제한을 두지 않을 경우에도 선의 기초론에 비추어 봐서 우리 자신의 선에 속할 것이냐는 점이다. 우리는 그러한 욕구가 사실상 합리적인가를 알고자 하는데, 한 사람에게 합리적이라면 그것은 모든 사람에게 합리적이며 따라서 불안정에로의 경향성은 존재하지 않는다. 보다 정확히 하기 위해 질서 정연한 사회에 있는 어떤 일정한 개인을 생각해 보자. 내가 생각하기에 그는 제도들이 정의로우며 타인도 그와 유사한 정의감을 갖고 있고(또한 계속 가질 것이며), 따라서 그들이 이러한 체계에 따르고 있다는 것을(또한 계속해서 따르리라는 것을) 알고 있다. 우리가 증명하고자 하는 바는 이러한 가정 아래서 어떤 사람이 그의 정의관을 견지하는 것이 기초론에 의해 규정된 바에 비추어 볼 때 합리적인 것인가 하는 점이다. 그러한 경우의 인생 계획은 그의 동료들의 유사한 계획에 대한 최선의 응답이며, 어떤 사람에게 합리적이므로 해서 그것은 모든 이에게 합리적인 것이 된다.

중요한 것은 이 문제와 정의로운 사람이 이기주의자임을 증명하는 문제를 혼동해서는 안 된다는 것이다. 이기주의자는 그 자신의 이득을 위한 관점을 취하는 자이다. 그의 궁극 목적은 그 자신에 관련된 것인데 즉 부나 지위, 쾌락과 사회적 특권 등이 그것이다. 이러한 사람도 정의롭게, 다시 말하면 정의로운 사람이 행하게 될 바를 행하게 될 수도 있으나 그가 이기주의로 남아 있는 한 그는 정의로운 사람이 갖는 이유로 인해서 그러한 행위를 할 수는 없다. 그러한 이유를 갖는다는 것은 이기주의자가 되는 것과 일치하지 않는다. 때에 따라서는 정의의 관점과 그 자신의 이익을 위한 관점이 동일한 행동 방식을 결과하게 되기도 하지만 이는 단지 우연에 불과한 것이다. 따라서 나는 질서 정연한 사회에서 이기주의자가 정의감에서 행동하리라는 것을 증명하고자 하는 것도 아니고, 이기주의자가 정의롭게 행동하는 것이 자신의 목적을 가장 잘 달성해 주리라는 이유 때문에 그렇게 행위하리라는 것을 증명하려는 것도 아니다. 또한 우리는 스스로 정의로운 사회에 있음을 알고 있는 이기주의자가 자신의 목적을 갖고 있을 경우 설득을 통해서 정의로운 사람으로 쉽게 개조되리라는 것을 논하려는 것도 아니다. 그보다도 우리는 정의의 관점을 취하고자 하는 확고한 욕구가 선인가 하는 것에 관심을 두고 있다. 질서 정연한 사회의 성원들은 이미 그러한 욕구를 갖고 있다고 생각한다. 문제는 이러한 규제적 감정이 그들의 선에 합치하느냐는 것이다. 우리는 일정한 관점에서 정의나 불행의 도덕적 가치를 검토하고 있는 것이 아니고, 특정한 관점 즉 정의라는 관점을 취하고자 하는 욕구가 선인가를 평가하고 있는 것이다. 그러한 욕구를 이기주의자의 관점이 아니라 선에 대한 **기초론**에 비추어서 평가해야만 한다.

나는 인간의 행위란 현존 욕구에서 생겨나며 그 욕구는 서서히 변화된다고 생각하고자 한다. 우리는 어떤 일정한 순간에 우리의 목적 체계를 변경할 결심을 할 수는 없다(63절). 우리는 지금 현재 존재하는 인간 유형으로서 그리고 지금 우리가 갖고 있는 욕구들에 의해 행위하는 것이지, 일찌기 우리가 단지 달리 선택했더라면 되었을지도 모를 인간 유형으로서 또는 가졌을지도 모를 욕구들에 의해 행위하지는 않는다. 규제적인 목적은 특히 그러한 제약을 받게끔 되어 있다. 그래서 우리는 제법 먼 미래에까지 우리의 처지를 평가해 봄으로써 우리의 정의감을 내세울 것인지 아닌지를 미리 잘 결정해야만 한다. 우리는 양 다리를 걸칠 수는 없다. 우리는 정의감 및 그것과 관련되는 모든 것을 견지하면서 동시에 어떤 개인적 이득을 위해서 부정의한 행위를 할 마음을 먹을 수는 없다. 정의로운 사람은 어떤 일을 하지 않을 각오를 하고 있으며 쉽사리 유혹을 받는다 할지라도 그는 결국 그러한 각오가 되어 있었던 것이다.[29] 그래서 우리의 문제는 어떤 심리나 욕구 체계에만 관련된 것이다. 안정성이 그러한 관점에서 일정한 제한에 의거해서는 안 된다는 점을 요구함은 분명히 지나친 것이 될 것이다.

29) P. Foot, "Moral Beliefs", *Proceedings of the Aristotelian Society*, 제 59 권 (1958~1959), p. 104 참조. 내가 모든 점에서 따르는 것은 아니나 그 논문에 많은 도움을 받고 있다.

그런데 한 가지 해석에 따르면 이상과 같은 문제는 분명한 답을 갖는다. 어떤 사람이 유효한 정의감을 갖고 있다고 가정할 경우 그는 그에 상응하는 원칙들에 따를 규제적 욕구를 갖는다. 합리적 선택의 기준은 그러한 욕구를 고려해야만 한다. 만일 사람이 숙고된 합리성을 통해서 무엇보다도 먼저 정의의 관점으로부터 행위하기를 원할 경우 그가 그렇게 행위하는 것은 합리적이다. 따라서 이런 식으로 해서 그 문제는 간단해지게 되는데, 현실 그대로의 인간 유형으로서의 질서 정연한 사회의 성원들은 정의롭게 행위하는 것 이상을 욕구하게 되며, 따라서 그러한 욕구를 충족하려는 것은 그들의 선의 일부를 이루게 된다. 일단 우리가 정의의 우선이 요구하는 바대로 진실로 최종적이고 효력있는 정의감을 갖게 될 경우 우리가 합리적인 한에서 우리로 하여금 그러한 감정을 견지하고 조장하게 하는 인생 계획에 대해서 확신을 갖게 된다. 이러한 사실은 공공적으로 알려진 까닭에 첫번째 종류의 불안정도 존재하지 않게 된다. 합치성의 진정한 문제는 만일 어떤 사람이 자신의 정의감에 비중을 부여하는 정도가 그 정의감과 선에 대한 기초론이 명시하는 이유를 관련지우는 다른 기술을 만족시키는 정도에 따른다고 가정할 경우 어떤 일이 일어날 것인가에 관한 것이다. 우리는 순수히 양심적인 행위에 대한 이론에 의거해서는 안 된다(72절). 그런데 정의롭게 행위하고자 하는 욕구가 고통, 불행 혹은 무감동을 피하고자 하는 욕구나 포괄적인 관심을 충족시키려는 욕구와 같이 최종적인 것이 아니라고 생각해 보자. 정의론은 정의감이 지향하는 바에 대해서 다른 설명을 제시하고 있으며, 우리는 이를 이용함으로써 선에 대한 기초론에 따르는 사람은 그러한 감정이 그의 인생 계획을 규제하는 것임을 확신하게 되리라는 것을 증명하게 된다.

문제를 규정함에 있어서는 그 정도로 해두기로 한다. 이제 나는 이미 제시한 여러 가지 요점들을 재고함으로써 합치성(정합성)의 근거에 주목해 보고자 한다. 첫째로 계약론이 요구하듯이 정의의 원칙들은 공공적인 것인데, 그것들은 질서 정연한 사회의 성원들이 공유하는 공통적으로 인정되는 도덕적 신념을 규정하는 것이다(23절). 우리는 그러한 원칙들을 의심하는 자에 대해서 관심을 갖는 것이 아니다. 가정상 다른 모든 사람들과 마찬가지로 그도 그 원칙들이 원초적 입장에서 볼 때 최선의 선택임을 인정하고 있다. (물론 그것에 대해서는 언제나 의문을 가질 수는 있으나 그것은 전혀 다른 문제를 제기하는 것이다.) 그런데 타인들이 효과적인 정의감을 가지고 있다(그리고 계속해서 가지리라)고 생각되는 까닭에, 우리의 가정상에 있어서의 개인은 자신의 이기적 이익을 증진시킬 기회가 생길 경우에는 언제나 무임 편승자로 행위할 각오를 하고서 어떤 도덕감을 가진 듯이 보이는 정책을 결국 생각하게 된다. 정의관은 공공적인 것인 까닭에 그는 그의 목적에 부합한다 해서 공인된 도덕적 견해를 신념도 없이 공언하면서 기만적이고 위선적인 조직적 방도를 강구할지 어떨지를 곰곰이 생각하게 된다. 기만과 위선이 부당한 것이라 해서 그가 괴로워하지는 않을 것으로 생각되지만, 그는 조심스러이 그의 태도를 견지함에 있어서 심리적인 부담과 그로부터 결과하는 자발성 및 자연성의 상실을 고려해야만 할 것이다.[30] 사실상 대부분의 사회에 있어서는 그러한 가식이 대단한 가치를 갖지는 않을 것인데, 왜냐하면 제도의 부정의나 흔히 일어나는 타인들의 빈번하고 비열한 행위는 그 자신의 기만을 보다 지탱해 나가기 쉽게 해주기 때문이다. 하지만 질서 정연한 사회에서는 그러한 위안 사항이 존재하지 않는다.

이상의 이야기는 정의로운 행위와 자연적 태도간에 상호 관련이 있다는 사실에 의해 밑받침된다(74절). 정의의 원칙들의 내용과 도덕 심리학의 법칙들을 가정할 경우, 우리가 동료들간에 공정하기를 원하고 관심을 갖는 사람들에게 정의를 베풀고자 하는 것은 그들과 함께 있고자 하고 그들의 손실을 보고 슬픔을 느끼려 하는 욕구들과 같은 감정의 일부를 이룬다. 따라서 우리가 이러한 애착심을 필요로 한다고 생각할 경우 숙고를 통한 대책은 아마도 우리와 애정 및 동료감의 유대에 의해 결속되어 있는 자들에 대해서 정의롭게 행위하고 우리가 종사하는 생활 방식을 존경하는 것일 것이다. 그러나 질서 정연한 사회에 있어서는 그러한 결속이 보다 광범위하게 확대되며 이 경우에 있어서 세 가지 심리 법칙이 충분히 효력을 가진다고 가정할 때 제도 형태의 유대도 포함하게 된다. 부언하면 우리는 일반적으로 우리의 불공정함에 의해서 피해를 받게 될 자를 가려낼 수 없다. 예를 들어 만일 우리가 탈세를 한다거나 공동체에 대한 우리의 공정한 몫을 행하기를 회피하는 어떤 방법을 발견할 경우 우리의 친우나 동료 및 그 나머지 모든 사람까지 피해를 보게 된다. 물론 우리는 그와 반대로 특히 우리가 좋아하는 자들에게 우리 이득의 일부를 양도할 수도 있지만 그러한 것은 의심스럽고도 곤란한 일이다. 그래서 효과적인 유대가 인간과 사회적 형태 모두에게까지 확장되어 있고 우리 자신의 잘못으로 인해 손해 보게 될 자를 가려낼 수도 없는 질서 정연한 사회에 있어서는 우리의 정의감을 견지할 만한 강력한 근거가 있는 셈이다. 그렇게 함으로써 자연스럽고 간단한 방식으로 우리가 배려하는 제도와 인간을 보

30) Foot, 같은 책, p. 104.

호하게 되고 결국 우리들은 새롭고 보다 넓은 사회적 유대를 받아들이게 끔 된다.

또 다른 기본적인 고려 사항은 다음과 같은 것인데, 즉 아리스토텔레스적 원칙(그리고 그 동반 효과)에 의하면 질서 정연한 사회의 생활에 참여하는 것은 커다란 선이라는 결과가 나온다는 점이다(79절). 이러한 결론은 정의의 원칙들이 갖는 의미 및 그것들이 모든 이의 계획에 우선한다는 것뿐만 아니라 우리의 본성이 갖는 심리적 특성에 의거하고 있다. 그러한 사회는 사회적 연합체들의 사회적 연합이기 때문에 그것은 여러 가지 인간활동의 형태들을 상당한 정도로 실현하고 있고, 인간의 사회성 즉 우리의 잠재성과 성향이 어떤 한 가지 생활에서 표현될 수 있는 바를 훨씬 능가한다는 사실을 가정할 경우, 우리는 복지의 수단을 위해서 뿐만이 아니고 우리의 잠재 능력을 실현하기 위해서 타인들의 협동적인 노력에 의존하게 된다. 그리고 모든 이들이 두루 성공을 거둘 때 각자는 전체적 활동의 보다 큰 풍요와 다양성을 누리게 된다. 그러나 이러한 생활에 충실히 가담하기 위해서 우리는 그 규제적인 원리 체계를 인정해야 하는데 이는 우리가 우리의 정의감을 견지해야 함을 의미한다. 어떤 것을 우리 자신의 것으로 즐기기 위해서 우리는 그것에 대한 어떤 충실성을 지녀야 한다. 사회의 노력을 하나의 사회적 통합으로 결속시키는 것은 정의의 원칙에 대한 상호 인정과 용납이며, 일체감의 유대를 전 공동체로 확장시키고 아리스토텔레스적 원칙이 보다 넓은 효과를 가질 수 있게 하는 것은 바로 그러한 일반적인 인정인 것이다. 개인적 및 집단적 성취는 더 이상 여러 개의 고립된 사적인 선과 같은 것으로 생각되지 않는다. 이에 반해서 우리의 정의감을 확립하지 않게 되면 우리 자신을 보다 좁은 시야로 국한시키게 된다.

끝으로 칸트적인 해석과 관련된 이유가 있는데, 즉 정의롭게 행동한다는 것은 우리가 자유롭고 평등한 합리적 존재로서 행동하고자 한다는 것이다(40절). 정의롭게 행위하고자 하는 욕구와 자유로운 도덕적 인격으로서 우리의 본성을 표현하려는 욕구는 결국, 실제상으로는 동일한 욕구라고 말할 것을 보다 구체적으로 나타내고 있는 셈이다. 어떤 사람이 정의론에 관해서 참다운 신념과 올바른 이해를 가질 때 그러한 두 가지 욕구는 그를 동일한 방식으로 움직이게 한다. 그 두 가지는 모두 정확히 동일한 원칙, 다시 말하면 원초적 입장에서 선택될 원칙들에 따라 행위하고자 하는 성향이다. 물론 이러한 주장은 정의론에 기초하고 있다. 만일 그러한 이론이 부당할 경우에는 실제적인 일치가 이루어질 수 없다. 그러나 우리는 그 이론에 의해 규정된 질서 정연한 사회의 특수한 경우만을 문제 삼고 있기 때문에 우리는 그 성원들이 그들의 관계가 기초하고 있는 공공적인 정의관을 분명히 파악하고 있다고 생각할 수 있는 것이다.

이상에서 이야기한 것을 선에 대한 기초론이 우리의 정의감을 유지할 수 있게 해주는 주된(혹은 그것들에 관한 전형적) 이유라고 생각해 보자. 이제 문제는 그러한 것들이 결정적인 것인가에 관해서이다. 여기에서 우리는 여러 가지 점에서 제1원칙들의 조정과 유사한 동기들의 조정이라는 잘 알려진 난점에 직면하게 된다. 때로는 그 해답이 이유들의 비중을 달리하는 두 조정안을 상호 비교함으로써 주어지게 된다. 왜냐하면 확실히 만일 첫번째 조정안이 어떤 행동 방식을 분명히 선택하게 할 경우 그러한 대안을 지지하는 이유들이 더 강하고 다른 대안들을 지지하는 이유들이 보다 약하다면 두번째 조정안도 동일한 행동 방식을 택하게 될 것이기 때문이다. 그러나 이러한 비교로부터의 논의는 기준의 역할을 하게끔 특정한 방식으로 분명히 나아가는 특정한 이유들의 조정안을 전제하고 있다. 그렇지 않을 경우 우리는 조건부의 비교, 즉 만일 첫번째 조정안이 어떤 선택을 하게 한다면 두번째 것도 그러하다는 식의 비교 이상을 넘어설 수 없다.

그런데 이 점에 있어서 분명한 것은 정의의 원칙들이 갖는 내용은 의사 결정에 있어서 중대한 요인이 된다는 점이다. 어떤 사람이 규제적인 정의감을 갖는 것이 그의 선을 위한 것인지는 정의가 그에게 요구하는 바가 무엇인가에 달려 있다. 정당성과 선의 합치는 각 개념이 규정되는 기준에 의해 결정된다. 시즈위크가 주목한 바와 같이 공리주의는 모든 이의 보다 큰 행복을 위해 필요한 경우에는 행위자의 사적인 이익의 희생을 요구한다는 점에서 상식보다 더 엄격한 것이다.[31] 또한 그것은 계약론보다도 더 많은 것을 요구하는데, 왜냐하면 우리의 자연적인 의무를 넘어서는 자선 행위는 좋은 행위이며 우리의 존경을 유발하기는 하지만 그것은 정당성의 문제로서 요구되는 것이 아니기 때문이다. 공리주의는 보다 고귀한 이상으로 보일 수는 있지만 그것이 갖는 다른 면은 그것이 이미 보다더 운이 좋을지 모르는 타인들의 보다 큰 행복을 위하여 일부의 사람들이 보다 적은 복리와 자유를 갖는 것을 허용할 수도 있다는 점이다. 합리적인 사람은 자신의 계획을 세움에 있어서 그와 같이 엄격한 원칙에 우선권을 주기를 주저할 것이다. 그것은 그가 갖는 동정에의 능력을 능가할 뿐만 아니라 자신의 자유 또한 위협하는 것이기 때문이다. 그래서 공정으로서의 정의관에 있어서 정당성과 선의 합치가 아무리 일어날 가능성이 적을지라

31) *Methods of Ethics*, pp. 246~253, 499.

도 그 가능성이 공리주의적 입장보다 더 크다는 것은 확실하다. 일련의 조건부의 이유들은 계약론을 선정해 줄 것이다.

다음의 의문은 다소 다른 문제점을 제시하고 있는데, 즉 우리의 정의감을 견지하려는 결정은 합리적인 것일지 모르나 결국 우리는 매우 큰 손실을 당하게 될지 모르며 심지어 그로 인해 파멸할지도 모른다는 의심이다. 앞에서 보아 온 것과 같이 정의로운 사람은 어떤 일은 하지 않을 각오가 되어 있으며, 따라서 악조건 아래서도 그는 부정의하게 행위하기보다는 오히려 죽음을 감수하겠다는 결정을 할 수 있다. 그런데 어떤 사람은 정의를 위해서 자신의 생명을 잃을지도 모르는데, 다른 사람은 오래도록 사는 것이 사실일지라도 정의로운 사람은 모든 것을 고려해 볼 때 그가 가장 원하는 바를 행하며, 이러한 의미에서 그는 다가올지도 모를 예견되는 불운에 의해서도 희망을 잃지 않는다. 문제는 사랑이 갖는 위험과 유사한데 사실상 그것은 특수한 경우에 불과할 뿐이다. 서로 사랑하는 사람들이나 혹은 사람들 및 생활 방식에 대해서 강한 애착을 갖게 된 사람은 동시에 파멸할 가능성도 갖게 되는 것인데, 그들의 사랑으로 인해서 그들이 불행을 당하게 되거나 타인들에게 부정의를 저지를 수 있기 때문이다. 친구와 애인은 서로 도움이 될 수 있는 기회가 크며 가족의 성원들도 기꺼이 동일한 것을 행할 수 있다. 그들이 그러한 성향을 갖는 것은 다른 성향들과 마찬가지로 그들의 애착심에 속한다. 일단 우리가 사랑을 하게 되면 우리는 상처받기 쉽게 되는데, 즉 사랑을 하면서 동시에 사랑할지 어떨지 혹은 그와 같은 것을 생각할 마음이 생긴다는 것과 같은 것은 있을 수 없다. 그리고 조금도 상처받지 않으려는 사랑은 최선의 사랑이 아니다. 우리가 사랑을 할 경우 우리는 상해와 손실의 위험을 받아들이게 된다. 가능한 생활 방식에 대한 우리의 일반적인 지식에 비추어 볼 때 우리는 그러한 모험이 우리로 하여금 사랑을 그만두게 할 정도로 대단한 것이 아니라고 생각한다. 재난이 일어나게 되면 그것은 우리의 혐오의 대상이 되고 그러한 것을 유발한 음모의 주인공을 배척하게 된다. 만일 우리가 사랑을 하고 있을 경우 우리는 우리의 사랑을 후회하지 않는다. 그런데 만일 이상과 같은 것들이 현실에서 흔히 있는 사랑에 있어서 타당할 경우, 당연히 그것은 질서 정연한 사회에 있어서의 사랑에 대해서도 사실인 것으로 나타날 것이며 정의감에 있어서도 역시 그러할 것이다. 왜냐하면 타인들이 정의롭게 사는 사회에 있어서는 우리의 사랑으로 인해 우리가 주로 자연의 우연지사나 여건들의 우연성에 처하게 될 것이기 때문이다. 그리고 이러한 감정과 관련되어 있는 정의감에 있어서도 마찬가지이다. 우리로 하여금 있는 그대로의 사랑을 내세우게 하는 제반 이유의 조정안들을 기준으로 삼을 경우, 일단 나이가 들게 되면 정의로운 사회의 보다 유리한 조건 아래서는 정의감을 보다 쉽게 견지할 것으로 보인다.

도덕적 인격으로서 우리의 본성을 나타내고자 하는 욕구의 한 가지 특성은 이상과 같은 결론을 강화해 준다. 자아의 다른 성향들과 더불어 정도나 범위의 선택이 있다. 기만이나 위선과 같은 우리의 정책은 완전히 체계적일 필요는 없으며, 제도 및 타인들에 대한 우리의 정서적 유대의 강함에 정도가 있을 수 있고 보다 넓은 사회 생활에 있어서 우리의 참여의 충실성에도 정도가 있을 수 있다. 가능성에도 연속적 계열이 있으며 단순화를 위해서 내가 그런 식으로 여러 번 말했던 것은 사실이나 흑백 양단 간의 결정(all or nothing decision)은 없는 것이다. 그러나 자유롭고 평등한 합리적인 존재로서 우리의 본성을 나타내고자 하는 욕구는 제 1 의 우선성을 갖는 정당성 및 정의의 원칙에 입각한 행위에 의해서만 실현될 수 있다. 이는 최종성이라는 조건의 결과인데, 그러한 원칙들은 규제적인 까닭에 그에 따라서 행위하려는 욕구는 그것이 다른 욕구들에 대해서도 마찬가지로 규제적이 되는 그 정도만큼 만족되는 것이다. 우연지사로부터 우리가 자유로움을 나타내 주는 것은 바로 그러한 우선성에 따른 행위인 것이다. 따라서 우리의 본성을 실현하기 위해서 우리는 다른 목적들을 규제하는 것으로써 우리의 정의감을 견지하게끔 계획을 짜는 일 외에 다른 대안을 갖고 있지 않다. 그러한 감정은 그것의 나머지 욕구들 중의 하나에 불과한 것으로서 다른 목적들과 조정되거나 비교되어서는 충족될 수 없다. 그것은 우선적으로 일정한 방식에 따라 처신하고자 하는 욕구이며 그 자체 속에 그 자신의 우위성을 간직하고 있는 욕구이다. 다른 목적들은 그 각각에 대해 위치를 정해 주는 계획에 의해 성취될 수가 있는데, 왜냐하면 그것들의 충족은 서열상에 있어서 그들의 지위에 상관없이 가능하기 때문이다. 그러나 정당성 및 정의감의 경우는 그와 다르며, 따라서 부당하게 행위하는 것은 언제나 죄책감 및 수치심을 일으키기 마련인데, 그것들은 우리의 규제적인 감정의 실패로 인해 생기는 감정이다. 물론 그렇다고 해서 자유롭고 합리적인 존재로서 우리의 본성을 실현하는 것 그 자체가 흑백이 분명히 가려질 일이라는 뜻은 아니다. 오히려 우리가 어느 정도 우리의 본성을 나타내는 데 성공하는가는 최종적인 규제력을 갖는 것으로서의 정의감에 따라 우리가 어느 정도 일관되게 행동하는가에 달려 있다. 정의감을 다른 욕구들과 상대적으로 비교되는 하나의 욕구에 불과한 것으로 간주하는 계획에 따른다면 우리는 우리의 본성을 제대로 나타낼 수 없다. 왜냐하면 그러한 감정은 인간의 본질을 나타내는 것으로서, 그 것을 다른 것과 절충하게 되면 자아에 대한 자유로운 규제력을 달성하는 것이 아니고 세상의 우연지사에 굴복하는 것이기 때문이다.

마지막으로 한 가지 문제점이 언급되어야 한다. 질서 정연한 사회에 있어서도 그들의 정의감을 견지하는 것이 선이 되지 않는 사람들이 있다고 생각해 보자. 그들의 목적 및 욕망, 그들 본성의 특유성을 가정할 경우 선에 대한 기초론으로는 그들이 그러한 규제적 감정을 견지하게 하는 충분한 이유가 규정되지 않는다. 이러한 사람들에게는 자신있게 정의를 덕목으로 권유할 수 없다는 것을 논의한 적이 있다.[32] 그런데 이것은 그러한 권유가 합리적인 근거(기초론에 의해 확인된)에 비추어 보아서 개인으로서의 그들에게 이러한 과정이 보다 낫다는 것을 의미한다고 가정할 경우 옳다는 것은 분명하다. 그러나 그럴 경우 자신들의 정의감을 견지하는 자들이 그러한 사람들에게 정의로운 제도에 따를 것을 요구하는 것은 그들을 부당하게 다루는 것인지에 관한 또 다른 문제가 남는다.

그런데 불행하게도 우리는 아직 그러한 문제에 제대로 답할 위치에 있지 못한데, 왜냐하면 그를 위해서는 처벌(punishment)에 대한 이론이 전제되어야 하는데 나는 지금까지 정의론의 그러한 부분에 대해서는 별로 언급한 바가 없기 때문이다(39 절). 나는 지금까지 채택될 어떤 입장에 대한 엄격한 준수를 가정해 왔으며 제시된 목록상의 어떤 것이 채택될 것인가를 고찰해 왔다. 하지만 우리는 부분적 준수론의 다른 부분인 시민 불복종의 경우에 있어서 했던 바와 똑같이 추론할 수 있다. 그래서 받아들여진 어떤 입장에의 준수가 완전히 자발적으로 내버려 두면 불완전하게 되리라는 것을 인정할 경우 원초적 입장에 있는 자들의 안정을 위한 처벌 제도가 이용될 수 있다는 것을 어떤 조건 아래서 합의할 것인가? 그들은 어떤 사람이 기초론에 의해 규정된 자신에게 이득이 되는 것만을 행하도록 요구할 수 있다고 주장할 것인가?

전체로서의 계약론에 비추어 볼 때 그들이 그러한 것을 주장하지 않을 것이 분명해 보인다. 왜냐하면 그러한 제한은 결국은 결국 일반적인 이기주의가 될 것인데 이는 앞에서 본 바와 같이 거부될 것이기 때문이다. 나아가서 정당성 및 정의의 원칙은 전체에서 합리적인 것인데, 즉 모든 사람들이 정의로운 체제에 따른다는 것은 각자에게 이득이 되는 것이다. 또한 정의감에 대한 일반의 인정은 모든 사람에게 일반적으로 이득이 되는 상호 신뢰와 확신의 기초를 확립해 주는 커다란 사회적 자산이 된다는 것

32) Foot, 앞의 논문, pp. 99~104 참조.

역시 사실이다. 그래서 협동 체제를 안정시키는 처벌 제도에 합의함에 있어서 당사자들은 그들이 처음에 정의의 원칙들을 선택함에 있어 받아들인 것과 같은 종류의 자신의 이익에 대한 제한을 받아들이게 된다. 이미 살펴본 바와 같이 이런 원칙들에 합의한 이상 평등한 자유라는 조건과 법규가 제대로 인정되고 있다고 가정할 경우, 정의로운 제도를 유지하는 데 필요한 방도를 인정하는 것은 합리적이다(38 39절). 정의롭게 행동하는 성향을 갖는 것이 자신에게 선이 되지 않는다는 것을 아는 사람들도 그러한 주장을 부인할 수는 없다. 물론 그들의 경우에 있어서 정의로운 체제가 그들의 본성을 충분히 나타내 주지 못하는 것이고, 따라서 다른 조건이 같을 경우 그들은 자신의 정의감을 내세울 수 있을 경우보다 덜 행복해지리라는 것도 사실이다. 그러나 여기에서 우리는 그들의 본성이 그들의 불행이라고 말할 수 있을 뿐이다.

그런데 요점은 정의관을 정당화하기 위해서 우리는 능력이나 욕구에 상관없이 모든 사람이 자신의 정의감을 견지해야 할 충분한 이유(기초론에 의해 규정된 바)를 갖는다고 주장해야 할 필요가 없다는 점이다. 왜냐하면 우리의 선은 우리가 어떤 종류의 인간이며 우리가 갖거나 할 수 있는 욕구나 포부가 어떤 종류의 것인가에 달려 있기 때문이다. 정의감을 자신의 선으로 생각하지 않는 많은 사람들이 있을 수도 있다. 그러나 그럴 경우에는 안정화를 위한 세력이 보다 약해진다. 이러한 여건 아래서는 처벌 제도가 사회 체제에서 훨씬 큰 역할을 하게 될 것이다. 합치되지 않는 정도가 크면 클수록 다른 조건이 같을 경우 그에 부수하는 악으로 인한 불안정의 가능성이 보다 커진다. 그러나 이들로 인해서 정의의 원칙들이 갖는 전체적인 합리성이 무효화되지는 않는데 모든 다른 사람들이 그 원칙에 따르는 것은 여전히 각자에게 이득이 되기 때문이다. 적어도 이 말은 그 정의관이 다른 정의관이 더 나을 정도로 불안정하지 않는 한 타당한 것이다. 그러나 내가 증명하고자 한 것은 계약론이 바로 이러한 점에서 그 대안들보다 우월하다는 것과 따라서 원초적 입장에서 원칙들의 선택이 재고될 필요가 없다는 것이다. 사실상 인간의 사회성에 대한 합당한 해석을 받아들일 경우(정의감이 습득되는 과정에 대한 해명 및 사회적 통합이라는 이념에 의해 주어지는 바) 공정으로서의 정의관은 충분히 안정된 입장으로 나타나게 된다. 일반화된 수인의 딜레마(prisoner's dilemma)가 갖는 위험은 정당성과 선 사이의 합치에 의해 제거된다. 물론 보통의 여건 아래서는 공공적인 인지와 신뢰가 언제나 불완전하다. 그래서 정의로운 사회에 있어서도 준수를 보장하기 위해 일정한 강제 체제를 받아들이는 것은 합당하지만 그 주요 목적은 시민 상호간의 신뢰를 보장하는 데 있다. 그러한 체제에 의거하는 일은 드물 것이며 그것은 사회 체제의 작은 부분을 차지하게 될 것이다.

이제 우리는 공정으로서의 정의관이 갖는 이상의 다소 지루한 논의의 마지막에 이르렀다. 주목할 또 다른 한 가지는 합치성으로 인해 선의 정의(定義)가 갖는 적용의 체계를 완성시킬 수 있게 되었다는 점이다. 먼저 우리가 말할 수 있는 바는, 질서 정연한 사회에서 선한 사람이 된다는 것 (그리고 특히 효력있는 정의감을 갖는다는 것)은 사실상 그 사람에게 선이 된다는 것, 그리고 둘째로 이러한 형태의 사회는 선한 사회라는 점이다. 첫 번째 주장은 합치로부터 결과되며, 두번째 주장이 타당한 이유는 질서 정연한 사회란, 두 가지 적절한 관점에서 보아 사회에 대해 원하는 것이 합리적인 그러한 성질을 갖기 때문이다. 그래서 질서 정연한 사회는 원초적 입장에서 보아 전체적으로 합리적인 정의의 원칙을 만족시키며 또한 개인의 관점에서 보아 자신의 인생 계획을 규제하는 것으로서, 공공적인 정의관을 받아들이려는 욕구는 합리적 선택의 원칙에 부합된다는 것이다. 이상의 결론은 공동체의 가치를 지지해 주며 그에 도달함으로써 공정으로서의 정의관에 대한 나의 입장이 완전하게 되는 것이다.

87. 정당화에 대한 결어

정의론의 전개 과정을 요약하려 하지는 않겠다. 그 대신 지금까지 그것을 위해 제시한 논증의 종류에 관해서 몇 마디 언급하는 것으로 끝맺고자 한다. 전체적인 입장이 제시된 이상 우리는 그에 관해서 언급할 수 있는 것들의 종류를 일반적인 방식으로 주목해 볼 위치에 있다. 이러한 일을 하게 되면 아직도 의심스러웠던 몇 가지 문제점들이 해명될 것이다.

흔히 철학자들은 두 가지 중 한 가지 방식으로 윤리설을 정당화하고자 한다. 때때로 그들은 자명한 원칙들을 발견해서 그로부터 기준 및 신조들의 완전한 체계를 도출함으로써 우리의 숙고된 판단을 해명하고자 한다. 이러한 유의 정당화(justification)를 우리는 데카르트적인 것이라고 생각할 수 있다. 그것은 제 1 원칙이 참인 것이 알려질 수 있고 또 필연적으로 그러리라는 것을 전제하고 있으며, 따라서 연역적인 추리는 그러한 확신을 전제로부터 결론에로 이행시켜 준다. 두번째 접근 방식(언어의 남용으로 인해 자연주의로 불린)은 추정상 비도덕적인 언어에 의해 도덕적 개념의 정의(定義)를 도입한 다음 상식과 학문을 통해 승인된 절차에 의해서 이른바 도덕 판단과 결합되는 진술이 참임을 증명하는 것이다. 이러한 견해에 있어서는 윤리학의 제 1 원칙들이 자명한 것은 아닐지라도 도덕적 신념에 대한 정당화가 별다른 난점을 갖지는 않는다. 정의(定義)를 인정하게 될 경우그 원칙들은 세계에 대한 다른 진술들과 같은 방식으로 확증될 수 있는 것이다.

나는 이상에서 말한 정당화의 두 체계 중 어떤 것도 채택하지 않았었다. 왜냐하면 어떤 도덕 원칙들은 당연하고 심지어 명백한 것으로 보일지 모르지만 그것들이 필연적으로 참임을 내세우거나 그것이 그렇게 된다는 것이 무엇을 의미하는지를 설명하는 데 상당한 문제점이 있는 것이다. 사실상 나는 그러한 원칙들이 일반적인 사실들에 비추어서 원초적 입장에서 선택된다는 뜻에서 조건부의 것이라고 말해 왔다(26절). 필연적인 도덕적 진리가 될 만한 보다 그럴 듯한 후보는 원칙들의 채택에 부과되는 조건들이긴 하지만, 실제로 그러한 조건들은 결국 그것들이 속하게 되는 전체 이론에 의해 평가되어질 합당한 약정으로만 보는 것이 가장 좋을 것으로 생각된다. 따라서 도덕에 있어서 필연적이거나 혹은 절대적인 것이라고 주장될 수 있고 그렇게 함으로써 특히 정당화의 부담을 수행하기에 적합한 제 1 원칙들이나 일련의 조건들이란 존재하지 않는다. 한편 소위 자연주의적 방법은 먼저 도덕적 개념과 비도덕적 개념을 구분하고 제시된 정의(定義)에 대한 승인을 얻어야만 한다. 정당화가 성공을 거두기 위해서는 의미에 대한 명확한 이론이 전제되어야 하는데 이것을 결여하고 있는 것으로 보인다. 그리고 어떠한 경우이든 정의(定義)는 윤리설의 중심 부분이 되는 것이며 따라서 결국 그러한 정의도 정당화되어야 할 필요가 있다.

그러므로 내 생각으로는 우리가 도덕 이론도 여타의 이론들과 마찬가지로 그것이 갖는 소크라테스적 측면에 대한 온당한 고려를 하는 것으로 간주하는 것이 더 나을 것으로 보인다(9절). 그 제 1 원칙이나 가정들이 자명할 필요가 있다거나 그 개념이나 기준이 비도덕적인 것으로 증명될 수 있는 다른 개념들에 의해 대리될 수 있다고 생각해야 할 아무런 이유가 없다.[33] 그래서 예를 들어서 나는 어떤 것이 정당하거나 정의롭다는 것은

---

33) 여기에 제시된 견해는 9절에 나오는 바 "Outline for Ethics" (1951)에 의거한 입장과 일치한다. 그러나 그것은 W. V. Quine, *Word and Object* (Cambridge: M.I.T. Press, 1960), 1장 등에서 발견되는 정당화의 개념으로부터 도움을 받아 왔다. 또한 그의 *Ontological Relativity and Other Essays* (N.Y.: Columbia Univ. Press, 1969)라는 논문도 참조. 이러한 개념의 발전된 것으로서 도덕적 사고와 판단을 분명히 포함하는 것으로는 M. White, *Toward Reunion in Philosophy* (Cambridge: Harvard Univ. Press, 1956), 3부, 특히 pp. 254~258, 263, 266 이하 참조.

그것이 원초적 입장에서 인정받게 될 적절한 원칙들에 부합된다는 것으로 이해될 수 있으며, 그런 식으로 해서 우리는 전자를 후자로 대치할 수 있고 이러한 규정들이 이론 자체 내에서 확증된다는 것을 주장해 왔다. 나는 원초적 입장의 개념 체계 그 자체가 도덕적 힘이 없다든가 혹은 그것이 의거하고 있는 개념군이 윤리적으로 중립적인 것이라고 주장하지는 않는다(23절). 그러한 문제를 나는 그냥 접어 두기로 한다. 그런데 나는 마치 제 1 원칙들이나 그들의 조건들 혹은 그에 대한 정의(定義)들이 도덕 이론을 정당화함에 있어 특유한 지위를 가질 만한 특수한 성격을 갖는 것처럼 논의를 진행해 오지는 않았다. 그것들은 이론의 중심 요소요 도구이기는 하지만 정당화는 전체 개념 체계와 그것이 반성적 평형 상태에 있는 우리의 숙고된 판단들과 부합하고 또 그것들을 조직해 주는 방식에 달려 있다. 앞에서도 주목한 바와 같이 정당화는 여러 가지 고려 사항들의 상호 지지의 문제요 모든 것이 결합되어 하나의 일관성있는 관점을 형성하는 문제이다(4절). 이러한 생각들을 받아들이게 될 경우 우리는 의미와 정의(定義)의 문제를 접어 두고서 실질적 정의론을 전개하는 과제를 수행할 수가 있는 것이다.

이러한 이론에 대한 설명의 세 부분은 대체로 다음과 같은 방식으로 서로의 밑받침이 됨으로써 하나의 통일된 전체가 되게 의도된 것이다. 제 I 부는 이론적 구조의 요목을 제시하고 정의의 원칙들이 그러한 체계를 선택하는 데 관련된 합당한 약정들에 근거해서 논의되었다. 나는 그러한 조건의 타당성을 내세우고 그것이 받아들여지게 될 이유들을 제시했으나 그것들이 자명하다든가 도덕적 개념의 분석이나 윤리적 언어의 의미가 요구하는 바라고 주장한 것은 아니다. 제 II 부에서 나는 정의가 요구하는 종류의 제도들과 그것이 개인에게 부과할 의무 및 책무의 종류를 검토했다. 시종일관 그 의도는 제시된 이론이 다른 친숙한 학설들에 비해 우리의 숙고된 신념의 고정점들에 보다 잘 부합하고 그로 인해서 우리가 반성을 통해 보다 만족스러운 방식으로 보이게끔 우리의 판단을 수정하고 보충하게 된다는 것을 제시하는 것이다. 제 1 원칙들과 구체적인 판단들은 적어도 대안이 되는 다른 이론들과 비교해 볼 때 서로 적절히 잘 부합하는 것으로 보인다. 끝으로 우리는 제 III 부에서 공정으로서의 정의관이 현실성 있는 입장인가를 확인하고자 한다. 그를 위해서 우리는 안정성의 문제 및 규정된 바의 정당성과 선의 합치 여부에 대한 문제를 제기하게끔 되었다. 이러한 고찰은 논의의 제 I 부에 나오는 원칙들에 대한 최초의 승인을 결정하는 것은 아니지만 그것을 확증하는 것이 된다(81절). 그것은 우리의 본성이 원초적 선택이 실현될 수 있게 하는 것이라는 점을 보여주고 있다. 이러한 의미에서 우리는 인간은 도덕적인 성격을 갖는다고 말할 수 있다.

그런데 혹자는 이런 유의 정당화는 두 가지 난점에 직면하게 된다고 말할지 모른다. 첫째로 그것은 합의라는 단순한 사실에 의거하고 있다는 일반적인 불평을 받게 된다. 둘째로 내가 제시한 논의에 대해서 그것은 여러 목록들 가운데서 원초적 입장의 당사자들이 선택하게 될 정의관들에 대한 특정한 목록에 의거하고 있으며, 또한 그것은 사람들간에 그들의 숙고된 판단에 있어서의 합의뿐만이 아니라 그들이 제 1 원칙의 선택에 부과하게 될 합당한 조건들로 간주하게 될 바에 있어서도 합의를 가정하고 있다는 보다 특수한 반론이 있게 된다. 숙고된 신념에 있어서의 합의는 끊임없이 변하고 있으며 사회에 따라서 혹은 그 사회의 부분에 따라서 다르다고 말할 수 있다. 소위 해결점 중의 어떤 것은 진정으로 해결된 점이 아닐 수도 있으며, 모든 사람이 그들의 기존 판단에 있어서의 결점을 보완하기 위해서 동일한 원칙들을 받아들이지 않을 것이다. 그리고 정의관들에 대한 어떤 목록이나 원칙에 관한 합당한 조건들로 간주될 바에 대한 합의는 다소간 임의적이라는 것은 확실하다. 공정으로서의 정의관으로 제시되는 경우는 그 주장에 비추어 볼 때 그러한 제한을 피하지 못한다.

일반적인 반론에 대한 대답은, 정당화란 우리와 불일치하는 자들에게 또는 마음에 결정을 내리지 못할 경우의 우리 자신에게 제시되는 논의라는 것이다. 그것은 개인간이나 한 개인 내면에서의 관점들의 충돌을 전제하며 우리의 요구와 판단이 기초하고 있는 원칙들의 합당성에 대해서 타인들이나 우리 자신을 설득하고자 하는 것이다. 이성에 의해서 조정을 꾀하는 것으로서 정당화는 모든 당사자들이 논의에 대해서 공통적으로 내세우는 것으로부터 진행하게 된다. 이상적으로는 어떤 사람에게 하나의 정의관을 정당화한다는 것은 그러한 원칙들이 결국 우리의 숙고된 판단에 부합할 결과를 갖게 될 것이므로, 우리 쌍방이 받아들이게 될 전제로부터 그 원칙에 대한 증명을 해보이는 것이다. 그래서 단순한 증명(proof)은 정당화가 아니다. 증명이란 명제들간의 논리적인 관계를 보여줄 뿐이다. 그러나 출발점이 상호 인정되거나 혹은 그 결론이 아주 포괄적이고 설득력있는 것으로서 우리가 그러한 전제가 나타내고 있는 입장의 타당성을 납득하게 될 경우 증명은 정당화된다.

그래서 정의의 원칙에 대한 논의가 어떤 합의로부터 나아가야 한다는 것은 지극히 당연한 것이다. 이것이 정당화의 본성이다. 그러나 보다 특수한 반론은 논의의 효력이 의거하는 합의의 특성에 달려 있다는 것을 의미하는 점에 있어서는 옳은 것이다. 여기에서 몇 가지 문제점은 주목할 만한 것이다. 우선 대안들의 특정한 목록이 어느 정도 임의적일 수 있다는 것은·인정해야 하겠지만, 만일 그러한 반론이 모든 목록이 똑같이 임의적이라는 주장으로 생각될 경우 그것은 그릇된 것이다. 지배적인 전통 이론들을 내포하는 목록은 보다 명백한 후보안을 배제한 목록보다 덜 임의적인 것이다. 물론 정의의 원칙들에 대한 논증은 그것들이 보다 체계적으로 평가된 보다 포괄적인 목록으로부터의 최선의 선택임을 증명함으로써 강화되어질 것이다. 나는 이러한 일이 어느 정도 이루어질 수 있을지 모른다. 하지만 정의의 원칙들이 완전한 목록과 비슷한 어떤 것에 의거해서 선택되어질 입장일 것이라는 점은 의심스럽다. (여기에서 나는 복잡성 및 다른 제한 사항에 상한선이 존재할 경우 합당하고 실현성있는 대안들은 한정되는 것이 효율적이라고 생각한다.) 내가 제시한 논의가 타당하다 할지라도 그것은 단지 결국 적합한 이론(만일 그러한 것이 존재할 경우)이란 우리가 논의한 어떤 다른 이론들보다 계약론에 더 유사할 것이라는 점을 나타낸 것에 불과하다. 그리고 이러한 결론마저도 어떤 엄밀한 의미에 있어서 논증된 것은 아니다.

그렇지만 공정으로서의 정의관과 다른 입장들을 비교함에 있어서 사용된 목록은 단순히 특유한 것이 아니며, 그것은 지금까지보다 합당하고 실현성있는 도덕적 입장이라고 생각되는 바에 대한 역사상의 합의로 이루어진 도덕 철학의 전통으로부터의 대표적 이론들을 포함하고 있다. 시간이 지나면 더 이상의 대안들이 제시될 것이고 그렇게 함으로써 주도적인 입장이 보다 철저한 검증을 받게 됨에 따라 정당화를 위한 보다 설득력있는 기초를 제공하게 될 것이다. 그러나 그러한 것은 단지 우리가 예견할 수 있는 것일 뿐이다. 당장에는 계약론을 재구성하여 그것과 몇 개의 친숙한 대안들을 비교하는 것이 적절한 것이다. 이러한 절차는 임의적인 것이 아니며 그외에 우리가 진행할 수 있는 다른 방식은 없다.

합당한 조건에의 합의에 관한 특수한 난점을 다루기 위해서, 우리는 도덕 철학의 목적들 중 하나는 아무런 합의도 없는 것으로 보이는 데서 합의를 위한 근거를 찾는 일이라는 점을 지적해야만 한다. 그것은 현존하는 어떤 합의의 범위를 확대해서 우리의 숙고를 위한 보다 사려깊은 도덕적 입장을 구성하는 시도를 해야 한다. 정당화의 근거는 손쉽게 주어져 있는 것이 아니며 그것은 때로는 적합한 추리에 의해서 때로는 이론의 요구 사항에 주목함으로써 발견되어야 하고 적절히 표현되어야 할 필요가 있다.

바로 이러한 목적을 염두에 두고서 제 1 원칙의 선택에 대한 여러 가지 조건들을 원초적 입장이라는 개념 속에 결합시키게 된 것이다. 그 요지는 충분히 합당한 제한 사항들을 단일한 하나의 개념 속에 종합시킴으로써, 제시된 대안들 중 하나가 우선적으로 선택된다는 것이 명백해지게 될 것이라는 점이다. 우리는 이와 같이 새롭게 이루어진 합의의 결과로서, 어쩌면 예상 외의 결과가 될지도 모르나 특정한 관점(현재 알려진 것들중의)이 보다 우월한 것임이 판명되기를 바란다.

또한 원초적 입장이라는 개념 속에 결합된 일련의 조건들에 대해서도 해명이 있어야 한다. 그러한 요구 사항들은 합당하다고 주장할 수 있으며 그것들과 도덕 원칙들의 목적 및 공동체의 유대를 확립함에 있어서의 그 기능을 관련지을 수 있다. 이른바 서열화와 최종성에 대한 근거는 충분히 명백할 것으로 보인다. 그리고 이제 우리는 공지성이란 정당화의 과정이 곤란한 결과를 초래함이 없이(말하자면 그 한도 내에서) 완전히 수행될 수 있음을 보장하는 것으로서 설명되어질 수 있음을 알 수 있다. 왜냐하면 공지성으로 인해 모든 사람은 자기 기만이나 다른 곤란한 결과를 가져옴이 없이 자신의 행위를 다른 모든 사람들에게(그 행위가 정당화될 수 있을 경우) 정당화할 수 있게 된다. 만일 우리가 사회적 연합체와 그러한 연합체들의 사회적 연합으로서의 사회라는 이념을 신중하게 생각해 볼 경우 분명히 공지성은 당연한 조건이 된다. 그것은 질서 정연한 사회가 그 성원들이 서로 알고서 따른다는 의미에서 하나의 활동체가 되고, 그들이 동일한 규제적 입장에 따른다는 것을 확증하는 데 도움이 되며, 모든 사람들은 각자가 동의한 것으로 알려진 방식으로 모든 사람들의 노력에서 생기는 이득을 함께 하게 된다. 사회는 그 제 1 원칙들에 대한 상호 인정에 있어서 분열되지 않는다. 그리고 사실상 정의관이나 아리스토텔레스적 원칙(및 그 동반 효과)이 구속력있는 작용을 하기 위해서는 반드시 그러해야만 할 것이다.

물론 도덕 원칙들의 기능은 단일하게 규정되지만은 않으며 여러 가지 해석을 허용한다. 우리는 그것들 중에서 가장 약한 조건들의 체계를 이용해서 최초의 상황을 기술하는 하나의 해석을 선택하도록 노력하게 될 것이다. 이러한 제안에 있어서의 난점은 다른 여건이 같은 한 보다 약한 조건들이 사실상 선택되겠지만 절대적으로 약한 체계란 있을 수 없는데, 왜냐하면 아무런 조건도 갖지 않는 최소한의 체계란 없으며 그러한 것은 관심 밖의 일이기 때문이다. 따라서 우리가 찾아야 할 것은 약한 조건들의 체계이기는 하나 그로 인해서 우리가 유효한 정의론을 구성할 수 있는 그러한 한정된 의미의 최소한이다. 공정으로서의 정의관의 어떤 부분은 그러한 방식으로 보아야만 한다. 나는 수차에 걸쳐서 단일하게 생각할 경우 원칙에의 조건이 갖는 최소한의 성격에 주목해 왔다. 예를 들면 상호 무관심적 동기라는 가정은 많은 것을 요구하는 규정이 아니다. 그로 인해서 우리는 정의론을 적절하게 정확한 합리적인 선택이라는 개념에 기초할 수 있게 할 뿐만 아니라 그것이 당사자들에게 요구하는 것이 거의 없도록 한다. 선택된 원칙들은 이로 인해서 보다 넓고 보다 깊은 갈등이라는 하나의 명백한 요망 사항을 조정할 수 있게 된다(40절). 또한 그것은 원초적 입장의 보다 명백한 도덕적 요소들을 일반적인 조건들의 형식 및 무지의 베일 등으로 구분하는 더 많은 장점을 가지며, 그렇게 함으로써 우리는 어떻게 정의가 우리로 하여금 우리 자신의 이득에 대한 관심을 능가할 것을 요구하는지를 보다 명백히 알 수 있게 된다.

양심의 자유에 대한 논의는 상호 무관심이라는 가정을 가장 분명하게 예시해 준다. 여기에서 당사자들의 대립은 대단한 것이지만 그럼에도 불구하고 우리는 만일 어떤 합의가 가능하다면 그것은 평등한 자유 원칙에 대한 합의임을 증명할 수가 있다. 그리고 주목한 바와 같이 그러한 관념은 도덕 이론간의 상충에까지도 확대 적용될 수 있다(33절). 만일 당사자들은 그들이 사회 내에서 어떤 도덕적 입장(그 내용이 그들에게 알려져 있지 않는)을 받아들이리라고 생각할 경우 그들은 여전히 제 1 원칙에 합의할 수 있을 것이다. 따라서 이러한 원칙은 도덕적인 입장들 가운데서 특수한 지위를 갖는 듯이 보이는데, 일단 우리가 실제적인 정의관을 위한 어떤 최소한의 조건들을 만족시키면서도 충분히 넓은 차이를 전제할 경우 그 원칙은 어떤 한도 내의 합의를 규정한다.

이제 나는 정당화의 방법과는 상관이 없고 그 대신에 정의론 그 자체의 어떤 특성에 관계된 몇 가지 반론에 주목하고자 한다. 그것들 중 하나는 계약론이란 좁은 의미의 개인주의적인 학설이라는 비판이다. 이러한 난점에 대해서는 앞서 한 이야기가 해답을 제시하고 있다. 왜냐하면 일단 상호 무관심에 대한 가정의 핵심이 이해되면 그 반론은 그릇된 것으로 보일 것이기 때문이다. 공정성으로서의 정의관의 체계 내에서 우리는 합리적 선택에 대한 적절히 일반적인 입장을 이용함으로써 칸트의 주제를 재구성하고 확증할 수가 있다. 예를 들면 우리는 자율성과 도덕 법칙을 자유롭고 평등한 합리적 존재로서의 우리의 본성의 표현으로 보는 해석법을 발견하게 되었는데, 사람들을 단순히 수단으로 혹은 결코 수단으로 대우해서는 안 된다는 이념에 있어서와 같이 정언 명법에서도 그와 비슷한 해석이 가능하다. 나아가서 마지막 제Ⅲ부에서 정의론은 공동체의 가치까지도 해명할 수 있는 것으로 나타나게 되며, 이로 인해서 정의의 원칙들 속에는 사회의 기본 구조를 평가하기 위한 아르키메데스의 점을 제시해 줄 인간의 이상이 함축되어 있다는 앞서의 주장은 강화되어진다(41절). 정의론이 갖는 이러한 측면은 사회적 가치들에 대해서 아무런 제시도 하지 않는 지나치게 합리주의적인 입장처럼 보이는 점으로부터 시작해서 서서히 나타나게 된다. 처음에 원초적 입장은 정의의 내용 그것을 규정하는 원칙들을 정하기 위해서 이용된다. 나중에 가서야 비로소 정의는 우리의 선의 일부로 생각되고 우리의 본래적 사회성과 관련을 맺게 된다. 원초적 입장이라는 관념이 갖는 장점은 그것이 갖는 어떤 하나의 특성에만 주목해서 평가될 수는 없고, 내가 가끔 논의한 바와 같이 그것을 기초로 해서 세워지는 전체 이론에 의해서만 평가될 수 있다.

만일 공정으로서의 정의관이 과거에 제시되었던 계약론의 형태보다 더 설득력이 있다면, 그것은 내가 생각하기에 위에서 지적한 바와 같이 원초적 입장의 선택에 관한 아주 명백한 문제와 도덕 원칙의 채택에 있어 부과하기에 적절한 것으로 널리 인정받고 있는 조건들을 하나의 개념 속에 결합시키고 있는 까닭이다. 이러한 최초의 상황은 요구되는 명료성과 적합한 윤리적 제한 사항을 결합하고 있다. 내가 당사자들에게 어떤 윤리적 동기를 부여하기를 피한 것은 어떤 면에서 이러한 명료성을 보존하기 위한 것이다. 그들은 자기들이 확인할 수 있는 한에서 자기의 이득을 가장 잘 달성해 줄 것으로 생각되는 바에 기초해서만 결정을 한다. 이렇게 해서 우리는 합리적인 타산적 선택이라는 직관적 관념을 이용할 수 있는 것이다. 하지만 우리는 당사자들이 도덕적인 고려 사항에 영향을 받을 것으로 가정함으로써 최초의 상황이 갖는 윤리적 측면을 규정할 수 있다. 원초적 합의라는 개념은 더 이상 윤리적으로 중립적인 것이 아니라는 반론은 그릇된 것이다. 왜냐하면 그러한 개념은 이미 도덕적인 측면, 예를 들어서 원칙들에 대한 형식적 조건과 무지의 베일과 같은 것을 내포하고 있을 뿐만 아니라 마땅히 그래야 할 것이기 때문이다. 나는 원초적 입장을 구분해서 서술함으로써, 물론 이 경우에 무엇이 도덕적인 요소이며 무엇이 아닌가도 문제가 되기는 하겠지만, 당사자들의 규정에 그러한 요소들이 개입되지 않게끔 했다. 이러한 문제를 해결해야 할 필요는 없다. 중요한 것은 원초적 입장이 갖는 여러 가지 특성들이 가장 간명하고 가장 설득력있는 방식으로 표현되어야 한다는 것이다.

우연히 나는 최초의 상황에 대한 몇 가지 가능한 윤리적 입장들에 대해 언급하였다(17절). 예를 들면 당사자들이 아무도 노력없이 얻은 자산이나 우연적 요인에 의해서 이득을 보아서는 안 된다는 원칙을 내세우고, 따라서 그들은 자연적 우연이나 사회적 행운의 효과를 줄이는 정의관을 택하리라고 생각할 수 있다. 아니면 달리 그들은 분배 형태가 언제나 기여 곡선의 상향 경사 부분에 있는 것을 요구하는 호혜의 원칙을 받아들일 것이라고 말할 수도 있다. 또한 공정하고 자발적인 협동에 대한 어떤 개념이 당사자들이 쉽게 품게 될 정의관을 제한할 수도 있다. 이러한 여러 입장들이 보다 덜 설득적이거나 혹은 그것들이 나타내고 있는 도덕적 제한 사항이 보다 널리 인정되지 않으리라는 선험적인 이유는 없다. 더우기 우리가 보아왔듯이 방금 언급한 가능적 입장들은 차등의 원칙에 대한 더 이상의 밑받침을 해줌으로써 그것을 확증해 주는 것으로 보인다. 비록 내가 그러한 유의 입장을 제시한 것은 아니지만 그것들이 더 이상 검토할 만한 가치가 있는 것임은 분명하다. 중요한 일은 논쟁의 여지가 있는 원칙들을 이용하지 않는다는 것이다. 그래서 원초적 입장에 있어 모험에 상반하는 규칙을 부과함으로써 평균 효용의 원칙을 배제하는 것은 그 원칙을 효과없는 것으로 만들게 되는데, 왜냐하면 어떤 철학자는 어떤 모험적 상황에 대한 적절한 비개인적 태도의 결과로서 평균 효용 원칙을 이끌어 냄으로써 그러한 원칙을 정당화하고자 해왔기 때문이다. 우리는 효용의 기준에 반대되는 다른 논거를 발견해야만 하는데, 모험을 한다는 것의 타당성 여부는 논쟁의 대상들 가운데 하나이다(28절). 최초의 합의라는 관념은 그 조건들이 사실상 널리 인정되고 있거나 혹은 인정될 수 있어야만 성공을 거둘 수 있다.

어떤 사람은 정의의 원칙들이 인간에 대한 존중이라는 개념으로부터, 그리고 인간의 내적 가치 및 존엄성에 대한 인정으로부터 도출되지 않았다는 또 다른 결점이 있다고 주장할지도 모른다. 원초적 입장(내가 규정한 바의)은 그러한 관념을 여하튼 분명하게 내포하고 있지는 않는 까닭에 공정으로서의 정의관에 대한 논의가 타당하지 않은 것으로 생각될 수도 있다. 그러나 내 생각에는 만일 사람들이 정의감을 갖고 있으며 따라서 서로를 존중할 경우에는 정의의 원칙들이 효력을 발휘할 것이겠지만, 인간의 존중이나 내적인 가치라는 개념은 그러한 원칙들에 도달하기 위한 적합한 근거로 보이지는 않는다. 해석을 요구하는 것은 바로 그러한 관념들이다. 그것은 이타심의 경우와 유사한 것인데, 정당성 및 정의의 원칙들이 없이는 이타심의 목적이나 존중에의 요구가 모두 규정되지 않으며, 그것들은 모두 이미 독립적으로 도출된 그러한 원칙들을 전제하고 있다(30절). 하지만 일단 정의관이 주어지게 되면 인간의 존엄과 존중이라는 관념은 보다 명확한 의미를 부여받을 수 있다. 무엇보다도 인간들에 대한 존중은 그들이 정당하다는 것을 알 수 있는 방식으로 그들을 대우함으로써 나타나게 된다. 그러나 이것 이상으로 그것은 우리가 의거하는 원칙들의 내용 속에 명백히 나타난다. 그래서 인간을 존중한다는 것은 그가 전체로서의 사회의 복지에 의해서도 침해될 수 없는 정의에 입각한 불가침성을 갖고 있다는 점을 인정하는 것이다. 그것은 어떤 이들의 자유의 상실이 타인들이 누리게 될 보다 큰 복지에 의해 정당화되지 않는다는 것을 내세우는 것이다. 정의의 축차적 우선성은 칸트가 말했듯이 모든 가격을 초월하는 인간의 가치를 나타낸다. 34) 정의론은 그러한 관념을 표현해 주고 있으나 그러한 것들로부터 출발한 것은 아니다. 만일 존중이라는 우리의 개념과 평등의 자연적 기초가 체계적으로 제시되어야 한다면 원초적 입장이나 그와 유사한 구성물의 복잡성을 피할 방도가 없을 것이다.

이상의 이야기로 인해서 우리는 처음에 주목했던 바 정의는 사회 제도의 제 1 덕목이라는 상식적인 신념에로 되돌아가게 된다(1절). 내가 지금까지 제시하고자 했던 것은 정의의 우선성에 대한 그러한 느낌을 이해하고 평가할 수 있게 하는 하나의 이론이다. 공정으로서의 정의관이 바로 그 결과인데, 즉 그것은 그러한 상식적 견해 및 그 일반적인 성향들을 체계화시킨 것이다. 그리고 그것이 충분히 만족할 만한 이론은 아니지만 그것이 오래도록 우리의 도덕 철학에 있어서 두드러진 지위를 차지했던 공리주의적 입장에 대한 대안을 제시할 것으로 생각된다. 나는 쓸모있는 체계적 이론이 될 정의론을 제시함으로써 선을 극대화한다는 관념이 함부로 날뛰지 못하게 하고자 했다. 목적론적 이론에 대한 비판이 효과를 거두도록 차근히 진행되지는 못했다. 우리는 명료성 및 체계성이라는 동일한 덕목을 가지면서도 우리의 도덕적 감수성에 대한 보다 사려깊은 해석을 제시하는 또 다른 입장을 구성하고자 해야만 했다.

끝으로 우리가 생각해 볼 수 있는 것은 원초적 입장의 가상적 성격이, 그것이 도덕적이든 아니든간에 우리가 그것에 어떤 관심을 가져야 할 이유가 무엇인가라는 문제를 제기한다는 점이다. 그에 대한 대답으로 그러한 상황을 기술함에 있어서 표현된 조건들은 우리가 사실상 받아들이는 조건이라는 점을 생각해 보자. 혹은 만일 우리가 실제로 받아들이고 있지 않을지라도 그때 그때 소개된 유형의 철학적 고려 사항에 의해서 받아들이게끔

---

34) *The Foundations of the Metaphysics of Morals*, pp. 434~436, 제 4 권 (the Academy Edition) 참조.

설득될 수도 있을 것이다. 원초적 입장의 각 측면에 대해서는 그를 지지
하는 설명이 주어질 수 있다. 그래서 우리가 하고 있는 바는 우리가 웬만
큼 깊이 생각해 보면 서로에 대한 우리의 행위에 있어서 합당하다고 우리
가 쉽게 인정하게 될 전체 조건들을 하나의 입장 속에 결합시키는 일이다
(4절). 일단 우리가 그러한 입장을 파악하게 되면 우리는 언제나 요구되
는 관점으로부터 사회를 바라볼 수 있게 된다. 일정한 방식으로 추론하고
도출된 결론에 따르는 것만으로 충분하게 된다. 그러한 관점은 또한 객관
적이며 우리의 자율성을 나타내 준다(78 절). 모든 사람들을 결합해서 하
나로 만들지 않고서 그들을 서로 다르고 개별적인 존재로 인정하기 때문
에, 그러한 관점으로 인해서 우리의 동시대인만이 아니고 여러 세대에 속
하는 자들간에 있어서까지 우리는 공평해질 수 있는 것이다. 그래서 그러
한 입장의 관점으로부터 사회에 있어서의 우리의 지위를 본다는 것은 영
원의 상하(sub specie aeternitatis)에서 그것을 본다는 것인데, 그것은 인간
의 상황을 모든 사회적 관점에서 뿐만 아니라 모든 시간적 관점으로부터
바라보는 것이기 때문이다. 영원의 관점이란 세계를 초월한 어떤 지점으
로부터의 관점이 아니며 초월적 존재의 관점도 아니다. 오히려 그것은 합
리적인 사람들이 세상 안에서 택할 수 있는 생각과 느낌의 어떤 방식이
다. 또한 그들은 그렇게 함으로써 그들이 어느 세대에 속해 있든지간에
모든 개인적 관점을 하나의 틀 안에 모을 수 있으며, 각자는 자신의 견해
를 지닌 채 그에 따라 살아갈 것으로 인정하게 될 규제적 원리에 합의하
게 될 것이다. 만일 우리가 마음의 순수성을 지닐 수만 있다면 분명한 이
해를 갖고서 그와 같은 관점에서 오는 도덕감과 자제력으로 행위하게 될
것이다.

인 명 색 인

사 항 색 인